HUNANXIANGZHENJIANZHI

湖南乡镇简志

湘西土家族苗族自治州卷（上册）

湖南省地方志编纂委员会
湘西土家族苗族自治州地方志编纂委员会 编纂

方志出版社
Publishing House of Local Records

图书在版编目（CIP）数据

湖南乡镇简志・湘西土家族苗族自治州卷 / 湖南省地方志编纂委员会编. -- 北京: 方志出版社，2017.7

ISBN 978-7-5144-2461-4

Ⅰ.①湖… Ⅱ.①湖… Ⅲ.①乡镇－地方志－湘西土家族苗族自治州 Ⅳ.①K296.45

中国版本图书馆 CIP 数据核字（2017）第 171367 号

湖南乡镇简志・湘西土家族苗族自治州卷（上册）

编　　者：湖南省地方志编纂委员会
　　　　　湘西土家族苗族自治州地方志编纂委员会
责任编辑：张　颢

出 版 人：冀祥德
出 版 者：方志出版社
　　　　　地址　北京市朝阳区潘家园东里 9 号（国家方志馆 4 层）
　　　　　邮编　100021
　　　　　网址　http://www.fzph.org
发　　行：方志出版社发行中心
　　　　　电话（010）67110500
经　　销：各地新华书店
印　　刷：吉首市广源印务有限责任公司

开　　本：889×1194　　1/16
印　　张：72.5
字　　数：1841 千字
版　　次：2017 年 7 月第 1 版　2017 年 7 月第 1 次印刷
印　　数：0001～1000 册

ISBN 978-7-5144-2461-4　　定价：480.00 元

《湖南乡镇简志》编纂委员会

主　　任　易介南

副 主 任　邓建平　　黄俊军　　杨盛让

委　　员　（按姓氏笔画排序）

王习加　　刘　琼　　刘李波　　李一平　　李俊江

李章进　　杨　帆　　杨伟东　　杨慈安　　陈念军

张征远　　易小兰　　周正宇　　周冠军　　唐　璨

聂建平　　隆清华　　谢绍猛

《湖南乡镇简志》总纂人员

总　　纂　易介南

副 总 纂　邓建平　　黄俊军　　杨盛让

总 编 室

主　　任　隆清华

副 主 任　杨　帆　　李章进

编　　辑　阳雍悦　　谭文美　　田　丰

美术编辑　刘　焰

《湖南乡镇简志·湘西土家族苗族自治州卷》
编纂委员会

名誉主任　李　平

主　　任　骆邦建　伍程灿　张发权

副 主 任　熊明刚　谢绍猛　陈功信

　　　　　张奇华　向　宏　李雄野

委　　员　徐绍平　张长元　唐黎明　蒲忠胜

　　　　　向明星　王世祥　龙乾疆　罗春波

　　　　　刘吉坤　张明华

《湖南乡镇简志·湘西土家族苗族自治州卷》
编　辑　部

主　　编　李雄野

副 主 编　刘忠明　黎楚云

编　　辑　黄文军　左泽蓉　陈忠新

执行编辑　曹彩云　符　明　李　华　葛文前

　　　　　孔　健　田　彦　杨　波　朱良杜

　　　　　吴绍德　彭志斌

湖南省行政区划略图

本图数据由湖南地图出版社提供，其审图号为湘S（2014）039号

凡　例

一、以马克思列宁主义、毛泽东思想、邓小平理论、“三个代表”重要思想、科学发展观、习近平新时代中国特色社会主义思想为指导，运用辩证唯物主义和历史唯物主义的观点和方法，全面、客观、系统、简要地记述湖南省各乡镇（街道）的历史与现状，突出地方特色、时代特色和历史文化特色，力求为全省乡镇（街道）立简志，为后世留存湖南乡镇信史。

二、全志分 14 卷，分别以湖南省 14 个市州为卷名，分卷出版。各分卷名称为《湖南乡镇简志·××市卷》。

三、上限追溯自建置之始或事物发端，下限总体截至 2014 年年底。为完整记述和反映 2015 年开展的湖南省乡镇区划调整工作及调整后的乡镇（街道）设置，个别相关内容记述下延至 2015 年年底，部分分卷下限整体截至 2015 年年底。

四、全志采用纲目体，横分门类，纵述史实，述而不论。各乡镇（街道）记述内容设区域概况、经济发展、基础设施、社会事业、特色地情五大板块；各板块之下结合地情合理设置分类栏目，篇首可设“地域名片”。

五、综合运用述、志、图、表、录等各种体裁。各分卷均设总述、市州综述、县市区概述、各乡镇（街道）简志及图照、表格、附录，以志为主；不专设人物传略、人物简介、人物名录及大事记。

六、使用规范的语体文记述，文字力求严谨、朴实、简洁、流畅。数字、标点使用遵循 GB/T15834–2011《出版物上数字用法》和 GB/T15834–2011《标点符号用法》国家标准出版规定。计量单位采用国务院 1984 年 2 月发布的中华人民共和国法定计量单位。鉴于社会使用习惯，个别传统计量单位不作换算。历史纪年以朝代年号、民国纪年并括注公元纪年表述，其他采用公元纪年。地名、机构、官职等均以当时称谓记述，必要时括注说明。

七、所用资料来源广泛，经核实载入，除个别情况外均不注明出处。数据一般采用国家统计部门法定数据，适当采用主管部门正式提供的数据。

八、各分卷分别收录湖南省行政区划略图、市州行政区划图；适当收录地方风景名胜、人文地情、风物特产等图片，随文插图，图文并茂。

九、各分卷需要单独说明的事项，均分别在各分卷后记中另行说明。

目录

上册

凤凰县

古丈县

花垣县

下册

保靖县

永顺县

龙山县

附录一

总述

一、湖南省情概览

湖南省位于中国中南部、长江中游。省域绝大部分在洞庭湖以南，故名湖南；因湘江纵贯南北而简称“湘”；又因自古盛植木芙蓉，而有“芙蓉国”之雅称。湖南省地处北纬 24° 38′ ~30° 08′ 、东经 108° 47′ ~114° 15′ 。东以幕阜、武功诸山系与江西交界，南枕南岭与广东、广西相邻，西以云贵高原东缘连贵州，西北以武陵山脉毗邻重庆，北以滨湖平原与湖北接壤。东西宽 667 公里，南北长 774 公里，土地面积 21.18 万平方公里，约占全国土地总面积的 2.2%。其中，山地占 51.2%，丘岗地占 29.3%，平原占 13.1%，水面占 6.4%。境内属亚热带季风湿润性气候，全年无霜期 260 ~310 天，年平均气温 16℃ ~18.5℃；年均降水量 1200~1700 毫米，是全国雨水较多的省份；5 公里以上河流 5341 条，河川径流量 2079 亿立方米。北部洞庭湖为中国第二大淡水湖，湘江、资江、沅水、澧水四大河流分别从西南向东北流入洞庭湖，连接长江。省会驻长沙市，全省辖 13 个市、1 个自治州，下辖 122 个县（市、区），其中，市辖区 35 个、县级市 16 个、县 71 个。2014 年，全省常住人口 6737.24 万人，其中城镇人口 3320.11 万人。

湖南历史悠久，远在旧石器时代境内就有古人类生活栖息。夏、商和西周时期，属《禹贡》九州的荆州之域；春秋战国时期属楚国，置郡县；秦袭楚制，“去楚名，以楚地为三郡”（据《史记集解》载）；两汉时期绝大部分属荆州境；三国时，湖南地区为蜀汉和东吴的角逐之地；两晋时属荆州之域；南朝初年设有以“湘”命名的“湘州”；唐朝设湖南观察使，“湖南”之名由此始；宋朝初隶于江南道，后分属荆湖南路和荆湖北路；元朝大部分地区属湖广行省，小部分隶于四川行省；明朝设湖广承宣布政使司（仍称省，治武昌）；清康熙三年（1664），分湖广右布政使驻长沙，同年移偏沅巡抚驻长沙，此为湖南建省之始，省名沿用至今。

湖南矿藏丰富，矿种齐全，是著名的“有色金属之乡”和“非金属矿之乡”，钨、锡、铋、锑等储量居全国之首。境内植被丰富，2014 年，森林覆盖率 59.57%，活立木总蓄积量 4.84 亿立方米，湿地保护率 69.3%。湖南生物资源丰富多样，堪称生物基因库。全省有水杉、绒毛皂荚等国家保护的珍稀野生植物55种，占全国保护珍稀植物种类的26%；有华南虎、云豹、白鹤等18种国家一级保护动物，以及28种国家二级保护动物、49种国家三级保护动物。湖南名胜古迹众多，古有“潇湘八景”美誉，现有武陵源风景区、崀山丹霞地貌2处世界自然遗产，有国家级自然保护区22个，国家级森林公园54个，AAAAA级景区7个。南岳衡山是中华五岳之一，岳阳楼是江南三大名楼之一，还有伟人故里韶山、千年学府岳麓书院、凤凰古城等名闻遐迩的景区景点。

湖南农业发达，自古就有“鱼米之乡”的美誉，历来是全国产粮大省，粮食、棉花、油料、茶叶、烤烟等主要农副产品产量均位居全国前列。湘莲具有3000多年历史，安化黑茶是中国世博会十大名茶之一，君山银针是中国黄茶珍品；生猪出栏数居全国之首，洞庭湖鱼虾、贝类产量居全国第五位；“鞭炮之乡”浏阳市是全球最大和最具盛名的烟花生产基地；醴陵陶瓷已有1700多年历史，釉下五彩瓷、毛瓷、国宴专用瓷驰名中外。湖南工业门类齐全，已形成工程机械、电子信息及新材料等10个优势产业集群，有三一重工、中联重科、华菱钢铁、湘潭电机等一批全国知名企业。第三产业蓬勃发展，广播影视、动漫卡通、文化创意、出版、旅游等产业迅速崛起，广电湘军、出版湘军、动漫湘军全国驰名。

境内交通发达，形成了铁路、公路、航空、水运于一体的综合交通运输网。2014年，全省铁路营运里程4281公里，其中高速铁路里程1110公里，居中部省份第一，在全国路网中担负着承东启西、沟通南北的功能。全省公路通车总里程236250公里，其中高速公路通车总里程5493公里。全省长沙、张家界等6个机场共运营航线160多条，通航国际国内城市100多个。全省有通航河流373条，通航总里程1.2万公里，位列全国第三。

湖南是华夏文明的重要发祥地之一。相传神农氏在境内种植五谷、织麻为布、制作陶器，坐落于炎陵县的炎帝陵是中华民族始祖炎帝神农氏的安寝圣地；舜帝明德天下，足历洞庭，宁远县九嶷山为其陵寝之地。湖南境内历史遗存众多，全省有城头山遗址、长沙铜官窑遗址、秋收起义文家市会师旧址、洪江古建筑群等全国重点文物保护单位182处，长沙马王堆汉墓的发掘震惊世界，湘西龙山出土的里耶秦简是继秦始皇兵马俑之后秦代考古的又一重大发现。湖南自古有“古道圣土”“屈贾之乡”和“潇湘洙泗”的美誉，以“心忧天下、敢为人先、经世致用、兼收并蓄”为精神特质的湖湘文化薪火相传。全省有长沙、岳阳、凤凰3座中国历史文化名城；有龙山县里耶镇、长沙市望城区靖港镇、永顺县芙蓉镇、绥宁县寨市镇、泸溪县浦市镇、洞口县高沙镇、花垣县边城镇7个中国历史文化名镇；有岳阳县张谷英镇张谷英村、江永县夏层铺镇上甘棠村、会同县高椅乡高椅村、永州市零陵区富家桥镇干岩头村、双牌县理家坪乡坦田村、祁阳县潘市镇龙溪村、永兴县高亭乡板梁村、辰溪县上蒲溪瑶族乡五宝田村、永顺县灵溪镇老司城村、通道侗族自治县双江镇芋头村、通道侗族自治县坪坦乡坪坦村、绥宁县黄桑坪苗族乡上堡村、绥宁县关峡苗族乡大园村、江永县兰溪瑶族乡兰溪村、龙山县苗儿滩镇捞车村15个中国历史文化名村。湖南民俗多姿多彩，土家族梯玛歌、辰河高腔、湘绣、滩头木版年画、皮影戏、江永女书等118项民俗艺术被列入国家非物质文化遗产代表性项目，花鼓戏、昆剧、湘剧、祁剧和常德丝弦等民间歌舞享誉中外，湘西苗族的巫傩文化和土家族的茅古斯、摆手舞等民俗别具一格。

湖南人文荟萃，英才辈出。从流寓湖湘的先秦爱国诗人屈原，西汉著名政论家贾谊，东汉造纸术发明者蔡伦，唐代著名书法家欧阳询和怀素，北宋理学鼻祖周敦颐，在湖南讲学传道的南宋著名理学家朱熹和张栻，明代茶陵诗派领袖李东阳，有“东方黑格尔”之称的思想家王夫之，到清代经世派代表人物两江总督陶澍，近代“睁眼看世界第一人”魏源，以及清代中兴名臣曾国藩、左宗棠，维新志士谭嗣同、唐才常，辛亥元勋黄兴、蔡锷、宋教仁，民国第一位民选总理熊希龄；从为创建中国共产党、缔造中华人民共和国做出卓越贡献的毛泽东、刘少奇、任弼时、彭德怀等无产阶级革命家，到改革开放以后的党和国家领导人胡耀邦、朱镕基；从田汉、齐白石等著名艺术家，沈从文、周立波等著名文学家，到“世界杂交水稻之父”袁隆平、“试管婴儿之母”卢光琇等著名科学家，以及全心全意为人民服务的共产主义战士雷锋等杰出人物，都以其卓越的才情、智慧和品德，在中国乃至世界的历史舞台上写下了浓墨重彩的精彩篇章，彪炳史册。

二、湖南乡镇建置沿革综述

（一）先秦至明代基层组织

先秦时期基层组织

夏、商、西周，湖南属《禹贡》九州的荆州之域，大体仍处于“蛮夷”所居的“荒服”之列。虽中原王朝不断进入，但三代都没有在湖南建立起自己的统治秩序，在这1500多年里，从湖南先民的主体部分看，始终处于原始氏族制度的缓慢解体阶段。①据《汉书·食货志》记载：在殷周曾把辖区内居民“以五家为邻、五邻为里、四里为族、五族为党、五党为州、五州为乡”的乡制进行控制。西周在划分“国”“野”的基础上，在王室和诸侯管辖的区域内设乡、遂地方行政机关。②西周至春秋之际，兴起于汉水流域的楚国把触角伸入湖南，但在整个春秋时期，楚人未能建立有效的行政管理机构，而主要是依靠军队在交通要道上设置军事据点进行统治。如在沅陵建黔中古城等。同时楚人在湖湘地区建立由移民组织的附庸国加强对居民的统治。当时著名的有今汨罗一带的罗子国和今岳阳市东的麇子国。战国时期，楚国对湖南的征服已完成，为加强统治，在湖南设黔中郡以辖之，郡治在今常德市，首次把湖南纳入封建国家行政管理体系。这一时期，县以下设乡、里、什、伍四级组织。此外，设有与乡同级的亭（管理城市居民的组织）。其职能：维护社会治安；监督户口，防止隐匿逃亡；征收租税和摊派徭役；组织农民从事生产。据考古发现，春秋战国时期湖南地区出现了规模不大的城市，如长沙城、罗子城、麇子城、索县古城、张若城、鸡叫城、城头山城、申鸣城、宋玉城等等。这些虽为城，实际为楚国军事据地、手工业和商业贸易中心。③

秦汉至南北朝时期基层组织

秦汉一县之内分成若干乡，乡设三老掌教化，啬夫掌司法和税收，游徼掌管治安；乡以下有里，里设里正；里以下有什伍组织（这种乡里制度基本因循至南朝）；另外县以下还有亭一级组织，亭有亭长，协助地方治安，同时监管百事。④西汉时

---

① 湖南省地方志编纂委员会编：《湖南省志·卷首》，北京：五洲传播出版社，2005年8月，第423页。
② 罗昭义主编：《当代中国乡镇政权建设研究》，北京：光明日报出版社，2003年7月，第13页。
③ 李建毛等著：《知我湖南丛书——湖南史话》，长沙：湖南教育出版社，1998年，第38页。
④ 《中国政治制度辞典》，北京：中国社会出版社，1990年3月，第144页。

每个县辖20个左右乡和亭，亭设在农村市镇称乡亭（又名野亭或下亭），每个乡和亭之下都设十里左右，里内居民按什伍编制。其乡里基层组织职能：维护社会治安，实行重赏重罚的“什伍连坐法”；编制“傅籍”，征收赋税；实行思想教化，秦时推行法家学说，禁止儒家思想，严禁民间私学，到汉朝自汉武帝时又“罢黜百家，独尊儒术”，大兴教育；在官吏选举中也起一定的作用。① 北魏地方基层组织实行“三长制”，规定：五家立一邻长，五邻立一里长，五里立一党长，由本乡“强谨”之人充当。主要职责是检查和审定户口，征发赋役。三长享受一定的免税优待。②

秦汉至南北朝时期湖南地区部分县以下的基层组织：

西汉，县下设有乡里。马王堆汉墓出土的《地形图》所绘即是长沙国的地域范围，据该图可知，主区大致分为县和乡里二级，县级8个，主区内共绘有80多处居民点，可辨认的乡里级居民地70多个，所标圆圈符号大小不同，应该与地域大小、人口多少有关。③

东汉，在溇中（今慈利县）等地设“里”“亭”等基层行政机构。④

新莽（9–23），耒阳改名南平亭。王莽假复古改制之名，行篡汉夺位之实，郡县之名多次改变，耒阳亦改名。⑤

东安县紫溪市镇“西汉武帝元鼎六年（前111），朝廷在镇东侧一华里的马塘铺，设置了东安驿……”。⑥

桃源县茶庵镇“自东汉建武二十六年（50）设为临乡之所属临沅（今常德市）沅南县（今桃源县）以来，此地作为乡镇治所已有1957年”。⑦

攸县，唐、虞时属荆州。《禹贡》荆及衡阳惟荆州。攸为衡山之阳一奥区。⑧户口保甲附论：保甲之设，由来远矣。汉之里魁，晋之里吏……。⑨

隋唐时期的地方基层组织

隋初颁布政令规定，县以下基层建制为保、闾、族三级制，但畿内、畿外略有不同。畿内以五家为保，设保长一人，五保为闾，设闾正一人，四闾为族，设族正一人。畿外，以五保为一里，设里正一人，相当于闾正；四里为一党，设党长一人，相当于族正。保长、里长、党长之间要相互监察。唐朝县以下的基层组织是乡、里、保、邻四级。乡设乡长一人，乡佑二人。贞观十五年（641）后，乡只设耆老（又称文老）一人，乡下辖五里，管500家。里设里正一人，里下辖五保，管100家。保设保正一人，保下辖五邻，管20家。邻设邻长一人，邻下辖4家。⑩在两亭和州县城内设坊；在郊外设村。乡里、村坊设正长，多选用六品以下没有实际官职的在乡人员或富户充任。保长、邻长则由一些有影响的人物担任。乡里、

① 罗昭义编：《当代中国乡镇政权建设研究》，北京：光明日报出版社，2003年7月，第14页。
② 《中国政治制度辞典》，北京：中国社会出版社，1990年3月，第145页。
③ 周秋光等著：《湖南社会史》，长沙：湖南人民出版社，2013年3月，第481~482页。
④ 《湖南省志·民族志》，长沙：湖南人民出版社，1998年，第30页。
⑤ 《湖南地名志》，长沙：湖南地图出版社，2009年5月，第464页。
⑥ 《湖南地名志》，长沙：湖南地图出版社，2009年5月，第1540页。
⑦ 《湖南地名志》，长沙：湖南地图出版社，2009年5月，第1128页
⑧ 〔同治〕《攸县志》，1984年12月，第92、116页。
⑨ 〔同治〕《攸县志》，1984年12月，第92、116页。
⑩ 罗昭义主编：《当代中国乡镇政权建设研究》，北京：光明日出版社，2003年7月，第15页。

村坊正长负责稽查户口，课植农桑，检察非违，催驱赋税，监督人民。[①]

隋唐时期湖南地区部分县以下的基层组织：

江永县，隋开皇九年（589）并谢沐、营甫为永阳县，属永州府总管府。大业三年（607）改零陵郡。汉至隋县以下设乡、亭里。唐宋设乡、都里、坊村……。[②]

永兴县“唐开元十三年（725），析郴县北四乡置安陵县，县治设今高亭乡政府东侧的古城村……”。[③]

宋元时期基层组织

宋初县之下有乡、乡之下有坊（城厢）、里（乡村），里之下即户。各户要轮流到各级政府去服差役（职役）。户各置长一人，称户长，以第二等户充之；里置里正，以第一等户充之；于乡则有乡书手，各负督课赋税之责。此外则有耆长、弓手、壮丁，以捕盗贼，还有承符、人力、手力、散从以供奔走，即供县衙门随时驱使。[④]北宋王安石变法：“十家为一保，选主户有干力者一人为保长，五十家为一大保，选一人为大保长；十大保为一都保，选为众所服者为都保正，又以一人为之副。”（《宋史·兵志六》）。保的任务是联合民户，以寄兵政。另外还有甲的组织，以三十家为一甲，负责放贷和收税。[⑤]元代县以下设里制和社制。里制：四家为邻、五邻为保，百家为里。里设里长，里长职权为“催促差税，禁止违犯”（《大元通制》），办理国家委派的各项事宜。社制：五十家立一社，择高龄晓农事者一人为之长。增至百家者，另设长一员。不及五十家者，与近村合并为一社。地远人稀，不能相合，各自为社（《元史·食货志一》）。[⑥]另外，二十家变为一甲，甲有主。[⑦]社长负责办理本社居民自治实务。如组织垦荒耕种，修治河渠，经营副业、恤贫救危等。[⑧]

宋代湖南地区部分县以下的基层组织：

醴陵县分 16 乡、16 里。[⑨]

长沙县，北宋元符元年（1098）析长沙县东南五乡、湘潭县两乡置善化县。[⑩]

茶陵县，南宋嘉定四年（1211）析康乐、霞阳、常平三乡置酃县，属茶陵军管辖。[⑪]

元代湖南地区部分县以下的基层组织：

湖南各地“苗蛮”积极参加反元斗争，元朝“以夷制夷”，即保留各少数民族内部原有的政治、经济和文化生活不变，利用本民族内部的贵族管理和控制这些少数民族地区，设立土司，形成了土司制度。[⑫]

会同县编为 38 里（苗 1 里）。通道县编

---

① 湖南省民政厅编：《我国基层群众性自治组织常识》，1988 年 1 月，第 13 页。
② 《湖南地名志》，长沙：湖南地图出版社，2009 年 5 月，第 1574 页。
③ 《湖南地名志》，长沙：湖南地图出版社，2009 年 5 月，第 1345 页。
④ 孟昭华等著：《中国民政史稿》，哈尔滨：黑龙江人民出版社，1986 年 2 月，第 65 页。
⑤ 《中国政治制度辞典》，北京：中国社会出版社，1990 年 3 月，第 145 页。
⑥ 崔乃夫主编：《中国民政词典》，上海：上海辞书出版社，1990 年 11 月，第 50 页。
⑦ 《中国政治制度辞典》，北京：中国社会出版社，1990 年 3 月，第 145 页。
⑧ 崔乃夫主编：《中国民政词典》，上海：上海辞书出版社，1990 年 11 月，第 50 页。
⑨ 醴陵市民政局编：《醴陵民政志》，1990 年 10 月，第 25 页。
⑩ 长沙县志编纂委员会编：《长沙县志》，生活·读书·新知三联书店，1995 年 10 月，第 1 页。
⑪ 茶陵县地方志编纂委员会编：《茶陵县志》，北京：中国文史出版社，1993 年 10 月，第 7 页。
⑫ 周秋光等著：《湖南社会史》，长沙：湖南人民出版社，2013 年 3 月，第 536 页。

为6里。[①]攸县5个乡、72里。[②]

明代基层组织

明代县以下实行都里甲制。城中称坊，近城称乡，乡村称里或图（100户为1里），里以下称甲（10户为1甲）。里长对县、乡负责，实现对里甲管理，其行政职责为对里内人户进行管理；检查督促本里农业生产。[③]据《明史·地理志》统计，湖广为里3480有奇。[④]

明代湖南地区部分县以下的基层组织：

沅陵县分12都，编户58里。辰溪县明初编为58里，明洪武二十五年（1392）并为24里，永乐元年（1403）再并为8里，景泰元年（1450）改为6都、1坊、7乡。芷江县明初编为27里，明弘治十五年（1502）并为16里，正德七年（1512）划为4坊、10乡、26里。麻阳县明洪武十四年（1381）编为9里，后因苗民起义被镇压，人烟稀少，永乐元年（1403），以绝户田土割付平、清、偏、镇、辰、沅六卫屯田，麻阳仅存7里。黔阳县明洪武初年，编为2都58里，永乐元年（1403）并为21里。会同县明景泰三年（1452）并为24里，成化八年（1472）并为24里，万历二十五年（1597）分9乡、22里。通道县明初改设5乡。[⑤]

宁远县明初设乡12个，辖60里，明崇祯十二年（1639）划宁远南乡9里，北乡4里，置新田县。宁远县减为10乡（东、西、中和、大阳、永乐、太平、仙政、广济、仁泽、丹桂）30里。[⑥]

湘潭县明洪武十四年（1381）编为21都8乡，县城分为2坊，附郭分为2乡，皆统于乡。[⑦]

攸县明洪武年间，编为52里，永乐二年（1404）并为44里，景泰三年（1452）并为29里，坊厢一区。[⑧]

此外，在今湖南境内有3宣慰使司，1安抚使司，下分3土州、10长官司和1土舍，总计大小18土司。[⑨]

（二）清朝时期基层政权[⑩]

清初湖南基层政权组织城中称坊，近城称厢，乡村称里或都。乾隆、道光年间（1736–1850），推行保甲，并办团练。光绪三十四年至宣统三年(1908–1911)，筹办城镇乡自治。

里甲　清康熙年间（1662–1722），湖南几次审编丁户，造报赋役黄册，编排里甲。初定3年一编审，后改5年。以110户编为一里，推人丁多的10户为长，其余100户编为10甲，每甲10户，60岁以上者役册除名，免征赋役。16岁以上者，选报役册，计征赋役。鳏寡孤独不服役者称畸零，在100户之外，附于里甲册之后。里长10年轮换一次，管摄一里的征赋派差，征缴各户钱粮差役。清初据湘潭等50州、县汇总，共编1019里、

① 怀化市民政志编纂委员会编：《怀化市民政志》，2002年4月，第68~72页。
② 〔同治〕《攸县志》，1984年12月，第117页。
③ 罗昭义主编：《当代中国乡镇政权建设研究》，北京：光明日报出版社，2003年7月，第16~17页。
④ 周秋光等著：《湖南社会史》，长沙：湖南人民出版社，2013年3月，第534页。
⑤ 怀化市民政志编纂委员会编：《怀化市民政志》，2002年4月，第68~72页。
⑥ 宁远县民政局编：《宁远县民政志》，1992年12月，第28页。
⑦ 湘潭县地方志编纂委员会编：《湘潭县志》，长沙：湖南出版社，1995年12月第10页。
⑧ 〔同治〕《攸县志》，攸县志编委会翻印，1984年12月，第117页。
⑨ 周秋光等著：《湖南社会史》，长沙：湖南人民出版社2013年3月，第536~537页。
⑩ 湖南省地方志编纂委员会编：《湖南省志·民政志》，北京：中国文史出版社，1994年7月，第72~74页、第116~120页。

26都、8厢。康熙三十五年(1696)，在43州县内增编98里、6厢、11坊。清雍正、乾隆年间(1723–1795)，里甲又经多次编审。嘉庆二十一年（1816）据辰溪、善化（今望城区）等68州县汇总，共编1386里、32都、18保、14坊。

保甲　清乾隆三十七年(1772)，湖南废除编户与审定新生人口，全面推行保甲制。以10户为牌设牌头；10牌为甲设甲长；10甲为保设保正。牌头甲长三年一换，保正一年一换。甲内如有盗窃、邪教、赌博赌具、窝逃奸拐、私铸私销私盐、贩卖硝典、私立名色、敛财聚会，或有面生可疑，形迹诡秘的人，皆令查报。各府、州、厅、县所辖城厢、市镇、村屯居民，从缙绅至商贾、农工、吏役、兵丁皆挨户编审。湖南全省审编保甲的总况，已无从考查，部分州县确已按例编定，里甲逐渐改名都甲、都团。醴陵县于清嘉庆十八年（1813）编查烟户人丁，门牌邑令，共编24都、103境；有保正103名，甲长456名，牌头4188名。黔阳县清光绪年间（1875–1908）废都里，设局、团，全县划4局，下辖58团。[①]

城镇乡自治　清光绪年间(1875–1908)，湖南部分州、县的基层政权组织已有乡、村（团）的划分。桃源县划为6乡、2坊、下辖34村。光绪三十四年（1908）十二月，清政府先后公布《城镇乡地方自治章程》《城镇乡地方自治选举章程》。清宣统元年(1909)，湖南成立省地方自治筹办处，各厅、州、县成立地方自治筹办所。详定《全省地方自治研究所章程》《各厅、州、县筹办地方自治公所章程》《各厅州、县筹办地方自治公所附设宣讲所章程》《各厅、州、县筹办地方自治公所办理白话报章程》并确定城的区域，指定长沙、善化及湘潭、洪江等地，先行筹设议事会、董事会。镇乡区域均以人口数为标准，但因人口不实而无从划分。当时四地乡镇沿旧制，名称很不统一，称都、团、区、里的都有，实际上还是保甲制。省地方自治筹办处当时通饬各州、县地方官会同地方绅董，认真清理旧有保甲团体，巩固原有组织，以立自治初基。

（三）民国时期基层政权[②]

民国初期湖南基层政权仍袭清末都、团、区、里旧制。民国12年（1923）编立挨户团。民国17年（1928）实行区、乡、镇、闾、邻自治。民国24年（1935）实施乡、镇、保甲制。

挨户团　民国12年3月，湖南省内务司公布《各县挨户团编组条例》，规定：凡县属原有市区乡团保甲，应由知事切实整理. 依照本《条例》改编挨户团。其编制：各县挨户团须照地方习惯划分区团，各区挨户团，除编入号册者外，须按户派定1人编入团丁名册，依团属户数编列：10户1排，置排长1人；5排为1甲，置甲长1人；5甲为1保，置保董1人。县挨户团以知事为总监督，遴委地方绅商办理；区挨户团置团总1人，由总监督遴委，其他应置之保董、甲长、排长，按各区团户数支配名额，由各排互推，报请团总核定，呈总监督委充之。在清查户口中，被各县挨户团编入另册的有暴徒、窃盗、土娼、烟犯、赌博等，据57县统计，编入另册共有46263人。

乡镇保甲　民国18年（1929），湖南省政府为“围剿”共产党创建的革命根据地，在平江、浏阳及湘东南等边区县内推行保甲制。以5牌为

① 怀化市民政志编纂委员会编：《怀化市民政志》，2002年4月，第71页。

② 湖南省地方志编纂委员会编：《湖南省志·民政志》，北京：中国文史出版社，1994年7月，第75~82页、第120~120页。

甲，100户以上为保，保以上为团，据此清查户口，办理联保切结。民国21年（1932），省政府制定《湖南省清查户口编组保甲规程》《湖南省各县清查户口编组保甲须知》等，民国24年（1935）1月1日在全省施行。规定县以下设区，区以下设乡镇，乡镇以下设保，保以下设甲（10户为甲、10甲为保）。至民国25年（1936），全省划乡镇3012个，坊15个，保38750个，甲424515个。民国27年（1938），全省实行扩并乡镇区域，其乡所辖户数1000～5000户。镇不受面积限制，所辖户数2000–5000户，至次年底，全省设立乡镇1608个。民国29年（1940），湖南省政府公布《湖南省各县乡镇自治实施方案》《湖南省各县乡镇区域调整办法》。至民国30年（1941）底，全省设立乡镇1609个，保20136个，甲289367个；其等级划分：甲等乡镇550个，乙等乡镇768个，丙等乡镇271个。甲等保7649个，乙等保9341个，丙等保2506个，未列等保640个。民国29–34年（1940–1945），日本侵略者侵犯湖南期间，保甲组织混乱。民国34年（1945）10月，省政府饬令抗日作战区域的乡镇，归复原有建制。12月7日，湖南省政府委员会第十四次常务会通过《湖南省各县调整乡镇组织法》《湖南省各县市整编保甲实施办法》和《湖南省各县市推行保甲规约办法》。次年，省政府迭令各县调整乡镇区划。调整后全省乡镇由1617个减为1173个，保由20515个减为14830个；甲由264540个减为198732个。

区乡镇自治 民国12年（1923）12月，永顺、保靖、龙山、桑植、凤凰、乾城、永绥（今花垣）、古丈、大庸（今张家界市永定区）、麻阳10县推行乡自治，公布《湘西永保龙桑凤乾绥古庸麻十县制》，规定牌长、甲长、保长、乡长的委任方式、选举乡议员条件和被选为乡议员任期年限。民国13–14年（1924–1925），湖南倡议联省自治，公布《湖南省宪法》，省以下实行县与市乡自治，规定市、乡划分标准。民国16年（1927）2月，省政府公布《区乡自治条例》。民国17年（1928）6月，省成立地方自治筹备处，各县成立自治分处，协助县政府筹备区乡自治。民国18–19年（1929–1930），国民政府公布《县组织法》《县组织法施行法》《县自治法》和《修正县组织法》等自治法规。民国22年（1933），省政府决定，长沙、岳阳、邵阳、湘阴、湘潭、湘乡、醴陵、宁乡、益阳、浏阳、平江、衡阳、衡山、常德14县，提前举办地方自治。民国23年（1934）12月，国民政府行政院下令举办保甲而停编。

县辖区 民国21–25年（1932–1936），设立区公所（或名区署）。民国21年（1932），全省共划区489个，民国25年（1936）调整为449个，并划有相应区的直属乡镇43个（其中直属镇19个）。民国26年（1937），湖南省实行撤区并乡，由县政督导员流动巡视、指导、监督乡镇保甲工作。民国28–30年（1939–1941），区公所或区署全部撤销。

（四）中共湖南区委领导下农民协会和苏维埃辖区的基层政权

第一次国内革命战争时期（1922–1927年）。在中共湖南区委领导下，湖南地区开展了农民运动。1923年4月建立岳北工农会，1925年成立湘潭八叠分农民协会，1926年4月成立长沙县农民协会，1926年12月成立省农民协会。至1927年1月，全省农民协会会员达200多万人，能直接领导的群众1000多万人。农民协会在政治上和经济上打击地主、推翻土豪劣绅的封建统治，建立农民武装，开展文化和合作社等运动。毛泽东撰写的《湖南农民运动考察报告》中说：农会是“新的乡村自治机关——农民政权的乡村自治机关”（《毛泽东选集第一卷》第29页）。[①]

第二次国内革命战争时期（1927–1937年）。中国共产党领导的工农红军建立湘鄂赣、湘赣、湘鄂西和湘鄂川黔边区革命根据地。在湖南25个县属革命根据地或游击区建立区苏维埃政府170余个，乡苏维埃政府或革命委员会910余个，成为湖南最早的基层工农政权。[②]

茶陵县 1927年11月28日，茶陵县工农兵政府建立；1928年先后建立第一个区苏维埃政府和茶陵县革命委员会。1930年3–4月成立太湖乡、山边一区苏维埃政府，区政府设主席、秘书、青年部长、经济委员、少先队队长、赤卫队队长、肃反委员、妇女主任等。

酃县 1928年3月，成立中共酃县县委会、中村区委、区工农兵政府。召开全区群众大会，选举区苏维埃主席、副主席和执委。下设宣传、军事、粮食、肃反、财政、文化、工作检查、土地、妇女、青年、儿童10部。并组织区赤卫队。

浏阳县 1928年11月20日，中共浏阳县委在仁和洞赖世安家召开第一区（新划区）第一次区工农兵代表大会，选举区苏维埃主席等，下设粮食、土地、财政、文化、裁判、赤卫等部。区政府领导人民查田、分土地；清理地方公产积谷，焚毁地主契据、借约、借券，取缔一切苛捐杂税。

醴陵县 1927–1928年3月，醴陵县建立区乡苏维埃政府。区乡苏维埃政府设执行委员会，分设农委、财委、妇委、武装、民食、耕作等委员，下辖自卫团、儿童团等组织。

石门县 1928–1929年，石门县成立区乡苏维埃政府，区、乡苏维埃政府主要工作：联合农民，推翻国民党统治，实行分土田，打倒土豪劣绅，没收地主粮食，分浮财，支援红军；加强地方武装，加强县游击队建设，儿童团站岗放哨，维护治安；加强经济建设，取消一切政府、军阀土地捐税、退租、减押实行统一的累计税；开展政治宣传，各区、乡小学，农民夜校，组织青年演文明戏，唱革命歌曲，开办中西结合医院。[③]

（五）中华人民共和国成立后基层政权[④]

1949年8月湖南和平解放后，湖南基层政权建设先后经历区人民政府（简称区政府）、乡镇人民政府（人民委员会）、人民公社、乡镇人民政府（简称乡镇政府）。

农村基层政权

区政府 湖南和平解放后，湖南各县在县以下划区，建立区政府。1951年6月，全省建区镇政府659个。1952年，全省建立区政府920个。区级机构设置：党群方面设中共区委书记和组织、宣传等委员及农会、青年、妇女等干部；政府方面设正、副区长、秘书和民政、公安、司务、财粮、文教、工商等干部及会计员、事务员等。1953年，湖南省人民政府按照中央军政委员会关于划小区、乡的决定，调整县以下行政区、实行小区小乡，至1955年6月，全省共设置区933个。1956年5月，湖南省人民委员会下发《关于扩大乡行政区域和撤销县属区建制的决定》，是年

① 李永芳著：《近代中国农会研究》，社会科学文献出版社，2008年10月，第181~189页、第204~214页。
② 湖南省地方志编纂委员会编：《湖南省志·民政志》，北京：中国文史出版社，1994年7月，第131~137页。
③ 石门县民政志编纂委员会编：《石门县民政志》，2015年1月，第70~72页。
④ 湖南省地方志编纂委员会编：《湖南省志·民政志》，北京：中国文史出版社，1994年7月，第75~87页；湖南省地方志编纂委员会编：《湖南省志·民政志（1978~2002）》，珠海：珠海出版社，2009年1月，第260~265页。

撤销区 921 个，保留常德地区和湘西自治州县以下办事处 12 个。1961 年各地在调整人民公社区划规模时设置县与公社之间区 510 个（包括片工委）。嗣后几经调整，至 1990 年，全省共设置区 411 个，2003 年共设置区 8 个，至 2004 年年底，全部撤销。

乡镇政府（人民委员会） 湖南和平解放后，各地以旧保区域为基础，划定乡的行政区域，至 1951 年上半年，全省划乡 8402 个，互助合作组 1000 余个。1950 年 12 月，中央人民政府政务院颁布《乡（行政村）人民代表会议组织通则》和《乡（行政村）政府组织通则》。1951 年 6 月 27 日，湖南省人民政府下发《关于划小区乡工作的指示》，至 1953 年，全省设置乡政府 15217 个，互助合作组 247697 个；镇政府 340 个。1953 年 2 月，湖南省人民政府下发《关于健全乡政权组织的指示》。至 1954 年 4 月，全省完成基层选举 15232 个乡（除邵阳专区 2 乡、黔阳专区 10 乡外），设置乡政府。乡政府由 9～15 人组成，各乡酌情设置生产合作、文教卫生、治安保卫、人民武装、民政、财政、调解等委员会。乡政府职责是直接联系群众，领导生产建设，组织人民行驶当家作主权力；贯彻执行县人民代表大会的决议与县政府的指示，讨论决定本乡人民提出的重大革新事宜；加强对人民的社会主义教育，交流传播互助合作社的经验与推广先进生产技术；根据人民意见，对乡政府工作人员进行批评和表扬。是年，全省调整镇设置，镇从 340 个减为 259 个。至 1955 年 6 月，全省设置乡 15269 个，互助组 570311 个。1955 年，湖南各县按照《宪法》的规定，改乡政府为乡人民委员会（简称乡人委会）。1956 年 5 月 18 日，省人委会决定撤销县人委会的派出机关——区公所后，实行县对乡的直接领导，全省调整设置乡人委会 2950 个，高级农业合作社 46305 个。

人民公社 1958 年 8–9 月，湖南省将 2964 个乡及 5.3 万多个高级合作社合并组建人民公社 1130 个，年底调整设置公社 1198 个，生产大队 11592 个，生产队 105000 个。1961 年，对社镇行政区划进行调整，是年年底，全省设置公社 3545 个，生产大队 49479 个，生产队 458200 个，建制镇 154 个。1966 年，设置公社 3362 个，生产大队 45704 个，生产队 416700 个；1971 年设置公社 3328 个，生产大队 45412 个，生产队 458200 个，至 1978 年 5 月全省设置公社 3295 个，镇 165 个，办事处 98 个；生产大队 45276 个，居委会 1403 个；生产队 394435 个，居民小组 13565 个。[①]人民公社实行政社合一体制，乡党委改为社党委，乡人民委员会改为社务委员会。人民公社是我国社会结构中工农兵学商相结合的基层单位，同时又是社会主义政权的基层单位。人民公社实行统一领导，分级管理制度。公社管理机构为公社管理委员会、生产大队、生产队。生产大队为经济核算单位，生产队为组织劳动的基本单位。[②]“文化大革命”中，公社管理委员会改为公社革委会，中共公社委员会与公社管理委员会（或革委会），实行“两块牌子，一套人马”，形成党政分工不明、基层政权职能不能正常履行的状态。

乡镇政府 1982 年 9–11 月，中共湖南省委决定实行政社分开，建立乡镇政府，派出工作组，在浏阳县的镇头、跃龙、金江、普迹、官桥、北

---

① 湖南省革命委员会民政局编：《湖南行政区划资料》（内部参考），1978 年 5 月，第 3 页。
② 罗昭义主编：《当代中国乡镇政权建设研究》，北京：光明日报出版社，2003 年 7 月，第 28~29 页。

星、柏加、大塘山等9个公社进行试点。12月4日，全国人民代表大会公告公布施行《中华人民共和国宪法》，规定农村基层政权组织为乡、民族乡和镇人民政府。1983年4–7月，全省在164个公社实行政社分开试点。1984年1月，中共湖南省委、省人民政府下发《关于政社分开建立乡政府工作的通知》。至9月，全省共设置乡3090个（其中民族乡74个），生产大队改村委会47394个，生产队改村民小组496463个；设置镇513个，街道办事处144个，设居委会2721个，居民小组28337个。11月，国务院颁布新的建镇标准，湖南省统一规划了镇的建制，采取撤乡并镇或以乡改镇的办法，实行镇管村的体制，1986年冬和1987年春，县、乡两级人大换届选举中，省人大常委会党组向省委提出在乡镇人大主席团设立常务主席的建议，得到省委赞同。通过换届选举，全省3594个乡镇人民代表大会有2682个乡镇设立主席团专职主席，确定乡镇人大主席团常务主席的职责主要是受主席团的委托，做好召开下一次本级人民代表大会会议的具体准备工作：宣传法律和政策，宣传本级人民代表大会和上级人民代表大会及其常务委员会的决议、决定，向本级人民政府反映有关法律、政策和决议，决定在本行政区贯彻和执行的情况并提出建议；联系本级人民代表大会代表，组织代表联系选民、开展代表小组活动，向本级人大和本级政府反映代表、选民的意见和要求；依照法律的规定，协助和指导选区做好撤换和补选代表的有关工作；协助本级人民政府办理代表的建议、批评、意见；办理主席团交付的其他有关事项。①1995年2月，全国人大常委会第十次会议修订并颁布的《中华人民共和国地方各级人民代表大会和地方各级人民政府组织法》中规定，乡镇人大设主席1人、副主席1~2人。1987年1月28日，省委、省政府下发《关于加强农村基层政权建设有关问题的通知》。是年，在16个县（市）进行简政放权的试点，至1988年底，全省下放给乡镇政府的管理机构有教育、卫生、财政等。1990年，全省设置乡2804个，镇628个；2000年，全省设乡1310个，镇1055个；2010年，全省设置乡1052个，镇1109个。嗣后几经区划调整，至2013年，全省设置乡828个、镇1138个。2015年9月，中共湖南省委、省人民政府下发《关于开展乡镇区划调整改革的意见》（湘发〔2015〕15号文件）。9月22日，召开全省乡镇区划改革动员会。当年12月2日前，全省申报撤并乡镇524个。至此，全省设置乡334个，民族乡83个，镇1119个。至2016年6月30日，全省完成乡镇区划调整，全省设置乡325个、民族乡83个、镇1128个。②

乡镇政府职权职能　乡镇人民政府是乡镇的基层行政领导机关，又是乡镇人民代表大会决议的执行机关，对乡镇人民代表大会和县（市）人民政府负责并报告工作。乡长或镇长，副乡长、副镇长每届任期3年。2004年新修订《地方组织法》规定为每届5年。2007–2016年，乡镇政府与县政府换届同步（2006年为县乡政府换届提前1年）。根据1986年12月第六届全国人民代表大会第18次会议修改后的《中华人民共和国地方各级人民代表大会和地方各级人民政府组织法》规定，乡镇人民政府行使以下职权：执行本级人民代表大会的决议和上级国家行政机关的决定和命

---

① 湖南年鉴社编辑出版：《湖南年鉴（1987年）》，第191页。

② 摘自《湖南省乡镇区划调整情况汇报》和“2016年湖南省乡镇统计表”等资料中数据。

令，发布决定和命令；执行本行政区域内的经济和社会发展计划、预算，管理本行政区域内的经济、教育、科学、文化、卫生、体育事业和财政、民政、公安、司法行政、计划生育等行政工作；保护社会主义全民所有的财产和劳动群众集体所有的财产，保护公民私人所有的合法财产，维护社会秩序，保障公民的人身权利、民主权利和其他权利。保障农村集体经济组织应有的自主权；保障少数民族的权利和尊重少数民族的风俗习惯；保障宪法和法律赋予妇女的男女平等、同工同酬和婚姻自由等各项权利；办理上级人民政府交办的其他事项。①乡镇机构设置为：中共乡镇党委会、乡镇人民政府、乡镇人大主席团、政协联络组（20 世纪 90 年代设置）。在乡镇党委、政府之下，设党政办、纪检会、组织、宣传、武装部、综合治理办、派出所、司法办、法律服务所、民政办、国土站、财政所、统计站、税务所、工商所、计划生育办、计划生育服务所、卫生院、乡学区、乡中学、乡（村）小学、文化站、广播站、企业办、经营管理站、农业办、农机站、林业站、畜牧站、水管站、农电站、供销社、信用社、农行营业所、食品站、粮管站、邮电支局（所）和共青团、妇联等单位。

城市基层政权

中华人民共和国成立初期，湖南省仅长沙、衡阳两市在市以下设 16 个区公所，为市政府派出机关。1950 年，湖南省设立 8 个市，在市以下设区、街人民政府；区、街之下建立居民委员会和居民小组（废除旧保甲组织）。1952 年，城市街道开展民主建政。长沙、株洲、益阳等市在市以下设区政府，区以下设立街道各界人民代表会议办事处（简称街道办事处）。邵阳、湘潭、常德等市设街道人民政府或区公所。1954 年 5 月，株洲市人民政府制定《街道办事处组织简则（草）》，在市区设市政府的派出机关，领导和检查居民委员会的工作，同时撤销原街道办事处。1954 年 12 月 31 日，全国人大常委会颁布《城市街道办事处组织条例》后，湖南城市基层政权为市辖区和不设区的市人民政府；在不设区的市和市辖区政府之下所设街道办事处系政府的派出机关。其任务：办理市、市辖区人民委员会交办的有关居民工作的事项；指导居民委员会工作，反映居民的意见和要求。街道办事处主任、副主任、干事都由市辖区、不设区的市人民政府委派，编制 3 ~ 7 名。②1955–1956 年，长沙、株洲、邵阳、益阳、常德、洪江等市先后建立街道办事处 57 个，衡阳、湘潭等市以区辖居民委员会。

1958 年 10 月，全省城镇兴办人民公社。长沙、衡阳、湘潭、株洲、邵阳、益阳、常德、洪江等市，搭起架子的街道公社 33 个，工厂公社 8 个，学校公社 7 个。至 1960 年，省辖 9 个市中的长沙、常德、津市等市保存街道办事处 39 个。1962 年后撤销城市街道人民公社，恢复城市街道办事处。

1985 年全省设置城市街道办事处 144 个。1990 年全省设置城市街道办事处 171 个，1995 年全省设置城市街道办事处 196 个，2003 年全省设置城市街道办事处 225 个，2010 年全省设置城市街道办事处 258 个，2013 年全省设置街道办事处 344 个，2015 年，全省设置城市街道办事处 375 个。至 2016 年 6 月 30 日，全省设置城市街道办事处 393 个。

---

① 罗昭义主编：《当代中国乡镇政权建设研究》，北京：光明日报出版社，2003 年 7 月，第 52~53 页。
② 湖南省地方志编纂委员会编：《湖南省志·民政志》，北京：中国文史出版社，1994 年 7 月，第 150 页。

湘西土家族苗族自治州行政区划略图

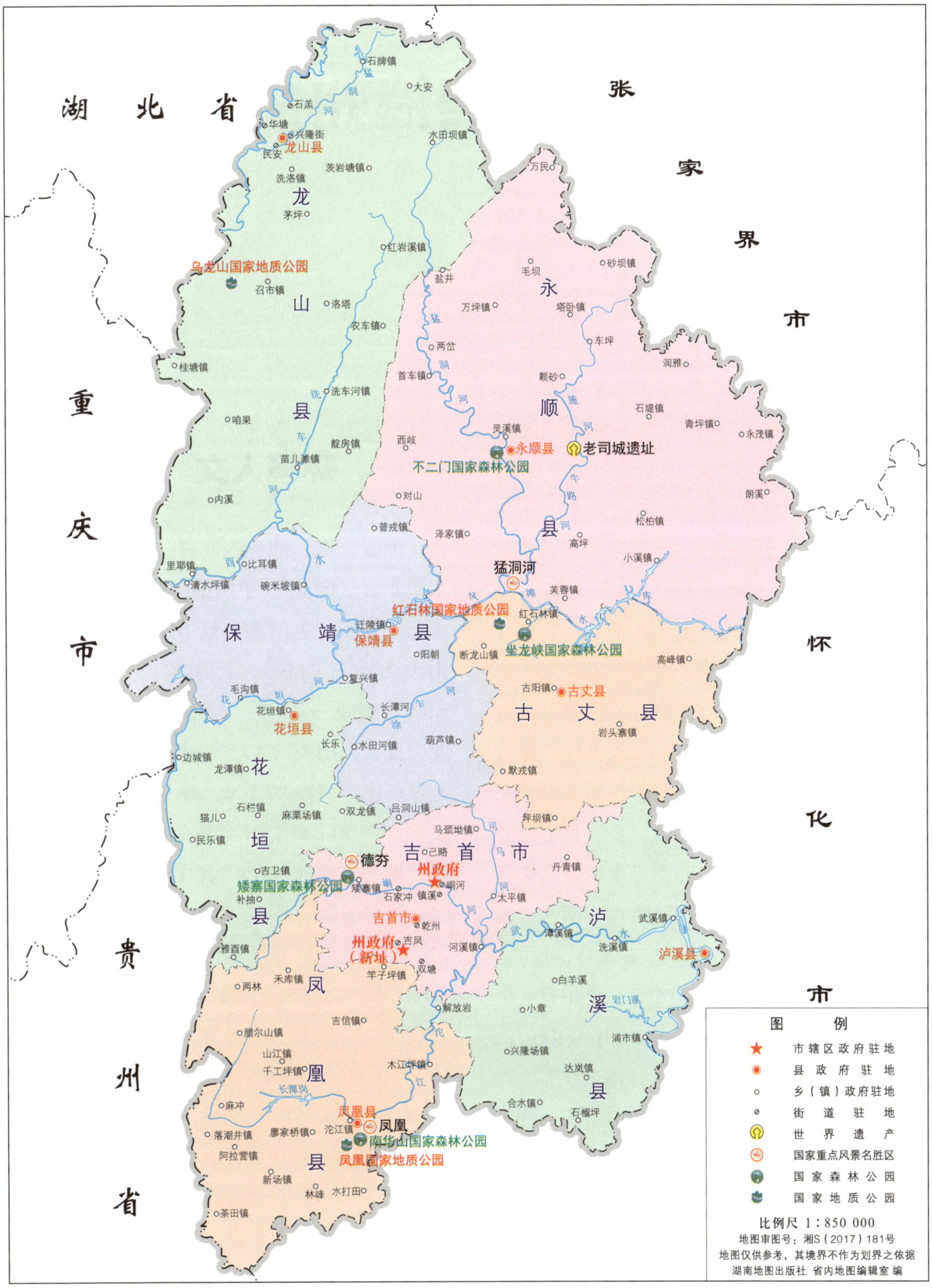

湘西土家族苗族自治州情综述

湘西土家族苗族自治州位于湖南西北部，东连张家界市，南毗怀化市，西邻渝、黔，北界鄂西。州治吉首市，辖吉首市与泸溪、凤凰、古丈、花垣、保靖、永顺、龙山县。地处北纬 27° 43′ 23″ ~29° 34′ 12″ 、东经 109° 11′ 55″ ~110° 23′ 10″ 。面积 1.55 万平方公里。焦柳铁路纵贯州境南北，途经永顺、古丈、吉首、泸溪、凤凰五县市。吉（首）常（德）、吉（首）怀（化）、吉（首）边（城）、张（家界）花（垣）等 5 条高速公路建成通车，吉（首）恩（施）高速公路正在建设之中。吉首至怀化 135 公里、至张家界 155 公里、至长沙 391 公里、至重庆 514 公里。境内基本形成国家、省、县、乡、村公路交通网。沅水流经泸溪县境，沿河逆水向上达怀化市辰溪县，顺水向东至怀化市沅陵县。酉水由西向东横穿龙山、保靖、永顺、古丈等县，保靖、永顺、古丈之间常年通航。2014 年，全州有 7 个街道、68 个镇、90 个乡，总人口 293.99 万人。总人口中，少数民族 231.52 万人，占 78.8%。其中，土家族 126.58 万人，苗族 102.89 万人，回族 0.89 万人，瑶族 0.22 万人。有耕地 17 万公顷，森林覆盖率 66.9%。

一、环境人文

湘西州境，地势西北高，东南低，由西北向东南倾斜。西北部为中山山原地貌，中部为中低山山原地貌，东南部为低山山岗平原地貌。其中山原山地占 81.5%，丘岗地占 10.3%，岗地占 2.5%，平原占 4.1%，水面占 1.6%。最高为北部龙山县大灵山海拔 1736.5 米，最低为东南泸溪县大龙溪出口海拔 97.1 米。境内矿产资源丰富，有金属矿产 211 处，非金属 199 处，能源矿产 68 处，地热矿泉水 6 处。其中锰、汞、铅、紫砂、陶土等矿居全省之首，锰储量 3106 万吨，居全国第二位。页岩气资源 4.81 万亿立方米，可采储量 1.443 万亿立方米。有沅江、酉水、武水、猛洞河、花垣河等大小河流 368 条。有较大地下暗河 187 条。水能可开发装机容量 137.2 万千瓦。境内属中亚热带季风湿润气候，年均气温 16.6℃，年均降水 1307~1404 毫米。风能资源丰富。野生植物资源 217 科、1039 属、3807 种。属数占全省总数 72%，科数占全省 51%。有水杉、珙桐、伞花木、伯乐树、双盾木、鹅掌楸等古老珍稀树种。

陆生脊椎动物237种，昆虫4175种。国家一级保护动物有林麝、白劲长尾雉、金雕等，二级保护动物有猕猴、水獭、穿山甲、大鲵等50种，地方重点保护动物89种。

州域风光奇特，如诗如画。自然美景有国家级自然保护区永顺县小溪，古丈县高望界、红石林国家地质公园，保靖县白云山。全州建立自然保护区48个，森林公园20个；吉首市矮寨镇德夯瀑布群，永顺县灵溪镇不二门、猛洞河，保靖县夯沙乡吕洞山，古丈县罗依溪镇栖凤湖、红石林镇坐龙峡，花垣县古苗河，龙山县火岩溶洞群、八面山、乌龙山大峡谷，凤凰县奇梁洞等景观让人流连。历史人文胜地有国家历史文化名城凤凰县沱江镇。有世界文化遗产永顺县灵溪镇老司城遗址。有出土“秦简”的龙山县里耶镇。有建于明代的凤凰至古丈“南长城”。境内古镇有永顺县芙蓉镇、保靖县迁陵镇、泸溪县浦市镇、花垣县边城镇。古城堡及特色建筑有吉首市乾州古城、凤凰县黄丝桥古城堡、龙山县捞车惹巴拉土家风雨桥。现代建筑有吉首市矮寨特大悬索桥。有湘鄂川黔革命根据地旧址永顺县塔卧镇、龙山县茨岩塘镇等。

境内土特产品众多，经济林有油桐、油茶、生漆、五倍子、板栗等。贵重药材有黄连、黄柏、杜仲、百合等。龙山县是全国著名百合基地。经济作物以茶叶、烟草、油料、苎麻、魔芋等为大宗。“古丈毛尖”系全国名茶，出口东南亚各国，在唐朝定为“贡茶”。“酒鬼酒”是中国文化名酒、国产精品。“凤凰晒红烟”历史悠久，质地优良，在全国十大晒烟中名列前茅。良种畜禽有湘西黄牛、黑猪、麻鸭等。水果有甜橙、椪柑、刺梨、猕猴桃等。“保靖松花皮蛋”“乾州板鸭”，龙山、保靖紫砂陶等产品独具特色，闻名遐迩。

湘西土家族、苗族民族风情浓郁，民俗文化独特。土家织锦、苗家绣品受到人们青睐。有誉为东方古老戏剧活化石国家非物质文化遗产保护项目辰河高腔目连戏、土家族情景戏剧毛古斯、摆手舞等。湘西地灵人杰，有首任民国内阁总理熊希龄，有“通古今文史，教天下英才”、毛泽东敬重的国文教员袁吉六，有抗击八国联军壮烈殉国的天津总兵罗荣光，有现代著名作家沈从文，有著名爱国民族实业家、第四届全国政协副主席李烛尘，等等。

二、历史变迁

州域历史久远，考古发现，旧石器时代有人类活动。战国时属楚，秦属黔中郡。汉高祖五年（前202）改为武陵郡。三国时，初属蜀，后属吴。晋至南北朝属荆州武陵郡。隋唐五代时期属黔中道。

后梁开平年间（907—911），江西吉州彭瑊进入湘西，为溪州刺史。后晋天福四年(939)，溪州刺史彭仕愁与楚王马希范争夺辰、澧二州，发生溪州之战。彭战败求和，双方在溪州会溪坪竖铜柱，立盟约。楚王马希范仍授彭为溪州刺史，允其世代相袭。彭氏为北江蛮酋最大者，管辖范围有上、中、下溪州等二十州地。

宋为荆湖北路。朝廷对境域实行“羁縻政策”。南宋绍兴五年（1135），溪州土司彭福石冲，新建治所福石郡(今永顺县老司城)。

元，州域分属湖广行省思州军民安抚司、新添葛蛮安抚司和四川行省永顺等处军民安抚司。

明，州域属湖广辰溪府、永顺等处军民宣慰使司、保靖州军民宣慰使司。

清初，沿袭明制。雍正四年至八年（1726—

1730)，永顺、保靖土司相继“改土归流”。州域分属辰沅永靖道辰州府、永顺府和凤凰、乾州、永绥（今花垣县）直隶厅。

乾隆六十年（1795），贵州松桃厅石柳邓与州境永绥厅石三保、凤凰厅吴陇登、乾州厅吴八月等领导起义，聚义兵30万人。清政府平息苗民起义后，凤凰厅城为苗疆首府，驻辰沅永靖兵备道。嘉庆六年（1801），乾州、保靖等厅、县，设学院、屯义学、苗义学馆。嘉庆十四年（1809），始出秀才举人。

道光二十年（1840），保靖千总满长顺奉命出兵广东，抗击英军；镇竿、乾州千余名兵勇奉调浙江抗英，反抗外国侵略。光绪二十四年(1898)，各厅、县设小学堂。

清宣统三年(1911)，武昌起义消息传至凤凰，同盟会会员田应全组织“光复军”响应起义，凤凰成立军政府。

民国初期，州境属辰沅道。同时，凤凰、永绥、古丈坪厅均改厅称县，乾州厅改称乾城县。

1934年10月，中国工农红军二、六军团，挺进湘西，建立中共湘鄂川黔边省委、省革命委员会，先在大庸，后迁永顺县塔卧。1935年4月，转至龙山县兴隆街、茨岩塘。11月，红二、六军团长征北上。

抗日战争爆发，顾家齐(凤凰人)率一二八师湘西子弟开赴抗日前线，在浙江嘉善喋血苦战七昼夜。

民国35年（1946），国民党发动内战，州域各县奉命征兵，成立“自卫总队”。民国38年（1949）3月2日，永顺县警察局长曹振亚等攻进沅陵县城，烧、杀、抢10天，时称“三二事变”。

1949年9月，中国人民解放军解放泸溪。10月，永顺、保靖、古丈解放。11月，乾城、凤凰、永绥、龙山等县解放。

1952年，湘西苗族自治区人民政府成立，辖乾城、泸溪、凤凰、永绥、保靖、古丈、永顺、龙山、大庸、桑植10县。

1953年，全区试办初级农业生产合作社。1955年，高级农业生产合作社产生。是年，湘西苗族自治区改为湘西苗族自治州。

1957年1月3日，中央正式确定土家为单一民族。是年9月20日，湘西苗族自治州撤销，湘西土家族苗族自治州成立，辖吉首、泸溪、凤凰、花垣、保靖、古丈、永顺、龙山、桑植、大庸10县。

1958年，全州农村人民公社化，以生产队开办公共食堂。1960年，境内因自然灾害等原因，人均粮食消费130公斤，人民生活出现暂时困难。1961年，全州实行三级所有，队为基础，以生产队为核算单位，解散公共食堂，至1965年，全州农村人均粮食消费水平达到261公斤，比1960年增长1倍。

1966年，开展“农业学大寨”运动。龙山县洛塔公社自力更生，兴修水利，至1969年，建水利工程126处，开田140公顷。1970年，中共湖南省委、省革委会将龙山县洛塔公社树为全省农业学大寨典型，全省在洛塔召开现场会，推介洛塔公社经验。1976年，“工业学大庆”，州龙家寨煤矿9年时间生产增长13倍，1977年，获“全国大庆式企业”称号。

1979年始，全州清理“左”的思想影响，实行改革开放。1981年农村联产承包责任制在全州推行。1983年，粮食产量9.11亿公斤，比1980年增产1.53亿公斤；工业产值3.8311亿元(1980年不变价)，比1980年增长36.9%。

1988年，州委、州政府作出《关于五年消灭荒山，十年绿化全州》决定。1993年，全州消灭宜林荒山。同时，实施山地开发，发展特色农业、高效农业。

1995年，长沙、衡阳、株洲、湘潭、岳阳、常德6市对口扶持龙山、花垣、泸溪、永顺、保靖、古丈6个贫困县，省直33个单位帮扶29个特困村。

2000年10月21日，湘西州纳入国家西部大开发范围。次年，全州实施退耕还林，当年完成退耕还林7334公顷，森林覆盖率59.6%。

2005年，全州形成以椪柑、烤烟、山羊为主的种植和养殖业，并发展青蒿、百合等中药产业。2006年，境内有吉凤经济开发区、吉首经济开发区、永顺经济开发区等29个工业园区。

2010年，全州生产总值303.54亿元，财政收入32.23亿元，农民人均纯收入3713元，分别为1989年的19倍、12倍、10倍。贫困人口由1985年156万人降至87.6万人（贫困标准人平年收入低于1196元）。

2011年，湘西州贯彻实施国务院《武陵山片区区域发展与扶贫攻坚规划（2011—2020）》。是年11月15日，国务院扶贫开发领导小组在州域吉首市召开武陵山片区区域发展与扶贫攻坚试点启动会。湘西州全面推进经济发展与扶贫攻坚。全年全州生产总值361.4亿元，比上年增长19.06%；财政收入41.9亿元，比上年增长30%。

2013年11月3日，中共中央总书记、国家主席、中央军委主席习近平到花垣县排碧乡十八洞村调研扶贫攻坚。习近平要求，扶贫要实事求是、因地制宜、分类指导、精准扶贫。全州贯彻落实习近平总书记重要指示，年内减少贫困人口10万人，贫困发生率由2004年的45%降至32.8%。

三、2014年经济社会

2014年，全州生产总值457亿元，比上年增长8.3%。其中，第一产业增加值69亿元，增长4.4%；第二产业增加值156.8亿元，增长7.2%；第三产业增加值231.2亿元，增长10.2%。按常住人口计算，人均生产总值17508元，增长7.5%。工业增加值占生产总值27.4%。高新技术产业增加值17.9亿元，增长27.6%。非公有制经济增加值303.9亿元，增长8.5%，占生产总值66.5%。全年接待国内外游客2810.7万人次，旅游收入174.5亿元。

固定资产投资303亿元，比上年增长20.4%。第一产业固定资产投资4.9亿元，下降3.8%；第二产业固定资产投资64.7亿元，增长15.5%；第三产业固定资产投资229.4亿元，增长22.5%。房地产项目投资40亿元，增长12.4%；基础设施投资131.4亿元，增长21.9%。

社会消费品零售总额203.5亿元，比上年增长12.8%。城镇零售额166.4亿元，增长12.8%；乡村零售额37.1亿元，增长12.8%。住宿和餐饮业31.2亿元，增长12.7%。

全州公路里程12268公里，其中国道413公里、省道2259公里、县道1752公里、乡道3595公里、专用公路300公里、村道3949公里。航道里程1126公里，港口5个。建制村通班车率64.3%。全州市县治公交车实现全覆盖。年内，完成文明示范路14条219.3公里、农村通畅工程1684公里。建成农村客运站36个、招呼站547个。铜仁凤凰机场扩建工程竣工，黔张常铁路（湘西段）开工建设。

全州一般公共预算收入 64.64 亿元，比上年增长 8.8%。一般公共预算支出 205.83 亿元，增长 18.1%。其中，州级一般公共预算支出 33.86 亿元，增加 9.93 亿元，增长 41.5%；民生支出 133.11 亿元，增长 18.7%，占财政支出总额 64.7%。州级财政当年实现收支平衡、略有结余；8 县市当年均实现收支平衡。

境内各级各类学校 1009 所，其中大学 3 所，中等职业学校 28 所，中学 182 所（其中高级中学 8 所、完全中学 14 所、初级中学 75 所、九年一贯制学校 85 所），小学 233 所（其中县市政府所在地小学 38 所、乡镇完小 116 所、村片小 79 所），特殊教育学校 4 所，幼儿园 559 所。另有不计入学校数教学点 917 个。各级各类学校在校学生 411804 人，其中大学生 43465 人，中等职业学校学生 23930 人，普通高中生 45588 人，初中生 100435 人，小学生 198055 人，特殊教育学校学生 331 人，入园幼儿 93663 人。各级各类学校教职工 44591 人。

全州表演团体 750 个，各行政村普遍建立农家书屋。

全州医疗卫生机构 3289 个，其中综合、中医、民族、专科等各类医院 62 个；社区卫生服务中心 6 个，乡镇卫生院 204 个，村卫生室 2371 个。每千人口拥有医疗床位 4.7 张。新型农村合作医疗参合 224.9 万人，参合率 98.79%；参合农民补助水平每人每年 380 元。

城镇居民人均可支配收入 17898 元，增长 8.7%。农村居民人均可支配收入 5891 元，增长 12%。城镇居民人均住房面积 40.4 平方米。农村居民人均住房面积 32.7 平方米。

四、乡镇沿革

明代，泸溪县下设五十四里。

清康熙三十九年（1700），凤凰镇筸协升为镇筸镇，为全国 62 个镇之一，辖区划为“民村”（汉区）和苗寨。

康熙至乾隆年间（1661–1795），吉首划为厅城、屯上和一、二、三、四里，119 个苗寨。

雍正初年（1723），保靖州军民宣慰使司，下设 16 旗。雍正五年（1727），保靖置县，辖区旗改都，都下实行保甲制。雍正七年（1729），永顺县设府置县，全县设 18 保；龙山立县，县以下设 15 里。

乾隆二十年（1755），泸溪县设 7 图、7 都、5 里。

嘉庆十九年（1814），龙山县设 66 保，保下设甲、牌。道光二年（1822），古丈坪厅辖 6 保。同治年间（1862–1874），花垣全厅划 12 里，下设 433 个苗寨，另有 113 个民村。

民国元年（1912），吉首划城区和东南西北四个乡；龙山县 16 里改 16 乡，乡下设保，保下设甲；凤凰厅辖区废里约，设都、团。民国 2 年（1913），古丈置县，原代管的永顺县 4 个保正式划为古丈县属地。民国 3 年（1914），保靖辖区都改乡。民国 9 年（1920），花垣辖区改里为乡，全县设 15 乡。民国 11 年（1922），古丈设 8 个乡。民国 12 年（1923），永顺县实行乡制，全县设 26 乡。民国 16 年（1927），泸溪设 8 个区，吉首设 12 个乡。民国 23 年（1934），红二、六军团在永顺等建立湘鄂川黔边革命根据地，设永保、郭亮 2 县，辖 15 个区、54 个乡。是年，吉首设一、二区和乾州、所里两个特别镇。民国24年（1935），红二、六军团长征，根据地建制废止。是年，龙山划4区、23乡和直属里耶镇；保靖改设区、乡镇，县城设迁陵镇；古丈设4个区、15个乡和古阳镇；花垣设4个区和花垣、茶洞两个镇。民国27年（1938），吉首撤区，设3个行政督导区；泸溪设8个乡及武溪、浦市2镇；保靖设9个乡1个镇；龙山设15个乡和县城首善镇及里耶镇；永顺设19乡和灵溪、列夕2镇。民国32年（1943），永顺县田家、王家2乡划归古丈县，时永顺辖18乡、2镇。民国31年（1942），凤凰县城镇篁镇更名沱江镇。

1949年9月至1950年3月，境内相继建立新型人民政权，行政区划亦作调整，10县分属沅陵、永顺专区。至1950年年底，下设49个区、401个乡、7个镇、843个村、26个居民委员会；另保留843个保、3060甲。1951年，彻底废除保甲制，设59个区、918个乡、7个镇、1057个村、28个居委会。1952年，湘西苗族自治区成立，全区辖10个县，设74个区、1216个乡、25个镇。1955年，湘西苗族自治区改为自治州，次年，全州撤区并乡，78个区全部裁撤，建271个乡，22个镇，其中新增建制镇4个，分别为吉首县乾州、溪马和永顺县王村和龙寨。1957年9月，湘西土家族苗族自治州成立，乡镇行政区划未变。

1958年，人民公社化，政社合一，全州10县设人民公社135个，镇22个，1331个生产大队，9702个生产队。1961年，体制调整，凤凰、花垣、保靖、永顺、龙山、桑植、大庸7县恢复区建制38个；全州公社由123个调整为285个，大队由1331个调整为3716个，生产队由8799个调整为24572个。1981年，凤凰县新建两头羊公社。1982年，吉首撤县建市，改吉首、乾州2镇为石家冲、红旗门、峒河和乾州4个街道办事处。1983年，永顺县龙家寨、王村，花垣县茶洞恢复建制镇。是年始，开展撤社建乡，实行乡（镇）、村、组建制，至1984年4月，全州建乡285个、镇14个、村3459个、村民小组22243个。随后，部分乡改镇，至是年11月，全州设区39个、乡251个、镇53个、街道办事处4个、村3506个。1985年，大庸撤县建市。1988年，龙山县撤销苗儿滩乡，建苗儿滩镇。

1988年，大庸市升为地级市。1989年1月，原大庸市及桑植县划归大庸市，湘西州域由8县2市变为7县1市。全州8县市有25个区、173个乡、45个镇、4个街道办事处、2685个村、123个居委会、14699个村民小组。1995年，全州区公所改为办事处，为县政府派出机构，乡改镇7个。2001年，办事处被撤销。

2003年，永顺县小溪乡划为国家级自然保护区，撤销镇溪乡，整体并入小溪乡。

2005年，乡镇行政区划调整，全州224个乡镇、街道办事处调整为164个，2653个建制村调整为1975个。其中，龙山县民安镇及华塘、新城乡改为街道办事处；永顺县龙寨镇改为万坪镇，花垣县茶洞镇改为边城镇，古丈县河西镇改为红石林镇。

2007年，永顺县王村镇更名为芙蓉镇。

2010年，吉首市新建吉凤街道办事处。是年，全州有乡镇158个、街道办事处7个。

2015年，乡镇行政区划再次调整，州域165个乡镇、街道办事处调整为113个，全州有乡30个、镇75个、街道办事处8个，下设建制村1956个、社区（居委会）192个。

吉首市

概述

一

吉首市位于湖南西部，湘西自治州中部偏南，东接泸溪、古丈县，西连花垣县及凤凰县，南邻泸溪县，北界古丈县和保靖县。地处北纬 28° 08′ ~28° 29′ ，东经 109° 39′ ~110° 04′ 。东西距离 55.9 公里，南北距离 37.3 公里，总面积 1078.33 平方公里。吉首系湘西土家族苗族自治州人民政府驻地，为全州政治、经济、文化中心。

吉首地域，考古发现，距今 6800 年时就有先民踪迹。秦属黔中郡。汉为武陵郡沅陵县地。南朝梁时，从沅陵县析出，建夜郎郡，陈袭梁制。隋废夜郎郡，置静人县。不久废县，先后属辰州和沅陵郡。唐朝，属泸溪县地。明洪武三十年（1397），泸溪上五都分为十六里，置镇溪军民千户所。清康熙四十三年（1704），撤镇溪军民千户所，设乾州厅，属辰沅永靖道，厅治乾州。民国元年（1912），废乾州厅，设乾县。因与陕西省乾县同名，民国 2 年（1913），更名为乾城县，属辰沅道。1949 年 11 月，属沅陵专区。1952 年 8 月，属湘西苗族自治区。1953 年乾城县更名为吉首县，县治由乾州迁所里并按苗语称吉首。1955 年，湘西苗族自治区改为苗族自治州。1957 年 9 月，湘西苗族自治州撤销，成立湘西土家族苗族自治州，吉首属之，并为州治。1980 年，吉首镇析为县级镇。1982 年，撤销吉首县，设立吉首市，吉首镇并入吉首市，原吉首县辖区为市辖地。2004 年 5 月，市政府驻地迁至乾州。2014 年，全市辖峒河、镇溪、乾州、吉凤 4 个街道和排绸、排吼、太平、白岩、己略、社塘坡、寨阳 7 个乡及矮寨、马颈坳、河溪、双塘、丹青 5 个镇，下设 138 个村、39 个社区、1 个居民委员会、893 个村民小组，人口 30.09 万人。其中，苗族 12.65 万人，占 42.04%；土家族 10.92 万人，占 36.30%。耕地面积 13296 公顷，其中稻田 8647 公顷。

市域地势西北高，东南低，最高点为矮寨镇莲台山，海拔 966 米，最低点为河溪镇欧什溪，海拔 142 米。全市以中低山和低山为主，西部断崖绝壁，山峰林立，形成峒河和洽比河两大峡谷。中部偏南地域较平坦开阔，余地溪流纵横，沟壑密布，山岗遍地。河流有峒河、万溶江、司马河、丹青河、沱江 5 条由西向东注入武水、汇于沅江。

土壤以红色、黄色和紫色为主。市域处于亚热带季风湿润区，常年降水量 1400 毫米。年均气温 17℃，四季分明。市境森林资源丰富，主要树种有松、杉、柏、樟、椿，珍稀树种有楸木、榉木等，森林覆盖率 70.8%。主要粮食作物有水稻、玉米等。油料作物主要有油菜、油茶。主要经济作物有生姜、椪柑、猕猴桃等。

吉首历史悠久，文化厚重。拥有苗歌、苗族鼓舞等国家、省州级非物质文化遗产 41 项；6 个乡镇获“中国民间文化艺术之乡”称号，6 个村寨入选全国特色村寨名录；吉首国际鼓文化节名列湖南省三大重点民族节庆之一，有德夯国家级风景名胜区、乾州古城 AAAA级景区、矮寨奇观 AAAA级景区、矮寨国家森林公园、峒河国家湿地公园、矮寨大桥、德夯苗寨、问天台等优质景点。“百年路桥奇观，千年苗寨风情，万年峡谷风光”旅游品牌驰名中外；“游湘西，奔乾城”旅游品牌日益响亮。

吉首交通便利。国道 319、国道 209 线和焦（作）柳（州）铁路贯穿全境；长（沙）渝（重庆）、包（头）茂（名）、杭（州）瑞（丽）高速公路在吉首交汇，环吉首两小时车程，有张家界荷花机场及铜仁凤凰机场。

21 世纪初，吉首市委、市政府实施“开发乾州新区，再造一个吉首”战略决策，提升城市品位。2014 年，全市三次产业结构调整为 5.2∶31.6∶63.2；城乡居民人均可支配收入 26761 元，农业生产基础更加稳固，工业转型升级加快，第三产业增速明显。城镇化率 72.27%，城市建成区面积 28.3 平方公里。

吉首先后获得“全国电子商务百强县市”“中国最具价值文化（遗产）旅游目的地城市”“全国首批创建生态文明典范城市”等荣誉称号。

二

清康熙四十二年（1703），乾州厅行政区划为厅城（乾州）、屯上（吉首、万溶江、双塘）、一里（寨阳）、二里（河溪、排绸、排吼）、三里（白岩、马颈坳）、四里（太平等）。

民国元年（1912），全县分城区（乾州、万溶江、寨阳）及东、南、西、北四个乡。东乡辖东一区（吉首、己略乡）、东二区（马颈坳和白岩乡）、东三区（太平乡）、东四区（排吼乡）和东五区（排绸乡），南乡辖南一区（河溪）、南二区（双塘），西乡辖西一区（社塘坡、三岔坪、寨阳乡）、西二区（社塘坡乡坪垄和关喉村），北乡辖北一区（矮寨的孟阳、排兄、大兴寨等）、北二区（矮寨、平年、洽北村）。

民国 12 年（1923），乾城县实行新区划，全县设 10 乡，即首乡（城区）、镇溪、良章、司马、标锦、仙角、大兴、坪垄、中阿、新民。民国 16 年（1927），大兴乡改为黄乐乡，司马乡析为河溪、大化、司马 3 个乡，全县 12 个乡，下设 44 保，保下设甲、牌。民国 23 年（1934），撤 12 乡，设一、二区和乾州、所里两个特别镇，保改称村。民国 24 年（1935），恢复乡、保、甲制，全县设两区和一个直属镇溪乡。第一区辖大化、黄乐、河溪、坪垄、新民和乾州乡，区公所驻乾州；第二区辖仙角、中阿、良章、司马和标锦乡，区公所驻马颈坳。民国 27 年（1938），撤区设 3 个督导区。第一区辖乾州、坪垄、大化、新民乡；第二区辖河溪、镇溪、中阿、黄乐乡；第三区辖良章、司马、仙角、标锦乡。民国 29 年（1940），撤销督导区，并 12 乡为 8 乡，即良章、镇溪、乾州、河司、大化、中黄、新坪、仙标，共 100 保、1023 甲、20344 户。民国 38 年（1949），全县 8 乡、89 保。

1950年，全县划为4个区。第一区辖乾州、新坪乡，第二区辖所里镇、中黄乡，第三区辖良章、仙标乡，第四区辖河溪、大化乡。同时，废保甲，城镇保改街，农村保改村。1952年，二区所里镇析出，设区级镇；三区仙标乡析出，增设第五区。全县5区1镇，78个乡。

1956年，撤区并乡，全县设17个乡3个镇，辖238个农业生产合作社。

1958年，人民公社化，全县建东方红（吉首镇）、太阳升（河溪）、万溶江（乾州）、八月（社塘坡）、卫星（双塘）、上游（矮寨）、东风（丹青）、五星（毛坪）、红旗（马颈坳）、跃进（己略）10个公社。1959年，撤销跃进公社。1960年，9个公社合并为吉首、矮寨、河溪、万溶江、丹青、马颈坳6个公社。另设吉首、乾州2个社级镇。1963年，6个公社析成14个公社，即吉首、万溶江、双塘、社塘坡、矮寨、寨阳、己略、马颈坳、毛坪、河溪、太平、排吼、丹青、排绸。另有乾州、吉首2个镇。下设174个大队、5个街道居委会。

1982年，吉首镇属5个蔬菜大队和7个农业大队划归吉首公社。城区设石家冲、红旗门、峒河街道。石家冲辖8个居委会，红旗门辖6个居委会，峒河辖3个居委会。撤销乾州镇，设乾州

雾海传奇——湘西矮寨特大桥（向民航摄于2015年7月29日）

街道，街道辖3个居委会，其蔬菜大队划归万溶江公社。

1984年，公社改为乡，大队改为村，生产队改为组。是年，马颈坳、河溪、矮寨3个乡改为镇。全市辖11个乡、3个镇、4个街道，即吉首、万溶江、社塘坡、寨阳、己略、白岩、太平、双塘、丹青、排吼、排绸乡，马颈坳、河溪、矮寨镇，峒河、红旗门、石家冲、乾州街道。下设192个建制村、27个居民委员会。

2000年，双塘乡改为镇。2001年，丹青乡改为镇。2003年，城区4个街道所辖21个居委会改设为27个社区。

2005年，行政区划调整，全市由9个乡、5个镇、4个街道、192个建制村、27个社区调整为7个乡、5个镇、3个街道、138个村、32个社区。2010年，新设吉凤街道，受托吉凤开发区管理。

2015年，乡镇行政区划调整，全市辖己略乡，马颈坳、矮寨、丹青、太平、河溪5镇，峒河、乾州、镇溪、吉凤4街道，总人口30.1万人。

矮寨镇

矮寨镇位于吉首市西北部。1991 年，被农业部、国家体育总局、中国农民体育协会联合评为“全国亿万农民健身活动先进乡镇”。2012 年 3 月 31 日，吉（首）茶（洞）高速公路暨矮寨特大悬索桥建成通车。其中，矮寨特大悬索桥（简称矮寨大桥）创四个世界第一，即：大桥主跨度 1176 米、跨峡谷悬索桥世界第一，塔、梁分离设计世界第一，岩锚吊索结构、应用碳纤维为预应力筋材世界第一，“轨索滑移法”架设钢桁梁世界第一。2014 年 7 月，被住建部、民政部、财政部、国家发改委等 7 部委批准为“全国重点镇”。

区域概况

位置面积

矮寨镇位于吉首市西北部，东接己略乡自强和结联村，南和西南分别与寨阳乡坪朗、排乃村及凤凰县米良乡相连，西北和北部分别与花垣县补抽、排碧、排料乡接壤，东北与保靖县夯沙乡毗邻。区域面积 93.85 平方公里，镇治矮寨社区，距吉首市中心 20 公里。

建置沿革

民国初期，境内隶属乾城县北乡一、二区。民国 11 年（1922），境内分设大兴乡和中阿乡，民国 16 年（1927），大兴乡改名黄乐乡。民国 29 年（1940），中阿乡与黄乐乡合并为中黄乡，乡公所设大兴寨。1950 年，乡域属乾城县二区。1953 年，中黄乡析为矮寨、新进、新桃、新溪、夯腊、阳孟、排兄、坪朗、民政、坪年、吉白、坪阳、卧云 13 个乡。1956 年，境内 13 乡分建矮寨、重武、寨阳 3 个乡。1958 年秋，矮寨乡和重武乡合并建立上游人民公社，公社驻地矮寨。1960 年 6 月，上游人民公社改为矮寨人民公社。1984 年春，撤社设乡，11 月，矮寨乡改为矮寨镇。

行政区划

1984 年，全镇辖矮寨、阳光、阳桃、小兴、大兴、联团、德汝、夯腊、吉好、小龙、补育、阳孟、高筹、幸福、排兄、德夯、坪年、洽比、家庭、岩壳、重武、补沙 22 个村和新建、云盘 2 个居委会。2005 年，村级建制调整，全镇辖德夯、坪年、洽比、岩壳、中黄（重武与补沙合并改称中黄）、家庭、小兴、大兴、联团、德汝、夯腊、吉龙（吉好与小龙合并）、幸福、排兄、金叶（补育与高筹合并）、阳孟 16 个村和矮寨社区（矮寨、阳光、阳桃 3 个村合并）及建兴（原大兴居委会改名）居委会。

人口民族

1984 年，全镇人口 11771 人。其中，苗族

11500人，占总人口97.7%。2014年，全镇有4007户15990人。其中，苗族15350人，占总人口96%。

自然环境

镇域地势西北高，东南低，最高处联团村莲台山，海拔966米。最低点矮寨社区坪滩，海拔230米。西南、西北边沿为喀斯特地貌断层，悬崖峭壁，山势巍峨，西北阳孟、幸福、金叶、排兄4村为高山台地，海拔800米。东北部为河谷平地，东南属中低山地貌。全镇有峒河河谷和洽比河河谷。境西南、东北以青砂壤为主，西北台地以黄壤为主。森林覆盖率54.4%。四季分明，除高山台地外，其余地区气候温和，年均气温约16℃。常年降水量1400毫米，雨量多集中于春末夏初，时有夏秋旱。2014年，全镇耕地面积1035公顷。其中稻田681公顷，旱地354公顷。

经济发展

经济综述

境内经济以农业为主，农业以粮食生产为主。1978年，全社粮食产量3458吨，农业收入157.6万元，人均90元。1982年，全境实行土地承包责任制，发展种植、养殖、加工专业户，至1984年，全镇农业产值实现243.1万元，农民人均纯收入143.7元；粮食产量4942吨，人均314公斤。20世纪90年代，调整农业产业结构，发展多种经营，开发旅游产业。1995年，粮食总产5412吨，人均397公斤；农业产值1391万元，比1984年增长5.72倍，年均增长17.2%。其中粮食收入498.5万元，占35.8%；经济作物收入549万元，占39.4%；养殖业收入194万元，占13.9%；农民人均纯收入496元，比1984年增长2.5倍。2006年，继续加大产业结构调整，实施旅游带动战略，全镇国民生产总值实现2531万元，其中农业产值1313万元，旅游收入680万元，工业产值90万元。农民人均纯收入1420元。2013年，全镇实现经济收入8690万元，其中农业收入2280万元，旅游业收入3710万元。农民人均纯收入2210元。2014年，全镇实现国民生产总值1.04亿元，比2006年增长3倍。

农业

境内农业经济以粮食种植为主。20世纪60年代，在水源较好的平区推行双季水稻种植。1970年末推行杂交水稻种植，80年代，全镇水稻均以杂交品种为主，双季稻种植被淘汰。一季杂交中稻平均公顷产6000公斤左右，高产达7000～9000公斤。玉米推广杂交品种，油菜引进新品种。1989年，全镇农业产值360.17万元，其中种植业（以粮食为主）123万元，畜牧业93万元。粮食总产3114吨，其中稻谷2550吨，杂粮（玉米为主）564吨。油料产量305吨。1993年，在幸福、排兄、阳孟等村种植烤烟55公顷，产烟叶100吨，产值100万元。1998年，全镇种植烤烟面积191公顷，产烟叶350吨，创产值300万元。2001年，全镇形成蔬菜、粮食、烟叶、水果等多种作物种植。同时出现养兔、养蛇等养殖业。全镇农业收入1056万元。其中，种植业871万元，养殖业330万元，林业65万元。2002年，以退耕还林为重点。全年完成退耕还林面积710公顷，其中世界银行贷款造林工程106.6公顷。是年，在坡头片阳孟、幸福等5个村建成“万亩金秋梨”种植基地。稻田推行稻—菜—稻连作，种植蔬菜573公顷，蔬菜产量9780吨，创产值903万元。2007年，全镇实施退耕还林管护面积2266公顷。其中，生态林1533公顷，楠竹200公顷，实现控制流域面积89平方公里。是年，全镇发放各种补贴341.4万元，其中，退耕还林补贴297.1万元。2013年，在中黄村和坪年村种植黄金茶叶面积52公顷，建立黄金茶种植科技示范园。全镇出栏生猪4180头、牛1456头、羊2023头，出笼家禽11890只。全镇农业产值2280万元，实现农民人均纯收入2210元。2014年，在小河片继续扩种黄金茶，并规范黄金茶种植科技示范园——幸福茶谷。全镇实现农业产值2325万元,粮食产量4824吨。

工业

民国时期，境内有土窑烧砖瓦、石灰，手工作坊有家庭烧酒、糕点、土染、土纸等。1958年，矮寨公社建造纸厂，年产纸浆52吨，草纸40吨。后纸厂生产卫生纸，年产292吨，产值62万元。1975年，矮寨公社修建上游水电站，同时创办农机厂，主要为手工打铁和制作简单农具。1985年，峒河沿岸阳桃、阳光、小兴大兴以及小河片重武、坪年等村部分村民，利用山竹生产纸浆，制造烧纸。2000年，民营及镇办纸厂因污染水质被关停。是年，工业产值116万元，2004年7月，湘西州宏力水利产业开发有限公司投入585万元租赁上游电站。2008年，工业产值91万元，工业生产处于下滑状态。2014年，境内采石、打砂、水泥预制等建材业发展迅速，工业开始回升。

商贸服务

清光绪年间，大兴寨设墟场，逢农历五、十赶场。民国时期，成为乾（城）、凤（凰）、永（绥）三县边境物资集散地，至1952年，旺季每场人数达万人。20世纪60年代，矮寨建墟场，场期为农历二、七日，赶场人数约四五千人。市场经营蔬菜、水果、家禽、家畜、鸡鸭蛋、鱼类、肉食、饮食、旅馆、理发、补鞋及南杂、百货、服装、鞋类和基本生产、生活用品和小五金产品。2001年，个体户多集中于矮寨和大兴寨农贸市场，以当地村民为主。全镇有个体户261家，商贸服务业收入148.5万元。2005年，全镇有个体户550户，从业人员734人，年收入810万元。2009年，有个体工商户400余家，商贸服务业收入750万元。2014年，有个体工商户500余家，商贸服务业收入1100万元。

其他产业

旅游业 1987年，境内开发旅游业。风景区坐落于德夯（村）峡谷。主要景点有孔雀开屏、流纱瀑布、玉泉门瀑布、腊梅林、盘古峰、骆驼峰等。是年，接待游客57729人次。其中，外国游客26人次，港澳台游客196人次，旅游收入18.35万元。1991年，景区被省人民政府批准为省级风景名胜区。1997年，景区接待游客14.3万人次，旅游收入134.8万元。2001年，接待游客30万人次，比1997年翻一番。次年9月8日，景区举办“中国湘西德夯‘湘酒鬼杯’国际攀岩精英赛”，来自俄罗斯、韩国、美国、加拿大等国家运动员和国内攀岩运动员参与。9月14日，举办中国“苗鼓节”旅游文化活动。2005年，镇政府实施景区管理和建设规划，先后投入680万元完成鼓博物馆、核心景区建设。是年6月28—30日，景区举办2005年“德夯·中国鼓文化节”活动，并举行文艺演出，有来自台湾、吉林、广西、山西、湖北、贵州、重庆、湖南及湘西州内21支代表队莅临，德夯景区文艺队员黄娟（女）和彭英生分别获得“中国第五届苗族鼓王”“第二届苗族猴儿鼓王”称号。是年，德夯风景区被国务院批准为“国家级风景名胜区”，被国家攀岩协会定为攀岩训练基地，被省摄影家协会定为摄影创作基地，被电影电视界选为电影电视外景拍摄地。2012年9月15日，湖南省体育总会、省旅游局和吉首市联合举办首届湘西矮寨大桥低空跳伞和阿迪力矮寨大桥高空走钢丝活动，矮寨镇等数万人观看。其钢绳牵拉在长1100米、高300米大桥旁，阿迪力与其弟子用2个多小时迎面走过钢绳，惊险场面令观众瞠目结舌。是年，接待游客60万人次，旅游收入900多万元。2013年，德夯景区提质改造。矮寨旅游奇观景区（包括德夯、公路奇观、特大悬索桥等）成功创建为国家AAAA级旅游景区。2014年，全镇接待游客300万人次，实现旅游收入5208万元。

基础设施

交通运输

民国时期，境内有峒河水路，由矮寨大兴寨经所里（吉首）入泸溪。1936年，湘川公路（319国道）通车，经过矮寨、幸福、排兄、阳孟4个村，境内长10公里。1965年，建成矮寨至花垣县大龙洞公路，经过阳光、阳桃、小兴、大兴、德汝、夯腊6个村，境内长15公里。1986年，建成矮寨至德夯村长旅游公路3公里。1990年11月13日，湘运公司保靖县分公司，一辆满载41人的班车，从保靖迁陵镇开往吉首，在途经国道319幸福村路段2301处时，车辆翻下坎高23.6米的稻田，造成司机、乘务员及乘客共33人死亡、6人受伤。1998年，动工修建大兴至联团村公路。1999年，修通小河口至小龙村公路（与矮大公路相接），长4.9公里。是年8月，修建从寨阳乡庄稼村至坪年村公路，全长30公里，于翌年底建成通车。该公路经过镇境补沙、重武、岩壳、洽比、坪年5个村。2002年5月，由大兴寨村与村民集资10万元，市相关单位及凤凰县政府联合资助62万元，建成大兴村峒河大桥。2003年4月，由州、市财政局、省、州公路部门联合投资修建家庭村公路。2006年，开展吉茶高速公路前期征地拆迁补偿工作，涉及54户农户，征地面积555537.6平方米（包括荒山），补偿金额1876.89万元。2007年，继续开工建设大兴至联团村，矮寨至家庭村，坪年至保靖县夯沙乡3条公路。2012年3月31日，吉茶高速公路矮寨大桥建成通车，是日通车典礼在桥东岸举行，交通部部长李盛霖，中共湖南省委副书记、省人民政府省长徐守盛及州、市等领导参加通车典礼。大桥长1176米、高355米。吉茶高速公路经过镇内矮寨、幸福、排兄、阳孟4个村。是年，全镇实现村村通公路，公路全长64公里。2014年，坪年村至保靖县夯沙乡公路、联团村至凤凰县米良乡公路、矮寨社区至花垣县排料乡公路等边际公路工程启动，部分路段开始勘测。

1993年，全镇有微型车6辆，货运车10辆，收入24万元。1998年，有微型客运车32辆，货运车28辆，收入94万元。2005年，有微型客运车135辆，货运车62辆，收入196万元。2009年，有微型客运车55辆，货运车6辆，运输业收入160万元。2014年，有客运车72辆，货运车22辆，收入400万元。

邮政通信

民国13年（1924），境内大兴寨通电话。1952年，矮寨设邮政所，并通电话。1958年，设邮电局。1995年，开通程控电话。2000年，州移动公司投资150万元，在德夯村建无线基站。2001年，州联通公司投资137万元，在幸福村建无线基站。是年，州电信公司开通联团、家庭2村程控电话。2003年，州电信公司投资112万元，在矮寨村建小灵通基站。2005年，州移动公司投资345万元，在大兴和家庭村建无线基站。至2005年，电话通村率98%。2007年，无线电话覆盖全镇，农村有线电话减少，移动通信手机增多。2012 年，部分寻常人家接入互联网。

供电饮水

供电 1968 年，州大龙洞电站建成，1972 年，境内夯腊、德汝、大兴、小兴、阳桃、阳光、矮寨 7 个村通电。1999 年 8 月，阳孟村一组通电，实现全镇户户通电。是年，市电力公司投资 800 万元，建矮寨供电所，改造 10 千伏 32.7 公里长高压线路，改造 9 个村低压主干线，改造 10 个村入户线路 1713 户，供电用电安全得到保障。2001 年，市电力公司投资 380 万元，建设矮寨 3.5 万伏大型变电站，完成投资 700 万元农网改造。

饮水 2002 年，完成阳孟、小龙、吉好 3 村人饮工程，德汝、岩壳两村人饮工程启动。2004 年，完成岩壳、小龙和高筹 3 村人饮工程，修建补育、洽比两村人饮工程。2005 年，投资 47 万元，镇区供水设施改造完成，保障镇区机关单位和矮寨村 1000 余人正常饮水。大兴村自主争取市直相关部门支持，实施自来水工程建设，铺设供水主管道 2 公里。

水利建设

境内动工修建夯巴叫小（1）型水库， 1958 年 10 月动工修建，中途停工。1975 年，重新开工建设，1977 年竣工。大坝有效库容量 89 万立方米，灌溉面积 46 公顷。同时，建成阳孟村小（2）型高峰水库，有效库容量 42 万立方米，灌溉面积 40 公顷。

村镇建设

2002 年，完成镇区段 319 国道 94 米长、17 米宽道路拓宽提质工程。2005 年，镇政府筹资 50 万元，改造镇区人行道，完成岩壳村异地搬迁工程，全镇建成沼气池 720 口。2007 年，投资 140 万元，建成矮寨、洽比、金叶、幸福、夯腊 5 村村部楼。2009 年，矮寨镇被确定为“州小城镇重点镇”和市“五星”城镇重点镇。2011 年，改造镇区街道两侧民房 60 栋，模式为青砖盖面，青瓦盖顶，套装木格花窗，安装街道路灯 30 盏，铺设青石板人行道 6000 平方米，硬化停车场面积 3300 平方米。2013 年，德夯、吉斗、中黄、家庭、排兄，被列为省级少数民族特色村寨，实施幸福等 3 个美丽村寨建设。德夯村被确定为省级民族文化传承示范基地，中黄、德夯村获首批国家级传统村落、省级历史文化名村称号。在幸福、中黄村实施仿古民居改造 200 栋。2014 年，矮寨镇被住建部、民政部、财政部、国家发改委等 7 部委批准为“全国重点镇”。

社会事业

教育

清乾隆六年（1741），矮寨设蒙馆。1925 年，创办大兴寨小学。1950 年，境内有完全小学 2 所，部分村有村小。1958 年，有完小 3 所，村村有小学。是年，矮寨完小附设初中班。1960 年，矮寨初中设高中，定为县第二中学。1982 年，撤销高中部，保留初中，改为矮寨中学。1988 年，在校初中学生 307 人。有小学 20 所，其中中心完小 1 所（矮寨），片完小 2 所（大兴、排兄），村小 17 所，在校学生 1741 人。1995 年，省纺织品进出口公司捐资 35 万元，重建排兄村小学并改校名为泰时希望小学。2002 年，投资 118 万元，建成中学教学楼，德夯村小学，全镇实现普级九年义务制教育和扫除青少年文盲。是年，全镇享受“两免一补”学生 916 人，启动镇中心小学征地拆迁工程。2003 年 8 月，奥运女子举重冠军杨霞捐资 10 万元，修建德夯村小教室 204 平方米，美国欣欣教育基金会捐资 20 万元，修建洽比村小教室927平方米，学校更名为广恩欣欣小学。2005年，年度初三会考，矮寨中学综合成绩名列全市农村中学第一。是年，全镇有中心完小1所，村小11所，在校学生1672人，有小学教师82人。中学1所，在校学生808人，中学教师42人。2006年，由长沙星鹏房地产开发有限公司捐资修建景鹏希望小学（原镇中心完小）破土动工，2009年，学校过河大桥落成。是年，实现全镇小学三年级及其以上学生集中于镇中心完小就读目标。

2014年，全镇有中心完小1所，小学教学点7个，有小学生716人，比2005年减少956人，小学教师72人。全镇有初中1所，在校中学生460人，比2005年减少348人，专任初中教师34人。中小学生半数以上流往市区就读。

文化体育

文化 1960年，公社建广播站，1961年停办。1965年，恢复公社广播站，1966年再停办，1969年再恢复办站，各大队均通广播。1974年，正式设立文化站，全镇有苗鼓210面，狮子（扎制）82匹，有吉首市"苗鼓之乡"之称。1984年11月，在矮寨坡头建乡镇级3瓦电视差转台，少数农户能收看黑白电视节目。1993年，市广播电视局投入6万元，建镇有线电视站，覆盖镇机关和矮寨村电视用户220家。2005年3月16—18日，德夯民族文化艺术团受香港特区政府康富文化传播公司邀请赴港演出，在香港上环艺术演艺中心连续表演5场，香港各大媒体对演出均予报道。是年5月30日，中国民间文艺家协会、鼓文化艺术专业委员会在德夯风景区成立。6月28—30日，举办"2005德夯中国鼓文化节"。2007年，镇政府在德夯村举办苗族椎牛民俗活动，表演各种民族特色文艺节目，观众数万人。2011年，有线电视覆盖全镇。新建农家书屋10个，电影下村演出36场。2014年，矮寨镇被湖南省文化厅授予"湖南苗族鼓舞之乡"称号。

体育 1974年，镇域有体育运动队，以篮球为主体，经常开展篮球比赛活动。1991年6月，被农业部、国家体育总局和中国农民体育协会联合评为"全国亿万农民健身活动先进乡镇"。1991年和1994年，镇政府两次被评为"湖南省少数民族体育工作先进集体"。2007年，州体委在矮寨举办全州首届农民运动会。

医疗卫生

1952年8月，县人民政府在矮寨建区卫生所，医生2人，主要推行新法接生和疫病预防注射。1980年，卫生所改为卫生院。2000年，设阳孟卫生分院。2001年，镇卫生院通过国家卫生部门评估检查，授予"一级甲等医院"称号。2002年，镇卫生院修建542平方米住院楼，档年升为中心卫生院。2003年，投入13万元修建300平方米大兴寨卫生分院综合楼。2004年，投入45万元，修建镇卫生院门诊楼625平方米，是年，该院获省卫生厅授予"爱婴医院""产科合格医院"称号。2005年，中心卫生院有床位16张，医务人员31人。是年，全镇实施新型农村合作医疗制度，参合9830人，参合资金9.83万元，参合率80%。全镇"五苗"（卡介苗、百白破、糖丸、麻苗、乙肝疫苗）接种率92%。2014年，全镇参加新农合1.2万人，参合率80%，有村卫生室22个，村医22人。

社会保障

1989年，全镇五保老人采取分散供养，按全市标准每人每年供应粮食300公斤，食油5公斤，现金120元和其他生活相关物资。1998年11月，实行全市城乡居民最低生活保障制，"五保"老人纳入最低生活保障对象。当年全镇农村居民最低生活保障标准为每人每年420元。2007年，全

山舞银蛇——湘西矮寨坡夜景（向民航摄于2009年11月29日）

镇享受农村居民最低生活保障362人，发放低保金11.65万元。

2014年，全镇有41名“五保”老人，其中集中供养15人，供养标准每人每年6600元；分散供养26人，供养标准为每人每年2640元。全镇纳入农村居民最低生活保障对象1527人，发放低保金194.1万元，有4543人参加新农保，参保率28.4%。

特色地情

历史人文

矮寨公路奇观 位于矮寨村前西北一座大山上，当国道319、国道209（重叠线）一路平坦行至矮寨村前，一座大山挡住去路，公路须从此山前行。其路陡险，盘曲蜿蜒，坡路以15道回头曲线呈“之”字形盘旋而上，升坡高度440米，平均坡度7.3%，最大坡度12%，水平距离不足1公里，回头弯半径达不到标准要求，急转弯处外侧筑转车台7座，挡土墙最高达30米。在海拔880米115＋347垭口处架一石墩木面“天桥”(立交桥)长8.3米，宽5.5米，孔径5.8米。1966年11月，交通部门将“天桥”改为石拱桥，桥面拓宽至7米，荷重15吨。修筑这段仅6公里的公路，当年2000多人次民工栉风沐雨整整奋战7个月。其中死亡200多人，小伤小残的不计其数。为了追怀死难者的功绩，当时曾在路中天桥附近竖立一尊“开路先锋”的铜像以志纪念。后来铜像毁于战乱。1987年，湖南省政府拨款，按原型重塑铜像，移置在矮寨天桥上方山崖上。同时还在山顶“公路奇观”的终点，建起一座“湘川公路死难员工纪念塔”。2001年，时任国务院总理朱镕基视察矮寨公路奇观，并留有诗章。

名优特产

桃花虫 是矮寨峒河中特色水生昆虫，唯桃花盛开二月（农历）繁殖最盛，故称桃花虫。当此季节，农家女在河中网捞桃花虫用作菜食或上市销售。此虫细如虾，体扁平，多细足，颜色有黑、黄两种，须在最优水质中生长，从寨阳乡坪

苗鼓争春（向民航摄于 2005 年 3 月 12 日）

朗以上到大龙洞流域一带，水极清甘冽，无污染，方宜桃花虫生长。桃花虫含高蛋白，丰富的氨基酸和钙等多种营养成分，食用价值高，食味美，为峒河流域一带居民喜爱食品，一些酒馆常作席上佳肴。

民俗风情

苗族鼓舞 矮寨苗族鼓舞，有单人鼓舞、双人鼓舞、多人鼓舞，各种鼓舞均伴 1 人快速敲边击拍，节奏感强。男子鼓舞模仿猴子动作，滑稽可笑，称之猴儿鼓。传统苗族鼓舞以摸仿农事生产和日常生活动作为舞谱。20 世纪 80 年代，以苗族鼓王石顺明为代表的苗族鼓舞创新艺术逐渐推广，舞姿生动活泼，婀娜多姿。

苗族舞狮 境内有舞狮传统习俗，各村寨都有舞狮队。当地狮头以纸扎工艺制作而成，表演舞狮以双人（头尾）进行，伴以锣敲打击拍，还伴有苗族武术队，手挥刀、叉、棍、索（索端系木坨叫流星），前行开路，威风凛凛。苗族舞狮常例行爬桌竞技，即用 36 张四方大桌宝塔似叠为 6 层，上层翻置一小桌，狮子依次从底层舞至顶层，站在朝天小桌四脚上向观众表演一周。有的以单人表演硬功，顶上竖立木杠或钢叉（两三人帮助抓紧），表演者脱去衣服，以腹顶棍（钗），四肢平展旋转一周，这叫"雄鹰展翅"。有的以双手抓杠，头朝下，呈倒立式，这叫"鳄鱼撑天"。有的人脱掉衣服，四肢伸直，头朝下，从顶层一溜烟滑至基层，这叫"鲤鱼飚滩"。苗族舞师还有抢狮习俗，当舞狮者舞得正欢时，乘人不备，被对方数人突然把狮子抢走。抢得狮者必留请对方舞狮队前往抢者村寨作客。寨主杀猪宰羊，酒宴款待客人。当晚主客狮队，挨家上门舞狮竞技。翌日早餐后，双方狮队再一轮舞狮爬桌竞技，然后，客方狮队在一片炮竹声中归去。苗族舞狮表演，一般于每年正月初四举行，称"百狮会活动"，由镇政府及相关部门负责组织。

（撰稿人：宋大文）

马颈坳镇

2006年9月，马颈坳镇被农业部、国家体育总局、中国农民体育协会授予“全国亿万农民健身活动先进乡镇”称号，2010年，获“湖南省民族团结进步模范集体”称号。

区域概况

位置面积

马颈坳镇位于吉首市北部，北接白岩乡雅沙村、补戈村，南连峒河办事处振武营村和太平乡青干村、深坳村，西与己略乡简台村、联林村接壤，西北与保靖县葫芦镇、古丈县默戎镇相交，面积91.16平方公里，镇治溪马，距吉首市中心13公里。

建置沿革

清代，镇域属三里。因先民多梁、张二姓，设有“良（梁）章（张）营”。民国元年（1912），编为乾县东乡二区。民国2年（1913）4月，乾县更名乾城县，隶属乾城县。民国11年（1922），改为乾城县良章乡。民国23年（1934），属二区，建良章镇。民国27年，复称良章乡。1950年，良章乡属三区。1953年，域内析为16个乡和1个乡级镇。1956年，各小乡分别合并为米坡乡和溪马镇。1958年秋，溪马镇和米坡乡合并成立红旗人民公社。1960年6月，改名马颈坳公社。1984年4月公社改乡，11月，撤乡改镇，为马颈坳镇。

行政区划

1984年，马颈坳镇辖溪马、康营、林农、榔木坪、新湾、汩比、枫香、竹寨、红岩排、米坡、合群、阳田、团结、隘口、几比15个村。2003年，镇辖团结、几比、榔木、隘口、康营、林农、阳田、合群、米坡、竹寨、汩比、红岩排、枫香、新湾、溪马15个村和老街、新街、火车站3个居委会。2005年10月，调整村级建制，汩比村、红岩排村合并为汩比村，溪马村、老街居委会、新街居委会、火车站居委会合并为溪马社区，至此，镇辖团结、几比、榔木、隘口、林农、康营、阳田、合群、米坡、竹寨、汩比、枫香、新湾13个村和溪马社区。

人口民族

2003年，马颈坳镇15031人。其中，苗族4209人，占28%；土家族3638人，占24.2%。2014年，全镇19486人。其中，苗族7619人，占39.1%；土家族7132人，占36.6%。

自然环境

马颈坳镇为中低山丘陵区，地势由西北向东

南倾斜，北部隘口、林农、几比及团结村西部处于峡谷中山区，山势陡峭，有断层，多溶洞和天坑，最高峰几比村尖儿坡，海拔711米；最低处红岩排村，海拔182米。土壤以红色、黄色为主，黄壤占全镇面积61%，红壤占22%，青砂壤占17%。森林覆盖率73.8%。镇境属中亚热带季风湿润性气候，四季分明，冬暖夏凉，年均降水量1400毫米。2014年，全镇耕地面积1432.07公顷，其中稻田668.73公顷，旱地763.34公顷。

经济发展

经济综述

1984年，全镇农业产值334.3万元，占地区生产总值89.22%，粮食产量6539吨，农民人均纯收入187元，人均粮食373公斤。1989年，农业产值545万元，其中种植业446万元，占81.8%；林业30万元，占5.5%；畜牧业32万元，占5.9%；渔业5万元，占0.9%。粮食产量6392吨。1997年，粮食产量7290吨，比1984年增产751吨，增长11%。2005年，农业产值4147万元，比1984年增长1.4倍，年递增12.7%；农民人均纯收入2085元，比1984年增长10.1倍，年递增12.2%。椪柑面积1440公顷，产量7500吨，产值1000多万元；发展名、优、特、新品种苗木50个，培育各种苗木7000多万株；蔬菜面积1133公顷，产值1700万元。2010年，农业产值2亿元，比2005年增长3.8倍，年递增36.8%；人均纯收入2117元，比2005年增长1.5%，年递增0.3%。2014年，农业产值2.02亿元，比1984年334.3万元增长59.4倍，年递增0.2%。

农业

境内农业以种植业为主体。1985年，耕地面积986公顷，其中水田710公顷，旱地276公顷，粮食产量5969吨。1988年，农业产值403万元，其中种植业161万元，占农业产值39.9%；林业11万元，占2.7%；畜牧业126万元，占31.3%；副业100万元，居全市之冠。粮食产量3584吨，粮、油、棉、甘蔗产量和牛饲养量均居全市首位。森林面积2133公顷，占镇域面积24.7%。1990年，育苗面积60公顷，品种有柑橘、板栗、桃、李等。2000年，增加绿化类、花卉类品种，苗木生产扩大到竹寨村和榔木村，面积140公顷，产值630万元。2001年、2002年，苗木价格下跌，育苗面积减至16公顷。2005年，合群、新湾、阳田、竹寨、榔木等村建苗木基地153.3公顷，产苗木500万株，产值630万元。经封山育林、退耕还林，森林面积增至5390公顷，森林覆盖率升至59%。团结、榔木、林农3个村建成楠竹基地，面积133.3公顷。全镇椪柑面积1440公顷，产量1.2万吨，产值2000万元。全镇建成榔木、康营、新湾、阳田、隘口等村1133.3公顷蔬菜基地，产值1700万元。全镇推广超级杂交稻72公顷，水稻规格化栽培409公顷，“两低”油菜550公顷。建成36公顷镇农业科技示范园，完成333公顷退耕还林炼山整地任务。镇内经济作物主要有烤烟、花生、凉薯、香葱、生姜、西瓜和香瓜等。团结、汩比等村建立80公顷金银花、青蒿中药材基地。2006年，全镇开发椪柑1641公顷，产量19183吨，产值2000多万元。米坡、团结村建立猕猴桃基地100公顷。生猪存栏4350头、出栏21000头；牛存栏2900头、出栏1640头；羊存栏1800只、出栏8290只；家禽出笼38.5万羽。2008年，全镇退耕还林灾后补植树苗10万株，补植面积200公顷。2009年，农业产值1.8亿元，比上年增加0.3亿元；人均纯收入1740元，比2008年减少240元。全镇完成“八百里绿色行动”10

公里、面积200公顷植树任务。2010年，种植蔬菜968公顷，总产量14590吨，产值9800万元。椰木村建立3.3公顷红阳猕猴桃基地。引进280万元，在隘口、几比村开展国土整治，扩建40公顷高效有机黄金茶基地。生猪出栏13148头，牛出栏1070头，羊出栏5535只，养鸭75万羽，畜牧业总产值2900万元。投入资金30万元，在米坡村建立13.3公顷椪柑精品园。全镇完成“八百里绿色行动”后续工程，植树15.3公顷。2013年，吉首市苗疆茶业科技有限公司在隘口村成立。产业公司产品“苗疆红茶”曾获湖南省旅博会铜奖。2014年，全镇种植黄金茶1100公顷，可采茶面积567公顷。春季产茶60吨，产值1000多万元。开发“红阳”猕猴桃33公顷，高山葡萄36.7公顷，蓝莓6.7公顷等名特优水果。有科技示范户85户，专业合作社13家。

工业

1988年，乡镇企业产值217万元。镇办企业主要有马颈坳农机厂。1992年12月10—14日，在省政府举办的年度全省新产品、新技术交易会上，镇属楚霸酒厂“湘神”酒获金奖。1994年，该厂产酒1000吨，产值1000万元。2004年，引进投资100万元农副产品加工企业——湘西龙凤食品有限公司，建日产2吨的龙凤纯净水厂。2005年，引进活性炭林产品加工项目，当年项目投资120万元。2011年10月，实施石材工业园项目建设，占地17.9公顷。2014年，完成征地补偿工作，进入园区建设程序，投资过亿元。

商贸服务

清嘉庆二年（1797），大河坪设墟场，后迁入溪马境内。农历一、六日赶场，以牛、羊、猪交易为主。1998年，市工商局投入80万元，改造集贸市场，扩大面积2000平方米，设摊位95个，逢场日，设临时摊位300个。2003年，镇筹资80万元，收购市市场局农贸市场。2005年，农贸市场建筑面积1.3万平方米。有个体工商户988户，从业人员2082人，营业额300万元，其中经市工商局注册85户105人，营业额125万元。2013年，整合资金50万元，修缮破损摊位130处，新建市场面积500平方米，铺设污水管网1000米；投入20万元，新建公厕1处。2014年，有个体企业和工商户584户，从业人员675人，年营业额6515万元。

基础设施

交通运输

1958年，吉首至古丈公路通车，经过境内20.3公里。20世纪70年代，白果坪至米坡、米坡至竹寨、檀木至岩湾、江底坳至沙坪村道和马颈坳至白岩乡公路相继修成。1978年10月，枝柳铁路通车，溪马设小站，阳田村设湘泉站。1989年，有10个村通公路。2005年，村村通公路，公路长81公里。有客运和货运汽车137辆，营业额157万元。2006年，完成白果坪至竹寨村2公里村道水泥硬化工程，硬化米坡村公路2公里。2007年，实施13.5公里环后山村公路水泥硬化工程；筹资50万元，完成省道229至新湾村级公路水泥硬化。2013年，开通吉首市区首条城乡公交线路，即8路：马颈坳⇆光明。2014年，吉首一中桥头及光明桥往返马颈坳载客小四轮面包车10辆。

邮政通信

1951年5月，马颈坳乡设立邮政通信总站，各村农会设分站。1958年建立邮电局。1990年，设立邮政储蓄所。农村电话始建于民国13年（1924）。1995年，开通程控电话，安装电话机210部。2001年，移动基站建立，移动电话开通。

中国移动湘西分公司在隘口村和团结村建无线基站。2005 年，开通汨比村和红岩排村“富民通”无线卫星电话 8 部。隘口村和团结村信号转发点升级为通信基站。全镇有移动通信用户 2167 户，联通通信用户 989 户，固定电话机 1001 部。2006 年，引资 40 万元，建成移动通信塔 2 座，实现镇内移动网络全覆盖。

供电饮水

供电 1992 年，吉首市电力公司投入 50 万元，架通 3 公里输电线路，米坡村王寅虎组通电，全镇实现户户通电。1998—2000 年，市电力公司投资 600 万元，建成 3.5 万伏变电站；投入 300 万元，改造团结、竹寨、米坡、合群、阳田 5 个村主干线，改造到户 760 户。2001—2004 年，吉首供电局投资 500 万元，改造溪马、康营、林农、隘口、枫香、红岩排、椰木、几比、汨比、新湾 10 个村电力线路主干线，溪马村和林农村改造到户率 100%，康营村改造到户率 80%。2013 年，新建及改造汨比村农网线路 3.5 公里，惠及群众 320 户 1242 人。

饮水 1992 年，镇政府投入 32 万元，建成日产 600 吨水厂，解决镇直机关、溪马村和新湾村 2765 人饮水问题。2004 年，修建枫香村七星寨、红岩排陈排组、竹寨村大寨、米坡村洞上坪组人饮工程。2011 年，完成几比村、米坡村和阳田村人畜饮水工程。2012 年，建设林农村与椰木村人饮工程和镇自来水厂改扩建工程。

水利建设

1956 年，在康营村动工修鱼井坝，灌溉面积 18.7 公顷。建成龙洞小（2）型水库，库容 21 万立方米，灌溉面积 26.7 公顷。1977 年，团结水库建成。耗资 63.1 万元，其中国家投资 60.1 万元，集资 3 万元，灌田 100 公顷，养鱼水面 11.2 公顷。1990 年，市水电局用投资 15 万元整修渠道 3500 米。2001 年，修复新湾、康营 2 处防洪堤共 2000 米。2003 年，国家投入以工代赈资金 120 万元，分给龙洞水库 18.8 万元用于水库整修。2006 年，投入 450 万元，整修团结病险水库。2010 年，投入资金 15.7 万元，对椰木村山塘进行加固维修。

村镇建设

1985 年 9 月 5 日，吉首市政府下文批准马颈坳镇集镇建设规划和总体规划。1986 年 10 月，《马颈坳镇规划》获湖南省村镇规划优秀方案奖。1996 年，镇财政投入 45 万元，改造长 500 米、宽 6.5 米坳田街道。2003 年，投入 110 万元，分别将通镇政府长 1 公里、宽 3.5 米公路由砂石路面改为水泥路面，硬化一条长 400 米、宽 4.5 米大街和长 300 米、宽 8 米溪马大道，建成 2210 平方米停车场。2005 年，完成 89 户沼气池建设。2007 年，整治竹寨、米坡、枫香、溪马村容村貌，硬化村间道 2 万米，拆除部分民房，拓宽寨内巷道，修建排水系统。筹资 15 万元，完成马颈坳停车场道路硬化；筹资 100 万元，修建镇政府综合服务办公大楼。建成阳田、隘口、米坡等 8 个村标准化村部。新建沼气池 225 口。

社会事业

教育

1984 年，镇内有市第五中学，在校学生 492 人。其中女生 177 人；小学 15 所，在校学生 2451 人，其中女生 1046 人。2005 年，有完全小学 1 所、片完小 1 所、村小 9 所，教师 94 人，在校学生 1966 人，其中女生 960 人。2006 年，投入“两免一补”资金 27 万元，投资 400 万元建成全州农村寄宿制示范学校。2014 年，马颈坳中学有学生 399 人，其中女生 187 人，教职工 54 人，专任教师 49 人。马颈坳学区有小学生 703 人，其中女生 341 人，专任教师 74 人。教学点 4 个，其中米坡村教学点 1 个，教师 1 人，学生 1 人。

文化体育

1965 年，建公社文化站，翌年停办。1974 年，恢复公社文化站。1989 年，全镇有黑白电视机 95 台。1993 年，建有线电视站，开通镇直机关单位及溪马、新湾、康营等村有线电视，用户 256 户。1996 年，开通枫香、阳田、竹寨、合群、团结、隘口、林农、米坡 8 个村有线电视，用户 457 户。2001 年春节，镇举办传统舞狮、龙灯、武术表演等活动。2002 年，溪马村、竹寨村先后成立“夕阳红”“农家乐”农民文化宣传队，深入村寨，宣传党的富民政策。2003 年，“全国美丽村姑大奖赛”单项奖评选活动在隘口村举办，并参加中央电视台《一路顺风》栏目拍摄。2003—2005 年，镇政府改造电视网络，用户可接收电视节目 42 套。2014 年，全镇有黑白电视机和彩色电视机 3696 台。

医疗卫生

民国 31 年（1942），溪马建卫生所，民国 34 年（1945）停办。1952 年 8 月，溪马建区卫生所。1980 年，改为马颈坳中心卫生院。1984 年，更名为马颈坳卫生院。2010 年，更名为马颈坳中心卫生院。2001 年，租团结村 20 平方米村部设卫生院分院。中心卫生院被省卫生厅评为一级甲等卫生院。2003 年，市卫生局、市科技局共投入 70 万元，建 1100 平方米卫生院综合楼。2005 年，卫生院设病床 30 张，有医务人员 30 人。12 个村、1 个社区分别设卫生室，各配 1 名卫生员。2006 年，新型农村合作医疗参合率 90%，享受合作医疗补助资金 40 万元。2007 年，投资 55 万元，新修镇卫生院门诊楼。新农合参合率 94.5%，参合资金 14.1 万元，享受合作医疗补助 50 万元。2011 年，新农合参合人数 15813 人，补偿医疗费 320 万元，惠及群众 4300 人。2014 年，新农合参合人数 17373 人，参合率 89%，发放医疗救助金 23.82 万元。

社会保障

2006 年，全镇救济贫困户 211 户，发放救灾救济资金 1.8 万元；新增低保对象 14 户，发放低保金 5040 元；39 名老人入住敬老院。2009 年，新增低保对象 19 户，发放低保金 17550 元；新增五保户 6 户 6 人，发放养老金 6299.8 元。投入资金 33 万元，完成 36 户危房改造。2011 年，新农保参加缴费 5345 人。60 岁以上领取养老金有 2707 人。推行农村低保与扶贫开发“两项制度”衔接，惠及群众 192 户 697 人。2014 年，全镇有低保户 513 户 1597 人。分散供养“五保户”57 户 61 人，分散供养保障标准：2640 元 / 年；集中供养 37 户 37 人，集中供养保障标准：6600 元 / 年。发放救灾救济资金 40.86 万元，发放低保资金 98 万元。

特色地情

风景名胜

隘口旅游 镇域旅游主要有隘口村，该村距马颈坳镇区溪马 5 公里，景区面积 8.1 平方公里，省道 229 从村旁经过。该村由 3 个自然寨构成，成“品”字形分布，村内住有苗、汉、土家 3 个民族村民，“三寨、三族、三姓”和睦相处。境内有石家镖局、土家四合院、书香门第焚书塔、白虎洞、阴元洞、山羊洞等景点，有千年枫树 7 株。2003 年 10 月，湖南卫视“全国美丽村姑”大奖赛 3 个单项决赛评选活动在隘口成功举办。

钢花烧龙（向民航摄于2011年2月17日）

民俗风情

钢花烧龙 农历正月十五“钢花烧龙”是湘西苗民为祈祷风调雨顺、五谷丰登的一项祭祀活动。在马颈坳“烧龙”传承300多年。烧龙队伍配以大锣大鼓，打着堂子（鼓牌名），晚上10时许，由两个烧枞树油柴的火球在前面开路，龙头龙尾两边摆动，时而奔腾飞跃，时而穿梭打转，舞龙者酒兴十足，昂首阔步，上衣全部脱光，边走边喊“要爆竹！”“要钢花！”龙身一般只留九节左右，以便行动快捷。放钢花的人待龙头对面走来开始点火，很快钢花筒就喷出大把烟花，钢花在空中四溅，比屋檐还高，一蓬蓬如兰花形状的钢花四散飘落。舞龙者任“钢花”贴着背脊如水银般飞泻而下，并不避趋。放野炮的，快速集中地向舞龙者脚下甩大炮，炮声此起彼伏，震耳欲聋。舞龙者背上出现水泡，脸上粘满烟灰，自己全然不知。几度围烧后，钢花筒放完了，烧龙户会自动拿出一长串鞭炮在门口燃放并送红包。龙头点头行礼，至此，烧龙活动结束。

（撰稿人：杨昌辉）

河溪镇

河溪原名“合溪”，因峒河、司马河、沱江在附近汇合，故称“合溪”，后衍化为河溪。2005年，河溪镇被列为湖南省“50个小城镇重点建设乡镇”之一。2014年，被住建部等7部委列为“全国重点镇”。

区域概况

位置面积

河溪镇位于吉首市东南部。东与泸溪县潭溪镇接界，南与泸溪县解放岩乡毗邻，西连双塘镇江丰、富强村，北接太平乡英勇、司马村及镇溪街道和乾州街道，面积97.5平方公里，镇治河溪，距吉首市中心20公里。

建置沿革

明代，河溪设巡检司，后废。清乾隆年间（1736–1795）设塘，嘉庆二年（1797）筑石城，配巡检、都司各一员。嘉庆五年（1800），建河溪营并设都司衙门。民国元年（1912），河溪为乾县（乾城县）南乡一区。民国11年（1922）11月编为司马乡。民国27年（1938）设河溪乡。民国29年（1940），司马乡与河溪乡并为河司乡。1950年，河溪乡属乾城县第四区。1956年，吉首县实行撤区并乡，把司马、河溪等4乡并为河溪乡，治所仍为河溪。1958年秋，撤销河溪乡，建立太阳升人民公社，后改为河溪人民公社。1984年4月，公社改乡制，11月乡改镇，为河溪镇。

行政区划

2005年，村级建制调整，全镇辖马鞍、阿挪、张排、持久、新建、楠木、铁岩、永固、渔溪、中岩、岩排11个村和河溪社区，下设94个村民小组。

人口民族

2014年，全镇有3522户12951人。其中，土家族8120人，占总人口62.7%；苗族1424人，占11%。

自然环境

境内为低山地貌，最高点楠木村大包垴，海拔419米，最低处楠木村黄莲溪，海拔142米。全镇为红砂土壤，地层浅薄。境内四季分明，年均气温17℃。常年降水量1400毫米，多集中春末夏初，时有秋旱。2014年，全镇耕地面积939

公顷，其中稻田605公顷，旱地334公顷。森林面积2028公顷，森林覆盖率46.8%。

经济发展

经济综述

20世纪70年代，境内以传统农业经济为主，贫困落后。80年代初，逐步发展工业。1984年，建成湘福酒厂、电解锰厂、明胶厂，全镇生产总值实现201万元。90年代，以椪柑为主的林果业，以蔬菜为主的种植业，河溪水库渔业养殖等产业得到迅速发展。2000年，全镇实现企业产值1.3亿元。农业产值1816万元。农民人均纯收入1173元。2005年，河溪为全州22个工业强乡强镇之一，初步建立以农副产品加工、矿产品加工、化学工业为骨干的工业体系，实现国民生产总值30368万元，财政收入933万元，城镇居民人均可支配收入4000元，农民人均纯收入1919元。

2014年，全镇实现国民生产总值3.57亿元，是1984年的176倍，年递增18.8%。城镇居民可支配收入7350元，农村居民人均收入3740元。

农业

境内农业历来以种粮为主，粮食作物主要有水稻，次为玉米。1978年，全社粮食产量2568.8吨，人均278.5公斤；农业收入132.6万元，人均108元。20世纪80年代，农业生产结构逐步调整，粮、油、林、牧、渔生产得到全面发展。1987年，马鞍、阿挪、张排、持久、农科、河溪、新建7个村开发椪柑产业，种植椪柑面积120公顷。1989年，永固村在河溪电站库区实行拦汊养鱼，投放50万尾鲢鱼、鳙鱼鱼苗，当年产鱼50吨，收入40万元。1995年，全镇农业产值464万元，人均497元。粮食产量3361吨，人均287.2公斤。1998年，扩大水面养鱼20公顷，建网箱养鱼280口，产鱼65吨，产值50万元。是年，椪柑产业开发扩大到岩排、中岩、楠木、永固、铁岩、渔溪等13个村。2001年，全镇加大农业生产结构调整力度，形成山边发展椪柑、水边发展养鱼、路边实行瓜、稻连作，镇边发展蔬菜的农业生产格局。全镇启动7个专业村建设，建成3个专业村。在马鞍、阿挪等村种植大棚蔬菜，全镇蔬菜种植面积130公顷，产值200余万元。西瓜种植面积146.6公顷，产值138.3万元。椪柑种植面积565公顷，产椪柑2829吨，产值336.7万元。杂交稻种植面积400余公顷，千亩超级稻平均每公顷产量9750公斤。实现全镇农业产值1816万元，农民人均年纯收入1173元。

2002年，全镇发展板栗、桃、西瓜、香瓜、草莓和花卉苗木种植面积180公顷。完成退耕还林388.6公顷，增加农业产值100余万元。2005年，镇内建成林果、经作、蔬菜、花卉苗木、网箱养鱼五大观光区。林果园区以椪柑为主创产值300万元；经作园区以西香瓜为主，创产值203万元；蔬菜园区以阿挪大棚蔬菜基地为主，创产值385万元；花卉苗木园区种植面积18公顷；库区网箱养鱼300余公顷，网箱3000余口，增加中华鲟、大口鲶、鲑鱼、青鱼、美国花斑叉尾鮰等鱼种，产鱼1213吨，产值783万元。五大观光园区占农业产值74%。农业产值2368万元。

2009年，全镇实施峒河沿岸和319国道沿线9个村的“八百里绿色行动”工程项目，定植树木160公顷12.8万株，农业产值实现4169万元，同比增长6%。农村居民人均纯收入2525元。2010年，全镇输出劳动力2380人，实现劳务收入3570万元。全年出栏生猪8240头、牛2156头、羊1835只，出笼家禽8.5万羽，发展养殖大户6家，实现畜牧、渔业总产值960万元。全年农业产值4398万元，比上年增长5.5%。完成2905户、12950宗林地堪界确权工作，调处林权纠纷309起，全面完成林权制度改革。

2014年，镇内成立丰裕隆、楠木君、星星、老乡红等7个农业专业合作组织。以河溪社区、楠木村、岩排村茶叶基地为核心，加快铁岩、渔溪、张排村茶叶发展。全年完成椪柑低改4公顷，茶叶种植200公顷、蔬菜种植600公顷、库区养鱼面积386公顷、观光葡萄园种植面积20公顷，建成山羊养殖场4个，全年粮食产量3061吨。

工业

1987年，河溪镇创办橡胶厂，回收旧塑料，生产再生胶。该厂为小一型企业，年生产能力1500吨，最高年产值1.57亿元，产品畅销湘、鄂、渝、黔四省市边区。1992年，建成电解锰化工厂、明胶厂。1994年，投入250万元建成湘福酒厂，年产白酒500吨。2000年，镇党委、镇政府，成立企业改革领导小组，帮助企业解决发展中的问题。全年引进资金200万元，帮助企业收回三角债100万元，加大对河溪水、酒、醋三大拳头产品培植，全镇企业产值达1.3亿元，交纳国家税收85万元。2003年，河溪镇引进电解锰厂，年产电解锰5000吨，年创产值1000万元。河溪橡胶厂通过科技创新，开发出汽车胎面胶和压滤机板框新产品，每年为该厂增值728万元。河溪香醋责任有限公司依托湖南师大，改造传统酿造工艺，打造出“精品醋”“保健醋”产品，畅销省内及湘、鄂、渝、黔边境。是年，招商引资到位资金2404.3万元。初步建立以农副产品加工、矿产品加工、化学工业为骨干的工业体系，实现企业增加值4532万元，比上年增长73%，交纳税金814.6万元。2005年，河溪镇招商到位资金3170万元。当年引进浙江废旧电器回收加工厂，全镇骨干企业14家，从业人员1962人。全年实现工业产值2.8亿元，同比增长25%，实现企业增加值5874万元，同比增长29%，工业产值占全镇GDP的90.6%，成为全州22个“强乡强镇”之一。2006年，湘西边城醋业科技责任有限公司投资7480万元的“醋城”项目、荣昌集团投资1100万元的湘西第一泉万吨小瓶装矿泉水项目、湘西金凤凰农业科技有限责任公司投资5200万元的万吨叉尾鮰鱼片加工项目及湘西州松香厂，均已投产。全镇有骨干企业18家，从业人员2126人。2009年，培育全镇9家规模企业初见成效。实现工业增加值7850万元，企业上缴税金1021万元。

2014年，鹤盛原烟“十二五”技改项目落户园区正式启动，该项目总投资8亿元，全年工业产值2.98亿元。

商贸服务

20世纪50年代，河溪设墟场，农历三、八日赶场，每场赶场人数1万人左右。主要交易鸡、鸭、鱼、肉、蔬菜、水果、饮食等农副产品和居民日常生产生活品。1989年，全镇有个体工商户60户100人，产值95万元。1995年，个体户150户210人，产值207万元。2001年，个体户210户290人，产值484万元。2005年，179户，从业人员207人。2013年11月28日，河溪农贸市场迁址，市场建设投入资金205万元，占地面积3300平方米，内设鲜肉类、禽类、小百货类、水果批零、粮油批零行业区，固定摊位119个，店面38个，可设临时摊位300个。2014年，全镇个体户300户370人，产值910万元。

其他产业

旅游业　河溪电站形成460余公顷库区水面，山青水秀、波光粼粼，为发展休闲旅游提供有利资源。1995年，由州旅游局投入70万元开发湖区旅游，命名为八仙湖旅游区。在湖畔修建具有民族特色的吊脚楼、茶楼、文艺表演厅、餐厅和登岸码头。1999 年 5 月，市旅游局接管该旅游区，投入资金 66 万元，购置 10 艘玻璃钢旅游船，建造 12 艘旅游木船和相关旅游设施。2002 年，市广源公司介入该旅游区，继续投入资金修建一组“八仙”塑像，7 套“山里人家”小屋等相关设施。尔后旅游区交给镇政府经营管理。2002 年，张排村在该村峒河畔，利用河坪天然草地、林木、沙滩，创办旅游休闲区，开办农家乐，每年接待市内城区游客 1 万余人次。全镇每年接待旅游人数 5 万余人次，收入 100 万元。

基础设施

交通运输

1937 年，湘川公路通车，过境河溪全长 20 公里，时有水运码头 2 个，木帆船 50 艘，往来运输货物。20 世纪 50 年代，河道建坝，水运停止。1974 年，将该公路改造成柏油路面。1995 年，全镇有客运、货运车 50 辆，年创收 100 万元。2001 年，有客运、货运车 70 辆，年创收 180 万元。1996 年 5 月，马鞍村黄茅潭大桥落成，桥长 100 米，宽 8 米，州交通局投资 67 万元支持修建。1998 年，修通张排村至中岩村公路，路长 3.4 公里。2003 年，国道 319 改造为沥青砼砂路面，为山岭重丘三级。2012 年，贯穿河溪社区、新建、楠木、永固村的公路竣工通车，实现全镇各村通公路。2014 年，镇内开通铁岩村硬寨至泸溪解放岩乡公路。全镇有客运和货运车 150 辆，年创运输收入 400 万元。

邮政通信

1937 年，河溪设信柜，开通步班邮路。1955 年，河溪设邮电局。1964 年，境内各大队均通邮。1977 年，河溪设邮政所。20 世纪 20 年代，河溪通有线电话。2003 年，建成辐射全镇移动通信塔，实现村村通电话。2005 年，建成 3 座移动通信地面接收站，全镇 12 个村开通程控电话。2006 年，建立 6 座移动通信地面接收站，实现有线电话和无线电话村村通。

供电饮水

1985 年 3 月，河溪电站建成发电。设计装机总容量 9600 千瓦，年均发电量 4283 万千瓦 / 小时。2001 年，实施农村电网改造，新建 3.5 万伏变电站 1 座，新修人畜饮水工程 6 处。2002 年，完成 5 个村电网改造和镇电管站全面改建，引进全套新变电设备，完善供电网络建设。筹资 323 万元新修人饮工程 10 处。2007 年，筹资 150 万元，建设阿挪、张排、持久、河溪等 7 村峒河沿岸人饮工程，解决 7000 人饮水困难。

村镇建设

1994 年，河溪镇被湘西州人民政府列为全州 15 个重点建设的小城镇之一，制定小城镇总体建设规划，经三次修改，完成规划编修。2000 年，镇政府在镇区街道安装路灯 21 盏，硬化 319 国道河溪段路面，并铺设下水道。街道旁修建垃圾围 20 个，并依法拆除违章建筑。是年 9 月，被省委、省政府列为全省 50 个重点建设的小城镇之一。2005 年，落实镇区街道管理工作，配备专职管理人员 2 名，同社区达成协议，聘请一支老年管护队，值勤保障道路畅通，整治街道乱占、乱停和堵车现象。是年，镇区人口发展到 5200 人，人均道路面积由 9.4 平方米增加到 20.3 平方米，人均公共绿地面积由 7.85 平方米增加到 12.65 平方米，人均住房面积增加 0.5 平方米。自来水供给、道路硬化、电话普及，用电、电视入户率均为 100%。是年，获湘西州“文明乡镇”称号。

2010 年，马鞍村村部办公楼竣工落成，镇区客运站建成使用，街道路灯安装完善。2011年，完成420万元燕城街建设工程。把廉租房建设纳入小城镇建设项目，投入380万元实施廉租房建设工程。2012年，该工程第一期48套廉租房分配到户，第二期96套处于封顶收官，第三期96套完成主体工程。是年，境内完成常吉高速公路东出口1500余平方米绿化带，镇区主街道8000余平方米炒砂路面竣工使用，新装标准化LED高杆路灯50盏，简易路灯40盏。2013年，百里坪300套公（廉）租房建设工程启动，中学路建成使用，启动河溪农民集中安置项目，百里坪安置小区规划完成。2014年，全镇各村公路全部水泥硬化。是年，被住建部等7部委列入“全国重点镇”，被授予“省级生态乡镇”称号。

社会事业

教育

民国2年（1912），河溪设县立初等小学。民国12年（1923），设县立第三小学。1950年，河溪县立第三小学改为河溪小学。1960年，河溪完小附设初中班。1976年，河溪中学增设高中部，1982年，高中撤销。1984年，有镇中心完小1所，村小16所，在校学生1447人；有初中1所，在校学生286人。1999年5月，修建1800平方米中学综合楼，由教师集资修建1260平方米教师宿舍。1990—2005年，先后由市财政局、市劳动局、州民政局、上海投资开发公司、美籍华人黄思瑜等筹资和捐资230万元人民币和1万元美金，陆续建成中岩村小学、马鞍村小学、新建村小学、永固村桃花坪小学和多除溪小学、张排村小学、阿挪村“思瑜欣欣希望小学”等小学教学楼。2007年，镇内村小8所，中心完小1所，在校小学生1136人，教师65人。全镇小学中高年级集中于镇中心完小就读。2013年，朱镕基实事基金会贫困学校建设项目落户河溪中学。

2014年，全镇中心完小，在校学生387人，阿挪片完小，在校学生116人；渔溪教学点有学生13人；全镇有小学生516人，小学教师46人。初中在校学生241人，初中教师29人。

文化体育

1958年，公社设民办文化站，1960年停办，1974年恢复文化站，配1名半脱产文化辅导员，后转为正式文化辅导员。全镇有辰河高腔戏团、张排村阳戏队、河溪村文艺队、镇文化站“中心乐”文艺队、河溪村“久义”小阳戏队5支，龙灯队4支，每队40余人，有上街、百里坪等龙舟队4支，每支60余人。龙灯队每年参加春节文艺活动和河溪正月十五烧龙。龙舟队参加每年河溪六月六龙舟赛。1994年，上街龙舟队参加湖南岳阳国际龙舟展演赛，名列第六位。

1990年，在河溪建电视信号差转台，居民能收看中央1套和湖南综合频道两套电视节目。1992年，镇政府建有线电视站，开通河溪、新建、持久、张排、阿挪、农科、马鞍、中岩8个村有线电视。2005年，改造河溪镇电视网络，与吉首城区有线电视联网，建立4万米长主干线，上述8村农户能收看电视节目42套。2008年，有线电视覆盖全镇。

2014年，组织开展正月十五“钢花烧龙”“三湘农民健康行”大型文艺演出、河溪“六月六”民俗文化节活动，河溪龙舟队代表吉首市参加全省“屈原杯”龙舟赛，获得沅陵（大湘西）赛区第四名。

医疗卫生

1952年8月，河溪设区卫生所，1956年，改为河溪卫生所，1980年，改建为卫生院。卫生院有医务人员 26 人，病床 20 张，设内科、外科、小儿科、妇产科。全镇有村卫生室 15 个、卫生员 15 人。2006 年，实施农村新型合作医疗（以下简称新农合），全镇参合率 85%，“四苗”（卡介苗、百白破、麻苗、乙肝疫苗）覆盖率 92%。2007 年，全镇新农合参合人数 10605 人，参合率 93%。2010 年，全年兑现新农合医疗补助金 60 万元，解决 156 人住院医疗费困难。2014 年，全镇参加新农合 11496 人，参合率 95%，享受医疗救助 1794 人，补助 8.6 万元。

社会保障

1989 年，镇内对“五保户”采取分散与集中相结合办法供养，以分散供养为主，市财政给予一定养老金，不足部分由乡村、组统筹解决。河溪镇按每人每年粮食 300 公斤、食油 6 公斤，现金 120 元及其他物资标准供养“五保户”。是年，镇敬老院建成，部分“五保”老人入住敬老院、实行集中供养。1998 年 11 月，实行城乡居民最低生活保障制度，镇内“五保”老人纳入城乡居民最低生活保障对象，实行全额低保，同时新建镇敬老院。是年，全镇纳入低保 147 户 267 人。2010 年，全镇享受农村低保 213 户 585 人，发放低保金 27.8 万元；享受城镇低保 47 户 110 人，低保金 12 万元；发放社会救助金 30.7 万元；救灾物资折合人民币 16 万元；优抚对象 51 人，优抚金 16.4 万元。推行新型农村社会养老制度，全镇参保率 50.9%，1504 人 60 岁以上农村老人领取养老金。2012 年，分散供养“五保”老人 24 人，每人年供养标准 2000 元；集中供养“五保”老人 27 人，每人年供养标准 3600 元。

2014 年 7 月，全镇遭受百年未遇洪灾，水位高达 157.72 米，超历史最高纪录水位 1.14 米。全镇 12 个村受灾，受灾群众 1.1 万余人，对 800 户重灾家庭发放大米 15 吨，桶装食用油 1500 公斤，棉絮被套 700 床，救助金 5 万元。对 72 户倒踏房屋和危房户重建安置。全年发放救助金 144 万元。

特色地情

历史人文

河溪古城遗址　镇域有清嘉庆二年（1797）河溪古城遗址、古老建筑衙门、中老衙门、持久村九脑遗址、三圣宫、六王庙等，为考证湘西历史提供宝贵资料。

名优特产

河溪香醋　为清嘉庆五年（1800）河溪驻军余森之妻始制。其醋色泽橙红透明，味醇气香。

河溪香醋（向民航摄于 2012 年 7 月 21 日）

1985年，河溪“狮子山”牌香醋获湖南名优特产食品“金芙蓉”奖，被评为群众“最喜爱食品”。全镇生产河溪香醋的个体作坊10家。规模厂家有湖南边城生物科技公司，主打产品为“神秘湘西香醋”。香醋按传统酿造工艺加技术改良，发酵三年以上而成。其醋色橙红透明，酸性适中，气味芳香，温润可口。“神秘湘西香醋”生产厂家连续7年通过国家有机香醋认证，获得“技术创新服务文明先进企业”“消费者信得过单位”荣誉称号，并成为湖南醋行业中首家获得出口认证企业。“神秘湘西香醋”及果醋饮料被列为“吉首三宝”，产品进入湖南各大超市及广州、长沙、重庆、邯郸、深圳等地，在全国建立3000多个销售网点。

民俗风情

龙舟赛　每年举办“六月六”龙舟赛，龙舟披红戴花，鞭炮齐鸣、鼓乐喧天，岸旁观众簇拥，热闹异常。龙舟比赛日，当地扎戏台表演地方戏剧，歌舞节目。邻近乡镇民间歌手，成双成对，对唱山歌，大圈小堆群众围场观听，歌声悠扬，乡情绵长。

（撰稿人：宋大文）

双塘镇

2009 年，双塘镇被评为“全国乡镇司法工作先进单位”，2013 年，被文化部授予“中国文化艺术之乡”称号。

区域概况

位置面积

双塘镇位于吉首市南部，东接河溪镇永固村，南临泸溪县解放岩乡，西与凤凰县竿子坪乡接壤，北与乾州街道吉庄村相连，区域面积 74.87 平方公里。镇治周家寨，距吉首市中心 19 公里。

建置沿革

清代，镇域为乾州厅屯上属地。民国元年（1912）编为乾城县南乡二区。民国 11 年（1922）属司马乡。民国 16 年（1927），境内从司马乡析出，设大化乡，治所为双塘。1950 年，乡域属第四区，称双塘乡。1958 年秋，乡改建为卫星人民公社，后改称双塘人民公社，1976 年公社驻地迁至周家寨。1984 年，双塘公社改为双塘乡。2000 年 4 月，撤乡设镇，为双塘镇。

行政区划

2000 年，镇辖周家寨、大坝、双塘、坨丰、联兴、夯家溪、联盟、勤丰、科目寨、阴上、明丰、富强、联合、兴田、立新、江丰、大幸 17 个村和车站、方正 2 个居委会，下设 91 个村民小组。2005 年，村级建制调整，夯家溪村合并于坨丰村，科目寨村与勤丰村合并为联兴村，联盟村合并于富强村，周家寨村与车站、方正居委会合并为周家寨社区。区划调整后为大坝、双塘、坨丰、联兴、阴上、明丰、富强、联合、兴田、立新、江丰、大幸、冲虎 13 个建制村和周家寨居委会。

人口民族

2000 年，全镇 2986 户 12952 人。其中，土家族 10808 人，占 83%；苗族 1854 人，占 14%。2005 年，全镇 2986 户 13348 人。其中，土家族 11137 人，占 83.4%，苗族 1890 人，占 14%。2014 年，全镇有 3726 户 13763 人。其中，土家族 11148 人，占 81%；苗族 2133 人，占 15.5%。

自然环境

全境为低山丘陵区，地势南高北低。最高处冲虎村桃子坳湾，海拔 460.5 米；最低点坨丰村，海拔 180 米。镇域红砂壤占 60%，青砂壤占 23%，黄壤占 17%。2014 年，全镇耕地面积 836 公顷，其中水田 604.8 公顷，旱地 231 公顷。森林覆盖率 48.1%。境内四季分明，气候温和，年均气温 17℃。年均降水量 1400 毫米，雨量常集中于 5—6 月，时有夏秋旱。

经济发展

经济综述

20世纪80年代，境内以农业经济为主。1989年，全镇国民生产总值526万元，其中农业产值308万元，占总产值58.5%，农业产值中种植业199万元，油料产量190吨，畜牧业93万元，人均纯收入453元。20世纪90年代，各村调整农业经济结构、发展以林果业为主的经济作物种植，鼓励农民经商、发展个体经济和运输业。2000年，全镇国民生产总值3775万元。其中农业产值2171万元，商业254万元，运输业416万元。粮食产量4433吨。2005年，实现全镇地区产值7046万元，同比增长10.8%。其中第一产业2585万元，占36.6%；第二产业672万元，占9.5%；第三产业595万元，占8.4%。实现工业增加值187万元。年末金融机构存款余额784万元，农村居民人均纯收入1974元，同比增长6.8%。2010年，全镇经济持续平稳增长，国民生产总值连续5年均增幅8%，实现全镇GDP10770万元，首次突破亿元大关。其中农业产值4705万元，同比增长9.7%；第二、第三产业分别为857万元、4278万元，同比增长10%和13%。财政收入483.5万元，同比增长11.2%。农民人均纯收入2924元。

2014年，全镇实现地区产值14124万元，比2000年增长2.7倍。其中第二、第三产业分别为1066.3万元、6051.5万元，同比增长9.7%、13.6%。镇财政收入468.1万元，同比增长15.2%。农村居民人均可支配收入4207元。年末金融储蓄余额3976万元。

农业

境内农业以种植粮食为主，粮食作物主要为水稻。20世纪70年代，辖区多数地区种植双季水稻。80年代，杂交稻普遍推广，双季水稻种植消失。油料作物有油菜、油茶。经济作物种植有西瓜、香瓜、苎麻、生姜、各种蔬菜、柑橘、桃、梨等，其中西瓜、生姜、苎麻为全市三大著名产品。1989年，大幸、冲虎、周家寨、大坝、双塘、坨丰、联合等9个村开发椪柑种植134公顷，全镇种植生姜200公顷，产值2000万元。1995年，全镇农业产值1615万元，人均808元。粮食产量3766吨。2001年，改进传统耕作方式，推广农业科学技术，在联合、冲虎、大坝等村办超级杂交稻示范点，在双塘、周家寨村办“双两大”“旱地育秧”示范点，在公路沿线村办规格化栽培和阴上村地膜旱玉米示范点。是年，全镇水稻规格化栽培面积100%，“双两大”技术推广面积330公顷，旱地育秧栽培面积130公顷，实现粮食总产4540吨，人均产粮354公斤。是年，全镇椪柑种植面积386.6公顷，其中挂果面积300公顷；生姜种植面积286.6公顷，西香瓜种植面积153.3公顷，蔬菜种植面积80公顷。牲畜出栏15610头，家禽出笼42万羽。全镇农业产值2590万元，同比增长4%。全镇实施退耕还林工程。阴上、勤丰、大坝、双塘、周家寨5个项目村完成退耕还林面积358.3公顷。至2004年，退耕还林1600公顷。完成封山育林2000公顷，世行贷款造林100公顷，长防林63公顷。启动8个村1000公顷公益林建设。全镇建成联合、双塘等村生姜生产基地、无公害蔬菜生产基地面积133公顷。并建立蔬菜科技示范点，引进推广番茄、辣椒、生姜等20余个新品种。建成江丰、立新、大幸等村西香瓜生产基地，西香瓜种植面积200公顷。建成双塘、大坝村花卉苗木生产基地。全镇农业产业由分散型向集约型转变。2011年，全镇蔬菜产量820万公斤，产值600万元，占经济作物收入48%。阴上村村民廖国庆、廖文兴、廖国志3人联合种植牛奶西瓜面积2.6公顷，全部施用农家肥，花期采用人工授粉，公顷单产西瓜7.5万公斤。全镇实现农业产值4705万元。当年进行森林踏界勾绘4800余公顷，林权制度改革得到落实稳定。2012年，建成以大幸和坨丰村为重点的水产养殖基地，以双塘村丹桂、大幸村海狸、富强村山羊农业产业基地。相继成立三农胜鑫西瓜生姜专业合作社、新得利山羊养殖合作社、宏基天香丹桂合作社，实现农业产值5695万元，同比增长10%。

2014年，椪柑、生姜、苎麻、瓜果种植面积800公顷，其中蔬菜面积233.3公顷。生猪养殖0.8万头，牛1000头，家禽2万羽，稻田养鱼面积26.6公顷。新增全土园、海狸鼠、冲虎冷水鱼3个养殖专业合作社。全镇粮食产量3608吨，实现农业产值6521.5万元。

工业

1972年，市水泥厂在周家寨建成投产，年产5万吨。1989年，市水泥厂改为镇办企业。1992年，镇政府相继成立建筑安装公司，创办酒霸酒厂。2001年，镇政府支持酒霸酒厂开发“小背篓酒”，协助水泥厂申报生产30万吨水泥扩建项目。是年，全镇工业产值340万元，实现利税23.8万元。2002年，镇党委、镇政府围绕“工业强镇”目标，制定《双塘镇招商引资奖励办法》。对外来厂家在用地、用工等方面给予一定优惠。当年招商引资突破1300万元，连续两年招商引资位居全市前列。2003年，丰全农牧业有限公司投资40万元支持镇建材业发展，共引进重点项目8个，引进资金1556万元。全镇实现工业增加值267.5万元，产值增至906万元，实现利税134.5万元。2014年，全镇工业产值1020万元，同比增长8.7%。

商贸服务

20世纪60年代初，成立农村供销合作社，在大村设代销点。80年代末，出现个体工商户。2001年，全镇有个体工商户244户，从业人员340人。2008年，有个体工商户250户，年收入260万元。2014年，全镇个体工商户286户，年收入350万元。

基础设施

交通运输

1978年枝柳铁路通车，从金坪、周家寨、冲虎3村边境通过。1992年，乾（州）双（塘）公路建成，途经金坪、双塘、兴田、阴上、周家寨、冲虎6个村18公里。1994年，实施村道建设工程，至2000年，先后修通坨丰、琴丰、立新、江丰、科目寨等8条村级公路。2001年，州交通部门投资70万元，实施乾双公路改造，砂石路改柏油路，同时修通富强及联盟村公路9.5公里。2008年，投资150万元，完成坨丰至夯家溪公路建设，实现全镇村村通公路。2012年，投资180万元，建成大幸村沱江大桥，吉怀高速公路双塘段建成通车。

邮政通信

20世纪90年代，全乡以步班邮路投递邮件。2001年，全镇通邮村12个，开通16个村程控电话，固定电话用户488户。在镇中心建立移动通信地面接收站，解决“电话不通，手机无用状况”。2012年，移动通信覆盖全镇。

供电饮水

供电　1989年，有双塘、大坝、周家寨、大幸、联合、坨丰、新田、荫上、琴丰、立新、冲虎11个村和车站、正方2个居委会通电。1991

年，由乡财政投入30万元架通富强、江丰、联盟、明丰、夯家溪、科目寨6个村高压线路，全乡实现村村通电。2001年，由市电力公司投资300万元，改造全镇输电线路，并在镇中心安装供电专线，完善供电网络建设。2003年，引资240余万元，完成镇区及江丰、立新、明丰、夯家溪、联盟等后山村电网改造。2007年，境内110千伏线路改造工程竣工，全镇供电稳定。

饮水 2002年，国家投入扶贫资金90万元，为坨丰、双塘、冲虎、江丰、立新5个村铺设2.8万米引水管道，解决846户3018人饮水困难。2003年，投入76万元，修建镇自来水厂，日供水5000吨，解决镇机关及村民6000人饮用水困难。2010年，投资45万元，分别完成富强村联盟片、坨丰村及联合村吴家寨2000人饮水工程。2014年，完成联合村人畜饮水改造工程。

水利建设

2008年，完成修建冲虎至大幸村灌溉水渠和维修3个村灌溉水渠2公里，新增灌溉面积33公顷。新修生产道路和田间道路1.7万米。完成3座小（2）型水库除险加固和9个山塘维修加固工程。

镇村建设

2003年，投资12万元，实施镇区街道亮化工程。2004年，镇党委、镇政府制定双塘镇小城镇建设规划并组织实施。当年投资50万元，完成镇区500米防洪堤和道路硬化工程建设。同时将镇自来水厂、周家寨自来水厂和道路保洁、垃圾清运，实行公司化经营。2008年，以周家寨居委会和大坝、双塘、坨丰3个村为全市新农村建设示范片，投资808万元优化村镇基础设施。完成坨丰至夯家溪公路改造和镇区综合环境治理。2009年，实施新农村建设，投入水泥500吨、资金6万元，硬化阴上、大幸、立新等7村村间道1.3万米，同时修建生产道4500米。投资286万元，完成周家寨铁路道口项目建设。2011年，整治镇区经营市场，修建经营摊位20个，拓宽平整镇区公路1100米，重修下水道2016米，种植草皮247平方米，新安装镇区路灯21盏。州汽车驾驶员考试中心项目建成使用。

社会事业

教育

1988年，全乡有小学18所，在校学生1657人；有初中1所，在校学生290人。2004年，市教育局将镇中心完小作为全市农村中小学布局调整示范校，市财政局投资630万元建中心完小综合楼及学生食堂和师生宿舍，建筑面积5736平方米，建双塘中学师生宿舍和食堂，面积4470平方米。2005年，全镇小学五六年级集中在镇中心完小就读。双塘中学在全市农村中学教育质量考评中，连续6年获第一名。中学和中心完小被列为全州农村中小学布局调整示范校，双塘中学被列为全省农村示范中学。2006年，全镇中小学布局调整，小学三年级以上学生集中到镇中心完小寄宿就读。

2014年，全镇有幼儿园1所，村小5所，镇中心完小1所，在校小学生527人，小学教师59人；有初中1所，在校学生282人，中学教师29人。

文化

1965年，公社设文化站，1966年下半年文化站停办，1974年，文化站恢复，1984年改为乡文化站，配文化辅导员1人。阳戏是双塘传统文化艺术，有周家寨、联合、坨丰3个业余剧团。有文艺骨干400余人，老艺人20人。2001年，全镇有13个村文艺表演队，有村文化活动室3个，村文体联络员17人。周家寨被州文化局授予“阳戏艺术之乡”称号。阳戏业余剧团常在泸溪县解放岩乡、凤凰县竿子坪乡及吉首市河溪、乾州等地演出。演出剧目主要有《三保舞龙》《捡田螺》《正月闹元霄》《姜郎休妻》《哑子国妹》等。

1970年，公社建广播站，1986年，改为乡广播电视站。1989年，建双塘电视信号差转站和调频广播转播站，周家寨、大坝、双塘、坨丰、阴上、冲虎、琴丰、科目寨8个村能收看中央1套电视节目，全镇有黑白电视机386台。1991年，市广电局投资6万元，建乡有线电视站，扩大收视中央和省台电视节目8套。2000年，镇广播电视站自筹资金将镇电视网络联通大部分村，电视用户能收看数套电视节目。2005年，市文化局在双塘挖掘民间文化艺术遗产，镇文化站配合录制双塘阳戏和傩堂戏两个剧种。2012年，电视覆盖全镇，有线电视城乡联网，电视用户能收看40余套电视节目。是年，全面启动农村文化工程建设，建立14个村农家书屋，藏书2.1万册。2013年，双塘镇分别被文化部和省文化厅授予2011—2013年度“中国民间文化艺术之乡”称号。

医疗卫生

1958年，公社建卫生院，1984年改为乡卫生院，有医务人员10人，病床12张。1999年，由市卫生局投资新建卫生院420平方米门诊楼。新建8个村标准卫生室。2006年，推行农村新型合作医疗制度（以下简称新农合），解决农民看病难问题，2008年，全镇参加新农合97.3%。2011年，投入16万元建设村卫生室，实现村村有卫生室、卫生员和防疫员，开展计划免疫工作，“四苗”注射率92.7%。2014年，全镇新农合参合率88.2%。

社会保障

1998年11月，全镇实行城乡居民最低生活保障制度，“五保户”老人同时纳入最低生活保障对象。2008年，全镇低保对象340户551人，年发低保金24.6万元，救济款18万元。2013年，五保老人分散和集中供养，年标准分别为2400元/人、6000元/人。农村最低生活保障标准为每人每月150元。2014年，新农保参保率94%。全年发放低保金115.7万元、五保医疗金7.3万元、生活困难救助金20.83万元。

特色地情

名优特产

冲虎晒烟 当地称草烟，驰名湘西州。其烟色赤褐，叶面肥厚而不大，味香纯不苦，尼古丁含量低于全国晒叶水平。昔日，邻近各县不少烟民赴乾州农贸市场购买或上门买货，十分畅销。后因卷烟工业壮大和烤烟生产发展，冲虎晒烟产量下降。

双塘苎麻 20世纪80年代前，全镇普遍种植苎麻，常年产量500余吨。其麻纤维长，色白，质地柔韧。由于国家现代化纤工业发展，双塘苎麻种植减少，产量下降。

双塘西瓜 名冠吉首全市。其瓜个头适中，皮薄，肉色鲜红，味香甜可口，为消暑解渴上品，畅销吉首市场。常年产量2000余吨。

民俗风情

双塘阳戏 双塘“阳戏”有250多年历史。阳戏艺术主要根植于双塘花灯、傩堂戏等民间艺术，从一丑一旦的两角戏发展成为多角色“阳戏”，称为“南路阳戏”。双塘阳戏有大小剧目150多种，代表性剧目有《捡田螺》《三保舞龙》《武松打虎》《姜郎休妻》等。阳戏唱腔有“七句半、正公调、后山腔、翻山腔、腾丢腔、减板以及叹声调等。主奏乐器为大筒、笛子、唢呐、二胡等，配奏乐器为鼓、锣、钹等。其表演艺术有“台步功、扇子功、妖风功、水袖功、手法功、手法矮子功”等。语言丰富、唱腔优美、动作活泼、风趣幽默、别具特色。

双塘阳戏传承人杨秀早以湘西土家族大生产生活为基础，传承和弘扬传统阳戏表演激技法，唱腔优美，动作敏捷，表演风趣幽默，有较强艺术观赏性，有独特的表演艺术功底和特色。除此之外，他还兼表演“花灯”、傩堂戏等多种艺术门类，主要代表作有《拾田螺》《三宝舞龙》《捡菌子》《正月闹元宵》《姜郎休妻》《哑子劝妹》等。

（撰稿人：宋大文）

丹青镇

2007年，丹青镇被文化部命名为“中国民间文化艺术之乡”。

区域概况

位置面积

丹青镇位于吉首市东北部，东接排绸乡卡坪村、河坪村，南邻泸溪县潭溪镇，西靠排吼乡中百村和白岩乡杨柳村、紫新村，北与古丈县坪坝乡交界，区域面积59.6平方公里，镇治清明社区，距吉首市中心63公里。

建置沿革

清时，境内属古丈坪厅外冲正保。民国12年（1923），属古丈县外冲乡。民国32年（1943）划入乾城县仙标乡。1950年，属第五区仙标乡。1956年7月，丹青乡成立。1958年秋，丹青乡改建为东风人民公社。次年，改为丹青人民公社。1960年10月，丹青公社析出排绸公社和排吼公社。1984年4月改丹青公社为丹青乡。2001年，撤乡建镇，为丹青镇。

行政区划

1982年，丹青公社辖清明、巴夭、大兴、鲫鱼坪、排胎、烟竹坪、狗咬坪、章武、大坪9个大队。2001年，镇辖大兴、大坪、烟竹、狗咬、清明、巴夭、排胎、章武、鲫鱼9个村和清明居委会。2005年10月，调整村（居）建制，清明居委会和清明村并为清明社区，排胎村并入章武村。

人口民族

1984年，乡域人口5793人。其中苗族5747人，占99.2%。2014年，镇域人口6894人。其中苗族6797人，占98.6%。

自然环境

境内耕地面积910.77公顷。其中，稻田702.95公顷，旱地207.82公顷。森林覆盖率55.9%。以山地为主，最高章武村，海拔560米；最低大兴村，海拔153.4米。山势由北向南倾斜，坡度较陡，峡谷较多。山体由紫色砂岩构成，山麓多风雨剥蚀痕迹，境内基本为紫色砂页岩发育红壤土，水土保持力差，多数山坡土层瘠薄，红岩裸露。主要河流丹青河由北向南经镇域流进排绸乡注入武水。画眉溪、夯只溪等4条小溪水位低，无灌溉之利，有水旱之忧。镇境属中亚热带季风湿润性气候，冬长秋短，年均降水量1400毫米。

经济发展

经济综述

1984年，全乡农业产值93万元，粮食产量2221吨，农民人均纯收入134元。1989年，农业产值466万元，其中种植业372万元，占农业产值79.8%；林业18万元，占3.9%；畜牧业41万元，占8.8%；副业32万元，占6.9%；渔业3万元，占0.6%。粮食作物以水稻、玉米、薯类为主。粮食产量2150吨。财政收入72.49万元。2001年，推进“公司+基地+农户”、订单农业、产供销一体化模式，“果、畜、菜、烟”支柱产业稳定发展。椪柑产值150万元，畜牧业产值110万元，蔬菜产值10万元，烟叶产值64万元。地区产值2630万元。其中农业产值2559万元，占地区产值97.3%，比1984年增长26.5倍，比1989年增长4.5倍。贫困人口由2000年的800人，下降到300人。2007年，初步形成椪柑、猕猴桃、养殖、辣椒、劳务输出等支柱产业。椪柑开发356公顷，猕猴桃开发200公顷，辣椒基地200公顷。2011年，推进“村集体经济+专业合作社+农户”发展模式，柑橘面积增至450公顷，产量2590吨。鲫鱼村成立油茶协会，油茶面积达26.7公顷；章武村成立金银花合作社；烟竹村土地流转5.3公顷，种植丹桂。2014年，农业产值2627万元，比1984年增长27.2倍，年递增11.8%。

农业

境内经济以农业为主。1978年，全乡粮食产量1467吨，总收入47万元，农民人均收入56元。1985年，耕地面积445公顷，其中水田298公顷，旱地147公顷，粮食产量1842吨，总收入105万元，农民人均收入137元。1988年，农业产值146万元，其中种植业62万元，占总产值42.4%；林业14万元，占9.6%；畜牧业41万元，占28.1%；副业29万元，占19.9%。农产品以稻谷为主，芝麻产量仅次于排绸乡。经济作物有辣椒、烟叶、苎麻等。森林面积2112公顷，占乡总面积34.78%。经济林主要有松、柏、油桐、油茶，山竹较多，木材蓄积量10217立方米。1989年，生猪出栏3795头，羊出栏107只，家禽出笼5620羽，年末有耕牛1591头。市烟办发动狗咬、巴夭两村村民种烤烟20公顷。2001年，推广“双两大”“旱育秧”“地膜覆盖”等先进栽培技术。2002年，建立丹青果蔬开发有限责任公司，创建万亩辣椒基地。依托湘西香桂开发有限公司，建立丹青香桂分公司，创建333公顷香桂基地。老爹公司在丹青镇建猕猴桃生产基地，公路沿线的大兴、大坪、烟竹、狗咬、清明等村栽培猕猴桃120公顷。2003年，建立大户档案。椪柑开发面积在1.33公顷以上有150户，猕猴桃开发面积在1~1.33公顷有67户，香桂开发面积在0.67~1公顷有30户，养殖业2万元以上有37户。2004年，依托亿事达，打造烟竹村—大坪村—狗咬村133公顷有机椪柑基地建设；依托富山香桂公司，实施狗咬村—清明村—巴夭村133公顷香桂基地建设。以果蔬食品有限公司为载体，开发丹青民间工艺食品——“泡椒”。泡椒销售收入50万元。2005年，农业产值3742万元，比1984年增长39倍，比1989年增长7倍。农民人均纯收入1485元，比1984年的134元，增长10倍，年递增12.1%。2004年，外出务工2350人，劳务收入705万元。仅有章武、巴夭两村种烤烟30公顷。猕猴桃面积350公顷，产量2650吨，产值265万元。2006年，种植青蒿100公顷；以章武、烟竹为重点开发野生猕猴桃100公顷。实施生态家园富民计划，推广“猪—沼—果”“猪—沼—菜”等农村生态能源建设项目。投资30万元，实施中心动物防疫站建设。2007年，扩建、新建椪柑贮藏库4栋。2009年，全镇完成退耕还林21公顷，补植苗木3.1万株。2010年，着力370公顷椪柑培管，推行无公害生产技术规程，配备椪柑村级技术员24人，完成低产园改造133公顷，品种改良20公顷。椪柑产量2950吨，产值354万元。种植辣椒200公顷，投资2万元，修建椪柑集雨蓄水窖。2013年，成立吉首市红谷茶业专业合作社。在鲫鱼村、烟竹村、狗咬村、大平村、大兴村等公路沿线整地80公顷，栽种茶苗46.7公顷。2014年，全镇椪柑面积583公顷，产量2800吨，产值400万元。建长线椒种植基地107公顷，建辣椒专业合作社1个。建设“清明茶谷”，组建茶叶合作社3家，建成茶叶基地53公顷。种植青蒿46.7公顷，产值60万元。粮食产量3595吨，比1984年的2221吨年均增长1.6%。

工业

1979年，建成清明水电站，装机1台、75千瓦。1989年，清明电站装机容量增至150千瓦，年发电量20万千瓦时，从业人员2人，年收入6万元；大兴水电站建成，装机容量90千瓦，年发电量35万千瓦时，从业人员2人，年收入10万元。2002年，镇内有5户从事泡椒加工，户均产值10万元。

商贸服务

2001年，境内有商业店铺54家，从业人员300人，注册资金100万元，年销售额200万元。丹青墟场位于丹青镇清明村，农历二、七日赶场。上市商品有肉食、水产、粮油、水果、鸡、鸭、蛋、蔬菜、土特产品和日用百货。工商注册个体工商户35户，从业人员42人，营业额40万元。2014年，个体工商户150户，从业人员155人，营业额310万元；饮食业65家，从业人员68人，营业额155万元。

基础设施

交通运输

1989年，潭丹公路从泸溪县潭溪镇连接通达镇域大兴、大坪、狗咬和清明4个村，长22.9公里。1996年，开始修建村级公路，至2005年，先后修通巴禾、章武、鲫鱼等8个村24个村民小组公路41公里。2006年，投入资金65万元，硬化鲫鱼村级公路。2009年，投资8万元，修建狗咬村吊桥及码头。2010年，投资950万元，建设丹青——坪坝网络公路，投资10万元，修建大坪村兰草组吊桥。2012年，投入32万元，完成大兴村级公路硬化工程。2014年，完成水毁公路塌方清理，堡坎63处。

邮政通信

20世纪60年代，境内通邮路，乡邮员步班投递。2000年，市电信局投资200万元，开通巴天、清明、大坪、烟竹村和镇直机关80多户程控电话。2001年，投资63万元，开通6个村程控电话。2005年，境内固定电话村村通，有电话机229部。是年，湘西州移动公司投资620万元，在镇域建基站，当年发展移动电话59户。电信公司投资28万元，开通电信宽带网；章武、鲫鱼、排胎开通无线通信。2011年，投资21万元，修建邮政所。2012年，邮政所建成开展邮政业务。

供电饮水

饮水　1992年，州老干局投入3万元，为大坪村大坪组铺设800米供水管道，解决150人饮用水困难；州总工会投入6万元，解决清明村

200人饮用水问题。1998年，省直属工委、省信息中心扶贫工作组共投入15万元，修建狗咬村人饮工程，解决狗咬组250人饮水问题。2002年，市水利局先后投入6.5万元、3.9万元，解决巴夭村256人、大坪村画眉溪组150人饮用水问题。2007年，实施狗咬、大兴、章武等村部分人饮工程。2009年，投入资金5万元，完成大坪村画眉溪组人饮工程。2010年，投资6万元，解决4个村安全饮水问题。2011年，投入资金90万元，完成镇区集中供水工程；投入资金60万元，实施鲫鱼村集中供水工程。

供电 2000年，市电力公司投资500万元，改造7万米输电线路，更换变压器30台，实行城乡用电同价。2002年，市电力公司投资300万元，改造大兴变电站和丹青供电所。2005年，吉首城区供电局投资40万元，改造高压线路，镇内供电稳定。

水利建设

2001年，境内以口粮田为重点农田水利建设投工4500个，完成土石方0.8万立方米。完成狗咬村客人溪、蛇刀溪及清明村、大坪村水毁水利设施恢复工程7处。农业机械点有效灌溉面积160公顷。2014年，丹青镇有山塘72口，蓄水量46万立方米，灌溉面积375公顷，其中灌溉稻田面积174公顷；有溪坝48处，蓄水量1.44万立方米，灌溉稻田面积61公顷。

镇村建设

1991年，州财政和市建委投入3万元，硬化镇区街道320米。2001年，推动农村能源建设，建沼气池45个。2002年，州交通局投入5万元，硬化镇区街道南、北两端延长线590米。省委组织部投入12万元，修建鲫鱼村龙过岗桥；镇政府筹资13万元，建68米长、5米宽的巴夭村便民桥。投入资金17万元，完成政府大院房屋粉刷及篮球场维修等。引进铁树、君子兰等各贵树种，栽花种草，绿化镇政府院落。2004年，改造鲫鱼村夯阿—鲫鱼—龙过岗组级公路；建沼气池100口。2008年，完成7.5公里烟竹村通组公路建设和丹青中心派出所建设及大兴、烟竹、狗咬、巴夭4个村村间道路硬化工程。建沼气池70口。2009年，投资5万元，完成大兴村1.5公里村间道路建设和村部坪场硬化；投资6万元，完成清明社区丹青河畔4个码头建设。绿化大兴—丹青段11公里沿河两岸，种植柳树、樟树等景观苗木3000株。2011年，投资300万元，启动72套廉租房建设；投资60万元，完成鲫鱼村龙眼组公路水泥硬化工程；投入50万元，完成清明栏河坝和镇区风景带建设；投入10万元，完成章武村村部建设。2012年，投入资金500万元，完成72套廉租房建设。

社会事业

教育

1958年，大队建民办小学。1959年，公社设初级中学。1988年，乡中学在校学生336人，其中女生167人；小学9所，在校学生739人，其中女生289人。1995年，共青团省直属工委投入20万元、市财政投入2万元，修建750平方米丹青中心完小教学楼、600平方米教师宿舍。1998年，福建省莆田市教委捐资15万元，建220平方米大坪村莆田希望小学教学楼；市财政投入6万元，建180平方米鲫鱼村小学教室。1999年，日本利民公司捐资20万元，建987平方米丹青乡中学教学楼。2004年11月2日，市政府受北京帝豪集团总裁曾仿委托分别在排吼乡、丹青镇举行为450名特困学生捐棉被（每人一床）

仪式。2005年，省教育厅投入128万元，建2566平方米的镇中心完小教学楼和学生宿舍；省财政厅投入6万元，改造巴夭、烟竹、章武3个村村小危房。投资270万元，建设中小学寄宿制学校同时改造章武、烟竹村小危房。是年，镇内小学有中心完小和8所村小，在校学生631人，其中女生328人；教职工33人。丹青中学在校学生563人，其中女生294人；教职工31人。2014年，丹青中学有学生183人，其中女生106人，教师24人。镇完小有学生176人，其中女生93人，教职工25人。小学教学点4个，其中大坪1　个，有教师1人，学生2人。

文化体育

1965年，公社建文化站，翌年停办。1974年，恢复文化站，并配1名半脱产辅导员。1988年，文化站工作人员1人。1989年，乡内有黑白电视机35台。1990年4月中旬，市文化局、广电局、体育局、民委等部门协同市社教办和丹青乡政府在乡政府所在地举办一年一度的“清明歌会”。古丈、泸溪、吉首三县市边界160多名山歌手角逐，境内有30人被评为优秀山歌手。1993年，清明、巴夭两村农户集资2.5万元，建有线电视站，用户120户。2月，丹青乡获省文化厅授予“苗歌艺术之乡”称号。2000年，州、市广播电视局共投入20万元，架3公里长线路。湖南省文化厅授予丹青乡“民族文化艺术之乡”称号，2001年，电视覆盖率94%，有线电视覆盖率75%，实现村村通广播电视。2002年4月5日，举办“湖南西部丹青民族文化艺术节”，吸引游客10万人。2003年，联系资金90万元，完成丹青中学篮球场改造工程。2004年，新增闭路电视用户80户，增加卫星电视频道2套。2008年，完成巴夭、狗咬、烟竹、大坪、大兴5个村城乡电视联网。2009年，投入资金6万元，完成清明社区、大坪村高标准篮球场建设。2013年，实施广播电视村村通工程，向群众发放价值2.1万元广播电视设施配套器材120套。全镇8个村级农家书屋，藏书1.2万册。

医疗卫生

1998年，乡卫生院被州卫生局评为一级甲等卫生院。2003年，州卫生局投入25万元建门诊楼，面积500平方米。2005年，镇卫生院有医务人员12人，病床6张。村卫生室9个，医务人员9人。2007年，8个村4156名农民参加合作医疗，参合率85%。2009年，投入资金28万元，完成丹青镇中心计划生育服务所建设。在大兴村设镇卫生院分院。2010年，新农合参合率97%。

社会保障

1989年，境内农村“五保”老人每人每年供给粮食300公斤、食油6公斤、现金120元和其他生活物资。1998年11月，试行城乡居民最低生活保障制度，“五保”老人纳入低保对象。2004年，改扩建镇敬老院，设床位30张。2005年，“五保”老人每人每年1200元。2008年，镇内10户危房无房特困户入住农村安居房。2011年，对鲫鱼村鲫鱼组16户火灾受灾户房屋集中重建，竣工后，全部搬入新居。新农保参保率89.9%。2014年，镇内分散供养“五保”对象57人，分散供养保障标准：2640元/年；集中供养“五保”对象1人，集中供养保障标准：6600元/年。

特色地情

清明歌会　丹青苗民喜唱山歌。每年清明节，镇政府都要举办一年一度“丹青清明歌会”，吸引吉首、泸溪、古丈三县市边界村民和山歌爱

清明歌会（向民航摄于 2010 年 4 月 5 日）

好者数万人参加。歌会有苗歌对唱、吹木叶、舞狮、踩高脚马等比赛活动，还有篝火晚会、戏曲演唱、歌舞表演等。“清明歌会”曾在湖南红网、湘西生活网等媒体播报。镇域为民间文化艺术之乡，山歌高手众多，代表者有陈千钧等。

陈千钧，丹青镇鲫鱼村人。曾参加州民间文艺工作者协会，湖南腊梅文学艺术协会，常以唱山歌方式宣传党的路线、方针、政策，1982 年 10 月，获州文化局授予“全州文化系统先进工作者”称号。1989 年 8 月，被中国曲艺家协会湖南分会评为湖南省优秀民间艺人。曾协助市文化局编辑民间文学集成三卷，其中歌谣卷辑收录了他的多首山歌，他还手抄各种山歌 2 万余首。2009 年 5 月，被文化部认定为“湘西苗族民歌国家级代表性传承人”。

（撰稿人：杨昌辉）

寨阳乡

2011年，寨阳乡被中共中央宣传部、文化部、广电总局、新闻出版总署授予“全国服务农民、服务基层文化建设先进集体”称号，该乡补点村被中共湖南省委、省人民政府评为“文明村”。

区域概况

位置面积

寨阳乡位于吉首市西部，西与凤凰县米良乡接壤，南连社塘坡乡的城江和劳动村，北接矮寨镇矮寨社区，东邻峒河街道桐油坪社区，区域面积88.6平方公里。乡治寨阳村，距吉首市中心9公里。

建置沿革

清代寨阳乡域为一里属地，民国时期，分属乾城县首乡、中黄乡和镇溪乡。1950年，属二区。1953年，以乡境分别建平阳、坪朗、新溪、卧云乡。1956年，上四乡合并为寨阳乡，乡政府驻地寨阳村。1958年秋，乡境分属东方红人民公社（吉首）和上游人民公社（矮寨）。1960年，由上游和东方红人民公社各析出部分（即原寨阳乡属地）建立寨阳人民公社，公社驻地为寨阳。1984年4月，改寨阳人民公社为寨阳乡。

行政区划

1984年，辖曙光、庄稼、寨阳、矮板、勤丰、回光、马坳、新溪、排乃、补点、树耳、粟溪、坪朗、坪冲14个村。2014年，辖曙光、庄稼、寨阳、矮板、勤丰、回光、马坳、新溪、排乃、补点、树耳、粟溪、坪朗、坪冲14个建制村。

人口民族

1984年，全乡人口9077人。其中，苗族7288人，占80.3%；土家族182人。2014年，全乡2990户11282人。其中，苗族9411人，占总人口83.4%；土家族619人。

自然环境

寨阳乡西部与东北部为中高山区，最高点在排乃村雀儿寨后山，海拔900米，与矮寨镇莲台山相连，地势陡峭险峻。东部为中低山区，地势较平缓，最低处回光村，海拔200米。全境以青砂壤为主，少数黄壤。森林覆盖率73.9%。耕地面积668.5公顷，其中稻田面积435.2公顷，旱地面积233公顷。气候四季分明，冬少严寒，夏少酷暑，年均气温17℃左右，常年降水量1400毫米。境内有乌药、黄金、黄药子等珍稀药材，有麝香、雉、锦鸡、猴面鹰等珍贵飞禽，森林资源以松杉为主，山竹资源丰富。

经济发展

经济综述

20 世纪 70 年代，境内以传统农业经济为主。处于贫困落后状态。1978 年，全乡粮食产量 2731 吨，人均 313.5 公斤，农业产值 115 万元，人均 114 元。1982 年，全乡实行土地承包责任制，粮食产量大幅提升。1984 年，全乡农业产值 171.7 万元，农民人均纯收入 194.8 元。其中种植业 93.6 万元，占农业产值 54.5%，林业 7.9 万元，畜牧业 28.9 万元。粮食产量 3414 吨，人均 322 公斤。20 世纪 90 年代，调整农业经济结构，全乡开发椪柑等林果业，发展养殖业，全乡经济全面发展。1995 年，全乡农业产值 1057 万元，其中粮食收入 416 万元，林业收入 78.9 万元，人均收入 503 元。国民生产总值达到 2137 万元，人均产值 2418 元。21 世纪初，农业产业结构调整力度加大，形成椪柑、蔬菜、花卉苗木、畜牧养殖、个体私营、劳务输出六大经济支柱，2007 年，全乡国民生产总值 5530 万元，比上年增长 15%，经济结构得到改善，一、二、三产业分别实现产值 2760 万元、370 万元、2400 万元。全乡粮食产量 3014 吨，农民人均纯收入 2168 元。2011 年，全乡实现经济总收入 8400 万元，劳务经济收入 3500 万元（不计国民总收入内），成为农村经济新增长点，农民人均纯收入 3110 元。2014 年，全乡实现国民生产总值 1.2 亿元，同比增长 14.2%；农民人均纯收入 4350 元，同比增长 11%，为 1984 年 21.3 倍，年均增长 10.9%。

农业

境内农业以发展粮食生产为主，主要粮食作物为稻谷，次为玉米。全乡水利条件好，气候温和，20 世纪六七十年代，在峒河流域和治比河流域种植双季水稻，双季单产（亩）达 500 公斤左右。养殖业以饲养猪、羊、牛、鸡、鸭为主。经济作物有少量蔬菜和水果。

1982 年，杂交水稻种植全面推广，双季水稻种植被淘汰。1985 年全乡粮食产量 3313 吨，人均产粮 334 公斤。生猪出栏 7655 头，牛存栏 1722 头。1989 年，曙光村开发椪柑种植 96 公顷。2000 年，全乡椪柑种植发展到马坳、回光、庄稼、寨阳、矮板、粟溪、勤丰等 10 个村，种植椪柑面积 539 公顷，椪柑产量 1384 吨。椪柑远销河南、山西、辽宁、陕西等省。是年，全乡农业产值 1452 万元，其中种植业 1140 万元，畜牧业 261 万元，渔业 25 万元，林业 71 万元。2001 年，全乡农业形成勤丰、矮板、寨阳 3 个蔬菜连片生产村，建成 200 个标准蔬菜生产大棚，在曙光、回光、树耳，建成蔬菜生产基地，种植蔬菜 346 公顷。建成曙光、寨阳花卉苗木生产基地，种植各种花卉、苗木 40 公顷。在新溪、排乃、树耳等 6 个村发展烤烟生产、种植烤烟农户 300 户，面积 90 公顷，产量 135 吨。建成排乃、坪冲、补点、坪朗、马坳等村畜禽生产养殖基地。是年，全乡生猪出栏 2350 头，山羊出栏 2300 头，鸡鸭出笼 1 万只，创产值 285 万元。回光村利用狮子庵电站库区网箱养鱼，年产值 20 万元。全乡初步形成蔬菜、椪柑、花卉苗木、烤烟、畜禽养殖五大产业基地，椪柑种植成为曙光、回光村农业支柱产业，不少农户因此摆脱贫困，修建新式楼房。是年，境内实施退耕还林。年末，完成退耕还林面积 413 公顷，封山育林 630 公顷，并落实 28 名护林人员。2006 年，种植青蒿 206 公顷，创产值 108 万元，涌现一批新养殖大户，全乡饲养黄牛 1410 头，山羊 927 只，生猪出栏 7692 头，鸡鸭出笼 38121 只，水面网箱养鱼 100 个，养殖业产值300万元。全乡农业产值2480万元。2011年，实施生态农业工程，建设寨阳高效农业示范区，峒河两岸种植产业带、后山村畜禽养殖圈。有矮板村蔬菜生产基地示范区，勤丰村返季节西红柿栽培示范区，补点村韭菜新品种示范区及3个标准化农业产业示范区。全年完成蔬菜种植950公顷。引进湘西老爹生物有限公司在勤丰村连片开发杜仲15公顷。启动500公顷椪柑品改、低改。是年，寨阳乡被评为全州科技特派员先进单位。全乡实现经济收入8400万元，农民人均纯收入3110元。2014年，全乡茶叶开发种植面积20公顷，举办茶叶种植技术培训班6期，培训600余人，发放资料2000份。采取“公司＋基地＋农户”开发模式和土地流转方式，建设花卉苗木基地26个，土地流转面积106公顷；全乡土地流转面积200公顷。种植草莓、红提特色水果27公顷。全年粮食产量3613吨。

工业

20世纪60年代，乡境有土窑烧制砖瓦，石灰，烧酒、榨油等手工业和家庭作坊。70年代，湘西州在矮板村峒河旁兴建七O化工厂，主要生产炸药和黄磷。1975年，建成东风电站（小型水电），装机445千瓦，年发电量50万千瓦小时，盈利2万元。1995年，电站大坝被洪水冲缺大口，2002年，电站每年以2万元租金承包给个体户经营。1989年，全乡工业收入10万元。20世纪末至21世纪初，农村新建住房不断增多，出现打砂、制水泥砖，建筑业亦相应而生。1995年工业产值72万元。2000年工业产值358.9万元。2014年，境内打砂场1个、水泥制砖场2个，年收入60万元。

商贸服务

20世纪60—80年代初，有寨阳农村供销合作社，较大的村寨设代销店，供销社经营农民基本生产物资和生活日用品。每年秋收后，开展“小秋收”运动，大量收购山竹、杂木棒、小黄荆条，药材等山货。2001年，全乡有个体工商户552户，主要分布在乡镇府驻地，有的进城经商，多数经营饮食、南杂百货行业，从业人员2071人，创年产值344万元。2010年，全乡个体经济创产值700万元。

其他产业

旅游业 2012年，乡党委、乡政府围绕“旅游富乡”目标，开发民族旅游产业，实施“百千万特色民居”改造建设工程，建造“峒河十里生态休闲观光长廊”。完成峒河沿岸2万株河芒栽植，完成245户民居改造工程。投入1000万元建成坪朗村旅游文化接待中心，同时完善过河跳跳岩、旅游观景台等坪朗旅游配套设施，成立湘西苗家风情旅游开发有限公司。2013年，坪朗村获“湖南省特色旅游名村”称号。

劳务输出 2006年，全乡发展劳务经济，全年劳务输出2150人，实现劳务收入956万元。2011年，劳务输出规模扩大，全年外出务工3022人，实现劳务收入350万元。

基础设施

交通运输

1937年，湘川公路（国道209、319）通车，途经马坳、曙光、寨阳、矮板、坪朗5个村15公里。1976年，修通新溪口至排乃村雀儿寨简易公路，长8.8公里。1997年，全乡实施村村通公路工程建设，至2001年，投入资金70万元，先后修通3.5公里长坪冲村公路、3.1公里勤丰村公路、3.2公里回光和庄稼两村公路、9.8公里补点村公路、4.2公里栗溪村公路，完成补点村枫香湾大桥建设。2002年，修建树耳村公路，2003年，该公路跨峒河富阳大桥建成，树耳村公路通车，实现全乡村村通公路。2007年，投资5万元，改造回光至补点村公路和马坳村通小猫儿寨村组公路，全面改造新溪村公路险段和差烂段。2014年，全乡客运车53辆，货车20辆，拖拉机4台，年收入300万元。

邮政通信

20世纪60年代，寨阳设邮政所，有乡邮员1人。其间，公社通电话。90年代末，开通曙光、马坳、寨阳、矮板4村程控电话，有家用电话机160部。2000年，开通树耳、补点、栗溪3村程控电话，全乡电话装机259部，电话入户率11%。2001年，湘西移动分公司和湘西联通分公司在寨阳村各建1座无线通信基站。2005年，全乡实现村村通电话，安装固定电话843部。2007年，在新溪、排乃、树耳3个村分别各建1座电信通信基站，2012年，移动通信实现乡内全覆盖，手机基本普及。

供电饮水

供电　1989年，全乡通电入户率85%。1992年，市电力局投资60万元，架通补点、排乃村输电线路。1998年，市电力局整修新溪、勤丰、庄稼3个村输电线路。2001—2003年，整修树耳、栗溪村输电线路，全乡用电入户率100%。2002年，实施新溪、排乃、寨阳、勤丰、坪冲、栗溪6个村电网改造，实现与吉首城区用电同价。

饮水　2013年，全乡实施人饮工程4处，解决1500人安全饮水问题。是年，实施人饮工程建设，解决树耳、矮板、庄稼、坪朗村1000人饮水困难。2014年，完成马坳、曙光村自来水人饮工程建设，全乡自来水入户率92%。

水利建设

2001年，修建栗溪、寨阳、补点3个村人饮工程，该3村村民用上清洁卫生自来水。2002年，建设寨阳、矮板、勤丰3个村及乡直机关人饮工程。2007年，实施回光、曙光、矮板3个村国土整治工程，修筑防洪堤400米，硬化灌溉渠道3200米，硬化田间道路8公里。引进扶贫带动项目资金50万元，推进栗溪、树耳、排乃3村基础设施建设。维修小河片和峒河流域10处水利排灌设施，2014年，全乡有山塘4口，即栗溪村1口，庄稼村2口，勤丰村1口，总蓄水量10万立方米，涉及灌溉面积50公顷。

村镇建设

2003年，建成“爱民新村”，迁移坪冲村山体崩裂处村民58户住进新村。是年，勤丰村建设小康示范村。该村以“种好8分田、管好千亩果、种好千亩菜、封好万亩山”为主，并加强基础设施建设和文化科技建设，以实现小康目标。2001年，全村农业产值188万元，人均纯收入2500元，粮食总产225吨，人均产粮300公斤，领先全乡实现通电、通水、通路、通广播电视、通程控电话五通目标。

2011年，全乡以建设省级环境优美之乡和社会主义新农村为重点，突出生态、民族、旅游特色，全面启动国道319沿线村寨，特色民居改造工程，完成坪朗、矮板、寨阳、庄稼4村131户民居改造，新增绿化面积4.5万平方米，建成寨阳示范村花坛路灯，开展整脏治乱，查处违法用地和违章建筑，是年被市定为整脏治乱示范乡镇，被州评为一类乡镇。投入资金62万元，帮助52户贫困户修建房屋。2013年，投入资金500万元，继续实施国道沿线村寨民居改造工程，对庄稼、寨阳、矮板、坪朗等村新增民居改造120户，修建污水处理站6座，垃圾压缩站1座，新建花坛面积1200平方米，实施单户污水处理建设200户，全乡节柴灶、节煤炉入户率70%。

2014年，启动寨阳乡2014—2030年集镇总体规划建设和最美乡村坪朗村、矮板村规划建设。完成新溪口、曙光村、矮板村停车场建设，建成以坪朗村村部为主阵地苗鼓传承所。是年，寨阳乡被评为省级生态乡镇、州级文明乡镇。

社会事业

教育

1984年，乡内中心完小及全乡13所村小，在校学生1269人。1990年，建寨阳中学，市财政投入资金10万元，修建500平方米教学楼。1997年，市财政投资27万元修建900平方米教师和学生宿舍。2005年，寨阳中学在校学生464人，教职工31人。全乡有中心完小1所、村小9所，在校学生849人，2014年，有中心完小1所，在校小学生302人，教师37人。寨阳中学在校学生160人，中学教师26人。

文化体育

1965年，公社设文化站，1966年撤销，1974年恢复文化站，配文化辅导员1人。20世纪70至80年代，境内皆以民间群众文化活动为主，县电影队下乡演出很受群众喜爱。全乡有篮球场24个，健身场所4个，运动场2个，网吧2家，龙灯、狮子、苗鼓等各种文艺表演队26支，多数村寨有苗族歌手，其中排乃村吴腊宝被湘西州授予“民族民间文化艺术苗族民歌传承人”称号。全乡各文艺表演队在每年春节和全市重大庆典活动及该乡举办的文化活动中参加表演。1987年，建乡广播电视站，配专职人员1人。1990年，全乡有黑白电视机225台，接收吉首城内花果山电视台信号。20世纪90年代末，马坳、曙光、寨阳、矮板各村先后能收看有线电视。2000年，新安装补点、新溪、排乃、勤丰4个村调频广播，实现全乡村村通广播。2001年，在树耳、栗溪村安装地面卫星接收器，全乡有11个村能收看有线电视。2005年，新溪、排乃、补点3个村建成村级有线电视网络。2007年，完成庄稼、勤丰、坪朗3个村有线电视城乡联网。2011年，开展电影下村演出活动和农家书屋建设及广播电视村村通工程，全年下村放映电影600多场次。完善补点等7个村农家书屋建设，新增排乃、新溪、树耳、庄稼4个村农家书屋。全乡13个村均有农家书屋，藏书2万册，光碟1000余张。补点村被省委、省政府评为“文明村”。寨阳乡被中共中央宣传部、文化部、国家广电总局、新闻出版总署授予“全国服务农民、服务基层文化建设先进集体”称号。是年，市老年大学寨阳分校成立，同时成立乡农民书画家协会，市老年书画家协会寨阳分会，在寨阳建立州书画家协会培训创作基地。全国著名大写意书画家苏高宇、花鸟书画家鲁石，分别到乡农民书画家协会参观指导。2012年，全乡实现城乡有线电视联网，电视覆盖率100%。

医疗卫生

20世纪70年代，境内有乡卫生院1所，业务用房120平方米。2005年，乡卫生院有病床6张，医务人员9人。全乡有村卫生室13个，卫生员13人。2006年，全乡实施新型农村合作医疗制度（以下简称新农合），参加新农合村民9123人，参合率80.7%。2009年，针对预防重大疫病，制定《突发性公共卫生事件应急预案》，有效预防禽流感等疾病发生。针对儿童计划免疫，“四苗”注射覆盖率98%。

社会保障

1998年11月，全乡实行城乡居民最低生活保障制度（以下简称农村低保），当年农村居民最低生活保障标准为每人每年420元，“五保”老人同时纳入最低生活保障人群。2007 年，新建成 800 平方米敬老院，32 名“五保”老人入住集中供养。全乡享受农村低保对象 102 户 327 人。2010 年，全乡启动新型农村社会养老保险工作，是年，16～59 周岁参保对象参保率 100%。当年 196 户 643 人享受低保，60 周岁及其以上老人享受农村养老保险，每人每月发养老金 55 元。是年，共发放救灾资金 15.4 万元，大病救助金 19876 元。2014 年开展“城乡低保阳光行动”，对全乡 315 户 1124 人享受低保补助金对象核查清理，取消 18 户 86 人。完成危房改造 97 户。全年发放自然灾害救助金、大病补助金、生活困难补助金、城乡低保金、五保养老金 145 万元。

特色地情

历史人文

杨岳斌故居　寨阳乡曙光村（原名冲角营）是清渡台抗法名将杨岳斌故乡。杨岳斌是慈禧太后赐名，本名杨再福（“载福”是史误）。他于道光年间（1821–1850）参加湘军曾国藩水师屡立战功，官至陕甘总督，赏一等轻车都尉世职，加太子少保衔。于光绪十年（1884）受朝廷颁诏渡台抗击法军。杨遂在乾州、辰、沅等地募兵 6000 人驻军福建泉州，暗渡台湾海峡，从基隆港登台，协同台湾巡抚刘铭传抗击法军，将法军逐出台湾，名声大振。

杨岳斌聪颖机智，习文尚武，为官清廉。他离任后，居乾州养亲期间修建杨氏义仓，办义学，置义地，刊刻《陆公集》，捐修文庙、书院，修义渡，每逢灾年出资平粜，很受人们尊崇。当地人尊称他为“杨公保”。杨岳斌去世后，灵柩运往长沙，葬于河西，今平山坡和家乡冲角营有他的衣冠冢，有杨岳斌故居。

民俗风情

苗族鼓舞　全乡除寨阳、曙光、马坳、回光 4 个村，其余 9 个村为纯苗族居住地，苗族风情浓厚，群众爱跳苗族鼓舞，喜唱苗歌，苗族歌手层出不穷。吴腊宝就是其中一位著名的苗族女歌手，她才思敏捷，出口成歌，歌声清脆嘹亮。她经常在全市重大文化活动中登台唱苗歌，方圆百里苗乡举行苗族婚礼和民族庆典活动，常被应邀参加。苗族群众，每逢男女婚嫁，必唱苗歌，男方堂中生大火，主客双方对歌，通霄达旦，歌声悠扬、情意绵绵。

（撰稿人：宋大文）

白岩乡

2008 年，白岩乡获湖南省“第二次全国农业普查先进集体”称号。

区域概况

位置面积

白岩乡位于吉首市东北部，东接丹青镇章武村、鲫鱼村和古丈县默戎镇，南邻太平乡青干村和排吼乡排杉村、群力村，西与马颈坳镇团结村、新湾村接壤，北与古丈县默戎镇毗邻，区域面积 78.33 平方公里。乡治白岩村，距吉首市中心 21 公里。

建置沿革

民国时期，白岩乡域属良章乡。20 世纪 50 年代初，属吉首县第三区。1953 年 1 月，分为双坪、着落、雅致、夯化和紫金乡。1956 年 7 月，5 个乡并为五星乡。1958 年 10 月，五星乡人民公社成立。次年 5 月，并入马颈坳人民公社。1961 年，析出，称毛坪公社。1981 年，依白岩水库名，改称白岩公社。1984 年 4 月，改社为乡，为白岩乡。

行政区划

1984 年，乡辖毛坪、雅致、沙坪、补锅、桥六、檀木、着落、新村、紫金、杨柳、上坪 11 个村，乡政府驻地毛坪。1989 年，辖雅致、沙坪、毛坪、补锅、白岩、桥六、上坪、檀木、着落、紫金、新村、杨柳 12 个村。2005 年 10 月，调整村级建制，雅致村、沙坪村合并为雅沙村，驻地雅致；紫金村、新村村合并为紫新村，驻地紫金。2014 年，辖雅沙、毛坪、补锅、白岩、桥六、上坪、檀木、着落、紫新、杨柳 10 个村。

人口民族

1984 年，白岩乡人口 9236 人。其中，苗族 4341 人，占 47%；土家族 1893 人，占 20.5%。2014 年，全乡人口 10874 人。其中，苗族 5350 人，占 49.2%；土家族 3523 人，占 32.4%。

自然环境

乡域耕地面积 1218.33 公顷，其中稻田 883.27 公顷，旱地 335.06 公顷。地貌属低山区，海拔 300～400 米，群山连绵，土层较厚，少有断层。地势东北高，西南低，由东北向西南倾斜。最高雅致村三角岩，海拔 585.1 米；最低补锅村境内，海拔 220 米。属中亚热带季风湿润性气候，兼具大陆性气候，四季分明，冬暖夏凉，春秋温和，冬长秋短，年均降水量 1400 毫米。沙坪和雅致村境内，四面环山，呈小盆地状，视野开阔，阳光充足，适合水稻生长。毛坪至补锅村，地势渐缓，无高山，日照较长。南部桥六、檀木、着落等村，山势增高，起伏大，梯田、阴山田多。从西北沙坪至南部檀木一带属黄壤和青砂壤，保水力强。东北部为红壤，山高地瘠，土层浅薄，易受旱涝灾害。白云河由北向南流经乡境，流量小，河床低，无灌溉之利。

经济发展

经济综述

1984 年，全乡农业产值 177.88 万元。其中种植业 117.1 万元，占农业产值 65.8%；林业 15.41 万元，占 8.66%；畜牧业 29.79 万元，占 16.8%；渔业 3.79 万元，占 2.1%。农民人均纯收入 153 元。粮食产量 3574 吨。2001 年，山羊饲养 6000 只，牛饲养 3500 头。收购烟叶 45 吨，创利税 7 万元，财政收入 116.8 万元。2002 年，全乡封山育林 1407 公顷。境内种植烟叶 96 公顷，收购 169 吨，财政收入 141 万元，税收 4.5 万元。2005 年，粮食产量 4100 吨。增加经济作物种植，一年生经济作物 133 公顷，“油稻连作”133 公顷，“菜稻连作”100 公顷，蔬菜种植 200 公顷，各类育苗 66.7 公顷。全乡药材种植面积 500 公顷，产量 700～800 吨，产值 1000 万元。紫新村茶叶基地定植茶苗 80 公顷。2014 年，农业产值 3310 万元，比 1984 年 177.88 万元增长 17.6 倍，年递增 10.2%。

农业

境内经济以农业为主。1985 年，全乡粮食产量 3466 吨，总收入 215 万元，农民人均收入 179 元。1989 年，乡园艺场、檀木、桥六、补锅、雅致、沙坪、毛坪、白岩、上坪、着落等村椪柑面积 120 公顷。2001 年，白岩、上坪两村开发生姜基地 33.3 公顷，雅致、沙坪、新村 3 个村试种超级杂交稻 33.3 公顷，全乡完成退耕还林 166.7 公顷。白岩园艺场种植药材 10 公顷、美国红梨等新品水果 6.7 公顷、苗木 3.3 公顷。2003 年 10 月，吉首港王实业开发公司，在补锅村兴建吉首港王农业科技示范园。招商引资 300 万元，综合开发白岩园艺场、补锅林场、白岩水库等。2005 年，经封山育林、人工造林、退耕还林 897.9 公顷，森林面积增至 5760 公顷。椪柑面积 216.7 公顷，产量 3000 吨，产值 240 万元，占农业产值 11.8%。檀木村和着落村种玉竹 32 公顷，收入 45 万元；种青蒿 3.3 公顷，收入 9 万元。养殖业以养猪、牛、羊、鸡、鸭、鱼为主。生猪出栏 3220 头、存栏 2248 头；山羊饲养量 916 只、出栏 385 只；牛存栏 3358 头；鸡、鸭饲养量 27745 羽；11 户养羊专业户户均养羊 55 只；稻田养鱼 229.3 公顷，产鱼 44 吨，产值 27 万元。檀木村和着落村种玉竹 32 公顷，收入 45 万元；种青蒿 3.3 公顷，收入 9 万元。山羊饲养量 9600 只，牛饲养量 4056 头，生猪饲养量 9963 头，家禽出笼 4.92 万羽。板栗产量 40 吨，烟叶产量 22 吨。稻田养鱼 227 公顷，产量 110 吨。2007 年，新开发药材种植 40 公顷。雅沙村优质稻种植 20 公顷。柑橘面积 165 公顷，产量 2467 吨。牛存栏 3513 头、出栏 710 头；生猪存栏 4053 头、出栏 5100 头；羊存栏 855 只、出栏 4773 只；家禽出笼 4.99 万羽。2008 年，成立武陵山地开发公司，开发面积 40 公顷，种植丹桂、吴茱萸、黄柏、金银花等 10 个品种。2010 年，药材开发面积 233 公顷。是年，投入资金 6 万元，改革集体林地 5317.4 公顷。2011 年，完成林权证发放工作。粮食产量 4554 吨。2013 年，牛存栏 1909 头、出栏 19 头；生猪存栏 815 头、出栏 815 头；羊存栏 548 只、出栏 1460 只；家禽出笼 28140 羽。2014 年，粮食作物产量 4509 吨，比 1984 年增长 26.2%，年递增 0.8%。

工业

1976年，公社成立社队企业办公室，县属毛坪白岩洞电站下放给公社经营。1986年，乡镇企业有白岩加工厂。2011年，乡政府和福建兄弟石材开发有限公司合作，投资3500万元，在毛坪村成立兄弟石材加工厂，年产值400余万元，从业人员50人。

商贸服务

2005年，工商户30户，从业人员34人，营业额31万元。2014年，有个体工商户102户，从业人员113人，营业额204万元；饮食业85家，从业人员85人，营业额127.5万元。

基础设施

交通运输

1972年，马颈坳至毛坪公路竣工通车，长8公里。1989年，毛坪、雅致、沙坪、补锅、白岩、上坪、桥六、檀木8个村通公路，村民投工24万个，修通村道13条54公里，实现村村通公路，同时修通通组公路70%，全长26公里。2003年，维修雅致—沙坪、毛坪—桥六、紫金、新村，桥六—檀木村级公路。2004年，投入12万元，维修32公里11条村级公路和7.5公里通乡公路。2006年，投资450万元实施白（岩）马（颈坳）公路硬化工程。2009年，全乡有货车25辆、小四轮17辆、面包车22辆。开展集中交通整治68次。2012年，投入120万元，硬化毛坪村公路4公里。2013年，全乡完成紫新村7.8公里村道硬化和路肩培护工程。白岩至毛坪村凼几市组、着落至檀木村、杨柳村3条13.3公里村道硬化工程完成。

邮政通信

2001年，乡直机关单位开通程控电话，有电话9部。2002年，开通补锅村、白岩村程控电话，用户23户。2004年，开通沙坪村和雅致村“富民通”无线卫星电话，电话装机22部。2005年，中国移动公司湘西州分公司分别在白岩村、紫金村建无线基站，全乡移动信号全覆盖，移动电话用户550户，有固定电话机185部。2007年，新建两座联通信号塔；开通宽带网，实现办公自动化。2008年，基本实现通信无盲区。2012年，建成邮政储蓄所1个，邮路村村通。

供电饮水

供电 1989年，8个村通电。1993—1996年，国家投入以工代赈资金200万元，架通30公里高压线路和20公里低压线路，所有村和90%以上农户用上电。2000—2005年，市电力公司投资900万元，改造全乡供电设施，全乡实现户户通电。2002年，投资65万元实施着落村电网改造。2003年，投资120万元实施着落、檀木、紫金、上坪村农网改造。2007年，完成白岩村农网改造。2008年，改造紫新村农网。2009年，完成桥六、毛坪等村农网改造和白岩乡境100千伏高压线路改造。

饮水 2002年，实施上坪村二组人畜饮水工程，解决200人饮水问题。2006年，投资12.9万元，完成上坪村人畜饮水工程18处。2007年，完成上坪、杨柳、紫新人饮水井维修。2008年，维修杨柳、雅沙、上坪等村冰灾损毁人饮工程。投入30万元，解决乡政府、乡直单位、白岩、桥六等政府周边村2000人饮水问题。2009年，投资160万元的白岩自来水厂建设竣工供水，白岩、补锅和乡直单位3200人生活用水得到解决。2011年，投入20万元为着落村和紫新村修建47口节水窖，改造和维修水井12口，新建水池48个。2012年，投入37万元，实施毛坪村人畜饮水工程改造，解决647人饮水问题。

水利建设

1971 年，建成雅沙村沙坪小（2）型水库，库容 13 万立方米，灌溉面积 66.7 公顷。1972 年，建成白岩洞小（1）型水库，灌溉面积 146 公顷，水库养鱼水面 15.5 公顷。1992 年，市水电局投资 30 万元整修白岩洞水库北干渠 1800 米、长倒虹吸管 160 米。1998—2000 年 4 月，用国家投入口粮田建设资金 450 万元整修白岩洞水库南干渠 6300 米、达沟浪支渠 1800 米，改造倒虹吸管 5 处 2147 米。白岩洞水库炎家桥水利工程获省水利厅科学技术进步二等奖。2002 年，投入资金 30 万元，维修白岩洞水库。在炎家桥修建 70 米宽跨河桥。2004 年，国家投入以工代赈资金 22.11 万元用于水库整修。儿坨水库位于雅沙村，灌溉面积 46.7 公顷。有山塘 11 口，灌溉面积 107.2 公顷。2005 年，维修 10 个村山塘水库，加固白岩洞水库，灌溉面积 146.52 公顷。2007 年，完成杨柳和雅沙村 4 处灌溉渠系建设。2009 年，投入 3.4 万元，维修雅沙村对门坡水库。2010 年，投入 11 万元，除险加固全乡山塘、水库。2013 年，完成雅沙村沙坪小（2）型水库改造加固建设，提升水库灌溉和防汛抗旱能力。

村镇建设

2001 年，筹资 5 万元，硬化全长 500 米乡烟站至乡政府街道。2004 年，投入 2.8 万元，消除茅房改造危房 14 户。2005 年，完成沼气池建设 300 口。2007 年，桥六村村部楼建设竣工。2008 年，完成沼气池建设 40 口。投资 18 万元，完成 18 户安居工程建设。2009 年，完成紫新村村间道路硬化。投入 27 万元，30 户“安居工程”全部竣工入住。完成农村信息共享工程设备安装。2010 年，投入 8 万元，新建沼气池 35 口，维修沼气池 20 口。2011 年，投入 34.2 万元，45 户“安居工程”全部竣工入住。2012 年，建成白岩乡第一期廉租房。完成杨柳、白岩等 9 个村村部楼建设。新建沼气池 20 口。2013 年，建成乡政府政务服务中心，并投入使用。

社会事业

教育

1988 年，乡境有小学 17 所，在校学生 1327 人，其中女生 525 人。1989 年，省教育厅投入 15 万元，建 284 平方米雅致小学教学楼。1994 年，省新闻出版局捐资 15 万元，建白岩乡书林希望小学。1995 年，美籍华人黄思瑜捐资 1 万美元，建 300 平方米檀木村小学。2000 年，香港邵逸夫捐资 15 万元，乡财政投入 5 万元，建 300 平方米紫金小学教学楼。2003 年，引资 65 万元，筹建杨柳、上坪、着落 3 所希望小学；引进 45 万元危改资金，建设白岩乡中心完小男生宿舍及学生食堂。2004 年，湖南皇爷槟榔公司捐资 15 万元，新建杨柳村刚强希望小学。投入国家扶贫资金 53 万元，建 600 平方米乡中心完小学生宿舍。2005 年，投入国家扶贫资金 55 万元，市财政资金 35 万元，建 1348 平方米乡中心完小综合楼和学生食堂。是年，有中心完小 1 所、片小 4 所、村小 11 所，在校学生 962 人，其中女生 475 人；教师 51 人。2008 年，完成教师公转房配套建设。白岩乡中心小学被教育部定为重点课题“成就未来——蒲公英行动课题试验学校”、国家“星火计划”农村人才信息技术技能远程培训项目培训基地。2012 年，将原乡烟草站地基划给乡完小用于修建幼儿园。2014 年，白岩学区有学生 240 人，其中女生 102 人；教师 33 人。教学点 3 个，其中杨柳教学点 1 个，学生 3 人。

文化体育

文化　1965 年，公社建文化站，翌年停办。

1974 年恢复公社文化站。1989 年，有黑白电视机 8 台，接收雪峰山转播台电视节目。1999 年，白岩村建有线电视站，用户 26 户。2001 年，沙坪、雅致、紫金、新村各建有线电视站。2003 年，投入 5000 元，组织上坪村男女狮子队到鸦溪民营小区、古丈坪坝等地表演。2005 年，12 个村用卫星地面接收器接收电视节目，有黑白和彩色电视机 1888 台。2006 年，投资 11.8 万元，有线电视信号开通至乡政府；投资 1.2 万元，完成上坪村广播站建设；新修白岩乡文化站。2007 年，乡群众文化排练厅建成。2008 年，有线电视和宽带网实现城乡连接。2009 年，为紫新、杨柳、着落 3 个村 80 户低费用安装地面卫星接收器。完成雅沙、桥六及白岩村“农家书屋”建设。2012 年，举办首届金银花节，推介白岩药材品牌；新增 2 个村农家书屋。2013 年，为紫新村、杨柳村、桥六村、着落村 117 户安装低费用地面卫星接收器，10 个村安装农村远教和农村文化信息共享工程电脑，乡直单位牵网线和有线电视，拓宽与外界信息沟通渠道。

体育　2002 年，有篮球场 8 个。7 月 1 日，举办庆祝建党 81 周年举办篮球赛；9 月，举办第二届补锅村农民运动会；10 月，举办“九月九”雅致村农民运动会。2009 年，完成补锅村体育活动场所建设。2013 年，组织代表队参加“吉泽杯”吉首地区篮球比赛，获“优秀组织奖”“道德风尚奖”。

医疗卫生

2002 年，州、市卫生局投入 12 万元，建 240 平方米乡卫生院综合楼。2003 年，村配齐医生和接生员，12 个村有合格卫生室。2005 年，省卫生厅投入 48 万元，省委宣传部捐资 60 万元，乡政府筹资 18 万元，新建 1500 平方米乡卫生院。卫生院有医务人员 6 人；村卫生室 11 个，村医 11 人。2007 年，80%农户参加新农合，有 10 个村 248 人住院治疗，报销金额 15.8 万元。

社会保障

1998 年，乡内“五保”老人被纳入低保对

紫新村千年金丝楠（向民航摄于 2015 年 8 月 2 日）

象。2006 年，乡敬老院入住五保对象 30 人。2012 年，完成危房改造 131 户。分散供养五保对象 24 人；集中供养“五保”对象 47 人。分散供养保障标准：2000 元 / 年人；集中供养保障标准：3600 元 / 年人。新农保参保率达 71%。2014 年，分散供养“五保”对象 30 人，分散供养保障标准：2640 元 / 年；集中供养“五保”对象 28 户 32 人，集中供养保障标准：6600 元 / 年。

特色地情

名优特产

板栗 为白岩乡传统产品。1989 年，补锅、檀木和桥六 3 个村板栗面积 233.3 公顷。1995 年，板栗产量 200 吨，产品销往张家界、长沙、广州等地，产值 400 万元。后因板栗树老化，产量减至 150 吨，产值仅 60 万元。2010 年，品种更新，产量提高。

（撰稿人：杨昌辉）

己略乡

区域概况

位置面积

己略乡位于吉首市北部，东与马颈坳镇的康云和林农村相接，西与矮寨镇的治比和坪年村相连，北界保靖县夯沙乡，南邻峒河街道和寨阳乡的栗溪村，乡域面积78.6平方公里。乡治龙舞村，距吉首市中心5公里。

建置沿革

民国27年（1938），乡域分属镇溪、良章乡，民国29年（1940），属中黄乡。1950年，分属二、三区。1956年6月，建龙舞乡。1958年秋，建跃进人民公社，次年，并入马颈坳公社。1960年10月，从马颈坳公社析出为己略公社。1980年，公社驻地迁至龙舞大队。1984年4月，改己略公社为己略乡。

行政区划

1984年，己略乡辖龙舞、求产、结联、自强、荣华、古者、夯坨、简台、红坪、联林、己略11个村，66个村民小组。2005年，调整村建制，自强村并入结联村，全乡有10个建制村，下设66个村民小组。2014年，辖龙舞、求产、结联、荣华、古者、夯坨、简台、红坪、联林、己略10个村，66个村民小组。

人口民族

1984年，全乡6677人。其中，苗族6477人，占99.7%。2014年，全乡2057户8254人。其中，苗族8172人，占98.7%。

自然环境

己略乡地势西北高，东南低，最高点荣华村扎高补隔，海拔910米。最低处己略村，海拔230米。全境属中高山地貌，地质均为青砂土壤，地表岩石风化剥落，80%以上面积处于25度以上山体状态。气候四季分明，冬少霜雪、夏少酷暑，宜农宜居，年均气温17℃，年降水量1400毫米。境内沟壑纵横，溪流多，主要有龙舞河、己略河、求产河3条水系。森林覆盖率62.8%。耕地面积313公顷，其中稻田236公顷，旱地77公顷。

经济发展

经济综述

全乡经济以传统农业为主，其中粮食生产为农业主体。20世纪60至70年代，主要种植粮食作物，农民吃饭问题没得到根本解决。1978年，全乡农业产值75万元，人均92元。1982年，实行土地承包责任制，粮食增产，多种经营初步发展。1984年，全乡农业产值145万元，农民人均纯收入168元。其中种植业68.56万元，占47.3%；林业32.39万元，占22.3%；畜牧业24.28万元，占16.7%。粮食产量2206吨，人均288公斤。1995年，全乡国民生产总值1527万元。其中种植业416万元，占27.2%；林业381万元，占24.9%；养殖业371万元，占24.2%；工业14万元，占9%；商业107万元，占7%。人均生产总值1993元，粮食总产2485吨。2001年，全乡国民生产总值1771.7万元。其中农业产值1493.9万元。乡财政收入300万元，完成社会固定投资580万元。年末金融机构存款余额183万元，其中农民存款余额162万元。2010年，发展劳务经济，劳务收入900万元。是年，全乡国民生产总值1993万元，农民人均纯收入1555元。2014年，全乡农村经济收入1725万元，为1984年的10.9倍，年均递增8.6%。

农业

境内农业以种粮为主。主要粮食作物有水稻、玉米。主要经济作物有蔬菜、椪柑、板栗。养殖业主要饲养猪、牛、羊、鸡、鸭等。20世纪六七十年代，农业生产“以粮为纲”，经济作物和畜牧生产受到制约。1978年，全社粮食总产1705吨，人均260公斤；农业产值75万元，人均92元。1985年，全乡粮食产量2238吨，人均264公斤；农业产值178万元，人均578元。1989年，调整农业产业结构，在己略、龙舞、结联3个村开发椪柑种植100公顷。1994年，自强、荣华两村农户自办4个股份制养殖场，50多户农民入股，饲养菜牛390头，生猪230头，羊400只，市畜牧水产局在这两村建黄牛品种人工冷配站，冷配成功率80%。2001年，全乡粮食总产3911吨，油料18.3吨，水果1170吨，生畜出栏1.03万头、家禽出笼8.5万羽，初步形成林、果、牧、菜四大支柱产业，农业产值1493.9万元。其中水果产值132万元，畜牧业产值302万元，蔬菜产值398万元，林业产值414万元。2005年，引进保靖县普戎镇波尔山羊1000只，建设波尔山羊养殖基地和3个良种生猪养殖场。引进美国绿头野鸭养殖2万羽，养殖业收入154万元。2006年，全乡种植椪柑200公顷，椪柑低改30公顷，产量1200吨。无公害蔬菜种植210公顷。开发青蒿、吴茱萸等药材生产，种植面积33公顷。全年养牛3350头，养猪19150头，养羊14050只，养鸡、鸭8.5万羽，鱼产量80.5吨。全年粮食作物播种面积419公顷，其中水稻“双两大育秧”种植面积220公顷，旱地间套轮作198公顷。良种覆盖率98%，粮食总产2901吨。封山育林2133公顷，退耕还林757公顷，完成油菜育苗移栽246公顷。

2008年，全乡优质水稻栽插面积180公顷，良种覆盖率95%，粮食播种面积410公顷，全乡粮食总产2227吨。油菜幼苗移栽面积230公顷。以仁求坡高山返季蔬菜种植为重点，全乡种植蔬菜面积231公顷。培植石琼、秧成坤等28户养殖大户为重点。全乡改良黄牛品种256头，养牛3546头、猪2630头、羊16350只、家禽6.97万羽，鱼产量83吨。全乡农业产值1785万元，比上年增长9.4%。2012年，全年蔬菜种植面积266公顷，蔬菜品种主要有西红柿、辣椒、白菜、萝卜、生姜、小南瓜、豇豆等。全乡人均蔬菜收入215元。在夯坨、简台、古者等村种植黄金茶26.6公顷。培植25户养殖大户，其中养猪大户5家，每户养猪20头以上；养牛大户4家，每户养肉牛10头以上；养羊大户10家。发展特种养殖业，有大鲵养殖户1家，养大鲵5000尾，育苗1

万尾。银环蛇养殖户2家，每户养银环蛇200条。石蛙养殖户1家，养石蛙200只，特种养殖年创收65万元。2014年，全乡定植茶叶面积171公顷。全年粮食产量2849吨。

工业

1989年，乡政府、市财政局、中国人民解放军59969部队联合投资500万元，在红坪村建钒冶厂，年产钒500吨，产值300万元。是年，全乡工业产值56万元。1993年，工业产值112万元，1998年，工业产值229万元。2001年，工业产值241万元。2005年，钒冶厂严重污染环境，停产关闭。

21世纪初，乡内涌现建筑队，带动全乡建筑业发展，到2009年，全乡建筑业收入69万元。2014年，建筑业收入200万元。

商贸服务

1989年，乡境陆续出现个体私营工商户，少数农民开经销店、经营日常生活用品，全乡商贸收入67万元。2001年，全乡有个体户153户，商业收入241万元。2004年，全乡个体户187户，从业人员230人，商业收入260万元。少部分农民弃农经商，离乡入城经营商贸服务行业。2009年，全乡商贸、服务业收入922万元。

其他产业

劳务输出　2006年，全乡外出务工1555人，劳务收入221万元。2012年，劳务输出规模扩大，务工人数增至2600人，其中部分女性劳力在吉首就近从事家政服务。全乡劳务收入900万元。

基础设施

交通运输

1964年，修通振武营至己略简易公路。1992年，修通吉首至保靖县夯沙乡公路，途经乡境龙舞、结联、自强3个村，全长8公里。1997年，省交通部门投入36万元，修通红坪至夯坨村公路6.7公里，修通红坪至简台村、己略至联林村、红坪至古者村公路15.5公里。2001年，省委宣传部驻结联村扶贫工作队筹资60万元，修通结联村至仁球坡公路8.1公里。2002年，修通课瓦至荣华村、龙舞至求产村、荣华至上夯坨村公路。2005年，全乡有客运、货运车26辆，运输收入147万元。2006年，利用扶贫项目资金，修通龙舞至己略村公路，并对求产、荣华、红坪村公路实行硬化。是年，全乡实现村村通公路，公路长70公里。2010年，全乡客货运输收入156万元。2014年，有客运、货运车35辆，运输业收入248万元。

邮政通信

1960年，境内通邮，信函、包裹均靠乡邮员步行投递。1962年，设邮电所，己略公社与县通电话。1977年，步班邮路被自行车和摩托车取代。1998年，开通乡政府程控电话。2002年，全乡开通8个村程控电话，2个村无线电话。2005年，全乡3个村通无线电话，电话用户256户。2007年，湘西联通公司，投资百万元，在乡政府驻地修建联通卫星发射塔。2010年，建成移动、联通通信卫星发射塔，无线通信覆盖全乡。

供电饮水

1990年，全乡实现村村通电，通电入户率95%。2000年，市电力公司启动乡境电网改造工程，至2002年，投资67万元，全乡架设水泥电杆340根，改造供电主干线路34公里、低压线路47.9公里，全乡供电和用电安全得到保障，用电入户率100%。全乡农业机械动力2350千瓦，用电量58万千瓦小时。2007年，在龙舞村修建人饮自来水工程，解决乡政府、学校及乡直单位和龙舞村2000多人安全饮水问题。完成投资10万元的红坪村防洪堤建设。2008 年，完成红坪、联林、古者 3 个村人饮改造工程。2010 年，简台、云华、求产、已略 4 个村自来水工程竣工。至 2014 年，全乡有夯坨、龙舞、古者、云华、求产 5 个村自来水全部入户，结联、联林、已略、红坪、简台 5 个村自来水部分入户。

水利建设

2001 年，全乡修筑防洪堤 3100 米，引水渠 2100 米，同时投资 110 万元，修建自强村拦河坝，实现有效灌溉面积 110 公顷。

村镇建设

2006 年，境内实施求产、云华、红坪、已略 4 村村间道路硬化，总全长 11 公里。2007 年，全乡新建沼气池 125 口。2010 年，市委组织部、市财政局投资，建成古者、夯坨、简台、求产 4 个村部楼。2011 年，境内实施龙舞河 12 公里绿色走廊建设和龙舞村至乡政府路段绿化、学校园林绿地建设，栽乔木 4200 株，花灌 15000 株，植草坪 800 平方米，绿化面积 1.3 万平方米。2013 年，全乡栽植庭院绿化树 7800 株。

2014 年，全乡制定并实施《已略乡集镇总体规划》（2014—2030），按照总体规划开展巡查，拆除违章建筑 5 栋，建筑面积 400 平方米。劝止 4 户准备建房户，恢复土地原状 600 平方米。

社会事业

教育

20 世纪 60 年代，已略公社设立完全小学，多数大队设小学。1976 年，设初中。1988 年，乡境有小学 13 所，在校学生 864 人，在校初中生 128 人。1992 年，市财政投资 37 万元，建已略中学教学楼，面积 1236 平方米。1998 年，州工商银行投入 3 万元，援建已略片小学教学楼，是年，乡中心完小与已略乡中学合并为九年一贯制学校。2001 年，片小 3 所，村小 9 所，在校学生 1138 人。全乡基本普及九年义务教育，学生入学率 98.6%，合格率 98.8%。2005 年，乡政府引资 226.8 万元，扶贫建校 12 所，建教学楼 13 栋，面积 8215 平方米。是年，全乡有九年制学校 1 所，村小 11 所，在校学生 1502 人，其中初中生 371 人；教师 70 人，其中初中教师 26 人。2006 年，全乡各村小三年级以上学生集中到已略学校就读。2014 年，全乡有中心小学 1 所，在校学生 128 人，有小学教师 26 人；教学点 4 个，有小学生 24 人，教师 7 人。全乡有小学生 152 人，小学教师 33 人。有中学 1 所，在校学生 174 人，教师 25 人。

文化体育

1965 年，公社建文化站，民办公助，1966 年停办。1972 年，公社建广播站，配 150 瓦定阻抗扩音机 1 台。1988 年，正式成立乡文化站，配文化辅导员 1 人。全乡有苗鼓、歌舞、舞狮、篮球等各种文体队伍 61 支 1207 人。1993 年，乡建有线电视广播站，开通乡直机关电视。1994 年 8 月立秋日，境内举办苗族“赶秋”活动，表演苗族鼓舞、打八人秋、唱苗歌，进行篮球比赛等，观看者万余人。2005 年，龙舞、已略、结联等村村民，自购电视卫星地面接收器收看电视节目，电视入户率 95%。2010 年，已略村创办全乡首个农家书屋，翌年，夯坨、龙舞、结联、云华 4 个村创办农家书屋，还建村文化体育活动室，修建龙舞村、夯坨村 2 个篮球场。已略村州人大代表秧代满发动，成立计划生育协会文艺宣传队，自编文艺节目，他选送的《苗族服饰 T 台秀》在四省边区第二届暨吉首市第五届民族民间艺术大赛中获一等奖。已略乡选送的“三句半”《农民工有了好势头》《苗族花鼓》，在吉首市首届农民工艺术节上获三等奖。是年，全市举办青少年苗歌选拔赛，己略乡选手分获二等奖和三等奖。2011年，市文化部门支持，新建吉首、红坪、求产、联林等5个村农家书屋，全乡11个村均有农家书屋，藏书1.2万册。2014年，修建结联村文化戏台和结联村、夯坨村篮球场。

医疗卫生

1960年，公社建卫生院，1984年，公社卫生院改为乡卫生院，医生3人。2001年，11个村有卫生室，村医12人，其中接生员8人。2006年，全乡实施新型农村医疗合作制（以下简称新农合），参加新农合80%。2007年，新修乡卫生院，乡卫生院由己略村迁至龙舞村。卫生院建筑面积1512平方米，医务人员13人，床位12张，全乡新农合参合率90%，“五苗”（卡介苗、百白破、糖丸、麻苗、乙肝疫苗）覆盖率100%。

社会保障

1989年，乡内“五保”老人以分散供养为主，市财政补助一定养老金，其余物资现金由乡、村、组统筹。1998年11月，实行全市城乡居民最低生活保障制度，全乡“五保户”老人同时纳入最低生活保障人群。2006年，市民政局投入资金40万元，新修乡敬老院。2010年10月，实施农村社会养老保险制度，凡年满60周岁及以上老人，每月发给55元养老金。是年，全乡新型农村养老保险参保率80%。2012年，乡敬老院综合服务楼竣工使用，全乡有“五保户”35户38人，分散供养14人，入住敬老院集中供养24人。全乡为142户贫困户改造房屋，补助资金110万元。2014年，境内开展“城乡低保阳光行动”，对全乡297户951人低保对象核查清理，清除不符合低保条件16户55人。全乡发放低保金、五保金、优抚金120万元。

特色地情

民俗风情

苗族鼓舞　己略为苗乡，乡内民风纯朴，民族风情浓厚，当地苗民爱跳苗族鼓舞。每当农闲时节、农历春节，几乎各村寨都跳苗族鼓舞，其乐无穷。尤以阳春三月，田间地头，山坡溪旁，到处都可听到婉转的苗歌声。尤其婚嫁喜庆，必延请歌郎歌娘，相互对唱苗歌，通宵达旦，情意融融。著名苗族女鼓王石顺明出生在己略乡。

名优特产

野生板栗　该乡盛产野生板栗，为全市三大野生板栗产地（寨阳、矮寨、己略）之一。该乡板栗树为自然生长，无需培育，其树木高大，枝叶繁茂，果实累累，栗籽皮薄，食味香脆可口，优于杂交板栗品种，为人们喜爱。

（撰稿人：宋大文）

社塘坡乡

2008年，社塘坡乡被文化部授予“中国民间文化艺术之乡”称号。

区域概况

位置面积

社塘坡乡位于吉首市西南部，东连乾州街道办事处，北接寨阳乡，西邻凤凰县米良乡，南同吉凤街道捧捧坳社区、龙凤社区毗邻，乡域面积86.7平方公里。乡治社塘坡村，距吉首市中心17公里。

建置沿革

清代，境内强虎哨（今强虎村）、龙图营（今西门口村）、社塘坡村为凤凰县属地。民国初，属乾城县西乡一区和二区。民国11年（1922），分设新民乡和坪垅乡。民国29年（1940），坪垅、新民乡并为新坪乡。1950年，乡域隶属乾城县第一区。1953年，新坪乡析为团结、龙爪、地母岑、三岔坪、中寨、坪垅6个小乡。1956年，为吉卡乡，乡政府驻坪垅。1958年，强虎、社塘坡、西门口划归吉首县，与吉卡乡合并建立八月人民公社，公社驻社塘坡。1960年10月，八月人民公社更名为社塘坡人民公社。1984年4月，社改乡，为社塘坡乡。

行政区划

1984年，乡辖三岔坪、城江、劳动、黄土同、十八湾、牯牛坡、强虎、西门口、社塘坡、坪云、关候、龙牙、齐心13个村，下设59个村民小组。2005年，全市行政区划调整，社塘坡乡先行示范，全乡调为三岔坪、西门口、强虎、关喉4个村，后改为三岔坪、西门口、强虎、十八湾、关喉5个村。2014年，辖三岔坪、西门口、强虎、十八湾、关喉5个村。

人口民族

1984年，全乡人口7969人。其中，苗族5944人，占74.6%；土家族184人。2014年，全乡2757户10341人。其中，苗族8227人，占79.6%；土家族1847人，占17.9%。

自然环境

社塘坡乡地势西高东低，齐心村海拔950米，最低点三岔坪村，海拔194.8米。西部和西北部为高山断层，地势陡峭，悬崖绝壁，沟壑纵深，山形奇伟，东部地势稍平缓。中部有4条溪水，顺山势向东流出。矿产资源有重晶石、含钾页岩、煤、钒等。全境土壤多为黄壤和青砂壤。四季分明，年均气温16℃，年均降水量1400毫米。

经济发展

经济综述

乡境以传统农业经济为主。20 世纪 70 年代，全乡经济落后。1981 年春，境内农业生产实行包干到户，粮食生产发展迅速，至 1982 年，全社农民吃饭问题解决。1983 年，涌现一批养殖、种植、加工等专业户，个别户年创收以上万元。1984 年，全乡产值 205 万元。其中种植业 93.54 万元，林业 5.77 万元，畜牧业 55.3 万元，渔业 1.59 万元，工业和服务业 48.9 万元。农民人均纯收入 192 元。粮食产量 3203 吨，人均 330 公斤。20 世纪 90 年代，调整农业产业结构，开发林果、发展蔬菜，大搞作坊加工，畜牧饲养。2001 年，全乡实现生产总值 2518 万元，农民人均纯收入 1266 元，分别比 1984 年增长 12 倍和 3.8 倍，全年粮食产量 4827 吨。2007 年，全乡输出劳动力 1531 人，创劳务收入 4000 万元。2014 年，全乡国民生产总值 4552 万元，比 2001 年增长 3.6 倍，年均递增 10.9%。财政收入 164.52 万元，比 2001 年增长 3.6 倍，年均递增 10.9%。财政收入 164.52 万元，比 2001 年增长 48%。

农业

社塘坡乡经济以传统农业为主。主要粮食作物有水稻、玉米、马铃薯。主要油料作物为油菜。20 世纪 60 年代，乡境内三岔坪、西门口、社塘坡、强虎、坪云等大队种植双季水稻，粮食单产（亩）200 公斤。70 年代后期杂交水稻开始推广，80 年代全面普及，平均每公顷产量 6000 公斤。玉米种植区主要为十八湾、牯牛坡、龙牙、齐心等村，主要玉米品种为当地白马齿玉米。80 年代，推广杂交玉米，采取宽行密植，单产提高。马铃薯为 70 年代引进品种，主要种植区为西门口、强虎、社塘坡、坪云，年产量 700 吨。养殖业主要有猪、羊、牛、鸭、鹅、鸡。

1989 年，全乡出栏生猪 3732 头，养牛 1842 头，出栏 210 头，养羊 928 只，出笼鸡鸭 2 万羽，畜牧业产值 110.6 万元。1993 年，三岔坪、西门口、强虎、社塘坡、劳动村种植椪柑 31.6 公顷，后发展至 60 公顷，年产 1072 吨，产值 107.2 万元。1996 年，全乡粮食总产 4356 吨，油料产量 360 吨，水果产量 102 吨，牛存栏数 1947 头、生猪出栏数 5928 头。农业产值实现 1014 万元，其中种植业 712 万元，畜牧业 230 万元。2001 年，全乡实施“坡头烟、平地菜、旱地果、山腰林、庭院养、库中鱼、田间粮”的生产布局。齐心、关喉、十八湾、牯牛坡 4 个村烤烟生产基地实现烟叶收购 2800 担，产值 120 万元。超级杂交水稻新品种推广面积 66 公顷。坪云、关喉、社塘坡、强虎 4 个村芋—稻—芋、芋—稻—菜、稻—油连作全面推广。是年，全乡粮食总产 4827 吨，完成金秋梨、脐橙水果开发面积 80 公顷、退耕还林面积 180 公顷，实现全乡农业产值 1905 万元。2003 年，建设西门口无公害蔬菜生产基地，基地为市“放心菜”工程项目，规划面积 133 公顷。当年种植面积 20 公顷，菜农 118 户，大棚 15 个，种植长豆角、扁豆、黄瓜及日本南瓜等 18 个蔬菜品种。年产蔬菜 1500 吨，该村菜农直接创收 45 万元。是年，在强虎、社塘坡、坪云 3 个村建立优质烤烟种植示范园，引进云烟 87，云烟 85 新品种，全乡种植烤烟面积 113 公顷。其中稻田种植 65 公顷。烤叶产量 21 吨，产值 290 余万元。在三岔坪村建果子狸训养中心，在龙牙、劳动村建黄牛、波尔山羊养殖基地，全乡畜牧业总产值达 456 万元，比上年增长 12%。2006 年，全乡建成西门口、强虎、关喉 3 个村无公害蔬菜种植基地，种植蔬菜面积130公顷，创产值183万元。以西门口、三岔坪、十八湾3个村为主的水果种植基地，水果种植面积100公顷，实现产值170余万元。三岔坪、强虎、关喉、十八湾等村种植青蒿面积150公顷，产值85万元。当年，全乡农业产值2340万元，比上年增长8.8%。其中种植业419.8万元；畜牧业410万元；渔业75万元。2010年，全年农业产值1965.8万元。其中种植业1631万元；林业10.8万元；畜牧业和渔业324.3万元。2012年，发展十八湾返季蔬菜，创建十八湾蔬菜品牌，发展坪云村免耕脱毒马铃薯。先后成立十八湾金秋梨合作社、坪云村马铃薯合作社、社塘坡乡八月蔬菜合作社、西门口金银花合作社。全乡种植蔬菜面积410公顷，蔬菜产量6600吨、产值500万元。全乡粮食产量2200吨。2014年，全乡形成蔬菜、畜牧、小水果支柱产业，实现农业产值1696万元，粮食产量3165吨。

工业

20世纪70年代，境内有石灰厂2家，有重晶石矿开采场，有粉丝加工厂，开始用手工加工苞谷粉丝，1984年改用机械加工粉丝。西门口、强虎等3个村有手工加工苞谷粉丝传统，2001年，粉丝产量500吨。城江、劳动、三岔坪等村有加工木制家具，产品畅销乾州农贸市场。2001年，全乡工业产值70万元；2007年，乡村工业产值375.7万元，建筑业收入107万元。2010年，创办八月粉丝加工厂，2014年，注册湘西八月食品有限责任公司，引进3条生产线，主营玉米粉和红薯粉，年产值438万元。

商贸服务

1962年，成立供销合作社，经营农业基本生产资料和农民基本生活资料。20世纪70—80年代初，供销社每年农闲开展“小秋收”，大量收购小山竹、杂木棒、黄荆条、药材等山货。1982年，建设社塘坡农贸市场，逢农历二、七日赶场，每场赶场人数1000人，主要交易农副产品和日用商品。90年代初，供销社改制民营。2014年，全乡有零售商店22家，年零售额1235万元。

基础设施

交通运输

1972年，境内修通乾州至黄石洞公路，经境内三岔坪、西门口、社塘坡、坪云、关喉，全长16.5公里。20世纪80年代初开通吉首至社塘坡班车，每日早晚各一次。是年中期，修通三岔坪至城江村公路，长4.8公里。1998年，由州交通局，市供销联社投入5万元资金修通强虎至黄土同村公路，长3.5公里。2000年，市交通局、市公路局、市扶贫办等单位住村扶贫，联合投资80万元，修通跃进水库至劳动村公路，长3.5公里。2001年，开通强虎至劳动村175米长隧道，公路直通两村。2001年，动工修建牯牛坡至十八湾村公路。十八湾村海拔700米，公路必经一段500余米长悬崖峭壁，工程艰险。十八湾村村民吃住在工地，悬索吊筐，挥锤开山，战严寒，斗酷暑，一锤一锤地把天堑变为通途，2003年12月工程竣工。十八湾人修路不畏艰难困苦的精神，被州《团结报》和《湖南日报》相继报道，宣传“十八湾精神”。时任交通部部长张春贤到十八湾参观，对十八湾人修路的精神大加赞赏。2007年，黄石洞至齐心村公路修通。全乡实现村村通公路。2010年，完成齐心村公路硬化工程。2013年，全乡各村有微型客运车，中巴客运车，少量货车。

邮政通信

20世纪60年代，公社设邮政所，有邮递员1人，负责邮件和报刊投递，公社与县通电话。

2000年，开通乡机关及三岔坪、西门口、强虎、社塘坡、坪云、关喉6个村程控电话，电话用户150户。2001年，中国移动和中国联通吉首分公司，分别在强虎村建无线基站。至2005年，开通劳动、齐心、龙牙3个村程控电话，用户125户。2010年，移动电话普及全乡。

供电饮水

供电　1982年，黄石洞水库建成蓄水，同时建成水电站，水库所在地村民开始用电。1984年，黄土同村和齐心村不通电，全乡11个村通电。1992年，由市水电局投入120万元，架通黄土同村、齐心村高压线路，实现全乡村村通电，用电入户率100%。1998年，由市电力公司实施全乡各村电网改造，2003年，农网改造竣工，全乡用电与城市同价。

饮水　2001年，市水利局投入42万元，建设三岔坪、十八湾、黄石洞、关喉4个村人畜饮水工程。2003年，由乡财政投资20万元，建成乡供水站，解决乡机关及西门口、社塘坡、坪云3个村3000人饮水问题。2008年，投资12万元，完成十八湾村饮水工程。2012年，投资120万元，完成三岔坪、城江强虎人饮工程，解决600户2600人饮水困难。2014年，建成十八湾、牯牛坡、齐心3个高山村小水窖共80口。完成西门口、社塘坡片、强虎、劳动片两个水泵站及渠道修复。2014年，政府投资100万元，完成社塘坡自来水厂修建工程，解决4000人卫生饮水。

水利建设

1958年秋，境内跃进水库动工兴建，于1960年竣工。水库位于三岔坪村境内，库容360万立方米，有效库容量307万立方米。灌溉面积278公顷。20世纪60—80年代初期，水库主要灌区涵盖三岔坪村至万溶江、吉首乡境。1979年，黄石洞水库建成，1982年蓄水。水库坐落在龙牙村境内，有效库容量950万立方米，可灌面积200余公顷。水库淹没稻田24公顷及龙牙村部分农户，1981年冬，龙牙村下寨40余户移民250人迁至三岔坪村定居。黄石洞水库自修成后未发挥灌溉作用，但可蓄水缓解下游洪水泛滥，保护龙牙河两岸200公顷农田生产安全。2004年，投资1000万元，对黄石洞和麻溪水库进行加固除险，建成三岔坪、劳动村防洪堤500余米，城江、西门口溪坝32道，水渠3000余米。

村镇建设

2004年，政府投资135万元，在三岔坪、西门口、关喉、齐心等村建沼气池501口，配套改水、改厕、改圈设施，家庭卫生环境得到改善。2007年，投入水泥434吨，完成10个老村村间道路硬化15.6公里，建沼气池240口。2009年，社塘坡乡被省环保局授予“省级环境优美乡镇”称号。十八湾村被省环保局评为“省级生态村”。2013年，三岔坪村被评定为“省级生态村”示范类。

社会事业

教育

1984年，全乡有中心完小1所，片完小1所，村小14所，在校学生1200人。有初中1所，在校学生150人。1996年，市财政投入48万元，建设社塘坡乡九年制学校，建筑面积4288平方米。2005年，市财政投入80万元，建1464平方米综合教学楼。是年，该校有教学班36个，在校学生1132人，其中小学生817人，中学生337人。教职工68人，其中小学教师44人，初中教师24人。全乡有劳动、三岔坪、牯牛坡、坪云、龙牙、关喉、齐心村小7所，在校学生309人。2007年，全乡完成小学布局调整，实现小学三年级及以上学生集中乡中小完小寄宿就读。2013年，执行国家“两免一补”政策，562名学生享受每日3元营养餐补助。资助11名高考录取贫困学生，发给助学金共5.5万元。引入资金兴办乡幼儿园1所。2014年，全乡有中心完小1所，在校学生260人，教学点5个，其中三岔坪51人，关喉28人，齐心2人，坪云6人，十八湾15人。全乡有小学生362人，小学教师39人。有初中1所，在校学生172人，初中教师27人。

文化

1965年，公社建文化站，1966年下半年停办，1974年恢复公社文化站。1970年设广播站，1986年改为乡广播电视站，配文化辅导员1人和广播电视工作人员2人。全乡有业余文艺表演队16支，苗族唢呐手6对，苗族鼓舞表演队13支，鼓乐队1支，舞狮队12支，阳戏团2个。1993年，乡建有线电视站，开通乡直机关及西门口、社塘坡乡、强虎、坪云、三岔坪5个村有线电视，电视用户300户。2003年5月4日，引资140万元，开工建设电视宽带网工程，先后在三岔坪、西门口、强虎、社塘坡、坪云5个村及乡直机关开通电视宽带网，实现城乡电视联网。2005年，全乡有8个村开通电视宽带网，可收看电视节目48套，其余村采用卫星地面接收器收看电视。2008年，电视覆盖全乡，实现村村通有线电视。是年5月29日，在八月湖（跃进水库）举行首届“四月八”民族民间文化节，全乡文艺队及邻近乡镇部分文艺队参加表演苗族鼓舞，舞狮爬桌、上刀梯、戏剧、舞蹈等节目，数万群众，身着节日盛装，尤其苗族妇女满身银饰，观看节日活动。2008年，社塘坡乡被文化部授予“中国民间文化艺术之乡”称号。2010年，乡政府在坪云村举办“四月八”苗族文化活动，各文艺表演队莅临参加表演。该村吴牛振（“四月八”传承人）及一些苗巫师表演苗族傩戏、踩铧口（烧红）、摸油锅等节目，展示苗族文化神秘色彩。2011年春，实现全乡电视数字化。2014年，全乡有标准篮球场12个，篮球队6支，广场舞队6支，苗歌队3支，苗鼓舞队6支，接龙舞队1支，文化体育队员580人。有省级文化传承人1人，州级文化传承人4人。

医疗卫生

20世纪70年代，有乡卫生院1所，建筑面积260平方米。大多数村（大队）有赤脚医生（不脱产）和接生员。至2005年，卫生院有医务人员14人，设妇科，有产床和妇科手术床。配置100毫安X光机1台，B超仪1台、检验设备1套。全乡13个村均有卫生室并配卫生员1人。2006年，新建乡卫生院门诊综合楼，面积480平方米。全乡开始推行新型农村医疗合作制（以下简称新农合）。2007年，全乡参加新农合7093人，参合率81%，参合金额70930元。2013年，组织66名村民参加“光明行”白内障筛查，为6名患者施行白内障摘除手术，恢复视力。是年，全乡新农合参合资金37.45万元，为1847人次住院医疗补偿166.74万元。2014年，全乡参合人数8800人，参合率90%。享受医疗补助金48万元。

社会保障

1998年9月，由省、州民政部门拨款和市财政自筹资金134万元，在乡境跃进水库处修建天星湖敬老院。是年11月，社塘坡乡执行全市城乡居民最低生活保障制，“五保”老人列为农村最低生活保障人群。当年农村生活最低生活保障标准为每人每年420元。2012年，全乡农村低保人口581人，城镇低保对象22人，86户困难家庭37名五保老人发放救助金6.5万元，大米12吨，食油80公斤，棉被150床。2014年，全乡农村和城镇人口最低生活保障标准分别提高到165元/

齐心村的岩头屋（向民航摄于2010年8月20日）

月、330元/月。是年，开展“爱心拼百分”慰问活动，全年发放救灾救助资金65万元，大米2吨，食油500公斤，棉被1000床。全乡18岁以上参保（养老保险）人数5102人，缴纳参保金24万元。全乡享受低保人数875人，全年发放养老保险金84万元。31名五保老人实行分散供养，供养金74400元。

特色地情

历史人文

吴八月及其故乡 坪云村是清乾嘉苗民起义领袖吴八月（被奉称为“吴王”）故乡。吴与贵州松桃县石柳邓、花垣县石三保等人于乾隆五十九年（1794）正月十六日举行反清起义。起义声势浩大，波及湘、黔、川边境10余县地。清廷先后调集云贵、湖广、四川总督领兵18万人剿伐。于嘉庆元年（1796）三月二十五日吴八月被俘，清军一再劝降，吴宁死不屈，被脔割示众。今坪云村有“吴王”遗址，村头岩壁纹影中有一骑马壮士，威武雄壮，一直被人们传说为吴八月显影。乡境有乾嘉苗民起义坪云古战场、鳜鱼坡古战场、背子岩古战场等遗址。

风景名胜

齐心村 海拔900余米，（老村）为乡境人口居住最高点，与凤凰县禾库镇交界。该村为纯苗族居住，全村皆为木瓦房，青石块砌墙，巷道一律天然青石板铺就。苗族中老年妇女着苗族服装、裹高叠花头帕，民风纯朴和善。2013年，市相关部门投资200万元完成特色民居改造20户，新建停车场一个，开办一家农家乐餐馆。环村青石板路正在建设中，修通连接凤凰县吉营村2.5公里公路。

名优特产

苞谷粉丝 西门口、社塘坡、强虎3个村有加工苞谷粉丝传统，久负盛名。大多数村民有家庭粉丝作坊，为手工操作技艺。粉丝洁白，韧力强，食味佳，为邻近县市乡民年节不可或缺席上菜。20世纪90年代，苞谷粉丝加工达至鼎盛，3个村之内河谷沙滩，房前屋后到处晾晒粉丝，白色一片，蔚为壮观，年产粉丝100万公斤。

（撰稿人：宋大文）

太平乡

2001 年，太平乡计划生育协会获“全国先进计生协会”称号。2013 年，深坳村获“国家计划生育基层群众自治示范村”和“湖南省计划生育先进协会”称号。

区域概况

位置面积

太平乡位于吉首市东部，东接排吼乡群力村、把金村，南邻河溪镇岩排村和泸溪县潭溪镇，西靠峒河街道樟木溪村和河溪镇阿娜村、马鞍村，北与马颈坳镇红岩排村和白岩乡着落村交界，区域面积 58.62 平方公里。乡治太平村，距吉首市中心 14.5 公里。

建置沿革

清代，乡域属四里。民国元年（1912），为东乡三区。民国 11 年（1912）11 月，建司马乡。民国 29 年（1940），与河溪乡并为司马乡。20 世纪 50 年代，属第四区。1953 年 1 月，建太平、司马和白河乡。1956 年 7 月，三乡并为太平乡。1958 年秋，太平乡与河溪乡合并，建立太阳升人民公社。1960 年 10 月，太平公社析置。1984 年 4 月，公社改乡，为太平乡。

行政区划

1984 年，太平乡辖太平、干田、夯古、英勇、青枫、马头、深坳、司马、金山、新华 10 个村。1989 年，太平乡辖太平、夯古、马头、英勇、深坳、新华、青枫、司马、金山、干田、农科 11 个村。2014 年，太平乡辖金山、深坳、太平、司马、英勇、夯古、干田、青枫 8 个建制村。

人口民族

1984 年，太平乡有 6305 人。其中，土家族 5624 人，占 89.2%；苗族 681 人，占 10.8%。2014 年有 7135 人。其中，土家族 5922 人，占 83%；苗族 1027 人，占 14.4%。

自然环境

太平乡地貌属低山区，地势由北向南倾斜，最高点干田村，海拔 465 米；最低点司马村，海拔 161 米。土壤系红壤。司马河由北向南穿境而过，与白河坝在新华坪汇流。沿河的新华、太平溪、马头寨等河谷坪坝地势较开阔，阳光充足，宜于水稻种植。其余为山地，土质瘠薄，红岩裸露，水土保持力弱，易遭水旱灾害。乡境属中亚热带季风湿润气候，四季分明，冬暖夏凉，春秋温和，冬长秋短，年均降水量 1400 毫米。

经济发展

经济综述

太平乡粮食作物主要有水稻、玉米、薯类；养殖业以养猪、牛、羊、家禽为主。1984 年，粮食产量 2088 吨，农业产值 115.98 万元，人均纯收入 158 元。1989 年，农业产值 650 万元，财政收入 89.24 万元。1995 年，全乡实现农业产值 747 万元。按照绿色化、有机化要求，以市场为导向，大力发展生态农业。2000 年，农业产值 810 万元，比 1989 年增长 24.6%。2005 年，全乡农业产值 788 万元，财政收入 148 万元，农民人均纯收入 1222 元。是年，全乡外出务工 1500 人，劳务收入 500 万元。2014 年，全乡农业产值 2200 万元，比 1984 年增长 18 倍，年递增 10.3%；粮食产量 2115 吨，比 1984 年增长 1.3%，年递增 0.1%。

农业

1978 年，全社粮食产量 1605 吨，产值 54 万元，农民人均收入 57.1 元。1984 年，耕地面积 447 公顷，其中水田 341 公顷，旱地 106 公顷。1988 年，耕地面积 454.7 公顷，其中水田 333.9 公顷、旱地 12 公顷。农业产值 132 万元，其中种植业 58 万元，占 43.9%；林业 5 万元，占 3.8%；畜牧业 37 万元，占 28.0%；副业 30 万元，占 22.7%。主要农产品有稻谷、杂粮、干辣椒、果用瓜等。经济作物有苎麻、生姜、烟叶等。森林面积 1025.6 公顷，占乡总面积 17.6%，木材蓄积量 13384 立方米。粮食作物主要有水稻、玉米、薯类。1989 年，全乡粮食产量 1932 吨。森林面积 3912.3 公顷，森林覆盖率 40.2%。金山、太平、干田 3 个村栽培椪柑 10 公顷。2001 年，有稻田 333.2 公顷，旱地 11.9 公顷，轮歇地 200 公顷。粮食产量 2456 吨。椪柑 200 公顷，沙田柚 80 公顷，小水果 53 公顷，育各类苗木 6 公顷。生猪出栏 3000 头，山羊出栏 2000 只，家禽出笼 3 万羽，畜牧业总产值 420 万元。金山、英勇等村推广地膜覆盖栽培技术，蔬菜、西香瓜等产值达 60 万元。有集体果场 5 个，养鱼山塘 6 口，农副产品加工厂 4 个，年收入 4 万元。2002 年，水稻种植面积调减近 33 公顷，用于发展苗木、蔬菜、西香瓜等高效经济作物，实现农业产值 760 万元。引进湘西尊华绿谷公司在新华村投资近百万元，建黄姜种苗基地。2003 年，累计完成退耕还林 800 公顷，国家补助粮食 1050 吨。椪柑面积 280 公顷，无公害蔬菜面积 1.33 公顷，生态绿化树种 20 公顷，创收入 250 万元。启动深坳、金山 667 公顷天然林禁伐场建设，为农民创收 50 万元。生猪存栏 1768 头，牛存栏 1519 头，羊存栏 2028 只，家禽出笼 2.2 万羽。2004 年，林果业开发面积 292 公顷，产量 1262 吨，收入 90 万元。西香瓜、蔬菜面积 267 公顷，收入 200 万元。累计完成退耕还林 1000 公顷，年创收 200 万元。2005 年，全乡柑橘面积 280 公顷，产量 1910 吨，收入 162 万元；种烟叶 20 公顷，收入 25 万元；种青蒿 46.7 公顷，收入 54 万元。养殖业以养猪、牛、羊、家禽为主。生猪出栏 3803 头、存栏 1600 头，分别比 1989 年增加 803 头、400 头；牛出栏 60 头、存栏 1452 头，分别比 1989 年减少 10 头、600 头；羊出栏 600 只、存栏 1700 只，分别比 1989 年减少 2200 只、2300 只。山塘、稻田养鱼 20 公顷，产鱼 4.5 吨，比 1989 年多产 1 吨。椪柑面积 280 公顷，产量 1910 吨，收入 162 万元。2007 年，粮食产量 2490 吨，比上年增加 104 吨；油菜籽产量 281 吨，烤烟产量 34 吨，柑橘产量 2987 吨，收入 150 万元。2008 年，推进 100 公顷脐橙基地产业道路建设。实施封山育林和 1000

公顷退耕还林及2133公顷生态林管护。2010年，发展金银花、五倍子、蔬菜等项目。种植蔬菜46.7公顷，产量50吨，创收35万元。2012年，在吉太公路沿线建成深坳村1000只竹鼠特种养殖场；建成26.7公顷金银花基地；在太平村、深坳村创建66.7公顷优质薄壳核桃基地、4.7公顷蜜柚基地、6.7公顷蔬菜基地、66.7公顷黄金茶基地，引进百合种植0.33公顷。2013年，深坳村建成500头湘西黑毛猪特种养殖场。全乡茶叶种植240公顷；柑橘面积889公顷，产量2605吨。

工业

1988年，乡村办企业产值108万元，主要企业有太平综合厂和砖瓦厂。

商贸服务

2005年，全乡工商注册个体工商户28户，人业人员32人，营业额30万元。2014年，有个体工商户89户，从业人员91人，营业额150万元；饮食业45家、从业人员45人，营业额65万元。

其他产业

劳务输出 1989年，全乡有580人到广州、深圳等地务工，实现劳务收入107万元。2005年，乡内劳力外出务工增至1500人，年务工收入500万元。2010年，全乡劳务收入670万元。2012年，通过劳务技术培训，实现全乡富余劳动力转移就业785人。

基础设施

交通运输

20世纪50年代，水路由河溪出发，小木船可达马头寨。1972年动工修建吉首至太平大队公路，1974年竣工通车，长14.8公里。1978年，太平至新华公路竣工，长3.4公里。1988年，全乡有4个村通公路。1989年，境内开始实施通村公路工程建设，至2005年，先后投资221万元，修通乡内11个村和90%组通公路，全长33公里。2006年，乡政府争取资金10万元，拓宽太（平）司（马）公路5.3公里。2008年，完成总投资1100万元吉太公路路基扩建和硬化工程；投资150万元，启动青枫公路硬化工程。2010年，完成长14.5公里吉太公路后续工程。2011年，硬化5.5公里太平村至司马村通村公路。2012年，太（平）排（吼）公路硬化工程全线贯通。2014年，硬化青枫、英勇村道2条。

邮政通信

20世纪70年代，境内通步班邮路。1997年，程控电话开通。2000年，投资140万元，开通9个村250户程控电话和2个村无线卫星电话“富民通”，至此，村村通电话。2001年，开通2个偏远村无线接入电话，装机用户6户。修建邮政储蓄所1个。2005年，有电话机401部，其中住宅电话机396部。中国移动公司湘西州分公司投资260万元，在乡境修建两座无线基站，实现村村通移动电话。2014年，移动电话覆盖乡境。

供电饮水

供电 1989年9月，州电力公司投资2.5万元，解决深坳村高坝组、金山村大塘坡组村民用电问题，至此，全乡村村通电。2000—2002年，州电力公司先后投资332万元，改造各村农网主线路，新装电表872户。2004年，投入资金70万元，改造夯古、太平、青枫农村电网，惠及村民3670人。太平村村民张言录投资65万元，重建装机容量180千瓦的马头水电站，电力并入吉首城区电网，由市区统一调度。

饮水 1996年，有5200人饮水困难。1997年，市委办、市财产保险公司、市工商局投入17.5万元，建成1个抽水站和2个蓄水池，解决干田村八组、九组、十组174户883人饮水难问题；省计生委投入2.1万元，安装5000米长引水管道，解决金山村376人饮水难问题。1998年，市公路局、市计生局投入9万元，解决太平村1200人饮水难问题。2000年，市交通局，市检察院等单位投入2.5万元，解决夯古、英勇两村450人饮水难问题；市民政局、市科技局、市教育局投入11万元，解决青枫村500人饮水难问题。2001年，完成干田水库渠系配套工程建设。解决3个组90户人畜饮水难题。2002年，完成4个村、5个组、220户人畜饮水改造项目。2003年，解决乡直机关800人饮水难问题。2004年，乡政府争取资金11万元，解决青枫村一、二组和五、六组人畜饮水难问题。境内实施农村安全饮水工程6处。2012年，在金山村、深坳村、干田村实施人饮工程，打井3处，新建泵房4个，铺设主水管10500米。2013年，完成青枫村、金山村人饮工程2处，新建泵房1个，铺设主水管3200米。2014年，乡内完成干田、英勇、深坳人饮工程，解决1450人饮水困难。

水利建设

1983年12月，建成干田村干田水库，灌溉面积60公顷，水库养鱼水面5.3公顷。1998—2000年，国家投入口粮田建设资金360万元，用于改建4200米主干渠、870米桐油坪倒虹吸管、900米向家寨倒虹吸管，新建900米新华倒虹吸管和两处电灌站，改善灌溉面积100公顷。2004年，投入60万元，维修干田水库大坝。2011年，维修夯古村山塘1口。2014年，维修深坳村山塘2口，太平及夯古村小水池15口。

村镇建设

2002年，市农办投入13万元，在司马、太平、干田3个村建沼气池52口，完成干田村“2·15”火灾事故14户灾民房屋重建和安置工作。2005年，市农办投入2万元，在太平、金山、英勇、干田4个村建沼气池46口。筹措资金2万元，新建沼气池70口。2006年，完成96口沼气池建设。争取资金8万元，完成深坳村休闲广场及村道硬化。2007年，完成63口沼气池建设。2012年，建设金山村、深坳村、太平村、干田村、夯古村16.8公里村间道路。推进农村危房改造工程，完成新建160户，维修19户。2013年，完成青枫村、夯古村、英勇村12.7公里村间道路建设。对街道、机关大院等公共场所实施亮化、净化、美化、绿化、硬化工程。拆除占道遮阳棚20处，签订门前三包责任书30份。通过城乡环境卫生整治，乡容村貌得到净化。

社会事业

教育

1988年，乡内有初中1所，在校学生102人，其中女生28人；小学12所，在校学生776人，其中女生321人。1995年，株洲机车车辆厂捐资70万元，建1000平方米的乡中心完小综合楼。1996年，市委办、市财产保险公司、市工商局投入14.4万元，建500平方米的干田村红盾希望小学教学楼。1997年，省计生委投入16万元，建350平方米的金山村村小教学楼；州委办、市财产保险公司投入3.6万元，村民自筹2.4万元，建150平方米的夯古村希望小学教学楼；州工商行、州青少年基金会、州教委投入2.5万元，建250平方米的新华村银华希望小学教学楼。1998年，州财委、州商业集团投入13.5万元，建300平方米的深坳村希望小学教学楼。2002年，投入9万元，改造青枫村村小危房。2003年，太平希望学校学生宿舍建成。2005年，有完小1所、村小5所，在校学生392人，其中女生188人；教师29人。中学1所，在校学生259人，其中女生142人；教师20人。2006年，争取资金140万元，建成太平希望学校综合楼、成杰科技楼。2012年，发给5名大学生奖扶资金3万元。10月22日，法国华侨韩仕洪、朱小琴夫妇捐赠20万元，市政府配套80万元，修建太平乡“仕洪侨心学校”。2014年，太平学区有学生235人，其中女生132人，教师26人；有金山村、干田村教学点2个，各有1名教师、4名学生。太平中学有学生145人，其中女生74人，教师18人。

文化体育

1965年，公社建文化站，翌年停办。1974年恢复公社文化站。1989年，有黑白电视机29台，接收吉首花果山电视转播台信号。1997年，乡建有线电视广播站，开通金山、太平、干田、农科4个村有线电视，用户218户。1997—1999年，省、州、市10个扶贫工作队共投入12万元，扩建金山、太平、干田、农科4个村有线电视网，用户314户。2005年，有黑白和彩色电视机1180台，4个村有线电视用户629户，其余7个村村民用卫星地面接收器收看电视节目。2007年，举办大型文体活动2次。实现有线电视城乡联网。是年，全乡有村级文化活动中心8处，村图书室8个，藏书1.36万册。有狮子队、腰鼓队，山歌队业余文化队伍。建有综合性学校篮球场2个，村级篮球场2个。

医疗卫生

1989年，乡卫生院建筑面积600平方米，有医务人员5人。2001年，省、州卫生部门投入30万元，建640平方米的乡卫生院综合楼和宿舍。2005年，省卫生厅投入29.1万元，建480平方米的住院部，添置B超等医疗器械。乡卫生院有医务人员6人，病床6张；有村卫生室8个，卫生员8人。全乡有4994人参加新型农村合作医疗，参合率72％，2008年，村村建有卫生室。组织280名妇女开展妇科健康检查。2013年，新农合参合率95％，惠及群众3855人次。2014年，发放医疗救助金4.89万元。

社会保障

2004年，争取资金12万元，为青枫村修建村级敬老院。2005年，衔接资金13.7万元，对133名低保户和59名“五保户”按月足额发放救助金和养老金。筹资3万元，维修乡、村敬老院。农村“五保”老人每人每年供给1200元。2008年，投入资金90万元，建成乡中心敬老院和2个五保之家，入住“五保户”57人；投入救济救灾资金38万元，建成9户安居房。纳入低保157户309人，月人均补助35元。2011年，争取资金42万元，为低收入居民改造危房46栋。全乡参加新型农村养老保险2855人，缴纳参保费28万元，参保率73％；农村养老金发放90万元，惠及群众1369人。2012年，为394户办理低保、五保，实现应保尽保；对60岁以上退役士兵发放老年生活补助。分散供养“五保”对象19户19人，供养保障标准2000元／年；集中供养44户44人，供养保障标准3600元／年。2014年，全乡纳入低保379户746人，发放低保金56.4万元；发放自然灾害救助资金8.12万元，受益800人；发放优扶及贫困家庭慰问金1.5万元。分散供养五保对象17户21人，供养保障标准2640元／年；集中供养40户40人，供养保障标准6600元／年。全乡2528人参加新农保，缴纳参保费23万元，参保率72%。

排杉村苗族妇女摘椪柑（向民航摄于2015年10月6日）

特色地情

历史人文

张一尊（1902—1973）　太平乡司马村坪里河人，中国画马“四杰”之一。新中国成立后，他曾为中国美术家协会会员、湖南省文联委员，担任过湖南省美术工作者协会主席、中国美术家协会湖南省分会主席，被选为湖南省第一、二、三届人民代表大会代表。代表作有《三骏图》《八骏图》《万马奔腾》等。

百岁老人章金花　清光绪三十三年（1907）六月出生，女，汉族，太平乡夯古村一组人。

（撰稿人：杨昌辉）

排绸乡

区域概况

位置面积

排绸乡位于吉首市东部，东接泸溪县梁家潭乡，南邻泸溪县潭溪镇，西靠丹青镇巴夭村，北与古丈县坪坝乡毗邻，全乡面积68.71平方公里。乡治香花村，距吉首市中心57公里。

建置沿革

清代，乡域分属乾州厅和古丈坪厅。民国11年（1922）11月，分属古丈县外冲乡和乾城县仙标乡。民国32年（1943）调整县界，古丈县辖地铜鼓坡等地划入乾城县仙标乡。1950年，属第三区。1953年，析为白岩、河坪、标锦、炉峰和铜鼓乡。1956年，撤区并乡，5个乡并为排绸乡。1958年秋，和丹青、排吼乡组成东风人民公社。1959年，桃竹潭和符家坪划归泸溪县。次年，改称丹青人民公社。1961年，排绸公社析出。1984年4月，公社改乡制，为排绸乡。

行政区划

1984年，全乡辖香花、标锦、三坪、黄蜡、卡坪、广群、槐花、白云、光坪、高寨、河坪11个村。2005年10月，村级建制调整，标锦村和三坪村合并为锦坪村。2014年，全乡辖河坪、高寨、光坪、白云、香花、槐花、卡坪、广群、黄蜡、锦坪10个村。

人口民族

1984年，全乡人口6657人。其中，苗族6650人，占99.89%。2014年，全乡人口8083人。其中，苗族8002人，占99%。

自然环境

排绸乡地貌属低山区，地势北高南低，由北向南倾斜。最高点黄蜡村枫香界，海拔600.5米；最低点河坪村，海拔146.7米。有较大溪流2条，广群溪由北向南经香花村入丹青河，光坪溪由北向东南经河坪村入丹青河，西溪从东北边境流过。丹青河流经乡境南部，在河坪村形成河谷坪坝。境内溪谷狭窄，山势陡峭，属红壤，土层瘠薄，易受水冲和干旱，山坡尤烈。山谷中多阴山田，极易遭洪灾。乡境属中亚热带季风湿润性气候，四季分明，冬暖夏凉，春秋温和，冬长秋短，年均降水量1400毫米，年均气温16℃，无霜期280天。

经济发展

经济综述

1984年，全乡农业产值105.66万元，其中种植业77.34万元，占农业产值73.2%；林业3.02万元，占2.9%；畜牧业18.71万元，占17.7%；渔业1.23万元，占1.2%。农民人均收入132元。粮食产量2562吨，人均306公斤。1989年，全乡农业产值418万元，其中种植业293万元，占农业产值70.1%；林业9万元，占2.2%；畜牧业60万元，占14.3%；副业53万元，占12.7%；渔业3万元，占0.7%。粮食产量2463吨。2001年，全乡农业产值918.2万元，财政收入128.4万元，农民人均纯收入938元。粮食产量3190吨，油料521吨，烤烟54吨，水果3143吨。生猪出栏2190头，山羊出栏1496只，家禽出笼3.1万羽。“果、烟、畜”三大支柱产业不断发展，椪柑产值160万元，烟叶产值52万元，畜牧业产值206万元。2005年，全乡农业产值1261万元，比1989年的418万元增长2倍。粮食产量3015吨，比1989年的2463吨增产22.4%。农民人均收入1161元。2012年，在光坪村实施土地流转20公顷，与投资商合作开发杜仲产业，种植面积15公顷。2013年，调整产业结构。在黄蜡、槐花两村示范种植黄金茶13.3公顷，推进河坪“十品村寨”和黄蜡原始次森林观光建设。农业产值1664.6万元，比2001年的918.2万元增长81.3%；财政收入175.6万元，比2001年的128.4万元增长36.8%；农民人均纯收入1963元，比2001年农民人均纯收入938元增长1.09倍。2014年，农业产值1797.8万元，比上年增加133万元，增长22.16%。

农业

1978年，耕地面积581公顷，其中水田412公顷，旱地169公顷，粮食产量1696吨，总收入48万元，农民人均收入50.5元。20世纪80年代初，全乡发展畜牧业，耕牛发展到2116头。森林面积968公顷，木材蓄积量19994立方米。1988年，耕地面积566.2公顷，其中水田410.4公顷，旱地155公顷。农业产值160万元，其中种植业68万元，占总产值42.5%；林业13万元，占8.1%；畜牧业43万元，占26.9%；副业36万元，占22.5%。粮食作物以稻谷为主，粮食产量1081吨，油料202吨，其中油菜籽191吨。绿豆和芝麻产量全市第一。河坪村开发椪柑10公顷。1989年，粮食作物主要有水稻、玉米、薯类。经济作物有烟叶、棉花、甘蔗、大豆、生姜、果用瓜、水果等。森林面积1741.6公顷，木材蓄积量51690立方米。经济林以松、杉、柏为主，油桐林184公顷，其次为油茶林。1996年，香花、黄蜡、卡坪、标锦4个村栽培烤烟16.7公顷，产量30吨，收入24万元。1998年，栽培烤烟扩大到高寨、光坪、白云、香花、标锦、三坪等村。椪柑连续三年在全省果品评比会上获金奖。2001年，完成退耕还林66.7公顷，森林面积1964公顷。推广“旱育秧”“双两大”、规格化栽培等适用技术，示范超级杂交水稻33.3公顷。2002年，被市政府列为吉首市万亩无公害绿色椪柑基地。2004年，花垣县吉卫大米厂投资216万元，成立白云米业公司。白云村建成200公顷一级优质稻米基地，产量1200吨，产值252万元。示范椪柑品改13.3公顷、低改20公顷。2005年，境内建立吉首市“千亩优质烟叶”基地，烤烟栽培扩大到广群、高寨、槐花3个村，面积72.13公顷，产量80吨，收入35万元。椪柑面积800公顷，产量4500吨，产值400万元。经封山育林、人工造林、退耕还林（257公顷），森林面积增至2123.3公顷，活立木蓄积量32000立方米。名贵树种有枫香树、柏木、桶皮树、黄林芽等。养殖业以养猪、牛、羊、家禽、鱼为主。生猪出栏6550头、存栏2128头，分别比1989年增加4637头、1917头；牛存栏2001头，比1989年增加234头；羊出栏1640只、存栏485只，分别比1989年增加213只、97只。利用15公顷山塘、稻田养鱼，鱼产量30吨，比1989年增加23吨。养殖业总产值316万元，比1989年增长5

倍。2006年，粮食产量3499吨，油料718吨，蔬菜720吨，柑橘4385吨。生猪出栏6750头，山羊出栏6180只，家禽出笼3.46万羽。畜牧业总产值410万元。2010年，以河坪村为基地，建设椪柑种植专业示范村，推动全乡椪柑种植，654公顷，产量5616吨。2012年，在河坪、白云村实施椪柑低改、品改33.3公顷；在河坪村推广椪柑留树保鲜2公顷；在高寨村示范推广“大果实蝇”防治26.7公顷。与边城醋业合作，创示范基地133公顷，并与之签订配管销售合同，每公斤最低保护价1.2元。发展“土字号”畜牧产业，河坪村有黑毛猪养殖合作社，槐花村有山羊养殖合作社。山羊存栏528只、出栏3704只；生猪存栏2022头、出栏2975头。养猪大户3户，养殖各品种猪300头。2014年，组织村民实施产业流转，实现产业向大户集中。河坪椪柑产业流转45公顷。全年流转土地53公顷，用于开发黄金茶、椪柑醋。发展产业合作社4家。

商贸服务

2005年，全乡经工商行政管理部门注册的个体商户25户28人，营业额27万元。2014年，有商业网点10个，从业人员34人。个体工商户85户，从业人员86人，营业额150万元；饮食业30家，从业人员32人，营业额70万元。

基础设施

交通运输

1977年，丹青公社大兴大队至香花大队公路修通，长7.3公里。1988年，全乡有3个村通汽车。1990年，湖南省交通厅投入90万元，修通4.5公里三坪村公路，村公路连接古丈县河蓬乡至泸溪县梁家潭乡。1998年，湖南省交通厅投入32万元，修通4.3公里画眉溪至白云村公路。1999年，吉首市物价局、市纪委投入18万元，修通5.9公里梁家潭至光坪村公路。2000年，湘西州交通局投入20万元，修通4.5公里香花村至槐花村公路。2001年，湘西州财政投入68万元，修通8.5公里标锦村公路；投入38万元，修通5公里黄蜡村公路。2002年，吉首市交通局投入24万元，修通4公里大兴村至高寨村公路。2003年，吉首市教育局、招商局、交通局等单位投入34万元，修通13公里从槐花村经广群村至卡坪村公路。2004年，湘西州交通局投入18万元，修通4公里香花村至泸溪县梁家潭乡红岩排公路。是年，全乡村村通公路，全长56.4公里。整修公路30公里。2007年，硬化潭丹公路排绸段11公里，实施丹青大兴至排绸段6.5公里路基改造，整修锦坪、黄蜡、广群、卡坪、槐花、白云、香花等村公路37.5公里。2010年，硬化白云村进寨公路，并改造河坪村至光坪村村级公路。2011年，硬化香花村至广群村级公路。2012年，硬化卡坪、广群2个村村级公路，整修锦坪、黄蜡、光坪等村村级公路。2014年，扩改并硬化泸溪县洗溪镇至古丈县河蓬乡公路排绸乡锦坪村连接段，实施河坪村至梁家潭乡、广群村至黄蜡村、桌子潭至锦坪村大寨公路硬化工程。硬化村级道路31.5公里。

邮政通信

20世纪50年代，境内通步班邮路和手摇电话。1997年，乡政府开通程控电话。2001年，香花、白云、槐花、河坪4个村通程控电话，其余7个村由乡政府筹资安装“富民通”无线卫星电话。2005年，全乡电话装机318部，其中住宅电话313部。8月，中国移动公司湘西州分公司投资120万元修建移动通信发射塔。2010年，中国移动、中国联通通信基站相继建成，全乡10个村实现信号全覆盖。2011年，建成邮政所。

供电饮水

供电 1989年，河坪、光坪、高寨、白云、香花5个村通电。1990年，国家投入以工代赈工程款280万元，架通香花村至标锦村和三坪村1.5万米高压线路。1992年，村村通电。2001年，市电力公司实施乡内农村电网改造，投资280万元，至2004年，先后改造香花、白云、高寨、光坪、河坪、槐花、卡坪、广群8个村电网，新增变压器8台、水泥电杆672根，改造主干线路9公里、低压线路90公里，供电质量提升。

饮水 20世纪80年代，全乡有6400人出现饮水困难。1998—2005年，市直8个扶贫挂点单位出资16万元，在槐花、卡坪维修饮水工程5处，在河坪、广群、黄蜡、标锦新建饮水工程6处，主水管总长13500米，入户水管总长950米，解决2900人饮水困难。2007年，完成乡直机关、香花村人畜饮水工程改造。2010年，建成5处人饮工程，铺设供水管道5.83公里，新建水池6个。抽水泵房及香花村无害化新水厂建成使用。实现乡直机关及香花村村民饮用水质量安全。2013年，市水利局出资28万元，修建河坪村四组人饮工程，受益462人。2014年，市水利局出资64万元，新建光坪村1～5组和卡坪村人饮工程，受益1329人。

水利建设

1977年，动工修建黄蜡村鸡公溶水库小（2）型水库。1979年2月竣工，有效库容量19万立方米，灌溉面积3.3公顷，养鱼水面0.8公顷。2004年，国家投入以工代赈资金18万元，用于水库整修。2005年，维修山塘水库5座。2010年，维修加固水库，疏通和修复灌渠，农田灌溉抗旱条件有所改善。2014年，新建光坪村、香花村4座溪坝。实施黄蜡村水库除险加固工程，维修槐花村、香花村、白云村、锦坪村4个村山塘。

村镇建设

2001年，乡政府硬化集镇街道500米。2006年，全乡建沼气池330口。2009年，乡内新建沼气池47口，2010年，新增沼气池30口。2012年，实施政府驻地美化、亮化工程和河坪、香花村净化工程。是年，河坪村被定为吉首市“十品村寨”之一，改造特色民居98户，修建红色石板路3公里，河边游步道2400米，钓鱼及游船码头5个，建观光亭、门楼、休憩长廊及跳歌坪。栽桃树、桂花树500多株。新修和维修村部10栋，完成香花、槐花、卡坪、河坪村间道硬化。

社会事业

教育

1979年，公社办幼儿园。1984年，小学办幼儿班。1988年，全乡小学14所，在校学生967人，其中女生369人。1995年，湖南省金环进出口公司捐资15万元，建排绸乡金环希望小学。2000年，香港企业家陈振东捐资20万元，建河坪村振东希望小学。2001年，投入教育建设资金35.8万元，改建和新建学校4所，面积1800平方米。2002年，投入教育建设资金40万元，维修村小5所。2004年，投入教育建设资金60万元，维修村小5所，改造道路5条。2005年，修建中心完小学生宿舍1栋，村小危房改造4所。有中心完小1所、村小9所，在校学生689人，其中女生342人；教师33人。2014年，排绸学区有小学生226人，其中女生111人，教师25人。有村教学点6个，其中高寨教学点教师1人，学生3人。

文化

1965年，公社建文化站，翌年停办。1974年恢复公社文化站，并配1名半脱产辅导员。

1988年，乡文化站有辅导员1人。1990年，市广播电视局出资1.5万元，在香花村建电视差转台，电视信号覆盖香花、白云、高寨、河坪、槐花、光坪等村，有电视机91台。1996年，市广播电视局出资3万元，建有线电视站，开通香花村，用户80户。2000年，国家投入“有线电视村村通”工程款16万元，全乡以村为单位建有线电视站11个，用户190户。2001年，实现广播、有线电视和程控电话村村通。2004年，农历三月三，乡政府和市文化局在标锦联合举办“湘西自治州苗歌大赛”，古丈、泸溪、花垣、凤凰、吉首等县市200多名歌手参赛，观众3万人，乡境卡坪村歌手陈千香、张廷汉获民族歌手“金杯奖”。2005年，电视用户1018户，占全乡农户59.1%。河坪村“调年”习俗历史悠久，每年正月十五各地群众身着节日盛装汇集河坪，载歌载舞，欢度元宵。标锦村“花灯”“阳戏”远近闻名。2008年，完成香花村腰鼓队和河坪村调年鼓文艺队组建。2010年，组建2支民间舞龙队和2支民间艺术表演队。2011年，建成文化站。

医疗卫生

1958年，公社建卫生院，有医务人员2人。1998年，湘西州卫生局投入5万元，修建250平方米住院部。2005年，湖南省卫生厅投入29.1万元，修建680平方米住院部。是年，有医务人员6人，床位6张。11个村有卫生室，卫生员16人。2008年，新农合参合人数5512人，参合率66%。2013年，新农合参合率99.5%。2014年，全乡发放大病医疗救助金6万元。

社会保障

2001年，乡内“五保”老人纳入低保50人。2005年，农村“五保”老人每人每年发放1200元。2008年，有377人纳入最低生活保障范围，低保面扩大5.1%。2012年，农村“五保”对象分散供养30户30人，集中供养20户21人；分散供养保障标准：2000元/年；集中供养保障标准：3600元/年。2013年，2235人参加新农保，参保率71%。境内实施115户农村危房改造，补助资金85.4万元，发放各类救灾款14万元、农村和城乡低保金43.2万元。2014年，全乡“五保”对象分散供养28户33人，集中供养20户21人；分散供养保障标准：2640元/年；集中供养保障标准：6600元/年。新农保参保率100%。发放各类救助款14万元，城乡低保金43.2万元。

特色地情

白云贡米 早在清乾隆三年（1738）就被称为皇家贡米，民间素有“白云的米，三角岩的女”之说。乾隆三年辰阳郡亟分防乾州志懿为御米。1950年，该乡苗民曾将“白岩米”（白云米）运到县城煮饭给中南军政委员会兄弟民族访问团品尝和慰问中国人民解放军四一六团官兵。20世纪60—70年代，曾多次运至北京销售。2001年，经农业部NY122—86优质食用稻米和国家GB/17891—1999优质稻谷标准检验测试中心检测，白云村所产稻米为一级优质米，有“贡米”之称。由于土壤里所含微量元素锌、硒比较丰富，“贡米”色泽如霜，性柔质优，稠而不黏，滑而不腻，属湘西珍品。产品供不应求。

挑纱 又叫数纱，排绸等苗乡流行。挑纱一般以蓝、白布作底，用对比色较强棉线作挑花线，图案简朴大方，有“双龙抢宝”“丹凤朝阳”“喜鹊闹梅”等。挑纱制品既可用作头帕、被面、门帘，又可用作小手帕，还可作礼品或信物，很受人们喜爱。

（撰稿人：杨昌辉）

排吼乡

区域概况

位置面积

排吼乡位于吉首市东部，东接丹青镇烟竹村、鲫鱼村，南邻泸溪县潭溪镇，西靠太平乡青枫村、夯古村，北与白岩乡新村村交界，乡域面积62.39平方米。乡治芭蕉村，距吉首市中心37公里。

建置沿革

清代，乡域属四里。民国元年（1912），称东四区。民国11年（1922）11月，建仙角乡。民国29年（1940），与标锦乡并为仙标乡。1950年，属五区。1953年3月，析为茶坪、百户和巴金乡。1956年，撤区并乡时，三小乡合并成排吼乡。1958年秋，乡境属东风公社。1960年10月，从丹青公社（东风公社）析出，称排吼公社。1984年4月，公社改乡制，为排吼乡。

行政区划

1984年，排吼乡辖芭蕉、中百、群力、排杉、七星、颜家、茶坪、巴金8个村，2005年10月，调整村级建制，芭蕉村与颜家村合并为芭颜村，茶坪村与群力村合并为茶群村。2014年，排吼乡辖芭颜、中百、排杉、茶群、七星、把金6个村，下设43个村民小组。

人口民族

1984年，全乡人口5860人。其中，苗族5567人，占95%；土家族199人，占3.4%。2014年，全乡人口6896人。其中，苗族6572人，占95.3%；土家族208人，占3.1%。

自然环境

排吼乡地貌属低山区，地势北高南低，最高巴金村喊勿怕，海拔456.6米；最低芭蕉村两岔河，海拔150米。境内溪流纵横交错。排吼河由北向南贯穿东部；群力溪由东北向西南流入太平乡；南部洗袍溪由西向东经乡域流入排吼河。溪流河床狭窄，两岸山势多陡峭，河谷平地较小。土壤属红壤，多夹有未尽风化红砂、砾石，土壤瘠薄，75%田地分布于山顶或山腰，极易干旱。乡境属亚热带季风湿润性气候，年均气温16℃，年均降水量1300毫米。

经济发展

经济综述

1984年，农业产值98.89万元，其中种植业64.43万元，占总产值65.2%；林业6.23万元，占

6.3%；畜牧业 13.93 万元，占 14.1%；渔业 1.18 万元，占 1.2%。粮食产量 1250 吨，农民人均纯收入 148 元。1989 年，农业产值 184 万元，其中种植业 128 万元，占总产值 69.6%；林业 12 万元，占 6.5%；畜牧业 28 万元，占 15.2%；副业 13 万元，占 7.1%；渔业 3 万元，占 1.6%。粮食产量 1953 吨。2001 年，椪柑和苗木为支柱产业。椪柑面积 417 公顷，产量 1200 吨，产值 120 万元；苗木以板栗、椪柑、桃、李、梨、杉木苗为主，出圃苗木 1800 万株，产值 540 万元。农业产值 768 万元，农民人均纯收入 765 元。2003 年，先后建成排杉村椪柑、茶坪村猕猴桃、把金村千亩脐橙、芭蕉村退耕还林样板。农民人均纯收入增至 943 元。2005 年，推广农户联保制度，信用社发放小额信用贷款 140 万元，由富民公司牵头，依托“亿事达”“老爹”公司，送“技术、信息、农资、资金、订单”到户，实现产、供、销一条龙，农业产值实现 808.5 万元，比 1984 年增长 7.2 倍，年递增 10.5%，农民人均纯收入达到 1056 元，比 1984 年增长 6.1 倍，年递增 9.8%。2007 年，粮食产量 2387 吨，创历史新高。2014 年，农业产值 1943 万元，比 2005 年增长 1.4 倍。

农业

1985 年，全乡耕地面积 483 公顷，其中水田 336 公顷，旱地 147 公顷，粮食产量 1281 吨，农民人均收入 165 元。1988 年，粮食作物主要有稻谷、杂粮、薯类。经济作物有烟叶、棉花、甘蔗、大豆、生姜、果用瓜、水果等。森林面积 2276 公顷，占乡总面积的 38.3%。木林蓄积量 51690 立方米。经济林以松、杉、柏为主，油桐林 184 公顷。销售肉用牛 182 头，居全市首位。1989 年，苗木价格每株 0.5 元。1993 年，中百村培育苗木 26.7 公顷，产值 40 万元。1994 年，省、州、市民委投入 110 万元，在排杉村建 26.67 公顷优质椪柑基地。1999 年，排吼椪柑被评为全省优质果品之一。苗木每株价格 0.3 元。2000 年，苗木生产向排杉、芭蕉、颜家等村发展，全乡育苗 67 公顷，产苗木 1000 多万株，苗木品种从单一板栗苗发展到猕猴桃、梨子、李子、桃子等十多个品种，苗木销往四川、贵州、云南、湖北、重庆等省市。2001 年，中百村育苗 865.7 万株，育苗户占全村总户数的 82%，成为全州有名苗木专业村。封山育林 100 公顷，人工造林 67 公顷，退耕还林 67 公顷。2002 年，椪柑开发完成 40 公顷，种植猕猴桃 16.5 公顷，育苗 3500 万株。椪柑产量 990 吨，产值 100 万元；可销售苗木 1600 万株，产值 400 万元。建立排吼乡富民农业开发公司，开展推销椪柑等服务。2003 年，注册“苗乡椪柑”品牌，产品销往内蒙古、山西、吉林、河北、河南、湖北等省区。2004 年，全乡退耕还林 233 公顷，有兑现面积 116 公顷，补偿钱粮折价 39 万元。苗木生产由单一水果苗木向香桂、桂花、优质绿化苗木等转变。2005 年，形成以椪柑、苗木为主支柱产业，粮食产量 2174 吨。上市苗木 1000 万株，销售收入 300 万元。用材林以松、杉、柏为主，森林面积 4836.5 公顷，活立木蓄积量 14.19 万立方米。建成 415 公顷优质椪柑基地，椪柑产量 1387 吨，产值 220 多万元，80%农户受益。生猪出栏 4215 头、存栏 3970 头；耕牛存栏 1698 头；出笼家禽 2.81 万羽，其中鸡 17978 羽，鸭、鹅 10122 羽；鱼产量 10 吨。完成茶群村 12.5 公顷花椒开发。2007 年，实施良种繁育基地建设，初步形成以茶群、七星等村为重点的优质土家畜示范区。有陈万朝养殖 200 多只南江黄羊专业户、陈绪上养殖波尔山羊专业户、陈绪江养猪专业户、梁从庆良种母猪繁育专业户。种青蒿 66.7 公顷，收入 50 万元。2008 年，开发罗汉果 2 公顷、竹林 219 公顷、苗木 60 万株。2009 年，有养殖专业户9户，其中养殖竹鼠、龙虾3户。实施“八百里绿色行动”拓展工程，完成绿化10公顷，植树万余株。2013年，建椪柑精品示范园2个，面积30.7公顷；建茶叶精品种植园1个，面积6公顷。种植优质青蒿200公顷，产青蒿干叶425吨，实现销售收入340万元，种植农户人均收入增加200元。竹鼠养殖合作社新建养殖基地14个，合作社成员210人，竹鼠存笼7500对，实现销售收入370万元。2014年，椪柑面积400公顷，产量230吨；黄金茶66.7公顷，建茶园2个，面积36.7公顷；蔬菜面积253公顷。生猪出栏3800头，山羊出栏1400只，家禽出笼8500羽。

商贸服务

2005年，全乡工商注册个体工商户28户，从业32人，营业额30万元。2007年，建成“万村千乡”超市3个，均为夫妻店，经营面积200平方米，经营品种多为日用品、百货，年营业额12万元。2014年，有个体工商户80户，从业人员82人，营业额120万元。饮食业25家，从业人员28人，营业额65万元。

基础设施

交通运输

1973年，动工修建境内芭蕉村至泸溪县潭溪镇公路，长7.6公里。2000年，实施“通达工程”，至2002年，先后投入190万元，修通颜家、七星、把金3条村道，长16.5公里，全乡实现村村通公路。是年，乡内出现以中巴车取代农用车客运市场，全乡客运基本规范。2003年，筹资8万元，整修乡政府至颜家村小公路。2008年，投资500万元，硬化潭溪至排吼公路；投资75万元，实施金至七星、颜家至芭蕉2条村道通畅工程。2009年，硬化潭溪至排吼7.5公里和乡政府至古阳坳1.5公里公路。自筹资金，在潭排公路急弯、险道处制作警示牌5块。2010年，投入资金12万元，整治公路隐患13处。2012年，投资1350万元，实施太排公路通畅工程；投资210万元的七星村公路通畅工程竣工。2013年，颜家村公路通畅工程实施，大排公路干田村至排杉村路段扩宽工程启动。2014年，投资664万元，太（平）排（吼）公路拓宽工程竣工；投资68万元，实施七星村公路拓宽工程。

邮政通信

1997年，乡内有邮员1人，乡政府程控电话开通。2001年，8个村开通程控电话。2003年9月，建成移动无线基站，移动信号覆盖芭蕉、颜家、七星、把金、中百5个村。2004年，引进资金21万元，在芭蕉村建移动通信基站，乡直单位及邻近村开通移动电话，实现村村通电话。2005年，全乡有固定电话机298部，其中住宅电话机278部。2006年，投资300万元，建成2座移动通信塔。2008年，联通基站建设基本完成，并在全乡开通。2013年，完成邮政所建设。2014年，电信、移动、联通实现3G网络覆盖。

供电饮水

供电　1989年，村村通电，90%农户用上电。2002年，市电力公司投资200万元，改造全乡电网，购变压器17台，水泥电杆639根，改造主干线路20公里、低压线路70公里，全乡户户通电。2003年，投资80万元，实施颜家、七星、把金3个村电网改造工程，村民用上安全电。

饮水　1989年，全乡饮水困难有5600人。1997—2005年，市直13个单位资助48万元，修建14处饮水工程，主管总长14700米，入户管总长10500米，解决3000人饮水问题。2001

年，解决中百村一、二组，七星村一、二组，颜家村一、四组饮水困难。2002 年，投入资金 20 万元，建 85 立方米蓄水池 1 个，架水管 3000 多米，解决乡政府和乡直机关及芭蕉村 1200 人饮水困难。2003 年，投入资金 1.2 万元，维修蓄水池和部分水井，解决颜家村四组 35 户、140 人饮水问题。乡党委、政府和村民共筹资 7000 元，村民投工 2924 个，解决群力村二、三、四组 22 户、80 人饮水问题。乡村两级共投资 1.5 万元，改造中百村五组自来水管网，解决 60 户 200 人饮水问题。筹资 3200 元，改造茶坪村四组自来水管网，解决 40 户 200 人饮水问题。2004 年，乡政府投入 3 万元，村民自筹 4000 元，投工 1100 个，完成中百村五组、茶坪村一、二组水改工程，解决 100 户 430 人饮水问题。2006 年，投资 14 万元，完成排杉村五、六组水改。2007 年，总投资 15 万元，完成颜家村大寨二期人畜饮水工程。2008 年，恢复中百、排杉、颜家及乡直机关供水 4 处，为 1800 人解决饮水困难。2010 年，完成中百三、四组、乡直机关、把金七、八、九组水改工程。2011 年，投资 23 万元，完成中百村三组安全饮水改造工程；投资 37 万元，建设七星村一、二、四、五组安全饮水工程正在施工。2012 年，完成排杉村一组至四组安全饮水工程。2014 年，乡内新建人饮工程 1 处。

水利建设

1977 年，建夯潮溪小（2）型水库，库容 65 万立方米，灌溉面积 61 公顷。2004 年，国家投入以工代赈资金 10 万元，用于水库整修，重点实施大坝加固、卧管堵漏和渠道加固加长。有山塘 38 口，有效灌溉面积 7.3 公顷。2005 年，投资 30 万元，维修夯潮溪水库。2008 年，投入资金 10 万元，新建溪坝 1 座。2013 年，成立 6 支防汛抢险应急队伍，对病险山塘、水库确定专人巡守，同时实施夯潮溪水库除险加固工程。2014 年，新建溪坝 2 座，清淤 2 处。

村镇建设

2004 年，境内投入专项资金 7.4 万元，建沼气池 67 口。2005 年，建成沼气池 138 口。2006 年，兴建沼气池 280 口。2011 年，投入资金 40 万元，新建把金村、七星村村部楼，改建中百村村部楼，面积 520 平方米。投资 70 万元，完成茶群村一组和七星村三组产业路建设；投资 10 万元，完成芭颜村沿河亮化工程；新建沼气池 29 口。2012 年，完成 1500 平方米廉租房建设和排杉村村间道路硬化。

社会事业

教育

1976 年，排吼办初中。1979 年，公社办幼儿园。1988 年，有初中 1 所，在校学生 62 人，其中女生 18 人；小学 11 所，在校学生 628 人，其中女生 255 人。2002 年，修建的颜家村“佳运多”希望小学竣工，并投入使用。美籍华人黄思瑜捐资 1 万美元建茶坪小学。2005 年，全乡有小学 8 所，在校学生 750 人，其中女生 400 人；教师 27 人。有初级中学 1 所，在校学生 274 人，其中女生 150 人；教师 17 人。2011 年，投资 60 万元，建设乡中心学校球场；投入资金 4 万元，帮助 4 名应届大学生和 154 名留守儿童解决学习生活困难。2014 年，排吼中学有学生 74 人，其中女生 36 人，教师 14 人。排吼学区有小学生 183 人，其中女生 89 人，教师 21 人。教学点 6 个，其中七星村教学点有学生 5 人，教师 1 人。

文化体育

1965 年，公社建文化站，翌年停办。1974

年恢复公社文化站，并配1名半脱产辅导员。1988年，文化站有工作人员1人。1990年，乡政府建电视差转台，电视信号覆盖芭蕉、颜家、七星、把金等村，全乡有黑白电视机60台。1992年10月，该乡文化站被省文化厅评为“全省文化先进集体”。1996年，建有线电视站，开通乡直机关和芭蕉村有线电视线路。1997年，开通颜家和七星村主干线4700米有线电视线路，入户线8000米，用户160户。2000年，把金、茶坪、群力、排杉、中百等村部分村民自购卫星地面接收器收看电视节目。2003年，举办各种文化体育活动18次。2005年，实现有线电视村村通，全乡电视用户占45%。2006年，投入资金5000多元，支持茶坪、群力、芭蕉、颜家、七星腰鼓队、狮子队等文艺队建设。投入资金30万元，基本完成电视宽带网建设。2007年，开展文化入村为“三农”服务活动。全年送科技资料5000份，通过有线电视间接播放科技致富影片50场次。实现村村联通有线电视宽带网。2009年，投资10.5万元，修建把金、群力2个标准水泥球场；新建茶群、芭颜村级“农家书屋”。举办以“九九重阳民族传统活动”为龙头各类文化体育活动16次。由乡文体站选送的苗家工艺品“走马灯”“绣花布鞋”，参加“湘鄂渝黔边区首届民族民间旅游商品及民间工艺品展览大师评选大赛”，荣获优秀奖。2010年，由乡留守儿童自编舞蹈节目《爱之春蕾》，参加州、市表演，获市一等奖、州三等奖。新建2个村级“农家书屋”。2011年，建成6个村“农家书屋”。乡文化站组织乡内文艺队自编自演节目17个，观众6000人；配合市文物局对七星村土地坳路碑、茶群村群力寨“龙柱”测绘定标等工作。2012年，建筑面积445.7平方米的乡文化站竣工落成。

医疗卫生

1958年，公社建卫生院，有医务人员2人。1989年，市政府投入7万元，建1000平方米的乡卫生院综合楼。2005年，乡卫生院有医务人员10人，8个村设立卫生室，各配村医1人。新农合参合率81%。2007年，投资35万元，改建乡卫生院；建成把金、中百、茶群3个村合格卫生室。2008年，参合人数5600人，报销医药费16万元。2009年，为芭颜村陈军等患者解决大病救助款14760元。2010年，投入资金3.5万元，为271名妇女医治妇科病。2011年，大病救助60户，放发救助金3.7万元。2013年，新农合参合率90%。发放大病救助金21人次5.32万元。

社会保障

2002年，全乡发放救济大米4.25吨，发放自然灾害救济款8500元，居民低保扩至60户73人。2003年，发放救灾款1.44万元，救济大米2吨，救济122户440人。全乡享受低保困难户101户171人，农村“五保”供养户78户87人。2005年，农村“五保”老人每人每年发放1200元。2006年，投入23万元，实施“五保之家”改扩建工程，42名老人入住新家；筹资12万元，为18户无房户解决住房36间。2007年，新纳入农村低保对象187人，解决8名残疾人住房困难。2008年，新纳入农村低保259人，解决因灾住房困难户6户。2009年，新纳农村低保22人。是年，境内改造危房45户。2012年，“五保户”分散供养52户52人，分散供养保障标准：2000元/年；集中供养28户29人，集中供养保障标准：3600元/年。2014年，“五保户”分散供养50户50人，分散供养保障标准：2640元/年；集中供养25户26人，集中供养保障标准：6600元/年。有低保对象224户597人，发放低保金46.05万元。安居工程新建44

户、维修41户。

特色地情

跳香舞 是苗族人民欢庆丰收，预祝来年丰调雨顺，六畜兴旺和取得更好收成的一种祭祀舞蹈。流行于泸溪、吉首、古丈等县市。每年农历十月初一至十五，各寨轮流“跳香”，一寨“跳香”一天，表示酬答“五谷神”赐给的一年丰收果实。跳法是，领舞者右手拿绺巾，左手持牛角司刀，身穿红袍，头戴冠扎，后面跟着4个小伙。小伙子上身穿着白色苗族服装，下身穿短大裤脚的蓝色裤，脚穿绣花布草鞋，手拿四根竹棍，竹棍两头缠上红色绸子，中间包缠绿绸子，跟着领舞者起舞。伴奏多用大鼓和大锣，长声锣鼓，连续反复，跟随舞步，变化多端。主要动作有“关公推车”“美女梳头”“怀中抱月”“观音合掌”“雪花盖顶”“秦琼卖锏”“黄龙缠腰”“苏秦背剑”等。

（撰稿人：杨昌辉）

乾州街道

区域概况

位置面积

乾州街道位于吉首市南端，东与河溪镇中岩村相接，南与凤凰县三拱桥乡毗邻，北与镇溪街道相交，区域面积53.9平方公里。

建置沿革

清康熙四十三年（1704）设乾州厅，厅治乾州。民国元年（1912）设乾县，因与陕西乾县同名，翌年改为乾城县，治所乾州。1949年11月，乾州为县人民政府驻地。1950年1月为乾城县第一区人民政府驻地。是年12月县治迁吉首。1958年，设立乾州镇，镇政府设乾州。1982年，吉首县改市，乾州镇改名乾州街道办事处。2004年5月，吉首市治迁至乾州。2005年12月，万溶江乡整体划归乾州街道办事处管辖。

行政区划

1982年8月，乾州街道辖厂坪、解放路、东门3个居委会。辖区驻有中央、省属单位9个，州属单位22个、市属单位46个，省、州、市厂矿企业20余家。2003年6月，万溶江乡小溪桥村漩潭村燕子岩划入乾州街道，辖区辖燕子岩、竹园、古城、东门、小溪桥5个社区。2006年，增加金坪、吉庄、大庭、树岩桥、小庄、双河6个村，共10个社区、6个村，下设135个村（居）民小组。2010年，吉首市人民政府将双河村和兴隆村中1个组划入吉凤街道。2014年，乾州街道辖小溪桥、蔬菜、古城、竹园、云峰、兴隆、兔岩、接丰、漩潭、狮子10个社区和树岩桥、金坪、吉庄、大庭、小庄5个建制村。

人口民族

2003年，乾州街道居民5185户10240人。2005年，境内有6000户18000人。2006年，境内有6500户45000人。2014年，境内有15704户37549人。其中，土家族19446人，苗族9681人。

自然环境

境内主要为低山丘陵区，最高山西面大坡，海拔486米；最低处小庄村，海拔170米。气候四季分明，夏少酷暑，冬少霜雪，年均气温17℃，年均降水量1400毫米。

经济发展

经济综述

乾州自清康熙四十三年（1704），建厅始至民国年间，境内主要以饮食、住宿、日杂百货商业服务为主，兼以小手工业、副食品加工作坊等。21 世纪初，开发乾州新区，建筑业、工业、交通运输、商贸服务和旅游业发展加快。2006 年，街道国民产值 42849 万元，其中农业产值 2930 万元。农民人均纯收入 3097 元。粮食总产 2180 吨。2014 年，街道国民生产总值 82570 万元，其中农业产值 7590 万元，工业产值 50700 万元。

农业

2006 年，吉庄、树岩桥、大庭村推行瓜、菜连作 73.3 公顷，在双河村、狮子社区种植花卉 23.3 公顷，双河、树岩桥、金坪村椪柑低改 72 公顷、品改 22 公顷，营丰、吉庄村建立无公害蔬菜基地面积 60 公顷。全年粮食产量 2180 吨，蔬菜产量 1.4 万吨，生猪养殖 2.8 万头，出栏 1.32 万头，出笼家禽 20 万羽，水产品 105 吨，实现农业产值 2930 万元，农民人均纯收入 3097.2 元。2009 年，小溪桥社区党支部书记杨小青等 7 人，在保靖县白云山租地 40 公顷，种植金银花，并带动当地 50 户农民种植金银花。2010 年，辖区农业产值 3236 万元，农民人均纯收入 2812 元。2013 年，粮食播种面积 361 公顷，粮食总产 183.6 吨。蔬菜播种面积 76 公顷，蔬菜产量 238 吨。境内生猪出栏 1260 头，家禽出笼 3050 羽，肉牛出栏 140 头、羊出栏 790 只，肉类产量 94 吨，禽蛋产量 7 吨。2014 年，境内完成茶叶定植面积 22 公顷，椪柑低改 146 公顷、品改 13 公顷。全乡有农业专业合作组织 15 个。

工业

20 世纪 60 年代，工业有副食品加工、烧酒、打铁、缝纫、皮革（粗制）等手工业。1971 年，县办制革厂在小溪桥创办，生产猪、牛皮鞋底革、面革及狗皮、野兽毛皮 10 个品种。1972 年，建成乾州肉食加工厂，以加工兼生产松花皮蛋和乾州板鸭。是年，县氮肥厂在境内田家园建成投产，年生产碳酸氢铵 1776 吨、合成铵 443 吨。1980 年 1 月，县内衣厂在小溪桥建成投产。1983 年，县氮肥厂停办。1985 年，筹建禽蛋肉食加工厂，翌年投产。生产皮蛋、盐蛋、板鸭、香肠、牛巴、腊肉等。1988 年，“星光牌”乾州板鸭获全国首届食品博览会银奖。

经济开发区

21 世纪初，吉首市委、市政府开发乾州新区。项目主要有工业园建设，乾州古城保护性开发等。辖区工业迅速发展。

2005 年，辖区工业园建设项目有：华立制药公司青蒿素厂扩建工程、星辉公司电池锌饼、新世纪锰业公司电解锰厂扩建工程、创新纸业公司箱板纸厂、清源公司医疗废弃处置中心、大庭矿业电解锰渣场等。其中 12 个项目部分竣工投产，概算投资 22.5 亿元。累计完成投资 6.35 亿元，实现工业产值 4 亿元，利税 5500 万元。2012 年，街道党委、办事处出台《乾州街道实施项目服务管理卡工作制度》《服务卡管理奖惩办法》《副科级以上领导包项目包企业工作制度》《驻村干部包项目包企业工作制度》。是年，辖区有重点建设项目 96 个，其中工业企业、服务业 31 个；房地产业 42 个；基础设施建设 5 个。累计招商到位资金 12.8 亿元。

2005 年 4 月，乾州古城保护性开发启动。建设投入 232 万元，按修旧如旧建设。当年引进资金 2840 万元，将古城内主要管线埋设入地，镶铺青石板路面，完成自来水管网改造。完成乾州街道办事处、市二建安公司、乾州供销社、市城市信用联社人民南路营业部等 7 单位临街房屋和 6 户临街居民房屋仿古改造。仿古改造房屋为青砖黑瓦、飞檐翘角、木门花窗建筑风格、古朴典雅。2007 年，乾州古城北门建成开放，城门高大雄伟，坚实厚重。2009 年 10 月，乾州古城“湘西坊旅游文化创业园建成开放，其中含有“百工坊”

“百味坊”“锦绣乾城”一条街100家店铺，有国家级和省级非物质文化遗产项目落户其中。是年，湘西坊被省劳动和社会保障厅定为省级创业园试点。是年年末，乾州风雨桥改建工程竣工。2010年4月，“湘西坊”非物质文化遗产研究中心成立，集中全州24项国家和省级非物质文化遗产艺术落户其中，中国工艺大师叶水云、杨光三、吴兴知、宋彪、余军、梁德松等民族民间工艺大师相继入坊。同年，成立“湘西坊”锦绣乾城商会，重修仿古“三门开”工程竣工开放，该工程为乾州古城开发重点项目。至2014年，完成文庙等6个文保单位修缮，对76栋典型古民居实施挂牌保护，完成22栋重点民居修缮，完成21处单位房屋（省直1个、州直4个、市直16个）和320栋民居房屋仿古改造，涉及建筑面积7.8万平方米，拆除临时建筑和不协调建筑四层以上面积5000平方米。完成北城门，“三门开”城楼及广场，河东吊脚楼一条街、风雨桥、吊桥、景观茶楼、非遗研究中心、观音阁游园、节孝牌坊、迎宾路牌楼，“百工坊”精品馆建设。完成乾州电站坝防渗处理及跳岩建设，完成主要街巷青石板铺设和管线入地，路灯安装。

基础设施

交通运输

民国年间，乾州与外界交流的物资，主要依靠万溶江小木船运输。20世纪50年代，有国道209、乾(州)麻(阳)、乾(州)黄(石洞)3条公路。70年代末，枝柳铁路通车，在兔岩设货站，即吉首南站。2005年，主街道有世纪大道、建新路、荣光路、载福路、乾城大道、金坪路、水厂路、人民南路等，全长9310米。2014年，常(德)吉(首)、吉(首)怀(化)高速公路相继建成。市内经辖区公交车线路主要有1路、5路、6路等。

供水

20世纪80年代，靠人工挑取河水或井水饮用。1992年，投资800万元，在漩潭村钟家寨建自来水厂，日供水3万吨。2005年，辖区内除吉庄、小庄、大庭、双河4村外，其余社区和村均饮用城市自来水。

社会事业

教育

清代，境内设经馆、屯义学、私塾、乾州高等小学堂等教学机构。民国元年(1912)，乾州高等小学堂改为县立高等小学。民国6年（1917），毓德女子小学创办，次年改为县立女子小学。民国27年（1938）8月，国立安徽中学迁至乾城县，民国28年（1939）4月，更名为国立第八中学，高四部（女高）设于乾州。中华人民共和国成立后，境内设有从学前教育到高中的各类教学机构。

2001年，乾州辖区有州属高级中学1所，市属初中1所，市属小学2所，子弟学校2所，小学在校学生1731人，初中在校学生1307人（不含州民中），有小学教师101人。是年，小学适龄儿童入学率100%，初中升学率100%。“普九”合格率通过省、州验收达标。

2014年，乾州辖区有小学2所，教师244人，在校学生4792人。中学1所（四中），在校学生2035人，教师111人。民办初中1所（雅思），在校学生4463人，在职教师186人。幼儿园21所，教师308人，在园幼儿1252人。

文化体育

1953年8月，乾州设文化站，1960年停办，

1974年恢复。1982年,县文化教育局在乾州设立文化中心,该中心被评为省、州文化工作先进单位。2001年,街道辖区有龙灯、狮子队2支、花灯队1支、九子鞭队1支、鼓号队2支,有篮球队14支(男1女3)、篮球场31个、乒乓球桌30张、门球场4个、老年门球队7支、羽毛球场12个。

2004年，所有社区和村均通有线电视。可收看中央和各省、市数十套电视节目。2012年5月，中央电视台“心连心”艺术团到吉首市慰问演出，演出在辖区内市人民广场举行。周涛、张泽群、李思思、马跃主持节目演出。演出主题由“华彩湘西”“红色湘西”“绿色湘西”“五彩湘西”四部分组成。著名歌唱家刘和刚、徐千雅、殷秀梅、玖月奇迹等登台献艺，湘西籍歌手阿朵（符莹，女）也参加演出。有来自州内各县代表团和吉首万余人观看演出。

2014年，乾州辖区有各种文艺表演队21支，有农家书屋7个。组织文化下村、下社区演出38场次，开展文化宣传活动7次。

医疗卫生

1952年，县人民政府在乾州设立区卫生所，配医务人员3人。1965年，乾州卫生所改为万溶江医院。2006年，实施新型农村合作医疗（以下简称新农合）和城市医保制。参加新农合和城市医保17591人，参合资金175910元，参合率97%。2011年，参加新农合2.2万人，参合率100%，参加城市医保8000人。

社会保障

1998年11月，街道实行城乡居民最低生活保障制，“五保”老人同时纳入最低生活保障对象。是年，城市居民最低生活保障标准（以下简称低保标准）为每人每月80元，农村居民低保标准为每人每年420元。2001年，有低保对象42户70人，全年发放低保金27120元。2004年，有1428人参加社会养老保险（以下简称参保），3046人享受低保补助，全年发放低保金66.3万元。筹资20万元，新建300平方米敬老院，“五保”老人全部入住。2010年，落实低保863户2342人；落实临时困难救助1053户2091人。完成危房改造33户，实物配租17户，廉租房补贴598户。2013年，参加城镇居民医疗保险19915人，参加养老保险6373人。发放生产生活困难救助金24.4万元、医疗救助金21.33万元，救助167人。享受低保1036户3763人，取消原低保14户29人，新增低保94户205人。完成危房改造80户，申报实物配租476户，申报廉租房补贴55户。

2014年，辖区城市居民低保576户1363人，低保标准每人每月330元，全年发放低保金387.72万元；农村居民低保552户1447人，低保标准为每人每月165元，全年发放低保金177.79万元。有“五保户”13户15人，其中集中供养3人，集中供养标准每人每年6600元，分散供养标准每人每年2640元。全年完成农村危房改造16户，为困难户申报实物配租房72户。当年取消低保181户563人，调整低保5户17人，新增低保23户92人。

特色地情

名优特产

乾州板鸭 工艺从清乾隆年间始传，创制于清宣统年间（1909–1911）。时任厅同知李翊煨随身厨师谭开求（广东人），将广式板鸭技艺传给马颈坳卸任把总周洪发，周加以改良成乾州板鸭。20世纪30年代中期，板鸭盛名远播，远销常德、长沙、汉口等地。其板鸭色泽橙黄、皮细、肉嫩，

湖南省级非物质文化遗产项目《乾州水冲石砚》传承人杨光三（左）在制作砚台（向民航摄于2013年5月31日）

乾州板鸭（向民航摄于2008年1月12日）

文庙瑞雪（向民航摄于2008年1月29日）

食味香浓。制作工艺和用材均有讲究，选1.5公斤左右肥壮麻色成黄色雌鸭为食材，在冬至节后制作。乾州板鸭为吉首市民和周边地区百姓喜爱食品，在春节期间大量上市，为年节席上佳肴和走亲访友常备礼品。

风景名胜

乾州文庙 清雍正七年（1729），乾州厅同知沈元曾主持修建。雍正十一年（1733），同知张钟捐资修建其中崇圣祠。清乾隆六十年（1795），文庙毁于战火，唯崇圣祠幸免。清嘉庆六年（1801），同知阎广居主持重修文庙。2005年1月，吉首市人民政府投资90万元启动乾州文庙保护维修工作，先期修葺大成殿主体工程，至2014年，修复工程竣工，对外开放。

文庙占地面积1886.9平方米，建筑面积1430平方米。建筑格局为中轴线上五间三进，第一进为影壁、正门、棂星门、泮池、状元桥；第二进为戟门、乡贤祠和名宦祠，东西两庑，循拜墀（石级台阶）、大成殿御路；第三进为崇圣祠（即大成殿）。两侧前有大门，后有明伦堂（俗称老师衙门）、学署、文昌阁（又名尊经阁）。文庙建筑工艺为歇山穿斗抬梁式木构架结构，叠楼翘角，青瓦盖顶，额枋上刻画“五龙捧圣”和“双凤朝阳”，工艺精湛，独具特色。

2012年5月，乾州文庙被批准列为全国第七批国家级文物保护单位。

民俗风情

乾州“春” 乾州“春”和迎春是乾州地方特色春节文化活动，自清嘉庆年间（1796–1820）盛行。迎春寓意迎接春天到来。每年农历正月初三、初九（乾州开场日）及正月十五，乾州举行迎春活动，此前先要“扎春”。“扎春”是一项纸扎绘画工艺，由当地民间艺人制作。每年按 12 个月扎制 12 台（农历闰年扎 13 台）春。第一台春扎一头春牛，上演时牛背上骑一吹笛牧童（由一童男扮演），寓意催春。第二台春，扎当年农历生肖动物。第三台春扎一株大树，树上挂一蜂窝及无数纸剪蜜蜂与一红布包“金印”，树下立一扮演小猴童男，寓意“封侯挂印”，此三台春年年照扎。其余各台春每台便是一折古戏（人物戏）名称，如“林黛玉葬花”“天女散花”“武松打虎”“哪吒闹海”“穆桂英挂帅”，也有当今英雄人物等。春台上各种人物均挑选俊俏童男、童女扮演，称之为“春伢儿”。春伢儿根据人物化妆立于春台上（春台高约 3 米），惟妙惟肖，栩栩如生。

立春前两天举行演春仪式，是日厅官“同知”与部属官员身着礼服，由手执兵器兵士走在春队前，出东门城郊“先农坛”进行拜祭“农神”，然后由同知执鞭催牛，耕犁几行“籍田”，以示“劝农”“重农”。仪式毕，由各文艺队表演文娱节目，进行玩乐。民国时期，演春仪式已消失，迎春活动传袭至今。2013 年 1 月，乾州被省文化厅确定为湖南省“春节文化特色地区”。

（撰稿人：宋大文）

附：

万溶江乡

区域概况

清代，乡境属乾州厅和屯上，民国 11 年（1922），建首乡。1950 年，属第一区，1956 年撤区并乡，分属乾州镇、雅溪乡和金坪乡。1958 年秋，建万溶江人民公社，辖蔬菜、胜利、兔岩、小溪桥、漩潭、树岩桥、狮子、大庭、金坪、接丰、兴龙、云丰、小庄、吉庄、双河 15 个生产大队。1983 年 5 月，改社为乡，乡政府驻乾州，辖 15 个村（原生产大队改为村）、99 个村民小组，2003 年 6 月，小溪桥村和漩潭村燕子岩村民小组划入乾州街道。2005 年，全乡 7414 户 19595 人。其中，土家族 11589 人，占 59%；苗族 5254 人，占 26.8%。境内耕地面积 614.2 公顷，其中，水田 390 公顷，旱地 224.2 公顷。

经济发展

经济综述

乡境为市域城乡接合部。20 世纪 60–70 年代，全乡经济以传统农业为主。1978 年，全乡粮食产量 3663 吨，人均 245 公斤，农业产值 210 万元，人均 137 元。1982 年，实行土地承包经营责任制。经济作物、养殖业、加工业，全面发展。1984 年，全乡粮食产量 4624 吨，人均 274 公斤，农业产值 538 万元，人均 547 元。1985 年春，小溪桥村大坡垅组率先开发椪柑，接着双河、漩潭等村相继开发，1988 年，全乡椪柑产量 108 吨，乡财政收入 80 万元。90 年代，乡党委、乡政府引导农民不断调整农业产业结构，发展乡镇企业，全乡经济得到快速发展，到 2001 年，全乡国内生产总值 13680 万元。其中农业产值 4411 万元，农民人均纯收入 2224 元，乡财政收入 1094 万元，位居全市乡镇财政收入之首。2005 年，全乡实现国内生产总值 19644 万元，比上年下降 1%，其中农业产值 2327 万元，乡企业产值 17317 万元，比上年增长 15%，财政收入 1857 万元，比上年增长 49%，农民人均纯收入 2732 元。

农业

境内粮食作物主要有水稻，次为玉米、豆类、红薯等。主要油料作物为油菜，主要经济作物为蔬菜、瓜果，瓜果产量居全市第一。养殖业主要为猪、羊、牛、鸭、鸡。20 世纪 60 年代中期至 70 年代末，农业生产“以粮为纲”，全乡推广双季水稻种植，为吉首县主要双季稻种植区，双季稻单产（亩）约 500 公斤左右。1978 年，全乡粮食产量 3663 吨，农业产值 210 万元。80 年代中期，调整农业生产结构，发展蔬菜、水果种植等。1985年，全乡椪柑产量108吨，居全市首位。原传统柑橘品种“洞庭红”自然淘汰。是年，全乡粮食总产3641吨，农业产值769万元。1989年，营丰、吉庄、漩潭3村被乡政府定为蔬菜专业村，并引进多种蔬菜新品种，全乡种植蔬菜面积200公顷，产量3582吨，产值700余万元。是年，全乡种植椪柑面积700公顷，年产量14019吨，创产值1402万元。1995年，全乡粮食产量3337吨，农业产值8586万元，人均891元。其中经济作物收入1060万元，粮食作物收入1053万元，畜牧养殖业收入396万元。2001年，投入资金37万元，实施大庭至吉庄村百亩连片旱改水工程和金坪村百亩连片坡改梯工程，增加灌溉面积36.6公顷，维修电排6处、渠道4400米，电排有效灌溉面积314公顷。推广水稻“双两大”育秧技术和规格化栽培，“双两大”种植面积285公顷，规格化栽培340公顷，旱育秧47公顷。在狮子和兴隆村建立35公顷超级杂交稻种植示范基地。年末粮食产量2790吨。蔬菜产量12960吨，花生227吨、油菜籽447吨、红薯243吨、豆类82吨、出栏肉猪9270头、产猪、牛、羊肉888.5吨，出笼家禽6.66万羽，农业产值4411万元。全乡退耕还林273公顷，根据不同区域分别栽植楠竹、桅木、松、马褂木、枫香、栾树、杜英、木荷8个树种。2002年，改种稻田面积178公顷，形成瓜—稻、菜—稻连作。在小庄、吉庄、金坪村实施退耕还林面积120公顷。当年椪柑产值583万元。全乡农业产值2302万元。2005年，有6个村200公顷土地被征用，300多户失地农民不等不靠，开辟创业途径，到外地租赁土地搞开发。小溪桥村村民吴宏春投入30万元，在花垣县麻栗场镇新桥村租赁承包20公顷土地，从北京引进中华大梨枣树苗，种植4.7公顷面积，还种植大五星枇杷等水果。

工业

民国时期，有土窑烧砖瓦、石灰，有家庭酿酒、副食品加工、榨油等手工作坊。1985年12月，建成乡骨粉厂，利用肉食牲畜骨骼生产骨粉出口，到1988年，创外汇31.66万美元。全乡有万溶江小水电站、磨勾滩小水电站。80年代，万溶江建筑安装公司成立，有职工276人，固定资产718万元，1994年，被州政府列为全州“20强企业”之一。是年，武陵电化总厂投产，固定资产2037万元，下属分厂有电解锰厂、矿粉厂、金属锰粉厂、金属包装厂，年生产电解锰能力2000吨，矿粉2万吨，金属锰粉1210吨，金属包装桶3万个。至2001年，全乡有石灰加工厂38家，水泥预制厂32家，打砂场25处，有服装加工、食品加工等私营企业318家，创利税2834万元。2003年，全乡企业产值14356万元。其中成衣加工批发、乾州板鸭成为乾州加工业品牌。

商贸服务

明万历二十五年（1597），乾州设墟场，农历四、九日赶场。1989年，由市市场局把场址迁移至人民南路西侧田家园附近，占地面积35958平方米。市场分设家禽蛋品、牲畜、肉食水产、蔬菜果品、城衣布匹、铁木竹器、粮油、百货、饮食服务等十余个行业区，摊位3000个，成为湘西著名的综合性农贸市场。1991—1998年，市场四次被省工商行政管理局授予“湖南省文明集市”称号。2003年，市场场址被征用为市人民广场，市场迁至狮子村头炮台处，征地66670平方米。2004年1月，由市场局投入日元贷款1620万元，国债资金300万元，自筹资金3394万元，动工建设市场。是年12月，市场建成，建筑面积31220平方米，有个体商户1082户，从业两千余人。2005年12月，乾州农贸市场被农业部挂牌定点为全国500家大型农产品批发市场之一。全乡商贸服务业有饮食、住宿、修理、理发、洗浴、娱乐、运输等十余类行业。全乡个体工商户1770户5304人，商贸服务业收入371万元。

基础设施

交通运输

1937年，乾州至所里公路修通，长8公里。1956年5月，修通吉首至凤凰公路，途经兴隆、接丰、胜利、小溪桥4村，长3公里。1972年，修通乾麻（乾州至麻阳）公路，修通乾黄（乾州至社塘坡黄石洞）公路。1978年10月1日，枝柳铁路通车，从境内树岩桥、漩潭村穿过，在树岩桥设货站。1991年，省交通部门投入7万元，乡财政投入5万元，修通大庭村公路，长3公里。省交通部门和乡财政分别投入7万元和6万元，修通吉庄公路，长3.5公里。1995年，省交通部门投入8万元，修通乾州至双河村公路，长4公里。1999年，市林业局投入20万元，修通营丰村公路，长3公里。2001年，全乡村村通公路。市内公交车开通乾州、营丰村、狮子村、兴隆村。

邮政通信

1904年，乾州通步班邮路。1924年通电话。1936年，乾州设邮局，1937年，开通汽车邮班。1964年，境内各生产大队均通邮。1989年，全乡有固定电话760部。1997年，开通程控电话，全乡电话增至1200部。2005年，无线电话覆盖全乡，部分农民使用手机通话。

供电饮水

供电　1958年，修建万溶江小水电站、装机1台，容量484瓦。20世纪80年代末，全乡村村通电。2002年，筹资50万元，实施双河、金坪、吉庄、小庄4个村农网改造，全乡供电质量提高。

饮水　2003年，投入资金12万元，完成树岩桥三、四组人畜饮水改造工程，80多户村民用上自来水。投入17万元，修建双河村水池，解决210户1000多人饮水困难。2003年，投资10万元，改造树岩桥村水井4处，为四组、五组80户村民接通自来水。

水利建设

1966年，修建大庭水库，1976年3月竣工。大坝为石坝堵洞，高8米，顶长10米，库容273万立方米，灌溉面积73.26公顷。2014年，境内有电排6处，常年用电量173万千瓦时。

基础设施

教育

乡境有市属中学1所、市属小学2所、乡属小学12所，在校学生6000余人。市属初中为市第四中学，1979年春，由县“五七干校”改建，始设高中部，后撤销。市属小学两所，其中万溶江小学（后称八小）前身为乾城县第一高等、初等小学校，乾城县立模范小学，始建于清光绪二十六年（1900）。1994年，省青少年发展基金会、省长城宾馆，捐资15万元，建兴隆希望小学教学楼，面积200平方米。2001年，投入资金27万元，建成兴隆村小学实验室，改善狮子、树岩、双河，村小基础设施建设。全乡小学生巩固率100%。普及九年义务教育，全面达到省检标准。

文化

1969年，公社建万溶江广播站，1986年改为乡广播电视站。1993年乡财政投入80多万元，建有线电视站，1个村开通有线电视。2000年，万溶江民间剧团被省文化厅授予“百佳剧团”称号。2001年，乡广播电视站由市广播电视局管理。2004年，实现全乡村村通有线电视，电视入户率98%。

医疗卫生

1952年，县人民政府在乾州建立区卫生所，配医务人员3人。1965年，乾州卫生所改为万溶江医院。1979年，该院有职工34人，设病床20张。1997年，乡政府到银行贷款190万元，建乡医院综合大楼，面积3565平方米。至2005年，医院有医务人员68人，其中医师18人。有病床30张。全乡有村卫生室15个，卫生员15人。

社会保障

1998年11月，全乡执行全市城乡居民最低生活保障制。“五保”老人同时纳入最低生活保障对象。

特色地情

水冲石砚　乡境营丰村盛产水冲石，其石质细腻柔软，有金属光泽，为雕刻石砚优质材料。民国期间，乾州艺人杨味蔬利用水冲石雕刻石砚，很受文人墨客青睐，产品畅销达湘西各县及湘鄂川黔边区。其中他雕刻的一台“老子骑牛过函谷”石砚，参加世界“巴拿马万国博览会”展评获金奖，名声大噪。至今族侄杨光三仍传承其石砚雕刻工艺，时有文人墨客上门采购，民间亦有艺人传习石砚雕刻。

（撰稿人：宋大文）

镇溪街道

区域概况

位置面积

镇溪街道位于吉首市市中心，东与峒河街道大田社区毗邻，南同乾州街道小溪桥社区接壤，西至峒河街道桐油坪社区，北以峒河为界，面积23.73平方公里。

建置沿革

2006年2月，撤销石家冲、红旗门街道办事处，将两街道合并，建立镇溪街道。

行政区划

2006年，行政区划调整，原石家冲街道8个社区（石家冲、砂子坳、吉大、鸦溪、马坡岭、科技园、胡麻井、杨家坪）和原红旗门街道5个社区（荣昌坪、吉新、商业城、团结、红旗）以及原吉首乡5个建制村（吉新、砂子坳、鸦溪、坪山坡、寨垅）整合后划归新组建的镇溪街道。辖鸦溪、科技园、砂子坳、胡麻井、马坡岭、石家冲、商业城、吉新、荣昌坪9个社区和坪山坡、寨垅2个建制村。

人口民族

2006年，辖区人口81897人。其中，土家族31167人，占38%；苗族18933人，占23.1%。2014年，辖区人口79768人。其中，土家族33503人，占42%；苗族19543人，占24.5%。

经济发展

经济综述

2006年，工业产值2.3亿元，财政收入439.9万元，城镇居民人均可支配收入8936元。粮食产量798吨，农业产值1142万元，农村家庭人均纯收入2025元。2010年，工业产值3.5亿元，财政收入615.3万元，城镇居民人均可支配收入14778元，分别比2006年增长52%、39.9%、65.3%。粮食产量861吨，农业产值1348万元，农村家庭人均纯收入3055元，分别比2006年增长18%、51%。2014年，工业产值4.6亿元，财政收入937.7万元，城镇居民人均可支配收入21761元，分别比2010年增长31.4%、52.4%、47.3%。粮食产量993吨，比2006年增长24.4%，年递增2.8%；农业产值1638万元，比2006年增长43.4%，年递增4.6%。

农业

2006年，种青蒿33.3公顷，产量35吨，产值21万元。投入资金5000元，开展5号病免疫生猪2587头、牛84头、羊1387只。2007年，有养殖大户12户、种植大户2户。蔬菜复种面积400公顷，产量7980吨，销售收入1020万元。完成120公顷露地商品菜调整、6.7公顷早熟西香瓜示范。推广良种20个，良种覆盖率95%。举办农业科学技术培训班28期，培训4000余人次。2008年，开展坪山坡村6.7公顷优质水稻“种三产四”生产示范。无公害蔬菜667平方米产量1.35吨，产值1.5万元。完成6.7公顷椪柑冰灾后低产园改造。实施退耕还林400公顷，补植造林33.3公顷，林地改造33.3公顷，环城生态公益林封山育林600公顷。坪山坡村是全州无公害蔬菜生产基地，2010年，有蔬菜大棚148个，种植面积3.3公顷，年收入100万元。2014年，寨龙村实施3.3公顷荷花谷观光项目建设，坪山坡村建成高海拔优质稻种植示范片13.3公顷。蔬菜产量1800吨，销售1500吨，收入400万元。

工业

2009年，境内引进投资100万元以上项目有正阳半山公馆，投资500万元以上项目有城达房地产开发有限公司。2011年，半山公馆续建项目到位资金4300万元；家乐福超市装修投资1000万元；大汉集团凤凰新城项目到位资金5000万元。2013年，半山公馆投资8800万元；大汉集团计划投资20亿元；步步高商业新天地投资7亿元；步步高商业连锁有限责任公司投资3000万元。2014年，工业产值比2006年增长1倍，年递增9.1%；城镇居民人均可支配收入比2006年增长1.4倍，年递增11.8%。

商贸服务

辖区地处繁华地段，商贸中心。2005年，综合市场有7个，经营面积93770平方米，个体工商户1192家，年交易额2.35亿元左右。专业市场有10个，经营面积72612平方米，从业人员1997人，年营业额1.7亿元左右。2006年，超级市场有4个，经营面积13071平方米，个体从业人员978人，年交易额9600万元左右。2013年，区内有佳惠超市、步步高超市、关厢门市场、吉首商业城、湘泉品牌步行街等。专卖店、品牌店、药店林立，物流公司、个体快递公司迅速发展，小超市、宾馆、旅社、餐馆、小吃店遍布街巷，小贩游街叫卖，农民席地为摊。2014年，有个体工商户16297户，从业人员2万人。

基础设施

交通运输

民国26年（1937），境内动工修建吉首至乾州公路，6月竣工，长8公里，路面宽3米，铺砂厚15厘米。人民路由北向南贯穿街道中心；国道209、319交汇于武陵山，由矮寨镇补育村出境；团结路、武陵路横贯东西；常吉高速公路起于常德市斗姆湖，止于鸦溪村；东西两侧各有绕城公路1条；枝柳铁路由辖区西侧经过，进入吉首火车站。辖区有湘运吉首客运总站、市公共汽车公司。市民有货车158辆，面的294辆，拖拉机68台，从业人员1250人，营运收入1000万元。2007年，投入村级道路改造资金85万元，改造坪山坡村、寨龙村道路各3公里。

邮政通信

2014年，辖区有湖南移动通信有限责任公司自治州分公司、中国联通吉首分公司、中国铁通湘西分公司、州邮政局快递公司、集邮公司、报刊零售公司。

供电饮水

供电　1952年冬，县人民政府在所里下河街

湘泉制药（向民航摄于2007年11月11日）

马槽岩建火力发电厂，装机1台，容量120千瓦，供机关单位照明用电。1958年，改装机组，重新装350千瓦单机2台，总容量700千瓦，除供街道居民照明用电外，还供打米、磨粉等加工用电。1989年，吉首市水利电力局负责全市电力建设。吉首市区街道国家机关、企事业单位和居民生活用电由州电力公司提供，各乡镇分别由州电力公司、市水电局下属乡镇电管站供电。1993年，电力设施建设由州电力公司统一实施。

饮水　1993年8月，市自来水公司投资505万元，铺设从钟家寨水厂到吉首城区直径500毫米、长1万米供水管道。2000年3月，市自来水公司改为吉首市城市供水总公司。1989—2005年，城市供水总公司下属石家冲、狮子庵和钟家寨3个水厂，供水范围东至青山湾，西至狮子庵，南至河溪镇中岩屋，北至五里牌社区，面积12.6平方公里，供水7056户18.9万人。

水利建设

2008年，投资3万元，维修和治理重点山塘和病险水库。2010年，开展冲木林水库和寨龙水库常规维护管理。2013年，实施寨垅水库排险加固工程，实现有效灌溉面积18.7公顷。

街道建设

1989—2005年，州人民医院捐资265万元、州卫生局、吉首监狱、市人武部等辖区单位捐资135万元，整修改造南北吉新路、杨家坪路、文艺路、荣昌路、科技园路等次干道，全长6.2公里。州气象局，中国银行州支行、州政府、州邮政局、建设银行州支行、州公安局、州教育局、州电信局、州移动公司等单位捐资500万元，对人民北路、团结西路、武陵西路人行道铺砖，面积1.2万平方米，建绿化带1500平方米。1997年7月28日，投资280万元建设团结路人行天桥；1999年12月20日，投资550万元建设武陵路人行天桥。2002—2003年，市财政投入200万元，对长320米、宽10米的市游泳中心至红旗门路段和溪沟实施硬化和覆盖。2004年9月6日，“国立第八中学纪念亭”在峒河游园落成。2011年，投入资金100万元，改造环城路29处“天梯”。2013年，投资44万元，安装街道路灯240盏，主要有机床厂路、岩壳路、吉新上村路、吉新下村路、东门垅、西门垅、北门街、漆树湾、石家冲湾等路段。2014年，投资25万元，修建办事处政务便民服务中心，在全州率先推出计划生育异地办证工作。

社会事业

教育科技

教育 20世纪50年代，有吉首县第一小学。2014年，辖区有市第一、二、三、五、六小学，谷韵民族小学、鸦溪小学，学生10547人，其中女生4823人，教师470人。中学有市民中和雅思实验学校，学生4437人，其中女生2460人，教师259人。另有大中专院校13所和幼儿园，即吉首大学、市职业中专、州卫校、州体校、湘西州民族特殊教育学校、州幼儿园和民办幼儿园等。

科技 1990年，市机械厂与湖南省机电研究院合作引进有色金属矿山专用泵150/100E-AH、100/80D-AH离心式渣浆泵生产技术，并做重大改进，使渣浆泵过流件使用寿命由60小时增至280小时。1993年，该产品获国家新产品证书，并在第五届中国新技术新产品博览会上获银奖。

文化体育

1989年，街道文化站图书室藏书5000册。2000年，组建门球队16支，队员120人；腰鼓队2支，队员32人。有足球场1个、篮球场5个、健身场所4家、运动场1个。2006年8月11日，组织鸦溪社区文艺宣传队参加中国音乐协会、中国人民解放军艺术发行社等6家单位在北京举办的“第二届中国星全国声乐、器乐大赛暨艺术人才推选活动”，自编自演的敲膀舞《计划生育好处多》节目获金奖。

医疗卫生

2010年，为10名白内障患者实施免费复明手术，使他们重见光明。2011年5月，街道联系湘西州丽人女子医院，在辖区9个社区对妇女开展为期20天的义诊活动，近万名妇女得到健康咨询服务。2014年，发放医疗救助金15万元。

社会保障

2005年，辖区有低保户1186户4507人，享受低保金270.42万元，人月均50元。2011年，发放城乡最低生活保障金1207万元。2012年，纳入城乡最低生活保障对象2553户6396人，发放低保金1788万元。农村“五保”对象分散供养6户6人，分散供养保障标准：2000元/年。2014年，农村五保对象分散供养6户6人，分散供养保障标准：2640元/年。

特色地情

清末将领罗荣光（1833—1900） 字耀庭，乾州厅鸦溪人。清咸丰初年，由武童投入曾国藩军，因与太平军作战有“功”，连升把总、守备、参将。同治元年（1862），随李鸿章淮军至上海，在江、浙一带参与镇压太平军。光绪二年（1876），被派驻天津，任大沽协副将，赐号果勇巴图鲁。光绪十四年（1888），升任天津镇总兵。光绪二十六年（1900），升任新疆喀什葛尔提督，因遇战事，主动奏请未赴任。是年6月，率部驻守天津大沽炮台。6月16日晚，八国联军派代表递交最后通牒，限令17日凌晨二时交出炮台，他严词拒绝，誓死保卫大沽口炮台。后因兵力悬殊，弹尽援绝，壮烈殉国。遗体运归故里雅溪安葬。

民族英雄罗荣光

（撰稿人：杨昌辉）

峒河街道

1992 年，峒河街道办事处被国家计划生育委员会评为“全国城市计划生育工作先进单位”。2001 年，被国家体育总局评为“全国群众体育先进集体”。2009 年 10 月，被民政部授予“全国和谐社区建设示范单位”称号。

区域概况

位置面积

峒河街道位于吉首市城区北部，东邻太平乡金山村，南与镇溪街道石家冲社区、河溪镇马鞍村毗邻，西接寨阳乡马坳村，北与己略乡龙舞村、己略村和马颈坳镇合群村、米坡村相连，面积 64.24 平方公里。

建置沿革

1982 年 11 月，设峒河街道，辖新桥、峒河、向阳 3 个居委会。2003 年 6 月，调整行政区划，将吉首乡五里牌、光明、荣庄和桐油坪 4 个村部分辖区划归峒河街道，调整后峒河街道辖峒河、荣庄、光明、五里牌、向阳、新桥、桐油坪 7 个社区。2006 年 2 月，原峒河街道 7 个社区（荣庄、桐油坪、光明、五里牌、新桥、峒河、向阳）和原红旗门 2 个社区（大田、香园），以及原吉首乡 16 个村（荣庄、桐油坪、光明、五里牌、新桥、大田、溪头、振武营、白果坪、上老、林木山、小溪、望江坳、樟木溪、岩寨、牛岩）共同整合组建峒河街道。

行政区划

2006 年，峒河街道辖新桥、向阳、五里牌、光明、荣庄、桐油坪、峒河、大田、龙泉 9 个社区居委会和溪头、振武营、白果坪、上老、林木山、小溪、望江坳、樟木溪、岩寨 9 个建制村，下设 88 个村（居）民小组。

人口民族

1982 年，辖区人口 6928 人。2003 年，辖区人口 29875 人。2014 年，辖区人口 45862 人。其中，土家族 15150 人，占 33%；苗族 14856 人，占 32.4%。

自然环境

辖区最高点光明村鼻子岭，海拔 533 米；最低处大田湾村青山湾，海拔 175 米。峒河由西流入，从东南出境，文溪河由北流入，于伏波宫前注入峒河。2014 年，辖区耕地面积 473.43 公顷，其中水田 269.17 公顷，旱地 204.26 公顷。

经济发展

经济综述

2009年，境内农业产值3980万元，农村居民人均纯收入2524元。2012年，农业产值5500万元，比2009年增长38.2%，年递增11.4 %；农村居民人均纯收入3177元，比2009年增长25.9%，年递增8.0%。2014年，生产总值7.37亿元，比2009年5.318亿元增长38.6%，年递增6.7 %；城镇居民人均可支配收入20585元，比2009年增长71.5%，年递增11.4%。

农业

1984年，粮食产量3215吨。2007年，成立林木山等3个椪柑协会，发展椪柑、蔬菜、花木、养殖等产业。2008年，恢复冰灾受损椪柑800公顷，完成椪柑品改、低改33公顷。2013年，推广林木山33公顷马铃薯种植。落实绿肥种植66.7公顷，蔬菜种植933公顷。新增茶叶种植6.7公顷，新增草莓种植大棚12个。生猪出栏38667头，羊出栏300只，家禽出笼73650羽。2014年，粮食产量3700吨，比1984年增长15.1%。

商贸服务

2001年，投资12万元，在光明大桥下修建光明社区服务市场，设摊位96个，解决光明新村周边30个单位6000多群众买菜难问题。投资1万元，开发保险街菜市场，摊点由80个增至200个，安置就业150人。2002年，投资5万元，扩建保险街社区服务市场，安置待业、下岗人员就业1200人。2013年，新开办小市场2个，面积2000平方米，新增摊位212个。

基础设施

交通运输

2001年1月28日，吉首城区光明大桥竣工通车。2007年，实施五里牌—岩寨、光明—小溪、白果坪3条通村道路硬化工程，全长8.5公里。2010年，硬化村级公路2.9公里。2013年，硬化村级公路7.5公里。辖区有吉首火车站、火车货运站、汽车西站、汽车北站、汽车东站、大地农村公交客运公司。大地农村公交客运公司成立于2007年4月，有中型客运车25辆，开通吉首至马颈坳、白岩、矮寨、大兴、阳孟等线路。由吉首一中桥头和光明桥头开往湘泉酒厂载客小四轮、小面包车有十多辆，随叫随停，出行方便。

邮政通信

2014年，境内邮政投递由湘西州邮政局直接承担。电信、移动、联通营业网点全覆盖。

供电饮水

供电 2014年，辖区用电统一由湘西电业局供应。

饮水 1993年8月，市自来水公司投资505万元，铺设从钟家寨水厂到吉首城区直径500毫米、长1万米供水管道。2002年3月，市自来水公司改为吉首市城市供水总公司。2005年，城市供水总公司供水范围东至青山湾，西至狮子庵，南至河溪镇中岩屋，北至五里牌社区，面积12.6平方公里，供水对象有880家机关、企事业单位和7056居民住户，共18.9万人。2011年，完成溪头村、铁寨坡人畜饮水工程。2012年，完成上老村、望江坳村一、二、三组319户1100人安全饮水工程。2013年，实施小溪、溪头、望江坳、上老人畜饮水工程。

水利建设

2007年，治理上老水库，维修水利灌溉设施。2010年，光明铁寨坡、望江坳、岩寨等村山塘全面清淤，并维修上老水库坝口。2013年，维修小溪等5座水坝；投入资金10万元，实施500米河流清淤；投入资金15万元，修复水毁设施16处。

街道建设

1995年1月10日，向阳渡口镇溪桥破土动工，桥长88米，群众捐款10万元。境内主要街道有人民北路、光明路、新桥路、省道229。2001年，投入资金23万元，整修硬化州农校、市人大、姚家岭等5条道路，全长2000米。定植林木1.56万株，有盆花6150钵、草坪24800平方米，涌现一批“园林式”单位。2004年，集资75万元，修建光明新村公园，实施光明新村道路改造工程；集资25万元，改造桃花源路；集资12万元，改造文溪路次干道；集资2万元，改造州乡镇企业局巷；集资37万元，实施综合改造峒河冰厂路。2010年，硬化村间道路12.7公里，建设沼气池35口，补植造林124公顷，林地改造8公顷。新规划“八百里绿色行动”140公顷，环城生态公益林封山育林2533公顷，新增绿地面积2100平方米。2014年，筹资976万元，开展229省道山体危石隐患整治、望江坳村地质灾害点搬迁、大田社区青山湾地灾点监控等工作。

社会事业

教育

1984年10月，市幼儿园创办。2014年，辖区有中学3所（市一中、市二中、铁路中学），学生5983人，其中女生3208人，有教师387人。小学有铁路学校、光明小学、师院附小，学生6234人，其中女生2895人；教师263人。另有吉首大学师范学院、湘西广播电视大学。

1990年，市建筑建材科研院推广的小砌块，至2005年，在吉首城区建筑面积达500万平方米，节约建设资金7亿元、耕地466.7公顷、木材1万立方米。

文化体育

1989年，街道办事处有文体专干1人，图书室1个，藏书5000册。20世纪90年代，成立全民健身协会、峒河业余剧团、新桥业余剧团、群众文体活动协会等8个社团组织和文艺团体，逢重大节日，剧团开展文艺表演活动。2001年，辖区居民自筹资金1万元，在鼻子岭修建一条长300米、1280级台阶山路和300米长山顶跑道。2004年，有体育活动场地177处，花果山公园、峒河小游园、精诚广场、健身坡、科技文化城广场、健身场成为居民锻炼身体主要场所。2013年，街道“魅力之声”合唱团获全国老年合唱比赛第二名。2014年，新建群众娱乐场所3个，组建群众性娱乐、健身、体育队伍35支，举办大型文艺演出12场、游园活动5场次、联欢晚会12场次。

医疗卫生

2003年，引进资金50万元，创办全州第一家社区医疗卫生服务中心。中心占地800平方米，有医务人员13人，设内科、外科、儿科等科室7个，医疗检验设备21台。2014年，城镇居民医疗保险参保率100%，新型农村合作医疗参合人数1.2万人，参合率100%。

社会保障

1998—2005年，市政府将“五保”老人纳入低保对象，实行全额低保。城市居民低保金每人每月由80元增至180元。2012年，农村“五保”

小溪老民居建筑群（向民航摄于2008年6月2日）

对象分散供养10户10人，分散供养保障标准：2000元/年。2014年，低收入家庭享受实物配租65户，廉租房租赁补贴68户13.6万元，危房改造21户。农村“五保”对象分散供养9户9人，分散供养保障标准：2640元/年。

特色地情

历史人文

吴鹤　苗族，生卒年月不详，明代辰州镇溪上涝（今峒河街道上老村）人。曾长期受教于王阳明，与余姚钱德洪、山阳王畿同为阳明高徒。

明正德年间（1506—1521），宦官刘谨掌司礼监权。王阳明因逆其道被贬往贵州龙场驿（今修文县治），在前往贵州途中经辰州（今沅陵）时，辰州郡守于虎溪专建“松云轩”、请王阳明讲学。吴鹤心羡之，往虎溪，为王门生。王从贵州调往江西庐陵知县，吴鹤复千里追随，两次在王门深造。

吴鹤追随王阳明多年，虽推崇其“致良知之学，却不赞成其政治立场。他在江西时，曾与一寺僧友好，常在一起讲经论道。僧甚知当朝政局及王阳明的立场，遂以枣子、梨子、食盐、生姜、西瓜诸品相赠。吴鹤始感奇异，后反复揣摸，顿悟“禅机”，明其寓意是早（枣）离（梨）俺

（盐）江（盖）西（西瓜），不要再追随王阳明。

吴鹤笃志求道，不乐仕进，毅然听从僧友劝告，回到故里，一心致力于“教训其乡里子弟”，先后在故乡上涝和附近的司马溪、然垴、三岔坪等地开馆授业。他办学不计束脩，“虽牧夫竖子，皆授其教”，深得乡民敬重。

吴鹤有诗文遗稿若干卷，曾由族人吴应璠保存至乾隆六十年（1795）失散。乾隆中期，辰州司马江蔗畦读其遗稿后说“笔墨甚高，文亦正嘉的派”。现抄其遗稿“游江南访家庙”一诗以印证其笔墨。“寻尽江南路，迟迟杨柳依。只缘家庙访，惹得世人讥。阅谱心如射，扬鞭骑欲飞。几番姬巷过，回顾节坊微。禾黍疑相似，蓬蒿记又非。金陵无所有，惟载玉梅归”。吴鹤在苗乡办学多年，积劳成疾，卒于家，葬于镇溪（今吉首）城东里许。清咸丰年间（1851—1861），各族人民为纪念他，捐资在镇溪城东鳌鱼坡（今吉首民族师范学校校址）修建鹤公祠，立吴鹤碑，开设抚溪书院。2006 年 5 月 31 日，该书院被列为省级文物保护单位。

小溪村 位于吉首市西北郊，距城区 3 公里，面积 8.3 平方公里。该村由小溪、大寨、排坨 3 个自然寨组成，是苗族聚居自然寨。龙舞河由西北向东南穿境而过，山清水秀，绿树成荫，古木参天，自然风景独特，苗族文化浓郁，村风民俗古朴。村内有洪家大院清代建筑群，迄今约有 150 年历史，占地 8600 平方米，建筑面积 6600 平方米。大院外观飞檐翘角，气势磅礴，门窗图案形态各异，做工精细。5 条村巷均用青石板铺就。住房一般是两进三开间，堂屋中央内设神龛，两边为卧室，吊脚楼一般由妙龄闺秀居住。雷公坡古寨堡、排坨千年古井及茂密原始次森林，形成该村特有的历史文化遗产。

（撰稿人：杨昌辉）

吉首乡

1991年3月，吉首乡林木山村村委会获“湖南省民族团结进步模范集体”称号。1995年11月中旬，在北京召开的全国村民自治示范暨城乡基层先进集体先进个人表彰会上，吉首乡大田村村委会获“模范村民委员会”称号；1995年9月11日，中共湘西自治州委、州人民政府在吉首乡振武营村举行全州百所希望小学落成庆典。中共中央政治局常委、全国政协主席李瑞环出席庆典仪式，并剪彩。1997年11月上旬，吉首乡学区获国家教委颁发的“第二届中华扫盲奖”；2004年，乡党委被中共湖南省委授予“领导班子好、党员队伍好、工作机制好、小康业绩好、群众反映好”优秀乡镇领导班子称号。2008年12月18日14时，湘西州境首条高速公路——湘渝高速公路常（德）吉（首）段正式通车，在吉首乡鸦溪村设互通收费站。

区域概况

位置面积

吉首乡地处吉首市城郊，乡境东邻太平乡金山村，南与河溪镇马鞍村、乾州街道小溪桥村毗邻，西接寨阳乡马坳村，北与己略乡小溪村和马颈坳镇合群村相连。2005年，乡域面积80.79平方公里。

建置沿革

清代，乡境属“屯上”。民国元年（1912），属东乡一区。民国11年（1922）11月，设镇溪乡，后改所里镇。1950年，境内分属第一、二、三、四区管辖。1956年，撤区并乡时，划入吉首镇。1958年8月，建东方红人民公社，1961年，改称吉首人民公社。1982年11月，吉首镇5个蔬菜大队和7个农业大队划归吉首公社。1984年4月，改社为乡，为吉首乡。2006年2月，吉首乡并入峒河街道。

行政区划

1984年，吉首乡辖鸦溪、砂子坳、光明、溪头、振武营、白果坪、上老、林木山、小溪、寨垅、坪山坡、大田、望江坳、樟大溪、岩寨、牛岩、五里牌、新桥、吉新、荣庄、桐油坪21个村。

人口民族

1984年，全乡人口11010人。其中，苗族2753人，占25%；土家族2004人，占18.2%。2005年，乡域人口7467人。其中，苗族3264人，占43.7%；土家族1308人，占17.5%。

自然环境

境内峒河由西流入，从东南出境；文溪河由

北流入，于伏波宫前注入峒河。乡域地貌属中低山丘陵，土层较厚，山石少裸露。地势东北高，西南低，最高点光明村鼻子岭，海拔533米；最低处大田湾村青山湾，海拔175米。中间是洼地。土壤以黄壤为主，占75%；红壤占22%。河谷坪坝有振武营、大田湾、鸦溪、五里牌、桐油坪等。乡境属中亚热带季风湿润性气候，四季分明，冬暖夏凉，年均降水量1400毫米。

经济发展

经济综述

1984年，农业产值479.16万元，人均纯收入254元。工业产值50.85万元。1995年，工业产值1.43亿元，比1984年增长280倍，年递增67%。2001年，果、畜、菜三大支柱产业稳步发展。产水果6780吨，生猪出栏17540头，山羊出栏5830只，家禽出笼13.12万羽，蔬菜产值7787万元。2004年，从事服务行业1587户，解决就业4962人，创收1670万元。2005年，工业产值3.45亿元，比1995年增长1.4倍，年递增9.2%。农业产值1790万元，比1984年增长2.74倍，年递增6.5%；农民人均纯收入2790元，比1984年增长10倍，年递增12.1%。坚持以项目为龙头，以园区为平台，全方位、多渠道开展招商引资活动。国民生产总值3.79亿元，招商引资7070万元。

农业

1978年，境内耕地面积646公顷，其中水田530公顷，旱地116公顷，粮食产量3618吨，总收入149万元，农民人均收入79.4元。1980年，林木山村率先发展林果业，以椪柑为拳头产品，成为致富村。全乡水果产量74吨；蔬菜产量16844吨，据商业部门统计占全市产量一半。1985年，耕地面积552公顷，其中水田377公顷，旱地175公顷，粮食产量2821吨，总收入855万元，农民人均收入373元。1988年，耕地面积638公顷，其中稻田414公顷，旱地224公顷，粮食产量1812吨，农业产值408万元。森林面积2168公顷，仅次于己略乡，森林覆盖率26.8%；木材蓄积量99260立方米。1989年，森林面积2208公顷，森林覆盖率27.3%。1992年，坪山坡、寨龙、小溪、砂子坳、白果坪、光明、溪头7个村种植椪柑。2005年，耕地面积减至455.4公顷，其中水田270.7公顷。农业产业结构调整，粮食产量3015吨，生猪出栏23245头，存栏13651头；山羊存栏2617只；家禽出笼14.19万羽。大田、五里牌等村蔬菜基地，建竹架大棚、钢架大棚、水泥骨架塑料大棚，蔬菜产量提高，全乡蔬菜产量17630吨，油料产量318吨，烟叶产量30吨。椪柑面积835公顷，产量4200吨，收入1000万元。产棉花5吨、油料318吨、烟叶30吨、蔬菜14264吨。外出务工965人，比1989年多687人。

工业

1984年，境内工业产值50.85万元。1988年，全乡农村工业劳动力878人。乡村工业产值2969万元，比1984年增加2918万元。1989年，乡办企业有鸦溪水泥厂、民族钢厂、青山湾水电站；村办企业有光明自来水厂、大田高频制管厂、新桥酒厂、光明水电站，从业人员1800人，产值2515.69万元。1994年，新增乡办企业镇溪建筑安装公司、武陵建筑安装公司、新飞化工厂、吉首镀锌管厂、大田金属包装厂、砂子坳耐磨件厂、武陵化工机械厂。是年，吉首乡被省政府列为全省12个工业示范小区之一。进入亿元乡镇企业强乡。1995年，乡办企业从业人员4800人，产值首次突破亿元大关，达1.43亿元，被农业部定为全国东西部乡镇企业合作示范区。1999年，乡域有新飞化工厂、吉首镀锌钢管厂、鸦溪水泥厂、青山湾水电站、光明水厂。2004年，引进天唐有限责任公司年产万吨电解锰项目；鸦溪民族水泥厂350万元技改项目正式启动；新天然公司投资610.45万元，年产3000吨的电解锰项目4月正式投产。2005年，引进闽湘钢铁公司投资4000万元，10万吨低碳热轧盘圆钢生产线项目投产。光明水厂成功改制，吉首市城市供水总公司投资165万元全资买断光明水厂全部管网及经营权。明鑫高科正式落户大田工业区。乡域有市闽湘钢铁有限责任公司、市民族水泥厂、宗南农机公司、保靖建磊矿业吉首分公司、西凤科技园、无唐化工有限责任公司、新天然化工贸易有限责任公司等20家企业，其中年产值过1000万元的有6家，从业人员1900人。工业产值3.45亿元，比1984年的50.85万元增长677倍，年递增36.4%。吉首乡被州政府列为全州22个“工业强乡镇”之一。

商贸服务

1984年，全乡农村富余劳动力1747人，利用城郊优势，发展个体工商户、饮食服务业等。1989年，全乡商贸从业人员241人，营业额461万元。1999年，辖区五里牌市蔬菜果品批发市场开工建设，2001年，建成使用，经营面积38158平方米。有个体工商户25户，主要批发蔬菜、水果、甘蔗，年交易额750万元。2001年，个体工商户385户、从业人员2754人，营业额908万元。服务行业1500户，从业人员4860人，创产值480万元。2003年，个体工商户432户，营业额864万元；服务行业1587户，安置就业4962人，创产值1670万元。2005年，工商注册个体工商户83户95人，年营业额100余万元。

其他产业

建筑业 1990年，乡内发展建筑安装企业。至1999年，先后成立镇溪、武陵建筑安装公司。其中，武陵建筑安装公司为二级资质，职工870人；镇溪建筑安装公司为三级，职工680人。2001年，建筑业总收入840万元，2002年，收入增至1206万元，比上年增长43.5%。2003年，建筑业收入1308万元，比上年增长8.5%。2005年，境内有受监混凝土预制构件厂（场）60家，职工400人，专用机械300台，功率1200千瓦，年制砖500万块、预制板40万米，产值1100万元。

基础设施

交通运输

清代和民国时期，峒河通行小帆船。城内是厅（县）主要交通口岸和商品集散地。民国26年（1937）2月15日，湘川公路通车。1958年，省道吉（首）古（丈）公路和国道吉（首）凤（凰）公路贯通南北，国道319与国道209在武陵山交汇。1978年10月，枝柳铁路通车，在光明村境设吉首站。有通往太平乡和己略乡的公路各1条。村公路3条，长8.4公里，即五里牌村至岩寨村2.8公里，鸦溪村至万溶江乡小庄村2.5公里，白果坪村至马颈坳镇米坡村3.1公里。1988年，11个村通汽车。吉夯公路（吉首—夯沙）经光明村和小溪村、己略乡至保靖县夯沙。1989年，19个村通公路。1996年，修通市民族中学至坪山坡村公路3公里。1997年，修通鸦溪村至寨垅村公路2公里、大田村至坪山坡村公路2公里。2001年，市政府和乡政府共筹资860万元，修通长600米、宽24米东环路新桥段。全乡21个村通公路。2002年，交通运输收入1615万元，比上年增长15.7%。2004年，投资600万元横跨峒河两岸的精诚大桥建成通车。2005年，村级公路长

67公里。有客运汽车15辆、货运汽车41辆、拖拉机8台。

邮政通信

民国时期，乡境通邮路。1989年，通程控电话。2005年，程控电话村村通。装有固定电话机5740部，其中住宅电话机5200部。

供电饮水

供电 1989年，全乡村村通电，用户占全乡户数90%。2004年，市电力公司改造全乡电网，实行一户一表，供电稳定。

饮水 1993年8月，市自来水公司投资505万元，铺设从钟家寨水厂到吉首城区直径500毫米、长1万米供水管道。光明水厂给峒河北岸的光明、五里牌、新桥等村5000多村民和附近厂矿、学校、机关、居民供水，日供水5000余吨，年产值150万元。1997年，投资31万元，解决雅溪村3585人饮水问题。2005年春，撤销光明水厂，供水管网划归市自来水公司管理。

水利建设

1958年10月动工修建寨垅水库，1960年2月竣工，灌田40公顷，水库养鱼水面1.1公顷。1960年2月上老水库建成，灌田47公顷。后水库年久失修。1962年，吉首公社大田五队，以峒河为水源，在龙洞潭建成全县第一座电力提灌站，装机2台7.5千瓦，扬程25米，灌溉稻田2.3公顷。溪头坝位于溪头村，控制集雨面积35平方公里。1967年12月竣工。为浆砌石拱坝，高6.5米，渠道长300米，灌溉面积20公顷。1989年，乡境小（2）型水库有岩洞水库、瓮垄山水库和冲木林水库。有坪山坡山塘、枇杷冲山塘等。1994年，市水电局投资1.4万元，对大坝水侧堵漏。1996年，国家投入50万元，改建25米放水卧管，新建200米输水隧洞，断面12×1.8米，溢洪进道口段浆砌石护壁20米。2004年，国家投入以工代赈资金90.87万元，分给岩洞水库10.96万元，瓮垄山水库、万山垄水库、夯潮溪水库共31.11万元，冲木林水库8.69万元，用于水库整修，重点进行大坝加固、卧管堵漏和渠道加固加长。12月，国家投入以工代赈资金7.69万元，整修坪山坡山塘。2005年，溪头坝灌田46.62公顷。12月，市水利局筹资20万元，整修枇杷冲山塘。

社会事业

教育

1988年，乡境除省、州、市办各类学校外，有村小14所，在校学生1758人，其中女生691人。1989年，有中心完小1所、村小15所。1994年，湖南日报社捐资15万元、乡财政投入23.3万元、振武营村筹资10万元，建846平方米振武营希望小学教学楼、306平方米教师宿舍。1995年，村民梁富顺捐资17万元给向阳中学。1999年10月，鸦溪村自筹资金57万元，建919平方米的鸦溪村小学教学楼。2005年，利用国家危房改造资金、寄宿制项目建设资金252万元，建1327平方米的乡中心完小教学楼、1867平方米综合楼、1347平方米学生宿舍。全乡有中心完小1所、片小3所、村小8所、教师139人；在校学生2492人，其中女生1247人，适龄儿童入学率99.8%。

文化

1989年，全乡有电视机84台，接收花果山电视转播台电视信号。1992年，乡建有线电视站，9个城中村通有线电视，用户943户，1993年增至1386户。1998年，乡有线电视站并入市有线电视台。2001年，电视信号覆盖率98.5%。

2005年，全乡有线电视入户率80%。

医疗卫生

1989年，乡卫生院占地176平方米，医务人员9人，床位12张。1993年，建村卫生室9个。2005年，乡卫生院有医务人员38人、床位48张，11个村卫生室有村医14人。

特色地情

地方名医秧时雨（1889—1974） 原名有兴，字再霖，苗族，清光绪十五年（1889）生于今吉首乡岩寨村。他初跟父学草药小方，后自攻医书，勤奋苦读，潜心探索，后拜四川飞凤山安兴寺长老陈正道（清同治帝御医）为师。在陈指点下精读《黄帝内经》《本草纲目》《伤寒论》等医著，秉承“拯人寿世，非为名利”之忠告行医。有一年秋收时节，矮寨镇重武村流行霍乱，他日夜兼程，奔走七村九寨，治愈病人上百例。1954年，同所里黄慕琼等老中医创办“吉首镇中草医联合诊所”，后改为“吉首镇中医院”，他任副院长。1957年，被选为县人民代表和湘西自治州政协委员，八十余岁高龄还坐诊治病。1974年10月去世，享年85岁。

（撰稿人：杨昌辉）

吉凤街道

区域概况

位置面积

吉凤街道位于吉首市城区南端，南接凤凰县竿子坪乡，东连双塘镇周家寨社区和兴田村、北靠乾州街道兴隆社区、西毗社塘坡乡西门口村，面积18.85平方公里。

建置沿革

2010年8月，凤凰县竿子坪乡湾溪、木林坪、牯牛坪、捧捧坳4个建制村划为乾州街道辖区。是年12月，乾州街道办事处的湾溪、木林坪、牯牛坪、捧捧坳、双河、兴隆社区二组成建制转为社区，并组建吉凤街道办事处。是年，湘西吉凤经济开发区管委会（现湘西经济开发区管委会）受吉首市委、市人民政府委托，行使对吉凤街道管理权。

行政区划

2014年，辖湾溪、木林坪、牯牛坪、捧捧坳、双河、龙凤6个社区。

人口民族

2014年，辖区人口17500人。其中，土家族6930人，占39.6%；苗族4865人，占27.8%；汉族5687人，占32.5%。社区常住户口1519户5681人，农业人口4966人。

自然环境

2014年，街道辖区面积118公顷，其中稻田48公顷，旱地77公顷。境内属低山丘陵地貌，土质为黄壤。四季分明，夏少酷暑，冬少霜雪，年均气温17℃。年均降水量1400毫米。

经济发展

经济综述

吉凤街道经济发展定位为：以工业为主，综合配套城市功能，以矿产品精深加工、建材生产、生物产业为主，承担沿海产业转移项目。2013年，街道财政收入1747万元。2014年，财政收入636万元。

农业

辖区主要粮食作物有稻谷，次为玉米，杂粮有豆类、红薯。经济作物主要有蔬菜和椪柑、桃、梨、柚等水果。畜牧养殖业主要为猪、牛、羊、鸡、鸭等。林地面积少，主要生长松、杉及多种杂木。

2004年，吉凤经济开发区管委会实施辖区经济开发，土地陆续被征收办企业，粮食和经济作物种植大量减少。2011年，粮食产量800吨，人均149公斤，油菜产量93吨；生姜种植面积9.5公顷，产量502吨；蔬菜种植面积20公顷，产量600吨；水果产量以椪柑为主，产量1800吨。2011年，生猪饲养量560头，养羊300只，家禽饲养3000羽。全年实现农业产值1200万元，全年造林30公顷，农民住宅四旁植树6500株。森林覆盖率35%。

2014年，粮食产量430吨，人均91公斤。油菜种植面积16公顷，产量58吨。生姜种植面积74.6公顷，产量410吨。全年生猪饲养706头，羊378只，家禽1986羽。全年农业产值实现724万元。

工业

2010年，辖区有雪花啤酒、马尔斯电子、西部汽车城等重点工业项目，有湘西天源建材公司、湘西丰达合金公司、宏成制药厂、富龙鞋厂等20多家企业。2011年，辖区入驻金成混泥土、丰达合金、凌云矿业、金轲矿业、宏源矿业、明鑫高科、华慧服饰、春天生物等30多家工厂、企业，引进东顺纸业、武陵国际汽车城。

2013年，辖区入驻企业有：湘西自治州奥瑞克医药化工有限责任公司、湘西自治州鹏程门业有限公司、湘西中天混泥土有限公司、湘西引达建材有限公司、湖南恒瑞钢结构工程有限公司、湘西自治州凌云有色金属材料有限公司、湘西自治州兄弟玻璃有限公司、湘西宏成制药有限责任公司、湖南开泰服饰有限公司、湖南华慧服饰有限公司、湘西自治州宏华包装印务有限公司、湘西自治州三湘印务有限责任公司等40家。

商贸服务

2014年，湘西经开区有湘西文化产业园，占地29.97公顷，项目投资100亿元；武陵山物流园，项目占地5.3公顷，由武陵山物流园发展有限公司投资建设，投资3亿元，主要为建设矿产品、农副产品、家居建材、旅游产品等专业物流园，配套建设客运、货运、产品加工、批发配送、电子商务、商务办公等多功能为一体的综合平台；五星级酒店暨城市综合体项目该项目由重庆尚信置业公司和新加坡喜达屋酒店管理公司联合投资，建造高170米超五星级酒店和高100米高档写字楼，另配套高档商住区，占地面积9.99万平方米，将该项目建成湘西第一楼和豪华靓丽地标，项目投资20亿元；国盛国际家居广场，项目占地面积11.99万平方米（12公顷），建筑面积20万平方米，其中仓储物流配套面积1万平方米，建成集展示交易、批发零售、商务办公为一体的多功能、一站式家居建材销售基地。

基础设施

交通运输

2010年，吉凤街道有国道209线，吉铜（吉首—铜仁）省道公路。市内1路、6路公交车开通。2014年，吉（首）怀（化）高速公路建通车，辖区设互通。有万溶江从辖区湾溪、木林坪、牯牛坪、双河、龙凤社区流过。

供电饮水

供电　2014年，辖区有220千伏、110千伏变电站各1座，辖区居民和企事业单位用电得到保障。2011年，启动木林坪、牯牛坪、捧捧坳、湾溪4个社区农网改造，实现与城市居民同网同价。

饮水　2014年，辖区用水依靠吉凤水务公司引用社塘坡黄石洞水库和跃进水库（又称八月湖）水源供水，覆盖辖区1.75万人口。捧捧坳、双河、湾溪3个社区各有1处山泉自来水供应居民。

州府新城（向民航摄于2017年7月9日）

社会事业

教育

2014年，辖区有小学（4个年级）1所，在校学生124人，有教师11人，其中代课教师3人。有州属湘西民族职业技术学院，该院被列入湖南省普通高等院校系列。学院占地67.08公顷，建筑面积6.2万平方米。

文化体育

2010年，境内木林坪、牯牛坪、湾溪3个社区各有文艺队伍1支，双河社区有健身舞蹈队1支，捧捧坳社区有广场舞队、苗族鼓舞队、舞狮队，龙凤社区有鼓乐队1支、篮球队2支。各文体队伍，在平时空闲时参加演练，自娱自乐，逢节日庆典活动，参加表演节目。2014年，庆祝湘西经济开发区成立10周年，街道组织开展“新春送墨宝送福倒”活动和“园区为我发展，我为园区做贡献”主题活动，举行“群众民族广场舞选拔赛”等活动10次，参加人数5000余人。

医疗卫生

2014年，双河社区、牯牛坪社区设卫生室，各配卫生员1人，辖区参加新型农村合作医疗5817人，参合率98%。

社会保障

2011年，辖区实施新型农村养老保险制度，当年参保率89%。推行城市居民和农村居民最低生活保障制。辖区内享受农村居民最低生活保障（以下简称农村低保）206人，城镇居民最低生活保障（以下简称城镇低保）6人，“五保户”6人，全年发放各类救助金4.74万元。

2012年，辖区享受农村低保200人，城镇低保6人，有“五保”老人6人，全年发放各类社会救助金41.5万元。2013年，辖区享受农村低保334人，城镇低保10人，有“五保”老人6人（人均发放180元/月），全年发放各类社会救助金98.1万元。

2013年，参加新农保2182人，参保率92.7%。办理失地农民企业社保278人，发放失地农民生活补助559人次，补助金53.4万元。

2014年，辖区开展“阳光低保”，核实农村低保444人，城镇低保10人，有“五保”老人6人，实现应保尽保，参加新农保2081人，缴费20.98万元。512名“60、55”岁失地农民领取城镇标准养老金，为415名失地农民发放生活补贴。

（撰稿人：宋大文）

2015 后年底(调整后)吉首市乡镇(街道)基本情况表

乡镇（街道）名称	总面积（平方公里）	下辖建制村、居委会数（个）	户籍人口总数（人）	土家族人口占（%）	苗族人口占（%）
己略乡	79	10	0.8 万	0.5	98.6
矮寨镇	142.27	23	2 万	2.4	94.0
马颈坳镇	165.8	23	2.9 万	36.1	42.8
丹青镇	125.04	18	1.5 万	0.4	98.7
太平镇	120.88	14	1.4 万	43.7	54.2
河溪镇	98.5	12	1.3 万	62.3	11.1
峒河街道	102.31	27	5.5 万	29.0	38.9
乾州街道	203.74	34	6.5 万	52.2	32.1
镇溪街道	23.73	11	7.6 万	41.0	24.0
吉凤街道	18.85	6	0.6 万		

2015 年年底吉首市乡镇(街道)行政区划调整表

乡镇（街道）名称	乡镇调整行政区划说明	原下辖建制村、居委会名称	并入建制村、居委会名称
己略乡	不变	村：己略、联林、红坪、简台、夯坨、古者、荣华、结联、龙舞、求产	—
矮寨镇	调整	村：夯腊、德茹、大兴、联团、小兴、金叶、阳孟、排兄、幸福、家庭、洽比、德夯、中黄、岩科、坪年、吉龙。建新居委会、矮寨社区	村：新溪、坪朗、排乃、补点、树耳
马颈坳镇	撤销寨阳乡、白岩乡、马颈坳镇，新设立马颈坳镇	村：团结、几比、榔木、隘口、林农、康营、阳田、米坡、竹寨、汩比、枫香、新湾、合群；社区：溪马	村：雅沙、紫新、白岩、上坪、着落、檀木、桥六、杨柳、毛坪、补戈
丹青镇	排绸乡、丹青镇成建制合并设立丹青镇	村：大兴、大坪、烟竹、鲫鱼、狗咬、巴夭、章武；社区：清明	村：白云、卡坪、香花、槐花、河坪、高寨、广群、锦坪、光坪、王腊
太平镇	排吼乡、太平乡成建制合并设立太平镇	（太平乡）村：太平、司马、夯古、干田、青枫、金山、深坳、英勇	村：七星、把金、茶群、排杉、中百、芭颜
河溪镇	不变	村：马鞍、阿娜、中岩、张排、持久、岩排、新建、楠木、铁岩、渔溪、永固；社区：河溪	—
峒河街道	调整	村：溪头、振武营、白果坪、上老、林木山、岩寨、小溪、望江坳、樟木溪；社区：峒河、光明、五里牌、新桥、荣庄、桐油坪、大田、龙泉、向阳	村：合群、回光、曙光、马坳、栗溪、庄稼、勤丰、矮板、寨阳
乾州街道	双塘镇、社塘坡乡、乾州街道成建制合并设立乾州街道	村：树岩桥、吉庄、小庄、金坪、大庭；社区：竹园、古城、小溪桥、云峰、蔬菜、兴隆、兔岩、接丰、漩潭、狮子	村：三岔坪、西门口、强虎、关喉、十八湾、大幸、冲虎、大坝、双塘、坨丰、阴上、明丰、富强、立新、联合、兴田、江丰、联兴；社区：周家寨
镇溪街道	不变	村：寨垅、坪山坡。社区：荣昌坪、吉新、商业城、鸦溪、科技园、砂子坳、石家冲、马坡岭、胡麻井	—
吉凤街道	不变	社区：牯牛坪、湾溪、木林坪、捧捧坳、龙凤、双河	—

泸溪县

概述

一

泸溪县位于湖南省西部，是湘西自治州“南大门”。东与沅陵、辰溪县相邻，南与麻阳、凤凰县相连，西与吉首市接壤，北与古丈、沅陵县交界。地理坐标北纬27° 54′ ~28° 28′，东经109° 40′ ~110° 14′，东西宽79.5公里，南北长104公里，区域面积1565.5平方公里，占全省面积0.74%。

泸溪县春秋战国时属楚，秦时属黔中郡。汉高祖五年（前202）至南朝齐时属武陵郡沅陵县。南朝梁武帝萧衍天监十年（511），分沅陵地置卢州，属卢州地。南朝陈宣帝太建七年（575），废卢州，并入沅陵县，属沅陵郡。隋开皇九年（589），废沅陵郡，置辰州，后复置沅陵郡。唐武德二年（619），始建卢溪县，辖今泸溪、花垣、吉首地域。唐天宝元年（742），建辰州卢溪郡，领沅陵、卢溪、溆浦、麻阳、辰溪5县，卢溪县治迁洗溪口。南宋绍兴九年（1139），复迁至沅、武两水交汇处楠木洲。清顺治六年（1649），改卢溪县为泸溪县。清末属湖南省辰沅永靖道辰州府。

民国3年（1914），改辰沅永靖道为辰沅道，同时将上五都63处村寨划归乾城县，将沅水西岸白沙至马子桥一带划入泸溪县。民国11年（1922）撤废道制。民国24年（1935），湖南省设湘西绥靖处，隶属湘西绥靖处。民国25年（1936），湖南省在湘西设4个行政督察区，属第一行政督察区。民国26年（1937），属第三行政督察区。民国29年（1940），全省设9个行政督察区，属第九行政督察区。

1949年10月中华人民共和国成立，泸溪县属湘西行署沅陵专署，1952年属湘西苗族自治区，1955年湘西苗族自治区改为苗族自治州。1957年湘西苗族自治州撤销，成立湘西土家族苗族自治州，泸溪为其所辖。

交通便利。焦（作）柳（州）铁路从解放岩乡过境，国道319贯穿白沙、武溪、洗溪、潭溪4镇，杭（州）瑞（丽）高速公路穿越武溪、洗溪、潭溪3镇。沅江流经浦市、白沙、武溪3镇，峒河流入境内后改称为武水，流经潭溪、洗溪、武溪3镇，在武溪镇汇入沅江。

矿产丰富。已发现140个矿种，其中矿苗45个，磷矿石远景储量1.5亿吨，已探明1亿吨，为全省主要磷矿石产地。铝土矿占全省贮量73.8%，保有储量537万吨。石煤已探明贮量5亿吨，远景储量30亿吨。境内天然“花卉”菊花石储量颇丰。砂金及金刚石矿储量5.97吨。

泸溪县是盘瓠文化发源地，“东方戏曲活化石”辰河高腔保存地。全县有3处旧石器文化遗址，1处新石器时代遗址。浦市古建筑群、桐木垅古墓群、高山坪古驿道列为湖南省第九批省级文物保护单位，2010年，浦市镇被住建部等评为“中国历史文化名镇”，岩门古堡寨2011年列入省级重点文物保护单位，2013年，列入全国第二批传统村落名录。2014年，沅江风光、浦市古镇、天桥山景区评为国家级AAA级景区，武水湿地公园列入国家湿地公园试点。国家级非物质文化遗产保护项目名录有“辰河高腔”“踏虎凿花”等5个，国家级文化艺术之乡1个。省级非物质文化遗产保护项目保护名录有“泸溪傩面具”“苗族跳香”“杨柳石雕”等11个。

县城白沙镇被誉为“中国最年轻的氧吧县城”。2007年，中国果品流通协会授予“中国椪柑之乡”。至2014年，泸溪县先后获得“国家卫生县城”“全国文明县城”“全国义务教育阶段质量检测样板县”“国家生态环境质量变好县”等荣誉。

2014年，全县辖白沙、武溪、浦市、达岚、合水、兴隆场、潭溪、洗溪8个镇及石榴坪、永兴场、白羊溪、小章、解放岩、梁家潭、八什坪7个乡，下设136个建制村和16个社区居委会，690个村民小组。有1283个自然村寨。户数8.82万户，人口31.42万人，其中土家族5.61万人，苗族13.43万人，其他少数民族701人，少数民族占60.86%。全县农林牧渔服务业产值11.80亿元，同比增长4.6%；工业产值71.70亿元，增长14.2%；固定资产投资19.20亿元，增长25.9%；财政收入3.93亿元，增长17.54%；城镇居民人均

可支配收入16737元，增长8.4%；农村居民人均可支配收入5256元，增长11.7%。

二

明代初期，全县设五十四里。清乾隆二十年（1755），下设7都、7图、5里，即：一都、二都、三都、四都、下五都、上五都、归仁都，一图、二图、三图、四图、五图、六图、七图，上坊里、下坊里、在坊里、中坊里、怀德里。

民国16年（1927），泸溪县划8个区，即城东区、南一区、南二区、南三区、南四区、北区、西一区、西二区。民国27年（1938），废区并乡，全县建忠安、孝安、仁安、爱安、信安、义安、和安、平安8乡和武溪、浦市2镇，下设86保。

1952年8月，行政区划调整，全县划6个区，辖85个乡，11个街公所。1953年3月，建立武溪、浦市2镇。1954年3月，改区、镇人民

白沙新城（王岳林／摄）

政府为区、镇公所。1956年年初，全县增至97个乡。是年6月，撤区并乡，将6个区、97个乡合并成20个乡。即：上堡、团结、李家田、高大坪、红土溪、浦阳、达岚、潮地、石榴坪、合水、踏虎、兴隆场、永兴场、小章、解放岩、白羊溪、潭溪、松柏潭、梁家潭、八什坪。

1958年9月，人民公社化，全县建立上堡、李家田、浦阳、兴隆场、解放岩、潭溪、梁家潭、八什坪、达岚、石榴坪、合水、白羊溪、小章13个公社。

1961年3月，成立洗溪、永兴场两个公社。11月成立长坪人民公社。至此，全县有16个农村人民公社，加上武溪、浦市两镇人民公社，共18个公社。辖239个大队，1733个生产队。

1963年12月，武溪、浦市两镇公社管委会，改为镇人民委员会。

1983年，公社改乡制，首先在长坪公社试点，设立乡人民政府。1984年春，15个公社改为乡，大队改为村，生产队改为村民小组。加上武溪、浦市2镇，全县有18个乡镇。是年11月，洗溪、潭溪、达岚、合水、兴隆场5乡改为镇，同时，踏虎乡复建。

1985年，全县有7镇12乡，14个居委会，225个村委会，1165个村民小组。1987年，浦阳乡并入浦市镇，全县有7镇11乡，15个居委会，220个建制村。1994年，县城搬迁，从上堡乡划出白沙、岩头河两个村，成立县治白沙镇。

2004年，全县辖8镇11乡，240个建制村（居委会）。

2005年，乡镇行政区划调整，撤销踏虎、长坪、李家田乡，全县辖8镇7乡，16个社区，134个建制村。

2015年，乡镇行政区划调整，全县辖武溪、洗溪、兴隆场、合水、达岚、浦市、潭溪7镇，石榴坪、小章、白羊溪、解放岩4乡。总人口31.37万人。

浦市镇

南宋时，浦溪出口南北村地统称为浦口。元代，浦口南村寨称浦溪，也称浦阳；浦口北市镇因商业发达，经济繁荣，明代改称浦市。后浦阳、浦市并称浦市，有湘西“四大名镇”之首称谓。

2010年12月，被住房和城乡建设部、国家文物局评为“国家历史文化名镇”。

区域概况

位置面积

浦市镇位于泸溪县东南部沅水中游西岸，东与辰溪县板桥乡、孝坪镇隔河相望，南邻辰溪县潭湾镇，西接达岚镇、白羊溪乡，北与武溪镇、白沙镇相连。地域面积236.14平方公里。镇政府驻地十字街社区距县城白沙21公里，距湘西州首府吉首市区64公里。

建置沿革

元仁宗延祐七年（1320），设沅陵之浦口千户所。明清时期，由沅陵与泸溪两县共同管理，泸溪县设溪洞巡检司，沅陵县设池蓬巡检司，分而治之。清时，由辰州府通判驻此管理，俗称“三府衙门”。民国3年(1914)，街区及郊区全部划为泸溪县管辖。民国10年（1921），设特别镇。民国16年（1927），属南一区。民国27年（1938），废区建乡镇，镇内设浦市镇，镇郊设仁安乡。1949年11月，设泸溪县第二区，区政府设浦市镇。1953年，设浦市镇。1956年6月，撤区并乡，分设浦市镇和浦阳乡。1958年，浦阳乡改为浦阳人民公社。1960年，浦市镇改为浦市人民公社。1962年，恢复镇建制。1984年3月，改浦阳公社为浦阳乡。1987年1月，撤销浦阳乡，整体划归浦市镇管辖。

1956年，长坪建乡。1958年，属浦阳公社，1961年，析出建社。1983年，社改乡。2005年，行政区划调整，并入浦市镇。

1958年，李家田乡成立人民公社。1984年，社改乡。2005年，行政区划调整，李家田村、岩头山村、黑竹坳、茶林溪、引家冲、李家寨6个村并入浦市镇。

行政区划

民国27年（1938），浦市镇辖吉家头、十字街、屠户庙、大码头、太平街、烟坊弄、湾里、印家桥8个保。仁安乡辖土桥溪、青草、中塘、银井冲、新堡、灰洞坳、岩门溪、五果溜8个保。1953年，浦市镇公所设余家弄，辖7个街公所。1958年，浦阳人民公社，辖印家桥、城乡、黄家桥、浦溪、小岸坪、高桥、青草、银井冲、新堡、都歧、田家溪、高山坪、灰洞坳、鱼坪、小麻、岩门溪、擂鼓坡、五果溜、毛家滩、麻溪口、铁柱潭、白头溪、马王溪、毛茂田、峰堆、硬晒、毛冲口、麻垄、庄上、清水垅、中塘、长坪32个大队。浦市镇辖十字街、太平街、新建街、烟坊街4个居委会。2005年，行政区划调整，铁柱潭、擂古坡并入麻溪口村，灰洞坳、小麻并入岩门溪村，柑橘场、小岸坪并入浦溪村。长坪乡白头溪村并入毛茂田村，丰堆、毛冲口、硬晒村并入长坪村，清水垄并入中塘村。李家田乡6个村、33个村民小组并入后，茶林溪村并入鱼坪村，引家冲、李家寨村并入岩头山村。至2014年，辖4个社区、24个建制村，即十字街社区、太平街社区、新建街社区、印家桥社区，麻溪口村、毛家滩村、五果溜村、岩门溪村、高山坪村、田家溪村、鱼坪村、李家田村、岩头山村、黑竹坳村、城乡村、新堡村、银井冲村、浦溪村、青草村、高桥村、都歧村、黄家桥村、马王溪村、毛茂田村、长坪村、中塘村、庄上村、麻垄村，下设152个村（居）民小组。

人口民族

原居民以汉族为主。1961年，浦市镇1828户7871人，浦阳公社3481户12921人，长坪公社1527户5637人。李家田公社有6个大队615户2840人。至1983年，浦市镇人口7994人，浦阳公社21583人，长坪公社9085人，李家田公社6个大队4510人。2005年并镇，全镇14981户58572人。2014年，全镇有18379户59641人，其中常住人口56120人，流动人口6236人。有苗族、土家族、瑶族、侗族4个少数民族，少数民族占35.08%，其中苗族27.03%，土家族8.05%。人口出生率16‰，自然增长率11.4‰。人口密度每平方公里252人。

自然环境

浦市镇地形以平原、丘陵为主。南部和北部属于高山地貌，最高点新堡村代朝山，海拔622米，最低处镇区新建路海拔125米。耕地面积4236.11公顷，其中水田面积3774.6公顷，旱地面积461.5公顷。林地面积14916.31公顷，森林覆盖率65%。气候属中亚热带季风湿润性气候，年平均气温16.9℃，其中镇区南部是湘西州境内热量最丰富暖中心区，年平均气温17℃。无霜期278天，日照1472小时，年降水量1330毫米。境内成土母质较多，以红砂和黄壤为主，通气性能良好，土壤酸碱度适中。境内有大小河流43条。1957年1月，湖南省水文资源勘测局在五果溜村江边设浦市水文站。沅水平均流量1132.6立方米/秒，河面宽1500~2000米，流域面积150平方公里。矿藏资源主要有磷矿、铁矿、铝土矿、铜矿、铅矿、锌矿、矾矿、硫黄矿、金矿、石灰岩和菊花石。其中磷矿储量3937万吨，铝土矿储量512.3万吨，均居全省之首。主要自然灾害有洪涝、旱灾、地质滑坡等。

经济发展

经济综述

境内经济主要以传统农业生产和商贸服务为主，农产品主要是水稻、甜橙、荸荠、莲藕、棉花、铁骨猪等。商贸服务业主要是木材、桐油、白蜡等产品购销和鞭炮业制作及销售。1962年，粮食播种2597.87公顷，产量4392吨。1970年，农村经济开始恢复和发展。1973年，粮食作物播种2614.33公顷，产量7975吨。1982年，实行联产承包责任制，经济结构调整，农业生产走向多样化。1999年，浦市镇农林牧渔业产值5776万元，乡镇企业产值11561万元。2004年，农林牧渔业产值5129万元，乡镇企业产值8360万元，农民人平纯收入1898元。是年，长坪乡农林牧渔业产值2272万元，农民人平纯收入1504元；李家田乡农林牧渔业产值1054.2万元，农民人平纯收入1187元。2005年，全镇农林牧渔业产值8964.8万元，农民人平纯收入2162元。2006年，在中塘、长坪、庄上、麻垄等村集中连片开发椪柑133.33公顷；以麻溪口、李家田、岩门溪3个村为基点，集中开发67公顷椪柑示范片；在毛家滩、长坪、新堡、麻溪口、麻垄等村改造100公顷椪柑精品示范园。建成以长坪、毛茂田、马王溪、毛家滩、银井冲村为主烤烟生产示范基地156公顷。2010年，农林牧渔产值14122万元，农村居民人均可支配收入3573元。2014年，农林牧渔产值20384万元，农村居民人均可支配收入5537元，城镇居民人均可支配收入16737元。居民年末人均储蓄存款15000元，家电入户率95%，人均住房面积26平方米。

农业

种植业　境内为农业大镇，是全县粮食主产区。农业以水稻种植为主，其次是玉米、红薯、大豆等。经济作物主要有油菜、瓜果、蔬菜、荸荠、莲藕、棉花、花生、蚕豆等。1961年，开始试种双季稻，当年种植面积159公顷，产量485吨。1974年，在全县率先试种杂交稻，种植4公顷，产量27吨，1980年推广种植杂交稻。1981年，确定为全县杂交稻制种区，建立制种基地。1999年，双季稻种植671公顷，占水稻种植60%，稻谷产量10228吨。柑橘是该镇传统产业，2006年，椪柑种植800公顷，产量1.2万吨。2010年，作为超级稻项目区，推广超级稻生产，种植面积300公顷。2011年，农业产业进入烟—稻、油—稻连作阶段，形成以马王溪示范村为核心，遍布坪区各村观光农业。2014年，粮食作物播种2770.1公顷，产量22331吨。烟叶种植131公顷，产量193吨。油料播种1072公顷，产量1874吨。柑橘果园300公顷，柑橘产量15546吨，农业产值13360万元。

林业　森林植被以马尾松、杉树、油桐、油茶、板栗、枣子等树种为主。20世纪70年代，辖区大队集体林场12个。1984年，“三山变一山”林权体制改革，集体林场解体。1990年，开展“五年消灭荒山，十年绿化全县”荒山造林活动，荒山造林500公顷。2000年，实施退耕还林工程，坡耕地全部退耕还林。从麻溪口到马子桥一带，实行坡地退耕还林，打造沅江风光带；以丫山头和庄上村为中心，实行宜林荒山荒地造林。2010年，推行林权制度改革，完成各农户林地勘界确权工作，调处林权矛盾纠纷130起。2014年，全镇有林地面积14916.31公倾，森林覆盖率68%，木材蓄积量7.5万立方米。累计退耕还林2874公顷，荒山造林3198.6公顷，开发油茶42公顷，林业收入840万元。

养殖业　1973年，7个大队建立集体猪场、鸭（鹅）场。耕牛饲养量2909头，生猪存栏7759头，羊存栏2909只，家禽11万羽。1983年，生猪饲养量13371头，家禽饲养量18万羽。1990年，以养猪为主养殖业得到发展，能繁母猪增多。1999年，生猪存栏16597头，羊存栏8186只，家禽饲养量20万羽，2000年，乡村出现养殖大户。2008年，马王溪村推行猪—沼—果（菜）生态家园式养殖模式，带动周边乡村生猪养殖业。为保护和发展浦市铁骨猪优良品种，在麻溪口村建立原种铁骨猪养殖专业合作社，按照“合作社+基地+农户”和“统一防疫、集中繁殖、分户育肥、统一回收、统一加工”模式运作。2013年，浦市铁骨猪养殖大户5户，散养户300户，年饲养量1万头，出栏6000头。麻溪口、花园坪等村依托资源优势发展山羊生产和渔业生产，新堡村、银井冲村、浦溪村、青草村等村利用地域优势，发展鸭、鹅等家禽业，实现“一村一品”。2014 年，全镇有养殖大户 34 户。全年生猪出栏 25988 头，牛出栏 1399 头，羊出栏 2508 只，家禽出笼 285745 羽，养殖业产值 5581 万元。水产品产量 547 吨，渔业产值 510 万元。

工业

1946 年，当地人士吴维舟在麻溪口创建维新投份公司，从事采煤生产。1950 年，煤矿由县公安局接管，组建麻溪口劳改场，对外称地方国营麻溪口煤矿。1958 年，泸溪县分别在五果溜、麻溪口建有煤矿。1962 年，麻溪口煤矿移交给州公安局劳改队管理。1966 年，始建县浦市磷矿。1969 年，境内所有煤矿全部停产。至 1974 年，有浦市化工总厂、氮肥厂、耐火材料厂、鞭炮厂、皮件厂、副食二厂、水泥厂等 15 家县办企业，是县办工业集中区。依托县办工业资源优势，集体企业发展迅速，形成工业经济为主导经济结构。1975 年，成立浦阳磷矿，属社办企业。至 1984 年，采掘磷矿石 26.8 万吨，收入 426.14 万元，利润 149.87 万元。1985 年，有乡镇企业 18 家，企业产值 344 万元。1990 年，建浦市化肥厂，生产钙镁磷肥、四效复合肥、磷酸氨钙、硫酸远销全国各地，获得科技部“全国乡镇科技进步先进单位”、湖南省“全省乡镇企业化工企业十五强”等称号。1995 年，被评为“全州乡镇企业产值过亿元乡镇”。1996 年，评为全州乡镇企业“十强乡镇”。1999 年，被评为全州经济工作“十强镇”。镇办企业有化肥厂、自来水厂、鞭炮厂、塑料厂、砖瓦厂、石灰厂、电镀厂、磷酸氢钙厂等 27 家，从业人员 1383 人，工业企业产值 11561 万元。2005 年，境内县属企业全部破产改制，乡镇企业亦整体改制。2014 年，有马王溪陶瓷厂、岩门溪石灰厂、麻溪口水泥厂、宏宇建材厂、天阳矿业公司、自来水厂等 7 家民营企业。从业人员 1280 人，乡镇企业产值 7500 万元。

商贸服务

明代洪武初期开设农贸市场，逢农历二、七日赶场。明清时期，街区有正街、河街和后街三条街道，十省三府会馆商贾云集，银行、钱庄、典当、油号、瓷庄、洋行、茶馆遍布街市。清末民国初期，成规模经营桐油商铺 14 家，桐油桶行、篓行形成一条街。抗日战争时期，从沦陷区西迁官民进入浦市，人口激增。商贸服务业再次发展，有南杂货业 160 家，绸布、油行、造纸、印刷等行业 187 家，铁匠铺 300 家。1950 年，成立“泸溪县浦市工商联合会筹备委员会”。1968 年，多数居民下放农村从事农业生产，商贸业一度萧条。1978 年，商贸业开始复苏。1983 年，有个体工商户 784 户，从业人员 2400 人。2005 年，修建 2 个综合市场，占地面积 2400 平方米，内设服装、百货、鞋类、粮油、水果、肉类、禽类等行业区，固定摊位 264 个。2014 年，有个体工商户 1700 户，从业人员 4300 人，商贸营业额 1.39 亿元。

其他产业

旅游　2004 年，境内以古镇独特人文地理特色历史和文化环境为背景，以国家历史文化名镇为品牌，以历史建筑为核心资源，挖掘历史文化内涵，打造集观光游览、民俗文化体验、休闲度假于一体旅游景区。2014 年全年接待游客 32 万人，实现旅游收入 6000 万元。是年，被国家旅游局评为 AAA 级旅游景区。

基础设施

交通运输

水上交通　明清时，沿沅水西岸建有货（客）

运码头24个。20世纪70年代建有机械化装卸码头9个。1972年，设立浦市港务管理站，承担船舶管理。1986年，有机动货船13只520马力746吨位。2014年，有客运码头1个，货运码头1个，客运船只12艘，货运船只6艘。

陆路交通 1958年，修建武溪至浦市至合水公路，1960年建成通车，1965年始通客班车。1977年，改造武溪至浦市公路33公里，达到三级路面标准。1992年，动工修建白沙至浦市公路，全长21公里，1995年竣工建成。2005年，完成路面混凝土硬化。2006年，陆续实施通村公路路面混凝土硬化。至2013年，通村公路硬化85%。2014年，取缔346辆客运三轮机动车，投放13辆客车开通城乡公交车，3条公交线路覆盖新建街、太平街、十字街、印家桥4个社区以及周边18个村寨。12月底，30辆出租车投入营运，是全州首个开通出租车乡镇。是年，境内有省道S252（白沙至辰溪）、S336（白沙至四新）、武溪至李家田至浦市、浦市至长坪至潭湾四条公路，有公路桥梁12座，公路里程284公里。24个村通公交，有客运车62辆，货运车345辆，小汽车30辆，拖拉机199台。

邮政通信

清光绪三十二年（1906），设邮政代办所。宣统三年（1911），改为邮政分局。民国26年（1937），镇区始通电话。民国30年（1941），设立电报局。1958年，设交换总机室，有6对电话终端线路，各大队通电话。1963年，设立邮电支局。1991年，开通程控电话，安装电话259部。1996年，开通移动电话。1999年，开通互联网。2011年，有邮政网点1个，乡村通邮率100%，电信企业3家，服务网点37个。固定电话用户3500户，移动电话用户20974户，互联网宽带用户4627户。至2014年，移动、联通、电信部门建有通信基站和服务网点。全镇有固定电话用户2万户，移动电话用户3万户，互联网宽带接入用户1万户。

供电饮水

供电 民国31年（1942），当地实业家许义生购入60马力蒸汽机和18千瓦发电机，在吉家弄发电。1950年，王廷福购入50马力蒸汽机和30千瓦发电机各一台，1951年发电照明。1970年，岩门溪水库电站建成供电。1980年，架设37.6公里35千伏输电线路从小陂流电站引电。1998年，建成110千伏变电站一座。2000年，国家投资改造农村电网，2006年完成改造。2014年，有110千伏变电站1座，变压器207台，高压电线路4条265公里，供电用户14723户，年供电量1701万千瓦时，综合电压合格率95%，供电可靠率95.6%。

饮水 镇区居民历来依靠水井供水。1976年，始建自来水厂，直接从沅江抽水供街区居民100户500人用水。1986年，购进一艘简易供水船，日产1000吨，供应街区居民用水。1993年，在姚家湾建自来水厂，日产水5000吨，居民用上自来水。1998年，在防洪大堤修建永久性筒式抽水泵房，日供水1万吨，供应13家企业和3万人饮水。1999年，实施农村人畜饮水工程建设，基本解决农村人畜饮水问题。2014年，镇区建有日供水1万吨自来水厂，4个社区、24个村通自来水。

水利建设

民国时期，辖区农民在稻田集中地开挖小池塘蓄水，俗称“牛困塘”。1955年，修建金井水库，库容300万立方米，灌溉面积20.78公顷。1966年，修建岩门溪中型水库，集雨面积79.2平方公里，库容2900万立方米，有效库容1800万立方米，坝顶高程122.51米。坝外坡左利用导流涵洞建水力发电站1座，装机容量570千瓦，年发电量97万千瓦时。1972年，设岩门溪水库管理所。1995年，对病险塘库除险加固。2000年，维修塘库渠道，治理马王溪小流域。2013年，结合国土整理，实施浦溪出口河坎修砌，新修河堤1600米，恢复水田14公顷。2014年，境内有中型水库1座，小（1）型水库1座，小（2）型水库30座，山塘246口，各类水利设施32处，溪坝15处，年蓄水量3800万立方米，灌溉面积2880公顷，有效灌溉面积2833公顷。

村镇建设

1955年，由县乡财政拨款，雇请专人管理清扫街道。1982年，成立浦市环卫所，同时设立垃圾处理场。1985年，环卫所纳入县城建局管理。2008年，开展整脏治乱，镇政府聘用保洁员负责街道清洁卫生。是年，村（社区）陆续修建村部楼，至2012年，28个村（社区）全部建有村部楼。2013年，开展城乡环境卫生同建同治，拆除街道乱搭乱建违章建筑，商户实行齐门经营和划线经营，机动车辆划定专用地段停放。

境内属五强溪电站库区移民搬迁区域。1996年3月，县政府成立浦市围堤防护工程指挥部。工程投资1.14亿元，实施防洪堤、排水渠、南新街移民安置区市政项目建设。防洪堤南起吉家头，沿沅江左岸河街而下，北至浦古龙潭，全长2.87公里。堤顶高程124.5米，堤顶宽6.5米，汽车可通行。南新街移民安置区选址在浦市—长坪公路和浦市—合水公路两侧地域，占地7.8万平方米，移民搬迁1056户4279人。2014年，铺设街道石板路面2500米，特色民居住房改造95栋，砖房包木仿古建筑40栋。设置街区垃圾中转站2个，垃圾转运箱23个，有垃圾运输车2辆，洒水车1辆，手推垃圾车262辆，村（社区）设有垃圾处理池，配备村（社区）保洁员188人。

社会事业

教育科技

教育 清康熙二十三年（1684），浦市举人李子皋倡修“文昌阁”，免费义学。乾隆十二年（1747），通判王敷赉在后街梓童阁建崇文书院。嘉庆八年（1803），辰沅永靖兵备道道尹傅鼐在堤上（今浦市一小）建浦阳书院。嘉庆二十二年（1817），改名为观澜书院。光绪二十九年（1903），观澜书院改为官立高等小学堂。民国4年（1915），创办女子学校。民国9年（1920），湘西巡防军第二支队司令贺龙驻防浦市期间担任该校名誉校长。官立高等小学堂经过几番改名后，于民国35年（1946），改县立第二中心国民小学。1951年，改称为浦市一小。1965年，改为浦阳完全小学。1987年，复名浦市一小。1944年和1946年，相继设立育才小学、志仁中学。1951年，区人民政府接管志仁中学，改名群力中学。1953年，命名泸溪县第二初级中学。1982年，浦阳公社创办浦阳中学。1985年，浦市化工总厂设立子弟学校，2002年撤销。2013年，浦阳中学并入泸溪县第二中学，一小和二小合并为中心完全小学。2014年，有县二中和镇中心完全小学各1所，村级小学13所，教学延伸点5个；在校学生7328人，教职工682人；幼儿园12所，幼儿教师67人，入园幼儿700人。小学适龄儿童入学率、小学升初中升学率、九年义务教育覆盖率均为100%。

科技 1970年，全县杂交水稻植种和推广区域、农业科技全面推广。20世纪80年代，以浦市化工总厂为代表，县镇办企业引进新技术新工艺开展技术革新。2006年推广“畜—沼—果、畜—沼—菜、畜—沼—粮”综合利用技术，推进生态农业发展。2014年，以浦市古镇AAAA级旅游景区创建为契机，打造现代农业科技示范园区，建设科技化、生态化、集约化、市场化、休闲化、公园化为一体综合型现代农业产业园区。

文化体育

1953 年 6 月，设立文化总站，配干部 1 人，并组建业余高腔剧团，有团员 41 人。1960 年，文化总站停办。1969 年，建立广播站，配广播员 1 人。1974 年，复建文化站，配文化辅导员 1 人，同时成立电影放映队。1975 年，有大队业余文艺宣传队 21 支，队员 550 人，各大队均通广播，每村每月放映一场电影。1982 年，县电影公司在十字街修建电影院。1984 年，浦阳乡政府投资 20 万元修建农民文化宫建筑面积 2800 平方米，被称为“湘西乡镇第一宫”。1992 年，开通有线电视，当年电视用户 1800 户，1996 年，发展到 3000 户，并自办镇内新闻节目。1999 年，实施农村电视“村村通”工程。至 2001 年，实现电视“村村通”。2006 年，各类健身队、广场舞表演队、铜管乐队相继出现，抬黑龙、抬故事、蚌壳灯、彩龙船等民俗文化体育得到传承发展。2014 年，镇有文体广电服务站，有各类业余文艺表演队 16 支 420 人，有村图书室 20 个、藏书 4 万册，广播喇叭 420 只，体育场 5 处；有线网络公司营业部 1 家，普通频道 61 套，高清 22 套，付费频道 56 套，电视用户 6135 户，电视覆盖率 95%。

医疗卫生

明清时期，境内有龚恒兴、杨兴盛等 11 家药店兼门诊。民国时期西药传入，有杨幼五、黄世瑞等 5 家药店兼门诊。1953 年 6 月，设立浦市镇中医联合诊所。1958 年，改名浦市中医院。1953 年，设立二区（浦阳）卫生所，1958 年，改为浦阳公社卫生院。1967 年，浦阳公社卫生院改为浦市地区卫生院。1974 年，改为浦阳中心卫生院。1987 年，浦阳中心卫生院更名为浦市中心卫生院。1994 年 7 月，卫生部授予铺市中心卫生院“一级甲等医院”。2009 年，推行新型农村合作医疗制度。2010 年，推行城镇居民医疗保险制度，参加新农合和城镇医保人数逐年增加。2014 年，有中心卫生院 1 所，中医院 1 所，医护人员 152 人，村卫生室 22 个，乡村医生 22 人。全镇参加新型农村合作医疗 41832 人，参合率 80%。

社会保障

民国 10 年（1921），贺龙率湘西巡防军第二支队驻防浦市，因连年灾荒，饥民载道，他同情灾民疾苦，指定 12 家大户出粮出钱在街头煮粥施舍饥民，与开明绅士虢宾实设立饥儿收容所。民国 27 年（1938），中国战时儿童救济协会收容 1200 名难童迁入，设教养院。1958 年，建立浦市敬老院，集中收养“五保”老人 10 人。1963 年，落实优抚政策，安置复员退伍军人，对优抚对象实行“双定”补助。2010 年，扩建改造镇敬老院。农村城市低保扩面，提高补助标准。2014 年，农村最低生活保障户 2395 户 37986 人，发放资金 74.94 万元；城市最低生活保障户 1635 户 2595 人，发放低保金 669.51 万元。新型农村养老保险参保 22396 人，缴费金额 139.41 万元。镇敬老院集中供养“五保”老人 61 人，支出资金 49.04 万元；分散供养 300 人，支出资金 79.2 万元，为城镇无房户居民修建廉租房 473 套。

特色地情

历史人文

境内有新石器时代遗址和战国古城墙遗址各 1 处、战国及西汉历代古墓 183 座。至 2014 年，保存历史街区 3 处、历史古建筑 204 处。

浦市是历代名人落脚之地。岳飞部将谭子兴

浦市古镇（张宗南/摄）

于南宋绍兴五年（1135）从常德移师浦口（浦市），被敕封为千户将军。清嘉庆八年（1803），辰沅永靖兵备道道尹傅鼐从均田勇费中拨款修建“浦阳书院”，在球岔修建七级宝塔。康熙十二年（1673），吴三桂到浦市生宝（今新堡）访贤。适逢干旱，吴设坛拈香在大魁洞（今代朝山下温洞）求雨，刻石立碑于洞口。清咸丰十一年（1861），石达开率兵占领浦市，驻浦期间，其一名妃子病死，葬于和尚坪。国民党“五虎上将”之一刘峙少年时期在浦市度过，1907 年从浦市考进长沙陆军小学堂。1921 年，湘西巡防军第二支队支队长贺龙率部驻防浦市，其间惩恶扬善、赈济灾民，担任女校名誉校长，在清水坪栽植柳树。1935 年 11 月，贺龙、任弼时、关向应率领红二、六军团长征，在途经浦市时，与国民党追击部队激战三天，团长刘汉卿及 5 名战士在战斗中不幸壮烈牺牲。1953 年，县政府在毛家坡、青草、长坪、中堂等地分别修建红军烈士墓。

名优特产

浦市甜橙 浦市甜橙有一千多年栽培历史，果形美观，果皮色泽橙红鲜艳，果肉细嫩化渣，汁多籽少，风味香甜浓郁，可溶性固形物为 12.2%，含糖量 9.83%，含酸量 1.29%，维生素 C 含量每 100 毫升果汁含 5.5 毫克。1970 年，选育出“无核甜橙”和“解放 10 号”甜橙良种，是全国柑橘十佳品种之一。1985 年，种植面积 80 公顷，最高年产量 500 吨。后逐渐被椪柑取代，2014 年，甜橙面积仅存 0.8 公顷。

浦市铁骨猪 浦市铁骨猪有千年养殖历史。浦市铁骨猪皮毛全黑，分八卦头和鲤鱼头型两种，繁殖力强，肉质细嫩鲜美，骨骼强度指标 3.26 千牛顿，故有“铁骨猪”美誉。1984 年，载入《湖南省家畜禽品种和品种图谱》。2005 年，列入《湖南省畜禽品种资源保护规划》。2006 年，被列入国家级畜禽遗传资源保护名录。2010 年，获中国优势农产品地理标志认证。2012 年，获国家工商总局“浦市铁骨猪”商标注册。

风景名胜

老街 沿沅江而建，全长3000米，街道以红石板铺设，街面宽3~5米，古民居、古会馆遍布其间，现存窨子屋124栋。有江东寺、上方寺、龙兴寺为代表古寺庙，有石达开妃子墓、姚家绣楼、李家书院、万寿宫、国民党陆军监狱等古建筑。高山坪古驿道现存10公里，被誉为“南方丝绸之路”。

高山坪古驿道（邓和生/摄）

吉家大院 明末清初建造，砖木结构，进深58米，由“三井三堂十二房”构成。四周防火墙高40米，即防火又挡风。正面为三层并连式结构，以条石构筑。门额以高浮雕手法刻有“家约清风”等祥语，两端刻有荷花、香草，周边饰几何图案。窗花以几何图案为主，中间刻八仙、人物、花草、斗打等图案。建材用料讲究，踏步、天井以及地面均用红砂岩条铺底。木构件则精雕细镂有各种图案。院内厢房按家室辈分依次居住。厢房木窗雕龙刻凤，每一板雕刻都是一个美丽的传说故事。

自然景观资源独特。沅江流经浦市段水域茫茫，烟波浩渺，有遍布鹅卵石的毛家滩。代朝山上有真武庙，山腰有温洞。灰洞坳村楠木洞属喀斯特地貌，有“一线天”“千丘田”“龙盘磨”“岩菩萨”、石桌石椅等自然景观。

民俗风情

非物质文化遗产传承民俗文化活动有春官踏春、庙会、傩戏、舞龙灯、赛龙舟、扎故事、抬黑龙等，其中，浦市辰河高腔被誉为“神奇的东方艺术瑰宝”，2007年，被列入第一批国家非物质文化遗产名录。

辰河高腔 辰河高腔始于浦市近郊浦溪，有400年历史。明末江西弋阳曾氏兄弟弃官避乱隐居浦溪，客居异地常哼唱弋阳腔。后曾氏兄弟寓居浦市万寿宫（江西会馆）专门授徒，沅陵、辰溪、叙浦等地纷纷来人拜师学艺，学后回本地传学，逐渐形成流派。一些艺人在表演过程中，把当地辰河戏和江西弋阳腔结合起来，形成浦市辰河高腔雏形。弋阳腔融进当地佛、道、傩等祭祀音乐，辰河戏以从弋阳腔中脱颖而出，形成自己独特音乐唱腔。故辰河一带虽广泛传唱辰河高腔，各流派均以浦市独具特色“浦腔浦调”为正宗。辰河高腔名师主要有安启家、米殿臣、米寿生、陈依白等。

中元节 中元节是泸溪县代表性传统民俗节日之一，是当地群众纪念祖先节日。节日活动始于宋末梁武帝祭祖避兵扰，后演化为随俗过节，又称祭孤、七月半、寄生节、盂兰盆会等，有2000多年历史。中元节期间，群众自发举行祭祀活动，以悼念先辈亲朋，弘扬忠孝精神，延续至今，被注入祈福风调雨顺、国泰民安、弘扬中华传统美德等更多内涵。2014年8月7日，举行第一届浦市中元祈福节，活动突出“逛古镇 探古宅 听古戏 品古韵”主题，分为开幕式及民俗展演、踩古街游行、赏浦市传统工艺、古宅探秘、辰河高腔座谈会等内容。

（撰稿人：张宗南 章明非）

白沙镇

“白沙”，苗族瓦乡语叫“颇娑”，就是有白色沙子之地。该镇为泸溪县治。

2010年，全国爱国卫生运动委员会授予“全国卫生县城”，2011年，中央精神文明建设指导委员会授予“全国文明县城”称号，2014年，环境保护部授予“国家级生态乡镇”称号。

区域概况

位置面积

白沙镇位于泸溪县东北部。东与沅陵县筲箕湾镇和辰溪县船溪乡交界，南与浦市镇接壤，西与沅陵县盘古乡连接，北与武溪镇毗邻。区域面积59.62平方公里。距湘西州首府吉首市区48公里。

建置沿革

白沙原是位于沅水河畔古老自然村落。民国37年（1948），白沙镇域属泸溪县忠安乡，1952年，属泸溪县第一区上堡乡管辖。1958年，成立人民公社时属上堡公社白沙大队。1961年11月，湖南省人民政府批准将辰溪县铁山、岩头河两个大队划归泸溪县上堡公社管辖。1984年社改乡，仍属上堡乡管辖，改名白沙村。

20世纪80年代，国家重点工程五强溪电站开工建设，泸溪县城武溪镇属淹没区，县城迁建白沙。1989年，泸溪县成立白沙镇筹备领导小组。1993年9月，经湖南省人民政府批准，上堡乡划出白沙、岩头河两个行政村，设置白沙镇。1994年6月29日，白沙镇成为泸溪县第19个乡镇。1995年3月28日，泸溪县人民政府迁址该镇，成为泸溪新县治。

行政区划

1993年，白沙村划为兴沙、沅江、屈望3个居民委员会，岩头河村保持不变。2005年，行政区划调整，原上堡乡刘家滩村、铁山村、红土溪村、侯家村，原李家田乡红岩村、辛女溪村并入管辖。岩头河村与铁山村合并设立桥东社区，侯家村并入红土溪村，辛女溪村并入红岩村，屈望、沅江、兴沙社区和刘家滩村维持原状不变。2014年，全镇辖桥东、屈望、沅江、朝阳、兴沙5个社区及刘家滩、红土溪、红岩3个建制村，下设24个居民小组和18个村民小组。

人口民族

1993年建镇时，有606户2720人。1996年，人口出生率17.51‰，自然增长率10.21‰。2005年，全镇有8576户23334人。2014年，全镇有11896户36027人，其中农业人口14669人。少数民族以苗族、土家族为主，另有回族、壮族、侗族、白族、黎族、高山族、仡佬族等。少数民族占65.15%，其中苗族占41.23%，土家族占23.48%，其他少数民族占0.44%。人口出生率12.57‰，自然增长率8.65‰。人口密度为每平方公里604人。

自然环境

白沙镇地势西高东低，大部属山区丘陵地区，平均海拔120米，耕地面积464.68公顷，其中稻田面积442公顷，旱地22.46公顷。森林面积3209公顷，森林覆盖率67%。沅江由南向北从红土溪村经县城流入武溪镇，境内流长11公里。年平均气温16.9℃，无霜期278天，年日照时数1286~1698小时，年均降水量1300毫米。受季风、地形、光照等因素影响，气候变化较大，易发生暴雨、干旱、冰雹、冰冻等自然灾害。矿产资源主要有石煤、硫黄、砂金、金刚石、菊花石等。

经济发展

经济综述

1994年，全镇粮食播种面积1095公顷，产量390吨，农业产值206万元，农民人均纯收入932元。1995年，开发柑橘面积46.72公顷，荒山绿化100公顷，在岩头河村开发蔬菜基地17公顷。2000年，在发展农业、第三产业同时鼓励支持有条件、有能力人士兴办企业，发展工业生产。2007年，全镇规模工业发展到6家，规模以下企业18家，工业产值1.8亿元，上缴税收1100万元。2011年，粮食产量2089吨，农业产值4500万元，农村居民人均纯收入3597元，城市居民收入1.27万元。2014年，生产总值11.64亿元，其中工业产值8.21亿元，农业产值4899万元，第三产业2.94亿元。农村居民可支配收入5386元，城市居民可支配收入16737元，同比分别增长14%、8.3%。年末城乡居民人均储蓄余额2.1万元，家电入户96%，人均住房面积28平方米。

农业

种植业 境内种植业经济以种植水稻为主，1994年，粮食播种面积73公顷，产量390吨，农业产值206万元，农民人均纯收入932元。1998年，粮食播种面积121.9公顷，产量650吨，农业产值248万元，农民人均纯收入1250元。2001年，开发椪柑面积367公顷，椪柑产量4240吨。2009年，开发椪柑面积867公顷，椪柑产量9645吨。农民人均纯收入2789元。2014年，粮食播种面积403.25公顷，粮食产量2147吨，油料产量329吨，柑橘产量10360吨，农业产值3179万元。

林业 境内林业树种主要有松、杉、柏及其他落叶乔木等。20世纪70年代，有大队林场2个。1984年，林权制度改革，“三山变一山”，集体林场解散，林地分配到户。2000年，实施退耕还林工程。2012年，林权制度改革，开展林地勘界和发证工作。至2013年，累计退耕还林761.6公顷，荒山造林115.3公顷，开发油茶32公顷，累计补助粮食折价978.6万元、补助资金115.4万元。2014年，全镇森林面积3209公顷，森林覆盖率67%，林业产值815万元。

养殖业 1995年，全镇出栏生猪450头，牛存栏320头，出笼家禽8700羽。1998年，出栏生猪1860头，出栏羊5000只，家禽出笼12380羽。2000年，加大政策支持力度，养殖业发展速度加快，出现养猪大户3户，网箱养鱼大户6户，养羊大户2户。2009年，出栏生猪7071头，出栏羊4000只，家禽饲养量14820羽，网箱养鱼水面1500平方米，产量300吨。2014年，全镇有养殖场5个，养殖大户10户，网箱养鱼水面2000平方米，稻田养鱼13.33公顷。出栏生猪7919头，出栏肉牛208头，出栏羊510只，家禽出笼14691羽，养殖业产值3179万元，渔业产值116万元。

工业

1983年，白沙大队队办企业有3座石灰窑和2座砖瓦场。1984年，乡镇企业开始快速发展.至1994年，全镇企业有42家，从业人员1405人，乡镇企业产值1405万元。1992年，居民刘集贵带头创建民营企业。2002年，企业经营扩大，组建湖南金旭集团公司。2007年，主要产品及规模有年产硫酸10万吨、电解锌3万吨、电解锰5万吨、微细球形铝粉2000吨、金属镉300吨、电池锌饼5000吨、锰粉20万吨。总资产4.5亿元，员工1500人。2009年，生产电解锰24438吨，电解锌6342吨，硫酸46569吨，产值4.5亿元，销售收入4.1亿元，纳税3385万元。

2004年，原浦化总厂职工陈清先在岩头河创办泸溪县富泰生物科技开发有限责任公司，占地面积23310平方米。公司有椪柑分级包装生产线，年产能力3万吨；椪柑果粒橙生产线，年产能力1万吨；椪柑提取物辛弗林、橙皮甙生产线，年产能力1000吨；椪柑专用肥简易生产线，年产能力5000吨。保鲜库1栋，库容2000吨，冷冻库1栋，库容5000吨。2010年，完成产值4175万元，销售收入4000万元，纳税35万元，成为泸溪县农业产业化龙头企业之一。

2011年，全镇工业企业54家，从业人员1224人，工业产值9043万元。2014年，500万元规模以上工业企业6家，工业产值8.21亿元，上缴税收5600万元。

商贸服务

1995年，境内农户大部分耕地被征用，县直机关陆续迁此，集贸市场，为露天市场。是年，全镇个体工商户发展到292户，其中饮食业114户，加工业7户，文化经营8户，建材业24户。1998年，白沙集贸市场建成。2010年，投资300万元提质改造农贸市场，改建面积5000平方米，搭建钢架长棚1600平方米，安装家禽、水产、生熟食品隔离玻璃1000平方米，设置各类摊点500个，改造水冲式公厕1座，设置垃圾果皮箱25个。2014年，商贸服务业1359户，其中饮食业405户，加工业32户，文化经营53户，建材业62户，服务业39户，各类商店534家，从业人员3123人。商贸服务业收入2.94亿元。

其他产业

旅游业 境内旅游资源丰富，自然景观有沅江泛舟、十里画壁、盘瓠洞、辛女峰等。人文景观有涉江楼，橘颂塔，盘瓠、辛女、橘颂三个广场和城南公园；有国家AAA级沅江风光带；有国家美丽乡村旅游扶贫重点村铁山村、红岩村；有湖南省特色旅游名村红土溪村。2014年，接待旅游观光游客30万人次，实现旅游收入1.2亿元。

建筑业 1994年镇内建筑业开始起步。1995年，基础设施建设完成投资1.4亿元，其中住宅建设投资6910万元。2011年，白沙境内建筑企业实施投资500万元以上项目70个，房屋建筑面积13.2万平方米。资质等级建筑企业产值9023.2万元，建筑企业增加值1774.5万元。2014年，有县内资质等级建筑企业5家，混凝土公司3家，在境内施工的外地建筑企业10家，从业人员445人，房屋建筑面积8万平方米，建筑企业产值2.65亿元，资质等级建筑企业增加值1.6亿元。

基础设施

交通运输

1937年，湘川公路建成通车，经沅陵县鸬鹚坳进入境内，从75度铁山坡顶连续四道“之”字形拐弯直下沅江。在江边建有过江汽车轮渡连接白沙村公路，俗称铁山河渡口。1992年，修建白沙至浦市公路，途经红土溪村全境。1993年，在距渡口上游1000米处投资2000万元修建铁山河大桥，铁山河渡口废弃，成为古迹。1996—2010年，修建刘家滩、红岩、辛女溪村级公路。2011年，硬化成水泥路面。是年，白沙至武溪公路（属国道319）按照双向六车道公路规格改造，修建国道319绕城线，国道319绕城线辛女广场至刘家滩白沙大桥开工建设。

2014年，全镇各种机动车2500辆，其中出租车70辆，货车200辆，大小客车60辆。湘运公司泸溪车站每天发往县内外客运班120班次，年客运量332万人次。

邮政通信

1995年，随着县城搬迁，邮政电信业得到快速发展。至2011年，境内有邮政网点1个，投递点8个，快递公司8个。投递国内外函件18.32万件，国内外汇票业务2.47万笔，国内特快专递信件2.74万件，业务收入1500万元。电信企业3家，服务网点9家，固定电话用户2.75万户，电话用户普及率83.3%。移动电话用户3.3万户，移动电话普及率91.3%。宽带用户8064户，年电信业务收入1.4亿元。至2014年，全镇有移动、电信、联通3家通信企业，快递公司11家，服务网点20个，投递函件收入32万元，报刊发行收入91万元，金融类业务收入159万元，电信业务收入1.8亿元。

供电饮水

供电 1994年，镇内开始规模投入电力基础设施建设。至2003年，先后投资9800万元实施供电设施建设。2004年，农村电网开始改造，2006年全部竣工，供电质量提高。2011年，域内有高压输电线路2条，长度26公里，有35千伏变电站1座，主变压器2台，容量3万千伏安，用电负荷1万千瓦，年人均用电904千瓦时，供电户数1.2万户，综合电压合格率91%，供电可靠率89%。2014年，城区有高压输电线路2条，长度46公里。有变电站1座，主变压器2台，容量4万千伏安，用电总负荷1.8万千瓦，年人均用电2063.6千瓦时，供电户数1.9万户，综合电压合格率99.98%，供电可靠率99.9%。

饮水 1993年，境内建成自来水厂，日供水能力1万吨，2011年，投资5000万元，白沙水厂扩建，投产后日供水能力3万吨。2013年，投资40万元实施桥东一组和红岩村大茅组人饮工程改造，解决110户400人饮水困难。2014年，镇区铺设干线水管70公里，日供水能力1万吨。年抄表水量305万吨，自来水用户1.8万户6万人，城区供水普及率100%，年产值1056万元，年人均生活用水84.4吨。

水利建设

1957年，修建岩角小（2）型水库，库容11万立方米，灌溉面积10公顷。1974年12月，修建沙渡溪小（1）型水库，坝高24.4米，集雨面积3.8平方公里，库容234万立方米。至2000年，病险塘库增多。2001年，实施塘库防洪保安工程建设。至2013年，完成左溪山塘除险加固，新增蓄水量2.3万立方米，改善稻田灌溉面积4公顷。维修洞子溶、胜利、沙渡溪、草鸡砣等山塘水库的灌溉渠道5500米，改善灌溉面积146.70公顷。2013年，投入资金3.25亿元建设城市防洪堤，其中亚行贷款276万美元。工程占地面积45.65公顷，其中城市道路用地5.97公顷，防护堤用地7.99公顷，堤长4980米。2014年，境内有小（1）型水库1座，小（2）型水库5座，山塘10口，山塘水库总蓄水量418万立方米，灌溉渠道6800公里，有效灌溉面积533公顷。

村镇建设

1999年，白沙镇开展省级卫生县城创建，2001年，获“省级卫生县城”称号。2003年，开展文明村和“五好”文明户活动。2004年，获“省级文明县城”称号。2008年，创建“中国宜居城市”和“国家卫生县城”，获“全国文明村镇”称号。2010年，红土溪村建成全州首个“省级卫生村”。12月21日，县城被全国爱委会命名为“国家卫生县城”，成为湖南省第四个国家卫生县城之一。2011年，获中央文明委“全国文明县城”称号。

2011年，实施城区污水处理工程，修建污水处理厂1个，铺设排污管道3.5公里，日处理污水1万立方米，服务面积2.88平方公里，服务人口5万人。2013年，实施“一化四改”工程，城市管理数字化工程投入800万元，安装高清摄像头230个，实现城区电子监控系统升级。投资3000万元实施城区“白改黑”（改水泥路面为炒砂路面）工程，“白改黑”面积25.9万平方米，其中“三纵四横”主干道16.5公里12.9万平方米，背街小巷13万平方米。投资500万元改造地下管网，将21公里雨污合流管网改造为雨污分流管网。投资1100万元实施路灯亮化改造，安装路灯686盏，亮化街道12公里。“十二五”期间，污水管网工程累计完成投资1100万元，铺设管网10.2公里。投资1700万元建设城市天燃气管道工程，挖槽铺管7.3公里。路灯绿色节能改造工程累计完成投资3000万元，安装节能路灯3500盏。至2014年，白沙城市规划面积12.99平方公里，建成区域面积2.95平方公里，沅江风光带被授于AAA级风景区，被环保部授予“国家级生态乡镇”称号。

社会事业

教育

1993年，境内有村小学1所。

第一中学始建于1943年，1995年搬迁至境内，学校占地面积23.3公顷。2013年，在校学生6537人。8月，初中部析出，设立白沙中学。2014年9月，县一中有班级52个，学生3337人，教职工237人。秋季高考县一中600分以上48人，本科上线597人，其中一本上线165人，二本上线245人，2人被清华大家录取，2人被北京大学录取，1人被空军航空大学录取。白沙中学有班级49个，学生3115人；教师175人。初中毕业学生942人，升高中815人，升学率86.5%。

1995年，白沙小学建立，学校占地面积11.2公顷。2014年，学校开设46个教学班，在校学生2972人，有教职工160人。

2005年，明德小学创办，学校占地面积13717平方米，校舍面积6324平方米。2014年，在校学生1800人，有教师90人。

2012年，思源实验学校开办，该校为九年一贯制义务教育学校，由泸溪县政府、株洲市政府和香港言爱基金会共同创建，投资6000万元，占地面积7.07万平方米，建筑面积3.37万平方米。2014年，在校学生803人，其中小学556人，初中247人，教师60人。

2000年，县职业中学迁往境内，学校占地5.6公顷。2014年，在校学生1870人，其中非全日制学生800人，教师71人。

2014年，境内有中小学校6所，其中高中1所，初中1所，九年一贯制学校1所，职业中学

1 所，小学 2 所。有教师 813 人，其中中学教师 503 人，小学教师 310 人。在校学生 13266 人，其中小学在校学生 4859 人，初中在校学生 3114 人，高中在校学生 3423 人，职业中学在校学生 1870 人。

文化体育

文化　2005 年，白沙镇开展文化广场“天天唱、周周跳、月月乐”活动。至 2009 年，连续五年举办泸溪椪柑节，央视《激情广场》《欢乐中国行》栏目走进椪柑节，著名歌唱家张也一曲《沅水神韵》唱响泸溪椪柑，唱响泸溪。之后每三年举办一次民俗文化节，每两年开展一次广场舞比赛。摄影、书法、美术、音乐、棋类等协会相继成立。

1995 年，县广播电视台由武溪镇迁至境内，2014 年，全镇有电视用户 12568 户。

1995 年，新华书店由武溪镇搬迁境内朝阳中路，经营图书发行。

1995 年，新建白沙电影院。2012 年，经改造更名为辰河大剧院，建筑面积 1800 平方米，容纳观众 570 人。

1996 年，白沙镇建文化站。2012 年，文化体制改革更名为文体广电服务站，有文化专干 3 人。有村（社区）农家书屋 10 个，藏书 2.02 万册。

1996 年，县图书馆由武溪镇搬迁境内城区，藏书 12 万册。

境内有菊花石雕工艺美术雕刻作坊（室）4 家，艺术创作人员 50 人，创作有价值作品甚多，《深山访友》菊花石雕于 2013 年 12 月获“中国传统工艺美术展”金奖；《和平盛世》被湖南工艺美术协会收藏。2014 年，有文化广电单位 12 家，网吧 35 家，容纳 2000 人同时宽带上网。各类书屋 20 家，藏书 5.02 万册，各类群众业余文化团队 43 个 1300 人。

体育　境内有篮球运动场 20 个，门球场 7 个，建有湘西水上划艇教学训练基地 1 个。乒乓球、羽毛球、篮球、门球、足球、登山、健身气功、健美操、瑜伽、棋类各类运动项目得到较快发展。2000 年起，城区每四年举行一次全民大众运动会，每届参加人数 3000 人。老年门球活动及比赛在湘渝黔边区小有名气。白沙居民张大群倡导健身运动，资助体育运动累计超过 100 万元，2008 年，被推选为第二十九届奥运会第 190 棒火炬手。2014 年 10 月，全州象棋棋王争霸赛在白沙举行，潭溪镇居民向友权夺得“棋王”桂冠。

医疗卫生

2014 年，境内卫生机构有县人民医院、县民族中医院、县妇幼保健院、县疾病预防控制中心、镇卫生院等 5 家。医务人员 717 人，新型农村合作医疗参合 7743 人，参合金额 42.59 元，医疗救助 135 人，救助医药费 33.5 万元。

社会保障

1997 年，境内“五保户”以分散供养为主。2006 年，“五保”老人采取分散供养和集中供养相结合办法，落实供养政策，2007 年，修建敬老院，入住“五保”老人和老复员退伍军人 130 人，集中供养每人每月补助 650 元，分散供养每人每月补助 100 元。2011 年，城镇最低生活保障户数 555 户 1159 人，人均每月 171 元；农村最低生活保障户 135 户 391 人，人均每月 65 元；农村“五保户”集中供养 24 人，供养费 19.2 万元，分散供养 15 人，供养费 2.36 万元；医疗救助 102 人，救助医药费 20.81 万元。至 2014 年，城镇最低生活保障 604 户 1209 人，人均每月 225 元，农村最低生活保障 484 户 787 人，人均每月 110 元；农村“五保”集中供养 48 人，人均每月供养费 667 元，分散供养 37 人，人均每月供养费 220

元。农村养老保险参保 4559 人，缴费金额 24.66 万元。

特色地情

历史人文

境内有旧石器时代文化遗存 6 处，战国古墓群 1 处，保留有数处崖墓葬遗迹。境内是历代文武将相涉足之地，先后有楚三闾大夫屈原、唐代诗人王昌龄，明代墨客王次麟、进士李乐、云南兵备副使李栋、清代进士唐效尧等名人辗转沅水，驻足白沙，留下不少诗篇。1935 年 11 月，贺龙、任弼时、关向应率领红二、六军团长征途中攻占浦市，红十三团团长刘汉卿率部在红土溪村与国民党追击部队激战。1949 年 8 月 19 日，刘伯承、邓小平率二野第三、第五兵团及总部分别从安徽芜湖和江西上饶出发向湘西挺进，11 月 24 日，途经入川唯一通道湘川公路铁山河渡口时，冒着凛冽寒风指挥部队渡江过河。摄影师记录下珍贵的历史镜头，现照片珍藏于泸溪县档案馆，成为镇馆之宝。

湘川公路泸溪铁山河轮渡口（龙赞才／摄）

辛女岩（石源利／摄）

风景名胜

辛女岩、辛女祠　辛女岩、辛女祠位于红土溪村境内。清乾隆《辰州府志》和《泸溪县志》载：“辛女岩在邑南三十里，危峰高耸，有石屹立如人，相传高辛氏之女于此化为石。”辛女祠建于清代。1990 年，民间组织复修辛女祠，置辛女塑像于内。是年 10 月 23 日，泸溪县举行全国盘瓠文化学术讨论会，与会领导和专家学者登上辛女岩，观看辛女祠、辛女像。

十里画壁　十里画壁起于刘家滩村鹰嘴岩，沿沅水溯流而上止于浦市镇铁柱潭村，全长 5 公里。该段河床宽窄不一，河流两岸，或石壁高耸，悬崖峭壁，刀削斧砍；或石洞镶嵌，曲径通幽，神秘莫测；或山势俊朗，伟岸有姿，气象万千；或沙洲伏卧，沿水逶迤，草长莺飞；或浅滩流急，岩石嶙峋。每一座山峦，每一处石壁，每一处险滩，每一处沙洲都是一道风景。十里画壁是沅水流域中风景最美、河岸最奇江段，景点从下而上依次为鹰嘴岩、石壁霓虹、蓝泉洞、屈原滩、屈望村、狮子岩、机床岩、马嘴岩、辛女桥、辛女峰、鼓岩、箱子岩，每一处风景都有一段真实的人文故事和动人的历史传说。

涉江楼　涉江楼主楼六层，长 27.6 米，高 32 米，建筑面积 3780 平方米，双环码头，抵达沅江边。河边有洗水平台。主楼做工考究，内部为钢筋混泥土框架结构，大气厚重，外形仿古，飞檐翘角。副楼建筑面积 1000 平方米，呈长廊形。两边长廊各为 50 米，皆为两层瓦面。该楼 2008 年

沅江风光·十里画壁（符元启／摄）

10月开工建设，2011年春涉江楼主楼落成。主体工程面向沅江，背靠城廓，成为县城重要文化地理标志。

橘颂塔 橘颂塔（白沙宝塔）位于城南公园东北山顶，掩映于郁郁葱葱的苍松翠柏之间，塔身7层，高44.68米。2009年，泸溪县部分民营企业家捐资398万元，于当年3月开工修建，2011年4月主体竣工，建筑面积800平方米。沅江绕塔下而过，南北延伸省级风景名胜区沅江风光带及沅水十里画壁，风光如画，景色迷人。

民俗风情

境内是瓦乡语语种集中地，瓦乡话是苗族语言支系之一。民俗文化主要有跳香、瓦乡山歌等。跳香又称“跳香会”，农历十月在顺梁屋（香殿）举行。跳香作为苗巫文化的一种形式，融苗族宗教历史、文学、音乐、舞蹈、戏曲为一体，源远流长。

（撰稿人：龚家彪　谭永兰）

武溪镇

区域概况

位置面积

武溪镇位于泸溪县南部，东邻沅陵县盘古乡，南交白沙镇，西接洗溪镇，北连梁家潭、八什坪乡，区域面积146.47平方公里。镇政府驻地金天大道距县城白沙镇7公里，距湘西州首府吉首市区43公里。

建置沿革

南宋绍兴九年（1139），县治迁建于卢江口之楠木洲。民国27年（1938），废区并乡，设立武溪镇。1950年，属泸溪县一区。1953年，成立县直属镇公所。1960年，成立武溪人民公社。1963年，改社为镇。

上堡乡沿用上堡村名。1956年建乡。1958年，成立上堡人民公社。1984年，社改乡，辖18个村99个村民小组。2005年，行政区划调整，上堡乡整体并入武溪镇。

行政区划

2004年，武溪镇辖东正街、西正街、北正街、南正街4个居委会和五里洲、城郊、称砣山3个建制村。上堡乡辖侯家、红土溪、刘家滩、铁山、天门溪、车站、黑塘、上寨、联盟、大溪、团爱、王家庄、蜂子岩、榆树坪、高大坪、暮江头16个建制村91个村民小组。

2005年，行政区划调整，上堡乡天门溪、车站、黑塘、上寨、联盟、大溪、团爱、王家庄、蜂子岩、榆树坪、高大坪、暮江头12个村71个村民小组和李家田乡朱食洞、杨斌庄2个村9个村民小组划入武溪镇。上寨、黑塘村合并为黑塘村，团爱村并入上堡村，王家庄村并入大溪村；李家田乡朱食洞村、杨斌庄村合并为朱食洞村；武溪镇称砣山村并入五里洲村，东正街、西正街、北正街、城郊村合并为城北社区，南正街、车站村合并为城南社区；暮江头、高大坪、榆树坪、蜂子岩、天门溪5个村保持现状不变。调整后全镇辖10个村和2个社区，60个村（居民）小组。

人口民族

1961年，武溪镇有2482户8701人，上堡公社有2174户8067人。1983年，武溪镇有3381户12609人，上堡公社有2887户13145人。2005年，全镇5910户25000人。2014年，全镇6579户24220人。其中农业人口17705人，占73.1%。少数民族15160人。其中苗族12998人，占总人口53.67%；土家族2162人，占8.93%。人口出生率12‰，自然增长率6.9‰。人

20 世纪 70 年代的泸溪县老县城——武溪镇（龙赞才／摄）

口密度每平方公里 198 人。

自然环境

武溪镇地势为河谷平原、丘陵和高山结合地带，土壤为红、黑两种，黑壤多为河流淤泥堆积而成，分布在沿河两岸，红壤分布在山地。最高点上堡村军亭界主峰，海拔 781.9 米，最低处蜂子岩村龙溪口，海拔 97.1 米。耕地面积 809.32 公顷，其中水田 780.75 公顷，旱地 28.57 公顷。林地 10468.74 公顷，森林覆盖率 71.5%。境内属中亚热带季风湿润气候，年均气温 17.5℃，无霜期 278 天，年均日照 1432 小时，年均降水量 1480 毫米。自然灾害主要有洪涝、旱灾、滑坡等。主要矿产有铜、磷、硫黄等。

经济发展

经济综述

1961 年，粮食播种面积 2023 公顷，粮食产量 1058 吨。1978 年，武溪镇有镇街企业 10 家，从业人员 420 人，工业产值 560 万元。1984 年，城镇商贸业发展加快，全镇有个体工商户 241 家，年产值 230 万元。1986 年，商贸业产值增至 1650 万元。1994 年，椪柑种植起步，相继建成黑塘、覃家庄、大溪、上堡、刘家滩 5 个连片产区，椪柑成为农业支柱产业。1999 年，县办工业和镇办企业相继停产和破产改制，民营企业陆续兴办。是年，全镇民营企业 8 家，从业人员 860 人，产值 5560 万元。农业产值 3350 万元。2005 年，县设武溪工业园，园区面积 7.33 平方公里，园内规模以上工业企业 35 家。2011 年，实现工业产值 3.2 亿元。2014 年，全镇农林牧渔服务业产值 10067 万元，农村居民人均可支配收入 5700 元，城镇居民人均可支配收入 16737 元，家电入户率 85.60%，人均住房面积 24.9 平方米，居民年末人均储蓄存款余额 1.2 万元。

农业

种植业　境内种植业主要是粮食作物和经济作物，粮食作物以水稻为主，其次是玉米、红薯、大豆等，经济作物主要有油菜、蔬菜等，木本经济作物有椪柑等。1978 年，粮食作物播种面积 1723.20 公顷，粮食产量 1342 吨。1985 年，经济结构调整，发展柑橘等经济作物。1990 年，农作物播种面积 2635.50 公顷，其中粮食播种面积 1205.4 公顷，产量 4422 吨，柑橘产量 165 吨，农民人均纯收入 559 元。1995 年，开发椪柑面积 230 公顷。1999 年，椪柑面积 364 公顷，产量 7785 吨，农业产值 3471 万元，农民人均纯收入 1961 元。2002 年，黑塘村开发种植葡萄，品种以巨峰葡萄为主，至 2010 年，葡萄种植 80 公顷。2014 年，镇内形成椪柑、蔬菜、葡萄三大特色产业。椪柑种植面积 1933 公顷，其中椪柑标准园 100 公顷，椪柑产量 1.60 万吨，销售收入 2080 万元。蔬菜种植面积 621.96 公顷，其中标准大棚 25 公顷，蔬菜产量 6444 吨，销售收入 1200 万元。新开葡萄面积 20 公顷，产量 2260 吨，销售收入 1350 万元。农作物播种面积 2510.8 公顷，粮食种植面积 817 公顷，粮食产量 4486 吨，农业产值 6844 万元。

林业 镇内森林植被以马尾松、杉树、柏树为主。1958 年，国营军亭界林场成立，面积 2100 公顷。1981 年，森林面积 1293.3 公顷，森林覆盖率 65%，林木储蓄量 2.46 万立方米。2001 年，实施退耕还林工程。至 2006 年，退耕还林面积 1554.9 公顷。2010 年，林权制度改革启动，至 2012 年，全镇划定所有村民林地地界。2014 年，全镇公益林面积 841.60 公顷，兑现退耕还林粮食补助款 326.80 万元，林业产值 396 万元。

养殖业 20 世纪 70 年代，境内有五里洲、城郊、秤砣山 3 个队办养猪场，年出栏生猪 142 头。80 年代，农业产业结构调整，农户扩大生猪养殖，1985 年，全镇生猪饲养 9757 头。2008 年，镇内生猪养殖大户 3 户，年出栏生猪 1000 头。网箱养鱼兴起，有养鱼大户 3 户，年产成鱼 72 吨。2011 年，养殖业产值 2361 万元；渔业产量 31.1 吨，产值 159 万元。2014 年，有规模养猪场 15 个，年出栏生猪 5500 头；养羊大户 27 户，存栏 4116 只。全镇生猪出栏 7258 头，存栏 10402 头；牛出栏 135 头，存栏 750 头；羊出栏 2152 只，存栏 3919 只；家禽出笼 75557 羽，存笼 60321 羽，养殖业产值 2571 万元。渔业产量 107 吨，产值 213 万元。

工业

20 世纪 60 年代，镇内主要有县办机械厂、印刷厂、酒厂、铁木器厂及州化肥厂（后改为州磷矿）等。1985 年，街办工厂 9 家，从业人员 200 人，工业产值 2000 万元。1993 年，镇皂素厂创办，年产皂素 20 吨，固定资产 400 万元，职工 80 人。1996 年，县、镇企业 20 家，产值 311.1 万元。1998 年，县、镇国有集体企业相继改制，转入民营。2001 年，镇属民营企业工业产值 3328 万元。2014 年，辖区有工业企业 54 家，实现工业产值 65 亿元，占全县工业产值 79.4%，上缴税收 1.28 亿元，从业人员 1.2 万人。

2005 年，境内建武溪工业园。2006 年，入园企业 26 家，工业产值 11.2 亿元，上缴税收 0.58 亿元，从业人员 4300 人。主要产品有铝、磷、锰、锌、椪柑加工、生物制药六大产业集群 25 个品种。2009 年，辖区内拥有固定资产 500 万元以上规模企业 32 家，主要是锰、铝、锌等初级加工产品，工业产值 35 亿元，税收 1.7 亿元。2010 年，工业产值 56.3 亿元，缴纳税金 1.83 亿元，分别占全县规模工业 82%和 83%，税收占全县财政收入 67.5%，劳动力就业 10734 人，占全县企业就业人数 83%。2014 年，工业园区在建项目 6 个，投资 1.25 亿元。防洪堤工程、老城区道路及管网改造、第七大道工程等基础设施建设累计投资 4280 万元。

商贸服务

1953年，境内有商业、摊贩及手工业者500户，从业人员1000余人，国内纯销售收入100万元。1958—1961年，受三年自然灾害影响，商贸交易额回落。1962年商贸业开始恢复性发展，1965年，商贸经营销售实现500万元。1978年，随着城镇下放农村居民陆续回城，城镇人口增多，市场活跃，购销两旺。至1985年，社会商品零售额达到3000万元。1994年，个体工商户1020户，从业人员5200人，营业收入5080万元。1996年，受五强溪水电站建设移民搬迁等影响，工商户减至426户，比1994年减少594户，收入下降3570元，降低70%。1999—2000年，投资兴建城南、城北两个农贸市场。同时，城镇提质扩容，带动商贸服务业发展。2013年，全镇商贸业收入7200万元，缴税420万元。2014年，全镇有大小私营企业166户，个体工商户779户，从业人员4878人，商贸收入2.3亿元。

基础设施

交通运输

陆路交通 1937年，修建湘川公路三角坪至茶洞段。公路由东向西经过境内天门溪、九家杨（车站）、唐家排、鲇鱼溪、麻阳坳、覃家庄等6个村寨6.1公里，境内始通公路。1952年，吉首至长沙汽车客运班车开行，停靠武溪。1960年，修通武溪至铺市公路。1974年，湘川公路改名国道319。1975年，投资34万元开工建设武水大桥，1976年建成，系钢筋混凝土双曲拱桥，长256米，宽6.5米，标高110米，连接镇区南北，后因五强溪水库蓄水，大桥标高过低，多次淹没，损坏严重，禁止车辆通行。1984—1986年，修建武溪至军亭界铛架山、武溪至天门溪2条通村公路13.5公里。1990—1994年，修建武溪至团爱、刘家滩至秤砣山、铛架山至榆树坪3条通村公路13.5公里。1994年6月24日，修建峒河大桥，1997年竣工，长275.76米，宽10米，标高116.31米。该桥取代武水大桥，成为连接镇内城南城北主要通道。2000年，修建顺江田至白羊溪、顺江田至赵家溶等4条通组公路15.5公里。2008年，杭瑞高速公路建成通车，途经境内五里洲、城南、天门溪、黑塘、上堡5个村（社区）5.8公里，设有互通1处，与国道319相接。2011年，改造国道319白沙至武溪段9.8公里。2013年，建成高大坪至暮江头、武溪至蜂子岩、等4条通村公路26.7公里。至2014年，境内通村公路9条，通组公路7条，公路桥梁22座，全镇实现组组通公路。

2014年，全镇有各类机动车1518辆。其中两轮摩托879辆，三轮摩托149辆，货车122辆，拖拉机47台，中巴及面的车192辆，小轿车129辆。每天往返白沙镇、吉首市区客运车次110班次。汽车客货运年产值5000万元。有骡马运输队5个，骡马28匹，从业人员42人，年运输量2.20万吨，年收入150万元。

水上交通 水上运输历史悠久。航运沿武水而上可到所里（今吉首），逆沅水而上可至浦市、辰溪、洪江，顺沅江而下可达沅陵、常德，进洞庭湖入长江。清康熙四十二年（1703），武溪水上有船只50艘，主要在沅江、武水运输粮食食盐等货物，沅江为境内主要运输通道。1950年，境内有客货船只57艘3080吨位，年货运量2022吨，客运2万人次。1956年6月，县成立木帆船运输社，有社员345人，木帆船148艘1895吨位。1970年，改为泸溪县航运公司。5月，州政府在境内成立湘西州航运公司。1986年，境内有船舶

160艘，5600马力，7468.18吨位，货运量11.9万吨，客运量2.2万人次。1998年，州航运公司和县航运公司先后改制，水上运输全部转为民营。2011年，投资1亿元在黄泥嘴修建3000吨级深水码头，航运能力提升。2014年，境内有泸溪至岳阳至上海水上航运线路，定期航班有泸溪至沅陵客船21艘650个座位，年客运量27万人次；货船23艘11000吨位，货运量550万吨。有码头7个，渡口4处，渡船5艘，渔船18艘，农用船8艘。

邮政通信

1927年，境内设三等邮政局。1947年，开通电话，有磁石电话交换机2部、磁石电话12部。1985年，有邮电投递线路3条，其中步班2条，自行车线路1条，邮递线路75公里。1991年，开通程控电话。1993年，开通移动电话，有移动电话5部、BP机11部，修建移动通讯塔1座。1995年，县城迁至白沙镇，武溪成立邮政支局、电信分局。2000年，兴建2座电信接收塔。2001年，再建1座移动通信地面接收站。2004年，修建1座联通通信地面接收站。2012年，7个村（社区）开通程控电话，移动电话实现村村通。2014年，移动、联通、电信等通信企业在镇内设营业网点22个。全镇有固定电话用户1021户，移动电话用户10222户，互联网宽带用户4312户。邮政投递线路38公里，投递网点133个。

供电饮水

供电　民国27年（1938），国民政府军政部第二被服厂二分厂迁到武溪，安装火力发电设备2套，草坪头一带发电照明。1952年，县政府建火力发电厂，镇区通电照明。1966年，洞底水电站建成，架设输电线路供镇区照明加工用电。2002年，农网全面改造。2004年，实现城乡同网同价。2014年，全镇供电用户7530户，通电率100%。

饮水　1967年，镇区建自来水厂，镇内街道和城郊居民4760人用上自来水。1978年，五里洲村2246人用上自来水。1982年，投资15万元实施朱食洞村人饮工程项目，受益337人。1984年，投资12万元实施大溪村中坡岭人饮工程，受益311人。1999年，投资35万元实施杨斌庄村人饮工程，受益345人。2002年，投资5万元，在秤砣山村打井23口，23户243人用上自来水。2003年，投资12万元实施大溪村石家岭、曾家溪人饮工程，受益412人。2004年，投资50万元铺设上堡村自来水管道，受益1241人。2006年，铺设白沙至武溪供水管道，镇区居民和企业由县自来水厂统一供水。2014年，全镇建人饮工程46处，92%居民用上自来水。

水利建设

1956年12月，大溪村群力小（2）型水库建成，是境内第一座水库，库容14万立方米，灌溉面积20公顷。是年，修建联盟村（今上堡）峒河提灌工程，灌溉面积7公顷。1959年12月，修建天门溪村田金山小（1）型水库，库容140万立方米，灌溉面积26.6公顷。1964年，修建朱食洞村卢头冲小（2）型水库。1970年，修建五里洲洲头提灌工程，灌溉面积10公顷。1977年，修建黑塘村田冲溶小（2）型水库。至1985年，修建小型水利提灌工程10处，分布6个村，灌溉面积143.3公顷，修建溪坝100处，灌溉面积129.3公顷。1995年，病险塘库开始出现。次年，陆续实施除险加固。2005年，投资82万元除险加固群力、田冲溶两座小（2）型水库。2010年，投资300万元，除险加固千丘田水库。2014年，全镇实现有效灌溉面积404公顷。

村镇建设

1995年，镇区拆除淹没区线下镇政府和4个居委会、两个村部楼。1997年，投资168万元修建东正街、北正街、西正街、城郊4个社区办公楼，面积2400平方米。2009年，投资1.2亿元实施城南楠木洲老城址淹没区填高工程项目，新建街道2条，增加镇区面积5万平方米。2012年，投资8000万元实施镇北提质扩容工程，同时，投资90万元更新镇区街道路灯182盏；投资64万元安装五里洲、上堡两个村路灯64盏。2013年，投资410万元，铺设街道砼砂路面3000米，更换垃圾箱170个。2014年，投资150万元，主街道改水泥路面为沥青炒砂路面1443米，新建垃圾池96个，发放垃圾桶1.62万个，落实保洁员144人，购置洒水车2辆，垃圾运输车2辆，手推垃圾车62辆，翻新街道6000米，安装路灯412盏。

社会事业

教育科技

教育 南宋绍兴十九年（1149），在武口洲（五里洲）建东洲书院。清乾隆十八年（1753），在中街修建溪书院。道光三年（1823）改名为南溪书院。光绪二十九年（1903），武溪设高等小学堂。民国4年（1915），改称为武溪镇中心国民小学。民国14年（1925），改名武溪小学。1950年，武溪小学改名为第一区中心小学。1952年，复名武溪小学。2013年，上堡小学合并到武溪小学，原上堡小学改为武溪小学附属幼儿园。

民国32年（1943），在镇西郊创办简易师范学校。1949年10月，简师设附中，学生54人。1950年，简师附中更名为县立初级中学。1953年，县立初级中学更名为泸溪县第一初级中学，1958年，更名泸溪县第一中学。1996年，泸溪一中迁往白沙新址。

1958年，镇内开办幼儿园和农林中学。1965年，农林中学开设高、初中各一班，高中学生13人，初中学生43人。1966年，农林中学停办。1978年，设泸溪县第五中学。2006年9月，五中设高中部。

2014年，镇内有县第五中学，在校学生1990人，教师161人。有武溪完全小学1所和五里州、李家田村小2所，教职工131人，在校学生1885人。

科技 1996年，实施“科教兴镇”战略。镇政府配备科技副镇长，成立椪柑、葡萄、蔬菜及工业等行业协会，椪柑品改、大棚蔬菜、油茶以及工业新型技术等科技应用全面推开。至2014年，全镇组建椪柑、葡萄、养殖等各类专业协会和农民专业合作社6个，建立各类科技示范基地6个。推广椪柑品改、烤烟、无公害蔬菜、油茶等新技术、新品种8项，创建科研机构和技术服务机构12家，培育高新技术企业3家，民营科技企业5家，培植科技型企业3家，建立企业技术研究机构22家，自主研发高新技术产品20项。实现高新技术增加值2.53亿元，科技对经济增长贡献率45%。

文化体育

文化 1950年，西正街成立辰河高腔业余班。1964年，军亭界林场建立林海俱乐部。1965年，以民办公助方式建立文化站，1967年撤消。1974年，复建文化站。1983年，辰河戏爱好者组建武溪业余高腔剧团，成员30人，当年在镇内外演出40场次。1984年，转入演唱围鼓堂。2012年，文化站与广播站合并，成立文体广电服务站。2014年，全镇有村农家书屋10个，藏书3万册。

1956年，县成立电影放映队。1963年，县大礼堂改成电影院，每晚放映 1~2 场。1977 年，新建县电影院。1995 年，电影院因在五强区水库淹没区线下而废弃。

1979 年，县电视差转台建成并运行。是年，县广播局与武溪镇联营，成立录像放映队，每日放映 3~5 场，每场观众 100~300 人。1992 年，开通有线电视，镇区居民安装有线电视 650 台。2000 年，延伸到上堡、车站、大溪等村。2005 年，有线电视与县电视网络并网运行。2013 年，开通数字电视。2014 年，全镇有线电视用户 9884 户，电视覆盖率 98%。

体育 民国时期，武溪有龙舟比赛，有龙舟队 13 支。1964 年，武溪举行龙舟赛，周边沅陵、辰溪等三县 37 支龙舟队参赛，参赛队员 1600 人。1976 年，五里洲小学开展游泳活动，该校 249 人有 219 人学会游泳，其中女生 75 人，能横渡沅江 57 人，其中女生 12 人。1986 年，泸溪县举办龙舟节活动，全县 14 支龙舟队参赛。镇内五里洲、车站村派出 2 支女队参赛。

医疗卫生

1941 年，镇内西正街设卫生院，有医务人员 11 人。1950 年，镇内设县人民卫生院，1958 年，改名泸溪县人民医院。1970 年，成立镇合作医疗卫生站，1974 年，更名为镇卫生院。1996 年，县人民医院迁至白沙镇新址。2014 年，镇内有武溪中心卫生院、顺家田卫生分院、上堡卫生分院，医务人员 55 人。中心卫生院设病床 53 张，有专业医务人员 51 人，有村级卫生室 7 个，村医 12 人。城镇居民参加医疗保险 6048 人，农村居民参加新农合 13692 人，参合金额 75.31 万元。

社会保障

1955 年，镇建立敬老院，供养孤寡老人 16 人。1964 年，镇手工业缝纫厂与县麻袋厂、竹棕厂合并兴办福利工厂，安置残疾人就业 12 人。1980 年，在东正街、西正街各建 1 所敬老院，集中供养孤寡老人 8 人。1987 年，设社会救助站，负责全镇社会保障工作。2000 年，落实城镇居民社会最低保障制度，2001 年，成立全县首个低保发放站，发放农村最低生活保障补助金。2011 年，落实城乡居民社会养老保险政策。2012 年，镇内农村低保扩面，新增低保户 793 户 1101 人。是年，镇内分散供养“五保”老人 85 人。2014 年，全镇享受农村低保 1258 户 2146 人，发放低保金 213 万元。享受城镇低保 1901 户 3823 人，人均月发放低保金 215 元。镇敬老院集中供养五保老人 47 人，分散供养“五保”老人 94 人。农村居民参加新型农村养老保险 9054 人，城镇居民参加养老保险 463 人，缴费金额 47.88 万元，60 岁以上老人享受养老保险补助 2494 人。

特色地情

名优特产

泸溪斋粉 泸溪斋粉是武溪镇一道特色美食，为镇内斋粉世家后人杨友人先祖所创。泸溪斋粉早在清康熙年间（1662–1722）就已出名，无论制作还是烹调都体现工艺精致、意蕴深厚等特点。斋粉所需粉丝原料纯属本地产粳米，其制作一般需经淘米、磨浆、煮糍、加盐等多道工序。烹调技术很讲究。一般是先将水煮沸，再放入食盐和胡椒粉，然后将粉丝盛入勺内，浸进汤中烫热，带汤盛进碗中，最后拌上葱花、姜末、油炸辣椒酱、油炸黑豆豉浆、酱油、芝麻等六味香料，称之为“六味胡椒汤”。泸溪斋粉有软、嫩、细、滑、香、素、淡等特点，具发热祛寒之功，成为人们最喜爱的一种美食。随着县城搬迁，泸溪斋粉在白沙镇经营传承。

天桥山（符元启／摄）

风景名胜

天桥山自然保护区　天桥山省级自然保护区面积 13878 公顷。天桥山寺庙自元代以来是吉首、凤凰、辰溪等周边县市民众拜佛圣地，素有“登高览胜、佛道合一、绝壁天桥、北极天梯、千年银杏”五绝美誉。保护区内植物种类记录在册的有 155 科 560 属 877 种，国家重点保护野生植物种类，一级 2 种，二级 16 种，其中兰科植物 6 种。脊椎动物有 5 纲 28 目 75 科 152 属 210 种，景区中心有中国植物活化石银杏树，树龄 1800 年，树围 9.6 米。有白颈长尾雉等 3 种一级保护动物，有果子狸等 16 种二级保护动物，三级保护动物有 120 多种，属省地方重点保护动物 118 种。景区有绝壁天桥、华岩阁、慈云殿、北极宫、灵观殿、猴儿岩、香炉峰、棋盘峰、棋盘岩、诵经台、铁墩岩等景点 42 处。

武水湿地公园　武水湿地公园面积 1716.1 公顷，包括沅水支流武水泸溪段及支流洗溪能滩、潭溪朱雀洞、潭溪小陂流 3 座水库，五强溪水库库尾（沅水泸溪县段）以及周边部分区域。2014 年 6 月，经湖南省林业厅审定合格，呈报国家林业局。12 月 16 日，国家林业局发布《关于对申报建立湖南泸溪武水国家湿地公园（试点）公示的通告》。

（撰稿人：李道宇　姚元轿　姚文爱）

达岚镇

相传宋代，胡姓三兄弟胡高、胡金和胡银征战有功，皇上赏赐每人一壶御酒，被奸臣庞洪暗中换成毒酒。胡家兄弟带御酒回乡省亲，途中三人取出御酒解乏，相继中毒，途经一个村寨时耷拉着头抬不起来，民间将此地称为耷拉，后演化成达岚。2011 年，古堡寨被列为湖南省重点文物保护单位。2013 年，被列入全国第二批传统村落名录。

区域概况

位置面积

达岚镇地处泸溪县西南部，东临浦市镇，与麻阳县、辰溪县接壤。南接石榴坪乡，西连永兴场乡、合水镇，北交白羊溪乡。区域面积 104.59 平方公里。镇治达岚坪社区，距县城白沙镇 35 公里，距湘西州首府吉首市区 85 公里。

建置沿革

民国 16 年（1927），属泸溪县南二区。民国 27 年（1938），废区并乡属爱安乡，乡公所设达岚坪。1950 年属五区，区公所设达岚坪。1956 年撤区并乡设达岚乡，是年改为办事处。1958 年，成立达岚人民公社。1984 年，公社改乡，是年 11 月撤乡建镇，为达岚镇。

行政区划

1958 年，达岚人民公社辖达岚坪、岩门、车头、冲木、企冲、五德、麻坪、夕阳田、新田、都用、潮地、六里、六一、黄毛田、覃木阳、八一 16 个大队。1984 年社改镇，大队改为村。2005 年，行政区划调整，岩门、冲木并入达岚坪，设立达岚坪社区居委会；企冲、六一合并改称龙溪口村；夕羊田并入六里村；车头并入麻坪村；八一、黄毛田并入覃木阳村。村建制调整后，16 个村合并为 8 个村、1 个社区，分别为覃木阳村、龙溪口村、麻坪村、潮地村、新田村、五德村、都用村、六里村、达岚坪社区，辖 55 个村（居）民小组。

人口民族

1961 年，境内有 2334 户 8901 人。1983 年，有 2959 户 14016 人。2005 年，3726 户 16024 人。2014 年，全镇 4157 户 18811 人，其中常住人口 17201 人，流动人口 1610 人。少数民族人口 5527 人，占 29.38%，其中苗族 3498 人，占 18.6%；土家族 2029 人，占 10.79%。人口出生率 12‰，人口自然增长率 7.5‰。人口密度每平方公里 180 人。

自然环境

达岚镇地势从北向南倾斜，潮地村境内勾头

山最高，海拔 792 米，六一村浓口自然村最低，海拔 144.5 米。耕地面积 1488.88 公顷，其中水田 1331.95 公顷，旱地 156.93 公顷。林地面积 7694.43 公顷，森林覆盖率 73.1%。境内有大小溪流 6 条，均为浦溪、太平溪支流，流长 134 公里。南部土壤多为红砂土。北部多为黄砂土。年均气温 16.7℃，年均降水量 1350 毫米，无霜期 275 天。矿产资源有钒、石墨、重晶石等。自然灾害主要是洪涝旱灾、地质滑坡等。

经济发展

经济综述

1950 年，达岚乡农业产值 48 万元，居民人均纯收入 72 元。1963 年，农业产值 75 万元，人均纯收入 104 元。1970 年，组建基建队，公社企业开始起步。1979 年，实行改革开放政策，经济发展提速。1981 年，农业产值 321.67 万元，农民年均收入 246 元。1990 年，调整产业结构，林果以椪柑为主，经济作物以烤烟为主，养殖业以发展生猪为主。2000 年，农业产值实现 1387 万元，工商业产值 401 万元，农民人均纯收入 1203 元。2005 年，经济总量增加，农业产值 2985 万元，农民人均纯收入 1779 元。2010 年，农业产值 2023 万元，人均纯收入 2903 元。2014 年，全镇农林牧渔服务业产值 7617 万元，农村居民人均可支配收入 5455 元，居民人均储蓄存款余额 1.18 万元，家电入户率 91%，人均住房面积 24.6 平方米。

农业

种植业　境内种植业主要以粮食作物和经济作物为主，粮食作物有水稻、红薯、玉米等，经济作物有烤烟等。1983 年，农作物播种面积 2206 公顷，其中粮食播种面积 1500 公顷，产量 5160 吨，粮食作物收入 114.3 万元。棉花、油菜、烟叶等经济作物得到发展，其中棉花种植面积 3.5 公顷，产量 950 公斤；油菜种植面积 11 公顷，产量 9.6 吨；烟叶 1.1 公顷，产量 850 公斤。1990 年，推广杂交水稻品种，扩大烤烟、油菜种植面积。1998 年，烤烟种植面积 200 公顷，产烟叶 140 吨。2000 年，发展椪柑、油菜等产业。2007 年，椪柑种植面积 330 公顷，烤烟种植面积 112 公顷，双低油菜种植面积 600 公顷，粮食产量 5795 吨。2012 年，实施烟、稻连作，推广超级杂交稻品种种植，实施配方施肥技术，减量施氮、施磷，增施钾肥和微量元素，当年晚稻增产，每公顷单位面积产量 10.59 吨。2014 年，粮食作物播种面积 1088 公顷，产量 5657 吨，椪柑种植面积 205 公顷，产量 684 吨；烤烟种植 49 公顷，产量 70 吨；油料种植 647 公顷，产量 998 吨。实现农业产值 5077 万元。

林业　境内森林植被主要是马尾松、杉树、柏树、枫树等，灌木林居多。1970 年，公社和大队相继兴办集体林场。1976 年，有 1 个公社集体林场、12 个大队集体林场，面积 180 公顷。1982 年，农村实行土地承包联产责任制，镇办林场承包给个人经营，村办林场全部责任到户。1989 年，响应县政府“五年消灭荒山，十年绿化全县”号召，全镇开展宜林荒山造林，至 1990 年，荒山造林 234 公顷。1995 年，推广良种油茶种植，种植面积 21 公顷。2000 年，良种油茶种植面积发展到 45 公顷。2001 年，实施行退耕还林工程，坡耕地全部退耕还林，同时在荒山较多村集中造林。2007 年，退耕还林面积 1000 公顷。林木积蓄量和林地面积增加。2010 年，林权制度实行改革，全面开展林地勘界，至 2012 年全部完成。2013 年，在新田、六里两村开发“湘林 210”油茶面积 100 公顷。2014 年，全镇封山育林 1073

公顷，退耕还林面积1064公顷，涉及农户3104户，发放退耕还林补助152.59万元。开发种植新品种油茶166.7公顷。林业产值358万元。

养殖业 境内养殖业主要为猪、羊、牛、鸡、鸭等。1983年，出栏生猪343头，猪肉产量22.3吨。1990年，出栏生猪2213头，年产鲜鱼42吨，养殖业产值356万元。2005年，生猪饲养量扩大，每户每年饲养3头以上，出现生猪养殖大户。2012年，有生猪养殖大户4户，养殖生猪958头，年出栏生猪822头。全年生猪出栏9850头，山羊出栏850只，家禽出笼3.8万羽，养殖业产值1760万元。2014年，存栏生猪8138头，出栏10890头，山羊存栏1091只，出栏924只，家禽存笼4.7万羽，出笼58740羽。养殖业产值2057万元，渔业产值94万元。

工业

1951年，县公安局在潮地村长冲山兴办“更生铅矿”。1957年5月改为地方国营铅矿。1958年，有职工32人，年产铅矿砂8.82吨。1960年，因亏损停办。1970年，公社成立基建队，有职工51人。1976年，在六里村大队办公社石灰厂，除农田用石灰外，大部分供应建筑施工。同年建立红砖厂。1977年，社办企业6个，从业人员230人，工业产值20万元。1985年，镇村工业产值36万元。1986年，车头村镇办电站建成发电，年发电量10万千瓦时，产值1.5万元。1995年，除电站之外，镇村企业陆续解体。2000年，镇村企业向个体私营发展。2001年，全镇各类加工企业76家，从业人员175人。2014年，有手工业及其他小型加工企业11家，从业人员45人，工业产值89万元。

商贸服务

明末，达岚坪设墟场，逢农历三、八日赶场，每场人数3000人。主要交易鸡、鸭、鱼、猪等肉产品和水果等农副产品及居民日常生活用品，墟场交易量不大。1990年，全镇有个体工商户24户,年销售额154万元。2000年，有个体工商户43户,年销售额365万元。2012年9月，投资80万元新建农贸市场，占地面积1100平方米。2014年，农贸市场竣工投入使用，有固定门店、摊位74个，临时摊位86个。市场经商人员200人。有超市1家、小卖部21家、饭店7家、旅店2家、理发店2家、网吧3家，各村均有商业网点。商贸服务业收入485万元。

基础设施

交通运输

1954年，修建达岚坪墟场路，全长1公里，可通行马车。1960年，县城至合水公路修通，穿越境内10公里。1965年，开通武溪至合水客班车，途经达岚。是年，修建达岚至石榴坪公路，经过境内8公里，1966年建成通车。1978年，修建达岚坪到覃木阳村通村公路，1986年通车，全程13.7公里。1999年，修建潮地村通村公路17.8公里，2005年建成通车，途经新田、六里2个村。是年，新修通村组公路58公里。2006年，实施公路路面硬化工程，硬化公路4公里。2013年，通村公路全部水泥硬化。是年，开通覃木阳村至县城白沙和达岚坪经潮地村至县城白沙2条客班车线路。至2014年，9个村（社区）55个村民小组通路通车，公路全长137.5公里，有机动车516辆。

邮政通信

1937年，浦市至达岚架通电话线，有手摇电话机1部。1938年，设信柜，开通步班邮路。1950年，五区（达岚）和所辖乡通电话，各乡均通电话。1958年，邮政支局设总机室，有电话交换机一台，各大队有手摇电话机12部。1961年，邮政支局改名邮电支局，经营邮政电信业务。1964年，各大队均通邮路。1977年，改设邮政所，业务包含信件报刊投递、电报业务。1985年，各村电话撤销，仅有镇政府和机关单位3部电话。1994年，开通程控电话，安装电话110部。1999年，建成移动通信基站2座，移动通信村村通。2007年，重设邮政支局，设立邮政储蓄所，经营业务扩大到金融服务领域，2010年，开展发放小额贷款业务。是年，建成联通和电信2座移动通信地面接收站，通信设施覆盖全镇，实现有线电话和无线电话村村通。2014年，有邮政支局1所、电信代办点1处、移动服务点3处、联通服务点1处，有固定电话635部，移动电话普及率66.3%，通邮率100%。

供电饮水

供电 20世纪60年代初，境内照明主要用桐油和松膏照明，少数用煤油。1967年，公社安装机械动力发电机，每晚发电2个小时供公社机关单位照明用电。1968年，在达岚冲利用潮地水库主渠落差建设水电站1座，安装75千瓦发电机1台，供公社所在地及附近大队400户村民照明和加工用电。1970年，建成龙溪口水电站，供应龙溪口大队社员照明用电。1985年，修建车头水电站，1986年竣工发电，装机容量210千瓦，兼具发电与灌溉功能，供全镇各村用电，各村（社区）全部通电。1988年，架通浦市至达岚高压输电线路，原有电力并入县电网。1990年，修建达岚变电站，1991年竣工运行，供电用户4024户。2003年，完成全镇16个村90个村民小组农网改造，农村电价由原来每千瓦时2元降至0.588元。

饮水 1986年，境内村民用水主要取井水。1987年，镇政府在达岚坪溪上游修建一座电灌站，直接从溪流提水至水池，供镇直单位、墟场居民生活用水。是年，农村饮水工程开始实施，3个村用水管引山泉水，修建蓄水池供村民生活用水。1990年，6个村实施人畜饮水工程，4200人用上自来水。2004年，修建镇政府所在地自来水厂，新建蓄水池，日产水300吨，供墟场居民及机关单位用水。2008年，建自来水厂，有员工2人。2009年，申报农村居民人饮工程项目，有条件村建自来水管网。2014年，全镇有人饮工程57处，2815户12657人用上自来水。

水利建设

1957年，境内修建沙冲垅水库，库容10万立方米，灌溉稻田14公顷。1958年，修建油炸坡水库，库容10万立方米，灌溉稻田10公顷。10月，全县抽调劳力集中修建潮地水库，蓄水量450万方，1959年3月大坝完工。渠道长55公里，绕过14座山坡，建有2座渡槽、5条隧道，3处倒虹吸管，灌溉稻田227公顷。1970年，修建潮坪垅水库，同时各大队修建山塘、溪坝，增加旱涝保收面积。2000年，实施塘库防洪保安工程，水利设施得到整修。2003年，维修潮地水库主渠5公里，整修溪坝16处。2011年，除险加固山塘4口，新开引水渠15公里，其中主干渠9公里，水渠维修及疏通12公里。投入170万元，实施都用村沙冲垅水库除险加固工程。至2014年，全镇有小（1）型水库2座，小（2）型水库3座，山塘79口，溪坝47道，电排灌溉1处，有效灌溉面积798公顷。

村镇建设

1997年，制定达岚镇小城镇建设总体规划，规划镇中心区面积0.3平方公里，人口3000人，设主街道一条。2008年，投资50万元，建成汽车站，占地面积1500平方米。2010年，落实镇区街道卫生管理工作，配备2名专职管理人员，每逢赶场日由管护队执勤保障道路畅通，整治街道乱占、乱停车现象。2011 年，全镇 8 个村部楼建成投入使用。是年，开展环境卫生整脏治乱，修建垃圾中转场 1 个、垃圾池 6 个。2012 年，投资 300 万元修建 40 套廉租房，建筑面积 1157 平方米。2013 年，开展城乡环境卫生同建同治工作，投入资金 12 万元在垃圾填埋场修建一座垃圾焚烧炉。2014 年，境内建沼气池 1560 口，7 个村 30 个组 8500 人受益，全镇聘请保洁员 193 人。

社会事业

教育

民国 37 年（1948），境内建达岚中心国民学校，1950 年，更名达岚中心小学。1958 年，设立达岚中学，有学生 110 人，教师 10 人。1985 年，实施扶贫建校工程，改建校舍危房 12 栋。1990 年，适龄儿童入学率 96.21%，在校生巩固率 98.34%。2009 年，投资 30 万元新建潮地村小校舍；投资 30 万元改造都用村小；投资 15 万元新建车头小学；投资 120 万元新建和改造达岚镇中心完小学宿舍、教学楼。中心完小经省、州验收，成为泸溪县第一所农村合格学校。2014 年，全镇有幼儿园 5 所，入园幼儿 102 人，幼师 5 人。中心完小 1 所，村小 10 所，在校学生 862 人，教师 63 人，小学适龄儿童入学率 100%。初中 1 所，在校学生 496 人，教师 47 人，九年义务教育全覆盖。

文化体育

1958 年，达岚建立民办文化站，1960 年停办。1965 年，建立民办公助文化站，1967 年撤销。1969 年，公社建广播站，配备 1 名机线员。1970 年，建立广播放大站，配 150 瓦收扩机一台，配工作人员 1 名，各生产队通有线广播。1974 年，复建文化站，配备 1 名文化辅导员。成立电影放映队，有放映机 1 套，放映员 2 人。1986 年，建成一座电视差转站，用架设空明线天线收看电视。2002 年，广播站更名广播电视站，达岚坪、岩门、冲木 3 个村开通有线电视。2008 年，有线电视延伸到都用、新田村。2012 年，连通县城有线电视网络，社区、都用、新田麻坪开通数字电视。五德、潮地、龙溪口、六里、覃木阳村电视全覆盖。是年，广播站与文化站合并为文体广电服务站。2014 年，镇政府组织举办地方戏表演、舞龙表演、广场舞比赛、第四届群众篮球赛、农民拔河比赛活动 5 场次。电视实现村村通，覆盖率 100%，其中开通有线电视 579 户；有农家书屋 9 个，藏书 1.3 万册；各种民间文艺表演队 5 个，队员 75 人。

医疗卫生

1953 年，达岚建卫生院。1970 年，各大队配赤脚医生。2001 年，各村（社区）设立卫生室，赤脚医生更名为乡村医生。2010 年，投资 78 万元建计生服务所，配置相关设备，建立咨询诊断室、妇科检查室、化验室等。2014 年，镇卫生院占地面积 1230 平方米，有病床 25 张，医卫专业人员 17 人，村级卫生室 9 个，从业医生 13 人。参加新型农村合作医疗 16723 人，参合率 94%。

社会保障

2003 年，全镇发放扶贫救济款 1 万元，为无房户建房 13 栋。2006 年，投资 50 万修建镇敬老院，占地面积 3600 平方米，集中供养“五保”老人 16 人。2014 年，镇敬老院集中供养“五保”老人 23 人，供养金 18.49 万元；分散供养 85 人，供养金 22.44 万元。医疗救助 57 人次，补助医疗费 11.57 万元；发放惠民补贴 200 万元，惠及农户 3700 户。农村危房改造 32 栋，无房户新建房

岩门古堡（邓和生/摄）

屋70栋，发放补贴金108万元。农村低保户663户887人，发放低保金141.92万元。城镇低保9户18人，发放低保金4.64万元。参加新型农村养老保险9537人，缴费金额55.74万元。

特色地情

传统村落 岩门古堡寨建于明末，占地面积1334公顷，是明王朝控制湘西苗区历史产物。古堡寨整体设计和民宅建筑风格都体现适应战事特点，拥有完备军事防卫系统，是西南地区田园建筑典范，成为湘西苗疆边墙系列军事遗存代表之一。岩门古堡寨依山就势而建，红砂岩墙基呈椭圆形状，由墙基、红土砖墙、楼阁构成封闭防御体系。寨中部以马头形风火墙大院为核心向四周辐射，门庭院落互为贯通，融汇传统轴心、朝向、围合理念。在内部空间以巷道网络构建村落内部骨架，匠心独具，门、窗、栏杆、额枋、撑拱、花牙子等通过浮雕、透雕、刻画等技法点缀在醒目、采光、通风等部位，体现工匠的高超技法。2011年，被列为湖南省重点文物保护单位。2013年，被列入全国第二批传统村落名录。2014年11月3日，中央电视台四套《走遍中国·记住乡愁》栏目组到古堡寨拍摄以“孝”为主题专题片，在该台播出。

（撰稿人：杨　媛）

合水镇

合水镇因乃野溪与横坡溪在镇政府所在地太平溪汇合得名。2008 年，被文化部授予“中国民间文化艺术之乡”称号。

区域概况

位置面积

合水镇地处泸溪县西南部，北与兴隆场、永兴场连接，南与麻阳县谷达坡乡接界，西与凤凰县木江坪镇相邻，东与达岚镇接壤，区域面积 132.7 平方公里。镇治合水社区，距县城白沙镇 46 公里，距州府吉首市区 94 公里。

建置沿革

民国 17 年（1928），境内属泸溪县南三区。民国 27 年（1938），废区并乡，设信安乡，乡公所设合水墟场。1952 年 8 月，属县第五区。1956 年，撤区并乡，分成合水乡、踏虎乡。1958 年 9 月，两乡合并成立合水人民公社。1984 年 3 月社改乡，是年 11 月从合水乡析出，设置踏虎乡，合水乡改建合水镇。2005 年，行政区划调整，踏虎乡整体并入合水镇。

行政区划

民国 38 年（1949），信安乡（合水）下辖 6 个保，新桥、合水、中龙山属一保，罩子坪属二保，溪洲属三保，塘冲、杨家人、横坡属四保，踏虎、马路口、沙子坳、登云寨、晒州田属六保。1952 年 8 月，横坡、祖坟山在五区管辖 14 个乡之内。1958 年 9 月，合并成立合水人民公社，村改大队。1985 年，合水镇辖合水居委会及合水、溪洲、蓄鱼塘、木龙、新桥、横坡、塘冲、罩子坪、三合、杨家人、中垄山 12 个村（居）。踏虎乡辖踏虎、麻铺、晒州田、南洪溪、登云寨、沙子坳、马路口 7 个村。2005 年 3 月，行政区划调整，撤销踏虎乡，所辖 7 个村 47 个村民小组整体并入。中龙山村并入祖坟山村，蓄鱼塘村、三合村并入新桥村，塘冲村、杨家仁村并入横坡村，南洪溪村并入溪洲村。踏虎乡马龙口村与砂子坳村合并为兴砂村，合水居委会更名为合水社区居委会。踏虎、晒州田、麻铺、登云寨、罩子坪、木垅 6 个村保持不变。合并后全镇辖 1 个社区、11 个村、67 个村（居民）小组。2014 年，全镇辖合水社区、登云寨村、踏虎村、兴砂村、麻铺村、晒州田村、木垅村、溪洲村、罩子坪村、祖坟山村、新桥村、横坡村 12 个村（社区），下设 67 个村民小组。

人口民族

1961 年，境内有 3135 户 15153 人，每平方

公里 114 人。至 1984 年，全镇 4050 户 19981 人，其中踏虎乡 1448 户 7188 人。2004 年，合水镇 3589 户 15643 人。踏虎乡 2052 户 9345 人。2005 年合并后，全镇 5789 户 25196 人。2014 年，全镇 6337 户 27048 人，其中常住人口 26300 人，流动人口 3700 人。少数民族有土家族、苗族等。土家族 7794 人，占全部人口 28.82%；苗族 5454 人，占 20.16%。人口出生率 13.28‰，自然增长率 7.13‰，每平方公里 203 人。

自然环境

合水镇地势西南、北部地势较高，东部较低。最高海拔登云寨村 460 米，最低海拔合水社区 182 米。耕地面积 2308 公顷，其中稻田 1989 公顷，旱地 319.30 公顷，林地面积 9953 公顷，宜林山地 5800 公顷，森林覆盖率 31%。境内属亚热带季风湿润气候，年均气温 17℃，无霜期 285 天，降水量 1350 毫米。境内主要河流为辰水支流太平溪，发源于镇西北，在墟场汇流后纵贯东部，从蓄鱼塘村流出进入达岚镇境内。

经济发展

经济综述

境内经济以农业为主，沿至 20 世纪 60 年代年代。1961 年，粮食播种面积 2393 公顷，粮食作物产量 2535 吨。经济作物播种面积 143 公顷，油料播种面积 88 公顷，油料作物产量 25 吨。茶油产量 29.20 吨，桐油产量 3.10 吨。1974 年，在新桥村蓄泥塘兴建一座装机容量 250 千瓦的小型水电站，始有工业企业。1978 年，工农业产值 312 万元，其中工业企业产值 15 万元。1982 年，推行联产承包责任制，经济发展速度加快。1986 年，农林牧渔业产值 544 万元，其中农业产值 353.6 万元，林业产值 59.6 万元，牧业产值 1100.8 万元，渔业产值 20 万元，乡镇企业产值 20.6 万元。2004 年，合水镇农林牧渔业产值 2026 万元，农民人均纯收入 1517 元。踏虎乡农林牧渔业产值 1382 万元，农民人均纯收入 1052 元。2005 年，镇内形成以油茶、生猪养殖、劳务输出三大支柱产业，农林牧渔业产值 5650 万元，其中农业产值 4172.50 万元，林业产值 560 万元，牧业产值 887.5 万元，渔业产值 30 万元。劳务经济收入 3500 万元。2006 年，镇办企业相继解体，民营经济陆续应运而生。兴建国富油茶合作社等一批油茶加工作坊。全镇加工茶油 400 吨，产值 2400 万元，油茶成为全县六大农业产业化龙头品牌之一。2014 年，全镇农林牧渔服务业产值 9384 万元，居民年末人均储蓄余额 11000 元，农村居民人均可支配收入 5039 元，同比增长 8.50%，人均居住面积 24.50 平方米，家电入户率 96%。

农业

种植业　镇内种植业主要有水稻、红薯、大豆等粮食作物，花生等油料作物。20 世纪 60 年代，合水镇推广双季稻，旱地主要种植红薯、大豆、绿豆等杂粮。1961 年，粮食播种面积 2393 公顷，产量 1834 吨，茶油 29 吨。红薯是境内仅次于水稻的粮食作物。1965 年，红薯种植 185 公顷，产量 90 吨。1974 年，种植红薯 169 公顷，产量 203 吨。1975 年，成立红薯粉条加工厂，红薯种植面积扩大。1979 年，种植红薯 361.80 公顷，产量 926 吨，种植面积和产量均居全县之首。是年，粮食播种面积 2225 公顷，粮食产量 7163 吨。1990 年，推广水稻“双两大”育秧法和水稻规格化栽培技术，“双两大”育秧 210 公顷，水稻规格化栽培 1025 公顷。是年，粮食播种面积 1125.60 公顷，产量 3509 吨。1999 年，粮食播种面积 1164 公顷，粮食作物产量 4686 吨，农林牧渔业产值1995万元，农民人均纯收入888元。2005年，改造椪柑低产园，提高果品产量和质量，同时发展烤烟种植。粮食产量4212吨，椪柑产量813吨，烤烟种植100公顷，烟叶产量190吨。2014年，发展柑橘、烤烟等经作产业建成椪柑高产精品园2个，种植烤烟70公顷，产烟叶110吨。农作物播种面积3405公顷，粮食种植面积1303公顷，粮食产量6845吨，农业产值5963万元。

林业 森林植被主要有马尾松、杉木、柏树和油茶经济林等树种，油茶林面积1330公顷，是全县油茶主产区。1961年，茶油产量29吨，占全县产量33.60%。1970年，全面垦复油茶林，茶油产量达到81吨。1979年，结合植树造林垦复缓坡茶林，是年，茶油产量111吨。20世纪80年代，茶油受市场影响，价格走低，境内油茶林面积萎缩，产量下降。1987年，茶油产量21吨。1990年，农户开始垦复茶林，是年产茶油45吨。2000年，实施退耕还林，退耕还林面积667公顷。2005年，品改、低改油茶林180公顷。至2013年，先后投入600万元，开发油茶面积213公顷，品改105公顷，低改1050公顷。至2014年，完成退耕还林1455公顷，封山育林1551公顷，茶油年产150吨，林业产值462万元。

养殖业 20世纪60年代，境内养殖业以家庭散养为主，发展缓慢。1978年，耕牛存栏量1923头，生猪存栏5086头，羊存栏669只。1985年始，粮食自给有余，带动养殖业发展。1990年，耕牛存栏量1911头，生猪存栏5422头，山羊存栏244只。1999年，牛饲养4994头，生猪饲养22593头，山羊饲养5470只，鱼养殖水面30公顷。2005年，有养猪大户11户、养羊大户17户、养鸭大户110户、养鱼大户8户、养蛇户1户。生猪出栏5800头，存栏4263头，山羊存栏863只，家禽饲养量18000羽，水产品产量28吨。2014年，境内有养殖百头以上养猪场5个。生猪出栏14857头，存栏1.2万头，能繁母猪1200头，家禽存笼59346羽，养殖业产值2789万元，渔业产值131万元。

工业

1970年，开始发展社办企业，组建公社综合加工厂。1974年，公社成立基建队。1975年，公社创办红薯粉条加工厂。1976年，蓄鱼塘水电站建成。1985年，镇村企业产值26.35万元。1998年，有乡镇企业5家，从业人员31人，产值293万元。2000年，镇办企业改制转为民营。2011年，社区李家湾组村民李建荣注册湘西州广汉房地产开发有限公司，有员工53人。是年开始，承建县城白沙德馨源廉租房小区、洗溪廉租房、浦市氮肥厂廉租房、石化中学等工程，成为县内首屈一指的房地产公司。2012年，村民陈国富改造茶油加工作坊，完成“合水镇茶油”工商登记和商标注册申请，年加工成品茶油80吨。油茶加工业从散乱小作坊向规模化、工业化生产方式转变。价格由原散装每公斤70元增至152元。市场占有率逐步上升。2014年，有机械榨油厂3家，采石场4处，混泥土砖场9家，其他小型手工业、加工业12家，从业人员172人，工业产值480万元。

商贸服务

境内商贸业主要集中在合水社区和踏虎村两个集贸市场。合水墟场建于明代末期，逢农历五、十日赶场，每场赶场人数5000人。踏虎墟场建于清代中叶，逢农历二、七日赶场，每场赶场人数3000人。1985年，全镇有个体工商户21家，从业人员38人。1994年，投资50万元新建合水集贸市场。2013年11月，按照修建综合楼形式实施合水农贸市场标准化改造，墟场占地面积1000平方米，设置摊位260个。2014年，全镇有旅店2家，饮食店8家，理发店6家，日用百货店18家，从业人员95人，商贸业收入300万元。

基础设施

交通运输

1958年，合水修建至县城公路，境内里程26公里，1960年竣工通车，1965年始通客班车。1967年，修建合水至兴隆场公路，1968年建成通车，连接能滩至兴隆场、县城至合水，环线公路贯通。1979年，修建砂子坳至踏虎大队公路，并延伸6公里至麻阳县大垅村火车站。1995年，修建白沙至麻阳县四新村县际公路，从合水场接线，途经横坡村6个村寨，境内4公里。1996—1999年，实施公路通达工程建设，完成通村组公路32条，54个村民小组通车，通达率75%。2009年，投资56万元改造和维修村组公路70公里，实施“公路通畅工程”3处16公里。2011年投资210万元，重建合水至兴隆场公路沿线芙合桥、团结桥，桥梁承载力由原13吨增至50吨。2014年，全镇11个村89公里通村公路全面硬化。有货车85辆，客车15辆，每天有7趟客运班车往返县城白沙。

邮政通信

1959年，境内设邮电支局，开通邮路。同时设电话交换室，有电话交换机1台，各大队通电话。1994年，开通程控电话。是年，电话装机72户。1999年，程控电话通村率75%，装机560部。是年开通移动电话，有移动电话210部。2003年，开通互联网。2005年，社区有网吧2个，部分居民家里使用电脑。2010年，全镇有移动通信基站5座，联通通信基站1座，电信通信基站3座，电话实现村村通，手机普遍使用。2014年，镇内设有邮政支局，有通信服务网点2个，9个村开通互联网宽带。固定电话用户380户，移动电话用户8085户。

供电饮水

供电 1976年，境内建成蓄鱼塘电站，供居民和社直机关单位照明用电。1988年，架设高压输电线路连通县电网，居民用电质量提升。1995年，各村通电。2003年，投资2400万元实施农网改造工程，2004年，农网改造竣工，居民用电与县城同网同价。2014年，全镇供电用户6500户，供电可靠率99.2%。

饮水 1980年，境内居民大多靠水井供水，部分直接饮用溪水。1982年，社直单位用动力水泵从太平溪抽水供水。1992年，组织村民投工投劳实施人畜饮水工程，解决村组人畜饮水困难。至2005年，累计投资214万元，群众自筹资金86万元，实施人畜饮水工程18处，解决镇直机关、社区居民和祖坟山、新桥、罩子坪、蓄鱼塘等村组2106户9800人饮水问题。2013年，投入640万元，实施集中供水工程建设，当年工程竣工，实现8000人饮用自来水。2014年，新建踏虎集中供水设施1处，年底全镇1.5万人用上自来水。

水利建设

1954年，境内修建罩子坪小（2）型水库，库容10万立方米，灌溉面积20公顷。至1975年，境内先后修建山塘水库25座。1986年，部分塘库出现险情。1998年始，维修部分病险山塘水库。至2005年，完成山塘水库及灌溉渠道维修工程37处。2009年，除险加固病险水库3座，维修渠道2处8公里。2011年，投资1072万元治理太平溪小流域，治理干流10公里、支流

1.4公里，浆砌防洪石堤870米，浆砌护坡3730米，疏挖河道8500米，修建拦沙坝2座，恢复灌溉面积280公顷。2014年，全镇灌溉渠道32.1公里，农田灌溉面积337公倾。

村镇建设

1990年，境内村镇建设较落后。全镇仅有泸溪四中一栋三层砖混结构楼房，居民住宅大多为木房或砖木结构小平房。墟场街道是泥土路面。1998年，组建环卫队，聘请3名保洁员，负责墟场700米主街道清扫。2005年，始建各村村部办公室。2009年，修建踏虎农贸市场，开发角斗坪小区，修建砖混结构住房13栋5250平方米。2010年，廉租房、公租房项目启动，修建村部楼11栋。镇政府所在地开展整脏治乱。2013年，开展城乡环境卫生同建同治，聘请保洁员，新建垃圾焚烧炉，配发垃圾分类桶。2014年，投入52万元实施镇区老街水网改造，老街污水处理管网翻修重建，硬化墟场路面537米，铺设排污管道2100米，修建化粪池一个，安装路灯24盏。配备村组保洁员75人，修建沼气池2610口，硬化村间道路12公里。

社会事业

教育

20世纪40年代，境内祖坟山设私塾一所，有学生18人。民国30年（1941），祖坟山设中心国民学校。1950年，改名为祖坟山中心小学。1956年，改为合水乡中心小学。1958年，改为合水公社中心完小，设初中班，各大队办小学。1960年，全社村小和教学点8个，有教职员工62人。1962年，初中班从中心完小分离，建泸溪县第四中学。1970年，县第四中学设高中部，属完全中学。1983年8月，第四中学改为县农业职业中学。1986年，农业职业中学更名为泸溪县第一职业中学，1989年，合水中学仍保留县第四中学名称。1990年，四中高中部撤销。2012年，投资120万元建成中心幼儿园。2014年，镇内有泸溪县第四中学，踏虎九年一贯制学校，合水中心完小以及公办幼儿园1所，民办幼儿园2所。教职工168人，在校学生1500人，入园幼儿320人。

文化

1969年，公社设广播站，始通广播。1974年，公社设文化站，配文化辅导员1人。是年，8个大队成立业余文艺宣传队，农闲时在各大队巡回演出。1975年，各大队、生产队开通广播。1976年，公社成立电影队，有放映员2人。1982年，有线广播通播数减少。1984年，镇政府所在地开通调频广播。1985年，建电视差转站，接收雪峰山电视差转台信号，镇内始通电视。1995年，镇政府所在地开通有线电视。2000年，有线电视覆盖公路沿线村寨。2008年，发放村村通电视设备400套，解决边远山区村民收看电视难问题。2010年，境内民间乐队、广场舞表演队相继成立。是年，开通数字电视。2014年，镇文体广电服务站有工作人员6人，全镇村级图书室12个，藏书3万册。是年，有线电视入户率27%，电视覆盖面90%。

医疗卫生

1962年，合水公社设卫生院。1970年，各大队配备“赤脚医生”。2000年，镇内12个村建卫生室。全年培训乡村医生83人次。2013年，投资136万元新建镇卫生院，建筑面积1252平方米。2014年，合水、踏虎2所卫生院有病床30张，医卫人员56人。全镇参加新型农村合作医疗23507人，参合金额129.29万元。

社会保障

20世纪80年代，社会保障工作主要是军烈属优抚、“五保户”供养，救灾救济工作。1998年，实施城乡居民最低生活保障制度，有低保户456户510人。2005年，修建合水敬老院，入住“五保”老人24人。2006年8月，建成踏虎敬老院，入住“五保”老人13人。2009年，低保扩面，为932名低保对象、81名“五保户”、150名复员退伍军人发放补助款85万元。是年，镇内23户安居房竣工入住。2011年，踏虎敬老院新建住房53套，面积3300平方米。实施农村安居工程，无房户建房57栋、危房改造43户，补助资金72万元。2014年，全镇有敬老院2所，入住“五保”老人48人。1776户2682人纳入农村低保范围，发放低保金270万元。城镇低保11户18人，发放低保金4.95万元。参加新型农村养老保险14072人，缴费金额84.96万元。

特色地情

历史人文

踏虎凿花　据《泸溪县志》记载，踏虎剪纸源于清乾隆年间（1736–1795）泸溪县踏虎乡(现

踏虎凿花（杨贵军／摄）

踏虎村)，源于苗族服饰纹样蓝本，花样繁多、品种齐全，分画稿、固定稿、凿刻、装裱4个步骤，是一种“不用剪刀的剪纸艺术”。艺人从民间凿“喜钱”（人们春节时贴在门楣上祭祀用品）工序中得到启发，由刀剪改为刀刻(即“凿”)。当踏虎剪纸在工艺流程上有了独特变化后，当地人便把它称做“凿花”或“扎花”。著名作家沈从文曾专门撰文介绍踏虎凿花工艺。1993年，中央电视台拍摄踏虎凿花的专题系列片。2008年，被文化部列入非物质文化遗产名录，主要传承人有黄靠天、杨桂军、黄永红。

民俗风情

凿花大师黄靠天（1923—1997）　原名黄明生，出生于踏虎村。二十岁跟随父亲学习凿花技艺，三年成为凿花艺人。1957年，被湖南省美术家协会吸收为会员，1960年，被中国美术家协会吸收为会员。《黄靠天剪纸技法》，1982年由湖南美术出版社出版。其凿花作品参加在日本东京、大阪和南斯拉夫国际博览会等展出，作为馈赠礼品送给国际友人，并在长沙举办湘西泸溪盘瓠凿花专题艺术展。黄靠天是泸溪县第一、二、三届政协委员，湘西州第五、六、七届政协委员。1997年，病逝，享年74岁。

门楣文化　当地人建房时都要在院前建一个门楣，刻上“某某世第”来标识自己姓氏和祖籍。如“颍川世第”为陈姓，祖籍河南颍川郡；“清河世第”为张姓，祖籍河北清河；“彭城世第”为刘姓，祖籍江苏徐州；“陇西世第”为李姓，祖籍甘肃陇西；“弘农世第”为杨姓，祖籍河南弘农郡。门楣反映姓氏辉煌家世、显赫勋业，或做人修养与处世，有丰富的文化内涵，表达主人生活理念，给人以启迪或警策，随着家族繁衍代代相传。

（撰稿人：符红松）

兴隆场镇

兴隆场古时称“四都坪”。是泸溪西南地域凤凰、麻阳、吉首四县边区商贸聚集之地。清光绪年间（1875–1908），因商贸经济兴隆繁荣改名“兴隆场”。2004年，被农业部定为全国辣椒“无公害生产基地”，其“无公害玻璃椒”品牌获国家工商总局认证。

区域概况

位置面积

兴隆场镇位于泸溪县西南部，东临永兴场乡，南接合水镇，西接凤凰县木江坪镇，北接解放岩乡、小章乡。区域面积86.69平方公里。镇治兴隆场社区，距县城白沙66公里，距湘西州首府吉首市区84公里。

建置沿革

清乾隆二十年（1755），境内属泸溪县四都。民国16年（1927），属县南四区。民国27年（1938），设义安乡。1952年8月，设县三区人民政府。1956年6月，撤区并乡，改为兴隆场乡。12月，设立兴隆场办事处。1958年9月，成立兴隆场人民公社。1984年3月，改公社为乡，10月乡改镇。

行政区划

民国38年（1949），义安乡辖15个保，包括今兴隆场、小章、永兴场、白洋溪辖地。麦坨、后塘、兴隆场属一保，德保、都岚山、彭总管、麦坨属二保，烂泥田、岩坡属三保，巴斗山、五里坪、锡瓦属四保，坪布亮、龙头寨、甘田坪属五保，都里坪、武堰属六保。1952年8月，三区辖兴隆场、岩坡、锡瓦、彭总管、都里坪等16个乡。1983年，兴隆场公社辖18个大队98个生产队。1984年，镇辖18个村78个村民小组。2005年，村级建制调整，后塘、东广寨并入德堡村，兴隆场、居委会、麦坨合并设兴隆场社区，都岚山并入彭总管村，坪布亮、龙头寨并入甘田坪村。2014年，辖德堡、甘田坪、都里坪、武堰、锡瓦、五里坪、彭总管、烂泥田、岩坡、巴斗山10个建制村1个社区，下设40个村（居）民小组。

人口民族

1961年，境内有2667户10668人。1984年，全镇3520户17027人。1998年，全镇4759户20418人，人口自然增长率9.6‰。2014年，全镇5951户23101人。其中，苗族9283人，占40.18%；土家族8535人，占36.95%；其他少数民族74人，占0.32%。常住人口20900人，流动人口3461人。人口出生率13.85‰，人口自然增长率 8.79‰。人口密度每平方公里 241 人。

自然环境

兴隆场镇域地势自西北向东南倾斜，西部有巴斗山，顶峰海拔 884.3 米，为镇内最高峰。最低点武堰村，海拔 258 米。中部由坪地和丘陵组成狭长盆地，耕地面积 1700.33 公顷，其中水田 1541.11 公顷，旱地 159.22 公顷，林地面积 5718.06 公顷，森林覆盖率 65.95%。属亚热带季风湿润气候，年降水量 1300 毫米，日照 1396 小时，无霜期 273 天，年均气温 16.2℃。境内溪流 2 条，锡瓦溪发源于巴斗山，经中部向北流入小章乡能溪河，至洗溪镇能滩村汇入武水。德堡溪发源于都岚山，向东流入永兴场乡。主要矿产有石煤、金矿、铜矿、硫铁矿、铅锌矿、重晶石、高岭土、菊花石、石灰石、龙头冲石煤等。自然灾害主要有洪涝、干旱、地质滑坡。

经济发展

经济综述

20 世纪 60 年代，境内经济以农业经济为主。1961 年，粮食产量 1834 吨，油料作物产量 9 吨。生猪存栏 543 头，羊存栏 345 头。1974 年，组建综合加工厂，社办企业起步。1979 年，社办企业产值 12 万元。1982 年，实行联产承包责任制，农业经济发展加快。1986 年，农业产值 578 万元，粮食产量 6963 吨，油料产量 418 吨，生猪存栏 8946 头，羊存栏 963 头。农民人均纯收入 212 元。1992 年，发展辣椒生产，椪柑在后塘建立示范点。1995 年，全镇辣椒种植面积 1300 公顷，椪柑 200 公顷。2001 年，农业产值 3165 万元，粮食产量 7394 吨，油料产量 958 吨，干椒产量 50 吨。生猪出栏 8593 头，生猪存栏 7000 头，羊存栏 1500 头，农民人均纯收入 1131 元。2014 年，全镇农林牧渔服务业产值 9745 万元，农村居民人均可支配收入 5583 元，人均储蓄余额 12500 元，人均居住面积 25.3 平方米，家电入户率 98%。

农业

种植业 境内种植业主要以水稻、油菜、辣椒、烤烟、黄豆等农作物为主，是泸溪县第二大产粮区和辣椒、油菜籽、黄豆主产区。1986 年，粮食产量 6963 吨，油料作物产量 418 吨，干椒产量 5.25 吨，黄豆产量 214 吨，被确定为泸溪县杂交水稻制种基地，年生产杂交水稻种子 20 吨。1995 年，辣椒种植面积 4000 公顷。2001 年，被泸溪县政府定为全县干椒出口主产区。是年，生产干椒 1100 吨。2004 年，辣椒生产被农业部授予全国“无公害生产基地”。“无公害玻璃椒”品牌获国家工商总局认证。2005 年，稻谷产量 5866 吨，玉米 60 吨，豆类 108 吨，薯类 504 吨；油料 786 吨，烟叶 18 吨，干椒 1052 吨。2009 年，发展烤烟生产，当年种植 20 公顷，产量 60 吨。2011 年，烤烟种植增至 146.7 公顷，产烟叶 277.2 吨。2014 年，全镇粮食作物播种面积 1098.1 公顷，粮食产量 5686.1 吨。油料作物播种面积 901 公顷，产量 1432 吨，辣椒种植 806 公顷，干椒产量 1546 吨，烤烟种植 140 公顷，产量 238.75 吨，农业产值 6844 万元。

林业 境内林木品种主要以马尾松、杉树、柏树等为主，有金弹子、金丝榔、楠木、黄连木等名贵树种。1974 年，在巴斗山建社办林场，场区面积 40 公顷，以营造杉树为主。境内林木蓄积量 128 万立方米。是年，有社队集体林场 14 个。1984 年，设林业站，时有镇办万亩杉木基地，商品林 4333 公顷。1985 年，集体林场解体，林地承包到户。1989 年，实施“五年消灭荒山，十年绿化泸溪”工程，至1992年，荒山造林320公顷。2000年，实施退耕还林，退耕还林面积680公顷。2006年，11个村（社区）4500户农户退耕还林面积1153公顷，封山育林800公顷，发放退耕还林补助4000万元。岩坡村、五里坪村至武堰、锡瓦溪流沿线四旁植树53.3公顷。2012年，实行林权制度改革，确定公益林1600公顷。2014年，全镇利用世界银行贷款66万元，造林200公顷，林业产值333万元。

养殖业 境内养殖业以猪、牛、羊为主。1981年，耕牛存栏1856头，生猪存栏5739头，能繁母猪94头，山羊存栏77只。1989年，农业产业结构调整，养殖业得到发展。1999年，耕牛存栏4020头，生猪存栏8000头，能繁母猪360头，山羊存栏4500只。2001年，生猪出栏8593头，存栏7000头，牛存栏3815头，出栏670头，羊出栏1500只。2014年，德堡村吴胜江采取“公司＋合作社＋基地＋农户”模式运作，建立保龙养殖专业合作社发展肉牛养殖。养殖场占地1.4公顷，投资200万元，建成4个养殖场，试养湘西黄牛20头。是年，全镇生猪出栏11844头，牛出栏812头，羊出栏3210只，家禽出笼63868羽。牛存栏4420头，生猪存栏9048头，羊存栏3969只，家禽存笼51572羽，养殖业产值1390万元。

工业

1950年，境内仅有5家私人加工作坊。1974年，始办集体企业，有综合加工厂、拖拉机站等4家社办企业。1985年，镇办企业有拖拉机站、水电站、机械修配厂、加工厂、硫黄矿等5家，产值25.5万元。1986年，新建镇辣酱厂，利用当地辣椒生产辣酱，产品远销上海、北京等地，获全国少数民族食品博览会金奖。2001年，重点发展采石加工预制构件和粮油加工企业。2004年，建成喜农辣椒加工厂。2011年，投资200万元，新建7栋1000吨保鲜库、20个2000吨盐渍池。2013年，生产加工鲜椒320吨，形成剁椒、辣椒酱、姜辣椒、泡椒、油炸辣椒、酸辣椒6个系列产品，产品畅销浙江、江苏、上海等地。2014年，全镇有农产品加工企业6家，从业人员106人，工业产值761万元。

商贸服务

明万历年间，兴隆场设墟场，逢农历一、六日赶场，旺季每场人数万余人，主要交易商品有粮食、辣椒、瓜果蔬菜、烟叶、菜油、茶油、桐油、布匹、成衣、鞋类、纺织品、家电产品、农机具、牲畜、家禽等。1985年，全镇个体工商户25户，从业人员51人。2010年，投资200万元扩建农贸市场，交易场地达到30668平方米。是年，有个体工商户85户，从业人员186人。至2014年，镇内11个村（社区）均有商业网点，兴隆场社区有餐馆、旅社、理发、缝纫、家电、农资等店铺32家。全镇有个体工商户235户，从业人员506人，商贸收入1100万元。

基础设施

交通运输

1965年2月，境内动工修建能滩至兴隆场公路，全长35公里，1966年3月建成通车。1967年，修建兴隆场至合水公路23公里，1970年建成通车，连通环县公路。1972年，开通县城至兴隆场、合水环线客班车。1978年，修通兴隆场至永兴场公路9公里。1990年，开始修建通村公路，修建都岚山等村公路6公里。1998年，通村公路里程25公里。1999年，巴斗山村在村主任杨兴刚带领下集资修建五里坪至巴斗山通村公路6

公里，2002年建成通车，该公路经过县境海拔最高的巴斗山，被称为泸溪“天路”。2005年，实施农村“通畅工程”，硬化县、乡公路。2012年，镇内都岚山、巴斗山等4个村公路全部硬化。2013年，甘田坪村枫木岭、岩坡村马龙头、都里坪村张家岭、巴斗山4个自然村4条通组公路竣工，实现村村通公路。2014年，全镇有货运车52辆，客运中巴车8辆，载客面包车25辆，农用车和拖拉机23辆，三轮车39辆，小汽车24辆，微型车7辆，两轮摩托车380台。兴隆场至吉首客运班车每天6班次，至县城白沙每天8班次，至浦市每天1班次。

邮政通信

1952年，境内设邮电所，负责邮政电信业务。1961年，设邮电支局，有电话交换总机室，各大队有一部手摇电话机。1994年，开通程控电话，安装电话140部。1999年，开通移动电话，有移动电话320部。2003年，开通互联网。2011年，有邮政网点1个，乡村通邮率100%，电信服务网点4个，固定电话用户1500户，移动电话5785部，宽带接入用户610户。2014年，全镇有邮政网点1个，移动服务网点5个，联通服务网点3个，移动电话15120户，互联网用户1100户。

供电饮水

供电 20世纪50年代，境内居民照明靠煤油、桐油、松脂块等。1960年，建成马家冲水库，同时安装水轮发电机发电，供应五里坪、岩坡等村寨照明用电。1979年，在龙头冲水库渠道出口处修建发电站，供应政府机关及锡瓦、甘田坪、平布亮4个村5519人照明和加工用电。1986年，架设高压输电线路从县电网引电。1989年，兴隆场设供电所。1992年，实施农村通电工程建设，至2000年，境内各村寨全部通电。2005年，农网改造启动，2011年，农网改造竣工。2014年，全镇供电用户5496户，供电可靠率98%。

饮水 1972年，境内居民饮水均为井水或溪水。1973年，开展管水、管粪，改水井、改厕所、改炉灶、改畜圈、改环境“两管五改”工作。至1980年，先后改造水井134口。1986年，镇政府修建自来水厂，从锡瓦溪抽水，供应镇政府所在地居民用水。1996年，开展农村饮水工程建设，至1998年，有7个村村民用上自来水。2011年，社区新建自来水厂，解决镇直机关单位、社区、五里坪村、锡瓦村8000人饮水问题。2013年，投资50万元实施都里坪村供水工程，1400人受益；投资200万元建设五里坪片区集中供水工程，铺设水管4500米，岩坡、五里坪、锡瓦3个村3100人受益。2014年，五里坪大塘、兴隆场社区自来水厂并网供水，90%村民用上自来水。

水利建设

1959年，境内马家冲水库动工建设，1960年建成。水库位于岩坡村，库容250.64万立方米，是一座以灌溉为主，兼顾防洪、发电、养殖等综合效益小（1）型水库。1973年，泸溪县抽调劳动力修建龙头冲小（1）型水库，1974年建成。1998年，由于年久失修，水利设施老化，病险塘库增多。2000年，投入120万元，实施龙头冲、马家冲2个小（1）型水库和麻冲湾小（2）型水库除险加固工程。2014年，投资150万元维修都里坪村内6座山塘水库，修建渠道3公里，修建防洪堤0.3公里；投资13.8万元，维修彭总管村鱼水坪山塘和桐冲水库；投资7万元，维修岩坡村山塘，新修排洪沟0.4公里；投资30万元，维修德堡村4口山塘；投资35万元，维修甘田坪村2口山塘，新修渠道2.5公里。全镇灌溉面积500

公顷，其中有效灌溉面积400公顷。

村镇建设

1992年，投资30万元，硬化集镇街道1万平方米，安装街道路灯21盏。1995年，投资60万元，新建北门十字街，长1500米。2004年，完成铺设下水道工程。2012年，修建廉租房2栋48套，2013年年底竣工入住。是年，实施城乡“同建同治”，新建垃圾池80个，发放垃圾桶18259个，完成13口沼气池建设，改厕改厨13户。2014年，投资100万元硬化都里坪村道3公里。是年，投入70万元聘请保洁人员83人；投资11万元修建大坪垃圾焚烧池；投资16万元，在都里坪村和五里坪村安装太阳能路灯32盏。

社会事业

教育

清代及民国初期，境内有私塾13所。民国22年（1933），在墟场建义校1所，属短期教育。民国30年（1941），设立保中心国民小学1所。民国37年（1948），义安乡设中心学校1所。1954年，改为中心完全小学。1958年，设立民办中学。1962年，民办中学改为泸溪县第三中学。1999年，镇中心完小被定为“全国尝试教育试验基地”。2005年，投资280万元，新建三中学生食堂、教学楼和学生宿舍，建筑面积3750平方米。2006年，三中高中部撤销。2011年，投资110万元，新建德堡、东广寨、甘田坪村3所小学。2014年，境内有中学1所，在校学生419人，教职工45人；有中心完小1所、村小6所，在校学生1570人，其中寄宿生324人，教职工76人。小学适龄儿童入学率100%。境内有幼儿园3所，在园儿童500人，幼师12人。

文化体育

1957年，境内利用电话线路安装舌簧喇叭开展广播宣传，乡人委有喇叭2只。1969年，公社建广播站，配备1名干部管理。1970年，建立广播放大站，全社78个生产队通广播，20个生产队广播喇叭安装到户。1974年，公社设立文化站，配备文化辅导员1人，成立电影放映队，有放映设备1套，放映员2人。1975—1977年，有大队业余文艺宣传队5支78人，各大队业余文艺宣传队定期开展集中会演和巡回演出，每月每村放映电影一场次。1985年，利用架空明线方法传输电视信号，境内始通电视。1992年，广播站改为广播电视站，建立电视差转站2个。1994年，在镇政府所在地开通有线电视。1996年，兴隆场社区、武堰、都里坪、甘田坪、锡瓦、五里坪、岩坡、德堡等村（居）开通有线电视。2005年，镇有线电视网并入县有线电视网，能收看电视节目68套。2011年，文化站和广播站合并为文化广电服务站，有工作人员5人。2014年，有镇图书室1个，农家书屋10个，藏书36879册。各种文艺表演队12支。数字化有线电视整体平移2800户，有线电视入户率84%。镇文体广电服务站举办“迎国庆”首届群众广场舞大赛，参赛舞蹈队12支200人。

医疗卫生

1953年，兴隆场建卫生院。1996年，修建卫生院门诊住院大楼。2003年，镇卫生院被卫生部授予一级甲等卫生院。2009年，建成新住院大楼，设病床80张。实施新型农村合作医疗制度，全镇参合率90%。2014年，镇内有中心卫生院1所，村卫生室18个，乡村医生18人。参加新农合19358人，参合金额106.45万元，参合率96%。

社会保障

1984年，镇建敬老院，入住“五保”老人11

傩面舞（杨家旺／摄）

人。1998 年，境内实施城乡居民最低生活保障制度，低保户每人每月 25~45 元补助。2014 年，全镇农村最低生活保障 1952 户 2153 人，发放低保金 217 万元；城镇居民低保 6 户 9 人，人均月发放金额 215 元。“五保户”集中供养 25 人，人均月供养金 670 元；分散供养 96 人，人均月供养标准 220 元。新农保参保人数 10313 人，参保金额 42.87 万元。

特色地情

名优特产

兴隆场辣椒　种植历史二百多年，富含维生素 C、色艳红亮、香味浓、风味佳、口感好，营养丰富。玻璃椒品种获得“中国玻璃椒”“中国喇叭椒”“中国牛角椒”称号。辣椒常年种植面积 800 公顷，年产辣椒 1000 吨，畅销韩国、日本、新加坡、马来西亚、斯里兰卡和加拿大等十多个国家，年创汇 100 多万美元。

民俗风情

傩面具　又称“鬼脸壳”，是古老民族民间手工技艺。傩面具是出于“重祭祀、信鬼神”巫傩文化。傩面具种类繁多，有 12 生肖、36 诸天罡以及地狱判官、小鬼、牛头马面等。按功用造型可分为祭祀面具、驱鬼面具、战争面具、开山面具、跳香面具等。五里坪村村民梁铁雕刻傩面具艺术形象狰狞凶猛、怪异奇特、咄咄逼人。表现手法上多采用似人非人，似兽非兽夸张变形手法，强化傩面具艺术感染力。傩面具作品《驱邪先锋》《龙神》《雷公电母》等，2008 年被省文化厅选送参加北京奥运会，并在残奥会期间参加“中国故事”文化展示活动。2009 年，梁铁被授予“民族民间工艺美术师”称号。2013 年，被确定为省级非物质文化遗产傩面具传承人。

（撰稿人：覃美燕）

洗溪镇

洗溪，古称洗溪口。因有一小溪与峒河交汇，每到雨季小溪山洪泥水在出口处被峒河冲洗干净，故因小溪得名洗溪。1994年，被湖南省人民政府授予"全省乡镇企业百强乡镇"。

区域概况

位置面积

洗溪镇位于泸溪县中部，东邻武溪镇和天桥山自然保护区，南接浦市镇，西邻潭溪镇和白羊溪乡，北与梁家潭乡交界。区域面积128平方公里。镇治洗溪社区，距县城白沙镇21公里，距州府吉首市区59公里。

建置沿革

唐天宝元年（742），县治由卢江口迁于此。南宋绍兴九年（1139），县治复迁卢江口楠木洲。明代设院场坪巡检司。清嘉庆二年（1797），筑石堡于古县署处，驻把总一员率兵驻防。民国16年（1927），属泸溪县一区。民国27年（1938），废区设乡，分属和安、忠安、孝安3个乡。1949年，分属一区、四区政府。1956年，撤区并乡后属团结乡。1961年，建立洗溪人民公社。1984年3月，社改乡，10月乡改镇，为洗溪镇。

行政区划

1961年，洗溪人民公社辖上街、下街、洞底、屋场坪、李岩、邓家坪、宋家寨、望天塘、洞头寨、仲溪、能滩、甘溪、张家坪13个大队76个生产队。1984年，全镇辖2个街道居委会、11个建制村，下设76个村（居）民小组。2005年，村级建制调整，望天堂村与甘溪村合并为甘溪桥村，屋场坪村与洞底村并为洞底坪村，上街居委会、下街居委会、仲溪村合并为洗溪社区居委会，原李家田乡李尧溪村并入邓家坪村，能滩村、峒头寨村、张家坪村、宋家寨村、李岩村保持不变。调整后全镇辖洗溪社区及能滩、甘溪桥、峒头寨、张家坪、邓家坪、宋家寨、李岩和洞底坪9个村（居）民委员会、5个居民小组、30个村民小组。至2014年，辖1个社区、8个村、35个村民小组。

人口民族

1961年，洗溪公社有1560户5952人。1984年，全镇1915户9675人。2005年，有3192户12418人，其中苗族8330人，占67.08%，土家族968人，占7.8%。2014年，全镇4146户13240人，其中，苗族9160人，占69.18%；土家族1395人，占10.54%。常住人口11900人，流动人口1980人。人口出生率11‰，人口自然增长率7.8‰。人口密度每平方公里103人。

自然环境

洗溪镇地势南北高，中间低；最高马鞍山，海拔 680 米；最低洗溪社区，海拔 130 米。耕地面积 875.03 公顷，其中水田 845.9 公顷，林地面积 9159.77 公顷，森林覆盖率 65%。境内以山地为主。水能资源丰富，武水自西向东流经镇内中部。境内属亚热带季风湿润性气候，年降水量 1300 毫米，平均气温 17℃。境内矿产资源主要有磷、铝石、石煤等。自然灾害主要是洪灾、旱灾、地质滑坡等。

经济发展

经济综述

20 世纪 50 年代，境内农业生产方式落后，粮食作物产量低，灾害年份农民生活靠国家统销粮解决。1961 年，粮食产量 1270 吨，其中稻谷产量 1190 吨、玉米产量 30 吨、高粱产量 21 吨、绿豆产量 29 吨。1972 年，种植双季稻，粮食产量提高。1979 年，粮食产量 3092 吨，其中玉米产量 125 吨，高粱产量 67 吨。1982 年，实行联产承包责任制，农村经济发展速度加快，1984 年，粮食产量 3031 吨，农业产值 325 万元，农民人均纯收入 202 元。是年，利用境内磷矿石、石灰石及水能资源发展工业企业，至 1990 年，建成农产品加工等企业 30 家，年产值 8000 万元。2005 年，农林牧渔服务业产值 2423 万元，工业产值 4513 万元，农民人均可支配收入 1886 元。2014 年，农林牧渔服务业产值 6888 万元，工业产值 7505 万元，农民人均可支配收入 5284 元。商品零售总额 4000 万元，年末人均储蓄余额 15000 元，人均居住面积 25.3 平方米，家电入户率 94%。

农业

种植业 境内粮食种植以水稻为主，旱粮有玉米、红薯、小米、大豆等，经济作物有花生、油菜等，林果业有椪柑、橙、柚、板栗等。1970 年，粮食作物种植面积 814.6 公顷，产量 2400 吨。1974 年，能滩大队试种柑橘 2 公顷。1987 年，能滩、屋场坪、洞底等村种植椪柑。1990 年，能滩村成为柑橘示范村。是年，全镇柑橘产量 46 吨。2000 年，椪柑开发 670 公顷。2001 年，农业产值 1691 万元，粮食产量 3282 吨，农民人均纯收入 1271 元。2007 年，椪柑种植面积 1040 公顷，产量 1.02 万吨。2010 年，农业以合作社为龙头，加快椪柑、葡萄、蔬菜、油茶及特色养殖等优势产业发展。是年，完成椪柑品种改良 70 公顷，新开种植葡萄面积 33.33 公顷，种植蔬菜 10 公顷。2014 年，全镇农作物播种面积 735 公顷，粮食产量 3561 吨，油料播种面积 469 公顷，产量 675 吨。水果产量 1.77 万吨，其中椪柑产量 1.65 万吨，葡萄产量 240 吨。农业产值 4868 万元。

林业 境内森林资源主要是马尾松、杉树等，油桐有葡萄桐等品种。1956 年 8 月，泸溪县设立仲溪木材采伐场，林区面积 1700 公顷，木材蓄积量 10 万立方米。木材运输采用索道，从山顶一直延伸到山脚溪边储木场。1958 年，有伐木工人 65 人，分成 16 个生产小组。是年，林业部在该场召开全国林业索道运输现场会，副部长罗玉川主持会议。1960 年，森林资源减少，采伐场撤销。1973 年，林业生产转入营林和建设集体林场阶段，1974 年，有集体林场 8 个。1983 年，镇政府设林业站。1984 年，落实“三山变一山”林权改革政策，集体山林和林场均分配到户。1990 年，开展荒山造林绿化活动，全镇荒山造林 200 公顷。2002 年，实行退耕还林工程，镇内所有坡耕地均退耕造林，峒河两岸耕地全部栽植桤木等速生树种。2006年，退耕还林325公顷。2010年，李岩村开发油茶新品种26.6公顷。是年，实施林权制度改革，2012年完成农户林地勘界发证工作。2014年，全镇退耕还林398公顷，荒山造林497公顷，油茶开发面积166公顷，林业产值325万元。

养殖业 1961年，全社生猪存栏285头，家禽饲养量3700羽。1984年，粮食实现自给，养殖新技术和新品种推广，以生猪为主的养殖业发展加快。1990年，生猪存栏3780头，山羊存栏86只。1999年，生猪存栏6540头，能繁母猪520头，牛存栏2250头，山羊存栏4975只。2010年，有养蛇场1个，年养蛇4000条；孔雀养殖专业户1家，饲养孔雀60只；山羊养殖场19个，年出栏山羊2000只；生猪养殖专业户5家，年出栏生猪1000头。2014年，全镇生猪出栏7392头，存栏5669头。羊出栏2598只，存栏3171只。家禽出笼36579羽，水产品产量163吨。养殖业产值1528万元，渔业产值137万元。

工业

20世纪60年代，境内建州洗溪磷矿，分李岩、撩溪两个工区。1970年，社队企业起步，建石灰厂，利用石煤焚烧石灰石生产石灰。1978年11月，建洗溪水泥厂，年产水泥5000吨，工业产值30万元。1984年，创办汽车修配厂。1985年，镇办企业产值88.9万元。1987年，洗溪水泥厂技改扩能，由原来年生产5000吨扩至4万吨，产值由30万元增至600万元，年纳税90万元，吸纳劳动力280人。1988年，矿产品资源开采权放开，镇办磷矿和18家个体户分别在张家坪、仲溪、上街、李岩4个村（居）规模化开采黄磷矿，年开采矿石20万吨，年产值7000万元。1989年，居民穆世全创办洗溪镇福利厂，安排58名残疾人就业，生产加工编织袋55万条，年创利润82万元。上街党支部书记杨必秀从1990—1992年，争取资金50万元兴建综合经营部、针织袜厂、锰粉加工厂等集体企业，安排就业150人，年产值300万元。1999年，受亚洲金融风暴影响，该镇工业企业连续亏损，2000年，镇办企业实施改制转为民营。2005年，利用水利资源优势招商引资开发小水电，引进外地资金5000万元修建能滩水电站，年发电量1200万千瓦时，年产值465万元。利用优惠电价等方式引进投资者在甘溪桥建成电解锰厂，年产电解锰5700吨，产值6840万元。全镇新建个体碎石场5家，年加工碎石30万立方米，产值900万元。2014年，全镇有个体私营企业20家，从业人员1813人，工业产值7505万元。外出务工从业人员3456人，年务工收入4170万元。

商贸服务

宋代绍兴时期境内设墟场，逢农历五、十为赶场日，每场人数3000余人。1937年，湘川公路建成通车后，商贸业快速发展，赶场人增多。1983年，实行联产承包责任制，个体经营户相继出现。1985年，有个体商户54家，从业人员210人，成为梁家潭、八什坪乡物资集散地。2000年，投资40万元修建1200平方米下街农贸市场。上街居委会辖区7家个体户集资建起农贸市场。由于市场面积过小，赶场以公路为市。2011年9月，投资210万元在廉租房小区修建2000平方米农贸市场，有固定摊位184个，临时摊位260个，内设蔬菜、熟食、肉类、水果、农产品自产自销等区，功能划分齐全，结束公路市场交易历史。2014年，全镇有餐饮业15家，旅店4家，南杂百货店铺217家，理发店5家，农资服务店3家，摩托车修理店2家，汽车维修点5个，网吧4家，椪柑营销合作社7家，从业人员1786人，商贸业收入1.5亿元。

基础设施

交通运输

1937年，湘川公路建成通车，途经境内20公里。是年，修建能滩吊桥，1938年5月建成通车。1957年，湘运客运公司开通吉首至沅陵班车，在洗溪建停靠点，设售票站。1965年2月，动工修建能滩至兴隆场公路，途经能滩大队，境内里程5公里。1970年，能滩公路石拱桥建成，吊桥停止使用，作为古迹保护。1972年，梁家潭乡从洗溪州磷矿汽车渡口接线，修建梁家潭乡公路，途经猢狲滩、印家、张家坪村。1973年，八什坪乡从张家坪村接线修建八什坪乡公路，途经张家坪等4个村，两条公路在境内长8公里。1986年8月，投资108.84万元修建洗溪武水大桥，1988年7月竣工通车，大桥建成后取代汽车轮渡和人力扳渡过河。1990年，从水泥厂接线，修通邓家坪、宋家寨公路，全长12公里。1991年，始建村级公路，至2003年，全镇80%村组修通公路。是年，国道319路面改造为沥青砼砂路面，技术等级为山岭重丘三级。2008年，常吉高速公路建成通车，经过洞头寨村、甘溪桥村，有桥梁3座，隧道4座，在峒头寨村设泸溪服务区。2014年，境内有319国道、杭瑞高速公路等国、省、县道38公里，村道8条52公里，通组公路67公里，桥梁32座。全镇机动车146辆，其中货车113辆，客车33辆，往返吉首、白沙等地过境客运班车22个班次。

邮政通信

宋绍兴年间，在洞底坪、鸾困湾设有铺递2处。清光绪十一年（1885）设洗溪铺，有铺兵2人。1961年，设立洗溪邮电支局，开通邮路，始通电话。1965年，设总机室，有电话交换机一台，架设通往各大队电话线路，各大队有一部手摇式电话机。1982年，镇内有专职投递员1名，负责投递境内邮件报刊。电信班有职工3人，通信交换线路56门，通往吉首长途线路2门，县内短途54门。1984—1992年，农村电话锐减，仅有机关单位10部电话。1993年，开通程控电话。1999年，建移动基站2座，移动电话开通。2003年，联通、电信部门先后建立通信基站，开通移动电话。是年，开通互联网。2014年，全镇有移动、电信、联通地面接收塔15个，移动电话12670户，座机电话128部，宽带网用户420户，网吧4家。

供电饮水

供电　1960年，境内修建洞底水电站，1963年运行发电。公社所在地及洞底坪、屋场坪大队村通电。1984年，新修甘溪桥水电站，甘溪、能滩、望天塘、峒头寨4个村通电。1985年，全镇通电村10个。1994年，实施农村通电工程建设，所有村组全部通电。2002年，实施农网改造，2005年全部完成。2007年，能滩水电站建成发电。2012年，县电力公司在洗溪社区猢狲滩组修建110千伏变电站一座。2014年，全镇有变电站一座，变压器57台，用电户4146户，镇内水电发电量均并入国家电网，综合用电合格率100%。

饮水　1972年州洗溪磷矿修建抽水设施，从武水直接提水，供应工业用水与生活用水。1985年，实施农村人饮工程，水源条件好的村架设水管引山泉水饮用，水源条件差的村改造水井。1988年，投资31万元修筑溪坝引水，修建200立方米蓄水池一个，铺设水管12公里，供镇政府所在地居民3750人用上自来水。2000年，投资

128万元更新改造自来水。2014年，选址印家村打井抽地下水，建自来水厂，11月水厂建成供水。是年，镇自来水厂有管理人员2人。同时，先后投资425万元，完善能滩、甘溪桥、峒头寨、张家坪、邓家坪、宋家寨、李岩村、洞底坪8个村寨供水设施，受益人口5619人。

水利建设

1957年，境内修建马入田小（2）型水库，库容83万立方米，灌溉面积38公顷。至1982年，先后修建山塘水库74口，电灌站7座，溪坝12处，有效灌溉面积410公顷。1990年，镇政府提供水泥300吨，维修加固李岩、邓家坪、张家坪等村溪坝，灌溉面积10公顷。2012年，投资240万元实施马如田水库除险加固工程。2013年，投资80万元除险加固边毛冲水库。2014年，全镇有效灌溉面积426公顷。

村镇建设

2008年，镇内9个村(社区)办公楼全部建成。是年，结合新农村建设，扶贫村实施村间道路硬化工程，至2010年，村间道路硬化4.8公里。镇政府所在地整脏治乱，配备街道清洁工3人。2011年，在社区第五居民小组建设廉租房300套，2012年竣工入住。2013年，开展城乡环境卫生同建同治，加强农村环境卫生基础设施建设。2014年，投入资金50万元发放垃圾桶3000个，修建垃圾池16个，新建垃圾焚烧炉1座，拆除街道乱搭乱建60处，聘请农村保洁员45人，硬化村间道路15公里。

社会事业

教育

1951年，境内洞头寨村设立初级小学，有学生13人。1958年，各村始办初级小学，有村小学5所。1961年，设立中心完小，1968年附设初中部。1985年，修建中心完小教学楼。1996年，建成上街红旗幼儿园，面积240平方米。修建中学教学楼450平方米。1999年，县移民局在洞底坪村修建移民希望小学1所。2005年，省电力公司扶贫工作队资助张家坪村修建电力希望小学。2014年，镇内有中心完全小学1所，村小7所，在校小学生462人，在校初中生208人，教职工108人，入园幼儿162人。

文化

境内民族传统节日有洗溪社区 “六月六”划龙舟、洞头寨村“七月八”歌会。1965年，设立公社文化站，1968年撤销。1969年，设立广播站，配广播员1名，各大队均通广播。1974年，复建文化站，配备文化辅导员1人。1983年，在团包山顶修建电视差转站，始通电视。1986年，全镇有电视机74台。1992年，开通镇政府所在地有线电视，广播站改为广播电视站。1996年，实施广播电视村村通，电视用户增多。2005年，完成县乡有线电视联网，由原来7套节目发展到42套节目。2012年，文化站和广播站合并为文化广电服务站。2014年，全镇农家书屋8个，藏书1.7万册。有农民号鼓队1支，业余辰河高腔表演队1支，有队员30人，艺术摄影社1家。是年，全镇数字电视用户700户，电视信号全覆盖。

医疗卫生

1957年，洗溪设卫生院，有医务人员10人。1961年，推广中西医结合，提倡新法接生。1970年，各大队配备赤脚医生和接生员。1984年，村赤脚医生改为乡村医生。1999年，洗溪卫生院改为中心卫生院。2005年，中心卫生院有床位30张，专业技术人员17人。2008年，推行农村新型合作医疗制度，村民参合率85%。2014年，镇中心卫生院建筑面积2000平方米，病床41张，专业卫生人员20人，13个村均设立医务室，配备村医16人。全镇参加新型农村合作医疗9865人，参合金额54.26万元。

社会保障

1993年，镇建敬老院，入住“五保”老人5人。1998年，投资25万元，新建镇敬老院占地面积300平方米，集中供养“五保”老人20人。2010年，投资45万元敬老院新建一栋四层综合楼，面积580平方米。2014年，全镇农村最低生活保障793户1261人，发放低保金132万元，城镇居民低保148户341人，人均发放低保金215元。农村“五保户”集中供养62人，人均月供养金额670元，分散供养99人，人均月供养金额220元。新农保参保人数6009人，参保缴费34万元，1726名年龄在60岁以上农村居民领取养老金。

特色地情

名优特产

洗溪豆腐 唐天宝元年（742）至南宋绍兴元年（1131），县治在此地时人户稠密，商贾云集。菜肴需要，豆腐作坊增多，竞争激烈，制作技术日益攀升。洗溪豆腐细腻可口，独具风味，其原因是用清沏如镜洗溪之水，豆浆凝固是当地石膏，用料是当地产黄豆，豆腐做成后用微火熏烤，干水汽后，色黄鲜美，又便携带。南宋时期泸溪县令将洗溪豆腐作为贡品送给皇宫。1938年，湖南省主席张治中巡视湘西路过沅陵县城，湘西行署主任陈渠珍盛宴款待，派专车到洗溪购豆腐做配菜上席。洗溪豆腐营养丰富，畅销州内外，2012年“洗溪豆腐”商标注册成功。

能滩吊桥（康启忠／摄）

民俗风情

“七月八”歌会 农历七月八日在峒头寨村后寨山坡举行歌会活动。相传清雍正年间某年农历七月初七，泸溪县天桥山举行庙会，一符姓苗族青年与一汉族女子在会上相逢通过对歌相识并相恋。由于受“铜不粘铁，苗不粘客（汉族）”影响和“苗汉不能通婚”禁律约束，双方恋情只能在暗地进行。不久被双方家长和族人发觉并责骂，棒打鸳鸯。次年农历七月初七，这对至死不渝的恋人在同村青年男女陪同下又相聚在天桥山庙会，双方用山歌倾诉衷情，表明生死相恋，永不分离的决心，决意奔婚。七月初八日，这对奔婚青年男女下山躲藏在男青年家乡后寨山坡上，继续以歌诉说衷肠，双方父母闻讯四处寻找。七月初九日，这对恋人又逃到达力寨村后山密林中，面对亲人追赶，无路可逃，在悲情的山歌中双双殉情自尽。这对生死相恋的情人殉情敲开了苗汉不通婚的大门，后朝廷禁婚令解除，族规打破，苗家青年男女婚姻自由不受干涉，但双方相恋后必须告诉双亲，选日择时订婚。此后，符姓青年男女为纪念这对恋人，每年七月初八不约而同聚集后寨村山坡上相互对歌，相亲相爱，用山歌苗歌表达对这对恋人抗争得来婚姻自由的感激之情，久而久之形成“七月八”苗族传统节日。

（撰稿人：许德友）

潭溪镇

区域概况

位置面积

潭溪镇地处泸溪县西北部，东邻洗溪镇，南接白羊溪乡、小章乡，西连吉首市河溪镇，北与吉首市丹青镇、排吼乡、排绸乡交界，东北接梁家潭乡。地域面积147平方公里。镇治潭溪社区土麻寨，距县城白沙镇40公里。距州府吉首市区33公里。

建置沿革

潭溪，因丹青河、白虎溪两水自东北向南流入峒河，三水交汇成一深潭而得名。清乾隆二十年（1755），属泸溪县下五都。民国16年(1927)，属西一区。民国27年（1938），属和安乡。1950年，设第四区人民政府。1956年，撤区并乡为潭溪乡、松柏潭乡。1958年，与松柏潭乡合并成立潭溪人民公社。1971年，社址由张家湾大队迁至土麻寨大队。1984年3月，社改乡，10月乡改镇，为潭溪镇。

行政区划

1956年，潭溪乡辖潭溪、朱雀洞、盘古岩、虎食溪、土麻寨、小陂流、大陂流、楠木冲、下都等村。松柏潭乡辖且己、小能溪、桃子坳、兴隆寨、新寨坪、松柏潭村。1958年，潭溪公社辖张家湾、土麻寨、朱雀洞、盘古岩、虎食溪、小陂流、大陂流、楠木冲、小能溪、下都、松柏潭、且己、桃子坳、兴隆寨、新寨坪15个大队。1961年，吉首县排绸公社符家坪，桃竹潭两个大队划入潭溪公社。2005年，村级建制调整，将桃子坳村并入松柏潭村，符家坪村并入盘古岩村，土麻寨居委会、张家湾居委会和虎食溪村合并设立潭溪社区居委会。时有下都村、朱雀洞村、盘古岩村、大陂流村、小陂流村、楠木冲村、小能溪村、且己村、兴隆寨村、松柏潭村、新寨坪村和潭溪社区12个村（社区）、47个村（居）民小组。

人口民族

1961年，全社有2781户8910人。1984年，全镇有3015户13447人。2005年，全镇4034户人口17021人，其中土家族9431人，占55.4%；苗族7308人，占42.9%。农业人口16193人，非农业人口828人。2014年，全镇4834户18792人，其中土家族9596人，占51.06%；苗族8758人，占46.6%。常住人口16662人，流动人口2130人。人口出生率12.2‰人，自然增长7.9‰。人口密度每平方公里127人。

自然环境

潭溪镇地势南北高中间低，山多陡峭，属于典型山区峡谷地带。境内最高点将军山，海拔

457.6 米；最低下都村河边，海拔 120 米。耕地面积 945 公顷，其中水田 661 公顷。林地 10652.42 公顷，森林覆盖率 63.1%。土质以红土壤为主。境内属亚热带季风气候，年平均气温 16℃，年降水量 1300 毫米，多干旱、滑坡、泥石流等自然灾害。

经济发展

经济综述

1952 年，镇域工农业产值 52 万元，农民人均纯收入 75 元。1957 年，工农业产值 84 万元，其中农业产值 77 万元，工商业产值 7 万元，农民人均纯收入 104 元。1962 年，贯彻国民经济“调整、巩固、充实、提高”方针和《农村人民公社工作条例》，全社工农业产值 96 万元，人均收入 118 元。1966 年，工农业产值 90 万元，其中农业产值 87 万元，农民纯收入为 56 元。1978 年，龙潭电站建成发电，工业开始起步。是年，工农业产值 172 万元，其中农业产值 142 万元，工业产值 30 万元，农民人均纯收入 207 元。1990 年，工农业产值 647 万元，其中农业产值 205 万元，工业产值 432 万元，农民人均纯收入 539 元。进入 21 世纪，市场经济竞争激烈，镇属集体企业陆续停办，工业经济下滑。2005 年，工农业产值 3256 万元，其中农业产值 1784 万元，工业产值 61 万元，农民人均纯收入 1456 元。2006 年，发展以椪柑、杜仲、烟叶等为主特色种植业和以铁骨猪、山羊等为主特色养殖业。至 2010 年，全镇农林牧渔服务业产值实现 7705 万元，农民人均纯收入 2849 元。2014 年，全镇农林牧渔服务业产值 10166 万元。人均可支配收入 4862 元。居民年末人均储蓄余额 1.3 万元，家电入户率 92%，人均住房面积 23 平方米。

农业

种植业　1950 年，境内峒河沿岸和水利条件较好地带种植水稻，旱地及坡耕地种植玉米、大豆、红薯、高粱等杂粮。1985 年，农业产业结构调整，在粮食生产基础上，发展椪柑、烤烟产业。1987 年，朱雀洞、下都、小陂流、大陂流、且己、土麻寨、张家湾 7 个村种植椪柑 180 公顷。1990 年，建立朱雀洞、且己两个椪柑示范村。推广水稻“双两大”育秧法和规格化栽培，“双两大”育秧 72.87 公顷。1991 年，兴隆寨、桃子坳两个特贫村将平缓旱地开垦成 8 公顷稻田，1993 年实现粮食自给。1994 年，椪柑种植扩大到松柏潭、新寨坪、桃子坳、兴隆寨、小能溪、楠木冲、盘古岩等 14 个村，形成支柱产业。2007 年，在下都村、朱雀洞村开发冰糖橙、脐橙、蜜橘、沙田柚等优质水果 28.7 公顷。2008 年，楠木冲村建成 20 公顷烟叶种植基地。2010 年，烤烟生产扩展到 6 个村，种植面积 34 公顷，产量 76.50 吨。2014 年，投资 1000 万元在下都村和社区建设万亩生态科技示范园一期工程，红山椪柑有限责任公司在社区流转 16 户土地 8.7 公顷，实行椪柑标准化生产。下都村 30 户参加燕子坳椪柑合作社，椪柑品改面积 35 公顷。是年，全镇粮食作物播种面积 1173.4 公顷,粮食产量 8521.82 吨，油料产量 1046 吨，烤烟种植面积 68 公顷，产量 97 吨。椪柑培管 1466 公顷，标准园建设 133 公顷，椪柑产量 2.95 万吨。农业产值 7363 万元。

林业　境内森林以马尾松、杉树、柏树、油桐、油茶等树种为主。1978 年，有社办集体林场 2 个，大队办集体林场 6 个。1984 年，“三山变一山”，集体林场解体承包到户。1990 年始，开展荒山造林，至 1995 年，荒山造林 200 公顷。2000 年，实行退耕还林，坡耕地全部退耕，同时在宜林荒山荒地造林。2009年，退耕还林1260公顷。2010年，全镇完成4837户26432宗林地勘界确权工作，调处林权纠纷532起。2014年，引入吉首和益公司在新寨坪、小能溪等村开发种植药材杜仲135公顷。是年，全镇林地面积7772.42公倾，林业收入484万元。

养殖业 1985年，境内耕牛存栏2364头，生猪存栏5506头，羊存栏739只。1990年，以养猪为主养殖业得到发展。1999年，生猪存栏7167头，羊存栏5531只。2005年，镇内出现年养殖生猪200头、养羊100只以上养殖大户，至2012年，有生猪养殖大户6户，山羊养殖大户14户。2014年，全镇生猪养殖大户8户，山羊养殖大户21户，建成年饲养5000头铁骨猪生态养殖场一个。全镇生猪饲养量10784头，羊饲养量2678只，牛饲养量3675头，家禽饲养量35289羽，养殖业产值2121万元。塘库及稻田养鱼33.73公顷，渔业产值213万元。

工业

1950年，境内只有4座砖瓦窑和3间加工作坊。1972年，建社办综合加工厂，工业开始起步。1978年，建成龙潭电站，装机容量500千瓦。1983年，潭溪铁合金厂建成投产，年生产锰铁合金672吨，产值412万元。1990年，生产锰铁合金1368吨，产值782万元。1993年，建成镇塑料厂，生产塑料桶和塑料颗粒，年产值26万元。1998年，由于企业管理和生产技术落后及环保影响，镇办工业停产。1999年，镇办企业破产解体。2014年，镇内有个体私营工企业6家，从业人员23人，工业产值110万元。

商贸服务

明万历年间，建潭溪墟场，逢农历四、九日赶场，每场4000人。主要交易鸡、鸭、鱼、肉、水果、蔬菜、饮食等农副产品和居民日常生产生活用品。1980年，墟场设张家湾大队，为露天市场。1981年，搬迁到位于国道319旁土麻寨大队。1985年有个体工商户15户47人，产值18万元。1991年，投资修建农贸市场，有摊位100个。1994年，有个体户37户81人，产值42万元，2009年，有个体户87户209人，产值146万元。2011年，投资120万元扩建农贸市场，占地面积1860平方米，建固定摊位211个，店面12个，临时摊位236个，消除马路市场。2014年，全镇有旅社2家，饭店5家，个体工商户112户，商贸服务从业人员290人，商贸收入480万元。

基础设施

交通运输

水上交通 境内武水由吉首市河溪镇流经松柏潭、且己、大陂流、小陂流、潭溪、下都6个村；丹青河自吉首市排绸乡流经盘古岩、朱雀洞村，在张家湾村与武水交汇；白虎溪自吉首市排吼乡流经油坊坪、张家湾汇入丹青河。历史上武水可通航10吨木帆船，有松柏潭、龙池坪、土麻寨3座水运码头。货物从武溪镇上运到潭溪上岸转运到吉首市丹青和古丈县平坝等乡镇。1956年，县政府投入资金疏浚河道，该镇成为武水航运第二大水运站口。1960年，武水河道陆续修建梯级电站，加之陆路运输运力提升，水上交通停止。

陆路交通 国民26年（1937），湘川公路三茶线（即国道319）建成通车，途经下都、潭溪、小陂流、大陂流、且己、松柏潭6个村。1972年，吉首市从土麻寨村国道319接线，修建通往丹青、排吼、排绸公社公路，途经境内张家湾、朱雀洞村，设人工拉扯汽车轮渡1处，在张家湾村修建白虎溪大桥，1973 年建成通车。2005 年，全镇修建通村公路 6 条 31 公里。2006 年，实施通村公路硬化工程。2008 年 12 月，常吉高速公路建成通车，途经盘古岩、朱雀洞、下都、潭溪社区、小陂流、大陂流、兴隆寨 7 个村（居）。2009 年，投资 450 万元潭溪大桥建成通车，全长 200 米，宽 7 米，结束轮渡过河历史。2014 年，硬化新寨坪和盘古岩两村公路，连通潭溪至小章、潭溪至梁家潭公路，增加南北两个出口。全镇有客运、货运车 79 辆，客运班车每天流水发班至吉首和县城，有渡口 9 处，渡船 9 艘。

邮政通信

宋代设立潭溪铺，元、明、清时期相沿承袭。民国 24 年（1935），泸溪至所里（吉首）步班邮路经过潭溪。民国 26 年（1937），设有信柜，邮件可委托客车运送，境内邮路靠人力传递。是年，泸溪县架设县城至各乡电话线路，并与乾城县接通。1961 年，设潭溪邮电支局，专管邮政及电信业务。1965 年，开通单机电话线。1982 年，设社办电话交换点。1985 年，全镇有电话交换机 1 部，用户电话单机 24 部。1993 年，开通程控电话。1998 年，开通移动电话。2003 年，开通宽带，使用互联网。2009 年，建成移动、联通通信基站 3 个，有线电话和移动电话村村通。2014 年，有邮政网点 1 个，单程投递线路 14 公里，投递点 16 个，乡村通邮率 100%，移动、联通、电信均设有网点，移动电话普及率 71%。

供电饮水

供电　1962 年，境内油坊坪建小型电站，安装水轮发电机一台，晚间发电供公社所在地照明。1966 年 10 月，修建县属小陂流电站，1978 年，第一台机组发电，装机容量 2800 千瓦。1975 年，修建镇属龙潭水电站，1978 年建成投产，装机容量 500 千瓦，镇政府所在地、朱雀洞村及公路沿线部分村寨通电。是年，在小陂流库区内打隧洞 420 米，新建县属洞口水电站，1985 年，建成发电，装机总容量 3200 千瓦。1989 年，县镇电站联网供电，1994 年，全镇各村通电。2006 年，投资 128 万元，实施下都、潭溪、朱雀洞、小陂流 4 个村（社区）农网改造。2011 年，投资 236 万元完成大陂流、楠木冲、盘古岩、小能溪、且己、松柏潭 6 个村农网改造。2014 年，供电可靠率 100%。

饮水　1982 年，公社所在地供应自来水，其他各村主要靠水井供水。1993 年，投资 3 万元打井取地下水供应镇政府所在地居民饮水。2000 年，在大陂流、小陂流等村打井提水解决村民饮水困难。2012 年，投入 320 万元新建镇自来水厂，解决潭溪社区、朱雀洞村、下都村 6000 人生活用水。投资 115 万元新修建人饮工程 7 处，解决且己、松柏潭等村村民生活用水。2014 年，镇内有自来水厂 1 座，日产水 500 吨，各村人饮工程 17 处，除少数高山村寨饮用井水外，其他村寨均通自来水。

水利建设

1958 年，境内修建超英小（2）型水库，库容 80 万立方米，灌溉面积 21.33 公顷。1959 年，修建甲木溪小（1）型水库，各大队陆续修建山塘。1998 年，部分水利设施年久失修，出现渗漏、病险、裂缝等险情。2000 年，开始维修病险山塘水库，2013 年，投入资金 120 万元新修渠道 3.2 公里，维修山塘 3 口，新建溪坝 3 道。2014 年，投入资金 137 万元维修镇内水库 3 座，山塘 3 口，维修主干渠 1.2 公里，新建灌溉水渠 3.2 公里，实现有效灌溉 320 公顷。

村镇建设

1995 年，制定村镇建设总体规划，规划镇中心区 1.43 平方公里，总人口 3512 人。1996 年，省武警总队扶贫工作队为且己村修建一栋村部楼。1999年，6个村利用国家村部建设资金陆续修建村部，解决办公场所。2002年，社区开展整脏治乱，新建街道垃圾池4个，拆除违章建筑3处。2005年，农村推广沼气建设，全镇建沼气池112口。2007年，硬化村间道路5.1公里，利用“一事一议”项目新建码头6个。2008年，镇政府完成整体搬迁。2012年，镇区街道4.2公里改造为炒砂路面，街道新装路灯26盏。2013年，兴建河码头12个，社区北街小巷路面水泥硬化。在12个村（社区）建垃圾池17个，为居民发放垃圾桶8000个，全镇配备卫生保洁员27人。2014年，境内建垃圾焚烧炉2座，发放垃圾分类桶1.3万个。硬化村道12公里，被州委州政府评为“湘西州同建同治示范乡镇”。

社会事业

教育

明清时期，潭溪（张家湾）、大陂流等村寨设有私塾3所。清光绪三十三年（1907），在潭溪设初等小学堂。民国30年（1941），有大陂流、松柏潭等保小学4所。民国37年（1948），有潭溪中心学校1所，大陂流、且己、松柏潭、朱雀洞、楠木冲等保国民学校8所。1950年，恢复潭溪中心小学。1951年，中心小学设立两个少数民族班。1952年，学校迁至伢伢坪，更名为“潭溪兄弟山中心完全小学”。1958年，设立民办中学，有学生118人。1960年，中心完小附设初中班。1970年，潭溪兄弟山中心完全小学搬迁到土麻寨村，更名为潭溪中心完小。1974年，分设潭溪中学，1976年，设高中部，1979年高中部撤销。1986年，有中心完小1所，村小16所，教职工78人，在校学生1439人；初中1所，教职工22人，在校学生315人。2005年，全镇建成盘古岩、大陂流、小陂流、且己、楠木冲、兴隆寨、小能溪、新寨坪等8所村级希望小学，建筑面积2780平方米。2007年，学校布局调整村小减至12所。2014年，镇内幼儿园1所，专职幼师8人，在园幼儿265人；小学13所，小学教师127人，在校学生1927人，小学适龄儿童入学率100%；初中教师57人，初中在校生679人，初中入学率98.5%，九年义务教育全覆盖。

文化

1969年，公社建立广播放大站，配广播机线员1人。1970年，筹资3000元、筹集320根木电杆，架通全社104个生产队广播线路，安装喇叭137只。1974年，设文化站，配文化辅导员1人。1977年，公社成立电影放映队，并建电影院。是年，架设至县城广播专线。1985年，架空明线传输米波信号收看县电视差转台转播电视节目。1987年，广播站改为广播电视站，增加电视接收业务。1993年，开通镇政府所在地有线电视，1999年，延伸到下都、张家湾2个村，2005年，与县有线电视网络联网。2014年，全镇龙舟队13支，乡土文化宣传队9支，舞狮队2支，舞龙队2支。有线电视用户2598户，入户率53.7%。

医疗卫生

民国时期，潭溪墟场张家湾设有私人诊所1处，治病以中草药为主。1950年，设立区卫生院。1958年，更名为公社卫生院。1970年，境内以大队实行合作医疗，配赤脚医生，1976年停止。1984年，镇卫生院有病床12张，医务人员14人。2006年，实施农村新型合作医疗制度，参合率78%，人体疫苗接种覆盖率85%。2009年，投资122万元新建卫生院综合大楼和住院部，有病床20张，医务人员22人。2012年，全镇参

潭溪龙舟（符元启／摄）

加新型农村合作医疗 16163 人，参合率 95%。2014 年，镇卫生院有病床 30 张，医务人员 25 人；全镇村卫生室 12 个，村医 12 人；社区诊所 4 家，药房 2 家，个体医生 12 人。参加新农合 16224 人，参合金额 86.1 万元。

社会保障

1987 年，辖区“五保户”以分散供养为主，按每人每年粮食 225 公斤、食油 4 公斤、现金 100 元标准供给。1990 年，镇建敬老院，“五保户”实行集中供养和分散供养相结合。1998 年，实行城乡居民最低生活保障制度，将“五保”老人纳入城乡居民最低生活保障对象，实行全额低保，按每人每年 420 元给予补助。2002 年，农村最低生活保障标准增至 690 元 / 年。2009 年，投资 35 万元新建敬老院。是年，全镇纳入低保 137 户 354 人，发放低保资金 24.42 万元。2011 年，启动城乡居民社会养老保险工作，新农保参保率 77.4%。2012 年，危房改造 32 户，发放建房补助资金 21.7 万元，新农保参保率 98.2%，农村最低生活保障标准增至 98 元 / 月，城镇最低生活保障标准增至 229 元 / 月，农村五保户分散供养标准人均 2000 元 / 年，集中供养人均 3600 元 / 年。2014 年，全镇纳入农村低保 1372 户 1858 人，发放金额 194.02 万元；城镇居民低保 58 户 111 人，发放金额 28.6 万元。纳入“五保”供养 144 人，其中敬老院集中供养 20 人，人均月供养金 670 元，分散供养 124 人，人均月供养金 220 元。新型农村社会养老保险参保人数 9594 人，缴费 59.47 万元。

特色地情

历史人文

湘西土家语南部方言　境内土家族操湘西土家语南部方言，南部方言是全国土家族语种中另一个语支，这种语支全国唯一独有。南部方言有31个韵母，比北部方言多9个，声调比北部方言多2个调，南部方言和北部方言在一般词汇上存在较大差异，非同源词占60%，两个方言不能通话。南部方言数词尾多带“布”音，如把一读作“那布”，对家禽家畜称谓的词尾带“龙”音，如称黄牛为“阿龙”，对地名称谓词尾带“夫”音，如“搽马夫”“坡头夫”等。使用人口不足2000人，是联合国教科文组织认定世界最濒危语言之一，婆落寨居民向民友是南部土家语州级传承人。

民俗风情

五龙节 五龙节始于清朝光绪年间，是泸溪县土家族传统节日和传统体育竞技项目。据传有一年插秧上岸，久晴不雨，溪流干涸，田土龟裂。居住在峒河两岸各族人民杀猪宰羊，敲锣打鼓，划着船到土麻寨村龙头潭里祭龙求雨，当年五谷丰登。从此当地人民在年过后第五个逢辰日举行五龙节，开展龙舟竞赛和民俗文化表演活动。潭溪龙舟坐22对桡手或24对桡手，一人划船头，一人击鼓，一人敲锣，一人舞旗，一人掌艄。每船坐49人或53人，船分为红、白、蓝3种颜色。比赛赢者则赏红赏物，以示庆贺。“文化大革命”期间，龙舟被当作“四旧”禁止，1979年恢复“五龙节”。2012年，镇政府举办五龙节，有14支龙舟队820名队员参赛。

筷子舞 筷子舞是该镇土家族集体舞蹈，流传于土家族村寨。每年秋收后全寨人集中在一起，青年男女每人手执一把筷子，相互对舞，穿插进行，象征着大家都有饭吃和男女间成双成对永不分离。1997年，镇文化站经过走访和老人回忆表演，把基本失传筷子舞抢救挖掘出来。筷子舞动作与九子鞭动作有许多相似之处，有拍肩、拍手腕、拍脚及脚后跟等动作，不同的是对舞、穿插动作较多。2012年，大陂流村村民舒秀被确定为湘西州筷子舞传承人。

（撰稿人：李强辉）

石榴坪乡

区域概况

位置面积

石榴坪乡地处泸溪县南端，东邻麻阳县吕家坪镇，南接麻阳县兰里镇，西连合水镇，北交达岚镇。区域面积54.86平方公里。乡治石榴坪村，距县城白沙镇45公里，距州府吉首市区93公里。

建置沿革

石榴坪，因乡政府驻地村曾有棵古石榴树而得名。清乾隆二十年（1755），属泸溪县五图。民国16年（1927），属南二区。民国27年（1938）属爱安乡。1950年，属县第五区人民政府管辖。1956年，撤区并乡，建石榴坪乡。1958年，成立人民公社时并入达岚公社。1961年，从达岚公社析出设石榴坪公社。1984年社改乡，为石榴坪乡。

行政区划

1961年，石榴坪公社，辖11个大队。1984年社改乡，辖板桥、三村、碧溪、人头坳、民力、石榴坪、红桥、芒田、坪里、牛角冲、兰村11个建制村，下设55个村民小组。2005年，村级建制调整，板桥村并入兰村村，三村并入石榴坪村，红桥村、人头坳村并入芒田村。村级建制调整后全乡辖石榴坪、兰村、芒田、民力、坪里、碧溪、牛角冲7个村，下设42个村民小组。

人口民族

1961年，石榴坪公社1918户7153人。1984年，全乡2396户11726人。2005年，全乡2788户13639人，少数民族人口2472人，占总人口18.12%。2014年，全乡3875户15836人。其中，土家族3573人，占22.56%；苗族3084人，占19.47%。常住人口14200人，流动人口2370人。人口出生率11‰，人口自然增长率7.47‰。人口密度每平方公里288人。

自然环境

石榴坪乡地势西北高，东南低。最高牛角冲村峭喇山，海拔557.6米；最低兰村沙湾村落，海拔130米。耕地1445.77公顷，其中稻田1184.09公顷，旱地261.68公顷。林地面积3098公顷，森林覆盖率46.8%。气候属中亚热带季风湿润气候，年均降水量1350毫米，年日照1490小时，无霜期273天，年均气温16.8度。矿藏主要有铝土矿、白云石、重晶石、铅锌矿等，牛角冲村铝土矿（瓷泥）资源丰富，曾是县瓷厂原料供应基地。自然灾害主要有洪灾、干旱、滑坡等。

经济发展

经济综述

20 世纪 50 年代，境内经济以农业为主体，主要农产品有粮、油、生猪及其他经济作物，农业结构单一。1961 年，全社粮食播种面积 1286 公顷，产量 997 吨，生猪存栏 173 头。1971 年，粮食播种面积 1284.7 公顷，产量 2515 吨，生猪存栏 3842 头，羊存栏 32 只。1977 年，石榴坪基建队成立，部分劳动力从事建筑业。1985 年，乡村企业实现产值 14.4 万元，农民人均纯收入 154 元。1992 年，全乡农林牧渔产值 512 万元，乡村企业产值 431 万元，人均纯收入 870 元。1993 年，鼓励村民外出务工，发展劳务经济。2000 年，劳务输出 3100 人，劳务经济收入 3400 万元。2005 年，农林牧渔服务业产值 2065 万元，农民人均纯收入 1534 元。2006 年，形成以生猪养殖养殖业和以从事房屋建筑为主的劳务产业，经济得到快速发展。2010 年，全乡农林牧渔服务业产值 4424 万元，劳务经济收入 4500 万元，农民人均纯收入 3173 元。2014 年，全乡农林牧渔服务业产值 5490 万元，农村居民人均可支配收入 5131 元，人均储蓄存款 13000 元，人均居住面积 26.3 平方米，家电入户率 91%。

农业

种植业 1986 年，全乡粮食作物播种面积 1638 公顷，产量 2375 吨。1992 年，在板桥、兰村建成以牛奶枣、鸡蛋枣、米枣为主的枣子基地 48 公顷。1993 年，开始发展烤烟产业，至 1997 年，烤烟种植面积 60 公顷，建烤房 245 间，产烟叶 70 吨。2000 年，农作物播种面积 2082 公顷，其中粮食作物播种面积 925 公顷。2006 年，粮食种植面积 560 公顷，粮食产量 3906 吨，油料产量 1002 吨，农业产值 2470 万元。2009 年，种植烤烟 40 公顷，烟叶产量 74.25 吨，产值 120 万元。2010 年，椪柑培管 300 公顷，建成 8.13 公顷精品园。2014 年，粮食作物播种面积 851.5 公顷，产量 4462 吨。油料产量 695 吨，烟叶产量 51 吨，水果产量 4366 吨。

林业 1959 年，社队办林场至 1980 年，石榴坪有社办林场 1 个，队办林场 9 个。1984 年，实行“三山变一山”林业体制改革，林场解散，林木承包到农户管理。是年，乡设林业站。1990 年，开展荒山植树造林活动，至 1994 年，荒山植树造林 320 公顷。2000 年，实行退耕还林政策，所有坡耕地全部退耕。至 2008 年，荒山造林 482 公顷，退耕还林 559 公顷。2010 年，林权制度改革，2012 年完成全乡 2350 户村民林地勘界发证工作。2014 年，林业产值 214 万元。

养殖业 1962 年，全社生猪存栏 846 头，羊存栏 49 只。1974 年，生猪出栏 2999 头，羊存栏 85 只。1982 年，实行联产承包责任制后养殖业生产快速发展。1987 年，全乡生猪出栏 5859 头，羊存栏 110 只。2003 年，兰村村有包荣贵等 3 户兴办家庭养猪场，年饲养生猪 2600 头，出栏 1200 头，带动该村生猪养殖发展。2010 年，生猪出栏 5898 头，存栏 4612 头，羊出栏 384 只，存栏 400 只。2011 年，建设兰村生猪养殖小区，养猪 10 头以上农户 30 户，生猪出栏 5000 头。2014 年，全乡生猪出栏 8008 头，羊出栏 339 只，家禽饲养量 33406 羽，养殖业产值 1457 万元，水产品 70 吨，渔业产值 57 万元。

工业

1969 年，境内修建猪栏门电站，装机容量 250 千瓦，年发电 130 万度，社办企业开始起步。1977 年 5 月，石榴坪基建队成立。1978 年，石榴坪基建队在县城先后承建县人民银行、农业银行、人武部等。由于质量过硬，业务很快扩展吉首市等地。1985 年，州建委确认石榴坪基建队为四级建筑工程队，允许建筑五层以下楼房和跨度 20 米厂房。是年，有建筑工人 100 人，其中工程师 3 人，年产值 233.5 万元。1992 年，以建筑业为主乡办企业从业人员 914 人，年产值 431 万元。1996 年，石榴坪基建队更名为“石榴坪乡建筑公司”，有职工 208 人，固定资产 116 万元。2002 年，猪栏门电站对外招标拍卖经营权，2003 年改制为民营电站。2004 年，引进 3 家铜矿石开采企业，采掘铜矿加工。2006 年，石榴坪基建公司改名为武陵基建公司，转为民营企业。2014 年，全乡有民营企业 11 个，从业人员 226 人，产值 591 万元。

商贸服务

民国初期开设石榴坪墟场，逢农历四、九日赶场。1958 年墟场交易关闭，公社供销社为境内日用品供应主渠道。1976 年，墟场恢复，每场赶集 2000 人左右。1997 年，供销社改制转民营。是年，全乡个体工商户 21 户，从业人员 57 人。2000 年，投资 27 万元，硬化墟场地面。2003 年，乡政府整体搬迁，原办公房基地 2 公顷，划转农贸市场，市场面积增至 1600 平方米，建固定摊位 200 个，个体经营户增至 110 户。2014 年，投入 50 万元改造农贸市场，固定摊位增至 280 个，经营户 265 户。是年，市场周边有餐馆 5 家，旅馆 1 家，理发店 3 家，缝纫店 2 家，家电商店 3 家，农资商店 3 家，商贸业收入 410 万元。

基础设施

交通运输

1965 年，达岚至石榴坪公路动工建设，次年竣工通车，境内路段 12 公里。1978 年，修建石榴坪至麻阳吕家坪公路 10 公里。1980 年，开通达岚至石榴坪客运班车。1986 年，芒田村修建通村公路 4 公里。至 1999 年，石榴坪至牛角冲村公路建成通车，实现公路“村村通”。2000 年，石榴坪至兰村客运班车开通。2008 年，硬化人头坳至蒋家坪、田家人至军家湾公路和石榴坪至芒田 6 公里通村公路。修建牛角冲村至合水镇公路 6 公里，连通合水镇至石榴坪乡公路。2009 年，达岚至石榴坪公路全线硬化。2011 年，修建老塘田至兰村公路 3.5 公里，修复洪灾受损兰村大桥及三村大桥，硬化芒田村和民力村四组公路。2012 年，硬化合水镇至牛角冲公路。2014 年，境内有公路 15 条，全长 65 公里，公路桥梁 5 座。有机动车 110 辆，其中面包车 47 辆，货车 48 辆，小车 15 辆，交通运输从业人员 67 人，每天发往浦市、白沙镇客运车辆 6 个班次。

邮政通信

1958 年，境内设立邮电所，负责境内信件投递。同时设立电话总机室，各大队均通电话。1994 年，开通程控电话，装电话 63 部。1999 年，境内开通移动电话。移动电话用户 82 户。2000 年，实施“村村通”建设，11 个行政村通电话，有固定电话 209 部，移动电话 210 部。2005 年，移动、联通、电信等通信部门服务机构相继落户，开展服务业务。2006 年，固定电话 210 部，移动电话 850 部。2014 年，电信、移动、联通 3 家在境内建基站 6 座，固定电话用户 156 户，移动电话用户 5875 户，互联网宽带入户 659 户。邮路通至各村。

供电饮水

供电 1969 年，境内动工修建猪栏门电站，利用太平溪筑坝蓄水发电，1970 年建成发电，解决公社所在地及部分大队照明用电。1994 年，从达岚镇县电网接线引电，架设高压线路到乡供电。

1998年，11个村通电。2000年，实施农村电网改造，电力供应质量提升。2014年，全乡供电用户3500户，供电可靠率99.5%。

饮水 境内居民饮水长期靠传统水井取水。1984年，乡政府安装抽水机从太平溪抽水供应乡政府机关用水。1986年，投资20万元修建芒田村人饮工程。2008年，修建乡政府所在地自来水厂，日供水300吨，主要供应石榴坪村了里组、坨里组及乡直机关单位生活用水。至2009年，累计投入资金120万元，修建人畜饮水工程31处，解决11个村、37个村民小组群众用水。2010年，打机井65口，解决280户1170人饮水。2013年，打机井110口，供490户2170人饮水。2014年，投资30万元，修建坪里村土溪组人饮工程，铺设入户管道3000米。是年，乡自来水厂扩建，供水延伸至石榴坪学校、石榴坪村付家人、黄家人、乱打坪和坡脑上。95%村民用上自来水。

水利建设

1954年，境内沿溪村寨有8道溪坝引水灌溉。1955年，修建小（2）型野猪冲水库，库容20万立方米，灌溉面积17.33公顷。1958—1980年，境内先后建成小（1）型水库1座，小（2）I型水库5座，山塘68口，溪坝5处。1986年，投入32万元在板桥、碧溪、兰村、民力、芒田、兰村6个村修建7座电力排灌站。1995年，实施塘库防洪保安工程建设，1998年，投入174万元维修改造坳上、小溪等山塘水库及灌溉设施11处，渠道防渗处理4.58公里。2008年，投资100万元对野猪冲水库及介朋垅、白梨坪、红岩坳山塘大坝除险加固处理。2009年，投资150万元，实施正冲垅小（2）型水库除险加固工程，硬化主干渠1.7公里，渠道清淤2.4公里。2013年，除险加固3座病险水库。维修水库干渠1.7公里，渠道清淤7.5公里，落实山塘水库责任68座。2014年，投资160万元对三村、碧溪灌溉渠道防渗改造5公里。全乡有效灌溉面积276.67公顷。

村镇建设

1998年，乡市场管理部门聘请农贸市场保洁员负责赶场日环境卫生。2009年，投资20万元，改造乡政府所在地排水管道，解决集市下水管道排污问题，建设墟场垃圾集中处理场。2011年，投资42万元新建乡政府办公楼、篮球场。完成兰村、芒田和坪里村3个村村部楼建设。2012年，新建村部楼4栋，7个行政村均建有村部楼。2013年，开展城乡同建同治工作。修建垃圾池127个。2014年，投资60万元在石榴坪村、坪里村、兰村村、碧溪村和牛角冲村公路沿线安装太阳能路灯49盏，每个村组配备卫生保洁员1人。

社会事业

教育

清代至民国初期，境内有私塾5所。民国33年（1944），有石榴坪、兰村保国民小学2所。1955年，设立乡初级小学，各村陆续开办学校。1964年，改乡初级小学为中心完小，1968年，增设初中班。1986年，实施扶贫建校，中心完小和村小相继改造危房和维修校舍。1993年，实施希望工程，至2000年，新建希望小学6所。2001年，投资164.67万元修建中心完小教学楼4栋，建筑面积2656平方米。2012年，中心完小修建教师公租房60套，兰村片完小新建公租房16套。2014年，乡内有九年制学校一所，村小8所，片完全小学1所。在校学生1036人，其中初中生394人，小学生642人。学校有教职工74人，其中初中教师33人，小学教师41人。民办幼儿园2所，幼儿教师6人，入园幼儿120人。

文化体育

1965年，公社设立文化站，1967年撤销。1969年，设广播站，配备广播员1人，全社通广播。1974年，恢复文化站，开展群众文化活动。各大队成立业余文艺宣传队，农闲时开展巡回演出。1975年，公社成立电影队，到各队巡回放映。1985年，全乡有调频广播一台，电影队解散。1987年，建电视差转台，始通电视，时有电视机58台。1994年，兰村老民间艺人组成“兰村群众艺术团”，自编自演文艺节目，活跃农村文化生活。1996年，乡政府所在地开通有线电视，用户110户。2009年，投资30万元修建乡文化站办公楼，配备电脑10台，乡图书室1个，藏书1万册，农家书屋5个，藏书1.3万册。是年，有线电视县乡联网。2010年，对兰村刘氏祠堂、黑塘垅李家大院、白里坪清代民居群古建筑实施保护。2014年，全乡数字电视用户670户，电视入户率95%。乡村图书室9个，藏书2.15万册。

医疗卫生

1958年，石榴坪设立卫生院，开展门诊业务和巡回医疗。1970年，各大队配备赤脚医生和接生员各1人。1986年，乡卫生院有医务人员15人，病床50张。2006年，建村卫生室6个。2014年，投资160万元，修建乡卫生院公租房和住院部各1栋，乡卫生院有医务人员11人，村卫生室7个，乡村医生7人。全乡参加新型农村合作医疗14036人，参合率90%。

社会保障

1998年，境内开始实施城乡居民最低生活保障制度，全乡农村低保人口918人。2004年，建乡敬老院，入住“五保”老人33人。2012年，推行新型农村养老保险制度，全乡养老保险参保率85%。2014年，全乡农民最低生活保障1256户1618人，发放金额182.23万元。城市居民最低生活保障7户10人，发放低保金2.58万元。农村五保老人集中供养22人，发放供养金17.68万元；分散供养99人，发放供养金26.14万元。新农保参保人数8903人，参保金额49.88万元。投入资金81万元扶持无房户新建住房18栋，投入资金45万元帮助村民维修危房75栋。

特色地情

龙舟活动 太平溪流经兰村境内。每年农历五月间举行划龙舟活动。该村龙舟和武溪、浦市、潭溪地区龙舟不同，不分旗，不分派，见船就赛。在太平溪完成比赛后，龙舟从太平溪划向麻阳县吕家坪锦江河，参加辰溪县、麻阳县龙舟竞赛活动。全村有塘弯、羊古脑、包家脑、田坎上、屯里、沙湾、旺里等地7支龙舟队。龙舟划法特殊，桡手都跪着划。比赛后，划赢龙舟照例在对方船头前划一个圈，气势昂扬，耀武扬威，称为“包头”，败者只好缄默认输。2010年，兰村刘家龙舟队、包家龙舟队参加麻阳县“长河杯”龙舟大赛，包家龙舟队获得第一名，刘家龙舟获第四名。

（撰稿人：焦映霞）

白羊溪乡

民间传说，远古时期驻地溪边洞穴中常有神秘白羊出没，故名白羊溪。2006 年，马入田村秦皇山椪柑基地被农业部评为“全国无公害水果生产示范基地”。

区域概况

位置面积

白羊溪乡地处泸溪县西南部，东与浦市镇连接，南与永兴场接壤，西与小章相连，北接洗溪镇。区域面积 92.38 平方公里。乡治白羊溪村。距泸溪县城 40 公里，距州府吉首市区 53 公里。

建置沿革

清乾隆二十二年（1757），属泸溪县四都。民国 16 年（1927），属南四区。民国 27 年（1938），属义安乡。1952 年 8 月，设第六区人民政府，区政府设白羊溪墟场。1956 年 6 月，撤区并乡，设白羊溪乡。1958 年，成立白羊溪人民公社。1984 年 3 月，社改乡，为白羊溪乡。

行政区划

民国 27 年（1938），义安乡辖 15 个保，云上、排口属九保，茅坪、打头冲、白羊溪属十保，麻溪、马入田、周家寨属十一保，马王溪、湖田、老寨坪、报木坨、双溪属十二保。1952 年，设云上、排口、周家寨、白羊溪、马王溪 5 个小乡。1956 年，合并为白羊溪乡。1958 年，白羊溪公社，辖胡田、马王溪、老寨坪、报木坨、云上、打头冲、白羊溪、麻溪、马入田、周家寨、毛坪、排口 12 个大队。1984 年，社改乡，大队改为村。2005 年，村级建制调整，胡田村并入马王溪村，老寨坪村和报木坨村并入云上村，打头冲并入白羊溪村。全乡辖麻溪、马入田、周家寨、毛坪、白羊溪村、马王溪、云上、排口 8 个村 46 个村民小组。2014 年，全乡 8 个村下设 25 个村民小组。

人口民族

1984 年，全乡 1670 户 7841 人。2005 年，全乡 2315 户 10109 人，其中少数民族 9985 人，占 98.77%。2014 年，全乡 2523 户 10885 人，少数民族人口 10270 人，占 94.35%，其中，苗族 6865 人，占总人口的 63.07%；土家族 3391 人，占总人口的 31.15%。常住人口 9796 人，流动人口 1300 人。人口出生率 12.44‰，自然增长率 7.3‰。人口密度每平方公里 118 人。

自然环境

白羊溪乡地形以山地为主，境内最高海拔双溪村 633.5 米，最低海拔白羊溪墟场 174 米。林地面积 6943.67 公顷，森林覆盖率 70.9%。境内属亚热带季风湿润气候，年均气温16.8℃，年均降水量1335毫米，无霜期273天。境内最大溪流能溪河，从小章乡流经境内13公里，流域面积2.12平方公里。矿产有磷矿等。自然灾害有洪灾、旱灾、地质滑坡等。

经济发展

经济综述

境内经济以农业为主。1961年，全社农作物播种1276公顷，粮食作物产量1144吨。1970年，公社创办加工厂，工业开始起步。1982年，实行家庭联产承包责任制，农作物播种面积增加，单位面积产量提高。1986年，农作物播种1337.4公顷，粮食产量3105吨，农业产值1587万元，农民人均纯收入148元。1994年，发展椪柑产业，开发椪柑80公顷。1995年，引导剩余劳动力劳务输出，发展劳务经济，培训转移劳动力2000人，务工收入2000万元。2006年，种植"双低"油菜200公顷，产值190万元，种植辣椒133.3公顷，产值50万元。马入田村秦皇山椪柑基地被农业部评为"全国无公害水果生产示范基地"。省商务厅确定为湖南省对外出口水果基地。2010年，推广超级稻等优良品种，粮食播种560公顷，产量2971吨。建立1200公顷椪柑基地和67公顷优质椪柑精品园。常年外出务工人员4000人，年收入4000万元。2014年，全乡农林牧渔服务业产值5740万元，农民人均可支配收入5008元。居民年末人均储蓄余额1.08万元，农村居民人均居住面积24.3平方米，家电入户率94.8%。

农业

种植业　境内种植业以粮食作物种植、椪柑产业、烤烟为主。1971年，粮食产量1712.5吨。1980年，推广红薯栽培，种植266公顷，产量510吨。1982年，粮食播种806公顷，产量2840吨，油料作物8公顷，产量1.35吨。1985年，在毛坪村建立20公顷椪柑示范片。1992年，椪柑种植扩大到全乡，年产量1万吨，产值600万元，人均增收550元。2006年，投入资金120万元开发椪柑278公顷，产量1.2万吨。2013年，椪柑品改20公顷，密改稀标准园200公顷。修建集雨池315个、采果便道3万米、储藏库55栋。椪柑产量15632吨，销售收入2300万元。2014年，全乡农作物播种1802.97公顷，其中粮食作物播种624.82公顷，产量3099吨，椪柑果园1160公顷，产量15111吨。蔬菜种植327公顷，产量3258吨。烤烟种植32公顷，产量46吨，油料作物种植423公顷，产量527吨，农业产值4222万元。

林业　境内传统林业生产以木材、油桐为主。20世纪70年代，有社队集体林场14个。80年代，集体林场分配到户管理。1982年，林地面积4589公顷，树种以马尾松、杉木为主。1984年，桐油产量240吨，产值50万元。1990年，开展荒山造林和封山育林，至1993年，荒山造林310公顷。2001年，实施退耕还林，全乡退耕还林面积120公顷。2010年，实行林权制度改革，至2012年，完成林地勘界定权发证工作。2014年，全乡退耕还林394.67公顷，发放退耕还林和生态林补贴资金107万元，林业产值384万元。

养殖业　1962年，全社生猪养殖759头。1979年，生猪出栏2110头，存栏2768头。1985年，境内粮食自给有余，带动养殖业发展，生猪存栏2810头，羊存栏4200只，役牛1689头。1998年，生猪存栏3100头，羊存栏5000只，役牛2089头。2000年，养殖业扩大，每户年均饲养生猪3头。生猪饲养量6210头，山羊饲养量8420只。2005年，出栏生猪3644头，存栏2538头。肉类产量315吨，其中猪肉产量248吨。2014年，全乡生猪出栏5464头，存栏4095头，羊出栏1610只，存栏2100只，家禽出笼26766羽，家禽存笼20955羽，养殖业产值1051万元。山塘水库养鱼水面18公顷，渔业产值59万元。

工业

1970年，公社办综合厂，有铁器加工、编织、烧石灰等，从业人员12人。1974年，公社成立基建队，从业人员24人。1975年，兴办集体茶场21公顷。1985年，基建队从业人员30人，茶场12人，综合加工厂15人，乡办企业产值33.5万元。1992年，乡办企业陆续解散，个体加工业兴起。2001年，有各类个体加工业91户，从业人员142人，工业产值136万元。2014年，全乡个体工业企业8家，从业人员23人，工业产值65万元。

商贸服务

清代中叶，白羊溪设墟场，逢农历三、八日赶场，每场赶场人数3000人。主要交易鸡、鸭、鱼、肉、蔬菜、水果、饮食等农副产品和日常生产生活用品。1985年，个体工商户出现，是年，全乡个体户16户，从业人员34人，产值13万元。1996年，有个体商户30户41人，产值69万元。1998年后，外地商户到白羊溪赶场人数增多，墟场从乡政府驻地沿公路延伸1200米，逢场造成公路拥堵。2013年，投入205万元修建农贸市场，占地面积1350平方米，内设鲜肉类、禽类、小百货类、水果批零、粮油批零行业区，固定摊位110个，临时摊位190个。2014年，新建农贸市场竣工投入使用。乡政府所在地有饭店4家，理发店1家，小超市2家，家用电器3家，摩托汽修2家，从业人员25人，商贸业收入200万元。

基础设施

交通运输

1965年2月，动工修建洗溪能滩至兴隆场公路，途经白羊溪境内15公里。1982年，开始修建通村公路，是年，马王溪、白羊溪、毛坪3个大队通车。1983年，修建白羊溪至排口4.5公里公路。2013年，投资900万元，实施胡田村公路硬化工程。2014年，境内公路有县道1条，村道12条，通组道27条，全长89公里；桥梁19座。有摩托车49辆、小车19辆、拖拉机17台、农用货车11辆，每天有白洋溪至吉首、白洋溪至县城客运班车5班次。

邮政通信

20世纪30年代，通步班邮路。1958年，开通有线电话，各大队架设电话线路，有一部手摇电话机。1974年，设立邮政所。1985年，建邮政支局。1993年，开通程控电话，乡政府所在地有电话35部。1999年，开通移动电话，有移动电话127部。2001年，实施电话“村村通”工程，8个村通电话，有固定电话109部，移动电话610部。2002年，移动、联通、电信三家通信公司设立服务网点，开展通信业务。2010年，有移动通信塔、联通通信塔各1座、电信通信塔2座，实现有线电话和移动电话村村通。2014年，有邮政代办点1个，邮政农资销售点1个。电信公司代办点1处，联通公司服务点1处，移动公司服务点2处，固定电话用户201户，移动电话3400部。

供电饮水

供电 1975年，公社企业办用柴油发电机发电，晚间供机关单位照明。1986年，从甘溪桥电站引电，架设高压输电线路至乡政府所在地。1987年，乡政府所在地通电。1994年，排口村从小章乡瓦槽村接线供电。1995年，各村陆续架设输电线路，至1998年，实现村村通电。2001年，投资980万元，实施农村电网改造。2005年，农网改造竣工，用电实现城乡同网同价。2014年，全乡用电户2500户，年供电量175.59万千瓦时。

饮水　1990年，境内居民饮水均靠水井供水，干旱时节直接从溪沟取水饮用。1991年，在能溪河溪边安装抽水机抽水，乡政府机关始用自来水。1997年，修建周家寨冷水溪水库引水渠道，解决墟场居民和乡政府机关生活用水。1999年，投资40万元实施乡直机关单位饮水工程，供水人口增至1200人。2004年，实施排口哈冲水库人蓄饮水工程，解决麻溪、排口、老寨坪、报木坨4个自然村2300人饮水。2010年，投资25万元在排口、亩溪湾、旧寨自然村落各打井一口，抽取地下水供680人生活用水。2011年，投资230万元实施乡政府机关和马入田村自来水工程，日供水300吨。在墟场打深井，修建泵房抽水，日产水150吨，与原人饮设施合并供水，供乡直机关单位、白羊溪村、马入田村4000人饮水。2014年，全乡人饮工程28处，1930户10340人用上自来水。

水利建设

1954年，境内修建周家寨冷水溪水库，蓄水量11万立方米，灌溉稻田10公顷。1978年，筹资30万元维修水渠0.52公里，修建溪坝3处，灌溉20公顷农田。1998年，投入资金25万元对冷水溪水库除险加固。1999年，投资40万元，维修灌溉渠道5.5公里、溪坝18处。2011年，投资350万元，实施胡田、藏冲18处病险塘库除险加固工程。2012年，投资10万元，维修亩头溪水库灌溉渠道0.6公里。2014年，全乡有效灌溉面积398公顷。

村镇建设

1996年，湖南省移民开发局在马入田村扶贫，修建1栋2层村部楼，是全乡首个村部楼。1997年，乡政府聘请2名保洁员负责墟场卫生打扫，清运垃圾。2002年，乡政府在原粮站选址修建干部宿舍和办公楼，建筑面积2410平方米，2004年竣工搬迁入住。是年，泸溪县委组织部和扶贫工作队单位投资修建6个村部楼。2008年，结合新农村建设开展整脏治乱行动，扶贫村硬化村间道路2100米。2011年，投资127万元硬化5个村村间道12公里。2013年，开展城乡同建同治，拆除墟场临街面乱搭乱建违章建筑设施27处。2014年，全乡投资200万元改善农村人居环境，添置分类垃圾桶，修建垃圾池、焚烧炉，聘请卫生保洁员22人，负责卫生保洁和垃圾清运。

社会事业

教育

1952年，白羊溪设小学。1956年，改名中心完小。1958年，附设初中班。1969年，麻溪村小学和马王溪村小学开设初中班，中心完小设高中部。1975年，队办初中和社办高中停办。1977年，中心完小设附属初中班，实行九年一贯制教育。2000年，适龄儿童入学率99.30%，小学在校学生巩固率99.02%，小学生升初中率95.6%。2005年，中心完小列为寄宿制项目建设学校，修建学生宿舍楼、学生食堂1100平方米。2014年，全乡有九年制学校1所，占地8671平方米，开设幼儿园和学前班，村级小学9所。中心完小在校学生 846 人，教师 70 人。全乡适龄儿童入学率 100%。

文化

1965 年，公社设文化站，1967 年撤销。1969 年，设立广播站，配广播员 1 人。1974 年，各大队通广播。是年，复建文化站，配备文化辅导员 1 人。1983 年，广播站改为广播电视站。1985 年，修建电视差转台，乡内始有电视。1986 年，乡文化站开展美术、书法培训活动，重大节日举办大型文化体育活动。1987 年，乡文化站被湖南省文化厅评为“全省文化工作先进单位”。1988 年，乡文化站长杨启炯被国家体委评为“全国农村体育工作积极分子”。1995 年，开通有线电视，乡政府所在地安装有线电视 42 户。2005 年，实施电视“村村通”工程。至 2007 年，电视信号覆盖全乡。2011 年，与县有线电视网络联网运行，可收看电视节目 60 套。2012 年，乡文化站、广播站合并成立乡文体广电服务站。2014 年，全乡有村图书室 8 个，藏书 1.8 万册，有线电视用户 302 户，有线电视入户率 24.7%。电视村村通用户 2020 户，电视覆盖率 100%。

医疗卫生

1952 年，境内设立卫生所，有 35 平方米医疗用房，医务人员 5 人。1973 年 11 月，修建乡卫生院医疗用房，占地面积 1667 平方米。1974 年，配备大队“赤脚医生”12 人。1990 年，全乡村医 10 人。2014 年，乡卫生院医务人员 17 人，村医 8 人。全乡参加新型农村合作医疗 9632 人，参合金额 92 万元，参合率 90%。

社会保障

1981 年，境内困难生产队实行公粮减免、个别困难户安排统销粮。1984 年，国家通过棉衣棉布赊销、扶贫建房、扶持种养等办法，减少农村贫困人口。1997 年，全乡贫困人口 31%。1998 年，实施城乡居民最低生活保障制度，享受最低生活保障 754 人，发放低保金 87 万元。2006 年，乡政府在云上村修建敬老院，集中供养“五保”老人 15 人。2010 年，实施新型农村养老保险制度，参保率 76%。2012 年，全乡享受低保 1023 户 2056 人；农村“五保户”分散供养 42 人，发放供养金 11.8 万元。2014 年，全乡农村危房改造 61 户，无房户新建房屋 10 栋。乡内享受农村低保 752 户 950 人发放低保金 121.4 万元，城镇低保户 4 户 11 人，人月平均月发低保金 215 元。农村“五保”分散供养 45 人，发放供养金 11.8 万元，集中供养“五保”老人 26 人，每人每年供养标准 670 元，供养金 20.9 万元。新型农村社会养老保险征缴 5639 人，征缴保险费 36.3 万元，参保率 90%。

特色地情

历史人文

抗日烈士杨元丞（1911—1945）　白羊溪场上人，湖南第一师范毕业，民国 26 年（1937），投笔从戎，考上杭州笕桥航空学校，因抗战需要航校第八期提前毕业，调入空军作战部队参加对日作战。民国 27 年（1938 年）3 月，在重庆上空与日机作战身负重伤。民国 30 年（1941）3 月，调航空委员会工作，驾机空战，击落击伤日机 6 架，三次负伤，屡立战功，升为空军上尉、飞行副中队长，获一级星序奖章。民国 34 年（1945）3 月 18 日，奉命自四川凉山驾驶美式飞机到成都部队提取作战要件。返航途中飞机失事牺牲，时年 34 岁。

杨元玑（1917—1980）　出生于白羊溪场上。曾任国民党部队连长和地方武装首领。1949

年9月泸溪解放，杨率部驻防白沙渡口和能滩吊桥，多次击退土匪炸毁吊桥的破坏行动，完整保住吊桥及渡口船舶，使二野大军顺利过境入川。1949年11月，县人民政府成立，任命杨元玑为支前指挥部参谋长，负责维护县城及湘川公路白沙至吊桥沿线交通治安。1950年6月，县人民自卫总队改编成县大队，任副大队长。12月随四十七军入朝作战，任中国人民志愿军连长。因作战有功，获得朝鲜民主主义人民共和国最高人民会议常务委员会授予银质军功章及证书。1980年因病去世。

风景名胜

马王溪古驿道距今有500年历史，是浦市镇高山坪古驿道至马王溪村、双溪村连接线，石板古道一直延伸到白羊溪村，全长16公里。

（撰稿人：杨亚芳）

小章乡

区域概况

位置面积

小章乡地处泸溪县西北部，东邻白羊溪乡，南接兴隆场镇、永兴场乡，西连解放岩乡，北与潭溪镇、吉首市河溪镇交界。区域面积 69.69 平方公里。乡治小章村，距县城白沙 46 公里，距州府吉首市区 59 公里。

建置沿革

明末，有章姓两兄弟逃难至四都坪，弟弟定居于此，故名小章。清乾隆二十年（1755），属泸溪县下五都。民国 16 年（1927），属南四区。民国 27 年（1938），属义安乡。1952 年，属县六区人民政府管辖。1956 年，撤区并乡设小章乡。1958 年，成立小章人民公社。1984 年，社改乡，为小章乡。

行政区划

1983 年，小章公社辖小章、能溪河、烟竹坪、大西垅、瓦曹、塘坪、白泥塘、洞上、川洞、大水坪、梓木坪 11 个大队。1984 年，公社改为乡政府，大队改为村。2005 年，村级建制调整，能溪河村并入小章村，大西垅村并入烟竹坪村，塘坪村并入瓦曹村，洞上村并入白泥塘村。调整后辖 7 个村 27 个村民小组。2014 年，小章乡辖梓木坪、大水坪、川洞、白泥塘、瓦曹、烟竹坪、小章 7 个建制村，下设 27 个村民小组。

人口民族

1984 年，全乡 1933 户 9318 人。2005 年，全乡 2636 户 11633 人。2014 年，全乡 3110 户 12921 人，其中，苗族 12103 人，占 93.67%；土家族 462 人，占 3.58%。常住人口 9040 人，流动人口 2150 人。人口出生率 13‰，自然增长率 5‰。人口密度每平方公里 185 人。

自然环境

小章乡地势西北高、东南低。境内最高处小章村飞岩峰，海拔 628 米；最低点烟竹坪村长冲村落，海拔 284.7 米。耕地面积 943.76 公顷，其中水田 854.69 公顷。林地 5187.23 公顷，森林覆盖率 63%。境内有 7 条溪流，其中能溪河发源于兴隆场镇，境内流长 12.5 公里，流域面积 6.65 平方公里，自南向北经白羊溪乡、洗溪镇能滩村注入武水。动植物资源有野猪、果子狸、黑眉锦蛇、五步蛇等野生动物。主要树种有马尾松、杉树，经济林有椪柑树、板栗树等。红砂岩分布较广，适宜农作物生长。属中亚热带季风湿润气候，年均降水量 1335 毫米，无霜期 273 天，平均气温

16.8℃。矿产资源主要有花岗岩、硫铁矿等。自然灾害主要有洪涝、干旱、地质灾害等。

经济发展

经济综述

境内经济以传统农业为主。1962 年，全社粮食作物播种 1189 公顷，产量 1888 吨。1971 年，公社成立综合加工厂。1975 年，成立社办漆树场。社队企业开始起步，始有工业经济。1976 年，粮食播种 1100 公顷，产量 2315 吨，油料 54 吨，社队企业产值 12 万元。1986 年，全乡农业产值 200 万元，农民人均纯收入 125 元。1996 年，农林牧渔产值 1319 万元，农民人均纯收入 312 元。2010 年，农林牧渔业产值 2644 万元，农民人均纯收入 2910 元。2014 年，全乡农林牧渔服务业产值 4444 万元，农村居民平均可支配收入 5024 元，年末居民人均储蓄余额 12400 元，家电入户率 93%，人均住房面积 25 平方米。

农业

种植业 境内主要是粮食作物和经济作物。粮食作物主要以水稻、玉米、红薯为主。经济作物有烟叶、柑橘、辣椒、生姜、油菜、蔬菜、瓜果等。1961 年，粮食作物播种 1008.3 公顷，产量 1114 吨，油料播种 31.40 公顷，产量 7 吨。1972 年，推广双季稻种植。粮食作物播种 1153.9 公顷，产量 1717 吨。1985 年，乡境推广杂交水稻，实施良种良法。1986 年，粮食作物播种 877.6 公顷，产量 3010 吨，薯类播种 78.3 公顷，产量 100 吨，油料作物播种 139.6 公顷，产量 302 吨。1990 年，农作物种植结构发生变化，粮食作物种植减少，经济作物种植增加。粮食作物播种面积 842 公顷，产量 2030 吨，油料作物播种面积 263.7 公顷，产量 321 吨。1991 年，小章、烟竹坪、大水坪 3 个村始栽椪柑，种植面积 90 公顷。1994 年，椪柑种植扩大到川洞、瓦曹、梓木坪、白泥塘 4 个村。全乡椪柑面积 358 公顷，年产椪柑 1044 吨，产值 170 万元。2014 年，全乡农作物播种面积 1843 公顷，其中粮食作物播种面积 634 公顷，产量 3016 吨；油料播种 433 公顷，产量 584 吨；椪柑种植 454 公顷，产量 5011 吨；烤烟种植 30 公顷，产烟 43 吨。农业产值 2969 万元。

林业 1974 年，社队兴办林场。1975 年，分别在瓦曹、烟竹坪建立漆树场，面积 30 公顷，有场员 15 人。1982 年，有林场 12 个，面积 160 公顷。1984 年，乡境“三山变一山”，集体林场解体，林地责任到户。1990 年，开展荒山造林。至 1993 年，先后造林 330 公顷。2000 年，实施退耕还林，大部分山坡旱地改为林业用地。2012 年，推行林权制度改革，调处林地纠纷 120 件次。2014 年，全乡退耕还林面积 533 公顷，林业产值 241 万元。川洞村有古银杏树一株，树龄 300 年以上；白泥塘村有古枫香树一株，树龄 500 年以上。

养殖业 1962 年，全社生猪存栏 614 头，山羊存栏 130 只。1979 年，生猪存栏 3948 头，山羊存栏 1232 只。2001 年，发展以山羊养殖为主养殖业。有山羊养殖户 105 户，山羊品种以本地麻羊和黑山羊、狗头羊为主。全年羊出栏 2450 只，产值 964 万元。2011 年，生猪出栏 6400 头，牛出栏 218 头，山羊出栏 2700 只，家禽出笼 2.25 万羽。大水坪村张元华父子饲养鸵鸟，出售鸵鸟肉、蛋、羽毛，鸵鸟存栏 140 羽，年收入 6 万元。2014 年，境内有养殖大户 6 户，特色产业养殖户 1 户。全乡生猪出栏 5848 头，猪肉产量 382 吨，生猪存栏 4473 头；羊出栏 1944 只，存栏 2527

只，家禽饲养量 26839 羽；养殖业产值 1167 万元。山塘水库及稻田养鱼 13 公顷，水产品 21.5 吨，渔业产值 45 万元。

工业

1970 年，全社有 5 座砖瓦窑和 1 间榨油作坊。1974—1976 年，先后办有综合加工厂、拖拉机站、小型机械发电厂等社办企业。1982 年，建成社办硫铁矿，年开采 850 吨，产值 130 万元。1985 年，乡办企业有加工厂、基建队、硫黄矿等 8 家，工业产值 104 万元。1989 年，因为高品位硫铁矿资源枯竭，硫黄矿解体，1994 年，乡办企业相继解体。1995 年，一批有实力农民创办个体私营企业，2001 年，个体私营企业 38 家，产值 178 万元。2014 年，全乡个体私营企业 21 家，从业人员 104 人，年产值 304 万元。

商贸服务

民国初期，境内大水坪村开设墟场，逢农历四、九日赶场，每场 1000 人。主要交易农副产品和日常生产生活用品。1985 年，农副产品增多，有个体工商户 11 户，从业人员 37 人，产值 30 万元。1990 年，小章村建墟场，逢农历二、七日赶场，每场 3000 人。2000 年，全乡个体工商户 67 户，从业人员 121 人，产值 120 万元。2008 年，投资 40 万元修建小章农贸市场，占地 800 平方米，建摊位 200 个。2014 年，小章农贸市场再次扩建，市场占地面积 1200 平方米，新增摊位 120 个。个体工商户 94 户,从业人员 185 人,商贸收入 208 万元。

劳务输出

1998 年，境内部分富余劳力外出务工，乡设劳务人员培训站，并在广东、浙江等地务工人员相对集中地设立劳务办事处，为务工人员提供相关服务。2000 年，成立由民政办、司法所等部门组成的外出务工劳务纠纷处理小组，负责处理在外务工人员劳资纠纷和工伤事故赔偿。至 2005 年，先后赴广东、浙江、上海等地处理和协助处理纠纷案件与事故赔偿 16 起，为务工人员争得各种补偿 52.32 万元。2013 年，乡境外出务工劳力 6000 人，年劳务收入 7000 万元。外出务工成为全乡农民收入主要来源，大部分农户通过劳务输出实现脱贫致富，全乡建有三层以上钢混结构房屋 105 栋。2014 年，劳务经济收入 1.2 亿元。

基础设施

交通运输

1965 年，境内修建能滩至兴隆场公路，途经域内 2 个大队 12 公里。1985 年，修建小章至解放岩公路，全程 20 公里。1987 年，修建小章至永兴场公路 7 公里。1988 年，修建小章至瓦曹村公路，后延伸到塘坪村。1994 年，修建小章村至白泥塘村通村公路，与塘坪村公路连通。2000 年，从潭溪镇新寨坪村公路接线，修建到洞上村公路 6 公里，与白泥塘公路连通。2001 年，7 个行政村实现村村通公路。2014 年，境内通村组公路 6 条 83 公里，通村公路全部实现硬化，有公路桥梁 11 座，机动车 219 辆，其中小型客运车 15 辆，每天由兴隆场镇至县城白沙和吉首市区途经小章乡客运班车 6 个班次。

邮政通信

1961 年，境内设立邮电支局，同时设立电话总机室，有电话交换机一台，电话员 2 人，各大队均通电话。1984 年后，邮电业务下滑。1992 年，撤销邮政支局，设邮政代办点，代理邮寄及报刊投递业务。有电话交换机 1 台，电话 3 部。1994 年，开通程控电话，安装自动电话 62 部。1999 年，开通移动电话，有移动电话 120 部。

2001 年，新开通程控电话村 4 个，90%自然村寨实现移动电话信号全覆盖。2004 年，开通互联网。2014 年，移动电话入户率 90%，互联网用户 230 户。

供电饮水

供电 1978 年，公社购入柴油机、发电机设备一套，晚间发电 2 个小时供机关照明。1989 年，架设洗溪至兴隆场输电线路，修建 35 千伏变电站一座。此后全乡陆续架通到村输电线路，至 1995 年 10 个村全部通电。2000 年，实施农村电网改造工程，至 2005 年，完成 7 个村电网改造。2014 年，全乡供电用户 3200 户，供电可靠率 99.92%。

饮水 20 世纪 70 年代，境内人畜饮水主要靠水井供水，干旱时节人畜饮水困难。1980 年，购置柴油机、抽水机从龙洞提水，供公社机关单位用水。1988 年，从鱼泥塘水库引水修建自来水厂，解决乡政府所在地 2140 人饮水。2011 年，投资 200 万元，实施集中供水工程建设，打水源深井 1 口，修建蓄水池和供水泵房，铺设自来水管道 3 公里，乡政府所在地小章村、烟竹坪等村 6000 人用上自来水。2013 年，投入资金 17 万元，修建梓木坪、竹坪等村组人饮工程，解决 400 户 1800 多人饮水。2014 年，投入 32 万元完善白泥塘村切草坳组、烟竹坪村长冲组供水设施，解决 180 户 550 人生活用水。全乡有人畜饮水工程 9 处，7 个村 2850 户 9310 人用上自来水。

水利建设

1958 年，修建小章村鱼泥塘小（2）型水库，库容 25 万立方米，灌溉稻田 26.67 公顷。其后各村集中劳力修建山塘，水利灌溉发挥作用。至 1980 年，全乡有小（2）型水库 7 座，山塘 50 口，水渠 28 公里，年蓄水量 500 万立方米，机械排灌 2 处。至 1995 年，原建水利设施相继老化，病险塘库增多，有效灌溉面积下降。1996 年，陆续开展山塘水库实施防洪保安工程建设，部分水利设施得到恢复，发挥灌溉作用。至 2014 年，先后投入资金 390 万元，全乡除险加固水库 4 座，山塘 20 口，修复渠道 3 公里，实现有效灌溉面积 384 公顷。

村镇建设

1995 年，各村利用扶贫工作队扶持资金修建村部办公室。2001 年，硬化小章墟场街道 400 米。2005 年，乡政府整体搬迁。2008 年，乡政府开展整脏治乱，聘请街道保洁员 2 人清运垃圾。2013 年，开展城乡同建同治，投资 25 万元建垃圾池 35 个。2014 年，修建小章墟场 1500 米下水道工程，启动农贸市场搬迁工程项目，完成征地、地基及地面硬化等前期工作；投资 67 万元硬化 7 个村间道路 1.2 万米，购置垃圾清运车 12 辆，修建垃圾焚烧池 7 个，配备保洁人员 27 人。

社会事业

教育

民国 28 年（1939），境内大章村设特区小学 1 所。民国 37 年（1948），有乡中心学校 1 所，在校学生 42 人。1950 年，在大章、白泥塘、小章兴办村级小学，有民办教师 3 人。1952 年，在小章村设立乡民族中学、中心完全小学各 1 所。1972 年，修建民族中学教学楼 1 栋 650 平方米。1976 年，维修村级小学 7 栋。1985 年，实施扶贫建校工程，7 个村学校危房得到维修改造，改造民族中学校舍危房 1 栋。1995 年，实施希望工程助学，修建希望小学 6 所。2005 年，实施留守儿童关爱行动，在中心完小建立“留守儿童之家”。至 2013 年，为困难留守儿童帮扶助学 1300 人次，帮扶资金25万元。大水坪村大学生村干部杨丽为8名留守儿童和困难学生牵线搭桥，获资助6万元。2014年，乡境有民族中学1所，在校学生379人，教师33人；中心完小1所，村小9所，在校学生805人，教师54人；幼儿园1所，入园幼儿110人，幼师3人，九年义务教育全覆盖。

文化

1958年，公社设文化站，1960年停办。1965年恢复，1967年撤销。1969年，公社建广播站，配备广播员1人。1974年，架通广播线路，各大队均通广播。是年，复设文化站，配文化辅导员1人。1975年，成立电影放映队，利用公社礼堂放映电影，各大队每月放映1场电影。1986年，乡村电影放映队解体。1987年，建电视差转台，乡内始通电视。1993年，开通乡政府所在地有线电视，可收看7套电视节目。2005年，建设农家书屋7个，藏书2.4万册。2014年，全乡通有线电视村2个，用户420户。“村村通”电视，入户率90%。农家书屋8个，藏书3.2万册。

医疗卫生

1958年，境内设卫生院，以医疗救助、公共卫生为主，时有木质房屋一栋。1970年，修建一栋砖木结构平房，门诊和住院共用，各大队配备赤脚医生、接生员各1人。1995年，医疗资源减少，卫生院关闭。1999年11月恢复，开展医疗医务防疫工作。2014年，乡卫生院有医务人员9人，病床22张。7个村卫生室有村医7人。全乡参加新型农村合作医疗10980人，参合金额60.39万元。

社会保障

1998年，乡政府在小章村修建敬老院，乡内8名“五保”老人集中供养。2000年，投资13万元扩建乡敬老院，建筑面积400平方米，配备护理人员2人，集中供养五保老人11人。2000年，实施农村最低生活保障制度，特困户纳入最低生活保障对象。2014年，全乡农村低保户873户1189人，发放低保金126万元。城市居民最低生活保障3户4人，人均月发低保金215元。五保户集中供养29人，人均月供养金670元，分散供养62人，人均月发供养费220元，扶持各类优抚对象46人。参加新型农村养老保险6352人，缴费40.18万元。投资81万元改造36户危房，扶持无房户新建住房27栋。

特色地情

历史人文

全国“三八红旗手”杨玉翠（1908—1996）女，苗族，川洞村人。1950年，当选为农会土改委员和妇委副主任。1952年，加入中国共产党。是年，被评为县、州、省三级劳动模范，赴长沙出席全省劳动模范代表大会。1953年，成立中共川洞乡（当时属小乡）支部，杨玉翠任支部委员，不久任支部书记。1954年，成立农业生产合作社，被推为社主任。1958年12月，出席全国妇女社会主义建设积极分子代表大会，被评为全国“三八红旗手”，并成为周恩来总理邀请到家做客的八位少数民族妇女代表之一。1968—1978年，先后任小章乡公社党委副书记，县委常委、县革命委员会副主任，州革命委员会委员、省革命委员会委员等职。她是

杨玉翠

第五届全国人民代表大会代表。1996 年 12 月在家逝世，享年 89 岁。

民俗风情

小章苗语 是“入籍归地”后，与土著民族交流、婚姻等方面由汉语演化成一种苗族语言支系，属于湘西苗语东部次方言南部土语。清嘉庆二十五年《苗防览·风俗上》载：“仡佬居大章小章，其民非苗非土，似苗非苗，盖别为一种类也。张姓人极众，符姓次之……入赘彼地，遂仍其俗，在土村为土民，在苗寨为苗人……”小章苗语有 48 个声母，35 个韵母和 6 个声调，其特点是名词和形容词都有词头，没有词尾，即虚词在前，实词在后，词头一般冠以“仡”等；倒装语多，即中心语在前，修饰语在后。小章苗语与梁家潭、洗溪、八什坪等乡镇土语区苗语能相互交流。2014 年，小章苗话范围缩小到川洞、大水坪、白泥塘 3 个村，小章苗语属于濒危语言之一。

（撰稿人：宋泽松）

永兴场乡

区域概况

位置面积

永兴场乡位于泸溪县西南部，东邻达岚镇、南接合水镇、西连兴隆场镇、北与小章乡和白羊溪乡交界。区域面积65.5平方公里。乡治上广村，距县城52公里，距州府吉首市区70公里。

建置沿革

清代咸丰年间（1851–1861），上广村四都坪设墟场，因地理位置偏僻，商业贸易不旺，改迁上广村和下广村结合部，墟场得以兴盛。人们盼望墟场永远兴隆，故名永兴场。清乾隆二十年（1755），永兴场乡域属泸溪县四都。民国16年（1927），属南四区。民国27年（1938），属义安乡。1952年，分属三区和六区。1956年，设立永兴场乡。1958年，属兴隆场人民公社。1961年，从兴隆场公社析出设永兴场公社。1984年社改乡，为永兴场乡。

行政区划

1961年，境内设永兴场人民公社，辖三冲坪、密灯、上广、下广、龙井、木坨、天台龙、一都阳8个大队。1965年，合水公社所辖溪头、呈田两个大队划入。1984年社改乡，辖三冲坪、密灯、上广、下广、溪头、呈田、龙井、木坨、天台龙、一都阳10个建制村、49个村民小组。2005年，村级建制调整，一都阳村并入三冲坪村，龙井村并入上广村，木坨村并入密灯村，天台龙村并入下广村，全乡辖上广、下广、三冲坪、密灯、溪头、呈田6个建制村，下设30个村民小组。2014年，全乡辖6个村、34个村小组。

人口民族

1961年，境内有1259户5088人。1984年，全乡2120户10366人。2005年，全乡2753户12961人，其中少数民族9490人，占73.2%。2014年，全乡2910户14396人，其中，苗族6634人，占46.08%；土家族5029人，占34.93%。常住人口13196人，流动人口1200人。人口出生率11.2‰，自然增长率7.78‰。人口密度每平方公里220人。

自然环境

永兴场乡域为丘陵和高山地貌。境内最高点天台山，海拔696米；最低处上广村，海拔290米。有耕地755.25公顷，其中水田690.76公顷，旱地64.49公顷。林业用地4647.9公顷，森林覆盖率59.2%。天台山从东北向西南横贯乡境中部，南麓溪流汇入合水溪，北麓溪流汇入能溪河。土壤以红壤为主，境内从密灯至上广、三冲坪为较开阔平坦地带，溪头、呈田两村为高山地带。气候属亚热带季风湿润气候，年均降水量1300毫米，无霜期273天，年均气温17℃。自然灾害主要是洪灾、干旱、地质灾害。

经济发展

经济综述

20世纪50年代，境内以传统农业经济为主，农业结构单一。1961年，粮食产量1046吨。1978年，粮食产量3478吨。1986年，农业产值212万元，农民人均纯收入151元。20世纪90年代，以椪柑为主林果业，以辣椒为主种植业，以生猪、山羊为主的养殖业成为农业经济主体，劳务经济成为农民增收重要来源。1996年，农业产值1932万元，乡镇企业产值296万元，劳务收入305万元，农民人均纯收入463元。2000年，国家加大农业扶持力度，实行粮食直补、良种、农机补贴等惠农政策，实施退耕还林生态建设等。2011年，农业产值4341万元，农民人均纯收入3418元，居民储蓄存款5300万元。2014年，全乡农林牧渔服务业产值5362万元，农村居民人均可支配收入5123元，居民年末人均储蓄存款余额1.1万元，人均住房面积25平方米，家电入户率95%。

农业

种植业 境内主要粮食作物有水稻、玉米，主要经济作物有油菜，辣椒、烤烟。20世纪70年代，在山塘水库灌区推广双季稻种植，旱地种植玉米等杂粮。1978年，全社粮食作物种植1049.6公顷，产量3476吨；油菜种植60.4公顷，产量48吨。1984年，全乡粮食种植1308公顷，产量3784吨，油菜种植156.4公顷，产量225吨。1985年，三冲坪村和龙井村种植椪柑20公顷，1990年产生效益。1998年，粮食作物种植764.6公顷，产量4127吨；辣椒种植310公顷，干椒产量200吨；椪柑开发120公顷，产量60吨，农业产值2034万元。2005年，实施椪柑基地和经济作物生产示范片建设，以密灯、上广村为核心，建设20公顷辣椒生产示范片。以下广、三冲坪村为核心，建设33.33公顷油菜示范片。椪柑415公顷，产量1290吨；辣椒333.3公顷，干椒产量350吨；油菜450公顷，产量420吨。粮食作物646.23公顷，产量3231吨；农业产值2051万元。2014年，全乡种植烤烟43.3公顷，产量80吨；辣椒333.3公顷，干椒产量250吨；油菜366.7公顷，产量512吨；蔬菜120公顷，产量3200吨。粮食作物596.7公顷，产量3267吨，农业产值3422万元。

林业 1979年，境内有社队集体林场11个，面积140公顷。1982年，集体林场解散，公社林场承包给个人经营，队办农场责任到户。1990年实施荒山造林绿化，至1993年，累计荒山造林210公顷。2006年，实施退耕还林、生态林保护工程，25度以上坡地全部退耕还林。2009年，退耕还林面积751公顷，荒山造林686.4公顷、生态林保护1431.9公顷。2010年，溪头村新开发油茶100公顷。2014年，全乡活立木蓄积4.29万立方米。全年兑现退耕还林和生态林补贴金137万元，林业产值230万元。

养殖业 1961年，全社生猪存栏207头。1978年，生猪养殖2370头。1985年，乡境粮食自给有余促进养殖业发展，户平年饲养生猪3头。1998年，生猪饲养7800头，出栏4500头。2005年，上广村、下广村各有3户生猪专业养殖户，每户平均养殖生猪100头。全乡年出栏生猪6200头。2014年，境内有养殖大户15户。全乡生猪存栏6335头，出栏8229头；羊存栏3049只，出栏2542只；家禽存笼23798羽，出笼29337羽，养殖业产值1616万元。水产品产量50吨，渔业产值71万元。

工业

1970年，公社成立企业办，创办竹器加工厂、组建建筑队、农机服务队等社办企业，有职工21人。1975年，下广村、上广村创办制衣厂，有工人10人。1982年，社队企业停产。1990年，农村建房采用钢筋水泥结构，土窑烧砖瓦停止，混泥土砖厂、采石场兴起，有混泥土砖厂3家，采石场4家。2014年，全乡有机械榨油坊5家，采石场2家，机制砖厂5家，从业人员45人，乡镇企业产值85万元。

商贸服务

清代咸丰年间境内设墟场，逢农历五、十日赶场，每场3000人。1983年，公社所在地有个体理发店1家、餐馆1家、商业网点13个，从业人员30人，年收入20万元。1993年，乡境有个体工商户20户50人，年收入60万元。2006年，全乡个体工商户50户200人，年收入105万元。2014年，境内有饮食店15家、旅社2家、理发店5家，农村商业网点16个，从业人员410人，年收入1200万元。

基础设施

交通运输

1968年，修建永兴场至兴隆场公路9公里，境内始通公路。1981年，上广至龙井村1.5公里公路修通。至1984年，全乡通车里程17.5公里，有私人货车3辆，从兴隆场至县城途经永兴场客运班车开通。1987年，修建永兴场至小章公路7公里，1992年，永兴场直达县城班车开行。1998年，投资100万元，修建三冲坪、一都阳、木坨、磨家溪、呈田至合水镇罩子坪村组公路5条，全长12公里。2005年，修建溪头村至达岚镇潮地村公路3公里，连通达岚镇潮地村公路。2008年，修建烟竹坪、唐家寨、平木坨、天台龙等自然村公路5公里。2014年，全乡硬化公路33.3公里，有机动车587辆，其中摩托车480辆、拖拉机50台、农用货车30辆、小车20辆、客运车7辆。每天往返县城客运班车2个班次。

邮政通信

20世纪30年代，境内通步班邮路。1956年，开通有线电话。1970年，设立邮政所，隶属兴隆场邮政支局管理。1984年，设邮政代办所。1994年，乡内开通程控电话，固定电话用户42户。1999年，移动电话开通，全乡移动电话620部。2005年，移动、联通、电信三家通信公司开办通信业务。2014年，全乡邮政投递点6个，固定电话120部，移动电话4030部，电话普及率85%。

供电饮水

供电 1972年，境内修建天台垅水库，利用渠道水头落差在坝外修建一座小型电站发电，供场上居民和机关照明。1974年，安装20匹马力柴油机发电，与水电站并网供应墟场及下广村和机关照明用电。1987年，架通永兴场至甘溪桥电站输电线路，实现村村通电。2002年，投资1000万元实施农网改造。2014年，全乡用电户3113户，电费实现与县城同网同价。

饮水 20世纪80年代，境内居民饮水主要靠井水和溪水。1992年，乡政府筹资30万元修建供应墟场和乡政府机关人饮工程。1997年，投资25万元修建溪头、龙井两处饮水工程。2005年，投资118万元实施三冲坪两处人饮工程。2014年，全乡人饮工程51处，2610户12900人用上自来水。

水利建设

1958年，境内修建天台垅水库，库容30万立方米，灌溉稻田25公顷，至1980年，有小（1）型水库1座，小（2）型水库7座，山塘48口，拦水溪坝2座，灌溉水渠30公里，灌溉面积420公顷。至1999年，有8口山塘报废，20座山塘水库带病运行，10公里水渠淤塞，灌溉面积减少200公顷。2010年，投入资金400万元对天台龙小（1）型水库大坝除险加固、涵洞疏通。2011—2012年，投资680万元除险加固大冲龙、楠木洞、戽水洞三座小（2）I型水库。2014年，投资372万元除险加固山塘12座，维修渠道1.55公里，维修溪坝2处。全乡实现有效灌溉面积334公顷。

村镇建设

2008年，投资55万元硬化市场街道路面1500米，投资3万元安装街道路灯20盏，拆除沿街乱搭乱建违章设施30处。2009年，投资30万元修建市场两侧排水沟774米。2013年，投资500万元修建小学、中学、卫生院公租房3栋，面积5160平方米。同时开展城乡同建同治工作，购买垃圾车20辆，修建垃圾池30个；投资12万元修建垃圾焚烧炉。2014年，投资14.64万元为每个自然村聘请卫生保洁员34人；投资367万元在6个村、30个村民小组建沼气池1050口。

社会事业

教育

1928年，杨再润和高松林在三冲坪、梁吉志和梁月星在下广分别开办私塾，有学生50人。1946年，设立中心学校。1958年，设立中心完小，各大队开办村级小学。1969年，中心完小开设初中班，1976年，开设高中班，1979年高中停办。1984年，有学校11所，有教职工248人，在校学生1329人。1996年，初中部脱离乡中心完小，成立乡初级中学。2006年，全乡在校小学生905人，小学教师43人，在校中学生450人，中学教师33人。2014年，全乡有小学7所，在校学生1030人，教师49人。中学1所，在校学生462人，教师34人。幼儿园6所，入园幼儿350人，幼师11人。

文化

1970年，公社设广播站，配广播机线员1人。1974年，设文化站，配文化辅导员1人。1983年，广播站更名为广播电视站。1985年，建电视差转台，可接收雪峰山差转台信号，收看中央台和湖南台两套电视节目。1995年，开通有线电视。2007年，与县城电视网络联网，收看电视节目48套。2008年，为村民免费发放320套电视村村通设备，解决边远山区村民看电视难问题。2012年，乡文化站与乡广播站合并，成立乡文体广电服务站，工作人员2人。2014年，境内有广场舞健身队11支，有线电视用户356户，电视村村通用户1320户，有线电视入户率25%，电视覆盖率80%。

医疗卫生

1961年，公社设卫生院，医务人员1人。1965年，在墟场修建7间土木结构业务用房，面积120平方米，有医务人员3人。1969年，各大队设立卫生室，有“赤脚医生”10人，2006年改称乡村医生。2014年，投资64万元修建乡卫生院住院楼，建筑面积580平方米，有病床25张，医务人员10人，村卫生室10个，村医10人。全乡参加新型农村合作医疗12530人，参合

“夫妻树”，左为楠木，右为枫树（向方华／摄）

金额 68 万元，参合率 90%。

社会保障

1998 年，境内实行最低生活保障制度，对“五保”老人实行生活补助。低保户补助标准为每月 15 元 / 人、五保户生活标准每月 60 元 / 人。2007 年，投资 12 万元修建乡敬老院，集中供养“五保”老人 29 人。2010 年，实施新型农村养老保险制度，全乡参加新农保 4251 人，参保率 41%。2014 年，全乡农村低保户 1171 户 1384 人，发放低保金 143 万元。城镇低保 5 户 10 人，发放低保金额 2.58 万元。集中供养“五保”老人 29 人，供养金 23 万元，分散供养“五保”老人 61 人，供养金额 16 万元，参加新农保 6845 人，缴费金额 35.95 万元。

特色地情

三层坡古驿道 始建于明代洪武和万历年间，是朝廷与苗民冲突和苗汉融合的产物。清乾隆和嘉庆年间，湘西地区爆发持续十二年之久的苗民起事，驿道军事价值对清王朝更显突出。据《泸溪县志》记载，驿道“由高山坪经都歧，越三湾岭和三层坡，出永兴场，马路口到凤凰县城，共一百七十十里”。古官道在三层坡经过天台龙村，建有一个驿站，当地村民曾在此建有餐馆，为来往客人服务。现存有青石板路、记事碑等古迹。

夫妻树 呈田村磨家溪组有两株树龄 300 多年的金丝楠木树相对而立，经多年生长逐渐合拢抱在一起，像一对夫妻紧紧相拥，伫立在山间共迎风雨沧桑，被村民形象地称为“夫妻树”。外地富商以 200 万元高价欲购买该树，被村民回绝。2014 年，省林业厅将“夫妻树”挂牌，列入珍稀保护树种名录。

天台垅水库 修建于 1958 年，位于下广村海拔 600 米高山上，库容量 130 万立方米、水域面积 34 公顷，为全县海拔最高小（1）型水库。山上四周林木葱郁，行走其间，垂钓其边，有一种“气清更觉山川近，心远愈感天地宽”的情怀。

（撰稿人：杨万永）

八什坪乡

区域概况

位置面积

八什坪乡位于泸溪县北部，东与沅陵县棋坪乡接界，南接军亭界国有林场，西连梁家潭乡，北与古丈县山枣乡交界。区域面积91平方公里。乡治花园坪村，距县城白沙镇49公里，距湘西州首府吉首市区79公里。

建置沿革

境内有大小坪地80处，故名八十坪，后演化为八什坪。清乾隆二十年（1755），八什坪乡域属泸溪县上坊里。民国16年（1927），属县北区。民国27年（1938），废区并乡，属孝安乡。1950年，属四区管辖。1956年6月，撤区并乡置八什坪乡。1958年9月，成立八什坪人民公社。1960年，并入梁家潭公社。1961年，复置八什坪公社。1984年，公社改乡制，为八什坪乡。

行政区划

1958年，八什坪辖花园坪、杜家寨、梯溪坪、龙背山、塘食溪、李什坪、大村潭、池塘、欧溪、五村10个大队、60个生产队。1984年，社改乡，辖10个村、60个村民小组。2005年，村级建制调整，池塘村和龙背山村并入塘食溪村，五村并入欧溪村，梯溪坪村与大村潭村合并设立三角潭村。调整后辖李什坪、塘食溪、花园坪、三角潭、杜家寨、欧溪6个村、32个村民小组。

人口民族

1961年，境内有1338户5428人。1984年，全乡1824户8859人。2005年，全乡2410户11130人。2014年，全乡2836户人11371人，其中，苗族8666人，占76.21%；土家族1870人，占16.45%。常住人口12071人，流动人口1100人。人口出生率10.9%，人口自然增长率7.13%。人口密度每平方公里150人。

自然环境

八什坪乡地势为南北高中间低。境内最高点杜家寨村猢狲洞山，海拔606米；最低处大村潭村长潭，海拔160米。耕地面积1036.15公顷，其中水田990.1公顷，旱地46.05公顷。林地9045.2公顷，森林覆盖率78%。地质为红岩，成土作用快。境内北从塘食溪村沿酉溪河一线、南从欧溪村沿桃溪和茶坪溪至大村潭一带，为溪谷平地，余地皆为高山地带。年均降水量1350毫米，年平均气温16℃，无霜期280天。乡内有大小溪河16条，主要有酉溪、欧溪、烧肉溪、红水溪、茶坪溪，其中酉水支流酉溪源于古丈县河蓬乡，沿梁家潭乡北部边界，流入塘食溪村，由北而南，在大村潭东北方流入沅陵县境酉水，境内河道长8.6公里，流经4个行政村、13个自然寨。欧溪发源于五村，其下游又叫桃溪，往北流，至殿湾，折向东北，在大地坪折向西北流入西溪。烧肉溪发源于李什坪村，入西溪。红水溪源于五村，流经梁家潭乡，再流入西溪。茶坪溪发源于上堡乡九子田，流入欧溪村后与欧溪汇合。水资源量年均506万立方米。主要自然灾害有冰雹、旱涝、风灾、低温、霜冻、雷击等。

经济发展

经济综述

20世纪50年代，境内以传统农业经济为主。1961年，全社粮食播种1107.7公顷，产量1157吨。1978年，粮食播种1089.7公顷，产量3569吨，农民收入低，大部分处于贫困线以下。80年代，乡镇企业开始发展，1983年，有综合加工厂、基建队等社办企业5家。农业产值224万元，其中社队企业产值24万元。1994年，全乡农业产值800万元，农业收入480万元，粮食产量2730吨，人均纯收入80元。养殖业以猪、牛、羊及家禽为主，1995年，全乡生猪存栏6250头，山羊存栏4500只，家禽饲养量18500羽。1996年，扩大农民转移就业，劳务输出3200人，务工收入2200万元。2007年，全乡开发椪柑93公顷，建设梯溪坪精品示范园，修建12个椪柑储藏库。按照“一村一品”模式，种植“双低油菜”200公顷，产值190万元；种植辣椒133公顷，产值50万元，农业产值1100万元，农民人均纯收入同比增加9.8%。2014年，全乡农业产值5684万元，劳务收入3441万元，农民可支配性收入4916元。年末人均储蓄余额11600元，家电入户率90%，人均住房面积24平方米。

农业

种植业 1982年，境内农业技术落后，农作物单产低。1990年，乡内始种椪柑。1995年，开发椪柑面积73公顷，药材6公顷，种植花生200公顷，辣椒133公顷，烟叶107公顷。2000年，全乡椪柑开发面积667公顷，次年，挂果267公顷，产量3200吨。2005年，椪柑品改200公顷，产量2.5万吨，新扩脐橙、杂柑133公顷。2006年，全乡粮食播种832公顷，产量4076吨，种植油菜533公顷，产量900吨，种植辣椒100公顷，桑蚕25公顷，黄姜15公顷，夏橙30公顷。椪柑种植867公顷，修建精品园2个，培育椪柑种植大户20户，农民人均增收250元。2007年，杜家寨村试种青蒿2公顷，收获干青蒿9.30吨，收入7.40万元。2008年，青蒿种植30公顷，收入62万元。2010年，乡内成立升旺中药材种植专业合作社和金土地中药材种植专业合作社，种植青蒿100公顷，产值325万元。2013年，全乡农民专业合作社14个，社员770人。种植烤烟60公顷，产量85吨，产值180万元；种植青蒿200公顷，产值420万元；种植迷迭香33公顷，产值150万元；种植特色瓦香米8公顷，产量55吨，产值22万元。2014年，全乡粮食播种面积751公顷，产量3858吨，椪柑产量11065吨，油料613吨，烟叶70吨，农业产值4166万元。

林业 林业资源主要有松树、柏树、杉树及落叶乔木和常绿灌木。李什坪村上云界组有一片千亩原始次生林，有香角树、楠木等珍贵树种。20世纪70年代，境内社队集体林场12个。1984年，实行“三山变一山”，集体林场全部解散，林地到户管理。1990年，开展造林绿化，2001年实施退耕还林工程。2010年，实行林权制度改革，至2012年完成林地确权发证。至2013年，乡境荒山造林面积478公顷，退耕还林面积716公顷，林业补助902万元。2014年，全乡活立木蓄积量106855立方米，林业收入305万元。

养殖业 1961年，境内饲养耕牛854头，生猪存栏281头，羊存栏200只。1978年，牛存栏1040头，生猪出栏2743头，羊出栏554只。1982年，实行联产承包责任制，粮食自给有余，养殖业发展速度加快。1989年，全乡牛存栏1643头，生猪出栏4469头。2000年，乡内出现养殖大户。2005年，有生猪和山羊养殖大户10户，生猪出栏3780头，羊出栏3000只，家禽出笼18039羽。2014年，有生猪养殖大户6户，养羊大户7户。出栏生猪5781头，出栏羊1487只，出栏肉牛374头，出笼家禽25728羽，养殖业收入1127万元。养鱼40公顷，渔业收入60万元。

工业

20世纪60年代，境内有3间铁匠铺和5座小砖瓦窑。1975年，发展社队企业，在池塘大队建茶场闻地18公顷。1976年，修建豪溪电站，成立综合加工厂，社办企业扩大。1984年，建红碎茶厂和基建队。1985年，境内有基建队、电站、加工厂、茶场、茶厂等6个乡办企业，工业产值24.1万元。1990年，集体企业相继停办。2000年，除豪溪电站转为民营外，其他企业解体。2014年，全乡有个体私营加工企业4家，工业产值30万元。

商贸服务

民国初期，境内三角潭设墟场，逢农历四、九日赶场，1956年关停。1984年，三角潭村通公路，恢复墟场，是八什坪乡、古丈县山枣乡和沅陵棋坪乡村民农副产品交易中心地，每场1000余人。2000年，墟场修建500米水泥路面街道，设置摊位78个，有商店20家，饭店3家，墟场日交易额2万元。2014年，农贸市场重新选址修建，全乡个体工商户95户，从业人员120人，商贸收入340万元。

基础设施

交通运输

陆路运输 1973年，从洗溪镇张家坪村公路接线修建通乡公路，1975年竣工通车，全长25公里。因修建豪溪电站，公路延伸到塘食溪村。1984年7月，开通至县城客班车。是年，从杜家寨欧溪潭接线，修建欧溪潭至李什坪公路8公里。1994—2000年，修建通村通组公路6条14公里。2002年，修建池塘村公路。2005年，修建杜家寨村至沅陵二酉乡公路，与沅陵县公路连接。2006年，修建李什坪村饿狗溪组通组公路，连通古丈县山枣乡磨刀村公路，成为泸溪县至古丈县又一便捷通道。是年，动工修建八什坪至梁家潭通乡公路，2007年竣工。2008年，实施“通畅工程”，境内公路水泥硬化。至2013年，硬化公路10条67公里。是年，修通浸水溪村民小组公路，与梁家潭乡栗林自然村公路连接，实现全乡组组通公路。2014年，以乡政府为中心，有通往沅陵、古丈县和通往洗溪镇、梁家潭乡四条公路，通村公路11条，里程72公里。全乡农用车15辆、三轮车20辆、客车8辆，每天有6个班次客班车返往县城和吉首市区。

水上运输 西溪在洪水期全线可通航10吨货船，枯水期船工下水推船过滩，是境内与外界物产交流航运水道。1963—1965年，成立9人养河队，常年维修河道、筑坝炸礁。有25只小木船和官寨、八什坪、梯溪坪、岩板滩、趴潭5处渡口。

1975年，公路修建，停止航运，渡口码头废弃。

邮政通信

1963年，境内设邮电所，同时设立电话总机室。1964年，架设通大队电话线路，各大队通电话。1994年，乡境开通程控电话。2000年，移动电话开通。2003年，开通互联网宽带。2014年，邮政、电信、移动、联通业务服务网点各1个，固定电话用户200户，互联网用户120户，电话普及率85%。

供电饮水

供电 1976年10月，境内动工修建豪溪电站，1980年12月建成发电，社直机关和4个大队通电。1984年，从武溪镇变电站引电，架设高压输电线路至乡政府与豪溪电站输电线路联网运行，通电村增至7个。1988年，实施农村通电工程建设。至1994年，10个村全部通电。1999年，修建35千伏安变电站一座。2000年，开始实施农村电网改造工程。至2014年，全乡新架高压输电线路80公里，供电用户2620户，供电可靠率97.6%。

饮水 1986年，境内实施农村人畜饮水工程建设，乡政府修建一座简易抽水站，供4个乡直机关单位用水。学校修建一座抽水站，从酉溪抽水到水池，供师生生活用水。水源条件好的村架设水管引水到村，解决人畜饮水。2000年，筹集资金200万元实施人畜饮水工程10处，解决3000人饮水困难。2004年，筹集资金85万元建设李什坪村、花园坪村人饮工程，2400人用上自来水。2013年，投入35万元，解决三角潭村唐家组、欧溪村婆田组、李什坪村、塘食溪村龙背山组、花园坪村香炉排组等村组1000人饮水问题。2014年，投入20万元实施杜家寨村昌蓬坳组人饮工程，解决300人饮水困难。是年，全乡90%村民用上自来水。

水利建设

1958年，境内修建牛家小（2）型水库，库容11万立方米，灌溉稻田13.33公顷。1970年，动工修建梓林溪水库，1971年，大坝建成。1974年，修建灌溉渠道6公里，灌溉李什坪、池塘、龙背山、塘食溪等大队稻田140公顷。1996年，由于年久失修，部分山塘水库出现险情，不能蓄水。2000年，开始实施病险水库除险加固工程，至2008年，先后投资300万元，病险水库除险加固工程全部竣工。2014年，投入500万元，维修梓林溪水库干渠；投入60万元修建欧溪、三角潭村5处溪坝，维修山塘4口，维修渠道1.2公里，实现有效灌溉面积705公顷。

村镇建设

2000年，乡境欧溪、杜家寨、梯溪坪、大村潭、塘食溪、花园坪6个村修建村部楼。2003年，结合新农村建设，修建沼气池和硬化村间道。2007年，建设沼气池1200口，硬化村间道路8公里。2010年，开展整脏治乱行动，投入专项资金20万元，聘请保洁员11人，修补路面500平方米，疏通排水沟500米。2013年，投入50万元开展城乡同建同治，新建垃圾焚烧炉1个，设置公共垃圾桶200个。2014年，安装花园坪村、三角潭墟场及公路沿线路灯74盏，亮化里程7.5公里，亮化面积覆盖沿途4个村。配备垃圾清运推车35辆，修建垃圾池22个，垃圾焚烧池50个，组建环境卫生管理专业队伍。是年，被湘西州委、州政府评为“全州同建同治工作优秀单位”。

社会事业

教育

1942年，境内设孝安乡初级小学。1951年，更名为八什坪中心小学。1957年，更名为八什坪西溪民族小学。1966年，改名为八什坪学校。1979年，定名八什坪中心完全小学。2000年，有乡中心完小一所，村小11所，其中希望小学3所，在校学生952人，教职工56人。是年，投资新修中学教学楼、学生宿舍楼各1栋。2014年，乡境有九年一贯制学校1所，村小学10所，校园面积11500平方米，校舍建筑面积4562平方米。初中在校生101人，小学在校生358人，教职工52人，其中中学教师17人，小学教师35人，民办幼儿园1所，入园幼儿96人，幼师4人，适龄儿童入学率100%，义务教育实现全覆盖。

文化

1958年，境内建立民办文化站，1960年停办。1962年，杜家寨村成立业余阳戏剧团，剧种为湘西北路阳戏，农闲时到各村寨巡回演出。1969年，公社设广播站，配备广播员1人，各生产队通广播。1974年，恢复文化站，配备文化辅导员1人，每年举办一次文艺会演。1987年，在乡政府所在地建电视差转台，始通电视。1996年，花园坪村组建业余阳戏队，有队员20人，农闲时走村串寨演出，亦农亦艺，在泸溪、沅陵、古丈等周边村寨演出。是年，乡政府所在地开通有线电视。2007年，各村建农家书屋。2008年，电视与县城网络联网运行，收看电视节目48套，电视入户率86%。2014年，境内业余文化艺术团体3个，队员70人，民间阳戏艺术表演队1个，演职人员20人。图书阅览室2个，农家书屋6个，藏书3万册。广播电视实现村村通，电视入户率90%。

医疗卫生

1952年，境内设卫生所，以医疗救助、公共卫生为主，服务半径15公里。1958年，改为公社卫生院。1968年，配备村“赤脚医生”12人。1984年，乡卫生院医务人员10人，其中专业医务人员8人，床位20张。1989年，有村级卫生室8个，村医9人。2009年，实施新型农村合作医疗制度，全乡新农合参合率84%。2013年，投资110万元建设卫生院公租房一栋，面积1200平方米。2014年，乡内医疗卫生机构从业人员17人。新农合参合人数10238人，参合金额56.3万元。

社会保障

1982年，全社采取集体照顾、亲属承担、邻居好友扶持的形式照顾“五保”老人。1984年，“五保”老人年均补助180公斤大米及70元生活费，分散供养。2004年，实施城乡居民最低生活保障制度，农村最低生活保制度，保障金每人40元/月；城镇居民最低生活保障每人104元/月。2005年，投资45万元修建乡敬老院，部分“五保”老人实行集中供养。2006年，全乡纳入低保410户808人，发放低保金60万元。2011年，城镇最低生活保障5户10人，发放低保金20502元，每月人均171元；农村最低生活保障452户808人，发放低保金63.02万元，每月人均65元。敬老院集中供养“五保户”37人，供养金22.2万元；分散供养“五保户”96人，发放供养金14.4万元；医疗救助58人，救助金10.8万元。2014年，全乡纳入农村最低生活保障892户1319人，发放保障金138.88万元，城镇低保6户15人，发放补助3.87万元。农村“五保”集中供养人员19人，人均每月670元，分散供养97人，每人每月220元。国家抚恤、补助各类优抚对象59人。投入资金45万，农村无房户新建住房7栋，危房改造维修61栋。新型农村养老保险参保人员6523人，新农保缴费42万元。

特色地情

风景名胜

上云界原始次森林　位于李什坪村上云界自然寨，林地面积74公顷，是泸溪县面积最大的原始次森林，毗邻军亭界省级自然保护区。森林带内古树参天，保持原始自然景观。植物种类887种，有香角树金丝椰、竹叶楠等国家保护的珍贵树种十多种。2000年，坚持封山禁渔，酉溪河流域青山绿水，野生渔业资源丰富，珍稀动植物种类繁多，有野生动物麂子、野猪、果子狸、竹鼠、锦鸡、野鸡、竹鸡等数十种。

民俗风情

境内古老独特民族风俗、服饰、建筑等得到保留和传承，少数民族民俗文化氛围浓厚，苗语集中在塘食溪村，瓦乡语覆盖李什坪、花园坪、三角潭、杜家寨、塘食溪5个村。三角潭村有传统节日“七月九”，有上万人聚会，用唱苗歌、民俗文化表演和物资交流等方式开展节日活动。该乡民居建筑民族特色显明，木质结构民居占85%，均为苗家特色吊脚楼，保存民族风俗特点及古老建筑工艺。2014年，乡党委政府争取特色民居保护工程项目，投资70万元，对欧溪村、杜家寨村、三角潭村240栋苗家吊脚楼实施保护性维修。

（撰稿人：杨　芬）

梁家潭乡

乡政府驻地村冲溪有一处深潭，村落以梁姓人居多，故名梁家潭。2014年，湖南省精神文明建设指导委员会授予“全省文明村镇”称号。

区域概况

位置面积

梁家潭乡地处泸溪县北部，东邻八什坪乡，南抵军亭界林场、洗溪镇，西接潭溪镇、吉首市排绸乡，北与古丈县河蓬乡相邻，区域面积88平方公里。乡治梁家潭村，距县城白沙镇42公里，距州府吉首市区74公里。

建置沿革

清代属上坊里。民国16年（1927），梁家潭乡域属泸溪县北区。民国38年（1949），设孝安乡（含八什坪）。1950年，属泸溪县四区管辖。1956年6月，撤区并乡置梁家潭乡。1958年9月，成立梁家潭人民公社。1984年，公社改乡制，为梁家潭乡。

行政区划

1956年6月，撤区并乡，梁家潭、斗篷界、布条坪、椰木溪乡合并设立梁家潭乡。1958年9月，达力寨从后寨乡划出并入，成立梁家潭人民公社，辖梁家潭、岩寨、红岩、芭蕉坪、桌子潭、茶坪、下湾、猫子溪、拖船破、布条坪、灯油坪、鸡子潭、达力寨、椰木溪14个大队、63个生产队。1984年，社改乡后辖14个建制村63个村民小组。2005年，村级建制调整，桌子潭村并入芭蕉坪村，红岩排、茶坪、下湾3个村合并设立红岩村，猫子溪村并入岩寨村，拖船坡村并入鸡子潭村。全乡辖9个村，下设41个村民小组。

人口民族

1961年，境内有1519户5695人。1984年，全乡2050户9308人。2005年，全乡3012户11968人。2014年，全乡3323户12553人。其中，苗族10064人，占80.17%；土家族1338人，占10.66%。常住人口12200人，流动人口1880人。人口出生率9.8‰，人口自然增长率7‰。人口密度每平方公里143人。

自然环境

梁家潭乡地势东西倾斜。境内最高点椰木溪村境内茅屋界，海拔600米；最低处鸡子潭村拖船坡组，海拔200米。耕地面积1371.22公顷，其中水田1229.66公顷，旱地141.56公顷，森林面积5966.4公顷，森林覆盖率68.2%。境内沟壑纵横，少有平地。属亚热带季风湿润气候，年均气温16.6℃，年均降水量1326毫米，无霜期278

天。境内有冲溪、西溪2条主要溪流，冲溪境内流长16公里，流域面积3.21平方公里，西溪境内流长4公里。土质为红砂土壤，适宜农作物生长。自然灾害主要有干旱、洪灾、冰雹、地质滑坡等。

经济发展

经济综述

20世纪50年代，境内经济以传统农业为主。1961年，全社粮食产量1214吨，油料产量6吨，生猪存栏352头，羊存栏187头。1974年，公社成立综合加工厂，社办企业开始起步。1986年，全乡农业产值230万元，粮食产量3530吨，油料产量177吨，生猪存栏3669头，羊存栏1288头，农林牧渔业产值174万元，农民人均纯收入99元。1989年，乡境纳入湘西州丹青片区特贫乡扶持，省州进驻扶贫工作队驻村扶贫，至2002年，先后投资400万元兴修水利设施27处。2006年，全乡农林牧渔业产值2161万元，粮食产量3166吨，农民人均纯收入1918元。2010年，农林牧渔业产值4340万元，人均纯收入2980元。2014年，境内柑橘和劳务经济成为支柱产业。全乡农林牧渔服务业产值6703万元，农村居民人均可支配收入4898元，人均储蓄存款11000元，人均居住面积25.3平方米，家电入户率90%。

农业

种植业 境内以种植水稻、玉米、红薯等粮食作物为主，经济作物有油菜、烤烟等。1989年，全乡粮食播种1046公顷，产量3651吨。注重产业结构调整，以椪柑、油菜、烤烟为重点发展多种经营。建成15公顷乡办椪柑园，始种椪柑。1992年，椪柑种植600公顷。1999年，椪柑种植面积800公顷，产量2800吨。形成灯油坪、岩寨、梁家潭3个连片开发区。2003—2004年，全县举行椪柑品质评比会，该乡椪柑连续两年获金奖。2005年，在岩寨村始种烤烟4公顷，逐步发展到各村，种植面积扩大，成为继椪柑之后的主要产业。2006年，全乡粮食产量3166吨，椪柑面积1000公顷，挂果面积800公顷，产量2.4万吨；烤烟种植333公顷，产量47吨。2012年，椪柑品改334公顷，建成椪柑精品园2个，建椪柑集雨池170个，安装杀虫灯300个。2014年，全乡粮食作物播种面积818.3公顷，产量4370吨；椪柑种植面积934公顷，产量1.68万吨；油料作物种植面积521公顷，产量700吨；烤烟种植面积48公顷，产量68吨。农业产值5063万元。

林业 境内森林资源主要有马尾松、杉树、柏树、椿树、油茶等。1965年，在猫子溪、桌子潭大队建设2个杉木林基地，有场员13人，后各大队陆续建集体林场。1975年，在梁家潭大队建200公顷社办林场，在灯油坪大队建14公顷社办茶场。1984年“三山变一山”定权发证，山林全部责任到户，集体林场解体，林地归村民管理。2001年，实施退耕还林工程。至2006年，全乡完成退耕还林面积781.3公顷。至2014年，全乡造林1325公顷，其中防护林1244公顷，经济林81公顷，林业产值301万元。境内桌子潭、芭蕉坪、达力寨3个自然村有原始次生林27公顷。芭蕉坪自然村有一片0.67公顷千年古树群，有楠木、榉木、黄栗、椆木等珍贵树种。

养殖业 境内传统养殖业主要是猪、牛、羊、家禽养殖。1962年，全社耕牛存栏944头，生猪存栏757头，羊存栏250只。1982年，养殖业得到发展，生猪存栏1669头，能繁母猪180头，羊存栏288只。1986年，全乡生猪存栏3669头，能繁母猪288头，羊存栏1288只。1997年，发展山羊养殖，出现岩寨、桌子潭2个山羊养殖村。2001年，乡内生猪出栏4575头，羊出栏9510只。2014年，全乡生猪养殖大户有6户，全年出栏生猪6245头，肉类产量527吨，禽蛋产量42吨，养殖业产值1249万元。山塘和稻田养鱼81吨，产值67万元。

工业

1950年，境内墟场有1个铁匠铺和2个裁缝铺。1964年，公社建小水电站1座，工业开始起步。1971年，公社办综合加工厂。1976年，在岩寨大队建社办造纸厂，各大队陆续兴办队办企业，社队企业产值45万元。是年，在洗溪镇螃蟹塘建黄磷采矿场，1976年因资源枯竭停办。1984年，与古丈县草潭乡联营开采黄磷矿。1985年，乡办工业产值18.3万元。1988年，乡村集体工业停办，向民营企业发展。1992年，全乡个体私营企业179家，从业人员230人，产值126万元。2001年，有个体私营企业153家，从业人员165人，产值160万元。2014年，全乡个体私营企业8家，从业人员42人，企业产值16万元。

商贸服务

民国25年（1936）农历六月初六，梁家潭设墟场，逢农历一、六日赶场，每场入市3000人左右。2014年，全乡9个村有商业网点，梁家潭村有南杂日用百货19家，饭店2家，旅社2家，从业人员560人，商贸业收入500万元。

基础设施

交通运输

1972年，洗溪至梁家潭公路动工建设，1975年建成通车，全长18公里。1976年，延至芭蕉坪大队9公里。1988年，修建红岩排至古丈县河蓬公路，1990年竣工通车，经过境内4.3公里。1993年启动村道建设，至1999年，茶坪、鸡子潭、达力寨等村公路修通，全长30公里。2002年，达力寨村修通连接潭溪镇盘古岩村公路，梁家潭至潭溪通乡公路接通。2006年，建成梁家潭至八什坪通乡公路12公里。2007年，建成椰木溪八方界组等4条通组公路7公里。2010年，全乡硬化公路7条37公里。2014年，境内货车21辆，客车5辆，微型车6辆，拖拉机5台，日发吉首至县城客运班车12班次，客运量320人次。境内公路桥梁5座，民桥7座，其中芭蕉坪村有建于清末的石拱桥（风雨桥）1座。

邮政通信

民国26年（1937），境内架设泸溪县至古丈县城乡电话线路，途经鸡子潭、王鸡坳等村寨。1956年，架设通往四区（潭溪）电话线路，有手摇电话机1部。1961年，境内设邮电支局，有电话交换总机室，架设电话线路26公里，各大队通电话。1963年，有电话接线员2人。1982年，设邮政代办所。1996年，境内开通程控电话，2001年，开通移动电话。2003年，开通互联网。2012年，设邮政代办点1个，邮路长86公里，乡村通邮率100%。2014年，电信、移动、联通3家通信企业在境内均设营业网点，全乡有固定电话130部，移动电话用户5500户，政府机关及墟场连接互联网，用户54户。

供电饮水

供电 1964年，乡政府在梁家潭村冲溪建坝修建小水电站，安装水轮发电机，在晚间发电供乡政府机关照明。1970年，茶坪大队修建水电站，成为境内首个通电大队，1975年电站被冲毁。1976年，架设洗溪公社张家坪大队至椰木溪大队输电线路，椰木溪大队通电。1980年，从洗溪公社架设高压输电线路15公里至梁家潭大队，引县电网供公社机关单位和梁家潭大队照明加工。1988年，达力寨、灯油坪村通电。1989年，架设梁家潭至桌子潭、下湾至桐油坪2条输电线路，芭蕉坪、斗篷界、桌子潭、亮排坡、桐油坪等6个自然村通电。1994年，全乡村村通电。2006年，实施农网改造，至2010年完成。2014年，全乡供电户数3323户，供电可靠率99.5%。

饮水 1982年，公社和粮店修砌溪边水井，安装小水泵抽水供应机关用水。1986年，乡政府在梁家潭村冲溪边修建电排站，解决乡政府和墟场住户饮水。2010年，修建自来水厂，日产水500吨，供应乡政府所在地3000人饮水。2013年，中石化集团投资60万元，在鸡子潭村、芭蕉坪村打井74口，达力寨村从马王田水库取水，解决380人饮水。2014年，全乡85%村用上自来水。

水利建设

1958年，公社从各大队抽调劳力修建榔木溪大队红岩溶水库。1960年建成，库容40万立方米，修筑渠道2公里，灌溉稻田20公顷。1971年，修建马王田水库，1974年建成，修筑渠道4公里，灌溉灯油坪、鸡子潭村稻田40公顷。1975年，修建米沙溪水库，1976年建成，并打隧道520米，修筑渠道3公里，灌溉猫子溪、岩寨、下湾3个大队稻田45公顷。1984年，设水管站，管理山塘水库及日常供水。1987—1992年，修建电排站3座。1993—1999年，先后投资50万元维修加固米沙溪及马王田水库。2000年，维修加固山塘15口。2014年，全乡实现有效灌溉面积207公顷。

村镇建设

1991年，梁家潭村修建村部楼240平方米。1996年，投资65万元修建5个村部楼，同时开展墟场街道整脏治乱。2010年，7个行政村硬化村间道12公里，建沼气池1700口。2013年，县住建局投资75万元，实施保护性维修“湖南省少数民族特色文化村”芭蕉坪村特色民居118栋。同时，维修古迹3处，投资93万元维修布条坪村和榔木溪村特色民居213户。2014年，投资120万元安装街道路灯65盏，修建垃圾池43个，规划建设农贸市场新址土地储备2公顷；投资120万元，保护性修缮芭蕉坪、榔木溪村民居210栋。

社会事业

教育

民国28年（1939），达力寨设特区小学，有学生11人。1951年，在斗篷界、梁家潭设初级小学。1956年，建乡中心小学，各村设小学。1960年，中心完小开设初中班。1969年，芭蕉坪片完小设初中班，中心完小设高中班，1975年高中停办。1984年，开展扶贫建校，修建村小教学楼4栋，维修校舍11所。1996—2004年，修建芭蕉坪、红岩、岩寨、鸡子潭、达力寨村5所希望小学。2012年，中心完小开设幼儿班，有幼儿32人，幼师4人。2014年，全乡学校8所。其中：九年一贯制学校1所，村片小1所，村小及教学点6所，在校学生642人；幼儿园2所，在园幼儿71人；教职工76人。全乡九年义务教育全覆盖。

文化体育

1954年，县文化馆在芭蕉坪村举行首届“三月三”民族团结山歌会，评选优秀歌手30人，颁发银质奖牌。1958年，公社成立民办文化站，1960年停办。1969年，公社设广播站，配广播机线员1人。1970年，各大队通广播。1974年，恢复文化站，配文化辅导员1人。各大队成立业余文艺宣传队。1975年，境内有业余文艺宣传队

7个，队员160人。1977年，公社成立电影放映队。1979年，芭蕉坪恢复举办“三月三”民族团结歌会。1984年，乡政府在梁家潭村举办“六月六”歌会，民族画报社及其他媒体记者现场采访。1985年，乡政府建电视差转台，始通电视。1994年，境内开通有线电视。1999年，村村通电视。2003年，省扶贫工作队资助，芭蕉坪村举办“三月三”苗族文化节。中央电视台12频道《走玩湘西》栏目组拍摄活动现场，在央视播出。2010年，芭蕉坪村被湖南省民族事务委员会授予“湖南省少数民族特色文化村”。2011年，乡政府所在地有线电视与县电视网络联网运行。2014年，全乡有群众文化活动团队5支180人，民俗文化表演服务队1支64人，篮球队4支45人。农家书屋9个，藏书1.5万册。电视用户3003户，其中有线电视用户175户，电视覆盖率80%。

医疗卫生

1953年，建乡卫生所。1958年，卫生所改为中心卫生院，有专业卫生人员13人。1968年，各大队配备“赤脚医生”1人，采取西医和草药相结合方法治病。1974年，推行合作医疗制度，全社参加合作医疗社员6120人。2005年，乡内9个村建立卫生室。2007年，境内实行新型农村合作医疗制度，参合率82%。2014年，乡卫生院有医生9人，病床20张，村医9人。全乡新农合参合金额57.82万元，参合率100%。

社会保障

1998年，境内实施城乡居民最低生活保障制度，“五保户”、困难户纳入低保补助范围，全乡低保87户121人。2007年，乡敬老院建成，入住“五保户”16人，配备工作人员2人。2008年，乡内农村“五保”集中供养38人，补助6.61万元；分散供养149人，补助22.35万元。2010年，推行新型农村养老保险制度，参保人数2421人。2011年，农村最低生活保障户350户829人，发放补助66.66万元，医疗救助1204人次，救助金额28万元。2014年，全乡农村低保988户1467人，发放低保金149.9万元；城镇居民低保2户3人，人均月发放低保金215元。“五保”老人集中供养39人，人均月供养标准670元；分散供养143人，人均月供养标准220元。新农保参保6927人，参保金额41.63万元。农民年满60周岁每人每月发放养老金75元。

特色地情

风景名胜

芭蕉坪村有一座下为石拱上为阁楼的风雨桥，1909年建成。该桥建筑用苗族古建筑工艺，桥面采用吊脚楼和走马楼方式木制建筑相接，中部设八角楼，屋顶盖小青瓦。风雨桥修建后将椰木界和雷公界两座大山与云长界连接在一起，形成木楼石拱与溪水水天一色自然景观，取名接龙桥。村北有一片26株三百年以上树龄古树群，占地6700平方米。树种有榉木、楠木、椆木、黄栎伢、白栎等，古树群被村民视为风水树、神树。2013年县住建局投资10万元，修建休闲设施，并保护古树群。

民俗风情

“三月三”在芭蕉坪村举办。“三月三”从苗族古老“挑葱节”演化而来，是苗族传统节日。清朝中叶，芭蕉坪村与相邻属乾城县（吉首）管辖村约定在所争议地联合举办“三月三”节日活动，将此地称为“三月三”山包。节日活动主要以唱山歌为主，其次是民俗文化表演等。1979年“三月三”改到风雨桥边举办。2001年，节日活动以表演苗族民俗文化为主。

拦门酒（杨家旺/摄）

苗族跳香（杨家旺/摄）

三月三·蛟龙过江（张金宽/摄）

“六月六”在梁家潭村举行，旨在纪念“覃垕王”。相传明朝洪武年间（1368–1398）湘西蛮僚人覃垕起事反明，自称覃垕王。被湖广政务司征剿，洪武四年（1371）六月初六在南京被剥皮而死。此后每逢农历六月初六，人们汇聚一起唱山歌纪念覃垕王，翻晒衣被，意为覃垕王晒皮、晒龙袍。久而久之，形成“六月六”土家族传统节日。民国25年（1936），梁家潭村借开墟场之机举办“六月六”节日活动。经过数十年同化，节庆已成为境内土家族苗族共同节日。1984年，县文化局与梁家潭乡政府联合举办“六月六”节庆，苗族跳香舞首次在节日活动中表演。苗族跳香节是苗族传统祭祀活动，在农历十月初举行，持续十至十五天。跳香由主持苗老司主跳，众人伴跳，锣鼓唢呐伴奏。有请神、申法、种五谷、发童子、大旋场5个程序。祭祀神灵是傩公傩母和五谷神神农氏。跳香祭祀活动集巫教法事、老司唱词、法事打击吹管乐、祭祀舞蹈、农事舞蹈于一体，反映人们信神敬神、庇佑平安、赐于五谷丰登心灵祈盼。2010年，被列入省级非物质文化遗产保护名录。

苗族村民喜欢包缠花头帕，头帕宽35厘米，长4米。由于图案是通过挑布纱线而构成，故名数纱。数纱材料是家织布和针线，用青线穿针在白布所选位置起针，每针穿过白布上三根纱线，底下留四根纱线，按十字形构成各种图案，挑花针法自成一格，图案有60种。数纱多用于头帕、围裙，一根长4米白家织布头帕分段挑上四处图案，一处图案占0.5米左右，两端挑狗牙图案锁边，右端吊白须线。2010年5月，苗族数纱被列入国家级非物质文化遗产保护名录。

（撰稿人：张　涛　龙　黎）

解放岩乡

区域概况

位置面积

解放岩乡地处泸溪县西南部。东连小章乡、兴隆场镇，西邻凤凰县吉信镇，南接凤凰县木江坪镇，北交吉首市双塘镇。区域面积86.58平方公里。乡治场上村，距县城白沙镇77公里，距州府吉首市区30公里。

建置沿革

清乾隆二十年（1755），解放岩乡域分属泸溪县一都和二都。民国16年（1927），属泸溪县西二区。民国27年（1938），设平安乡。1950年，属泸溪县三区人民政府管辖。1956年6月，撤区并乡，设狗爬岩乡。1957年，更名解放岩乡。1958年9月，成立解放岩人民公社。1984年，公社改乡制，为解放岩乡。

行政区划

1950年，境内设狗爬岩、己用、牛场、利略、都蛮、大坪6个乡。1956年6月，合并设立狗爬岩乡。1958年9月，成立解放岩人民公社，村改大队。1983年，辖万口、东风、大坪、都蛮、大塘坳、利略、水卡、场上、牛场、已用、万金山、茨冲12个大队、55个生产队。1984年，社改乡，辖12个建制村、55个村民小组。2001年，增设油麻寨村，有13个建制村60个村民组。2005年，村级建制调整，万口、东风、大坪并入都蛮村，油麻寨、大塘坳并入利略村，牛场并入场上村，万金山、茨冲合并改名和兴村。2014年，全乡辖都蛮、利略、水卡、场上、已用、和兴6个村，下设33个村民小组。

人口民族

1961年，境内1860户7413人。1984年，社改乡，有2529户12076人。1984年，人口出生率17.5‰，人口自然增长率11.8‰。2000年，人口出生率13.7‰，人口自然增长率7‰。2005年，全乡2927户14780人。2014年，全乡3604户15862人。其中，苗族5750人，占36.25%；土家族3791人，占23.9%。常住人口13187人，流动人口2675人。人口出生率11.4‰，人口自然增长率5.6‰。人口密度每平方公里183人。

自然环境

解放岩乡地势南高北低，以山地为主，中华山海拔628米，为境内最高山；最低处牛场村海拔182米。耕地面积1129.25公顷，其中稻田986.9公顷。森林面积6215.85公顷，森林覆盖率

71.78%。境内属亚热带季风湿润气候，年平均气温 17.5℃，无霜期 286 天，降水量 1435 毫米。矿产资源有矾、铜、硫、铁矿等。自然灾害主要有洪灾、旱灾、地质滑坡等。

经济发展

经济综述

20 世纪 50 年代，境内经济以传统粮食生产和晒烟、苎麻、油菜等经济作物为主。1961 年，全社粮食产量 1126 吨，生猪存栏 543 头，羊饲养量 300 只。1962 年，晒烟产量 9.1 吨，苎麻产量 19.7 吨。1984 年，全乡农业产值 360 万元，经济收入 316 万元，农民人均纯收入 243 元。1991 年，乡境种植生姜、晒烟、苎麻 210 公顷。1994 年，全乡农业产值 1476 万元，农民人均纯收入 331 元。1996 年，乡政府组织农民技能培训，全乡外出务工 3000 人，劳动收入 2400 万元。2005 年，全乡种植生姜 85 公顷，产量 1912 吨。农林牧渔业产值 2029 万元，农民人均纯收入 1273 元。2011 年，种植生姜 160 公顷，产量 3500 吨。粮食产量 3286 吨。生猪出栏 6672 头，山羊饲养量 2680 只，水产品产量 133 吨。农林牧渔业产值 3977 万元，农民人均纯收入 3465 元。2014 年，全乡农林牧渔服务业产值 5029 万元，农村居民人均可支配收入 5188 元，人均储蓄存款 12300 元，人均居住面积 25.3 平方米。

农业

种植业 境内粮食作物主要有水稻、玉米、红薯、大豆等，经济作物以晒烟、苎麻、生姜为主。1975 年，全社粮食种植面积 1221.8 公顷，产量 3090 吨。1979 年，粮食种植面积 1276.06 公顷，产量 3784 吨。1984 年，全乡粮食产量 3716 吨，苎麻产量 49.6 吨，烟叶产量 460 吨，农民人均纯收入 243 元。1999 年，粮食种植面积 848 公顷，产量 3192 吨，苎麻产量 124 吨，晒烟产量 72 吨。2004 年，乡内种植业重新布局，沱江南岸己用、和兴、场上、水卡种植烤烟和晒烟为主；沱江北都蛮、利略村种植生姜为主。在解放岩至小章、解放岩至凤凰县公路沿线村发展椪柑生产。是年，烟叶种植面积 13.33 公顷，产量 157 吨；生姜种植面积 106 公顷，产量 238.54 吨；椪柑种植面积 175 公顷，产量 2326 吨。2009 年，烟叶种植面积 34 公顷，产量 450 吨；生姜种植面积 206 公顷，产量 4635 吨；椪柑种植面积 472 公顷，产量 5577 吨。2014 年，全乡农作物播种面积 1671 公顷，其中粮食作物播种面积 580 公顷，产量 2722 吨；油料播种面积 385 公顷，油菜籽产量 522 吨；烤烟种植面积 52 公顷，产量 60 吨；椪柑种植面积 320 公顷，产量 4800 吨；种植生姜 334 公顷，产量 7510 吨。农业产值 3260 万元。

林业 境内森林资源主要有马尾松、杉树、柏树、桤木等。1980 年，有社队集体林场 12 个。1982 年，实行联产承包责任制，除利略、牛场两个大队保留集体林场外，其余 10 个大队林场承包到户。1984 年，乡设林业站。1990 年，全乡荒山造林 120 公顷。2000 年，全乡实施退耕还林工程，25 度以上坡耕地全部退耕植树，退林还林 262 公顷。2003 年，全乡退耕还林 860 公顷，荒山造林 680 公顷，成为湘西州退耕还林示范乡。至 2014 年，全乡退耕还林面积 1428 公顷，荒山造林 980 公顷，林业产值 282 万元。

养殖业 1962 年，全社生猪存栏 1210 头，羊存栏 349 只，家禽饲养量 4800 羽。1982 年，实行联产承包责任制，家庭式养殖业得到发展。生猪存栏 2510 头，羊存栏 1349 只。1985 年，全乡生猪存栏5247头，出栏4420头。山羊存栏596只，出栏320只，家禽饲养量8700羽。1990年，有养殖40头生猪大户5户。1995年，生猪出栏4120头，羊出栏3210只，养殖业收入520万元。1996年，茨冲村粘坳组返迁移民利用河溪水库网箱养鱼43口，产量21吨。2005年，网箱养鱼120口，产量60吨，产值54万元。2014年，境内有养殖大户6户。全乡生猪出栏7289头，存栏5274头，羊出栏590只，存栏723头，家禽出笼37655羽。养殖业产值1345万元，水产品产量130吨，渔业产值116万元。

工业

20世纪70年代，境内社办企业有1座水电站和1个加工厂，年产值3万元。1985年，乡内电站增至2座，同时创办农具修理厂和硫黄矿两家企业，年产值20万元。1986年，个体加工作坊增多，全乡各类企业67家，从业人员122人，产值246万元。其中大门角和港口溶两座装机容量500千瓦小水电站，职工14人，年产值25万元。1998年，乡办企业相继解体，电站转为民营。2002—2005年，境内新建岩落潭、杨家滩、湘口溶3座民营电站，装机容量2300千瓦。2014年，境内电站5座、碎石场6处，粮油加工作坊等个体私营企业18家，从业人员246人。个体私营企业产值571万元。

商贸服务

清代境内场上村设墟场，逢农历二、七日赶场，每场2000人左右。20世纪80年代，交通改善，周边兴隆场、小章、永兴场及吉首市双塘、凤凰县木江坪等地群众和商户到此赶场交易，每场赶集人数增至3000人。1990年，全乡个体工商户34户，从业人员42人，1995年，增至45户，从业人员62人，每个村均有商业网点。2010年，墟场一带有旅社、理发、餐饮、家电、农资等商贸服务网点15家，从业人员38人，商贸收入41万元。2014年，乡政府所在地场上村有饭店3家，旅社2家，理发店2家，缝纫店1家，家用电器4家，农资销售5家，从业人员183人，商贸业收入300万元。

基础设施

交通运输

1970年，枝柳铁路开工建设，沿线村寨修建施工便道，境内始有公路。1971年，利略至吉首乾州公路22公里建成通车。1973年，境内修建利略至场上公路3公里。1978年，枝柳铁路建成通车，途经大坪、都蛮、水卡、利略、大塘坳5个自然村10公里。在利略村设四等车站，办理客货运输业务，每天有一列管快客车停靠。1982年，修建沱江公路大桥连接公社驻地两岸。1985年，修建小章至解放岩公路，1986年竣工，全长20公里。1987年，修建利略至凤凰县木江坪乡公路，经过境内5公里。1996年，始修村级公路，投资2万元修建牛场村公路1公里；投资6万元修建万金山村公路2.5公里；投资6万元修建大坪村公路2.6公里。1998年，投资20万元修建已用村公路9公里，2002年竣工通车。2006年，硬化通乡公路12公里。2013年，投资150万元，已用村等6条村道全部硬化。2014年，硬化万金山自然村公路。是年，全乡有各种机动车66辆，其中农用货车36辆，面的车15辆，摩托车15辆。每天过往乡政府所在地客班车4个班次。

邮政通信

1961年，境内设立邮电支局，设有电话总机室，各大队均通电话。1996年，乡境开通程控电话，安装电话51部。1999年，开通移动电话，移动电话用户178户。2003年，乡内开通互联网宽带业务。2014年，境内有邮政网点1个，有电信、移动、联通三家通信企业服务网点3个，全乡固定电话用户104户，移动电话用户5623户，互联网宽带用户231户。

供电饮水

供电 1978年，境内修建杨家滩水电站，装机2台，容量250千瓦，供公社所在地、水卡大队照明加工用电。1980年，在场上大队沱江上游修建装机125千瓦水电站一座，供牛场、忙耕、往抡等村寨照明加工用电。1982年，从铁路电网引电接线，利略村通电，同时增加公社所在地供电容量。1988年乡境电站全部并入县电网，乡政府、利略村用电与铁路电网脱钩。1990年，全乡通电。2004年，投资1100万元修建110千伏安变电站，改造农村电网，实现农村居民用电与城镇同网同价。2014年，乡内有民营电站5座，变电站1座，高压输电线路6条22公里，供电用户3850户，供电可靠率98.7%。

饮水 1990年，境内居民饮水全靠井水取用。1991年，乡政府向上争取资金60万元，在场上村修建自来水厂，供政府机关和所在地居民用水。水源较好的村村民自购水管，引山泉进村入户，解决人畜饮水困难。至2010年，先后投资150万元修建场上村、牛场村、利略村人饮工程，受益4000人。2014年，全乡自来水入户率80%。

水利建设

1958年，境内修建关门田小（2）型水库，库容20万立方米，灌溉稻田10公顷。1959年始，大型水利设施建设。至1973年，修建水库4座，山塘45口，溪河坝2处。2008年，开始除险加固病险水库。至2004年，全乡先后投资290万元，加固处理大田角等水库4座，山塘12口，修复堤坝1.2公里，维修渠道2公里，实现有效灌溉面积393公顷。

村镇建设

2008年，投资80万元，改造乡政府驻地场上村道路。2009年，投资50万元新建政府综合服务楼，投资30万元修建2个村部楼。2010年，结合新农村建设，都蛮、利略、水卡3个村硬化村间道路3公里。2013年，开展城乡同建同治，投资40万元购置配套环卫设备，每个自然村配备1名保洁员。2014年，全乡配备村保洁员49人，发放垃圾桶4000个，新建垃圾焚烧处理池1处。

社会事业

教育

民国28年（1939），始建狗爬岩初级小学，有学生28人。民国37年（1948），建中心学校，学生51人，占学龄儿童21%。1951年，设立乡中心小学。1955年，在各农业社兴办小学。1958年，各大队建立小学，公社所在地设中心完全小学。1977年，中心完小设初中班。1986年，实施扶贫建校，改造维修学校危房6栋。1999年，实施希望工程，建设农村希望小学。至2005年，修建希望小学7所。2014年，乡境有九年一贯制学校一所，村小12所，在校学生2120人，其中初中生681人，小学生1439人；教职工102人，其中初中教师33人，小学教师69人；有幼儿园2所，幼师14人，入园幼儿318人。

文化体育

清嘉庆六年（1801），都蛮村民文天送组建阳戏班子，农闲时走村串寨演出，开创泸溪县南路阳戏先河，此后阳戏在泸溪县境流传。1958—1968年，乡文化站两度设立两度撤销。1969年，公社设广播站，配备广播员1人。1970年，全社有线广播队队通。1972年，发展广播通讯员6人。1974年，公社恢复文化站，配备文化辅导员1人。1975年，公社成立电影队，有8.75毫米放映设备一套，在各大队巡回放映。是年，全社建立业余文艺宣传队6支，公社每年组织一次集中会演。1976年，在全县文艺会演赛中，公社文化辅导员杨民全等表演花灯戏获一等奖。1984年，公社电影队解体，放映设备拍卖，组建个体放映队。1985年，建乡电视差转站，传输电视信号，乡境始通电视。1995年，乡政府所在地开通有线电视，2000年，实施电视村村通工程，为农户安装卫星接收器，能收看54套节目。2005年，境内民间自发组织文艺团队4支48人。2008年，以中心完小诗社为基础，成立泸溪县诗词楹联学会解放岩分会。2012年，乡政府所在地有线电视与县电视联网，乡内电视信号传输数字化。2014年，境内有乡图书室1个，村农家书屋6个，藏书1.52万册。泸溪县诗词楹联学会解放岩分会中有会员271人，其中中华诗词学会会员1人，湖南省诗协会员4人，州诗协会员15人，县诗协会员22人。数字电视用户657户。至是年，全乡开展广场舞比赛、拔河比赛、对联征集、篮球比赛等文化体育活动27场次。

医疗卫生

1958年，公社设卫生院，时有医务人员5人，护士2人。1964年，各大队配备“赤脚医生”。1986年，改“赤脚医生”为乡村医生。乡卫生院医务人员增至19人。2009年，全乡实施新型农村合作医疗制度，新农合参合率85%。2014年，乡卫生院医务人员26人，病床50张。全乡参加新农合12214人，参合率80%。

社会保障

1998年，境内实施城乡居民最低生活保障制度，全乡纳入低保450人，人均每月补助25元至45元。2006年，乡政府建敬老院，入住五保老人12人。2014年，全乡农村低保户1126户1646人，发放低保金166.36万元；城镇居民低保户51户244人，发放低保金13.16万元。农村“五保”老人集中供养28人，人均月供养金670元；分散供养92人，人均月供养金220元。全乡农村临时救助救济3800人次，发放救助金28万元。新农保参保人数8935人，缴费金额53.82万元。

特色地情

生姜　肉质香脆，皮色黄亮，是该乡传统特色农产品。有二百多年种植历史，1995年开始规模种植。2014年，全乡有姜农1001户，种植面积334公顷，产量7500吨。生姜销往吉首、娄底、常德以及四川、贵州等地，每年外销量600吨以上。

苎麻　是该乡传统农产品，有悠久种植历史。清乾隆《泸溪县志》载，“苎麻苗高六七尺，一岁三刈，取皮刮之如筋，绩以成布，其根和米粉为饼，亦可食”。“妇女辟鲈沤苎，勤纺织”。1988年，全乡苎麻种植面积80公顷，产量150吨，占全县产量70%，后受市场冲击，种植面积减少，产量下降，年产保持在100吨以上。

晒烟　有着百年种植历史，特别是小花叶、葵扇叶、牛舌烟3个品种质量极佳，1980年产量400吨，1985年，增至682吨。1990年，市场销量下滑，晒烟种植减少。2014年，全乡晒烟种植13公顷，产量23吨。

（撰稿人：谭子高）

2015年年底(调整后)泸溪县乡镇基本情况表

乡镇名称	总面积（平方公里）	下辖建制村、居委会数（个）	户籍人口总数（人）	土家族人口占（%）	苗族人口占（%）	总产值（万元）
武溪镇	179.1	20	28023	15.93	47.67	15455
洗溪镇	307	24	9291	12.28	74.32	19275
兴隆场镇	132.02	15	8659	16.38	43.43	15107
合水镇	139.24	13	6998	28.76	20.13	9384
达岚镇	118.64	10	5060	10.79	18.60	7617
浦市镇	236.14	28	18379	8.05	27.03	20384
潭溪镇	147.80	12	4621	51.89	47.36	10166
石榴坪乡	54.86	7	3875	2.44	20.43	5490
小章乡	69.69	7	3007	3.65	95.68	4444
白羊溪乡	92.38	8	2523	30.35	61.37	5740
解放岩乡	86.58	6	3604	23.90	36.25	5029

2015 年年底泸溪县乡镇行政区划调整表

乡镇名称	乡镇调整行政区划说明	原下辖建制村、居委会名称	并入建制村、居委会名称
武溪镇	白沙镇并入武溪镇，设立武溪镇	城北、城南 2 个社区，五里洲、朱食洞、天门溪、黑塘、上堡、蜂子岩、大溪、榆树坪、暮江头、高大坪 10 个村	屈望、沅江、朝阳、兴沙、桥东 5 个社区，红土溪、红岩、刘家滩 3 个村
洗溪镇	梁家潭乡、八什坪乡并入洗溪镇，设立洗溪镇	洗溪社区、峒头寨村、能滩村、甘溪桥村、张家坪村、邓家坪村、宋家寨村、洞底坪村、李岩村，计 9 个村社区	达力寨村、芭蕉坪村、红岩村、岩寨村、梁家潭村、灯油坪村、鸡子潭村、布条坪村、椰木溪村、欧溪村、三角潭村、塘食溪村、李仕坪村、杜家寨村、花园坪村 15 个村
兴隆场镇	永兴场乡 4 个村并入兴隆场镇，设兴隆场镇	兴隆场社区、德堡村、彭总管村、烂泥田村、岩坡村、巴斗山村、五里坪村、锡瓦村、甘田坪村、都里坪村、武堰村 11 个村社区	上广村、下广村、三冲坪村、密灯村 4 个村
合水镇	永兴场乡 1 个村并入	合水社区、横坡村、罩子坪村、溪洲村、祖坟山村、木垅村、新桥村、兴砂村、踏虎村、晒州田村、麻铺村、登云寨村 12 个村社区	呈田村 1 个村
达岚镇	永兴场乡 1 个村并入	达岚坪社区、麻坪村、龙溪口村、六里村、覃木阳村、五德村、都用村、新田村、潮地村 9 个村社区	溪头村 1 个村
浦市镇	不变	十字街、太平街、新建街、印家桥 4 个社区，麻溪口、毛家滩、五果溜、岩门溪、高山坪、田家溪、鱼坪、李家田、岩头山、黑竹坳、城乡、新堡、银井冲、浦溪、青草、高桥、都歧、黄家桥、马王溪、毛茂田、长坪、中塘、庄上、麻垄 24 个村	
潭溪镇	不变	潭溪 1 个社区，下都、朱雀洞、盘古岩、大陂流、小陂流、楠木冲、小能溪、且己、兴隆寨、松柏潭、新寨坪 11 个村	
石榴坪乡	不变	石榴坪、兰村、芒田、民力、坪里、碧溪、牛角冲 7个村	
小章乡	不变	梓木坪、大水坪、川洞、白泥塘、瓦曹、烟竹坪、小章7 个村	
白羊溪乡	不变	麻溪、马入田、周家寨、毛坪、白羊溪村、马王溪、云上、排口 8 个村	
解放岩乡	不变	都蛮、利略、水卡、场上、已用、和兴 6 个村	

凤凰县

概述

一

凤凰县位于湖南省西部，湘西自治州西南部。东与泸溪县交界，南与麻阳县相连，西同贵州省铜仁市、松桃苗族自治县接壤，北和吉首市、花垣县毗邻，史称“西托云贵，东控辰沅，北制川鄂，南扼桂边”。地处武陵山脉南部，云贵高原东侧，地理坐标北纬27°44′~28°19′，东经109°18′~109°48′。县域南北长66公里，东西宽50公里，总面积1744.62平方公里。是一个以苗族、土家族为主的少数民族聚居的传统山区农业县，同时又是国家历史文化名城，首批中国旅游强县，国家AAAA级景区。

凤凰县域在春秋时属楚国。秦属黔中郡。两汉至三国属武陵郡辰阳县地，晋代或为镡成县地，或为舞阳县地，仍属武陵郡。南北朝复为辰阳县地，至隋朝时改辰阳为辰溪，属沅陵郡。唐高祖武德元年（618），设麻阳县，凤凰在其辖区。原住民以峒划界，按姓氏聚居东、南、中部及西南铜仁一角，有“宋坨、乌引、芦荻、杜望、白岩”上下五峒，首领称“峒主”。隋末唐初，田氏占据五洞（同“峒”）寨，并在今县城沱江建五洞寨土城。唐垂拱二年（686），在落潮井设渭阳县。宋太宗太平兴国七年（982），改渭阳县为招谕县。宋神宗熙宁八年（1075），废招谕并入麻阳县。元朝设五寨司，属思州军民安抚司。明洪武七年（1374），置五寨长官司，属保靖州军民宣慰使司。明嘉靖三十三年（1554），麻阳参将驻镇筸城（原五寨司城）。清康熙三年（1664），属辰沅永靖道。清康熙三十九年（1700），设凤凰厅（散厅），并置通判于凤凰营（即渭阳县旧地），土流并存。全境多以“边墙”（现命名为南方长城）为界。康熙四十三年（1704），通判移驻黄丝桥称新凤凰营，辰沅永靖道移驻镇筸（全国89道之一）。康熙四十六年（1707），废除土司制度。康熙四十八年（1709），通判署由凤凰营移驻镇筸城。雍正七年（1729），改辰沅永靖道为辰沅永靖兵备道。嘉庆元年（1796），凤凰厅由散厅升为直隶厅，隶属湖南布政司，同时改通判为同知。

民国2年（1913），凤凰厅改称凤凰县，隶属辰沅道。民国3年（1914），属辰沅永靖道。民国10年（1921），废道，凤凰县隶属湖南省政府。民国24年（1935）5月，隶属湖南省湘西绥靖处乾凤古绥行政督察区，次年6月隶属第三行政督察区。民国27年（1938年）2月，隶属第四行政督察区。民国29年（1940）5月，复升为二等一级县，隶属第九行政督察区。1949年11月，隶属沅陵专区。1950年4月21日，成立凤凰县人民政府。1952年，属湘西苗族自治区，1955年，属湘西苗族自治州。1957年，湘西苗族自治州撤销，成立湘西土家族苗族自治州，凤凰为其所辖。

凤凰交通便利，资源丰富。国道209、省道308，吉（首）凤（凰）、凤（凰）大（兴）高速贯穿全境，另有焦（作）柳（州）铁路穿境而过。距铜仁凤凰机场27公里。已探明有天然金刚石、汞、铅锌、水泥灰岩、无烟煤、石煤、大理石、硅石、锑等35种矿藏，其中汞的储量居全国第四位，铅锌储量居全省第二位。凤凰朱砂又名丹砂、辰砂享誉天下。凤凰县境西南从猴子坪至茶田富有巨大的朱砂矿田，发现并开采已有近两千年的历史。凤凰素有“中国最美的小城”之誉和“画乡”之称。境内名胜古迹星罗棋布，有国家级地质公园，以岩溶峡谷、峰林、溶洞、瀑布构造形成的综合地质遗迹景观。有“湘西边墙”——中国南方长城。自然保护区2处（国家级的南华山森林公园、省级的两头羊自然保护区）。古城内明清建筑保存完好，有县级以上文物保护单位85处，其中国家级2处、省级8处；全县有古遗址116处，特色民居120栋，珍贵馆藏文物和各类珍稀化石1万多件。凤凰楚文化与土著文化的结合，苗文化与汉文化的交融，形成了独具一格的地域文化。佩戴项圈、手镯、凤冠、花带、戒指等饰物古风浓郁，傩堂戏、阳戏、“文茶灯”等古戏曲广为传唱，蜡染、纸扎、苗族银饰等民间工艺世代传承。共有6名民间艺人被联合国科教文组织授予“民间工艺大师”称号，苗族银饰、苗族鼓舞被列入国家第一批非物质文化遗产重点保护名录。凤凰人杰地灵，有民国第一任民选内阁总理熊希龄，著名作家沈从文，著名画家黄永玉等。2001年12月，凤凰古城被国务院批准为“国家历史文化名城”。2006年12月，被国家文物局列入“中国世界文化遗产预备名单”。2007年12月，被国家旅游局评为“中国旅游强县”。2011年3月，被国际旅游营销博鳌峰会组委会授予“国家旅游名片”荣誉称号。2012年11月，被国务院审定批准晋升为国家级风景名胜区，“凤凰区域军事防御体系”入选新一轮“中国世界文化遗产预备名录”。2013年2月，被全国生态文明先进县推介委员会授予“全国生态文明先进县”称号。

2014年，辖沱江、廖家桥、木江坪、阿拉营、茶田、吉信、山江、腊尔山、禾库9个镇和水打田、林峰、都里、官庄、落潮井、新场、茨岩、三拱桥、竿子坪、千工坪、木里、麻冲、两林、柳薄、米良15个乡，下设340个建制村，9个街道居委会，7个社区居委会。人口421697人。其中，农业人口369879人；少数民族人口326973人，占77.5%。产值61.67亿元，财政收入7.06亿元，比增10.8%；规模工业企业产值100945.1万元，比增10.7%；规模工业增加值35591万元；全社会固定资产投资42.36亿元，比增26%；城镇居民人均可支配收入17557元、农民人均可支配收入6415元，分别比增8.7%和11.9%。

二

清康熙三十九年（1700），凤凰厅治设镇，时称镇筸镇，为全国62个镇之一。厅域划分为“民村”和苗寨。“民村”均在东南部，包括5里4哨267寨，即白岩里76寨，乌引里43寨，芦荻里38寨，杜望里39寨，宋坨里44寨；永安哨7

凤凰古城（张瑜摄于2011年8月）

寨，盛华哨6寨，永宁哨7寨，王会营7寨。苗寨在西北，有314寨。道光年间（1831–1850），厅内汉区分为上下乡，划为5里11约。宋坨里辖大汉、木林2约，杜望里辖治牙、都洞2约，芦荻里辖黄罗、都罗2约，乌引里辖水田约，此4里7约为上乡。白岩里为下乡，辖溪口、麻良、都吾、务头4约。约以下为甲。苗寨未变。

民国初期，设里、约，设都、团。民国25年（1936），改为乡、保、甲。全县设17个乡（镇），201保、2146甲。各乡镇所辖保数：沱江镇15保，尚义乡11保，勤奋乡11保，熙和乡9保，乐群乡10保，务本乡15保，笃信乡15保，毓才乡13保，维新乡8保，敦仁乡12保，崇礼乡10保，善邻乡12保，蔚文乡14保，图强乡12保，明道乡13保，兴德乡9保，新民乡12保。

1950年11月，废除保甲制，全县划为5个区，辖17个旧乡镇，在原保的范围内建立农民协会，代行行政职权。1952年，改为8个区，将201个农民协会并成185个，分属区人民政府管辖。1953年建立新乡，全县有1个直属镇，146乡（镇）。一区辖18乡，区政府驻沱江镇；二区19乡（镇），区政府驻阿拉营；三区20乡，区政府驻总兵营；四区24乡（镇），区政府驻得胜营；五区19乡，区政府驻鸭堡寨；六区14乡（镇），区政府驻新寨；七区15乡，区政府驻黄罗寨；八区17乡，区政府驻新场。县直属沱江镇，辖4个居委会。

1956年，撤区并乡，全县划为34个乡镇。同时，苗区设5个办事处，汉区设5个基点乡，沱江镇为县直辖。苗区5个办事处为：腊尔山、禾库、叭固、首云、阿拉，辖19个乡镇。汉区5个基点乡为：新场、廖家桥、龙潭、万溶江、黄罗寨，辖14个乡镇。

1958年，人民公社化，全县建新场、阿拉、廖家桥、水田、黄罗寨、长坪、龙潭、木江坪、吉信、沱江、千工坪、板畔、叭固、腊尔山、拖排等 15 个公社，下设 108 个大队。1961 年，公社设置调整，由 15 个扩至 30 个。1963 年，划为 5 个区、1 个镇、30 个公社，辖 331 个大队、2567 个生产队。

1983 年，恢复乡、村制，原公社为乡，大队为村，生产队为村民小组。1985 年，增设火炉坪乡，全县辖 32 个乡镇，其中沱江镇为直属镇；27 个乡下辖 328 个村；5 个镇辖 24 个居委会。

1995 年，撤销 5 个区公所，改设 5 个办事处。2001 年，撤销办事处，各乡镇由县直辖。

2004 年，全县有腊尔山、木江坪、廖家桥、吉信、茶田、山江、阿拉营、沱江、禾库 9 镇，板畔、水打田、竿子坪、新场、黄合、林峰、桥溪口、千工坪、官庄、大田、两头羊、柳薄、齐良桥、都里、茨岩、火炉坪、落潮井、两林、麻冲、米良、三拱桥、木里 22 乡。下设 344 个建制村，15 个居委会。2005 年，乡镇行政区划调整，撤销板畔、黄合、桥溪口、大田、两头羊、齐良桥、火炉坪 7 个乡，全县辖 9 个镇，15 个乡，344 个村，9 个街道居委会。2010 年，竿子坪乡辖区湾溪、木林坪、牯牛坪、捧捧坳 4 个建制村划归吉首市乾州街道，同时，转为吉凤街道。

2015 年，乡镇行政区划调整，全县辖沱江、廖家桥、竿子坪、禾库、千工坪、新场、落潮井、腊尔山、木江坪、茶田、阿拉营、吉信、山江 13 镇，林峰、水打田、麻冲、两林 4 乡。总人口 42.2 万人。

沱江镇

沱江镇为凤凰县治。2001 年 12 月，被国务院批准为“国家历史文化名城”。2004 年，被列为全国小城镇建设重点镇。2005 年 10 月，获“全国创建文明村镇工作先进村镇”称号。2009 年、2011 年，获“全国文明村镇”殊荣。2012 年 8 月，被列为全国城镇建设发展中心重点镇。

区域概况

位置面积

沱江镇位于县境东南部。东与凤凰县官庄乡接界，西与凤凰县廖家桥镇相邻，北连凤凰县吉信镇和木里乡，南接凤凰县水打田乡和湖南省麻阳苗族自治县。区域面积 116.7 平方公里，镇政府驻地距湘西州首府吉首市 50 公里。

建置沿革

沱江镇原名镇篁城。明嘉靖三十三年（1554），朝廷将原节制镇溪所（今吉首）和篁子司两处兵力的镇篁参将由麻阳移驻五寨司城，建署后改称镇篁城。清康熙三十九年（1700）将沅州镇总兵署迁驻镇篁城，称镇篁镇。同时设立凤凰厅，系“民村”（原五寨土司所辖五峒）地，属乌引里、白岩里。道光年间（1821–1850），厅域汉区分为上下乡（下辖 5 里 11 约），属上乡。民国初期厅改县，乡以下废里、约。民国 25 年（1936），全县设 17 个乡（镇），乡以下改为保甲制。民国 31 年（1942），又以沱江河名改镇篁镇为沱江镇。1950 年，沱江镇隶属县人民政府直辖。1958 年 10 月，建立沱江人民公社。1963 年 5 月，撤销沱江公社，分别成立沱江镇和城郊人民公社。1981 年 12 月，城郊公社更名为南华公社，因社治所在南华山脚下得名。1984 年 1 月，改南华公社为南华山乡。1987 年 2 月，南华山乡并入沱江镇。2005 年 12 月，齐良桥乡并入沱江镇。

行政区划

民国 25 年（1936），镇篁镇辖 15 个保。后并入的齐良桥乡当时称尚义乡，辖 11 个保。1958 年 10 月，沱江公社辖 2 个大队。1963 年 5 月，沱江镇辖 1 个蔬菜大队和正街、兴隆、大街、北门 4 个居委会。1984 年，增设回龙阁、三王阁、南华 3 个居委会。1987 年 2 月，辖蔬菜、白岩、木林桥、大坳、土桥、大众、金坪、虹桥、棉寨、杜田、高峰、十里牌 12 个村和 7 个居委会。1993 年 3 月，白岩村分为白岩村和杉木坪村。2003 年 3 月 5 日，撤销原 7 个居委会，设古城、南华、沙湾、三王阁、新田垅 5 个社区。2005 年 12 月，齐良桥乡的三里湾、小黄土、青瓦、东方红、大黄土、齐良桥、王家寨、关岩屋、杜叶、必胜、长坪 11 个村并入。2006 年 11 月，增设红旗社区。2014 年 1 月，增设城北社区。2014 年，全镇辖 24 个村、7 个社区居民委员会，下设 142 个村民小组。

人口民族

沱江镇为多民族聚居乡镇。少数民族以土家族、苗族为主，同时还散居有回族、蒙古族、藏族等 14 个少数民族。1990 年，沱江镇有 8516 户 31100 人，其中，少数民族 13001 人。1995 年，有 9856 户 36129 人，其中土家族 7170 人，苗族 12416 人。2000 年，有 13456 户 40086 人，其中土家族 8112 人，苗族 13283 人。2005 年，有 14634 户 42781 人，其中土家族 9116 人，苗族 14737 人。2014 年，沱江镇有 24718 户（其中社区有 19080 户、乡村 5638 户）116261 人（其中社区 78176 人、乡村 23085 人，暂住半年以上流动人口 15000 人）。其中苗族 43179 人，土家族 23205 人，汉族 48929 人，分别占总人口 37.1%、20%和 42.1%。

自然环境

境内以低山、高丘为主，兼有岗地及部分河谷平地，地表切割破碎，谷狭坡徒。地表物质以红岩为主，夹有部分石灰石、页岩，土壤为黄红砂土。一般海拔在 350 米以下。最高山勾机坡，海拔 707 米。境内属中亚热带季风湿润性气候，年均气温 15.9℃，无霜期 280 天，年均降水量为 1308 毫米。有溶洞 10 个。森林面积 3838.7 公顷，森林覆盖率 42%，主要用材林有松、杉、柏、椿、柳杉、樟等。主要经济林有油桐、油茶、漆树等；果木林有核桃、板栗等。矿产资源有铝锌矿和石煤、杜叶锰矿等，滕子坪有铝锌矿点，石煤分布在齐良桥和南华山。

经济发展

经济综述

1952—1986 年，境内经济以经商及兴办街道企业为主。2001 年，旅游业开始起步并迅速成为镇域经济主导，旅游规模和效益逐年递增。是年年末，全镇农林牧渔产值 1876.3 万元，农民人均收入 815 元。凤凰古城接待游客 57.6 万人次，旅游收入 0.743 亿元。2005 年，围绕旅游业，大力发展农村特色产业，调整农业产业结构，实行“一村一品”发展战略，基本形成水果、蔬菜产业、养殖产业、服务、建筑、运输、商业贸易七大产业。2014 年，全镇实现国民产值 15.84 亿元，同比增长 13%，农业产值 8526 万元，城镇居民人均可支配收入 18200 万元，农民人均纯收入 4013.38 万元，比上年增加 600 元。

农业

种植业 镇域种植业初始以蔬菜为主，后发展水稻、玉米和甘薯等粮食作物。20 世纪 50 年代，沱江镇从事农业生产人数少，农民以蔬菜种植为主。1987 年，城郊公社并入，发展农业产业，主要品种有水稻、红薯、苞谷、黄豆、杂豆、小麦、高粱等杂粮。1991 年，全镇水稻面积 442.8 公顷，总产 2207 吨。2001 年，水稻种植面积 433 公顷，比 1991 年减少 11.9 公顷，粮食产量增加 795 吨，达 3002 吨。玉米种植 53 公顷，产量 82 吨；豆类 55 公顷，产量 33 吨；红薯 113 公顷，产量 170 吨；油菜 233 公顷，产量 280 吨；烟叶 94 公顷，产量 138 吨。其中烤烟 24 公顷，产量 33 吨，蔬菜面积 347 公顷。2005 年，重点抓蔬菜产业开发。镇辖 24 个村，村村种蔬菜。是年，蔬菜种植 856 公顷，产量 9223 吨；

24个村栽柑橘1292公顷，产量2748吨；烟叶面积425公顷；猕猴桃面积68公顷。2014年，粮食产量7832吨。

养殖业 镇域养殖业以养猪、羊、牛、家禽为主。渔业主要有稻田和水库山塘养鱼。2001年，出栏生猪4653头，猪肉产量293吨，牛羊出栏肉产量94吨，家禽18925羽。2005年，出售生猪10578头；水库和稻田养鱼面积127公顷，产鱼428吨。2010年，出栏肉猪12411头，出售和自宰肉用牛527头、羊1581只，家禽79610羽。当年肉类产量1004吨，其中猪肉产量807吨，牛肉58吨，羊肉20.55吨，禽蛋产量119吨。牛存栏1729头，生猪存栏12986头，山羊存栏1834只，家禽存笼73160羽。2014年，出栏肉猪12519头，出售和自宰肉用牛172头、羊802只，家禽69155羽。当年肉类产量946.34吨，其中猪肉814吨，牛肉16.34吨，羊肉12吨，禽蛋109吨。牛存栏2576头，生猪存栏17031头，山羊存栏2477只，家禽存笼91006羽。

工业

清光绪年间，沱江镇私营手工业有铁匠、锡匠、木匠、篾匠、缝纫、制革、油漆、雕塑、银匠、染匠、制伞、制鞭炮等12种。1951年，镇内出现手工业合作组织。1955年，县政府手工业管理科，组织建立两个手工业生产合作社，但只停留在手工场阶段。至20世纪70年代，镇内企业发展较快。县办和镇办国营、集体工业企业70家，涉及农机、水泥、炸药、印刷、酿酒、卷烟、民族工艺、针织、缝纫、刀剪、食品加工、发电、铁器、木器、五金、化工等领域。县办工业企业主要有：凤凰雪茄烟厂、水泥厂、印刷厂、肉类联合加工厂，县酒厂、棉织厂、植物油厂、猫儿口铝厂、矿粉厂、铅锌矿、金属制品厂、机械厂、蓝翔化工厂、配合饲料厂等。县城的工业生产值占全县工业产值90%以上。1993年，镇办工业企业有16家，其中民族电线厂、铝箔厂等工业效益较好。1991年，全镇工业企业产值1771万元，创税利233.9万元，镇财政收入465.86万元。1998年电线厂停产等。至2001年，镇办和村办、集体工业企业仅有12家，从业人员182人，工业产值有448.7万元，税利51.34万元。是年，全镇民营工业企业66家，从业人员749人，年产值3582万元。主要产品有棉织品、服装、食用油、水泥砖、白酒、酱油、水泥、水泥制品、蜡染和扎染制品、姜糖、砖瓦、铝箔、复合纸、铝心塑料线等。2014年，镇内工业企业以加工业为主，其中姜糖作坊9家。

商贸服务

沱江镇商业始于清代康熙年间（1662–1722），至清乾隆时代趋于兴旺。19世纪60年代，江西逃难商人，在凤凰县城开设店铺，经营贸易。县城80%以上商户和商业资金均属江西人。1929—1934年，陈渠珍率新编34师驻扎镇筸城，兴办湘西农村银行，票币流通湘西14个县，城里开办皮革厂、毛笔厂、木工厂、造纸厂等，地方税大增，商业发展迅速。至1935年，受陈渠珍与贵州军阀王家烈两次割据战争的冲击，县城生意萧条，商业遭受重创，一蹶不振。至1949年，沱江镇仅余8个行业，153家大小商店。1958年，镇内商业以国营为主体。沱江镇成为全县商业中心。1963年，集体商业有所发展，镇内有26个合作商店、50个门市部。1980年，个体商户增多。1982年，镇内集体商店发展到36个，从业人员125人。1998年，县委县政府招商引资6550万元，兴建沱江综合市场、沱江农贸中心市场、兴隆市场、阳光超市、佳惠超市、金都商贸城等。沱江镇农贸市场，天天开场赶集，是全县唯一

"百日场"。辖区个体工商户4792户。从文化广场至虹桥近1公里的古东正街，形成旅游商品一条街，有商店、旅社、书店133家，其中旅游商品经营户124户，由1998年的14户增至110户，从业人员386人。2001年，旅游商品销售总额为104.6万元，其中蜡染系列销售额14.4万元，苗族银器7.5万元，各种书籍销售4.5万元。

其他产业

旅游业 2001年，沱江旅游业崛起，当年接待中外游客57万人次，旅游业收入7400万元。同年12月沱江镇被国务院批准为国家历史文化名城。2002年，凤凰县投入5亿多元，整治老城区，旅游基础、交通设施、城北生态停车场、游客服务中心、沱江风光带、南华山景区、旅游公路等旅游项目建设，启动"诚信凤凰、智慧旅游"系统平台建设，不断完善旅游管理体系。先后举办"天下凤凰聚凤凰""天下凤凰美群英演唱会""谭盾《地图》音乐会""四月八跳花节""中国凤凰苗族银饰服饰文化节""中国凤凰国际摄影双年展"等活动，推出改编自沈从文先生名著的大型山水实景演出剧——《边城》，打造全国首个凤凰文化主题公园"南华山神凤文化景区"，不断提升古城凤凰的知名度和文化旅游品牌；以《旅游法》《风景名胜区条例》《凤凰旅游景区（点）门票管理办法》等相关法律法规为依据，对旅游交通运输、非法拉客、演艺市场、价格管理体系等几个旅游乱象进行全面整治，确保旅游市场秩序持续向好。同时，积极开展"党员示范岗""共青团示范岗""醉美凤凰""民族民俗特色店铺""爱我家乡，美我凤凰"民族服饰进商户、"诚信守法经营户"等活动，以活动促进涉旅行业文明诚信经营。慕名而来的国内外游客逐年攀升。2014年凤凰古城接待游客956.18万人次，旅游收入高80.98亿元，比2001年游客增长15.6倍，收入增长109.3倍。2001—2014年，凤凰县先后获得"中国首批旅游强县""国家旅游名片""全国生态文化先进县""2013年中国最佳休闲城""中国最宜居城镇"等殊誉。

2000年，镇内老城区有家庭客栈85家，新城区9条主要街道有宾馆旅社、客栈88家，铺位3754家。2014年，全城有宾馆、旅社、客栈179家，铺位4780个。其中四星级宾馆1家，三星级宾馆3家，二星级宾馆4家。

基础设施

交通运输

1952年，县人民政府统管挑运事业，成立搬运社，有搬运工110余人。1955—1957年，修通吉（首）凤（凰）、凤（凰）铜（仁）两条公路干线。1967年，修通凤（凰）麻（阳）公路，直通怀化。1974年起，将吉凤、凤铜、凤麻3条干线改建成柏油路面。1990年，修通凤（凰）腊（尔山）公路和凤（凰）木（江坪）公路。沱江镇有12个村分别处在凤铜、凤吉、凤麻、凤腊、凤木公路干线上。1988年，有12个村没有通村公路。1989年，镇政府拨款，组织山上3个村（白岩、木林桥、大坳）的劳动力苦战一冬，修通县城至白岩、木林桥、大坳村公路，总长16公里。1995年从国道209楼亭坳处修建至高峰村公路，7年后竣工，全长6公里。从国道209修通经棉织厂至棉寨村粟坪的公路，全程4.5公里。是年，全镇24个村，村村通公路。村级公路里程达80多公里。2002年，虹桥村太阳冲组18户修通从国道209黄家寨倒挂猪头至太阳冲全程8公里通组公路。镇政府投入资金20多万元，村民投入劳力2.36万个，修村到组（自然寨）公路35公里。全镇142个村民小组，通公路组128个，占90%。2008年，镇政府筹资修建楼亭坳至高峰村的水泥路面5.78公里。2011—2014年，县交通局投入1444.59万元，先后硬化高峰、十里牌、青瓦、东方红、棉寨、大黄土、关岩屋、大众、木林桥、金坪、杉木坪、小黄土、虹桥、大坳14个村的村组公路硬化46.43公里。2012年9月，包茂高速凤凰段开通。2013年11月，杭瑞高速凤凰段相继建成，两条高速公路在沱江镇的杜叶村交汇，形成中心大枢杻，有两公里连接线进入凤凰古城。至此沱江镇立体交通网路基本形成。

2008年11月，城区内成立金凤出租车有限公司，有145辆出租车，起步价2元/人；同年开通虹桥至新田垅旅游观光车（共有观光电瓶车50辆），观光车每人每次收费一元；2009年4月30日成立凤凰公交车有限公司，有大公交车40辆，新城区开通六条公交线路。公交车实行无人售票，每人每次仅收费1元，60岁以上的老年人凭“优待证”可免费乘坐。2014年，沱江镇开通长沙、广州、深圳、东莞、贵阳、昆明、重庆、台州、温州、武汉、桂林等长途客运线路18条，里程8079公里，107辆大客车日夜营运；县内有客运线路17条，有中巴客车210辆。

1957年开始，城区扩容，陆续新建跨沱江的桥梁，至2014年的57年中，新建沱江大桥、沱江二桥、堤溪大桥、豹子湾大桥、棉寨大桥、红岩井旅游观光大桥、风雨桥、体育馆大桥、堤溪高速公路大桥9座，全长658米。

沱江河北门码头始建于唐朝，长20米，后来不断加修，1982年加长到40余米，1999年，县政府拨款40万元，将北门码头延伸到红岩井，总长160米。同时修建北门码头对岸老营哨码头，全长140米，码头设三级台阶。

水门口码头位于城东门外，始建于清光绪十年（1884），是县内最早的商业码头，1976年，县政府拨款整修该码头，由原来的10多米延伸到30多米。2000年秋，县政府拨专款38万元修复北门跳岩。2001年年初，县计委启用防洪工程款投资100万元，修建迴龙阁码头，码头设三级台阶，防洪堤300米，2001年年底建成，著名画家黄永玉题字“临波堤”。

邮政通信

清乾隆三十年（1765），境内设巡检经管小站，有马三匹，夫十名。下递至麻阳县岩门小站交替；上递乾州、永绥，没有驿递。厅城设总铺，有铺司2名，并分设铺递14铺，通麻阳、乾州、永绥及贵州铜仁，传递官府公文。县境时有分铺3处，各有铺司2名。平常书信托人往来捎转。清末，开辟县城至沅陵邮政线路。1911年，开通沅州（今芷江）至凤凰的长途电报线路。民国2年（1913），县城创办电报局，话传接收电报。开通凤凰至乾州、保靖、高村（麻阳县）、大兴（贵州地）4条邮路。民国16年（1927），国民党军队新编34师架通县城至阿拉营、黄丝桥、廖家桥、得胜营（今吉信）、新寨（今夺希）、鸭堡寨（今禾库）电话线路，方便师部与四乡营地联系。

1951年，保持县城至乾州、高村两条邮路外，开通县城至腊尔山、茶田、木江坪、江家坪4条乡村邮路，随即邮政事业迅速发展。20世纪50—70年代，境内各大队陆续通步班邮路和有线电话。80年代，各村（大队）电话相继废弃。90年代，程控电话代替有线电话，快速普及单位和家庭。1994年，修建移动基站，1995年，实现全镇移动通信全覆盖。2008年，开通联通业务。全镇实现有线电话和无线电话村村通。80%居民户安装有住宅电话和电脑。2010年，各村均通摩托车邮件快递。2014年，90%成年村民拥有移动电话。

供电饮水

供电 民国时期没有电灯，日常照明普通居民用桐油灯、富人用煤油灯。1952年，沱江镇北门建火电厂，城区机关单位，部分街道居民开始用电照明。1959年县城北郊沱江电站建成，20世纪70年代，县内修建桂花电站，鼓妖潭电站等多处水电站，全县小水电年发电量仅2052.27万千瓦时，不能满足城乡用电的需求。2002年，小水电并入国家大电网，全镇24个村全部通电。镇区供电得到改善，路灯安装逐步增加。是年，改造城区街道路灯，古城区内街巷安装壁灯、庭院灯。新建街道安装双头灯、单向纳灯、双向纳灯和华灯。县城南门外安装6盏礼花灯。在南华门北、虹桥风雨楼。万名塔安装投光灯。在沱田三叉路口，从文路，永丰桥新增3座高杆灯。古城区巷弄的路灯线入地规范化改造，安装路灯286盏。2008年，对沱江穿城区的河段两岸、古城区安装夜光灯。至2014年，古城区和新城区的大街小巷安装路灯8805盏、夜景装饰灯4万多盏。古城夜景更加迷人。

饮水 1966年3月，县政府拨款3万元始建自来水站，初期日供水100立方米，只能供应部分机关和居民用水。1969—1971年扩建，日供水量增至700立方米，供水普及率20%。1982年，筹建新水厂，1985年6月开始动工，1986年9月30日建成。1988年，北园水厂第一次扩建，1990年，第二次扩建，1991年，第三次扩建，经过三次扩建后，日供水量达30000立方米，耗资1200万元。2001年年底，城区日供水能力达20000立方米，普及率96%，综合合格率100%。2013年，镇郊有18个村饮用自来水。2014年，城区年供水量410万吨，供水面积为5.3平方公里，占城区总面积的88.3%。是年，镇政府投入50万元，在大众村一组实施引水工程，为长坪村261户安装200米供水管网，解决该村1149人饮水困难。至此，全镇通自来水村有19个，115个村民小组，有4388户17983人受益。

水利建设

1957年，齐良桥公社建成杜夜水库，库容10万立方米，可灌溉稻田13.4公顷。1958年，齐良桥公社建成牛栏半坑水库，库容11万立方米，可灌溉稻田6.7公顷。1959年，南华公社建成红旗水库、大坳水库，库容56万立方米，可灌溉稻田67公顷；齐良桥公社建成三八水库，库容85万立方米，可灌溉稻田78公顷。1974年，齐良桥公社又修改马冲水库、必胜水库，库容93万立方米，可灌溉稻田40公顷。龙塘河中干渠可灌溉到境内。1980年，南华山公社和齐良桥公社，有水库7座，山塘134口，河坝22处，水电站1处，电排12处，安装水轮泵20处32台，抽水机95台。2001年，全镇旱涝保收面积258.3公顷，机电排灌面积188.5公顷，有效灌溉面积412公顷，占稻田面积87.5%；齐良桥乡有旱涝保收面积274公顷，机电排灌面积200.3公顷，有效灌溉面积468.9公顷，占稻田面积97.3%。

城镇建设

1978年前，城内环境卫生由县爱国卫生运动办公室和县卫生防疫站代管，有临时工3人，后增至7人。1981年，建立沱江镇环境卫生管理站，隶属沱江镇政府管理，配备专业队伍，有职工143人（其中正式职工51人），垃圾车5辆、洒水车1辆，板车41部，年清运垃圾25000吨。在城区街道旁设垃圾箱109处，果皮箱150个，公厕15处。2001年，建无害垃圾处理场一处。2014年，凤凰新城区的环境卫生承包给长沙玉诚清洁服务有限公司，年承包费为1000万元。清扫保洁面积140万平方米。凤凰古城旅游公司负责古城区清洁卫生工作，有清洁工158人。

1988—1991 年，整治古街道，县建委先后拨出城市维护费专款，整修古城区街巷、里弄整修，铺设青石板路面全长 6.8 公里。1999—2001 年，组织维修从县委大门至迴龙阁长 1.5 公里的青石板古街。2003 年，投资 1637 万元，对 898 栋（处）不协调建筑开展全面整治。2004 年，投资 247.5 万元完成南门坨片区 65 栋不协调房屋整治，完成党校教学楼、外资外援办办公楼、沱江河民居、畜牧局水泵房、北门私房拆除，喜鹊坡民房改造，规范历史街区店面招牌。2005 年，投资 520 万元对南华路司法局至县人民政府、文化局地段 14 个单位 18 栋不协调建筑的整治；古城区 16 栋零星不协调建筑的整治。2007 年，投资 192 万元整治古城区和风貌协调区不协调建筑 23 栋。2008 年，投资 1300 万元整治沿河吊脚楼 141 栋；投资 368 万元搬迁县委、县高级中学等古城区机关单位完成。2011 年，投资 450 万元，保护性维修整治古城区 376 栋民房。2012 年，投资 90 万元对 4 栋挂牌保护古建筑保护维修，古城风貌基本得到协调一致。

2009 年，县委、县政府制定县城总体建设规划，实施凤凰历史文化名城“六大功能区”分区控制与建设。2013 年，开始动工兴建红旗路 2 公里，次年该路基本拉通，城镇扩容，人口聚增。至 2014 年，沱江镇建成新区面积 6 平方公里，新建街道有南华路、新田路、桔园路、金家园路、大坡脑路、黄山坳路、凤凰路、城北路、环城路。扩建土桥路、沱江北路、沱江南路等 15 条主要街道，总长 13.85 公里。

2007 年开始，投入 1.73 亿元，开始廉租房建设，分年分期实施。2012 年，启动公租房建设工程，投入 3.4 亿元建公租房 4300 套，建筑面积 242655 平方米。2012 年，投入 1.37 亿元，维修改造城市棚户区。至 2014 年，新建 3790 套，建筑面积 24.3 万平方米。是年建成廉租房 2752 套，建成公租房 90 套。

社会事业

教育

清朝康熙四十三年（1704），沱江镇开办义学、私塾和书院。嘉庆五年（1800），在厅城的西城巷镇袁街和小教场设立屯义学三馆，清末这些屯义学演变为蒙养学堂或国民学校和私塾。清乾隆十二年（1747），在县城北门内登瀛街办有敬修书院。嘉庆二十五年（1820）改设在道门口。光绪二十四年（1898）四月，敬修书院改为资治学堂。至光绪三十二年（1906），资治学堂又改为乾永晃四厅中学堂。清光绪二十九年（1903）至宣统二年（1910），在县城先后设立公办高等小学堂 2 所和蒙学堂 2 所，即第一高等小学，设于县城考棚，模范小学设于县城文昌阁，蒙教学堂 2 所设在阎王殿和王公祠。民国年间，镇内先后设立的学校有：镇箪绿营小学堂、县立女子小学、小教场第一小学、县立模范小学、傅公祠实验小学等。1950 年，县人民政府文教科将县城的几所中心国民小学合并为沱江镇中心学校，分为两部。本校设镇署（今箭道坪小学），分部设文昌阁（今文昌阁小学），本校 12 个班，分校 4 个班。2001 年，全镇有中学 3 所，学生 1232 人，教师 324 人；完小 3 所，村小 9 所，在校学生 4664 人，教师 329 人。至 2014 年，城镇内现有小学 3 所，在校小学生 6312 人，教职工 368 人；初中 2 所，有初中生 3686 人，教师 236 人；高中 2 所，学生 3470 人，教师 261 人；成人高等学校 1 所。沱江镇所辖 24 个村级小学分为南华和齐良桥两个学区，其中南华学区有中心完小 1 所，村小 4 所，教学点3个，学生1596人，教职工有150人。齐良桥学区有九年一贯制学校1所，村小1所(三里湾小学)，教学点5个。学生1018人，教职工108人。公办幼教工作始于1958年，是年11月，省教育厅拨款2万元在白羊岭修建园舍，招两个班，有幼儿78人，教职员工4人，以后逐年扩大。到1981年有6个班，入园幼儿300人，教职员工24人。另外还有2所公办幼儿园，17所民办幼儿园。

文化体育

文化 1956年2月，建县城广播站，配备150瓦扩大机，广播范围只在城区内。1978年，建广播放大站，高峰村单独建有广播放大机房。是年6月，建电视信号差转台，县城居民能收看中央1台和湖南台2套节目。1990年9月，建有线电视台，能收看8套电视节目。1999年有线电视覆盖全镇。2001年，13个村均通广播，有喇叭1000余只，入户率30%。2009年，电视线路升级，传输有线电视节目151套，广播节目7套。农村有线电视网络传输47套节目。至2014年，全镇24个村均有广播室。同时有线电视网络传输线路各村贯通。

2014年，24个村建有图书室。县城有县新华书店和民营书店5家，有县电影公司和芒果影院，有歌厅7家，有大型实景文艺演出《边城》，有篝火晚会场地12处，凤凰阳戏剧团、业余文艺表演队24支，舞蹈队27支，乐队4支，唢呐4对，山歌20对等。

体育 明清时期，武术、拳击、摔跤、赛马、射箭较盛行。民国期间，各类学校专门设立体育课程。开展体育运动比赛和军事训练竞技比赛活动。1966年，县城修建简易田径运动场，面积有4000平方米，跑道4条长23米，水泥球场3个以及沙坑等设施。1967年10月，在沱江镇举办湘黔渝鄂四省边区市县第七届“民族团结杯”篮球赛。1983年，县体育馆建成，占地1040平方米，可容纳观众1600人。2010年9月，县体育馆搬迁，在堤溪兴建凤凰县民族体育中心，场地面积5万平方米，建筑面积1.79万平方米，设有体育馆、田径场、足球场、篮球场、乒乓球训练馆、羽毛球场等十多个场地项目，耗资6300万元。2012年5月竣工并投入使用。是年10月12日，在县民族体育中心承办湘西州十二届运动会。2014年6月4日，中美男子篮球对抗赛在民族体育中心举行。是年12月2—9日，在民族体育中心举行湘黔渝鄂四省边区市县第二十三届“民族团结杯”篮球赛。

医疗卫生

县人民医院，成立于1957年。2011年9月，县人民医院新建业务大楼，属省二级甲等医院，设35个科室，医生330人，床位300张；1984年成立县中医院，属省二级甲等医院，2014年有科室33个，医生240人，床位200张。镇内还有县防疫站、县妇幼保健站、沱江镇中心卫生院等医疗机构。全镇有村卫生室24个，卫生员24人。2014年，全镇新农合参合人数22897人，参合率97.49%。2014年，兑现4247人新农合医疗补助金957.47万元。

社会保障

1988年，镇政府设民政所，配置民政协理员1人，专管赈灾、救济、优抚、“五保”等民政事务。1997年以前，镇政府根据《中华人民共和国农村五保供养条例》规定，对“五保户”采取分散与集中相结合的办法供养，以分散供养为主；县财政给予一定的养老金外，其余由乡、村、组统筹；每人每年供给粮食300公斤，现金120元和其他物资救济，由民政助理员负责送到“五保户”家中。1999年9月，沱江镇实施城乡居民最低生活保障制度，“五保户”老人同时纳入城乡居民最低生活保障对象，实行全额低保，即全额补助 104 元 / 月，差额补助每人 30 ~ 70 元 / 月。2008 年 6 月，正式启动农村低保制度，每人均补差 50 元 / 月，城镇居民每人 116 元 / 月。2012 年，低保金标准提高，农村为 98 元，城镇为 230 元。到 2014 年城镇低保线为 330 元 / 月，农村低保线为 165 元 / 月。是年，全镇纳入低保 2672 户 7034 人，先后发放低保金 1565 万元，其中城镇享受低保 1837 户 4648 人，发放低保金 1279 万元。全年发放春、冬荒救济款 2.4 万元；发放孤儿救济金 17 万元，发放“五保金”14.6 万元；全镇“五保户”62 人，分散供养 40 人，每年“五保金”为 2900 元，集中供养 22 人，每年“五保金”为 6600 元。敬老院设在原齐良桥乡政府办公楼，配置院长 1 人，专职护理员 2 人。发放优抚金 68 万元。全镇 283 名残疾人获重度残疾人护理补贴。镇政府实施新农保制度，全镇参保人数 8618 人，参保率 86%。

特色地情

历史人文

文学大师沈从文（1902—1988） 原名沈岳焕，凤凰县沱江镇人，14 岁时投身行伍，浪迹湘川黔边地区，后入北京大学旁听。1924 年开始文学创作，成为职业作家。1928—1949 年，先后在上海中国公学任讲师，兼《大公报》《益世报》等文艺副刊主编；任武汉大学、青岛大学讲师；在北京主编全国中小学国文教科书；在昆明西南联合大学、北京大学任教授。1950—1998 年，历任中国历史博物馆文物研究员、中国社会科学院历史所研究员，全国文联委员和全国政协委员等。

沈从文

沈从文是中国著名作家、历史文物研究专家。其文学著作有《萧萧》《神巫之爱》《一个女剧员的生活》《自文自传》《边城》《马骏图》《湘行散记》《湘西》《黑凤集》《长河》《沈从文小说选集》《沈从文散文集》《沈从文文集》（十二卷本）等 80 余部。文物论著有《中国丝绸图案》《唐宋铜镜》《明锦》《龙凤艺术》《战国漆器》《中国古代服饰研究》等等。一生中出版各种作品有七十多种，五百多万字，《边城》《长河》《从文自传》是他的代表作。1987 年、1988 年入围诺贝尔文学奖。晚年专著《中国古代服饰研究》填补了我国物质文化史上的一个空白，在国内外享有盛名。

名优特产

凤凰姜糖 姜糖，系凤凰传统的独家特产，起源于清乾隆年间（1736—1795），迄今已有两百多年历史。古城内生产姜糖的小店很多，大多是家庭作坊，店面规模和制作工艺大致相同，招牌式经营。最早在古城内制作姜糖的是镇篁贾氏和刘氏姜糖。随着凤凰旅游业的发展壮大，凤凰姜糖作坊和经营店铺数量增多、规模逐年加大，2012 年 11 月，凤凰姜糖成功注册“国家地理标志证明商标”。至 2014 年，凤凰姜糖共有作坊 9 家，姜糖销售店 18 家。

风景名胜

镇内自然资源丰富，山、水、洞风光无限。南华山国家森林公园，面积 2000 公顷，生态环境优美，森林覆盖面积达到 98%以上。珍奇动、植

南华山上夜观凤凰古城（张瑜摄于2011年8月）

物品种100多种，到处郁郁葱葱，鸟语花香。沱江河是古城凤凰的母亲河，依着城墙缓缓流淌，世世代代哺育着古城儿女。坐上乌蓬船，听着艄公的号子，看着两岸有百年历史的土家吊脚楼，别有一番韵味。顺水而下，穿过虹桥一幅江南水乡的画卷便展现于眼前：万寿宫、万名塔、夺翠楼……一种远离尘世的感觉悠然而生。奇梁洞被誉为华夏第二奇洞，集幽、奇、秀、峻的特点于12公里长的洞中，奇诡莫测，引人入胜。

凤凰古城风景秀丽。自古就有“东岭迎晖”“南华叠翠”“龙潭渔火”“山寺晨钟”“奇峰挺秀”“溪桥夜月”“兰径樵歌”“梵阁回涛”八大景；城内有国家级文物保护单位2处，省、州、县三级文物保护单位77处。包含古建筑、古遗址、纪念建筑、纪念建筑遗址，名人故居和义士冢，古代石刻、石碑，古码头、古跳岩、古井、古桥梁，寺庙楼阁，边墙、营盘、古民居等。古城因其优美的自然风光，众多的风景名胜吸引着中外游客。先后被评为中国旅游“十大最好去处”“五十个必去景点”和湖南“十大优秀文化遗产”之一，两度入选“新潇湘八景”，被日本国家旅游电视台推介为“世界名镇”，跃居“9个最值得去的中国古镇”榜首，被中国摄影家协会列为“最美的古镇”之首。2001年12月，凤凰古城被国务院批准为国家历史文化名城。2005年9月，凤凰景区被批准为国家级地质公园。2007年6月，凤凰古城堡及沈从文故居被列为全国重点文物保护单位。2009年，凤凰古城被评为国家AAAA级景区。2010年，凤凰古城获“影响中国文化旅游发展贡献奖”中影响“中国旅游的一个古城古镇古村”金奖。

（撰稿人：龙大清　梁　婧）

阿拉营镇

“阿拉”原名“鸭浪”。相传，此地一丘田里有一对金鸭子，经常戏水成波，意为鸭浪。清朝在此驻兵扎营，称鸭浪营。因方言读音，将“鸭浪”演变为阿拉，即阿拉营。1999年，被列为全省50个小城镇建设重点镇之一，2014年8月，被确定为全国重点镇。有全国重点文物保护单位凤凰古城堡——黄丝桥古城、舒家塘、王坡屯。

区域概况

位置面积

阿拉营镇位于湘、黔、渝三省边界，凤凰县西部，北联重庆黔江、西接贵州铜仁、南邻怀化市。镇域面积78平方公里，距凤凰县城24公里。

建置沿革

清康熙三十九年（1700）设立凤凰厅时，系“民村”（原五寨土司所辖五峒）地，主属宋坨里，小部分为永宁哨、盛华哨地。道光年间，厅域汉区分为上下乡（下辖5里11约），属上乡。民国初期厅改县后，乡以下废除里、约。民国25年（1936），全县设17个乡（镇），乡以下改为保甲制，称毓才乡。1949年11月，凤凰县和平解放。1950年4月，县人民政府接管国民党旧政权，沿用旧乡称毓才乡，12月，成立5个区公所后属第二区。1952年，属凤凰县第二区。1956年7月，撤区并乡时改为阿拉乡，同时设立乡辖和平镇，12月，隶属阿拉办事处。1958年10月，撤销办事处、基点乡、乡镇建制，与黄合、勾良乡合为红旗人民公社。1959年3月，更名为阿拉公社，社址设阿拉。1961年3月，阿拉公社分为阿拉、落潮井、黄合3个公社。1961年9月，恢复5个区公所建制后，隶属阿拉区。1962年5月，与黄合分别划出部分大队成立西牛公社，隶属阿拉区。1981年12月，所辖中寨、龙合大队更名为报木关、龙河大队。1984年1月，改建为阿拉乡。同年12月，改建为阿拉营镇。2005年12月，撤销黄合乡，整体并入阿拉营镇。

行政区划

民国25年（1936），称毓才乡，辖13个保。后并入的黄合乡当时属务本乡地（该乡辖15个保）。1950年11月，辖农民协会、农民协会小组。1953年，建立新乡时，境内隶属二区。1956年7月并乡时，属于阿拉办事处。1958年10月，阿拉公社（包括阿拉、勾良、黄合三乡）辖8个大队。1961年3月，阿拉公社拆分后辖阿拉、教场、宜都、团结、黄丝桥、老岩、新岩、金沙、葡萄、铁马、报木关、安坪、新寨、西牛、龙合共15个大队。1981年12月，中寨更名报木关大队，龙合更名龙河大队。1984年，阿拉营镇辖15个村（与大队同名）和阿拉、教场2个居委会。2005年12月，黄合乡所辖龙井、安井、湾田、天星、新场、黄合营、木桶井、化眉、白果、舒家塘、川岩11个行政村并入阿拉营镇。至2014年，全镇辖26个村和1个和平居委会，下设174村民小组。

人口民族

阿拉营镇是典型的少数民族聚居乡镇。1990年，全镇有3383户13655人，其中少数民族人口8124人。1995年，有3173户15176人，其中土家族3527人，苗族7494人。2000年，有3790户16379人，其中土家族3631人，苗族8122人。2005年，有4675户17335人，其中土家族4189人，苗族8728人。2014年，全镇有5758户19606人，少数民族人口15514人，其中苗族10758人，土家族4621人，分占人口总数54.87%、23.57%。

自然环境

地势较平缓开阔，谷少坡缓、垅田较多，基本属丘陵地带，一般海拔在500～700米之间，最高处752米，最低处400米。地表岩石主要有石灰岩、砂页岩、白云岩等。属中亚热带季风湿润性气候，且又有北亚热带性质。年均气温15.7℃，年均降水量1300毫米，无霜期272天。境内大小溪河5条，总长78公里，其中以流经集镇的“吉祥河”为最长，达20公里。林地面积2853公顷，省级生态公益林235.4公顷，森林覆盖率35%。主要树种有70多科，300多种，其中有古老的孑遗树种银杏、鹅掌楸。用材林以马尾松为主，其次是松、柏、椿、枫等；经济林有油桐、油茶、板栗、棕树等。镇内汞矿储量大。

经济发展

经济综述

2001年，农业产值1273万元，其中农业、林业、牧业、渔业分别为971万元、22万元、258万元、22万元，占比为76.3%、1.7%、20.3%、1.7%。2008年，全镇国民产值、财政收入、社会消费品零售总额等主要经济指标超额完成年初目标任务，实现两位数增长。其中，国民产值突破2亿元，达2.6亿元，比上年增长12.2%，财政收入突破200万元大关，达240万元，比上年增长30.5%；社会消费品零售总额突破5000万元，达5200万元，比上年增长18%；城镇居民人均可支配收入达4100元，比上年增长18%；农民人均纯收入2200元，比上年增加180元，增长11%。2009年，财政收入380万元；社会消费品零售总额5200万元；城镇居民人均可支配收入4100元，比上年增长18%；农民人均纯收入2200元，比上年增加180元，增长11%。2014年，全镇实现工业产值1548万元，比上年增长7%；农业产值4876万元，增长12%；城镇居民人均可支配收入4645元，增长20%；农民人均纯收入2925元，增长5.5%；劳务收入3200万元，比上年增长12%。

农业

种植业　1964年，高杆籼稻改为高杆粳稻，品种由原来的红脚七、麻粘、云南白改为南京一号、广选矮、农垦58等，亩产由200多公斤提高为250～300公斤，增产20%。1966年，高杆改矮杆，品种由农垦58改为籼稻珍珠矮、窄叶青等，单产由300公斤提高到350～400公斤，增产30%以上。1985年，全镇范围内结束常规矮杆品种栽培历史，推广杂交水稻栽培，产量由原350～400公斤提高到450～500公斤，增产20%。1990年，推广“双两大”育秧规范化栽培新技术。1993年，再度推广“旱育秧”节水栽培技术，粮食总产在原基础上增产15%。1995年，被确定为湖南省商品粮基地，被誉为凤凰县的“粮仓”。进入21世纪，调整农村产业结构，推广“鱼稻双千”工程，利用山旱田、雷公田改种猕猴桃等小水果和无籽西瓜等经济作物。2001年，投入资金在团结、黄丝桥建立千亩优质水果基地，在西牛、金沙等村建立3个千亩科技蔬菜示范园。是年年底，结合旅游产业开发，培养、鼓励和支持租赁承包大户和科技示范户搞好土地开发——特别是省道1867沿线观光农业的开发，实现农村增产增收。2007年，落实粮食播种面积2066公顷，建设以金优系列超级杂交稻为主要品种的优质稻开发基地934公顷。经济作物种植面积706公顷。西牛、金沙、老岩、报木关、湾田、川岩等村为主发展蔬菜产业，面积447公顷，创产值1610万元。化眉、新场、金沙等7个烟叶专业村，种植烟叶244公顷，年产量40万公斤，产值超500万元。2008年，全镇种烟299公顷，是凤凰县种烟面积最大的乡镇，发展8个种烟专业村、216户烟户，年产值1000多万元。2009年，全镇全年烟叶种植面积373公顷，超出县分任务20公顷，比上年增长22%。实现烟叶收购66.5万公斤，创利税近百万元。农民全年增收320元，比上年增长16%。2010年，烟叶种植面积236公顷，实现烟叶收购45万公斤，创利税近百万元。农民全年增收270元，比上年增长13%。以西牛村、天星村、新寨村为主连片发展千亩专业蔬菜村，种植生姜、鱼腥草等蔬菜，产品远销吉首、贵州等地，实现产值300多万元。2011年，收购烟叶56.9万公斤。2014年，实现种植水稻1570公顷，其中杂交水稻1570公顷，种植玉米239公顷，薯类268公顷，西瓜24公顷，其他农作物198公顷，烟叶栽植213公顷，收购烟叶21.45万公斤。

养殖业 2007年，国家生猪储备基地——湘西裕丰公司阿拉分公司，建起生猪养殖产业带，带动农户分户养殖。30头以上规模的养殖大户有15户，10头以上的养殖户有20户。公司与分户养殖户签订购销合同，实行保护价收购，基本实现种猪自繁、农户分养、公司销售的良性循环。上半年，三大牲畜饲养量50135头，出栏生猪19685头，肉产量1282.5吨，产值700万元。全镇全年三大牲畜养殖2万多头，家禽出笼50万羽，实现产值5000万元以上。2008年，重点支持种养大户，全镇牛存栏2380头，猪存栏12790头，白山羊存栏5000只，有蛋鸡51568羽，涌现出以金沙村田代其、黄丝桥村刘中华等为代表的一大批畜牧养殖大户，配合支持湘西裕丰公司阿拉分公司发展种猪、能繁母猪，并成立宜都村养殖协会。2014年，全镇生猪存栏18044头、牛存栏132头、羊存栏488只，有家禽14381羽。

工业

1987年，境内有工业企业7家，从业人数42人，产值24万元。主要产品有酱色、酱油、发电、拉丝、小农具制造、榨油等。1991年，工业企业发展至10家，从业人数87人，产值88万元。1996年，有工业企业13家，从业人员154人，产值1640万元。2007年，发展集体、私营、股份合作和有限责任公司等工业企业13家（不包括个体工商业），初步形成以建材、电力、农副产品加工等为主的工业体系，培植起淀粉厂、畜禽加工厂、团结油脂厂等一批龙头企业，年产值1000余万元，并引资200万元，建立阿拉木器加工厂。至2014年，发展集体、私营、股份合作和有限责任公司等企业21家，初步形成以养殖、建材、电力、农副产品加工等为主的工业体系，培植起金沙村苗老表腊肉加工厂和铁马村恒基纸产品加工厂等一批新兴企业，年产值4300万元。是年年底，全镇有民营工业企业21家。

商贸服务

20世纪70年代末，集市每场商品上市交易量平均总值达30万~40万元，成交额20万元左右，是湖南较大的农村贸易市场之一，成交商品以耕牛为大宗，素有“牛市”之称，通常上市耕牛有五六百头。1981年，投资1.2万元，扩建和改造牲畜市场，占地面积由3000平方米扩大到10801平方米，牲畜上市量大大增加。1982年，耕牛交易5612头，占该场全年成交总额34%。是年，投资17万元，新建大型综合集市一个，占地面积10520平方米，场内建货棚18栋187间，设有水泥摊铺389个，内分百货、布匹、成衣、日杂、粮食、家禽、肉食等15个行。墟场面积相当于原来3倍，成为全县规模最大的农村集市。12月21日，新市场开放，当天商品成交额15万元，创历史新高。1984年，商品成交额211.34万元。1988年，投资15万元扩建成衣交易市场。1998年，县财政投资128万元扩建改造集市，集贸市场面积38500平方米，设摊位2550个，经商人员7500人，占全镇总人口60%，注册工商户1450户，年销售额2.2亿元，为1984年销售额104倍。2014年，阿拉营镇墟场有摊位1万余个，商品2000余种，每场经销额300万元。是年，全镇有个体工商户208户。

其他产业

旅游业 2008年，建起天龙峡、岩旯窠、紫荆园、野牛山、舒家塘等特色景区景点，全年接待游客5.1万人次，实现旅游收入500万元，其中门票收入450万元。2011年，天龙峡、岩旯窠苗寨等旅游景点更加成熟规范，全年创旅游收入400万元。2014年，凤凰县政府对“乡村游”统一安排规划部署，由政府出面收购天龙峡等景区，全镇特色景区相关基础设施均在建设完善之中，景区全部处于对外关闭状态。

基础设施

交通运输

1957年3月，凤（凰）铜（仁大兴）公路通车，途经阿拉营镇。1958年，阿拉营建起车站和搬运社，有客运班车。1967年，凤（凰）茶（田）公路通车，阿拉是凤茶公路中途站。1978年，有10个村通公路，至2001年年底，15个建制村全部通公路，97%村民小组（自然寨）也相继连通，全长68公里。2007年，完成凤大公路建设，投入80万元修建阿拉农村客运站，改造宜都村危桥一座，改造金沙村4公里村道油路。2009年，实施阿拉—金沙、西牛、安井、天星村级道路硬化工程。至2014年，完成西牛、葡萄、安坪、白果、老岩等村的村间道路硬化工作；完成安坪村、新岩村机耕道建设。

邮电通信

清乾隆三十年（1765），境内设驿铺2处，各有铺司2名，传递官府公文。民国16年（1927），架通县城至阿拉营、黄丝桥电话线路。1954年，阿拉邮电支局成立。1962年，电话普及到社直单位和大队。1963年，公社通广播。1985年，乡办电话不能自给，各村电话废弃。1994 年，开通程控电话。1999 年，邮电分营，成立阿拉邮政支局和阿拉电信局。2001 年年底，全镇 14 个村通程控电话，有电话 619 部，手机 297 部。至 2014 年，除龙合村外，其余村均通宽带。

供电饮水

供电 1979 年，龙潭河水库电站建成，阿拉村率先通电。1999 年，农村电网改造完成，基本实现“全覆盖”、电力“村村通”。2003 年，阿拉成立供电所，至 2014 年，全镇用电户 13410 户。

饮水 阿拉自来水厂于 1997 年正式挂牌成立，黄丝桥村率先开通自来水。2014 年，因自来水管网建设滞后，尚有西牛、团结、老岩、新寨、天星 5 个村未开通自来水。

水利建设

阿拉营镇属沅水流域。1955 年，动工修建黄合水库，1957 年建成使用，为小（1）型水库，均质土坝，集雨面积 2.4 平方公里，库容 104.7 万立方米，可灌田 80 公顷。1959 年，建成沙坝水库，为小（1）型水库，均质土坝，库容 495 万立方米，灌田 180 公顷；建成两叉溪水库，库容 55.63 万立方米，灌田 80 公顷；建成簸箕堰水库，均质土坝，库容 52.8 万立方米，可灌田 100 公顷；建成柳堰水库，均质土坝，库容 14.49 万立方米，灌田 100 公顷。1967 年，建成白岩壁水库，均质土坝，库容 74.04 万立方米，灌田 307 公顷。1968 年，建成野牛山水库，圬工重力坝，库容 20 万立方米，灌田 40 公顷。1979 年，建成水门河水库，均质土坝，库容 45.2 万立方米，可灌田 67 公顷。龙塘河水库总干渠、南干渠贯穿全境，有必攻冲、岩板堰、飞水滩、西牛、潭湾、朝阳、门来口、金沙、野狗垅 9 座渡槽。其中，飞水滩渡槽为双跨 40 米筋拱钢筋水泥结构，流量 5.5 立方米 / 秒；岩板堰渡槽为双层双跨 50 米渡槽，长 204 米，槽宽 2.5 米、深 1.8 米，流量 3.1 平方米 / 秒；还有金沙学校一号堤，钢筋水泥结构，长 252 米，高 7 米，水槽宽 1.5 米、深 1.4 米，流量 1.5 立方米 / 秒。2001 年，全镇旱涝保收面积 483.5 公顷，机电排灌面积 353 公顷，有效灌溉面积 774 公顷，占稻田面积 91.4%；黄合乡有旱涝保收面积 447.5 公顷，机电排灌面积 326.6 公顷，有效灌溉面积 712.6 公顷，占水田面积 98.7%。2014 年，全镇 8 座水库，其中小（1）型水库 2 座，小（2）型水库 6 座。

村镇建设

2007 年，阿拉营镇推进小城镇建设工程，投资 80 万元建设阿拉农村客运站，开展新农村建设示范工作，维修 15 公里村道，改善村内交通状况，整修村内水塘、渠道，改善村内农业生产条件，投入 4000 元硬化新岩、西牛村内文明路。2009 年，投资 2000 多万日元贷款扩建的阿拉边贸市场基本完工；投资 520 多万元扩建的镇自来水厂完成铺设供水、排水管道；投资 80 多万元的垃圾场建设基本完工；在阿拉村投入水泥 66 吨，资金 21780 元，教场村投入水泥 70 吨、资金 23100 元，西牛村投入水泥 90 吨、资金 29700 元，实施村间道路硬化工程；在老岩、团结、牛都、西牛、化眉、天星、新场、川岩、白果 9 个村维修、新建沼气 160 口，并在安井村实施农户厕所改造。2013 年，投入资金完善湾田、川岩、宜都等村的通村公路硬化和金沙、铁马、新岩、龙合、安坪等村的村间道路硬化工作；完成木桶井村、川岩村、西牛村、团结村机耕道建设和宜都、葡萄、安井等村的村部楼维修工作。修建垃圾中转站一个。

社会事业

教育

1936年，创办阿拉小学。1943年，创建湖南省立边区小学。1952年，更名为黄丝桥中心完小。是年，创办黄合中学，原名黄合高小，后更名为黄合中学。1960年，黄丝桥中心完小更名为凤凰县第三中学。2001年，全镇有中学1所，学生527人，教师71人；完小1所，村小10所，学生2224人，教师103人。2010—2011年，阿拉完小学生连续两年被选中代表全国苗族到北京参加“全国关爱各族少年儿童夏立营”活动，受到国家领导人亲切接见。2012年5月27日，学校少儿苗鼓队参与迎接国务统总理温家宝凤凰之行。阿拉完小将苗族服饰文化引入美术课堂，苗家花鼓操引入课间操，被中国美术家协会艺术委员会授予“成就未来——蒲公英行动”课题实验校和教育部重点课题“中国民间和乡土文化资源与美术教育研究”实验校。2014年，全镇有初级中学2所，中心小学2所，在校学生7049人，其中，小学生3000人，初中生2000人，有教师300人。其中凤凰县第三中学有6个教学班，学生279人，教职工54人；黄合中学学生438人，有教师40人；阿拉完小在校学生1258人，教师97人。

文化体育

1965年，阿拉营广播站创建，配备广播员1人。1984年，建文化站，配置文化辅导员1人。1985年，县电影公司投资10万元建设阿拉电影院。1995年，投资22万元建文化中心大楼，占地350平方米，建筑面积240平方米。2012年3月，县机构改革，更名为文体广电服务站。2012—2014年，全镇免费发放村村通闭路电视设备100套，有线电视覆盖全镇，27个村均能收看电视节目。2014年，全镇27个村、居委会均设立农家书屋，存书20万册。全镇有民间艺术特色团队11支，如阿拉村的乐队、健身队，教场村的健身队，西牛村的茶灯队，铁马村的民间艺术团队等。

医疗卫生

1957年，创建阿拉民族医诊所。1972年建黄合卫生院。2002年年底，经省州县海外联谊会牵线搭桥，得到香港狮子会及县卫生局资助，重建黄合卫生院，建筑面积650平方米，全院职工11人。2009年4月，在阿拉民族医诊所的基础上成立凤凰阿拉民族医院，面积1800平方米，有职工26人，院内设病床40张，其中高档病房6间。2014年，阿拉民族医院建筑面积1800余平方米，有职工26人，院内设病床40张。同时，境内有凤凰县第三人民医院，为一级甲等医院，有专业技术人员60人。

社会保障

2009年，镇内纳入城市最低生活保障234户，625人，发放保障金822240元；农村低保329户1079人，发放保障金857720元，其中新增农村低保户8户18人；发放农村“五保户”供养金61390元；发放优抚资金645143.2元；农村安居工程建房41户，其中新建33栋，维修8栋；兑现粮种综合直补资金313873元，农资综合补贴1873910元。2012年，危房改造153栋；低保对象534户1589人，发放低保资金2917552元；救济救助资金436500元；优抚事业资金624107.6元。2014年，全镇新农保参保9648人。新农合参合人数26322人，参合率84.34%。

特色地情

历史人文

舒家塘 舒家塘村位于镇西南部，地处湘黔渝交界处，是国家级重点文物保护村。全村有4个自然寨，7个村民小组，285户1212人，以种养业为主。据考证，舒家塘古称书架堂，寓书香门第、藏书丰富之意。此地唐末始有人住，彼时以舒姓居多。村内代代相传的《杨氏族谱》中记载，北宋杨家将杨六郎第三子杨再思（又名杨怀玉、杨文惠）曾奉旨平定南方叛乱，路过此地，见形势险要，位居要冲，石料丰富且风景美好，于是便下令安营扎寨在这里。舒家塘从此成为屯兵的军事要塞。2000年盛夏，联合国亨利博士到此考察时就说："我没有见过比舒家堂更古老、更完整、更优美的古城堡了。"舒家堂古城堡雄踞湘黔边界，距离著名的南方长城起点亭子关仅七八里。村内现有的一千两百多人里，百分之九十为杨姓。据史载，宋仁宗时朝廷曾经派遣了一支中国历史上能征善射，战功显赫的杨氏家族所组成的平南劲旅驻扎在这里。这一支属湘南靖州杨氏支派，首领就是被誉为"十峒首领"的杨再思。这一支的发展，横跨湘、桂、黔三省边界。开平四年（910），杨再思因在湘黔边界围歼黄巢军而功受银青光禄大夫，辰州刺史。贞明四年（918），功授左仆射尚书。元顺帝至正十九年（1359）12月20日，杨再思第十五代孙杨再福挂元帅职，主管江南九省，筑帅府中寨，后迁包公寨，再迁舒家堂。自杨姓进村，家发人兴，原住此寨几姓日衰，后分别迁往盘沙坳，落水坑居住。

舒家塘古城堡是凤凰古军事城堡群的重要组成部分，由构筑恢宏的古城墙环绕，略呈圆形。古城墙总长1500余米，高约7米，宽2米，分上下两层，可供人行走或跑马，每隔3米有一个瞭望口。墙身由大块青石粘石灰糯米浆砌成，最重石块达750公斤。墙形曲折蜿蜒，极富变化。全城共设3个大门，雄踞东、南、北三方，其中以与王坡屯遥相呼应的东大门规模最大，此门分两进，上有阁楼供护城卫士守护，岩石坚固整齐，易守难攻。东、南、西三面有山溪环绕，溪流清澈见底，还有诸多池塘围城，形成天然防线。据老人回忆，当时这里曾有48口塘，塘内鱼肥鳖圆，水藻丛生，惜如今池塘已所剩无几。南去100米的白果湾有一山银杏，一到秋天，秋叶泛金，叶落时若雨若扇，果实累累，极为悦目。如今经百年风风雨雨，古城堡虽残败发黑，但依然显现出一种苍凉之美。村中杨姓则多文武全才，各朝各代均有人在朝为官，他们见多识广，在家乡的规划布局上颇费心思。堡内巷道错落有致，多为丁字形，通往全城上、中、下寨。全部用青石板铺就，走在上面有"嗡嗡"回声。房舍布局合理，庭院深深，颇有"迷宫"之韵味。其房屋构建也显示出古代中国的皇家气派与民俗文化之风韵，特别是湘西独特的多民族人文氛围。门窗雕刻工艺精湛，人物造型栩栩如生。城中现存12户石制大门，皆由整块条石建成，门匾上各有题词，这些题词字体多样，笔法严谨，内涵深远，如"礼严扞卫""坦荡长履""周旋中礼""清白家声""处善寻礼"等均反映出礼学养廉的社会习尚。现在能见到的房屋和精美窗雕，其门窗雕刻工艺非凡，有刘海砍樵、掌声恭读、喜鹊噪梅、松鹤延年、鹬蚌相争等，其牛、羊、马、驴、鸟等飞禽走兽及梅兰竹菊等树木花草均栩栩如生，大多属清代遗存，但那些用巨大青石修建的高檐洞口坚固方正的大门却是久远年代的遗物。

黄丝桥古城 黄丝桥古城位于镇西北面2公

黄丝桥古城（石计生摄于 2017 年 7 月 26 日）

里处的黄丝桥村境内，古称渭阳城，后叫凤凰营，因位于凤凰山而得名。始建于唐垂拱二年（686），距今已有 1300 多年的历史。是国内至今保存最好的一座城堡。古城全部用青光石块建筑，占地 2900 平方米，古城墙高 5.6 米，厚 2.9 米，周长 686 米。此城原系土城，清康熙四十四年（1705）铸成石城，设都使、巡介等衙门。经宋、元、明、清历代改造修葺，形成一座独特的石头城。东门城楼题“和育门”，西门城楼题“实城门”，北门城楼“日光门”。1983 年 10 月，黄丝桥古城被列为省级重点文物保护单位。2006 年，被列为全国重点文物保护单位。

风景名胜

天龙峡　天龙峡坐落在阿拉营镇境内，地处阿拉营镇北部，长潭岗水库尾端，距阿拉营镇 2 公里，距黄丝桥古城 3 公里，南方长城 5 公里，峡谷附近有村落、鼓庄坪、报木关、猴子壁等，面积约 5 平方公里，交通便利。天龙峡是由“天龙山”与“贝壳山”相间形成的一道峡谷，峡谷全长 1000 多米，海拔 800 多米，最窄处不到 3 米，深幽千丈，两侧如削似切的悬崖峭壁巍然耸立，山势峥嵘，峡气阴凉，走入峡谷深处只听到瀑布声如雷。

（撰稿人：张雪茹）

茶田镇

区域概括

位置面积

茶田镇位于凤凰县南端，北接阿拉营镇、茨岩乡；东接怀化市麻阳苗族自治县郭公坪乡；西、南两面分别是贵州省铜仁市的滑石镇、云场坪镇、漾头镇。区域面积90.5平方公里，距凤凰县城33公里。

建置沿革

茶田有老茶田、新茶田传说。中古时期，久居此地的徐姓人避难远逃后，田姓人迁居于此。后来徐姓人归探，田姓以茶饭相待，徐姓为表致谢，将此地命名为茶田相赠。此名流传久远，又叫老茶田。又传清代本地龚姓官绅依仗权势，强行将墟场移至此地，称为新茶田。清康熙三十九年（1700）设立凤凰厅时，系“民村”（原五寨土司所辖五峒）地，属杜望里。道光年间，厅域汉区分为上下乡（下辖5里11约），属上乡。民国初期厅改县后，乡以下废除里、约。民国25年（1936），全县设17个乡（镇），乡以下改为保甲制，称笃信乡。1950年4月，属凤凰县第二区。1952年4月，增设3个区公所，以农会（或大村寨）建新乡茶田、都洞、塘坳等，属第八区。1956年7月，撤区并乡时改为茶田乡，8月隶属新场基点乡。1958年10月，撤销办事处、基点乡、乡镇建制，与新场、茨岩2个乡合建为新场人民公社。1961年3月，新场人民公社撤分为3个公社，另设茶田公社，以驻地茶田村命名。1961年9月，恢复5个区公所建制后，隶属阿拉区。1981年12月，所辖茶山、江寨大队更名为都桐、钢寨大队。1984年1月，改建为茶田乡。同年12月，改建为茶田镇。

行政区划

民国25年（1936），称笃信乡，辖15个保。1950年11月，辖农民协会、农民协会小组。1953年，建立新乡时，境内隶属八区。1956年7月，撤区并乡后，隶属新场基点乡。1958年10月，属新场公社（该公社辖8个大队）。1961年3月，茶田公社另设，辖茶田、砂罗、芭蕉、瓦坪、塘坳、都首、茶山、和平、禾穗、江寨10个大队。1981年12月，茶山更名都桐，江寨更名钢寨。1984年1月，改称茶田乡，同12月改乡建镇，共辖10个村（同大队名）和茶田、茶树喇2个居委会，66个村民小组。至2014年，辖10个村和2个居委会。

人口民族

茶田镇是一个以汉族、苗族、土家族、回族、侗族为主的杂居乡镇。1983年，茶田公社有2204户11268人，其中农业人口9073人。1984年，有农业户2145户，农业人口9230人。1992年，有农业户2477户，农业人口12261人。1995年，有3215户13405人，其中土家族483人，苗族395人。2000年，有3476户14045人，其中土家族2076人，苗族755人，回族1190人。2005年，有3722户14186人，其中土家族1519人，苗族2082人，回族1015人，侗族188人。2014年，茶田镇有4043户14522人，少数民族人口5793人，其中，苗族2557人，土家族1866人，回族1104人，侗族242人，分占人口总数17.61%、12.85%、7.6%、1.67%。

自然环境

地势南部高、东西低、北部多丘陵盆地，西部、南部及东部多峡谷深涧，溪流密布，多溶洞。平均海拔400~800米。最高海拔为镇内牛肚山931.3米，最低海拔267.1米。属中亚热带季风气候区。年均气温为16.2℃，年均降水量1300毫米。海拔800米以上的山峰5座。大小溪流13条，总长237公里，最长河流茨塘燕河长62公里，流经贵州，汇入麻阳河流。自然资源丰富，有九重岩省级自然保护区，森林覆盖率47%，以松、杉为主。镇西部及北部地区（禾穗村、茶田村等）铅锌、汞矿、朱砂等矿产资源。

经济发展

经济综述

20世纪70年代，茶田镇以传统农业经济为主。进入80年代，农业产业不断调整，突出“烟、矿、果、林”四大产业建设，全镇经济得到较快发展。1984年，全镇农业产值140万元，农民人均收入141.4元。1990年，全镇产值923.17万元，农民人均收入586元。1995年，农业产值1104万元，人均纯收入625元，比1990提高39元。2005年，全镇农林牧渔业产值2152.6万元，农民人均纯收入932元。2006年，全镇实现国民产值2345万元，比上年增长10.9%，其中农业产值1764万元，比上年增长24%，劳务收入128万元，比上年增长11%，全镇实现财政收入98.9万元，比上年增长20%。是年，实现农业税减免，完成粮食直补19.2万元，良种补贴20.1万元，减轻农民负担12.2万元，农民增收31.8万元，农民人均纯收入1212元。2009年，全镇国民产值达到3835万元，较上年增长6.3%，其中农业产值3120万元，镇财政收入突破300万元，农民人均纯收入2339元，较上年净增440元。2012年，全镇产值4671万元，比上年增长15.81%，财政收入555万元，比上年增长16.24%，全社会固定资产投资480万元，比上年增长90.3%。2014年，全镇产值5212万元，镇财政收入602万元，人均纯收入3713元。

农业

种植业 境内粮食作物以水稻为主，其次为玉米，主要油料作物为油菜。20世纪80年代，烟叶种植渐成规模。1983年，该镇全年粮食总产3142.59吨。1988年，全镇粮食总产3082吨。是年，建成以芭蕉、江寨、禾会为中心的千亩专业烟叶村基地。烟叶种植面积110公顷，年产烟叶13万公斤，收入35万元。1992年，全镇粮食总产3250吨。1998年，该镇粮食总产4166吨。2002年始，全镇烟叶年均种植面积千亩以上，同时加大科技投入，提高烟叶质量，烟农收入稳步增长，当年仅烟叶一项为农民人均增收298元。

2005年，茶田镇播种粮食1140.7公顷，是年遭遇大旱，粮食产量仅为3649吨，比上一年下降30%。2009年，粮食产量在5000吨以上；投入近80万元，在芭蕉村建成茶田镇烟叶育苗基地，占地6.7亩，年育烟苗100公顷。2014年，实现农作物播种面积2097.12公顷，其中水稻面积687.79公顷、玉米220公顷、油菜253.3公顷。完成上级分配的67公顷烟叶种植面积任务。

林业 2007年，全镇落实退耕还林面积425公顷，补贴金额132.3万元。2010年12月10日，完成林地外业勘界5533公顷，外业勘界率100%；颁发林权证2720户，发证率85%。全年发放退耕还林粮食补贴132.3万元，生活补贴12.6万元。2014年，兑现退耕还林政策补助25.24万元。

养殖业 茶田镇饲养业以鸡、鸭、猪、羊、牛为主。2005年全镇出栏生猪3782头，猪肉产量291吨，出栏牛182头，牛肉产量21吨，羊462头，家禽9572只，实现畜牧业产值150万元。2006年，三大牲畜饲养量10959头，出栏4103头，农禽饲养量20520羽，出笼9072羽。2010年，全镇猪存栏2108头，牛存栏167头，羊存栏408只，鸡、鸭、鹅等家禽存笼7381羽，新增养殖大户4户。2014年，新增养殖大户8户，猪存栏1200余头，牛存栏220头，羊存栏556只，鸡、鸭、鹅等家禽存笼8270余羽。

工业

20世纪70年代，社办企业有11家，其中规模企业有电解锰厂、电解锌厂、新晃汞矿厂等，从业人员近千人，工业产值近千万元，实现税利500万元。90年代末，村镇企业全部破产。此时民营企业发展迅速，2000年金山矿业有限责任公司入驻茶田镇，年产值500万元，实现年税利100万元。2007年，以茶田村、都首村、禾会村为中心的首个县级乡镇科技工业园成立。茶田采石场、矿产品有限公司等4家企业入驻工业园，直接解决富余劳动力750多人的就业问题，年创工业产值1295万元。2014年，金山矿业公司从业人员近百人，年工业产值8400万元。

商贸服务

1991年，新建茶田农贸市场，占地800平方米。2012年，该镇筹集资金50万元，整修农贸市场。2014年，筹集资金100万元扩建至1100平方米。

基础设施

交通运输

1967年，凤（凰）茶（田）公路通车，全长33公里，砂石路面，宽5.5~6.5米，之后陆续修通连接贵州铜仁市云场坪镇、铜仁市滑石乡，黄合乡（今阿拉营镇黄合村）等地的乡级公路。1968年，有5个大队通公路。1981年，修通都桐村、塘坳村村公路。1984年，都首村公路通车。1985年，瓦坪至芭蕉至茶田通村公路竣工。1988年，实现辖区10个村村村通公路。2012年，投资5万元，硬化江寨村公路3公里。2013年，投资8万元，实施和平村11组公路硬化。2014年，投资60万元，整修都桐村路基并硬化，至此都桐村9个组公路全部硬化；投资17万元整修茶田村路基；投资15万元整修和平村公路路基，并实施该村公路硬化工程。

邮政通信

1951年，开通县城至茶田邮路，为二日班，全程90公里。1994年通程控电话。1999年，通电话村4个。2001年，通程控电话村7个，共有电话254部，手机38部。2005年，建成周围辐射7.5公里的移动塔一座，固定电话用户增加到近900户，分布于全镇10个村。2006年，投入资金120万元，修建移动通信发射塔，覆盖全镇6个村70多个村民小组。全镇新增电话200部，新购手机280部。2007年，移动公司在和平、都桐新建移动塔两座，实现全镇移动通信全覆盖。

供电饮水

供电 1977年，筹资60万元修建两河口水电站，境内始通电。1987年，有2个村通电。2000年，全镇村村通电。2007年，完成茶田村、芭蕉村、瓦坪村、禾会村的西部完善工程（农网改造），解决520户农户用电难问题。2014年，9个村农网改造工程全部竣工。

饮水 1993年，芭蕉、瓦坪、都桐、茶田村4个村通自来水。1997年，禾会村通自来水。2001年，实施人饮工程19处，解决1500人饮水安全问题。2013年，修建人饮工程21处，受益人口8650人。2014年，完成10个村人畜饮水工程，铺设管道25公里，新修蓄水池8个。

水利建设

1958年，建成小（2）型麻子坳水库，库容20万立方米，灌溉稻田17公顷；建成小（2）型打狗垅水库，库容12万立方米，灌溉稻田6.7公顷。1974年11月，建成小（1）型禾穗水库，集雨面积2.43平方公里，均质土坝，坝高22米，库容147万立方米，灌溉稻田20公顷。2001年，全镇旱涝保收面积359公顷，机电排灌面积262公顷，有效灌溉面积587.6公顷，占稻田面积的84.2%。2014年，有小（1）型水库1座，小（2）型水库4座，山塘56口，排灌机械157台1476马力。

村镇建设

2007年，投资50多万元，新建政府综合办公大楼。社会主义新农村试点村茶田村、禾会村、芭蕉村的村部建设全部竣工。2009年，投入专项资金，新建垃圾围10个，安排保洁人员2人。开展河流污染清理，清理镇政府所在地河道3公里，清除废弃柑橘、生活污染物3吨。投资50万元建设镇客运站。2010年，在芭蕉村安装路灯38盏。2011年，聘请2名保洁员对镇政府所在中心街道一天一打扫，配置拖拉机对垃圾两天一清运。镇政府投入资金5万多元，在中心集镇街道安装太阳能路灯25盏。是年，全镇新建垃圾围15个，清理镇政府所在地河道2.5公里，清除废弃柑橘、生活污染物2.5吨。2013年，新建垃圾围70个，购置垃圾运输车1辆，洒水车1辆，落实镇区内保洁人员4人，对镇街道实行“两天一扫”制。镇党委、镇政府带领镇机关干部和茶田村干部群众，集中开展清理各村历史垃圾，全镇清理垃圾300吨。是年，成功创建省级安全生产示范乡镇，开展“安全生产集中整治行动”“打非治违”和“交通安全大整治”活动，抓交通、非煤矿山、森林防火等安全事故隐患排查整治，排查全镇744辆机动车、335辆摩托车，排查出证照不齐“带病”机动车97辆、摩托车40台，对反弹非法开采的采石场一处，下发强制措施决定书，给予依法强制关闭。2014年，继续推进城乡同建同治工作，每个自然寨确定1名保洁员，全镇共66人，对自然寨实行“一天一扫”制。在县级检查中芭蕉村支书获得年度同建同治先进个人。是年，重点项目“垃圾焚烧炉”工程正式开工建设，日处理垃圾量3～4吨。

社会事业

教育

凤凰茶田中学创建于1968年。1987年，镇中心小学迁入茶田中学，茶田中学成为九年制园林学校，占地面积29800平方米，建筑面积7558平方米。2001年，全镇有中学1所，学生247人，教师45人；完小1所，村小8所，学生1604人，教师72人。2012年3月8日，时任县委书记张永中在茶田学区教育调研，亲自批示重建都桐村小学，3月底破土动工，同年9月开学投入使用。2013年12月，和平村小学、禾会村小学招标动工，次年9月先后建成投入使用，两所小学分别投资225220元和315895元，建成后校舍面积分别为152平方米和132平方米。2014年，茶田镇有九年制学区1所，村小教学点9个，教师85人，小学生640人，中学生312人。有7所学校开办学前幼儿班，另有红蜻蜓、阳光宝贝2所民办幼儿园。

文化体育

1974年，建立文化站。1978年，投资6万元，建立能容纳250人的电影院1座。1983年，通广播。1986年，通调频广播。1996年，建立电视转播台。2001年，有通广播村8个。2009年，与贵州省铜仁市云场坪镇、漾头镇、滑石乡开展友谊座谈会4次，举办大型边界篮球联谊赛1次，加强与周边贵州乡镇边界友好往来。2013年，争取文化专项资金2万元用于文化站建设。2014年，镇文化站设图书阅览室、多功能厅、电子阅览室等，向群众免费开放，提供信息检索、电脑上网等服务。是年，茶田镇组织代表队参加凤凰县举办的“欢乐湘西·乐在湘西·醉美凤凰”第二届全民广场舞大赛，获二等奖。

医疗卫生

1967年，设卫生院1所，病床4张，医务人员4人。2001年，病床增加到11张，医务人员增至14人，并设立个体诊所2所，有医务人员2人。建有村卫生室6个，医务人员8人。2005年10月，投资30多万元，建成茶田镇卫生院并投入使用，建筑面积600平方米，其中业务用房面积480平方米，有床位20张。2009年，全镇人口总出生为211人，计划内169人，男120人，女91人，计划生育率80%，出生率14.7‰，人口自然增长12.6‰。是年，参加农村合作医疗10578人，参会率82%。2011年，全镇新出生人口213人，计划内183人，男122人，女91人，计划生育率85.9%，出生率为14.4‰，人口自然增长12.2‰。2014年，全镇出生183人，其中男孩96人，女孩87人，符合政策计生率88.52%，出生率12.9‰，性别比110∶100。人口自然增长率8.85‰。全镇建卫生室10个，每村各有1个。新农合参合率90%。

社会保障

2007年，开展农业保险试点工作。7月26日，该镇遭遇特大洪灾，全镇54公顷的水稻遭受不同程度的损失，兑现农业保险补贴金额11万元。全镇有移民户1户1人，享受移扶金额150元。是年，全镇发放粮食直补、农综补贴412210元。2008年，落实发放粮食直补、农资综合补贴、良种补贴、油菜补贴资金1014610元。新纳入农村低保61户176人，发放民政救助物资大米2万公斤、棉被140床、棉衣60件。实施白内障免费手术11例，帮助4户受灾群众和残疾人扶贫建房。2009年，农村低保317户626人。启动农村低保和扶贫开发两项制度相衔接试点工作，落实扶贫开发与农村低保相结合1601人；危房改造43户，享受国家补贴38.9万元。2011年，继续开展农村低保和扶贫开发两项制度相衔接试点工作，评选出贫困对象522户1200人（其中低保1086人）。是年，全面完成16~60岁和60岁以上6574人新农保数据采集工作，农业保险参保金额8540元，参保面积415公顷。2012年，完成

5410 人 548200 元的新农保收缴，参保率 88.3%。2013 年，落实各项惠民补贴，全年全镇发放粮食直补金 138974.34 元。参加新农保 5133 人，缴费 562000 元，参保率 81%，参加新农合 90%。落实农村低保 721 户 1394 人，完成危房改造 20 栋，帮助 21 户受灾群众和残疾人解决住房困难问题。

2014 年，完成农村危房改造 20 栋，投入 357500 元。全镇享受农村低保 724 户 1403 人。有“五保户”68 人，其中分散供养 32 人，集中供养 31 人。是年 6 月 19 日和 7 月 15 日，茶田镇遭受百年一遇的洪灾，临时安置灾民 34 户 247 人。全镇 8393 人受灾，农作物受灾面积达 2442 公顷，因地质灾害影响，房屋受损 96 户，道路受损 240 处，共 3665 米，灾后发放救灾款 15 万元。

特色地情

民族英雄郑国鸿（1777—1841）　字雪堂，回族，清朝凤凰厅都逢(今茶田镇都桐村)人。清乾隆六十年(1795)，承袭云骑尉世职。历任永绥屯守备、湖北黄州协都司和广西平乐、湖北竹山、浙江湖州、湖南宝庆副将。道光二十年（1840），升浙江处州镇总兵，调守边疆。道光二十一年（1841）1 月，清廷下诏对英宣战。郑国鸿奉命抗击英军，与英军血战六昼夜，击沉击伤英舰十余艘。炮台被破后将士用刀矛阻击敌军，65 岁的郑国鸿将军身先士卒，冲入敌阵，血染疆场，壮烈殉国。

明代边墙　明代边墙位于和平村老秧田后山的悬崖上，有始建于清嘉庆年间（1896—1920）

新茶田古军事贸易遗址村落全景（杨会摄于 2017 年 8 月 4 日）

的金龙庵，逢三月、六月、九月菩萨节日，信众络绎不绝；庵堂对面的绝壁上有灰色城墙、碉堡，高二三米，然下临二百余米绝壁，远近观之，雄伟非常，犹如深林潜龙，绵延于山岭绝壁之处，往麻阳方向而去。

明代龙窑 明代龙窑系2006年发现，面积约1万平方米。窑址位于凤凰县茶田镇瓦坪村，当地称作窑窖场，处于苗疆边墙重要遗存的核心位置。窑址周围屯堡、堡寨密布，附近有众多的边墙遗址。窑顶在山脊，窑门在山脚，高约20米。窑壁由青砖叠砌，窑顶已塌，窑内仍残留烧造的器物。窑址西面暴露窑壁内口，遗址西南侧暴露出擂钵、壶、罐、灯、器盖等烧制品，烧制品多为生活器具，品种、数量丰富，修饰简单，以索纹为主，少量叶脉纹、葵瓣纹。湘西自治州文物专家依据遗迹的封土打破关系，对比出土遗物的质地与形态，参照《凤凰厅志》及有关史料，初步断定该窑为明代龙窑，是凤凰县土司统治时期的遗址。

茶田镇都桐村千年银杏王（杨会摄于2017年8月4日）

新茶田古军事贸易遗址 新茶田古军事贸易遗址始建于明初，位于凤凰古城西南方33公里处茶田镇茶田村5、6组，东北距茶田村约2400米。位于北纬27° 48′ 42.2″ 、东经109° 21′ 12.3″之间，海拔高度为650~680米，紧邻贵州，是凤凰通往贵州地区古驿道上重要的军事要冲，四周群山环抱，山势高峻陡峭。遗址面积约为10000平方米。清代中后期为边墙两侧居民重要的贸易场所。新中国成立后成为茶田镇政府驻地，原有贸易场地逐渐演变成为乡镇集市，20世纪80年代，因交通不便，住户不断搬走，此处偏于荒废。遗址有着较高的真实性与完整性。遗址内原有的贸易场所、古井、古驿道、民居等建筑都保存较好，特别是1902年所建碉楼一座，高近20米，历经风雨，仍屹立不倒。

（撰稿人：隆杰　滕稳）

廖家桥镇

区域概况

位置面积

廖家桥镇位于凤凰县西南部，西与都里乡、阿拉营镇接壤，北与千工坪乡相望，东接沱江镇、水打田乡，南邻新场乡和林峰乡。区域面积67平方公里，距凤凰县城10公里。

建置沿革

“廖家桥”古为官道，过往行人众多，因开店经营形成墟场。相传人们在当地河上修建一座石拱桥，竣工之日，一廖姓有钱人女儿出嫁经过此桥，赞曰：“新娘踩新桥，千年古迹万年牢，取下金簪献给修桥人，大桥取名廖家桥。”故此桥及当地叫廖家桥。清康熙三十九年（1700），设立凤凰厅时，系“民村”（原五寨土司所辖五峒）地，属宋坨里、永安哨。道光年间，厅域汉区分为上下乡（下辖5里11约），属上乡。民国初期厅改县后，乡以下废除里、约。民国25年（1936），全县设17个乡（镇），乡以下改为保甲制，称勤奋乡。1949年11月凤凰县和平解放。1950年，属凤凰县第一区。1952年4月，增设3个区，以农会（或大村寨）建新乡廖家桥、樱桃坳、永兴等，多属一区，少属于二区。1956年7月，撤区并乡时为廖家桥乡，8月隶属廖家桥基点乡。1958年10月，撤销办事处、基点乡、乡镇建制，与都里乡合并为东风人民公社，1959年3月，更名为廖家桥公社，社址设廖家桥。1961年3月，分设为廖家桥公社和都里公社。1961年9月恢复5个区公所建制后，隶属城郊区。1981年12月，所辖天星大队更名为八斗丘大队。1983年6月，建立廖家桥乡，1994年3月，改建为廖家桥镇。

行政区划

民国25年（1936）称勤奋乡，辖11个保。1950年11月，辖农民协会、农民协会小组。1953年，建新乡时，隶属一区。1956年7月，撤区并乡后，隶属廖家桥基点乡。1958年10月，廖家桥公社（包括廖家桥、都里二乡）辖10个大队。1961年3月，廖家桥公社辖廖家桥、瓦场、天星、永兴、南泥、铁桥、木根井、樱桃坳、菖蒲塘、土桥坳、林寨、马垅、长坳、马王塘、申坨、大坪、漾水坨、岩坎云、鸭堡洞、腰子坨20个大队。1981年12月，天星更名为八斗丘。1983年6月，廖家桥乡辖20个村（同原大队名）。1994年3月。廖家桥镇辖20个村和廖家桥1个居委会。至2014年，全镇辖廖家桥、瓦场、八斗丘、永兴、南泥、铁桥、木根井、樱桃坳、菖蒲塘、土桥坳、林寨、马垅、长坳、马王塘、申坨、大坪、漾水坨、岩坎云、鸭堡洞、腰子坨20个村和1个廖家桥居委会，132个村民小组。

人口民族

廖家桥镇为多民族聚居乡镇。1990年，全镇有3634户16494人，其中少数民族人口7823人。1995年，有3853户17664人，其中土家族2477人，苗族8243人，回族33人。2001年，全镇3997户16875人，其中非农业人口2000人，人口自然增长率6‰。总人口中苗族9750人，占57.8%；土家族4057人，占24%；汉族2000人，占11.9%；回族1068人，占6.3%。2005年，有4884户19149人，其中土家族5939人，苗族7436人，回族90人，侗族22人。2014年，全镇有5340户21134人。少数民族人口14759人，其中苗族8282人，土家族6304人，回族110人，分占总人口数的39.19%、29.83%、0.52%。

自然环境

境内地形以山地为主。一般海拔300～600米之间。主要山脉有南华山、勾鸡坡、峨眉山等，最高峰勾鸡坡海拔710米，最低点铁桥村海拔215米。中亚热带气候，四季分明，气候温和，年均气温15.9℃，年均降水量1300毫米，无霜期272.3天。主要河流有沱江、白泥江、廖家桥河3条。

经济发展

经济综述

20世纪60年代，廖家桥镇以传统农业经济为主。1965年，全社收入755271元，人均79.2元，其中农业收入632024元，占83.7%，；林业15030元，占2%；牧业22815元，占3%；副业68466元，占9.1%；渔业3078元，占0.4%；其他13858元，占1.8%。1979年，全社粮食产量596.5万公斤，生猪养殖量9000多头，油料产量13.5万多公斤，全年产值160多万元，人均收入119元。1983年，粮食产量0.5895万公斤，比上年增长86.2%，农业产值234.2万元，比1982年增长28.5%，人均收入162元，全乡有110户专业户和重点户，有12户联合体，出现田茂连、张可富等一批劳动致富万元户。1984年，全乡农业产值292万元，比1980年翻一番。1990年，粮食产量680.9万公斤，比上年585.3万公斤增长16.3%，农业产值1084万元，人均纯收入455元。1992年，农村经济收入1445万元，农民人均收入423元。2006年，全镇实现农村经济收入3713.8万元，同比增长11%；人均纯收入1464元，同比增长27%。2009年，全镇农村经济收入10527万元，人均纯收入2265元，同比增长330元。2011年，全镇农村经济收入1.346亿元，增长率在15%以上，农民人均纯收入2850元，增加350元以上，增长率在10%以上，劳务收入5100万元，同比增长10%。2014年，全镇农村经济收入1.958个亿，增长率10%；农民人均纯收入4370元，增加770元，增长率17.6%，劳务收入6669万元，同比增长8%。

农业

种植业 镇域粮食作物主要为水稻、次为玉米，主要油料作物为油菜。1966年，全镇耕地面积1740公顷，其中稻田面积980公顷，旱地154公顷。是年，凤凰县农业区划以廖家桥公社为试点，从7月16日入队，到8月27日基本结束，先后工作45天。农业生产底子基本摸清，提出农业生产发展方向。实行区划、规划、样板相结合。

2005年，成立菖蒲塘猕猴桃果业协会、铁桥柑橘协会等农业产业化组织，并在此基础上建立“南长城绿色果业协会支部”，每年开展农业实用技术培训，发挥辐射作用带动农户增收；协会还依托省道308地理优势、“南长城”品牌优势，延长产业链，建立瓦场村美国红缇母本示范园（5亩、800株）、南长城旅游水果观光带；改造低产果园67公顷，果农因此增加收入300万元。是年，协会建立年产值1000万元的纸箱包装厂，精包装销售境内水果，提升果品市场知名度，实施品牌战略。到2007年年底，全镇水果开发面积1655公顷，占耕地面积的66.45%，其中椪柑845公顷，猕猴桃400公顷，橙、柚177公顷，桃、李、梨等234公顷，年产水果5万吨，农业产业结构调整力度居全县之首，建有猕猴桃、柑橘协会组织5个。“协会＋支部＋基地（大户）＋农户”的运作模式遍及全镇21个村（居），销售网络遍及周边五省（市、区），年销售“南长城”牌时令水果45吨，为农户净增收入300万元。2009年，全镇柑橘品改面积68公顷，低改面积107公顷。以猕猴桃、椪柑为主的水果开发面积1655公顷，每户平均0.4公顷，人均0.1公顷；粮食播种面积1023公顷，粮食产量6500吨，人均增收6%，人均粮食占有量341公斤；以省道308为轴心，以南长城、飞水谷瀑布群和100公顷果园为基点，发展生态旅游观光农业。2010年，全镇粮食播种面积1725公顷，其中水稻690公顷；蔬菜种植面积200公顷，实现产值1200万元；以猕猴桃、椪柑为主的水果开发面积1922公顷，占耕地面积的66.45%，年产量6万吨，产值1.01亿元，占全镇经济收入的67.5%。鸭堡洞村引进“红阳”“米良一号”猕猴桃新品种，种植面积67公顷，全镇新增面积2000余公顷，并在菖蒲塘村建立百亩猕猴桃生产示范片和创办苗木基地。2011年，结合资源优势，以科学发展富民强镇为主题，以转变经济发展方式为主线，发展镇域特色经济，着力建设“果蔬品牌后花园”“旅游休闲欢乐园”“强镇富民工业园”“新型城镇宜居园”“教育兴镇文化园”的凤凰新城区。全镇完成粮食播种面积1633公顷，其中水稻666公顷；蔬菜种植面积140公顷，实现产值840万元；实施柑橘品改面积58公顷，低改面积83公顷。加强返乡农民工劳务技能培训，先后开展技能培训5次795人次。参加水稻种植保险312公顷。2014年，推广红阳猕猴桃、琯溪蜜柚等新品种，水果种植面积2028公顷，其中柑橘845公顷、猕猴桃773公顷、桃李梨橙柚等410公顷；开展菖蒲塘村新型农村集中社区试点建设和特色产业园建设，推进菖蒲塘核心果园扩面提质，带动菖蒲塘周边六村连片以及长潭岗周边4村连片共建两个现代农业示范园。菖蒲塘核心果园完成品改20公顷、进行标准化改造27公顷、流转果苗基地34公顷，种植面积110公顷，示范带动周边6村连片种植水果447公顷，辐射影响长潭岗4村连片种植水果200公顷，引领全镇实现水果种植面积1349公顷、组建8个专业合作社。

养殖业 镇域养殖业以鸡、鸭、猪、羊、牛为主。1966年，全社有生猪4234头，每户平均2.04头，其中集体525头，占12.4%。2007年，全镇发展养殖场6个，养鹅基地3个，养鸡鸭基地5个，网箱养鱼基地1个。2009年，年出栏生猪6000多头，生猪产值1000万元，镇有50头以上的养殖大户18户，100头以上的8户。2010年，全镇有中小型生猪、土鸡、土鸭养殖场47个。全镇存栏母猪1050头，出栏育生猪5000头以上，出栏仔猪15000头以上，实现产值1800万元以上。2014年，全镇有养殖小区一个，养殖大户 20 余户，实现生猪存栏 7806 头，其中能繁母猪 688 头；耕牛存栏 351 头，其中能繁母牛 198 头；羊存栏 524 只，其中能繁母羊 120 只；家禽存笼 11206 羽。全镇免疫（包括常年补免数）生猪 10052 头，牛 350 头，羊 820 只，家禽 50871 羽。牲畜口蹄疫、高致病性猪蓝耳病、禽流感免疫率 99%，猪瘟免疫率 98%，鸡新城疫免疫率 98%，其他常规疫病免疫率 95%。

工业

1959 年 1—10 月，公社（包括社办砖厂在内）完成工业产值 47.62 万元（成本 10.54 万元，占完成任务的 22.12%，利润 39.08 万元，完成任务的 77.88%）。1960 年，坚持贯彻“工农业并举、互相促进”的方针，全年工业产值提前 4.5 天超额完成县委分配 52 万元的任务，实际完成 56.89 万元，主要产品有纸浆、石灰，化肥农药、木炭等 11 种超额完成计划；开展技术革新 3328 件节约金额 12.9 万元，节省劳动力 291230 个。1993 年，廖家桥乡有 50 多个企事业单位，年产值 1500 多万元，每年上缴国家各种税金 70 多万元，长潭岗电站每年产值 460 万元，乡政府南瓜粉厂、保健面食厂、硫酸钙厂产值 500 万元。2012 年，以廖家桥镇廖家桥村斗牛场为中心，向公路沿线发展，东起廖家桥镇土桥坳村火烧蜡、西至廖家桥镇瓦场村打岩场、南至廖家桥镇省道 308 线处所含的区域，规划建设一个面积为 5.02 平方公里的新型工业园，成功引进昊通公司、金鹏农业综合开发有限公司、粉末站、搅拌站、明丰农业有限公司等企业入驻。2014 年，建成标准化厂房 7 万平方米、阿牛食品厂 1 万平方米、乾城搅拌站 1 万平方米、文武学校 2.2 万平方米、建强搅拌站 3.6 万平方米，共 15 万平方米土地征收工作。通过统筹规划、项目配套引进的 9 家企业中，昊通公司、果果三农、松桂坊、周生堂、搅拌站 5 家企业已正常生产。年内建成 3 万平方米的标准化厂房，规划建设大学生就业孵化基地等主要项目。

其他产业

旅游业 2007 年，全镇旅游收入 300 万元。2009 年，接待游客 5 万多人次，实现旅游收入 500 万元。2014 年，规范管理南长城、飞水谷、长潭岗等景区，同步推进民间工艺品、餐饮服务等第三产业发展，实现旅游收入 800 万元。

基础设施

交通运输

1956 年，修建凤（凰）铜(仁大兴)公路。1978 年，11 个大队通公路。1984 年，群众自筹 2000 元，修建菖蒲塘村古塘至廖家桥公路 0.3 公里。1991 年，通公路村 17 个，通公路里程 63 公里。1994 年，通汽车村增至 18 个。2002—2006 年，先后修通村组公路 21 公里，维修村级公路 32 公里，水泥硬化街道 4 公里，大坪村修建果园路 4 公里。2007 年，腰子坨村荞巴坳通组公路基本通车；廖家桥村老街铺水泥路 3 公里。2008 年，凤大公路在该镇境内 9.8 公里的炒砂路面摊铺工程和各种附属设施全面完成。2010 年，完成村间道硬化 7.6 公里，修建桥梁 1 座，硬化通村公路 3.13 公里。2012 年，全镇打造凤凰县“通畅工程”示范乡镇建设，涉及腰子坨村、申坨村、南泥村、铁桥村、土桥坳村、长坳村、马王塘村、漾水坨村、菖蒲塘、永兴村、岩坎云村等村间道 34.75 公里。年底，水泥硬化村间道 29.06 公里。2014 年，争取财政资金 34 万元，实施南泥、岩坎云、瓦场、林寨、腰子坨 5 村村间道硬化 6.5

公里；硬化菖蒲塘、大坪、鸭堡洞等村生产道8.1公里；实施永兴、马王塘、南泥、菖蒲塘、长坳、腰子坨等9个村水段渠坝23处水，投入资金25万元。

邮政通信

清乾隆三十年（1765），境内设驿铺3处，各有铺司2名，传递官府公文。民国16年（1927），国民党部队新编34师架通县城至廖家桥电话线路。民国26年（1937），建立总机室。1956年，乡内正式通电话。1985年，乡办电话不能自给，各村电话停运。1994年，开通程控电话，是年通电话村1个。2001年，通程控电话村15个，电话进入家庭，共有电话机716部。2007年，马垅、林寨村通电话。2012年，于腰子坨村、岩砍云村安装移动通信塔。2014年，全镇20个村均通移动电话。

供电饮水

供电 1966年，有水力发电站一处，装机160千瓦，与沱江电站组成对端电源系统。1975年，廖家桥公社10个大队通电。1976年，有12个大队通电。1977年，有15个大队通电。1979年，有16个大队通电。1991年，通电村20个，用电户数3346户。2010年，完成6个村35千伏输变电线路建设。2014年，完成线路检修，更换5条高压线，提升配网供电质量。

饮水 1984年，兴建人畜饮水工程3处，解决800人吃水问题。菖蒲塘村群众集资800元，出工3000个，安装自来水管6公里解决该村吃水难问题。2007年，漾水沱村火烧坪的农灌水渠维修工程竣工，80余户农户喝上洁净的自来水；完成投资90万元的廖家桥自来水改造工程，解决申坨村人饮问题。2008年，自来水改造工程二期工程完成永兴村、八斗丘两村，分水管和到户水管7公里。2009年，涉及全镇8个村5000余人的自来水改造工程开展建设维修。2013年，完成菖蒲塘村自来水项目建设。2014年，铺设大坪、永兴2个村供水管网2.7公里。

水利建设

1957年，建成小（1）型南泥水库，均质土坝，坝高19.7米，集雨面积3.2平方公里，库容250万立方米，可灌溉稻田4086公顷，实际保灌126公顷。1966年，建成麻塘湾水库，库容40万立方米，灌溉稻田6.7公顷；建成杨家垅水库，库容17万立方米，灌溉稻田9.7公顷。1971年，建成龙井水库，库容100万立方米，灌溉稻田34公顷；有各种水利设施231件，龙塘河水库中干渠灌溉境内；有灌溉水库4座，其中小（1）型1座、小（2）型3座；有山塘47口，库容22.89万立方米，灌溉67公顷；泉井112口，可灌溉稻田60公顷；有机电抽水站210处2507马力，其中机排10处10台、电排5处6台、水泵3处4台，可灌溉稻田76公顷。2001年，全镇有旱涝保收面积542公顷，机电排灌面积395.5公顷，有效灌溉面积886.2公顷，占稻田面积92.5%。2002—2006年，维修水渠5公里，整修大小山塘5处。2007年，岩坎营村增加3台农灌设施，增加有效灌溉面积10.2公顷。2009年，完成南泥水库除险加固改造和6公里多的渠道防渗维修工程；完成廖家桥、土桥坳、菖蒲塘3个村108套集雨节水工程建设。2014年，完成土桥坳村、菖蒲塘村山塘维修；维修八斗丘水渠0.5公里；维修加固南泥河坝2公里，同时实现杨家垅水库除险加固工程。

村镇建设

2006年，菖蒲塘、木根井、廖家桥、瓦场4个村列为社会主义新农村建设示范村，硬化街道8.2公里。菖蒲塘、铁桥、木根井、廖家桥、马王塘、瓦场、永兴、大坪8个村，修建村卫生室和村部楼。2010年，“一事一议”共完成村间道绿化8公里，村道整修1公里，村道硬化12.5公里。2012年，完成瓦场、土桥坳等9个村的“一事一议”工程村道建设4.89公里，财政补贴57万元。全镇修建沼气池37口，推广节柴灶160口，新安装太阳能67台。2013年，在全镇建沼气池55口，安装太阳能35台；完成修建樱桃坳村容积为150立方米的污水处理池，总投资18万元。2013年，在全县24个乡镇中率先启动同建同治工作，完善位于长坳村的镇垃圾处理场，全镇新设垃圾桶185个，发放垃圾篓6000个，新建覆盖20个村的分类处理垃圾围场71个，发放垃圾车14台，河道清理皮划艇6个，聘请16名保洁员对主干道进行日常打扫。2014年，完成南泥村村部楼新修，长坳村、漾水坨村村部楼维修，林寨村卫生室修建；新建铁桥村石桥1座；推广节柴灶126口，新安装太阳能26台；镇区内新修公租房168套，其中廖家桥政府72套；廖家桥镇垃圾焚烧炉建成使用；完成垃圾中转站建设。

社会事业

教育

2000年，廖家桥有中学1所，中心完小1所，片完小、村小15所。中学有教职工总数37人；小学教职工人数99人。2001年，全镇有中学1所，学生166人，教师36人；完小1所，村小15所，学生2370人，教师104人。2007年，廖家桥镇有学校12所，其中中学1所、中心完小1所、村小10所，学区在职职工161人，有中小学学生2318人，其中中学生649人、小学生1669人。2014年，全镇有中学2所、中心完小1所、村小8所、幼儿园2所。完小有教师68人，在校学生980多人。廖家桥中学有68名教职工，在校生522人（其中男生256人、女生266人、留守儿童206人）。华鑫中学有在校学生1650人，任课教师96人。

文化体育

1965年，建广播站，有专职广播员1人，广播用机器设备1套，有线广播通至各村，户户装有舌簧喇叭。公社广播站承担自办节目和农户喇叭修理工作。1971年，成立电影队，放映人员3~4人。1978年后，广播站业务扩展，开始转播电视节目并自编节目播放。是年，建文化站，由县配备1名文化辅导员。1984年，建电影院。2008年，投资25万元建文化站。2010年，镇文化站配置办公电脑5台，音箱、投影机、摄像机各一台，配置二胡、锣、鼓、笛子、小号、圆号、扬琴、萨克斯等乐器。2011年，机构改革，更名为文体广电服务站。是年，菖蒲塘、漾水坨、廖家桥、樱桃坳5个村建立农家书屋，2012年，除土桥坳、木根井2个村外，其余18个村均建立农家书屋，藏书4万册。2014年，全镇有民间艺术团队20支。

医疗卫生

廖家桥镇卫生院成立于20世纪50年代，1978年，更名为廖家桥公社卫生院，有病床12张，医务人员5人。2000年，设科室3个，有病床15张，医务人员8人。2001年，设有村级卫生室20个，辖区内有药店5个、个体诊所4家。2006年，由省扶贫办、省财政厅、省发改委引进湖南省日元贷款环境与生活条件改善项目，投资180万元修建一栋建筑面积1960平方米的三层医务大楼。2014年，全镇有卫生院1所，村卫生室20个，卫生院有床位30张，专业卫生人员19人。是年完成诊疗5000人次，门诊病人1721

人，农村合作医疗补偿 156248 元；住院病人 1403 人，农村合作医疗补偿 785546 元。

社会保障

2014 年 7 月 15 日，廖家桥镇遭遇百年难遇的特大洪灾，全镇各村都受到不同程度损失，其中漾水坨村受灾严重，1、2、7、8 组及两个鱼塘形成堰塞湖，雨停后 5 天内水位还不断上涨，三条出村道路及村间道路全部被淹，形成“孤岛”，全村 1000 多人无法出行，起居饮水供电困难。村内积水 70 多万立方米，最深处 20 多米，全村 195 户 855 人受灾，农作物受灾面积 42.6 公顷，其中水稻受灾面积 11.8 公顷，玉米受灾面积 7.6 公顷，水果受灾面积 10.4 公顷，蔬菜受灾面积 3.9 公顷，其他经济作物受灾面积 8.8 公顷，全村房屋受损 130 间，形成 33 栋危房，其中房屋完全倒塌的有 6 栋 12 间，牲畜受灾 200 头，山塘冲毁 5 处，鱼塘受灾 6.8 公顷。灾后，收到捐赠物资大米 10 吨，棉絮 185 床、食用油 128 瓶、矿泉水 220 件、儿童温暖包 420 个、方便面 20 件。是年，全镇有低保对象 670 户 1948 人；“五保”对象集中供养 23 人，散养 26 人；残疾人 350 人。发放粮食直补金 175692.06 元，综合补贴 1048918.02 元，农村低保 1165008 元，城镇低保 108931 元，“五保金”72705 元，移民后补金 241200 元，危房改造 226200 元。农保征缴资金 714950 元，参保率 80%。

特色地情

历史人文

南方长城 中国南方长城始建于明嘉靖三十三年（1554），竣工于明天启三年（1623）。长城南起与铜仁交界的亭子关，北到吉首的喜鹊营，全长 190 公里，被称为“苗疆万里墙”，是中国历史上工程浩大的古建筑之一。南长城沿城墙每三五里便设有边关、营盘和哨卡，以防苗民起义。如亭子关、乌巢关、阿拉关、靖边关等，如今这

南方长城（段周君摄于 2017 年 5 月 8 日）

一线还依稀可见碉堡、炮台和边墙。2000年，政府出资在廖家桥镇永兴坪拉毫营盘段进行维修，2001年修复1.78公里。2003年，首届“南长城中韩围棋邀请赛”在凤凰县举行。相关单位耗资近20万元在南长城建起号称世界上最大的围棋盘，是标准棋盘的5051.83倍，边长31.7米，总面积1004.89平方米。常昊、曹薰铉等棋手前来下棋，近千观众现场观看，并有上百余家新闻媒体记者采访，电视媒体现场直播。

风景名胜

飞水谷景区 飞水谷景区距中国历史文化名城凤凰古城仅10公里，距廖家桥镇政府3公里，属于国家地质公园，是古南方长城驻军的主要粮食加工基地及秘密仓库，历来为苗汉分水岭，是凤凰精品旅游景点之一。谷中危崖夹峙，树木繁茂，奇花异草点缀其间。一弘清流和无数特殊的岩石结成了诸如三叠瀑布、白龙滩瀑布、落英瀑布、斜瀑和兰草滩瀑布等十多个形态各异的小瀑布群，其中最为壮观的是在谷尾的飞水谷大瀑布，它高100多米，宽30多米。飞水谷拥有湖南省唯一的一座五重连环古碾房，用于躲避土匪的“避祸洞”和躲藏土匪的“土匪洞”隔河相望，在近百米高的悬崖上，还残留着南长城峰火台等断壁残垣。

（撰稿人：吴国强）

木江坪镇

区域概况

位置面积

木江坪镇位于凤凰县城东部，沱江河下游，东与泸溪县接界，南与麻阳县接壤，西与官庄、沱江镇毗邻，北与吉信镇相交。区域面积120.46平方公里，距凤凰县城27公里。

建置沿革

“木江坪”地处沱江河下游，县境通公路前木材经此外运，放木排时江面满是木材，成为木江，而江边有一大坪，因过往行人众多，发展成为集市，得名木江坪。清康熙三十九年（1700），设立凤凰厅时，系“民村”（原五寨土司所辖五峒）地，属白岩里。道光年间，厅域汉区分为上下乡（下辖5里11约），属下乡。民国初期厅改县后，乡以下废除里、约。民国25年（1936），全县设17个乡（镇），乡以下改为保甲制，称图强乡。1950年，县人民政府成立5个区公所后属第四区。1952年4月，增设3个区，以农会（或大村寨）建新乡木江坪、庙背、长车等，仍属第四区。1956年7月，撤区并乡时成立木江坪乡，8月，隶属龙潭基点乡。1958年10月，撤销办事处、基点乡，乡镇建制，与毛坪乡合并为红星人民公社，1959年3月更名为木江坪公社，社址设木江坪。1961年3月，分设为木江坪公社和毛坪公社。1961年9月恢复5个区公所建制后，隶属城郊区。1981年12月，所辖东风大队更名为庙背大队。1984年1月，改建为木江坪乡。1994年3月改建为木江坪镇。2005年12月，桥溪口乡并入木江坪镇。

行政区划

民国25年（1936），称图强乡，辖12个保。后并入的桥溪口乡当时属熙和乡地（该乡辖9个保）。1950年11月，辖农民协会、农民协会小组。1953年，建新乡时，属于四区。1956年7月，撤区并乡后隶属龙潭基点乡。1958年10月，木江坪公社（包括木江坪、毛坪二乡）辖8个大队。1961年3月，木江坪公社单设，辖木江坪、柏林、岩垅、长车、均匀坪、雷公洞、东风、高山田、万隆、新塘、万兴、流星12个大队。1981年12月，东风更名为庙背。1984年1月，木江坪乡辖12个村（同原大队名）、61个村民小组。1992年11月，木江坪镇辖12个村和木江坪1个居委会。2005年12月，桥溪口乡所辖中寨、金碧洞、得家、三坪、麻良、茶罗、红光、毛坪、大管冲9个村44个组并入木江坪镇。至2014

年，全镇辖21个建制村和木江坪居委会，下设105个村民小组。

人口民族

木江坪镇境内居民以汉族为主，杂居土家族、苗族。1990年，全镇有2090户9206人，其中少数民族人口2725人。1995年，有2173户9683人，其中土家族2568人，苗族107人。2000年，全镇有2196户9572人，其中汉族4669人，占总人口的48.8%；少数民族4903人，其中苗族500人，占总人口的5.2%；土家族4399人，占总人口的46%。2005年，全镇有2616户10688人，其中汉族5031人，占总人口的47%；少数民族5657人，其中土家族4965人，占总人口的46.6%；苗族680人，占总人口的6.4%。2006年，全镇总人口20595人，5115户，其中汉族10627人，占总人口的51.6%；少数民族9968人，其中土家族8998人，占总人口的43.7%；苗族970人，占总人口的4.7%。2014年，全镇总人口22264人，5832户，其中汉族11602人，占总人口的52.1%；少数民族10662人，其中土家族9191人，占总人口的41.3%；苗族1416人，占总人口的6.4%；其他55人，占总人口的0.2%。是年，木江坪镇百岁老人有长车村五组王善凤和岩垅村四组杨贵和。

自然环境

地势西北低、东南高，地形以山地为主，地处凤凰、麻阳、泸溪三县边境的八斗山，由东向西，纵贯全境。最高海拔八斗山884.3米，最低处猫儿口海拔222.1米。年均气温16.1℃，年均降水量1364.7毫米，无霜期272.3天。主要河流沱江，是武水支流，河道弯曲，滩多水急。境内有大小河流、溪沟21条，全长45公里，最长溪流为金中溪，长8公里，南北流向，流经镇内金碧洞村和中寨村。森林资源较为丰富，是凤凰县重要林业之乡，又是油茶集中产地。用材林主要有杉、马尾松、椿、枫、樟树等。矿产资源有锰、钒、铅锌等，主要集中在金碧洞、红光、长车、茶罗、得家等村。主要自然灾害有旱涝、冰雹、地质灾害等。

经济发展

经济综述

20世纪70年代，境内以传统农业经济为主。80年代，农业经济结构逐步调整。2005年，实现农业产值3740万元，农民人均纯收入860元。2007年，实现农业产值3800多万元，年均增长8%，农民人均收入1618元。2010年，全镇农业生产产值3400万元，比上年增长9%；农民人均纯收入2060元，比上年增长8.7%。2014年，全镇农业产值增长速度稳定在10%左右，固定资产投资2600多万元，农民人均纯收入2850元。

农业

种植业　1992年，大面积引进“三杂”，即杂交稻、杂交玉米、杂交油菜。全乡水稻规范化栽插面积453公顷，玉米方块育苗移栽60公顷。粮食产量提高，境内部分人口缺粮问题基本解决。1993—1995年，调整产业结构，突出以橙柚为主的林果业开发等支柱产业发展，助推农业和农村经济持续稳定增长。1995年，粮食产量保持在150万公斤左右，油菜移栽面积逐渐增大。1996—1998年，山地开发成效显著，以橙、柚、猕猴桃为主的水果开发达400公顷，年产量1000吨，产值100万元。2005年，全镇粮食播种面积1718公顷，其中推广杂交稻面积467公顷，粮食产量3909吨；油菜播种面积793公顷，产量891.8吨。全镇以橙柚、柑橘为主的山地开发共达800公顷。2007年，产业结构继续调整并优化，新种橙柚300公顷，药材试点开发20公顷。2010年，水稻播种面积753公顷，玉米播种面积406公顷，大豆种植面积239公顷，红薯栽插面积347公顷，油菜534公顷，水果开发334公顷，三坪药材开发20公顷。2014年，申请扶贫贷款，鼓励发展支柱产业、特色产业。成立长车、岩垅、流星、柏林亿农4个农业产业化合作社，实现合作社+基地+农户的新型发展模式。其中长车村油茶示范基地实现油茶低改面积253公顷；岩垅村和平油茶农民合作社实现油茶低改面积200公顷；流星村韩水清新凤红心猕猴桃合作社种植猕猴桃2.7公顷，亩产1000公斤；柏林亿农八月瓜合作社，由茶罗村一组村民杨有顺成立，注册资金800万元，投入资金210万元，种植面积8公顷，亩产1000公斤。

林业 镇域森林资源丰富，是全县重要林区之一。有大小林场9个，面积300公顷。2006年，全镇退耕还林面积809公顷，其中生态林808公顷，经济林1公顷，补植面积35公顷，补植苗木7050公顷，全镇森林覆盖率40%。木江坪镇集体林地面积8191公顷。2010年，全面完成林业外业勘界和林权证换发工作任务，现场核实率100%。全镇退耕还林面积1808公顷。截至2014年，全镇累计造林2133公顷，其中用材林1800公顷，经济林334公顷，林木绿化率91%，主要树种有杉、松、椿、枫、樟、梓类等，经济林有油茶、油桐、板栗、山苍子、棕树等。林产品丰富，有松脂、五倍子、红根、土茯苓、药材、棕片等。全镇有挂牌古树93株。水果种植面积1200公顷，主要品种有柑橘、柚等，产量3142.7吨，其中柑橘1760吨，柚18.4吨。

养殖业 镇域畜牧业以猪、牛、羊为主。20世纪80—90年代，家家户户基本上都有一头牛和一头猪。每家都养殖有鸡、鸭等家禽，养殖数目总量庞大，但养殖技术含量较低。90年代末，逐渐出现养殖大户，大户也仅有5～10头养殖数量。2010年，实现三大牲畜存栏10292头，出栏5517头，对三大牲畜7103头，家禽19504只开展动物防疫，发展种、养大户14户。全镇推行水稻、能繁母猪保险，提高农业抗风险能力。截至2014年，木江坪镇有各类养殖大户35户（养羊24户、养牛5户、养猪6户），特种养殖2户（竹鼠）。生猪饲养量1.2万头、羊0.07万只，牛0.08万头，家禽饲养量4.5万羽，畜牧业产值1037万元，占农业产值27.5%。

工业

20世纪70年代，境内主要有农副产品加工厂、砖瓦厂、竹木加工厂，玻璃厂，缝纫社等9家社队集体小厂，规模不大，人员一般在3～4人，年产值20万元，20世纪80年代末90年代初社队企业先后解体。2004年，民营企业发展，境内成功引进柏林采石场，为铝厂、猫儿口电站、吉首采石场供料，创造利税300多万元。2010年，中钢集团入驻凤凰，在木江坪镇建厂选矿。2014年，境内马岚滩电站有3台机组，每台为160千瓦，日发电量2000千瓦时左右，从业人员10人，电站产值24万元，年利润16万元。

其他产业

劳务输出 2006年，全镇输出劳动力3400人，劳务收入1126万元。2009年，输出劳动力3800人，劳务收入1376万元。2012年，全年转移输出农村劳动力4200人次，劳务收入3600万元。2014 年，转移输出农村劳动力 4500 人次，劳务收入 3900 万元。

基础设施

交通运输

20 世纪 70 年代前境内没有公路，运输靠 0.245 吨的小木船走沱江河水路。1971 年，枝（城）柳（州）铁路动工修建，途经木江坪镇万垅、柏林和岩隆 3 个大队，全长 12 公里，有隧道 8 处。是年 3 月，为配合铁路建设运输物资的需要，拉通一条沿铁路便道，途经该镇 5 个大队，全长 20.5 公里。1977 年年底，枝柳铁路新线试车。1978 年 2 月，凤木公路正式通车。该公路从杜田至木江坪，全长 24.5 公里，砂石路面，宽 6.5～7.5 米。1987 年 5 月，新凤凰火车站正式开展客货运业务。1998 年，由国家投资 2000 万元改造凤木公路，由沙石路改为沥青砼砂路面。随后，木江坪镇的交通状况不断改善，前后修建通往吉首、泸溪县解放岩、麻阳县等地的公路，全镇各村及多数自然寨都修通村组公路。2001 年，木江坪至万兴村级公路改造铺砂。2004 年 3 月，木江坪横跨沱江的民兴大桥竣工。2005 年，高山田通脑上组级公路全面竣工，岩垅通组公路全面竣工；向上争资 65 万元，中寨村 3.5 公里砂改油路。金碧洞、红光、麻良、三坪、茶罗、木江坪及万兴等村公路得到维修，三坪至红光两村公路贯通，三坪、木江坪、茶罗及大管冲村的村间道路全面硬化。2009 年，木江坪至猫儿口公路水泥硬化，柏林、庙背、岩垅，毛坪等村的村间道路硬化；岩垅至庙背的通村公路，岩垅至雷公洞公路的新修工程，柏林村 4 公里水泥硬化整修启动；大管冲至茶罗，红光至三坪的通村公路通车，维修麻良、万垅、新塘、万兴等村级公路。2010 年，新修庙背至岩垅、大管冲万溶至万口公路 7 公里。2012 年，全镇 21 个村基本实现“五通”，完成均匀坪、柏林、雷公洞、流星 4 个村的村道硬化工程，同时实施木江坪镇街道硬化。2014 年，实施流星至庙背农村通畅工程，完成得家、金碧洞、长车、三坪、中寨至必胜、中寨至得家村级公路硬化。

邮政通信

1937 年，木江坪镇设信柜，开通步班邮路。1951 年，开通县城至木江坪邮路，为二日班，全程 75 公里。1955 年，木江坪设邮电局。1961 年，木江坪公社各大队均通邮。1970 年，木江坪公社各大队均通有线电话。至 2005 年年底，全镇 12 个村都通有线电视，村村通电话，同时，投资近 200 万元，新建移动基站 2 个，开通移动电话。2008 年，全镇新增移动基站 6 个。2014 年，全镇有邮政网点 1 个，投递点 9 个，乡村通邮率 100%，有固定电话用户470 户，普及率 8%；移动用户 3800 户，比上年增加 1560 户，移动电话普及率 83.3%；宽带接入用户 130 户，光纤接入用户 30 户。

供电饮水

供电 木江坪镇境内有小型水电站 2 座，县属水电站 1 座。县属猫儿口电站于 1985 年 6 月动工修建，1987 年 12 月建成发电，装机容量 7500 千瓦，年均发电量 3000 万千瓦 / 小时，是县境发电总量仅次于长潭岗电站的第二大电站。镇属马岚滩电站于 1988 年 4 月动工，1990 年 2 月建成发电，有 3 台机组，每台为 160 千瓦，装机容量 480 千瓦，年均发电总量 200 万千瓦 / 小时。电站工作人员 10 人，年利润 16 万元。2006 年，完成木江坪村的农网改造，完成马岚滩电站自控区 7 个村的线路改装。2008 年，投资 100 多万元，改造三坪、毛坪两个村电网；筹资10万元，维修木江坪镇10个村因冰灾严重受损的电力设施。2009年，改造大管冲、柏林、得家、红光、麻良、茶罗6个村农网。2010年，实施万隆村农网改造工程。2011年，实施新塘、万兴、流星、庙背、高山田、均匀坪、雷公洞、长车、岩垅、金碧洞10个村农网改造。2012年，全镇21个村农网改造工程全部竣工。

饮水 20世纪80年代，境内人畜饮水主要靠井水和溪沟河水，取水方式为肩挑背负。1993年，镇政府集资50万元，请省405地质队打井抽水，井深114米，建150立方米蓄水池1个，装机10千瓦电力潜水泵；另建自来水站房1栋，占地面积120平方米，建筑面积300平方米，铺设管道5公里，供应镇政府机关、学校、木江坪村、柏林村一、二、三组村民生产生活用水，供应人口2000人。1995年，水管开始出现爆裂，经停水修补，仅能供应镇政府机关使用，其他村组、机关、学校暂停供水。1997年，投资30万元建成中寨村自来水站，370多户2000多人用上自来水。1998年，投资30多万元，建成毛坪村自来水站，该水站建筑面积200多平方米，占地面积280多个平方米，解决全村352户1586人用水问题。2002年，木江坪中学自筹资金1万元，从山中引水，修建水池一座，水池容量35立方米，缓解中小学校用水问题。2004年，由州财政局拨款4万元，在木江坪中学又建水池一座，蓄水180立方米，主要解决学校用水。2005年，镇政府将自来水站承包给木江坪村田广经营，承包期二十年。2006—2008年，州县财政局解决资金13万元，用于恢复及改造镇自来水站。2008年，改造三坪、木江坪等村人畜引水设施。2009年，争取项目资金6万元，维修桥溪口中学、中寨村、长车村、大管冲村人畜饮水设施，解决3000人饮水问题。2010年，县供水站资助资金24万元，实施木江坪镇自来水站扩改工程，将总管由胶管改为钢管，恢复柏林村一、二组，木江坪村一、二组及各镇直机关单位供水。2011年，县教育局投资11万元，田广自筹资金2万元另打水井一口，井深100米，并建水池一座，蓄水200立方米。完成岩垅、毛坪、中寨等村改水工程。2014年，投资5万元实施木江坪村二组改水工程；投资2万元实施木江坪村三组自来水管道扩改工程；投资44万元实施岩垅村四组安全饮水工程；投资54万元完成万隆村安全饮水工程。是年，“7·15”洪灾，自来水站设施受损，毁坏严重，州政府解决资金10万元用于水站灾后修复。年底，自来水站有水池4个，容量580立方米，90毫米以上管道4公里，32毫米以上管道12公里，供应人口5500人。

水利建设

1957年9月，境内兴建第一座小（2）型水库——尖栗山水库，水库控蓄水位616.8米，库容量160.5立方米，灌溉新塘、万兴、万隆、流星4个村共67公顷农田，1974年建成投入使用。1958年10月，建成小（2）型狮子口水库，库容16.63立方米，灌溉均匀坪村稻田44公顷；建成小（2）型老木岗水库，库容40万立方米，灌溉毛坪、木江坪村稻田34公顷。1959年，建成小（2）型大阪水库，库容10万立方米，灌溉得家村、大管冲村稻田14公顷。2001年，全镇有旱涝保收面积188.5公顷，机电排灌面积137.6公顷，有效灌溉面积322.2公顷，占稻田面积的79%；桥溪口乡有旱涝保收面积186公顷，机电排灌面积135.7公顷，有效灌溉面积318公顷，占水田面积84.4%。2004年11月，除险加固老木岗水库。2011年，除险加固尖栗山水库。2013

年，维修狮子口水库600多米长的溢洪渠道，灌溉农田14公顷。截至2014年，境内有小（2）型水库4座。小型山塘89座，小型泵站8处。是年，投资50万元，新修万隆村防洪堤坝及水渠，各长1.8公里；投资30万元，对岩垅村山塘进行维修；投资10万元，维修岩垅村水渠1.5公里；整合“一事一议”资金20万元，修建长车村山塘一口，柏林村山塘一口。

村镇建设

2011年，木江坪镇启动全州“百个乡镇整脏治乱绿化行动”工程，实施对木江坪镇政府至柏林村1.5公里公路绿化，开展街道环境卫生、乱搭乱建、乱停乱放规模整治行动3次，拆除乱搭乱建棚子44个，土灶3个，同时，启动街道亮化工程——完成木江坪、柏林两村的3.4公里街道亮化工程，安装路灯68盏，建垃圾站两个。2013年，开展“同建同治”工作，全镇21个村共修建垃圾围108个。7月，接受州同建同治工作检查，获得全州第一名的好成绩。是年，完成木江坪镇街道硬化工程及均匀坪村的街道亮化工程，安装路灯28盏；完成岩垅村的街道亮化工程，安装路灯78盏；投资8000元，在万隆村安装太阳能路灯6盏。2014年，各村修建垃圾围场118个，其中柏林村自筹8100元修建5个钢架棚垃圾池，万隆村自筹11800元修建9个钢架棚垃圾池；村、组配备保洁员82人，实现垃圾分类处理；投资38万元，在毛坪与木江坪村交界处修建垃圾焚烧炉1座；茶罗村自筹8.2万元修建垃圾焚烧炉1座。

社会事业

教育

1938年，木江坪开始办小学，校址位于木江坪村底江。1951夏，搬迁至新址（现木江坪中学）。1958年9月，木江坪中心完小附设初中班。1964—1969年上半年停办。1975年，设中学部，有2个初中班、2个高中班。1977年称县第七中学。1979年，撤销高中部和县七中校名，保留初级中学。时有完小1所，村小13所。1992年9月至2006年2月，县财政先后投入资金177.34万元，为中学和完小新建教学楼4栋；投入资金70.9万元，建学生宿舍2栋；投入资金16.59万元，建学生食堂2套；投入资金46.76万元，建教师宿舍2栋。2001年，全镇有中学1所，学生122人，教师31人。完小1所，村小10所，学生1271人，教师58人。2011年9月，全县教育布局调整，原桥溪口学区合并至木江坪学区，并校后，通过整体规划建设，新建公租房60套，教师周转房15套，标准化学生食堂1栋，在建学生宿舍和教学楼各1栋。2014年，全镇有幼儿园1所，在园幼儿132人，教师5人。全学区有村小教学点13个，其中牛场、均匀坪和高山田教学点为省级“为民办实事”学校，初中1所，中心完小1所，有学生1700人，住宿生有625人，教师129人。

文化体育

木江坪镇一直沿袭优良的文化传统，群众极其热爱文化娱乐活动。木江坪镇文化站始建于1989年。2000年，建广播站，有闭路电视转播设配一套，由私人承包管理，建站后根据上级有关文件精神，收归镇政府管理。是年，开通万隆、柏林、木江坪3个村有线电视，有线电视用户达300户。2001年，文化站与广播站合并为文化广播站，编制2名。2006年，投资16万元建文化站办公楼一栋，有文娱活动室、农家书屋等。2007年，镇政府牵头，成功举办木江坪地区第一届“五四”青年杯篮球赛。2012年3月，县机构改革，更名为文体广电服务站。是年年末，全镇免费发放村村通闭路电视设备100套，有线电视覆盖全镇，21个村均能收看电视节目。2013年，镇文化站配置办公电脑5台、音箱、投影机、摄像机各一台。2014年，全镇21个村均设立农家书屋，有存书3万余册。全镇有民间艺术特色团队20支，如柏林村的乐队、阳戏剧团、健身队，木江坪村的健身队、民间艺术团队、中寨村的阳戏表演队、牛场阳戏剧团、健身队，得家村阳戏剧团、健身队，大管冲村的茶灯队等。这些群众文艺团队常以舞蹈、歌曲、三句半等形式进行演出，内容丰富多彩，寓教于乐，很受群众欢迎。是年，成功举办第九届“五四”青年杯篮球赛。

医疗卫生

1958年，木江坪设立公社卫生院。有医务人员2人。1965年，卫生院医务人员增至6人，各大队也设立卫生室，医务人员称为“赤脚医生”。1969年，县卫生局从长沙、衡阳等地调集一批技术人员到木江坪医院，加强医疗技术，增加医疗设备，木江坪医务人员增加至12人。1972年，木江坪新修公社卫生院，占地面积700多平方米，建筑面积1000平方米，病床20张。2007年，县卫生局拨款80万元，在木江坪集镇临街处修建一栋占地350平方米、建筑面积1050平方米的三层医务大楼，木江坪镇卫生院，设病床10张。2008年，木江坪镇开始实行新型农村合作医疗制度。2009年，全镇实际参合人数14310人，参合金额286200元。是年，木江坪镇住院门诊补偿187.95万

团上北宋城墙遗址（曾慧芳摄于2017年2月）

元，高出全镇上交的159.33万元。2010年，应参合人数19740人，实际参合人数15792人，参合金额47.38万元，参合率80%，全年住院门诊补偿187.95万元，高出全镇农合金额140.58万元。2014年，新型农村合作医疗参合人数17269人，参合金额154.11万元，参合率90.87%。至是年年末，全镇有卫生院1所，村卫生室21个，卫生院有床位18张，专业卫生人员12人，其中执业医师2人、执业助理医师3人、注册护士2人。实施诊疗4500人次，出院病人795人次。

社会保障

20年世纪80年代后期，木江坪镇、桥溪口乡设民政所，各配置民政助理员1人，专管赈灾、救济、优抚、"五保"等民政事务。1989—1997年，根据国务院颁布《中华人民共和国农村五保供养工作条例》规定，对"五保户"采取分散与集中相结合的办法供养，以分散供养为主，县财政给予一定的养老金外，其余由乡、村、组统筹。木江坪镇及桥溪口乡均按每人每年供给粮食150公斤、食用油6公斤和其他物资的标准发放，由民政员送到"五保"老人家里。1989年，木江坪镇建成敬老院，部分"五保"老人住进敬老院、实行集中供养，安排专人管护。2003年，实行城乡居民最低生活保障制度，农村每人每年最低生活保障标准为60元，至2006年增加到每人每年180元，同年木江坪镇、桥溪口乡合并成一个乡镇，合并后全镇农村低保有84户212人，累计发放低保金38160元，发放救济款2.5万元。2007年，敬老院搬至原桥溪口乡政府用房，并投资10万元大修。2009年，全镇发放各种救助资金共计147.4万元，其中农村危房改造款37万元，居民低保金58万元，五保供养8.7万元，优抚双定17.8万元，救济款22.9万元，大病救助款约3万元。2012年，清查低保对象，清除一批不符合低保政策的人员，并且把清除的指标评给符合条件的村民。是年，大病救助资金为32万元。2013年，农村低保扩面10%，全镇农村低保有603户2007人，全年累计发放低保金156万元。2014年年末，全镇享受居民最低生活保障户数18户65人，支出15.02万元，比上年增加4.68万元；农村最低生活保障户数561户2017人，支出234万元，比上年增加78万元。农村"五保"集中供养17人，支出供养费109520元；分散供养47人，支出供养费117500元。民政部门医疗资助119人，资助医药费10710元。农村临时救济405人次，发办救济金25万元。全年扶贫建房20栋补助25.6万元。国家抚恤补助各类优抚对象65人。

2014年7月15日，木江坪镇遭遇百年难遇的特大洪灾，全镇房屋受损81栋，其中倒塌13

栋，严重受损 54 栋，一般受损 12 栋；水淹房屋 132 栋，转移和安置户数 152 户 570 人，受灾户数 3878 户 1780 人；全镇直接经济损失 2857 万元。上级拨付民政救济资金 13 万元，救济物资折合人民币 20 万元，其中大米 29295 公斤，食用油 60 件，棉絮 220 床，毛毯 100 床，棉衣 100 件，全部发放到灾民手中，灾后重建房屋 42 栋。

特色地情

历史人文

地方军政贤达唐世钧（1874—1936） 唐世钧字力臣，木江坪得家村人。他受孙中山民主革命的启迪，暗地发展反清势力。1911 年，武昌起义消息传到凤凰，唐世钧与同盟会员田应全密谋起义，组织万余人的农民起义军，决定攻打凤凰城，攻城失利后，他又汇集凤凰、松桃、永绥、乾州四厅县义军徐图再举，迫使清道台朱益俊在城楼上挂白旗“愿洁身引退”，凤凰全城悬旗志庆，宣告起义成功。唐世钧作为农民起义军领袖攻城有功，被任命为镇标前营都司，兼巡防八队管带，嗣补右营游击，后历任湘西护法军总司令第三梯团团长、国民革命军第十军独立旅少将旅长、徐州警备司令，任辰麻十二方面清乡司令、湘黔边防游击司令等职，其为官清正、扶助孤弱，深得民心。

桥梁设计专家田荣跃（1928—2012） 木江坪长车村人。1955 年，部队复员后从事公路交通建设，系凤凰县交通局高级工程师、湖南省科协第五届常委会委员、湘西州工程师协会理事，先后设计施工公路 510 公里，大、中、小桥梁 108 座。他 20 年创建 5 种新桥型，建成的 26 座大桥为国家节省投资 800 万元。1990 年，设计建成主跨 120 米、高 42 米的全空式石肋拱桥——乌巢河大桥，技术上处于当时国内同类型桥梁领先水平，被誉为“天下第一大石桥”。1997 年，在浙江省淳安县千岛湖设计主跨 123 米、全长 243 米的旅游区配景桥。在设计评审会上，受到全国著名桥梁专家们一致好评。田荣跃 4 次获省、州科技成果奖，6 次获优秀工程奖，多次被评为省、州模范科技工作者、先进工作者，记大功 12 次。1992 年起，享受国务院特殊津贴、劳模荣誉津贴。著有《轻型石拱桥》《凤凰桥话》《登攀的足迹》《中华石拱》等著作。

风景名胜

宋代城址 2012 年，在木江坪镇柏林村东约 2000 米处的山坡上发现“团上宋代城址”，占地近万平方米，城墙周长 600 余米，平面呈不规则形，东西宽 150 米，南北长 250 米，现发现有南、北两门，城墙保存基本完整，城墙残高 0.6 ~ 2.76 米，宽 1.2 ~ 1.8 米，墙体材料因地制宜，就地取材，有土石混合，或夯土筑砌，文化层厚 1.7 米，在两段城墙剖面出土有北宋精美的陶残片、瓷残片。除此之外，在城内、城外采集有取火石、瓦片及牛、马等动物碎骨，其功能区域分为防御区、生活区、墓葬区等。

八斗山 木江坪镇风景优美，境内的八斗山，起伏高峻，地处凤凰、麻阳、泸溪三县边境，由东向西，纵贯全境，是宗教圣地。山顶的八面山庵建于 20 世纪 30 年代，于 1976 年重修，每年农历三月、六月、九月的十八日是庙会的日子。

民俗风情

木江坪镇是土家族聚居的乡镇。土家族纯朴憨厚，强健勤劳，在漫长的历史长河中形成了自已独特的生活习俗和民俗风情，《归州旧志》载“巴人好踏蹄”，指的就是土家族区内广泛流行的跳丧舞，“死亡群聚歌舞，舞则手踏地为节……名踏歌”。木江坪镇境内的土家族是整个中国土家族部落之一，自称为“廪卡人”，他们信仰白帝天王，特别是在丧葬仪式中举行“跳牌”“打廪”仪式，有着完全的宗教钯彩和古老艺术文化，法师头戴法帽，手执竹制空板，敲打击节，边跳边唱，其唱词娓娓动听，感人肺腑，以表示对亡灵的哀悼之意。据专家考证，此一“廪卡”部族是古代巴人的直系后裔，他们的天王信仰“跳牌打廪”习俗以及在丧堂中演唱的丧歌与巴人演唱的“薤露歌”是一脉相承的，其历史悠久、源远流长，是一种非物质文化遗产。

木江坪镇系武陵山之腹地，广泛的信奉巫鬼，特别注重祭祀的《汉书·地理志》载，古系苗蛮之地，以楚文化为主体，“重祭祀，楚人信巫鬼，重淫祀”，千年遗存下来的习俗根深蒂固，一个最鲜明的宗教文化就是祭祀天王菩萨，其次就是普遍的酬神还愿，是最隆重的宗教仪式，每年的农事稍息，时至十冬腊月，就有土老司跳傩还愿，还愿主人必须先斋戒几天，然后诚心请来土老司，杀猪宰羊，煮酒打糍粑，遍请亲朋好友，上门送礼祝贺，时间少则三天三夜，多则十天半月。酬神还愿必须请土老司，若土老司不在家，务必要请土老司夫人，称为师娘，替土老司还愿，此宗教文化渊源有数百年历史。

（撰稿人：滕建平）

吉信镇

区域概况

位置面积

吉信镇位于凤凰县东北部，万溶江上游，南连齐良桥，东与泸溪县解放岩乡接壤，西临木里乡，北接三拱桥乡和竿子坪乡，总面积116.51平方公里。南距县城21.5公里，北距吉首31公里。

建置沿革

吉信早期地名叫水门河，盛产油麻，又叫油麻坨。清康熙三十九年（1700），设立凤凰厅时，系“民村”（原五寨土司所辖五峒）地，属乌引里。清乾隆六十年（1795），清军在此镇压苗民起义时，建立兵营取名得胜营，后建蔚文乡，称团结镇，苗语音汉译为吉信。道光年间（1821—1850），厅域汉区分为上下乡（下辖5里、11约），属下乡白岩里都吾约。民国初期厅改县后，乡以下废除里、约。民国25年（1936），全县设17个乡（镇），乡以下改为保甲制，称蔚文乡。1950年，属凤凰县第四区。1952年4月增设3个区，以农会（或大村寨）建新乡团结镇、大桥、都吾等，属第四区。1956年7月，撤区并乡时属万溶江乡，同时设立乡辖吉信镇，8月隶属万溶江基点乡。1958年10月，撤销办事处、基点乡、乡镇建制，与竿子坪乡、拉务乡、首云乡（一部分）合并为吉信人民公社，管委会设吉信。1961年3月，吉信公社分设为吉信公社和三拱桥公社。1961年9月，恢复5个区公所建制后，隶属吉信区。1981年12月，所辖团结、龙肱大队更名为吉信、龙滚大队。1984年1月，社改乡，为吉信乡。同年12月，撤乡建镇为吉信镇，镇政府设在吉信村。2005年，行政区域调整，火炉坪乡4个村、两头羊乡4个、木里乡1个村及大田乡2个村划归吉信镇。

行政区划

民国25年（1936），称蔚文乡，辖14个保。后并入的两头羊乡当时属维新乡地（该乡辖8个保）。1950年11月，辖农民协会、农民协会小组。1953年建新乡时，属于四区。1956年7月，撤区并乡后隶属万溶江基点乡。1958年10月，吉信公社（包括万溶江、竿子坪、拉务三乡和首云乡一部分）辖13个大队。1961年3月，吉信公社分设后辖团结、黎明、大桥、油菜、新田、联欢、满家、都吾、锡坪、龙肱10个大队。1981年12月，团结更名吉信，龙肱更名龙滚。1984年12月，吉信镇辖10个村和吉信1个居委会、51个村民小组。2005年12月，火炉坪乡的火炉坪、岩口、追仁、塘寨，两头羊乡的两头羊、高山、大塘、茶山，木里乡的万溶江，大田乡的首云、三角坪，共计11个村并入吉信镇。至2014年，全镇辖吉信、联欢、新田、都吾、大桥、油菜、黎明、三角坪、首云、满家、龙滚、锡坪、万溶江、火炉坪、岩口、塘寨、追仁、两头羊、高山、茶山、大塘21个村和吉信居委会，下设98个村民小组。

人口民族

吉信是一个土家、苗、汉、回多民族杂居的少数民族聚居镇。1984年，全镇有2318户10934人，农业户1978户9795人，其中苗族人口2960人，占总人口的27%；土家族人口3160人，占总人口的28.9%。1990年，全国第四次人口普查，全镇登记2548户11651人，常住县境人口11635人，人在县内户口在外县市人口16人，有常住户口离开县境一年以上人口149人。2001年，全镇有3134户13869人，其中农业户2608户12504人，非农业户526户1515人；人口自然增长率6.21‰；总人口中土家族5455人，占总人口的39.3%；苗族3987人，占总人口的28.7%；汉族4184人，占总人口的30.2%，其他民族243人，占总人口的1.8%。2005年行政区划调整后，全镇有4638户21856人。截至2013年9月，全镇总人口23161人，人口出生率13.56‰，人口自然增长率9.05‰。2014年，全镇有5951户23421人，少数民族人口19065人，其中苗族13639人，土家族5253人，分占人口总数的58.23%、22.43%。

自然环境

地势西高东低，海拔310～430米之间。有高山两座，新田村雷洞山海拔581米，大桥村方金坡海拔562米。镇区地下多溶洞，属于岩溶性喀斯特地貌，由东往西逐渐转变为砂岩地貌，万溶江流水常年冲刷形成峡谷。属中亚热带季风湿润性气候，处于湘西低热区，年均气温15.7℃，无霜期280天左右，年均降水量1308毫米，有大小河流、溪沟16条，总长69公里。万溶江属吉信镇重要的水源性河流，辖区内总长约30公里，由南向北流经全镇注入武水流域。

经济发展

经济综述

20世纪60年代，吉信镇以传统农业为主，种植单一，方式传统。1981年，全面推行联产承包责任制，抓粮食生产的同时，大力发展以晒红烟、生姜、苎麻等独具地方特色的经济作物生产，利用山地资源，建立商品生产基地。2001年，农业产值1227万元，其中种植业收入821万元，占66.9%，林业21万元，占2.2%，牧业189万元，占15.4%，餐饮业28万元，占2.3%，副业67.3万元，占5.5%，渔业9.4万元，占0.8%，全镇人均纯收入645元。是年，工业产值30万元，建筑业产值151万元，运输业收入43万元，批发零售贸易额86万元，餐饮业收入77万元。2005年，吉信镇遭受大旱灾，全镇农业产值1918万元，粮食产量1510吨，比上年下降60%。人均纯收入871元，比上年增加85元，劳务输出收入1746万元，比上年增加300万元。2012年，吉信镇国内产值5507万元，比上年增长8.3%，其中农业产值4534万元，增长1.86%；财政收入522万元，增长9.9%；农民纯收入2118元，增长6%。2013年，全镇完成国内产值5617万元，增长2%，其中农业产值4554.37万元，增长0.4%；农民人均纯收入2285元，增长7.7%。2014年，全镇实现国内产值 6537.3 万元，增长 23.54%，其中农业产值 4544 万元，增长 4.84%；财政收入 609.28 万元，增长 16.72%；农民人均纯收入 3013 元，增长 31.85%。

农业

种植业 20 世纪 50 年代，境内种植业落后，以传统农耕为主，品种单一。1981 年，推行家庭联产承包制，调动农民种植积极性，种植业得以快速发展。90 年代，大力发展生姜、烟叶等经济作物种植。2004 年，由锡坪村颜顺兴牵头，成立吉信镇生姜协会，拥有会员 85 人，参与生姜产业的生产及销售，年销售额 180 万元。2006 年，服务西部大学生志愿者吴林建为吉信生姜销售建立开题“中国姜网”，吉信生姜开启网络销售模式。2007 年，黎明村村民委员会与湖南省农业大学联手在吉信镇黎明村成立苗族酸菜基地，主要产品为酸豆角。2011 年，吉信镇生姜协会经正规化注册，更名为生姜合作社,生姜种植面积 467 公顷，年产生姜 13813 吨，远销浙江、江苏、上海、福建、广东、广西、湖北等地,并与临近怀化等周边地区的销售签订供销合同，销量达 2000 吨，农户普遍增产增收。2012 年，农作物播种总面积 2611.6 公顷，其中水稻种植 1115.5 公顷、玉米 297.6 公顷、红薯 251 公顷、生姜 348.7 公顷、柑橘 213.3 公顷、油菜 332.2 公顷、烟叶 53.3 公顷。2014 年，农作物播种总面积 2867.5 公顷，其中水稻种植面积 1115.3 公顷、玉米 337.9 公顷、红薯 220 公顷、生姜 452 公顷，柑橘 69.3 公顷，油菜 372 公顷，其他产业种植面积 301 公顷。是年，吉信镇遭受百年未遇的洪涝灾害，全镇大范围农作物受灾减产。当年全镇购置农机 180 台，发放补贴 17.89 万元。烟叶种植面积达到 66.7 公顷，主要涉及两头羊等 11 个村，全面完成烟叶配肥任务，收购烟叶 67 吨，发放烟农资金 172.4 万元。是年，吉信镇满家村大学生“村官”孙珂在原生姜合作社的基础上，成立满坪生姜种植专业合作社，引进新品种、新技术、新管理，并申请到州农业局扶贫工作队指导生姜种植，形成千亩连片生姜种植规模，辐射带动周边地区姜农种植。

养殖业 20 世纪 70 年代，养殖业以散养为主，规模小，总量低。1981 年后，随着粮食产量的稳定增长，养殖业得到快速发展，农户养殖家畜数量增多，但仍然处于传统养殖阶段，养殖模式难以实现升级。2011 年，生猪养殖存栏数 13420 头、出栏 10030 头，家禽存笼 60200 羽、出笼 54300 羽。2013 年，生猪养殖 3445 头，出栏 10310 头，其中规模养殖户 5 户；耕牛养殖 2133 头，出售和自宰的肉用牛 198 头；山羊养殖 1666 头，出栏 2750 头，其中规模养殖 2 户；家禽养殖 12046 羽，肉鸡规模养殖户 1 户，饲养 5000 余羽，肉鸭规模养殖户 2 户，饲养 2000 余羽，家禽年出笼 57100 羽。2014 年，生猪养殖 2597 头，出栏 10100 头，其中规模养殖户 3 户；牛养殖 1911 头，出售和自宰的肉用牛栏 169 头；山羊养殖 2129 头，出栏 2520 头，其中规模养殖 5 户；家禽养殖 11581 羽，肉鸡规模养殖户 1 户，饲养 5000 余羽，肉鸭规模养殖户 2 户，饲养 2000 余羽，家禽年出笼 6200 羽。

工业

1986 年，吉信镇向上级提交《凤凰县吉信镇“精干麻”厂可行性研究报告》，总投资 29.86 万元，建成年产精干麻 125 吨的精干麻厂，有工人 51 人，工业得到初步发展。2011 年，由政府主导招商引资，引进白岩矿项目 1 个，引进资金 5000 万元。2011 年 12 月 15 日，成立湖南亨泰来矿产新材料开发有限责任公司，集矿业开采、技术研发、生产销售于一体，专业生产重质碳酸钙及其新材料产品。公司拥有湘西丰富的优质方解石资源，储量高达5000万吨以上，矿石中碳酸钙含量高达99%，白度达95%~96%。2013年1月，投资总额为5100万元的年产20万吨重质碳酸钙新材料开发项目开工建设，2014年6月建成投产，实现年产值1亿余元，年利税3000万元，吸纳劳动力300余人。

商贸服务

1986年，自筹资金2万元、贷款2万元、引进资金31万元，于6月动工、10月竣工，建成一座6800平方米的农贸市场。次年开始扩建，至1989年，建成使用面积14221平方米、建筑面积11382平方米、占地面积4148平方米的高标准农贸市场，设有固定摊位416个。

基础设施

交通运输

1956年，分布于国道209沿线的黎明、油菜塘、大桥、吉信、联欢、满家6个村通公路。1990年，由县投资4万元，用时两个月修通都吾、新田村9.5公里村级公路；投资0.8万元，修建镇区供销路；投资3万元，修建凤凰四中校路。2001年，实现村村通公路，里程28.5公里。2006年，修建大塘村通村公路；首云村通村公路毛坯接通；实施龙滚村、锡坪村、油菜村11公里沙路改油路工程。2007年，修建首云、大塘、追仁3个村的村级公路，全长18公里；实施吉信、联欢、火炉坪、大塘等村（居）村道硬化工程。2008年，投资90万元，实施吉信镇区环线路路基整理和路面硬化工程。2010年，投入资金20万元，硬化大塘、都吾、吉信、首云4村4公里村道；硬化集镇老街路面；建设茶山村通组公路；吉怀高速吉信段开工建设。2011年4月18日，投资80余万元的吉信新客运站建成使用；硬化都吾、两头羊、大桥3个村村道11.7公里，总投资400万元。2012年，投资200多万元，硬化都吾村公路6.5公里，建设首云、满家、大桥、吉信、锡坪、黎明、追仁7个村通组公路10.5公里。2013年，整修新田村、高山村等6个村共计23.5公里的公路，整修塘寨村等3个村3.5公里的机耕道，总投资108.5万元；国道209改造扩建，完成满家村等5个村共369户的征地工作，涉及田土12.37公顷，年内正式动工；吉木四级公路建设新田段5公里竣工。2014年，硬化高山、两头羊、岩口3个村村间道8.1公里；硬化大塘、茶山2个村村间道3公里；满家、锡坪、油菜3个村通组道4.1公里；龙滚、三角坪2个村12公里的通畅工程完成70%。2014年，国道209改扩建工程路基整理基本竣工。

邮政通信

清乾隆三十年（1765），境内设驿铺3处，各有铺司2人，传递官府公文。民国16年（1927），国民党部队新编34师架通县城至得胜营（今吉信）电话线路。民国26年（1937），正式建立总机室。1958年，公社与居民各大队通电话。1993年，开通程控电话，并向居民家庭普及。2001年年底，7个村通程控电话，有固定电话650部，移动电话957部。

供电饮水

供电 1985年，自筹资金6万元，贷款18万元，政府投资11万元，修建三处电站，总装机容量645千瓦，架设高压线路80公里，低压水泥杆线路200公里，安装变压器33台。2011年，吉信、黎明、油菜、大桥4个村万伏农网改造竣工。2012年，除高山村部分组未完成农网改造外，其余20个村的农网改造全部竣工。2014年，全镇21个村农网改造全面竣工。

饮水 1987年，集资3.3万元，县投资3.2万元，建成一个日供800吨水量的顺灌高压水池，镇区安装水管2公里，镇区居民3000余人可用上自来水。2012年，落实吉信镇集镇改水工程项目资金300万元，12月底开始招投标工作。2013年，完成锡坪村等3个村人饮工程；投入44万元，对都吾、塘寨、追仁3个村进行自来水管道铺设；投入资金370万元用于镇区自来水管网建设，完成万溶江水库至集镇的8公里主管道铺设。2014年，集镇自来水管网改造铺设完毕。

水利建设

1958年，建成小（1）型均洞水库，均质土坝，坝高9米，集雨面积1.1平方公里，库容103万立方米，灌溉稻田27公顷；建成黎明水库，库容32万立方米，灌溉稻田40公顷；建成金龙塘水库，库容20万立方米，灌溉稻田14公顷；建成黄泥塘水库，库容120万立方米，该水库未能受益；两头羊公社建成消水坨水库，库容55万立方米，灌溉稻田30公顷。大田乡建成绿豆坪水库，库容32万立方米，灌溉稻田20公顷。1978年动工，历时4年建成小（1）型万溶江水库，均质土坝，坝高21米，集雨面积35.3平方公里，库容120万立方米，灌溉稻田134公顷。2001年，全镇有水库7座，其中小（1）型3座、小（2）型5座；有山塘47口、溪坝136处、小型提水机械46台。旱涝保收面积320公顷，机电排灌面积233.6公顷，有效灌溉面积469公顷，占稻田面积的75.5%；两头羊乡有旱涝保收面积28.7公顷，机电排灌面积20.9公顷，有效灌溉面积49公顷，仅占稻田面积的29%；火炉坪乡有旱涝保收面积29公顷，机电排灌面积21.2公顷，有效灌溉面积49.6公顷，仅占稻田面积的26.8%。2011年，投资50万元，改造维修大桥、油菜、黎明、龙滚、大塘5个村山塘5口。2014年，修建万溶江防洪保水拦河坝。

村镇建设

2011年，巩固退耕还林成果能源建设项目推广施行，全镇284户村民申请该项目，其中太阳能建设233户，沼气池建设5户，节柴灶建设66户，节煤炉建设28户。是年，开展“整脏治乱”行动，从西门岗桥至吉信公班沿路修建24个垃圾围；投入资金20万元，硬化吉信、联欢2村主要小巷路面4公里；在集镇中心竖立路标、指路牌41块；投入资金5万元，镇区绿化面积3.4公顷。2012年，投入120万元，实施吉信市场以及国道209沿线亮化工程，新装路灯60盏；拆除临时搭建雨棚、占道经营摊位42处，拆除违规广告78处。2014年，吉信政府78套公租房和吉信卫生院40套公租房工程项目启动。

社会事业

教育

清同治十三年（1874），贵州黔东兵备道吴自发创建三潭书院。1950年更名改建为吉信镇中心小学。是年，关壮坪小学创办。1951年3月，建立大田乡火炉片小。1957年，在吉信镇莲花山上建凤凰县第四中学，学校占地面积28988平方米。1980年，关壮坪小学更名为两头羊中心完小。1985年，集资7万元，教育部门投资20万元，在吉信中心完小新修办公楼一栋、教学楼一栋共8间教室。1993年3月13日，火炉片小经省、州检查团验收合格，认定为民族寄宿制中心小学。1997—2000年，中共湖南省委副书记郑培民先后4次考察火炉坪，走进火炉完小了解情况，修建学生宿舍楼，增添教师活动室、图书室、会议室、观礼室，学校办公条件、办学条件、校园校貌等得到改善。2001年，凤凰县第四中学，设初中部，有17个班次，在校学生817人，有教职员工68人。镇内小学9所，在校学生1731人，有教职工278人，其中，中心完小，在校学生905人，教职员工42人；幼儿园10所，入园幼儿369人，教师12人。2004年7月，火炉完小更名为“培民学校”，以铭记党恩、缅怀和纪念郑培民同志。2009年，凤凰县第四中学通过省级评估验收成为凤凰县第一所义务教育建设合格学校。2011年，吉信镇全面实施减免学杂费的优惠政策，受益学生3415人。2014年，吉信镇中心小学在校学生900多人，教职工58人；两头羊中心完小有教师19人，学生288人；凤凰县第四中学有教职工67人，在校学生710人。

文化

1969年，通广播。1982年，创建镇文化站，配文化专干1人。1987年，通调频广播。1988年，通广播村10个，收听覆盖率89.5%。2000年，吉信镇成立三潭诗社，有在职教师、退休教师、干部、工人和农民等会员22人，其中，中华诗词学会会员2人。2002年，吉信镇诗词进校园，以吉信完小和四中为试点，小学以诵读古诗词为主，中学生以学习诗词基本知识为主，学写诗词，共编写学生诗作《蔚文新苗》三集（其中小学生一期）。2005年，全州诗词会长现场交流会在吉信镇四中召开，诗词进校园得到充分肯定。2006年，制定“诗词之乡”建设规划，成立创建“诗词之乡”领导小组。2008年，提交《三潭书院修复报告》，投资110万元，修复三潭书院。2011年，建成大桥、茶山、满家3个村农家书屋。2013年，全镇有13个文艺团队共118名文艺爱好者，以快板唱演、二胡唱演、棒棒鞭、苗族歌舞、苗族鼓舞、藏族舞蹈等形式多样的文艺表演在“三八”“五四”、建党92周年、国庆等重大节日演出。镇政府干部王春，在纪念改革开放35周年全国书画名家作品大赛中，其作品《观远》获得金奖。2014年，参加全县“欢乐湘西、乐在湘西、醉美凤凰”第二届全民广场舞大赛，镇政府干部周思言获得县优秀奖。

医疗卫生

1958年建卫生院，有病床10张，医务人员12人。2001年，有病床28张，医务人员39人，建村卫生室10个，有村医10人。2014年，吉信镇卫生院有医务人员43人，病床40张。

社会保障

2012年，投入农村危房改造资金109万元，解决120户困难户住房问题。2013年，吉信镇发放扶贫与低保两结合制度资金88.56万元，涉及536户；开展农村低保“阳光清查行动”，取消不符合条件农村低保47户87人，保留农村低保户417户1135人，居民低保168户379人，发放低保金1149071元；“五保”老人58人，发放“五保金”141240元；全镇孤儿9人，优抚对象140人。

2014年，吉信镇有农村低保户427户1135人，城镇居民低保146户299人，五保老人55人，孤儿17人，优抚对象132人；发放“7·15”洪水救灾款12.8万元，救助420户2025人；发放灾后房屋重建款38万元，涉及33户。全镇参与“两项制度”（扶贫与低保）543户2150人，其中低保43户160人；财政投资帮扶资金86万元。吉信镇农村低保户有422户1127人。

特色地情

历史人文

中国科学院院士肖纪美（1920—2014）　吉信镇人，毕业于唐山交通大学（现西南交通大学）矿冶系，北京科技大学教授，材料科学家、金属学专家和冶金教育家，中国科学院院士。长期从事钢铁冶金、金属材料和金属物理的教学和科研工作。在发展铬锰氮不锈耐热钢中，提出合金设计新方法，开创节镍不锈钢的研究；开展工程结构件断裂分析，发展断裂学科；在材料应力腐蚀和氢致开裂研究中获得新成果。在教育事业上，提倡用自然辩证法和科学方法论指导，教学、科研，学术思想不断创新和发展，为中国冶金科技事业和冶金教育事业的发展做出了重要贡献。

诗词之乡　吉信镇人文历史厚重，当地群众素来喜好诗文，常以顺口溜和打油诗来表情达意。进入 21 世纪，吉信镇先后开展内容丰富、形式多样的诗词文化活动，提升农村文化档次。从激发兴趣开始，引导小学生诵读古诗、群众学写格律诗词，掀起了老年有山歌、少年有诗声、诗社有诗集、学校有诗教、村组有诗联的群众性诗词学习热潮，初步形成党委管诗、政府抓诗、骨干教诗、村民乐诗的生动局面。吉信镇以诗词讲座和（诗社、镇直、村组）三级培训为突破口，大力推进“诗词之乡”创建工作；以三改（诗词、对联、山歌）形式激发群众兴趣；以三送（对联、诗词、资料）来增强干部同群众的和谐与友谊。2011 年，吉信镇良好的全民爱诗作诗的氛围得到省、州诗词学会，省文化厅的肯定，被授予省级“诗词之乡”荣誉称号。

至 2014 年，吉信镇编辑诗刊 25 集，收录诗词 5000 余首，发表在国家级大型刊物的有 2000 多首（副）；在省、州和县级诗词刊物的有 3000 多首，出版发行《三潭诗词选》一集，个人诗词 4 集，有相当一部分诗作获得国家级金奖，被授予“杰出诗人”等称号的 4 人；获省、州、县级奖励 49 人次。

三潭书院　三潭书院位于吉信镇（古称得胜营）境内，面积 19460 平方米，坐落在万溶江畔，是湘西古老的书院之一，也是湖南省现存四大书院之一。

清同治十三年（1874），贵州黔东兵备道吴自发（别号诚斋）回乡探亲（吴系得胜营人），吴在与亲朋故旧闲谈中，对自己读书不多深表遗憾，同时，对故乡苗汉杂居，文化落后的现状深感忧虑。常念及自己世居僻壤，文风不兴。因此，他决心在家乡兴办教育培养人才，提高家乡子弟文化素质。

因清朝朝廷曾发放一笔平蛮阵亡士兵抚恤银，其中有部分无人领受。于是吴自发在清同治末年，将其运回凤凰，在得胜营的万溶江江畔、碑庭坳后一山丘之上修建一座书院，题名“新吾书院”，以表达吴自发更新自己家乡的热望，并且将修书院剩余的银两为书院购田 14 公顷，作为书院的校产，供聘请教师助学之用。光绪六年(1880)，年迈的吴自发辞官归隐故里，他将书院易名为“三潭书院”，并在题字时顾将三潭书院中“潭”字中的“早”字一竖穿通，希望家乡子弟个个都能早日出人头地。

书院现存主楼与宿舍各一栋。其主楼巍峨雄峙于山顶，飞檐翘角，雕梁画栋，工艺精美。主楼共分三层，一、二层设有一厅四大间，顶层为楼阁，占地面积 2085 平方米，其左右两间分为东西两斋，为生童受读之舍，中间为业师受业厅，楼阁为藏书楼。主楼后是四合天井，天井周围是

三潭书院（龙中生摄于2017年8月3日）

画廊曲栏及教室、宿舍。书院建筑，前后对称，布局严谨。院内，花木扶疏，幽静雅致；院外，古柏参天，金桂飘香。

民国3年（1914），得胜营民众为纪念吴自发（别号诚斋），将书院改办“存诚学校”。县公署奉令改制后，又在此校内开办了统编的第十小学。于是，“县十小”与“存诚”并立。由于学生增多，校舍不够，增修校舍十余间。学生分为高等与初等两部。当时，教师的工资，学生的书籍、灯油、以及贫苦学生的困难补助费，均由校方供给。民国26年（1937）春，“县十小”与“存诚”以及在同地区的县立第二女子小学合并为县立第四小学，校址仍在三潭书院。民国29年（1940），“四小”改为“蔚文乡中心小学”。新中国成立后，改称吉信镇完全小学。

培民红色教育基地 火炉坪“培民事迹”红色教育基地创建于2004年，位于吉信镇火炉坪村吉禾公路旁边，南距县城34公里，北距湘西州府吉首43公里，地处国家级地质公园腹中。火炉坪“培民事迹”红色教育基地占地总面积1980平方米，其中“陈列室”680平方米，铜像碑林园建设用地1300平方米。铜像碑林园建有培民铜像，让党员干部及参观者缅怀培民崇高精神，碑林以培民日记摘录及领导指示题词为主要内容，以此来激励广大党员干部和参观群众。自2004年培民陈列馆开馆以来，先后有近20万名游客慕名而来参观学习。

风景名胜

西门峡漂流 西门峡漂流全程6公里，属万溶江流域，发源于两头羊自然保护区的群山之中，沿途危崖夹峙，树木葱茏，水质清澈、急流、险滩星罗棋布，共有虎跳涧、白龙滩、卧龙滩、青龙峡、鬼见愁、龙王滩等急流险滩30余处，其中以青龙滩最为著名，全长400米，落差20米。

（撰稿人：麻煜新）

山江镇

“山江”以境内山江水库命名。2008年11月，被文化部授予“中国民族民间文化艺术之乡”和“花鼓舞艺术之乡”。2012—2013年连续两年被评为“湖南省最具魅力乡镇”。

区域概况

位置面积

山江镇位于凤凰县西北部。东与吉信镇、木里乡、千工坪乡交界、西南与麻冲乡接壤，西北与腊尔山镇相连，北与禾库镇毗邻，区域面积104平方公里，距凤凰县城20公里。

建置沿革

清康熙三十九年（1700），设立凤凰厅时，系苗寨地。民国25年（1936），全县设17个乡（镇），乡以下改为保甲制，成立称敦仁乡。1950年，县人民政府成立5个区公所后属凤凰县第三区。1952年4月增设3个区，以农会（或大村寨）建新乡叭固乡、大马、古塘等，仍属三区。1956年7月，撤区并乡为叭固乡和大马乡，8月隶属叭固办事处。1958年10月，撤销办事处、基点乡、乡镇建制，又与两头羊乡合并，名为山江人民公社，管委会设叭固。1961年3月，向阳坪公社并入山江公社，又分设为山江公社和麻冲公社。1961年9月恢复5个区公所建制后，隶属山江区。驻地叭固。苗语“叭固”意为蛤蟆洞，因此地有个大山洞，洞内有很多蛤蟆，故而得名叭固。清乾隆年间（1736—1795），清军镇压苗民起义时曾在此设过总兵营，又叫总兵营。1981年10月，划出4个大队另建两头羊公社。1984年1月改设为山江乡，同年12月撤乡改建为山江镇，治所黄茅坪。2005年12月，板畔乡并入山江镇。

行政区划

民国25年（1936），称敦仁乡，辖12个保。后并入的板畔乡当时称崇礼乡，辖10个保。1950年11月辖农民协会、农民协会小组。1953年建新乡时，属于三区。1956年7月，撤区并乡后隶属叭固办事处。1958年10月，山江公社（又称叭固公社）同叭固、大马、拉头羊三乡组成，辖8个大队。1961年3月，山江公社辖黄茅坪、星光、早岗、千潭、好友、古塘、东就、毛都塘、茶山、两头羊、大塘、板建业、老家寨、大马、凉登、雄垅、大门山、高山18个大队。1981年10月，划出两头羊、茶山、大塘、高山4个大队。1984年12月改乡建镇后，山江镇辖14个行政村（名同原大队）和黄茅坪1个居委会。1993年，黄茅坪分为黄茅坪、马鞍山两个村。全镇 15 个村和 1 个居委会、56 个村民小组。2005 年 12 月，板畔乡的板畔、鱼井、下茶林、上茶林、稼贤、樟坡 6 个村划归山江镇管辖。至 2014 年，全镇辖黄茅坪、星光、早岗、千潭、好友、古塘、东就、毛都塘、板建业、老家寨、大马、凉登、雄龙、大门山、马鞍山、板畔、鱼井、上茶、下茶、樟坡、稼贤 21 个村和黄茅坪居委会，下设 88 个村民小组。

人口民族

山江镇属苗族聚居地。1990 年，全镇有 2523 户 11984 人，其中少数民族人口 11930 人。1995 年，有 2792 户 12563 人，其中土家族 76 人，苗族 12487 人。2000 年，有 2842 户 13086 人，其中土家族 25 人，苗族 13048 人。2005 年，有 3062 户 12871 人，其中土家族 40 人，苗族 12819 人。2014 年，全镇有 5063 户 21735 人，少数民族人口 21704 人，其中苗族 21647 人，土家族 46 人，分占总人口数 99.6%、0.21%。吴、龙两姓人口最多，分别占人口总数的 60%、30%。

自然环境

境内属多山少水的高寒山区，自然条件差，地形南北长、东西短、西北高、东南低。西北多高山峻岭，地形险峻。东南群山起伏，高低不平。最低海拔 500 米，最高处大马村海拔 900 米。山江镇属中亚热带湿热季风气候，年均气温 14.35℃，年均降水量 1366.6 毫米。境内地面水能资源少，有小溪沟两条，地下水丰富。林地 6117 公顷，植被以针叶林和阔叶林为主，用材林树种主要有杉树、马尾松、柏树等，经济林树种有油茶等。

经济发展

经济综述

20 世纪 80 年代，全镇经济以传统农业为主，年人均纯收入 197 元。1994 年，全镇农业收入 820 万元，比 1992 年的 686.7 万元增加 133.3 万元，增长率为 15%；人平收入 460 元，比 1992 年的 428 元增加 32 元。2005 年，撤乡并镇后，全镇实现产值 2769.2 万元，比上年下降 6.8%；农业产值 2075.6 万元，减少 11%；工业产值 87.6 万元，增长 6.3%，实现利润 18.3 万元，税金 9.63 万元，第三产业 606 万元，增长 9.8%。2008 年，按照“产业做大，龙头做强，品牌做优”的要求，围绕烟叶富农、旅游兴镇、劳务输出强镇的工作思路，不断加大烟叶生产、旅游、劳务输出业调整步伐，全镇实现国民产值 8600 万元，比上年增长 18%；其中第一产业产值 2501 万元，同比增长 11%；第二产业产值 2025 万元，同比增长 16%；第三产业产值 4074 万元，同比增长 42%；固定资产投资 989 万元，增长 226%。2010 年，全镇产值 2723.52 万元，其中农业产值 3581.96 万元，林业产值 384 万元，牧业产值 281.2 万元，渔业产值 46.2 万元，人均收入 1786 元，人均产粮 151 公斤。2011 年，经济结构调整，在保证农业经济稳定的前提下，大力发展第三产业。全镇实现产值 3412.99 万元，农业产值 2387.19 万元，工业产值 246.5 万元，实现财政收入 29.16 万元。2013 年，全镇实现产值 4725.6 万元，增长 3.6%；农民纯收入 2266 元，增长 9.6%；财政收入 585 万元，比增 4.4%。第一产业从业人员 8826 人，第二产业从业人员 248 人，第三产业从业人员 1667 人，外来从业人员 162 人。社会消费品零售总额 3859 万元。

2014 年，全镇实现产值 4769.2 万元，比上年增长 6.8%，人均收入 2396 元，比上年增长 400 元。接待游客 35 万人次，旅游收入突破千万大关。

农业

种植业 镇域种植业以水稻、玉米为主。1983 年，山江镇大马村和东就村先后建立 34 公顷的烤烟基地和 20 公顷的椪柑基地。20 世纪 90 年代，经济发展速度加快。1994 年，粮食作物播种面积 1274 公顷，其中杂交稻种植面积 588 公顷，占播种作物面积 46%，杂交玉米种植面积达 200 公顷，占玉米播种面积的 82%，全年粮食产量 4286.8 吨，人均口粮 349 公斤。全镇烟叶栽种面积 134 公顷，收烟 2.5 万公斤，烟农经济收入低。2001 年，全镇杂交稻良种覆盖率 85%，杂交玉米 80%，水稻、双两大、冬季粮油规范栽培等实用新技术普及率 85%。烤烟业成为该镇支柱产业之一。2008 年，发放粮食直补资金和农综补贴资金 134 万元。种植粮食作物 922 公顷，其中水稻 951 公顷，玉米 134 公顷，豆类 102 公顷，薯类 108 公顷。2009 年，全镇种植烤烟 370 万株，收购烟叶 28 万公斤，其中上等烟叶比例达到 85%，桔黄烟叶比例达到 50%，等级合格率达到 80%。全镇完成水稻播种面积 886 公顷，油菜种植面积 366 公顷。全镇 950 公顷的中稻面积全部参与政策性投保。2010 年，完成樟坡村爱岩梨基地种植面积 6.7 公顷，板畔村金银花基地种植面积 34 公顷，千潭村油桐基地种植面积 14 公顷。粮食作物栽种面积 1371 公顷，其中水稻 857 公顷，玉米 322 公顷，豆类 97 公顷，薯类 95 公顷。发放粮食直补资金和农综补贴资金 134.3 万元。种植烤烟 167 公顷，收购烟叶 27 万公斤，实现产值 500 多万元，人均增收 160 元。2011 年，粮食总产 5448.49 吨，烟叶种植 234 公顷。2013 年，农作物播种面积 2957.33 公顷，蔬菜播种面积 503 公顷。2014 年，农作物播种面积 2825.13 公顷，蔬菜播种面积 522 公顷。

林业 2002 年，实施退耕还林工程造林 1683 公顷（其中按造林地类分：退耕地还林造林有 838 公顷，配套荒山造林有 579 公顷），每年退耕还林发放补助 35 万元。2006 年，纳入国家级生态公益林 4097 公顷，涉及农户 2943 户，公益林发放 89 万元。八百里造林绿化 54 公顷，街道绿化 20 公顷。2008 年，发放退耕还林资金 2894498 元。2009 年，全镇林地确权 1267 公顷。2010 年，发放退耕还林资金 289.45 万元。2014 年，退耕还林面积 2184 公顷，公益林面积 4521 公顷。

养殖业 镇域养殖业以猪、牛、羊为主。20 世纪 80—90 年代，家畜养殖以散养为主，90 年代末，出现零星养殖大户。2008 年，全镇猪、牛、羊三大牲畜出栏数分别为 2883 头、182 头、183 头，家禽出笼 8481 羽，水产类 5.1 吨。2009 年，立足生猪、乡土鸡、蛋鸡传统养殖优势调整农业结构，发展养殖大户 10 户。全镇能繁母猪 720 头。2010 年，全镇猪、牛、羊三大牲畜出栏数分别为 7288 头、412 头、415 头，家禽出笼 8481 羽，水产类 25 吨。2013 年，出栏猪 7325 头，出栏牛 552 头，出栏羊 480 只，出笼家禽 29475 羽。2013 年，马鞍山村养羊 100 头，年收入 10 万元。2014 年，出栏猪 8010 头，出栏牛 561 头，出栏羊 523 只，出笼家禽 30203 羽。

工业

2004 年，山江镇苗族刺绣加工厂建立，由返乡女青年龙金凤及其丈夫创办。生产的苗族刺绣产品图案精美，品种多样，做工精细，远销国内外。2014 年，该厂带动就业 1000 人次，年收益 80 万元。

商贸服务

1978 年，山江集镇经商的大多为镇内居民户。1982年，进集镇租房经商的农户有5户。1989年，山江市场动工修建。1990年建成，投资额30万元，征地面积9686平方米，建摊位323个。2001年，经商农户增加到80户。2004年3月21日，山江农贸市场开工建设，市场占地2.24万平方米；投资250万元，“三通一平”基本完工，并建成市场部楼面三层20间。2014年，农贸市场基本建成，镇内经营面积有50平方米以上的超市两家。

其他产业

旅游业 2000年以后，随着凤凰旅游业的兴起，山江乡村游开始起步。2002年，正式成立凤凰县山江苗族文化保护区。2004年，山江博物馆黄金周期间接待游客8000多人次，全年门票收入30多万元。是年，新开发老家寨苗寨，年接待游客7000多人次，年收入14.5万元。2005年，旅游业迅猛发展，以山江苗族博物馆、民俗风情农家乐为主的景区景点吸引众多中外游客，年内接待游客3万人次，门票收入120万元，实现旅游收入600多万元。2007年，实施文化旅游带动战略，按照“政府引导、公司运作、群众参与”的市场化路子，将所有权、经营权、管理权分离，大胆引进投资商和吸纳民间资本，投资开发旅游业，把景区景点推向市场。引进外资800万元，保护和开发苗人谷景区和早岗古苗寨，形成集民族风情、自然风光、生态农业于一体的旅游观光带。全年接待游客4.1万人次，实现旅游收入300万元，人均纯收入增加680元，被湘西州人民政府定为湘西苗族文化生态保护基地窗口。2008年，举办苗族“四月八”跳花节，在四省边区产生轰动效应。形成以博物馆为中心，以苗人谷、老家寨、东就为基点的旅游新格局，成为苗族非物质文化遗产保护、利用和发展的先进典型。是年，接待游客5.3万人次，门票收入480万元，实现旅游收入640万元，比上年分别提高28%、30%和42%。2011年，举办一年一次的凤凰苗族“四月八”跳花节，湘黔边区近2万人载歌载舞，共赴盛会。山江苗绣、木雕、缝纫、武术、花鼓等列入州县非物质文化遗产保护名录。全年接待游客15万多人次，实现旅游经济收入870万元。2013年，拍摄山江旅游专题宣传片在央视13频道播出，同时在央视网滚动播出，11月参加首届中国热点旅游胜地推广会，荣获“中国最美生态文化旅游名镇”称号；“四月八”跳花节荣获“中国最具特色文化旅游节庆奖”称号。全年接待游客105.98万人次，旅游收入2649.64万元，分别比上年增长30.5%、30.1%，旅游产业再创新高。2014年，全年接待游客135万人次，旅游收入突破亿元大关。

基础建设

交通运输

20世纪50年代，先后修通凤麻、凤腊公路。1990年，全镇有8个村9个自然寨通公路，其中黄毛坪至毛都塘村级公路长6公里。1999年，山江镇至老家寨村的简易公路通车。2001年，古塘、东就、马鞍山也相继修通公路。是年，全镇通公路村有12个，村级公路总里程24公里。2008年，全镇先后对早岗村投入资金160万元，硬化2.4公里的通村公路；投入资金5万元，完成村道硬化；投入资金5万元，修建旅游停车场；新修通村通组公路10公里，维修水毁公路3公里；完成凉灯村一、二、三组5.7公里的通组公路建设；政府门口坑洼路面得到整治；启动山江寨门口至政府办事处的道路硬化工程。2011年，征地2公顷，停车场工程动工建设。2012年，完成凉灯一、二、三组通组公路工程和毛都塘至雄龙的公路硬化以及樟坡村六组通组公路；硬化南线环镇公路；实施东就—古塘—好友—新光段的村级公路硬化，对接下沱公路，整路长为11公里；硬化板畔至下茶村的通村公路；拉通和硬化山江寨门至千谭的绕镇公路。2013年，下沱线山江段公路通车。2014年，全镇道路硬化工程基本竣工；黄毛坪村主道炒沙沥青路面铺设完成；实施山江镇旅游停车场二期扩建工程；完成早岗、老家寨两个村的通畅工程；完成毛都塘、雄龙等11个村的村间道路硬化；新修凉灯、千潭、下茶、板建业村至稼贤村等通村通组公路8条，里程20余公里。

邮政通信

1942年，境内通手摇电话。1995年，通程控电话。2001年，程控电话有169部。2000年，手机开始使用，有手机302部。2008年，投入资金10万元，完成移动塔基站的建设。2012年，移动信号实现镇内全覆盖，联通信号覆盖面90%。2013年，实现通电话村21个，通宽带村1个。2014年，全镇电信手机和固定电话用户达98%，实现互联网接入，智能手机、电脑均可上网。

供电饮水

供电 1980年，黄毛坪、星光、马鞍山村用电与县城联网。1995年11月，老家寨、千潭、雄龙、早岗4个村通电。1997年7月，大马村通电。1999年1月，板建业、东就、古塘、好友4个村通电。2000年12月，大门山村通电。2001年，凉登村正式通电。2014年，完成黄毛坪、千潭、星光等5个村17个组农网改造。有21个村通电。

饮水 1972年，山江镇通自来水。1983年，县水电部门投资8万元，铺设总长2.5公里的输水管，引千潭水库的水入镇内，在距镇1.2公里处的黄毛坪村建水厂，解决镇区居民饮水难问题。1986年，投资35万元，更新自千潭水库铺设过来的自来水管。1996年，镇自来水站自筹资金20万元，县改水办投资20万元，在黄毛坪山坡修建过滤水池。2008年，投资近400万元实施镇区人饮工程扩建项目，2014年，改造山江水厂；实施人畜饮水工程5处。

水利建设

原板畔乡境内有古丈坪、肉龙两座天然水库，库容33万立方米，可反水灌溉稻田10公顷、顺灌14公顷。1955年10月，建成小（1）型山江水库，又称山江一库。石拱坝型，坝高48米，集雨面积5.1平方公里，库容370万立方米，灌溉稻田214公顷。1958年，建成马都溪水库，库容55万立方米，灌溉稻田34公顷。1971年10月，建成山江二库，砌石拱坝，集雨面积2.7平方公里，设计为小（1）型水库，实际库容60万立方米，灌溉稻田100公顷。1972年，建成早岗水库，库容11万立方米，灌溉稻田8.7公顷。1974年10月，建成小（1）型千潭水库，堵洞坝型，集雨面积3.61平方公里，库容299万立方米，灌溉稻田60公顷；11月，板畔公社建成稿龙水库，均质土坝，设计小（1）型水库，集雨面积1.3平方公里，实际库容80万立方米，灌溉稻田54公顷。1980年，有水库8座（天然2座）、渡槽1处、山塘38口、抽水机50台。2001年，全镇有旱涝保收面积254公顷，机电排灌面积185.6公顷，有效灌溉面积465公顷，占稻田面积的67.2%；板畔乡有旱涝保收面积78.2公顷，机电排灌面积57公顷，有效灌溉面积达133.7公顷，占稻田面积的46.9%。2008年，投入资金10万元，维修早岗水库；维修水渠2.8公里。2011年，实施高农水库、山江一库除险加固工程。2012年，除险加固马肚脐水库，实现水库安全。2014年，完成稼贤高农水库、旱岗水库、千潭水库除险加固工程，维修水渠 5 公里。

村镇建设

2008 年，投入资金 25 万元，修村部楼；投入资金 10 万元，完成民居的保护和改造。2012 年，完成下茶村土地整治工作和 20 万元的水毁工程；硬化、绿化、美化山江镇街区生活环境；完善集镇建设，在山江镇镇区街道安装路灯。2013 年，推进山江博物馆扩建、老家寨旅游村寨、镇区下水道排污、政府办公楼建设。2014 年，山江镇旅游停车场二期扩建工程正有序施工。

社会事业

教育

民国时期，境内有敦仁小学。1950 年，改名为省立边区总兵营小学。1951 年，改名为县立总兵营小学。1952 年，改名为叭固完全小学。1958 年，改名为山江完全小学。1969 年 9 月，创办山江公社中学。1971 年更名为山江中学。1973 年更名为凤凰县第五中学。1978 年，再次更名为凤凰县第二民族中学。1986 年，山江完全小学改名为山江中心小学。1997 年 9 月，湖南省新闻出版局援建的大马希望小学竣工建成。2001 年，全镇有中学 1 所，学生 245 人，教师 53 人；完小 1 所，村小 13 所，学生 1628 人，教师 78 人。2006 年，第二民族中学因管理规范被评为州规范教育收费现场点。是年，组队参加中国凤凰银饰节荣获三等奖。2008 年，该校初 73 班毕业生吴娟同学参加中央电视台青歌赛，获原生态唱法第一名。是年，全镇加大教育经费投入，认真落实“两免一补”工作。在春季中小学收费中共减免学费 15684 元，其中绿卡 16 人，共免学费 9968 元；低保 5 人，共免学费 558 元；贫困生 130 人，共免学费 4568 元。全镇小学入学率 99.2%，初中生辍学率控制在 2%以内，小学生毕业率 99%，初中升学率 77%。2014 年，第二民族中学占地总面积 3.34 万平方米，建筑面积 7000 平方米，学生 800 多人，教职工 53 人；创办“山江镇中心幼儿园”，有幼儿 177 人。中心完小现有校园面积 4876 平方米，校舍面积 2619 平方米，教学用房 934 平方米，有教师 49 人，在校学生 756 人，其中住校生 452 人。2014 年，全镇有九年制学校 1 所，完全小学 1 所，幼儿园 1 所，村小 15 所。在校中小学生 1556 人，教职员工 102 人。

文化

1978 年，建立广播站。1979 年，建立文化站。1990 年，创建山江镇图书室，文化站组建山江镇民族歌舞队。民族歌舞队由 35 人组成，有花鼓手、苗歌师、唢呐手各数名，巡回各地演出苗族民间传统文化。1994 年，湘西州召开国际苗文化研讨会经贸协作会，开幕式上山江民族歌舞队被定为“百面苗花鼓展演”重大节目，获大型花鼓表演艺术奖。是年 4 月，投资 5 万元，建立卫星地面接收站，可收节目 6 个。文化站自创建之日始，以发展民族文化为宗旨，走“以文养站”“以文养乐”之路，利用民族传统节日，开展群众体育活动 62 次，大型群众文化活动 122 次。1995 年 12 月，山江镇文化站被省文化厅评为“百强文化站”，山江镇也被省文化厅命名为“群众文化艺术之乡”。2000 年 4 月，文化站、广播站合并，成立山江镇文化广播中心。2002 年，山江苗族博物馆开馆接纳游客，民族歌舞演出队配合宣传 40 余场次，接待游客 1.5 万余人次。2004—2014 年，文化站申报山江镇非物质文化遗产传承人 30 人，获批准 10 人，其中国家级传承人 2 人，省级 1 人，州级 1 人，县级 6 人。2006 年，综合文化楼建成，建筑面积410平方米，造价24万元。2014年，组织花鼓队参加“湘西州武陵山片区土家族苗族文化生态保护节”开幕花鼓表演。

医疗卫生

1956年，创办卫生院，有病床3张，医务人员5人。2001年，有病床143张，医务人员37人。全镇有个体诊所8个，个体医务人员8人。村建卫生室15个，有村医15人。2014年，卫生院有病床25张，医务人员38人。全镇有村卫生室21个。

社会保障

1986年，山江镇建敬老院，入住供养14名老人和2个小孩。每人每月生活费60元。敬老院拥有床位16张。2011年，全镇发放60岁老人亲农保障卡2121张。2012年，全镇有低保户403户，“五保户”65户91人，优抚人员75人，享受扶贫建房户85户，享受“两项制度”（扶贫、低保）政策705户2535人。2014年镇共有低保户403户，五保户65户共91人，优抚人员75人，享受扶贫建房户55户，享受“扶贫户”政策687户2348人，享受国家各项惠农补贴资金1343026.17元。全镇改造危房130栋。

特色地情

历史人文

中国苗族博物馆 中国苗族博物馆原名中国凤凰山江苗族家庭博物馆，坐落在凤凰县山江镇叭崮苗寨，2006年，由文化部命名为“中国苗族博物馆”。中国苗族博物馆历时20年筹备，于2002年10月1正式开馆。馆名由苗族国际著名乡土文学大师沈从文先生题写。中国苗族博物馆占地面积2865平方米，展厅面积1600平方米，有苗族文化文物藏品2000件，价值800万元，是反映苗族文化风情及展演各种苗族民间绝技的地方，每年博物馆都会迎来世界各地的游客到此了解苗族独特的民族文化。

传统村落 山江镇早岗村位于凤凰县西北部，地处凤凰山江苗族文化生态保护实验区境内，距凤凰县22公里。全村面积4平方公里，有3个自然寨、3个村民小组、177户801人，是一个纯苗族聚居古村落。该村拥有省级景区苗人谷，为清朝乾嘉时期苗民起义的扎营地，是凤凰新近两年开发的以展示悠久深厚的苗族历史文化为主的标志性景点。早岗村历史文化厚重，明清苗族特色民居保护完好，苗族生态文化历史悠久，民风古朴，是凤凰县少数民族原始生态及苗族历史特色民居保护最好的村寨。据考证，早岗村苗人谷为凤凰典型的生苗区，曾是湘西末代苗王龙云飞的统治中心。苗人谷中保存完整的汉代苗人寨部

山江苗族博物馆（胡義勻摄于2017年8月7日）

"四月八"跳花节苗族鼓舞表演（吴繁丽摄于2017年5月3日）

落遗址、苗王洞土匪城堡战壕旧址、早岗古苗寨等苗族文化符号。

名优特产

山江镇有两大工艺特产，一是苗族银饰，二是苗族刺绣。山江苗族银饰造型古朴夸张，保存有大量苗族历史文化信息。麻茂庭、龙米谷等民间银饰传承人在2006年被确定为国家级非物质文化苗族银饰工艺的代表性传承人。苗族刺绣在苗区十分普遍，苗家妇女几乎都会挑花秀朵。主要作品有花边、被面、孩帽、荷包、围裙、巴裙和帐檐等，是苗家妇女的主要装饰品。刺绣分单色绣和彩色绣两种。花纹图案都取材于自然界的花草虫鱼和神话中龙凤麒麟，色彩鲜艳夺目，栩栩如生。

民俗风情

"四月八"，是苗族人民重要的传统节日，又称"亚努节"。源于苗族的祭祀活动，在那一天苗族人民祭天地、祭祖先、祭英雄和祭神灵。"四月八"蕴含着深厚的民族精神和民族文化。每年农历四月八，来自山江镇和其他各乡镇的苗族群众都要身着民族盛装，唱着山歌，跳着苗家舞蹈到山江镇马鞍山村的跳花坪上欢度自己的传统节日，活动内容形式多样，主要有：跳花跳月、苗族大祭祀、打花鼓等。苗族青年男女还借此机会，通过自己饱含深情的舞姿与歌声寻找意中人，因此"四月八"也被称为"东方情人节"。2011年，"四月八"被入选第三批国家级非物质文化遗产名录。2013年始，山江镇"四月八"跳花节成为凤凰县及其附近苗族、土家族、汉族等各民族共同狂欢的节日，成为苗族同胞最盛大的祭祖节、英雄节和联欢节。2014年"四月八"凤凰县迎来海峡两岸的台湾同胞一同表演节目。

（撰稿人：陈永灿　吴沙泰）

腊尔山镇

“腊尔山”以境内山峰腊尔山得名。2011年，被中共湖南省委、省政府定为高寒山区少数民族脱贫解困先行先试试点地区。

区域概况

位置面积

腊尔山镇位于凤凰县城西北部。东与山江镇交界，西、南分别与贵州省松桃县长坪乡、正大乡接壤，北与两林乡、禾库镇毗邻。区域面积80.8平方公里，镇政府驻地距凤凰县城沱江镇36公里。

建置沿革

清康熙三十九年（1700），设立凤凰厅时，系苗寨地。民国25年（1936），全县设17个乡（镇），乡以下改为保甲制，建乡时称新民乡。1950年，属凤凰县第五区。1952年4月，增设3个区，以农会（或大村寨）建新乡夺希镇、科绒、板拉等，属六区。1956年7月，撤区并乡时为腊尔山乡，同时设立乡辖夺希镇。8月，隶属腊尔山办事处。1958年10月，撤销办事处、基点乡、乡镇建制，与两林乡合并为腊尔山人民公社，社址设夺希。1961年9月，恢复5个区公所建制后，隶属腊尔山区。夺希，苗语为“剩一把灰”之意。据传，很久以前，村子被土匪抢劫，房子被烧光，只剩下一片灰烬，后重建寨子并设墟场，取名夺希。1963年，全县划分为5个区，腊尔山区为第五区，辖腊尔山、两林、禾库、柳薄、米良5个人民公社，大队有60个。1984年1月，恢复乡村建制，改建为腊尔山乡，大队改为村，生产队改为组。1992年11月，乡改镇，为腊尔山镇。

行政区划

民国25年（1936），称新民乡，辖12个保。1950年11月辖农民协会、农民协会小组。1953年建新乡时，属于六区。1956年7月，撤区并乡后隶属腊尔山办事处。1958年10月，腊尔山公社（包括腊尔山、两林二乡）辖8个大队。1961年3月，腊尔山公社分设夺西、骆驼山、岩坎、的贺、叭荀、科茸、苏马河、板拉、流滚、忍务、追高来、所德、追高鲁、夯卡14个大队，后拉忍从科茸分出建队。1984年1月，腊尔山乡辖15个建制村（名同原大队）和新寨1个居委会。同年，“五七”干校未返乡的知青队专立为一个村民小组，编为追高来第八村民小组，隶属追高来村。1986年，新增务能、大塘、大教、山都4个村。至2014年，全镇辖夺希、骆驼山、的贺、叭苟、山都、拉忍、苏麻河、大塘、板拉、流滚、追高来、所德、夯卡、岩坎、科绒、务能、大教、忍禾、追高鲁19个村和新寨居委会，下设125个村民小组，有72个自然寨。

人口民族

腊尔山镇人口以苗族为主。1950年，全乡人口6010人，户数1210户。民族分布为苗族、汉族和土家族，苗族人口占总人口的97%，汉族和土家族占3%，汉族和土家族95%分布在新寨。1962年，全社人口7020人，户数1323户。1978年，全社人口9180人，户数1421户，姓氏主要有吴、龙、隆、唐、石、陈、李等，其中吴姓人口数量最多，占全镇总人口的45%。1984年，全乡人口9814人，户数1502户。2000年，全镇人口15755人，其中男8289人，女7466人；汉族416人，其中男236人，女180人；藏族1人，女；苗族15266人，占总人口96.9%，其中男8015人，女7251人；土家族72人，其中男38人，女34人。2005年全镇人口16743人，户数3583户。2014年，全镇5401户21836人，少数民族人口21223人，其中苗族21170人，土家族48人，分占总人口数96.95%、0.22%。人口出生率14.79‰，自然增长率12.24‰。健在的百岁老人有两人，夯卡村第四组龙树堂，男，106岁；的贺村第五组吴秋兰，女，103岁。

自然环境

境内地势平坦，地形多为丘陵。土壤有黄、黑、红3种，以黄土为主，土质深厚。海拔在700~1000米之间，平均海拔810米，最高为岩坎村的八公山海拔1059.9米，最低苏马河海拔555.8米。属亚热带季风湿润气候，天气多变，阴雨频繁，湿度大，昼夜温差明显，云雾多，冰冻期长。历年均气温14℃。年均降水量为1167.4~2056.1毫米。境内有河流3条，北南走向，分别为乌巢河、油麻河、苏马河。

经济发展

经济综述

1952年，腊尔山境内经济以农业为主。粮食产量980吨，产值19.6万元，人均纯收入21元。1957年，粮食产量1021吨，产值20.42万元，人均纯收入21.27元。1962年，粮食产量1221吨，产值24.42万元。1966年，工业产值126元，粮食产量1348吨，产值26.96万元，人均纯收入27.43元。1978年，工业产值941元，粮食产量1512吨，产值45.36万元，人均纯收入37.8元。1981年，粮食产量2097吨，产值83.88万元，人均纯收入85元。1990年，工农业产值756万元，其中工业产值38万元，粮食产量5029吨，产值643万元，建筑业产值8万元，运输业22万元，商业、饮食业45万元，人均纯收入362元。2000年，农业产值1641万元，其中农业737万元，林业5万元，牧业212万元，渔业17万元，人均纯收入506元，粮食产量6375吨。2005年，农业人均纯收入409元，农林牧渔产值1497.4万元，粮食产量4810吨。2014年，粮食产量6985.75吨，产值1397万元；工业产值560万元，劳务收入2543万元，人均纯收入2500元。

农业

种植业 农作物以水稻种植为主，其次为玉米、黄豆、红豆、红薯、马铃薯；经济作物以烤烟为主，其次为油菜、花生、辣椒、萝卜、白菜；药材种植有金银花、黄柏、杜仲；果木类以“米良一号”猕猴桃为主，其次为板栗、桃、粟子、核桃。1974年，水稻有高杆型南京1号、云南白、矮杆型珍珠矮等老品种。1975年，开始推广南优二号、威优6号、F优527等水稻新品种，其中F优527最受欢迎。亩产由200公斤增加到450公斤。1976年，推广杂交玉米中单一号、中单4号和中单14号。1978—1982年，改变水稻栽种方式，采用拉线栽植，提高产量。1985年，蝗虫、稻瘟病等水稻病虫害严重，用速灭杀丁、敌杀死、氟杀等农药替代六六粉、敌敌畏、甲胺膦等，水稻单产再次提高。1989年，烤烟播种面积667公顷，亩产75公斤，种植品种为G180和春蕾3号。1990年，19个村烤烟播种面积482公顷。1996年，烤烟播种面积321公顷。1998年，推行漏斗式烤房，播种面积211公顷，品种为云烟89，亩产150公斤。2000年，播种面积333公顷，品种为K326，亩产85公斤。2002年，收烟价格低，播种面积缩减至23.3公顷，为历年最小。2003年，外地老板刘阳人在叭苟村二古塘自然寨承包4公顷田土种植烤烟，首次采用地膜覆盖技术。是年，加大蔬菜生产，种植白玉春萝卜、春小白菜、韩国胡萝卜，其中种植白玉春萝卜68.13公顷，亩产2000公斤，每公斤价格0.6元；白菜79.33公顷。产品销往铜仁、凤凰、吉首、长沙等地。2004年，县烟办在该镇推广烟改田地膜覆盖技术试种成功。2005年，烤烟播种面积135公顷，种植大户1家。是年，果木产业品种增多，新增品种有金秋梨、懒汉梨、水桃、黑珍珠李、“米良一号”猕猴桃、红心猕猴桃、雪莲果。板拉村7组龙尧云最早试栽“米良一号”猕猴桃，面积0.34公顷。2008年，建成首个密集式标准烤房基地。2013年，烤烟播种面积337公顷，平均收购价12.5元。2014年，烤烟播种面积270公顷，品种云烟87，涉及19个建制村、182户村民，其中种植1.33公顷以上有26户，平均收购价每公斤30元。是年，州委书记驻追高鲁村扶贫，开展全省少数民族高寒山区脱贫解困先行先试示范。在产业上，按照“办实事、重实效、可复制、能推广”的工作思路，探索“1+5”产业扶贫模式，打造“腊尔山牌”辣椒品牌，注册“凤凰县腊尔山富民蔬菜专业合作社”，引进客商，创办“凤凰县鼎新生态农场”，建设高山富硒蔬菜示范基地，集中连片流转土地80公顷，种植蔬菜107公顷，每亩平均纯收入2000元。镇政府在苏马河、叭苟建两个蔬菜基地，面积分别为34公顷和14公顷。镇政府启动134公顷追高鲁猕猴桃观光园基地工程，全镇猕猴桃面积174公顷。

林业 镇域常见树种有松树、杉树、椿木树等。名贵树种有红豆彬、香樟、檫木、黄杨木、桑树、榉木、香椿、金弹子。拉忍村1组有1处古树群，共有古树9棵，其中樟木树3棵，枫树6棵，树龄均在一百年以上。全镇古树总数量24棵。2002年，腊尔山镇在拉忍、岩坎、山都3个村启动退耕还林项目，当年完成退耕还林任务数118.88公顷，其中生态林102.88公顷，经济林16公顷，涉及农户386户。2003年，完成退耕还林总任务面积数181.7公顷，涉及7个村1526户。2005年，完成退耕还林31.93公顷。2006年，全镇退耕还林完成总面积375公顷，其中经济林45.4公顷，生态林329.6公顷。国家级生态公益林从2006年起实施。全镇受益面积2046.4公顷。每年退耕还林发放补助12万元。公益林发放44万元。

养殖业 20世纪80年代，乡域养殖业以当地黑猪为主，散户圈养，喂料猪草拌米糠。1990年，改良品种，引进大约克猪和长白猪，圈养，喂纯精饲料。2010年，有养猪大户5家（50头以上）。2011年，科茸村民吴红云打工返乡创办生猪标准化规模养猪场。2012年，州政府州长驻山都村扶贫，修建标准养猪场和养鸡场各一处。2014 年，州委书记驻追高鲁村扶贫，修建养猪场一个。是年，全镇生猪出栏 6113 头，羊出栏 972 头，牛出栏 411 头，出售和自宰家禽 40950 羽。

工业

1956 年，成立手工业社。建社初期有 20 多人，从事铁器加工、倒犁口、缝纫等行业。1968 年，公社办企业，拖拉机站并入，有从业人员 50 多人，主要有米面加工、铁器银器加工、木材加工、倒犁口、缝纫、农机修理、理发、染布等行业。是年，银器加工 24 人，染布 3 人，铁器加工 8 人，木材加工 4 人。农机修理部拥有“铁牛”1 台，丰收牌拖拉机 3 台，主要从事农业机械化推广和稻田耕作，以及农机修理。工人月工资 40 元至 50 元，年产值 12 万元。1982 年，社办企业解体。1989 年，农村工业产值 43 万元。1991 年，集体所有制独立核算工业企业腊尔山预制厂建立，生产砖瓦，年末从业人员 8 人。1992 年，腊尔山镇工业企业 54 家，工业产值 65 万元，其中预制厂销售收入 1 万元，净产值 0.1 万元，年末从业人数递减到 3 人。2001 年，工业企业 51 家，从业人员数 28 人，年产值 53 万元。2003 年，个体企业 25 家，从业人员 48 人，年产值 39 万元。2014 年，个体企业 68 家，从业人员 262 人，年产值 340.6 万元。覆盖大米加工、米粉加工、砂石开采、铁银器加工、铝材窗口制作、煤球加工、水泥瓦制作、冷饮制作，水泥栏杆、钢棚制作 10 个行业。

商贸服务

清朝咸丰年间（1851—1861），由外来土、汉家族兴起，集市最早形成地是新寨老街。1983 年，由三拱桥拉务驻军援建“军民共建农贸市场”。选址在现腊尔山农村商业银行后面，占地 0.8 公顷，当年完工，固定摊位 644 个。1984 年初搬迁。1985 年，第一家酒店酸汤店开办，从业人员 3 人。1997 年，祥祥酒家开业，从业人员 3 人。2001 年，德仁酒家开始营业，从业人员 4 人。2002 年，腊尔山粮店停止经营。2005 年，七星酒楼开业，从业人员 4 人。2012 年，腊尔山宾馆开业，从业人员 2 人；理发店 7 家，从业人员 21 人；餐饮 8 家，从业人员 32 人；维修 11 店家，从业人员 11 人。2014 年，临街门面 323 个，其中超市 6 家，酒店宾馆 5 家。农贸市场平均每个摊位年销售净收入 0.96 万元，宾馆酒店每个年净收入 10 万元，理发店 4 万元，餐饮 5 万元，维修 6 万元。

其他产业

腊尔山镇其他产业。个体泥瓦匠有 4 家，都是外地人，分布在的贺和骆驼山，每家平均年收入 4.5 万元。水泥制品厂两家，2013 年开办，分布在夺西高登果（苗语地名），从事房屋罗马柱和防护水泥栏杆，以及水泥瓦制作。2014 年，随着政府对扶贫建房力度加大，全镇拥有水泥制砖厂 12 家，预制板工场 1 处，打砂场 2 处。

基础设施

交通运输

1958 年，三拱桥至夺西公路修通，全程 42 公里。1965 年 11 月，两林至夺西公路通车，全程 10 公里，该路向北延伸连接花垣县城。1968 年，苏马河至夺西公路通车，全程 8 公里。1969 年，夺西至高井坪通车，全程 3 公里。该路向南延伸，连接贵州省松桃县正大乡，直至铜仁凤凰机场。1991 年，山江至夺西公路通车，全程 18 公里，并在乌巢河上游修建“天下第一大石桥”

——乌巢河大桥。该路段修通大大缩短腊尔山台地与凤凰县城的交通距离。2003 年，投入 90 多万元，修通岩坎村公路，至此，镇内实现村村通公路。2009 年，投入 200 多万元，硬化街道 1.5 公里。2010 年，利用省以工代赈示范工程 2009 年第四批扩大内需中央预算投资 463 万元，实施夺西至苏马河至贵州松桃县长坪乡省道 201 连接工程。1 月动工，9 月竣工，历时 8 个月，其中夺西至苏马河为四级公路改造工程，全长 8 公里，苏马河至长坪乡荀皮寨为新修公路，全长 3 公里。该路覆盖 12 个村，受益 11245 人。2011 年，夯卡至板拉门 6 公里和岩坎寨至古丈坪 6.2 公里道路修通，至此全镇组组、寨寨通车，总投资 266 万元，其中板拉门投入 126 万元，古丈坪 140 万元。2013 年，实施以工代赈示范工程，硬化夺西至务能乡村道 10.5 公里，投入 610 万元，当年竣工。全镇 19 个建制村完成公路通畅工程，实现村道硬化全覆盖。2014 年，全镇交通工具升级换代，面的车、家用轿车替代农用车和摩托车，平均每村保有量 10 台以上。

邮政通信

清末改土归流时，腊尔山镇设有邮政所，有邮差 1 人。民国 16 年（1927），国民党新编 34 师架通县城至新寨（今夺希）电话线路，民国 26 年（1937），正式建立总机室，有手摇式电话 1 部。1951 年，开通县城至腊尔山邮路，为三日班，全程 110 公里。1955 年，邮政所搬迁至现址，有办公楼 1 栋，手摇式电话 1 部，发报机 1 台，邮递员 1 人。1965 年，腊尔山公社有手摇式电话 1 部，总机 1 台，14 个大队均有手摇式电话 1 部，各大队社员每户门口装舌簧喇叭 1 个。公社有管理员 1 人，负责电话管理和农村广播宣传。1990 年，电报业务消失，电话进入寻常人家。1996 年，新生通信工具 BP 机、大哥大问世。1998 年，镇直单位开始使用程控电话。同年电信与邮政分开。2000 年，手机替代大哥大，第一个移动基站建成。2001 年，互联网进入该镇，网吧娱乐随之出现。2005 年，联通在高登果山顶修建第一个基站，联通手机开始使用。2012 年，移动信号实现全镇全覆盖，联通信号覆盖 80%。2014 年，全镇电信手机和固定电话用户 356 户，实现互联网接入，智能手机、电脑均可上网，电信互联网用户 258 户，电信从业人员 2 人；移动手机用户个数 6210 个，基站 6 个，服务厅 1 个；联通手机用户个数 3200 个，基站 2 个。全镇有互联网用户 386 户。

供电饮水

供电 1974 年，腊尔山公社自建水力发电站一个，叭禾水力发电站，修建在乌巢河上游、教学自然寨与桌子寨之间峡谷内。供应的贺、夺西和岩坎 3 个大队 405 户社员照明用电。但因无变电设施，电力供应到社员家里时，电压严重不足，5 年后，该电站关闭。1985 年，柳薄禾排电站电力供应夺西和的贺两个村。2003 年，全镇村村通电。2011 年，所德、的贺、夯卡、夺西、追高来、叭荀、追高鲁、板拉 8 个村实施第一批农网改造，当年竣工。2012 年 10 月，拉忍、山都、科茸、流滚、板拉、大教、大塘、务能、苏马河、岩坎、忍务 11 个村实施农网改造，全镇设 53 个台区，新装变压器 53 台，由国网禾库变电场供电照明，电价由每千瓦时 1 元降到 0.588 元，首次实现与城乡同网同价。农网改造的人力、物力、财力，全由国家承担，地方政府负责施工环境。从此居民在电器使用数量上大幅攀升。2014 年，全镇居民用电量 480 万千瓦时，超出未改网前的 56%，通电居民 4920 户。电器使用：太阳能 243 个，空调 43 台，热水器 456 个，饮水机 870 台，冰箱 667 台，冰柜 188 个。

饮水 腊尔山传统人畜饮水，全靠天然地下水源供应，72个自然寨都有水井。2006年，县扶贫开发办在拉忍修建蓄水池6口。1995年，腊尔山自来水厂修建竣工，供应夺西村和镇直单位，管理人员5人。但由于水源有限，管理不到位，镇区居民用水严重不足。2003年，在县扶贫工作队帮扶下，岩坎和桃花坪两个自然寨通自来水。2005年，骆驼山四、五、七组自筹2万元，修通自来水；务能村民每户自筹200元修通自来水。2007年县扶贫工作队环保局投入8万元，修通科茸自来水。2009年，州长叶红专挂点扶贫骆驼山，改建和新修自来水，二、三、六、七组通自来水。2011年，忍务通自来水。2012年，州3个扶贫工作队分别接通山都、拉忍、大塘3个村的自来水。2014年，州委书记扶贫追高鲁打井取水3口，修建自来水1处，井水维修8处。2013年，夺西村老街水管网改造1.5公里，投入资金20万元。2014年，全镇通自来水村10个，户数1728户。

水利建设

1958年，建成夯卡水库，库容13万立方米，灌溉稻田30公顷；建成凯里水库，库容12万立方米，灌溉稻田26公顷。1968年，建成追东水库，库容10万立方米，灌溉稻田17公顷。1978年，建成九塘水库，库容14万立方米，灌溉稻田20公顷；建成当其水库，库容11万立方米，灌溉稻田17公顷；建成丙结水库，库容11万立方米，灌溉稻田20公顷。全镇有河流3条、山塘69口、溪坝36处，抽水机械145台2245马力，水轮泵2处3台。2001年，旱涝保收面积406公顷，机电排灌面积296公顷，有效灌溉面积663公顷，占稻田总面积的67.5%。2008年，国家投资30万元，加固硬化夯卡水库大坝以及渠道2公里。2011年，维修山塘3口，引水渠道20公里。2012年，县房改局投入部分资金，对凯里库溢洪口和500米长水渠硬化。2014年，引进德援项目资金，维修山塘32口，占全镇山塘总数46%。

村镇建设

2011—2012年，州政府办、州交通局、州工商局3个单位扶贫工作队，分别驻山都、拉忍、大塘3个村实施新农村建设。2012年，县文化广播新闻出版局出资8万元，修建文化舞蹈戏台，元月动工，5月竣工。10月，完成街道硬化，安装街道路灯27盏。2013年5月，同建同治工作启动，整治街道环境卫生，禁止占道经营和车辆乱停乱摆，设置卫生垃圾桶60个，聘用临时保洁员9人，签订临街门面卫生责任状450份。同年，拆除腊尔山区原办事处办公楼、住房，由县住建局出资420万元，修建两栋六层公租房，房间48套，每套59平方米。2013—2014年，州委书记驻追高鲁村，开展全省少数民族高寒山区脱贫解困先行先试示范，实施湖南省农村清洁工程示范村建设。硬化全村公路，村间道铺设青石板8.24公里，安装太阳能路灯72盏，修建水井8口，风雨桥一处，村道绿化2公里，栽植绿化树苗200株，修建垃圾围7个，追高鲁村成为腊尔山镇新农村建设的标杆。2014年1月，利用县财政“五小建设”整合资金98.2万元，修建政府第二栋办公楼。同年12月竣工交付使用。

社会事业

教育科技

教育 腊尔山小学前身为新寨国民学校，始创于清朝宣统二年（1910）3月，初设2个班，学生40人，有教师2人，教修身、国文、算术3科。民国初期，学校夹设私塾，曾演变为公私合办学校。民国26年（1937）至民国34年（1945），先后改名新寨乡特区短期义务小学、新寨乡中心学校、新民乡中心国民学校。1950年秋，县人民政府将该校更名为新寨乡中心小学。1953年，改为夺西完全小学。1956年8月，夺西完全小学办中学，戴帽招收两个初中班，招生104人。1957年，另建中学校舍于马鞍山北麓（现在的腊尔山希望小学）。1958年5月4日迁新址，定名为“凤凰县腊尔山民族初级中学”。1960年冬，学校更名为“凤凰县第二中学”。1978年易名为“凤凰县第一民族中学”。1983年秋，学校迁至原凤凰县“五七”干校地址北斗坪，面积15公顷。1989年，被湘西州人民政府确定为全州农村中学教育整体改革试点，建立“一校三教”型的新型学校，即成教、普教、职教，直至1995年。是年，在校学生672人，教师84人。职教设有农村家庭经营专业。学生学习畜牧、家电维修、养殖等知识。学校发展初具规模。1997年6月高中部停办，保留初中部。当年学生925人，教师110人。2001年，全镇有中学1所，学生292人，教师60人；完小1所，村小17所，学生2509人，教师109人。2012年，实施校安工程项目，投入160万元改建校舍，190万元改建食堂。2013年，投入170万元修建女生宿舍，320万元修建公租房。是年，在校学生860人，在职教师48人，班级设有初一5个班，初二4个班，初三3个班。20世纪90年代，腊尔山完全小学倡导教师“五种精神”（即终身从教的献身精神、认真执教的敬业精神、爱生如子的园丁精神、不甘人后的拼搏精神、不计得失的牺牲精神），先后在《湖南教育报》、湖南电视台、中央电视《台东方时空》栏目报道。其做法在全州乃至全国推广。至2014年，腊尔山完全小学占地面积2.66公顷，建筑面积5668平方米。校园实现美化、绿化、硬化。教学区、活动区和生活区布局合理，有教学班22个，在校学生1032人，教职工67人。全镇有村级学校16所，在校学生524人，教师28人，其中代课教师13人；幼儿园2所，其中私立1所，在园幼儿690人，其中私立140人。幼师18人，其中私立4人。中学有在校学生788人。

科技 2009年，第一次测土肥方技术推广，全镇取土样点180个，主要检查土壤元素含量。检查结果，土壤钾、锌缺乏，有机肥偏低。2011年，取土样点150个，跟踪土壤各种元素变化。2004—2012年，利用县出台的“两山”地区产业结构调整政策，从外地引进薄壳核桃、中华大力枣、桃、李、梨试栽。因经济效益低和培管不到位，试栽失败，仅有猕猴桃（其中红心猕猴桃于2012年在骆驼山大石桥下试栽成功）、金银花等两种推广栽植成功，其中金银花因市场销售价格不稳定，种植面积由360公顷减少到1.5公顷。2013年，在土壤翻耕上推广机械化耕作，用旋耕机取代耕牛。2014年，全镇有小型旋耕机2160台、大型旋耕机4台（夺西、夯卡、追高鲁、苏马河4个村各1台）。

文化

腊尔山广播站建于1956年，20世纪60年代，每户社员家都装有舌簧喇叭。1976年9月，公社电影队成立，人员3人，到各大队巡回放映。1980年，县教育局拨给民一中友谊牌14寸黑白电视一台，为腊尔山第一台电视机。1984年，夺西村人隆冬青自办电影院。1986年，影视录像厅出现。1995年，彩色电视机进入镇直各单位。1998年，个人自办电影院停办，录像、电视替代电影。2000年，夺西村建第一所乡村图书室。

2002年，液晶彩电进入家庭。2008年，黑白电视机全部淘汰，彩色电视机普及。2004—2009年，兴办卡拉OK厅4家。2011年，板拉村和谐家园文艺队成立，主持人吴七称，有队员32人，从事节庆、开业、剪彩、慰问、接待等活动的民族文艺表演，节目有打花鼓、对苗歌、舞蹈、相声、对白、舞狮子等。2005年，新寨老年协会成立，节目有打棒棒鞭、花鼓、腰鼓、舞蹈、舞龙灯、唱山歌。至2014年，全镇卡拉OK厅仅剩1家，19个建制村均建图书室，各村图书室分别藏书1500册。

医疗卫生

腊尔山卫生院，创办于1955年，初始称腊尔山乡卫生所。1966年，腊尔山区卫生院创办，医务人员十多人，设病床14张。1974年，乡卫生所改为公社医院，医务人员4人。1993年，公社医院与区医院合并时，医院医务人员36人，有病床30张。1996年，建成国家一级甲等医院。2014年，医务人员50人，有病床45张。2013年，19个行政村挂牌成立村卫生室，其中叭苟、山都、夯卡、忍务4个村为专业卫生室。2014年，全镇有个体诊所3家，药铺3个。新农合每人每年征收90元，全镇征缴新农合基金117万元。

社会保障

2004年，创办腊尔山镇敬老院，入院供养9人，每月每人生活经费60元。2007年，实施低保政策。2008年，实施扶贫建房政策，农村居民住房条件改善。2010年，全镇有低保户285户，826人，标准每人每月45~55元。敬老院有“五保”老人63人，入院集中供养10人，每月每人178元生活补助。是年，推行“两项制度”政策。2011年，开始征缴农村养老保险基金。年满16周岁的农村居民每人每年最低缴1000元。2012年，全镇新农保参保人数3991人，参保率49.64%。2013年，新农保参保人数6042人，参保率75.6%。2014年，全镇享受“两项制度”（扶贫与低保结合）政策438户1588人，每人每年360~400元，全镇全年发放低保金63.52万元。新农保参保人数增至6565人，参保率91.13%。敬老院拥有床位数11个，全镇“五保”老人64人，入住供养12人，每月每人生活补助200元。

特色地情

历史人文

乾嘉苗民起义首领吴天半（1772—1796）苗族，腊尔山镇苏马河村人。乾隆六十年（1795）初，吴天半与永绥厅、松桃厅苗族首领石三保、石柳邓及吴八月等为反对满汉官吏、地主的压迫，歃血为盟，发动大规模的苗民起义。他带领凤凰厅起义苗民建立苏马河、乌巢河等据点。后遭清廷围剿，终因势单力薄，于九月十五日，陷入清军重围，不幸被俘。同年十二月初四被押解到北京。在清廷军机处施以酷刑后，于嘉庆元年（1796）七月惨遭杀害，时年24岁。

名优特产

手工业品主要有苗族银饰品，其种类有手镯、戒指、耳环、项圈、压杆、链子、银披、银牌、铃铛、罗汉、髻簪、文武八仙掌等100多种，链子分梅花、珠丝链、葡萄链、三绞链、文明链；耳环有龙头耳环、吊须耳环、梅花环、四棱环、瓜子环等。旅游业蓬勃兴起，苗服银饰得到较好恢复。

农业产品有“米良一号”猕猴桃、红心猕猴桃、大米。山珍产品有山竹笋、牛肝菌（又称冠

古石桥、水碾（龙中华摄于2015年7月26日）

冠菌），枞菌（又称松菌）。肉类产品有本地山羊、湘西黄牛、湘西黑猪、蜂蛹、鹌鹑、野鸡、野山羊、野猪、果子狸。

风景名胜

腊尔山镇辖区内可供开发旅游景点有3处，分别为骆驼山的"石桥苗寨"、吴天半家乡苏马河、的贺村教学溶洞。石桥苗寨位于镇政府东1.5公里处，县道凤腊公路从中经过，交通便利。这里依山傍水，有古老石桥、水碾和古朴苗族风格的建筑物。苏马河位于镇政府南8公里处，乡镇公路主干道从其寨旁经过，并连接贵州省松桃县长坪乡国道。寨中100多栋民房依河边而立，房屋古朴，基石久远，文化淳厚，乾嘉苗民起义著名首领吴天半就生于此。教学溶洞，位于的贺村教学寨，村道可通寨中。该洞垂直20多米入洞，洞中宽广，有河流、石乳，千姿百态，沿河行走，直通到出口叭禾。

民俗风情

腊尔山镇是苗族聚居区，至今仍保持不少苗族的传统风俗习惯：如同姓禁婚、出远门禁用农历（即忌日）初五、十四、二十三；石家建灶在进屋时左边一间，吴家火堂一定建在进屋时的右边一间；出丧时，死者脚先出；病人住院回家时，断气的脚先进屋，已断气死了的头先进屋；见血而死或死于屋外，苗语称"打将"，意为恶鬼，此类死法不准入屋内。石家不准吃狗肉。正月初，辰巳日不准挑水进屋（意为和龙抢水将遭天干）；正月戌日不准扫地（意为扫地会多跳蚤）；正月初一不准吃饭（意为吃饭会多蚊子）；农历一月、七月不准办婚事。药师（即苗族草医医生）不准吃狗肉，吃了狗肉后药方不灵等。苗家重要节日有春节、重阳节，其次还有七月半、元宵节、四月八、清明节。

（撰稿人：吴金生　龙海兵）

禾库镇

区域概况

位置面积

禾库镇位于凤凰县西北部。东南与吉信镇交界，西与两林乡相接，西南与腊尔山镇接壤，北与柳薄乡、米良乡为邻。区域面积 91 平方公里，距凤凰县城 49 公里。

建置沿革

“禾库”（曾用名，鸭堡寨），苗语“天坑”“地洞”之意。相传当地有一条遍身金鳞、口衔红宝的五爪长龙，经常兴风作浪，冲毁庄稼，苗民为降伏长龙，留住宝贝，在附近山上砌一石塔，从此长龙隐身地下，洪水消退，留下一个大洞，禾库因此得名。清康熙三十九年（1700），设立凤凰厅时，系苗寨地。民国 25 年（1936），全县设 17 个乡（镇），乡以下改为保甲制，建乡时称明道乡。1950 年，后属凤凰县第五区。1952 年 4 月，增设 3 个区，以农会（或大村寨）建新乡禾库、板吉闷、吉云等，仍属 5 区。1956 年 7 月，撤区并乡时为禾库乡，12 月隶属禾库办事处。1958 年 10 月，撤销办事处、基点乡、乡镇建制，与拖排乡、米良乡、首云乡（一部分）合并为英雄人民公社，1959 年 3 月更名拖排公社，社址设禾库。1961 年 3 月，拖排公社分设为禾库公社和柳薄公社。1961 年 9 月，恢复 5 个区公所建制后，隶属腊尔山区。1981 年 12 月，所辖东就、俄力大队更名为岩口、俄梨大队。1984 年 1 月，改建为禾库乡。1994 年 3 月，撤乡建禾库镇。

行政区划

民国 25 年（1936），称明道乡，辖 13 个保。1950 年 11 月，辖农民协会、农民协会小组。1953 年，建新乡时，属于五区。1956 年 7 月，撤区并乡后隶属禾库办事处。1958 年 10 月，拖排公社（原为英雄公社，由禾库、拖排、米良三乡和首云乡一部分组成）辖 10 个大队。1961 年 3 月，禾库公社分设后辖禾库、大寨、排云、龙家、吉云、补丁、新湾、禾苗、龙角、帮增、崇寨、东就、俄力、板吉、雀儿、早齐 16 个大队。1981 年 12 月，东就大队更名岩口大队，俄力大队更名俄梨大队。1984 年 1 月，改建为禾库乡辖 16 个村，同年 12 月，划出岩口村归新建的火炉坪乡管辖，全乡辖 15 个村。1994 年年底，撤乡建禾库镇，设禾库居委会。至 2014 年，全镇辖禾库、排云、龙家、吉云、新湾、禾苗、板吉、雀儿、帮增、崇寨、茶寨、补丁、俄梨、龙角、早齐 15 个村和禾库居委会，下设 85 个村民小组。

人口民族

禾库镇为苗族聚居乡镇。1990 年，全乡有 2613 户 12568 人，其中少数民族人口 12454 人。1995 年有 2811 户 13029 人，其中土家族 134 人，苗族 12895 人。2000 年有 2940 户 13739 人，其中苗族 13653 人。2005 年，全镇有 3486 户 14271 人，其中土家族 117 人，苗族 14026 人。2014 年，全镇总户数 3907 户，总人口 16801 人，少数民族人口 16753 人，其中苗族 16610 人，土家族 131 人，分占总人口数 98.86%、0.78%。

自然环境

镇境处于县三级台阶的最高一级腊尔山台地腹心，地势由东北向西南逐渐倾斜，一般海拔 850 ~ 950 米，最高为处多老固海拔 1041.7 米，最低海拔 615 米。土壤以黄色石灰土为主，局部地区为黑沙地。境内有大小河流、溪沟 6 条，流长 12 公里。有林地面积 5155 公顷，森林覆盖率 70.8%。平均气温 13.5℃，无霜期 240 天，年降水量 1350 毫米。

经济发展

经济综述

20 世纪 70 年代，镇域以传统农业经济为主。80 年代，乡镇企业发展，商贸活跃。1985 年，实现国民经济产值 264.37 万元，人均收入 197 元。1989 年，国民经济产值 593 万元，其中农业产值 325 万元，工商企业产值 268 万元。农业产值中，种植业 225 万元，林业 18 万元，畜牧业 65 万元，渔业 17 万元。人均纯收入 423 元。21 世纪初，巩固农业基础地位，优化烤烟支柱产业，调整壮大金银花、爱宕梨、核桃、绿色无公害蔬菜、湘西黄牛等产业。2004 年，国民经济产值 775 万元，其中农业产值 536 万元，工商企业产值 239 万元。农业产值中，种植业 346 万元，占 64.5%，林业 135 万元，畜牧业 273 万元，渔业 128 万元。人均纯收入 376 元。2005 年，国民经济产值 1075.1 万元，其中农业产值 465 万元，工商企业产值 368 万元。农业产值中，种植业 242.1 万元，人均纯收入 763 元。2012 年，农村经济收入 2812.9 万元，比上年增长 44.2%；完成财政收入 425 万元，比上年增收 45.3 万元，增长 11.9%；农民人均纯收入 1874 元，比上年增长 170 元，增长率 10%。2014 年，农村经济收入 3557.68 万元，比上年增加 248.26 万元，农民人均纯收入 1771 元，比上年减少 170 元。

农业

种植业　镇域种植业以稻谷、玉米、红薯为主，黄豆、杂豆、高粱次之。1952 年，粮食产量 786 吨，产值 15.6 万元，人均纯收入 17.4 元。1956 年，农业粮食产量 958 吨，产值 17.4 万元，人均纯收入 18.5 元。1989 年，全镇种植稻谷 796 公顷，产量 2990 吨；种植玉米 234 公顷，产量 809 吨；种植烤烟 86 公顷，产量 117 吨。1995 年，种植稻谷 796 公顷，产量 3378 吨；种植玉米 234 公顷，产量 800 吨；种植烤烟 86 公顷，产量 117 吨。2001 年，种植稻谷 790 公顷，产量 4231 吨；种植玉米 228 公顷，产量 748 吨，种植烤烟 247 公顷，产量 371 吨。2008 年，以龙角村、帮增村、早齐村为试点，开发金银花和枣子种植，种植面积 6.95 公顷，3 个村村民人均纯收入 1333 元，比 2006 年增长 20.15%。2011 年，先后成立兴成农民种植专业合作社、九龙生态种养专业合作社、排云爱宕梨果业合作社、绿色无公害蔬菜协会 4 个农业专业合作组织。是年，协同县蔬菜局在崇寨村种植甜玉米示范片 6.7 公顷。

年内辐射到龙角、帮增、板吉、俄力、新湾、补丁等村，共发展甜玉米种植面积34公顷，亩产350公斤。同年，在崇寨、龙角村种植20公顷南非豆示范片，亩产为550公斤。2012年，发展烟叶生产，烟叶种植面积213公顷，生产中上等烟比例占烟叶总量85%。2014年，烤烟种植面积217公顷，实现烟叶收购38万公斤；金银花栽培面积118公顷；核桃栽培面积8.4公顷。是年，以龙角村金银花、吉云村绿色无公害蔬菜为核心，加快带动周边村寨的发展。年内增加蔬菜种植面积134公顷，其中反季节蔬菜种植面积14公顷。

养殖业 镇域养殖业以鸡、鸭、猪、羊、牛为主，其中黄牛个体大、品种纯，是湘西黄牛的主要产地之一。2009年，年出栏生猪7000多头，出栏黄牛861头、羊1663只；出笼家禽6.4万羽。2010年，年出栏生猪7231头，出栏黄牛903头、羊1947只，出笼家禽7.3万羽。2012年，出栏生猪7934头，出栏黄牛1243头、羊2694只，出笼家禽8.1万羽。2014年，通过产业开发，形成以补丁村湘西黄牛养殖为重点，带动全镇养殖业发展。全镇共新建湘西黄牛养殖场2个，规模山羊养殖场3个。是年出栏生猪9831头，出栏黄牛1441头、羊2834只，出笼家禽8.7万羽。

商贸服务

禾库镇墟场起于清代，逢农历一、六日赶集，每场赶集人数7000人。主要交易鸡、鸭、鱼、肉、蔬菜、水果等农副产品和居民日常生产生活轻工产品。2014年，有临街店面112家，涵盖五金、餐饮、服装、娱乐、家电及机动车维修、农机销售与维修、农具加工、食品加工等多个行业，开设占地120平方米以上超市3家。赶集时有摊位600个，是年年底，有长期经营户112户。经营范围包括电器、服装、饮食、烟酒南杂、家居装饰、饲料等。

基础设施

交通运输

1958年，三（拱桥）腊（尔山）线修通，经过禾库镇，禾库始通公路。1978年，修通禾（库）柳（薄）公路，连接镇域南北。同年，修通禾（库）米（良）公路。1991年，乌巢河大桥竣工，打通禾库镇和凤凰县城的便捷通道。至2001年底，有14个村通公路，里程33公里。2002年，火（炉）禾(库)线竣工。2009年，对火禾线实施道路硬化。2011年，实施通达工程，投资477万元，完成10个村30公里的村道建设；利用“一事一议”项目资金51.3万元，在排云村新修通组公路，并实施6个村村间道硬化；争取以工代赈项目资金7万元用于龙角村村道建设。2012年，投资110.06万元，修建5个村组公路18.1公里。至2014年，全镇实现村村通、组组通公路，形成干线、村级公路、机耕道一体化的道路交通网络。

邮政通信

清末改土归流时，禾库设信柜，开通步班邮路。民国16年（1927），国民党新编34师架通县城至鸭堡寨（今禾库）电话线路，民国26年（1937），正式建立总机室。1958年，设邮电支局，经营邮政、电信业务。1965年，禾库公社有手摇式电话1部，总机1台。公社设有专门管理员1人，负责电话管理和农村广播宣传。1990年，电报业务消失。1995年，禾库村开通程控电话。1998年，镇直单位开始使用程控电话。同年，电信与邮政机构分设，业务分开经营。2001年，手机替代大哥大，第一个移动基站建成。是年，程控电话装机200部。2002年，互联网进入该镇，网吧娱乐随之出现。2005年，联通修建第一个基站，联通手机开始使用。2012年，移动信号实现镇内全覆盖，联通信号覆盖80%。2014年，实现互联网接入，智能手机、电脑均可上网。全镇互联网用户数158户，有移动基站6个，服务厅2个，手机用户5210户；联通基站2个，手机用户2250户；电信手机用户398户；固定电话用户756户。

供电饮水

供电 1972年，禾库公社自建叭果咱水力发电站。1976年，电站装机容量320千瓦。至2014年，禾库农网改造完成14个村。

饮水 禾库传统人畜饮水，全靠天然地下水源供应，84个自然寨均有水井，但水质各有差异，水量供给有限。2011年，县水利局在禾库镇吉云村修建蓄水池，解决吉云村213户人畜饮水问题。2012年，县水利局在禾库镇板吉村修建蓄水池；县开发办投资70万元，在5个村实施人饮工程和水井改造。修建蓄水池8个，铺设输水管道4公里。2013年，池茶寨村新建蓄水池4口，投入20万元；水利局在5个村新建蓄水池5个，解决989户人畜饮水问题。2014年，县水利局在禾库镇排云村修建蓄水池，铺设输水管道5.3公里，解决排云村137户人畜饮水问题。

水利建设

1958年11月，建成天星水库，为小（1）型水库，集雨面积2.8平方公里，容量91.5立方米，有效灌溉面积140公顷。同年，修建打拿水库，库容80万立方米，1974年全社帮助续修而取名团结水库，后又改名打拿水库，有效灌溉面积67公顷，还修建了其余3座水库：板吉水库，库容15万立方米，灌溉稻田44公顷；东就水库，库容15万立方米，灌溉40公顷；叭果扎水库库容190万立方米，专供发电用。2001年，全镇有旱涝保收面积246公顷，机电排灌面积179.8公顷，有效灌溉面积421公顷，占稻田总面积的52.8%。2011年，投入2万元，建设早齐村渠道。2012年，县扶贫开发办实施德援农业配套设施项目，项目覆盖龙角、帮增、崇寨3个村，共投入资金43.5万元，修建集雨池87个。2013年，投入92.44万元，维修吉云、龙家、龙角水渠5.7公里；投入35万元，加固山塘7口。2014年，投入资金230万元，除险加固板吉水库、团结水库大坝。

村镇建设

2013年，投资2300万元，实施禾库镇街道拓宽和硬化、街道路灯安装完善、禾库镇办公楼建设和装修工程。是年，开展城乡同建同治，修建垃圾处理场1个，垃圾围48个。在全镇发放垃圾桶8000多个，根据各村和社区居住情况配备保洁员专门负责。全镇的环境卫生得到明显改善。2014年，廉租房建设纳入小城镇建设项目，投入500万元建设廉租房。

社会事业

教育

康熙四十三年（1704），在鸭堡寨开设义学馆。雍正十一年（1733），办押宝寨义学。1950年，建立禾库完小。1959年，建立初中部。2001年，全镇有中学1所，学生152人，教师17人；完小1所，村小21所，学生1700人，教师70人。2003年9月，禾库中小学合并为禾库学区。2011年9月，调整学校布局，全镇四年级以上的学生集中到镇中心完小就读。保留13个村初小及解放村、都索寨、巴几寨、比朵寨、官安寨、大唐寨、小补丁7个自然寨教学点。全学区有专任教师116人，在校学生1783人，学前儿童339人，共得到国家贫困生生活补助、少数民族补贴、张坤、大眼睛、蒲公英、LP38团队的大力救助363750元。是年秋季开始，全镇1783名学生享受国家营养改善计划。2012年，有在校学生1809人，学龄前儿童590人，共得到国家贫困生生活补助、少数民族补贴、张坤、大眼睛、蒲公英、LP38团队的大力救助455625元。2013年度，全镇在校学生人数1676人，学龄前儿童572人。2014年，全镇在校学生1833人，学龄前儿童633人，禾库中心学校占地面积45033平方米，建筑面积11500平方米，绿化面积20735平方米。

文化体育

文化 1956年，禾库镇建广播站。1963年，有线广播通村到户。1989年，建禾库镇文化站，有工作人员3人。2006年，文化站设立专门的办公场所，有文娱活动室、农家书屋等。2008年，广播站同文化站合并。2012年，有线电视覆盖全镇，15个村均能收看电视节目。2013年，机构改革，广播站更名为文体广电服务站。至2014年，全镇15个村均设立农家书屋，有存书3万册。全镇现有民间艺术特色团队4支。禾库苗歌、板吉苗鼓、龙角苗歌、吉云苗鼓4支文艺队每年都自行组织参加演出或比赛活动，特别是春节文艺活动每年都有参加。文艺团队主要表演舞蹈、歌曲、花鼓等文艺节目。

体育 禾库镇群众钟爱篮球运动，2007年开始，由镇政府牵头，邀请周边4个乡镇（腊尔山镇、两林乡、柳薄乡、米良乡）成功举办禾库地区第一届“勤政杯”篮球友谊赛，之后每年由周边乡镇轮流主办，至2014年先后成功举办八届“勤政杯”篮球赛。

医疗卫生

1956年6月，设立禾库卫生所，有医务人员2人。1985年，改建为卫生院，中心卫生院医务人员增加至6人，病床19张，实行中草西医结合治疗，各村设立卫生室，全镇有村医务室13个，有村医15人。2005年8月，卫生局投资40万元，修建住院部，面积996平方米，设病床20张，并配有救护车一辆。至2014年，镇内有卫生院1所，村卫生室13个，卫生院有床位30张，卫生专技人员18人，其中执业医师2人、执业助理医师5人、注册护士6人。2014年，全镇新农合参合人数12296人，参合率93%。是年医疗补偿257人，补偿金额892832元。

社会保障

2003年，实行城乡居民最低生活保障制度，农村每人每年最低生活保障标准为60元，至2006年增加到每人每年180元。2006年，禾库镇建敬老院，部分“五保”老人住进敬老院，实行集中供养，安排专人管护。2007年，全镇纳入低保147户406人，累计发放低保金13.6万元。2011年，发放农村低保1242728元，城镇低保396296元，优抚对象114998.5元，五保114040元，60岁以上退伍军人4850元，扶贫建房补助494463元。2012年，发放金额6811597.5元，同比上年增长41.18%。2014年度，完成新农保参保缴费人数5625人，实缴金额562500元，发放养老金约1350620元，发放新增社会保障卡112张。

特色地情

天星山 天星山位于凤凰县禾库镇板吉村（原村名天星寨）境内的天星大峡谷之中。苗民称之为仙山，拜之为圣地。此山苗语曰“叭撮”，汉意为“石凝崖”。据史料记载，在明朝此山称为天生岩，在清朝，名为天星寨山。

明清封建统治者对湘黔边境苗区实行民族歧视和残酷统治，苗族人民忍无可忍，只有起义反

天星山（陈利摄于2006年2月）

抗，每当官兵前来镇压的危急关头，天星山天险及佛门净地又变成苗民义军保存实力的根据地。据《凤凰厅志》等记载，从明朝正德年间至清朝乾嘉年间，天星山就发生过五次大的攻守战斗，有三次战斗，官兵未攻破此山，有两次战斗是苗民愿招降投诚后平息。

明朝武宗正德六年（1511），“苗酋陇麻羊等啸聚川、湖、贵三省为乱，明武宗昭都御史杨茂元兼制川、湖、黔三省汉土兵征讨，杨茂元咨湖广巡抚刘丙诣辰州讨竿子铜仁苗，破其数寨，贼走据天生岩及六龙山”。此文所指的天生岩，就是天星山的原名称。

清康熙二十四年（1685）秋，补丁寨（今禾库镇补丁村）吴二过、吴老叟、吴老览和爆木营（今吉云村）吴辣儿率领苗民起义，攻打乾州，守备徐进统兵围剿，苗民义军退回补丁寨，守备徐进率领把总3员和70名丁兵追至补丁寨中，被苗民围困。辰州左都郭忠孝调集各处营兵和永保土兵4000余人前来镇压，在攻克乾州至三拱桥一线诸多苗寨后，在爆木营激战，清官兵“计斩逆苗二千七百余级”，并在爆木营设立军营，操后路转攻补丁寨，吴二过、吴老叟及二百余苗民阵亡，吴老览等15人被擒。官兵于十二月又攻鸭堡各寨，“斩苗三百余级”。次年正月，爆木营吴辣儿率余众奔天星山。当年，辰州知府刘应中随军督运军粮，所著《平苗记》对这场战争特别是围攻天星山作了详细描述，后被录入《凤凰厅志》《乾州厅志》。

（撰稿人：龙俊峰　吴朝阳）

落潮井乡

2014年，落潮井乡被湖南省人民政府授予“湖南省安全生产示范乡镇”称号。

区域概况

位置面积

落潮井乡位于凤凰县西部，距县城30公里。东与阿拉营镇相连，南与原黄合乡交界，西与贵州省松桃县大兴镇、正大乡毗邻，北与麻冲乡相望，区域面积60多平方公里。

建置沿革

“落潮井”相传乡政府所在地落潮井村有一坨田，田中有4口澎水井，后因澎水沉落不再潮出，于是称之为落潮井。清康熙三十九年（1700），设立凤凰厅时，多系“民村”（原五寨土司所辖五峒）地，属永宁哨地，部分为苗寨。道光年间，厅域汉区分为上下乡，属永宁哨。民国初期厅改县后，乡以下废除里、约。民国25年（1936），全县设17个乡（镇），乡以下改为保甲制，称务本乡。1950年，属凤凰县第二区。1952年4月，增设3个区，以农会（或大村寨）建新乡落潮井、唐家桥等，仍属二区。1956年7月，撤区并乡时分属于阿拉乡和勾良乡，12月隶属阿拉办事处。1958年10月，撤销办事处、基点乡、乡镇建制，与黄合乡、阿拉乡合并为红旗人民公社，1959年3月，更名为阿拉公社。1961年3月，阿拉公社析分为三，设立落潮井公社。1961年9月，恢复5个区公所建制后，隶属阿拉区。1981年12月，所辖田冲大队更名为报木树大队。1984年1月，公社改乡制，为落潮井乡。

行政区划

民国25年（1936），称务本乡，辖15个保。1950年11月，辖农民协会、农民协会小组。1953年，建新乡时，属于二区。1956年7月，撤区并乡后隶属阿拉办事处。1958年10月，属阿拉公社。1961年3月，从阿拉公社析出，设落潮井公社，辖落潮井、高堰、勾良、高云洞、牛堰、塘桥、大田垅、龙塘、报国、武岗、铜岩、板帕、田冲13个大队。1981年12月，田冲大队更名报木树大队。1984年1月，改建为落潮井乡后辖13个村（名同原大队）。2014年，全乡辖落潮井、牛堰、铜岩、高堰、大田垅、板帕、勾良、龙塘、报木树、高云洞、报国、唐家桥、武岗13个村，下设69个村民小组。

人口民族

落潮井乡为苗族聚居乡镇。1990年，全乡有2470户12375人，其中少数民族人口12205人。

1995年，有2648户13121人，其中土家族1256人、苗族11814人。2002年，全乡有2869户13933人，总人口中苗族13150人、土家族665人、汉族98人，各族所占总人口百分比分别为94.38%、4.77%、0.7%。2005年，有2978户13883人，其中土家族1099人，苗族12597人。2010年，共3295户15911人。2014年，共7167户28561人，其中土家族5997人、苗族19074人。

自然环境

境内地质结构复杂，以多种岩石类型山原和山地为主，山、丘、岗交错，呈多种地貌类型。全境多山，属于中低山区，地势自西北向东南递降，海拔在550~700米范围内。最高山凤凰山，别名勾良坡，海拔高719米。最低处海拔367米。中亚热带季风湿润性气候，全年平均气温为15℃，总日照1278.6个小时，年均降水量1300毫米，无霜期270天左右。境内大小河流5条，流长30公里。林业用地面积1854公顷，森林覆盖率38.3%。

经济发展

经济综述

20世纪60年代，落潮井乡以传统的农业经济为主。80年代，农业经济结构逐步调整。2007年，实现农业产值1923万元，人均增收180元。2008年，实现农业经济收入1867万元，人均纯收入1368元，比上年人均增加182元。2009年，实现农业经济收入2305.41万元，人均纯收入1647元。2012年，固定资产投资300万元，农民人均纯收入2163元，比上年人均增加165元。2014年，全乡国民产值15205万元，固定资产投资1100万元，人均纯收入2995元，比上年增加672元。

农业

种植业 1988年，开始试点种植烤烟，乡财政当年创收3.6万元。1989年，全乡大面积推广烤烟生产，群众靠烟发家致富，乡财政困难状况改观，当年，机动财力上升为6.2万元。1990年，机动财力上升到7.2万元。1991年，乡党委和政府在武岗村办烟叶试点，乡供销社在上级烟叶价格未定情况下，将60吨复合肥先行发给农户，乡税务所和信用社也分别拿出1万元贴息贷款在两个村办试点。是年，全乡完成各种税收66.7万元，机动财力达到24万元。1992年，乡烟叶种植面积扩至126公顷。2005年，首次散种20公顷红心猕猴桃；良种补贴面积654公顷，补贴金额147212.25元；粮食直补面积653公顷，补贴金额127354.63元。是年，全乡13个烟叶村种植面积186公顷，收购烟叶2.7万公斤，实现烟叶产值343万元。2008年，在落潮井村发展20公顷红心猕猴桃，专门聘请县科技局的技术人员到实地传授栽培技术要点。是年，烟叶种植面积80.4公顷，收购量15.17万公斤，均价8.99元，产值200多万元。2010年，烟叶种植面积70公顷，完成收购12.5万公斤，产值200万元。是年，牛堰等村所种植的34公顷红心猕猴桃中的近14公顷喜获丰收，平均亩产1500公斤，销售价每公斤16元，初次获得近400万元产业毛利，红心猕猴桃项目被列入落潮井乡产业发展5年计划重点扶持项目之一。同时，加入并依托“凤凰红心猕猴桃专业合作社”，集中产业力量，整合资源优势，壮大综合实力，促进红心猕猴桃产业快速有序发展。是年，农民人均纯收入1998元，实现劳务收入5200万元。全乡粮食作物种植面积1176公顷，产量4402.4吨；油菜产量324.8吨，水果产量210.3吨。2012年，全乡粮食作物种植面积1097.85公顷，产量5337.7吨；油菜种植面积273.33公顷，产量245吨；水果产量220吨。是年，中石化集团公司投资15万元扶持建立落潮井乡落潮井村红心猕猴桃科技示范基地，占地面积16公顷，带动全县周边10多个乡镇，3.1万农户投身红心猕猴桃产业开发。2013年，全乡粮食作物种植面积1024.73公顷，产量2608.75吨；油菜种植面积283.38公顷，产量275吨；水果产量70吨；烟叶种植面积214公顷，涉及13个村400余户，其中烟叶种植面积5～10亩以上的农户达110户，烟叶种植面积0.67公顷以上的农户达298户，在遭受特大干旱，烟叶产量降低的情况下，全年仍实现烟叶产量21.1万公斤，完成县派烟叶收购任务91%，实现产值426余万元。是年，各村的农机服务队共计为落潮井乡的贫困无牛户、少劳力户、农业生产大户完成代耕面积总计106公顷，完成代灌面积37.33公顷，为农户维护修理农业机具59台件。新增先进适用新机具约130台，其中，55马力以上的中大型耕地拖拉机增加5辆，收割机增加3台，13千瓦左右动力的多用途农田作业机（盘式拖拉机）增加23台，其他增加99台。全乡获农机购置补贴的农机户120户，获补贴机具128台，获补贴资金34.91万元。2014年，全乡粮食作物种植面积1206.4公顷，产量5076吨；油菜种植面积285.51公顷，产量275吨；水果产量180吨。

林业　落潮井乡主要树种为马尾松，杂有少量柏木、杉木和阔叶树，境内分布少量杂竹。2006年，全乡退耕还林面积336公顷，退耕还林补贴105.98万元。2010年，全乡完成2361公顷林改勘界工作，发放林权证书2600本。同时，严厉打击滥砍乱伐现象，组织追截无证砍伐私卖木材4次，查处私自贩卖木材6车次。2013年，组织干部开展山地林地绿化造林造景5公顷、植树1.6万株。2014年，组织干部开展山地林地绿化造林造景2.5公顷、植树9000株。

养殖业　落潮井乡畜牧业以养殖猪、牛、羊为主，20世纪80—90年代，家家户户都有养猪、养鸡鸭等习惯，没有养殖大户。90年代末，逐渐出现养殖大户，采用新技术，饲养新品种，养殖规模和效益逐年增长，基本实现从农户散养向大户集中养殖的转变。2008年，新发展养殖大户5户。2009年，新培植专业养大户5户。2011年，猪、牛、羊三大牲畜出栏6560只，家禽出笼29500羽；新发展种养大户3户。2012年，三大牲畜出栏6670只，家禽出笼3万羽，新发展种养大户5户。2014年，全乡推行水稻、能繁母猪的保险，提高农业抗风险能力，乡畜牧站为发展湘西黄牛产业，全乡普及黄牛人工受精技术，人工受精41头次。各村聘请专职防疫员开展动物产地检疫，严格执行《中华人民共和国动物防疫法》，对“五号病”“禽流感”防御率达到100%。能繁母猪补贴432头，每头补偿100元，共计发放资金43200元，切实减轻农民负担。是年，三大牲畜出栏6980头（只），家禽出笼35700羽；新发展种养大户3户。

工业

20世纪70年代，落潮井乡工业基础薄弱。80年代末，兴办花炮厂。1990年，烟花产值75万元，实现利税20多万元。1991年，烟花产值150万元，实现利税45万元。2005年，烟花产业初具规模，花炮厂实现工业产值650万元。2006年5月，建立九龙花炮厂。2008年，全乡有烟花生产车间6个，固定资产2000多万元，从业300人。2010年，全乡有烟花生产企业6家，生产线14条，从业人员1200人，年创产值5000万元，实现劳务收入1500万元。是年，投入500

万元实施烟花鞭炮技改，烟花产业成为落潮井乡的特色经济产业。2011 年，全乡有烟花生产企业 6 家 14 条生产线，从业人员 1200 人，年创产值 6518.5 多万元，实现劳务收入 1500 万元，是全州 10 个工业强乡强镇之一。2012 年，烟花生产企业年创产值 7018.5 万元，实现劳务收入 1800 余万元。2014 年，烟花龙头企业九龙花炮厂有职工 128 人，其中技术管理人员 16 人，专职安全生产管理人员 3 人；注册资金 400 万元，固定资产总值 260 万元，产品以内销为主，年销售额 1800 万元。

商贸服务

20 世纪 50 年代，落潮井乡有农贸市场一个，场期为农历五、十日，市场流动人口数量平均每天为 600 人，主要交易鸡、鸭、鱼、肉和蔬菜等农副产品和居民日常生产生活轻工产品。2014 年，全乡有个体工商户 12 户 20 人，营业额 60 万元。

其他产业

旅游业 2003 年，组建勾良苗寨旅游公司。2005 年，勾良民俗风情园年内接待游客 6100 人次，实现旅游收入 40 万元。2009 年，投入 5 万元，改造入村公路，加强停车场、表演场地建设；主办以“赶年”“六月六”为主题的少数民族传统节日活动，在“湘西之窗”建立旅游接待站，建立“勾良旅游服务网”等。是年，全乡接待来自湘、鄂、川、黔、粤、渝等十多个省市游客 14 万人次，门票收入 120 万元，实现旅游收入 150 万元，带动相关产业增加值 30 万元以上。2010 年，勾良接待旅游人数 15 万人次，旅游产业毛利突破 240 万元。2011 年，在勾良成功举办湘黔边区苗族“六月六”苗歌节，通过传承和弘扬本民族传统文化，带动乡村游不断发展。全年接待来自湘、鄂、川、黔、粤、渝等十多个省市游客 12.2 万人次， 门票收入 340 万元，实现旅游收入 420 万元。

基础设施

交通运输

20 世纪 70 年代，吉铜公路穿乡而过，经过高堰、塘桥、牛堰 3 个村，有 11 个村通路通车。至 2002 年，全乡 13 个村村村通公路。2006 年 3 月，投资 805 万元，实施全长 15.31 公里的落（潮井）麻（冲）公路硬化工程。2007 年，自筹资金 3.2 万元，完成勾良村 1.5 公里通组公路新修工程和 500 米通组公路的维修工程；完成勾良村 2.4 公里和大田垅村 1.8 公里的村级水泥路面的硬化工程；完成 8 个村村间道路硬化，占全乡 61%；建村油路工程完成 2 个村。2011 年，争取 9 个“一事一议”村，投入资金 43 万元，新修和硬化村间道路 65.5 公里。2012 年，投资 400 万元，硬化铜岩、武岗、报国 3 个村 13.4 公里通村公路，全乡实现村间通组公路全覆盖，“一乡连两省四乡”的乡域道路交通网络体系初步形成；投资 5.5 万元，维修大田垅村老水垅——落潮井村鸡公寨全长 1.5 公里的通组公路；投入 5 万元，建成高堰村通组公路 0.4 公里；投入 5 万元，硬化板帕村间道路 0.3 公里。是年，凤大高速项目完成主体路基工程，由东向西经过高堰、塘家桥、牛堰 3 个村，标志该乡交通运输步入高速时代。2013 年，投资 1000 万元，修建武岗、报国、高云洞、龙塘和板帕 5 个村 22 公里通村公路硬化工程，全乡实现村间通组公路全覆盖。2014 年，完成落潮井、牛堰、铜岩、龙塘和唐家桥 5 个村 32 公里村组公路通畅及硬化工程；投资 75 万元，分别对牛堰村二组和四组间 22 公里的通组公路硬化，方便

42户282人出行。

邮政通信

清乾隆三十年（1765），境内设驿铺1处，有铺司2人，传递官府公文。1937年，落潮井乡设信柜，开通步班邮路。1955年，落潮井乡设邮电局，专管邮政、电信业务，落潮井公社各大队均通邮。1970年，落潮井公社各大队均通有线电话。2007年，分别在铜岩村和勾良村两地各修建联通信号塔一座，实现有线电话和无线电话村村通，全乡除少数老人和儿童外，大多数人使用手机电话。2008年，县农村电影公益放映示范村暨数字电影放映启动仪式在落潮井村举行，境内群众首次观看到高清晰、高画质的数字电影。2014年，新修通行铁塔一座，组织通信电缆检修23次，实现网络宽带村村通。

供电饮水

供电　2012年，投资600万元，实施勾良、高堰等10个村农网改造。2013年，与龙塘河管理处、供电公司签订电力协议，至此实现境内电费与城镇同网同价。

饮水　20世纪80年代，落潮井乡各村人畜饮水主要靠井水和河流、溪沟供给，属于传统人畜饮水方式。2011年，投入90万元，实施牛堰、唐家桥、报国、铜岩村饮水工程项目，解决2170人饮水困难问题。2013年，投入20万元，实施大田垅村4组饮水工程项目；投入10万元，实施龙塘村人饮工程项目。2014年，为勾良、大田垅、龙塘和牛堰4个村新建供水设施投入152万元。建水池6处，改建水井2口，铺设水管7公里，基本解决全乡饮水难问题。

水利建设

1956年11月牛堰水库建成，为小（1）型水库，均质土坝，库容260万立方米，可灌溉牛堰、唐家、阿拉营镇龙井、安井、天星5个村稻田254公顷。1959年塘桥水库建成，为小（1）型水库，库容160万立方米，有效灌溉稻田67公顷，并为阿拉营镇10个村1.2万人提供生活用水。1964年，黄土坡水库建成，为小（2）型水库，容量14万立方米，灌溉勾良、高堰、高云洞3个村稻田134公顷。1975年1月，龙塘河水库建成，为县境两座中型水库之一，容量2850万立方米，有总干渠、中干渠、南干渠、北干渠，总长139公里，全县12个乡镇、95个村、869个寨受益，实际灌溉稻田2420公顷。龙塘飞渡位于境内报国村，又称报国一号渡槽，长244米、高46米，槽宽2.2米、深2米，总干渠、南干渠贯穿全境。2001年，旱涝保收面积404公顷，机电排灌面积295公顷，有效灌溉面积638公顷，占稻田面积的79.7%。

村镇建设

2011年，结合乡镇街道“整脏治乱”行动和“八百里绿化”扩展工程，按照“整脏治乱，美化家园，植树造林，绿化环境”要求，集中开展街道整治6次；修建垃圾围6个，安放垃圾桶23个，公路两旁种植树苗2500根，山体绿化0.27公顷，厂区绿化2个；同时投资5万元，集中时间、人、财、物力开展卫生整治活动，公路沿线村修建垃圾围，配备3名垃圾保洁员，建立卫生督导、定期清运等多项管理制度，及时发放保洁工作经费，保证工作长期持续开展。2012年，特色民居保护工程涉及4个村570栋民居，完成高堰、高云洞2个村、3个自然寨、67栋民居改造。2013年，投入整脏经费3万多元，兴修垃圾围2个，开展全民创卫活动5次，划分保洁责任区，聘请3名保洁员维护环境卫生；同时，投入环境建设资金10万元，整修乡政府球场、勾良旅游停车场。2014年，全乡投入经费26万元，建垃圾池70个，购买垃圾桶4805个，流动大垃圾桶54个，拖拉机3台，制作宣传标示牌13块，发放垃圾减量分类卡3000张。全乡清运垃圾260吨。

社会事业

教育

康熙四十三年（1704），在凤凰营开设义学1馆。落潮井九年制学校建于1980年。学校占地面积46600多平方米。初中部在校学生560人，小学部在校生600人。2001年，全乡有中学1所，学生267人，教师33人；完小1所，村小7所，学生1699人，教师80人。2014年9月1日，中国华融总公司捐资200万元援建的“华融湘西民族学校”教学大楼在落潮井乡落成。是年，投资200万元新建落潮井乡九年制学校学生宿舍；投资80万元建成学区幼儿园。

文化体育

落潮井乡文化站始建于1964年。1974年，投资0.2万元创建文化中心。2000年，乡内文体活动主要有篮球、羽毛球、乒乓球、武术、高脚马、拔河、歌咏比赛、苗歌对唱、龙灯、茶灯等。2010年，有专业的文艺表演队1支，有文化活动室5个，藏书4500册。至2014年，全乡13个村建成农家书屋13个，藏书2万册。是年，文化体育广播电视工作与中心工作有机结合。补充农家书屋图书5629册，为武岗、大田垅、牛堰、报国、报木树、高云洞和铜岩村发放“村村通”设备40套。参加县组织的“欢乐潇湘乐在凤凰·醉美凤凰”第二届全民广场舞活动，派出20人表演队选送的《今日苗山歌最多》《赶歌》2个文艺表演节目在乡镇组比赛中获二等奖。

医疗卫生

1958年，落潮井设立公社卫生所。有医务人员两人。1983年，改建为卫生院，有医务人员8人，病床8张。全乡有村卫生室13个、卫生员13人。2008年，落潮井乡实行新型农村合作医疗制度。全乡参加新农合12306人，参合率85.14%。是年，在全县2008年新农合工作评选中获一等奖。全乡人口出生率12.86‰，计划生育率90.16%。2009年，新型农村合作医疗参合率91%。2013年，全乡参加农村合作医疗人数11321人，报销金额301.7万元，参合率83%。2014年，投资近150万元的乡镇卫生院住院楼，交付使用。是年，全乡有村卫生室13个，有村医13人。

社会保障

20世纪80年代后期，落潮井乡设民政所，配置民政助理员1人，专管赈灾、救济、优抚、“五保”等民政事务。1989—1997年，根据国务院颁布《中华人民共和国农村五保供养条例》规定，对“五保户”采取分散与集中相结合的办法供养，以分散供养为主，县财政给予一定的养老金外，其余由乡、村、组统筹。落潮井乡均按每人每年供应粮食150公斤、食用油6公斤和其他物资的标准发放，由民政助理员送到“五保”老人家里。落潮井乡敬老院建于2005年，建筑面积800平方米，租赁生产用地0.7公顷。院内老人全部纳入农村互助合作医疗和大病医疗重点救助对象，每人每年享受100元的门诊医疗补助费，还通过院办经济收入，解决平时小病小痛医药费用。2003年，实行城乡居民最低生活保障制度，农村每人每年最低生活保障标准为60元，至2006年增加到180元每人每年。2009年，农村低保对象67户204人。2010年，投资39万元完成扶贫建房52栋。2011年，全乡1695名年满60周岁的老人领取到55元/月的养老保险金。2012年，全乡有低保户377户1051人，月发放低保金86264元；投资160万元实施181栋农村危房改造和无房户扶贫建房；全乡纳入“两项制度”（农村低保和扶贫开发）实施对象、实行“应保尽保、应扶尽扶”582户2239人，发放资金89.48万元。全乡全年发放低保金103万元，优抚金63万元，各类救灾救济款15万元。2013年，为全乡480户1819人农村低保户发放救助资金76.15万元。全乡“五保户”35人，全年发放生活费11.12万元。全乡1996名年满60周岁的老人领取到55元/月的养老保险金，新农保参保4667人，完成征缴基金46.7万元，参保率80.24%；小集体企业参加养老保险人员83人。

2014年，7月15日，境内普降大到暴雨，乡内13个村不同程度的受灾，其中房屋受灾122栋，倒塌42栋，道路损毁6111米、机耕道1927米、桥梁7座，冲垮田坎2189.5米，停电村1个，饮水困难3个村，山体滑坡12处，病险水库1个、山塘河堰14个，冲毁渠道1531米。乡核灾小组在灾后发放房屋保险、农业保险近50万元，发放自然灾害资金6.5万元，发放大米8.5吨，重建因灾倒塌房屋31栋。

特色地情

名优特产

红心猕猴桃 凤凰县古城红心猕猴桃农民专业合作社位于落潮井乡落潮井村。于2011年9月20日经凤凰县工商局注册登记，核心成员12人，注册资金5613万元，合作社为农户提供实用技术服务、种苗、农资、市场营销等为一体的专业合作社。合作社采取“合作社+农户+基地+技术”的创新模式，严格按照绿色产品生产要求实

红心猕猴桃（向斌摄于2017年7月28日）

行“五统一原则”，即：统一种苗、统一农资、统一技术规程、统一品牌、统一销售。专业合作社有示范基地面积99公顷，其中，丰产红心猕猴桃面积32公顷，在建红心猕猴桃面积67公顷。基地现有参与农户286户1287人。产品畅销湖南、湖北、贵州、广东、北京、上海、重庆等省市。2013年，该专业合作社红心猕猴桃在中国中部（湖南）国际农博会获金奖。2014年被中共湖南省委、省政府列为农民专业合作社省级示范社项目建设单位。

民俗风情

“六月六”歌节 落潮井乡属于苗族聚居区，当地苗族保留很多文化传统，传承至今影响大的当属“六月六”苗歌节。苗族“六月六”苗语叫“奏月奏”，又叫赶歌节，苗语叫“够傻”或情人节，是湘黔边区苗族的一个传统节日。在每年农历六月初六举行的赶歌节是湖南凤凰、贵州松桃等地苗族的传统节日。每到这一天，苗族男女老幼，特别是年轻人，身穿节日盛装，三五成群，从各个苗寨来到歌场，结伴对歌，互诉衷肠，会亲访友，叙谈家常，是苗族人快乐而美好的日子。

“六月六”苗歌节（石俊贤摄于2017年6月29日）

正是这与众不同，使苗家的六月六具有独特的民俗文化价值，也有的把六月六当作一年之中晒衣服的最好一天，这一天叫着“晒红绿”；也有传说：这一天是晒龙袍，如这天天下雨了，把龙袍淋湿了，将会有49天的晴天，意为要天旱；还有一种说法是当地的苗族人民在封建统治下生活十分困苦，有一年六月初六与前来征粮的官兵进行坚决斗争，打退了官兵，保住了山寨，然而后来在大批官兵的围攻下，苗族人遭到了残酷杀害，以后，每逢这天，他们就聚集在一起，举行歌会，缅怀英烈。另一种说法则是为了纪念忠烈的爱情而兴起的。赛歌是赶歌节的主要内容，而对歌是苗家人表达爱情、选择情侣的主要方式，所以叫“情人节”。节日当天，小伙子们吹奏芦笙、唢呐、笛子等乐器奔向歌场，姑娘们穿着绣满名花、彩蝶，镶着宽大花边的衣服，佩戴闪光耀眼的银饰，相伴来到歌场。以村寨为单位的集体对歌，各自找对手比赛，形式多样，经过反复较量，最后产生“歌王”。歌王受到大家的爱戴。

（撰稿人：李　洪）

茨岩乡

区域概况

位置面积

茨岩乡位于凤凰县西南部，西与茶田乡接壤，北与阿拉营镇相望，东接新场乡，南邻林峰乡。面积51.52平方公里，距凤凰县城24公里。

建置沿革

“茨岩”乡名因村边有一嶙嶙巨石，石上遍生荆棘刺蓬，取其谐音为茨岩。清康熙三十九年（1700）设立凤凰厅时，系“民村”（原五寨土司所辖五峒）地，属杜望里。道光年间，厅域汉区分为上下乡（下辖5里11约），属上乡杜望里。民国初期厅改县后，乡以下废除里、约。民国25年（1936），全县设17个乡（镇），乡以下改为保甲制，称笃信乡。1950年，属凤凰县第八区。1956年7月，撤区并乡时改为茨岩乡，8月隶属新场基点乡。1958年10月，撤销办事处、基点乡、乡镇建制，与新场、茶田2个乡合建为新场人民公社，社址设茨岩。1961年3月，新场人民公社析分为3个公社，另设茨岩公社，以驻地茨岩村命名。1961年9月恢复5个区公所建制后，隶属阿拉区。1984年1月，公社改乡制，为茨岩乡。

行政区划

民国25年（1936），属笃信乡地（该乡辖15个保）。1950年11月，辖农民协会、农民协会小组。1953年，建新乡，属于八区。1956年7月，撤区并乡后隶属新场基点乡。1958年10月，属新场公社（该公社辖12个大队）。1961年3月，茨岩公社辖茨岩、岩寨、官寨、木根塘、天寨、寸金、小垅、长田、大岔、大坡10个大队。1984年1月，公社改乡，茨岩乡辖10个建制村（名同原大队）。至2014年，全乡辖10个村，下设47个村民小组。

人口民族

辖区内居住有苗、侗、汉、土家、瑶族等民族，是一个典型的多民族杂居区。1990年，全乡有2501户10808人，其中少数民族人口2445人。1995年，有2607户11467人，其中土家族3579人，苗族722人。2000年，共2900户12172人，少数民族5932人，其中土家族5025人，苗族892人。2001年，全乡有769户12028人，年人口自然增长率13‰。总人口中：汉族6296人，占52.3%；土家族4899人，占40.7%；苗族833人，占7%。2011年，全乡人口3443户13025人，男6716，女6309人。少数民族人口6693人，其中土家族5088人，苗族1523人。

2014年，全乡有3452户12757人。

自然环境

地形属丘陵地区，地貌以山地为主，地势西东走向，西高东低，海拔在400～780米之间，相对高差380米。境内最高山王坡海拔762.6米，最低海拔410米。地表岩石以石灰岩分布最广。土地以沙性黑质土壤为主，间有黄质沙土，土壤略偏酸性。属中亚热带季风湿润气候，年均气温15.9℃，年均降水量1300毫米。大小河流2条，皆属白泥江水系，总长12.5公里，最长河流为茨岩河，长约5公里。矿产资源有铅锌矿，主要分布在官寨村。

经济发展

经济综述

20世纪70年代，境内以传统农业经济为主。1988年，经济得到较快发展，人均纯收入有382元。1994年，农村经济收入992万元，农民人均纯收入602元。2000年，农业生产值1511.98万元，农民纯收入640元。2011年，全乡收入3599万元。其中，第一产业收入3359万元，占93.33%；第二产业、第三产业收入分别为110万元、130万元，所占比例为3.06%、3.61%。农民人均所得收入2763.68万元，农民人均收入2265元，增长额154万元，增幅为7.3%，集体净资产为251.88万元。农林牧渔业产值4221.7万元，其中，农业产值2697.6万元，林业产值326.4万元，牧业产值1135.7万元，渔业产值40.2万元，服务业产值21.8万元。2013年，农林牧渔业产值4596.57万元，其中，农业产值3105.72万元，林业产值292.4万元，牧业产值1131.41万元，渔业产值43.64万元，服务业产值23.4万元。全年农村经济收入4095.6万元，净收入2411.86万元，可分配净收入总额3348.21万元，农民外出劳务收入936.34万元，农民所得总额3382.92万元，农民人均所得2978元，较上年的2458元增长21.16%。全乡实现预算收支211.31万元，其他收支58.08万元，民生民政资金收支336.68万元，村级项目资金收支115.05万元，合计721.12万元，基本保证政府正常运转和乡村各项事业的协调发展。2014年，实现人均收入3706.19元，同比增长24.45%。

农业

种植业 茨岩乡经济以农业为主，传统农作物有稻谷、小麦、玉米、大豆等；经济作物有油菜、花生、烟叶等；水果主要有柑橘、梨子、桃子、葡萄等。1975年，水稻品种以麻粘、珍珠矮等为代表，亩产250～300公斤。1976年，试种期杂交水稻亩产300～400公斤。1994年，农作物播种面积2198公顷，粮食作物1124公顷，产量4423吨，其中，稻谷面积590公顷，产量3253吨；小麦133公顷，产量156吨；玉米152公顷，产量451吨；豆类35公顷，产量85吨；薯类214公顷，产量478吨。经济作物播种面积453公顷，其中，油菜333公顷，产量340吨；花生120公顷，产量153吨。烟叶137公顷，产量199吨。水果产量72吨，水果主要有柑橘、梨子、桃子、葡萄等。1998年，实行“鱼稻双千”工程。粮食产量为200.5万公斤，烟叶种植167公顷，烟叶产量25万公斤。是年，全乡产业结构调整，大搞山地开发，引进四川人寿县李远明的优质金花梨，创办优质梨示范场，水果栽种面积扩大到520公顷。年产鲜果600吨，产值60万元以上。2000年，农作物播种面积2235公顷，粮食作物1071公顷，产量4717吨，其中，稻谷面积521公顷，产量3062吨；小麦80公顷，产量128吨；玉米180公顷，产量621吨；豆类57公顷，产量154吨；薯类233公顷，产量626吨。经济作物播种面积471公顷，其中，油菜300公顷，产量459吨。烟叶112公顷，产量205吨。水果产量907吨，主要有柑橘和梨子等。2007年，推广杂交优良品种，改进农用化肥，粮食产量为2278.5万公斤，增长十多倍，人均纯收入1500元，增长4.5倍。全乡开发水果566.67公顷，其中柑橘300公顷，猕猴桃80公顷，其他水果186.67公顷，成为脱贫致富的新兴产业。2012年，调整产业结构，引进新品种，组织规模生产。岩寨村建成6.7公顷红心猕猴桃基地和5公顷红提示范园，大坡村建成高山葡萄园示范基地，大岔村建成20公顷蔬菜基地，官寨村建起千头生猪养殖示范场。同时，全乡确立“烟叶富民，烟叶兴乡”的工作重心，巩固老烟农，发展新烟户。全年完成烟叶育苗金收缴106.13公顷72060元；完成烟叶配肥183户160公顷987312元；发动全乡种烟农户104户，烟叶实栽91.4公顷。完成烟叶收购量318500公斤，超额完成任务18500公斤，创税收70万元。2014年，实施“产业富乡”“一村一品”发展战略，抓农业科技推广服务，完成粮食生产面积752.05公顷，其中水稻593.81公顷，旱粮158.24公顷。蔬菜生产71.8公顷，烟叶生产60公顷，大坡村发展高山刺葡萄33.47公顷，岩寨村开发红心猕猴桃6.8公顷，大岔村新建大棚蔬菜80个，玉米栽种达到147.33公顷，建立产业村3个。是年，大坡村成立“宏旺野生葡萄专业合作社”，发展社员120户。

养殖业 1994年，耕牛存栏1706头，生猪存栏数11192头，山羊存栏数841只，家禽存笼12021羽。2000年，耕牛存栏1535头，生猪存栏数5379头，山羊存栏数628只，家禽存笼11171羽。2011年，牛存栏数335头；生猪存栏数4304头，其中能繁母猪480头；羊存栏数180只；家禽存笼数11370羽，其中鸡存笼5214羽。2012年，全乡以发展生猪养殖和家禽养殖业为主，有养殖大户11户，生猪存栏2983头、耕牛存栏132头、羊存栏171只，其中能繁母猪499头、能繁母牛78头、能繁母羊101只，家禽存笼6193羽（其中鸡2931羽、鸭2977羽、鹅285羽）。至12月底，猪、牛、羊三大牲畜饲养量24865头、出栏7126头，家禽存笼6193羽、出笼36486羽。2014年，牛存栏312头；生猪存栏4260头，其中能繁母猪620头；羊存栏204只；家禽存笼15304羽，其中鸡存笼5800羽。是年，发展生猪养殖、山羊养殖和家禽养殖大户17户，其中养猪大户5户、养羊大户8户、养牛大户1户、养禽大户3户；全乡有生猪存栏2421头、耕牛存栏141头、羊存栏738只，其中能繁母猪476头、能繁母牛73头、能繁母羊520只，家禽存笼8761羽（其中鸡4196羽、鸭3623羽、鹅942羽）。年底，三大牲畜饲养量34865头、出栏7126头，家禽饲养量52816羽、出笼36486羽。

工业

20世纪90年代，茨岩乡工业主要以楠木冲矿区为主，开采铅锌矿，采矿量每年5万吨。1997年8月，招商引资，引进福建付依金等人，投资60万元建选矿厂，年产值110万元，上缴利税4万元。2007年，投资100多万元，建成楠木冲选矿厂，投产当年盈利60多万元，实现上缴利税6万元。2014年,辖区内有地下矿区5个，地下矿硐137个，其中关闭关停到位销号110个；有露天采石场1家，矿石采选企业9家（其中长期停产8家）；有尾矿库9个，其中，病库7个，危库2个。

基础设施

交通运输

1958年，修通凤凰县至茨岩村公路。1983年，修通茨岩至茶田公路。2001年，全乡10个村通公路，全长34公里。2012年，修通岩寨村13.5公里的机耕道，实施大坡村、寸金村和天寨村村组道路硬化工程。2013年，争取“一事一议”资金38万元，硬化茨岩村、寸金村、官寨村、岩寨全长8.85公里的村间道；维修官寨村楠木冲组组级公路16米；筹资10万元，修建天寨到高木岭组级公路。2014年11月，完成茨岩乡至阿拉营镇的乡级公路扩宽硬化工程。

邮政通信

1956年，通电话，并通邮路。1995年，通程控电话，2001年，8个村通程控电话，有电话342部，手机102部。

供电饮水

供电 2012年，35千伏输变电工程涉及茨岩村和岩寨村施工段顺利完工。

饮水 2012年，寸金村的人饮工程竣工。2014年12月，茨岩村、大坡村、木根塘村、官寨村、寸金村、小垅村、岩寨村供水管道改建工程动工。

水利建设

境内水库山塘修建于20世纪50—70年代，共有17座，蓄水容量65.16万立方米，灌溉稻田面积62公顷；溪坝88处，灌溉面积218公顷；电排7处，功率367.5瓦，灌溉稻田面积63公顷。1972年，建成大田湾水库，为小（2）型，库容20万立方米，灌溉稻田26公顷。1973年，建成岔溪坑水库，为小（2）型，库容20万立方米，因水渠未完工不能及时投入使用。2001年，全乡有旱涝保收面积345公顷，机电排灌面积252公顷，有效灌溉面积563.7公顷，占稻田面积的93.3%。2013年7月，长田村三组烟水配套工程0.5公里渠道工程竣工；8月，投资123.98万元的大坡支渠修建完工，过水断面0.8×0.8米，总长度6公里；12月，官寨村岔溪坑水库除险加固工程完工。2014年，完成小垅村猪里冲山塘、长田村王田山塘、天寨井水边小山塘维修，修建茨岩村江冲山塘；完成岔溪坑水库除险加固工程和岔溪坑水库防汛抗旱公路硬化；完成岩寨村的拦河坝、长田黄田渠道水毁维修、小垅村2处拦河坝及河堤左右岸1.3公里修建工程；完成山洪灾害防治项目视频会商系统安装。

村镇建设

1990年，加强村部建设，投入资金15.6万元，新修和维修小垅、长田、茨岩3个村部。是年，修建沼气池1150个，投资500万元建成大坡村烟水配套工程。2007年，农村住房得到快速发展，全乡有70%家庭户新建住房。2013年，全乡建造节能灶420口、安装太阳能8户、新建沼气池38口。是年5月，启动城乡同建同治工作。2014年，48套政府公租房建设于10月份完工并交付使用，40套学校公租房建设于12月底完工并交付使用。是年，茨岩乡被州政府评为同建同治优秀示范乡镇，小垅村被州政府评为同建同治示范村。

社会事业

教育

1968年，创办茨岩中学。学校占地面积6069平方米，建筑面积3945平方米，有学生40

人。1978年，中学在校学生265人，教师15人；有小学12个，学生1960人，教师73人。2001年，中学有学生436人，教师32人；有小学12所，学生1791人，教师98人。茨岩学区设幼儿园1个班，有民办幼儿园1所。进入21世纪，按照集中优势资源办学要求，开展教育布局调整，岩寨村小于2003年9月合并至茨岩中心完小；竹林坪村小于2007年9月合并至茨岩中心完小；木根塘村小、小垅村小于2008年9月合并至茨岩中心完小；官寨村小、天寨村小于2009年9月合并至茨岩中心完小；大坡村小于2010年9月合并至茨岩中心完小。2010年秋，茨岩中学在校生222人。2012年春，学生数下降至145人。是年秋，茨岩中学撤并，学生向附近的两所合格学校新场中学和茶田中学流转。至2014年，茨岩学区下辖茨岩完小、长田村小、大岔村小、寸金村小。学校有教师33人。

文化

1968年，公社建广播站，有专职人员1人。1992年，创建乡文化站，有专职人员1人。2001年10月，乡文化站和广播站合并为乡文化广播站。2011年，上级拨付资金，建设综合文化站，占地面积70平方米，配有文化队伍专职人员文化员和广播员各1名。2012年，全乡10个村建成农家书屋，每家书屋藏书1500册，影碟100盒。2014年，茨岩乡文艺团队有小垅村文艺队、小垅村金狮龙队、茨岩村老年文艺宣传队、茨岩村山里红队、茨岩村宏兴歌舞团5个文艺团队。

医疗卫生

1960年，设公社卫生院，有病床3张，医务人员5人。1984年，建立茨岩乡卫生院，医院有职工8人。1990年，投资30万元，修建卫生院大楼，建筑面积500平方米。2001年，卫生院设病床7张，医务人员7人。全乡有个体诊所5个，医务人员5人；村建卫生室10个，医务人员10人。2014年，启动中心卫生院扩建工程。是年，全乡参加新型农村合作医疗缴费98万元，参合率91.17%。

社会保障

20世纪90年代，茨岩乡建有敬老院，集中供养“五保”老人9人。1999年，上级拨付资金32万元，用于敬老院搬迁和建设，新敬老院占地面积1333.3平方米，建筑面积620平方米，有“五保”老人15人，护理人员1人。2005年，投资30万元扩建敬老院，床位增至32张，占地面积1800平方米。2012年，新增农村“五保户”5人，集中供养42人，孤儿4人；新增事实无抚养儿童5人（非孤儿），孤儿和事实无抚养人儿童每人按600元/月发放生活费用，全年发放孤儿保障金44856元（8人）；完成农村危房改造108栋，发放危房改造资金950400元（平均数8800元/栋）；新增农村退伍军人优抚对象6人；全年发放农村“五保”供养费141120元，农村低保资金687960元，城市低保金506316元，双定优抚资金281989.2元，农村大病救助资金101642元。全乡新型农村养老保险参合率90%以上，全县排名第一位。2014年，农村低保一类低保107.3万元，城镇低保一类33.4万元，“五保户”分散供养补贴9.6万元，农村大病救助12.58万元，孤儿生活补助4.38万元，农机购置补贴11万元，自然灾害救济10.15万元。新农保收缴金额52.26万元，参保率96%。是年，投资150万元，扩建养老院，床位增至72张，收养孤寡老人43人，有4名专职护理人员，占地面积增至3700平方米。

大坡葡萄（肖静摄于 2015 年 9 月 25 日）

特色地情

五倍子种植产业园区 茨岩乡五倍子种植产业园区，于 2014 年 12 月建立，该园区坐落在官寨村与岩寨村交界处的王坡，隶属于官寨村。种植面积 54 公顷，年产五倍子 160 吨，扩大五倍子栽种面积，带领农户脱贫致富，官寨村于 2014 年 12 月成立凤凰县进民五倍子种植专业合作社，当年入社农户 31 户，采用“公司 + 合作社 + 农户”运作模式。合作社与湖南利农科贸有限公司建立合作关系，以“公司 + 基地”模式运作，确保销售市场稳定。

（撰稿人：李家林）

新场乡

区域概况

位置面积

新场乡位于凤凰县西南部。西北部与阿拉镇相邻，西南部临茨岩乡，东南部与林峰乡接壤，东北部与廖家桥镇相连。区域面积52.36平方公里，距凤凰县城20公里。

建置沿革

“新场”，因当大道，地势平坦，过往行人众多，有钱人在此开店经营成为墟场而得名。清康熙三十九年（1700）设立凤凰厅时，系“民村”（原五寨土司所辖五峒）地，多属杜望里，少属宋坨里。道光年间（1821—1850），属上乡杜望里、宋坨里。民国初期厅改县后，乡以下废除里、约，设都、团。民国25年（1936）属笃信乡。1950年属凤凰县第二区。1952年4月，建新场、瓮来、古冲乡，属第八区（区公所新场）、第七区。1956年7月，撤区并乡时改为新场乡，8月隶属新场基点乡。1958年10月，建新场人民公社，社址设茨岩。1984年1月，公社改乡，为新场乡。

行政区划

民国25年（1936），属笃信乡地（该乡辖15个保）。1950年11月辖农民协会、农民协会小组。1953年建新乡时，属于八区。1956年7月，撤区并乡后设有新场乡，隶属新场基点乡。1958年10月，新场公社（包括新场、茨岩、茶田三乡）辖12个大队和128个生产队。1961年3月，新场公社分设后辖新场、枫木林、先锋、合水、白泥、报木林、古冲、三口、牯牛、火马10个大队。1984年1月，改建新场乡。至2014年，全乡辖10个村（名同原大队），下设52个村民小组。

人口民族

新场乡人口以土家族为主。1950年，全乡人口9427人，户数1925户。民族分布为土家族、汉族和苗族，土家族族人口占总人口的97%，汉族和苗族占总人口的3%，汉族和苗族95%分布在古冲。1962年，全社人口10064人，户数2463户。1978年，全社人口12594人，户数2781户，姓氏主要有杨、田、代、徐、付、周、谭等，其中杨姓人口数量最多，占全乡总人口的40%。1984年，全乡总人口12805人，户数2869户。1990年，有2751户12270人，其中少数民族人口4143人。2001年，全乡有3109户13453人，其中土家族6892人，占总人口的51.23%；汉族6459人，占总人口的48.01%；苗族102人，占总人口的0.76%，非农业人口282人。2005年，有3378户13526人，其中土家族5219人，苗族1934人。2014年，全乡3190户13714人。

自然环境

境内以低山、高丘为主，兼有岗地及部分河谷平地，地表切割破碎，谷狭坡陡。地表岩石有石灰岩、红岩、砂页岩、砂砾岩、变质岩，以石灰岩为主。土壤为黄壤。一般海拔在400～600米之间，最高峰王坡762.6米，最低处320米。中亚热带季风湿润性气候，较县境西北高寒山区气温相对偏暖。冬季少严寒，夏季少酷暑。年均气温15℃，无霜期255天，年均降水量1308.1毫米。最长河流白泥江，为辰水一级支流，在境内约6公里，呈西北东南流向,其他大小溪沟7条，流长20公里。

经济发展

经济综述

新场乡经济以传统农业为主。1981年，农村体制改革，全乡经济发展提速。1990年，全乡收入840.13万元，比1985年增加522.83万元，增长164.8%,其中粮食作物收入241.86万元，经济作物收入173万元，牧业收入190万元，建筑业收入102万元。农民人均纯收入504元，比1985年增加283元。1995年，全乡收入1193万元，农林牧渔业产值964万元，其中农业620万元，林业29万元，牧业299万元，渔业16万元。农民人均纯收入563元。2000年，农林牧渔业产值1497.41万元，农民人均纯收入490元。2005年，农林牧渔业产值1906.8万元。居民储蓄存款余额1300万元，农民人均纯收入884元。2014年，全乡农林牧渔业产值5447.72万元，其中农业产值4099.77万元，林业产值81.02万元，牧业产值1196.76万元，渔业产值70.17万元。

农业

种植业　20世纪70年代，乡内种植业主要是水稻、玉米、红薯。1985年，全乡农作物种植面积1712公顷，其中稻谷684公顷，红薯75公顷，玉米27.5公顷，烟叶29公顷，蔬菜82公顷。先锋村尝试产业结构调整，稻田改种蔬菜，种植辣椒、白菜、大蒜、生姜等，种植面积67公顷，当年收益良好。1990年，稻谷种植面积743公顷，产量4253吨；玉米种植面积48公顷，产量73吨；红薯种植196公顷，产量362吨；烤烟种植面积143.4公顷，产量87吨；蔬菜种植面积196公顷，产量1756吨。1995年，稻谷种植面积686公顷，产量4450吨；玉米种植面积160公顷，产量240吨；红薯种植面积140公顷，产量362吨；烤烟种植面积34公顷，产量50吨；蔬菜种植面积100公顷，产量1543吨。1998年，实施54公顷鱼稻双千工程，为农民增收14万元。同时，从四川仁寿县引进金花梨栽培技术，在全乡推广400公顷。2000年，全乡推广67公顷的超级杂交稻，平均亩产500公斤。全年稻谷种植面积634公顷，产量3563吨；玉米种植面积133公顷，产量600吨；红薯种植面积133公顷，产量250吨；烤烟种植面积41公顷，产量17吨；蔬菜种植面积151公顷。2005年，利用水利资源丰富的优势，扩大水稻种植面积，发展旱地玉米等杂粮，同时，推广以油菜、烟叶、蔬菜为主的经济作物种植，带动养殖业的发展。是年，稻谷种植面积703公顷，产量3273吨；玉米种植面积100公顷，产量323.1吨；红薯种植面积167公顷，产量352吨；烤烟种植面积87公顷，产量328吨；蔬菜种植面积300公顷，产量3050吨。

2007年，粮食种植面积1105公顷，产量5897吨；经济作物种植面积490公顷，产量6624吨。先锋村建成3.4公顷的冬季蔬菜示范点，枫木林村建成4.5公顷绿肥示范点。2011年，粮食生产稳中有升。全乡播种面积999公顷，其中玉米播种面积为166公顷，蔬菜种植面积为140公顷，水稻种植面积为673公顷，烟叶种植面积为87公顷。是年，新场乡被县农业局确定为万亩玉米高产栽培乡镇之一，在新场村二组建有1.4公顷的玉米连片种植高产栽培示范点5个，在合水村建有玉米新品种展示基地15个，同年还建成2.4公顷的葡萄生产示范基地1个，百亩蔬菜示范基地1个，以及新场村二组百亩超级杂交稻示范片，其中百亩超级杂交稻示范片被选定为农业部水稻创高产栽培验收地之一。烟叶生产成为支柱产业，全乡种植烤烟18公顷，烟叶收购总量35400万公斤，产值460万元，每公斤26元，实现税收3万元。2012年，农业产值2600万元，农作物播种面积1169公顷，其中水稻种植面积为667公顷，玉米播种面积166公顷，蔬菜种植面积120公顷，烟叶种植面积108公顷，大豆种植面积34公顷，红薯种植面积54公顷，其他农作物种植面积20公顷。合水村二组百亩玉米连片种植高产栽培示范点和新场村百亩超级杂交稻示范片初见成效；3.4公顷葡萄生产示范基地和14公顷蔬菜示范基地效益突显，带动该乡种植业的发展。当年还发展甜玉米3.8公顷，探索订单农业；补植油茶3.5万株，优化改良54公顷油茶。2014年，粮食播种面积1020公顷，面积比上年增加80公顷，同比增长9.3%，产量6852.84吨，增长15.2%。其中玉米种植面积166公顷，产量1026吨；水稻种植面积667公顷，产量3335.84吨；红薯种植面积180公顷，产量2700吨；其他粮食作物6.4公顷，产量200吨。蔬菜种植面积280公顷；烟叶种植面积68公顷。全年实现农业产值1961.21万元。

林业 20世纪50年代，新场乡森林覆盖率27.4%。60年代，公社和部分大队建有林场，用材林以马尾松、杉为主，经济林有油桐、油茶，茶叶等。2001年退耕还林334公顷。2010年开始，全面展开林权制度改革，到2013年完成退耕还林第二次补植。2014年，补植补造13公顷，其中退耕地7.1公顷，荒山0.6公顷，累计完成417公顷，其中退耕地222.8公顷，荒山194公顷。实现森林覆盖率58%。

养殖业 1985年，养殖业也有所发展，生猪出栏3068头，牛1416头。1989年，猪出栏头数5010头，产量320吨；牛出栏头数210头，产量16吨；羊出栏头数228头，产量3吨。1995年，猪出栏头数7010头，产量456吨；牛出栏头数450头，产量36吨；羊出栏头数330头，产量4吨。2000年，猪出栏头数3430头，产量240吨；牛出栏头数530头；羊出栏头数25头。2005年，猪出栏头数6900头，产量241吨；牛出栏头数1550头，产量9.9吨；羊出栏头数1250头，产量6.7吨。2007年，养殖大户比上年有所增加，其中养猪大户有5户，养羊大户有4户，养鸭大户有3户，基本满足该乡肉品的需要。枫木林村有养殖大户39户。2010年，猪出栏头数850头，产量587吨；牛出栏头数700头，产量77吨；羊出栏头数1210头，产量20吨。2012年，猪存栏6580头，其中能繁母猪存栏750头；牛存栏560头，其中母牛380；羊存栏640头，其中母羊460头；家禽存栏1.8万羽；除满足全乡肉品供应外，还销往县城、吉首、怀化等地。2014年，推进农技下乡，举办农业综合开发和全乡科技示范户技术培训班，参训人员950人，确立40户科技示范户，每个示范户帮助和带动周边农户

20户搞好种植业生产。枫木林村发展蛋鸡养殖大户，养殖蛋鸡1万羽。

工业

2007年，同方矿业投资210多万元，在合水村建复选厂一家。位于火马村的洞潭电站开发项目引资141.2万元，装发电机2组。先后引进国泰矿业有限公司开发重晶石。合水村青石板加工协会实现与市场对接，产品销售年实现税收9.6万元。是年，开发三口、火马两村矿产资源。2009年，实现工业产值190万元，比上年增长8.1%。报木林电站发电量55万千瓦时，同比增长10%，经济利润11万元，增长10%。合水村成立青石板加工协会，销售与市场接轨，全年实现收入87.5万元，增34%。2014年，个体企业68家，从业人员262人，年产值340.6万。覆盖砂石开采、青石板开采加工、米粉加工、铁银器加工、铝材窗口制作、煤球加工、水泥瓦制作、冷饮制作，水泥栏杆、钢棚制作10个行业。

商贸服务

清代，新场设墟场，逢农历四、九日赶集，另有古冲自民国开始也设有墟场，逢五、十日赶集，20世纪50年代，古冲墟场一度繁华胜过新场，从新场过古冲下石羊哨渡口，是阿拉、茶田片联系外界的交通要道，各大宗货物皆通过这条线路运往外界。古冲墟场设有米行、肉行、布行等各主要商行，并有供路人住宿的客栈，有油坊3家。70年代，随着凤茶公路开通，新场墟场发展迅速，古冲墟场逐渐衰落。新场无农贸市场，墟场沿凤茶公路临街而设。每场赶场人数4000余人，有新场、茨岩、廖家桥等乡镇群众在此交易。主要交易鸡、鸭、鱼、肉、蔬菜、水果、饮食等农副产品和居民日常生产生活轻工产品。2011年，新场墟场沿街500米，有临街店面150家，涵盖五金、餐饮、服装、娱乐、家电及机动车维修、农机销售与维修、农具加工、食品加工等多个行业，开设占地200平方米以上超市3家，赶集时有摊位300个。2013年，完成墟场街道亮化，新开200平方米以上超市1家，扩建200平方米以上超市1家。2014年，新修农贸市场，投入资金200万元，占地面积8000平方米，内设鲜肉类、禽类、小百货类、水果批零、粮油批零行业区，固定摊位480个，临时摊位300个，店面2家。

基础设施

交通运输

20世纪50年代，新场公社有凤凰县城至廖家桥和茨岩公路通过，东接吉首至铜仁干线公路、西可通往茶田。境内还修有新场村至三口，合水至白泥的简易公路。2001年，全乡10个村和52个村民小组通公路，全长120公里。2007年，修通三口村至林峰乡前进村2.7公里的村级公路；建设先锋村至枫木林村1.5公里的村级公路；完成新场村至火马村5公里的村级公路；投入195吨水泥硬化村主干道3.5公里；投入6.8万元，贯通火马村茶坪组的生产公路；投入2万元，整修枫木林村公路3.4公里；投入1.5万元，整修铺砂村级公路5.9公里。2014年，修建通组公路9公里，硬化村间路2公里，完成新场至阿拉通乡公路6.2公里硬化，硬化新场乡新场村至林峰乡新民村之间8.2公里道路，完成三口村1.4公里道路硬化。

邮政通信

1958年，新场乡仅有一部专线电话。1965年，10个大队均有手摇式电话1部，各大队社员每户门口装舌簧喇叭1个。公社设有专门管理员

1人，负责电话管理和农村广播宣传。1990年，电报业务取消。1995年3月12日，开通程控电话，电信业得到迅猛发展，乡直单位开始使用程控电话。到2001年，全乡有8个村通程控电话，有461部程控电话和115部手机。2010年，移动信号实现乡境全覆盖，联通信号实现80%覆盖。2014年，全乡电信手机和固定电话用户562户。实现互联网接入，智能手机、电脑均可上网，电信互联网用户451户，电信从业人员2人；移动手机用户5853户，基站6个，服务厅2个；联通手机用户3200户，基站2个，服务厅3个。全乡互联网用户517户。

供电饮水

供电 1970年，境内通电，公社机关及部分农户用电照明。2012年，乡内开始实施农网改造，2014年，全乡52个自然寨输电线路改造全部竣工。

饮水 2004年，全乡10个村接通自来水。2014年，实施报木林、火马等村人饮工程。完成全乡自来水站改造升级，解决近3000人饮水困难。

水利建设

1954年，建成露天坡水库，库容10万立方米，可灌溉稻田17公顷；建成老湾垅水库，库容36万立方米，可灌溉稻田27公顷；建成长梁水库，库容10万立方米，可灌溉稻田22公顷。1958年，建成白泥水库，库容20万立方米，可灌溉稻田44公顷；是年投资120万元，完成老湾垄水库改造工程。1959年，建成高洞水库，库容75万立方米，可灌溉稻田100公顷。1971年10月，建成流口溪水库，集雨面积3.8平方公里，按小（1）型水库标准设计库容110万立方米，实际蓄水40万立方米，只达到小（2）型标准，可灌溉稻田67公顷。1973年，建成大溪冲水库，库容25万立方米，设计灌溉稻田20公顷。龙塘河水库南干渠灌溉至境内。2001年，全乡有旱涝保收面积422公顷，机电排灌面积308公顷，有效灌溉面积669.4公顷，占稻田面积的95.2%。2007年后，维修流口溪、老湾垅、白泥等病险水库，修复病险水库灌溉渠道17.6公里，维修山塘2口，水渠约25.1公里。截至2014年，新场乡有9座小（2）型水库，库容390万立方米，山塘18个、电排8座，现有抽水机32台。是年，投资40万元，完成流口溪水库渠道整修及灌区建设，维修高洞水库渠系，清运4口山塘淤泥。

村镇建设

2007年，新建沼气池150口，累计建成沼气池1367口，实现沼气池建设过千口；投入89.3万元，对报木林村实施烟水配套工程。是年，合水村、新场村被评为全县社会主义新农村建设示范村，政府投入2万元硬化两村主干道。2014年，建成报木林村垃圾围，修建各村村部楼和村卫生室，完成乡镇农技推广站建设及检测设备配置。新场村三组开展整脏治乱亮化工程，修建排水沟、沉淀池、垃圾围，并配置垃圾清运设备，安装路灯40盏。

社会事业

教育

1958年，建新场小学，同时附设初中班，有学生224人，教职员工11人。1964年初中班更名为凤凰县新场附中，1970年，学校更名为凤凰县第六中学。1991—1997年，试点创办四年制初级职业中学，校名亦相应改为新场园艺中学。学校于1997年9月改为三年制初级中学，校名为新场中学。2001年，全乡有中学1所，学生192人，教师44人；完小1所，村小7所，学生

1433人，教师69人。2004年，新场中学和新场完小合并为新场乡九年一贯制学校。2010年，新场中学和新场完小分开办学。2012年9月，茨岩乡茨岩中学并入新场中学。新场中学占地面积34643平方米，建筑面积7725平方米，校园绿化面积7400平方米；在校学生648人，生源来自湘黔渝3省（市）6县26个乡镇，教职工66人。2014年，新场乡有初级中学1所，完小1所，村小教学点8个，有小学教师54人，中学教师64人，小学生689人，中学生655人；另有幼儿园3所。是年，开展“控辍保生”和“普九”工作，动员辍学学生返校学习，成功劝回18人。新场学区开展教师授课比武大赛19次。

文化

1975年，新场公社通广播。1989年，通调频广播。2001年，全乡10个村均通广播，广播覆盖率95%。新场乡文化与广播站由文化站和广播站合并，村级文化协管员6人。全乡建立村农家书屋10个，有业余剧团2个、花鼓戏队1支、舞龙队1支、龙舟队1支。2014年，投资20万元，修建文化站，建筑面积300多平方米。

医疗卫生

1958年，公社设卫生院，有病床3张，医务人员5人。1984年，建立新场乡卫生院，有医务人员8人。1990年，投资30万元，修建卫生院用房，建筑面积450平方米。2001年，卫生院设病床7张，医务人员7人。全乡有个体诊所5所，医务人员5人；村建卫生室10个，有村医11人。2004年，投资30多万元，新修卫生院住院部和门诊部。2007年，实施新型农村合作医疗制度。2014年，全乡新农合参合人数12042人，征缴基金60.21万元，参合率90.55%。

社会保障

2009年，发放低保、优抚、双定专项资金25.7万元，23户危房改造竣工。2011年，实施新型农村养老保险制度。

特色地情

傩戏　傩戏又叫“傩愿戏”“傩堂戏”，它源于原始社会图腾崇拜的傩祭。到商代（前1600—前1046）形成一种固定的用以驱鬼逐疫的祭祀仪式，这就是傩舞。傩戏是在傩舞的基础之上发展形成的戏剧形式。傩戏表演的主要特点是角色都戴木制假面，扮作鬼神歌舞，表现神的身世事迹。

阳戏　土家族剧种。早先叫扬花柳，为民间艺人行乞或风尘女子卖唱糊口的表演艺术，后经艺人的加工改造，才形成生、旦、净、末、丑行当齐全的地方剧种。阳戏表演重做工少武打，多演文戏、家庭戏、悲剧，生活气息浓。旦角在阳戏中居各行之首。阳戏唱腔由正调和小调两部分组成，有17个曲牌。新场乡有著名的阳戏剧团夕阳红剧团，20世纪70年代命名为阳戏剧团，主要以表演阳戏为主，到2005年正式命名为夕阳红剧团，全剧团人员32人，表演形式多种多样，有大中型阳戏、地方戏种、茶灯、现代歌舞、小品等等。

（撰稿人：韩　肖　龙合勇）

都里乡

2014年，都里乡所辖拉毫村被授予“全国重点文物保护单位和省级文物保护单位集中成片传统村落文化遗产整体保护利用示范村”。

区域概况

位置面积

都里乡位于凤凰县西南部。东南与廖家桥镇交界，西与麻冲乡、落潮井乡相接，西南与阿拉镇接壤，北与长潭岗水库为邻。区域面积45.9平方公里，距凤凰县城14公里。

建置沿革

“都里”为苗语，意为大家都要来住。清末，苗族群众赶走汉姓地主后，陆续到此地居住生活，故取名都里。清康熙三十九年（1700）设立凤凰厅时，系“民村”（原五寨土司所辖五峒）地，属永安哨。道光年间（1821—1850），属永安哨。民国初期厅改县后，称毓才乡。1949年11月凤凰县和平解放。1950年属凤凰县第二区。1952年4月增设3个区，以农会（或大村寨）建新乡都里、满江等，仍属第二区。1956年7月撤区并乡时改为斗力乡，12月隶属阿拉办事处。1958年10月，撤销办事处、基点乡、乡镇建制，与廖家桥乡合并为东风人民公社，1959年3月更名为廖家桥公社。1961年3月由廖家桥公社析出，以驻地都里命名为都里公社。1961年9月恢复5个区公所建制后，隶属城郊区。1984年1月，公社改乡制，为都里乡。

行政区划

民国25年（1936），属称毓才乡地（该乡辖13个保）。1950年11月辖农民协会、农民协会小组。1953年，建新乡时，属于二区。1956年7月，撤区并乡后隶属阿拉办事处。1958年10月，隶属廖家桥公社（该公社辖10个大队）。1961年3月，单设都里公社，辖都里、拉毫、老田冲、上报、塘头、椿木坪、古双营、满江8个大队和60个生产队。1984年1月，改建都里乡后辖8个建制村（名同原大队），下设73个村民小组。1986年，村民小组减至69个。1992年，因长潭岗电站水库淹没移民，椿木坪村的三、四、五组，塘头村的七组，满江的一、二、三、四组，分别安置在都里乡、阿拉营镇、廖家桥镇、沱江镇等地。2014年，全乡辖8个村，下设64个村民小组。

人口民族

都里乡是凤凰县苗族聚居乡。1961年，全社总人口5462人，总户数1266户，其中苗族1157户，汉族109户。1966年，全社总人口6170人，其中苗族6155人，土家族15人。1978年，全社总人口8629人，少数民族人口为7792人，其中苗族有7693人，土家族99人。1980年，都里公社总人口8808人，少数民族人口8079人，其中苗族7961人，土家族118人。1983年，总人口9351人，总户数1847户。1984年，都里乡总人口9502人，总户数2019户，少数民族8640人，其中苗族8520人，土家族120人。1987年，全乡总人口9638人，其中苗族8936人，土家族255人。2000年，全乡总人口10678人，总户数2196户，其中苗族9725人，土家族301人。2005年，全乡总人口10903人，总户数2499户。2009年，全乡有2224户10867人。2014年，全乡在籍总户数2172户，总人口10987人，其中苗族人口占总人口数的99%，汉族人口占1%。

自然环境

境内高山多平地少，地势由西向东逐渐降低，属缓坡山地形。一般海拔高度在400～600米之间，最高海拔为满江村的阴上和丈头坡高达758米，海拔最低处340米。属亚热带季风湿润性气候，年均气温16.1℃，无霜期265.3天，年均降水量1337.4毫米。境内溶洞众多，较为著名的有拉毫村的议事洞和都里村的鸳鸯洞。主要河流有3条，总长19公里。森林覆盖率85%。主要树种有杉、松、椿、薪炭林等。

经济发展

经济综述

境内经济，以传统农业为主体。1990年，全乡收入565.36万元，比1985年增加278.92万元，增长97.4%。农民人均纯收入415元，比1985年增加158元。1995年，农村经济收入649万元，农民人均纯收入410元。2003年，国民产值931.7万元，人均收入587元，同比增长10%。2008年，实现农业产值1610万元，农民人均纯收入1450元，比上年增加200元。2009年，全年实现农业产值1610万元，农民纯收入1681元，比上年增加220元，增长13.1%。2010年，国民产值1640万元，比上年增长14.2%，人均纯收入1800元，地方财政收入28.7万元，增长21.3%。农村经济收入1185万元，农业收入770万元。2011年，实现农业产值1265万元，农民纯收入1985元，比上年增长11%。2013年，农民纯收入2204元。2014年，实现国内产值4216.8万元，比上年增长39.5%；完成销售收入860万元，同比增长16%；实现农业产值2257.9万元，同比增长44.4%；农民人均收入3676元，增长39.6%。

农业

种植业 乡域种植业主要有水稻、玉米、甘薯等。1961年，粮食产量1731.17吨。1962年，粮食产量1292吨，其中稻谷产量107992.5公斤，大豆8435公斤；上交大队19083公斤，分给社员每人平均129.5公斤；人均收入38元。1966年，粮食播种总面积841公顷，产量2012吨。油菜播种面积92公顷，产量47427公斤。生产茶油1209.5公斤，桐油1823.5公斤。大队社员自营耕地生产粮食合计玉米7315公斤，红薯11891.5公斤，小青10551公斤，棉花287公斤。1978年，播种面积1384公顷，粮食产量2879188公斤。其中稻谷播种面积615公顷，产量2476773公斤。红薯播种面积54公顷，产量163820公斤，马铃薯播种面积29公顷，产量26361公斤。旱玉米播种面积6.8公顷，产量9416.5公斤；高粱播种面积0.9公顷，产量340公斤；秋荞播种面积56公顷，产量19287公斤。草烟播种面积6.4公顷，产量7600公斤。柑橘园面积有1万公顷，其他水果产量，梨子2050公斤，红枣500公斤，李子6000公斤。新造林面积132.4公顷，其中杉14公顷，松68公顷，油桐12公顷，油茶2.4公顷。1979年，粮食产量3134吨，平均亩产300公斤。1980年，稻谷产量9500公斤、红薯1000公斤、玉米171公斤、杂粮135.2公斤、花生259公斤、辣椒450公斤、草烟21公斤。1983年，粮食生产进入新的发展时期，该乡全面推广优质杂交水稻。1985年，农业生产结构调整，全乡种植粮食作物628公顷，为占耕地面积的65.01%，经济作物338公顷，为占耕地面积的34.99%，其中，“两烟”面积306公顷，占经济作物播种面积90.6%，比上年增长742.4%，烤烟棚1080座，比上年增加850座。1987年，粮食作物播种面积638公顷，产量3250吨，产值81.4万元。种植“两烟”面积300公顷，产量441吨，产值130.26万元；苎麻种植面积26公顷，产量20吨，产值14万元。1990年，实施科技兴农，在全乡范围内推进农业技术开发，应用先进栽培技术成果，先后推广配方施肥、水稻“双两大”旱育秧、杂交玉米育苗移栽、油菜苗移栽烟草高垅单行、两熟轮作移栽、套种套栽、果园栽培与管理等多种综合防治病虫的方式方法，使粮食产量达到3839吨。1993年，开发经济林386公顷，其中柑橘236公顷，油桐134公顷，桃、梨、李14公顷，板栗4公顷。烟叶产量237吨，产值48万元。1995年，建成粮食、烟草、柑橘、畜牧四大支柱产业，有稻田562公顷，实际插秧548公顷，“双两大”实插面积451公顷，较上年增加58公顷，旱秧实插面积48公顷，增加1.5公顷，杂交玉米实插200公顷，红薯实栽268公顷。油菜456公顷，增加146公顷，实现产量51吨。是年，扩充柑橘园面积34公顷，全乡柑橘开发总面积268公顷。2000年，烟叶种植面积15公顷，实现收入50万元。2003年，农业税完成17万元，烟叶收购5万公斤，创收45万元，比上年增长10%，粮食总产2400吨，人均口粮150公斤。2005年，烟叶生产面积72公顷，增幅176%；全乡烟叶收购量83.5吨，烟叶产值100多万元，人均增收100多元。全乡瓜果种植面积10公顷，产量60多吨，产值13.5万元；林园水果产量460吨，产值63.1万元。2008年，农作物播种面积551公顷，其中粮食作物面积468公顷；烟叶76公顷，收购烟叶81吨；积极开展果品改良工作，推广14公顷美国红提及27公顷亚华301辣椒。2009年，烟叶种植面积76公顷，烟叶收入130万元。农作物播种面积1668公顷，其中粮食作物面积921公顷，烟叶91公顷；推广14公顷美国红提及27公顷亚华301辣椒。2010年，农作物播种面积1668公顷，其中稻谷播种面积495公顷，产量2626吨。小麦播种面积37公顷，产量48.97吨。玉米播种面积271公顷，产量955吨。豆类种植面积34.6公顷，产量48.27吨。蔬菜播种面积37公顷。其他作物播种面积21公顷。落实国家各种惠农政策，水稻补贴良种面积506.67公顷，玉米161.81公顷。2014年，全乡农作物播种面积590公顷，其中粮食作物面积386公顷，粮食作物产量2819吨，烟叶种植面积34公顷。是年，大力发展现代农业产业园。上报村四、八、十一组公路沿线34公顷的猕猴桃种植园区成功立项。采用“村部＋农户”的模式，对出租土地的村民每年每亩支付300元租金，完成土地流转32公顷，种植沈阳猕猴桃苗，另完成1公顷土地整地工作。老田冲村高尖坡34公顷“米良一号”猕猴桃生态生产园完成整地工作，该园区由公司承包村民土地经营，土地租金每年每亩400元，目前种植烟叶34公顷。

养殖业 20世纪50年代，都里乡养殖业科技含量低，家禽养殖品种单一、养殖量小。1961年，耕牛总数932头，猪635头，山羊总数261头，鸡2265羽，鸭431羽，兔301只，蜂53箱。1962年，耕牛934头，猪1424头，山羊272只，鸡、鸭合计为3364羽，家兔142只，蜜蜂51箱。1978年，猪饲养存栏数4756头，其中集体有114头，社员自养3594头，出栏生猪1048头51975公斤。1984年，牛存栏1540头，猪存栏4201头，羊存栏888只，鸡4705羽，鸭、鹅1701羽，养蜂68箱。1985年，两户一体得到发展，全乡各种重点户89户，其中，养殖户10户，渔业6户。1987年，生猪存栏3826头，产值69.14万元。1993年，稻田养鱼267公顷，年产值80万元；养牲畜183272头，产值134万元。2001年，养殖业发展更加普遍，全乡有存栏耕牛3002头，养猪7032头，山羊438只，养鸡15886羽，鸭789羽，稻田养鱼267公顷，水库养鱼60吨。2005年，发展现代畜牧业。全乡牲畜存栏6731头，其中牛存栏1826头，猪存栏5236头，羊存栏420头；发展养殖专业户25户，畜牧业人均收入达到315元，占人均收入的35%。2007年，畜牧业人均收入425元，占人均收入的34%。2013年，新发展种养大户1户。满江村村民新开的易富养殖场，养殖肉猪100头，母猪26头。2014年，都里乡动物防疫站免疫注射生猪5200头、牛732头、羊1500多只、禽类2.6万羽，并佩戴耳标、填写免疫登记证等，全乡无一例禽流感病例发生。是年，古双云村开发稻田禾花鱼养殖项目，规划面积14公顷，建设实施6公顷。由村支书石勇良带头，村民参与，年内投放鱼苗1万尾，年底实现产值44.82万元。

工业

1980年，社办企业2家，企业收入94932元。其中，综合厂年收入73985元，员工人数51人，年人均收入1451元；五一麻纺厂年收入9839元，员工人数29人，年均人收入351元。队办企业6家，总计收入11108元，企业人数41人，年均人收入271元。1981年，麻纺厂人数减少到25人，年末亏损101元。队办企业减少到3家。是年，开办都里机械厂，工人人数12人，工业产值12449元，纳税226元。社办企业成立电影队1个，收入2806元，亏本经营，年亏损300元。同年，坐落在龙塘河罐区的六冲电站建成运行，有发电机组两台，容量为250瓦，机房128平方米，配套住房384平方米，电站人数15人，工业产值8845元，生产纯利润1182元。由于无蓄水能力，全靠龙塘河放水发电。1983年，先后兴办农机修配，农副产品加工，砖瓦，竹木加工，基建等小工厂，年产值达14万元。1993年，塘头村村民吴建中，开办白砂加工厂，雇佣人员20人。2010年，全乡工业产值17万元，比上年增长21%。是年8月，创办鸿达采石场，年产量5万吨。至2014年，发展采石场3家，铝合金加工厂2家。

商贸服务

20世纪80年代初期，都里集市每场商品上市交易量平均总值1~3万元，成交额2万元左右，成交商品以日常生活用品及时蔬为主。1987年，投资7.5万元，在赶墟处划定3亩稻田建设农贸市场，次年，市场建设完工并投入使用。1993年，扩大规模，修建市场管理所，设立场棚摊位，铺设水泥地面，搞好各项附属工程及基础设施建设。2000年始，集市常年有菜油、枞菌、竹笋、猕猴桃、小水产等农副产品出售。

其他产业

旅游业 2014年，发展旅游业，完成营盘寨内青石板道路修整，总长约500米，面积1000平方米；完成营盘寨内餐饮区地面青石板铺设，面积600平方米；完成营盘寨内水、电设施更换升级；建设医疗卫生场所1家；建设卫生厕所，规范消防、安全警示标志。10月1日，营盘寨古苗寨景点正式对外开放。是年，椿木坪村民俗旅游区接待游客1500人，从业25人，旅游综合收入10万元。全乡有乡村旅游经营户67户，从业人员127人，全年接待游客数量5万人次。

劳务输出 2005年，全乡外出务工1972人，人均创收3700元，全乡创收500万元。2010年，全年外出务工人员1627人，人均创收4000余元，全乡创收500万元，劳务输出成为该乡农民增收的主要渠道。

基础设施

交通运输

1957年，修通凤铜公路，穿越都里乡拉毫村，拉毫成为该乡第一个通公路村。1974年，修通都里乡级公路，长6公里，经过老田冲村，终点站为都里。1979年，都里、拉毫、老田冲3个大队公路修通。1993年，修通都里至拉毫村公路，长5.2公里。1995年，满江村修通村公路。1999年通公路村8个。2005年，椿木坪村公路全面竣工通车，长18公里，完成杨柳冲、满江岩门口、上报、下报、火烧滩、王赶坪、水洞坪7个自然寨公路延伸及地坯完善，总长30公里；拉毫新塘垅公路开工，完成投资150万元。是年，省重点工程凤大公路全面开工，完成征地，房屋折迁协调工作，乡内A4、A3工段开始施工。2007年，预算70多万元的乡道硬化工程开工；都里村新农村建设村道硬化工程2000米。2008年，新修拉毫通组公路；完成都里、拉毫、上报等村6500米的村道硬化工程；完成都里、拉毫、椿木坪、塘头等村道路面硬化工程。2009年，都里至廖家桥6.5公里的通乡公路路面硬化工程和都里至拉毫4.5公里的通村公路路面硬化工程竣工通车。2012年，完成老田冲村道、拉毫村道、满江村通村公路、上报村通村公路、古双云村通村公路硬化11公里；新修2公里长古双云村通组公路。2014年，完成椿木坪村通村公路、古双云村通村公路硬化6.5公里。

邮政通信

20世纪50年代，境内开通手摇式电话。1979年，老田冲、拉毫、都里三大队通电话。1996年满江村通电话。2001年，建立第一个邮政代办点。2004年，都里、上报、老田冲、塘头、拉毫5个村共有有线固定电话262部，满江、古双云、椿木坪3个村有无线固定电话6部。2007年，架设广播电视闭路线路10公里，都里乡老田冲、都里、拉毫、上报4个村与县闭路并网，修建满江村移动基站1个，实现全乡移动信号村村通。2014年，都里村、老田冲村、拉毫村通宽带。

供电饮水

供电 1979年，都里、老田冲、拉毫、古双云、塘头、满江6个大队通电。1985年，8个村全部通电。2012年，完成椿木坪、满江等4个村农村电网改造。2014年，全乡8个行政村全部完成电网改造。

饮水 2005年，耗资20万元，完成古双云村、都里村、下报村的人畜饮水工程；完成椿木坪、塘头、满江、拉毫、老田冲42口井水的维修。是年12月，由县卫生局资助的老田冲自来水工程竣工。2008年，新修和维修人畜饮水工程6处，解决3000人生活用水安全问题。2009年，新修和维修人畜饮水工程5处，解决2500人生活用水安全问题。2012年，古双云、椿木坪人畜饮水项目开工，2013年完工并投入使用。2014年年底，8个行政村人畜饮水工程竣工，都里、拉毫、古双云接通自来水，椿木坪、上报、满江、塘头、老田冲等5个村自来水尚未开通。

水利建设

1957年，建成境内首座水库——杨柳冲水库，为小（1）型水库，库容210万立方米，有效灌溉面积56公顷。1958年，建成团鱼桥水库，库容10万立方米，有效灌溉面积17公顷。1959年，在塘头村建成塘头水库，库容31万立方米，有效灌溉面积40公顷。1975年，龙塘河水库总干渠灌溉到境内，并在古双云村分为中、北两条干渠，境内长20公里，有隧道3处、渡槽3条，5个村27个组受益。全乡有抽水机72台、电排2处。2001年，全乡有旱涝保收面积337公顷，机电排灌面积245.9公顷，有效灌溉面积509.6公顷，占稻田面积的94.6%。2004年，实施外资外援项目，维修塘头水库和部分渠道。完成古双云、满江、拉毫三村渠道维修0.6公里，渠道灌溉面积80公顷，受益村民1320人。完成杨柳冲左右干渠维修0.5公里，灌溉面积60公顷，400户农户1721人受益。2005年，投资220万元改善水利设施，完成塘头水库、杨柳冲水库、团鱼桥水库及400米向阳渠的维修。2007年，新修老田冲渠道5公里，改善该村55公顷稻田灌溉条件。2012年，完成龙塘河上报段水渠维修。2014年，完成龙塘河古双云村段小水渠维修，新修20口集水池。

村镇建设

1980年，新修政府大楼，面积855平方米。1993年，新修政府综合大楼，建筑面积1280平方米。2003年，政府出资，在塘头村建设80个沼气池，使80户农户和300人用上安全节能沼气。2005年，完成都里、拉毫100个沼气池改造，100户农民用上节能沼气。是年，全乡8个村全面推行沼气，建成沼气能源灶210户；凤大公路指挥部资助7万元建成都里乡第一个标准村部——拉毫村村部。2007年，投资60万元建设的政府综合大楼主体完工投入使用。2008年，全乡新建沼气池82口，超额完成县分任务；修建古双云村198平方米标准化村部楼，农家书屋藏书2200册，党员活动室配备远程教育接收设备1套；硬化古双云村篮球场1个、苗歌台1个；投入8万元，建成标准化村医务室，实现“四室”（诊断室、留观室、治疗室、药物室）分开，并按标准配备药柜、药架等医疗设备。2009年，全乡新建沼气池21口，推动新能源建设顺利实施。2010年，开展“整脏治乱”工作，拆除违规搭棚23处，新建垃圾池4个，购买垃圾桶15个；雇请3名清洁员，负责清扫乡镇街道。2013年年初，完成都里广场整修和扩建，面积900平方米。是年，全乡建垃圾池37个，购买垃圾桶1265个，雇请清洁员7人。2014年7月，都里乡政府新建40套公租房，总建筑面积2200平方米，总投资396万元。是年，新建垃圾池20个，购买垃圾桶500个，新增清洁员53人，负责各村村间道的清扫工作。11月，在全县同建同治工作评比中，排名第一位。

社会事业

教育

1952年，建塘头小学。1976年，创建芭蕉冲小学，1991年改建。1979年，境内有初级中学1所，小学16所；有教职员工67人，在校学生1202人。1985年，王干坪小学撤销。1991年，在校学生1568人，其中中学421人，小学1147人。1992年，黑潭云小学撤销。1999年，井背垄小学撤销。1993年，修建都里中心完小、老田冲小学、塘头小学。2001年，全乡有中学1所，学生137人，教师14人；完小1所，村小7所，学生1379人，教师59人。是年，阴上小学撤销。2002年，拉毫村新场陇小学撤销。2003年，下报小学撤销。2004年，全乡小学17所，小学在校生1726人，教师76人。2007年，椿木坪小学撤销。2008年，火烧滩小学与芭蕉通小学同时撤销。2010年，上报小学撤销。至该年，都里乡有1所九年制学校，小学5所，在校学生1046人，其中，小学生758人，初中生288人；教师72人，其中小学教师47人，初中教师25人。是年，满江小学撤销。2011年，该乡九年制学校在全县青少年五好小公民主题教育“光辉的旗帜”读书征文活动中被评为“先进集体”。该年8月，被县教育局评为教育教学质量提高幅度“先进单位”。2012年，再次被县教育局评为教育教学质量提高幅度“先进单位”和“高中优质生源校”“教育教学质量优胜单位”。2014年，有在校生815人，其中寄宿生403人，小学部学生647人。九年制学校占地面积1.21万平方米，校舍面积5224平方米，有教职工78人。小学有教职工58人。中心幼儿园有3个教学班，学生95人，教职工3人。

文化

1978年，都里公社建广播站。2012年3月，乡镇机构改革，更名为文体广电服务站。2013年，镇文化站配置办公电脑2台、音箱设备1套。至2014年，有线电视覆盖全乡，8个村均能收看电视节目。全乡8个村均设立农家书屋，存书1.2万册。全乡有民间艺术团队9支，其中有都里村民雅1队、民雅2队，古双云村苗鼓队、上报村舞龙队、拉毫村健身队等。

医疗卫生

1979年，有卫生院1所，病床8张。1991年，卫生院用房重建，病床增至12张。2002年，保持稳定低生育水平，计划生育工作在凤凰县排名第12位，被县政府授予“计划生育先进单位”。2004年，计生工作排名第十位，被县政府授予“计划生育先进单位”。2005年，选拔8位中青年妇女担任妇女主任兼计生专干，65个组长为组信息员，召开计生专题村组干部会8次，在半年检查排名中全县排名第八位。2008年，全乡完成8684人参加新型农村合作医疗，参合率80%。2009年，完成8342人参合任务。2011年，参加新农合8542人。妇女孕检率92%；外出务工已婚育龄妇女618人，发放外出婚育证486本，发证率78.64%；办理一孩生育证38人，办理二孩生育证79人。2012年，计划生育率85.18%；人口自然增长率10.18‰，孕检率为82%；外出务工已婚育龄妇女1019人；办理一孩生育证54人，办理二孩生育证65人，女性初婚人数54人。2014年，全乡参加新农合人数8050人，完成任务数70%。是年，计划生育工作成效显著，古双云村成为凤凰县首个计划生育自治村。同年，卫生院新建10套公租房，建筑面积550平方米。

社会保障

2006年6月，实施特困户救助工作，确定救助对象280人。2008年，特困救助扩面，增加239人，“五保”供养17人。是年，发放5.5万元春荒款到灾民手中，救济缺粮群众314户732人；投入5.8万元为受灾村民重建房屋7户23间，修缮灾房4户9间，为11户灾民解决住房问题。2010年，都里乡古双云村新建房屋18栋，

都里苗疆边墙（段周君摄于2016年11月23日）

其中政府帮扶3栋，每栋补助1万元。2011年，帮助32户农村贫困户完成危房改造任务。是年农村低保707人，城乡低保12户，“五保”9户，双定32人。2013年，实行农村低保及五保救助制度，全乡农村低保651人，“五保”9户，双定32人。2014年，发放冬令春荒救济款5万元，大米3000公斤，救济棉被25床，救济棉衣25件。完成30户危房改造。全乡农村低保人数766人，发放低保金436620元；特困户251人，发放金额40662元；城镇低保11户24人，发放金额33120元；开展城乡低保阳光清查工作，经查实有139人不符合低保政策，其中死亡8人，15人外嫁，116人经济条件好转。新增困难户136人。全乡“五保户”14人，孤儿3人，上半年发放“五保金”15540元，孤儿基金10800元。全乡有残疾人108人，其中一、二级重度残疾48人。是年，县残联在该乡开展“阳光家园”活动，发放大米3600公斤，食用油96桶，轮椅2台，助听器8个。

特色地情

拉毫营盘 境内有“苗疆边墙”——著名的中国南方长城军事遗址拉毫营盘，该营盘距县城15公里，与全胜营毗邻。始建于明嘉靖三十三年（1554），清朝时驻军于此，是南长城军事防御体系中的一个重要军事据点，包括坉上、营盘、店上、卡上4个自然寨。拉毫营盘因坉上山顶的屯堡而得名。除了坉上山顶的屯堡外，坉上本身的石头房屋也远近闻名，被称为“石头寨”。坉上盛产青页岩，不仅几十家农户房屋全用石头修砌，连路、坪坝亦用石头铺就，很多房屋屋顶都用石板遮盖。细薄的石块整齐划一，垒叠而成，从外表看，完全是一块一块叠成的，看不到有泥沙的粘合。2006年，被列为国家重点文物保护单位。2013年，被确定为全国传统古村落。2014年，入选“全国少数民族特色村寨保护与发展名录”。

古桑营盘遗址群 都里乡有省级文物保护单位古桑营盘遗址群。该营盘现名古双营村，位于都里乡西南方8公里处，与拉毫营盘寨隔垅相望。明清时期为驻军兵营，最高长官为千总。近年发现的雍正三年（1725）的交粮告示碑，该遗址群为明清时期周边九十八村红苗寨的清军屯粮点，确定是周边九十八村红苗寨交粮的地方。2011年，被列入凤凰县第四批县级文物保护单位。2011年1月24日被列为湖南省省级文物保护单位。据《凤凰厅志》记载：清嘉庆十二年（1807）傅鼎在此开设“易学”；《苗寨收支仓廒》亦写到“古桑营仓三间”，村中一道清道光十五年（1835）的石碑亦可为证，营盘总占地约5万平方米，东西长250米，南北宽200米；内设北、西、南三门，碉楼四座，仓房十二间，古民居十余栋，古巷道多条。此外，村西山上设寅脑上营盘、跑马场及校场坪；另有明清时间古民居特色民居122栋。

（撰稿人：龙志梅）

林峰乡

区域概况

位置面积

林峰乡位于凤凰县南部。东与水田乡交界，南与麻阳县相连，西与新场乡接壤，北与廖家桥乡毗邻。区域面积73.8平方公里，距凤凰县城23公里。

建置沿革

“林峰”因境内林木茂盛，山峰林立，取名林峰公社。清康熙三十九年（1700）设立凤凰厅时，系“民村”（原五寨土司所辖五峒）地，属芦荻里。道光年间，厅域汉区分为上下乡（下辖5里11约），属上乡芦荻里。民国初期厅改县后，乡以下废除里、约。民国25年（1936），全县设17个乡（镇），乡以下改为保甲制，称乐群乡。1949年11月凤凰县和平解放。1950年属凤凰县第一区。1952年4月增设3个区，以农会（或大村寨）建新乡黄罗寨、江家坪等，属第七区（区公所黄罗寨）。1956年7月撤区并乡时为黄罗寨乡，8月隶属黄罗寨基点乡。1958年10月，撤销办事处、基点乡、乡镇建制，建立林峰人民公社，驻地黄罗寨。1961年9月恢复5个区公所建制后，隶属城郊区。1981年12月，所辖都罗大队更名为蔸箩大队。1984年1月，公社改乡制，为林峰乡。

行政区划

民国25年（1936）称乐群乡，辖10个保。1950年11月辖农民协会、农民协会小组。1953年建新乡时，属于七区。1956年7月，撤区并乡后为黄罗寨乡，隶属黄罗寨基点乡。1958年10月，林峰公社（原黄罗寨乡）辖3个大队。1961年3月，辖土洞、明星、都罗、前进、黄罗寨、江家坪、毛都舍、清水哨8个大队。1981年12月，都罗大队更名为蔸箩大队。1984年1月，林峰乡辖8个建制村（名同原大队）。至2014年，全乡辖土洞、明星、蔸箩、前进、黄罗寨、江家坪、毛都舍、清水哨8个村，下设78个村民小组。

人口民族

林峰乡为多民族杂居乡镇。1990年，全乡辖2331户10394人，其中少数民族858人。1995年，全乡2521户，总人口10987人，其中土家族773人，苗族296人。2001年，全乡2770户，总人口11592人。年人口自然增长率9.2‰。苗族118人，土家族309人，分别占总人口的1%、2.6%。2005年，有2825户11251人，其中土家族1545人，苗族1032人。2013年，全乡3214户11897人，年人口自然增长率12‰以内。总人口中苗族1436人，占12.1%，土家族1886人，占15.85%；汉族8526人，占71.7%。2014年，全乡3093户12122人。

自然环境

境内山峰林立，山高坡陡，一般海拔在300~600米之间。天子坡是乡内最高山峰，海拔645.3米。土壤主要分两种，以明星河为界，北部主要是以石灰岩发育的石灰土，南部主要是以板页岩、页岩发育的沙壤土。亚热带季风湿润气候，冬季少严寒，夏季少酷暑。全乡处于湘西低热区，县境第二类较暖区，年均气温为15.9℃，年均降水量1428.2毫米。有大小溪流河沟5条，总长40公里。皂泥潭溪流是境内最长河流，贯穿乡境4个村，总长为20公里。溶洞众多，其中以冷水洞、杨则洞、渔泥洞最为有名。森林资源丰富，全乡8个村都有村级林场，主要树种有松、杉等。

经济发展

经济综述

20世纪60年代，境内以传统的农业经济为主。80年代，全乡经济逐步发展。1985年，全乡国民经济产值424.82万元，其中农业产值300万元，工商企业产值31.57万元。1995年年末，全乡国民经济产值1123万元，农业产值826万元，其中种植业699万元，占62.24%。2013年，全年实现农业农村产值3200万元，比2012年增长15.2%，农民人均纯收入2908元，比2012年增长480元。2014年，全乡农林牧渔业产值1882万元，其中农业产值1082万元，人均收入2910元。产值增长13.2%，固定资产投资700多万元，财政收入360万元，社会消费品零售总额增长16.3%，粮食产量达到4700吨，人口自然增长率为7.6‰，新增劳动力转移人口560人。

农业

种植业 乡域种植业以水稻为主，其次为玉米，主要油料作物为油菜。1989年，水稻种植面积552公顷，产量2475吨；玉米143公顷，产量156吨。1992年，柑橘面积48公顷，产量25吨。1995年，水稻种植面积537公顷，产量3329吨；玉米200公顷，产量216吨。2000年，全乡柑橘面积583公顷，产量3500吨。2011年年底，明星村组建宏远农民专业合作社（社员105户），统一施肥、统一管理面积14公顷的柑橘园。2012年年底，建设土洞村猕猴桃产业园，由县开发办扶持栽种红心猕猴桃，采取统一植苗、统一管理的方式，涉及农户75户。2013年，培育省级南方金丝枣基地1个，34公顷猕猴桃基地2个，柑橘产业基地1个。是年，水稻种植面积为528公顷，产量2796吨；玉米365公顷，产量1095吨。林峰乡水果独具特色，以柑橘为主，兼种梨、桃、李、橙及猕猴桃。2014年，全乡有果园面积234公顷，其中柑橘面积800公顷，全年水果产量1.1万吨，有5吨以上种植户500余户。是年，全乡依托离县城较近，种植蔬菜上有凤凰县城市场、中有廖家桥农贸市场、下有黄罗寨农贸市场的区位优势，大力发展蔬菜产业。全年蔬菜种植500公顷，产量3500吨，油菜种植286公顷，产量560吨，产值1400万元。

林业 1975—1978年，8个大队联办集体林场254公顷；1986—1988年，8个村联办林场造林670公顷；1995—1998年，实施经济林开发，全乡栽柑橘1340公顷；2003—2006年，全乡退耕还林202公顷；至2014年，全乡有乡、村林场14个，林地面积5895公顷，森林覆盖率

84%，林木蓄积量17万立方米。

养殖业 乡域养殖业以鸡、鸭、猪、羊、牛为主。1989年，生猪出栏3983头，产量255吨。1995年，生猪出栏3675头，产量239吨。2013年，生猪出栏4727头，产量398吨。2014年，生猪出栏4710头，产量340.54吨。

商贸服务

1904年，林峰乡江家坪农贸市场建成开业。农历的二、七日为赶场日，高峰时期赶场人数一度达到3500余人。1975年，社队企业创办经销店，销售小百货、生活基本用品等。20世纪80年代，社队企业改制民营。2014年，江家坪农贸市场提质改造，占地面积2000平方米，内设摊点200个，新增牲畜交易区域及停车场。

基础设施

交通运输

1995年，修建榆（树坳）林（峰）乡道，全长59公里，砂石路面。1998年，全乡8个村全部通公路，公路里程30.5公里。2013年，实施都罗村、土洞两村村间道6214米水泥硬化，完成通畅公路都罗至大湾垅（1.3公里）、都罗至振华坳（1.5公里）、乡道口至人形树（1.3公里）、易家坳至岩屋坪（3.3公里），岩屋坪至新桥（2公里），乡道口至老官潭（0.6公里）、乡道口至解放村（3.7公里）、矮子冲水库至猴王洞（0.5公里）共8条路段14.2公里水泥硬化，排除3处公路塌方下陷安全隐患。2014年，新建清水村一、二组到村部公路1公里，硬化清水村六、七组公路1.3公里；完成土洞村振发坳至都罗村1.2公里公路路面硬化，黄罗寨村新修道路引水渠清淤100立方米，整修旧路面1694平方米，地沟垫层59.5立方米，浆砌挡土墙98立方米，黄罗寨村芭蕉坳至纸厂2.6公里的通畅工程全面完成路基平整；江家坪马路寨子至麻阳的2.2公里通畅工程。

邮政通信

1951年，开通县城至江家坪邮路，为二日班，全程75公里。20世纪50年代，各大队通步班邮路和安装手摇电话。1999年，林峰乡开通程控电话，并向乡直单位和家庭普及。2001年，全乡有程控电话290部，手机90部。2013年年末，黄罗寨村开设电信服务网点1个，全乡手机普及率86%以上。2014年，全乡手机普及率92%。

供电饮水

供电 1995年，林峰乡农村用电量为19万千瓦/小时，2007年，推行农网改造，用电可靠性提高，至2010年，全乡供电覆盖率100%。2014年，林峰乡农村用电量64.83万千瓦时。

饮水 2009年，铁门闩集中供水工程动工，2013年建成并移交给乡政府管理。主管网长12.6公里，经过毛都、江家坪、黄罗寨3个村，有680多户3000多人受益。2014年，新建维修供水池4个，改造自来水管道3000米，解决黄罗寨、江家坪2个村2200人饮水问题。

水利建设

1955年，在土洞村建成首座小（2）型水库——四方冲水库，库容量10万立方米，灌溉稻田44公顷。1957年，建成新地水库，库容10万立方米，灌溉稻田10公顷。1959年，建成炉打坪水库，库容量10万立方米，灌溉稻田6.7公顷；矮子冲水库，库容量10万立方米，灌溉面积为5.6公顷。1966年，建成后洞水库，库容量20万立方米，灌溉稻田27公顷；建成明星水库（又称易家坳水库），库容量10万立方米，灌溉稻田40公顷。1964年，建成广播垅水库，库容量12万立方米，灌溉面积17公顷，1971年10月，建成小（1）型铁门栓水库，库容量120万立方米，灌溉稻田34公顷。1983年，有水库11座，其中小（1）型1座、小（2）型10座，山塘67口，河坝44处，抽水机110台1600马力，建有水轮泵5处6台。2001年，全乡有旱涝保收面积289.6公顷，机电排灌面积211.4公顷，有效灌溉面积494.9公顷，占稻田面积87%。2011年，维修山塘5口，引水渠道16公里。2014年，全镇维修山塘22口和水库6座。

村镇建设

2013年，投资1200万元，启动政府综合办公大楼、公租房建设、街道整修亮化，有效改善群众生活条件。在集镇区安装电力路灯20盏，太阳能路灯18盏。修建96个总容量384立方米的垃圾围，购买2200个塑胶桶、220个焚烧炉无偿给农户使用，历史性地把成堆成片垃圾全部清运清除。2014年，乡政府综合办公大楼、乡干部及教师公租房竣工，新建村部两个、村卫生室3个。

社会事业

教育

林峰中心完小原名为林峰乡黄罗寨小学，创办于1939年，校园面积5300平方米，建筑面积2118平方米。林峰中学创办于1968年，由林峰公社中心完小改建而成。校园面积3500平方米亩，建筑面积2497平方米。1985年，林峰乡有小学12所，中学1所。1985年上学期全乡小学生1486人，中学生244人；有小学教师59名，中学教师16人。2001年，全乡有中学1所，学生178人，教师29人；完小1所，村小7所，学生1511人，教师63人。2005年，全乡有各类学校9所，在校学生1525人，其中中学生568人，有教师80人。2008年，林峰乡中心完小首次完成扩校并新建教学楼。2012年，林峰乡中心完小新建综合楼，学生食堂等配套设施，新配备多媒体教室、实验室、电脑室、音乐室，学生全部更换统一的课桌椅。是年，学校顺利通过湘西州合格校建设验收。2014年，林峰乡有6所小学，小学教师50人，在校学生445人；中心完小1所，中学教师27人，在校学生253人。

文化体育

20世纪60年代，林峰乡通广播。1981年，公社筹资架设广播专线。至1985年，全乡建成3根广播专线，线路长52.5公里，投入资金3985元，安装入户喇叭710只，入户率40%，覆盖率75%。1984年，全乡有收音机230部、录音机14只。1992年，设乡文化站。林峰乡盛行民族体育活动是舞龙，在每年春节和隆重喜庆节日为群众表演。2013年，林峰乡黄罗寨村村民自发成立两支表演队，义务为村民演出。2014年，明星村、江家坪村建设篮球场；是年春节，林峰乡8个行政村举办篮球比赛、舞龙、写春联等活动，节日氛围浓厚。

医疗卫生

1952年，林峰乡设诊所，有医生1人。1965年，林峰人民公社建卫生院，有医生7人。1985年，8个村建卫生室，有村医8人。2005年林峰乡卫生院建新门诊综合楼，建筑面积480平方米。2007年年底开展新型农村合作医疗工作。2014年，林峰乡卫生院占地面积1000平方米，建筑面积800平方米，设病床19张，医务人员10人。是年，前进村、江家坪村、明星村4个村卫生室建成合格村卫生室，建筑面积195平方米，全部为砖混结构，每个卫生室由国家补助建设资金5万元，共15万元。三室一台（诊断室、药房、注射室、操作台）分开。

黄罗寨特色建筑（吴萌摄于2016年6月10日）

社会保障

2004年，林峰乡建敬老院，部分“五保”老人住进敬老院、实行集中供养，安排专人管护。2012年，全乡享受农村低保283户681人，低保金55620元；享受城乡低保14户209人，低保金13387元；优抚对象64人，优抚金173304元。2013年，林峰乡分散供养“五保”老人27人，每人年供养标准2200元；集中供养“五保”老人20名，每人年供养标准3000元。是年，开展新农保工作，全乡参保率85.55%，缴费人数4412人。2014年，分散供养“五保”老人供养标准为每人每年2400元，集中供养“五保”老人供养标准每人每年3880元。是年，全乡新农保参保率87.65%，缴费人数4309人。

特色地情

传统村落 黄罗寨村是凤凰县林峰乡人民政府所在地，距县城23公里，是一个以土家族为主的村寨。距今已有一千多年历史，八百年前黄罗寨是驻守通往云贵大道将士的营寨。将士家属以制作宫廷所有的黄锣伞为营，故称黄罗寨。此地不仅自然风光迷人，更有许多人文景观，是乡土文学大师沈从文少年时期生活过的地方。

2002年，该村被列为凤凰县首批县级历史文化村，同时被列为县级文物保护单位和古典民居建筑群文物保护单位。

黄罗寨现存明清时期民居建筑43栋，建筑面积4830平方米，保存良好程度在80%以上。其中明代建筑15栋，清代建筑28栋，保家楼5座，三合院7栋，四合院4栋。其中抗日救亡夜校旧址三合院1栋，沈从文童年生活过的四合院1栋。明代军事构筑物古屯堡2座，石硐1座，现存状况在80%以上良好。石硐遗址2座，保存程度在40%以上。明代官田，屯堡驻兵硐田各1.34公顷，现仍为良田耕种。明清官塘五口，驿站遗址1个（官亭），明代水碾3座，保存程度在60%以上。

黄罗寨具有土家族生产、生活习俗和民族风味，有悠久的手工艺传统技术，如印染、雕刻、刺诱、纺织、竹器编织等民间工艺；有独特的土家族山歌、情歌、哭嫁歌、伴嫁歌、佛歌、丧堂歌、打油歌（油坊打油师傅唱的劳动歌）；有古老的文化傩堂戏、打溜子、霸王鞭和特别的木匠鲁班文字；有以阳戏、板凳戏、龙灯、茶灯、搬土地等为主的民间传统剧种。

（撰稿人：吴玥明）

水打田乡

区域概况

位置面积

水打田乡位于凤凰县东南部。东北与麻阳县石羊哨乡交界，东南与麻阳县谭家寨乡毗邻，南与麻阳县长潭乡接壤，西南与麻阳县郭公坪乡相连，西北与林峰乡紧挨，北与沱江镇相接。区域面积91平方公里，距凤凰县城17公里。

建置沿革

“水打田”因社治驻地有一条小溪，沿岸稻田常因山洪减产或无收，流传“春季发大水，平地遭水淹，冲坏田地禾受灾，黄砂怪石把人难”的民谣，由此取名水打田。清康熙三十九年（1700）设立凤凰厅时，系“民村”（原五寨土司所辖五峒）地，多属芦荻里，少属乌引里。道光年间，厅域汉区分为上下乡（下辖5里11约），属上乡芦荻里、乌引里。民国初期厅改县后，乡以下废除里、约。民国25年（1936）全县设17个乡（镇），乡以下改为保甲制，称乐群乡。1949年11月凤凰县和平解放。1950年属凤凰县第一区。1952年4月增设3个区，以农会（或大村寨）建新乡水打田、吊岩等，属七区。1956年7月撤区并乡时为水田乡，8月隶属黄罗寨基点乡。1958年10月，撤销办事处、基点乡、乡镇建制，建立火箭人民公社，1959年3月更名水田公社。1961年9月恢复5个区公所建制后，隶属城郊区。1981年12月地名普查时，以驻地原名水田公社更名为水打田公社。1984年1月，公社改为乡制，为水打田乡。

行政区划

民国25年（1936），属于乐群乡地（该乡辖10个保）。1950年11月辖农民协会、农民协会小组。1953年建新乡时，属于七区。1956年7月，撤区并乡后设水田乡，隶属黄罗寨基点乡。1958年10月，水田公社（原水田乡）辖4个大队。1961年3月，称水打田公社，辖红星、池坪、天堂、五林、东子山、水田、坪溪山、袍上、吊岩9个大队和61个生产队。1984年1月，改社建水打田乡辖9个建制村（名同原大队）。1994年有67个村民小组，1995年有66个村民小组。至2014年，全乡辖9个村，下设68个村民小组，有53个自然寨。

人口民族

水打田乡属汉族和苗族、土家族等少数民族杂居乡。20世纪60年代初，水打田公社有1614

户7313人，其中农业人口7285人。70年代末，有1756户8053人，其中农业人口8025人。1983年，水打田公社有1924户9099人，其中农业人口9073人。1984年，有农业户1952户，农业人口9140人。1988年，有2128户9695人，其中农业人口9690人。1992年，有农业户2327户，农业人口10138人。1994年，有2549户（非农业户21户）10650人（非农业人口110人）。1998年，该乡2621户10908人。2000年，全乡2847户11120人。2001年，全乡2861户11198人，其中非农业人口150人，年人口自然增长率7‰，总人口中苗族274人，占2.4%；土家族448人，占4%；回族22人，占2%。2004年，总户数2654户，11539人，其中农业户2631户，农业人口11347人。2013年，有2830户11473人，其中男性5851人、女性5622人。2014年，全乡总户数2766户，总人口11636人。

自然环境

境内以低山、高丘为主，地势西高东低，平均海拔在200~500米之间，最低点为竹子坳，海拔170米，也是凤凰县最低点，多为板页岩地形，土质肥沃。地表物质以红岩为主，夹有部分石灰岩、面岩。中亚热带山地季风气候，四季分明，冬暖夏凉，年均气温16℃左右，平均降水量1300毫米，无霜期272.3天。水资源丰富，三条河流贯穿全乡。矿户资源主要有硫铁矿、磷矿、无烟煤。森林资源丰富，是凤凰县重要林区之一，林业用地面积7234.4公顷，森林覆盖率71.26%，植被以针叶林和阔叶林为主。

经济发展

经济综述

20世纪70年代，水打田乡以传统农业经济为主。80年代，农业经济结构逐步调整，突出椪柑产业。1984年，全乡产值120万元，农民人均收入131.7元。1990年，水打田乡产值770.71万元，农民人均收入544元。1997年，该乡收入975万元，人均收入606.08元。2005年，全乡农林牧渔业产值2141.7万元，农民人均纯收入902元。2006年，全乡实现国民产值2337万元，比上1年增长11.9%，其中农业产值1664万元，比上年增长25%，劳务收入124万元，比上年增长12%，全乡实现财政收入97.9万元，比上年增长23%。农民人均纯收入1208元。2009年，全乡国民产值3810万元，较上年增长6.2%，其中农业产值3100万元，乡财政收入突破160万元，农民人均纯收入2250元，较上年净增530元。2013年，全乡产值4032万元，比上年增长12.1%，财政收入280万元。2014年，全乡产值4302万元，乡财政收入280万元，农民人均纯收入3697元,比上年增加672元。

农业

种植业 乡域种植业以水稻、红薯、玉米、大豆为主。1983年，全年粮食总产2812.95吨。1986年，水打田乡引进世界银行贷款27万元，建立73.3公顷椪柑基地。1990年，全乡粮食总产3396.6吨。1994年，发展椪柑面积760公顷，产果300万公斤。1998年，累计开发椪柑800公顷，举办椪柑技术培训班五期，参训人员400余人次，发放科技资料5期6000份。1995年，全乡粮食总产3260吨。2004年，全乡有椪柑营销大户35户，销售总量5970吨；椪柑种植大户347户，种植面积305.67公顷，产量总量6095吨。2005年，水打田乡播种粮食1020.7公顷，虽然遭遇大旱之年，粮食产量仅为2349吨，比上年下降30%，但每人平均仍保证年口粮168公斤。2006年，完成和落实67公顷椪柑老园的低改和品改。2007年，全乡柑橘种植面积达到1386.6公顷，挂果面积1126公顷，产量达到10047吨。是年，粮食播种971.6公顷，油料面积283.2公顷，粮食产量3482吨，同比增长24%。2008年，椪柑种植面积保持在1386.6公顷，产量1.7万吨。是年，椪柑市场销售低迷。全乡新修192口集雨池，调运补植椪柑苗木13万多株，免费发放甲基托布金、呋喃丹、磷酸二氢钾等农药化肥3.3万余公斤，在各村各组举办培管技术讲座和现场培训会20场次，培训果农6000余人。销售积压椪柑15146.8吨，兑现销售补贴78.18万元，发放促销奖金11.8万元，挽回经济损失605.75万元。2009年，实施特甜玉米农业试点项目，与科技推广企业合作，在坪溪山村推广3.33公顷特甜玉米订单农业项目，于7月下旬完成采摘收购，农民每亩平均收入达到1100元。是年，争取到省林业厅农科院新品种油茶种苗50万株（266.7公顷）的供苗意向，初步落实计划种植户809户，种植面积198.1公顷。同年，在凤水公路沿线建立5个椪柑精品园共333.3公顷，培训椪柑管理农村技术员37人，发放柑橘壮果肥12.5万公斤、呋喃丹2.9万公斤，完成椪柑低改505.13公顷，橘园管护面积达到1266.7公顷，管护覆盖率达到91%。是年7月1日，成立水打田乡农产品专业合作社，将全乡年销售100吨以上柑橘的营销大户组织到合作社，集中人力智力，应对椪柑市场持续低迷状况。2010年，完成橘园低改133.3公顷，举办管护培训班11期，培训桔农5700人次。全乡新种植油茶46.7公顷，为群众配套油茶种植资金7万元，形成天堂村、东子山村2个油茶种植基地。2012年，因地制宜，发展“一乡一业”“一村一品”。发展村集体产业基地，建成东子山村、水田村椪柑产业示范基地，并完成全乡橘园品改巴西小青柑33.3公顷。2014年，全乡实现农作物播种面积总面积2101.77公顷，其中水稻种植面积489.17公顷、玉米218公顷、油菜226公顷。是年，有柑橘园面积1386.6公顷，有专业合作社4个，社员350人。同年，乡政府加大资金投入，在五林村种植开发项目中建设柑橘采穗圃8公顷，并先后在红星村、吊岩村发展红心猕猴桃新兴产业。

林业 2007年，全乡退耕还林328.7公顷，发放金额1035395元。2009年12月底，全乡完成80%集体林权核实面积，完成发证任务40%。2010年，截至12月10日，完成林地外业勘界7656公顷，外业勘界率100%；颁发林权证2747户，发证率99.3%。全年发放退耕还林粮食补贴86.1819万元。2012年，实施林权制度改革，发放退耕还林政策补助资金104887.5元。2013年，该乡发放退耕还林政策补助资金104887.5元。2014年，发放退耕还林政策补助资金801787.5元。

养殖业 乡域饲养业以鸡、鸭、猪、羊、牛为主。2005年9月底，袍上村发生5号病疑似病例，工作组在村23天，每天消毒，观察疫情发展。截至年底，全乡出栏生猪3582头，猪肉产量261吨，出栏牛172头，牛肉产量16吨，羊392头，家禽9127羽，实现畜牧业产值150万元。2008年，新发展养殖大户5户，全乡三大家畜饲养量5469头，农禽饲养量9977羽，产值548万元。是年，发展桑蚕新产业，在全乡试点栽种桑树98.55公顷，养蚕50张，生产鲜茧1750公斤，产值3.4万元。2009年，实施“东桑西移”种桑养蚕工程，定植桑树113.3公顷。2013年，新增养殖大户8户，猪存栏1000余头，牛存栏220头，羊存栏500只，鸡、鸭、鹅等家禽存笼8000余羽。2014年，全乡生猪存栏2020头，牛存栏425头，山羊存栏316只，鸡、鸭、鹅等家禽存笼1.5万羽。

商贸服务

水打田乡历来有赶集习俗，逢农历一、六日为水田村集镇区赶集日。20世纪90年代初，商贸服务仅限于小餐饮、农场品、衣物等销售，每场人口流动200余人次。1985年，每场赶集人数600余人次。1992年，新建水打田乡农贸市场，占地1000平方米。1998年，该乡筹集资金5万元，集市修建长400多米水泥路，助推商贸服务业发展，涉及行业有家电、服装、农产品、餐饮、生活用品等。2014年，集市每场人数800余人次。

其他产业

劳务输出 20世纪80年代初，全乡劳动力陆续外出到沿海地区务工，1985年，外出务工300人。2005年，有200人到水打田乡务工，劳务输出人数增多，外出务工人数达到1500人，劳务收入374万元。2006年，该乡实现劳务输出2200人次，劳动力转移技能培训70人次，创收100万元。2012年，全乡外出务工劳动力1897人。2014年，全乡外出务工劳动力1691人，实现劳务收入1739万元。

基础设施

交通运输

1973年，修建凤凰—水田公路。1993年，全乡红星、池坪、五林、水田4个村通公路。1998年，新修通两个村的村道，修补栗山坡至水田村公路4公里，至此全乡通村公路全部建成。2006年，总投资1000多万元“凤水通乡油路”工程于年底全部完工。2007年，五林、水田、吊岩村间道路硬化开工建设。2008年，完成各村水毁道路、便桥修复和重建27处，新修和改造村间道路7条20公里，完成村间道路硬化项目16项，新建红星村五组至麻阳的网络公路。2009年，投资170万元，硬化池坪村至天堂村道路；投资32万元，改造硬化红星村级公路；2条通村公路改造硬化工程立项。2010年，完成东子山村入村公路硬化2公里，启动水田村新修通组公路、吊岩村至麻阳郭公坪乡野鸡坪村（通锦和火车站）新修公路建设，完成天堂村通组公路、池坪村至林峰明星村新修公路设计和项目申报，新确定红星村新修通组公路、红星村七组公路硬化、水田村至坪溪山村公路硬化改造3个项目，维修4个受灾村通村公路13公里。2011年，完成吊岩至马王冲的道路扩宽工程，马王冲至麻阳野鸡坪村新修公路，袍上村四组村组道路新修工程，红星村红星五组至石羊哨乡庙坪村公路1.5公里硬化工程，红星村三、四组公路新修工程，红星村七组公路硬化工程，东子山村至麻阳岩门公路改造硬化工程，水田村至吊岩村9公里公路硬化工程。2012年，该乡完成水田村至东子山村6公里网络公路硬化工程、五林村二组新修公路工程建设，水田村至吊岩村13公里公路硬化工程因“5·9”洪灾完成50%。2014年，完成吊岩村村组公路硬化1.7公里，吊岩村唐家溪至马王冲公路4公里，红星村4~5组网络公路0.8公里，红星村网络路基整修2.4公里，五林村村组公路硬化1.2公里，五林村整修扩宽村组公路4公里。水打田乡农村道路基础设施不断完善，村村通公路，全乡公路里程 71.7 公里。

邮政通信

1999 年，水打田乡有 5 个村通电话。2001 年，开通程控电话，6 个村有电话 396 部，有手机 67 部。2005 年，在水田的登岗楼上建成一座辐射范围 7.5 公里的移动信号塔，同年，固定电话用户增加到近 800 门，分布于全乡 9 个村。2006 年，该乡争取 120 万元资金，修建移动通信发射塔，覆盖全乡 6 个村 30 多个村民小组。是年，全乡新增电话 150 门，新购彩电 350 台，新购手机 220 部。2007 年，水打田乡通过与移动公司衔接，在坪溪山村、红星村又相继修建两座移动塔，使移动信号覆盖全乡 9 个村，基本实现全乡移动通信无盲区。2008 年，该乡新建移动通信基站 2 座。2014 年全乡手机用户 8000 人，通信基本实现全覆盖。

供电饮水

供电 1976 年，水打田人民公社向国家贷款，并自筹资金 50 万元修建燕子岩水电站，电站装机容量 360 千瓦，年发电量 3.6 万千瓦时。1987 年，仅有红星村、池坪村、五林村、水田村、东子山村 5 个村通电。进入 21 世纪，全乡实现村村通电。2007 年，完成红星村、池坪村、水田村、东子山村的西部完善工程（农网改造），解决 420 户农户用电难问题。2008 年，完成自控区农网改造。2013 年，全乡用电量 105.36 万千瓦时。2014 年，全乡用电量 105.9 万千瓦时。

饮水 1993 年，境内池坪、五林、水田 3 个村通自来水。至 1997 年，有池坪、五林、东子山、水田、吊岩 5 个村通自来水。2008 年，完成东子山村 6 组 40 公顷土地整理和大量山塘、水渠和堰坝等农田水利设施整修；实施并部分完成人饮工程 14 处，解决 1500 农村人口的饮水安全问题。2013 年，水打田乡实施并部分完成人饮工程 13 处，解决 7650 农村人口饮水安全问题。2014 年，该乡完成五林村全村人畜饮水工程，铺设管道 1.6 万米，新修蓄水池 5 个以上；完成袍上村一、二、三组人饮工程，建设管网长度 500 米。

水利建设

1971 年，建成小（2）型白泥坪水库，库容 25 万立方米，灌溉稻田 26 公顷。1976 年，依靠国家贷款和自筹投资 50 万元，修建小（2）型燕子岩水库。1983 年，共修建水库 2 座、山塘 50 口、河坝 172 处，有抽水机 102 台、水轮泵 8 处 8 台。2001 年，全乡有旱涝保收面积 204 公顷，机电排灌面积 148.7 公顷，有效灌溉面积 318 公顷，占稻田面积 71%。2008 年，该乡完成东子山村 6 组 40 公顷土地整理和大量山塘、水渠和堰坝等农田水利设施整修。2014 年，红星村完成白泥坪水库维修。

村镇建设

2006 年，水打田乡投资 40 多万元，新建政府综合办公大楼。2007 年，社会主义新农村试点水田、东子山、五林的村部建设全部竣工。2009 年，投入专项资金，新建垃圾围 6 个，购置垃圾运输车 1 台，安排专门保洁人员 2 人；开展清理河道 2 公里，清除废弃柑橘、生活污染物 2 吨；投资 37 万元，建设乡客运站。2010 年，水打田乡启动集镇区夜间照明工程。2011 年，该乡完成坪溪山村村部楼建设，东子山、水田小流域治理。聘请两名保洁员对乡政府所在中心街道实行一天一扫，配置拖拉机对垃圾两天一清；乡政府投入资金 5 万多元，在该乡中心集镇街道安装路灯 25 盏，照明 1000 米的背街小巷。2012 年，水打田乡完成吊岩村、袍上村村部建设；结合整脏治乱工作，实行门前卫生“三包”（包卫生、包绿化、包秩序）制度；新建垃圾围 9 个，清理乡政府所在地河道 2 公里，清除废弃柑橘、生活污染物 2

吨，水田河部分河段恢复洁净。2013 年，贯彻落实全州城乡同建同治工作，乡政府投入专项资金，新建垃圾围 107 个，购置垃圾运输车 1 台，落实专门保洁人员 2 人，全乡清理垃圾 260 吨。2014 年，乡政府投入专项资金，每个自然寨确定 1 名保洁员，全乡 53 人。是年，该乡重点项目“垃圾焚烧炉”工程正式开工建设，日处理垃圾量 3～4吨。

社会事业

教育

1942 年，水田村建立刘氏私塾，有书生 50 人。1950 年境内办小学，1954 年，在校学生 400 人。1985 年，在校学生 900 人。1998 年，水打田乡投入 8 万元，修建红星村小教室 320 平方米。2000 年，投入 30 万元，修建九年制学校教学楼 1 栋，面积 700 平方米。2001 年，全乡有中学 1 所，学生 154 人，教师 37 人；完小 1 所，村小 7 所，学生 1248 人，教师 62 人。2002 年，投入 28.5 万元，修建九年制学校教学楼 1 栋，面积 700 平方米。2005 年，完成吊岩、东子山团结小学的老房改善，改造面积 260 平方米，解决 100 名学生上课安全问题。2006 年，争取扶贫开发资金 120 万元，新建水打田乡寄宿制学校教学大楼两栋，改建吊岩小学和东子山小学，完成学生入学“两免一补”12.9 万元。2010 年，全乡 9 个行政村、3 个乡直单位签订减负目标管理责任状，张挂涉农收费“公示牌”，落实学生入学“两免一补”政策，发放补助金额 1.24 万元。2013 年，该乡投资 146 万元，改造水打田乡九年制学校食堂危房。2014 年，该乡有九年制学校 1 所，村小教学点 4 个，教师 67 人，小学生 442 人，中学生 267 人，另有幼儿园 2 所。

文化

1984 年 3 月，设乡文化站、广播站。2005 年 1 月，水打田乡退休干部组织一支茶灯队，汇集茶灯老艺人训练一批小灯姑娘、三花脸，在春节期间，将多彩的茶灯艺术带到城乡千家万户。同时，水打田快乐潇洒腰鼓队、金鹰乐队逐渐发展壮大。是年，以退休教师刘益林为主的团队，搜集水打田民间文化，挖掘阳戏、茶灯起源，经筛选整理、汇编成一本 3 万字的《汉土民村历史文化集锦》，以七字唱词的格式，将水田的文化、人物、风景汇编成册，以供广泛传唱。2009 年，水打田乡文化站建设立项。2012 年，乡文化综合楼建设完成并投入使用。2014 年，水打田乡广场舞发展迅速，红星村、五林村、水田村组建广场舞表演队。

医疗卫生

1956 年，设乡卫生院，有病床 10 张、医生 6 人。2001 年，分设防保组和医疗组，有病床 30 张、医生 9 人。全乡有个体诊所 12 家，医务人员 12 人；村建卫生室 2 个，医务人员 2 人。2006 年 10 月，水打田乡总投资 40 多万元卫生院竣工。该卫生院建筑面积 456 平方米，其中业务用房面积 420 平方米，编制床位 11 张，实有床位 30 张。2014 年，全乡有 9 个卫生室，每村各设有一个。是年，新型农村合作医疗参合 90%。

社会保障

2007 年，推进农业保险试点工作。是年 7 月 26 日，该乡遭遇特大洪灾，全乡 47 公顷水稻遭受不同程度损失，兑现农业保险补贴金额 10 万元。全乡有移民户 193 户 581 人，到户享受移扶金额 246600 元，到村享受移扶金额 140400 元。全乡发放粮食直补、农综补贴 304221 元。2008

年，落实发放粮食直补、农资综合补贴、良种补贴、油菜补贴资金786980元，移民后扶资金348600元；完成农业保险413.3公顷，理赔受灾水稻12公顷，挽回受灾农户经济损失1.6万元；全乡新落实农村低保59户170人，发放民政救助物资大米2万公斤、棉被140床、棉衣60件；实施白内障免费手术10例，帮助4户受灾群众和残疾人扶贫建房。2010年，启动农村低保和扶贫开发两项制度相衔接试点工作，全乡有45户“五保户”、226户低保户、636多低保人口，其中年内新增低保89户220人。完成涉及1201人扶贫开发与农村低保相结合工作；完成43户危房改造，享受国家补贴38.9万元；解决120户农户收看广播电视难问题。2011年，落实农村低保和扶贫开发两项制度相衔接试点工作，共评选出贫困对象322户1200人（其中低保86人）。全面完成16~60岁和60岁以上6574人新农保数据采集工作。2012年，切实做好扶贫开发制度化试点工作，完成涉及1201人的扶贫开发与农村低保相结合工作。

2014年，水打田乡完成农村危房改造16栋。该乡享受农村低保444户1200人，每月发放低保金78496元。是年，敬老院建成，占地面积1100平方米，住房23间，每间房摆放床两张。全乡“五保户”58人，其中分散供养30人，集中供养28人。分散供养每人每月发放200元；集中供养人员采取资金集中管理制度，每人每月发放生活补助60~80元。是年6月19日和7月15日，水打田乡遭受百年一遇的洪灾。全乡7393人受灾，农作物受灾面积2141公顷，因地质灾害影响，房屋受损86户，道路受损202处共2865米，灾后临时安置群众24户147人，共下发救灾款11万元，大米13500公斤。

特色地情

历史人文

茶灯　水打田乡，享有茶灯之乡的美誉。茶灯来源于宫廷，发展于民间。清乾隆年间，从麻阳县牛池传入。乾隆五年（1740）到乾隆五十年（1785），受地域不同，文化差异影响，茶灯唱腔、

文武茶灯（熊瑞生摄于2016年6月11日）

舞姿、乐器五花八门，不相统一。清咸丰年间，经过一些茶灯老艺人的精心整理和探索，茶灯表演中的唱腔、舞姿、乐器都较以前有长足进步。

民国初年，凤凰水打田茶灯艺人邹才、刘良宽将茶灯艺术整理成数十万字的《茶灯》一书，并且培养了一大批茶灯艺术人才，如原中共云南省纪委书记刘益炎、广东佛山市民政局局长刘宗贵等人，均是茶灯艺术中的佼佼者。

1956 年，中国人民解放军广州军区空军文工团的艺术家来到凤凰水打田，与当地茶灯艺人邹才、刘良宽、刘益强等一起相互学习切磋。是年秋，空军文工团的艺术家们将凤凰水打田的茶灯艺术搬上荧幕，将茶灯的艺术魅力展示在全国广大观众面前。

水打田的茶灯是小歌舞剧，角色简单，少则两人，多则十人，男女配对，载歌载舞，活泼多姿。乐器主要是锣、钹等。随着茶灯艺术的不断发展，如今，茶灯已经分为武茶和文茶两类。

名优特产

水打田椪柑　2014 年，水打田乡椪柑种植面积 1386.6 公顷。全乡组建了椪柑开发总公司和 5 个分公司，“基地 + 农户”的生产经营模式初具规模。该乡生产的椪柑，果型圆美，口感清纯，品质纯正，曾先后多次获省农博会金奖，深受消费者的喜爱，为该乡赢得了“椪柑之乡”的美誉，产品远销广东、内蒙古、北京、山西、贵州等全国各地区。

（撰稿人：刘　城）

官庄乡

区域概况

位置面积

官庄乡位于凤凰县东北部。东与木江坪镇相接，南与麻阳苗族自治县的板栗树乡、石羊哨乡毗邻，西北与沱江镇相连。区域面积 75 平方公里，距凤凰县城 12 公里，湘西州首府吉首市 62 公里。

建置沿革

“官庄”因相传古时此地有一官姓财主庄园，故名官庄。清康熙三十九年（1700）设立凤凰厅时，系“民村”（原五寨土司所辖五峒）地，属白岩里。道光年间，厅域汉区分为上下乡（下辖 5 里 11 约），属下乡白岩里。民国初期厅改县后，乡以下废除里、约。民国 25 年（1936），全县设 17 个乡（镇），乡以下改为保甲制，称熙和乡。1949 年 11 月凤凰县和平解放。1950 年属凤凰县第一区。1952 年 4 月增设 3 个区，以农会（或大村寨）建新乡官庄、龙潭等，仍属第一区，改名溪口乡。1956 年 7 月撤区并乡时以驻地龙潭村取名龙潭乡，8 月隶属龙潭基点乡。1958 年 10 月，撤销办事处、基点乡、乡镇建制，成立燎原人民公社，1959 年 3 月以驻地更名为龙潭公社。1961 年 9 月恢复 5 个区公所建制后，隶属城郊区。1981 年 12 月地名普查时，以驻地村名更名为官庄公社，所辖茶罗、三口、毛坪冲大队更名为坪里、万召、茅边冲大队。1984 年 1 月，公社改乡制，为官庄乡。

行政区划

民国 25 年（1936）称熙和乡，辖 9 个保。1950 年 11 月辖农民协会、农民协会小组。1953 年建新乡时，属于一区。1956 年 7 月，撤区并乡后龙潭乡，隶属龙潭基点乡。1958 年 10 月，龙潭公社（原龙潭乡）辖 6 个大队。1961 年 9 月，辖庄上、龙潭、黄栗、官庄、新民、山口、茶罗、毛边冲、溪口、大湾 10 个大队。1984 年 1 月，改社建官庄乡，辖 10 个村（名同原大队）。至 2014 年，全乡辖官庄、庄上、龙潭、茅边冲、万召、坪里、溪口、大湾、黄栗、新民 10 个建制村和 1 个官庄居委会，下设 44 个村民小组。

人口民族

官庄乡属汉、苗、土家族杂居的多民族聚居区。建国初期，辖区内有 600 余户 4000 余人，80% 以上为苗族。1984 年，有农业户 1896 户，农业人口 8603 人。1990 年，有 2142 户 9421 人，其中少数民族 398 人。2001 年，全乡 2343

户10879人，其中非农业人口64人。总人口中，苗族763人，占7%；土家族7518人，占69.1%；汉族1078人，占9.9%。2005年，有2800户10864人，其中土家族8164人、苗族810人。2014年，全乡总户数3263户，总人口11555人，少数民族人口9658人，其中土家族8628人、苗族994人，分占总人口数的74.7%、8.6%。

自然环境

境内地形复杂，峰峦叠嶂，沟壑纵横，河溪交错。丘岗多，平原少，多为25度以上坡度。平均海拔约500米，最高山为高阳山，海拔589米，最低点为大湾村，海拔321米。地表物质以红岩为主，夹有部分石灰岩、面岩。土壤为红壤土，略带酸性，对植物和农作物生长相当有利。属亚热带季风湿润气候。年均气温16.8℃，无霜期288.7天，年均降水量1300毫米。沱江河由西向东从境内逶迤而过，将该乡一分为二，河道在乡境内长14公里。林业用地面积7234.4公顷，森林覆盖率达68%，植被以针叶林和阔叶林为主。

经济发展

经济综述

20世纪70年代，官庄以传统农业经济为主。80年代，农业经济结构逐步调整，突出椪柑产业。1985年，全乡产值333.7万元，农民人均收入290元。1990年，官庄乡产值752.3万元，农民人均收入501元。2005年，全乡农林牧渔业产值2021.1万元，农民人均纯收入882元。2006年，全乡实现国民产值2243万元，比上年增长10.4%，其中农业产值1512万元，比上年增长23%，劳务收入107万元，比上年增长11%；全乡实现财政收入91.6万元，比上年增长21%。是年，实现农业税减免，完成粮食直补17.9万元，良种补贴18.4万元，减轻农民负担10.1万元，农民增收30.1万元，农民期内人均纯收入1104元。2007年，全乡实现农业产值1796.56万元，人均纯收入1597元。2008年，全乡累计实现国民产值1986万元，比上年增长4%；农业产值达到1512万元，比上年增长6.1%；固定资产投资完成额169万元；财政收入156.28万元，增长16.34%，财政总支出208.33万元，增长27%。2010年，官庄乡农业产值3121万元，财政收入186.7万元，农民人均纯收入2456元，较上年增长11%。2014年，全乡产值4427.6万元，乡财政收入313万元，同比上年基本持平，农民人均纯收入3372元，比上年增加656元。

农业

种植业　乡域种植业以稻谷为主，其次有玉米、红薯等。1965年，推广“珍珠稻”短杆良种，增施化肥，加上当年雨水充沛，粮食产量每亩108公斤。20世纪80年代，随着科学技术的推广，特别是杂家品种推广，官庄乡粮食作物产量大幅提高，玉米产量户平产量都在250公斤，多的人家有1000公斤。晒烟主产区之一。草烟（红晒烟）是该乡的传统产品，种植历史悠久，已逾百年，有“大花、小花、柳叶、圆叶”等品种，其叶宽厚、色泽金黄亮红，质地柔韧，易燃灰白，劲头足。烟叶产量多的年份全乡有50多万公斤。1980年，发展晒烟面积544公顷，产量440吨。引进杂交水稻制种，因品种优良，增产明显，是年亩产量达到153公斤。1984年，全年粮食总产2685.5吨。1987年，柑橘开发开始起步，在大湾村试点。1990年，农作物播种面积2013公顷，粮食播种面积944公顷，平均亩产203公斤，产量2861吨。是年年末，果园开发面积达到83公顷，其中柑橘面积82公顷，梨园面积1公顷；柑橘树2.65万株，梨树5000株。1992年，粮食总产3269吨。1995年，随着烟叶收购价格下跌以及多年栽烟造成烟叶大面积枯死，烟叶种植面积大幅下降，多数农户不再栽烟，少数农户栽烟只为自用。2001年，全乡有水果开发面积886公顷，其中椪柑面积793公顷，挂果面积714公顷，产量125万公斤，全乡椪柑开发初具规模，成为该乡经济发展的支柱产业，椪柑销售成为农民收入的主要来源。是年，大湾村大胆调整结构，对20公顷稻田改种纽荷尔脐橙。2005年，播种粮食523.7公顷，年中遭遇大旱，粮食产量1353吨,比上年下降28%，每人仍保证平均年口粮163公斤。2007年，播种粮食101.5公顷，油料面积136.8公顷，粮食产量1763吨，同比上年增长22%，全乡粮食及食用油基本保证自给自足。2008年，粮食继续增产，产量超过3120吨。椪柑种植面积保持在1023.5公顷，产量1300吨。是年，遭遇严重的低温雨雪冰冻自然灾害，椪柑市场销售低迷。党委政府强化销售服务，重奖促销能人，销售积压椪柑1.15万吨，兑现销售补贴59.5万元，发放促销奖金9.3万元，挽回经济损失527.5万元。2010年，在沱江河流域发展蔬菜200公顷、油菜400公顷，种植柑橘、猕猴桃等优质水果面积1213公顷。其中，柑橘产量786公顷，为全乡主导产业，年产量3580吨，产品远销广东、上海，出口俄罗斯、日本等国。2014年，全乡完成作物播种面积1201.6公顷，其中粮食作物播种面积367.6公顷，油料作物107.4公顷，蔬菜178.4公顷。

林业　1972年，开始封山育林。1979年，投资28万元，在官庄乡修建林科所。1981年，在林科所试点载种楠竹苗4公顷。2000年，部分群众开始享受退耕还林政策。2013年，在林科所引进专项绿竹4公顷。2014年，楠竹发展到27公顷。是年，全乡退耕还林603.6公顷，发放补贴金额1745672元。

养殖业　1990—2010年，养殖业得到长足发展，不断有新的养殖大户出现。至2014年，全乡三大牲畜饲养1万多头，能繁母猪100多头，家禽3万多羽，新发展养殖大户3户。

其他产业

劳务输出　2005年，全镇输出劳动力2200人次，劳务收入515万元。2009年，输出劳动力2800人次，劳务收入756万元。2012年，全年转移输出农村劳动力3100人次，劳务收入900万元。2014年，转移输出农村劳动力3800人次，劳务收入1000万元。

基础设施

交通运输

1977年，建成凤（凰）木（江坪）公路，从庄上、龙潭、官庄、溪口、大湾村境内穿过，全长15公里。砂石路面，宽6.5～7.5米。1997年，将该公路改造为柏油路。2001年，10个村通村级公路，总里程71公里。2011年，投入140万元修建龙潭村3组至4组长4公里的村道；投入80多万元修建毛边冲村间道1.25公里并硬化；修建万召村3组至4组的通组公路。2012年，投入资金25万元，修建庄上村1组0.7公里的村间道并硬化；投入资金90万元，硬化官庄村1、3组共2.3公里的村间道；投入资金110万元，全面维修召村1组长3公里的通组公路；投入资金20万元，修复黄力村1、3组水毁村道1.5公里的公路保坎。2014年，完成公路保坎12公里、新民村2组村道硬化2.7公里、毛边冲村道硬化3.5公里、龙潭村道硬化5.3公里。是年，全乡公路里程71.7公里，通村公路硬化率75%。

邮政通信

1965年，龙潭公社建立首个电信站，有总机1部，各大队各有手摇电话机1部。2000年，开通程控电话。2001年，有5个村开通程控电话，有电话145部、手机987部。2006年，投资120万元，在官庄乡政府大楼上建辐射7.5公里的移动通信发射塔1座，覆盖全乡6个村20个村民小组。2008年，新建移动通信基站2座。2014年，全乡电话信号全通。

供电饮水

供电 1977年，官庄人民公社靠国家贷款，自筹资金26万元修建庄上发电站，电站装机容量220千瓦，年均发电量22万千瓦时。进入21世纪，全乡村村通电。2005年，完善农网改造工程，解决863户农民群众用电问题。2007年，完成自控区农网改造。2014年农水、农电全部改造完成，全乡所有村、组、自然寨全部通电，通电话信号。

饮水 1990年，有大湾、官庄、龙潭3个村通自来水。1996年，建成官庄乡自来水站，抽用地下水，解决213户农户和乡直单位1700多人生活用水。至2000年，有大湾、官庄、龙潭、新民、溪口5个村通自来水。2008年，修建并部分完成人饮工程14处，解决1456多农村人口饮水安全问题。2014年，铺设管道1.3万米，新修蓄水池6个以上，完成龙潭村安全饮水工程1处，万召村安全饮水工程1处。

水利建设

1958年，建成小（2）型谢家冲水库，库容20万立方米，实际灌溉稻田20公顷。1966年，建成小（2）型岩屋冲水库，库容20万立方米，实际灌溉稻田14公顷。1970年，建成小（2）型杉木塘水库，库容10万立方米，实际灌溉稻田6公顷。2001年，大湾村三组修建并硬化防洪道，全长1.5公里，宽1.8米，高1.5米。全乡有旱涝保收面积182.4公顷，机电排灌面积133.1公顷，有效灌溉面积311.8公顷，占稻田面积的80.4%。2008年，开展土地整理和山塘、水渠、堰坝等农田水利设施整修。2014年，完成坪里病险水库除险加固。

村镇建设

2009年，整脏治乱，投入专项资金新建垃圾围9个，购置垃圾运输车1台，安排专门保洁人员3人。清理乡政府所在地河道2公里，清除废弃柑橘、生活污染物2吨。是年，乡政府投入资金5万元，在乡中心集镇街道安装路灯30盏，照明1000多米背街小巷。2012年，结合整脏治乱工作，实行门前卫生三包制度，全乡新建垃圾围10个，清理乡政府所在地河道2公里，生活污染物2吨。2013年，贯彻落实全州城乡同建同治工作，乡政府投入专项资金，新建垃圾围107个，购置垃圾运输车1台，落实专门保洁人员2人，对乡街道实行“两天一扫”制。全乡清理垃圾260吨。2014年，官庄学区公租房52套、官庄乡政府公租房40套开工建设。

社会事业

教育

2001年，全乡有中学1所，学生150人，教师31人；完小1所，村小7所，学生1314人，教师67人。2003年，美国欣欣集团为溪口村小学捐献8000美元翻新。2004年，官庄乡九年制义务学校开办。2010年，投资近200万元，改善官庄乡九年制义务学校，完善基础设施建设。

2011年，又投入71.6万元，继续加强该校建设。2013年，溪口村小被确定为省为民办实事学校项目校和合格学校验收校。2014年，官庄乡有九年制学区1个，片小1所，村小教学点5个，有教师83人，小学生510人，中学生262人。其中官庄九年制义务学校拥有校园面积10459平方米，建筑面积10300平方米，学生宿舍楼2栋，学生床铺200套；有多功能学生食堂1栋，建筑面积500平方米。

文化

1964年，龙潭公社建立广播站，配备150瓦扩大机。1978年，建广播放大站。1990年9月，通有线电视，能收看中央、凤凰县电视节目。1999年，有线电视能覆盖全乡。2001年，10个村均通广播，有喇叭50只，入户率30%。2009年，电视线路升级，传输有线电视节目151套、广播节目7套；农村有线电视网络传输47套电视节目。2014年，全乡10个村都建有广播室，安装有线电视网络传输线路；实现10个村图书室建设全覆盖；有业余文艺宣传队10支。

医疗卫生

1952年，设乡卫生院，有医务人员2人。1975年，集资修建人民卫生院，占地面积900平方米。2001年，乡医院有病床3张，医务人员11人，科室2个。全乡有个体诊所2所，医务人员2人；有村卫生所9个，医务人员9人。2005年，国家投资95万元修建乡卫生院，医生10人，床位8张。2005年，官庄乡出生人口101人，计划生育率为88%，出生率为11‰；全乡0~4周岁儿童100%接受计划免疫。2006年，该乡人口自然增长率控制在9‰以内，计划生育率89%。

社会保障

1999年9月，官庄乡实行城乡居民最低生活保障制度，“五保户”老人也纳入城乡居民最低生活保障对象，实行全额低保，即全额补助104元/月，差额补助每人30~70元/月。2008年6月，正式启动农村低保制度，每人均补差50元/月。2009年，农村低保137户，416人。启动农村低保和扶贫开发两项制度相衔接试点工作，全乡有41户五保户，201户低保户，612名低保人口。完成涉及1101人的扶贫开发与农村低保相结合工作；完成40户危房改造，享受国家补贴38.9万元；解决120户农户收看广播电视难问题。是年，全面完成16~60周岁和60周岁以上6574人新农保数据采集工作。积极落实国家支农惠农政策，发放粮食直补90213元，玉米补贴40896元，农民综合补贴546054元，农业保险参保金额6540元，参保面积达到348公顷。2012年，为12名大病人员申请救助资金1.8万元，优抚对象80人，发放生活补贴金41万元，发放救济粮3吨，棉被34床，全乡低保户611人，发放低保金601224元，危房改造资金70万元。

2014年7月15—18日，该乡遭遇强降雨引发的严重洪涝灾害，公路被冲毁导致交通阻断，水、电、通信全部中断，7座桥梁受损，312栋房屋不同程度垮塌、被淹，25处山体滑坡。受损的312栋房屋中完全倒塌的有4栋，全乡稻田受灾260公顷，经济作物受灾90公顷，经济损失2000多万元。灾害发生后，发放救灾大米23吨、食用油210桶、棉被320床、毛毯100床、夏衣150件。全乡加固10座山塘、水库，维修3座水毁拦河坝；为19名大病人员申请救助资金51589元，发放优抚金16.8万元，救济粮2.5吨，发放32户临时救灾款共9000元，全乡低保户1131人，发放低保金42.6万元，危房改造30户。

美丽乡村大湾村（韩桃红摄于 2014 年 8 月）

田龙玉老人（王森摄于 2011 年 6 月）

特色地情

新农村建设示范村大湾村 官庄乡大湾村位于凤凰县沱江河中下游，因沱江在此拐弯，形成一个相对平坦的大湾而得名，是一个“山在村旁、村在水边、路在绿中、人在花丛”的村庄。大湾村是湘西土家族苗族自治州社会主义新农村建设的先进村和示范村，也是中国农业科学院凤凰县柑橘研究所生产基地。2008 年 4 月 14 日，中共中央政治局常委、中央纪委书记贺国强亲临大湾村视察。2014 年，该村果业专业合作社，入会会员 375 户，年带动水果销售 2500 吨；另有女子嫁接队 300 余人，活跃于云、贵、湘、鄂、粤等中南省份，年嫁接苗木 750 万株，年创产值 170 万元以上。2014 年 4 月，官庄乡大湾村被农业部列入全国“美丽乡村”创建试点乡村名单。

三湘第一寿星 田龙玉，女，1893 年 6 月 9 日出生，官庄乡新民村人，她一生生育孩子 13 个，但均未长大成人，最大仅活到 18 岁。1973 年，老伴离世，田龙玉开始独自生活。2006 年，侄女张桂英将她从乡下接到凤凰县城居住。是年，老人被评为“湖南省十大寿星”之首。2012 年，中国老年学学会公布的 2012 年“中国十大寿星”中，时年 119 岁的田龙玉排名第九。2014 年，122 岁的田龙玉，成为“三湘第一寿星”。

（撰稿人：赖婉露　田志刚）

三拱桥乡

区域概况

位置面积

三拱桥乡位于凤凰县北部。东邻竿子坪乡，南与吉信镇和大田乡相接，西与禾库镇毗邻，北与吉凤工业园接界。全乡区域面积77.09平方公里，距凤凰县城36公里，距湘西州首府吉首市17公里。

建置沿革

“三拱桥”在明朝为竿子坪长官司管辖，住过都司官，称旧司坪。相传清朝时期有一寡妇拾得金砖一块，捐献修建一座47米长的三跨曲拱石桥，称“三拱桥”，当地因桥面得名。清康熙三十九年（1700）设立凤凰厅时，系苗寨地。民国25年（1936），全县设17个乡（镇），乡以下为保甲制，为善邻乡。1950年属凤凰县第四区。1952年4月增设3个，以农会（或大村寨）建新乡拉务、廖家冲、泡水等，属第四区、第五区。1956年7月撤区并乡时成立拉务乡，12月隶属首云办事处。1958年10月，撤销办事处、基点乡、乡镇建制，与万溶江乡、竿子坪乡、首云乡（一部分）合并为吉信人民公社。1961年3月，吉信公社分设为2个公社，另设三拱桥公社，以驻地三拱桥命名。1961年9月恢复5个区公所建制后，隶属吉信区。1981年12月，所辖茶山大队更名为高壁大队。1984年，改建为三拱桥乡。2005年12月，大田乡撤销后5个村并入三拱桥乡。

行政区划

民国25年（1936）称善邻乡，辖12个保。1950年11月辖农民协会、农民协会小组。1953年建新乡时，属于四区。1956年7月，撤区并乡后隶属首云办事处。1958年10月，隶属吉信公社（该公社辖13个大队）。1961年3月，另设三拱桥公社，辖廖家冲、三拱桥、拉务、泡水、麻冲、欧阳、从良坡、晒金塘、板参、茶山、管刀11个村。1984年1月，改社建三拱桥乡后辖11个建制村（名同原大队）和45个村民小组。2005年12月，大田乡的阳光、高斗、大田、洞脚、高寨5个村划归三拱桥乡。至2014年，全乡辖廖家冲、三拱桥、拉务、泡水、麻冲、从良坡、晒金塘、板参、欧阳、茶山、管刀11个村。

人口民族

三拱桥乡是一个以苗族为主的聚居乡镇。1990年，全乡有1762户8645人。1995年，有1920户8952人，其中土家族69人、苗族8861人。2001年，全乡总户数2052户，总人口9448人，其中苗族9258人，占总人口的98%；土家族86人，占总人口的0.9%；其他104人；年人口自然增长率7.35‰。2005年，全乡有3330户，总人口15491人，其中苗族15165人，占总人口的97.9%，其余人口为土家族、壮族、汉族。2014年，全乡共4082户16187人。少数民族人口15732人，其中苗族15592人、土家族125人，分占总人口数的96.32%和0.77%。

自然环境

地势东南低，西北高。地貌为岩石类型以低、高丘陵为主，山、丘、岗依序排列。一般海拔300米左右。最高海拔823米，为高斗村，最低海拔232米，为廖家冲村。全乡土质为黄沙土壤，地层较厚，土质较肥沃。全乡属亚热带季风湿润气候。年均气温17.5℃，年均降水量1363.3毫米，中部有泡水河和南部的大田河流会集于拉务村，从西北向东南流入吉首万溶江河，是廖家冲、三拱桥、拉务、泡水、麻冲等5个村农作物灌溉主要水源。矿产资源主要是石灰石，有少量重晶石。

经济发展

经济综述

1960年，境内以传统农业经济为主。1970年，全乡收入515125元，人均收入90元，其中农业收入4455元，牧业收入9482元，林业收入12385元。1985年，全年农业产值231.68万元。1990年，全乡收入539.3万元，比1985年增加335.8万元，增长165%，农民人均纯收入453元，比1985年增加257元。1995年，全乡农林牧渔业产值504万元（90年不变价），其中农业357万元、林业15万元、牧业123万元、渔业9万元。2001年，全乡人均纯收入为615元。2007年，农业增加值为1074.3万元，林业增加值为169.3万元，牧业增加值为294.8万元，渔业增加值为20.1万元，农林牧渔服务业增加值为6.8万元。2008年，农业产值1699万元，林业产值261.1万元，牧业产值1125.7万元，农林牧渔服务业产值26万元。2009年，农业产值3496.8万元。2010年，农业产值3801.1万元。2014，全年实现农业产值2801.8万元，同比增长32%；农民人均纯收入3009元，同比增长28%；劳务收入1822.2万元，同比增长12%。

农业

种植业 乡域种植业主要是水稻、玉米、小麦、甘薯。1963年，农作物实际产量中，秋杂粮129308公斤，秋玉米125915公斤，秋高粱1025公斤，秋大豆20139公斤，油菜籽15893公斤，甘蔗1264公斤。1970年年末，粮食产量2196364公斤。1979年，粮食生产316.17万公斤。1981年，因大旱总产下降。1982年，总产恢复。1985年，回升至169.75万公斤，其中稻谷180.55万公斤，占粮食总产的95%。1990年，农作物播种面积1493公顷，稻谷产量288.8万公斤；经济作物395公顷，以油料、花生、油菜为主；当年种烟面积0.25公顷。1995年，全乡玉米种植面积206公顷，总产46.5万公斤，亩产150公斤。红薯种植面积194公顷，产鲜薯279.5万公斤。1997年，全乡全部推广杂交品种，80%以上稻田面积推广“双两大”，全乡插秧面积681公顷，产量355.5万公斤，平均亩产348公斤。2007年，粮食作物播种面积988.23公顷，油料播种面积354.08公顷，蔬菜播种面积624.33公顷，瓜果播种面积12.6公顷，水果产量129吨，主要以柑橘为主。2008年，粮食作物播种面积889.2公顷，油料播种面积392.13公顷，甘蔗播种面积143公顷，蔬菜播种面积535.8公顷，瓜果播种面积15.2公顷，其他农作物播种面积393.35公顷。

2009年，水稻产量4024.2吨，玉米播种面积220.03公顷，豆类播种面积49.3公顷，薯类播种面积42公顷，油料播种面积416.14公顷，蔬菜播种面积增至555公顷，瓜果播种面积16公顷，其他农作物播种387公顷。2009—2010年，开展凤凰县万亩油菜基地建设，由省农业厅组织，县农业局实施，副县长田小平任总指挥。三拱桥乡为三大基地之一，辖区内完成362公顷种植面积，其中有246公顷为连片样本点。2010年，粮食作物播种面积1029.87公顷，其中谷物934.57公顷，豆类播种面积51.3公顷，薯类播种面积44公顷，油料播种面积420.26公顷，棉花播种面积125公顷，麻类播种面积128公顷，甘蔗播种面积143公顷，药材播种面积155公顷，蔬菜播种面积674.21公顷，瓜果播种面积18公顷，其他农作物播种面积117公顷；水果产量172吨，瓜果类产量150吨。2014年，在阳光村办1.34公顷标准化油菜集中育苗示范基地一个，在晒金塘村和关刀村办0.34公顷的标准化玉米生产示范基地一个。

林业 1984年，全乡大面积封山育林，实行“谁造谁管、谁造谁有”原则。1985年，全乡林地面积4282公顷。1995年，全乡林地面积4679公顷。1986年，全乡森林资源总面积5200公顷，其中，林地面积400公顷。1990年，造林面积134公顷，封山育林面积460公顷。1998年，全乡名木古树212株，分布在廖家冲和三拱桥村。2000年，营造生态林240公顷。2001年，退耕还林344公顷，森林覆盖率75%。2005年，全乡林地面积5075公顷。2007年，林业增加值169.3万元。2008年，林业产值261.1万元。2009年，林业产值1935.4万元。2010年，林业产值274.2万元。2013年，发放退耕还林延期补贴100.8万元，国家级生态公益林2151公顷27.43万元，省级生态公益林280公顷3.99万元。2014年，全乡林地面积5462公顷，退耕还林管护633公顷、发放管护金额19万元；完成退耕还林补植补造27公顷。

养殖业 1963年，有耕牛669头，生猪1569头，家禽3627羽。2007年，饲养生猪4286头，牛832头，家禽11680羽，山羊1713只，家禽存笼13680羽。2009年，出栏生猪8215头，自宰牛970头，山羊451只，家禽21672羽。肉类产量672吨，禽蛋产量9吨，大牲畜总头数2976头，家禽存笼23146羽；水产品产量36吨，稻田养鱼面积15.75公顷。2010年，出栏猪8236头，自宰牛850头，家禽36572羽；肉类产量685.41吨，其中猪肉产量535吨，牛肉产量85吨，禽蛋产量30吨，大牲畜出栏3008头，家禽存笼24325羽；水产品产量43吨，其中淡水捕捞产量15吨，淡水产品养殖产量28吨，淡水养殖面积22公顷，稻田养鱼面积22公顷。2014年，出栏猪8435头，自宰牛682头，家禽36546羽；肉类产量678.83吨，其中猪肉产量548.28吨，牛肉产量68.2吨，禽肉产量54.82吨，水产品产量55吨，其中淡水产品捕捞产量17吨，淡水产品养殖产量38吨。

工业

1978年，全乡有工业企业20家，从业人员45人，创产值10万元，利润1万元。2001年，工业企业数发展到44家，从业人员95人，产值26万元，利润2万元。2014年，有氧气厂、氢气厂、飞天精石灰厂、电杆厂、编织袋厂5家私营企业落户该乡。

其他产业

劳务输出 1990年，乡内有劳动力外出务工，主要前往广州、深圳一带，进厂从事皮鞋加工、服装等工作，经济收益高于在家务农。2000年，打工目的地开始转到江苏昆山一带，主要从事服装、橡胶制品等工作，工资待遇有所提高。

2009 年，外出务工人员不仅工资提升，还给予“五险一金”社会保障。2011 年，成立乡农保站，主要为外出务工人员提供技术、职业等服务。2013 年，全乡外出务工人员有 6451 人。2014 年，劳务收入 1822.2 万元，同比增长 12%。

基础设施

交通运输

1978 年，全乡有 6 个村修通公路，全长 21 公里。2001 年，田冲村修通通村公路，有 8 个村通车。2007 年，全乡通村公路村增至 15 个，全长 43 公里。2011 年，主抓路网及基础设施建设。新修茶山、高斗村六组、大田村三组等公路 5 公里，硬化村级公路 9.8 公里，维修公路 4 公里，实施大田、茶山、管刀 3 村 12.5 公里，村间道路硬化工程。2012 年，配合扶贫单位县委办、发改局修建茶山村四组至五组通组公路，修通茶山村一组至三组、四组通组公路。新修从良坡村三组通组公路 0.8 公里。完成晒金塘村一、四组 2.5 公里公路整修；完成茶山、廖家冲、泡水、板参 4 个村间道路硬化工程，硬化村间道 2.25 万米。2013 年，完成板参、拉务、洞脚、晒金塘等村共 4800 米村间道硬化。2014 年，完成晒金塘村 100 米的公路维修工程，完成高寨村 2.8 公里通村公路硬化，完成高斗村村间道硬化及三组通组公路修建工程，完成关刀村通村公路硬化，完成廖家冲村 0.12 公里进村公路硬化。

邮政通信

1956 年乡内通电话。1996 年，通程控电话。2001 年，全乡 3 个村接通程控电话，有固定电话 71 部，手机 100 部。是年，申请建设 GSM 网发射基站。2011 年，乡邮政所改建工程启动。2014 年，全乡 11 个村通宽带，12 个村通有线电视。

供电饮水

供电　1982 年，乡内首次通电。1990 年，有 2 个村办水电站。1997 年，全乡村村通电，用电户 2990 户。2011 年，实施农网改造工程。全乡 8 个村完成改造。2014 年，16 个村完成农网改造。

饮水　1988 年，乡政府所在地通自来水。2001 年，有通自来水村 5 个，通水户数 420 户，占全乡户数 14%。2007 年，自来水受益村达 14 个。2012 年，实施农村安全饮水工程建设。启动乡直机关所在地及周边 4 个行政村人饮工程，工程投入资金 32 万元，为 4200 人安全饮水提供保障。2013 年，完成关刀村、从良坡村的农村安全饮水工程。2014 年，完成大田、廖家冲、欧阳等村的自来水改造工程。

水利建设

1958 年，动工修建三层坡水库，设计库容 11 万立方米，灌溉稻田 6.7 公顷，但未能竣工。1958 年，建成林场湾水库，库容 10 万立方米，灌溉稻田 20 公顷。有山塘溪坝 33 处，其中自然山塘 2 口。2001 年，全乡有旱涝保收面积 212.6 公顷，机电排灌面积 155.2 公顷，有效灌溉面积 369 公顷，占稻田面积 78.7%；大田乡有旱涝保收面积 77.2 公顷，机电排灌面积 56.3 公顷，有效灌溉面积 132 公顷，仅占稻田面积 33.6%。2011 年，动员群众筹资投劳，维修病险山塘 1 口，清淤 48 立方米；维修麻冲水渠 3.2 公里，使 54 公顷稻田受益。2012 年，完成洞脚村、拉务村的水渠维修 8 公里；争取灾毁恢复项目资金 130 万元，启动泡水村灾毁恢复项目建设，恢复河堤、拦河坝、灌溉水渠，完成从良坡土地整理水渠整修 2 公里。2013 年，完成泡水村堤坝水渠修复工程，完成小流域治理项目资金 1600 万元。2014 年，完成高寨、从良坡等村山塘整治；完成廖家冲村渠道维修；完成板参村山塘整治工程。

村镇建设

1976 年，乡内建成第一栋楼房。2001 年全乡拥有楼房 129 户 150 栋 18000 平方米。2012 年，茶山村级组织活动中心建设顺利竣工。2013 年，利用“一事一议”，争取上级扶持和群众自筹的方式，完成晒金塘、高斗、高寨、板参、关刀、拉务等村 37 万元“一事一议”项目，启动城乡同建同治工作；在 16 个村新修垃圾围 68 处，发放垃圾拖车 56 辆，发放垃圾桶 2050 个。2014 年，从良坡村新修卫生室及村级活动场所，为大田村修建村部及文化活动场所，利用“一事一议”争取上级扶持和群众自筹方式，实施茶山、高斗、高寨、欧阳、从良坡、关刀等村“一事一议”项目；实施 80 户危房改造工程，改造金额 99.2 万元；开展乡政府、乡卫生院、三拱桥完小、三拱桥中学、大田完小的公租房建设；投入资金 17.3 万元开展城乡同建同治环境治理工作，其中增添垃圾清运车 6.5 万元、环卫工具 2400 元、维修 13 个垃圾围 2600 元、购买大小垃圾桶 3400 个 1.62 万元、制作各类宣传栏、宣传牌 50 块（个）1.5 万元。

社会事业

教育

康熙四十三年（1704），在晒塘坡开设义学一馆。新中国成立后，成立三拱桥乡中学。因无师资，乡中学于 1981 年停办。1988 年恢复乡中学，当年招生 1 个班 58 人，有教师 5 人。1990 年，全乡有 1 所中学，4 个班，共有教师 14 人，其中初中老师 10 人，临时老师 3 人，代课老师 6 人。1994 年，全乡有中学 1 所，设 3 个班，在校学生 128 人，教师 9 人。2001 年，乡内有学校 20 所，设 55 个班，共有学生 1835 人，教师 72 人。中学有学生 413 人，教师 25 人；有小学教学点 15 个，学生 1243 人，教师 49 人。乡中心完小设有学前班。2008 年 4 月 18 日，凤凰县三拱桥乡曾宪梓希望小学建成。该校教学楼及学生食堂由香港金利来集团有限公司董事局主席曾宪梓博士捐资 100 万元修建。2011 年，完成中小学学校扩建项目的征地工作。2014 年，全乡有中学 1 所，中学教师 61 人，在校学生 538 人，入学率 97%；有小学 14 所，其中三拱桥片 11 所，大田片 3 所，小学教师 81 人，在校学生 1094 人，入学率 100%；幼儿园 2 所，幼儿教师 12 人，在园幼儿 213 人。

文化

1974 年，公社建广播站，乡内通广播。1986 年，建立乡文化站。1988 年，乡内拥有电视机，1989 年，有彩色电视机。1992 年，投资 6 万元，创建乡文化中心。1993 年，投资 2 万元，修建乡电影院。1994 年，乡内卫星站转播站建成，有线电视覆盖 1 个村 80 户，村设卫星天线 14 套。2001 年年底，全乡拥有电视机 1800 台，其中彩电 600 台。是年 10 月，乡文化站和广播站合并为乡文化广播站。2007 年，全乡所有村通有线电视。2013 年，乡代表队三拱桥乡代表队参加凤凰县“黄金周”大型会会演比赛，并获得两个二等奖，一个三等奖，一个团体奖。2014 年，三拱桥乡举办第一届民族文化活动。活动开展以“经济强乡、文化兴乡”为主题，以活跃群众生活、繁荣文化事业、增进党群干部关系为宗旨，经过三天文化表演活动，通过现场评分，分别评出一等奖 3 个，二等奖 3 个、三等奖 3 个、优秀奖 15 个、最佳组织奖 1 个、最佳精神文明奖 1 个。

医疗卫生

1956年，三拱桥乡设卫生院，有病床6张，医院人员3人。1991年新建医院门诊楼。2001年，乡卫生院设病床12床，医务人员11人；个体诊所2所，医务人员2人；村建卫生室15个，医务人员30人。2013年，新建1000平方米卫生院公租房。2014年，乡卫生院有职工20人，专业有全乡16个村建设完成村卫生室，每个卫生室配备村医1人。

社会保障

2011年，在茶山村实施整村扶贫推进工作，实施危房改造52户。省级为民办实事项目中两项制度的实施，在全乡3个村计470人的任务全面落实完成。是年，原大田乡政府用房改为敬老院。2012年，全面完成农村危房改造任务119栋，全年发放农村低保、城镇低保、“五保”、军人优抚生活保障金、各类救灾款，共计110万元；省级为民办实事项目中两项制度的实施，全年全乡确定对象505户2035人，发放“两项制度”方面的扶贫资金81.4万元。2014年，新增农村贫困户180户，485人；发放低保金99万元；临时救助725户3650人，救灾资金12万元；优抚事业资金59580元；城镇低保13户29人，发低保金48102元；“五保户”30户40人，五保金63820元；五保户死亡2人，丧葬金3000元；城乡医疗救助34人次，救助金11.78万元；散居孤儿9人，生活保障金28470元。严格落实粮食直补资金和农资综合补贴，累计发放103.046万元；积极为130户农户办理农机补贴。

特色地情

传统村落 凤凰县三拱桥乡洞脚村是一个典型的苗族聚居村寨，以龙氏家族为主，境内山清水秀，自然风景独特。洞脚村寨为石头、土木构架房屋，以四合院式建筑风格为主，在南北向的主轴线上建正房，正房前面左右建东西厢房，在苗族的传统文化中，长幼有序，长辈住正房，晚辈住厢房。四合院青瓦盖顶，朴实淡雅，门窗采用质地细密、坚韧、不易变形的紫檀镂雕，并加以涂色施彩，制作精细。洞脚村地势陡峭，山峦重叠，多峡谷、险峰，其中以三门洞峡谷著称，三门洞峡谷是典型的岩溶峡谷，以深、险、幽为主要特色，峡谷内石壁陡立，深不见底，两山之间仅一跨之隔；水流潺潺，或从岩石里钻出来，或从谷顶飞流而下；曲折环绕，有“山重水复疑无路，柳暗花明又一村”之感。

麻冲村位于三拱桥乡西部，地处凤凰麻冲苗族文化生态保护实验区境内，以吴姓为主，是一个纯苗族聚居古村落。境内有盘瓠洞、象鼻山、屯粮山等自然景观，风景独特。明清时期的苗族特色民居保护完好，苗族生态文化历史悠久，民风古朴，是凤凰县目前少数民族原始生态及苗族历史特色民居保护比较好的村寨。2014年，麻冲村致力于苗族特色村寨的保护和发展，利用优越的历史文化、民族风情、特色民居和美丽的自然环境开发旅游产业，深受游客的喜爱和赞赏。同时也被《湘西剿匪记》《郑培民》《湘西往事》《血色湘西》《拯救女兵司徒慧》《乌龙山剿匪记》等一批优秀影视作品作为拍摄基地。

（撰稿人：向燕黎）

竿子坪乡

区域概况

位置面积

竿子坪乡位于凤凰县东北。东北与吉首市双塘镇交界，东南与泸溪县解放岩乡接壤，西南连接凤凰县吉信镇都吾村、龙滚村，西部与凤凰县三拱桥乡廖家冲村、三拱桥村、从良坡村、晒金堂村隔河相望，西北与湘西经济开发区相接。全乡区域面积42平方公里，距凤凰县城35公里。

建置沿革

“竿子坪”因当地竿竹丛生，地势较平，人们常在这里集市坪里交易竿竹，故有“竹子寨”“竿子坪”之称。清康熙三十九年（1700）设立凤凰厅时，处“民村”与苗寨结合部，汉区属白岩里。道光年间，厅域汉区分为上下乡（下辖5里11约），属下乡白岩里。民国初期厅改县后，乡以下废除里、约。民国25年（1936），全县设17个乡（镇），乡以下改为保甲制，称善邻乡。属凤凰县第四区。1952年4月增设3个区，以农会（或大村寨）建新乡竿子坪、忙略等，仍属第四区。1956年7月撤区并乡时属竿子坪乡，8月隶属万溶江基点乡。1958年10月，撤销办事处、基点乡、乡镇建制，与万溶江乡、拉务乡、首云乡（一部分）合并为吉信人民公社。1961年9月，恢复5个区公所建制，增设竿子坪公社，以驻地竿子坪命名，隶属吉信区。1980年11月恢复竿子坪公社管委会。1981年12月，所辖天堂大队更名为椰木树大队。1984年，改建为竿子坪乡。

行政区划

民国25年（1936），属善邻乡地（该乡下辖12保）。1950年11月辖农民协会、农民协会小组。1953年建新乡时，属于四区。1956年7月，撤区并乡后隶属万溶江基点乡。1958年10月，隶属吉信公社（该公社辖13个大队）。1961年3月，另设竿子坪公社，辖鱼洞、红狮、桐油坪、天堂、忙略、兴隆、竿子坪、古牛坪、木林坪、湾溪、捧捧坳11个大队。1981年12月，天堂大队更名椰木树大队，兴隆大队更名民主大队。1984年1月，改社建竿子坪乡后辖11个村（名同原大队）。1990年，从民主村划出新民村，以独颈坳、冲笋、自落坪3个自然寨为1、2、3组；民主村则以原塘子口、旧司坪自然寨为1、2组。全乡辖12个村。2010年年末，木林坪、牯牛坪、湾溪、捧捧坳4个村划归吉首市乾州办事处管辖。至2014年，全乡辖桐油坪、渔洞、红狮、椰木树、忙略、民主、新民、竿子坪8个村，下设22个村民小组；有18个自然寨。

人口民族

竿子坪乡是一个汉族、土家族、苗族杂居乡。1990年，全乡1971户8780人。1995年，共2049户9173人，其中土家族2399人，苗族1308人。2000年，共2167户9379人，其中土家族2469人，苗族1359人。2005年，共2477户9930人，其中土家族3999人，苗族1770人。2013年，全乡1995户7022人，其中汉族1375人，土家族3730人，苗族1901人，分占总人口的19.58%、53.12%、27.07%。2014年，全乡总户数2038户，总人口6981人，少数民族人口4679人，其中土家族3665人，苗族993人，分占总人口数的52.5%、14.2%。

自然环境

地势东南高，西北低。东南以山地为主，坡度大，西北平缓，以丘陵为主。地表岩石有石灰石、红岩、砂页岩、砂砾岩等，土壤为黄壤。平均海拔230米，最高海拔处五龙山为618米。境内有大小河流15条，流长61公里。境内植物类型多样，资源丰富。珍稀树种有银杏、铁树、水杉、五针松等。药用植物有杜仲、黄柏、金银花、黄连、白术、白芍等。属亚热带大陆季风性湿润气候。年均气温16.12℃，无霜期272天，年均降水量1364.4毫米。

经济发展

经济综述

20世纪70年代，乡域以传统农业经济为主。种植品种单一，种植方式传统。20世纪80年代中期，农业生产逐步由传统的粮食作物向经济作物转变。苎麻一度成为该乡主要经济来源。90年代初，掀起生姜种植热，生姜成为该乡一项重要的支柱产业。1990年，全乡收入545.93万元，比1985年增加150.81万元，增长38.2%。农民人均纯收入497元，比1985年增加85元。90年代中期，民营经济发展迅速。1995年，全乡农村经济收入721万元，农林牧渔业产值878万元。工业产值突破百万元。农民人均纯收入485元。2000年，全乡农林牧渔业产值1337.1万元，农民人均纯收入607元。2005年，吉凤开发区项目启动，金湘水泥厂、兄弟玻璃厂等大型企业相继入驻。工业成为富民强乡新兴产业。2010年，区划调整，竿子坪乡工业基地被划出，从一个工农业并举的乡重新回到一个纯农业乡。全乡实现农业产值1890万元，农民人均纯收入2120元。2014年，全乡农林牧渔业产值2953.48万元，其中农业产值2157.45万元，林业产值41.02万元，牧业产值736.23万元，渔业产值6万元，农林牧渔服务业12.78万元，农民人均纯收入2641元。

农业

种植业 乡域种植业粮食作物以水稻、玉米、豆类、红薯为主，经济作物以苎麻、油茶、棉花、蜜橘为主。1985年，麻的市场价格攀升到每公斤14~16元，农民种麻积极性高，房前屋后、荒山、耕地均成麻园。栽种面积大的有红狮、桐油坪、渔洞、忙略4个村。苎麻成为群众的主要经济来源，种麻大户成为全乡第一批万元户。1986 年，尝试山地开发，在牯牛坪村建立 24 公顷优质椪柑基地。1990 年，全乡稻谷种植面积 419 公顷，产量 2512 吨；玉米 115 公顷，产量 235 吨；油料面积 190 公顷，产量 214 吨；苎麻 46 公顷，产量 30 吨。20 世纪 90 年代中期，苎麻价格降至每公斤 2 元，苎麻种植面积大幅度减少。1994 年，苎麻种植面积 11 公顷，产量 7 吨。1995 年，湾溪村、牯牛坪村建立 10 亩蔬菜和“双千”样板基地，带动全乡产业结构调整。是年，生姜价格上涨到每公斤 14~16 元，一担姜价值可以换一头牛，群众改种生姜，红狮村出现一批生姜万元户。1998 年，优先发展市场好、见效快的项目，在抓好传统粮食生产同时，集中力量狠抓蔬菜、西瓜、香瓜、早玉米生产。同年，乡镇技术人员赴山东参观冬暖式大棚蔬菜，学成归来后，竿子坪乡开始蔬菜产业结构调整升级。竿子坪村周再成率先在自己 1.2 亩责任田里建起冬暖式大棚，种植早辣椒、早黄瓜、早大蒜，年收入上万元，成为全乡有名蔬菜种植专业户。1999 年，全乡蔬菜种植面积 267 公顷，其中生姜 167 公顷，西香瓜 80 公顷，其他蔬菜 100 公顷（包括复种）。2000 年，蔬菜种植面积 346 公顷，其中生姜 200 公顷（含套种），西香瓜 134 公顷，其他蔬菜 147 公顷。2001 年，全乡蔬菜种植面积 386 公顷，占全乡田土面积一半多，其中生姜 213 公顷（含套种），年产生姜 6400 吨以上，成为湘西州有名的生姜主产区。山东寿光冬暖式大棚增加到 15 个，简易棚增加到 38 个。苎麻种植面积减少至 100 公顷。是年，竿子坪村辣椒种植面积达 27 公顷，成为远近闻名的辣椒专业村，牯牛坪村香瓜面积为 53 公顷，占稻田面积的 90%，湾溪村冬苦瓜面积 14 公顷，早玉米 20 公顷。红狮、渔洞、桐油坪 3 个村生姜种植面积都在 34 公顷以上，全乡基本形成“一村一品”产业格局。2008 年，蔬菜种植 480 公顷，其中生姜 200 公顷，辣椒 100 公顷，大棚蔬菜 67 公顷，实现蔬菜产量 5400 吨，销售收入 540 万元。全乡水果产量 2750 吨，产值 2750 万元。其中栽种蜜柚面积 34 公顷，年产蜜柚 320 吨，栽种椪柑 180 公顷，年产优质椪柑 2430 吨，产值 281 万元。2009 年，稳定粮食作物生产，产量 2667 吨，农民人均纯收入 1810 元，人均增加 283 元，全乡形成以竿子坪、新民为主的“菜—稻—菜”农业生产模式 67 公顷，在牯牛坪、木林坪、湾溪形成“瓜—稻—菜”农业生产模式 134 公顷以及红狮、渔洞的生姜生产基地 200 公顷农业生产模式，各村因地制宜开展“一村一品”特色种植，竿子坪村的辣椒、牯牛坪村的香瓜、湾溪村的冬瓜、苦瓜、早玉米、红狮、渔洞、桐油坪的生姜驰名全省。2010 年，全乡粮食产量 2383 吨，蔬菜种植面种 488 公顷，蔬菜产量 5063 吨；水果产量 812 吨。2011 年，全乡粮食作物产量 2384 吨，农民人均纯收入 2120 元。蔬菜种植面积 488 公顷，蔬菜产量 5064 吨；水果种植面积 102 公顷，产量 812 吨。2013 年，粮食产量 2279.2 吨，蔬菜种植面积 186 公顷，蔬菜产量 4575.06 吨；水果种植面积 135 公顷，产量 849.5 吨；年人均纯收入 2641 元。

林业 1993 年，林业用地 2540 公顷。有林地 1517 公顷，其中用材林 569 公顷（包括天然林 193 公顷和人工林 376 公顷）、防护林 134 公顷、薪炭林 89 公顷、经济林 725 公顷。此外，林地面积还包括疏林地 78 公顷，灌木林地 537 公顷，未成林造林地 162 公顷，暂作绿化地 227 公顷（包括灌丛林 226 公顷和牧草地 0.8 公顷），无林地 18 公顷（包括荒山荒地 3 公顷、迹地 14.6 公顷和退耕地 0.8 公顷）。其中，1958—1995 年桐油坪村创办桐油坪林场所占面积较大。2005 年，全乡完成退耕还林面积 271 公顷，其中退耕地 132 公顷，荒山 138 公顷，退耕还林工程成为全乡调整产业结构，增加农民收入的重要途径之一。2014 年，国家级生态公益林补贴面积 212 公顷，补贴金额 38526 元，省级生态公益林补贴面积 87 公顷，补贴金额 15438.2 元，退耕还林补贴面积 99 公顷，每亩补贴 105 元，补贴金额 156765 元。

养殖业 境内农户传统家庭副业主要项目是养牛、猪、禽、鱼等。20 世纪 70 年代，全乡养殖规模和养殖总量较小，效益低下。进入 21 世纪，养殖业有所发展。2010 年，生猪出栏 2800 头，动物肉产量 188 吨。2011 年，生猪出栏 2800 头，动物肉产量 188 吨。2013 年，生猪出栏 3075 头，猪肉产量 215 吨。2014 年，畜牧站组织防疫员上门服务，为全乡 1359 头猪，227 头牛，682 只羊免疫处理，并引进良种公猪 3 头、良种母猪 60 头。是年，全乡生猪出栏 4380 头，猪肉产量 306.6 吨。

工业

20 世纪 80 年代，乡内企业仅有一些小规模、低水平、收入少的传统作坊式碾米（打米）、榨油、磨豆腐等。90 年代，涌现出竿子坪纸袋厂、木林坪预制厂、舒真顺砖瓦厂、三炮台砖瓦厂等企业。1995 年，竿子坪乡工业产值突破百万元。是年，企业家舒真顺荣获县政府奖励的东风牌汽车一辆。2005 年，吉凤开发区项目启动，金湘水泥厂、兄弟玻璃厂等大型企业相继建成。2010 年，木林坪、牯牛坪、湾溪、捧捧坳 4 个村划归吉首市，由湘西经济开发区代管，竿子坪乡工业步入低谷。是年，少量民营企业重新萌发。至 2014 年，全乡有新民村下马洞采石场、民主村红砖厂两处规模较大的民营企业。

其他产业

劳务输出 2005 年，湘西经济开发区建设启动。2008 年，乡政府组建 6 个施工队、6 个车运队参加工业园建设，解决 4 个村 300 多人失地农民就地就业问题，实现劳务收入 960 万元，施工队安置农民工近 200 人。2010 年，解决 500 多闲散劳动力就业安置问题。2014 年，全乡外出务工人员 1513 人，其中常年外出务工 1423 人。

基础设施

交通运输

1958 年，吉（首）凤（凰）公路通车，境内始通公路。1978 年，国道沿线竿子坪、木林坪、湾溪、新民 4 个村修通公路。2001 年，全乡 12 个村有 11 个村通公路，全长 30 公里。2005 年，新建桐油坪连组公路；维修椰木树连组公路 50 米；维修捧捧坳村级公路 0.3 公里；完成民主、新民公路桥整修；组织劳力修建坪垅塘连组公路；硬化忙略村级公路 0.1 公里。2008 年，投资 10 万元，硬化竿子坪沿河街道 400 米、村间道路 100 米；完成新民、红狮部分村间道路硬化；实施新民 1000 米、捧捧坳 700 米村道硬化工程；实施红狮村停车场硬化工程。是年，全乡村村通公路，公路里程 35 公里。2009 年，实施桐油坪、渔洞及红狮 2 个组的村道硬化工程和桐油坪村街道硬化，改善 3 个村群众的出行条件，使农村交通状况得到全面加强。2010 年，实施红狮至桐油坪的村级公路硬化工程；新民、忙略、椰木树 3 个村的村道路基扩宽工程，实现村村组组通公路。2012 年，完成桐油坪村通组公路工程建设；红狮村村道维修竣工，环村公路完成大桥的修建和900米道路建设；民主村通组公路维修与硬化完工；新民村一组通村公路保坎扩宽。是年，吉（首）怀（化）高速公路开通，由北至南纵贯全乡。2014年，完成全乡8个村公路硬化扩宽工程，仅有竿子坪村坪垅塘、新民村自落坪少数组，通组公路尚未硬化。

邮政通信

清乾隆三十年（1765），境内设驿铺3处，各有铺司2人，传递官府公文。1950年，竿子坪邮政通信业务由三拱桥邮政所（支局）负责。1958年，全乡仅有一台专线电话。1996年3月，开通程控电话。到2001年年底，全乡有7个村通程控电话，有322部程控电话和75部手机，基本形成以竿子坪村为中心，贯通全乡各村的邮政通信网络。

供电饮水

供电 2001年，全乡12个村全部通电，用电户2214户。2010年，实施桐油坪、红狮、渔民洞3个村电网改造。全乡电力供应有三拱桥和吉信供电所两处，其中竿子坪、椰木树两个村由三拱桥供电所供电，其他村由吉信供电所供电。2014年，完成竿子坪村农网改造。

饮水 竿子坪乡的人畜饮水工程开始于20世纪80年代。1995年，竿子坪、新民两村建自来水厂，解决竿子坪、新民两村560户2400人饮水问题。2000年，椰木树村修建天堂水井，新建人畜饮水工程，解决全村145户村民生活用水问题。2001年，全乡通自来水村9个1724户，占总户数78%。2005年，实施红狮村人畜饮水工程，购买新变压器3台，解决该村900多名村民饮水问题。2008年，完成民主村改水工程，启动捧捧坳饮水工程，全乡有11个村通自来水，自来水入户率80%。2009年，完成忙略村人畜饮水工程，受益群众130多户500多人。2010年，完成湾溪村、牯牛坪村、新民村人饮修护改造项目；椰木树村3组、红狮村2组人畜饮水工程。2012年，完成渔洞村人畜饮水改造一期工程；椰木树村人畜饮水改造工程；竿子坪村、新民村自来水维修工程。2013年，桐油坪村修建4口水井；完成坪垅塘人畜饮水管网工程。2014年，完成桐油坪村2组茶油坳的人畜饮水管网建设，全乡各村全部实现安全用水。

水利建设

1958年，建成穿洞水库，库容30万立方米，灌溉稻田20公顷；建成蒿菜坪水库，库容9万立方米，灌溉稻田14公顷。1959年，建成三八冲水库，库容10万立方米，灌溉稻田6.7公顷；建成炮台湾水库，库容11万立方米，灌溉稻田6.7公顷；建成杨秀坪水库，库容10万立方米，灌溉稻田14公顷。1966年，有山塘21口、溪坝56处、水轮泵2台、内燃机6台、筒车2架。1980年，建有小（2）型水库5座、小（2）型水利工程1处、水轮泵站1处。2001年，全乡有电排4处、水轮泵6台、抽水机械166套，旱涝保收面积205.8公顷，机电排灌面积150.2公顷，有效灌溉面积331.7公顷，占稻田面积75.1%。2008年，重点加固竿子坪村三八冲、红狮村蒿菜坪水库，完成农田水利设施建设，实施忙略、民主等渠道维修工程，完成民主村改水工程项目。2012年，维修竿子坪村灌溉水渠，实施三八冲水库维修，开展小河流域治理工程招投标。2014年，维修渔洞村水塘1口，维修水渠960米，维修水井5口，维修桐油坪茶叶坳山塘1口，维修红狮灌溉水渠1条，完成椰木树山塘坝除险加固。

社会事业

教育

清末时期，乡域建文昌阁学校。1950 年后，改为善邻小学。1959 年，扩建为竿子坪学校。1968 年，竿子坪学校增设初中部。1971 年，增设高中部。2001 年，全乡有中学 1 所，学生 106 人，教师 22 人；完小 1 所，村小 8 所，学生 1081 人，教师 51 人。2002 年，竿子坪学校改名为竿子坪九年制学校。2005 年，争取资金 50 万元，新建竿子坪学区教学大楼及宿舍；同时，争取项目资金 7 万元，完成新民片小危房改建。2014 年，全乡有九年一贯寄宿制学校 1 所和村小 8 所有学生 1200 人，教师 81 人。

文化体育

1966 年通广播。1984 年通调频广播，2001 年，全乡 12 个村通广播，广播覆盖率 100%。2005 年，开通有线电视。至 2014 年，有线电视覆盖山下村以及红狮村部分村组。尚未通有线电视的村组，使用村村通卫星电视。竿子坪乡戏剧种类丰富，主要有花鼓戏、黄梅戏、傩堂戏、高腔、阳戏等，同时有山歌、古歌等文艺形式，经久不衰；受传统文化影响，竿子坪乡诗词、书法文化活动活跃，有乡级民间文化团体，各村均组织有村文艺队，每逢节假日集体活动，开展大型文艺会演。2014 年，竿子坪乡文艺队，在全乡广场舞比赛中获得三等奖。

医疗卫生

1964 年，公社设卫生院，有医生 1 人。2001 年，乡医院有医务人员 13 人，病床 10 张，个体诊所 1 所，村卫生室 5 个。2013 年，启动竿子坪乡卫生院办公楼改建工程。乡卫生院在全乡 8 个村下设村卫生室。2014 年，竿子坪乡卫生院占地面积 667 平方米，办公大楼 800 平方米，有医务人员 10 人，病床 15 张。

社会保障

2006 年，建竿子坪乡敬老院，总投资 50 多万元，占地面积近 2000 平方米，建筑面积 720 平方米，有住房 35 间。2007 年始，实行低保政策。2009 年，加大对失地农民救助力度，年内对牯牛坪、湾溪、木林坪等 5 个重点村近 700 多户失地农民实施临时救助，发放民政救助资金 10 万元。2012 年，发放社会救济 9600 元、“五保”供养金 43970 元、优抚金 97663.2 元、农村低保 322030 元、居民低保 88332 元；帮助无房户扶贫建房 40 户，发放资金 40 万元。2013 年，继续抓好“五保”、低保、扶贫建房、新农保等民生工作。全乡 32 名“五保户”得到生活保障，157 人被纳入农村低保，完成扶贫建房 21 栋；2367 参加新农保，完成任务 93.7%，在全县排名第二位。2014 年，发动村民参保 2389 人，完成任务量的 94.46%。敬老院集中供养 13 人。全乡有农村低保 224 户 588 人，年发放低保金 63.3967 万元；城市低保 26 户 50 人，年发放救助金 17.164 万元；有五保 27 人，年发放“五保金”6.48 万元；优抚对象 34 人，每季度发放 1.86 万元。

特色地情

竿子坪历史悠久，自古就有人类活动，春秋战国时期为“五溪苗蛮之地”属楚国，秦时属黔中郡，两汉时为武陵郡，唐时为渭阳县境；元朝时为竿子坪洞元帅府驻地；明朝时为竿子坪长官司驻地；清朝与五寨长官司合成凤凰厅，又称“镇筸城”，“筸”即竿，指的是竿子坪。竿子坪是控制西南苗民进入凤凰，取道黔东南的要道。竿子坪最早叫作竹园寨，后苗民反抗封建压迫，揭竿而起，削竹为枪，英勇杀敌，故才称为竿子坪。民国时，因该地方民风彪悍，易与临近地区发生冲突，将竿子坪改为善邻乡（辖现在的竿子坪乡、三拱桥乡、社塘坡乡）。新中国成立后，曾起名为友爱乡，后仍改为竿子坪乡。竿子坪过去叫作五官长官司，自古以来即是中央政府防范苗民的屯兵地点，苗民边墙自境内绵延而过。境内老营坡目前尚保存的有古边墙旧址及两个碉堡，即边墙碉和武儿碉，具有很高的考古价值和旅游开发价值。同样，竿子坪也是湘西北部重要的交流通道和商品集散中心。

竿子坪人杰地灵，自古到今涌现过很多名人，同时风景秀丽，实为休闲娱乐之佳境。人文遗迹以田氏、钟氏、文氏等大姓家族兴衰为主，涌现出一大批杰出人物，如从放牛娃成为湘军悍将、官至贵州提督的田兴恕，抗日救国将领田儒礼，美国哈佛大学客座教授钟启录等。

（撰稿人：滕　毅）

千工坪乡

区域概况

位置面积

千工坪乡位于凤凰县境中部，东与沱江镇大黄土交界，南与廖家桥镇及沱江镇相连，西与麻冲乡及山江镇板畔村接壤，北与山江镇及木里乡毗邻，区域面积63.69平方公里，乡政府驻地距县城沱江镇15公里。

建置沿革

“千工坪”原是岩板井村的一块大稻田坝子的名称。清康熙三十九年（1700）设立凤凰厅时，系苗寨地。民国25年（1936），全县设17个乡（镇），乡以下为保甲制，为敦仁、崇礼乡。1949年11月凤凰县和平解放。1950年属凤凰县第三区。1952年4月增设3个区，以农会（或大村寨）建新乡香炉山、箭塘等，仍属第三区，1953年建立千工坪。1956年7月撤区并乡时为千工坪乡，8月隶属叭固办事处。1958年10月，撤销办事处、基点乡、乡镇建制，与木里乡合并成立超美人民公社，1959年3月以境内千工坪更名千工坪公社，管委会设在马山下。1961年3月，划出木里公社后，仍以千工坪命名。1961年9月恢复5个区公所建制后，隶属山江区。公社驻地坐落在形似马的山脚下，故名马山下，苗语多高埋。1981年12月，所辖漾水坨大队更名为板当禾大队。1983年，桐木坪村更名桐木村，箭塘更名建塘村。1984年，公社改乡制，为千工坪乡。

行政区划

民国25年（1936），分属敦仁乡（辖12保）、崇礼乡（辖10个保）地。1950年11月辖农民协会、农民协会小组。1953年建新乡时，属于三区。1956年7月，撤区并乡设千工坪乡后隶属叭固办事处办事处。1958年10月，千工坪公社（原千工坪乡）辖7个大队。1961年3月，千工坪公社缩小规模后辖岩板井、箭塘、亥冲口、牛岩、新坪、高坳、香炉山、岩炉屯、桐木坪、通板、胜花、豹子洞、田冲、塘公坨、漾水坨15个大队。1964年，漾水坨并入岩板井大队后辖14个大队。1980年，漾水坨又单设大队，于1981年12月更名为板当禾大队。1983年，全乡辖15个大队、95个生产队。1984年1月，改社建乡后为15个建制村（名同原大队）。至2014年，全乡辖岩板井、岩六屯、建塘、通板、牛岩、新坪、高坳、塘公坨、田冲、香炉山、板当禾、亥冲、桐木、豹子洞、胜花15个村，下设94个村民小组；有51个自然寨。

人口民族

千工坪为苗族聚居乡。1973年，全乡人口8992人，其中苗族8983人，土家族9人，分占的总人口99.9%、0.1%，农业总户数1895户，农业劳动力3593人。1981年，全乡人口10743人，其中苗族10721人，土家族22人，分占总人口99.8%、0.2%，农业总户数2127户，农业劳动力4651人。1989年，全乡总人口11780人，其中苗族11744人，土家族36人，分占总人口99.7%、0.3%，农业户数2382户，农业劳动力5690人。1996年，全乡总人口17035人，其中苗族17017人，土家族18人，分占总人口99.9%、0.1%，农业户数2713户，农业劳动力7673人。2002年，全乡总人口13416人，其中苗族13393人，土家族23人，分占总人口99.83%、0.17%，总户数2993户。2007年，全乡总人口13666人，总户数3266户，其中苗族13643人，土家族23人，分占总人口99.83%、0.17%。2010年，全乡总人口14466人，总户数3466户，少数民族14454人，其中苗族14437人，土家族17人，分占总人口99.8%、0.12%。2014年，全乡辖3043户，总人口13180人，其中苗族13155人，土家族23人，分占总人口99.81%、0.17%。全乡主要以龙、吴姓氏为主，分占总人口47.9%、41.7%。

自然环境

境内内以山地、山原为主，山、丘、岗、原交错成多样的地貌类型，地质属石灰岩、红壤层。地势较为平缓，谷少垄田多。平均海拔420米，最高海拔为乡内最高山土家坳，海拔755米。属中亚热带季风湿润性气候。年均气温15.2℃，无霜期255天，年均降水量1300毫米，都集中于春末夏初，常有秋旱和春旱。

经济发展

经济综述

20世纪70年代，千工坪乡以传统农业经济为主。80年代，农业经济结构逐步调整，乡镇种植结构逐步优化。1983年全乡地区产值93.2685万元，粮食作物收入50.5万元，经济作物收入26.1万元，农民人均收入68元。1985年，全乡产值1688.07万元，人均150元。1996年，全乡收入1301万元，农村经济纯收入716元每人。1985年，农业产值231.68万元。1997—2001年，以“烟叶富乡”为目标，采取重奖重罚政策，同时引导组织富余劳动力外出务工，全乡60%青壮年进城务工，每年劳务输出300余人。2001年，国民产值1600万元，农民人均纯收入720元。2007年，调整产业结构，实现从粮食单一型向多种经济综合型转变。发展旅游业，开发香炉山村、胜花村、岩板井村等景点，实现旅游年收入1255万元。2014年，全乡产值3559万元，比上年增长2.2%，第一产业产值2437.8万元，第二产业产值545.07万元，第三产业产值576.13万元；粮食产量3112.428吨，同比增长14%。烟叶种植面积80公顷，收购烟叶160吨。农民人均纯收入3226元，同比增长10.54%。

农业

种植业 乡域种植业粮食以稻谷、玉米、红薯为主，经济作物以烤烟为主。1979年，粮食生产316.17万公斤。1980年，全乡烤烟种植40.5公顷，总产38200公斤。1981年，因大旱粮食总产下减至47.63万公斤。1985年，粮食产量回升至189.75万公斤。1989年，亥冲村蔬菜产业基地正式由县蔬菜办移交给亥冲村管理，种植面积扩至

8公顷，年产值30万元，年人均增收239.4元。1990年，稻谷产量288.8万公斤，占粮食产量76.5%。1995年，全乡玉米种植面积206公顷，产量46.5万公斤，亩产平均150公斤；红薯种植193公顷，产鲜薯279.5万公斤。1997年，塘公坨村龙定峰最早引进安徽巨森苹果试种成功，首次攻破我国南方不能种植苹果的断言，被湖南卫视台报道，震惊国内林果专家。由于效益较好，在村内逐年推广。是年，推广杂交品种，80%以上稻田面积推广“双两大”。插秧面积681公顷，产量355.5万公斤，平均亩产348公斤；烤烟种植面积201公顷，总产316吨。此后，受烤烟市场疲软影响，种植面积一度下滑。2000年，全乡烟叶种植面积98公顷，产量147吨，收入124.9万元。是年，亥冲村开始搭建大棚，种植反季节蔬菜。2001年，全村发展巨森苹果19.6公顷，年产0.5万公斤；发展岩板井、桐木两村的岩桐片猕猴桃旅游观光基地3.6公顷，年产猕猴桃3.1万公斤；亥冲、牛岩、新坪的椪柑基地累计种植18公顷，年产椪柑3.39万公斤。是年，亥冲村成立椪柑专业合作社。2005年，烤烟种植面积65.5公顷，产量15万公斤，收入130.5万元；果园面积127.9公顷，水果产量56万公斤，其中柑橘32万公斤。2007年，粮食播种面积1109.6公顷，产量443.7万公斤，其中，杂交玉米116.67公顷，亩产340公斤，产量59.5万公斤，薯类种植面积111公顷，亩产200公斤，产量59.5万公斤；瓜果类种植面积6.67公顷，产量10万公斤。是年，亥冲村蔬菜基地反季节蔬菜年产值98.4万元，人均增收3070元。2010年，农作物播种面积2367.15公顷，其中粮食播种面积1050.15公顷，产量320.7万公斤；果园面积433.54公顷，产量100.9万公斤。是年后，由于水果市场萧条，大量村民外出务工，全乡水果种植业开始走低。2012年，烟叶种植面积166.7公顷，产量31.25万公斤，产值656.25万元，每公斤价21元。是年，牛岩村建立8公顷蔬菜基地，菜农年均收入增加2300元。2014年，通板村建立20公顷蔬菜基地，年产值150万元，人均增收1209元；成立宏清云蔬菜农民专业合作社。是年，全乡农作物播种面积2339公顷，粮食作物播种面积696公顷，豆类84公顷，产量8.286万公斤；薯类38公顷，产量16.2万公斤。烟叶种植减至80公顷，其中6.67公顷受“7·15”洪涝影响绝收，产量10.75万公斤，产值234.35万元。

养殖业 20世纪90年代，千工坪乡养殖主要以小规模的家庭圈养为主。2000年，全乡牲畜存栏山羊963只，猪2212头，牛3848头。2002年，全乡牲畜存栏山羊1637只，牛208头，猪3221头，家禽13232羽。2005年，全乡存栏牛336头，猪7398头，羊1847只，家禽21259羽。2010年，全乡出栏猪3223头，牛155头，羊465只，存栏猪4950头，牛3210头，羊385头。2014年，生猪出栏12630头，牛出栏172头，羊出栏879头。

工业

1978年，全社有工业企业20家，从业人员45人，产值10万元，利润1万元。1989年，全乡工业产值4.33万元。2001年，全乡工业企业44家，从业人员95人，产值26万元，利润2万元。2014年，劳动力外出务工人员增多，全乡工业企业38家。其中多以制砖厂、采石场为主，较有名气的有产值100万元的桥坳采石场、卡斯特床具加工厂、水泥制砖厂。

商贸服务

1984年，千工坪墟场正式开放，场期为农历一、六日，每场赶场人数多则千余人，少则五六百人，有瓜果、蔬菜、肉食、谷糠等农副产品上市交易。是年，全乡个体工商户3户7人，营业额1.3万元。1986年，投资4万元，征地4000平方米，修建农贸市场。1987年，农贸市场投入使用，有摊铺24个，占地面积1000平方米。1995年，全乡个体户16户23人，营业额22.1万元。2003年，有门面经营粉馆开业。2005年，全乡个体户34户，从业72人，营业收入159万元。2007年，日化专卖店开业，各种家电产品进入千工坪。2010年，千麻路至三岔路口沿线出现装修装饰、摩托车专卖、汽修等店铺。2014年，启动千工坪乡农贸市场再建工程，计划投资90万元，占地面积700平方米。是年，全乡个体户185户，从业324人，营业收入425万元。

基础设施

交通运输

1981年，千工坪至牛岩简易公路开始施工，全乡劳动力参与。2003年，中石化集团投资500万元修建千工坪至麻冲跨乡公路，8月开始施工，2010年竣工。该线路途经千工坪乡、山江镇、麻冲乡3个乡镇13个村。2012年，下沱公路硬化工程竣工，千工坪至凤凰全程通水泥路。该公路自北向南经千工坪乡岩板井、建塘、亥冲3村穿过，全长15公里。北通山江、腊尔山、两林、柳薄、米良、麻冲，进入贵州省；南通凤凰县城。是年，中石化集团投资330万元，县财政投入210万元，硬化千工坪至沱江镇大黄土公路，年底竣工。2014年9月24日，亥冲7组通组公路拉通，千工坪乡打通联系群众“最后一公里”，全乡52个自然寨全部通车。

邮政通信

1956年，境内通电话。1996年，通程控电话。2001年，通程控电话村3个，有电话71部，手机100部。2002年，有邮路及农村投递成路村15个。2004年移动、联通信号覆盖全乡。2005年，全乡15个村通电话，固定电话装机数量81部，移动电话拥有数量316部。2010年，光缆入村,15个行政村都配备远程教育电脑。2014年全乡固定电话降至35部，移动电话5768部，15各村村民家用联网电脑56台。

供电饮水

供电 境内长潭岗水库上有县属水电站1座，1995年竣工，境内通电。2002年，通电村15个。2009年，全乡15个村实施农村电网改造，完善供电网络建设。2014年全乡农网改造完成，每千瓦时电价0.58元。

饮水 1988年，境内1个村通自来水。2001年，通自来水村5个420户。2010年，自来水受益村15个。2013年，筹资220万元建设岩板井、香炉山、桐木、通板、塘公坨等村寨自来水管网。2014年，维修牛岩、亥冲、建塘、岩六屯、桐木4个村水井16口，解决6000人饮水问题。

水利建设

境内有自然山塘2口，可灌溉田6公顷。20世纪50—70年代，修建山塘10口、河坝3处、水库2座；有龙塘河北干支渠、猪草坑渠道和川洞渠道3条灌渠，均为由东北流向西南，在乡境长度分别为15公里、6公里、4公里，雨水充足时节灌溉面积267公顷，天干缺水时灌溉面积缩小至94公顷。1980年，全乡有提水机械73台，其中水轮泵2处2台，电排5处175千瓦，抽水机59台220千瓦，有效灌溉面积68公顷。2001年，全镇有旱涝保收面积305.6顷，机电排灌面积220公顷，有效灌溉面积522.4公顷，占稻田面积74.7%；之后加大对农田水利设施建设投入，修建山塘5口，有效灌溉面积240公顷；新修桐木—岩板井—建塘灌溉水渠2公里。2010年，千工坪岩板井开始实施土地整治，建成容积300立方米的农田灌溉蓄水池4个。2011年，完成土地平整51.3公顷，渠道清淤6100立方米，开挖渠道土石方6800立方米，浆砌渠坎6800米。平整区域内，新修机耕道5条。2014年，建设岩六屯、通板、板当禾小水泵；维修香炉山电排，亥冲村、胜花村山塘，解决9个村灌溉用水。

村镇建设

2009年，全乡建沼气池138口。编制乡村建设规划。2012年，由县住建局投资28万元，在街道安装路灯42盏。2014年，启动千工坪乡政府42套公租房建设项目启动。

社会事业

教育

康熙四十三年（1704），在箭塘开设义学馆。1974年9月千工坪中学与小学合并。1978年，千工坪学区有中学3个班，学生数128人，教师数9人；中心完小5个班，学生252人，教师数12人；村小14所，36个班，学生991人，教师37人；幼儿学前班1个，20人。1981年，千工坪九年制学校初中部并入凤凰县第二民族中学，只保留小学部，并更名为千工坪完全小学（简称千工坪中心完小），1989年，恢复初中部。1990年，千工坪学区中学3个班，学生数150人，教师9人；中心完小学生460人，教师22人；村小13所，学生1011人，教师37人；学前班2个，幼儿43人。1998年，小学与初中合并为“千工坪九年制学校”。2011年3月，投资40万元的土石方拆除工程动工，上级拨专款27万元美化绿化校园。是年，实施九年制学校寄宿制后，村小缩减为11个。田冲、高坳、桐木3个村因学生人数无法开班而撤销。是年，千工坪学区有中学9个班，学生393人，教师数45人；中心完小学生512人，教师43人；村小11所，学生305人，教师18人；幼儿班15个，幼儿200人。2014年，千工坪学区有中学11个班，415人；小学15个班；455人；村小11个班，260人，教师97人；幼儿班4个，241人。

文化体育

1974年，建立广播站。1986年，建文化站。是年，广播站改为广播电视站。1988年，乡内拥有第一台电视机。1989年有第一台彩色电视机。1990年，千工坪乡居民能收看中央一套和湖南综合频道两套电视节目。1992年，投资5.3万元创建文化中心，修建350平方米的文化大楼。1993年，投资2万元修建乡电影院。1995年，乡镇府建成有线电视站，开通岩板井、亥冲、建塘、通板、桐木、香炉山6个村有线电视，能收看中央、湖南台等8套电视节目。2000年，有线电视覆盖全乡。2001年10月，乡文化站和广播站合并为乡文化广播站。是年，全乡拥有电视机1800台，其中彩电600台。2002年，亥冲、建塘、岩板井通闭路电视。2005年，改造千工坪乡电视管网，与凤凰县城区有线电视联网，建立50公里长主干线，全乡15个村能收看电视节目35套。2007年，全乡彩电2489台，其中液晶电视8台。是年，亥冲、建塘、岩板井、香炉山建立农家书屋。2009年，其余11个村建立农家书屋。2012年，千工坪乡机构改革，保留文体广播站。文体广播站配备1名文化辅导员，1名广播员；配置8台电脑、8种乐器。全乡有岩板井花鼓队、腰鼓队、狮子队，通板村苗歌队，香炉山唢呐队，岩六屯盛装队，每年都会参加演出和比赛活动，其中苗族“四月八”和“六月六”是必参加的节目表演。岩板井花鼓队是千工坪乡苗族传统文艺，在凤凰、山江、落潮井等地连续6年演出30场次。2014年，全乡农家书屋藏书3万册。

医疗卫生

1958年5月，建卫生院，医务人员3人，床位10张。2006年，乡政府发动农户参加农村新型合作医疗（以下简称新农合），全乡参合率79.2%，“四苗”（卡介苗、百白破、麻苗、乙肝疫苗）覆盖率91%。2014年，新农合全乡参合率95%，全乡村卫生室15个，有村医15人。

社会保障

1998年11月，千工坪乡将五保老人纳入城乡居民最低生活保障对象，实行全额低保。农村每人每年最低生活保障标准为420元，至2002年增至690元。2005年，木里和山江建成敬老院，部分“五保”老人住进敬老院，实行集中供养，安排专人管护。2011年，开展新型农村养老保险(以下简称新农保)，是年参保人数4250人，参保率78%。2012年，千工坪乡分散供养“五保”老人25人，每人每年供养标准2000元。农村低保每月每人90元。2014年，全年发放各种社会保障资金30.15万元，其中享受农村低保户679户1508人，享受特困救助47户203人，“五保户”27人。新农保参保人数4607人，参保率80%，享受老年卡待遇2756人。是年，乡政府开展低保“阳光行动”，清除一批不符合低保条件的对象；分散供养“五保”老人27人，五保老人每人每年供养标准2460元。农村低保每人每月127元。

特色地情

民俗风情

赛马会　千工坪乡流传有跑马的传统习俗。据传20世纪80年代前跑马举办者是吴昭德。吴系今千工坪乡岩板井村人，苗族，清咸丰十一年（1861）中举。为强健苗人体质，他倡导苗乡富户捐资，举办千工坪骑马比赛。为扩大赛事规模，让千工坪的年场更加热闹，他又邀约通板村的龙姓举人也做牵头人。龙举人，曾任武昌教谕，家资颇丰，得他助力后，千工坪乡的骑马比赛越来越红火。每年正月初二至十五逢赶年场时，在初六那日举行赛马盛会，吸引湘黔边区成千上万的苗民参加。

香炉山村　千工坪乡有独具魅力的乡村旅游景点香炉山村。香炉山村位于千工坪乡东北部，距乡政府2公里，辖5个村民小组，共195户952人，全部是苗族，由吴、龙两大姓氏组成。是凤凰周边最具代表性的生苗苗寨之一，也是千工坪乡民居保护重点村之一。香炉山村因寨后山上有一奇石，形似香炉，且朝阳升起时，有冉冉青烟弥漫散发清香，故而得名(众多说法中的一种)。香炉山是凤凰苗族人的圣山，至今寨子里的苗族阿婆、阿妹们每逢七月七都会上山烧香祈祷。山上怪石嶙峋，号称“小石林”。茂林通幽，薄雾笼清，余香袅袅。山下古寨依山而建，古老神秘。青瓦土房错落有致，条条石板路纵横交错，寨中民风淳朴，和睦友善。山吉（山江至吉首）公路穿村而过，交通十分便利。2007年，香炉山古苗寨被评为“湖南省乡村旅游示范村”。

香炉山古苗寨以高超的犁口加工技术、保存完好的古建筑、神秘的三龙洞、源远流长的民间非物质文化遗产和优美的自然风光五大亮点吸引着来自五湖四海的游人。

（撰稿人：刘利华）

木里乡

区域概况

位置面积

木里乡位于凤凰县中北部。东面和北面与吉信镇相邻，南连沱江镇、千工坪乡，西连山江镇。区域面积53平方公里，乡治柳甑村，距凤凰县城23公里。

建置沿革

“木里”因古时，村子周围森林茂密，处于林木环绕之中，故取名木里。清康熙三十九年（1700）设立凤凰厅时，系苗寨地。民国25年（1936），全县设17个乡（镇），乡以下为保甲制，属维新乡和敦仁乡。1950年属凤凰县第三区。1952年4月增设3个区，以农会（或大村寨）建新乡木里、柳嫁等，仍属第三区。1956年7月撤区并乡时为木里乡，8月隶属叭固办事处。1958年10月，撤销办事处、基点乡、乡镇建制，与千工坪乡合并成立超美人民公社，1959年3月更名千工坪公社。1961年3月，从千工坪公社析出，设立木里公社，以境内木里村命名，驻地柳甑。1961年9月，木里公社隶属山江区。柳甑村前有一水井，长流不断，凉面清澈，传说井里有龙，取名龙井，1981年地名普查时因同名而取其苗语译为柳甑。1984年1月，公社改乡制，为木里乡。

行政区划

民国25年（1936）称维新乡，辖8个保，包括当时敦仁乡的七蔸树。1950年11月，辖农民协会、农民协会小组。1953年建新乡时，属于三区。1956年7月，撤区并乡设木里乡隶属首云办事处。1958年10月，属于千工坪公社（该公社辖7个大队）。1961年3月，木里公社辖龙井、木里、万溶江、新桃、柳甲、七都树、关上坪、黄双坪、关田山、杜良田10个大队。1981年12月，龙井更名柳甄，黄双坪更名黄沙坪，七都树更名七蔸树，关上坪更名官上坪。1984年1月，改社建木里乡后辖10个建制村（名同原大队）。2005年12月，万溶江村划归吉信镇管辖。至2014年，木里乡辖柳甄、木里、新桃、柳甲、七都树、官上坪、黄沙坪、关田山、杜良田9个村。

人口民族

木里乡是纯苗族聚居乡。1957年，境内人口5263人，人口密度为每平方公里100人。由于经济社会的发展，人民生活水平逐渐提高，人口自然增长率上升，自然死亡率下降，1978年人口达到 9637 人，21 年间人口平均自然增长率 21%。1990 年，全乡 2025 户 10247 人，其中少数民族人口 10247 人。1995 年，全乡 2211 户 10859 人，全部为苗族。2000 年，全乡 2319 户 11384 人，其中苗族 11379 人。2005 年，全乡 2549 户 11240 人，其中土家族 17 人，苗族 11200 人。2014 年，全乡 2681 户 12069 人，少数民族人口 11616 人，其中苗族 11582 人，土家族 28 人，分别占总人口数 95.96%、0.23%。

自然环境

岩溶地貌，境内多山、多天坑和漏斗。东南、西南以及中部向东延伸地带属低丘陵；西线、东线分布着高丘陵；东北部有少量低山；乡政府驻地和七蔸树村以南，是溶蚀平原。最高海拔 746 米，最低海拔 315 米。土壤以红、黄色石灰土为主，分布于关田山村、都良田村的 300 多公顷潴育性水稻土较为有名。潴育性土生产出的水稻颗粒饱满、营养丰富，素有“夺西的梨，高坝的泥”之说。属中亚热带季风湿润性气候。年均雾日 27 天。年均气温 16.1℃。无霜期 272 天左右。年均降水量 1300 毫米。海拔 700 米以上的山有 14 座，主要分布在新桃、黄沙坪等村。有大小溶洞 30 个，都良田村凉风洞、穿洞，新桃冰洞总洞长均在公里以上。全乡河流 3 条，流长 11 公里。

经济发展

经济综述

木里乡经济以传统农业为主。1957 年，财政收入 54 万元。1962 年，财政收入 39 万元。1978 年始，木里乡大种烤烟，烟叶特产税一度成为乡财政主要税收来源。1981 年，农民人均收入 38 元，财政收入 77 万元。1990 年，全乡国民经济收入 507.68 万元，其中农业收入 470.01 万元，工业收入 4.71 万元，副业收入 9.08 万元，交通运输业收入 9.08 万元。在农业收入中，种粮收入 159.23 万元，占比 33.88%；经济作物收入 171.23 万元，占比 36.43%；牧业收入 126.79 万元，占比 17.13%；林业收入 4.26 万元，占比 0.9%；副业收入 9.08 万元，占比 1.23%；渔业收入 8.5 万元，占比 1.19%。20 世纪 90 年代始，加快农业产业开发，林果业以桃子、李子、椪柑为主，蔬菜种植业以生姜、大蒜为主，渔业以黄沙坪水库为主，优化农业生产结构，提高农民收入。2005 年，全乡农业产值 1130.62 万元，农民人均纯收入 745 元。2010 年，全乡农业产值 2436.6 万元，财政收入 195 万元，人均纯收入 1800 元。2014 年，农业产值 3013.12 万元，财政收入 393 万元，较 2010 年增长 50.4%，人均纯收入 2305 元，较 2010 年增长 21.9%。

农业

种植业 20 世纪 60 年代，乡域种植业以水稻为主，次为玉米、红薯。品种传统，产量较低。1981 年，发展烤烟生产，农业生产从解决温饱走向经济创收。1991—1994 年，在关田山、都良田村引导干部群众搞“椪柑开发”试点。1996 年，收购烤烟 600 吨，创利税 40 万元。2001 年，开发椪柑、猕猴桃、梨、李等经济林 66.67 公顷，挂果出产 20 公顷。2005 年，扩大水稻种植面积，发展玉米等旱粮生产，同时，推广以油菜、烟叶、蔬菜为主的经济作物种植。全乡水稻播种面积 661.8 公顷，产量 810.54 吨，播种玉米 91.4 公顷，产量 134.33 吨；种植油菜 320.47 公顷，产量 384.56 吨；完成县分配烟叶种植任务 67.87 公顷，收购烟叶 117.07 吨。全乡蔬菜种植面积 304 公顷，产量 2533.08 吨。人均增收 300 元。2010 年，水稻播种面积 590 公顷，产量 805.2 吨；玉米播种面积162公顷，产量320吨。全乡落实水稻参保面积520公顷，玉米参保面积96公顷；完成烤烟任务20.33公顷，烤烟入库32.1吨；发展蔬菜种植业，培育和发展规模3亩以上蔬菜种植大户6户。2012年，贯彻国务院粮食生产工作会议精神。严禁基本农田抛荒撂荒。全乡水稻种植面积588.03公顷，玉米230.67公顷。促进水果产业发展，为果农补贴大量的农药、化肥并赠送剪锯等生产工具，开展技术培训3次，培训人员600人。是年，柳甲村收获33.33公顷金秋梨，黄沙坪村收获36.67公顷爱宕梨。争取上级资金20多万元，种植油茶20公顷、新品种西瓜13.33公顷，促进农民人均增收400元。烤烟生产上，实行凡种植烟叶10亩以上农户完成收购任务，每亩奖励150元的大户奖励政策。完成县分配烟叶种植任务66.67公顷，完成烟叶收购任务量131.5吨。鼓励村民种植蔬菜，实现全乡生姜种植133.33公顷，大蔸菜24.67公顷、辣椒80多公顷、瓜果66.67公顷。2014年，全乡水稻种植面积589.5公顷，玉米232.12公顷。全乡油菜种植面积395公顷，菜籽产量约541吨；完成烤烟任务33.33公顷，收购33.5吨；聘请县烟草公司技术专家为辖区内所有烟农开展技术培训3次，讲解“井窖式”烟叶移栽技术要求以及起垄、施肥、病虫害防治、烘烤、交售等环节知识。全乡种植蔬菜217.67公顷，其中大蔸菜53.33公顷、辣椒92公顷。种植瓜果93.33公顷，其中桃子26.67公顷，产量900吨；梨子5.33公顷，产量240吨；李子25.33公顷，产量850吨。

养殖业 2005年，全乡家禽养殖16850羽，禽蛋产5吨，日产商品蛋4000个以上。养猪2380头，养牛150头，养羊300头。2010年，全乡生猪存栏6656头，出栏3201头，发展50~100头的养殖大户1户，发展能繁母猪535头，养殖5头母猪以上9户。2012年，在全州率先引进韩国生态养猪技术，实现农业循环经济发展，引进资金30多万元，发展生态猪养殖120头。2014年，成立黄沙坪福香新水果专业合作社，积极发展养殖大户，全乡发展养殖大户9户，其中养猪2户145头；养鸡2户4000羽；养羊4户256只，其中能繁母羊156头；养牛1户9头，其中能繁母牛5头。另外，稻田养鱼1户，占田面积0.7公顷。

工业

1990年，木里乡工业产值4万元。2014年，木里乡有砂石厂1家，年产值20万元。

基础设施

交通运输

1959年，吉信至麻冲X050公路修通，经过木里乡都良田、木里、柳甄3个大队，境内始通公路。1978年，全社有木里、都良田、柳甄、关田山4个大队通公路。至2000年，全乡除黄沙坪、新桃2个村外，其余3个村通公路，关田山、柳甲、七篼树3个村组组通公路，全长18公里。2011年，全乡9个村通村公路全部通车。2013年，投入450万元，完成新桃村等村道13公里硬化。至2014年，总投资160万元的七篼树村3.5公里村道硬化工程完成，全乡除关田山村外，基本实现通村公路硬化。

邮政通信

1955年，木里乡设邮电支局。20世纪60年代，木里公社驻地通有线电话。2000年，乡政府驻地通程控电话，覆盖面达柳甄、木里、关田山3个村，有电话70部。2003年，该乡建设第一个移动基站，木里乡开通移动电话。2005年，实现固定电话装机101部，移动电话保有量110部。2011年，该乡9个行政村均建基站，信号覆盖全乡主要居民聚居区，有移动基站3个，联通基站2个，电信基站1个。通信设施覆盖全乡，实现无线电话村村通。

供电饮水

供电 1959年，万溶江水电站建成，境内生产生活开始用电，到1988年，全乡基本实现用电照明。2012年，投入资金300万元，完成柳甄、官上坪、柳甲、新桃、七蔸树5个村农网改造工程。2014年，全乡生产生活用电达到0.49万千瓦时。

饮水 辖区居民饮水历来取自井水。1994年开始实施安全用水工程，至2008年，全乡清洁饮水普及率35%。2014年，乡政府投资100万元，完成柳甄村自来水工程。

水利建设

1972年，建成黄沙坪小（2）型水库，库容10万立方米，灌溉稻田24公顷；有山塘9口，分布在黄沙坪和木里等村，库容15.6万立方米，可灌溉稻田65公顷；有溪坝5处，其中都良田1处、关田山2处、柳甄1处，单个蓄水量200立方米左右；有提灌机械133台486千瓦。2001年，旱涝保收面积190.3顷，机电排灌面积145.5公顷，有效灌溉面积340.7公顷，占水田面积47.2%。2014年4月，投资10万元，历时2个月新建木里村小山塘，可蓄水5万立方米，灌溉稻田24.67公顷；5月投资10万元，历时3个月新修官上坪村小山塘，可蓄水50立方米，灌溉稻田5.33公顷。

村镇建设

2012年，投入资金120万元，建设太阳能站35个，沼气池150口。2013年，投资10万元建设乡政府便民服务大厅。是年，根据湘西州城乡同建同治工作要求，发放同建同治宣传资料3000份，签订“门前三包”责任书1000份，发放垃圾桶2030个。全乡9个村3个乡直单位划分为36个责任片区，聘请保洁员48人，投入资金20万元。全乡环境卫生得到明显改善。2014年，投入60万元，建成木里乡农村客运站。实施占地面积1650平方米30套乡政府公租房建设工程。是年，加大城乡同建同治推进力度。乡政府每月开展两次自查评比打分活动。由县财政出资聘请保洁员33人，确保全乡33个自然寨都有一名保洁员。同时，开展“查非纠违”（查处非法建房、违法用地）工作，制止乱占乱建私房行为，集中拆除1处、填埋12处“两违”建筑，严禁占田建房。

社会事业

教育

1951年，在乡政府所在地设立木里小学，1968年，设立木里学区初中部。1996年，湖南省民委建万溶江小学。1997年，县财政局建官上坪小学。1998年，县审计局建七都树小学。1999年，广州军区在柳甲村建“八一”希望小学。2001年，省新闻出版局建关田山希望小学。是年，木里学区九年制学校初中部，由广州军区司令部捐资100万元援建，更名为“八一”希望中学。2012年，木里学区初中部撤销。2013年，州交通局建新桃希望小学。2014年，全乡8个村有村小在校生784人，教师53人。

文化

木里乡文化站建于1986年，配正式文化辅导员1人。该乡文化底蕴深厚，各村各寨都有狮子队，逢年过节都有表演。全乡有10个文艺表演队，每队20人。2013年，首次举办苗族文化艺术节，吸引四方来客1.5万余人。2014年，举办第二届苗族文化艺术节，吸引周边苗族群众2万人。是年，文化广播综合服务站投入1万元，为7个村发放广播喇叭、功放机8套；对新桃村、黄沙坪村发放村村通广播电视器材20套，维修无线卫星电视接收器6台。

医疗卫生

1967年，木里公社设卫生院，有病床2张，医务人员2人。1990年，县卫生局投资10万元修建门诊部、住院部，面积达到300平方米。医务人员增至5人。2001年，分出防保组、医疗组，有病床8张，医务人员增至7人；每个村都配备防疫专干，个体诊所1家，医务人员2人。2014年，全乡新农合参合人数9767人，参合率93%。

社会保障

1998年，实行城乡居民最低生活保障制，将“五保”老人纳入城乡居民最低生活保障对象，实行全额低保。农村每人每月最低生活保障标准98元。2006年，投资40万元新建的敬老院投入使用，当年入住19人。2012年，发放低保金80多万元。2013年，城市低保人平月补助由230元增加到251元，农村低保人平月补助由98元增加到110元，全乡享受农村低保512户1064人，城镇低保26人，发放低保资金112.7万元；“五保户”32人，发放“五保”资金7.3万元；医疗救助29人，救助资金3.7万元，双定优扶对象30人，优抚资金8.5万元；完成农村特困户“安居工程”20栋。2014年，农村低保户510户1065人，城市低保26人，发放低保资金49.8万元；为“五保户”31人发放“五保”资金3.5万元；为优抚双定对象29人发放生活补助5.45万元；为退役士兵24人发放生活补助7800元。是年，新农保参保人数增加，征缴参保基金39.2万元，参保率88.6%。

特色地情

历史人文

关田山古苗寨　木里著名民俗游景点有关田山古苗寨。该苗寨位于国家历史文化名城——凤凰县境内，国道209旁，交通便利。是湘、鄂、黔、渝自驾车旅游、各大旅行社组团加点的最佳旅游地，是《边城》《湘西剿匪记》《血鼓》《血色湘西》在凤凰唯一外景拍摄地，也是《湘西往事》《湘女萧萧》《神枪血恨》等众多著名影视剧的外景拍摄地。

关田山古苗寨原始古朴，依山而建，山上怪

村中巷道（龙生武摄于2017年7月26日）

石嶙峋，树木皆有数百年树龄，有上百座土砖房屋，保留最初建筑风貌，掩隐林中，不受外界侵扰，犹如世外桃源。关田山古苗寨是凤凰县保留最完整、最原始的土石墙建筑群之一；是凤凰的神秘之地，有“神仙”地下山泉水，灌溉稻田；是湘西出产“贡米”基地之一。

民俗风情

木里乡是有名的苗族“武术之乡”。苗族武术是苗族群众健身活动的主要项目。木里乡木里村龙启勋是县级非物质文化遗产传承人，深谙苗族武术套路。龙启勋十二三岁时在伯父和其父言传身教之下，开始学习苗族武术。“文化大革命”期间，苗族武术虽然受到封禁，龙启勋仍在户外山野偷学偷练。改革开放后，他于1982年云游吉信、拉务等地及吉首、泸溪、麻阳等县市“教堂子”（武术培训班），收授徒弟100多人，其中得其真传的有龙旭东、龙向东等人。龙启勋传承苗族武术30余载，熟练掌握苗族武术的各套拳法，收藏的相关器械有棍、锏、棒棒烟袋、钩钩刀、连枷棒、竹条镖、鞭、刀、剑、斧、矛等十余件原始兵器，是凤凰县有名的苗族武术传承人。

（撰稿人：傅群林）

麻冲乡

“麻冲”因此地是一条大山冲，居民绝大多数为麻姓，得名麻冲。2011年，麻冲乡老洞村被列入第一批中国传统村落名录。2014年，麻冲乡竹山村被列入第三批中国传统村落名录。

区域概况

位置面积

麻冲乡位于凤凰县西南边陲。东南与都里乡隔河相望，西南同落潮井乡毗邻，东北与千工坪乡相连，北部同山江镇接壤，西部与贵州省铜仁市交界，区域面积53.2平方公里，距凤凰县城38公里。

建置沿革

清康熙三十九年（1700）设立凤凰厅时，系苗寨地。民国25年（1936），全县设17个乡（镇），乡以下为保甲制，属务本、崇礼乡。1950年属凤凰县第三、第二区。1952年4月增设3个区，以农会（或大村寨）建新乡扭仁、咱轮，属第二、第三区。1956年7月撤区并乡时建立麻冲乡，12月隶属阿拉办事处。1958年10月，撤销办事处、基点乡、乡镇建制，与板畔乡合并为太阳坪人民公社，社址设板畔。1961年3月，太阳坪公社并入山江公社后又分设麻冲公社，社址上麻冲。1961年9月恢复5个区公所建制后，隶属山江区。1980年11月恢复麻冲公社管委会。1981年12月，所辖杜田、大坪大队更名为猴子坪、老洞大队。1984年1月，公社改乡制，为麻冲乡。

行政区划

民国25年（1936），分属务本乡（辖15个保）、崇礼乡（辖10个保）地。1950年11月，辖农民协会、农民协会小组。1953年建新乡时，属于二区。1958年10月，属板畔公社（包括麻冲、板畔二乡）辖7个大队。1961年3月，麻冲公社分设，辖上麻冲、下麻冲、栗坳、高通、扭仁、茶坪、竹山、翻身、大坪、登高、吉枪、杉木、扭光、杜田14个大队。1981年12月，杜田大队更名为猴子坪大队，大坪大队更名为老洞大队。1984年1月，改社建麻冲乡后辖14个建制村（名同原大队）。1990年5月，从栗坳村分出塘垅村，从登高村分出榔木坪村。至2014年，全乡辖上麻冲、下麻冲、栗坳、高通、扭仁、茶坪、竹山、翻身、老洞、登高、吉枪、杉木、扭光、猴子坪、塘垅、榔木坪16个村，下设72个村民小组。

人口民族

麻冲乡原居民为苗族。1990年，全乡2090

户，人口10288人，全部为少数民族。1995年，2301户10755人，其中土家族6人，苗族10748人。2001年，全乡2138户人口11380人，其中苗族人口占99.9%，农业人口11290人，年人口自然增长率6.5‰。2005年，全乡2550户11410人，其中土家族7人，苗族11383人。2014年，全乡辖3022户12606人，少数民族人口12602人，其中苗族12582人，土家族18人，分别占总人口数的99.8%、0.14%。

自然环境

境内西北高东南低，群山起浮，多天坑和漏斗，最高海拔941.9米，最低海拔512米，一般海拔在400～720米之间。属中亚热带向北亚热带过渡的季风湿润气候，年均气温14.6℃，无霜期276天，年均降水量1300毫米。主要山脉有登高山脉、九连山山脉。乡域小溪流较多，乌巢河半包围乡境，自东北绕入乡境西流到八仙过海山处折转向东南入长潭岗水库汇入沱江，流长39.9公里。地下水资源可利用量为1384.4万立方米。境内矿产资源主要有石灰岩、朱砂矿、汞矿等，地质储量1.5万立方米，可采储量5600 立方米，集中分布在杜田一带。

经济发展

经济综述

20世纪80年代，麻冲乡经济是以传统的农业种植为主，经济收入低下。1989年，全乡财政收入38.35万元，农民人均收入321元。90年代，农业经济结构逐步调整，以烟叶为主的经济作物得到发展，经济收入有所提高。1999年，全乡财政收入63.07万元，农民人均收入增加到542元。2002年，乡内40%劳力外出务工，农业劳动力减少，加之烟叶收购价格波动影响，烟叶发展停滞不前，全乡经济结构发生变化，外出务工收入占全乡经济收入2/3。2006年年末，全乡财政收入110万元，农民人均纯收入890元。2014年，全乡农业产值542万元，同比增长11.4%；农民人均收入3340元，同比增长47.7%。

农业

种植业 20世纪80年代，乡域种植业以种粮为主，品种单一，主要粮食作物有水稻，其次为玉米、红薯等，主要油料作物有油菜等。1991年，发展烟叶367公顷，亩产65公斤，产量357吨，实现销售收入256万元，人均增收入100元。烟叶成为麻冲乡脱贫致富的支柱产业。1998年，全乡16个村烟叶种植面积有210公顷，烟叶产量236吨，比1991年产量有所下降，但由于加大科技投入，烟叶升级提质，当年实现销售收入236万元。2007年，借力移民政策实施，在竹山、茶坪、扭仁3个移民村，大力发展以懒汉梨为主林果业，种植懒汉梨20公顷。2013年6—7月，全乡遭受多年不遇的旱灾，85%农作物绝收，粮食产量跌入低谷。2014年7月15—20日，全乡连日遭遇大到暴雨，166公顷粮食作物受灾。是年，推进现代农业产业园建设，投入20万元，建成20公顷的猕猴桃产业园。是年年末，全乡粮食产量3272吨，农业产值542万元，农民人均收入3340元。

林业 2003年，麻冲乡启动退耕还林工程，主要树种为马尾松、杉木。至2009年，全乡退耕还林面积529公顷，涉及全乡16个村1360户农户，发放退耕还林补助款98528.15万元。2014年，巩固退耕还林成果，全乡16个村安排护林员16人，全乡无乱砍滥伐现象，森林火灾发生率为零。全年发放退耕还林补贴23.28万元。

养殖业 乡域养殖业以鸡、鸭、猪、羊、牛为主。2001 年，全乡生猪出栏 5000 头，出栏牛 600 头，出栏羊 1000 只，出售家禽 1.2 万余羽，年产值 300 万元。2010 年，主要养殖村有力坳、竹山、下麻、茶坪 4 个村。2012 年，有养殖大户 8 户，年出栏生猪 5100 头、羊 610 只。2014 年，扩展到 12 户，养殖品种仍以猪羊为主，年出栏生猪 5216 头、羊 550 只，养殖业收入 43.8 万元。

工业

民国末期，境内建有朱砂加工厂，位于杜田村 4 组，后因产品销路不畅等原因，朱砂加工厂关闭。2001 年，全乡有 5 家小规模个体制砖厂，4 家家庭作坊式面条、粉丝加工厂，产值 42 万元，利润 4 万余元，有从业人员 26 人。2014 年，初具规模的个体砂石加工厂有力坳村砂石、混合砖加工厂、杜田村混合砖加工厂、竹山村砂石加工厂，从业人员 16 人，年产值 124 万元。

商贸服务

麻冲有农贸市场一处，场期为农历四、九日，每场赶场人数 2000 余人。主要交易鸡、鸭、鱼、肉、蔬菜、水果等农副产品和居民日常生产生活用品。农贸市场于 1984 年动工建设，征地 1.4 公顷，投资 30 万元，建有服装、布匹、针织、蔬菜果品、肉类、有畜牧交易等摊位。2001 年，有农民进市场经商 20 户，建成商铺楼房 13 栋，建筑面积 5000 平方米。2009 年农贸市场改扩建，2010 年竣工，新市场建设投入资金 100 万元，占地面积 1525 平方米，有固定摊位 74 个，店面 46 个，设临时摊位 89 个。2014 年全乡个体商户 65 户，从业人员 151 人，营业收入 1222 万元。

其他产业

旅游业 2000 年，境内有老洞苗寨、神龙谷、卧龙峡、乌龙山 4 个乡村旅游景点，2005 年，老洞古苗寨率先对外开放。2006 年，推出竹山“神龙谷”景点，2008 年，再次推出栗坳“卧龙峡”景点。2009 年，扭光“乌龙山”景区建成对外开放。2012 年，全乡四大景区接待游客 5.2 万人次，门票收入 470 万元，旅游收入 340 万元，实现利税 40 万元；直接从业人员 300 人。2013 年，为配合县人民政府规范、整顿旅游秩序，各旅游景点相继停业整顿，旅游业的发展处于休整状态。

劳务输出 2005 年，全乡 16 个村劳务输出 4905 人，主要分布于浙江、广东一带，多以男性为主。2011 年，劳务输出 5424 人，行业也从单一建筑业扩展为多元化服务、生产、经营等，全年劳务收入 1488 万元，占全乡经济收入 40%，农民人均纯收入同期增加 120 元。2014 年，全家外出务工现象增多，全乡外出务工人数达到 5989 人，主要分布在浙江、广东、福建等沿海地区，全年创劳务收入 3246 万元。

建筑业 2012 年，全乡建筑队 12 支，年创收 65.9 万元。2013 年，有建筑队 18 支，年创收 74 万元。2014 年，全乡建筑队 23 支，年创收 99.4 万元。

基础设施

交通运输

1969 年，山（江）麻（冲）公路建成通车，经上麻、杜田、杉木、扭光 4 大队，全长 24 公里，砂石路面。2007 年，麻（冲）落（潮井）公路建成通车，经上麻、下麻 2 村，全长 11.9 公里。2008 年，硬化为水泥路面。是年，千（工坪）麻（冲）公路建成通车，经上麻、塘垅、力坳、老洞、翻身、竹山 6 村，全长 21 公里。是年，修建乡客运站；修通榔木坪通村公路 1.7 公里；新修吉枪通村公路4.5公里；修通扭光村三组、五组公路4.5公里；修通杜田五组公路1.5公里；新修竹山三组公路3.2公里；修通竹山四组公路1.5公里；修通下麻三组公路1.5公里。2009年，水泥硬化山麻、千麻公路；竹山、翻身、老洞等11个村公路硬化竣工。2010年，修通杉木村三组的通组公路；完成上麻村村道硬化工程，全长2.1公里；完成下麻村村道硬化工程。2011年，相继修通塘垅村1.5公里的通组公路和栗坳村0.5公里的通组公路。2014年，完成下麻、塘垅、扭光、吉枪、登高、椰木、杜田7个村公路硬化11.205公里；新修扭仁、高通、栗坳3个村通组公路2.7公里；完成上麻、下麻、高通3个村村道硬化4963米；完成茶坪、竹山2个村公路整修3.6公里，先后投入资金862.8万元。

邮政通信

20世纪50年代，通老式手摇电话。2000年，投资800万元装程控电话。2001年年底，全乡装电话102部，上麻村通程控电话，全乡有手机12部。2007年，新增老洞村和翻身村的移动基站，全乡移动信号覆盖率95%。2010年，建成辐射全乡的移动通信塔，全乡16个村通电话。2014年，电信、移动、联通信号全覆盖。电信、移动、联通手机持有率分别为26%、70%、4%。

供电饮水

供电 20世纪60年代，境内有水电站一座，位于栗坳村卧龙峡谷下，仅为村内供电，电价为0.2元/千瓦时。70年代，全乡16个村先后通电，有两条输电线路：一条输电线路由都里乡变电站供电，覆盖竹山、翻身、老洞、椰木、登高、塘垅、栗坳、高通、扭仁、茶坪10个村；另一条输电线路由落潮井乡变电站供电，覆盖下麻、上麻、杜田、扭光、吉枪、杉木6个村。2011年，全乡16个村实施农网改造工程。2013年，农网改造竣工并投入使用，电价下调到0.6元/千瓦时。2014年，全乡居民用电量280.98千瓦时。

饮水 境内有大小古井52口，为纯天然泉水。20世纪90年代末，居民用水全靠肩挑背负。2001年，个别村农户自筹资金购置水管引水。2003年，栗坳、上麻、杜田、扭仁、竹山5个村自筹资金引水入户，受益人口800户4600人。2009年，实施茶坪村人蓄饮水工程，解决全村158户700人饮水困难。2013年，上麻村自来水入户安装工程竣工，240户1600人用上安全放心自来水。2014年，投资31.7万元维修扭仁、竹山、上麻3个村水井，基本解决麻冲乡村民生活用水难题。

水利建设

境内有大小溪河5条，总长17公里，其中乌巢河流经6个村，因河床地势较低，引水困难。后修建小（2）型水库3座，分别是锡皮1库、锡皮2库、大坪水库。锡皮1库、2库位于扭光村三组，灌溉稻田200公顷。1958年，建成锡皮1库，均质土坝，库容96.3万立方米。1965年，建成锡皮2库，库容72.6万立方米。1966年，在大坪大队建成大坪水库，库容94.5万立方米，灌溉稻田34公顷。1980年，有水库3座、山塘8口、溪坝49处，安装抽水机19台、水轮泵3台。2001年，机电排灌面积121.4公顷，有效灌溉面积419公顷，占水田面积78%。2007年，加固排险锡皮水库和大坪水库。同时新修竹山村灌溉渠道6公里。2011年，维修扭仁村水渠1.5公里。2014年，投资98.4万元，维修、硬化上麻、老洞、翻身、茶坪4个村水渠4.164公里；投资20万元完成上麻、下麻2口山塘建设。

村镇建设

2010年，乡政府成立整脏治乱工作小组，开展全乡“脏、乱、差”整治工作。2013 年，开展城乡同建同治工作，投入资金 40 万元，修建垃圾围 9 个，垃圾焚烧炉 1 座，发放宣传资料 6218 份，发放垃圾桶 5680 个，聘请保洁员 50 人，发放保洁员补助 13 万元，全乡环境卫生得到改善。2011 年，水泥硬化上麻村农贸市场地面及街道，新修排水沟 3500 米。2012 年，老洞村被列入首批传统村落名录。2014 年，竹山村被列入第三批传统村落名录。是年，在上麻村街道两旁安装太阳能路灯 30 盏。

社会事业

教育

凤凰县麻冲乡九年制学校原名麻冲完小，始建于 1955 年。1977 年，创办麻冲中学。2001 年，全乡有中学 1 所，学生 78 人，教师 16 人；完小 1 所，村小 15 所，学生 1581 人，教师 59 人。是年 9 月，麻冲完小、麻冲中学合并为麻冲九年制学校。2006 年，国家在西部地区推行农村寄宿制学校建设，学校得到改扩建，扩建后校园面积达到 8595 平方米，建筑面积增加 5715 平方米。2006 年，教育布局开始调整，乡境村级初小撤销，下麻、杜田、塘龙 3 所小学并入乡完小；岩洞小学并入竹山小学。2008 年，扭光、九连山 2 所小学并入乡完小。2010 年，登高小学并入乡完小，椰木小学并入大坪小学。2011 年，林坳小学撤销并入乡完小。2014 年，麻冲九年制学校有老师职工 72 人。全乡有中学 1 所，学生 204 人，小学 8 所，学生 575 人，幼儿园 1 所，入园幼儿 86 人。

文化

2010 年，文化广播站建设竣工并投入使用，有工作人员 2 人。16 个村建有农家书屋，每个农家书屋存书 2000 册。广播电视实现村村通。另有花鼓、苗歌、龙灯、唢呐等业余文艺队伍 5 支。其中杜田村花鼓队 20 人，平均年龄 50 岁以上，服装统一，银饰齐全，每年都会参加县举办的“四月八”“六月六”等传统文化活动。栗坳村有着优良的民族民间文化，龙灯和道师是该村民族民间文化的代表，龙灯起始年代久远，影响广泛，20 世纪 90 年代末，曾沉寂一段时间，2014 年重整旗鼓，组建 22 人龙灯队伍，于节日期间四处表演，再现往年龙灯风光盛况。椰木坪村有远近闻名的苗歌师龙求金，现年 70 岁，通熟嫁娶、乔迁、节庆等各类苗歌。

医疗卫生

2005 年，乡卫生院有医务人员 6 人，有病床 11 张。2007 年，投资 32 万元建成乡农村合作医疗门诊综合楼。是年，全乡实施新型农村合作医疗，缴费标准为 10 元 / 人，随后几年，缴费标准从最初的 10 元 / 人提高到 20 元 / 人、30 元 / 人、50 元 / 人、60 元 / 人、90 元 / 人。2013 年，缴费人数 8812 人。2014 年，缴费标准 90 元 / 人，缴费人数 10659 人。各村建有村卫生室，有村医 16 人。

社会保障

2007 年，境内实施低保政策。2009 年，乡敬老院竣工并投入使用，有“五保”供养人员 29 人。2010 年，国家实施“两项制度”（农村低保、扶贫）、扶贫建房扶持政策，全乡有 412 户 1634 人享受扶持资金 65.36 万元。2011 年，乡内实施农村养老保险制度，当年，60 周岁以上农村居民可领取每月 50 元标准养老金。2014 年，全乡参加农村养老保险，缴费 4227 人 42.15 万元，领取农村养老金 1711 人，全乡纳入农村低保的有 469 户 1190 人。

特色地情

历史人文

传统村落 老洞村是最原始的苗寨，而且是保存相对完整的历史古村寨。老洞村2000年开始通电，2004年通车，2005年对外开放。老洞古寨修筑寨墙把整个古寨围了起来，整个建筑群为九宫八卦布局，建筑群设计精巧，一栋连一栋，长达600多米，且古寨内攻防体系和排水系统完整，寨内巷道纵横交错，似通非通，家家相通，户户相连，似连却断，似通却闭，巷道两边房屋的高墙隔断，两边高墙内枪口密布。此处有全国保存最完整的八卦阵，石头石板建筑、麻家宅院建筑群。在古寨范围内，有文物价值的就多达20处，主要有陈渠珍公馆、麻家大富豪麻家宅院遗址和万担晒谷坪遗址、中国人民解放军第二野战军四十军代表与陈渠珍秘密会谈遗址、麻家祠堂、麻参谋故居、苗家土地庙、碾房、青石板街、古吊井，以及湘西最后一个土匪头子“湘黔川鄂”反共救国军总司令龙膏如被活捉的遗址等。2003—2010年先后有中央电视台、上海东方卫视、湖南卫视等多家媒体对老洞苗寨的人文历史做过详细播报。

扭光村位于凤凰县麻冲乡西北部，距凤凰古城28公里，是一个纯苗族居住村。东、北与杉木村、山江镇的樟坡村接界，南与杜田村接界，西与贵州省松桃县的瓦窑乡隔河相望，全村有5个村民小组。村内山清水秀，明清历史民宅建筑群保护完好，苗家文化历史悠久，民风古朴，是凤凰县目前少数民族传统民宅建筑群保护最完好的村寨。由于该村在清末至民国先后40年间被土匪抢劫18次，因此得名“扭光”，意为抢光劫光的意思。村内有保护完好的92栋土石房建筑群，道路多为石板路，穿叉于各建筑群内，相连于各家各户。村内有数人合抱的世界最大珍稀名树——古红木树8株。有著名景区乌龙山，是《乌龙山剿匪记》故事的发源地，位于湘黔边界算深山峡谷之中。此处人迹罕至，至今较好地保存着原始生态风貌。景点主要由乾山仙柱、坤山玉女洞、夫妻观景岩、五子峰、乌龙洞、练功台等，均由怪石、悬崖、石柱、奇峰构成，还有蜿蜒秀丽的乌巢河峡谷、乌龙山龙马瀑布、梯子坎瀑布和乌龙洞清泉。景区内有一个叫“百啸洞”的地方是中国人民解放军第四十七军部队剿灭土匪的地方，至今洞内还有死人的头骨和废弃的子弹壳、子弹夹等。

风景名胜

卧龙峡景区 卧龙峡景区坐落在麻冲乡栗坳村大峡谷内，位于凤凰县西部湘、黔、渝三省市交界处，距凤凰古城28公里。卧龙峡以险、奇、峻、秀而著称，两崖峰峦重叠，山高水险，谷中美景成群，如峡谷中有百余米高的水声如雷的飞谷瀑布，百米悬梯一线天，有远古传奇的卧龙山，有500余米高的万仞绝壁群和卧龙潭，有龙虎头巨石的绝世奇观。据传苗族祖先尤战败后，后裔麻成武带领其中一个部落在此峡谷中居住，死后葬在卧龙山顶，在明洪武九年兵过此地，地理哲学家刘伯温预言，此地为三水汇聚、龙虎相会之处，要出天子争夺江山，洪武下令将此龙脉用铜刀斩杀，龙被斩伤后退居卧龙潭而得名。

（撰稿人：麻生英）

两林乡

区域概况

位置面积

两林乡位于凤凰县西北部。东与凤凰县柳薄乡、禾库镇相连，南和凤凰县腊尔山镇毗邻，西同贵州省松桃苗族自治县的长坪乡、世昌乡交界，北与花垣县雅酉镇接壤。区域面积 72.84 平方公里，乡治两林村，距县城 46 公里。

建置沿革

“两林”因古时此地山上有大片栗树和马尾松，得名林林，因有两林之意，改名两林。清康熙三十九年（1700）设立凤凰厅时，系苗寨地。民国 25 年（1936），全县设 17 个乡（镇），乡以下为保甲制，为兴德乡。1950 年属凤凰县第五区。1952 年 4 月增设 3 个区，以农会（或大村寨）建新乡两林、板如等，属六区，1956 年 7 月撤区并乡时为两林乡，8 月隶属腊尔山办事处。1958 年 10 月，撤销办事处、基点乡、乡镇建制，与腊尔山乡合并成立腊尔山人民公社，社址设在夺希。1961 年 9 月恢复 5 个区公所建制，增设两林公社，以驻地两林命名，隶属腊尔山区。1984 年 1 月，公社改乡制，为两林乡。

行政区划

民国 25 年（1936）称兴德乡，辖 9 个保。1950 年 11 月辖农民协会、农民协会小组。1953 年建新乡时，属于六区。1956 年 7 月，撤区并乡时隶属腊尔山办事处。1958 年 10 月，属腊尔山公社（该公社辖 8 个大队）。1961 年 3 月，两林公社辖两林、板交、禾当、高岩、凉井、叭歌、代高、板如、岔河、苟冲、板井、板当、高果 13 个生产大队、85 个生产队。1984 年 1 月改社建两林乡，苟冲村更名吾斗村。全乡辖 13 个建制村（名同原大队）和 74 个村民小组。1991 年，两林村分设为两林、苟拐两个村。至 2014 年，全乡辖两林、苟拐、板交、禾当、高岩、凉井、叭歌、代高、板如、岔河、吾斗、板井、板当、高果 14 个村，下设 79 个组。乡政府驻两林村。

人口民族

两林乡是纯苗族聚居乡。1950 年，全乡辖 1450 户 4530 人。1961 年，全社有 1652 户 5097 人。1962 年，有 1567 户 5167 人，其中男 2413 人、女 2754 人。1979 年，全社有 1829 户 8759 人。1985 年，全乡有 1872 户 9498 人。1990 年，有 2223 户 10770 人。1995 年，共 2381 户 11266 人，其中土家族 15 人，苗族 11251 人。2000 年，有 2583 户 12016 人，其中

土家族271人，苗族11745人。2005年，共3021户12065人，其中土家族27人，苗族11920人。2014年，全乡有3350户，总人口14962人，少数民族人口14755人，其中苗族14720人，土家族28人，分占总人口数98.38%、0.19%。主要姓氏为龙、隆、石、吴、麻等，其中龙姓人口数量最多，约占人口总数的30%。

自然环境

两林乡地势西高东低，起伏不大，属中山山原区。地貌为典型丘陵地，岩溶地貌发育，溶蚀洼地，漏斗成群，阴河暗流较多。以黄沙土为主，局部地区有黑沙土。一般海拔700~900米，最高点板当村梳子坡海拔1120米，最低处叭歌村沱江河源头海拔735.4米。属中山亚热带山地季风湿热气候，冬寒夏凉，年均气温13.5℃，年降水量1300毫米，无霜期240天。森林覆盖率53.6%，其中木本树种49科257种，人造林马尾松占80以上，野生药材有何首乌、山药、金银花、板蓝根等。

经济发展

经济综述

20世纪70年代，两林乡以传统农业经济为主。1981年，全乡粮食产量3664吨，农业作物以水稻、玉米等粮食作物和黄豆、油菜等油料植物为主；经济作物以烟叶为主。1990年，全乡收入532.31万元，比1985年增加280.58万元，增长111.5%。农民人均纯收入364元，比1985年增加141元。1992年，发展杜仲、黄柏等药材产业和油桐等经济林。1995年，全乡经济收入785万元。农林牧渔业产值1110万元，农民人均纯收入466元。2000年，全乡农林牧渔业产值1122.14万元，农民人均纯收入365元。2003年，引种金银花。2005年，全乡居民储蓄存款余额200万元，农民人均纯收入822元。2007年，发展蔬菜，大梨枣、爱宕梨。2011年，发展核桃产业和黑猪及湘西黄牛养殖业。2013年发展杜仲。2014年，全乡农村产业结构调整，初步形成烟、菜、药、果、牧五大产业格局。全乡农业产值6722万元，其中烟叶产值700万元，蔬菜产值450万元，畜牧产值301万元，农民人均纯收入1990元。

农业

种植业 乡内主要粮食作物有水稻，次为玉米、红薯、马铃薯等；主要经济作物为烤烟、油菜等；果木主要有李、梨、板栗、桃、核桃、枇杷、枣等。农产品因生长期较长，品位要高于低海拔地区。1968年，开始种植烤烟，产烟叶56公斤。1980年，种植草烟11公顷。1985年，种植烤烟134公顷，年产干烟100吨。1987年，种植烤烟200公顷，年产干烟103吨，主要品种为长白黄，由供销社收购。20世纪90年代，开始种植K326等烤烟新品种，草烟种植退出市场。1990年，大面积推广杂交水稻品种以及“双两大”、薄膜育秧等先进农业技术，全乡粮食产量4415吨。是年，开始规模化人工栽植杜仲和黄柏26公顷。1992年，两林村龙兴顺创办两林药场，栽植黄柏、杜仲20公顷。1993年，薄膜育秧和“双两大”育秧面积589公顷，占全乡水稻面积87.86%。全乡有梨树2900株、李树5800株、桃树1770株、核桃620株。1994年，杂交水稻面积914公顷，占全乡水稻种植总面积的92%，全年粮食产量4060吨，人均382.5公斤。1998年8月11日，发生特大水灾，受灾稻田118公顷，年末水稻产量3250吨，比上年减产112吨。1999

年，州烟草公司在凉井村实施优质烟叶种植项目，全村开发烟叶项目因气候原因失败。2002年，全乡发生大面积水稻育秧阶段烂种情况，当年减产。2003年，吉首市人李成周、李文从隆回县引进金银花“金翠玉”“金翠蕾”品种，在板当村3组租地14公顷试栽。2007年，湖南金丰公司入驻两林，采取公司提供种子、技术指导，由农户分散种植，公司负责回收的方式，在凉井、两林、吾斗、高果等村开发辣椒产业20公顷。2009年，新建湘西4号密集式烤房60座，高岩村、两林村、高果村建立标准化烟叶烘烤基地，全乡烟叶栽植250.6公顷，出现龙炳光、龙树银、龙福江等烟叶栽植面积超过6.7公顷以上大户5户；引进湖南久源公司在高岩村、禾当6组租赁承包土地种植烟叶与药材（何首乌、莪术），实施“双千工程”（即烟叶与药材面积分别达到一千亩），全乡交售烟叶466吨，烟叶收入700万元，缴税60万元。是年，成立两林乡金银花合作社，板井村党支部书记吴云昌任合作社理事长，共有成员13人。2012年，在高果、吾斗等村新建密集式烤房80座，建代高烟叶育苗工场；在凉井等村建立烤烟育苗大棚37个；吉首老爹公司在板交、吾斗、农垦场交叉地连片开发杜仲200公顷，建立“两林杜仲产业观光园”，采取“大户带动、基地示范、奖补支持”的方式，成立“凤凰县两林乡三山杜仲种植专业合作社”，栽植以产果为主，果、皮、叶兼用型的“华仲1号”和“华仲2号”杜仲品种；是年金银花价格下滑，金银花产业发展停滞不前。板如村唐生宝开发猕猴桃12公顷。2014年7月14—17日，全乡遭受特大洪灾，农作物受灾共计626公顷，水稻减产665吨。全乡种植烟叶300公顷，收购烟叶265吨，烟叶收入600万元。高果村龙炳光开发红心猕猴桃14公顷，吾斗村龙占金开发红心猕猴桃6.7公顷。慈利柴丛玉在吾斗、高果流转土地84公顷，开发白菜、萝卜等蔬菜。是年，成立两林乡高山蔬菜种植农民合作社，建成吾斗高果片、两林禾当片两个面积67公顷以上的高标准蔬菜种植示范基地。

林业 1990年，两林实施“消灭荒山三年规划”，全乡开展大规模人工造林和封山育林。1991年1月18日，全县造林现场会在两林召开。1992年，实施飞播造林，在苟拐、岔河、禾当、高岩村播种造林340公顷。人工造林105公顷294533株，其中黄柏48公顷、杜仲11.4公顷、马尾松34公顷、刺槐11.4公顷。1993年，新造338公顷用材林、40公顷经济林，药材开发14公顷。飞播造林336公顷，封山育林87公顷。2002年，在两林、高果、禾当、岔河4个村及农垦场实施退耕还林145公顷，主要树种是杉树、榉树。2003年，在板交及农垦场落实退耕还林101户76公顷。2005年，在板交、板如、代高、吾斗、板当、农场等村落实退耕还林210户面积81公顷。2009年，全乡退耕还林涉及10个村、1个农场、855户，发放退耕还林补贴57062.5元。2010年，林权制度改革发放林权证面积3194公顷，发证率98.78%。2014年，全乡共有退耕还林417公顷，涉及855户发放退耕还林补贴775850元，公益林624公顷，发放公益林补贴136155元。

养殖业 乡内养殖业以猪、牛、羊、鸡、鸭、鹅、鱼为主。20世纪60年代因当时余粮不多，猪羊禽等饲养量不大。1963年，全乡耕牛饲养1242头，猪1379头（集体所有150头、农户散养1229头），羊910只，家禽2113羽。1983年，境内耕牛饲养2042头，猪3791头，羊1251只，家禽5612羽。以农户家庭散养为主，除4~5户养鸭专业户（养殖规模100~300羽）外，其他养殖品种的规模为2~10头左右，养鱼主要集中在大小坪、荀如、大老叉等水库以及部分稻田，以粗放式放养为主。1993年，板交黄牛开发项目实施，凤凰县畜牧局在板交一、二、五组喂养母黄牛5头。1997年8月，叭歌、荀拐、凉井发生耕牛炭疽病3起，死亡2头，焚烧1头。全乡紧急免疫耕牛2336头。2001年，县畜牧局在板如、代高开发草场54公顷。2003年，在农垦场建立养牛场，圈地20公顷种植牧草，发展黄牛和山羊养殖。2004年10月，叭歌村、凉井村发生高致病性禽流感，染疫家禽213只，扑灭136只，全乡实施紧急免疫，在雅酉镇友谊桥处设立两林、雅酉联合动物疫病监测点，疫情得到有效控制。2009年，在板交村4组建黑猪养殖场，引进桃源黑猪52头。2012年，建成两林村红苗黑猪养殖场，主要以繁殖仔猪为主，仔猪出栏后由本地农户饲养，育成生猪后由合作社统一回收。2014年，引进江口萝卜黑猪，喂养饲料以玉米、萝卜及青为主，其中青饲料主要是杜仲叶，形成绿色杜仲萝卜黑猪优良新品种。建成岔河福金养牛场、两林金海养牛场、两林玉军养羊场，年末全乡牲畜存栏6017头，出栏4986头。其中猪出栏2860头，存栏3242头；羊出栏823只，存栏1523只；牛存栏2334头，出栏221头；家禽存笼16876羽，出笼15078羽。畜牧业产值301万元。

工业

1964年，公社兴建岔河水电站。20世纪70年代，建打铁厂等。1979年，全乡有社队企业29家，职工90人，产值49604元，企业职工多以记工分形式领取报酬。1983年多数社队企业解散。1985年，打铁厂停产关闭。1990年，开发苹果山，主要栽植杜仲黄柏等药材和果木。1992年，两林村兴办酒厂、淀粉厂。1998年，全乡有打砂场5家，从业人数23人，年产值120万元。规模较大的有两林村的林新打砂场和岔河再江打砂场。2013年，依法关停4家无证经营打砂场。2014年，有林新砂场正常营运，从业人员5人，产值35万元。全乡有水泥砖厂8家，从业人员29人，产值421万元。有酿酒小作坊5家，从业人员8人，产值22万元。

商贸服务

两林农贸市场位于两林村内，早在民国时期就初具雏形，场期为农历五、十日。1992年6月15日，新建两林农贸市场，占地3300平方米，摊位300个；配套扩建硬化两林街道670平方米。1995年，扩建农贸市场，整修两林街道。两林市场逐渐繁荣，每场人数1800人，主要交易品种有肉、蛋、蔬菜、水果、饮食等农副产品和服装、电器等居民日常生活用品。整个农贸市场有固定摊位80个，临时摊位168个。两林街道有经营门面32个，主要有南杂零售店、小型超市、五金百货、饭店、修理、理发、网吧等服务行业。2013年，全乡个体工商户304户，年营业额532万元。2014年10月，两林农贸市场扩容提质工程启动。

基础设施

交通运输

20世纪50年代初，乡域主要运输方式为人力挑运，挑运路线有经腊尔山—沱江镇、当造—廖皋、禾库—吉首等。1955年，三拱桥—腊尔山公路和两林—腊尔山公路开始修建。1968年，两林—雅酉公路建成。1969年，修建两林—凉井—窝罗岩通村公路，全长4.83公里。1992年，州委宣传部扶持修通岔河通村公路，全长2.2公里。1994年，修建两林—板交（大小坪水库）简易公路，全长5.2公里，12月板如通村公路动工，全程2公里。1995年，修通板当公路，全乡实现村村通公路。是年，全乡有大小客货运输车81辆，年创收25万元。2000年，湘黔友谊公路（两林—松桃县长坪镇）开工建设。2001年，板交三、四组公路修通，全长4公里。2002年，修通板当二、三通组公路7.8公里。2005年，修通禾当六组至凉井学校公路、禾当一、二、四组通组公路，修通高岩—两林公路。2010年，扩宽三拱桥—腊尔山公路并改造为沥青砼砂路面，路面宽6.5米；完成板如村、板井村、两林村村路硬化建设8公里。2011年，修通板如七、八、九组通组公路，全长0.59公里；板井四组通组公路，全长2.18公里；高果七组追各曾通组公路，全长1公里；吾斗小学—两林左干渠公路，全长1.032公里。2012年，村道硬化2公里。2013年，完成板交、苟拐、禾当、岔河、板如、代高、板井、高果、吾斗、农场的通村道路硬化；村道硬化18.945公里；照山岭重丘四级的标准，完成7米宽水泥路面的扩宽体质改造。12月，网路连接公路（禾库镇平原—松桃县长坪镇一碗水）7米宽的水泥路面扩宽提质改造完成。2014年，完成两林—凉井—窝罗岩通村公路水泥路面硬化。是年，全乡有机动车184辆，其中线路客班车2辆，乡村公交车4辆，其他客运车辆（中巴、面的）38辆，私家车（小车）26辆，摩托车1730辆（其中三轮摩托车302辆、两轮摩托车1428辆）。

邮政通信

乡内信件报刊投递主要以腊尔山邮政所为主。1998年，开通程控电话，使用范围仅限于两林乡直单位、两林街道个体经营户，少数村民使用BP机。2000年，两林开设第一家网吧（婷婷网吧），采用的是拨号上网方式接入互联网。2002年，少数居民开始使用手机，但通信信号弱，村民大多使用无线固定电话。2005年12月，在两林村二组建成移动电话信号塔1座。2006年，光纤拉通，开始使用宽带上网，但仅限于两林街道，其他村只能使用无线网卡。2007年，在禾当村三组建立简易移动电话信号塔1座。2008年，在两林、吾斗、板如建成联通电话差转塔3座。全乡移动电话信号覆盖率90%，手机使用普遍。2014年，全乡手机普及率80%，宽带上网用户89户。

供电饮水

供电 1964年，政府投资兴建岔河水电站，电力主要供应两林村。1965年，岔河村、禾当村七组接德榜电站的电直至1970年。1987年，岔河村接柳薄乡禾排电站的电至2001年。1992年，两林、代高、高岩、叭歌村及两个工班（柳叭工班、高果工班）通电。1995年，政府投资新建板交三组微型发电站，电力主要供应板交三、四组。是年，凉井、高果、板当通电。2005年，龙关荣在岔河建发电站，全乡各村组通电。2006年，电力供应给雅酉镇电管站。2012年，禾当、高岩、高果、代高、两林、板井、叭歌、吾斗8个村完成农村电网改造。2013年10月，乡内由国家电网供电。全乡农电统一电价0.58元/千瓦时。2014年，全乡14个村农村电网改造全部完成。

饮水 两林乡的高岩村，禾当村六组，凉井村一、二、三、四组，板如村，板当村二、三组，吾斗村一组属于缺水的村组，全年均缺水天数30天。全乡的水井多属于群众自行挖掘的浅表自流井水，年代比较悠久的古井有36个。叭歌村5个组、代高村一组、两林村使用电排自来水供水。1998年，州广播局扶贫工作队援建叭歌自来水厂。1999年，建两林自来水厂，用水户232户。2011年，吾斗维修井水3口。2011年，投资40万元新修高岩、板当村8个集中供水水池。2013年，苟拐新建集中供水池2个，岔河3个。5月，两林自来水输水管网更新13.22公里。8月，投资1000多万元的大小坪集中供水工程在板交村二组动工。2014年，完成禾当自来水工程，供水211户，完成板井自来水工程，供水136户。

水利建设

1957年12月，境内修建首座小（1）型苟如水库，均质土坝，库容100万立方米。1959年10月开始蓄水，灌溉稻田167公顷。1959年7月，建成大老岔水库，库容49.94万立方米，灌溉稻田74公顷。1963年，建成边防水库，库容10.5万立方米，灌溉稻田14公顷。1964年10月，开始修建大小坪水库，为小（1）型水库，集雨面积5.9平方千米，设计库容854万立方米，1968年完工，因严重渗漏无法蓄水，1973年对水库堵漏防渗没有成功。1974年，建成农场水库，库容10万立方米，灌溉稻田8公顷。1976年10月，建成火烧坪水库，为小（1）型水库，库容102.1万立方米，灌溉稻田54公顷。20世纪70年代，有山塘36口。兴建代高、苟拐农田灌溉电排泵站，灌溉面积34公顷。1991年4月，编制大水坪水库堵漏防渗方案。1994年4月，完成坝基溶洞堵漏和防渗帷幕灌浆。1995年9月，开始修复筑坝。1999年，再次采取高压灌浆的方法成功堵住水库漏洞。实际蓄水752万立方米，灌溉稻田147公顷。至此，有苟如水库右干渠、大老岔水库灌渠和大小坪左干渠总长17.14公里。2001年，全乡有旱涝保收面积295.4顷，机电排灌面积215.4公顷，有效灌溉面积492公顷，占水田面积64.4%。2011年，投入德援资金200万元，除险加固苟如水库；投资85万元，修复苟如水库右干渠；同年11月，除险加固火烧坪水库。2012年，又投入德援资金315.03万元，除险加固大老岔水库，援建苟如泵站灌溉面积稻田11.4公顷；完成吾斗0.5公里、两林0.73公里、板井0.8公里的排洪水渠整修。2013年，德援办投资重建大老岔水库排灌泵站，灌溉稻田14公顷；维修代高村水渠1公里、板交村山塘水渠0.15公里、苟拐村大老岔水库泵站水渠0.15公里。2014年年底，全乡有山塘14口，可灌溉8口。是年，完成农场水库除险加固；整修板交二组排洪渠0.2公里、两林大老岔灌渠4.6公里、稿果灌渠2.5公里、吾斗灌溉支渠1公里。

村镇建设

2011年，移民局投入移民扶持资金7.5万元，实施户间道硬化。县工商局等完成二组通组公路硬化和一、二组户间道路硬化。2012年，全乡开展整脏治乱绿化行动，清除垃圾280余吨，拆除违章建筑3处。2013年，两林村（及街道）安装太阳能路灯72盏。是年6月，开展同建同治工作，与各村、乡直单位签订责任状18份，与村民签订“家庭门前三包”责任书1526份，拆除违法占道经营门面4个，清运垃圾80吨，发放垃圾分类桶7000个，垃圾箱50个，建立垃圾集中堆放处置场1个、村组垃圾围16个。2014年，全乡配备农村保洁员79人及道路保洁员4人，建成垃圾焚烧炉1座，新建成垃圾围15个。是年，完成两林小城镇建设规划和两林乡村庄建设规划。9月，两林乡政府旧房拆除，兴建干部公租房。

社会事业

教育科技

教育　民国时期，两林设私立学校1所。20世纪50年代，在寨子东南山包上（现两林政府所在地）设立两林村小学。50年代末，两林中学创办。1990年，两林中学教学楼建设开工。1991年，两林中学2400平方米的学生宿舍建成，经省、州教委验收认定为寄宿制学校。1994年，湖南省农业银行捐助15万元，为两林学区修建3层教学大楼1栋，共12间教室997平方米。1995年，两林完小兴建1栋建筑面积1000平方米的三层教学大楼，同年被列为全州100所希望小学之一。2013年，两林乡金苹果、欣辰两家民办幼儿园成立，入园幼儿46人。2014年，全乡有九年制学校1所、村小14所，在校学生1693人，其中小学生1352人(完小612人、村小640人)，初中生441人，教师93人（完小70人、村小23人），适龄儿童入学率98%，全乡四年级以上学生全部集中在两林九年制学校寄宿就读，“两免一补”政策全面落实。

科技 1989年，成立两林乡农业技术服务站。1974年，成立两林乡兽医站。1992年，兽医站用房建成。2010年，兽医站老兽医转为聘用制干部，两林兽医站更名为两林乡动物防疫站。1996年，成立两林乡农机管理服务站。2012年，乡镇机构改革把两林农技站、动物防疫站、农机站合并为两林乡农业技术推广服务站，有工作人员7人。1990年5月，全乡范围内实行大面积杂交水稻规范化栽培，公路沿线的村组采用拉线法或分厢填芯法栽植。1996年，推广能繁湘西黄牛品改，建立两林乡冷配站，品改重点在两林、苟拐村，其中两林26户63头，苟拐30户95头。2008年，湖南金丰公司入驻两林，采取公司提供种子、技术指导，由农户分散种植，公司以负责回收的方式开发辣椒、甜玉米等蔬菜，提高农户种植蔬菜的科技含量和优良品种使用，产量得到大幅度提高。2009年，新建湘西4号密集式烤房80座，每座烤房可烤烟1公顷烟叶，烘烤工序电脑控制智能化，减轻劳动强度提高效率。2009年，第一次测土肥方技术推广，全乡取土样点25个，主要检查土壤元素含量，检查结果为土壤钾、锌缺乏，有机肥偏低。2014年，取土样点49个，跟踪土壤各种元素变化，在土壤翻耕上推广机械化耕作，用旋耕机取代耕牛。

文化

1973年，成立两林电影放映队，为各村流动放映电影。1975年，架通有线广播。1984年，建成两林电影院和叭歌中心店电影院。1992年，设乡文化站。1993年，龙树山承包两林文化站放映录像。是年12月，湘西州委宣传部援建两林文化楼。2000年，电视地面接受机开始普及。2008年5月，两林街道拉通凤凰有线电视，发展有线电视用户30户。2011年，乡文化站建成，配置文化共享终端8台，另配有扬琴、鼓、唢呐、笛子、萧等乐器及投影仪等文化设备。2012年，由县文广新局主导，全乡建立14个农家书屋。2014年，完成国家广播电视“村村通”490户。两林的文艺表演队有苗歌演唱、花鼓（两林）、唢呐（高果）、舞龙（苟拐）、舞狮子（岔河）。苗歌腔调自成特色，有别于贵州腔调和山江苗腔。苗装、苗绣和银饰也很有地方特点，每逢“四月八”“六月六”“赶秋”等苗族节日，组织苗装表演队参加全县及周边县市举办的民族活动，获得各类奖项。两林本地的民俗文化活动主要有农历正月的玩年活动，每年农历正月初五、初十和十五举行，活动内容为龙狮队表演、苗歌对唱等。

医疗卫生

两林于1953年成立初级社时，吸收一批卫生保健员，这些人多为民间苗医师的传人或子嗣，本身有医学基础和行医经验，经过简单培训后开展卫生工作，部分卫生保健员后来成为赤脚医生。两林卫生院成立于20世纪50年代末。全乡农村合作医疗始于1968年，后因制度不完善，操作不方便，逐步解散。1990年7月23日，乡卫生院红十字会成立。1992年，兴建两林乡医院大楼，建筑面积1183平方米。2006年，实施新型农村合作医疗制度。2014年末，两林乡医院有医务人员6人，病床8张。全乡有退休赤脚医生16人，仍任村医14人。村卫生室14个。全乡参加农村新型合作医疗人数11065人，参合率80.24%。

社会保障

1987年，全乡有“五保户”8人。1989年，有“五保户”23人。供养方式采取分田和钱物救济两种。2006年，两林乡敬老院建成，入住“五保户”15人。2008年，完成扶贫建房72栋，国家投入资金2.1万元。2009年，全乡实行农村新型养老保险制度，全乡60周岁以上老人3052人，领得养老卡，每月享受55元养老金。是年7月，开展农村危房调查摸底工作，统计出危房731栋(其中D级117户、C级554户、无房户60户)，当年完成危房改造33户。2010年，农村危房改造36栋，国家投入资金15.75万元。2011年，两林被列为省、州、县“武陵山片区扶贫先行先试”和“腊尔山台地脱贫解困”试点乡镇，国家投入资金371.92万元。改造农村危旧房348户。2012年，改造农村危房232栋，国家投入资金184.9万元。2013年，国家投入资金30万元，全乡改造危房50栋。2014年，全乡“五保户”35户37人，敬老院供养15人，其他低保户22人由其亲属分散供养。优抚对象57人。其中老复员军人28人，退伍军人19人，参战退役军人8人，伤残军人2人。是年，发放“五保”对象救助金12.48万元，发放农村低保对象救助金160.32万元，发放优抚金8.616万元。改造危房58栋，国家补贴96万元。

特色地情

历史人文

玉屏山寺　两林乡有宗教活动场所玉屏山寺，该寺位于两林吾斗村二组境内，系湘黔两省三县交界之处，坐落于险峻高山之颠，平湖水泊之畔，风景优美。玉屏山寺始建于清朝末年，建筑宏伟，有大小房间近15间，建筑面积近400平方米，一直在僧尼的主持下，在周围一代苗区中影响很大，终年香火不断，前来朝山拜佛的信众络驿不绝。20世纪50年代后期僧尼还俗，寺庙被拆毁，宗教活动一度停止。1993年，在原址上修建房子5间（面积85平方米），重塑佛像7尊。每年农历六月十八日都由本地宗教人士组织朝山做会活动，山上香火旺盛，聚集周边乡镇信众千人以上，在当地影响较大。

苗王洞　苗王洞位于两林乡板交村三组境内的高山（高荣拐）之中。是清朝乾嘉苗族起义首领之一石三保的屯兵之处，距离黄瓜寨古战场不足3公里，距贵州省松桃县正大苗王城约12公里。该洞坐落于深山之中，隐于密林之内。洞内曲径通幽，水流潺潺。洞中可容纳千人集会，洞内点兵场、石笋、石桌、石凳等各具姿态，形象逼真，每一处都有一个动人的传说。

名优特产

两林乡盛产野生罐罐菌、枞菌。罐罐菌属高海拔地区特有，只存在于山野密林中，不可人工培育，每年7—9月生长，菌体粗壮，呈暗红色或黑色，鲜炒香甜可口，晒干后食用香味更淳厚浓郁。两林的枞菌生于马尾松树林中，分为通体金黄色和菌盖褐色带蓝色两种，后一种味道更甚于前一种。特产还有泥鳅黄鳝，穴居于稻田烂泥之下，色泽暗黄，体肥肉美。风味美食有当地人手工精心制作的绿色食品——绿豆面。取材老品种的大米如“中央五六”等（黏性比较弱）加青菜，浸泡一天一夜后，用石磨磨成米浆，再用柴火大锅烧水蒸煮而成。因火猛锅大，出面快，黏性弱，面厚薄均匀，色泽鲜艳，食用时配上当地的酸菜、辣酱，味道酸甜清香。

（撰稿人：吴秀玉）

柳薄乡

“柳薄”（别名，龙朋寨），苗语“柳”意为水井，“薄”为一种怪物，传说当地的水井里有一怪物，故而得名。2011 年 11 月，被文化部授予“苗族银饰锻制文化艺术之乡”。

区域概况

位置面积

柳薄乡位于凤凰县北部。东与凤凰县米良乡交界，南与凤凰县禾库镇毗邻，西连花垣县雅酉镇，北接花垣县补抽乡。区域面积 46.2 平方公里，距凤凰县城 59 公里，距湘西州首府吉首市 48 公里。

建置沿革

清康熙三十九年（1700）设立凤凰厅时，系苗寨地。民国 25 年（1936），全县设 17 个乡（镇），乡以下为保甲制，为明道乡。1950 年属凤凰县第五区。1952 年 4 月增设 3 个区，以农会（或大村寨）建新乡柳薄、禾排等，仍属五区，1956 年 7 月撤区并乡时为拖排乡，12 月隶属禾库办事处。1958 年 10 月，撤销办事处、基点乡、乡镇建制，与禾库乡、米良乡、首云乡（一部分）合并成立英雄人民公社，1959 年 3 月更名拖排公社，管委会设禾库。1960 年重新设区后隶属腊尔山区，1961 年 3 月从拖排公社析出，建立柳薄公社，以驻地柳薄命名。1961 年 9 月恢复 5 个区公所建制后，隶属腊尔山区。1981 年 12 月，所辖杉木大队更名为高见大队。1984 年 1 月，公社改乡制为柳薄乡。

行政区划

民国 25 年（1936）属明道乡地（该乡辖 13 个保）。1950 年 11 月辖农民协会、农民协会小组。1953 年建新乡时，属于五区。1956 年 7 月，撤区并乡称拖排乡隶属禾库办事处。1958 年 10 月，属拖排公社（该公社辖辖 10 个大队）。1961 年 3 月，柳薄公社辖柳薄、追增、盘干、科甲、拖排、禾排、禾若、德榜、追屯、米坨、杉木 11 个大队。1981 年 12 月，杉木大队更名为高见大队。1984 年 1 月，改社建柳薄乡 11 个建制村（名同原大队）和 53 个村民小组。至 2014 年，全乡辖柳薄、追增、盘干、科甲、拖排、禾排、禾若、德榜、追屯、米坨、高见 11 个村，下设 53 个村民小组。

人口民族

柳薄乡原居民为苗族。1990 年，全乡朋 1421 户 6790 人。1995 年，有 1558 户 7023 人，全部为苗族。2000 年，有 1656 户 7419 人，全部为苗族。2005 年，共 2354 户 8141 人，其中苗族

8121人。2014年，柳薄乡有2497户9618人，少数民族人口9577人，其中苗族9561人，满族12人，土家族4人，分占总人口数99.4%、0.12%、0.04%。

自然环境

境内为喀斯特地貌，南北长，东西窄，地势平坦，石灰岩遍布全乡，溶洞较多，山高水清，形成独具特色的自然风光。一般海拔700~900米，最高点高见村高务坡海拔1212米，最低处科甲村海拔580米。全乡土质为黄沙土，地层浅薄，石头较多。属高寒地区，年均气温为14℃，年均降水量1300毫米。无霜期比县南部地区短，冰冻期较长，且强度大。

经济发展

经济综述

20世纪70年代，境内以传统农业为经济主导产业。80年代初改革开放，农业经济结构逐步调整，乡镇企业逐步发展。1988年，柳薄乡国民经济收入250万元，农业产值90%。2000年，实施文化强乡战略，调整经济结构，保护和发展银饰加工、苗绣等文化产业，农民创收渠道不断拓展，传统手工艺得到有效传承。全年国民经济收入3212万元，人均收入4120元。2006年，全乡发展烟叶、枣子、猕猴桃等新兴种植业，改变粮食种植单一模式。2011年，工农业产值1098.48万元，其中烟税返还收入18.2万元。2014年，柳薄乡国民经济收入3212万元，人均收入4120元，人民生活水平提高，贫困人口减少至1299人。

农业

种植业　乡域种植业以水稻、玉米、大豆为主。经济作物主要为烤烟和辣椒等。1994年，粮食作物面积751公顷，烤烟面积80公顷，辣椒面积100公顷。1996年，粮食作物面积737公顷，烤烟面积231公顷，辣椒面积50公顷。1997年，稳定粮食生产的同时，扩大烤烟种植面积。是年，栽烟333公顷，烟叶收购25万公斤。实现烟税28万元。1997—1999年，湘西州第二轮扶贫攻坚计划实施，州委书记彭对喜联系该乡，州开发办和州农校驻盘干村，重点调整产业结构，开发14公顷反季节胡萝卜，迈出高山反季节蔬菜产业第一步。1999年，粮食作物面积786公顷，产量2053公斤；烤烟面积110公顷，辣椒面积111公顷。2000—2002年，湘西州第三轮扶贫攻坚计划实施，州扶贫开发办和州农校在禾若村开发14公顷反季节辣椒并引导村民栽种30公顷旱土花椒获得成功。2001年，烤烟产业成为支柱产业，全乡栽烤烟156公顷，产烟250吨，产值200多万元，专业村栽烤烟户数均在80%以上，烤烟收入过万元村民有42户。2013年，烟叶种植面积234公顷，烟叶收购400吨，烟叶收入960万元；枣子种植面积16.7公顷，产量34吨，产值340万元；猕猴桃种植面积6.7公顷，产量400吨，产值96万元；蔬菜种植面积34公顷，产值300万元。2014年，推进农业产业结构调整，组建特色观光园区。以德榜村为龙头建设德榜、米坨、拖排三大产业观光园区，重点栽培蔬菜、烟草、猕猴桃。德榜村麻利明组织成立德榜村蔬菜种植专业合作社，并根据市场需求建设蔬菜种植标准产业园。该合作社有合作户14户，投资20万元，涉及64户农户，连片种植生姜7.4公顷，辣椒26公顷。

林业　1978年，全乡森林覆盖率不足8%。2000年，实施退耕还林工程，全乡森林面积460公顷，覆盖率达到20.7%，有古树320棵，珍贵树种5种。至2009年，全乡11个村1789户退耕还林面积230公顷，发放退耕还林补助23万元。2014年，柳薄乡森林面积522.27公顷，森林覆盖率22.7%。

养殖业 乡域养殖业以牛、猪、羊为主，其中黄牛个体大，品种纯，是湘西黄牛的主要产地之一。2000年，养殖业发展步伐加快，品牌优势凸显，“湘西黄牛”远近闻名。2006年，全乡养殖黄牛600头。2014年，全年生猪饲养量3500头，黄牛饲养量1600头，羊饲养量3400只，养殖收入420万元。

工业

改革开放前，柳薄乡工业基础薄弱，只有民间土窖烧砖瓦、石灰和家庭作坊3类手工业。2001年，全乡有村办粮油加工厂2家，村办打砂制砖厂2家；拥有大型打米机2部，榨油机2部，制粉机1部，磨粉机1部；有打砂机2部，制砖机2部，从业人员8人，产值12万元，利润1.6万元。是年，凤凰旅游业发展壮大激活柳薄乡银饰加工和苗族刺绣业，德榜村银饰加工业异军突起。全乡从事银饰锻制人数逐年增多。2012年，德榜村与张家界客商签订300万元合作协议。2014年，德榜村村民从事银饰锻制的劳力、半劳力61人，全年实现银饰锻制纯收入215万元，每个劳动力年均纯收入3.5万元。6月，湘西州人民政府为德榜村授牌“苗族银饰锻制技艺生产性保护基地”。是年，苗族刺绣手工业发展迅速，全乡有刺绣加工小厂3家，家庭生产作坊8家，年创收100多万元。

其他产业

劳务输出 2000年，全乡劳务输出1243人，主要在广州、福建、浙江沿海一带务工。2014年，全乡劳务输出3256人。是年6月，乡政府组织培训234人次，成功安置农民工200多人，大多数人从事烟叶、蔬菜种植和银饰加工。

基础设施

交通运输

1970年，修通禾库至柳薄公路，长6公里。1978年，境内公路主要是砂石路，里程34公里。1998年，修通柳薄至科甲村、柳薄至高见村公路。2000年，禾若村通公路，至此全乡11个村均通公路。2010年，实施高见通村公路硬化。2012年，投资120万元，完成禾库至柳薄公路硬化，全长6公里，宽5米。2013年，完成通村公路柳薄至禾排村路段硬化，至此，全乡所有通村公路硬化全部完成。2014年，投资25万元，建成柳薄车站，开通柳薄—凤凰班次3趟、柳薄—吉首班次2趟，日均客运发送量300人次。

邮政通信

20世纪40年代，柳薄通有线电话。1945年，柳薄设立信柜，开通步班邮路。1958年，禾库设邮电支局，统管柳薄邮电事务。1969年，柳薄公社各大队均通邮。1995年，手摇电话停用，通信中断4年。1999年，在湘西州委驻盘干村扶贫工作队扶持下，建立无线电话微波站，开通无线电话。2000年7月，成立乡电信支局，开通有线电话。2001年，全乡装有线电话45部。多数村能接收移动电话信号，有手机50部。2005年，建成辐射全乡的移动通信塔，实现村村通电话。2008年，建立3座移动通信地面接收站。通信设施覆盖全乡，实现有线电话和无线电话村村通。2014年，柳薄设邮政所，年办储蓄业务70多万元。

供电饮水

供电 1984年6月，湖南省民委投资102万元，修建禾排电站，1986年12月，建成发电，柳薄乡通电，装机容量500千瓦，年发电量120万千瓦时。供电范围为柳薄乡、两林乡和腊尔山镇，受益人口3万人。2000年，全年发电180万千瓦时。2013年，农网改造启动。2014年，9个村农网改造竣工，剩余的禾排村和科甲村三、四、五组农网改造正在进行中。

饮水 2005年，人畜饮水基本靠水井取水，全乡水井30个，如不遭遇干旱年，基本上能满足日常生活用水。2014年，从禾库镇天星水库引水到各村，结束该乡不通自来水的历史，但由于水量较小，每年断水时间较长。

水利建设

1958年境内兴修山塘14口，其中科甲村建4口，可灌溉稻田14公顷；盘干村1口，可灌溉农田4.7公顷；拖排村3口，可灌溉农田3.4公顷；德榜村3口，可灌溉稻田6.7公顷；米坨村2口，可灌溉农田3.4公顷；禾排村1口，1972年，从禾库天星水库修引水渠道15公里，解决境内农田灌溉。2001年，全乡旱涝保收面积97.4公顷；机电排灌面积71.1公顷；有效灌溉面积166.4公顷，占稻田总面积的45.5%。2014年，修建追屯村山塘1口，可灌溉农田2.7公顷；修建高见村山塘1口，可灌溉农田2.7公顷。是年，引进德援项目完善境内水渠建设。其中主渠2条、支渠5条，分布在米坨村与拖排村，可灌溉稻田20公顷。

村镇建设

2008年，乡党委、乡政府以德榜村为试点，建设社会主义新农村。该村完成村公路硬化3公里，修通通组公路4公里，入户道路硬化完成100%。其他村主要整修村寨道路等。同时，建设沼气池，推进粪便综合利用和无害化处理。2012年，乡政府在街道两旁安装路灯6盏，硬化街道1公里，并在街道两旁修建垃圾池5口。2013年，编制各村建设规划，严格执行监管，消除乱建、乱搭、乱堆、乱放现象。年内建成5个高标准文体活动场所和11个篮球场。全乡11个村建沼气池780口。是年，修建柳薄村村部办公楼、图书室，完成街道照明灯安装。2014年，学校公租房和医院公租房相继开工，乡政府驻地人口发展到1200人，人均道路面积3平方米，人均公共设施面积0.3平方米。自来水供给、道路硬化、农网改造全部完成，电话、电视入户率100%。

社会事业

教育

教育 民国时期，柳薄村设立私塾。1956年，拖排乡在拖排村办小学，有教师5人，学生300人。1982年，设立中心完小、初中、高中各一所，教师78人，学生1200人。1990年，撤高中。1998年撤初中，只保留完小。2001年，全乡有完小1所，村小12所，学生933人，教师38人。2012年，投入近60多万元购买学校实验室、计算机室、图书室、音体美、多媒体室等所需设备。2014年，柳薄中心完小占地面积12645平方米，人均26.96平方米，有学生469人，教师30人。

文化

1958年，柳薄设文化站，1965年停办。1978年恢复文化站，配1名文化辅导员。1997年，柳薄建广播站，配100瓦定阻抗扩音机1台。1999年，广播站改名为广播电视站，增加电视收放管理工作。2001年，柳薄建有线电视站，开通高见、米坨、拖排、柳薄、追屯5个村有线电视，能收看25套节目。2003年，有线电视覆盖全乡。

2014年，农历四月初八，在全县四月八“跳花节”文艺活动中，该乡“和谐”文艺表演队获得一等奖，湖南经视频道曾作报道。全乡有科甲、柳薄、米坨、德榜、拖排和政府“和谐”文艺队6支，舞龙队9支，文艺表演人员300人。

医疗卫生

1952年，柳薄设区卫生所。1956年，改为拖排卫生所，1983年，改建卫生院。柳薄卫生院有医务人员4人，病床12张，设有内科、外科、小儿科、妇产科。全乡有村卫生室10个，有村医10人。2008年，县卫生局投资20万元，修建门诊楼，建筑面积400平方米。2012年，全乡参加新农合4500人，参合率85%。2014年，县卫生局投资35万元，新建医生公租房400平方米。

社会保障

2007年，禾库镇建成敬老院，部分“五保”老人住进敬老院，实行集中供养，安排专人管护。2010年，全年发放各种救助金56万元。2012年夏天，柳薄乡遭遇百年旱灾，连续两个月没有降水。全乡水井90%处于干枯状态，人畜饮水困难。乡党委、乡政府成立专门抗旱领导小组，由党委书记欧炳权担任组长，组织群众抗旱救灾，米坨村村主任石成望在抗旱中平均每天为村民送一车水，先后运水230车，被群众称为“送水村长”。通过乡党委、乡政府和广大村民抗灾自救，挽回经济损失50万元。2014年，全乡纳入低保190户875人，发放低保金7.8万元，发放救灾救济资金10万元。

特色地情

名优特产

柳薄乡名优特产有著名的湘西黄牛，肉质鲜嫩，嚼劲十足。柳薄红枣闻名遐迩，由于成熟期较长，糖分充足，口感特别好。2012年，柳薄红枣喜获丰收，产量40吨，产值54万元。

民间工艺

柳薄乡银饰锻造工艺历史悠久，早在乾隆时期，这里银饰锻造就远近闻名，尤以德榜村为

德榜村苗族银饰锻制家庭作坊（王升杰摄于2011年6月）

苗族银饰（王升杰摄于 2011 年 6 月）

甚。2011 年，柳薄乡成功入选“中国民间文化艺术之乡”名录。2014 年 6 月，湘西土家族苗族自治州为德榜村授牌“苗族银饰锻制生产性保护基地”，有力提升德榜村银饰加工工艺传承发展的影响力。随后，德榜银饰作品随“红叶组合”“土苗组合”在湖南电视台、中央电视台亮相进入大众视野。是年，凤凰县非遗中心在沱江镇东正街租用 29 号门面，建成德榜村银饰展示销售厅，共有 2 层，分为 6 个区，即宣传解说区、锻制工艺区、抛光工艺区、拉丝工艺区、玲珑工艺区、中心精品区，向顾客展示银饰锻制全过程，使消费者全面了解银饰，实现银饰生产与市场对接。

风景名胜

柳薄自然风景美丽，有尖朵朵瀑布落差 278 米，该景点位于柳薄乡禾排村；有鬼斧神工的禾排大峡谷，位于禾排村四组；有巧夺天工的大龙洞，位于科甲村和吉首交界处；有文化底蕴深厚的德榜银饰加工地。此地，自然景观和人文景观相得益彰，相互映衬，观赏价值高。2014 年，乡党委、乡政府制定《柳薄乡旅游发展五年规划》，计划在五年之内打通大龙洞—禾排峡谷—尖朵朵瀑布—德榜银饰加工地—禾库天星山—禾库屯粮山交通，为当地旅游发展提供便利的交通条件。

（撰稿人：龙吉新　杨　涛）

米良乡

1992年，“米良一号”猕猴桃品种被中华猕猴桃开发集团公司优良品种鉴定评审委员会评为优良株系。

区域概况

位置面积

米良乡位于凤凰西北角。西部与柳薄乡、南部与禾库镇接壤，自东向北呈俯瞰状，与吉首市社塘坡乡，矮寨镇毗邻。区域面积41.93平方公里，距凤凰县城67公里。

建置沿革

“米良”原名“米良坨”，属苗语片村名，曾用墨略美良名，该村位于垄里，村前有农田一片，周围山清水秀，风景秀丽，苗语称之为米良，故名。清康熙三十九年（1700）设立凤凰厅时，系苗寨地。民国25年（1936），全县设17个乡（镇），乡以下为保甲制，为明道乡。1949年11月凤凰县和平解放。1950年属凤凰县第五区。1952年4月增设3个区，以农会（或大村寨）建新乡芭科、夯来等，仍属五区。1956年7月撤区并乡时为米良乡，12月隶属禾库办事处。1958年10月，撤销办事处、基点乡、乡镇建制，与禾库乡、拖排乡、首云乡（一部分）合并成立英雄人民公社，1959年3月更名拖排公社，社址设禾库。1961年3月，从拖排公社析出，成立米良公社。9月恢复5个区公所建制后，隶属腊尔山区。驻地芭科，芭科系苗语，“叭”即“芭”，指岩壁或山洞，“科”为洞或天坑，因村寨位于岩壁下，且旁边多天坑，故而得名。1984年1月，公社改乡制，为米良乡。

行政区划

民国25年（1936），属明道乡地（该乡辖13个保）。1950年11月辖农民协会、农民协会小组。1953年建新乡时，属于五区。1956年7月，撤区并乡时设米良乡隶属禾库办事处。1958年10月，属拖排公社（该公社辖10个大队）。1961年3月，米良公社辖芭科、米良、叭仁、吉乐、排门、夯来6个大队。1984年1月，改社建米良乡后辖6个建制村（名同原大队）。至2014年，全乡辖芭科、夯来、吉乐、排门、米良、叭仁6个村，下设32个村民小组；有28个自然寨。乡人民政府驻芭科村。

人口民族

米良为纯苗族聚居乡。1990年，全乡有863户4238人，其中少数民族4233人。1995年，全乡938户4436人，其中苗族4434人。2000年，全乡1041户4727人，其中苗族4726人。2005

年，全乡1182户4671人，其中苗族4666人。2014年，全乡1304户5655人，其中苗族人口占总人口的99.9%。

自然环境

境内属腊尔山台地高寒山区，岩溶地貌明显，石灰岩遍布，多溶洞、天坑，悬崖陡壁峭立，北面米良村、叭仁村地势相对平坦，岩石多外露，南面吉乐、排门、芭科、夯来4个村山坳交错，沟壑纵横。乡内土壤均为黄黑土。全乡最高处苗语名的“高务”山，海拔989.2米；最低点海拔614.9米。米良属干旱乡镇，境内无河流，只有溪沟3条，流长5.7公里。矿产资源有碳酸钡（俗名重晶石），主要分布在夯来村一、二组及芭科村一组。属亚热带季风湿润气候，“天无三日晴，冬春两季无天晴，常在雾中过，整天雨中行”是米良村气候的真实写照。年均气温14℃，年降水量1300毫米。

经济发展

经济综述

米良是传统农业乡。1966年，产业构成单一，全乡国民经济产值21.58万元，农业产值18.93万元，占经济总量的88%，其中粮食产值18.84万元，占农业产值的99%，人均纯收入87元。1978年，全乡国民产值26.07万元，其中粮食产值20.92万元，占国民经济产值80%。2000年，全乡国民产值360万元，人均纯收入500余元。2007年，全乡劳务输出逐渐形成规模，全年劳务输出900余人，新增100余人，外出务工人员人均收入3405元，远远高于当地人均纯收入。2010年，全乡国民产值758.4万元，比上年增长13.09%，农业产值650万元，占国民产值的86%，其中烟叶产值达到160余万元，占国民经济产值的21%。劳务输出人数增加，劳务收入303万元，占国民经济产值的40%，较上年增长93万元，劳务输出成为米良经济发展新的增长点。乡财政收入实现9万元。农民人均纯收入达到1490元，比上年增长2.3%。2011年，烟叶种植面积114公顷，产值480万元，金银花、生姜种植面积60公顷，产值100万元，畜牧养殖产值200万元，劳务输出创收300万元，全乡实现农业产值1100万元，较上年增长9%，农民人均纯收入达1600元，较上年增长7.8%。2013年，财政收入288万元，人均纯收入1804元。2014年，全乡实现农业产值920万元，农民人均纯收入2543元，比上年增长26%。

农业

种植业　乡内种植业主要是稻谷、玉米和黄豆等。20世纪70年代末，开始调整农业产业结构，在各村推广种植苎麻、杜仲、黄柏、烤烟、花椒等。1978年，全乡烟叶种植面积8.4公顷。1989年3月，乡政府贷款3万元，在全乡6个村栽植黄柏、杜仲等药材。2000年，州人民银行扶贫工作队投入资金20万元，建立米良村千亩花椒基地。2001年，形成排门村烤烟专业村，年产烤烟750万公斤，烤烟收入超过50万元。2006年，新开发叭仁村新烟区；成立排门、芭科、吉乐、夯来4个村烟叶生产协会；全乡烟叶收购量达到150吨，创烤烟历史新高。是年，芭科、叭仁村种植青篙药材13.8公顷。2008年，依托县委县政府关于加强腊尔山台地农业产业开发的优惠政策，大力发展果木、药材等新型产业，在夯来村连片栽植中华大地枣24公顷，金银花14公顷。设在排门村的吉大农场一次性大规模种植优质猕猴桃3万株，成为凤凰县水果产业开发的示范和样板。是年，全乡新增金银花种植面积47公顷，6.7公顷以上连片的规模户有5户，14公顷以上连片的规模户有2户，实现收入100万元；全乡油桐开发面积27公顷；懒汉梨种植20公顷；烟叶种植面积118公顷，比上年增加40%；水稻种植面积267公顷，改种67公顷。粮食直补和农机补贴207804.24元。2009年，种植业形成多元化格局。全乡播种面积705公顷，粮食作物播种495公顷，其中稻谷面积305公顷，经济作物面积211公顷。是年，发展壮大金银花种植业，全乡金银花种植67公顷，实现收入70万元。2012年，烟叶种植面积扩大到161.4公顷。2014年，开展烟叶产业化建设，配合信用社、烟站开展烟叶配肥与收购工作，打造以排门村为典型代表千亩村，采取有效措施培植种烟大户，制止耕地抛荒。是年，种植烟叶156公顷。是年10月，芭科村秘书吴永华投资30万元成立共富种植专业合作社，实现米良乡专业合作社零的突破。

林业 1978年，境内造林面积28公顷，封山育林71公顷，森林蓄积量1485立方米。2007年，坚持“封、管、造”并举，完成封山育林533公顷，退耕还林373公顷。2008年，退耕还林面积3346公顷，发放抚林费10566元，退耕还林款104万元。2013年，发放退耕还林款119.9万元，完成林权制度改革工作，发放林权证1300本。2014年，发放退耕还林款119.9万元。

养殖业 1986年4月，县畜牧局在米良乡投资30万元，购黑山羊3000只投放至各村养殖。2001年，以吉乐村为重点，形成种草与黄牛养殖于一体的专业村，户平养殖黄牛4头，养殖大户有吉乐村六组隆天成，存栏黄牛12头，年出栏3头。2008年，全乡有规模养殖户20户，其中米良村隆兴伍养殖山羊108只，芭科村民曾建养殖生猪40头。2012年，全乡猪、牛、羊存栏分别为628头、212头、1296只，家禽存笼4130羽。2014年，全乡猪、牛、羊存栏分别为1895头、1205头、2143只，家禽存笼8703羽。

基础设施

交通运输

1978年10月，禾（库）米（良）乡级公路建成通车。米良乡结束肩扛背负历史，进入车载时代。1997年，排门村公路修通，全长8公里。1999年，吉乐村公路建成通车。是年，乡政府所在地至吉乐村五组公路动工修建，次年修通。2000年，修通芭叭公路，全长12.5公里，连通吉乐、米良、叭仁3个村。2009年，完成夯来村一、二、六组总长度为1380米村道硬化工程。夯来村上片通村公路竣工。2011—2012年，投入资金187.08万元，完成新修村组公路8条16.22公里，涉及5个村13个村民小组，受益人口2900人；投入资金38.5万元，完成4个村的村间道路硬化9公里；投入资金5万元，完成排门村6.5公里通村公路维修工程；投入68万元，完成芭科村到叭仁村路段扩宽工程；投资1090万元，完成芭科村至叭仁村10.5公里、夯来村通组公路2.4公里、吉乐村10.7公里公路硬化。2014年，投入资金19万元，实施芭科村一组通组公路改道工程；投入资金48万元，完成米良村二组1公里通组公路硬化。是年，排门村6.5公里公路扩宽工程完工，完成芭科村至叭仁村全长10.5公里公路硬化工程。完成夯来村2条通组公路硬化，全长2.42公里。全乡公路里程41.6公里，公路通村率100%。

邮政通信

20世纪40年代，米良通有线电话。1958年，禾库设邮电支局，统管米良邮电事务。1969

年，米良公社各大队均通邮。1999 年，各村开通有线电话。2001 年，全乡有程控电话 38 部，手机 24 部。2014 年实现互联网接入，智能手机、电脑均可上网。全乡互联网用户数 32 户，有移动基站 2 个，服务厅 1 个，手机用户 1107 户，电信手机用户 183 户。

供电饮水

供电 1971 年,吉乐大队通电，连接大龙洞电站线路，电价 0.22 元 / 千瓦时。1973—1994 年,芭科、夯来、排门 4 个大队先后通电。2000 年 5 月米良、叭仁两个村通电，电价先是 0.5 元 / 千瓦时，后来涨到 1 元 / 千瓦时。2000 年，电站管理不善，全乡停电达两个月之久，米良乡北面的叭仁、米良两个村的供电设施被盗，生产生活用电瘫痪。后经乡党委政府及时协调，解决恢复供电。2000 年 6 月，米良乡使用的是禾排电站即柳薄乡电站禾库变电站的电，电价为 1 元 / 千瓦时。2013 年，实施农网改造。2014 年，完成全乡 6 个村农网改造。

饮水 乡内水资源环境恶劣，仅有夯来村、芭科村两条地表溪流，农作物及人畜饮水基本靠降雨及地表山泉水，每年秋季为旱季，只要超过半个月未降水，就会出现人畜用水困难现象。20 世纪 80 年代，群众生产生活用水需用肩挑背负，有的每日为取水往返奔波一两个小时。1998 年，投入以工代赈资金 30 万元，用于叭仁村人畜饮水工程，年底全面竣工。1999 年，国家投入资金 2.658 万元，改善全乡水环境及用水困难状况，安装水管 6182 米，修建蓄水池 6 个，使米良村 60 户村民用上自来水。2007 年，排门村完成 50 个烟基水窖建设。2010 年 6 月，芭科村 233 户村民 1010 人喝上放心水。2011 年，完成农村人畜饮水工程两处（芭科村、米良村）。2012 年，投入资金 32.3 万元，完成米良乡芭科村 1.3 公里水渠建设，受益人口 800 人。2013 年，县水利局牵头重新维修位于夯来村 6 组小（2）型水库——夯伦水库，该水库经维修加固后泽及下游 70 户村民饮水和部分农田灌溉。是年，完成夯来村一组 83 户、排门村 2000 人饮水工程。2014 年，投入资金 58 万元，米良村启动饮水工程项目，在二组山洞凿穿一条 70 米隧道饮水入村。

水利建设

1958 年，建成夯来村夯伦水库，为小（2）型水库，库容 10 万立方米，灌溉稻田 20 公顷。相继修建山塘 12 口。2001 年，全乡仅有旱涝保收稻田 45.2 公顷，机电排灌面积 33 公顷，有效灌溉面积 77.3 公顷，仅占稻田面积的 25.2%。2013 年，组织维修夯来村六组夯伦水库及 2.5 公里水渠；投入资金 5 万元，建设排门村山塘。

村镇建设

2013 年，投入资金 5 万元硬化米良村村间道，改造危房 40 栋，整体搬迁吉乐村 39 户危房户。2014 年，改造 121 户农村危房，改善村民居住环境。是年，以城乡同建同治为契机，开展农村卫生“脏、乱、差”专项治理，发放垃圾桶 5680 个，投入资金 5.6 万元修建垃圾围、焚烧炉 53 口，聘请 3 名保洁员，清理垃圾 73 吨。

社会事业

教育

1980 年，建立米良中学。1984 年 7 月，米良中学撤销。1988 年，米良夯都片小建成。1995 年 4 月，全乡投入义务工 8000 个，团县委投入资金 15 万元，修建米良乡希望小学，8 月竣工。1998 年，中国香港银行投入港币 18 万元，修建叭仁地希望小学。2001 年，全乡有乡小学 1 所，村小 8 所，教师 22 人，在校学生 528 人。2007 年，投资 100 万元，新修乡中心完小两栋教学楼；完成吉乐、米良、夯来 3 个村小危房改造，并硬化两个篮球场，添置篮球架等体育设施。“两基”目标基本实现。2012 年，争取资金 200 万元，完善中心完小基础设施建设。2014 年，全乡有村级小学 7 所，含中心完小 1 所和叭仁村小、排门村小（民办）、米良教学点、夯都教学点、吉乐教学点、田寨教学点 6 个村小。米良学区有教师 28 人（正式教师 23 人、特岗教师 5 人），学区学生 578 人。

文化体育

1986 年，创建米良乡文化站和广播站。两站配合成功举办多届春节及“五四”篮球运动会。乡文化站组建有苗歌队、花鼓队和文艺演出队，并多次在全县演出中获奖。1996 年，成功举办米良乡首届苗族文化艺术节。米良素有“篮球之乡”的美誉，无论男女老少都热爱篮球运动。2014 年，米良乡新篮球场建成。

医疗卫生

1989 年，设乡卫生院，有医务人员 3 人，病床 9 张。是年，建村卫生室 9 个，有医务人员 9 人。2007 年，启动农村合作医疗。完成两所村卫生室建设。2008 年，全乡新农合参合率 80.4%。2013 年，全乡 6 个村卫生室均实行新型农村合作医疗村级门诊报销制度和基本药物制度。是年，新农合参合人数 4604 人，参合率 95%。2014 年，全乡人口出生率 14.7‰，自然增长率 12.1‰，计划生育率 72%，人口性别比 143：100。新农合参合率 95%。

社会保障

2005 年，乡敬老院集中供养“五保”老人 11 人。2011 年，改造危房 122 栋。是年，实行新型农村社会保险制度。2012 年，改造危房 75 栋。2013 年，投资 11.25 万元，改造危房 15 栋。新农保参保 1796 人，征缴基金 17.96 万元，参保率 85%，发放养老保险卡 700 张。2014 年，全乡农村养老保险参保率 80.3%。全乡改造危房 81 栋，其中原地重建 24 栋，无房户 31 栋，维修 26 栋。是年，全乡“两项制度”（低保与扶贫）户 476 户 1873 人，发放资金 78.5 万元。享受农村低保 1237 人，发放低保金 92.7 万元。发放各项惠农政策资金 400 余万元。

特色地情

雷公洞 雷公洞位于吉乐村五组坡脚，该洞以大、长、险、幽著称，洞长 8 公里，洞内有阴河长年不干，为州大龙洞水电站上游。雷公洞地处德夯峡谷，是云贵高原与武陵山脉相交所形成的武陵大峡谷的中段。每年德夯苗寨巫师，都会到悬崖边一处百余米高悬崖前，作法祈福，随着巫师口中念念有词，奇异事情就会接连发生，首先崖壁上洞穴就会喷出缭绕的烟雾，洞中则会发出轰轰声响，随后电闪雷鸣，大雨从天而降，此时德夯峡谷溪水中就会出现一种叫桃花虫的神奇生物，当地人相传吃桃花虫可以强身健体，延年益寿，由于这些奇异现象都与下雨有关，因而附近苗寨中人都以为，负责人间风雨天神雷公，就居住在崖壁上的洞穴中，于是便称之为雷公洞。洞内石笋、石柱、石钟乳构成一幅无比瑰丽的画卷，具有旅游观赏价值。洞内阴河水资源可供开发。

（撰稿人：李伶俐）

2015 年年底(调整后)凤凰县乡镇基本情况表

乡镇名称	总面积（平方公里）	下辖建制村、居委会数（个）	户籍人口总数（人）	土家族人口占(%)	苗族人口占（%）	总产值（万元）
沱江镇	191.7	41	76566	34.07	30.97	21182.94
林峰乡	73.8	8	11480	22.24	16.32	5579.34
水打田乡	91	9	11681	16.18	12.78	7595.64
廖家桥镇	112.9	29	33505	21.85	59.82	17356.57
阿拉镇	78	27	34427	28.30	50.20	13265.06
落潮井镇	60	13	14948	7.45	90.81	4970.7
茶田镇	90.5	12	14659	13.17	18.23	4483.48
新场镇	103.88	20	26989	39.93	15.27	10432.05
木江坪镇	120.46	22	22056	46.71	7.10	5826.64
吉信镇	116.51	22	23634	22.79	59.58	9548.06
竿子坪镇	119.09	24	23185	16.49	73.55	8605.91
山江镇	104	22	22500	0.20	99.40	5291.94
麻冲乡	53.2	16	12907	0.15	99.50	3571.87
腊尔山镇	80.8	20	21646	0.24	97.81	6499.39
两林乡	72.84	14	15362	0.18	98.87	4571.3
禾库镇	179.13	33	33382	0.41	98.98	11035.29
千工坪镇	116.69	24	29367	0.20	99.10	7162.02

2015年年底凤凰县乡镇行政区划调整表

乡镇名称	乡镇调整行政区划说明	原下辖建制村、居委会名称	并入建制村、居委会名称
沱江镇	撤销官庄乡建制，其行政区域成建制并入沱江镇	齐良桥、高峰、青瓦、长坪、金坪、虹桥、蔬菜、白岩、王家寨、棉寨、杜田、杜叶、杉木坪、木林桥、必胜、小黄土、大黄土、大坳、大众、土桥、十里牌、关岩屋、东方红、三里湾村；三王阁、沙湾、新田垅、红旗、城北、古城、南华社区	黄栗、坪里、新民、毛边、溪口、庄上、万召、大湾、龙潭、官庄村
廖家桥镇	撤销都里乡建制，其行政区域成建制并入廖家桥镇	马王塘、南泥、腰子坨、岩坎云、八斗垴、长坳、马垅、永兴、瓦场、林寨、漾水坨、鸭堡洞、铁桥、樱桃坳、廖家桥、菖蒲塘、木根井、大坪、土桥坳、申坨村；廖家桥居委会	都里、拉毫、椿木坪、古双云、塘头、满江、上报、老田冲村
新场镇	撤销茨岩乡建制，其行政区域成建制并入新场乡，合并后设立为新场镇	新场、白泥、先锋、合水、古冲、三口、火马、牯牛、枫木林、报木林村	岩寨、官寨、茨岩、长田、寸金、小垅、天寨、打岔、大坡、木根塘村
竿子坪镇	撤销三拱桥乡建制，其行政区域成建制并入竿子坪乡，合并后设立为竿子坪镇	桐油坪、渔洞、红狮、椰木树、忙略、民主、兴民、竿子坪村；竿子坪居委会	廖家冲、三拱桥、拉务、泡水、麻冲、从良坡、晒金塘、板参、欧阳、茶山、关刀、欧阳、阳光、大田、高寨、高斗村
禾库镇	撤销米良乡、柳薄乡建制，其行政区域成建制并入禾库镇	禾库、排云、吉云、龙家、补丁、新湾、禾苗、俄力、板吉、雀儿、龙角、帮增、崇寨、早齐、茶寨村；禾库居委会	科甲、追增、盘干、柳薄、拖排、禾排、米坨、禾若、德榜、追屯、高见、芭科、夯来、吉乐、排门、米良、叭仁村
千工坪镇	撤销木里乡建制，其行政区域成建制并入千工坪乡，合并后设立为千工坪镇	岩板井、岩六屯、建塘、通板、牛岩、新坪、高坳、塘公坨、田冲、香炉山、板当禾、亥冲、桐木、豹子洞、胜花村	柳甑、木里、都良田、官上坪、七兜树、新桃、柳甲、关田山、黄沙坪村
落潮井镇	落潮井乡建制乡设立为落潮井镇建制镇		

古丈县

概述

一

古丈县位于湖南省西部、湘西自治州中部偏东，地处武陵山脉中段、酉水南岸。东与怀化市沅陵县接壤，南与泸溪县、吉首市毗邻，西接保靖县，北隔酉水与永顺县相望。地理坐标：北纬28° 24′ 05″ ~28° 45′ 57″ ，东经 109° 44′ 42″ ~110° 16′ 13″ 。焦（作）柳（州）铁路纵贯县境，县内设有猛洞河、古丈、排口、万岩、龙鼻嘴 5 个火车站。省道 S229 线过境 45 公里。酉水航道横穿县境北部，西达保靖县、龙山县里耶镇，东下沅陵县。县治古阳镇距州府吉首市 45 公里，距省会长沙 438 公里。县境东西长 51.36 公里，南北宽 40.52 公里，辖区面积 1286.47 平方公里，占全省面积 0.61%。

县域山峰林立，溪谷纵横，地形以山地为主，山地、丘陵、岗地、坪地、水面相互交错。全县有大小山峰 1305 座，其中海拔 1000 米以上山峰 27 座。平均海拔 623 米。最高点高望界乡内高望界山脉主峰顶堂峰，海拔 1146.2 米。最低处山枣乡竹山村马草坪，海拔 136 米。属中亚热带季风湿润气候。年均气温 16.1℃，年均降水量 1392.9 毫米，无霜期 276 天。

古丈是湖南省林业重点县、全国百强重点产茶县。林地面积 1050.5 平方公里，占全县国土面积 81.67%。森林覆盖率 68.8%。活立木蓄积量 513 万立方米。茶叶种植面积 43.3 万公顷，茶叶生产加工总量 1803 吨，产值 1 亿元。古丈毛尖久负盛名，先后被评为全国十大名茶、湖南省著名商标、国家地理保护标志产品，荣获多项国际博览会绿茶评比金奖。2014 年，被中国茶叶学会评为“中国名茶之乡”。县内矿产资源储量丰富，已发现矿种 17 种，矿床（点）46 处。磷矿储量约 2.6 亿吨。锰矿远景储量 1400 万吨。石灰岩储量 3747 万吨。钒矿储量 1 亿万吨。县内民族文化底蕴深厚。土家族毛古斯、土家族摆手舞、土家族打溜子、土家族织锦、梯玛神歌、苗族鼓舞、土家族哭嫁歌被文化部确定为国家级非物质文化遗产保护项目。默戎镇被文化部命名为“苗鼓艺术之乡”“中国民间文化艺术之乡”。旅游资源丰富。2005 年，红石林景区被国土资源部批准为国家地质公园；2011 年，高望界被国务院批准为国家级自然保护区；2012 年，坐龙峡景区被国家林业局批准为国家森林公园。

县域历史悠久。春秋战国时属楚。秦属黔中郡。汉代至南朝宋、齐时属武陵郡酉阳县。隋朝属沅陵郡大乡县。唐代为溪州灵溪郡大乡县地。五代时属南楚之溪州，州城设于会溪坪（今县境内罗依溪镇会溪村）。宋代，属辰州泸溪郡。元代，属恩州军民安抚司。明代，属永顺军民宣慰使司。

清雍正五年(1727)，“改土归流”，裁撤永顺等处军民宣慰使司，置永顺府。县境属永顺府永顺县管辖。雍正七年（1729），永顺府督捕同知移驻旦武营（今坪坝乡旦武村）。道光二年(1822)，分永顺县罗依、西英、功全、冲正4保之地设古丈坪厅(散厅)，厅治古丈坪（今古阳镇）。

民国2年（1913），改厅置县，设县知事公署，隶属辰沅道。民国9年（1920），撤道，直属于省。民国17年（1928），县知事公署改为县政府。民国24年（1935），属湘西绥靖处乾凤古绥督察区。民国25年（1936），属湘西绥靖行政公署第三行政督察区。民国26年（1937），湘西绥靖行政公署撤销，直属于省。民国27年（1938），又属湖南省第四行政督察区。民国29年(1940)，改属第八行政督察区。

1950年3月，县人民政府成立，隶属湘西行政公署永顺专署。1952年，属湘西苗族自治区。1955年，湘西苗族自治区改为苗族自治州。1957年，湘西苗族自治州撤销，成立湘西土家族苗族自治州，古丈为其所辖。

2014年，全县辖古阳、红石林、罗依溪、默戎、岩头寨5个镇和断龙山、双溪、高峰、高望界、河蓬、山枣、坪坝7个乡。人口144810人，其中土家族5.84万人，苗族6.68万人。全年实现生产总值20.2亿元，同比增长14.5%。财政收入2.76亿元，同比增长20%。工业产值首次突破10亿元大关，同比增长27.6%。规模工业增加值2.45亿元，同比增长31.9%。完成社会固定资产投资22.69亿元，同比增长20.5%。全年接待游客130万人次，实现旅游收入4.06亿元。城镇居民人均可支配收入15480元，同比增长9.2%。农村居民人均可支配收入4626元，同比增长12.1%。

二

清道光二年（1822），古丈坪厅辖罗依、内冲正、西英、外冲正、内功全、外功全6保228寨，其中苗寨58个。

民国2年（1913），古丈改厅置县，全县辖首乡、罗依、上功、外冲、下功、新民、西英、外功8个乡。民国23年（1934），原8个乡改为16个村（镇），即古阳、罗依2镇，溪流、黑潭、岩头、磨子、坪坝、丹青、旦武、官坪、曹家、毛坪、白家、热溪、枞树、银坪14个村。民国24年（1935），原16个村（镇）又改划为4个区、16个乡（镇），即：一区辖古阳镇、罗依镇及溪流墨、黑潭2个乡；二区辖岩头、尚公、枞树、银坪4个乡；三区辖中正、丹青、旦武、河蓬4个乡；四区辖白溪、热溪、毛坪、曹家4个乡。

民国32年（1943），沅陵县的保平、益平、利平3个乡，永顺县的田家保、王家保及下榔乡的河西、老司岩、沙湾、施溶溪、沙鱼溪、公羊坪、铁匠溪、焦坪、石门寨、烂泥池、岩洞溪、石马潭等地，保靖县的夯水、排若、万岩溪、唐西溪、上热达树、下热达树、上达沙、上夯鲁、下夯鲁、四方坡、新窝、排沙等划入县境。县境内卤坨、巴夭寨、朋潭、丹青寨、雷公界、岩坳寨、大坪、画眉溪、榔木坡、铜鼓坡、俄梨坡等地划归乾城县。是年，全县有永宁、保安、西南、仁爱、亲民、罗依、西英、曹家、中正、河蓬、尚公、银坪12个乡和古阳镇。

1950年，全县划4个区。一区辖古阳、罗

古丈青鱼潭有机茶叶基地（张世德／摄）

依、西南、仁爱4个乡，区政府设在罗依溪；二区辖保安乡和尚公乡部分地区，区政府设在李家洞；三区辖河蓬、和平两乡和尚公乡部分地区，区政府设在野竹坪；四区辖西英、曹家、中正3个乡，区政府设在曹家坪。

1952年，一区古阳、官坝等地划为第五区，区政府设古丈坪。是年，全县5个区、98乡、1个镇，后又调整为76个乡、1个镇。

1956年，撤区并乡，将全县77个乡镇合并成县城镇和罗依、茄通、田家、官坝、龙鼻、坪坝、河蓬、山枣、草潭、野竹、石门、李家洞、白竹、岩排、岩坨15个乡。

1957年，白竹乡与岩坨乡合并为白岩乡，乡人民委员会驻岩头寨；石门乡、岩排乡并入李家洞乡；划官坝乡部分地域设柑子坪乡。

1958年，人民公社化，全县建立东方、巨龙、兴龙、星火、高峰、青龙、东风、山枣、英雄、河蓬、默戎、超美、红旗13个公社，下设163个大队，899个生产队。

1959年，兴龙和星火公社合并成立断龙山公社，东风公社更名为野竹公社，超美公社更名为坪坝公社。1960年，草潭公社并入野竹公社，山枣公社并入河蓬公社。1961年，断龙山公社析茄通公社，巨龙公社分设官坝公社和城关公社。1964年，城关公社析出城关镇。1970年，城关镇更名为县城镇。

1978年，保靖县仙仁公社的白溪、白家、尚家、梅塔4个大队划入断龙（星火）公社管辖。

1979年，高望界林场升格为公社级林场，新建公社级草潭林场。

1982年，官坝公社更名为双溪公社，县城镇更名为古阳镇。

1983年，全县有古阳镇和断龙、茄通、东方、高峰、岩头寨、野竹、山枣、河蓬、坪坝、龙鼻、双溪、城关12个公社及高望界、草潭两个公社级林场。

1984年，公社改乡制，建立乡镇人民政府。大队改为村，生产队改为村民小组。是年，草潭林场改称乡；龙鼻乡改镇，同时更名为默戎镇；东方乡改罗依溪镇；茄通乡析出河西、河南、新村、烈溪4个村建河西镇。全县辖4镇、11乡、1个乡级林场，180个村、1005个村民小组。

2005年，行政区划调整，撤销茄通、草潭、野竹、城关4个乡和河西镇，新建红石林镇和高望界乡。全县辖8乡4镇。2009年，岩头寨乡改为镇。是年，全县辖5个镇7个乡。

2015年，乡镇行政区划调整，全县辖古阳、岩头寨、高峰、断龙山、坪坝、默戎、红石林7个镇，下设140个建制村、18个社区（居）。总人口14.32万人。

古阳镇

古阳镇为古丈县治，四周群山环绕，中间低平，属当阳之地，故名“古阳”。2010 年，该镇被文化部定为全国文化信息资源共享基层服务点。

古丈毛尖，古今名茶。1929 年古丈毛尖获法国国际博览会国际名茶奖，1957 年经外贸部送展莱比锡国际博览会，当年实现小批量出口西德；1982 年被评为湖南省优质名茶第一名，入选中国十大名茶之列；1988 年获北京首届食品博览会金奖；1999 年获 99 中国国际农业博览会“名牌产品”称号。2011 年 5 月，“古丈毛尖”被国家工商行政管理总局认定为“中国驰名商标”。

区域概况

位置面积

古阳镇地处古丈县中部偏西，东与岩头寨镇交界，东北与高望界乡相邻，西接双溪乡，北与罗依溪镇接壤，南抵默戎镇、坪坝乡，东南与河蓬乡相连。全镇面积 72.32 平方公里。镇治小古丈坪，距湘西州首府吉首市区 45 公里，距省会长沙 438 公里。

建置沿革

清雍正七年(1729)，永顺府于古丈坪设督捕同知，督永顺 18 保捕务，有“永顺二府”之称。清道光二年(1822)，置古丈坪厅，镇境树栖科、茶坪、竹溪属罗依保，高坳、田马寨、南山、老塘坊、柑子坪、新寨、长潭、老寨、屋场坪等寨属冲正保，热溪、太坪、白岩、二岗、柏梓樟等寨属西英保，同年，冲正保析设外冲正保、内冲正保，内冲正保又称本城保，治所驻古丈坪。民国 2 年(1913)，改厅置县，设古丈县，主属本城保。民国 11 年(1922)，设首乡。民国 23 年(1934)，废首乡，境内设古阳镇、热溪乡，分属古丈县一区和四区。民国 27 年(1938)，废区并乡，属古阳镇。1950 年，属古丈县第一区，境内设古阳乡。1956 年，撤区并乡，境域分属县城镇、官坝乡。1957 年，境内增设柑子坪乡。1958 年，设巨龙人民公社。1961 年 3 月，巨龙人民公社析出官坝人民公社和城关人民公社。境内南山、太坪、长潭、白岩、二岗 5 个大队属官坝人民公社。1964 年 8 月，从城关公社析出，设城关镇。1970 年 2 月，撤城关镇，复设县城镇。1982 年 8 月，更名为古阳镇。1984 年，城关公社撤社建乡，设城关乡。2005 年 12 月，城关乡成建制并入古阳镇。

行政区划

1978 年，官坝公社的南山、太坪、长潭 3 个大队划入城关公社。1980 年，县城镇辖城区街道居委会、柑子坪蔬菜大队、思源桥茶叶大队和1个茶场，13个生产队；城关公社辖楠竹山林场和南山、长潭、太坪、田马寨、高坳、茶坪、红星、树栖科、老寨9个大队，47个生产队。1985年，城关乡树栖科、红星2个村划入古阳镇，双溪乡白岩、二岗2个建制村划入城关乡。是年，全镇辖柑子坪、思源桥、红星、树栖科4个行政村1个城区街道居委会，22个村民小组。城关乡辖南山、老寨、长潭、太坪、高坳、田马、茶坪、白岩、二岗9个建制村和1个居委会，45个村民小组。1986年，城区街道居委会分设为城东、城西2个居委会。1998年，城关乡从太坪村析出小寨，设小寨村。2003年，撤城东、城西2个居委会，分设车站、古丈坪、广场、红星4个社区。2005年8月，区划调整，红星村并入柑子坪村。城关乡小寨村并入太坪村，茶坪村并入田马村，老寨村并入长潭村，白岩村与二岗村合并，设天桥山村。12月，城关乡成建制并入，全镇辖车站、古丈坪、广场、红星4个社区和柑子坪、思源桥、天桥山、太坪、长潭、南山、树栖科、田马、高坳9个建制村，下设86个村(居)民小组。

人口民族

1907年，本城保有834户3938人，其中治城古丈坪(含老塘坊、柑子坪)有336户1368人。1983年，全镇人口7637人，其中，土家族2583人，占33.8%；苗族1659人，占21.7%，汉族人口3395人，占44.5%。人口密度380人/平方公里。城关公社人口4121人，其中，土家族3303人，占81.2%；苗族485人，占11.8%；汉族333人，占8.1%。人口密度98人/平方公里。1986年，全镇2933户，人口10228人，其中，土家族4661人，占45.57%；苗族2649人，占25.9%；汉族2862人，占27.98%。人口自然增长率11.46‰，人口密度509人/平方公里。城关乡1192户，人口4261人，其中，土家族2822人，占66.22%，主要聚居在太坪、长潭、南山、田马寨等村；苗族1994人，占46.8%，主要聚居在白岩、二岗等村；汉族245人，占5.75%。人口自然增长率23.69‰，人口密度82人/平方公里。2005年，全镇人口22224人，其中，土家族9796人，占44.1%；苗族6945人，占31.25%；汉族5368人，占24.15%。人口自然增长率4.31‰，人口密度1106人/平方公里。城关乡人口4750人，其中，土家族3803人，占80.1%；苗族849人，占17.9%；汉族96人，占2%。人口自然增长率3.79‰，人口密度9.1人/平方公里。2014年，全镇有12973户30625人，其中，土家族12792人，占41.8%；苗族9707人，占31.7%；汉族7997人，占26.1%；其余还有回、壮、瑶、布依、白、侗、满、黎等8个少数民族。人口自然增长率4.7‰，人口密度423人/平方公里。2004年，思源桥村男村民杜桂标，时年104岁；南山村男村民田祖荣，时年102岁。

自然环境

境内属中低山地貌，群山起伏，峰峦叠嶂，溪河纵横，镇域东部有高望界南脉、田马至高梁洞山脉，南部有天桥山、牛角山，西部有夯岔闹界、竹溪界、大面地界。中部为古阳河谷盆地，地貌为东、南、西三面山地高，中部和北部河谷低，呈“U”字形。境内平均海拔500米，最高田马寨村田马山峰海拔1012米，最低树栖科村古阳河水面海拔215米。地表成土母岩主要有紫色砂页岩和石灰岩，土壤以黄壤、红壤为主，古阳河谷分布有冲积砂壤。矿产资源有磷、钒等，主要分布在太坪、长潭、南山、天桥山等村。主要水系有古阳河，该河发源于狗脑山，流经镇境21

公里。有耕地564.55公顷，其中水田175.6公顷，旱地388.95公顷。森林6100.1公顷，森林覆盖率73.1%，主要树种有马尾松、杉、柏、枫香、樟树、香椿、香桂、板栗等，天桥山村夯苦分布有古老黄杉天然林，面积13.34公顷。境内气候温凉湿润，年平均气温16.7℃，年降水量1500.6毫米，无霜期297天。

经济发展

经济综述

20世纪70年代，镇域经济以农业为主，工业和商业服务比重较小。80年代改革开放，经济发展速度加快。1986年，镇域工农业产值655.97万元，人均纯收入377元。城关乡工农业产值130万元，人均纯收入182元。2001年，调整产业结构，实施山地开发，发展茶叶产业。镇域工农业产值1708万元，人均纯收入1039元。城关乡工农业产值736.86万元，人均纯收入648元。2007年，重点发展茶叶产业。全镇工农业产值2627.2万元，人均纯收入1734元。2014年，全镇工农业产值42267万元，其中第一产业1556万元、第二产业36772万元、第三产业3939万元，人均纯收入4880元。

农业

种植业 境内以种植水稻、玉米、油菜、蔬菜、茶叶为主。1986年，古阳镇粮食作物播种面积55公顷，其中水稻31.33公顷、玉米15.67公顷。油料作物播种面积4.73公顷，其中油菜1.53公顷。蔬菜播种面积21公顷。粮食产量202吨，其中稻谷152吨、玉米40吨。油料产量4吨，其中油菜籽3吨。蔬菜产量78.6吨。城关乡粮食作物播种面积371.07公顷，其中水稻177.87公顷、玉米127.67公顷。油料作物播种面积22.47公顷，其中油菜19.13公顷。蔬菜播种面积28.33公顷。粮食产量1114吨，其中稻谷847吨、玉米204吨，油料作物产量11吨，其中油菜籽10吨。蔬菜产量493吨。1990年，推广水稻“双两大”“旱育早发”栽培技术。2000年，推广水稻软盘抛秧栽培技术。2005年，全镇粮食作物播种面积101.33公顷，其中水稻29.41公顷、玉米56.73公顷。油料作物播种面积48.93公顷，其中油菜39.33公顷。蔬菜播种面积301.33公顷。粮食产量263吨，其中稻谷131吨，玉米101吨。油料作物产量43吨，其中油菜籽38吨。蔬菜产量2989吨。城关乡粮食作物播种面积311.93公顷，其中水稻177.06公顷，玉米44.6公顷。油料作物播种面积73.73公顷，其中油菜55.2公顷。蔬菜播种面积191.47公顷。粮食产量846吨，其中稻谷679吨，玉米97吨。油料作物产量46吨，其中油菜籽37吨。蔬菜产量9.4吨。2013年，在柑子坪、南山、田马寨3个村建蔬菜大棚255个。2014年，全镇粮食作物播种面积403.67公顷，产量1407.70吨，其中，水稻播种面积159.2公顷，产量846.4吨；玉米播种面积160.73公顷，产量395.2吨。油料作物播种面积61.27公顷，产量94.3吨，其中油菜播种面积51.0吨，总产量82.5吨。蔬菜播种面积297.4公顷，产量3664.16吨。

据《桐君录》载，境内植茶始于东汉，唐代被列为贡茶。清光绪三十一年(1905)，提督杨占鳌三子杨圭廷于汪家坪种茶万株，又从君山引种，植茶南门半坡，精制外销号“绿香园”。民国9年(1920)，提督杨占鳌五子杨琢臣从洞庭君山携种植于青云山，外销号“青云银峰”，又叫“白毛尖茶”。民国18年(1929)，杨三小姐所制“绿香园”茶参加西湖博览会，获优质奖，继而寄往法国参加博览会，获国际名茶奖。民国19年(1930)，市面上一市斤茶叶可卖到四块银圆，或者可兑换80公斤大米。民国23年(1934)，境内茶叶种植面积4公顷。1950年8月，茶叶外销苏联。1955年10月，镇茶叶生产合作社成立。改坡土式茶园为梯土式茶园。是年，思源桥茶叶合作社茶农，选出上好毛尖茶1.5公斤邮寄给毛泽东主席，国务院办公厅回函，“希望古丈人民大力发展茶叶生产”。1958年，太坪大队确定为茶叶专业队。1971年，思源桥大队在狮子口坡改梯，开发茶园25.26公顷。1981年，古阳镇有茶园55.6公顷，产茶46.3吨，产值13.55万元。城关公社有茶园50.8公顷，产茶15.65吨。2005年，古阳镇茶叶种植面积139公顷，城关乡茶叶种植面积78公顷。2006年，全镇茶园种植面积252.67公顷，建立3个有机茶基地，面积8.2公顷，有100户茶叶加工大户，13家茶叶加工销售企业。2010年，在县城广场举办中华茶祖节暨古丈毛尖万人品评会，树栖科村村民向春辉获“金茶王”称号。2011年，全镇累计新开茶园面积313.1公顷。茶园总面积565.77公顷，各村均有种植，建成树栖科村、思源桥村2个茶叶专业村。2014年，茶园实现无公害种植，当年新扩茶园154公顷。年底，全镇茶园面积997公顷，其中可采摘面积830公顷，建成国家认证有机茶园213公顷，茶叶产量617吨，产值2000万元。全镇成立4个茶叶协会，有200家茶叶加工大户、298套茶叶一体化加工机械。是年，在镇域南山、竹溪等地建古丈万亩茶文化主题公园，公园为绿色生态观光型茶园。

林业 1964年，境内建树栖科苗圃。1970年，城关公社在猛虎岭建楠竹基地，面积140公顷，植楠竹7000余株，建楠竹山林场。1976年，全县第二次林业调查，古阳镇林业用地733.33公顷，其中用材林86.67公顷，经济林380公顷，荒山66.67公顷，有油桐林40公顷，油茶林66.67公顷。城关乡林业用地4493.33公顷，其中用材林853.33公顷，经济林1240公顷，荒山1920公顷，有油桐林232公顷，油茶林930公顷。1989年，古阳镇造林19公顷，封山育林60公顷。城关乡造林28.47公顷，封山育林220公顷。古阳镇木材采伐量300立方米，城关乡木材采伐量1700立方米。是年，古阳镇桐油产量2吨，茶油产量9吨。城关乡桐油产量5吨，茶油产量21吨。2001年，在高坳、二岗、太坪、小寨、老寨、南山6个村实施退耕还林，面积132.58公顷，发放退耕还林补助41.76万元。2002年，在二岗、太坪、小寨、老寨、茶坪、田马寨、长潭、白岩、红星、柑子坪、思源桥11个村实施退耕还林，面积149.17公顷。2006年，全镇累计完成退耕还林390.87公顷，配套荒山造林92.5公顷，当年发放退耕还林补助款123.13万元。2007年，划国家级生态公益林162.1公顷，全部分布在天桥山村；划省级公益林2719.3公顷，其中南山村229.9公顷，长潭村293.5公顷，太坪村591.5公顷，高坳村646.9公顷，田马寨村921.3公顷，楠竹山林场36.2公顷；发放生态公益林补贴32.42万元。2010年，实施集体林权制度改革，全镇纳入林权制度改革的林地面积5821.07公顷，现场核实宗地数8769宗。2014年，发放生态公益林补贴款232.25万元。

养殖业 古阳镇以饲养生猪、山羊、牛等家畜和鸡、鸭、鹅等家禽为主。1986年，出栏猪1768头，猪肉产量121吨，出售和自宰家禽4760羽，禽肉产量5吨，禽蛋产量4吨，生猪年末存栏2143头，其中能繁母猪30头，耕牛年末存栏140头，其中母牛38头，家禽年末存笼3060羽。城关乡出栏猪1300头，猪肉产量80

吨，出售和自宰肉有羊220只，羊肉产量2吨，出售和自宰家禽3000羽，禽肉产量4吨，禽蛋产量3吨，耕牛年末存栏942头，其中母牛330头，生猪存栏2655头，其中能繁母猪209头，山羊年末存栏768只，其中能繁母羊306只，家禽年末存笼3370羽。1997年，城关乡发展山羊养殖，有山羊养殖专业户30户，山羊饲养量3500只。2005年，古阳镇生猪出栏5660头，猪肉产量368吨，出售和自宰肉用牛19头，牛肉产量2吨，山羊出栏1881只，羊肉产量26吨；家禽出笼4.89万羽，禽蛋产量49吨；生猪存栏2646头，其中能繁母猪202头，耕牛存栏149头，其中能繁母牛53头，山羊存栏1669只，其中能繁母羊638只，家禽存笼1.02万羽。城关乡生猪出栏2356头，猪肉产量153吨，猪年末存栏1797头，其中能繁母猪179头；自宰和出售牛231头，牛肉产量22吨，耕牛年末存栏907头，其中能繁母牛425头；山羊出栏1173只，羊肉产量181吨，山羊年末存栏2208只，其中能繁母羊631只；家禽出笼5000羽，存笼3900羽。是年，实施能繁母猪补贴，标准为100元/头。2013年，投资100万元，建三八枯升值养殖场，养殖种猪和能繁母猪200头。2014年，全镇生猪出栏10291头，猪肉产量674吨，年末猪存栏4427头，其中能繁母猪162头；出售和自宰肉用牛66头，牛肉产量44.89吨，年末耕牛存栏344头，其中能繁母牛81头；山羊出栏2542只，羊肉产量38.13吨，年末山羊存栏1481只，其中能繁母羊1122只；家禽出笼71380羽，存笼15101羽。

工业

清代，境内有榨油、酿酒、碾米等小作坊。光绪三十三年(1907)，古丈坪厅矿务疏河种植局经营三道河红煤矿，因经营欠佳，未办成。民国期间，引进缝纫、轧花、压面、石印等机械设备，兴办小型加工业，从业人员128人。1985年，在红沙溪建镇茶叶精制厂，主要生产七叶参茶和古丈绿茶等系列产品。1986年，建镇综合纸袋厂。1987年，镇办企业有镇茶叶精制厂、综合纸袋厂、民族福利厂。1994年，镇综合纸袋厂停产。1996年，民营企业县劳武化工厂在树栖科创办，主要加工电解锰。1999年，民营企业古丈雅洁食品公司成立主要加工葛粉、山野菜、蒿草粑等食品。2000年，县劳武化工厂更名为顺杰锰业公司。是年，镇茶叶精制厂停产。引进湖南恒兴木业公司，主要生产各类板材。2006年，引进卓良木业公司，主要生产“卓明牌”细木工板，同年小背篓茶叶公司成立。2011年，恒兴木业公司转产，生产熟食食品，公司更名为湘晶食品公司。2014年，全镇工业门类有建材、电力、食品等，主要品牌有“卓明板材”“雅洁食品”“湘晶食品”“古丈绿茶”等。

商贸服务

清代，厅城西门外设清吉场，逢农历三、八日为场期，主要交易桐油、茶油等农副土特产及人民生产生活用品。道光年间，有江西商人在境内开设“裕生”“信利”商号，经营桐油及其他土特产品兼营百货。咸丰年间，“裕生”号经营收入年利白银万余两。民国时期，境内有唐义顺、陈聚茂、程泰茂等商号兴起。1950年4月，县国营贸易公司成立。1985年，镇内国营和集体商业机构75个，从业人员516人。个体商户726家，从业人员818人。1994年，建成古阳农贸大市场，设固定摊位280个。1997年，镇内首家超市“好运来”开业。2005年，红太阳购物广场入驻，成为境内第一大的生活消费品商家。2010年，镇内建成正街百货商业区、柑子坪连城商业区、红星茶叶一条街区、农贸集市街区、沿河夜市街区，有百货、日杂、建材、修理、美容美发、餐饮、茶叶交易、电器等商铺1495家，从业人员6229人。年营业额8.685亿元。2014年，建太阳城五金建材交易市场，占地7.87公顷，区内商家258户，从业人员492人，年交易额1.42亿元。

基础设施

交通运输

清代，古丈坪有官道3条，即古丈坪至永顺、至乾州厅、至镇筸巡治道；有民路3条，即古丈坪至保靖、至辰州府、至泸溪。道光四年(1824)，厅抚民同知谭震首倡修桥，由王村饶启盛修三道河桥，道光末年被冲毁。同治七年(1868)，城绅杨占鳌出资重修，为境内第一座人行石拱桥。1959年1月，吉首至古丈公路建成通车，途经镇内太坪、长潭、老寨、老塘坊等村寨。1960年，在南门桥头建古丈汽车站，每天开行古丈至吉首班车一趟。1965年12月，古丈至罗依溪公路通车，途经镇内凉水井、三道河、树栖科等地。1974年1月，太坪至官坝公路通车，镇内途经太坪大队。1975年11月，县城至河蓬公路通车，途经镇内田马寨、乔子庄等地。1978年，枝柳铁路建成通车，在镇域设古丈站，在太坪大队设排口站。1983年，古丈汽车站迁往河街北门处，车站有8辆大客车，开通古丈至永顺、吉首等县际班车和县内各乡镇班车，年客运量58万人次。1986年，古阳至双溪公路建成，南山村通车。1988年1月，枝柳铁路与焦枝铁路合并，更名为焦柳铁路，客运直快列车和客运普慢列车均在古丈站停靠，排口站停靠客运普慢列车一对。1995年，茶坪村级公路通车长2公里，长潭水库至小寨公路通车，长2.3公里。1998年12月，启动省道吉罗公路改造。2002年12月，吉首至罗依溪二级公路建成通车，境内途经太坪、长潭、县城西、树栖科等地。2004年，镇区取缔三轮出租车，成立栖凤湖出租车公司，出租车投入营运50辆。2007年，古丈汽车站迁至茶城路，开行长沙、株洲、沅陵，同时办理省际长途客运业务。2009年，焦柳铁路电气化升级改造完成，列车提速，古丈站停靠客运普慢列车一对。是年，投资237万元，高坳通村公路硬化竣工。2010年，启动田马至河蓬公路改造工程，境内长5公里。2012年，永（顺）吉（首）高速公路开工，途经境内树栖科、县城东、长潭、太坪、天桥山等地。2013年，古丈至沅陵公路改造完工，途经田马寨村。2014年，镇区开通1路和2路公交车。

邮政通信

元代，永顺至古丈坪邮路设铺递1人。明永乐年间，开办民间寄递信函、包裹、白钱等商业性民信邮务，仍设铺递1人。清乾隆二十一年(1756)，因永顺至古丈坪邮路属险道，设铺递2人，昼夜兼程。清宣统二年(1910)，始设古丈邮政收寄代办所，开通古丈至沅陵邮寄快班。民国20年(1931)7月，架设古丈至王村电话线路。12月，架通古丈至乾城、古丈至沅陵、古丈至保靖3条电话线路，所有电话线路均为木杆16号铁单线。民国29年(1941)3月，古丈电报局成立，有电报机1台、电报线2条。民国32年(1943)，古丈邮局成立。1953年，吉首至古丈长途线路架通，开通通向全国各地的电信网。1955年，沅陵至古丈邮班改由吉首至古丈邮班。1986年，镇内市话装机201部。1993年，镇内开展无线信呼业务(也称BP机)。1996年，开通窄带上网业务，窄带用户20户。是年，境内开通移动电话。2000年，实施电信“三百万工程”，城关乡长潭、太坪、田马、南山、老寨等地开通有线电话。是年，镇区开通宽带互联网。2004年，茶坪村开通无线电话，成为古丈县首个无线通话村。2014年，境内电信、移动、联通3家通信企业均办手机通信、宽带上网业务。邮寄企业有顺丰、圆通、中通、天天、中国邮政等。

供电饮水

民国年间，镇内居民饮水主要靠东、南、西、北四大名泉，东泉位于镇区后街，南泉位于镇南碑岩山，西泉位于柑子坪，北泉位于镇北凉水井。1951年7月，建古丈县光明电厂，镇内首次通电。1968年，建成水甜溪供水站，安装17千瓦水泵1台，建100立方米蓄水池1个，供应镇区。1969年，泽信电站建成发电，专供镇内用电。1979年，城关公社建成长潭水电站，装机125千瓦。同年，建成二龙庵供电站，城区用电实现总调度。1982年，白溪关电站建成发电，装机3750千瓦，主供镇区用电。1984年，县办水电并入国家电网，境内供电基本保证。1987年，建县自来水厂，日均供水1500吨。1991年，在镇北建花果山变电站。2000年，古丈电网与凤滩电网并网。2005年，建成仁溪河水库，引仁溪河水库水建县第二自来水厂，主供镇北居民饮用。2013年，高坳、长潭、太坪、田马、树栖科、天桥山、南山7个村通自来水。2014年，在镇南老寨建自来水厂，设计日供水1万吨，可解决8万人饮水问题。

水利建设

20世纪50年代，境内古阳河两岸水利以筑小水坝及架水车为主，解决农田灌溉。1977年，建成高坳水库，库容14.63万立方米。1979年，建成长潭水库，库容19.6万立方米，灌溉稻田2公顷。2005年，建成仁溪河水库，库容49.6万立方米。2012年6月，投资2.1亿元，兴建古阳河水库，砼连拱坝，库容19.6万立方米。

村镇建设

清嘉庆二十四年(1819)，垒石堆土，始建古丈坪城垣，城墙长801.9米，设城门三座，南叫迎薰门，北叫台平门，西叫瑞金门，东设炮楼一座。城内设同知署、巡检署、武职署、都司署、端城千总署、外委官房。文、武官同城，六员衙署共6所。民国时期，镇区建有正街、国防街、西门口街、大田街4条街道，均为石板铺设，宽3米，镇区建筑主为木质结构，砖木结构房屋有双景吾私宅、张平私宅。民国35年(1946)，镇区面积0.038平方公里。1986年，镇区建成正街、河街、中街、新建区路4条，街道宽9米，镇内有3~5层钢筋混凝土房屋数百栋，古阳桥、思源桥、老塘坊桥横跨古阳河，镇区面积1.9平方公里。1992年，县城实施“一洞两场”工程，将古丈一中门口广场改造民族大市场，在老寨坪新建一个标准级体育运动场，并打通体育运动场与县城正街连接的三坡湾连城隧道，开发广场小区。1995年，建成常古友谊桥，连接城东与城西，开发柑子坪区。2002年，开发红星小区，修建长640米、宽24米的常德街。2004年，在镇北竹溪湾开发建设太阳城。2010年，镇南红星小区开发初具规模，新增镇区面积2平方公里。是年，太阳城小区建设初具规模，新增镇区面积2平方公里。2014年，实施老镇区改造，主街道由水泥路面改成柏油路，人行道铺设青石板，主要街道有古阳路、沿河路、茶城路、栖凤路、常德街、文苑路、滨河路等，镇区面积6.5平方公里。

社会事业

教育

清光绪二十三年(1897)，退职还乡提督杨占鳌，邀约地方官绅，集资创办钟英义塾学堂，招收男生 17 人、女生 3 人，开设儒学经典、算术、纺织课程。光绪二十九年(1903)6 月，在镇南文昌祠设立官立高等小学堂，招收学生 40 人。光绪三十年(1904)，在厅城许绅居宅设公立高等小学堂。光绪三十三年(1907)，钟英义塾学堂开设师范传习所。境域有私塾 8 所。是年,田锡畴采取自费加官补的办法，留学日本。民国 2 年(1913)，官立初、高等小学堂改为县立初、高等小学校。民国 8 年(1919)，县城内开办首善镇初等小学。民国 16 年(1927)，县立初等小学、县立高等小学、首善镇初等小学合并为县立模范小学，采用国民政府统编教材。民国 18 年(1929)，县立模范小学改为古丈坪模范小学。民国 32 年(1943)3 月，设立古丈县立初级中学，有教师 14 人、学生 100 人。1951 年 9 月，县立初级中学由县长兼校长，招生 3 个班 145 人。1958 年秋，县立初级中学改为古丈县完全中学，招收高中学生。是年，在后街创办县直机关幼儿园。同年，在柑子坪建县茶叶中学，有教师 4 人、学生 98 人。1969 年，茶叶中学撤销。1975 年，建城关公社初级中学。1978 年，设镇茶叶小学。1980 年，镇茶叶小学改为镇中心完小。同年，建城关中心完小，校址设城南新寨。1985 年，调整中学布局，双溪初级中学并入城关初级中学。1986 年，镇区有小学 3 所，城关乡有小学 11 所。1987 年 9 月，城关初级中学更名为古阳中学。1995 年，城关乡基本完成扫除青壮年文盲，推进“普九”教育。是年，在广场区建古丈县艺体校。2001 年，全镇有小学 2 所，民办幼儿园 6 所，城关乡有小学 11 所。2010 年 4 月，古丈坪完小更名为县第一小学，古阳镇完小更名为县第二小学，城关完小更名为县第三小学。2014 年，境内有中学 2 所，即古丈县第一中学、古阳中学；小学 3 所，即古丈一小、古丈二小、古丈三小，全镇适龄儿童入学率 100%。

文化

清代，境内万寿宫和城隍庙建有戏台，每逢庙会和节日，有剧团演唱阳戏、高腔等地方戏剧。民国 19 年(1930)，境内设立民众图书馆。民国 26 年(1937)，10 名教师各垫银圆 5 元，支持伍珠开办私人小书店，专营课本和笔墨纸砚等文具，为县城内第一家书店。民国 32 年(1943)，在江西会馆设民众教育馆，主要开展图书借阅工作。1950 年 4 月，改民众教育馆为县文化馆，开展图书借阅、幻灯宣传和收音工作，接管《万有文库》1 套及古典书籍 2000 册。1951 年 9 月，县新华书店成立。1956 年，古阳籍人何继光参加首届全国音乐会中南海专场演出，领唱《澧水号子》，受到中央领导和专家赞赏。1964 年，在“上海之春”音乐会上，何继光演唱《挑担茶叶上北京》《洞庭鱼米乡》两首湘韵醇浓歌曲轰动乐坊，风靡全国。1970 年，利用县政府礼堂开办县电影院。1974 年，建城关公社文化站。1983 年，在城西建成新电影院 1 座，占地 1800 平方米。1986 年，镇内首次播放录像。1989 年 2 月 10 日，在太坪村组织开展土家族跳马节活动，活动中举行土家族传统跳马、祭祀等活动参与者 3 万人。1995 年 8 月，在镇内举办“旺旺杯”全国青少年举重运动会。2010 年，社区分别组建有茶乡红梅阳戏团、茶乡健身艺术协会、夕阳红艺术团，从事阳戏、汉戏、花灯、歌舞、广场舞、苗鼓、龙灯等文艺表演。2014 年，全镇建成农村图书室 14 个，藏书 2.1 万册。

1957年12月，柑子坪设县广播站，境内始通广播。1979年10月，镇内建电视转播台，居民可收看电视。1989年，县城广播采用高音喇叭覆盖。1993年，镇区有线电视用户1800户。2006年，城网有线电视主干线发展至南山、老寨、长潭等地，新增用户600户，镇内有线电视用户6900户。2010年，组建县广电有限网络公司，数字电视节目由41套增至129套。2014年，境内有线电视实现全覆盖。是年，县广播站仍在每天早晨、中午两段时间用高音喇叭对镇区播放新闻，且50年从未间断，此举为古丈一大特色。

医疗卫生

清宣统元年(1909)，杨祖福集资在新街开设中药店，有坐堂中医4人。民国17年(1928)，张乐然、伍吉安在县城内创办种牛痘传习所，防治天花。民国29年(1940)3月，在北门外龙王庙成立古丈县卫生事务所，有医护人员3人。民国30年(1941)6月，县卫生事务所改为县卫生院，有医护人员8人。1951年，设立古丈县人民医院。1955年，设古丈县第五区卫生所，1958年，成立县卫生防疫站和县妇幼保健站，并设镇卫生院。1961年，设城关公社卫生院。1976年，成立古丈县中医院。1980年，城关公社有大队医疗室2个，赤脚医生18人。1986年，县中医院迁往南门桥。10月，镇卫生院、城关卫生院并入县中医院。2006年，组建古丈县红十字医院。2007年，实施新型农村合作医疗制度，全镇参合农民7164人，占全镇农村人口95%，发放医疗补助费77.16万元。2008年，刘大驰创办新城医院，成为全县首家民办医院。2014年，全镇新型农村合作医疗参合农民1.1万人，享受医疗补助433.07万元，有村级医疗卫生室9个，个体诊所7家。

社会保障

1987年，建民政福利厂，安置镇内10名残疾人就业。1991年，在青云山建镇敬老院，建筑面积1000平方米，集中供养18名“五保”老人。1999年，实施城市居民最低生活保障制度，全镇城市低保对象362人，发放低保金3.8万元。2001年，县中心敬老院竣工，入住“五保”老人60人。2003年，发放城镇居民最低生活保障费494.7万元，受益1000户。2005年，实施农村最低生活保障制度，全镇农村低保对象20户73人，发放低保金7008元。城关乡有农村低保对象44户94人，发放低保金9024元。2007年，成立镇低保发放站，4个社区设立低保服务中心，实施动态管理。2010年，在老寨修建县社会福利院，占地面积2万平方米，实现全县孤儿集中供养。2011年，实施新型农村养老保险制度，全镇2265人参加农村养老保险，1205人领取农村养老金。2014年，全镇2836人参加农村养老保险，1254人领取农村养老金。是年，全镇农村低保户有565户1295人，发放低保金162.25万元，城市低保户有385户3582人，发放低保金525.76万元。

特色地情

名优特产

古丈毛尖茶　2009年2月，毛尖茶手工制作技艺被列入省级第二批非物质文化遗产保护项目名录。其次有天麻、茯苓、枞菌油、青葛、板栗等。

风景名胜

镇内有古阳八景，即龙潭印月、虎岭嘘云、西场赛社、南浦观涛、桐花飘雪、杨柳垂阴、溪桃红雨、丛桂香风。镇南有白岩天桥山，主峰海拔847.1米，因绝壁有石桥相连，仰望若云端天桥，奇特壮美，峭壁林立，十分险峻，有“云藤

太平古丈跳马节（李琳筠摄于 2013 年 1 月）

耸翠”“石凳生烟”“仙人脱靴”“龙洞飞泉”“文笔参天”“天桥暮鼓”“锦鸡报晓”“峭壁啼猿”等天桥山八景。镇北有青云山，山上青云寺(又名二龙庵)建于清初，20 世纪 80 年代重建后香火不断。城东有小河，又名水甜溪，溪水明净清澈，是居民汲水、浣衣、游玩、健身理想场所。溯溪而上五里处的香炉岩，平地突起一峰，峰顶石形如香炉。

民俗风情

传统节庆 传统节庆有四月八、跳马节、六月六、七月半、赶年场、迎城隍。

土家族跳马节 源于明朝初年，时间为农历春节后第一个马(午)日，流行于太坪附近土家族地区。跳马活动包括许马、扎马、跳马 3 个阶段。据史料记载：“扎马数匹，全身糊以黑白黄纸，外加粉饰，如马一般。马腰间特用竹块扎两圈孔，以便人身穿入孔内，表示形同骑马状态。赛跑时，无异马跳之姿势。”跳马节历时三天三夜，包罗梯玛酬神祀典、贺马、抬老爷、操旗、调年、西可乐、出马、跳马、烧马、审老爷、烧老爷等。事毕，主宾相约，男歌女唱，吹乐跳鼓，随人所好，尽兴娱乐，直至天亮。跳马集歌舞技艺为一炉，再现土家先民生活、劳动、战斗、祭祀场面。1989 年，中央电视台在《神州风彩》栏目播放“土家跳马节”盛况。1991 年 10 月，“中国少数民族傩戏国际学术讨论会”与会 200 多名国内外专家、学者，观看古丈代表队土家跳马表演，给予高度赞扬。2009 年，被列入省级第二批非物质文化遗产保护项目名录。

（撰稿人：石长远）

罗依溪镇

区域概况

位置面积

罗依溪镇域地处古丈县北部，东与高望界乡接壤，南抵古阳镇、双溪乡，西与红石林镇相连，北与永顺县长官镇隔河相望，区域面积 109.74 平方公里。镇治打烂坳，距古丈县城 11 公里，距湘西州首府吉首市区 54 公里。

建置沿革

清道光二年(1822)，置古丈坪厅，设罗依保。民国 11 年(1922)，设罗依乡。民国 23 年(1934)，撤乡，设罗依镇。民国 24 年(1935)，境内设罗依镇、黑潭乡，属古丈县一区。民国 27 年(1938)，撤镇，复设罗依溪乡。1950 年，属古丈县第一区，区政府驻罗依溪，境内设毛坪乡、江洋乡、大官坪乡、会溪乡、石碧乡、龙潭乡、黑泥乡、新龙乡。1952 年，龙潭乡、新龙乡、黑泥乡划入古丈县第五区。1956 年，撤区并乡，设罗依溪乡。1958 年，设东方人民公社。1975 年，因凤滩水库蓄水，公社驻地罗依溪被淹，搬迁至打烂坳，沿用罗依溪名。1984 年 4 月，撤社建乡，设东方乡。同年 10 月，撤东方乡，设罗依溪镇。

行政区划

民国 32 年(1943)，境内设 12 个保。1958 年，全社辖罗依溪、黑潭坪、江洋溪、五里坡、会溪坪、石碧溪、大龙、官坪、毛坪 9 个大队。1961 年 3 月，从黑潭坪大队划出小岩坨、牛儿山 2 个自然寨，设牛儿山大队；从官坪大队划出康家寨、麻栗埔、龙家洞、窑孔湾 4 个自然寨，设康家寨大队。从五里坡大队划出麻溪、郭家坳等地，设麻溪大队；从黑潭大队划出龙潭坪、王家堡、下茅坡等地，设龙潭坪大队；划出冲天坪、小茶坪等地，设冲天坪大队；从石碧溪大队划出坳家湖、箭潭口等地，设坳家湖大队，全社辖 15 个大队。1979 年 2 月，冲天坪、麻溪 2 个大队析出划入高望界林场。是年，从坳家湖大队划出一碗水、箭潭口等地，设箭潭口林场。1982 年官坪大队更名为且茶下大队。1984 年 4 月，划出冷水溪、栗木山、马路溪、小官坪、马鞍子等地，设茶叶村，划出大官坪、半溪、猴儿潭、油坊坪等地，设罗依溪村。全镇辖茶叶、牛儿山、黑潭坪、且茶下、康家寨、大龙、毛坪、会溪坪、罗依溪、江洋溪、坳家湖、青鱼潭、五里坡、龙潭坪、石碧溪 15 个村和箭潭口林场及罗依溪居委会，下设 95 个村民小组。1986 年，箭潭口林场改为箭潭口村。2005 年 10 月，箭潭口村并入坳家湖村，五里坡村并入会溪坪村。全镇辖茶叶、牛儿山、黑潭坪、且茶下、康家寨、大龙、毛坪、会溪坪、罗依溪、江洋溪、坳家湖、青鱼潭、龙潭坪、石碧溪 14 个建制村和罗依溪居委会，下设 100 个村民小组。2009 年，罗依溪街道改设为罗依溪社区。

人口民族

民国 23 年(1934)，全镇人口 6039 人。1984 年，全镇 1891 户 9185 人。其中，土家族 4192 人，占 45.6%；苗族 1103 人，占 12%；汉族 3870 人，占 42.3%。其他还有土家族、布依族、黎族、回族等 4 个少数民族。人口自然增长率 17.29‰，人口密度 84 人 / 平方公里。1999 年，全镇 2673 户 11262 人，其中，土家族 7074 人，占 62.81%；苗族 2592 人，占 23.02%；汉族 1593 人，占 14.14%。人口密度 103 人 / 平方公里。2004 年，坳家湖女村民向云英，时年 102 岁；罗依溪街女居民鲁顺莲，时年 101 岁。2005 年，全镇 3513 户 11343 人，其中，土家族 7247 人，占 63.89%；苗族 1836 人，占 16.19%；汉族 2248 人，占 19.82%。人口密度 104 人 / 平方公里。人口自然增长率 5.7‰。2014 年，全镇 4219 户 13337 人，其中，土家族 8807 人，占 66%；苗族 2425 人，占 18.18%；汉族 2078 人，占 15.58%。其他还有土族、布依族、黎族、回族、佤族、白族、侗族 7 个少数民族。人口密度 122 人 / 平方公里，人口自然增长率 5.77‰。民族语言以古丈方言为主，坳家湖村说瓦乡话。

自然环境

境内以中低山地貌为主，东部属高望界山脉西麓，西部属断龙山脉东麓，中部为古阳河谷地。最高江洋溪村凉风垭海拔 1010 米，最低茶叶村马路溪海拔 205 米。土壤主要有红壤、黄壤、石灰土、水稻土，黄壤主要分布于大龙、江洋溪、会溪坪、康家寨、毛坪 5 个村；石灰土分布于坳家湖、龙潭坪 2 个村。有耕地 395.47 公顷，其中水田 237.40 公顷、旱地 158.07 公顷；有可开发利用水面 1200 公顷。森林覆盖率 78%。溪河主要有古阳河、酉水河、石碧溪。古阳河从龙潭坪村入境，流经黑潭坪、且茶下、罗依溪、茶叶 4 个村，在打烂坳汇入酉水。酉水从坳家湖村箭潭口入境，流经青鱼潭、会溪坪、江洋溪 3 个村。石碧溪发源于石碧溪村，注入酉水。矿产资源主要有磷、锰、铜、钒及煤等。境内气候温和，年平均气温 16℃，平均降水量 1475.9 毫米，全年无霜期 275 天。

经济发展

经济综述

20 世纪 50 年代，境内以传统农业为主，农业种植业结构单一，农民收入低。70 年代，境内发展茶叶、桐茶种植，经济收入主要依靠传统种植茶叶、桐油、茶油生产销售。1984 年，国民生产总值 139.06 万元，人均纯收入 185 元。1987 年，培育柑橘、茶叶、渔业、蔬菜四大产业。是年，国民生产总值 599 万元，人均纯收入 209 元。1990 年，兴起外出务工热，全年外出务工 520 人，务工地点以广东省为主。2007 年，镇内实施农业产业结构调整。是年，国民生产总值 1581.6 万元，人均纯收入 1306 元，首次突破千元大关。2010 年，建成江洋溪、会溪坪两个柑橘主产区，毛坪、茶叶、且茶 3 个茶叶主产区，毛坪、罗依溪、茶叶 3 个水产养殖区，同时建成农产品无公害大棚蔬菜产业区。是年，柑橘种植 320 公顷，茶叶种植 426 公顷，水面养殖 120 公顷，蔬菜产业基地有大棚 180 个，种植面积 20 公顷，成立茶叶、养殖、蔬菜、柑橘等专业协会 8 个。国民生产总值1800万元，人均纯收入1250元。2014年，全镇国民生产总值12754万元。其中第一产业1503万元，占11.78%；第二产业9834万元，占77.11%；第三产业1417万元，占11.11%。人均纯收入4670元。是年，全镇外出务工人员2520人，劳务收入1011万元。

农业

种植业 境内主要种植水稻、玉米、大豆、油菜、花生、蔬菜等农作物。1984年，农作物播种面积900.47公顷，其中粮食作物513公顷；油料作物播种面积76.73公顷；蔬菜播种面积76.07公顷。粮食产量1615.65吨，其中稻谷1109.2吨，玉米387.4吨，大豆78吨。油料作物总产量39.7吨，其中油菜籽36.1吨。1995年，农作物播种面积1025.87公顷，其中水稻267.87公顷，玉米112公顷，小麦36.67公顷，大豆20公顷，薯类26.0公顷。油菜播种面积166.67公顷，蔬菜播种面积160公顷。粮食产量1598吨，其中稻谷1354吨，玉米156吨，大豆37吨。油料作物总产量149吨，其中油菜籽125吨。2014年，农作物播种1572.1公顷，其中水稻303.9公顷，玉米255.2公顷，薯类150.7公顷，大豆76.5公顷。油料作物播种面积115.8公顷，其中油菜75.5公顷。蔬菜播种面积446.1公顷。粮食产量1801吨，其中稻谷961.89吨，玉米401.06吨，大豆74.33吨。油料作物产量113.1吨，其中油菜80.55吨。蔬菜产量322.81吨。

境内种茶历史悠久，据《桐君录》记载，会溪坪一带已有茶叶种植，20世纪70年代，境内且茶下、毛坪、罗依溪等地扩建茶园面积36.8公顷。1984年，茶叶种植36.87公顷，茶叶村是茶叶种植专业村。是年，年产古丈绿茶(干茶)9吨，产值达0.75万元。1995年，全镇茶叶种植面积177.27公顷，茶叶产量22.01吨，产值26.4万元。2008年，通过大户带动、技术培训、开发补贴等举措，初步形成种植、采摘、加工、销售精细化分工。至2010年，茶叶种植782.33公顷，总产量213.1吨。2014年，茶叶扩植1050.67公顷，其中可采摘767.67公顷，产量224.48吨，其中绿茶产量224.48吨，茶叶产业成为经济发展支柱产业。

林业 1953年，境内黑潭坪建国营苗圃场。1964年，江洋溪、会溪坪两个大队建杉木林基地，基地面积1138公顷。1966年9月，江洋溪大队张二界寨渡江口发生森林火灾，大火燃烧两昼夜，受灾山林99公顷，烧毁各种林木26539株。1972年，坳家湖大队护林劳模瞿开茂出席湖南省农业学大寨经验交流会，受到大会先进个人表彰。1975年，在喇叭冲建立湘西州贮木场，占地6.34公顷，年贮运木材达6万立方米。1984年，古丈县第三次森林资源调查，境内林业用地9193.34公顷，其中用材林2606.67公顷，经济林1746.67公顷，五里坡村桃界分布有2平方公里南方红豆杉天然林群落。2001年，退耕还林150.65公顷，配套荒山造林13.74公顷，兑付退耕还林补助47.46万元。2007年，划国家级生态公益林6696.1公顷，发放生态公益林补助款35.16万元。2012年，全镇退耕还林面积733.49公顷，荒山造林400.74公顷。

1930年，古丈县油桐面积发展，有金色油乡之称，时任县长胡锦心力劝农民垦荒植桐，并安置移民在坳家湖开荒种桐，尔后坳家湖发展成为一个大寨。1984年，镇域内经济林主要以油桐、油茶为主，其次还有板栗、核桃、五倍子等。油桐种植617.87公顷，产油31402公斤，产值8.29万元；油茶种植1008.73公顷，产油13807公斤，产值2.83万元。1987年，在官坪、黑潭坪、且茶等村开发柑橘37.34公顷。1995年，由于油桐种植管理粗放，树龄老化，生产呈下滑趋势，产油

26081公斤，产值6.89万元，油桐生产陷入低谷。油茶产油12145公斤，仅满足家庭食用。2000年，柑橘种植扩大，面积167.34公顷。2014年，有果园558公顷，水果产量5083.8吨，其中柑橘园557.53公顷，柑橘产量4613.1吨。

养殖业 境内以饲养生猪、家禽、山羊、牛为主，水产养殖以网箱养鱼为主。1980年，在焦溪口试验网箱养鱼，网箱养鱼水面20.3公顷，设网箱20口，产鲜鱼5500公斤。1984年，生猪出栏2022头，年末存栏2925头；山羊出栏92只，年末存栏395只；牛出栏16头，年存栏1080头，其中劳役牛1006头；家禽年末存笼12475羽，上市家禽5701羽，年生产肉类82.5吨，禽蛋4335公斤。是年，网箱养鱼水面866.7公顷，产鱼235吨。1989年，罗依溪村官坪寨村民李顺运投入2万元养甲鱼，养殖甲鱼300只。1991年，组建网箱养鱼技术协会，会员58人，通过《罗依溪镇网箱养鱼技术协会章程》。2002年，镇内养殖叉尾鮰、银鲫、鲤、草鱼等鱼类，产量10吨。2003年9月，栖凤湖大坝竣工，形成293.34公顷稳定养鱼水面。2004年，有网箱1500口，其中精养200口，主要养殖美国斑点叉尾鮰。2008年，罗依溪村民李永花投入2000万元用于大鲵养殖，建4万平方米养殖场地，有养鱼池2000口，投放8公斤以上种鱼400尾。2010年7月，古丈县友谊农业综合开发有限责任公司成立，以大鲵养殖为主，注册资金2000万元，建大鲵养殖基地2个及大鲵繁殖基地1个。2014年，生猪出栏6610头，存栏4427头，能繁母猪162头；出售和自宰肉用羊2211只，山羊存栏1027只；牛1091头，其中自宰肉用牛407头，劳役牛684头；家禽71380羽，年产肉类828.56吨，其中禽类71.38吨，家禽存栏12960羽，禽蛋产量19.19吨；网箱6500口，淡水养殖产量881.05吨。

工业

民国时期，境内有榨油、打铁、土法织布等手工作坊32家。1952年，境内有染坊、缝纫、铁制油桶、裱糊、榨碾、加工等作坊43家，从业人员44人。1958年，公社办缝纫社、铁业社等企业。1979年，公社投资60万元，在喇叭冲建罗依溪造纸厂，厂房占地1640平方米，1982年3月投产，生产成品纸150吨，产值11.6万元。1983年，镇办企业有榨油厂、渔业队、农机站、手工业社。1985年，县属企业古丈县化工厂在喇叭冲建厂。1988年，县属企业古丈县钒厂在罗依溪建厂。1993年，罗依溪村民杨清海等人出资入股，建罗依溪包装纸品有限公司，生产再生纸，成为古丈县首家股份合作制企业。是年，罗依溪造纸厂改制转产，在原址新建猛洞河天然植物制品公司，生产茶多酚；12月，县茶叶总厂在王家堡建立。2001年10月，建民营企业湖南双力电池有限公司，生产5号、7号碱性锌锰电池，年产6000万只，2004年停产。2005年10月，古丈县茶叶总厂由湖南省茶业有限公司收购，成立古丈县有机茶业有限公司，生产加工“倩云”牌古丈毛尖及有机茶、珍眉茶、低农残茶、袋泡茶等系列茶产品。2007年，罗依溪包装纸品有限公司搬迁扩建，主要生产条纹纸、包装纸等再生纸系列，2008年1月，更名为移民纸业有限责任公司。2009年，“倩云”牌古丈毛尖在美国举办世界茶叶博览会上获金奖。2011年5月，青岛华仁世纪集团3万吨电解锰整合项目在坳家湖落户，华仁古丈矿业有限责任公司成立，当年完成投资4000万元，完成厂区、矿区征地拆迁和进厂公路等前期建设。2013年，省级古丈工业集中区获批，罗依溪工业园区定位为仓储物流型、农副产品加工园区，用地20.51公顷。2014年，湖南天下武陵农业发展有限公司投资2000万元，在栖凤湖畔建茶产业园，占地1.34公顷，建成全自动化红茶绿茶生产线、全自动保健袋泡茶生产线、黑茶自动化生产线，设计日加工茶鲜叶1000公斤。是年，古丈县有机茶业有限公司实现产值1亿元，创税100万元。

商贸服务

清末，罗依溪设墟场，逢农历十日赶集，处于酉水之滨，水运较发达，古丈、永顺、保靖等地木材、桐油等农副土特产品及小五金、盐、布匹、南杂等日用工业品都由此转运，成为湘西北物资集散地。民国3年(1914)，罗依溪墟场改十日场为一、六日场。是年，较大商户有唐明灿、金升贵、罗登文等户。民国13年(1924)，油商刘紫珊资本达银圆1.5万元，在王村、沅陵、茶洞等地开设庄行，被称为古丈商星。1950年，设国营罗依溪贸易商店。1952年，设罗依溪供销合作社。1998年，建罗依溪民营小区。2014年，有宾馆3家、大酒店2家、饮食店21家，其中民族大酒店属二星级酒店，有客房30间。

其他产业

旅游开发 1976年，凤滩水库蓄水，库区酉水河面形成宽阔平湖，命名为“栖凤湖”。1992年，古丈县委决定开发栖凤湖，成立栖凤湖开发公司，兴建仿古街。1993年，栖凤湖被湖南省人民政府审定为省级风景名胜区。2003年，成立栖凤湖经济开发区管委会。是年，经济开发区营造沿湖岸边风景林，面积40公顷。建环湖游道，长15公里，沿途设凉亭、石拱桥、木栈道、灯步、垂钓码头、浮桥、拉索桥。建红石林地质博物馆。2012年，在栖凤湖湿地保护区内成立“古丈县候鸟保护站”，设立13个监测点和13条踏查线路。

基础设施

交通运输

清嘉庆四年(1799)，在酉水河开通罗依溪至王村客船。光绪元年(1875)，有木货船4艘。民国元年(1912)，境内有大小船只27艘。民国22年(1933)，商绅刘紫珊牵头筹捐800银圆，建猫儿潭铁丝桥。民国37年(1948)，罗依溪水上运输，年客运量5000人次，年货运量1800吨。1965年12月，县城至罗依溪公路通车。1971年，在箭潭口架罗依溪酉水公路大桥，桥长365米，高84米，最大孔径118米。1975年，建打烂坳客货运码头，年吞吐量2万吨。1978年，枝柳铁路建成通车，在喇叭冲设罗依溪站，属四等站。1979年，东方公社搬运社转入县交通局管理，成立县第二装卸运输公司，主要在火车站装卸、搬运煤炭、矿石、肥料、建材、粮食等货物。1981年，投资30万元，建成火车站客货运码头，年客运量10万人次，货运量10万吨。1985年，投资76.2万元，扩建火车站码头，新建长10米、宽10米客运码头1处，可停靠100吨级船舶。1991年，罗依溪站更名为猛洞河站，每天停靠8对客运列车。2002年，国家二级公路省道吉（首）罗（依溪）公路建成通车，途经坳家湖、罗依溪、茶叶、且茶下、黑潭坪、龙潭坪6个村。2008年，修通会溪坪村报垭、田坪、五里坡通组公路。修通毛坪村枫香坡通组公路。2010年，县第二装卸公司组建机械班组，当年创收400万元，公司固定资产213万元。2012年5月25日，国务院总理温家宝乘专列在猛洞河站下车进入湘西州考察调研武陵山片区。是年，永（顺）吉（首）高速公路罗依溪段开工，建罗依溪连接线和罗依溪匝道收费站。2013年，停靠猛洞河站客运列车有怀化至澧县7266次列车和张家界至怀化7265次列车，货运列车每日来往30对。2014年，全镇除江洋溪村未通公路外，其余13个村均通公路。是年，镇内乡村公路养护14段，全长64.8公里。

邮政通信

清代，永顺至沅陵驿道经一碗水、罗依溪。宣统二年(1910)，设罗依溪信柜，有王村经一碗水、枞树坪至古丈坪邮路，有邮差1人，其中王村到罗依溪为民船邮路，逐日班，邮差1人。1931年7月，架设县城至罗依溪电话线17公里。1941年7月，古丈至罗依溪邮班改为每日一班，接沅陵快班，罗依溪信柜升为代办所。1953年，设罗依溪邮电支局。1974年8月，从县城至箭潭口改为摩托车邮班。1996年6月，镇区开通电信程控电话。2005年，境内实现移动网络信号全覆盖。同年，镇区开通3G宽带互联网。2014年，湘西移动在打烂坳建4G基站1座。

供电饮水

1972年，在古阳河王家堡段建笔架山电站，1976年，建成发电，坝高15米，装机125千瓦/台，兼灌稻田22.27公顷，分时段供公社机关及龙潭坪、黑潭坪、且茶下、毛坪、官坪、石碧溪、坳家湖、大龙等地用电。1984年，设罗依溪供电站，镇区实现24小时供电。1989年，青鱼潭村通电。1990年，江洋溪村通电。是年，龙洞溪水库建成，水库主要供应镇区居民生活用水。1996年，牛儿山村通电。1997年，康家寨村通电。至此，全镇村村通电。2000年，实施农网改造，镇内电网并入凤滩电网，实现稳定供电和同网同价。2009年，利用日元贷款695.08万元，在栖凤湖旁建自来水厂，供水规模为6000吨/日，用于镇区和8个村供水。

水利建设

1957年10月，会溪坪小(2)型水库建成，为夯土坝体，高10米，库容10万立方米，灌溉面积13.33公顷。1972年10月，一碗水小（3）型水库建成，为夯土坝体，高8米，库容12万立方米，灌溉面积13.33公顷。2006年2月，栖凤湖大坝开工，2008年4月竣工。征收土地5.34公顷，稳定水面333.34公顷，先后投资3000万元。

村镇建设

1975年，原集镇被淹，搬迁至打烂坳，建设长1000米、宽7.5米街道两条，各机关、学校、邮电支局、县第二装卸公司、港务站等单位依街而建。2003年，投资2443万元，建栖凤大道，街道全长1600米，宽24米，大道两边征收土地69.4公顷。2004年，投资950万元,建栖凤广场，占地1万平方米。2006年9月，投资1469.02万元，建栖凤民族大市场，2008年2月竣工，建筑面积1.8万平方米，建成三层框架结构市场贸易楼5栋。2009年，建成火车站站前广场，占地1200平方米。2010年，投资475万元，建廉租房3栋，建筑面积4750平方米。2014年，由湖南省城市规划研究设计院规划设计，《古丈县城总体规划（2004—2020)》2014年修订古丈县新城扩容区城市规划设计方案完成。9月，州人民政府下达《古丈县县城总体规划（2004—2020)》批复。古丈县新城扩容规划由古阳、罗依溪两镇融合发展。

社会事业

教育

清代，境内设有私塾。民国5年(1916)，商坤刘紫珊等人集资创办罗依溪私立小学。民国18年

(1929)，罗依溪私立小学改为罗依溪公立小学。民国33年(1944)，罗依溪小学提用补助款，划市场牲畜交易场征收费作为教职工生活费用。是年，境内设有保国民小学14所。1949年，因“湘西事变”，罗依溪小学停课。1950年4月，小学恢复上课。1962年，全县学校布局调整，设罗依溪完全小学。1969年2月，建东方公社中学。1971年，中小学合并。1973年，中小学分设。1985年，东方中学改名为罗依溪初级中学。2010年9月，罗依溪完小与罗依溪初级中学合并为九年制学校，教职工74人，在校学生522人。2014年，镇九年制学校建学生公寓、食堂各1栋，学校图书室藏书16309册。

文化体育

1958年，东方公社设文化站，境内传统地方戏剧有阳戏、高腔、汉剧等。阳戏流行于罗依溪、毛坪、会溪坪、焦溪、官坪、江洋溪、黑潭坪、大龙、石碧溪等村寨。高腔流行于石碧溪村。汉剧流行于罗依溪村。传统曲艺有渔鼓、三棒鼓等。青渔潭村民芦朝健是古丈县著名的渔鼓艺人。1982年，罗依溪龙舟队在王村镇酉水河举办的古（丈）、保（靖）、永（顺）三县边区龙舟赛上夺魁。1984年，建罗依溪电影院。2006年7月，深圳电视台“功夫之星”古丈赛区现场表演在栖凤湖举行。活动中，罗依溪镇文艺演出队表演土家族《毛古斯》、苗族《鼓舞》及古丈茶艺等节目。是年，电视连续剧《血色湘西》剧组在栖凤湖拍摄外景。2010年，青鱼潭、罗依溪、坳家湖等村组建有秧歌、舞蹈、腰鼓、苗鼓、汉剧、龙灯等表演队和健身队。2014年，14个村设农家书屋，藏书2万册。

1972年，建东方公社广播放大站。1981年，境内罗依溪、龙潭坪、黑潭坪、官坪、毛坪等地通广播。1986年，境内电视仅能收看中央台、湖南台2套节目。1993年5月，镇政府驻地开通有线电视。2003年，广播信号实现光纤传输。2004年，实现有线电视与县城联网。2005年，偏远及交通不便山村，普遍采用户户通卫星接收器，接收信号收看电视节目。2008年，龙潭坪、黑潭坪2个村实现有线电视与县城联网。2014年，境内电视收视实现全覆盖。

医疗卫生

民国30年(1941)8月，设罗依溪卫生所。1958年，设公社卫生院。1985年，镇卫生院有业务用房850平方米，生活用房350平方米。2007年，实施新型农村合作医疗制度，参合农民9912人，参合率85%，享受医疗补贴33.65万元。2008年8月，利用日本国际协力银行贷款1300万元，在栖凤大道旁建古丈县第二人民医院，占地6667平方米，建筑面积5000平方米，医院有专业技术人员43人，床位80张。2014年，参加新型农村合作医疗13217人，参合率95%，享受农村医疗补贴394.88万元。

社会保障

1970年，修建凤滩水电站，东方公社远迁后靠移民854户3605人，迁移房屋3.69万平方米，被淹稻田165.47公顷，旱地55.14公顷，成立公社移民办，办理移民事务。1984年，发放救济金3.2万元。2004年，建镇敬老院，入住“五保”老人32人。2005年，实施农村低保，享受低保183人，发放低保金17568元。2012年，始实施新型农村养老保险，60周岁以上老人1432人享受，每人每月发放养老金60元，16周岁至59周岁人员参保3312人。2014年，享受低保1812户2980人。其中农村低保472户918人；城镇低保691户1264人。优抚对象70人，“五保”老人86人，其中散养五保54人，敬老院集中供养32人。大病救助72人次，发放各类救济、救助金

38万元。完成农村危房改造60户。农村60周岁以上老人享受养老保险1440人，每人每月发放养老金75元，16周岁至59周岁人员参保3503人。

特色地情

历史人文

下溪州故城会溪坪 位于古丈县北部的酉水南岸，据《嘉庆一统志》记载："在永顺县东南，接辰州府沅陵县界，溪州世为彭氏所据，五代楚徒其州治于此，遂称下溪州。后为北江蛮酋誓主，宋熙宁五年(1072)改名会溪城。"后晋天福四年(939)，楚王马希范与溪州刺史彭士愁之间爆发溪州之战。次年，停战议和，双方盟誓"永无兵革之虞，克保耕桑之业"。在会溪坪立铜柱，将盟约镌刻于柱面。后晋开运二年（945），建成溪州司城，司城东西宽0.5公里，南北长1公里，占地0.5平方公里。南宋绍兴五年（1135），溪州刺史彭福石冲将治所从会溪坪迁至老司城。溪州铜柱成为研究土家历史、政治、民俗等文物古迹。1971年，凤滩大坝蓄水发电，淹没铜柱原址会溪坪，铜柱迁往上游永顺县王村。

风景名胜

栖凤湖 位于古丈县北部罗意溪镇境内，为酉水河流域人工湖，面积167平方公里，其中水面25平方公里，平均水深30米，有9个内湖全岛、21个半岛、17条小溪涧、28处主要景点。岸线迂回曲折。万亩湖面碧波荡漾，烟波浩渺，鱼跃鸢飞。沿湖山峦叠翠，茶果飘香，加上流泉小溪自高山林间似银带漂入湖中，可谓风光旖旎。画家黄永玉、龙清廉曾泛舟于此，题就"青山似画，碧水如诗"之妙笔；名记者、散文家萧离蹈波湖中，发出"山水迷离"之咏叹；著名行吟诗人彭浩荡夜宿湖上，望月而吟诗，题以"人间仙境"之美名。特别是每当夏日来临，别处是炎炎酷暑，湖畔却是山风送爽，气候宜人，令人流连忘返。湖畔还有金凤洲，相传为原憩沅陵凤凰山金凤结队在此栖息之地，洲、湖均因金凤而得名。金凤洲旁有一小岛，

古丈栖凤湖（向邦金摄于2009年5月）

绿树成荫，呈一圆形，似金凤之卵，故名凤卵岛。而湖畔通明山山峰耸拔，古树丛绕，石骨兀突，形若猫儿状，别有情趣。整个栖凤湖水平似镜，青山如屏，鱼翔湖底，舟船穿梭，两岸地质结构奇特，山、水、林、洞齐全，有21景，景景相连，栩栩如生。

古丈阶金钉子 金钉子为记录地质年代全球地层年表如同年、月、日一样，依次分为宙、代、系、统、阶5个层次。国际地科联从所有地层剖面中选择研究水平最高、发育最完整的剖面作为划分全球各时代地层的标准，国际上将其称为“金钉子”。古丈县的“金钉子”是寒武系第七阶底界“金钉子”，距今约5.03亿年。中科院南京地质与古生物研究所专家在镇域坳家湖村内酉水河南岸考察发现，有一颗8毫米大、宛如花生米的“球接子三叶虫”化石，这一化石出现，标志着一个新阶段的开始。经过国际地科联批准，专家以当地地名命名这一层型剖面为“古丈阶”，这是第六个以中国地名命名的全球标准地层单位，也是中国在49亿年地球史上钉下的10枚“金钉子”之一，是湖南省第二枚“金钉子”。2010年10月18日，寒武系古丈阶层型揭牌仪式在古丈县举行，“古丈金钉子”地层剖面正式成为国际标准，并为全球年代地层寒武系第三统第七阶填补空白。

古丈金钉子（罗春波摄于2014年7月）

（撰稿人：粟桂泽）

红石林镇

红石林镇，因国家地质公园红石林位于境内，而命名为“红石林”。2013年9月，经全国旅游景区质量评定委员会批准，红石林景区定为国家AAAA级景区。

区域概况

位置面积

红石林镇地处古丈县西北部，东与罗依溪镇交界，南与双溪乡接壤，西与断龙山乡毗邻，北与永顺县芙蓉镇、列夕乡隔酉水河相望。2006年，全镇面积103.87平方公里。镇治茄通社区，距古丈县城36公里，距湘西州首府吉首市区81公里。

建置沿革

清嘉庆十一年(1806)，境内属永顺县王家保。民国11年(1922)，主属永顺县王家乡、下榔乡。民国32年(1943)，调整县界，永顺县王家乡及下榔乡酉水南岸河西、河南、老司岩等地划归古丈县，设酉南乡。1950年，属古丈县第一区。1956年，撤区并乡，属茄通乡。1958年，人民公社化，属星火人民公社。1959年，属断龙山人民公社。1961年3月，属茄通人民公社。1984年，撤社建乡，属茄通乡。是年12月，从茄通乡析出建河西镇。2005年12月，河西镇与茄通乡合并，设红石林镇。

行政区划

1980年，茄通公社辖花兰、列溪、泽禾溪、张家坡、马达坪、科布车、铁马洲、先锋、老司岩、下布尺、白果树、河西、河南、业者湖、龙天坪、茄通、小龙热、岩仁坪18个大队、90个生产队。1984年4月，大队改村，12月，析出河西、河南、龙天坪、列溪4个村，设河西镇。1985年，茄通乡辖14个村、1个街道居委会、57个自然寨、79个村民小组，河西镇辖4个村、1个街道居委会、16个自然寨、21个村民小组。2005年，茄通乡部分村级建制调整，小龙热村并入马达坪村，业者湖村并入白果树村。2006年，全镇辖列溪、龙天坪、河西、河南、张家坡、先锋、白果树、下布尺、铁马洲、科布车、花兰、老司岩、马达坪、泽禾溪、岩仁坪、茄通16个村和茄通、河西2个街道居委会，下设96个村民小组。

人口民族

民国32年(1943)，酉南乡有1262户5636人。1982年，境内人口10605人，其中，土家族8131人，占76.67%；苗族366人，占3.45%；汉族2108人，占19.88%。1986年，茄通乡有

1788户8080人，其中，土家族6847人，占84.74%；汉族1166人，占14.43%。人口自然增长率18.04‰，人口密度95人/平方公里。河西镇有620户3251人，其中，土家族2126人，占65.4%；苗族335人，占10.3%；汉族790人，占24.3%。人口自然增长率18.50‰，人口密度172人/平方公里。2004年，茄通乡有2251户9224人，其中，土家族8365人，占90.69%；汉族781人，占8.47%。河西镇有1485户4346人，其中，土家族3248人，占74.74%；苗族360人，占8.28%；汉族714人，占16.43%。其余还有侗族、满族2个少数民族。是年，铁马洲男村民田祖成，时年101岁；河南村女村民邓兆秀，时年101岁。2014年，全镇有4279户14142人，其中，土家族12680人，占89.66%；苗族584人，占4.13%；汉族851人，占6.02%。其余还有壮族、白族、侗族、满族、黎族5个少数民族，人口自然增长率7.80‰。人口密度136人/平方公里。

自然环境

红石林镇地势东南高,西北低，属丘陵、中低山台地喀斯特地貌，平均海拔400米，最高下布尺村插旗尾海拔992.9米，最低河南村酉水河面海拔205米。广塘河沿河两岸地势较平坦，有“古丈小平原”之称。成土母岩为石灰岩、硅质石灰岩、白云岩及少量板页岩，土壤以水稻土、石灰土、红壤和黄壤为主。天坑、溶洞、阴河较多，地表水源奇缺，易受干旱。境内河流属酉水水系，酉水流经花兰、老司岩、泽禾溪、龙天坪、河西、河南等村；广潭河发源于断龙山脉北麓，流经下布尺、白果树、先锋、茄通、龙天坪、河南6个村，在河西村汇入酉水，全长15公里。境内有耕地853.13公顷，有森林8826.67公顷，森林覆盖率72.5%。矿产资源主要有石灰石、花岗岩、方解石等。境内气候温和，四季分明，年平均气温16℃，年降水量1240.8毫米，无霜期283天。

经济发展

经济综述

1984年，茄通乡国民生产总值219万元，人均纯收入164元。1985年，河西镇调整产业结构，发展柑橘和茶叶产业，同时发展工业。1987年，全镇国民生产总值83万元，人均纯收入为260元。1990年，境内外出务工民工1560人，劳务收入210.1万元。1995年，茄通乡农业产值887万元，农民人均收入333元。2005年，茄通乡国民生产总值1669.30万元，人均纯收入1068元。是年，河西镇国民生产总值838万元，人均纯收入1480元。2006年，全镇国民生产总值1800万元，人均纯收入1238元。2010年，农业结构调整，重点发展茶叶、烟叶和柑橘产业，工业筹建红石林工业园。2014年，全镇国民生产总值19005万元。其中第一产业5835万元，占30.7%；第二产业11789万元，占62.037%；第三产业1381万元，占7.27%。农民人均纯收入3158元。是年，全镇外出务工人员1258人，劳务收入765万元。

农业

种植业 种植水稻、玉米、大豆、薯类、花生、油菜、蔬菜等农作物为主。1984年，茄通乡农作物播种面积1025.87公顷。其中，水稻542.4公顷，玉米220公顷，大豆47.2公顷，油菜91.2公顷，蔬菜125.07公顷。粮食产量3261.8吨。其中，水稻2716.9吨，玉米511.7吨，大豆33.2吨。油料作物产量16.2吨，其中油菜籽14.4吨，花生1.8吨。农业收入191.1万元。1986年，茄通村实施杂交水稻制种，当年制种面积 8 公顷，产杂交水稻种 7.2 吨。是年，茄通乡粮食产量 5800 吨，人均口粮 300 公斤，解决温饱。是年，茄通乡花生种植面积 173.33 公顷，产量 310 吨，增收 14 万元，晒烟种植 34.67 公顷，产量 25 吨；河西镇农作物种植面积 219.07 公顷，其中，水稻 95.47 公顷，玉米 35.07 公顷，花生 41 公顷。粮食产量 579 吨。1991 年，茄通制种面积扩至 30 公顷，总产 78 吨，每 666.6 平方米单产 174 公斤。2004 年，制种 30 公顷，总产 102.6 吨，每平方米产 0.34 公斤。2005 年，茄通乡农作物播种面积 1658.14 公顷。其中，水稻 484.93 公顷，玉米 184.27 公顷，大豆 94.07 公顷，油菜 104.53 公顷，花生 47.6 公顷，蔬菜 199.33 公顷。粮食产量 1917 吨，其中，稻谷 1111 吨，玉米 396 吨，油菜籽产量 111 吨。是年，河西镇农作物种植面积 375.8 公顷。其中，水稻 86.53 公顷，玉米 88 公顷，大豆 13.53 公顷，油菜 23.94 公顷。粮食产量 421 吨，其中稻谷 159 吨，玉米 208 吨。油菜籽产量 24 吨。2006 年，铁马洲村 12 户农户试栽种野生八月瓜，面积 10 公顷，产八月瓜鲜果 80 吨，亩产获 1 吨。是年，全镇烤烟种植面积 238 公顷，产量 239 吨，创税收 105 万元。2009 年，烤烟种植面积 486.67 公顷，是烤烟种植面积最高年，收购烤烟 496 吨，创税收 210 万元，2010 年，投资 800 万元，建茄通烟站。2014 年，全镇烤烟种植面积 341 公顷，产量 343 吨，创税收 180 万元。是年，全镇农作物播种面积 2105 公顷，其中水稻 534 公顷，玉米 342 公顷，大豆 51 公顷，薯类 115.0 公顷，花生 36 公顷，油菜 132.0 公顷，蔬菜 340 公顷。粮食产量 3593 吨，其中水稻 2402 吨，玉米 680 吨；油料总产量 252 吨，其中油菜籽 200 吨。

1968 年，县办国营龙天坪茶场，有茶园 14 公顷。1984 年，茄通乡经济林主要以油桐、油茶为主，其次还有板栗、五倍子、核桃等，油桐种植面积 906.67 公顷，产量 54.9 吨。油茶种植面积 1823.13 公顷，茶油产量 33.5 吨，板栗产量 20.9 吨。1986 年，茄通乡茶叶种植面积 27.47 公顷，其中可摘 17.34 公顷，产量 3 吨。是年，河西镇茶叶种植面积 51.67 公顷，产茶叶 21 吨。2008 年，全镇新扩茶园 13.34 公顷，实施低改 13.34 公顷。是年，新建柑橘园 34.67 公顷。2009 年，新建柑橘园 80 公顷，完成品改 66.67 公顷，建有精品园 2 个。2010 年，新扩茶园 246.00 公顷，在龙天坪村建千亩茶叶基地示范园。是年，岩仁坪村完成柑橘低改 66.67 公顷。2014 年，随着茶叶逐年扩园，全镇茶叶种植面积 964.53 公顷，其中可采摘 519.47 公顷，茶叶产量 309 吨。果园面积 967.8 公顷，其中柑橘园面积 965.47 公顷，水果产量 6261 吨，其中柑橘产量 6236 吨。茶叶与柑橘成为主导产业。

林业　1953 年，县国营林木苗圃场在洞上坪建立，占地 3.2 公顷，主要培育松、杉等用材林苗木。1963 年，建高望界林场河西分场，林场面积 639 公顷。1972 年，在茄通开展飞机直播造林工程，播区覆盖茄通、断龙山、东方、官坝 4 个公社交界处 12 个大队，飞播面积 5700 公顷。1973 年 4 月 2 日，永顺县太坪公社茶园大队社员王某在箭潭口处吸烟，引起山林火灾，烧毁河西分场森林 84 公顷。1975 年，撤高望界林场河西分场，在河西分场原址建县林科所，土地面积 266.67 公顷。1976 年，古丈县第二次森林资源调查，茄通公社有林业用地 8826.67 公顷，其中用材林 1520 公顷，经济林 2733.34 公顷，竹林 33.34 公顷；在花兰大队下坝生长有一株古老树种罗汉松，树龄 200 年，是稀有珍贵观赏树。2001 年，开始实施退耕还林，当年茄通乡完成退耕还林 92 公顷，兑付补助款29万元，2002年，河西镇完成退耕还林41.08公顷，兑付补助款12.94万元。2006年，全镇退耕还林422公顷，兑付补助133万元。2007年，划国家级生态公益林5293.70公顷，兑付生态公益林补助277.92万元。2010年，实施林权制度改革，纳入林改范围的集体林地面积8222.7公顷，现场核实宗地数11252宗。

养殖业 境内以生猪、山羊、牛、家禽饲养和网箱养鱼为主。1984年，茄通乡生猪出栏2494头，年末存栏4086头；山羊出栏342只，年末存栏1030只；牛年末存栏1668头，其中黄牛978头，水牛690头；家禽年末存笼13643羽，其中鸡11723羽，鸭1920羽。1986年，河西镇生猪出栏685头，年末存栏295头；牛存栏293头，其中黄牛141头，水牛152头；家禽年末存笼1950羽，其中鸡1740羽。1990年，河西镇试点网箱养草鱼、鲤鱼，示范户3家，网箱10口，其中草鱼8口、鲤鱼2口。每个网箱投放大规格草鱼和杂交鲤鱼种66.8公斤，年产鲜鱼3820公斤，箱均纯利1142元。1995年，河西林科所人工养蛇成功。2012年，铁马州村民罗采亭建五步蛇养殖场，当年养殖2000条。2013年5月，五步蛇养殖场注册成为古丈县罗马生态牧业有限公司。2014年，罗马公司五步蛇养殖规模发展到1.2万条。是年，全镇生猪出栏5845头，存栏5100头；出售和自宰肉用羊3391只，山羊存栏1391只；牛存栏2921头，出售和自宰肉用牛339头，劳役牛2921头；出售和自宰家禽37813羽，年产肉类519.66吨，家禽存笼1.3万羽，禽蛋产量49.16吨；水产品产量102吨。

工业

清代，境内仅存民间传统农具加工、榨油、酿酒等手工业作坊。1859年，王家保小田家洞杨家湾杨大槐以烧酒为业，很快发家。1975年1月，县水泥厂在河西建成投产，占地6公顷，设计能力为年产水泥3.3万吨，1981年，生产水泥2.7万吨，产品远销香港。1985年，生产水泥3.44吨，产值197万元，上缴利税7万元，成为古丈县骨干企业。1986年，河西村村民王锡玉自筹资金4万元，购置一套水磨石块机械，建厂房200平方米，加工生产水磨石块。1998年6月，县水泥厂改制为武陵水泥厂，由广东省高州市彭得明租赁承包。2008年转让给杨梅生，年产水泥9.018吨，产值2800万元。2010年，德物华公司将百万吨新型干法水泥生产线项目转让给南方公司。是年，南方公司投资3.6亿元，建设一条日产2800吨熟料新型干法水泥生产线。2012年7月，古丈南方水泥厂点火投产。是年，县政府启动红石林工业集中区规划申报工作。2013年，古丈省级工业集中区获批，红石林工业园区定位为建材及有色金属精深加工园区，用地面积255.66公顷，当年，先后有湘泉酒业、隆永新材料、惠闽石业等企业入驻。2014年，南方水泥厂实现产值3.3亿元，创税收2100万元，成为古丈县龙头企业。是年，工业园区内建成厂房6.05万平方米，有企业6家，从业人员1113人。工业产值5.89亿元。

商贸服务

1950年，县国营贸易公司在河西设贸易商店，主要经营日用品零售和收购农副产品。1953年，设河西、老司岩2个供销社。1961年，设茄通供销社。1987年，境内增设县百货公司批发部、县副食品公司批发部。1988年，河西镇境内个体私营工商户69家，其中百货店34家，餐饮服务业20家，肉食、理发、酿酒等15家，从业人员77人。2002年，境内国营集体商业改制转为民营。2014年，全镇有个体商贸服务业180家。

其他产业

旅游业 2003年9月，湖南鸿仪投资发展集团与县人民政府签订《湖南省古丈县坐龙峡景区开发经营合同》。12月，组建湘西坐龙峡旅游开发有限公司，坐龙峡景区试营业，门票收入5.6万元。2004年，鸿仪集团与张家界旅游股份开发有限公司签订《坐龙峡景区股权转让协议》。2005年，坐龙峡景区接待游客2000人次，实现门票收入10万元，餐饮服务业收入25万元。是年，红石林景区被国土资源部授予"国家地质公园"称号。7月，县人民政府与湖南华夏科技投资有限公司签订《特许经营古丈红石林等旅游资源的合同》，投资3.4亿元实施景区建设，景区建设主要有花篮、自生桥、马列壕、坐苦坝等。2014年，坐龙峡景区接待游客41730人次，门票收入625.95万元，带动旅游服务等相关产业收入1100万元。

2006年，"酉水画廊"被湖南省评为山水人文类"新潇湘八景"。2010年7月，湘西州政府组建芙蓉镇景点圈旅游开发区，收回坐龙峡公司经营权。2012年3月，举办"华夏红石林"导游大赛；4月22日，举办2012中国（古丈）首届茶文化节——"红石林杯"茶歌大赛；10月27日，红石林景区二期开发启动，规划面积667公顷，核心景区面积200公顷。2013年4月23日，投资200万元，修通红石林景区公路4.7公里；6月21日，古丈县接管坐龙峡公司经营管理权。7月，中国地质学会、旅游地学与地质公园研究会组织首届"中国最美地质公园"评选，红石林国家地质公园被评为"2013年度中国最美地质公园"。9月3日，通过国家旅游局专家组验收；9月23日，全国旅游景区质量等级评定委员会发布批准红石林景区为国家AAAA级景区。2014年，红石林景区接待游客1万人次，门票收入120万元，带动旅游服务业实现收入500万元。

基础设施

交通运输

清代，境内有永顺王村经王家洞、田家洞至保靖官道经过。清光绪年间，小田家洞杨大槐捐资建青石板路3条，即小田家洞至河西、至茄通、至界牌，长35公里。1970年11月，修通罗依溪至茄通公路，在河西设汽车轮渡码头，汽车过渡后可达永顺县王村。1975年，建成河西大桥，桥高54.3米、长152米、宽7米，连通河西和河南两地。1982年，整修河西汽车轮渡码头，设置机动船2艘、钢质舶船1艘，一次可载汽车3辆。1986年，岩仁坪、泽禾泽、马达坪、小龙热、花兰、茄通、铁马洲7个村通公路。2003年，国家二级公路省道张罗公路通车，架设王村特大桥，连通河西与永顺县王村陆路交通，河西汽车轮渡码头停用。2006年，王村特大桥至河西，河西至茄通公路沥清路面硬化。是年，投资35万元，建茄通客运站，占地2119平方米。2007年，维修老司岩、拉特包公路。2008年，新修小龙热至断龙山乡大龙热网络公路，修通下布尺村3公里进寨公路，完成张家坡村公路硬化。是年，开工建设河西至保靖县迁陵镇三级公路。2009年，完成马达坪村小龙热寨、科布车村、张家坡村、龙天坪等村公路硬化；投资45万元，修通红石林景区至断龙山乡坐苦坝公路；投资2万元，修通列溪村沙土湖组公路；投资10万元，修通先锋村卡讨组公路；投资6万元，修通铁马洲村罗家组公路；投资12万元，修通茄通村泽龙坪通组公路。是年，实现村村通车，村级公路全长143公里。2014年，河（西）迁（陵）公路红石林段建成通车。是年，红石林、坐龙峡景区 17.9 公里公路拓宽。

邮政通信

清宣统二年(1910)，境内有王村经王家洞到保靖县城邮路通过。1951 年，罗依溪至境内通电话。1953 年 7 月，茄通通邮，设茄通邮电所。1985 年，茄通乡电话装机 10 部，河西镇电话装机 12 部。1999 年，茄通乡通程控电话，安装固定电话 150 部。2004 年，茄通、河西、河南、龙天坪、岩仁坪等地开通 3G 宽带上网。2006 年，建联通茄通基站。2007 年，建白果树、河西两处联通基站。2014 年，湘西移动公司在境内建 4G 基站。

供电饮水

1978 年，广潭河水电站建成，装机 125 千瓦发电机 1 台。1979 年，泽旧水电站建成发电，装机 75 千瓦发电机 1 台。2005 年，启动农网改造。2006 年，投资 95 万元，完成河西、河南、老司岩 3 个村集中供水工程。2007 年，投资 95 万元，实施茄通安全饮水工程。是年，投资 26 万元，实施铁马洲供水工程。2008 年，实施花兰、先锋 2 个村供水工程。是年，投资 2000 万元，建红石林 11 万伏变电站，架通 8 公里 11 万伏和 3.5 万伏输电线路。2009 年，完成列溪、马达坪 2 个村农网改造。2014 年，境内村村完成农网改造，实现城乡同网同价。

水利建设

1955 年 10 月，投资 1.5 万元，建成科布天池小(2)型水库，库容 20 万立方米。1956 年 9 月，投资 2.6 万元，建成借者湖小(2)型水库，库容 15 万立方米。1958 年 4 月，芷潮小(2)型水库竣工，库容 20 万立方米。1964 年 10 月沙土湖小(2)型水库完工，库容 17 万立方米。1965 年 9 月，投资 49.7 万元兴建广潭河小(1)型水库，库容 229 万立方米，可灌溉 193.33 公顷。1970 年，先后建成捉落溪小(2)型水库，库容 10 万立方米；泽西埔小(2)型水库，库容 12 万立方米。2006 年，投资 800 万元，实施国土整理和烟基配套工程建设，建节水窖 300 口，修引水渠 5 公里，修建龙天坪抗旱电排。2007 年，投资 350 万元，实施广潭河水库引水渠防渗工程。2009 年，投资 350 万元，除险加固广潭河大坝。是年，建龙天坪、铁马洲、科布车 3 个村节水窖和集雨池 340 个。2010 年，投资 18 万元，清理境内山塘淤泥 43 口。

社会事业

教育

民国 32 年(1943)，马达坪设西南乡中心国民学校，境内有保国民小学 6 所。1950 年 4 月，设马达坪中心小学，各村设初小。1962 年，中心小学调整，设茄通公社中心小学。1970 年，设茄通完全中学，1972 年，茄通完全中学改为古丈县第二中学。1984 年，茄通公社中心小学改称茄通乡中心完小，设花兰、老司岩、马达坪、科布车、泽禾溪、岩仁坪、先锋、张家坡、白果树、业者湖、下布尺、咱布车 12 所村小学，小寨、里朝、软热、铁马洲 4 所组小学；小学共有教职工 45 人，学生 1260 人，其中茄通中心完小 650 人。1985 年，设河西镇河南完小。是年，古丈县第二中学迁往河西镇。1996 年，撤古丈县第二中学高中部。2004 年，古丈县第二中学初中部和河南完小合并为镇九年制学校。2006 年，茄通中心完小更名为镇中心完小。2014 年，镇九年制学校有学生 600 人，有教职工 65 人；镇中心完小有学生 337 人，教职工 24 人。

文化体育

1973年，茄通公社成立电影放映队，在全公社各大队巡回放映。1982年，茄通公社成立文化中心，集文化站、广播站、电影院、剧团、图书室为一体。1993年，河西人罗红卫在第六届亚洲女子举重锦标赛中，一举夺得46公斤级抓举、挺举、总成绩三项冠军，并打破三项世界女子举重纪录。1999年，古丈籍著名歌唱家宋祖英自费制作MTV《古丈茶歌》，在龙天坪茶园拍摄外景。2010年，镇民族艺术团成立。2014年，全镇建成农家书屋17个，藏书3万册。

1972年，建茄通广播放大站。1986年，境内电视能收看中央、湖南2套节目。1992年，建茄通广播电视站和河西广播电视站。是年，安装河西镇有线电视网主干线4公里，用户400户。1996年，建茄通乡卫星接收站，安装有线电视用户432户。2004年，河西镇有线电视网络实现与县城联网，建河西有线电视联网站。是年，茄通实现有线电视联网。2014年，全镇有线电视用户1180户，卫星电视接收器用户2105户，实现收视全覆盖。

医疗卫生

1958年，茄通公社建卫生院。1985年，建河西卫生院。2006年，撤河西卫生院，设红石林卫生院河西分院。2007年，实施新型农村合作医疗制度，当年参合11050人，参合率85%，发放医疗补助金46.58万元。2014年，全乡参加新农合12485人，参合率95%，享受医疗补助金399万元。

社会保障

1971年，凤滩水库蓄水，在龙天坪建移民安置房249栋，安置移民249户。20世纪80年代，境内社会保障以赈灾、救济为主。2006年，实施农村特困户定期救助，茄通乡救助154户158人，发放救助金14968元，河西镇救助35户54人，发放救助金5184元。2008年，河西镇建敬老院，入住“五保”老人35人。是年，维修改造龙天坪移民安置房249栋。2012年，实施农村养老保险制度，全镇参保5482人，60周岁以上领取养老金1880人。全镇纳入农村低保1281户1745人，发放低保金211.71万元。2014年，全镇参加新农保5994人，60周岁以上领取养老金1898人。

特色地情

历史人文

白鹤湾古墓　葬位于酉水南岸河南村境内。墓地三面环山，东北隔酉水与永顺县芙蓉镇相望。1984年秋，湖南省博物馆和湘西州文物工作队联合开展墓地抢救性清理，清理墓葬64座，其中58座有随葬品，包括陶器、铜器、铁器、水晶器等共313件。尤以两件铜器为稀有物品：一为弦纹镜，另一为四山镜。据文物专家介绍，这种铜镜在江陵地区楚墓才有，这或许反映了湘西楚墓的墓主与江陵的直接关系，湘西的楚人可能是从郢都经鄂西而到达湘西的。

风景名胜

红石林国家地质公园　位于古丈县西北部，面积30平方公里。据地质专家考证，红石林岩石形成历史约有4.5亿年，属地史上所称扬子古海，海底沉积大量混合泥砂的碳酸盐物质，经地壳运动和侵蚀、溶蚀作用，形成地质奇观；是全球唯一在寒武纪形成的红色碳酸盐岩石林景区，景区内遍布高大奇石，造型各异，颜色变化多样，且随天气、时间、季节变化而变化，晴红雨黑，阴转褐红，晨昏有别。著名石景有扬子古海、天池、地池、人池、奥陶海底、小龙峡、水漫金石、花

红石林景区（向邦金摄于2008年4月）

儿包、摆手坪、幸运门、宝藏坪；另有地下溶洞，绝壁天坑，千年古木等。

坐龙峡风景区 位于古丈县西北部，与湘西名镇芙蓉镇隔河相望。峡谷全长6500米，最大高差300米。1993年，被一采药者发现。据专家考证，坐龙峡峡谷地貌形成是经由300万年的地壳变化加之风蚀水流而成。峡谷、原始次生林、溪瀑组合成的奇幻自然风光和恍如隔世的古朴神秘土家风情，而被誉为“人间仙境”。峡中拥有中国第一条特种游道，建于峡谷深处，依山取势。谷中每遇山雨骤降，谷鸣川应，犹如龙吟隐隐；遇日光垂照，虹影漫空，幻作矫矫游龙，遐迩叹为奇绝，而得“坐龙”之名。“峡、溪、潭、瀑”为坐龙峡四大奇景。峡：从峡谷两侧山顶下至峡底，森林茂密，古藤缠绕；峡深壁陡，林荫蔽日，谷中很多地方终年难见天日。盛夏至此，亦觉寒气逼人。溪：谷中有溪，气象因季节而不同。春夏之际，溪水陡涨不见峡底，溪水所至轰鸣作响，浪花四溅；秋冬之时，水落石出溪水蜿蜒曲折有致。潭：谷中有潭，因深浅宽窄而各异，有的青黝深不可测，有的清澈可见游鱼细鳞，有宽绰到数丈之外，也有狭窄仅两尺。瀑：谷中有瀑，因山势而型各异，有的从绝壁倾落，磅薄奔放，飞流百丈，如银河垂挂；有的从谷顶轻撒，如飞珠散霞，喷珠泄矶。全谷除四大奇景外，还有7条干瀑和38个潭。整个谷底无树，只有金枝玉兰草。两壁距谷底平均70米以上便是平均约400米宽的原始杂木林带，两岸林木有多处隔溪相交，尤其是盘在岩壁上的古树根，盘根错节如虬龙舞爪，极为鲜见。

老司岩 是酉水南岸的一个古镇，因其东、北、西三面环绕酉水，自古以来便是西至巴蜀、北通湖湘的必经之地，为八百年湘西土司军事前哨。明朝年间，各方商贾云集此地，逐渐兴盛。鼎盛时人口达5000人之众，其繁华而得“小南京”之称。民谣有“张三千，米八百，黄家来了个斗蓬客”。清朝中期以来，老司岩俊彦辈出，尤以富甲酉水河的黄儒臣为代表，物业延伸到四川、贵州、湖北等省，被乾隆帝赐为“封君大人”，恩准不上皇粮不拉夫。因其家财

古文坐龙峡（向邦金摄于2011年10月）

古文老司岩明清古民居（张世德摄于2012年8月）

巨殷且广施善举而深得乡邻敬重，人称“儒臣公公”。村寨有保存较为完整的明清时期的土家族民居群落；遗存有1.5公里长的石板古街道和清代古井、店铺、3座四合院、花园、私塾；有清咸丰年间修建的伏波宫、石碑；有许多古代民俗文物，如纺车、米升、碓磨、桐油灯、三滴水床、箱柜等，其建筑中的石雕、窗棂、门楣等，图案精美，工艺精湛，保存完好，堪称古代土家族艺术之精品。2010年，列为中国特色民居重点保护村寨。

（撰稿人：彭 姣）

默戎镇

默戎镇，“默”苗语意“鼻子”，“戎”苗语意“龙”，“默戎”即苗语意“龙鼻子”，因龙鼻寨河对岸有一悬崖酷似“龙鼻子”而得名。1994年，被文化部评为“全国苗鼓之乡”，2012年，被文化部授予“中国文化艺术之乡”称号。

区域概况

位置面积

默戎镇位于古丈县西南部，东接坪坝乡，南与吉首市马劲坳镇、白岩乡毗邻，西与保靖县葫芦镇接壤，北与双溪乡交界，东北与古阳镇相连。区域面积116.18平方公里。镇治龙鼻嘴，距古丈县城24公里，距湘西州首府吉首市区20公里。

建置沿革

清道光二年(1822)，置古丈坪厅，主属西英保，西部盘草、夯娄、万岩、翁草、新窝等地属保靖县六都。民国2年(1913)，改厅置县，设古丈县，主属西英乡。民国24年(1935)，属古丈县四区，境内分属毛坪乡、李家乡。民国27年(1938)，废区并乡，复设西英乡，民国31年(1942)，调整县界，保靖县盘草、夯娄、翁草、新窝等地划入古丈县，西英乡函坨寨划归乾城县。分属西英乡、亲民乡。民国35年(1946)，全县乡镇区划调整，属信义乡。1950年，属古丈县第四区。1956年，撤区并乡，设龙鼻乡。1958年，人民公社化，建默戎人民公社。1984年，公社改乡制，设龙鼻乡。1985年2月，撤乡建镇，设默戎镇。

行政区划

1961年，全社辖龙鼻、九龙、老寨、潭溪、万岩、盘草、翁草、新窝、夯娄、毛坪、李家寨、桐木、排达牛13个大队，42个自然寨，87个生产队。1973年，建牛角山茶场，划出热达树自然寨，归茶场管理。1982年，老寨大队更名为巳戎大队。1984年，各大队改为村，辖13个村和牛角山茶场，1个默戎居委会，65个村民小组。1985年，从九龙村析出排布坪村，从新窝村析出四方坡村。1988年，从桐木村析出岩寨村，牛角山茶场改为茶场村。1990年，从李家寨村析出向家村，从巳戎村析出中寨村。是年，全镇辖龙鼻、九龙、巳戎、潭溪、万岩、盘草、翁草、新窝、夯娄、毛坪、李家寨、桐木、排达牛、排布坪、四方坡、岩寨、茶场、向家、中寨19个村。2005年，排布坪村并入九龙村，巳戎村并入中寨村，桐木村并入龙鼻村，四方坡村并入新窝村，茶场并入夯娄村，排达牛、向家2个村并入李家寨村，岩寨村并入毛坪村。区划调整后，全镇辖翁草、盘草、潭溪、万岩、九龙、中寨、龙鼻、新窝、夯娄、李家寨、毛坪11个建制村和默戎居委会，下设90个村民小组。

人口民族

民国27年(1938)，西英乡人口7465人。1982年，第三次人口普查，全社11393人，其中，苗族9327人，占81.87%；土家族1029人，占9.03%。人口自然增长率18.85‰，人口密度98人/平方公里。1990年，全镇2854户13077人，其中，苗族9577人，占73.24%；土家族1108人，占8.47%；汉族1011人，占7.73%。2005年，全镇3087户12969人，其中，苗族11494人，占88.63%；土家族1027人，占7.92%；汉族443人，占3.42%。2014年，全镇3871户14790人，其中，苗族11592人，占78.38%；土家族1153人，占7.8%；汉族1032人，占6.98%。其余还有回、壮、布依、侗4个少数民族。人口自然增长率7.77‰，人口密度127人/平方公里，主要民族语言是苗语西部次方言东部土语，又称生苗语。

自然环境

默戎镇属中低山地貌，地势西北高、东南低，平均海拔500米，最高点齐天坡，海拔885.6公里；最低处在九龙村龙鼻河岸，海拔212.5公里。主要山脉有牛角山、狗脑山、鸭棚山、廖家山等。地表成土母岩以砂页岩和紫色砂页岩为主，龙鼻嘴村分布有辉绿岩，是天然石材。土壤以黄壤为主。矿产资源主要有铜矿、黄铁矿、铁矿、磷矿、重晶石、大理石、石煤、花岗石、碳质页岩等，主要河流有古阳河和龙鼻河，古阳河发源于境内狗脑山，流经夯娄、翁草、毛坪3个村，龙鼻河发源于新窝村摆角，流经新窝、盘草、万岩、龙鼻、中寨、潭溪、九龙7个村，流入坪坝乡境内。有耕地866.67公顷，其中水田573.33公顷，旱地293.34公顷。森林覆盖率76.8%，主要有针叶林、经济林、阔叶林等，境内气候温凉湿润，年平均气温16℃，年降水量1500.8毫米，无霜期287天。

经济发展

经济综述

20世纪50年代，境内以传统农业生产为主，兼手工棉织，经济来源依靠桐油销售，人民生活水平较低。80年代，农村经济体制改革，实行土地承包责任制，经济发展速度加快。1989年，全镇工农业生产总值733万元，农民人均纯收入180元。2001年，全镇工农业生产总值1684.8万元，农民人均纯收入480元。2005年，全镇紧紧围绕“绿色产业兴县、生态家园富民”的发展战略，积极推动产业结构调整。2007年，全镇工农业产值1942万元，农民人平纯收入1161元。2010年，产业结构力度加大，重点发展经济作物，同时开发乡村旅游。2014年，全镇农村经济收入12440万元。其中，第一产业2469万元，占19.85%；第二产业8039万元，占64.62%；第三产业1932万元，占15.53%。是年，全镇外出务工2158人，实现劳务收入1805万元。

农业

种植业　境内以种植水稻、玉米、大豆、红薯、瓜菜等农作物为主。20世纪60年代，推广水路矮杆良种“矮脚南特”“珍珠矮”，试种双季稻。1973年，建牛角山茶场，种植茶叶20公顷，后续扩园10公顷。1986年，全镇粮食作物播种面积989.87公顷，粮食产量3107吨。其中，稻谷种植面积555.67公顷，产量2383吨；玉米播种面积252.93公顷，产量554吨。大豆播种面积140.4公顷，产量139吨。油料作物播种面积65.93公顷，产量57吨，其中油菜播种面积63.33公顷，产量48吨。蔬菜播种面积73公顷，产量1260吨。是年，全镇有茶园面积74.67公顷，其中可采摘48.67公顷，茶叶产量3.5吨。1988年，推广地膜玉米栽培技术。1990年，推广水稻“双两大”栽培技术。2000年，推广水稻软盘抛秧栽培技术。2005年，粮食作物播种面积782.53公顷，粮食产量2157吨。是年，茶叶种植面积164.8公顷，其中可采摘114.07公顷，茶叶产量27吨。2010年，烤烟种植面积33公顷，产量52吨。2011年，新扩茶园370.1公里，成立茶叶专业合作社4个。2014年，全镇茶叶种植面积655.1公顷，其中可采摘368.8公顷，茶叶产量50.17吨。烤烟种植面积34.7公顷，产量48.22吨，收入124万元。是年，粮食作物播种面积614.33公顷，产量2363.77吨。其中，稻谷播种面积417.2公顷，产量1903.16吨；玉米播种面积131.0公顷，产量326.85吨；油料作物面积189.73公顷，产量294.74吨，其中油菜播种面积175.4公顷，产量275.88吨；蔬菜面积297.4公顷，其中大棚蔬菜种植38.85公顷，蔬菜产量2830.4吨。

林业 1958年，龙鼻林业站成立。1965年，公社建杉木林基地。1976年，全县第二次森林资源调查，全境有林业用地6946.67公顷。其中用材林1826.67公顷，经济林1874.20公顷，宜林荒山2146.67公顷。境内有油桐林1081.13公顷，油茶林790.07公顷。1995年，出现边界林木被滥采乱伐现象。1996年2月，吉首市马颈坳镇团结村和龙鼻嘴村因林木砍伐问题为起因，导致吉古边界群体性械斗。2001年，实施退耕还林工程，至2005年，全镇退耕还林930公顷，配套荒山造林1304公顷。2007年，划国家级生态公益林3817公顷，涉及已戎、九龙、李家寨、龙鼻嘴、排布、排达牛、潭溪、向家寨8个村。全镇划省级生态公益林1825公顷，涉及龙鼻嘴、岩寨、茶场、万岩、盘草、桐木、毛坪7个镇。2010年，实施集体林权改革，全镇纳入林权改革林地面积9733公顷。现场核实宗地18866宗。

养殖业 境内以饲养生猪、山羊、牛、家禽及稻田养鱼为主。1986年，生猪出栏3680头；出售和自宰肉用牛20头，折肉1.5吨；出售和自宰肉用羊63只；出售和自宰家禽8480羽，禽蛋产量9吨，年末生猪存栏5149头，其中能繁母猪298头；山羊存栏276只，其中能繁母羊87只；牛存栏2738头，其中能繁母牛814头；家禽存笼7217羽。1992年，县职业中学和镇畜牧站引进良种公猪约克猪。2002年，建万岩中顺黄牛品改养殖场。2003年，中顺牧业改为中科牧业有限公司。2004年，在万岩村建良种山羊繁殖场，引进波尔山羊种。2005年，生猪出栏5446头，年末猪存栏3296头，其中能繁母猪320头；出栏肉用牛544头，年末牛存栏4414头，其中劳役牛2653头，能繁母牛1276头；山羊出栏2110只，年末山羊存栏2171只，其中能繁母羊717只；家禽出笼13600羽，年末存笼11100羽，禽蛋产量14吨；稻田养鱼面积54.67公顷。2010年，毛坪村成立牛角山生态养殖场，主要养殖“黑跑猪、芭茅鸡”。2014年，全镇生猪出栏5100头；牛出栏454头；山羊出栏2301头；家禽出笼20883羽，肉类产量451.74吨，禽蛋产量30.6吨；生猪存栏4255头，其中能繁母猪125头；牛存栏2179头，其中能繁母牛659头；山羊存栏1917只，其中能繁母羊815只；家禽存笼20127羽。

工业

清光绪年间，李家寨、排达牛等地利用竹子

制造祭祀用纸。民国期间，境内织布兴盛，织布机械有多锭织纱机和检校织布机，织布作坊300户，布匹远销重庆、衡阳、湘潭等地。1957年，组建缝纫、印染、铁业、搬运等生产社，从业人员100人。1958年，建公社手工操作纸浆厂，利用芭茅、山竹、稻草生产纸浆。1962年，公社纸浆厂停办。1972年，龙鼻嘴粮站建立附设大米加工厂。1978年，建公社石煤矿，当年建成石煤窑2座，收入3万元。1982年，公社石煤矿日产5000块砖，固定资产8万元。20世纪90年代，石煤矿停产。2003年，龙鼻嘴建宏源钒冶炼厂。2010年，惠闽石业、连旺石材等石材、精深加工企业在镇内建原材料开采基地。2012年，宏源钒业公司投资4.5亿元在九龙建年产300万吨精钒加工生产线。2013年，牛角山茶厂、盘草合作社茶厂建成投产，其中牛角山茶厂“黛勾黛丫”牌绿茶、红茶系列产品远销省内外，销售收入2000万元，盈利170万元。

旅游业

2010年，境内旅游业兴起，夯吾苗寨对外营业，日接待游客600人次。2011年3月，龙鼻嘴苗寨写生基地始营业。6月2日，时任中共中央政治局常委、全国政协主席贾庆林在毛坪村夯吾苗寨看望少数民族群众。同年11月，龙鼻嘴村分别与中旅总社张家界分公司和凤凰苗岭文化旅游开发有限责任公司签约，联合开发龙鼻嘴村民俗文化旅游项目。2012年4月28日，龙鼻嘴村“墨戎苗寨”景点开放，接待游客6万人次。是年，龙鼻嘴村被住建部、文化部、财政部列入首批“中国传统村落”名录，被国家民委授予“少数民族特色村寨”，被湖南省旅游局授予“湖南省特色旅游名村”。2013年，成立湘西默戎苗寨乡村游有限责任公司，注册资金300万元。2014年，“默戎苗寨”游道石板路等基础设施全面改造。是年，“默戎苗寨”接待游客18万人次，创收1440万元，村民人均收入6470元。

商贸服务

清代，龙鼻嘴设墟场，逢农历五、十日赶场，有土布、仔猪、家畜、晒烟、剪花、草鞋、背篓、干虾等。民国期间，市场内有李三弼、李四弼两家商号，以经营桐油、药材、土碱、枯饼为主，兼营南杂、百货、小五金。1950年，县国营贸易公司设龙鼻嘴贸易商店。1956年，市场内有公私合营民族饮食店、公私合营和平染业加工部、公私合营南杂百货商店3家商贸服务机构。1958年，将龙鼻嘴贸易商店改为公社供销社。1986年，在对门坪建农贸市场，占地0.56公顷。2001年，全镇个体工商户发展到206户，民营企业32家。2013年，随乡村旅游兴起，全镇餐饮业、工商户发展至300户，从业人员680人。2014年，改造镇农贸市场。是年，墟场入市交易人数达3000人，辐射县内坪坝、古阳、吉首市马颈坳、白岩和保靖县葫芦、夯沙等乡镇。

基础设施

交通运输

清代，境内有古丈坪通乾州厅营路，途经境内虾公潭、李家寨、排达牛、龙鼻嘴等地。1958年5月，吉首至古丈公路龙鼻段通车。1959年，吉首至古丈公路全线通车，途经境内龙鼻嘴、万岩、毛坪等地。1978年，龙鼻嘴至坪坝公路通车，途经境内潭溪、中寨、九龙等地。是年，枝柳铁路建成通车，在万岩大队设万岩站；在龙鼻嘴大队设龙鼻嘴站。1979年，修通万岩、盘草两个大队公路。1997年3月，国家二级公路吉罗公路开工，境内经过毛坪、岩寨、万岩、桐木、龙鼻嘴5个村，全长12.7公里，征收土地33.4公顷。2002年，吉罗二级公路建成通车。2004年，修通李家寨、向家寨、排达牛3条村级公路。2010年，启动农村通畅工程建设。是年，硬化镇区街道，硬化龙鼻嘴至坪坝公路。修通新窝、桐木两个村通村公路。2011年，万岩、盘草、新窝、桐木等地通村公路硬化工程开工。是年，鬼溪组公路修通。2012年，全镇村村通公路，并完成万岩、盘草、夯娄、新窝、翁草等村公路水泥硬化，公路通畅率92%。2013年，永（顺）吉（首）高速公路默戎段开工，途经毛坪、李家寨、龙鼻嘴3个村，并在李家寨村设古丈服务区。2014年，毛坪村岩寨公路硬化，全镇除卖若自然寨未通公路外，其余自然寨均通公路。

邮政通信

1931年12月，架通县城至龙鼻嘴电话线路，于干田坳与乾城县（今吉首市）线路相接，全程35.5公里。1949年，古丈至沅陵邮运中断，积压邮件请专人运至所里，再经龙鼻嘴投递到县城。1951年，古丈县城至吉首邮政开通，设立龙鼻嘴邮政点，三日为一个班次。1953年，改为逐日班。3月，建古丈县第四区群众通信网，有通信员5人，每人月酬大米75公斤。1955年，架通县城经龙鼻嘴至吉首长途电话线路，开通古丈通向全国各地的电信网。1962年，县城至公社驻地龙鼻嘴开通有线电报业务。1998年，邮电体制改革，默戎邮电所改为邮政支局。2001年，开通移动信号网络。2002年，龙鼻邮政所设立普通代理点。2006年，开通3G宽带联网。2010年，建成九龙洞移动网络基站。2014年，中国移动公司在龙鼻嘴建4G基站。

供电饮水

1971年，岩槽河水电站建成，装机160千瓦，供应公社驻地和排布坪、中寨、已戎、潭溪、龙鼻嘴5个大队照明用电。1978年，九龙、万岩两个大队通电。1979年，由铁路部门供电，临近焦柳铁路的毛坪、盘草两个大队通电。1989年，设镇水电管理站。1992年，全镇村村通电。2002年，实施农网改造工程，镇内电网与县电网并网。2007年，毛坪村供水工程竣工，为村民供水。2008年，建设盘草村供水工程，铺设水管4.35公里，村民用上自来水。2009年，建龙鼻嘴村供水工程，铺设水管2.1公里，建120立方米蓄水池1个，安装入户水管6.2公里。2010年，建镇自来水厂，铺设水管3.68公里，建总蓄水池3个，安装水质净化器，供应镇政府驻地龙鼻嘴、潭溪、中寨等村（居）生活用水。是年，建潭溪村分散供水工程，铺设水管2.4公里。2011年，全镇村村完成农网改造，用电实现城乡同网同价。

水利建设

民国年间，境内沿河农田以水车灌溉为主，高处水田旱季使用抽水筒人力抽水。1958年10月，修建夯杨柳小(2)水库，库容13万立方米，灌溉稻田20.0公顷。1966年10月，修建岩槽河小(1)型水库，库容100万立方米，用于灌溉沿河农田66.69公顷。1973年2月，修建桐木小(2)水库。8月，修建李家寨小(2)型水库。1981年，境内有山塘4口，提灌机械30台。1986年，使用柴油机发动水泵抽水。1995年，镇粮店扶持村民抗旱，用移动电泵抽水灌溉龙鼻村沿河稻田。2001年，岩槽河水库右侧发生渗漏。2003年，治理李家寨水库，对大坝坝体内外全部采用砌石护坡。2004年，除险加固岩槽河水库。2005年9月，桐木水库除险加固竣工，修复卧管及引水渠道6公里。2008年，启动毛坪村、龙鼻嘴村防洪堤建设。2011年，投资200万元，实施龙鼻嘴村防洪堤一期工程。2012年，投资1000万元，疏浚龙鼻河河道6.1公里。是年，完成毛坪、龙鼻、潭溪、九龙 4 个村防洪堤建设。2013 年，完成万岩、龙鼻、中寨、九龙 4 个村小流域治理工程。2014 年，建成毛坪村防洪堤和滚水坝。

社会事业

教育

清嘉庆十二年（1807），坎著寨和茅坪寨建苗义学馆。嘉庆十五年(1810)，增设龙鼻嘴苗义学馆。同治三年（1864），万岩人石绍钟 37 岁中举，清廷授予七品文林郎，石一生在苗区从教，培育出 9 名秀才和 1 名举人。光绪二十九年(1903)，建龙鼻嘴官立初等小学堂。民国 6 年(1917)，在排几娄建龙鼻公立国民小学校，招学生 60 人。民国 30 年(1941)，设西英乡中心国民学校，境内设保国民小学 8 所。1949 年，因湘西“三二”事变，各校停课，1950 年，学校复课。1958 年，建立龙鼻中学。1970 年，全县调整学校布局，龙鼻中学改为古丈县第三中学。1980 年，境内有中学 1 所，完小 1 所，大队小学 20 所，学生 2300 人。1986 年，龙鼻中心完小更名为默戎中心完小，撤古丈县第三中学，停办普通高中，办职业教育，设古丈县职业中学。1993 年，古丈县职业中学更名为古丈县综合职业技术学校。1995 年，以湖南省委书记王茂林在湘西调研贫困助学为故事原型，在龙鼻嘴拍摄《太阳花》电视剧。12 月 9 日，时任省委书记王茂林、副省长郑培民出席在龙鼻嘴完小举行“兴建 100 所希望小学”奠基典礼。2011 年，调整学校布局，停办职业教育，县职业技术学校在校初中学生 172 人。全镇有镇中心完小 1 所，村小 6 所，教学延伸点 1 个，在校小学生 528 人。同年，创办星海幼儿园，在园幼儿 134 人。2012 年 5 月 25 日，中共中央政治局常委、国务院总理温家宝在毛坪村小学看望留守儿童。2014 年，镇中心完小有教职工 53 人，在校学生 397 人。县综合职业技术学校教职工 30 人，开设苗族鼓舞、苗族刺绣、苗族武术等课程。

文化体育

1953 年，龙鼻农村文化站建立。6 月，龙鼻嘴村龙彩莲被任为文化站干事。1954 年 3 月，龙彩莲参加全国少数民族文艺会演，表演苗族女子单人跳鼓获奖。1955 年，龙彩莲参加波兰第五届世界青年联欢节，湘西苗族鼓舞首次走向世界。1978 年，公社成立电影放映队，在各大队巡回放映。1984 年，建默戎电影院。1986 年 7 月，龙彩莲赴新疆乌鲁木齐参加全国少数民族传统体育运动会，表演传统苗族鼓舞，获优秀节目奖。1991 年 10 月 21 日，中国少数民族国际学术研讨会专家 120 人，在龙鼻嘴河坝坪观摩土家族、苗族原始文化表演，其中《古丈跳马》《土家族毛古斯》获得专家们好评。2003 年 8 月 7—9 日，镇党委、政府成功举办“苗族赶秋节暨苗族民间艺术节”，在喊娘坳为团结亭落成剪彩，吉首、保靖、古丈周边 2 万人参加盛会。2005 年 1 月，镇“民族艺术团”成立，6 月参加“2005 德夯·中国鼓文化节”，获团体二等奖。受邀参加“湖南省优秀非物质文化遗产保护项目专场展演”。2006 年 1 月，镇四面鼓队应邀参加央视中国民族歌舞盛典，作为开场式演出，与朝鲜族长鼓、彝族缘春大鼓同台竞技。2010 年，龙鼻嘴村苗鼓队参加“2010 中国北京·全国少数民族非物质文化遗产项目调演”，是年，四方鼓舞代表队参加上海世博会展演。2012 年，境内民族传统体育苗家八合拳被列入省级第六批非物质文化遗产保护项目名录。2014 年，全镇农家书屋 12 个，村级文化辅导员 12 人。

1972 年，公社建广播放大站。1986 年，境内能收看中央电视台、湖南电视台2套电视节目。1995年，开通调频广播。1996年，设立默戎有线电视卫星接收站，开通有线电视。2004年，境内龙鼻嘴、万岩、盘草等地有线电视实现与县城光纤联网。2011年，有线电视村村通，全镇有线电视用户2170户，无线电视用户320户，实现收视全覆盖。

医疗卫生

民国年间，境内居民疗伤治病以中草药为主。1955年，龙鼻嘴设县第四区卫生所，有医务人员5人，新建两栋木质楼房，建筑面积250平方米，设门诊、药房、病房，有床位5张。1967年，境内发生流行性脑脊髓膜炎，县卫校、县医院抽调医务人员40多人同州医疗队一道奔赴疫区，经3个月防治，疫情消除。1970年，设龙鼻中心医院。1986年，镇中心卫生院有医务人员11人，病床17张。各村设立医疗室，培训30名村医。1990年，镇中心医院《恙虫病所媒介吉首纤恙螨的发现及流行病学研究》获省科技进步三等奖。2007年，实施新型农村合作医疗制度，全镇参合人数11040人，参合率85%，享受医疗补偿35.99万元。2011年，境内有个体诊所2个，村级医疗卫生室8个，按照每人每月167元标准落实8个村医生报酬。2014年，新型农村合作医疗参合人数12572人，参合率85%，享受医疗补助450.58万元。

社会保障

20世纪70年代，境内社会保障主要以赈灾、救济为主，1984年10月，万岩村发生火灾，受灾54户，财产损失30.73万元。经政府及时救助，坚持自力更生，重建家园，一年后，建成砖木结构房屋28栋，木房25栋。1987年，镇建敬老院，入住五保老人21人。2007年，九龙村建敬老院，入住五保老人8人。2011年，全镇危房改造74户，其中新建47户，维修25户，兑付危房改造资金57万元。是年，实施新型农村养老保险制度，参保人数2731人，领取养老金人数2054人。2014年，全镇有农村低保对象689户1640人，发放救助金236.16万元，参加新型农村养老保险人数4921人，领取养老金人数2210人。

特色地情

历史人文

龙鼻嘴烈士纪念亭　为纪念在境内剿匪牺牲的中国人民解放军第四十七军一百四十一师王万仁等两位战士而建立。1989年清明，县民政局和镇政府将烈士忠骨迁至火车桥下公路上坎，建烈士墓和烈士纪念亭。进门两块水泥方柱上书对联："解放湘西献身躯，剿擒匪魔安万民。"1993年4月17日，县政府公布为县级文物保护单位。

九龙洞葬　九龙村背后横亘的大山梁上悬挂着9个天然洞穴。山上建有九龙庙，昔为苗王聚义之所。9个洞穴，有干洞，也有湿洞。湿洞水量颇丰，建有碾屋；干洞干燥，宽敞，为苗民停放柴禾之处，洞高约20米，洞壁钟乳石玲珑剔透，千姿百态，有的似盘龙行空，还滴哒着点点龙涎，可谓人间仙境。洞内有十多具半掩的木棺，井然有序地排列在洞穴内。九龙洞中3个干洞都有棺木。干洞苗语叫"谷坝巴崇"，意译为"古老人的山洞"。老人，在湘西方言有"死人"的含义，可理解为"古代人老死后居住(埋)的山洞"。相传本地有个大财主，人未死先请人看坟场，风水先生一时又拿不准，就扯一根小草栽在洞门口，说若是第二天转青了，就是好坟地，若干枯了，就不是好坟地。一个姓龙的放牛伢一旁偷听到这一奥

古丈苗族四方鼓舞（向代坤摄于2012年5月）

古丈苗绣（李祖干摄于2005年5月）

秘，第二天清早来此放牛，见小草青青正旺，于是将其扯丢，换上一根枯草。财主来看时，见草已枯，就放弃了这块坟地。若干年后，放牛伢就将其父母埋藏在这里，从此龙脉兴旺，成为当地一大望族。

风景名胜

鬼溪 位于中寨村，为一条溪流和下游一个苗族自然寨共名。溪流所在山谷为溶洞垮塌后形成，长5公里，有盲谷、天坑、溶洞、天生桥、峡谷等喀斯特地貌景观。上部台原所在地为李家寨台地。溪流两边的石灰岩纹路倾斜，像一页页斜放的书页，是由寒武到震旦系组成的一个向斜，山谷是由山坡与岩层倾斜角度一致为50度，成“V”字形。“V”字形岩溶山谷到山上李家寨台地，是一大片参差起伏的岩溶台原，也是一个分水岭，南面的岩溶盲谷湿地是鬼溪的发源地，溪流南流入龙鼻河；北面的岩溶盲谷湿地溪流汇入古阳河。南面的岩溶盲谷端是由厚度10厘米左右的薄层状石灰岩同向倾斜构成的天生桥，也是长条形溶洞坍塌后的残留部分。天生桥下是高近70米的陡崖，其下又进入下一段溪谷，在长5公里溪流中总共有3座大小不一的天生桥及其陡崖和两段暗河。因此鬼溪的“鬼”，就是由地下河顶盖岩层坍塌剥落得见天日露出地表的溪流。

民俗风情

境内民族传统节目有“三月三”“四月八”“赶秋节”等，节日活动中举行“唱苗歌、打苗鼓、跳苗舞、玩龙灯、舞狮子、表演武术，上刀梯、踩犁铧、摸油锅、祭祖椎牛”等活动，公共祭祀场地有李家寨村仙门山，龙鼻村天王庙，九龙村观音阁。

苗族鼓舞种类繁多，有女子单人、男子单人、女子双人、男子双人鼓舞，猴儿鼓舞，群鼓舞，徒手鼓舞。其中女子四面鼓舞最盛行。

苗歌，每逢传统歌会，喜庆宴会，接待尊贵客人对歌、赛歌、听歌。苗歌内容多样，往往由主唱者随口道来，可为情歌，可庆丰收，可赞扬，也可讥讽，灵活多变。

武术，苗族人擅长而喜欢的一体育竞技，是苗族先辈大迁移及抵御外族的侵犯而创造的一门防身技术。苗族武术强调武德修养，以防为主，攻防兼备。逢年过节，村村寨寨的武术师傅拉起场子，男女老少皆可学习，此习俗代代相传。清同治四年（1865），四川拳师欧庆元与万岩石古千“告手”，被留教拳术。由九龙洞龙廷久等人创造的苗家八合拳，流传最广。

（撰稿人：王焕池）

岩头寨镇

区域概况

位置面积

岩头寨镇位于古丈县东部，东与沅陵县二酉苗族乡交界，西靠古阳镇，北与高望界乡、高峰乡接壤，南抵河蓬乡，东南与山枣乡毗邻。区域面积195.31平方公里。镇治野竹坪，距古丈县城30公里。

建置沿革

清道光二年(1822)，主属古丈坪厅内功全保，东部岩山、白洋洞、崩山、白竹、草潭、小溪、洞溪、占潭、松溪属沅陵县。民国11年(1922)，属古丈县上功乡。民国24年(1935)，属古丈县第二区，境内分设岩头乡、尚公乡。民国27年(1938)，撤区并乡，属尚公乡。民国31年(1942)，沅陵县保平乡、利平乡部分地区划归古丈县，镇域西部属尚公乡，东部属永宁乡。民国35年(1946)，全县乡镇区划调整，永宁乡与银坪乡合并设和平乡，境域东部属和平乡，西部属尚公乡。1950年，主属古丈县第三区，区政府驻野竹坪，北部岩头寨、鲁家、岩嘴、崩山、岩山、白洋洞、湾坪、白竹属古丈县第二区。境内设野竹乡、鲇溪乡、草潭乡、坪家乡、梓木乡、占潭乡、蒿根乡、洞坪乡、芭蕉乡、磨子乡、老寨乡、建设乡、白竹乡、银坪乡。1956年，撤区并乡，分属野竹乡、白竹乡、岩坨乡、草潭乡。1957年，白竹乡与岩坨乡合并，设白岩乡。1958年，人民公社化，境内设东风、青龙、英雄人民公社。1959年，青龙人民公社并入高峰人民公社。东风人民公社更名为野竹人民公社，英雄人民公社更名为草潭人民公社。1960年，草潭人民公社并入野竹人民公社。1961年，高峰人民公社析出设岩头寨人民公社。1979年，从野竹公社划出草潭、松溪、千金3个大队，从山枣公社划出洞溪、占潭2个大队，从岩头寨公社划出桐木大队、白竹大队的长冲生产队，设高望界林场草潭分场。1984年，撤野竹人民公社，设野竹乡，撤岩头寨人民公社，设岩头寨乡，撤草潭林场，设草潭乡。2005年，野竹乡、草潭乡并入岩头寨乡。2009年，撤乡建镇，为岩头寨镇。

行政区划

1961年，岩头寨公社辖岩头寨、岩咀、岩坨、鲁家、银坪、老寨、白竹、崩山、白洋洞、湾坪、桐木、岩山12个大队53个生产队。野竹公社辖野竹坪、梓木、蒿根、磨子坪、鲇溪、土溪、芭蕉、碗沟、草潭、松溪、坪家、千金、巩寨、丫施溪、洞坪、洞溪、占潭、筲箕田18个大队81个生产队。1985年，岩头寨乡辖岩头寨、岩咀、鲁家、银坪、湾坪、老寨、白洋洞、崩山、岩山、白竹10个村和岩头寨居委会，50个村民小组。野竹乡辖野竹坪、蒿根坪、梓木坪、磨子坪、土溪、鲇溪、芭蕉、碗沟溪、巩寨、两岔溪、洞坪、坪家、丫施溪13个村和1个居委会，82个村民小组。草潭乡辖草潭、洞溪、占潭、松溪、长冲、栋秋树、千金7个村和1个居委会，28个村民小组。2005年，行政区划调整，岩头寨乡银坪村并入岩头寨村，白洋洞村并入湾坪村，岩山村并入白竹村。草潭乡松溪村、栋秋树村并入草潭村。野竹乡巩寨村并入野竹坪村，湾沟溪村并入土溪村，两岔溪村并入磨子坪村，丫施溪村并入蒿根坪村。是年12月，草潭、野竹两乡并入岩头寨乡。全乡辖野竹坪、土溪、洞坪、鲇溪、芭蕉溪、磨子坪、蒿根坪、梓木坪、坪家、草潭、千金、长冲、占潭、洞溪、岩头寨、老寨、崩山、鲁家、岩嘴、白竹、湾坪21个建制村和草潭、野竹、岩头寨3个居委会，下设166个村民小组。有125个自然寨。2009年，撤乡设镇，行政区划不变。

人口民族

民国32年(1943)，尚公乡人口5533人，永宁乡人口3405人。1982年，第三次人口普查，野竹公社人口6116人，其中，苗族3876人，占63.37%；土家族100人，占1.64%；汉族240人，占3.92%。人口密度64人/平方公里。岩头寨公社人口3439人，其中，苗族1422人，占41.35%；土家族38人，占1.1%；汉族1979人，占57.55%。人口密度55人/平方公里。草潭林场人口2638人，其中，苗族537人，占20.36%；土家族14人，占0.53%；汉族2087人，占79.11%。人口密度72人/平方公里。2004年，野竹乡7226人，其中，苗族6481人，占89.69%；汉族694人，占9.6%。人口密度75人/平方公里，人口自然增长率1.24‰。岩头寨乡4172人，其中，苗族3923人，占94.03%；汉族172人，占4.12%。人口密度67人/平方公里，人口自然增长率2.87‰。草潭乡3150人，其中，苗族2495人，占79.21%；汉族611人，占19.4%。人口密度85人/平方公里，人口自然增长率2.53‰。是年，境内各乡汉族人口减少，原因为讲瓦乡话居民民族成分基本由汉族改为苗族。2006年，全乡3611户14962人，其中，苗族14247人，占95.22%；汉族503人，占3.36%。人口密度77人/平方公里，人口自然增长率3.16‰。2014年，全镇3421户14685人，其中，苗族14201人，占96.7%。人口密度75人/平方公里，人口自然增长率2.16‰。境内西部人口讲苗语东部次方言，又称浅苗语，东部人口讲瓦乡话。

自然环境

岩头寨镇属中低山地貌，高望界山脉东麓，境内群山起伏，溪谷交错，地势西北高、东南低。主要山脉有李子埔界，千金界、诸天山、仙人岩等，平均海泼500米，最高蒿根坪村梨子坳海拔1011.12米，最低草潭村文家湾海拔160米。成土母岩以砂页岩和紫色砂页岩为主，土壤以黄壤、黄红壤、红壤为主，有耕地1066.67公顷，其中稻田813.33公顷，旱地253.34公顷，属西溪支流草潭河水系，流向为从西向东流。草潭河北源发源于蒿根坪，南源发源于梓木坪，两源在磨子坪村两岔溪汇合。草潭河在两岔溪汇入西溪河，在境内全长24.6公里。矿产资源有锰、钒、磷、硫铁矿等，其中岩头寨钒矿床，储存量300万吨。森林覆盖率76.5%，境内气候温凉湿润，年平均气温16.2℃，年降水量1500毫米，无霜期275天。

经济发展

经济综述

20 世纪 70 年代，境内农业以传统种植业为主，林业以油桐、油茶生产及木材采伐为主。80 年代初，农村经济体制改革，实行土地承包责任制，境内经济发展速度加快。1989 年，岩头寨乡工农业产值 183 万元，农民人均纯收入 198 元。1992 年，岩头寨乡工农业产值 316 万元，农民人均纯收入 250 元。野竹乡工农业产值 407 万元，农民人均纯收入 209 元，草潭乡工农业总产值 184 万元，农民人均纯收入 260 元。1998 年，调整农业产业结构，发展劳务经济。2005 年，岩头寨乡工农业产值 679.7 万元，农民人均纯收入 950 元，野竹乡工农业产值 1152 万元，农民人均纯收入 969 元，草潭乡工农业产值 550 万元，农民人均纯收入 1012 元。2007 年，全乡开矿业发展迅速，矿业产值实现 400 万元。2014 年，全镇工农业产值 10670 万元，其中，第一产业 2649 万元，占 24.83%；第二产业 6785 万元，占 63.59%；第三产业 1236 万元，占 11.58%。人均纯收入 2458 元。

农业

种植业 境内以种植水稻、玉米、油菜、红薯、大豆等农作物为主。1974 年，在三月山建野竹公社茶场，种植茶叶 2.5 公顷。1986 年，野竹乡粮食播种面积 531.53 公顷，粮食产量 1654 吨，其中稻谷面积 341.2 公顷，产量 1465 吨；玉米面积 133.33 公顷，产量 137 吨。油料作物播种面积 365.33 公顷，其中油菜面积 80 公顷，产量 42 吨。蔬菜面积 37 公顷，产量 685 吨。岩头寨乡粮食播种面积 458.4 公顷，粮食产量 1340 吨，其中稻谷面积 297.53 公顷，产量 1224 吨；玉米面积 75.8 公顷，产量 66 吨。油料作物面积 143.07 公顷，其中油菜面积 8.53 公顷，产量 31 吨。蔬菜面积 53.87 公顷，产量 403 吨。草潭乡粮食面积 330.2 公顷，粮食产量 848 吨，其中稻谷面积 225.4 公顷，产量 796 吨；大豆面积 67.4 公顷，产量 31 吨。油菜面积 17.2 公顷，产量 5 吨。蔬菜面积 47.87 公顷，产量 273 吨。1990 年，在野竹、草潭、岩头寨三个乡境内推广水稻“双两大”“旱育旱发”“规格化插秧”等栽植 4.5 公顷，产量 20 吨。2005 年，野竹乡粮食作物面积 612.13 公顷，产量 1382 吨，其中稻谷面积 342.6 公顷，产量 1155 吨；玉米 147.33 公顷，产量 137 吨；大豆面积 71.33 公顷，产量 64 吨。油菜面积 203.27 公顷，产量 238 吨。蔬菜面积 181.47 公顷，产量 885 吨。岩头寨乡粮食作物面积 439.93 公顷，产量 1137 吨，其中稻谷面积 285.4 公顷，产量 941 吨；玉米 57.07 公顷，产量 74 吨。油菜面积 140 公顷，产量 160 吨。草潭乡粮食作物面积 299.93 公顷，产量 877 吨，其中稻谷面积 224.2 公顷，产量 753 吨。油菜面积 47.33 公顷，产量 78 吨。2006 年，烤烟种植面积 9.87 公顷，产量 10 吨。茶叶种植 141.73 公顷，其中可采摘 38.33 公顷，产量 7 吨。2011 年，烤烟种植面积 68.57 公顷，产值 300 万元。2013 年，在鲇溪种植猕猴桃 2 公顷。2014 年，全镇粮食作物面积 1459.53 公顷，粮食产量 4863.3 吨，其中稻谷面积 837.2 公顷，产量 3636.03 吨；玉米面积 411.07 公顷，产量 680.28 吨。油料作物面积 428.0 公顷，其中油菜面积 384.47 公顷，产量 580.65 吨。烤烟种植面积 279.6 公顷，产量 280.87 吨，蔬菜面积 297.4 公顷，产量 3138.3 吨。茶叶面积 460.67 公顷，其中可采摘 179.27 公顷，产量 16.4 吨。

林业 1959年，境内设野竹、草潭2个林业站。1962年1月26日，磨子坪大队两岔溪生产队剪刀洞发生森林火灾，过火面积80.1公顷，山火蔓延时间两天三夜。1965年，野竹公社建杉木林基地。1971年，建千金大队林场，人工造林10.1公顷。1976年，岩头寨、野竹2个公社分别被确定为全县油茶林基地，野竹公社有油茶林741.47公顷，岩头寨公社有油茶林605.6公顷。1976年，建岩头寨公社龙岩林场，有林地1400公顷，是年，建野竹公社两河口林场。1979年，建草潭林场，有林地1241.93公顷，木材蓄积量66113立方米。1984年，撤销草潭林场。是年，全县第三次森林资源调查，野竹乡有林业用地7866.67公顷。其中，用材林2913.33公顷，经济林1420公顷，灌木林2260公顷。岩头寨乡有林业用地5413.33公顷。其中，用材林2453.33公顷，经济林953.33公顷，灌木林913.33公顷。草潭乡有林业用地2973.33公顷。其中，用材林793.33公顷，经济林600公顷，灌木林480公顷。2001年，在野竹乡实施退耕地造林179.46公顷，发放退耕还林补助款56.53万元。2006年，全镇境内累计实施退耕地造林927.3公顷、配套荒山造林296.27公顷。2007年，划国家级生态公益林622.9公顷，其中芭蕉522.2公顷，巩寨100.7公顷，划省级生态公益林74.5公顷，全部分布在白洋洞境内。发放公益林生态补助款15.38万元。2010年，实施集体林权制度改革，全镇纳入林权制度改革的林地16378.4公顷，现场核实宗地20124宗。2014年，全镇实施退耕地造林70.57公顷，配套荒山造林106.74公顷。

养殖业 境内以饲养生猪、牛、山羊、家禽为主。1986年，野竹乡出栏猪1856头，出栏肉用牛13头，出栏山羊335只，出笼家禽2460羽，禽蛋产量8吨；年末牛存栏1673头，生猪存栏3083头，山羊存栏2505只，家禽存笼6050羽。岩头寨乡出栏肉猪1192头，出栏山羊295只，出笼家禽2430羽，禽蛋产量6吨；年末牛存栏935头，生猪存栏1927头，山羊存栏1383只，家禽存笼6565羽。草潭乡出栏肉猪748头，出栏肉用牛12头，出栏山羊152只，出笼家禽3120羽，禽蛋产量4吨；年末牛存栏588头，生猪存栏1374头，山羊存栏426只，家禽存笼2770羽。2003年，土溪村村民邓志训创办训发养殖场，年饲养生猪500头，其中能繁母猪50头。2005年，岩头寨乡出栏肉猪2127头，年末猪存栏1837头；出栏山羊803只，年末山羊存栏1552只；家禽出笼6500羽，年末家禽存笼6000羽，禽蛋产量6吨。野竹乡出栏肉猪4825头，年末猪存栏4439头；出栏肉用牛470头，年末牛存栏2807头；出栏山羊2070只，年末山羊存栏3472只；家禽出笼6800羽，存笼7200羽，禽蛋产量7吨。草潭乡出栏肉猪1900头，年末猪存栏1500头；出栏肉用牛74头，年末牛存栏1026头；出栏山羊660头，山羊存栏1408只；家禽出笼4400羽，存笼2000羽，禽蛋产量4吨。2011年，土溪训发养殖场年饲养生猪1000头，其中能繁母猪110头。2014年，全镇出栏肉猪5819头，出售和自宰肉用牛89头，出售和自宰山羊3854只，出售和自宰家禽10642羽，禽蛋产量30.62吨。

工业

民国年间，境内沿河两岸设有水力碾房、榨油坊。1963年，野竹公社、岩头寨公社分别成立缝纫社、铁业社。1964年，岩头寨、野竹2个基层粮点开办机械粮油加工业务。1983年，岩头寨粮站置立式榨油机械，用机械榨油，传统油坊淘汰。2000年，开采坪家寨村烂泥田锰矿。2007年，引进大盈矿业公司在境内采矿。2010年，湖南汉瑞公司投资2.8亿元，在野竹坪建汉瑞精钒加工厂，年产精钒5000吨。

商贸服务

清朝时期，境内设蓑衣坡、草潭、野竹坪3个墟场，蓑衣坡场逢农历二、七日为场期，草潭场逢农历一、六日为场期，野竹坪场逢农历五、十日为场期。民国年间，蓑衣坡场消失。1957年，县国营贸易公司在草潭、野竹设立贸易门市部。1958年，关闭野竹、草潭两处墟场。1962年，设岩头寨供销社。1979年，设野竹肉食站。1980年，恢复草潭墟场，逢农历一、六日为场期。1996年，随着社会主义市场经济体系建立，境内个体工商户有50户。1999年，恢复野竹墟场，逢农历五、十日为场期。2014年，草潭墟场日赶集人数1800余人，每集交易额20万元。

其他产业

劳务输出 1990年，境内出现农村剩余劳动力外出务工。岩头寨乡外出务工580人，务工收入28万元；野竹乡外出务工1020人，务工收入52万元；草潭乡外出务工325人，务工收入15万元。2004年，岩头寨、草潭、野竹3个乡镇分别成立劳动就业服务站，发布劳务信息，常年与广东、浙江、福建等地厂家联系，组织劳务输出。2009年，全镇外出务工人员4350人，劳务收入3780万元。2010年，随着镇域经济发展，大盈矿业、汉瑞钒业投产和烂泥田锰矿开采，外出务工人员出现回流。2014年，全镇外出务工2411人，劳务经济收入1475万元。

基础设施

交通运输

明清时期，永顺至沅陵驿道经过境内岩板铺、李子埔，过干田坳进入沅陵。民国9年(1920)，古丈至沅陵大道经过境内梨子坳、蒿根坪、野竹坪、草潭、松溪等地，道路有“过河涉水48道脚不干”之称。1975年，修通田麻至岩头寨、野竹坪公路，途经鲁家寨、亮坪、蒿根坪、豺狗寨、两岔溪等地。1976年，修通野竹坪至山枣溪公路，途经土溪、两河口等地。1978年，修通野竹坪至草潭公路，途经洞坪、竹坪溪、草潭等地。1990年，修通草潭至沅陵县清水坪公路，古丈至沅陵公路全线贯通，途经松溪、文家湾等地。1992年，境内开始修建通村公路，至2014年，全镇通村公路全长166公里，12个自然村寨通车，村级公路通畅率90%。

邮政通信

民国20年(1931)7月，县域架通城区至洞坪电话线，与沅陵线路相接。1951年，架通县政府通往野竹坪电话线。是年，设野竹邮政代办所，野竹坪通邮，为三日班。1955年，野竹坪安装电话交换机。1980年，境内设野竹坪邮电所，岩头寨、草潭设邮电代办点。2001年，野竹、岩头寨、草潭三地开通程控电话。2005年，建成草潭、野竹、岩头寨等地移动基站。2006年，草潭、野竹、岩头寨开通3G宽带上网业务。2007年，建成占潭、洞坪、野竹、鲇溪等地移动基站。2010年，建成崩山、磨子、洞坪、坪家、洞溪、碗沟、芭蕉等地移动基站，移动电话信号实现全覆盖。2014年，境内有电信服务网点3个，移动服务网点3个。同年，开通4G宽带互联网。

供电饮水

1976年，建亮坪电站，装机125千瓦，岩头寨公社驻地和邻近大队用电照明。1977年，建成洞坪水电站，装机125千瓦，野竹公社驻地和邻近8个大队通电。1995年，架设岩头寨至草潭、野竹坪高压输电线路，1998年，境内村村通电。

2005 年，实施农网改造，2010 年，农网改造竣工，实现电费与城镇同价。

1991 年，架设亮坪水库至岩头寨机关引水管，架通自来水。2004 年，开始实施各村人畜饮水工程建设，是年，坪家、草潭、土溪、洞溪、湾坪、银坪 6 个村人畜饮水工程竣工。2006 年，鲇溪村完成人饮工程。2007 年，梓木村人饮工程建水池 1 个，蓄水池 2 个。2008 年，乡直机关人饮工程扩建，铺设管道 4.3 公里。2010 年，岩头寨芭蕉村人饮工程相继竣工。2014 年，全镇农村安全供水 60%。

水利建设

民国年间，境内溪河两岸农田灌溉方式以筑小坝架木槽为主。1958 年 10 月，修筑亮坡小(2)型水库，库容 10 万立方米，灌溉稻田 13.33 公顷。1966 年 5 月，修筑千斤小(2)型水库，有效库容 14 万立方米，灌溉稻田 12.0 公顷。1967 年 4 月，修筑长冲小(2)型水库，有效库容 24 万立方米，灌溉稻田 20 公顷，1976 年 10 月，修筑亮坪小(1)型水库，有效库容 109 万平方米，灌溉面积 40 公顷。1977 年，修筑洞坪小(2)型水库，灌溉面积 40 公顷。1999 年，修筑野竹坪河堤 500 米。2009 年，除险加固亮坪小(1)水库。2010 年，维修境内 4 座水库，修建灌溉渠道 37 公里。2013 年，修筑草潭河草潭段河堤 1 公里。2014 年，建成土溪村河道防洪堤 1.4 公里，修筑洞坪村灌溉渠 1.5 公里，建野竹坪排污管网 1 公里，在湾坪建拦水小坝 7 座，修水渠 1.7 公里。

社会事业

教育

民国 32 年(1943)，境内设有永宁乡、鲇溪、两岔溪 3 所国民学校，有保国民小学 12 所。1949 年，因湘西“三二”事变，各校停课。1950 年，学校复课。1953 年，设岩头寨完全小学。1962 年，设岩头寨、两岔溪两所完全小学。1970 年，设岩头寨、野竹坪两所初级中学。1978 年，野竹初级中学更名为古丈县民族中学，招收高中班。1980 年，两岔溪中心完小迁往野竹坪。同年，建草潭乡中心完小。1985 年，撤岩头寨初级中学，恢复为岩头寨乡中心完小。是年，停办古丈县民族中学高中部，校名更名为野竹初级中学。是年，野竹乡有村小学 13 所，岩头寨乡有村组小学 15 所，草潭乡有村组小学 8 所。1991 年 9 月，岩头寨乡中心完小附设初中部，1995 年，东江水泥厂援建岩头寨金磊希望小学。1996 年，停办岩头寨乡中心完小初中部。2000 年，建两岔溪、磨子坪 2 所希望小学。2004 年，野竹乡中心完小与野竹初级中学合并，设乡九年制学校。是年，老寨村籍著名歌唱家宋祖英捐资 30 万元救助家乡贫困学生，成立“宋祖英助学基金会”。2006 年，野竹乡九年制学校更名为岩头寨乡九年制学校。2010 年，全镇有九年制学校 1 所，中心完小 2 所，村小 19 所。在校中小学生 1136 人。2012 年，建镇幼儿园，有专职幼教 4 人，入园幼儿 80 人。2013 年，实施山村幼儿园建设，全镇建山村幼儿园 17 所。2014 年，入园幼儿 425 人，入园率 100%。

文化

1956 年，梓木坪筒子舞参加全州文艺会演获奖。1958 年，建野竹文化站，1961 年，建岩头寨文化站。20 世纪 70 年代，境内鲇溪、湾坪、上洞溪、蒿根、磨子坪、洞溪等地分别组建业余阳戏剧团，业余辰河高腔剧团。1979 年，建草潭文化站。是年，境内有电影放映队 3 支，在各大队巡回放映。1990 年，在湾坪村举办岩头寨首届跳香节。2006年，启动农家书屋建设。2008年，上洞溪原生态筒子舞经专家论证，定名为苗族童子鼓舞，列入湖南省第二批非物质文化遗产名录。村民张远忠成为该项文化遗产传承人。2011年，建成农家书屋14个，藏书2.1万册。2013年，在野竹坪举办岩头寨镇首届广场舞大赛。2014年4月8日，梓木坪村上洞溪童子舞首次在北京中华民族园演出。是年，建成野竹坪农民健身园。全镇有文化辅导员21人。

1972年，野竹坪、岩头寨公社设广播站。1979年，设草潭广播站。1986年，境内始有电视信号。1994年，岩头寨、草潭两地通调频广播。是年，草潭、野竹两地设立有线电视卫星接收站。1995年，野竹坪通调频广播。是年，岩头寨设立有线电视卫星接收站。2002年，境内村村实现通调频广播。2007年，乡政府驻地野竹坪有线电视实现与县城联网，可收县城传输电视节目。2014年，境内实现电视信号全覆盖。

医疗卫生

民国年间，境内居民治病以中草药为主。1958年，设野竹卫生院。1961年，设岩头寨卫生院。1965年，县人民医院在野竹、草潭两地设卫生所。1980年，设草潭中心卫生院。2007年，实施新型农村合作医疗制度，全镇参合农民1232人，参合率92%，发放合作医疗补助款53.86万元。2010年，新建洞溪村卫生室，占地60平方米。2011年，全县建成21个村卫生室。2014年，全镇参加新型农村合作医疗人数13550人，参合率91%，发放合作医疗补助款400.78万元，大病救助1364人，发放大病救助款2.05万元，是年，镇内3所卫生院有医卫人员25人。

社会保障

20世纪70年代，境内社会保障以赈灾、救济为主。80年代中期，实施民族地区棉布赊销政策，境内户均赊销棉布折价77.3元，人均11.7元。2005年，镇建敬老院，入住“五保”老人20人。2010年，镇敬老院集中供养“五保”老人43人，分散供养“五保”老人102人。2011年，实施新型农村养老保险制度，全镇参保人数7740人，缴费人数5457人，领取养老金人数2283人。2014年，全镇有农村低保890户2174人，发放低保救助金267.47万元。参加新型农村养老保险人数8087人，缴费人数5783人，领取养老金人数2304人，发放养老金标准为75元/人。镇敬老院集中供养“五保”老人24人，分散供养“五保”老人120人，发放供养金45万元。

特色地情

历史人文

野竹坪烈士纪念亭　1950年3月，中国人民解放军四十七军某部进驻古丈县第三区，执行剿匪任务，流动作战于野竹、山枣、草潭、岩头寨等地。两位无名战士在战斗中光荣牺牲，葬于亮坡。为纪念牺牲烈士，激励后人，1987年，县民政局和野竹乡人民政府将烈士忠骨从亮坡移至野竹坪，建烈士墓和烈士纪念亭。此亭系钢筋混凝土结构，六柱平顶式，柱上镌联：“先躯伟业千秋载，烈士英名万古传。”石质墓碑刻“湘西剿匪革命烈士墓”，横批“永垂不朽”。1993年4月，列为县级文物保护单位。

风景名胜

诸天山　距镇政府东南1公里，山顶岩石壁立，悬崖千仞如刀劈斧削。旧时曾建有寺庵一座，庵旁有一座花神祠，据《古丈坪厅志》载：“昔山下有女，面目姣好如桃花，因为有名。与某少年情好甚笃，其父母强之另适，女不从，遂悒郁

梓子村通村公路（李祖干摄于2008年1月）

而死，易箦时，嘱其父母，葬之山顶。越年，旁生桃树一株，花时灿若云霞。邻里哀之，为之建祠立碑焉。”传说诸天山有四奇观，其一桃花开时，遇上狂风暴雨，花瓣双双重合，当地人称“仙女花环”。其二庵后有泉，泉水从酷似龙首的岩石缝中流出，称为“龙吐琼浆”。其三庵左侧悬崖上有约宽2米、厚1米的天生石桥，当地人称之为“云桥仙渡”。其四山顶左侧下方有一石洞，高约2米，能容一人行。约下30级石阶，中有一宽4平方米的石洞，洞内有石凳石椅，东侧石壁有天窗，日光映入，窗明几净。洞内石笋下垂，晶莹夺目。传说为仙女休息之地，人称“仙姝玉楼”。

桃子山 位于草潭圩场对面，山顶建有云雾庵，由当地吴、田、赵、代、舒、李、文七姓豪绅出资，清嘉庆十二年（1807）十二月十八日建成，取名桃子山，又称“云雾庵”。相传旧时山门端，有一天门土地菩萨，两侧石枋上有一对联：“桃子熟时瑶池赴会”“仙山胜境佛殿听经”，横幅筛盘大四字“桃子仙山”。庵内楼阁华丽，栋宇辉煌，有佛殿和众神的龛座。两侧柱上书有：“洗尘涤垢全无染”“还本还原不坏身”“八德池边常汩道”“七宝林中说三乘”。正殿宝座是释迦牟尼等三座佛像，横匾镶金书“金阙宝殿”四字。殿右侧是观音菩萨，左侧是送子娘娘。南经两厢供奉二十四诸天和十八罗汉。北面厢房，外立厨房，后面3间僧房，房槛上端书“净室玄房”，左右侧有一联：“弃绝红尘僧室静，重修净土佛门玄。”1950年，云雾庵荒废。2005年，旧庵地址建移动信号塔。

民俗风情

跳香节 又称“过香”。秋收完毕，境内民间举行传统“跳香”活动，喜庆丰收，敬五谷神，祈求来年风调雨顺。跳香节因是村寨而异，大都在农历九、十月间，人们用新收粮食蒸酒、做豆腐、打粑粑，一家人围在一起，品尝自己辛勤劳动果实，严禁吃荤，不宰杀牲畜，倍加感谢五谷神献种之恩。晚上，举行“跳香”活动。

苗族童子鼓舞 又称筒子舞，一种独具韵味民族舞蹈。源于苗族“三月三”节庆活动。苗家姑娘们手拿1米多长、两头扎着映山红山竹彩筒，邀请敬重亲友或心爱之人在锣鼓声节拍下翩翩起舞，人数不限，并围成大圆圈，用各种舞蹈语言表达生活情趣及动物趣态，其基本动作有12套16种，鼓点节奏分二拍子和三拍子两大类。

（撰稿人：王素文）

断龙山乡

区域概况

位置面积

断龙山乡地处古丈县西北部，东与红石林镇交界，南与双溪乡接壤，西靠保靖县阳朝乡，北与永顺县列夕乡隔酉水河相望。1978 年，区域面积 99.55 平方公里。乡治田家洞，距古丈县城古阳镇 42 公里。

建置沿革

断龙山乡，因断龙山脉主峰地处境内南部，而命名为“断龙山”。唐天宝元年(742)，设灵溪郡田家洞总管。明洪武二年(1369)，设田家洞长官司，属永顺军民安抚司。清雍正七年(1729)，设田家洞巡检司，隶永顺县。乾隆元年(1736)，废田家洞巡检司，设田家保。嘉庆十一年(1806)，田家保分设为田家、王家 2 个保。民国 11 年(1922)，永顺县实行乡制，属田家乡。民国 32 年(1943)，田家乡划归古丈县，设仁爱乡。1950 年，属古丈县第一区，境内设米多乡、胡家乡、溪龙乡、细塔乡、白溪乡、杨家乡、田家乡。1956 年 6 月，撤区并乡，设田家洞乡。1958 年，设兴龙人民公社。10 月，兴龙人民公社与星火人民公社合并，设断龙山人民公社。1961 年，析出茄通人民公社。1984 年，公社改乡制，为断龙山乡。

行政区划

民国 2 年(1913)，田家保辖大田家洞、利吉冲、茄通、细塔、米多村、体马洲、咱不车、梳头溪、上下不尺、白果树、排沙溪 11 个村寨。民国 32 年(1943)，梳头溪划出。仁爱乡辖田家洞、米多村、细塔、杨家河、白果树、白溪、铁马洲、猛虎洲 8 个保 80 甲。1961 年，全公社辖杨家河、细塔、田家洞、坐苦坝、胡家坪、大龙热、米多村、溪龙车、报吾烈、小白、胡家坪、喜其哈 12 个大队。1978 年 3 月，保靖县仙仁公社百家、白溪、梅塔、尚家 4 个大队 19 个生产队划入。是年，全公社辖 16 个大队、98 个生产队。1984 年，划出龙叫河、茶叶坡 2 个自然寨，设龙叫河村。全乡辖杨家河、细塔、报吾烈、田家洞、喜其哈、米多村、溪龙车、猛虎洲、大龙热、坐苦坝、小白、梅塔、尚家、白溪、百家、胡家坪、龙叫河 17 个建制村和 1 个田家洞居委会、85 个自然寨、128 个村民小组。2005 年 9 月，胡家坪村与大龙热村合并，设龙王湖村。撤销龙叫河村，将龙叫河自然寨划入溪龙车村，茶叶坡自然寨划入杨家河村。建制调整后，全乡辖杨家河、细塔、报吾烈、田家洞、喜其哈、米多村、溪龙车、猛虎洲、龙王湖、坐苦坝、小白、梅塔、尚家、白溪、百家15个建制村和1个田家洞居委会，下设128个村民小组。

人口民族

民国32年(1943)，仁爱乡有1185户4986人。1978年，保靖县仙仁公社4个大队划入，增加441户2068人。是年，境内有2100户9980人。1982年，第三次人口普查，全社人口10630人。其中，土家族9749人，占91.71%；苗族239人，占2.25%；汉族642人，占6.04%。人口密度111人/平方公里。1990年，全乡有2732户11745人。其中，土家族10820人，占92.12%；苗族268人，占2.28%；汉族656人，占5.59%。2006年，全乡有3384户13195人。其中，土家族12908人，占97.82%；苗族171人，占1.3%；汉族116人，占0.88%。2014年，全乡有3394户13240人。其中，土家族13028人，占98.4%；苗族169人，占1.28%；汉族141人，占1.06%。少数民族还有壮族、布依族、瑶族等3个。人口自然增长率3.85‰，人口密度133人/平方公里。

自然环境

断龙山乡属典型喀斯特地貌，地势东南高、西北低，地形为中山台地，平均海拔500米。最高点在乡境东南部的杨家河村泽土库组的择上库，海拔1033.2米。最低点在乡境西北部的坐苦坝村西水河岸，海拔195米。主要山脉有断龙山脉，主峰断龙山海拔947.5米，其山脉自主峰由南向北经过二卡、阿姐冲延伸至细塔后分成两支山脉，东支从报比条、报吾烈、利吉冲、业比达、桐油壳至铁马州，西支从杨米叉枯、尚家寨、白溪、白家至白溪关河。成土母岩主要为石灰岩，土壤类型主要为红壤，土层深厚肥沃，质地黏重，易板结和干旱。地表多为溶丘、洼地，有少量的漏斗式溶水坑，地下多阴河、天坑。台地四周受广潭河、梳头溪河、细塔河、唐家河、西水河等河流底谷影响，造成地面水源奇缺。有“田王二保、岩多土少、水汤地皮薄、十年九年旱”之说。有耕地971.87公顷，其中稻田716.13公顷。境内蕴藏丰富的白云石、石灰石、硝石等矿产资源。境内四季分明，气候温和，平均气温在15℃~35℃，最高气温可达39℃，最低气温在–5℃，据记载1977年冬在–5℃的气温有4天，年降水量为1400毫米，相对湿度81.0%，年平均日照1310小时，年平均无霜期275.5天，年平均积雪日6天，最大积雪厚度在1977年2月9日，积厚度达24厘米。

经济发展

经济综述

20世纪50年代，境内经济以农业、林业为主。1984年，国民生产总值458万元，年人均纯收入170元。1990年，全乡国民生产总值685万元，年人均纯收入261元。是年，全乡外出务工1250人，劳务收入123万元。1995年，国民总产值1359万元，年人均纯收入425元，温饱问题基本解决。是年，推广烟叶种植。2007年，国民生产总值2450.9万元。年人均纯收入1348元，首次突破千元大关。2014年，国民生产总值13766万元。其中，第一产业3032万元，占22.03%；第二产业9510万元，占69.08%；第三产业1224万元，占8.89%。人均纯收入2596元。是年，全乡外出务工人员2515人，务工收入1146万元。

农业

种植业　境内以种植水稻、玉米、红薯、大豆、油菜等农作物为主。1984 年，农作物种植面积 971.87 公顷，其中水稻 716.13 公顷，旱粮 255.73 公顷，经济作物 233.47 公顷，粮食产量 4430.26 吨，其中稻谷 3518.18 吨。1991 年，推广地膜玉米和水稻“双两大”栽植技术。1992 年，推广水稻旱育早发、油菜育苗移栽等栽培技术。1995 年，全乡推广晾晒烟种植，当年种植 63.2 公顷，产量 35 吨。2007 年，始发展烤烟产业，当年种植烟叶 124.07 公顷，收烤烟 5657 担，实现利税 56 万元。2010 年，开发茶叶 168.8 公顷。2011 年，烤烟种植 409.87 公顷，收购烤烟 1.73 万担，实现税收 300 万元，创历史新高。2014 年，烟叶种植面积 270 公顷，收烤烟 0.65 万担，实现税收 65 万元。是年，农作物播种面积 2190 公顷，其中水稻 490 公顷，玉米 488.81 公顷，大豆 125.13 公顷，花生 48.07 公顷；油菜 355.10 公顷；蔬菜 260.01 公顷；薯类 220.13 公顷；粮食产量 3395 吨，其中稻谷产量 1802 吨，玉米 788 吨，大豆 169 吨。油菜产量 568 吨。茶叶种植面积 547 公顷，其中可采摘 65 公顷，产量 24 吨。

林业　1958 年 12 月，断龙山公社因油桐、油茶丰产，被国务院授牌为“农业社会主义建设先进单位”。1984 年，古丈县第二次森林资源调查，林业用地 7246 公顷，其中用材林 806 公顷，经济林 3146 公顷，竹林 193 公顷，灌木林 1360 公顷，荒山 1613 公顷，油桐林 1202 公顷，油茶林 1573 公顷，主要以马尾松、柏木、油桐、油茶，野生山竹为主。在大龙热村土地堂，有国家一级保护树种银杏群落。1986 年，造马尾松林 573 公顷，种茶叶 34 公顷，柑橘 56 公顷。是年，全乡茶油产量 60.3 吨，桐油产量 93.3 吨。1989 年，县委、县政府带领县直机关干部职工在乡内造林 67 公顷。1991 年，完成人工造马尾松林 667 公顷。1992 年冬，开发厚朴、杜仲、黄柏等“三木”药材 400 公顷。1994 年，利用世界银行贷款，建万亩马尾松管护林场。2001 年冬，启动退耕还林，当年退耕还林 112 公顷，配套荒山造林 210 公顷，发放退耕还林补助金 38.68 万元。2007 年，划国家级生态公益林 5152 公顷。发放生态公益林补贴金 112 万元。2009 年，完成退耕还林 498 公顷，配套荒山造林 846 公顷。2010 年，完成集体林权制度改革，林改面积 7229 公顷，现场核实宗地数 16403 宗。2013 年 4 月，在坐苦坝村建油茶和茶叶基地，基地面积 108 公顷，油茶种植 41.2 公顷；12 月，基地开发茶园 67 公顷。

养殖业　境内以饲养生猪、山羊、牛、家禽为主。1984 年，生猪出栏 5620 头，牛出栏 487 头，山羊出栏 1622 只，家禽出笼 10300 羽。1996 年，全乡山羊出栏 2768 只，存栏 9562 只。山羊养殖突破万只大关，坐苦坝、梅塔 2 个村山羊养殖突破千只大关。2003 年，田家洞居民向汉炎，养猪 50 头，出栏 25 头，收入 1.6 万元。2006 年，全乡出栏猪 8380 头，年末猪存栏 7066 头，牛出栏 482 头；年末牛存栏 4202 头，其中劳役牛 3237 头；山羊出栏 4414 只，山羊存栏 7585 只；家禽出笼 1.92 万羽，家禽存笼 1.69 万羽。2014 年，生猪出栏 5808 头，存栏 5926 头；出售和自宰肉用羊 5965 只，存栏 3711 只；出售和自宰肉用牛 1506 头，存栏 3421 头，其中劳役牛 3385 头；出售和自宰家禽 58618 羽，存笼 17528 羽，禽蛋产量 86.09 吨。

工业

民国年间，境内有酿酒、榨油等手工小作坊。1984 年，有水泥制品、油料加工、竹木器加工、缝纫社、建筑队、运输队。加工企业从业人员 165 人，建筑业从业人员 145 人。1986 年，县政府在白溪关建县冶炼化工厂，从业500人。2004年，县冶炼化工厂改制，由宏泰锰业公司承包经营。2010年，设立白溪关工业园区。园区内有华源硫酸厂、宏泰锰业有限公司、恒源锰业有限公司，是一个以电解金属锰、铁合金、硫酸等精深加工集群工业园区。年工业总产值1亿元以上，创造就业岗位500个。2014年，园区实现工业产值1.3亿元，创税594万元。其中宏泰锰业产值6846万元，创税256万元；恒源锰业产值5549万元，创税309.3万元。是年，华源硫酸厂正式投产。

商贸服务

民国初期，田家洞设墟场，逢农历五、十日赶场，辐射周边永顺县王村、保靖县仙仁、阳朝及县境茄通、官坝等地。1953年，田家洞设供销社，主要经营日杂、生资、南杂等商品，收购芭茅、药材等土特产品。1958年，墟场关闭。1973年，恢复为一月一场或半月一场。1980年，田家洞墟场设农副产品贸易区、牲畜贸易区、工业品区。1986年，境内商业网点有乡供销社门市部1个，村代销店22个，年营业额125万元，年收购农副产品25万元。是年，集日交易金额6万~10万元，集市经商从业98人，食宿服务从业135人。1995年，投入25万元，扩建田家洞农贸市场，占地4000平方米，固定摊位50个。2005年，全乡有个体工商户125家。是年，乡供销社改制民营。2014年，断龙山墟场逢场赶集3000~5000人。

基础设施

交通运输

清代，古丈至保靖乡村大道，途经断龙山脉、细塔、过白溪关河至保靖县境；永顺县王村至保靖乡村大道，途经猛虎洲、溪龙车、田家洞，过白溪关河至保靖县境。1972年3月，茄通至田家洞公路通车。1978年10月，田家洞至白溪关公路通车。1991年，唐家河大桥通车，连通古丈至保靖公路，古（丈）保（靖）公路全线贯通。1993年，开始修建村级公路，至2006年，先后修通大龙热、小白、坐苦坝、梅塔、细塔、老洞等11条村级公路。2007年5月，乡镇府筹资35万元，建乡客运站，占地3225平方米。2009年5月，河（西）迁（陵）公路拓宽改造二期工程开工，途经母尼毫、尚家、白溪等地。2010年，喜其哈至界牌公路通车。2013年梳头溪至杨家河网络公路全线贯通。2014年，河迁公路断龙山段竣工通车。是年，境内有县道10.2公里，村道85.2公里。

邮政通信

清乾隆二十一年（1756），有辰州府至永顺府快班驿道经过田家洞，隶属岳州邮界分局管辖。1951年，架设罗依溪至田家洞铁单线电话线，安装手摇电话8部。1953年7月，设田家洞邮电支局，田家洞通邮。1994年，乡政府驻地开通程控电话。2000年，乡内电话实现全覆盖，装机250部。2002年10月，乡政府驻地移动基站竣工，手机信号开通。2004年，开通田家洞村塘上联通基站。2005年，田家洞邮政支局开通邮政快递业务。2007年，开通细塔、杨家河两地移动基站，2008年，乡内移动、联通信号实现全覆盖；田家洞、喜其哈、米多村和白溪关等地开通3G宽带互联网。2014年，中国移动公司在田家洞建4G基站1个。

供电

1982年，投资595.13万元，用工255万个的白溪关水电站建成发电，装机3750千瓦/台发电机3台，境内白溪、白家、梅塔、尚家、田家洞、溪龙车、米多村、猛虎洲、喜其哈9个大队通电。1995年，实施农村“五通”工程，17个村通电。2003年，实施农网改造。2009年，全乡农网改造竣工，电费实现城乡同网同价。

水利建设

1957年10月，泽比条小(1)型水库建成，库容20万立方米，可灌溉面积9.33公顷。1973年，投资13万元，建细塔水库，库容116.8万立方米，灌溉面积113.33公顷。1986年2月，泽比条水库灌浆补漏，年底蓄水。是年，补修小白小(1)型水库涵卧管。1988年8月，溪龙车村泽益乍天坑电排完工，试车抽水，灌溉信封坪、胡家坪、信必老三地20公顷稻田。1990年3月，勘测对门冲引水枢纽工程，1991年7月，修通配套主干渠3700米；1994年，门冲引水枢纽工程改名为接龙渠引水枢纽工程，工程由引水主体渠坝、枢纽配套主干渠、灌区支干渠三部分组成，可灌溉稻田518.8公顷，可新开稻田126.67公顷，可解决3000人饮水困难。7月24日，修通防渗渠道1200米；9月26日，接龙渠引水枢纽工程指挥部成立，县委书记田志海任指挥长。1995年12月，接龙渠对门冲至细塔水库引水主体工程竣工，修建标准渠道7.3公里。1998年，灌区支干渠竣工，修建灌溉支干渠22公里。是年，修建田家洞塘上至拔泽、细塔拱桥至尚家、尚家至喜科哈等灌溉支干渠13公里。2007年，建细塔水库排险溢洪道。2010年，建阿姐冲水库排险溢洪道，同时，实施泽比条水库压水灌浆堵漏工程。

社会事业

教育

清雍正七年（1729），改土归流，汉人进入，境内设私塾馆3处，有学生20人。1940年，田家洞私人办小学1所，1941年停办。1942年，在黄翰林大院马房设田王乡中心国民小学，有学生170人，教员7人。1943年，田王乡中心国民小学更名为仁爱乡中心国民小学，境内设保国民小学5所。1952年，将黄翰林大院收归学校所有，学校易名为田家洞中心完小，有学生210人。各村办初级小学。1968年，田家洞中心完小设初中班。1969年，中心完小设高中部。1971年，高中停办。1981年，中小学分设，初中部为断龙山公社初级中学。1994年，田家洞中心完小易名为断龙山乡中心完小。2005年秋，各村小学三年级以上学生集中到乡中心完小就读。2010年，乡中心完小有教师37人，学生800人，其中三年级至六年级有400名学生寄宿。2014年，断龙山乡中学在校学生245人，教职工27人。

文化

1956年，田家洞土家族《舍巴巴》被州推选参加省民族民间文艺会演，随后被省推选参加全国会演。1982年，成立断龙山文化中心，下设文化站、广播站、电影院、剧团、图书室。1983年，乡文化中心获全州文化中心评比二等奖。1990年农历二月二十八日，恢复土家族传统节日“舍巴节”。在田家洞举行古丈县首届土家族“舍巴节”，在社巴坪上祭社菩萨，唱舍巴歌，跳社巴舞，打土家溜子，吹长管铜号、牛角，燃放铁炮。2009年5月，乡毛古斯表演队参加第二届中国（成都）国际非物质文化遗产演出。2014年，乡政府驻地及附近村寨兴起广场舞。是年，全乡建成农家书屋15个，藏书2.3万册。

1972年，公社建广播放大站。1986年，全乡有黑白电视机300部，主要分布在田家洞、喜其哈、米多村及乡直机关等处，10月，乡广播站架设高铁塔电视差转台，乡域各地可收看中央台、湖南台2套电视节目。1995年，村寨安装室外卫星天线，可收看电视节目多套。全乡电视机拥有量2000部。2001年，乡内85%农户能收看电视节目。2014年，全乡偏远村寨安装户户通小卫星可接收电视信号，境内收视实现全覆盖。

医疗卫生

1956年，田家洞乡建卫生所。1965年，田家洞中心医院建立。1987年，田家洞中心医院改为断龙山中心医院。1990年，断龙山中心医院配备妇幼专干、防疫专干各1人。是年，设17个村卫生室，配备17名村医生。2007年，实施新型农村合作医疗，参加新型农村合作医疗农民8547人，参合率91%，兑付医疗补助金49.12万元。2014年，全乡参加新型农村合作医疗12665人，参合率97%，兑付医疗补助399万元。

社会保障

20世纪70年代，社会保障以赈灾、救济为主，以发放统销粮和救灾、救济款物为主要方式。1990年，对82名农村五保户实行集体筹粮和国家补助救济，每人每年发放现金30元。1994年，为5户无房户帮扶建房，发放帮扶金3万元。2003年8月，建乡敬老院，集中供养五保老人17人。2006年，实施农村特困户定期救助，全年救助73户226人，发放救助资金21696元。是年，城镇低保户53户77人，发放低保金15.91万元；农村低保户534户968人，发放低保金75.46万元。2011年，实施新型农村养老保险制度，参保人员5613人，60周岁以上1792人享受养老金。2014年，全乡农村养老保险参保人员6103人，60周岁以上老人1852人享受养老保险金。农村低保户1132户1639人，发放低保金199.87万元。

特色地情

历史人文

田王乡革命委员会 民国24年(1935)2月，红六军团十七师五十一团和永保县苏维埃政府派张光涛和杨玉到田家、王家2个乡，在利吉冲建立田王乡革命委员会，隶属苏区湘鄂川黔省永保县，田祖文任乡革命委员会主席，田祖祥任游击队队长，根据永保县和红军的安排，组织挑夫队为红军送军粮和物资。开展“扩红”运动，动员广大青年积极参加红军，通过“扩红”，田家保、王家保等地先后有300多人参加红军。同时，秘密收集敌人情报传递给红军。11月，红二、六军团长征后，乡革命委员会活动停止。

风景名胜

断龙山 位于县境西部，系石灰质岩构成，溶洞多，水多从阴河溶洞流出，面积3平方公里，主峰海拔947.3米，山岭南北两侧，多为落差数百米的悬崖绝壁，陡险峻拔，气势雄伟，东北侧有吊洞瀑布，落差十余米，四季常流，1958年为堵阴河，引吊洞水，在断龙山劈山凿石，从悬崖上修一条长5公里的引水渠，后被《人民日报》报道，标题为“群英大战断龙山”。同时，断龙山名称由来，有一段神奇传说，传说此山从前龙脉兴旺，龙王特赐土司神箭1支，向东射去，可毙

舍巴日梯玛祭祀（田志信摄于2005年4月）

帝夺位，土司王将箭发射，用力不够，箭仅落在皇帝身旁，帝拾箭大惊，派官兵下来搜剿，见此山气势不凡，令其挖断龙脉，但日挖夜复，于是官兵日夜开挖，于午夜忽闻自言自语声：“不怕千锄万镐，只怕铜钉钉腰。”官兵得知，铸造铜钉钉入山梁，于是山脉断裂，鲜血流出，故山脉名断龙山，并从断龙山脉南、西、北三面，流出三条河流，北曰广塘河、南曰梳头溪、西曰细塔河。20世纪90年代，引对门冲溶洞水，兴修接龙渠引水工程，工程气势宏伟。2011年，修梳头溪至杨家河网络公路，该公路从断龙山山顶通过，最险路段仅为一路接通两山峰，不乏为自然奇景、人文奇观。

民俗风情

乡境内土家族民族文化深厚，传统歌谣有“土家山歌、哭嫁歌、劳动歌、孝歌”，戏剧有辰河高腔、阳戏、灯戏、傩愿戏等，群众娱乐活动有舞龙灯、狮子灯等，民俗节日有“舍巴节”、六月六、晒龙袍节、七月半年节、农历腊月二十八过赶年等，传统舞蹈有毛古斯舞、谷斯帕帕舞、厄巴舞、摆手舞、梅嫦舞、牛角舞等，传统乐曲有打溜子、“咚咚喹”。传统土家族服饰，即男女一年四季都戴头巾，男人以青、蓝、白或条纹布为主，长3米，一圈圈地缠绕在头上，包成人字路；女人则多为青丝帕或自印花头巾，丝帕薄如蝉翼，最长达7米。

（撰稿人：姚志锋）

双溪乡

双溪乡，原称官坝，因与永顺县官坝公社同名，取西歧河与梳头溪两条小溪交汇于公社驻地之意，1982 年，更名为“双溪”。双溪乡是古丈县茶叶主产乡，2014 年，被湖南省评为“湖南茶叶千亿产业十佳示范乡”。

区域概况

位置面积

双溪乡地处古丈县西部。东与古阳镇交界，西靠保靖县阳朝乡，西南与保靖县葫芦镇相邻，北与断龙山乡、红石林镇接壤，东北与罗依溪镇交界，南抵默戎镇，区域面积 78.82 平方公里。乡治官坝村堂上，距古丈县城古阳镇 9.5 公里。

建置沿革

清道光二年(1822)，置古丈坪厅，境内东北部大塘、茅坡、竹坪等寨属古丈坪厅罗依保，西北部梳头溪、牛路坡、大西歧、源头、泽信等寨属永顺县田家保，西部排若、塘夯坨、龙家、米夯、夯八拐、塘西歧、夯水、上下热家达、上达沙等寨属保靖县六都，宋家若、达沙、官坝、石铁、中西歧、蔡家河、茅田、龙家坳、溪流墨、洞上等寨属古丈坪厅内冲正保。民国 11 年(1922)，乡域分属古丈县首乡、罗依乡，永顺县田家乡，保靖县葫芦乡。民国 24 年(1935)，部分地域分属古阳镇、罗依溪镇、溪流墨乡，属古丈县第一区。民国 27 年(1938)，废区，部分地域分属古阳镇、罗依溪乡。民国 32 年(1943)，调整县界，保靖县排若、塘夯坨、夯水、塘西歧、龙家、米夯、夯八拐、上下热家达、上达沙等地及永顺县田家乡划归古丈县，境内设亲民乡，乡公所驻排若。分属古阳镇、亲民乡。民国 35 年(1946)，全县乡镇区划调整，撤销亲民乡，全境属古阳镇，1950 年属古丈县第一区，1952 年属第五区，境内设革新乡、民主乡、新民乡、新昌乡、新解乡、宋家乡。1956 年，撤区并乡，设官坝乡。1958 年 9 月，设红旗人民公社。1959 年 4 月，并入巨龙人民公社。1961 年 8 月，从巨龙人民公社析出，设官坝人民公社。1982 年 8 月，更名为双溪人民公社。1984 年 4 月，公社改乡制，为双溪乡。

行政区划

民国 32 年(1943)，境内排若、夯水 2 个保属亲民乡，西歧、官坝、梳头溪、茅坡、宋家、溪流墨、蔡家 7 个保属古阳镇。1961 年，官坝公社辖西歧、官坝、革新、大塘、茅坡、竹坪、排若、夯水、宋家、洞上、溪流墨、白岩、二岗、蔡家、南山、太坪、长潭 17 个大队。1972 年，从西歧大队划出塘西歧，从夯水大队划出上热家达，设公社果林场。1978 年，南山、太坪、长潭 3 个大队划归城关公社。1982 年，革新大队恢复名称为梳头溪大队。1984 年，撤社建乡，全乡辖排若、夯水、宋家、官坝、西歧、溪流墨、洞上、梳头溪、蔡家、大塘、茅坡、竹坪、白岩、二岗 14 个村、1 个乡果林场、1 个双溪居委会，下设 84 个村民小组。1985 年 1 月，白岩、二岗 2 个村划归城关乡。是年，撤销乡果林场，塘西歧划归西歧村，上热家达划归夯水村。宋家村划出上达沙、下达沙、桥太 3 个自然寨，设达沙村。是年，全乡辖排若、夯水、宋家、官坝、西歧、溪流墨、洞上、梳头溪、蔡家、大塘、茅坡、竹坪、达沙 13 个村、1 个双溪居委会、74 个村民小组。2005 年，村级建制调整，西歧村并入官坝村，达沙村并入宋家村，洞上村并入溪流墨村，大塘村并入蔡家村，竹坪村并入茅坡村。调整后，全乡辖排若、夯水、宋家、官坝、溪流墨、梳头溪、蔡家、茅坡 8 个村、1 个双溪居委会，下设 74 个村民小组。

人口民族

民国 32 年(1943)，亲民乡有 1128 户 3793 人。1984 年，全乡有 1785 户 7568 人，其中土家族 3641 人，占 48.1%，主要居住在梳头溪、溪流墨、宋家、蔡家、大塘 5 个村；苗族 3633 人，占 48.0%，主要居住在排若、官坝、夯水、西歧、白岩、二岗、洞上 7 个村；汉族 294 人，占 3.9%。主要居住在竹坪、茅坡 2 个村。人口密度 83 人 / 平方公里。1986 年，全乡有 1481 户 6855 人。其中，土家族 3505 人，占 51.13%；苗族 2892 人，占 42.19%；汉族 458 人，占 6.68%。人口自然增长率 15.14‰，人口密度 87 人 / 平方公里。2005 年，全乡有 2002 户 7944 人。其中，土家族 4306 人，占 54.2%；苗族 3120 人，占 39.27%；汉族 512 人，占 6.45%。2014 年，全乡有 2058 户 8368 人。其中，土家族 4381 人，占 52.35%；苗族 3418 人，占 40.85%；汉族 615 人，占 7.35%。人口密度 106 人 / 平方公里，人口自然增长率 6.33‰。民族语言主要有苗语，其中官坝村 5 个自然寨常用苗语交流，语系是西部次方言东部土语，又称“生苗语”。梳头溪村部分老人能说土家语。

自然环境

境内属中山地貌，地势西北高，东南低；最高点在蔡家村牛路坡，海拔 1049.5 米；最低处在茅坡河龙吉寨出口，海拔 265 米。平均海拔 400 米。境内溪谷相间，主要山脉有牛路坡、黑山界、烂桥界、茅田界、转溪界、细马屋界、大塘界，山脉呈东西走向。境内大小溪河 10 条，流域面积 20 平方公里、干流长 5 公里的溪河有 4 条，分别是官坝河、宋家河、蔡家河、茅坡河，均为古阳河一级支流。成土母岩以石灰岩、砂页、板页岩为主。土壤以黄壤为主。有耕地 503.87 公顷，其中稻田 337.67 公顷，旱地 166.2 公顷。森林覆盖率 76.1%。官坝村龙家坳、塘西岐等村寨存在原始次森林。夯水村热家达有古老的香榧与篦子三尖杉。矿产资源主要有石煤、磷矿、钒矿、硫铁矿、锰矿等。全年气候温和，冬无严寒，夏无酷暑，年平均气温 16℃，年降水量 1400 毫米。

经济发展

经济综述

20 世纪 60 年代，境内经济结构单一，种植业以粮食生产为主，养殖业以饲养家禽家畜为主，科技含量低。70 年代，调整农村产业结构，实施茶叶、油桐开发。1984 年，国民总产值 262 万元，人均纯收入170元。1990年，兴起外出务工潮，外出务工民工350人。2000年，外出务工人员1512人，劳务收入520.1万元。2003年，产业结构调整加快，茶叶产业发展。2007年，国民生产总值1353.2万元，年人均纯收入1108元。2010年，茶叶产业成为主导产业。2014年，国民生产总值8781万元。其中，第一产业产值1005万元，占11.45%；第二产业产值6734万元，占76.69%；第三产业产值1042万元，占11.86%。人均纯收入2180元。是年，全年外出务工人员2115人，务工收入883.00万元。

农业

种植业　境内主要种植水稻、玉米、大豆、油菜、花生、蔬菜等农作物。1984年，农作物播种面积1079公顷，其中水稻380公顷，玉米280公顷，大豆76.5公顷，油菜87公顷，蔬菜128公顷；实现粮食产量2244吨，其中，稻谷1586吨，玉米581.2吨，大豆33.1吨，油菜籽29.1吨。种植业产值83.94万元，占农业产值45%。1990年，在梳头溪、溪流墨、官坝、西歧等村推广地膜玉米、水稻“双两大”栽培技术。1991年，推广规格化插秧技术。1992年，推广油菜育苗移栽技术。1995年，县种子公司在梳头溪村实施6.8公顷杂交水稻制种，是年收水稻杂交种1080公斤。1996年，制种期间因花期不遇等，收水稻杂交种985公斤，产量下降，效益下滑。1997年，梳头溪村杂交水稻制种停止。2014年，粮食播种面积674.5公顷，其中水稻461.5公顷，玉米163.3公顷，大豆11.5公顷。油料作物播种134.5公顷，其中油菜119.8公顷。蔬菜177.3公顷，粮食产量2497吨，油菜籽130吨。

民国期间，境内茶叶仅有零星种植。20世纪70年代，革新大队建知青茶场，种植茶叶17.3公顷，公社林场在热家达建知青茶场，种植茶叶6.7公顷，其余大队均开发茶园，成立茶叶专业生产队。1984年，全乡种植茶叶126.7公顷，其中可采摘101.4公顷。蔡家、溪流墨、梳头溪、宋家、西歧等村设立12个茶叶专业生产组，年产古丈绿茶(干茶)7495公斤，产值2.06万元。1995年，茶叶种植面积168.3公顷，其中可采摘面积134.3公顷，年产干绿毛茶37.7吨，产值增至45.2万元。1998年，县委、县政府在梳头溪村实施36.7公顷低产茶园改造。2004年，在洞上村实施稻田改制，种植茶叶3.3公顷。2008年，梳头溪村人田勇敢租赁稻田10.2公顷种植茶叶，成为乡内首位茶叶开发大户。2010年11月，引进湖南英妹子茶业科技有限公司投资2000万元在梳头溪村建厂，生产加工绿茶、红茶。2011年4月26日，在中国（古丈）第一届茶文化节、古丈毛尖万人品评会上，宋家村桥太寨人向先情获“金茶王”称号。是年，引进由隆平高科、步步高等六家上市企业，合资组建湖南龙叶茶叶有限公司和大自然茶叶开发公司、合力茶叶开发公司，并在溪流墨、宋家2个村创办茶叶生产基地和加工厂。2012年4月22日，在中国（古丈）红石林杯茶歌大会上，蔡家村人向仍坤获“金茶王”称号。是年，湖南英妹子茶业科技有限公司被湖南省认定为万企联村。2014年10月31日，德国莱林巴斯商务考察团到梳头溪村考察茶叶产业和茶农生产生活情况。是年，茶叶种植面积880公顷，其中可采摘593.34公顷，形成梳头溪、蔡家、宋家、溪流墨4个茶叶专业村，茶叶产量204吨，加工企业和加工户加工鲜叶396吨，产出各类茶产品148吨，产品远销国内深圳、上海、广州、四川等地，出口美国、欧洲等地，年产值1000万元。

林业　1976年，古丈县第二次林业调查，乡内有森林6946.67公顷。其中，用材林1826.67公顷，经济林1726.67公顷，竹林386.67公顷，荒山 2146.67 公顷。1984 年，古丈县第三次林调，境内有森林 7706.67 公顷。其中，用材林 2706.67 公顷，经济林 1880 公顷，竹林 653.33 公顷，荒山 760 公顷。1987 年，营造速生丰产林 320 公顷，发放育林补贴 28.8 万元。2001 年，退耕还林 153.93 公顷，发放退耕还林补助款 48.49 万元。2002 年，退耕还林配套荒山造林 92.87 公顷。2007 年，划国家级生态公益林 2479.9 公顷，省级生态公益林 45.8 公顷。当年发放生态公益林补助金 132599.25 元。2009 年，退耕还林面积 593.73 公顷，配套荒山造林 380 公顷，发放退耕还林补助金 187 万元。2010 年，实施集体林权制度改革，纳入林改林地 6420 公顷，现场核实 15622 宗林地。2014 年，发放生态公益林补助金 58.72 万元。

1984 年，境内种植油桐面积 1100 公顷，产桐油 40.2 吨，产值 10.58 万元，占农业总产值 6%。油桐生产为主要经济支柱。油茶种植面积 698 公顷，产油 13.3 吨，产值 2.73 万元，占农业总产值 1.4%，1995 年，由于油桐种植管理粗放，树龄老化，产量呈下滑趋势，产油 33.4 吨，产值 9.3 万元。油茶产油 11.4 吨，仅满足家庭食用。2000 年，桐油受国际市场影响，价格下跌，桐籽价格为 1.4 元 / 公斤，单产低。2003 年，油桐、油茶林改种和抛荒增多，桐林面积萎缩。2014 年，油桐、油茶林多数改种茶叶，境内仅有零星分布。

养殖业 以饲养生猪、家禽、山羊、牛为主。1984 年，生猪出栏 1234 头，年末存栏 3301 头，山羊出栏 102 只，年末存栏 735 只，牛出栏 3 头，年存栏 1440 头，其中劳役耕牛 1008 头，家禽年末存笼 10994 羽，上市家禽 5025 羽，禽蛋 382 公斤，养殖业产值 21.86 万元，占农业产值 11.7%。2006 年，湖南群博公司在梳头溪村创办“种、养、加”一体化牧业生产企业，种饲料草 8 公顷，发展养殖草场 66.67 公顷，养羊 500 只。2014 年，生猪出栏 2680 头，存栏 3375 头；出售和自宰山羊 1448 只，存栏 1490 只；出售和自宰肉用牛 270 头，存栏 1645 头，其中劳役牛 1645 头；出售和自宰家禽 12800 羽，存笼 13600 羽。

工业

1961 年，官坝公社有缝纫、铁业加工等专业社 3 个，1972 年，革新大队建造纸厂。1986 年，建双溪塑料编织袋厂，以生产塑料编织袋为主。因生产技术、经营方式、销路等方面因素，1991 年停产关闭。2014 年，在官坝和洞上两地有水泥制品厂各 1 家，主要生产各类混凝土小砌块和预制板。

商贸服务

民国年间，官坝设墟场，逢农历二、七日赶场，主要交易农副产品及日用生产生活用品。1958 年，墟场关闭，1961 年，官坝设供销社。20 世纪 80 年代初，民营商业兴起。1984 年，恢复官坝墟场。1986 年，商业网点有供销社 1 个，村代销店 12 个。1987 年，因距县城较近，墟场消失。1998 年，乡供销社改制民营。2014 年，境内有餐饮服务业 3 家，批发部 1 家，农村经销店 24 家，从业人员 30 人。

基础设施

交通运输

清代，境内有古丈至保靖民路一条，途经蔡家、官坝、西岐等地。1974 年 1 月，太坪至官坝 7.3 公里公路建成通车。1975 年，官坝至梳头溪 2.5 公里公路建成通车。1986 年，县城至双溪 9.5 公里公路建成通车，等级为山区四级公路。1998

年，启动通村公路建设，修建大塘通村公路。2005年，修通官坝经西歧至排若17.5公里通村公路。2006年，修通蔡家经大塘至茅坡和分叉口至竹坪15公里通村公路。是年，排口至宋家和老虎栏至下达沙村道修通，全长7.5公里。2007年，修通排若至保靖县排花村公路。是年，境内公路通车60.3公里，实现村村通。年底，乡政府筹资26.5万元，建乡客运站，占地1619平方米。2008年，实施“通畅工程”建设，至2013年，先后水泥硬化梳头溪、排若、茅坡、竹坪、杨家河等6条村道，境内通畅率100%。2014年，投资200万元，拓宽梳头溪村道，路宽由3.5米扩至4.5米。

邮政通信

1957年，官坝通电话。1962年，官坝设邮电所，实现通邮。1984年，电话设总机1台，安装电话机8部。2000年，开通程控电话,装机200部。2002年，建官坝移动基站。2004年，建岩鸡叫、梳头溪2处移动基站，移动信号实现全覆盖。2005年，乡直机关、官坝村、梳头溪村开通3G宽带互联网。2014年，中国移动在乡政府驻地建4G基站。

供电饮水

供电 1958年，建官坝水电站，供公社驻地用电。1962年，官坝大坝被炸毁，停止发电。1969年，泽信水电站建成发电，装机320千瓦/台发电机1台，茅坡、竹坪等村寨通电。1972年，革新大队筑塘蓄水，建小型水电站，供全大队照明。1975年，建夯苦水电站，1980年建成，装机75千瓦/台发电机2台。1986年，实现村村通电。2000年，启动农网改造，当年完成蔡家、梳头溪2个村改造工程。2012年，境内农网改造全部完成，电费实现与城镇通网同价。

饮水 1999年，建乡直机关自来水厂，解决乡直机关及官坝村1000人生活用水。2001年，完成排若、官坝、梳头溪、蔡家、茅坡、溪流墨6个村自来水工程。2013年，乡政府驻地自来水厂扩建，建10万立方米蓄水池。2014年，完成乡直机关饮用水管道重新铺设，全长5公里。

水利建设

民国年间，境内溪河两岸靠筑小土坝，引水灌溉。1969年，建成泽信水库。1972年，革新大队建塘坝，灌溉稻田3.56公顷。1975年，建夯苦水库。2007年，实施梳头溪、西岐、官坝、溪流墨4处土地整理，修灌溉渠道10公里，建防护堤5处2公里，灌溉稻田70公顷。2012年，投资400万元，建梳头溪河防洪堤4.05公里，筑滚水坝3座，修引水渠4.05公里。

村镇建设

2006年，在溪流墨、梳头溪、蔡家、官坝4个村实施沼气池建设。2009年，投资4000万元，在蔡家村建古丈县垃圾处理填埋场，2011年投入使用。2012年，实施梳头溪新农村建设，安装太阳能路灯83盏，建风雨桥1座，整修村间道路5公里，硬化农户房前屋坪场、阶檐，实施村间道硬化。是年，投资70万元，实施梳头溪民居改造，贴小青砖、仿画小青砖改造砖房61栋，木房抛光刷漆180栋。2014年，在乡政府驻地安装太阳能路灯25盏，在排若村安装太阳能路灯60盏。

社会事业

教育

清道光十五年(1835)，境内设立西歧苗义学1所，境内教育事业起始。民国32年(1943)，在排若设亲民乡中心国民学校。境内设保国民小学6所。1949年，“湘西事变”中各校停课。1953年9月，设官坝完全小学，各村办初小。1970年，设官坝初级中学，有教师25人，学生251人；各村设完全小学，有教师68人，学生985人。1985年，调整中学布局，双溪初级中学并入城关初级中学，保留乡中心完小，设村小13所，在校小学生758人，教师35人。1992年9月，恢复初中教育，设乡九年制学校，招初一学生两个班85人。1994年9月，初中部停办，在校初中学生转入古阳中学。2005年9月，办寄宿制小学，13所村组小学全部撤并，设寄宿制中心小学1所。2012年7月，湘银投资集团捐资100万元，为乡中心完小修建一栋学生宿舍和食堂综合楼，建筑面积600平方米。2013年9月，建山村幼儿园7所，入园幼儿148人，入园率100%，幼师8人。2014年，乡中心完小在校学生345人，教职工34人。

文化体育

1958年，官坝设文化站。1973年，官坝公社成立电影放映队，每月在各大队巡回放映1~2场次。1983年，成立双溪文化中心。1984年，建双溪电影院。1993年，官坝村人龙玉玲成功卫冕印度尼西亚第六届亚洲女子举重锦标赛54公斤级挺举、总成绩两项冠军，打破世界纪录。2007年，建梳头溪、蔡家两个村农家书屋。是年，开展电影下乡放映。2008年，建官坝、夯水两个村农家书屋。2009年，建茅坡、排若、宋家3个村农家书屋。2010年，建乡文化站综合楼，建筑面积250平方米。2011年，官坝村组建苗族歌舞团，梳头溪村广大妇女始跳广场舞，溪流墨村洞上寨组建阳戏剧团。2014年，全乡建成农家书屋9个，藏书1.4万册，梳头溪、官坝、蔡家、溪流墨等村组建苗鼓队、广场舞队。

1972年，官坝公社建广播放大站，1977年，革新、官坝两个大队建广播网，安装喇叭348只。1984年，在乡政府驻地开通广播1个。电视靠古丈火车站后山坡电视差转站转播。1995年，乡直机关和官坝、梳头溪两个村开通闭路电视。1996年，梳头溪、西岐、溪流墨3个村开通调频广播。2007年，县广电局利用光缆线路开通乡直机关、官坝村、梳头溪村有线数字电视，能收看中央、省市、湘西、古丈等电视台46套节目。2014年，全乡实现电视收视全覆盖。

医疗卫生

1959年，巨龙公社设卫生所。1990年，乡卫生院迁建，占地1998.8平方米，建筑面积800平方米。1995年，7个村建卫生室。2007年，实施新型农村合作医疗，参合农民7215人，参合率95%，享受国家医疗补助19.69万元。2014年，参合农民7668人，参合率95%，享受国家医疗补助220.64万元。

社会保障

20世纪70年代，社会保障主要以民政救灾、救济为主，1984年，发放民政救灾、救济款8060元。1992年，投资10万元建乡敬老院，入住“五保”老人8人。2006年，投资20万元，扩建乡敬老院，入住“五保”老人32人。2011年，实施农村养老保险制度，全乡16周岁至59周岁参保3631人，60周岁领取养老金1244人，发放养老金74640元。2014年，有农村低保户443户968人，发放低保金119.34万元；有五保老人59人，其中乡敬老院集中供养25人，分散供养34人，发放供养金88500元。实施农村养老保险制度，16周岁至59周岁参保4180人，60周岁领取养老金1258人。

古丈梳头溪风光（罗春波摄于2005年4月）

特色地情

名优特产

盛产绿茶“古丈毛尖”、红茶“古丈黄金红”、乌龙茶、黑毛茶，品牌有“梳头溪”“英妹子”“溪流墨一丈红”“学明哥”。其次还有野生枞菌、双溪豆腐等特产。

风景名胜

梳头溪 位于乡境西部，溪河源头有一石头形似美女梳头，山下有一溪，故名梳头溪。梳头溪自然风景由茶园飘香、同溪瀑布群、天然溶洞群三大块构成。初进村口可见一座石牌坊，上书“梳头溪”三个大字，沿溪河两岸茶翠桃红，土家族民居错落有序，英妹子公司位于村口，可闻茶叶制作中散发的阵阵茶香。同溪瀑布群位于源头，瀑布水源为梳头溪主水源，瀑布两岸悬崖峭壁，有一山石如美女梳头。瀑布群由三级构成，第一级瀑布落差10米以上；二级瀑布落差5米；三级由两处瀑布构成，一处落差20米以上，另一处30米以上，瀑布悬空而下直击岩石，瀑布可随风而动，所冲击岩石两侧青苔丛生，石下各有一深潭。天然溶洞群由自生桥溶洞、大江溶洞、夹丝槽溶洞等构成。自生桥溶洞口前有由卵石胶结的一天然石桥，桥身宽3米，高10米，跨度20米，称自生桥，溶洞内分为旱洞、水洞，洞内宽敞，石岩、石钟乳千姿百态、美妙绝伦。大江溶洞为一地下阴河出口，洞内水源充沛，为梳头溪河主要水源之一。阴河上面是营盘山，传说是清朝时期吴三桂军队屯兵之地，现可见营房遗迹。夹丝槽溶洞深不可测，溶洞外部山脉奇峻无比，风景秀美，2014年尚未开发。

民俗风情

境内土家族、苗族民族文化底蕴丰富，保存完好的有土家族传统艺术“打溜子”“毛古斯”等；苗族传统艺术“苗鼓”“猴儿鼓”等。民间流传的传统剧种有高腔、阳戏。还存在传统的山歌对唱、苗歌等群众娱乐活动。民族传统节日有土家族过赶年、“六月六”晒龙袍节等；苗族清明歌会、赶秋节等。

（撰稿人：彭志斌）

高峰乡

区域概况

位置面积

高峰乡位于古丈县东北部，东与沅陵县二酉苗族乡、明溪口镇交界。西连高望界乡，北与永顺县小溪乡隔酉水河相望，南抵岩头寨镇，区域面积123.96平方公里。乡治李家洞，距古丈县城古阳镇45公里。

建置沿革

民国31年(1942)，乡域分属沅陵县利平乡、益平乡和永顺县施溶中乡、施溶下乡。民国32年(1943)，调整县界，沅陵县益平乡酉水南岸一带，利平乡寺坪、桐木溪、巡枪坪、岩排溪、八水、岩坳一带和永顺县施溶中乡和施溶下乡酉水南岸李家洞一带划归古丈县，设保安乡。1950年，属古丈县第二区，区政府驻李家洞，境内设关坪乡、岩排乡、岩坳乡、淘金乡、陈家乡、寺坪乡。1952年，桐木溪划归沅陵县。1956年，撤区并乡，境内设李家洞乡、岩排乡。1957年，岩排乡并入李家洞乡。1958年9月，设高峰人民公社。1984年5月，公社改乡制，为高峰乡。

行政区划

民国32年(1943)，保安乡辖6个保，62甲。1961年，高峰公社辖李家洞、菜坨、岩坳、八水坪、淘金、凉水坡、陈家、岩排溪、镇溪、三坪、铅厂、焦坪、葛连溪、葫芦坪、烂泥池、石门寨、吴家坪、公羊坪18个大队。1970年，设大面山林场。1979年，菜坨、焦坪、葫芦坪、烂泥池、石门寨、吴家坪、公羊坪7个大队划归高望界林场。1984年，全乡辖李家洞、老官坪、岩坳、八水坪、淘金、凉水坡、陈家、岩排溪、镇溪、三坪、铅厂、观音山、葛连溪13个村和1个大面山林场、1个高峰居委会。2005年，村级建制调整，观音山村并入李家洞村，葛连溪村并入岩排溪村。全乡辖李家洞、老官坪、岩坳、八水坪、淘金、凉水坡、陈家、岩排溪、镇溪、三坪、铅厂11个村、1个高峰居委会和大面山林场，下设76个村民小组。

人口民族

民国32年(1943)，保安乡有731户3307人。1983年，第三次人口普查，全公社有8433人。其中，土家族375人，占4.45%；苗族174人，占2.06%；汉族7880人，占93.44%。人口密度68人/平方公里。1990年，全乡有2014户9230人。其中，土家族962人，占10.42%；苗族622

人，占6.74%；汉族7646人，占82.84%。人口自然增长率12.2‰，人口密度74人/平方公里。2003年，境内部分讲瓦乡语汉族人更改民族成分，汉族人口减少，全乡有2343户9859人。其中，土家族2188人，占22.19%；苗族2847人，占28.88%；汉族4818人，占48.87%。人口自然增长率1.8‰，人口密度79人/平方公里。2004年，李家洞村男村民印显耀，时年102岁。2014年，全乡有2640户10600人。其中，土家族2377人，占22.42%；苗族3214人，占30.32%；汉族4984人，占47.02%。境内少数民族还有回族、壮族、瑶族、布依族、白族、侗族6个，其人口较少。是年，人口自然增长率6.6‰，人口密度86人/平方公里。

自然环境

境内地势东南低，西北高，高望界山脉横贯乡境，地貌以中、低山为主，溪谷深切，山高坡陡，平均海拔700米，最高点大面山海拔903.9米，最低点陈家村花椒坪，海拔147.3米。主要河流有西水河，在境内长12公里，流经观音山、镇溪、铅厂等地，在三坪出境，流入凤滩。成土母岩以砂页岩、紫色砂页岩为主，土壤以黄壤、红壤为主。矿产资源主要有铅锌矿、金砂矿、磷矿、褐铁矿、硫铁矿、石灰石以及褐色木纹石，分布于铅厂、淘金、岩排溪、李家洞、岩坳、老官坪、八水坪等村。野生动物有山鸡、山兔、野山羊、野猪等。境内气候冬寒夏凉，昼夜温差大，阴雨天多云雾。冰冻天气长达90天，无霜期240天，年均气温14℃，年均降水量1500毫米，森林覆盖率78.6%。

经济发展

经济综述

20世纪70年代，乡内经济以农业为主，生产方式落后。80年代，农村实行生产责任制，经济发展速度加快。1984年，全乡社会产值367万元，人均纯收入182元。1990年，发展劳务经济，全乡外出人员1200人，创收123万元。1995年，全乡国内生产总值1268万元，比1984年翻3番，农民人均纯收入444元，比1984年增长2.5倍。2005年，全乡实施“绿色产业兴乡，生态家园富民”发展战略，国内生产总值增至1862万元，农民人均纯收入升至1063元，首次突破千元大关。是年，全乡外出务工1620人，劳务收入成为全乡重要经济支柱。2014年，全乡国内生产总值12000万元。其中，第一产业产值2600万元，占21.67%；第二产业产值7215万元，占60.12%；第三产业产值2185万元，占18.21%。年人均纯收入2799元。是年，外出务工人员1675人，务工收入495万元。

农业

种植业 境内以种植水稻、玉米、大豆、油菜、薯类等农作物为主。1987年，全乡农作物播种面积1732.93公顷。粮食作物播种面积974.40公顷，其中水稻面积702.53公顷，产量3395吨；玉米84.13公顷，产量131吨；大豆95.87公顷，产量62吨。油料作物119.47公顷，其中花生40.33公顷，产量31吨。油菜74.13公顷，产量71吨。烟叶种植22.73公顷，产量11吨。茶叶种植面积50.4公顷，其中可采摘30.0公顷，茶叶产量3吨。1992年，推广晾晒烟种植，种植面积167.33公顷，产量376.5吨。1998年，推广超级稻种植，种植面积占稻田总面积 80%。是年，开发茶园 53.33 公顷，开发果园 300 公顷，其中干果 200 公顷，水果 100 公顷。2006 年，推广烤烟种植，种植面积 100.67 公顷，产量 226 吨，每亩创收 3000 元。2009 年，引进春秋茶业公司在岩坳村开发茶叶基地 50 公顷，成立“高望界茶庄”。2014 年，农作物播种面积 2190 公顷，其中粮食作物 1231 公顷，粮食产量 4026 吨；油料作物播种面积 279 公顷，油菜籽产量 402 吨。烤烟种植 189.93 公顷，产量 220 吨。是年，茶叶种植 512 公顷，其中可采摘 201 公顷，茶叶产量 32 吨。

林业 1970 年，境内大面山建林场，面积 1106.67 公顷，其中人工造林 733.33 公顷、封山育林 373.34 公顷，木材蓄积量 4.14 万立方米，有固定资产 12 万元。1984 年，古丈县第三次林业资源调查，全乡有森林 9740 公顷，其中用材林 3980 公顷、防护林 206.67 公顷、油桐林 860 公顷、油茶林 840 公顷、灌木林 3246.67 公顷。1986 年，兴办绿色企业，造人工林 2694.8 公顷，开发茶园 480 公顷，建村办林场 13 个，组办林场 4 个，村办茶场 7 个，实现村村办林场，被林业部授予造林先进单位。1987 年，实施西洋参开发，1991 年 10 月，第一批西洋参收获 0.2 公顷，亩产干参 80 公斤，亩均获利 10 万元，经中国医学科学院药用植物研究所和湖南药检所鉴定，人参皂甙总量位居国内同类产品前列，所含氨基酸总量高于美国西洋参。专家评语：“填补省内空白，达到国内先进水平。”2002 年，实施退耕还林，当年全乡退耕造林 259.77 公顷，配套荒山造林 70.73 公顷，发放退耕还林补助金 81.82 万元。至 2006 年，退耕还林 570.35 公顷，配套荒山造林 244.46 公顷，当年发放退耕还林补助金 179.66 万元。2007 年，乡域划省级生态公益林 668.5 公顷，国家级生态公益林 2108.1 公顷。生态公益林中存在银杏、榉木、楠木、红豆杉等珍稀群落，发放生态公益林补偿金 14.58 万元。2014 年，在镇溪村境内发现国家一级珍稀濒危保护植物红豆杉野生群落，整个野生群落有 50 株红豆杉，范围 1 平方公里，其中一株直径 90 厘米，树龄 200 年以上。

养殖业 全乡以养殖生猪、牛、山羊、家禽为主，逐步发展稻田养鱼、特种养殖。1983 年，岩排溪大队稻田养鱼 6.27 公顷，亩产鲜鱼 20.4 公斤。1987 年，生猪出栏 2784 头，出售和自宰肉用牛 22 头，出售和自宰山羊 175 只，出售和自宰家禽 12990 只，禽蛋产量 15 吨。年末，牛存栏 2237 头，其中劳役牛 1857 头；生猪年末存栏 4406 头；羊年末存栏 577 只；家禽年末存笼 18672 羽。1990 年，镇溪村推行速效养猪法，养猪量由 230 头增至 680 头，提升 1.8 倍。2008 年，淘金村一农户试养竹鼠，至 2010 年，竹鼠发展到 100 只以上，经济收入 1.5 万元。2014 年，生猪出栏 5157 头，出售和自宰肉用牛 234 头，出售和自宰山羊 1208 只，出售和自宰家禽 25475 只，禽蛋产量 37 吨；牛年末存栏 3385 头，其中劳役牛 3385 头；猪年末存栏 5028 头；羊年末存栏 856 只；家禽年末存笼 19775 只，其中鸡 18811 羽；水产品 187 吨，其中稻田养鱼 14.33 公顷，产鲜鱼 5 吨。

工业

明清时期，在庙溪开采过铜矿，遗留矿井 41 处。民国年间，在淘金开采过金矿。1973 年，庙溪铜矿开采矿石 90 吨，收入 7.8 万元。1975 年，组织 19 个采金队 120 人在淘金淘洗沙金，得金 110 克。1977 年，社队企业组织 120 人在淘金开采金矿，掘井 200 米，得金 100 克。1979 年，根据中央对小型金矿关停并转规定，停采淘金金矿。1981 年，因资金不足，停采庙溪铜矿。1984

年，乡办企业有砖瓦厂、加工厂等18家，产值14万元。2014年，有乡办企业3家，私营企业89家，从业人数410人，年产值700万元，利润80万元。

商贸服务

1973年，李家洞设墟场，逢星期天赶场，集日设临时摊位80~120个，上市商品主要有肉食、水产、蔬菜、水果、日用百货、服装、土产、农资等。1986年，全乡商业网点有供销社1个，烂泥池供销分社1个，村级代销店14个。1998年，李家洞集市集日由逢星期天改为农历四、九日。2006年，赶集地迁往乡政府门外大街上，以街为市，设200个临时摊位，日交易额10万元。特色农副产品有鲜鱼、黄膳、板栗、药材、土特产品、野菜等，入市交易人数800~1500人。集市辐射县内高望界乡及沅陵、永顺两县周边乡村。

基础设施

交通运输

20世纪60年代，境内交通运输主要依靠肩挑背负，酉水南岸观音山、镇溪等地通小型客船。1977年，古丈县城至李家洞公路建成通车。1978年，修通李家洞至淘金和李家洞至大面山林场两条简易公路。1986年，修通凉水、老官坪、三坪、铅厂3个村简易公路。2012年，全乡修通村道45公里。是年，修通陈家、三坪至沅陵县境两条县际网络公路。2013年，完成老官坪、淘金、凉水、李家洞、岩排溪、镇溪、三坪、铅厂8个村41公里通村公路硬化。2014年，完成陈家、岩坳、八水坪3个村通公路硬化。是年，全乡通村公路硬化104.3公里，通畅率100%。

邮政通信

1950年，架设县城至李家洞铁单线电话线，安装交换机1台，李家洞通电话。1951年，设李家洞邮电所，邮班为三日班。1985年，邮路改为客运汽车邮班。2001年，架设县城至李家洞电信光缆线，开通程控电话，装机200部。2003年，李家洞移动基站建成使用，移动电话信号开通。2006年，中国电信、中国移动在李家洞开通3G宽带互联网。2007年，建高峰联通基站，采用光纤传输。2014年，在李家洞建移动4G基站。

供电饮水

1975年，徐家岭电站建成发电，装机200千瓦发电机1台，李家洞、老官坪等地通电。1995年，实现村村通电。2001年，启动农网改造，2010年，农网改造全面完成，实现城乡同网同价。是年，投资112.79万元，建成李家洞自来水厂，供应乡直机关、李家洞等地3000人生活用水。

水利建设

1955年，在李家洞杨家岭建小（2)型水库，1959年竣工，库容115万立方米，灌溉面积90公顷。1958年，建成岩坳、铅厂、六祖坪、三岔溶4座小(2)型水库，灌溉面积76公顷。1964年，投资5.05万元，建成凉水坡小（2）型水库，库容59万立方米，灌溉面积43.33公顷。1970年，建成淘金、九丘田2座小(2)型水库，灌溉面积27公顷。1971年，投资2.8万元，建成竹坪溪小（2）型水库，库容15万立方米，灌溉面积33.33公顷。1974年，投资0.27万元，建成梨木界小（2）型水库，库容14万立方米，灌溉面积10公顷。2007年，投资350万元，实施杨家岭水库大坝加固，2010年，投资569.06万元，实施高峰片区重点小型农田水利建设，整修引水渠45处75条，长28.07公里，增加和恢复灌溉面积580公顷，改善灌溉面积420公顷。

村镇建设

民国32年(1943)，李家洞划归古丈县，为保安乡治驻地，匪霸兼乡长张平在此处修庄园和碉堡。1950年，李家洞为古丈县二区驻地，后为公社、乡政府驻地。1985年，建成长1.5公里，宽12米的主街道一条，乡政府、邮电所、中心医院、税务所、学校、林业站、信用社、供销社、餐馆、旅社等单位依街而建。1988年，硬化李家洞主街道。2012年，投资80万元，改造李家洞街道0.42公里，街道两旁栽桂花树200株，安装路灯29盏。街道两边拆除违章建筑200平方米。2013年，投资98万元，建乡文化站综合楼；投资168万元，建乡政府办公大楼和1栋廉租房。2014年，建林业站办公楼及廉租房2栋。是年，全乡建成沼气池200口，节柴灶300个。

社会事业

教育

1943年，保安乡私立酉中小学成立，境内设保国民小学8所。1949年，因“湘西事变”各学校停办。1950年，设李家洞中心小学。1960年，李家洞中心小学开办初中部。1962年春，初中部撤销。1970年，高峰设完全中学。1973年，高峰完全中学易名为古丈县第五中学，1985年，高中停办，学校更名为高峰中学。2004年，高峰中心完小与高峰中学合并为乡九年制一贯制学校。2014年，乡九年制学校有教职工45人，学生465人。学校开办学前教育，有幼师5人，幼儿80人。

文化

1958年，高峰公社建文化站，配备文化辅导员1人。1972年公社设广播站，1973年，公社成立电影放映队，在各大队巡回放映。1990年，境内可收看中央、湖南2个电视台节目。1993年，建李家洞有线电视卫星接收站，乡直机关、李家洞开通有线电视。1994年，李家洞开通调频广播。2007年，乡政府驻地有线电视实现与县城联网，电视收看频道增至120个。2010年，启动农村农家书屋建设。2014年，全乡建成农家书屋12个，藏书1.8万册。

医疗卫生

1956年，李家洞设卫生所。1970年，高峰中心医院建立。2006年，设11个村卫生室，7个村便民药店，其中李家洞村2个。2007年，实施新型农村合作医疗，参合农民9310人，参合率95%，享受医疗补助金34.11万元。2013年，建医院医卫楼1栋，占地面积300平方米。2014年，医院有医护人员12人，其中防保医生2名，职业医师2名，职业助理医师2名，主管护师1名，护师1名，护士1名。医疗设备有X光机、B超机、血常规分析仪、尿分析仪、离心机、九孔远景灯、综合手术床、洗胃机、血细胞分析仪、光学显微镜等医疗器械。是年，新型农村合作医疗参合农民9337人，参合率95%，享受医疗补助金274.7万元。

社会保障

20世纪70年代，社会保障以民政赈灾、救济为主，以发放统销粮救济款物为主要方式。1989年，乡建敬老院，入住“五保”老人15人。2005年，实施农村特困户定期救助，全乡救助对象66户176人，发放救助金16896元。2007年，启动镇溪村镇溪组避险搬迁安置工程，搬迁35户152人，投入资金137万元。2011年，实施新型农村养老保险，全乡参保人数5453人，缴费人数3928人，60周岁以上居民领取养老金1523人。2013年，投资20万元，新建乡敬老院住房2栋和老年活动场地1处，集中供养“五保”老人30人。2014年，全乡686户1358人享受农村低保，71人享受城镇低保，发放低保金315.2万元；实施危房改造57栋，新型农村养老保险参保人数5778人，缴费人数4236人，60周岁以上领取养老金1539人。

特色地情

历史人文

李家洞烈士纪念亭 建于1970年，为纪念中国人民解放军在李家洞围剿张平匪部而光荣牺牲的烈士而修建。碑文刻有英勇牺牲的人民解放军47军141师422团某排排长倪飞，战士高振江、谭玉奎等革命烈士的名字。1986年10月26日，曾在古丈剿匪、时任人民解放军422团团长郑波到李家洞烈士纪念亭，吟诗：“缅怀革命英烈灵，犹闻当年杀敌声。高峰如今换新貌，前来献花寄深情。”1994年，被列为县级文物保护单位。2009年，投资7万元修缮纪念亭。每年清明节有干部、群众、学生到纪念亭为革命烈士扫墓、献花圈，开展革命传统教育。

金华山 主峰海拔788.5米，有大小两个山头，四周均为悬崖峭壁，只有一条羊肠险径可以攀登，地势险要。清朝时，主峰顶上修有寺庙，名叫金华寺。民国初年，寺因失火烧毁。民国后期，此山为匪霸张平盘踞，山腰设有三道卡哨，峰顶修筑炮楼、蓄水池、存粮库房和一座四方岩碉。碉堡用石头砌成，内设营房、库房、假山、花园、鱼池，并设有压榨老百姓的阎王殿、剥皮亭。内部装暗道、机关、夹层梯。1958年，因修建杨家岭水库需要石头，碉堡被拆掉，至今可见残垣碎瓦。

古丈高峰张平旧宅（张世德摄于2008年4月）

张平旧宅 是匪霸张平修建的四合天井屋，房屋按照军事需要设计，房前有一个石砌碉堡，房后有“抗日防匪”碉堡一座，有大小80间房子，内设粮库、军械库、腊肉室、卫生室、犬房、马房、聚义厅，外有操坪、鱼池。1950年，古丈县第二区区公所设于此。1994年，列为县级文物保护单位。2004年，乡政府出资10万元维修旧宅。

名优特产

地方特色口味菜有“高峰青菜酸”，其制作工艺是将春季期间的青菜或萝卜的茎、叶、苔收割后，晾晒3~5天，然后切碎，拌上野山胡椒，入坛腌制，过15天后，再开坛炒熟后可食用，其味具有“香、酸”特色。其次特产还有野生枞菌，各类山野菜，岩排溪稻花鲤鱼等。

风景名胜

古民居岩排溪 位于乡域东部，与沅陵县毗邻，具有古民居、古梯田、古渠道、古金洞、古民俗五大特色，属喀斯特的岩溶峡谷、隘谷和嶂谷地貌。村寨有106户510人，居民盛行讲瓦乡话。村内林茂竹翠，水利条件优越，素有“九龙治水”之称。现存古梯田一印眼底，衬托自然。

古丈岩排溪梯田风光（向邦全摄于2008年9月）

因斜生排排平滑石板，以名岩排溪。明末清初，黄氏一支名叫“打虎匠”的先民，从沅陵县太常村几经奔波，来到岩排溪住下，披荆斩棘，开造梯田，并修筑9条长15公里引水渠道，辟开悬崖绝壁1.5公里，将9处溪水引来灌溉良田，至此，稻田灌溉水旱无忧。在开辟悬崖时，工程艰辛，曾有“一升岩粉一升钱(铜钱)”之说。民居建筑为清代建造，以木质吊脚楼为主要特色，最高3层，建筑样式有三合楼、转角楼，多配有“美人靠”。房屋门窗图案雕刻各异，吊脚饰有金瓜、绣球等，庭院筑有护宅院土石围墙，辟有枪眼和瞭望窗，形成封闭式建筑格局。村寨内街巷纵横交错，多为青石板铺成。村内还保存有3条利用自然生成的整块岩板组成的青紫色石板街。每逢农历十月，村内居民举行跳香活动，活动中做香粑粑，跳香还愿，唱傩愿山歌。古遗址有古采金洞、古引水渠。2005年6月，被列为县级文物保护单位。2007年，被列为县级民俗文化重点保护村。2014年，被列为全国少数特色保护重点村。

民俗风情

境内蕴涵着丰富民族文化，保留诸多民族特色活动，有傩阳腔山歌(男女对唱)、拍渔鼓、舞草龙、打典子、打“九节鞭”。传统戏剧有淘金的阳戏，岩坳、八水等地的辰河高腔。每年在秋收后举行“跳香”活动，“跳香”主要是为喜庆丰收，敬五谷神，祈求来年风调雨顺，“跳香”日因村寨而定。跳香这天请来能歌善舞的“跳香老司”，在堂屋内手握尖刀，口吹牛角，伴着锣鼓声，点着枞膏灯，边唱边跳，跳到最热闹时，老司单脚立在一匹枯饼上长时间高速旋转，其他人放鞭炮烧老司的脚。民族传统节日还有农历六月二十八的半年节，腊月二十八的过小年。

（撰稿人：唐慧娇）

河蓬乡

区域概况

位置面积

河蓬乡位于古丈县东南部。东与山枣乡交界，西靠坪坝乡，北接岩头寨镇，西北与古阳镇接壤，南抵吉首市排绸乡，区域面积75.58平方公里。乡治河蓬村大溪坪，距古丈县城32公里。

建置沿革

河蓬乡，西溪河穿境而过，水草丰茂，荫繁成蓬，故名“河蓬”。清道光二年(1822)，置古丈坪厅，属古丈坪厅外功全保。民国11年(1922)，属外功乡、西南隅抱木坪、洞上2寨属冲正乡。民国24年(1935)，属第三区，境内分属河蓬乡、旦武乡。民国27年(1938)，设河蓬乡。1950年，属古丈县第三区，境内设苏家乡、河蓬乡、官坪乡、丫角乡、矮坳乡、阿土田乡。1952年，古丈县第三区人民政府由野竹坪迁往河蓬。1956年，撤区并乡，设河蓬乡。1958年，人民公社化，设河蓬人民公社。1960年3月，山枣人民公社并入。1961年3月，山枣公社析出。1984年4月，公社改乡制，为河蓬乡。

行政区划

民国时期，境内白洋、丫角、官坪、河蓬、苏家、岩寨6个保属河蓬乡，凤鸣溪1个保属尚公乡。1958年，全公社辖白洋溪、丫角山、凤鸣溪、岩寨、官坪、上河蓬、下河蓬、苏家8个大队。1984年，全乡辖白洋溪、丫角山、凤鸣溪、岩寨、官坪、上河蓬、下河蓬、苏家8个村1个大溪坪居委会。1985年，从苏家村析出向家寨、王家寨、苟冲潭、排斗寺、氹江、雄溪6个自然寨，设沙坪村。是年，全乡辖9个村1个居委会。2005年，村级建制调整，下河蓬村与上河蓬村合并，设河蓬村。是年，全乡辖白洋溪、丫角山、凤鸣溪、岩寨、官坪、河蓬、沙坪、苏家8个建制村、1个大溪坪居委会，下设51个村民小组。

人口民族

民国27年(1938)，境内人口5336人。1982年，第三次人口普查，全社人口5363人。其中，苗族4150人，占77.38%；土家族86人，占1.6%；汉族1127人，占21.01%。1989年，乡境部分讲客话人口民族成分由汉族改为苗族，全乡1326户5888人。其中，苗族5337人，占90.64%；土家族153人，占2.6%；汉族398人，占6.76%。人口自然增长率11‰，人口密度78人/平方公里。2005年，全乡1624户6260人。其中苗族6112人，占97.64%；土家族36人，占0.58%；汉族109人，占1.74%。2014年，全乡

1677户6322人。其中，苗族5983人，占94.64%；土家族42人，占0.66%；汉族210人，占3.32%。人口自然增长率3.47‰，人口密度84人/平方公里，主要民族语言为苗族东部次方言，又称“浅苗语”。河蓬村苟冲界、苏家村洞上2个自然寨居民说瓦乡话。

自然环境

河蓬乡属中低山地貌，北向南延伸为东西两大山脉夹击，地表为剥蚀性构造，山峰上部坡陡，下部坡平缓，中间谷地开阔。河谷形如沟槽，呈“两山夹一沟”状态。最高点在白洋溪村瞎眼坡主峰，海拔918.3米；最低点在苏家村长潭河，海拔230米。酉溪河发源于白洋溪村窝土田，在境内全长25公里，流经白洋溪、丫角山、官坪、河蓬、沙坪、苏家6个村，在苏家村出境。境内有耕地393.67公顷，其中水田267.87公顷，旱地125.8公顷。成土母岩为砂页岩和紫色砂页岩，土壤类型分别为沙壤土、红壤土、黏壤土。矿产资源有磷矿、硫铁矿、锰矿等，主要分布于丫角山、凤鸣溪、官坪、葛藤寨等村。森林覆盖率76.5%。境内四季分明，年平均气温18.5℃，年降雨量1500毫米，无霜期286天，中部河谷地区气候炎热易旱，东西二半山气候温凉易涝，有“天干三日江边叫，下雨三日高山涝”之说。

经济发展

经济综述

20世纪70年代，境内经济以农业为主。1984年，全乡地区产值262万元，年人均纯收入170元。1990年，开始发展采矿业，同时发展劳务经济，全乡外出务工人员1000多人。1992年，全乡国民生产总值347万元，年人均纯收入223元。2000年，乡党委、乡政府提出“山上建基地、山下办工厂、庭园抓养殖、市场活经商”发展思路，发展全乡经济。2007年，全乡国民生产总值1161万元，年人均纯收入1418元。2009年，响应县委、县政府“两叶一果”产业发展战略，发展茶叶、烟叶产业。2011年，全乡外出务工人员1157人，形成外出务工民工潮，务工地点涉及广东、浙江、福建、上海、江苏等省市，实现年劳务经济收入1200万元。2014年，国民生产总值7870万元。其中，第一产业1162万元，占14.76%；第二产业5547万元，占70.48%；第三产业1161万元，占14.76%。年人均纯收入2168元。是年，全乡外出务工人员1685人，务工收入433万元。

农业

种植业　境内以种植水稻、玉米、大豆、油菜等农作物为主。1978年，建河蓬茶场，种植茶叶2公顷。1984年，农作物播种面积784.27公顷，粮食产量2244.2吨。种植烟叶10.13公顷。1987年，推广杂交玉米和杂交水稻品种。1988年，遭遇春夏连旱，当年粮食产量1845吨，较上年减产40.5%。1989年，在河蓬村新扩茶园16.67公顷。1991年，始推广地膜玉米和水稻“双两大”栽植技术。1992年，推广烟叶栽植、旱育早发、蚕桑、松茯苓、油菜育苗移栽等各类实用技术。是年，种植晾晒烟16.67公顷，收购烟叶3200公斤，创税2.3万元。1996年，上河蓬村、苏家村被列为椪柑开发示范村，当年开发椪柑13.34公顷。2002年，随着产业结构调整推进，粮食作物种植面积由562.13公顷减少到469公顷，粮食产量下降17.7%。是年，全乡开发板栗53.34公顷，脐橙40公顷，在官坪村建蔬菜大棚10个，在白洋溪村建桑蚕基地1处，面积66.67公顷。2008年，在大官坪推行百亩水稻免耕栽培技术试点。2009年，在丫角山、官坪、河蓬3个村实施柑橘园品改66.67公顷。2010年，白洋溪、丫角山村始发展茶叶产业，当年种植34.67公顷，主要品种有黄金茶、碧香早。是年，在凤鸣、岩寨、官坪、河蓬、苏家等村种植烤烟20公顷，建烤房50栋，收烤烟41.95吨，实现利税12万元。2013年，岩寨村垦荒种烟，种植面积21.33公顷，成为全乡烟叶生产模范村。2014年，农作物播种面积1104公顷。其中粮食播种511公顷，油料作物163公顷，蔬菜194公顷；粮食产量1707吨，油菜籽212吨，蔬菜产量1949吨。是年，烟叶种植面积90公顷，收烤烟90吨，实现税收47.5万元。茶叶种植面积137公顷，其中可采摘37公顷，茶叶产量10吨。

林业 境内林业用地6346.67公顷。1960年10月，岩寨大队氹渣生产队向某因烧自留地坎造成山火，烧山20.0公顷，烧毁用材林40万株。1976年，古丈县第二次林调，全乡森林面积3633.34公顷，其中用材林1633.33公顷，经济林566.67公顷，竹林13.33公顷，荒山2713.33公顷。1978年，在岩寨、上河蓬、官坪等村境内造林122.33公顷，建乡林场。1983年，在白洋溪村发生私自设点收购木棒、锅盖、包装箱等林产品行为，造成木材偷盗成风，中幼林受损严重，县林业、工商等部门及时处理。1984年，古丈县第三次林业调查，全乡森林面积4100公顷，木材蓄积量145114立方米。1995年，全乡造林566.67公顷，其中用材林300公顷，果、药、桑等经济林266.67公顷。1999年，利用世界银行贷款在苏家村实施人工营造马尾松林86.67公顷。2000年，乡林业站在官坪、上河蓬2个村境内建马尾松育苗基地，面积2.34公顷。2001年，在白洋溪、丫角山、凤鸣溪、苏家4个村境内始实施退耕还林，营造生态林183.87公顷，发放退耕还林补贴52.5万元。2007年，利用德国援助项目在苏家村造林23.33公顷。是年，划国家级生态公益林3666.6公顷，发放生态公益林补贴92496.5元。2009年，完成退耕还林461.27公顷，配套荒山造林386.8公顷，发放补助金267.14万元。2010年，完成林权改革，林改面积6393.33公顷，现场核实宗地数15520宗，乡林场122.33公顷公山划归村组集体经营管理。

养殖业 以饲养生猪、家禽、山羊、牛为主。1984年，生猪出栏1234头，年末存栏3301头；山羊出栏102只，年末存栏735只；牛出栏3头，年存栏1440头，其中劳役耕牛1008头；家禽年末存笼10994羽，自宰和出售家禽5025羽，年生产肉类66吨，禽蛋38.2吨，养殖业产值21.86万元，占农业产值11.7%。1985年，稻田养鱼140.33公顷，饲养耕牛840头、生猪2195头、山羊1160只、鸡3250羽、鸭鹅887羽、兔56只。1995年，全乡有养牛、养羊、养猪等专业户65户，全年山羊饲养量5600只，牛2800头，猪2500头。1996年，在官坪村实施“鱼稻双千”试点，当年稻田内建养鱼池250口，稻田养鱼33.34公顷，产鱼5100公斤。2014年，生猪出栏2161头，出售和自宰山羊336只，出售和自宰肉用牛42头，出售和自宰家禽11620 羽，禽蛋产量15.1吨。生猪存栏2034头，其中能繁母猪173头；山羊存栏2272只，其中能繁母羊387只；牛存栏280头，其中劳役牛280头；活家禽存笼15486羽，其中活鸡11778羽。

工业

20世纪70年代，境内有农具加工、缝纫社、小手工作坊等社办企业。1985年，在丫角山开采磷矿，年产值390元。同年，有缝纫加工16户，大米加工24户，油料加工10户，豆腐加工5户，粉面加工5户，年产值5万元。1986年，在官坪村开采大理石，后经营不善而停采。1992年，乡企业办在凤鸣溪始采磷矿。是年，乡人民政府与县粮食局合资，投资42万元在罗依溪镇黑潭坪村建河粮磷肥厂，年加工磷肥50吨，产值25万元。1993年，建乡民政综合福利厂，经营水泥制品、照相、茶叶加工等。1995年，河粮磷肥厂建成一条烘干生产线，年产值95万元。是年，丫角山村建2条运矿索道，年采矿能力5000吨。1996年，河粮磷肥厂贷款80万元，完善烘干线，配齐化验器材。1997年，河粮磷肥厂出现经营亏损，为扭亏为盈，与安徽省亳州市张家店磷肥厂和安徽省淮南市常保学、江传成等商人签订联营合同。1998年，河粮磷肥厂亏损严重，被迫停产。2001年，河粮磷肥厂改制破产。2002年，工业产值340万元，创税收20万元。2004年，长隆矿业公司在凤鸣开采磷矿。2005年，湘辉矿业公司在官坪开采磷矿。2007年，开展非煤矿山整治，整治32处洗矿点，拆除5处非法洗矿点。2008年，兴西矿业进驻官坪葛藤矿区。2010年，长隆、湘辉、兴西等矿业公司因矿产销售不畅，先后拆资，矿山停采。2014年，全乡有水泥制品厂3家。

商贸服务

民国年间，境内设河蓬、狗溪坪、丫角山三处墟场，河蓬农历三、八日赶场，狗溪坪一、六日赶场，丫角山二、七日赶场。20世纪50年代，丫角山、狗溪坪两处墟场消失。1972年，上河蓬遭受火灾，墟场迁往大溪坪。1979年，河蓬墟场恢复农历三、八日赶场。1988年，县工商局实施墟场改造，建交易棚2处，综合交易场300平方米。2013年，投资500万元建设河蓬农贸市场，占地8500平方米，入驻商户300户。2014年，全乡商业网点39个，从业人员105人，实现社会商品零售总额326万元。

基础设施

交通运输

清代，境内有营路一条，途经白洋溪、丫角山、官坪、河蓬、床机坡进入银坪乡。1975年11月，县城至河蓬公路建成通车，长32公里。12月，河蓬至坪坝公路建成通车，长20公里。1983年，整修白洋溪至河蓬长12公里公路。1988年，河蓬至泸溪县桌子潭公路建成通车，全长8公里，古泸公路全线贯通。2002年，开始修建通组公路。2007年，投资50万元，岩寨至官坪通村公路通车，长8.4公里。是年，全乡实现村村通公路。2009年，古（丈）泸（溪）公路田麻至河蓬段拓宽改造开工。2010年12月，乡客运站建成，占地1466.67平方米。2012年，修通岩寨村麻坪通组公路，修通苏家村报木水库公路。2014年，古（丈）泸（溪）公路河蓬至苏家段拓宽改造竣工。是年，启动干溪公路和穿洞景区公路建设。

邮政通信

1937年7月，架设县城至河蓬电话线26公里。1953年7月，通邮，为5日一班。1984年，以手摇转机电话为主，设总机1台，装机8部。1997年，丫角山、苏家2个村安装无线电话4部。2001年，白洋溪、丫角山、官坪、上河蓬、下河蓬、沙坪、苏家7个村开通程控电话，岩寨、凤鸣溪2个村安装无线电话，装机200部，电话覆盖率100%。2004年，乡政府驻地开通电信宽带互联网。2005年，投资200万元，建移动基站，移动电话网络信号实现全覆盖。2014年，中国移动在乡政府驻地建4G网站。

供电饮水

供电 1979年，凤鸣溪水电站建成，装机容量200千瓦，实际发电量为装机一半。1980年，架通电站至乡政府和凤鸣溪高压输电线路；凤鸣溪、丫角山、官坪、上河蓬、下河蓬、大溪坪通电。1995年，架通乡政府至岩寨、丫角山至岩坎寨高压输电线路。白洋溪、岩寨2个村通电。2000年，架通下河蓬至甘溪高压输电线路，实现寨寨通电。2001年12月，完成白洋溪、丫角山、苏家、岩寨、凤鸣溪农网改造。2002年，凤鸣溪电站实现并网。是年，完成官坪、上河蓬、沙坪3个村农网改造。2003年12月，河蓬3.5万伏变电场建成。2005年，架通变电场至山枣、默戎、坪坝3个乡镇高压输电线路。2007年，完成河蓬、沙坪、苏家3个村二期农网改造，村村完成农网改造，实现同网同价。2013年，在大溪坪安装太阳能路灯82盏。

饮水 1997年，乡直机关饮水一期工程竣工，解决乡直机关和上河蓬村近1000人饮水。2001年，建白洋溪、丫角山、官坪、凤鸣溪、下河蓬5处人畜饮水，修蓄水池14个，铺引水管1.19公里。2004年，建沙坪村排斗寺、凼江，官坪村小官坪3处人饮。2006年，投资80万元，建河蓬安全饮水，在沙溪修引水坝2座，建小蓄水池2个，铺设沙溪至河蓬引水管8.98公里；在乡林业站后山建150立方米蓄水池1个，供应河蓬村、乡直机关、大溪坪居委会475户2465人生活用水。

水利建设

民国年间，酉溪河两岸农田靠筑小坝和架设水车引水灌溉。1969年，在苏家村建报木小型水库。1971年10月，投资2.2万元建洪水洞小(2)型水库，库容15万立方米，灌溉稻田20公顷。1995年，建长3公里穿洞引水渠和长2公里官坪引水渠，灌溉稻田53.33公顷。是年，整修报木水库。2005年，建小山塘10口。2013年，酉溪河河蓬段小流域治理竣工，建滚水坝4处，河两岸修筑河堤总长8公里。2014年，在穿洞河建滚水坝2处。

社会事业

教育

1941年，在大溪坪设乡中心国民小学，境内设保国民小学4所。1949年，因“湘西事变”停办。1950年4月，乡中心小学恢复开课，各村办初小。1960年，办初中班。1962年，初中班撤销，学生转入古丈一中、茄通中学、龙鼻中学就读。1970年，设河蓬中学，1971年，设高中部。1973年，全县调整中学布局，全县设5所完全中学，河蓬中学为古丈县第四中学。1980年，撤古丈县第四中学，停办高中教育，学校更名为河蓬初级中学。1981年9月，恢复乡中心完小，独立办学。1996年8月，河蓬乡中心完小与河蓬初级中学合并，设乡九年制学校。2001年，建白洋溪兴宇希望小学、凤鸣溪世荣希望小学、丫角山希望小学、岩寨希望小学。2013年9月，建白洋溪、凤鸣溪、丫角山、苏家4所山村幼儿园，入园幼儿82人，入园率100%，聘请幼儿教师4人。2014年，乡九年制学校占地13287.5平方米，校舍5109平方米，有中小学生658人，教职工38人。

文化体育

1956年，官坪苗族“团圆鼓舞”参加湖南省民族民间文艺会演，接着参加全国会演，受到观众好评。1985年，全乡有5支电影放映队，1个戏剧团。1993年，举办首届苗族传统农历“七七”走穿洞鹊桥会，参与人员8000余人。2002年，沙坪村人陈初富在波兰华沙第七十二届男子世界举重世锦赛上，获抓举冠军、挺举和总成绩亚军。2004 年，成功举办苗族传统“七七”穿洞鹊桥会，到会 6000 人；举办苗族传统婚俗活动、打苗鼓、跳团圆鼓舞。2007 年，河蓬村组建文艺团。2011 年，大溪坪、河蓬等地兴起广场舞。2014 年，建成农家书屋 9 家，藏书 1.3 万册。

1985 年，建电视差转台一座，架设线路 1 公里，能收看中央 1、2 套，湖南台 3 套电视节目。1992 年，架设地面卫星接收站，乡直机关、大溪坪、上河蓬、下河蓬、官坪开通闭路电视。2001 年，村村均开通有线电视。2006 年，利用光缆输送方式，开通乡直机关、河蓬、官坪、大溪坪有线数字电视，可收看电视节目 46 套。

医疗卫生

1958 年，设河蓬卫生所。1970 年，建河蓬中心卫生院。1985 年，中心卫生院有医生 5 人，病床 10 张。1987 年，苏家村报木组爆发肠伤寒病，近百人染病，1 人死亡，后经全力救治，控制疫情。1992 年，各村设卫生室，配备医生和接生员 9 人。2001 年，香港慈善基金会援建中心卫生院，新建 800 平方米医务大楼 1 栋。2007 年，实施新型农村合作医疗，参合农民 6215 人，参合率 95%，享受国家医疗补助 20.94 万元。2014 年，河蓬中心卫生院有医务人员 11 人，有病床 25 张。是年，新型农村合作医疗参合农民 6368 人，筹集合作医疗基金 57.31 万元，参合率 95%，享受国家医疗补助 194.36 万元。

社会保障

1984 年，全乡“五保”老人 34 人，孤儿 21 人，为 247 户困难户发放救济款 6400 元；发放扶贫建房款 2920 元，帮扶新建、维修房屋 30 栋；给孤老、孤儿发放救助金 2256 元。1995 年，在上河蓬村为 7 户无房户建房 7 栋，建筑面积 490 平方米。2001 年 9 月，官坪村民族组发生火灾，毁房 12 栋 26 间，直接经济损失 27.84 万元，当年为 12 户火灾户恢复建房 10 栋。2005 年，实施农村贫困家庭定期救助，全乡 38 户 120 人纳入救助对象，发放救助金 11520 元。2010 年，实施农村低保与扶贫开发衔接，全乡确定 253 户 1089 人为扶持对象，占农业人口 18.6%。2012 年，实施农村养老保险制度，参保人数 2422 人，60 周岁以上领取养老金 964 人。2014 年，全乡农村低保户数 388 户 1170 人，发放低保金 142.67 万元。农村养老保险参保人数 3484 人，60 周岁以上领取养老金 970 人。

特色地情

名优特产

地方特色口味菜有“苗家酸苦瓜”，其制作工艺是将新鲜苦瓜收获后，切成块状，用盐腌制，拌入调味品，入坛封口，一个月后，开坛即可食用。口味具有“香、脆、酸”特点，口感好，令人垂涎。其次还盛产小河鱼、湘西板栗。

风景名胜

穿洞 位于河蓬村境内。系石灰岩溶洞，洞宽 30 米，长 200 米。据《古丈坪厅志》记载：“去城东七十里，有石洞穿山百丈，溪流横出其中。径至洞内，黝黑约半里许，则见天宇山田、林密如画。”亦有文人写道：“穿洞乃鬼斧神工凿成之天然妙境，系蛮方天造地设之清虚洞府，历来为僧侣文人悠游养气之胜境也。”清朝古丈坪厅抚民同知董鸿勋在自己的《穿洞游记》中赞不绝口道：“其间泉甘土肥，山壑秀美，不减武陵之桃花源，太行之盘谷。游迹所至，别有洞天……则斯洞岂唯道家佛氏之胜境，乃古丈坪人优游志气读书求志之胜境，抑亦五洲选胜游观之胜境

苗族团圆鼓舞（田志信摄于 2007 年 3 月）

也。”每年的农历七月初七，当地人都要在穿洞举行鹊桥盛会，是时，各地歌手和青年男女都会云集河蓬，欢聚穿洞，载歌载舞，普天同庆。“七月七”走穿洞自古成俗，成为苗乡一道民俗人文景观。

民俗风情

民间戏剧 有阳戏、辰河高腔、汉剧。阳戏流行于白洋溪、岩坎寨、河蓬。辰河高腔由丫角山村民印四方传授，其祖孙几代经营木偶戏，演唱辰河高腔。汉剧流行于河蓬。传统民族节日有“三月三”“七月半过鬼节”“七月七走穿洞”等。

苗族团圆鼓舞 流行于境内官坪等苗寨的民族传统舞蹈，源于苗族古代祭祀活动。据《古丈坪厅志·民族卷》记载：“刳长木空其中，冒皮其端为鼓。使妇人之美者跳而击之，择男女善歌者，皆衣优伶五彩衣，或披红毡，戴折角巾，剪五色纸两条盘于背，男女左右旋绕而歌，迭相和唱，举手顿足，名曰跳鼓藏。”这是祭祀性的歌舞活动。随着时代变迁，团圆鼓舞从祭祀中分离出来，成为苗族人民喜闻乐见的歌舞表演样式。每到农历腊月二十八，苗家人不管外出做工多久、离家多远，都要如期赶回家里过年。这天晚上，大家不约而同地向村口大坪场汇集，场中摆一面大鼓，由一位德高望重的老人频频击鼓，众人围成两道圆圈，男内女外，边跳边舞，不时唱起动人的苗歌，尽情表达亲人团聚的喜悦心情。鼓点铿锵，舞姿翩翩，苗歌悠悠，一幅团圆过大年的欢乐情景。团圆鼓舞一直要跳到正月十五才结束。团圆鼓舞舞蹈动作有大摆、小摆、细摆三种，另有两种已失传。大摆粗犷，小摆稳健，细摆天真，将苗族人民热爱生活，祈求丰年的愿望表达得淋漓尽致。苗族团圆鼓舞对研究苗族历史、文化、习俗都有重要的价值。2012 年 5 月，“苗族团圆鼓舞”顺利通过专家评审，被列入湖南省第三批省级非物质文化遗产名录推荐项目名单。官坪村女村民陈万玉是非物质文化“苗族团圆鼓舞”的传承人。

（撰稿人：罗　乐）

坪坝乡

区域概况

位置面积

平坝乡地处古丈县南部，东与河蓬乡交界，南与吉首市丹青镇、排绸乡、白岩乡毗邻，西与默戎镇接壤，北抵古阳镇，区域面积109.35平方公里。乡治溪口村鱼头，距古丈县城41公里。

建置沿革

坪坝乡，位于溪河交汇处，地势较平坦，河中筑有一水坝，故名“坪坝”。清道光二年(1822)，置古丈坪厅，境内主属外冲正保，东北隅旦武营属功全保。民国11年(1922)，分属外冲乡、曹家乡。民国24年(1935)，境内曹家乡属古丈县第四区，中正、丹青、旦武3个乡属第三区。民国27年(1938)，废区并乡，境内分属曹家乡、中正乡。民国32年(1943)，调整县界，中正乡巴天寨、朋潭、丹青寨、雷公界、岩坳寨、大坪、画眉溪、椰木坡、铜鼓坡、俄梨坡等地划归乾城县(今吉首市)。民国35年(1946)，全县乡镇区划调整，曹家乡与中正乡合并，设忠孝乡。1950年，主属古丈县第四区，区政府驻曹家坪。东北隅旦武营属古丈县第三区。境内设旦武乡、张家乡、亚家乡、叭喇乡、对冲乡、曹家乡、板栗乡、坪坝乡、大寨乡、烂泥乡。是年12月，古丈县第四区政府迁往龙鼻嘴。1956年，撤区并乡，设坪坝乡。1958年9月，撤坪坝乡，设超美人民公社。1959年4月，超美人民公社更名为坪坝人民公社。1984年4月，公社改乡制，为坪坝乡。

行政区划

1958年，全公社辖溪口、叭喇、窝瓢、旦武、曹家、张家坪、毛坪、窝塔、大寨、窝米、亚家、上阿喇、对冲、板栗14个大队。1976年，划出排夯两、瓦屋坪2个自然寨，设排夯两林场。1982年，毛坪大队改名为排抽大队。1984年，大队改为村，辖14个村和排夯两林场、1个居委会，下设75个村民小组，1985年，从曹家村析出椰木村，排夯两林场改为排夯两村，从叭喇村析出新寨村。是年，全乡辖溪口、叭喇、窝瓢、旦武、曹家、张家坪、排抽、窝塔、大寨、窝米、亚家、上阿喇、对冲、板栗、椰木、排夯两、新寨17个村和坪坝居委会。2005年，境内村级建制调整，排抽村并入对冲村，椰木村并入曹家村，窝塔村并入溪口村，新寨村并入叭喇村，排夯两村瓦屋坪自然寨并入张家坪村，排夯两自然寨并入大寨村。是年，全乡辖溪口、叭喇、窝瓢、旦武、曹家、张家坪、大寨、窝米、亚家、上窝喇、对冲、板栗12个建制村和坪坝居委会，下设79个村民小组。

人口民族

民国 27 年(1938)，中正乡人口 4319 人，曹家乡人口 3667 人。1986 年，全乡有 1959 户 9319 人。其中，苗族 9216 人，占 98.89%；土家族 32 人，占 0.34%；汉族 71 人，占 0.76%。人口自然率 15.99‰，人口密度 85 人 / 平方公里。2005 年，全乡有 2717 户 10201 人。其中，苗族 9816 人，占 96.23%；土家族 350 人，占 3.43%。人口自然增长率 6.06‰，人口密度 93 人 / 平方公里。2014 年，全乡 2787 户 10950 人。其中苗族 10803 人，占 98.66%。境内少数民族还有土家族、壮族、瑶族、布依族、白族、侗族、满族、黎族 8 个，人口占比较少。是年，全乡人口自然增长率 3.02‰，人口密度 100 人 / 平方公里，主要民族语言为苗语。

自然环境

境内以中低山地貌为主，地势由西北向东南倾斜，平均海拔 500 米。最高点对冲村尖山，海拔 962.66 米；最低点溪口村桥头，海拔 197.2 米。成土母岩以砂页岩和紫色砂页岩为主，土壤以黄砂壤、黄壤、红壤为主。主要溪流有坪坝河、张家坪河等。坪坝河上游称龙鼻河，从通口桥入境，流经亚家、溪口等地，流入吉首市丹青镇，汇入武水。张家坪河发源于叭喇，流经兴寨、小古丈坪、绿豆坪、上窝啦、北坡、张家坪等地，在通口桥汇入坪坝河。主要矿产有钒、磷等。境内有耕地 831 公顷，其中稻田 520 公顷，旱地 311 公顷。森林覆盖率 70%。境内气候温和，雨量充沛，年均气温 16.2℃，年均降水量 1500 毫米，无霜期 280 天。

经济发展

经济综述

20 世纪 50 年代，境内山多田土少，产业结构单一，农民收入低。1984 年，全乡工农业产值 195 万元，农民人均纯收入 110 元。1992 年，推进扶贫开发。1998 年，全乡工农业产值 1212 万元，农民人均纯收入 569 元。2000 年，调整农业产业结构，培育柑橘、干果药材、茶叶、养殖业。2010 年，全乡农民人均纯收入增至 1715 元，比 1998 年增长 2 倍。2014 年，全乡工农业产值 8048 万元。其中，第一产业 2786 万元，占 34.62%；第二产业 4077 万元，占 50.66%；第三产业 1185 万元，占 14.72%。农民人均纯收入 2273 元。

农业

种植业 境内主要以种植水稻、玉米、大豆、油菜、红薯、蔬菜为主。20 世纪 70 年代，水稻推广矮杆品种和双季稻栽培。1986 年，农作物播种面积 1380.87 公顷，其中粮食作物 794.4 公顷，粮食产量 2623 吨。水稻 521.93 公顷，产量 2249 吨，玉米 161.4 公顷，产量 277 吨。油料作物 114.2 公顷，产量 78 吨。油菜 103.2 公顷，产量 71 吨。蔬菜 78.87 公顷，产量 1040 吨。1988 年，推广地膜玉米栽培技术。1990 年，推广水稻“旱育开发”、“双两大”栽培技术。1991 年，在张家坪、亚家、溪口、大寨等地开发柑橘 203.5 公顷。在曹家、叭喇、对冲、排抽等地开发板栗 101.9 公顷，开发药材 105.1 公顷。2000 年，推广水稻软盘抛秧栽培技术。2005 年，全乡开发茶叶 19.8 公顷。是年，全乡粮食作物面积 749.6 公顷，产量 2086 吨。其中，水稻 518.67 公顷，产量 1876 吨；玉米 82.8 公顷，产量 103 吨。油料作物播种面积 404.67 公顷，产量 514 吨，其中油菜面积 381.53 公顷，产量 487 吨。烟叶种植 29.1 公顷，产量 30 吨。蔬菜面积 150.93 公顷，产量 913 吨。2010 年，推广良种油菜种植，面积 320 公顷。是年，发展大棚蔬菜基地 1 个，建大棚 8

个。2012年，在溪口、亚家、张家坪、大寨、对冲等地建千亩茶叶基地，成立茶叶专业合作社。2014年，种植烤烟92.47公顷，产烟叶72吨，收入123.5万元。是年，农作物面积1297公顷，其中粮食作物622.8公顷，产量2682吨。水稻播种面积326.53公顷，产量1933吨；玉米播种面积196.27公顷，产量677吨。油料作物180.93公顷，产量262吨，油菜播种面积154.67公顷，产量221吨。蔬菜面积169.73公顷，产量1809吨。茶叶种植166.2公顷，其中可采摘10.73公顷，产量1.2吨。柑橘种植234.93公顷，产量116.7吨。

林业 1965年，境内建杉木林基地，1973年，被确定为古丈县用材林基地之一。1976年，建排夯林场。是年，全县第二次森林资源调查，境内林业用地9722公顷，其中用材林2520公顷，经济林1333.33公顷，竹林820公顷，疏林780公顷，灌木林1066.67公顷。油桐林面积408.8公顷，油茶林909.67公顷。1992年，全乡产桐油178吨，茶油350吨。是年，叭喇、排抽、椰木3个村荒山造林303.5公顷。2001年，曹家、窝瓢、溪口、大寨、上窝喇、窝塔、椰木等村退耕还林152.88公顷，配套荒山造林147.27公顷。至2004年，全乡退耕还林471.07公顷，配套荒山造林505.94公顷。当年发放退耕还林补助款148.37万元。2007年，划国家级生态公益林442.4公顷。当年发放生态公益林补助款9.75万元。2010年，完成集体林权改革工作，纳入集体林权改革林地面积9290.03公顷，现场核实宗地16455宗。2011年，曹家、旦武、对冲3个村有油茶林333.4公顷，年产茶油100吨。2014年，叭喇村荒山造林20公顷。

养殖业 境内以饲养生猪、山羊、牛、家禽及稻田养鱼为主。1986年，出栏肉猪2254头，出售和自宰肉用牛29头，出售和自宰山羊377只，出售和自宰家禽8805羽，禽蛋产量9吨。年末牛存栏1737头，其中能繁母牛523头；年生猪存栏3046头，其中能繁母猪164头；年末山羊存栏1140只，其中能繁母羊625只；年末家禽存笼6123羽。1990年，全乡有养殖专业户68户。2005年，出栏肉猪5602头，年末猪存栏4585头，其中能繁母猪443头；出栏肉用牛611头，年末牛存栏3597头，其中能繁母牛1198头；山羊出栏2360只，年末山羊存栏5392只，其中能繁母羊1773只；家禽出笼14200羽，存笼15500羽，禽蛋产量19吨。稻田养鱼面积237.07公顷，产量32吨。2010年，扶持养殖专业户389户，其中养猪95户，养羊246户，养牛58户。种植饲料草50公顷。2014年，出栏肉猪3451头，出售和自宰肉用牛681头，出售和自宰山羊1285只，出售和自宰家禽2010羽。年末猪存栏3992头，其中能繁母猪846头；年末牛存栏3056头，其中能繁母牛905头；山羊存栏4079只，其中能繁母羊1558只；家禽存笼12511羽；养蜂45户255箱；稻田养鱼96.52公顷，产量25.83吨。

工业

2006年，开采曹家钒矿。2008年，在曹家、张家坪等地建土法炼钒厂。2009年，全县矿山整治，境内土法炼钒造成环境污染，所有炼钒高炉被炸毁。2011年，停采曹家钒矿。

商贸服务

清代，坪坝设墟场，逢农历三、八日赶场，主要交易农副土特产品及生产生活用品。1952年4月，县供销合作总社在张家坪建立基层供销合作社。1958年，设坪坝供销社。1978年，供销社收购芭茅杆、竹子等农副土特产品。1984年，随社会主义市场经济的发展，全乡有个体经营户32家，年营业额5.2万元。1986年，境内有坪坝供销社和曹家供销分社，有村级代销店19个。2000年，坪坝墟场迁至翘水坝山的桃花坡，建市场交易棚户3栋，设摊位110个，占地面积2400平方米，设肉食、百货、农产品、粮油、鲜活商品5个交易区。2014年，扩大墟场经营场地，市场占地面积扩至3200平方米，摊位增至160个。是年，全乡有个体经营户133家，从业人员267人，社会消费品零售总额52万元。

其他产业

劳务输出 1989年，农村剩余劳动力出现，全乡外出务工256人，劳务收入460万元。1992年，外出务工1597人，劳务收入增至819万元。2005年，随着外出务工人员增多，部分村寨出现"空巢"村现象。2010年，全乡外出务工人员2603人，外出务工地涉及全国20个省市，全乡劳务经济收入2945万元。

基础设施

交通运输

清代，境内无官道。光绪年间，建成溪口桥，长15米，宽3.5米，桥上设凉亭，为境内第一座石拱桥。民国34年（1945），曹家乡修筑至中正(今坪坝)、西英(今龙鼻嘴)，河蓬三个乡公所所在地和曹家至高梁洞乡村道路。1975年，修通河蓬公社鸡公山至坪坝公路，途经窝夯南、对冲、曹家坪、张家坪、亚家、溪口等地。1978年，修通龙鼻嘴至坪坝公路。1989年，修通叭喇、旦武2个村通村公路。2002年，修通溪口至窝米、苏家至窝瓢、白洋溪至排抽3条通村公路。2003年，修通亚家至瓦屋坪、榔木至对冲2条通村公路。2005年，修通溪口至板栗通村公路。是年，全乡实现村村通公路。2009年，硬化龙鼻嘴至坪坝通乡公路。2010年，投资1800万元，改造河蓬乡鸡公山至通口桥公路。是年，投资50万元，修通坪坝至吉首市丹青镇网络公路。2011年，修通张家坪村瓦屋坪自然寨通组公路。2013年，完成曹家至对冲、白洋溪至排抽、窝瓢至苏家3条通村公路硬化。同时完成河蓬乡鸡公山至通口桥网络公路硬化，并建客运站。2014年，完成坪坝至吉首市丹青网络公路硬化。是年，全乡12条通村公路全部实现硬化，全长82.5公里。

邮政通信

1952年，坪坝、张家坪两地通电话。1956年，坪坝通邮，属默戎邮电支局管理。1989年，境内安装座机电话35部。1999年，设坪坝邮电代办点。2000年，开通程控电话，装机86部。2005年，建成坪坝移动基站，全乡手机用户1056户。2006年，开通3G宽带上网。2012年7月，建成乡邮政所办公大楼，占地140平方米。2014年，境内建有移动、联通、电信，移动信号发射塔10座，手机信号覆盖全乡，有手机用户2568户，安装固定电话274部，电信移动用户165户，设互联网端口180个，宽带联网用户65户。

供电饮水

1975年，在公社驻地建成翘水水电站，装机125千瓦，公社机关通电。1978年，溪口、大寨、亚家、张家坪、窝塔、上窝喇6个大队通电。1995年，实现村村通电。1998年，翘水电站电网与县电力公司电网并网。2001年，实施旦武、溪口等地人饮工程。2003年，在旦武、对冲、曹家、大寨、叭喇、板栗6个村境内建蓄水池25个，蓄水量1000立方米。2004年，架通河蓬变电站至坪坝高压输电线路，实现稳定供电。2005

年，实施张家坪、上窝喇、叭喇3个村农网改造。2008年，完成曹家、上窝喇2个村农网改造，受益农户582户。是年，修建亚家、曹家、张家坪、大寨、溪口5个村人饮蓄水池15口，蓄水量600立方米，供应4500人安全用水。2011年，投资118万元，建成乡直机关集中供水工程。是年，完成对冲、旦武2个村农网改造，受益农户586户。2012年，完成叭喇、窝瓢2个村农网改造。2014年，全乡农网改造竣工，先后投入资金2500万元。是年，溪口、亚家、叭喇、上窝喇、张家坪、对冲溪、曹家7个村用上自来水。

水利建设

1959年10月，境内建成杨柳冲小(2)型水库，有效库容23万立方米，灌溉稻田37.33公顷。1969年10月，建成窝米小(2)型水库，有效库容12万立方米，灌溉稻田13.33公顷。1970年10月，建成高良冲小(2)型水库，有效库容10万立方米，灌溉稻田6.67公顷；建成向阳小(2)型水库，有效库容15万立方米，灌溉稻田23.33公顷。1971年10月，建成毛坪小(2)型水库，有效库容30万立方米，灌溉稻田10.0公顷。1984年，投资50万元，实施排抽村毛坪水库和曹家村杨柳冲水库除险加固工程。1995年，投资864万元，修建沟渠2.65公里，整修山塘8口。2000年，整修山塘堤坎10处，整修农田引水渠12.6公里。2003年，修筑张家坪村河堤。2012年，投资280万元，实施溪口、张家坪、旦武、叭喇、曹家、对冲6个村小农水项目，建成防渗水渠23.7公里，水窖26口，修筑张家坪至上窝喇防洪堤1.65公里，维修曹家村杨柳冲水库，改善213.4公顷稻田灌溉。2013年，投资100万元，实施毛坪水库除险加固项目；投资24万元，建成上窝喇1.6公里农田灌溉水渠；投资50万元，实施翘水大坝除险加固。2014年，投资80万元，实施大寨村小流域治理项目。

村镇建设

2008年，全乡推广节柴灶2560个，改厕改厨2135户。2012年，建成乡直机关廉租房2栋60套。2014年，实施旦武村民居改造项目，全村改造73栋，其中新建27栋、维修46栋。是年，投资630万元，建成公租房1栋84套。

社会事业

教育

民国8年(1919)，在溪口建中正乡小学。民国15年(1926)，中正乡溪口小学校舍被土匪焚烧，是年，境内设张家坪小学。民国30年(1941)，境内设中正乡中心国民学校。民国32年(1943)，增设曹家乡中心国民学校，境内有保国民初等小学校7所。1950年秋，设坪坝中心小学。1957年，增设曹家坪完全小学。1970年，设坪坝、曹家坪两所初级中学。1981年，调整中学布局，撤曹家坪初级中学，保留坪坝初级中学。1984年，境内有初级中学1所，完全小学1所，村级小学12所，教学点21个，在校中小学生1530人，有教师73人，其中民办教师25人。1992年，撤销茶园寨、鱼洞、鱼潭冲等地教学点。2004年，乡中心完小与坪坝初级中学合并，建乡九年制学校。2013年，创办幼儿园11所，入园幼儿320人。2014年，境内有乡九年制学校1所，村小学3所，村级教学点8个，有在校学生1240人，教职工70人。

文化体育

1958年，公社设文化站。1966年，公社文化站停办。1974年，恢复公社文化站。1978年，公社成立电影放映队，到各大队巡回放映。1984年，建坪坝电影院。是年，举办苗族传统节庆“三月三”“七月八”民俗活动，活动中举行苗歌对唱、苗鼓、苗族歌舞、传统戏剧等演出。1990年，在曹家坪村清明场举办“苗族赶秋节”活动。1991年，上窝喇村10幅苗族还傩愿神图及牛角、司刀等祭祀法器在会议期间展出。1998年，举办坪坝苗乡“七月八”赶秋活动。2004年，境内有6人获苗族拳师职称。2007年，恢复电影下乡放映活动。2008年，组建坪坝“阿娅”民族艺术团，多次参加吉首市丹青、排绸等地的苗族文艺活动。2011年，建成农家书屋12个，藏书1.8万册。2014年，全乡有村级文化辅导员12人。是年，建成村级体育活动场地15个。

1972年，公社建广播放大站。1977年，全社14个大队、73个生产队通广播，安装叭喇1413只，入户率78%。1986年，境内能收看中央电视台、湖南电视台节目2套。1989年，全乡有电视机56台。1994年，建坪坝电视卫星接收站，开通有线电视。是年，开通调频广播。2004年7月，实现电视光纤与县城联网，溪口、大寨、窝塔等地开通有线电视，境内3个村可收看省、州等电视节目38套。2011年，偏远村寨安装卫星接收器1524台，电视收视实现全覆盖。2014年，全乡有线电视用户834户，家庭卫星电视用户1918户。

医疗卫生

清代民国年间，境内民间治病疗伤以传统中草药为主。1958年，建公社卫生院，引进西药，开展预防接种。1984年，坪坝卫生院有病床12张，医务人员6人，全乡有村级卫生室15个，村医25人。1990年，乡卫生院有医技人员10人，村级卫生室有村医13人，接生员8人。2007年，实施新型农村合作医疗制度，全乡参合农民10044人，参合率93%，发放医疗补助金22.93万元。2011年，乡卫生院实行基本药物零差率销售。是年，乡卫生院有医务人员12人，住院床位16张，新建曹家村卫生室。2014年，乡卫生院有医务人员14人，全乡参加新型农村合作医疗10152人，参合率95%，发放医疗补助金269.89万元。

社会保障

20世纪70年代，社会保障事业以供应统销粮，发放救济款为主。2004年，建乡敬老院，建筑面积250平方米，集中供养“五保”老人28人。2005年，实施农村贫困户定期救助，全乡有救助对象46户159人，发放救助金15264元。2011年，实施新型农村养老保险制度，全乡参保人数5399人，缴费人数3786人，领取养老金1613人。是年，发放扶贫开发与农村低保相结合的“两项制度”扶贫开发资金73.28万元。窝瓢村江西寨地质滑坡局部避险搬迁14户，搬迁费24万元。2013年，对全乡68位曾在小集体企业工作过的人员纳入城镇职工退休养老。2014年，全乡有农村低保643户1409人，发放农村低保救助金170.69万元；有城镇低保对象103人，发放城镇低保救助金19万元；有“五保”老人89人，其中在乡敬老院集中供养14人。

特色地情

历史人文

旦武营 系明朝修筑的苗疆边墙北端终点工事。清《古丈坪厅志》载：“旦武营，厅治古丈坪南三十里，营旁俱苗人寨落，群峰环合，高险幽阻，攒芒列戟，睥睨左右，为乾州、永顺接界要区，亦苗险苗要。”清嘉庆二年(1797)，设旦武营汛，驻千总一员，兵四十名。民国25年

(1936)，驻守屯军整编撤走，张姓人迁居。寨子空旷平坦，三面绝壁如刀削。2014 年，列入古丈县民居改造整村推进示范村，同时启动南方长城边墙终点站景点修复，并申报国家特色民居保护村寨。

名优特产

苗家酸汤 开胃，助消化。制作方法：将青菜（白菜也可）洗净切细，注放少量米汤或酸水于坛子里，一两天便成。食用时，待菜油熬老，就把酸汤放进锅内，加以少量盐和辣子粉，汤一烧开就可食用。

苗家酸肉 境内苗族居民一年四季都有腌制酸肉的习惯。制作工艺：将鲜猪肉洗净，切成块状，盛在盆里，用五香粉、食盐调匀，放一小时，再掺入米粉，然后把肉连同米粉放入盖水坛子里，封密盖严，坛子四周放少许冷水，五天后即可食用。

苗家酸鱼 具有“香、鲜、酸”口味。其制作工艺是把本地稻花鲤鱼破背取出肚肠，放在盆里和小米或苞谷粉调匀，放上食盐，腌两个小时后放入盖水坛子，密封好，放上清水，用盖子盖严。有的将坛子倒扑过来，下面用一个大钵子或小盆子装满清水。一个月后，即可开坛食用。

风景名胜

天台山 位于大寨村西边，相传一苗族青年，不满朝廷残酷统治和压迫，邀集族人到山顶台地安营扎寨，积草屯粮，倚山称王，将此山取名天台山，即“天子坐镇之台”之意。起义失败后，人们为怀念苗王，每年农历二月十八、六月十八、九月十八为会期，烧香祭拜，世代相传。

穿洞 是一个天然溶洞，距大寨村 3 公里，洞口高 50 米，宽 30 米，长 2.5 公里。传说阳春三月，夜阑人静时山鬼在洞内放药，洞口不断向外涌出岩鲤。人若沿溪拣去，能满载而归。但是捡鱼时不能说话，据说山鬼听见讲话声，捡到的鱼就会变成树叶，溪里流着的鱼会马上复活。据说，常有人守在洞口坐等鱼利。

古丈还傩愿表演（向光鑫摄于 2006 年 1 月）

民俗风情

民族特色活动有“三月三”“六月六”、傩愿戏、鹊桥会、清明歌会。传统技艺有苗绣、苗家武术、苗族鼓舞。民族传统文艺表演队有大寨、溪口、亚家等地的苗鼓队和舞狮队。

鹊桥会 源于溪口翘水河畔有一对男女相爱，因家人反对双双殉情。后来每逢农历“七月七”“七月八”“七月九”这三天，年轻男女便到翘水河畔相会，吹笛唱歌，谈情说爱，寻觅伴侣，代代相传，为赶秋注入地方色彩。

清明歌会 相传苗民散居在偏僻的大山之中，到很远的地方去换生活用品，经常遭受坑蒙拐骗。五里十八寨苗家人便相约清明节作为场期，交换物品，互通有无，并以歌会友。青年男女利用机会唱苗歌，以歌代言，相互传情，相定终身，久之成俗。境内曹家坪设有清明歌会会场。

（撰稿人：张红新）

高望界乡

区域概况

位置面积

高望界乡位于古丈县东北部，东与岩头寨镇交界，东北与高峰乡接壤，南与古阳镇毗邻，西与罗依溪镇相连，北与永顺县小溪乡隔酉水河相望，区域面积129.92平方公里。乡政府驻地高望界村，距县城古阳镇27公里。

建置沿革

清道光二年(1822)，置古丈坪厅，境域南部属古丈坪厅功全保，北部酉水南岸麻溪一带属沅陵县，东北部烂泥池、岩洞溪、石门寨等地属永顺县。民国32年(1943)，调整县界，沅陵县益平乡酉水南岸麻溪一带和永顺县施溶中下乡酉水南岸烂泥池、石门寨一带划归古丈县，主属保安乡。西部冲天坪、麻溪，属罗依溪乡。1950年，属古丈县第一、二区。1956年，撤区并乡，属石门乡。1958年，人民公社化，属高峰、青龙、东方人民公社。是年，境内设高望界林场，属县林业局管理。1979年，高望界林场升格为公社级林场，属县人民政府直管，林场下辖大队。2005年，高望界林场划出行政管理职能，设高望界乡。

行政区划

1979年，从高峰公社划出焦坪、公羊坪、葫芦坪、吴家坪、石门寨、菜坨、烂泥池7个大队，从岩头寨公社划出岩坨大队和白岩坪、丫竹坪2个生产队，从东方公社划出麻溪、冲天坪2个大队，归高望界林场管辖。1984年，境内辖高望界、岩坨、葫芦坪、麻溪、焦坪、公羊坪、冲天坪、石门寨、吴家坪、烂泥池10个村、下设40个村民小组。2005年，村级建制调整，冲天坪村并入岩坨村，吴家坪村并入石门寨村。是年，全乡辖岩坨、葫芦坪、焦坪、烂泥池、石门寨、高望界、麻溪、公羊坪8个建制村和高望界居委会，村民小组设置不变。

人口民族

1982年，第三次人口普查，境内人口3191人。其中，苗族432人，占13.54%；土家族478人，占14.98%；汉族2281人，占71.48%。人口密度25人/平方公里，人口自然增长率13.39‰。1990年，有816户3419人。其中，土家族771人，占22.55%；苗族568人，占16.61%；汉族2127人，占62.21%。2005年，境内讲瓦乡话的居民民族成分更改，由汉族改为苗族。是年，全乡有965户3407人。其中，土家族1297人，占38.07%；苗族759人，占22.28%；汉族1343

人，占 39.42%。2014 年，全乡有 1046 户 3630 人。其中，土家族 1297 人，占 35.73%；苗族 759 人，占 20.91%；汉族 1566 人，占 43.14%。人口自然增长率 6.34‰，人口密度 28 人 / 平方公里。主要语言是瓦乡话。南部岩坨、白岩坪、丫竹坪等地讲苗语东部方言，又称“浅苗语”。

自然环境

境内主要山脉高望界，山脉走向自南向东北延伸，西南高，东北低。最高点高望界顶堂主峰，海拔 1146.2 米；最低点酉水河南岸鱼儿溪口，海拔 170 米。溪谷发育多呈“V”形，开阔度小，山坡下部多陡峭，中上部较平缓，平均坡度 34 ~ 40 度。成土母岩以砂页岩和紫色砂页岩为主，土壤以黄壤、黄红壤为主，有耕地 280.07 公顷，其中稻田 206.67 公顷，旱地 73.40 公顷。年平均气温 12.5℃，年降水量 1640 毫米，无霜期 240 天。小气候明显，夏季温度高而不显炎热，冬季温度低而不觉寒冷。属酉水河及支流酉溪河水系，酉水干流流经境内 10 公里。溪流有葛竹溪、麻溪、大溪、石门溪等大小 4 条。烂泥、石门寨村有铜、硫铁、磷等矿产资源。植物类型与植物群落多样，有维管束植物 204 科 846 属 1883 种。其中国家一级保护植物有钟萼木、南方红豆杉、红豆杉、银杏 4 种；国家二级保护植物有黄杉、篦子三尖杉、巴山榧树、黄连、银鹊树等 32 种。有中国特有属植物 25 属，占中国特有属 3.56%。国家一、二、三级保护动物有白颈长尾雉、林麝、果子狸、红腹角雉、穿山甲、飞狐、武陵岩蛙等 35 种。

经济发展

经济综述

民国年间，境内以种植旱粮作物为主，品种有粟、大豆、红薯、荞、麦、等。经济收入主要依靠桐油销售。1958 年，建立国营林场，发展林业多种经营。1980 年，高望界林场产值 170.1 万元，人均纯收入 170 元。2006 年，高望界、烂泥池、焦坪等海拔较高的村开发核桃、板栗等干果产业，葫芦坪、公羊坪等村开发椪柑、橙橘等水果产业，其他村寨发展家禽、山羊、黑跑猪等养殖业。2010 年，农业产值 430.7 万元，农民人均纯收入 1478 元。2014 年，全乡经济收入 685 万元。其中，第一产业 609 万元，占 88.91%；第二产业 21 万元，占 3.07%；第三产业 55 万元，占 8.02%。人均纯收入 2291 元。

农业

种植业　1970 年，境内推广矮杆水稻。1976 年，境内试种杂交水稻。1977 年，葫芦坪、公羊坪、鱼儿溪、吴家坪等地移民后靠，开发柑橘。1988 年，推广“地膜玉米”栽培技术。是年，农作物播种面积 453.33 公顷，其中稻谷产量 531 吨，玉米产量 55 吨，红薯产量 56 吨。1990 年，推广水稻“双两大”“旱育旱发”栽培技术。2000 年，推广水稻软盘抛秧栽培技术。2006 年，全乡粮食作物播种面积 476.67 公顷，产量 1425 吨，其中水稻播种面积 215.6 公顷，产量 1009 吨；玉米播种面积 127.53 公顷，产量 239 吨。2010 年，全乡推广烤烟种植，面积 2.33 公顷，产量 4 吨。新扩茶园 24.7 公顷，开发板栗 260 公顷。2014 年，全乡粮食作物播种面积 473.73 公顷，产量 1470.36 吨，其中，水稻 215.33 公顷，产量 884.5 吨；玉米 142.33 公顷，产量 320.25 吨。油料作物播种面积 221.47 公顷，产量 261.53 吨，其中油菜 152.13 公顷，产量 245 吨。蔬菜播种面积 183.67 公顷，产量 2368 吨。是年，开发板栗 70 公顷，核桃 6.7 公顷，“三木”药材 53.4 公顷。烤烟种植面积 44.4 公顷，产量 43.6 吨。茶叶种植面积

106.07 公顷，其中可采摘 49.33 公顷，茶叶产量 3.6 吨。柑橘 123.27 公顷，产量 1200 吨。

林业 1958 年 3 月，建立国营高望界林场，全场面积 5360.6 公顷。1960 年 3 月，改为高望界农林垦植场。1962 年，恢复高望界林场。1972 年，造林 433.33 公顷。1976 年，全县第二次林业调查，境内林业用地总面积 5226.67 公顷，有用材林 2893.33 公顷，灌木林 1273.33 公顷。1979 年 10 月，高峰、东方、岩头寨 3 个公社辖区 10 个大队划归林场管理，全场面积扩至 1.2 万公顷，林木蓄积量 40 万立方米。1984 年，全场林木育苗 30.74 公顷，人工造林 2666.67 公顷。是年，古丈县第三次林业调查，全场林业用地面积 1.1 万公顷，其中用材林 7393.33 公顷，灌木林 1553.33 公顷，活立木蓄积量 56 万立方米。1988 年，人工造林 189.1 公顷，境内森林面积 7648.6 公顷。2002 年，在岩坨、烂泥池、葫芦坪、吴家坪、公羊坪、石门寨、焦坪 7 个村境内实施退耕还林 56.35 公顷。2006 年，全乡累计退耕还林 173.05 公顷，配套荒山造林 318.16 公顷。2007 年，境内划为国家生态公益林 5798.3 公顷。2011 年，国务院批准建立高望界国家级自然保护区，2013 年，人工造林 33.4 公顷。2014 年，修建高望界顶堂峰护林防火瞭望塔，塔高 5 层。

养殖业 境内以饲养生猪、山羊、牛、家禽为主。1970 年，公羊坪、葫芦坪、石门寨、吴家坪等地利用凤滩水库蓄水，发展网箱养鱼。1988 年，出栏生猪 669 头，山羊 91 只，出售和自宰家禽 3520 羽，折肉 4.0 吨。禽蛋产量 1.2 吨。猪存栏 872 头，其能繁母猪 149 头；耕牛存栏 801 头，其中能繁母牛 198 头；山羊存栏 449 只；家禽存笼 1545 羽；养蜂 280 箱。2006 年，发展“林下羊、林下黑跑猪、林下鸡”等生态养殖产业，当年出栏肉猪 2316 头，年末猪存栏 1417 头。出栏肉用牛 100 头，年末牛存栏 922 头；山羊出栏 916 只，年末山羊存栏 1950 只；家禽出笼 6100 羽，家禽存笼 5400 羽，禽蛋产量 7 吨，水产品养殖产量 26 吨。2013 年，全乡成立生态养殖专业合作社 6 个。2014 年，全乡出栏肉猪 2854 头，出售和自宰肉用牛 34 头，出售和自宰山羊 900 只，出售和自宰家禽 11300 羽。年末牛存栏 633 头，生猪存栏 1727 头，其中能繁母猪 256 头；山羊存栏 1694 只，其中能繁母羊 1211 只；养蜂 276 箱；家禽存笼 8752 羽。

工业

元明时期，开采庙溪铜矿。民国年间，复采庙溪铜矿，先后遗留矿井 41 处。1958 年 8 月，再次开采庙溪铜矿。是年冬，成立古丈县大溪铁厂，建炼铁土高炉 106 座，组织 3200 人采矿冶炼，生产高硫生铁 454 吨，土钢 3.12 吨。1961 年，因成本高，钢铁质量差，大溪铁厂停办。1973 年，庙溪铜矿向大冶炼厂交售铜矿石 90 吨，收入 7.8 万元。1979 年，高望界林场创办木材加工企业。1981 年，庙溪铜矿停办。2003 年，湘西州高远矿业公司投资 500 万元，庙溪铜矿再次开采。2014 年，全乡工业产值 21 万元。

商贸服务

1951 年，县国营贸易公司在公羊坪设立贸易小组，保障当地居民日用品、食盐等生活供应。1957 年，设岩坨农副产品收购站。1977 年，设高望界供销社。1986 年，有村级代销店 8 个。1990 年，境内有个体工商户 10 户。2006 年，旅游业兴起，全乡有农家乐和宾馆 6 家。2014 年，全乡餐饮服务业收入 55 万元。

劳务输出

1990 年，境内青壮年农民外出务工兴起，全年外出务工 237 人。2006 年，全乡外出务工人员增多，境内部分村寨成为“空巢寨”，全年劳务收入 290 万元。2014 年，全乡农民外出务工劳务收入 327 万元。

基础设施

交通运输

清代，有辰州府通往永顺府官道一条，途经境内焦坪、高望界水井等地。1975 年，修通田麻寨至高望界公路。1977 年，修通高望界至李家洞公路。1980 年，修通林场场部至大溪、场部至庙溪、场部至老屋场 3 条林区公路。2006 年，硬化焦坪村人行道。是年，投资 80 万元，修通石门寨、岩坨 2 个村通村公路。2010 年，实现村村通公路，通车里程 97.5 公里。2011 年，建成高望界农村客运站。2014 年，酉水南岸公羊坪、葫芦坪、鱼儿溪、吴家坪等地建有水泥硬化码头 11 个。

邮政通信

清代，沅陵至永顺邮道经过高望界水井、焦坪等地。开辟马步班道。1971 年，设李家洞邮政所高望界代办点。2001 年，开通程控电话。2007 年，利用光纤线路，开通宽带。2010 年，境内建移动通信塔 13 座，境内移动通信实现全覆盖。2011 年，有邮政代办点 1 个，固定电话 5 部，移动电话 1690 部，宽带用户 20 家。年底，乡邮政所综合楼竣工。2014 年，有固定电话 16 部，移动电话 3200 部。

供电饮水

1968 年，在烂泥池大队枞坨修建葛竹溪水电站，发电量 125 千瓦，附近村寨通电。1985 年，境内有 20 个组 1560 人的饮水困难。1988 年，在大溪自然寨建一个发电量为 2.6 千瓦小型水电站。1990 年，村村实现通电。2002 年，启动农网改造工程。2006 年，投资 10 万元，实施石门寨、高望界 2 个村的人畜饮水工程。2010 年，完成麻溪村 4 个组农网改造，境内有 10 千伏输电网 13.5 公里。是年，高望界机关饮水工程竣工。2011 年，公羊坪、焦坪、石门寨、岩坨、麻溪、葫芦坪等村 7 个村 16 个村民小组的饮水工程竣工通水。2014 年，全乡村村完成农网改造，用电实现与城镇同网同价。

水利建设

民国年间，境内无水利设施，灌溉困难，部分半山田是“雷公田”。1971 年，修建葫芦坪小(2)型水库，库容 10 万立方米。1980 年，各大队均兴修简易灌溉设施。2000 年，维修山塘水库，沟渠灌溉改为水管引水。2010 年，全乡修建沙湾、公羊两个组灌溉水渠 5 公里，修高望界村长沙洞、丫竹坪两个组水渠 4 公里，整修麻溪组水渠 1 公里，维修岩坨村小茶坪、冲天坪组水渠 2 条。

社会事业

教育

民国年间，胡芦坪、旧庄、麻溪、石门寨、冲天坪、岩坨、烂泥池、焦坪等地设私塾。1952 年，在人口集中村寨设小学。1958 年，设高望界林业中学，有学生 180 人。1962 年，撤销高望界林业中学。1977 年，烂泥池大队设二年制初级中学。1980 年初中停办。1981 年，建中心完小和职工子弟学校各 1 所，大队小学 12 所。2011 年，撤高望界中心完小，保留葫芦坪村小学。学校有学生 11 人，小学教师 1 人，幼儿教师 1 人。2014 年，葫芦坪村小有小学生 7 人，幼儿 13 人。

文化体育

1971年，高望界林场购买电影放映机一台，定期在场部放映。1977年，林场场部通广播。1979年，建立林场文化站。1983年，境内可收看中央台和湖南台2套电视节目，场部有电视机5台。1994年，场部开通调频广播。同年，建成高望界有线电视卫星接收站，场部及附近村寨开通有线电视。2007年，有线电视实现与县城联网，可收看电视节目120套。2011年，境内建成农家书屋8个，藏书2.36万册。2012年，建成葫芦坪、石门寨、烂泥池3个农村水泥篮球场和农民健身园。是年，乡政府组织第二届“高望界杯”系列文化体育活动。2014年，有8个农家书屋，新增图书4000册，有村级文化辅导员8人。是年，村民自发成立高望界苗鼓队，参加古丈县首届苗鼓赛。

医疗卫生

民国期间，境内医疗以中草药为主。1958年，建林场医疗室。1979年，各大队有赤脚医生1人。是年，建高望界卫生院。2010年，建烂泥村卫生室。2011年，建成村卫生室7个。是年，全乡有专业卫生人员12人。2007年，实现新型农村合作医疗制度，全乡参合农民2728人，参合率91.4%，享受医疗补贴12.75万元。2012年，乡卫生院实行基本药物零差率销售。是年，建成8个村达标卫生室，乡卫生院与村卫生室实行一体化管理。2013年，乡卫生院有床位7张，医生2人。2014年，全乡参加新型农村合作医疗3210人，参合率90%，享受医疗补贴2112.85万元。

社会保障

1980年，对贫困户赊销粮、赊销布和赊销棉絮。2005年，实施贫困人口定期救助，有36户89人享受，发放救助金8544元。2007年，建乡敬老院，入住“五保”老人11人。2011年，实施非农业人口最低生活保障，全乡有52户41人享受，领取保障金12.39万元，农村最低生活保障户有147户255人，领取保障金20.36万元。农村“五保”36人，其中集中供养11人、分散供养25人。是年，实施新型农村养老保险制度，全乡有1652人参加农村养老保险，565人领取农村养老金。2014年，非农业人口最低生活保障户有15户30人，发放低保金8.22万元。农村低保户有487户754人，发放低保金90.25万元。农村五保36人，其中集中供养13人。全乡1764人参加农村养老保险，565人领取农村养老金。

特色地情

历史人文

特色民居 以木房建筑为主。民居特色建筑有半边火床、晒楼和二檐，是民居建筑中的奇葩。二檐又叫接檐、拔檐，一般是在屋檐正前面的檐柱上打榫口，固定地枋和天枋，每扇一柱一地枋，一匹至三匹天枋，天枋上可穿一匹至二个挂柱，上搭檩木，钉椽盖瓦。二檐的檐脊低于屋檐，留出空隙以利房间采光。二檐的宽度因阶沿而定，多在五尺左右，过宽，檐口矮不利房间采光。阶沿较窄，二檐柱子也可悬置阶沿外坎上，故又称着“拔檐”“吊檐”。二檐各柱子之间地枋上方二尺处,接宽厚地枋，供人坐憩，或者放重物。有的农户装上镂花栏杆，刷清漆和桐油。

风景名胜

高望界景观 高望界国家级自然保护区风景宜人，有高望积雪、林径通幽、顶堂瞭望、十里红霞、雾海奇观等景观。高望界上有沅陵通往古丈、迁陵（保靖）、溪州（今会溪坪、施溶溪及老司城）一条旧驿道。此驿道起于宋，兴于明清。

古丈高望界木屋民居二檐（李琳筠摄于2008年7月）

古丈高望界林海（熊泽金摄于2015年2月）

最高处顶堂峰，界上气候多变，气象壮观。据《古丈坪厅志》载："古丈坪东南50里，岭势险峻，高出云表，其绝险处，扪萝攀藤，羊肠一线，陡其岭者，心悸目眩，不数大行，九折返也，为古至辰必由之道。"今顶堂建防火瞭望塔。登塔瞭望，四围山水尽收眼底：南睹泸溪天桥山，北望永顺回龙庵，东极沅陵二酉山，西望保靖白云山，俯视栖凤湖一泓碧水，樯帆点点。另有葛竹溪、麻溪、大溪、石门溪景点，林海茫茫，颇具野趣，为人们避暑、狩猎、寻幽之佳境。

（撰稿人：陈　新）

山枣乡

区域概况

位置面积

山枣乡位于古丈县东南部，东与沅陵县二酉苗族乡交界，南与泸溪县八什坪乡接壤，西南与吉首市排绸乡相连，西靠河蓬乡，北抵岩头寨镇，区域面积71.74平方公里。乡治山枣溪，距古丈县城52公里。

建置沿革

山枣乡，因境内溪流穿境而过，溪边山岭多生野枣树，取名“山枣溪”，驻地处于山枣溪边，而命名“山枣”。清道光二年(1822)，置古丈坪厅，属外功全保。民国11年(1922)，属古丈县下功乡。民国23年(1934)，属古丈县第二区，分属枞树乡、银坪乡。民国27年(1938)，废区并乡，属银坪乡。民国35年(1946)，全县乡镇区划调整，永宁乡与银坪乡合并，设和平乡。1950年，属古丈县第三区，境内设山枣乡、枞树乡、火麻乡、磨刀乡。1956年，撤区并乡，设山枣乡。1958年，设山枣人民公社。1960年，并入河蓬人民公社。1961年3月，从河蓬人民公社析出。1984年，公社改乡制，为山枣乡。

行政区划

民国年间，银坪乡辖5个保。1958年，全公社辖磨刀、火麻、高寨、枞树、竹山、山枣6个大队41个生产队。1963年，野竹公社筲箕田、占潭、洞溪3个大队划归山枣公社。1979年，洞溪、占潭2个大队划归草潭林场。1984年，全乡辖磨刀、火麻、高寨、筲箕田、枞树、竹山、山枣7个村和山枣居委会，下设60个村民小组。1985年，从山枣村划出顶上林场、背龙、亮河3个自然寨，设林场村，划出农科、漆树界、宗主坪3个自然寨，设农科村。2005年，高寨村并入火麻村，农科村并入林场村，全乡辖磨刀、火麻、筲箕田、枞树、竹山、山枣、林场7个建制村和山枣居委会，下设58个村民小组。

人口民族

民国27年(1938)，银坪乡2933人。1982年，第三次人口普查，境内有5376人。其中，苗族3161人，占58.8%；土家族17人；汉族2190人，占40.74%。人口自然增长率25.22‰，人口密度75人/平方公里。1996年，境内讲瓦乡话汉族人更改为苗族。是年，全乡有1470户6567人。其中，苗族5215人，占79.41%；汉族1307人，占19.9%；土家族45人。2004年，林场村男村民张印珠，时年103岁；火麻村男村民张自玉，时年101岁。2007年，全乡有1679户6759人。其中，苗族6085人，占90.03%；汉族625人，占9.25%；土家族48人。2014年，全乡有1606户7116人。其中，苗族6285人，占88.32%；汉族770人，占10.82%；土家族49人。人口自然增长率7.99‰，人口密度99人/平方公里。境内主要民族语言有瓦乡话和苗语东部次方言，又称“浅苗语”。

自然环境

境内属低山丘陵地貌，境内群山起伏，溪谷交错，地势西北高、东南低，平均海拔300米。最高点火麻村高河蓬，海拔626.7米；最低处竹山村马草坪，海拔136米。成土母岩以紫色砂页岩为主，其次有少量石灰岩，磷质页岩、板页岩，分别发育成红壤、黄壤、青砂壤。主要溪流有山枣溪、坳上溪、坨坪溪、磨刀岩溪，其中山枣溪水流量最大，境内溪流均由北向南汇入西溪河。有耕地775.4公顷，其中稻田727.4公顷，旱地48公顷。森林覆盖率75%，年降水量1480毫米，年无霜期275天。

经济发展

经济综述

20世纪70年代，境内经济结构单一，以传统农业生产为主，兼营林业，主要林产品为乌桕木油、木材等。1981年，实行联产承包责任制，发展多种经营，推广经济作物种植。1987年，全乡工农业产值189万元，农民人均纯收入150元。1992年，开发板栗、茶叶、柑橘等产业。1998年，全乡工农业产值824万元，农民人均纯收入450元。2001年，发展茶叶产业，同时发展山羊养殖。是年，全乡工农业产值929.32万元，农民人均纯收入722万元。2005年，开展劳务输出。是年，全乡工农业生产值1184.6万元，农民人均纯收入1025元。2011年，优化产业结构，改善基础设施，发展劳务经济、建立健全社会保障体系。2014年，全乡产值7400万元。其中，第一产业1474万元，占19.92%；第二产业5135万元，占69.39%；第三产业791万元，10.69%。农民人均纯收入2018元。

农业

种植业 20世纪70年代，境内水稻推广矮杆“矮脚南特”“珍珠矮”，以及双季稻栽培。1973年，公社建茶场，种植茶叶21.4公顷。1985年，推广杂交水稻种植，当年种植面积363公顷。是年，扶持63户农户种植木耳、香菇。1986年，农作物播种面积1330.07公顷，其中粮食作物播种面积739.27公顷，产量1953吨；水稻面积434.93公顷，产量1793吨；玉米面积40.27公顷，产量22吨。大豆218.53公顷，产量115吨，油菜面积68.07公顷，产量48吨。蔬菜面积67.13公顷，产量554吨。1988年，推广地膜玉米栽培技术，种植面积58公顷。1990年，推广水稻“双两大”“旱育早发”“规格化插秧”栽培技术。1992年，在枞树溶、山枣、火麻、林场、茶场等地开发茶园93公顷。在火麻村种植柴胡、党参、茯苓等药材12公顷。1994年，发展晒烟产业，在龚家寨种植4.1公顷，在枞树溶种植0.5公顷，在川坳种植2.1公顷，在林场村种植5.6公顷。2000年，推广水稻软盘抛秧栽培技术。2005年，全乡水稻面积434公顷，产量1616吨；玉米面积82.67公顷，产量97吨；大豆面积82.67公顷，产量75吨；油菜面积250.67公顷，产量301吨；蔬菜面积147公顷，产量940吨。2007年，茶场村新扩园8公顷。2012年，全乡茶叶种植面积增164.3公顷，其中稻田改制种茶

46.7 公顷。2014 年，全乡农作物播种面积 1660.47 公顷。水稻面积 759.73 公顷，产量 1674 吨；玉米面积 101.0 公顷，产量 208 吨；油菜面积 251.93 公顷，产量 358.55 吨；蔬菜面积 297.4 公顷，产量 1564.56 吨。是年，烤烟种植 76.73 公顷，产量 155 吨，收入 180 万元。茶叶种植 272.3 公顷，其中可采摘 33 公顷，茶叶产量 12 吨。柑橘园面积 124.3 公顷，柑橘产量 168.54 吨。

林业 民国期间，境内农民是以个体方式经营山林，主要靠封山育林方式发展林业生产，林产品以乌桕木油为主。1978 年，公社建顶上林场，面积 98.67 公顷。1984 年，全县第三次森林资源调查，全乡林业用地 5460 公顷，其中用材林 1726.67 公顷，经济林 886.67 公顷，灌木林 1286.67 公顷。木材蓄积量 13.21 万立方米。是年，全乡有油桐林 10.07 公顷，乌桕林 66.7 公顷，油茶林 859.13 公顷。1988 年，人工营造速生丰产林 12.3 公顷。2001 年，在枞树溶、林场、山枣 3 个村实施退耕还林 34.69 公顷。在火麻、枞树溶 2 个村配套荒山造林 56.84 公顷。2006 年，全乡完成退耕还林 164.84 公顷，配套荒山造林 239.57 公顷。当年发放退耕还林补助款 51.92 万元。2010 年，实施集体林权制度改革，全乡纳入集体林权改革的林地面积 5436.3 公顷，现场核实宗地 7356 宗。2014 年，在枞树溶、火麻、林场、磨刀岩、山枣、竹山 6 个村实施退耕还林 29.43 公顷，其中竹山村 14.97 公顷。

养殖业 境内以饲养生猪、山羊、牛、家禽为主。1986 年，出栏肉猪 1393 头，出售和自宰肉用牛 30 头，出售和自宰肉用羊 399 头，出售和自宰家禽 4237 羽，禽蛋产量 7 吨。年末牛存栏 1135 头，其中能繁母牛 306 头；生猪存栏 2407 头，其中能繁母猪 150 头；山羊存栏 1513 只，其中能繁母羊 893 只；家禽存笼 5602 羽，其中鸡存笼 5189 羽。1992 年，在林场、农科、火麻、高寨 4 个村种植桑叶 40 公顷，养蚕 2000 箱，收入 6 万元。2005 年，出栏肉猪 3279 头，年末猪存栏 2887 头；出栏肉用牛 289 头，年末牛存栏 2200 头；山羊出栏 2435 只，年末山羊存栏 2003 只。家禽出笼 11300 羽，年末存笼 10700 羽，禽蛋产量 12 吨。2012 年，火麻村银坪组村民王美娟在响水洞创办阳泰种养殖场，养殖能繁母猪 50 头。2013 年，阳泰种养殖场养殖山羊 200 只。2014 年，全乡肉猪出栏 2193 头，肉用牛出栏 127 头，山羊出栏 1192 只，家禽出笼 9444 羽。禽蚕产量 12.27 吨。年末牛存栏 1158 头。生猪存栏 2463 头，山羊存栏 1177 只，家禽存笼 10195 羽，其中鸡存笼 8695 羽。是年，阳泰养殖场注册成立阳泰养殖专业合作社。

工业

1986 年，境内成立乡贸工农公司，建山枣豆制品加工厂，购置 4 万元加工设备，生产豆腐皮，兼营大米加工和农副产品销售。1988 年，山枣豆制品加工厂停产。1994 年 3 月，乡企业办建酿酒厂，生产白酒。1995 年，乡企业办停办酿酒厂。

商贸服务

1977 年，山枣设供销社。1986 年，全乡商业网点有供销社 1 个，村代销店 11 个。乡供销社主要经营布匹、百货、副食、南杂、小五金，年销售金额 107 万元，收购农副产品，年收购金额 24 万元。村代销店以经营日用品、糖酒副食为主。网点覆盖 9 个村。1988 年 9 月，山枣设墟场，逢农历二、七日赶场。1992 年，投资 6 万元，整修山枣市场，建市场交易棚 8 个，设交易摊位 80 个。是年，全乡有个体工商户 12 户。2010 年，山枣墟场集日交易人数达 1500 人，高峰期有 3000 余人，上市交易的商品主要有粮油、土特产品、禽畜、肉食、日用百货、蔬菜、水果、茶叶、板栗，每场交易额10万元，辐射县内岩头寨、河蓬、泸溪县八什坪、沅陵县二酉苗族乡等地。2014年，全乡有个体工商户25家，从业人员83人，其中餐饮服务业4家。

其他产业

劳务输出 20世纪80年代，境内农村出现剩余劳动力。1986年，乡供销社主任龙顺美到广东省深圳市考察，与厂方接洽和联系，年内输出农村剩余劳动力242人，人均月工资150元。1996年，全乡劳务输出2100人，务工地点涉及浙江、广东、福建、江苏、上海等省市，劳务收入1000万元。2003年，设乡劳动就业保障服务站，开展劳务信息咨询，劳务技能培训。2014年，全乡外出务工2300人，全年劳务收入1277万元。

基础设施

交通运输

清代，古丈坪至沅陵民路1条，途经茨秋坪、银坪、山枣溪、枞树溶等村寨。1976年5月野竹公社两河口至山枣溪公路建成通车，途经筲箕田、山枣溪2个大队。1984年，枞树村民张圣德购置一辆旧解放牌汽车，成为全乡第一个个体运输户。1992年，全乡有农用车3辆，拖拉机5台。1997年，修通山枣至筲箕田经边龙溪至青岩坳公路。1998年，修通青岩坳至枞树溶村坳口公路，全长4.2公里。2000年，修通林场村龙颈坳至竹山村马草坪公路，途经背龙、亮河、亮坨、毛溪、赵家湾、大溪坡等地，全长16.5公里。2004年，修通河蓬乡苏家至磨刀岩村白洋坪公路。2006年6月，修通磨刀岩通村公路，途经银坪、花岩、别洲等地。2008年，白洋坪至磨刀岩公路通车，接通河蓬乡交通网。2009年，竹山村马草坪至沅陵县桥溪村公路建成通车。2010年，建成农村客运站。2012年，修通林场村漆树界通组公路，全长1.3公里。是年，硬化磨刀岩及竹山村公路。2013年，硬化火麻通村和枞树溶村公路。2014年，修通磨刀岩村天门星组通组公路，全长3.2公里。

邮政通信

民国26年(1937)7月，枞树溶通电话。1955年，山枣通电话。1956年，山枣设邮电代办点，实现通邮。1984年，全公社有手摇电话机21部。1985年，设山枣邮电所，开通客运汽车邮路。1996年，境内开通寻呼机(BP机)信号，乡政府配置模拟手机2部。1997年，开通程控电话。2006年，建成山枣移动基站。2008年，架通野竹至山枣光纤线路，磨刀、林场、火麻、山枣、筲箕田5个村开通程控电话，装机400部。是年，开通3G宽带联网。2014年，境内建成电信、移动、联通基站8个，通信信号全覆盖。

供电饮水

供电 1975年，动工修建龙颈坳口小型水电站。1982年，在山枣溪建成漆树界水电站，装机200千瓦，公社驻地及山枣、顶上、林场等村寨通电。1985年，龙颈坳口小型水电站竣工发电，装机80千瓦。1986年，架设各村寨输电线路。1987年，龚家寨、溶田、坳上、枞树溶4村通电。1989年，磨刀、林场、竹山3个村通电。1990年，筲箕田、高寨2个村通电。1992年，刘家、龙排2个自然寨通电。1994年，王家坪自然寨通电。1995年，永坪、半坡、天门星、相坪5个自然寨通电。是年，全乡所有村寨实现通电。2006年，实施枞树溶、林场、农科、火麻、山枣5个村农网改造。是年，架通草塘至山枣输电线路，与岩头寨变电站并网。2007年，架通河蓬至山枣10万伏高压输电线路，与河蓬变电站并网。2010年，完成竹山、山枣、磨刀、林场、枞树溶5个村农网改造。2014年，全乡农网改造基本竣工。

饮水 2000年，投资2万元，安装亮坨自然寨自来水管道。2003年，投资45万元，实施乡直机关人饮工程。2008年，实施磨刀岩村供水工程，新建水源池1个，铺设输水管2.7公里，建成供水池2个。2009年，投资50万元，改造乡直机关人饮工程，在林场村顶上组建蓄水池1个，蓄水量达1000立方米。2010年，实施枞树溶村相坪人饮工程。10月，在枞树溶、竹山2个村建成水窖50口。2014年，投资200万元，实施火麻、山枣、磨刀、竹山、枞树溶及乡直机关人饮工程扩建项目，建成节水窖180口。投资38万元，建枞树溶村一、二组蓄水池1个，坨坪组引水池1个。

水利建设

民国年间，境内通过开引水沟和架设木槽引溪涧水灌溉农田。1958年，在火麻境内建成红旗小(1)型水库，有效库容109万立方米，灌溉稻田73.34公顷。1966年，建成水溶洞小(2)型水库，有效库容20万立方米，灌溉稻田46.67公顷。1982年，建成漆树界小(2)型水库，有效库容40万立方米。2000年，维修红旗小(1)水库左干渠1公里。2005年，对红旗水库除险加固。2007年，投资100万元，对红旗水库主坝和副坝除险加固。2011年，投资10万元，维修蚂蟥潭山塘，修筑引水渠1公里。2014年，投资38万元，整修枞树溶村枫香坳和新寨山塘。

村镇建设

1984年，全乡新建木房86栋。2009年，全乡建沼气池80口，改厕改厨220户。2010年，建沼气池450口。2011年，建廉租房1栋，建筑面积900平方米。2012年6月，开展“同建同治”，居住环境全面整治，建垃圾焚烧池38个，发放垃圾桶2600个。2013年，投资120万元，建公租房一栋，建筑面积900平方米。2014年，建沼气池450口，推广节柴灶300个。

社会事业

教育

民国32年(1943)，境内设银坪乡中心国民学校，保国民小学校5所。1949年，湘西“三二”事变，境内各校停课。1950年初，各校复课，是年秋，设山枣溪中心完小。1970年，设山枣初级中学。1980年，境内有初级中学1所，大队小学20所，在校学生1200人。1983年，撤山枣初级中学，恢复为山枣乡中心完小。1991年，恢复初中教育，设山枣乡九年制学校。1995年，撤竹山、赵溪、相坪、银坪、溶田、别洲6所组小学，保留亮河组小学。2000年，修建亮河组小学教学楼。2013年，设乡直、枞树溶、磨刀岩3所幼儿园。2014年，投资23万元，完善树溶小学基础设施。是年，乡九年制学校有教职工48人，学生286人，其中初中153人。

文化

1958年，山枣建文化站。1972年，设公社广播放大站。1973年，公社成立放映队，在各大队巡回放映。1986年，境内能收看中央电视台、湖南电视台节目。1996年，建山枣有线电视卫星接收站、乡政府附近村寨接通有线电视。2004年，境内安装数字电视卫星接收机625台，偏远农村均能收看电视节目。2007年，乡政府驻地有线电视与县城联网。2009年，枞树溶村民张建华长篇小说《大山魂》出版发行。是年，向锦华、向彰父女在湖北省利川市龙船调民歌大赛中，演唱瓦乡山歌和土家族民歌获二等奖。2011 年，建成农家书屋 8 个，藏书 1.2 万册。2012 年，建成乡文化站综合楼，建筑面积 600 平方米。2013 年，举办山枣首届“苗乡节”，开展苗鼓、苗族歌舞、山歌对唱等活动。2014 年，乡文化站有工作人员 3 人，有村级文化辅导员 7 人。

医疗卫生

民国年间，境内以传统中草药治病为主。1958 年，设公社卫生所。1980 年，公社卫生院有医务人员 7 人。9 个大队均配 1 名赤脚医生。1991 年，投资 30 万元，新建乡卫生院门诊楼。2007 年，实施新型农村合作医疗制度，全乡参合农民 5863 人，参合率 90%，发放医疗补助款 26.43 万元。是年，7 个村建卫生室。2010 年，乡卫生院有医务人员 12 人。住院床位 12 张。2014 年，全乡参加新型合作医疗 6223 人，参合率 90%，发放医疗补助款 196.17 万元。

社会保障

20 世纪 70 年代，乡境社会保障以发放统销粮和救灾救济款物为主。1986 年，建乡敬老院，入住“五保”老人 8 人。2011 年，实施新型农村养老保险制度，全乡参保人数 3459 人，缴费人数 2514 人。60 周岁以上领取养老金人数 945 人，发放养老金标准 55 元 / 月。2014 年，新建乡敬老院住宿楼 1 栋 16 间，集中供养“五保”老人 28 人，散养“五保”老人 32 人。是年，全乡有农村低保户 446 户 1121 人，发放低保金 139.57 万元。参加新型农村养老保险人数 3710 人，缴费人数 2748 人，领取养老金人数 962 人，发放养老金标准 75 元 / 月。是年，农村危房改造 520 栋，其中新建 220 栋，维修 300 栋。

特色地情

历史人文

清咸丰花岩修路碑 清同治年间，枞树溶重修张氏祠堂碑，磨刀岩重修亭子桥碑。清咸丰年间，花岩修路碑位于磨刀村花岩组从银坪至茨楸坪小路的山坳上，立于清咸丰九年（1859)十一月，碑石保存完整，但碑面风蚀，碑文漫漶，该碑下面不远处还有一通“流芳百世”修路碑，为“大清嘉庆二十四年(1819)七月七日立”。碑文风蚀难以识读。清同治年间，枞树溶重修张氏祠堂碑，镌刻于清同治七年(1868)六月，立于枞树溶村五马坳张氏祠堂前，后移至大田坳山塘堤坝古柏树下，碑高 120 厘米，宽 78 厘米，厚 11 厘米，楷书阴刻，建有圆形台地予以保护。民国磨刀岩重修亭子桥碑位于磨刀岩村河边组亭子桥桥西，立于民国 3 年(1914)11 月，桥东立有捐资碑一通。

民俗风情

苗族民间传统节日 有苗乡节、跳香节。传统民族乐器有土长号、土唢呐。山枣苗绣从沅水流域传习，多绣于围裙、头帕上，以对称图案见

苗乡节（李琳君摄于 2014 年 1 月）

长，由于头帕多为团花分成四部分，有“十字绣”称谓。可绣在床单、鞋面、鞋垫、白布头帕、青布头帕上，作为工艺品出售。苗绣技艺传承人有王良玉、王玉梅姐妹。唱山歌、吹木叶是村民日常文化生活一部分。

特色民居

籽蹬屋　苗家人建木屋，堂屋装修大门退至金柱，金柱与檐柱间留下“籽蹬”，房屋外形呈“凹”字形，又称虎口屋。使大门前几平方米的地面与阶檐连成一片，独具一格。籽蹬形成与苗家农事活动相关。平时，当人们收工回来，将犁粑、锄头等农具或雨具放置籽蹬两旁，或挂在壁上，可免将泥土雨水带进屋内，保持堂屋清洁，也方便次日出工取带。秋收季节，籽蹬可以堆放待晒的粮食。苗家原来的房屋与客家一样，大门装修至檐柱。由于靠桐油林过日子，收剥桐籽，阶檐上堆放不下，日晒雨淋，损失不少。一天，有位老木匠建议大门装在金柱上，门前留下一块空地，便于堆放桐籽。20 世纪 90 年代，有的农户将籽蹬与阶檐铺上水泥，光洁若镜。茶余饭后，村民常在籽蹬内乘凉下棋、谈古论今。逢年过节，籽蹬上方张灯结彩，两边张贴对联。

（撰稿人：向绍华）

2015 年年底(调整后)古丈县乡镇基本情况表

乡镇名称	总面积（平方公里）	下辖建制村、居委会数（个）	户籍人口总数（人）	土家族人口占(%)	苗族人口占（%）	总产值(万元)
古阳镇	336.67	46	56478	46.07	38.13	71672
岩头寨镇	267.04	32	21459	1.30	95.47	18070
高峰镇	253.82	21	13947	26.34	28.48	12685
断龙山镇	99.55	16	13324	98.38	1.97	13766
坪坝镇	109.35	13	10950	0.23	98.65	8048
默戎镇	116.18	12	14792	7.79	78.83	12440
红石林镇	103.87	18	14412	89.66	4.13	16328

2015年年底古丈县乡镇行政区划调整表

乡镇名称	乡镇调整行政区划说明	原下辖建制村、居委会名称	并入建制村、居委会名称
古阳镇	双溪乡、河蓬乡、罗依溪镇成建制并入	柑子坪、思源桥、天桥山、太坪、长潭、南山、树栖科、田马寨、高坳9个村，古丈坪社区、红星社区、广场社区、车站社区	双溪乡的官坝、排若、夯水、宋家、溪流墨、梳头溪、蔡家、茅坡8个村和双溪居委会；河蓬乡的白洋溪、丫角山、凤鸣溪、岩寨、官坪、河蓬、苏家、沙坪8个村和大溪坪居委会；罗依溪镇的茶叶、牛儿山、黑潭坪、且茶下、康家寨、大龙、毛坪、会溪坪、罗依溪、江洋溪、坳家湖、青鱼潭、龙潭坪、石碧溪14个村和罗依溪居委会
岩头寨镇	山枣乡成建制并入	梓木、坪家、洞坪、草潭、沾潭、鲁家、白竹、磨子、野竹、鲇溪、千斤、洞溪、湾坪、崩山、蒿根、土溪、芭蕉、长冲、岩咀、老寨、岩头寨21个村，草潭居委会、野竹居委会、岩头寨居委会	山枣乡的山枣、林场、磨刀、枞树溶、火麻、筲箕田、竹山7个村和山枣居委会
高峰镇	高望界乡成建制并入	李家洞、老官坪、铅厂、岩坳、岩排溪、陈家、凉水、淘金、三坪、八水、镇溪11个村，李家洞居委会	高望界乡的高望界、烂泥池、石门寨、焦坪、岩坨、葫芦坪、公羊坪、麻溪8个村和高望界居委会
断龙山镇	断龙山乡撤乡设镇	猛虎洲、溪龙车、龙王湖、米多、小白、坐苦坝、田家洞、喜其哈、杨家河、尚家、细塔、百家、白溪、梅塔、报吾烈15个村和断龙山居委会	—
坪坝镇	坪坝乡撤乡设镇	对冲、曹家、窝瓢、旦武、叭喇、上窝啦、溪口、大寨、亚家、张家坪、窝米、板栗12个村和坪坝居委会	—
默戎镇	区划调整保持不变	龙鼻、万岩、盘草、翁草、夯娄、新窝、毛坪、中寨、潭溪、九龙、李家寨11个村和默戎居委会	—
红石林镇	区划调整保持不变	河西、河南、龙天坪、列溪、茄通、先锋、张家坡、泽禾溪、马达坪、老司岩、下布尺、铁马洲、岩仁坪、白果树、科不车、花兰16个村和河西居委会、茄通居委会	—

花垣县

概述

一

花垣县位于湖南西部，湘西自治州西北部，湘黔渝交界处，自古有“湘楚西南门户”之称。东与保靖县为界，东南与吉首市毗邻，南与凤凰县相连，西南与贵州省松桃县接壤，西北与重庆市秀山县相望，北与保靖县相接。地理坐标北纬28° 10′ ~28° 38′ ，东经109° 15′ ~09° 38′ 。县域南北长49.5公里，东西宽38.5公里，总面积1108.69平方公里。是苗族聚居县。

花垣地域，春秋战国时属楚，秦属黔中郡。西汉时划黔中郡部分地区置武陵郡，花垣北半部属迁陵县，南半部属辰阳县，两县同属武陵郡。东汉属五溪地。三国时期，先为蜀国所有，后为吴国所属，均属辰阳县。晋为舞阳迁陵地，宋齐时属郢州辰阳地，梁时属卢州地，陈为沅陵郡。隋朝，北半部属大乡县，南半部属沅陵县，均属沅陵郡。唐属溪州地。五代晋天福五年（940），属辰州地。宋熙宁年间（1068—1077），属辰州泸溪郡。元至元二十年（1283）后，南半部属辰州泸溪县，北半部属永保土司。明洪武元年（1368）设崇山卫，后改为崇山千户所。30年后，革崇山千户所，置镇溪军民千户所，分镇溪崇山124寨为十里，自高岩河分界，下四里为今吉首地，上六里为今花垣县域，旧称“六里苗地”。清雍正八年（1730），设六里同知，管理全境行政事务，隶属辰州府。雍正十年（1732），改六里为永绥厅，治所设在吉多坪（今吉卫）。嘉庆二年（1797），升永绥厅为永绥直隶厅。嘉庆七年（1802），移厅治于花园（今县城）。

民国元年（1912），改永绥直隶厅为永绥行政厅。次年，改为永绥县，属辰沅道所辖。民国11年（1922），湖南道制撤销，县直属于省。民国24年（1935），永绥属湘西绥靖处。民国25年（1936），湖南省划为4个行政督察区，永绥属第三区。民国26年，全省又划为9个行政督察区，永绥属第四区。民国29年（1940），全省再次划为10个行政督察区，永绥属第九区。1949年10月，中华人民共和国成立，同年11月永绥和平解放，属沅陵专区。1952年，成立湘西苗族自治区，永绥隶属之。1953年9月，永绥县更名花垣县。1955年，湘西苗族自治区改为苗族自治州。1957年，湘西苗族自治州撤销，成立湘西土家族苗族自治州，花垣为其所辖。

花垣县城（欧　勇／摄）

花垣区位优势独特，一脚踏三省，国道209、国道319和吉（首）茶（洞）（G65）、张（家界）花（垣）高速（S10）贯穿全境，湘西（花垣）机场正在规划建设之中。花垣矿产资源丰富，已探明锰、锌、页岩气等矿产20种，其中锰矿储量居全省第一位、全国第二位，铅锌矿储量居全省第二位、全国第三位，2011年，新探明铅锌矿远景储量1300万吨，有“东方锰都”“有色金属之乡”之称。花垣民族文化浓厚，苗族文化保存完好，拥有苗鼓、苗族赶秋等5项国家级非物质文化遗产保护项目，有接龙舞、苗族武术等19项省级非物质文化遗产保护项目，是“中国民间文化艺术之乡”“中国苗绣织锦艺术之乡”“全国蚩尤文化研究基地”。拥有一个国家AAA级风景名胜区（边城茶洞）、一个国家级历史文化名镇（边城镇）、一个国家湿地公园（古苗河国家湿地公园）、一个省级地质公园（排碧寒武纪金钉子地质公园）。先后获得“全国农田水利基本建设先进县”“全国民政工作先进县”“全国群众体育先进县”等荣誉。

2014年，辖8镇10乡，下设288个建制村19个社区（居民委员会），人口30.9万人，其中苗族人口占77.3%。生产总值60.32亿元，财政收入7.46亿元，比上年增长7.8%；规模工业增加值22.98亿元；完成社会固定资产投资16.08亿元，比上年增长20.7%；城镇居民人均可支配收入1.75万元，农村居民人均收入0.55万元。

二

清雍正年间（1723—1735），永绥厅改六里为乡，即五里改为新安乡，六里改为永庆乡，七里改为太平乡，八里改为得胜乡，九里、十里改为凤鸣乡。乾隆年间又改乡为里。新安乡改为长乐里，辖36寨；永庆乡改为怀德里与归化里，怀德里辖26寨，归化里辖27寨；太平乡改为丰和里与永庆里，丰和里辖18寨，永庆里辖26寨；得胜乡改为绥宁里，辖13寨；凤鸣乡改为文安里与武定里，文安里辖61寨，武定里辖48寨。全境辖8里255寨。

同治年间（1862—1874），长乐里分为上、下长乐里，绥宁里分为上、下绥宁里，文安里分为上、下文安里，武定里分为上、下武定里，怀德、丰和、永庆4个里不变。至此，全厅有12里，辖433个苗寨。另有东路沿边12个民村，西路沿边101个民村。

民国9年（1920），改里为乡，按五至十顺序命名，并将东路沿边和西路沿边101个民村划为首乡、吉峒、茶洞3个乡，全县有15个乡。

民国24年（1935），全县设4个区，首乡改为花垣镇，茶洞乡改为茶洞镇。第一区辖花垣镇和吉峒、下七、下六3个乡，区设花垣镇。第二区辖茶洞镇和上五、下五、上六3个乡，区设铅藏。第三区辖上七、上十、下十3个乡，区设排碧。第四区辖上九、下九、上八、下八4个乡，区设卫城。

民国26年（1937），撤区，更改乡镇名称，并将15个乡镇并为13个，同时调整保甲。花垣镇，将原下六乡并入，辖11个保；茶洞镇辖11个保；吉峒乡辖10个保；原上五乡改称弭诺乡，辖8个保；原下五乡改称铅藏乡，辖7个保；原上六乡改称清隆乡，辖11个保；原上、下八乡改称石栏乡，辖10个保；原上九乡改称排达乡，辖10个保；原下九乡改称卫城乡，辖6个保；原上十乡改称排碧乡，后称卧龙乡，辖6个保；原下十乡改称桃花乡，辖7个保。

1949年11月，全县划为4个区。一区辖花垣镇、长潭乡、清隆乡，区政府设花垣；二区辖茶洞镇、吉峒乡、弭诺乡、铅藏乡，区政府设茶洞；三区辖卫城乡、排达乡，区政府设卫城；四区辖太平乡、卧龙乡、石栏乡、桃花乡，区政府设麻栗场。

1950年，废除保甲制，农会代行村级政权。1951年，增设第五、六两个区。第五区辖清隆和石栏两个乡，区政府设龙潭。第六区辖弭诺、铅藏两个乡，三区卫城乡的马岩、牛心等寨划归第六区，区政府设民乐。1952年，将13个乡镇划为两个镇93个小乡。1956年，撤区并乡，将原两个镇、93个乡，调整为两个镇20个大乡，并在吉卫、麻栗场、民乐、龙潭设立区级办事处。

1958年，人民公社化，全县将原两个镇20个乡为16个人民公社，即：东风公社、上游公社、和平公社、团结公社、红旗公社、先锋公社、超英公社、宇宙公社、万能公社、光辉公社、火箭公社、钢铁公社、幸福公社、卫星公社、跃进公社、民乐公社，下设108个大队、830个生产队。1959年，将16个公社调整为17个。1961年10月，全县设5个区，即：三角岩、吉卫、麻栗场、龙潭、民乐区。将17个公社调整为20个公社、1个镇，将原公社名称改以地名命名。三角岩区辖花垣镇及三角岩、长乐、窝勺、和平、茶洞和团结公社；吉卫区辖吉卫、补抽、雅酉公社；麻栗场区辖麻栗场、排碧、董马库、排料公社；龙潭区辖龙潭、道二、雅桥和排吾公社；民乐区辖民乐、猫儿、西河公社。同时，大队调整为287个，生产队调整为1667个。1968年，区公所撤销。

1983年，茶洞公社改为茶洞镇。1984年3月，公社改乡制，建立乡镇人民政府。是年10月，民乐、团结、龙潭、吉卫4个乡改为镇。1985年，又将麻栗场乡改为镇。至此，全县有7镇、14乡，下设292个村、19个街道居委会。1989年，撤销三角岩乡，整体并入花垣镇。1991年增设大龙洞乡。2000年，雅酉乡改为镇。2004年，全县辖8镇、13乡、300个村、20个居委会。

2005年，乡镇行政区划调整，全县辖8镇10乡，下设288个建制村、18个居委会。

2015年，乡镇行政区划调整，全县辖花垣、民乐、石栏、双龙、边城、吉卫、龙潭、麻栗场、雅酉9个镇及长乐、猫儿、补抽3个乡。总人口30.92万人。

边城镇

边城”原名“茶洞”，苗语意为“汉族人居住村寨”。1988 年，国务院授予茶洞镇人民政府“全国民族团结进步先进集体”称号。2014 年，被住房和城乡建设部、国家文物局评为“中国历史文化名镇”。

区域概况

位置面积

边城镇位于花垣县西北部。东连团结镇，东北接保靖县毛沟镇，南邻猫儿乡、民乐镇，西同贵州省松桃县迓驾镇和重庆市秀山县洪安镇接壤，北与重庆市秀山县峨溶乡隔河相望，区域面积 77 平方公里。距县城花垣镇 25 公里，距湘西州首府吉首市 89 公里。

建置沿革

商朝，属荆楚鬼方之地。清嘉庆五年（1800），在茶洞建石堡 1 座，城墙长 1372 米，高 3.7 米。嘉庆七年(1802)，移永绥协于茶洞，称“永绥协茶洞堡”。民国 9 年（1920）设茶洞乡，民国 24 年（1935）改为“茶洞镇”。1949 年 11 月，属永绥县二区，1958 年，为和平人民公社，1959 年，为茶洞公社，1983 年，撤社复镇。

民国时期，大河坪乡属吉峒乡；1950 年，属永绥县二区；1958 年，属团结人民公社；1962 年，建和平公社；1981 年，更名大河坪公社；1984 年，撤社建乡。

2005 年，大和坪乡并入茶洞镇，因茶洞是文学大师沈从文《边城》原型地，故更名为边城镇。

行政区划

2004 年，茶洞镇辖米粮、火焰土、白岩、石牛、小寨、板栗、贵碳、隘门、水井、骑马坡、曲乐、长老坟、茶园坪、南太、磨老 15 个村与小桥、码头 2 个居民委员会。是年，大河坪乡辖猫儿塘、新街、农科、矮车坝、大木树、凉风洞、通州、踏沙、搞和、大塘坪 10 个建制村，乡政府驻新街村。

2005 年，边城镇辖米粮、火焰土、白岩、石牛、小寨、板栗、贵碳、隘门、水井、骑马坡、曲乐、长老坟、茶园坪、南太、磨老、新街、矮车坝、农科、猫儿塘、大塘坪、搞河、凉风洞、通州、踏沙、大木树 25 个建制村与茶洞、码头 2 个居民委员会，下设 203 个村（居）民小组。2014 年行政区划未变。

人口民族

2004 年，茶洞镇人口 15102 人，系苗族、土家族、汉族杂居区，以汉族为主。是年，大河坪乡人口7483人，系苗族、土家族、汉族杂居区，以汉族为主。2014年，边城镇有6865户26447人；13个民族，以苗族、土家族、汉族为主，分占总人口35%、12%、53%；人口姓氏141个，其中杨、吴、张三大姓氏，分占15%、8%、7%。

自然资源

边城镇地势东北低、西南高，海拔在300~1050米之间。属亚热带山地季风气候。年均气温16℃，年均降水量1420毫米。花垣河流经磨老、茶园坪、长老坟、水井、码头、茶洞、隘门、曲乐、骑马坡、猫儿塘、新街、农科、矮车坝、大木树、凉风洞、通州16个村（居）。境内矿产资源丰富，火焰土村、白岩村锌矿储量大。

经济发展

经济综述

20世纪70年代，镇域以传统农业经济为主。2000年，境内种植业以蔬菜为主，林果业以椪柑为主；工业以农副产品加工、矿产品加工为骨干，跻身全州工业强乡强镇行列。2004年，茶洞镇工农业产值5082.65万元，比上年增长30%，财税总收入78万元，比上年增长20%，农民人均收入1085元，比上年增长7%。固定资产投资2300万元。是年，大河坪乡国民生产总值3219.4万元，年均增长18.7%，农业产值2169.8万元，比上年增长28%，以柑橘种植为主，千亩柑橘示范基地初具规模。玉米、水稻为主要粮食作物。工业及第三产业产值1049.6万元，比上年增长9%。农民人均纯收入1050元，年增8%。乡财政收入50万元，年增22.3%。2005年，边城镇工农业生产总值6682.6万元，金融机构存款余额0.9亿元，境内居民存款达0.5亿元，农民人均纯收入1135元，财政收入140万元。2010年，全镇工农业产值1.5亿元，比上年增长8.3%；其中工业产值0.9亿元，农业产值0.6亿元，比上年增长5%、5.7%；财政收入4200万元，比上年增长13%；农民人均纯收入3350元，年增100元；完成固定资产投资1亿元，比上年增长10%。2014年，全镇工农业产值2.37亿元，年增长10%。其中工业产值1.2亿元，农业产值1.17亿元，比上年增长分别增长8.9%、12%；固定资产投资1.33亿元，比上年增长10%；财政收入473万元，比上年增长8%；农民人均纯收入4800元，比上年增长12%。

农业

种植业 镇域种植业主要是水稻、玉米、红薯。1958年，引进红薯新品种“九斤蔸”，产量增长。1962年，开始施用尿素化肥等。1963年，种植双季稻。1982年，种植杂交稻，双季稻停止种植。2000年，大河坪片区10个村，种植柑橘、柚子等水果，打造万亩商品水果示范片。2014年，种植稻谷533公顷，产量3182吨。种植柑橘、柚子等水果200公顷，每户自种、自管、自销，种植户人均增收300元。

林业 20世纪50年代后期“大跃进”运动，林木砍伐严重。60年代，开荒种地，林地面积缩减。90年代，矿产无序开采，植被遭到破坏。2000年，实施退耕还林。2012年，镇域建设“两型”矿山，矿区植树种草恢复植被，植树1.8万株。至2014年，边城镇有林地5091.9公顷，森林覆盖率63.4%。国家级补偿公益林1503.1公顷，省级补偿公益林1991.6公顷，退耕还林832.15公顷。荒漠化和水土流失严重地区1503.1公顷、高速公路征地1916.9公顷。防护林3302.4公顷，用材林913.6公顷，经济林639.1公顷。经济林中柑橘495.8公顷、梨76公顷、桃5.1公顷、李 10.5 公顷、枣 3.9 公顷、枇杷 1.2 公顷、油茶 46.4 公顷、五倍子 0.2 公顷。公益林中乔木林地类 2105.9 公顷，其中杉木 357.6 公顷、马尾松 233.1 公顷、柏木 1002.2 公顷、桉树 3.5 公顷、速生阔叶树 509.5 公顷

养殖业 20 世纪 80 年代，镇内粮食产量提升，养殖业开始发展。2014 年，全镇有百头山羊养殖大户 5 户；养鸡大户 1 户，养 2 万羽。年末，牛存栏 1026 头，生猪存栏 12700 头，山羊存栏 1073 只，家禽存栏 44722 羽。

工业

1955 年，镇域成立铁业社、缝纫社、方木社、竹编社、马车社等多个手工业合作社，从业 40 人。1967 年有豆腐店、鞋帽组、农机站等社办企业。1980 年，开始个人承包，1983 年，社队企业改为民营。20 世纪 90 年代始，茶洞镇白岩、火焰土村开发矿产资源。2004 年，茶洞镇有矿产企业 30 家，从业 3000 人。2007 年，县政府整顿矿业。2014 年，边城镇有矿产企业 10 家。

商贸服务

清光绪元年（1875），在茶洞中心街与城外街道设墟场，有粮食、生猪、南杂货等上市。民国时期，市场渐渐扩大。抗日战争期间，常德、长沙、汉口等地客商到茶洞设店，旅社、客栈陆续开业，夜市达旦，有“小南京”之称。1953 年，茶洞场商户 104 家，从业 187 人，资金 40.97 万元；摊贩 70 户 78 人，资金 11.89 万元；饮食业 11 户 22 人。20 世纪 70 年代初，个体商户被取缔，赶场受到限制，茶洞市场陷入萧条。1985 年，建供销大楼，整修街道，建茶洞农贸市场，设摊位 200 个。是年，个体商户 238 户，市场交易额 175 万元。2007 年，新建边城农贸市场，有门面 133 间，摊位 800 个。2014 年，镇域有个体工商户 800 户，有超市、批发部 12 家，经营家电、食品、百货等日常用品，销售额 300 万元。宾馆 21 家，客房 200 间，餐馆 18 家，住宿餐饮业年收入 200 万元，接待游客 89.2 万人次，实现旅游收入 2.4 亿元。

基础设施

交通运输

民国 25 年（1936），国民政府修筑湘川公路，途经镇域踏沙、石牛、小寨、板栗、贵碳、隘门、水井等村，长 16 公里。1938 年，建茶洞大桥，原为 5 孔石礅木结构桥，每孔 20 米，全长 107.4 米。时设茶洞车站。民国 31 年（1942），茶洞大桥改修为 7 孔。1949 年 11 月，大桥被烧毁。1952 年修复。1967 年重修，改为 5 孔，每孔净跨 20 米，全长 114 米，高 18.05 米，桥面净宽 7 米，1968 年竣工。1969 年，修建长兴屯—大河坪线，长 8 公里。1988 年，湖南省与四川省共同投资 120 万元，修建峨溶大桥，1990 年通车。2002 年，茶洞新建边城车站，成立边城车队，有客运车 35 辆。2009 年，全镇村村通公路，居民交通工具主要为公共汽车、两轮摩托车、三轮摩托车、小汽车。2014 年，全镇村道全部硬化，进户率 80%。是年，有摩托车 998 辆，拖拉机 33 台，矿车 159 辆，小汽车 124 辆，农用车 121 辆。

邮政通信

1910 年，永绥厅在茶洞设邮政代办所。1941 年，永绥县在茶洞设邮局。1953 年，花垣县邮电局茶洞支局成立。20 世纪 90 年代，镇域国际国内网络、程控电话、移动电话全面开通。2014 年，中国电信、移动、联通通信信号覆盖全镇，邮路通至各村（居）。

供电饮水

供电 1970年，茶洞红卫水轮泵发电站建成，1972年，安装2台发电机组正式发电，境内居民开始用电，后又增加发电机组1台，总装机525千瓦，并架设10千伏高压线路23公里，0.4千伏低压线路25公里，电力输送湘黔川三省边境4个镇。2012年，实施农网改造，2014年，全镇27个村（居）农网改造竣工，电费实现城乡同网同价。

饮水 1989年，茶洞水厂建成，日供水量400吨。2005年，利用日元贷款及县财政资金，建茶洞水厂，日供水1.5万吨，解决2.5万人饮水难问题。2014年，镇域8个村由镇自来水厂供水，大和坪片区10个村均由地下机井供水，其余7个村饮用井水和山泉水。

水利建设

1955年，境内修建小寨山塘，灌溉面积10公顷。1956年修建米粮水库，灌溉小寨、板栗村木山沟农田，灌溉面积20公顷。1966年，修建红卫中型水库并建水轮泵站，灌溉隘门、水井、板栗、小寨、长老坟等7个村水稻田677.4公顷。2005年10月，全镇有水库5座，库容2709.4万立方米，灌溉面积756.1公顷，其中，中型1座，小（1）型2座，小（2）型2座；发电2座，供水3座；有塘坝424处，库容369.5万立方米，灌溉面积171.3公顷。2014年，湖南省水利厅投资600万元修建边城镇大河坪河道防洪堤。

村镇建设

2000年，茶洞镇改造从文街，铺设青石板路，宽12米，长1.5公里。2005年，搬迁镇政府机关，修建中国百家书法园、翠翠岛、橡胶坝、边城博物馆、游客服务中心。2007年，修建名联坊，为金窝村征地堡坎。2008年，建沿河阶梯。2011年，边城茶洞风景名胜区管理处成立，修建边城门楼，改造特色民居178栋。2012年，修建白塔及停车场。2013年，修建碾坊。2014年，修建沿河栈道，绿化改造“翠翠岛”。

社会事业

教育

清朝末年，茶洞设永绥第三高小学堂。民国元年（1912），周少刚办私塾学堂，历经“崇德小学”“洋学堂”“国立茶师附属小学”“省立茶师附属小学”“湘西第二民族师范附属小学”和“茶洞镇茶洞中心小学”等变更，2000年，学校迁至国道319入镇三岔路右侧，定名“边城镇中心小学”。校园占地2.11万平方米。2014年，有教职工53人，在校学生759人，其中寄宿生109人。

民国31年（1942），境内设国立茶洞师范。是年8月，将茶洞小学改为附属第一小学。男女分开编班学习，学生一律在校住宿。学校教职工50人。学生饮食、文具、书籍等由学校免费供给。1935年春，学校交湖南省办，改称湖南省立茶洞师范学校。1952年，交湘西苗族自治区办，改称湘西民族师范学校，1953年，更名为湘西第二民族师范学校。1962年，并入吉首民师和永顺民师，旧址建立花垣县第三中学。2014年，第三中学学生630人，教职工46人。

文化体育

1953年，花垣县新华书店设茶洞门市部。是年，茶洞成立业余汉剧团。1961年创办大河坪业余花灯戏剧团。1972年，公社建文化站，配兼职辅导员1人，报酬实行误工补贴，1979年，配专职辅导员。1997年“迎香港回归”活动中，年逾七旬的民间艺术家张忠献制作“边城巨龙”99

节，长199.7米，象征1997年香港回归，取“九九归一”祖国统一之意，在北京全国民间艺术节上表演获山花奖，赢得“天下第一龙”称号，选入“吉尼斯世界纪录大全”。1999年，该龙于澳门回归当晚参加天安门广场庆典。2013年，长老坟村人谭亚运获第十二届全国运动会女子举重48公斤级总成绩冠军，包揽2013年波兰世界举重锦标赛抓举、挺举和总成绩三金，成功卫冕2014年哈萨克斯坦举重世锦赛女子48公斤级三项冠军。2014年，镇文广新站有工作人员4人，各村均建有农家书屋，全镇电视入户率100%。是年，“欢乐潇湘、乐在湘西”中国湖南花垣苗族赶秋节暨苗绣展示会在边城(茶洞)举行，湖南、重庆、贵州三省市边区上万人参加。活动期间，开展苗族鼓舞、苗歌、苗族服饰三项比赛，表演舞龙舞狮、八人秋、苗族上刀梯、苗族绝技、苗族武术等民族民间文艺节目，同时举办“湘西苗绣文化”高峰论坛，以及非物质文化遗产项目展、花垣民俗风情和摄影作品展。

医疗卫生

1953年，茶洞建三角岩区卫生所。1959年更名为茶洞人民公社卫生所，有医务人员2人。1968年更名为茶洞公社卫生院。1984年更名为茶洞镇中心卫生院。2005年更名为边城镇中心卫生院，有医务人员21人。2010年，日元贷款项目投资576.08万元，修建医院新大楼。2014年，卫技人员60人，床位60张，固定资产1200万元。

1958年，大河坪建卫生院，有医护人员3人，床位8张。2005年因撤乡并镇，更名为花垣县边城镇大河坪卫生院，有职工8人，床位12张。2014年有医务人员18人，床位16张。

2013年，全镇参加新型农村合作医疗20708人，参合率92.9%。2014年，有村级卫生室13个，医生19人。

社会保障

1982年，茶洞公社建敬老院。1988年翻修，占地380平方米，入住“五保”老人5人，2014年，入住7人。

1999年始，实行城市低保政策。2005年始，实行农村低保政策。2014年，全镇农村低保785户2449人，年发放低保金299.1万元。城市低保174户389人，年发放救助金92.72万元。“五保户”135人，月发供养费5.81万元。

2011年始，执行新型农村养老保险政策。2014年，参保16188人，16~59周岁参保10681人，享有养老金待遇3956人。

特色地情

历史人文

2000年，省、州考古队发掘出土清代、明代、两晋、汉代、新石器时代、旧石器时代文物，专家考证该地10万年以前就有人类居住。清乾隆年间，于茶洞设“协台衙门”。嘉庆五年(1800)，建茶洞石堡一座，设东西南北4门，门各有楼，有炮台4座，垛口420个。

传统村落 磨老村位于边城镇南面，与贵州省一河之隔，是一个自然苗寨，全村500人，绝大多数是苗族。传说，磨老村在清朝前叫“木老”，即深山老林之意。彼时村前古木参天，藤蔓缠绕，村后苍松翠柏，崖木葱茏。苗语语音“木”与“么”“磨”同音或近音，经长期口语演变，“木老”写成“磨老”。房屋是木质结构青瓦民居，整体上保留原始民俗村容村貌，保留明清时期房屋建筑两栋，精美花窗、花床，木制家具，房顶雕梁画栋，古色古香。龙家大院被列为县重点文物保护单位。2012年，被住建部等列入“国家第

① 磨老村全景（石磊／摄）
② 翠翠塑像（石磊／摄）
③ 2014 年 9 月，茶洞赶秋节（麻老正／摄）

一批传统村落”名录。

风景名胜

翠翠岛 民国 10 年（1921），沈从文随军由湘入川，在此小住两日。民国 23 年（1934），他以茶洞古镇为背景写出代表作《边城》。翠翠是《边城》撑渡老人的外孙女，翠翠岛由著名画家黄永玉设计，位于茶洞“三不管”洲上，2005 年建成，占地 1 公顷。正面为规则条石堆砌而成，有 34 级台阶，供游人乘凉、行走。背面用毛条石筑成。岛上岩石布局自然，绿化用当地常青树为主调，兼搭四季开花名树，造就一个四季如春的人间仙境。岛上建容纳 200 人的民间文艺表演场地。四周挡土墙由腰鼓型石柱通过不锈钢筋连接，每个石柱都是工艺品，花草树木、十二生肖镶嵌其中，呼之欲出。外形似一只古老渡船静静地停泊在清水江中。翠翠塑像屹立船尾用汉白玉雕刻而成，高 9 米，重 180 吨。

边城百花书法院 2005 年，中国边城百家书法园竣工，由时任中国书法家协会主席沈鹏题写园名，并由中国书法家协会顾问李铎、中国书法家协会副主席张飙等中国当代百位著名书法家书写，民间能工巧匠在石块上精心雕刻沈从文《边城》6 万字全文。书法园占地 3000 平方米，有石刻 103 块，其中当代百位书法家书写沈从文《边城》小说书法作品 100 块，书法园园名和书法园简介及《边城》小说主人公浮雕各一块。从红卫水电站到边城北门，河面平静，长 3000 米，宽 120 米，可供游客游泳、荡舟、休闲、娱乐。清水江畔有苗家吊脚楼、林立店铺及青石板街、渡口码头鱼鹰嬉戏与渔船静谧、古镇城墙、太平军石达开西征将士牌位、刘邓大军进军大西南宿营指挥所、八排瀑布、仙人洞等旅游文化景点。

民俗风情

地方特色风俗有哭嫁、祝米酒、拦门酒。民间节庆有春节、“三月三”“四月八”、端午、“六月六”“樱桃会”“赶秋节”。民间演艺有唱山歌、苗歌，吹竹叶、芦笙、唢呐，打猴儿鼓、跳接龙舞。另有上刀梯、踩铧口、椎牛、傩戏等传统活动与绝技表演。民间赛事有龙舟赛、荡秋千、八人秋、踩高脚马、舞龙、舞狮子、鼓舞等。美丽苗族服饰被称为世界最精美服饰之一。

（撰稿人：后　俊）

花垣镇

花垣镇，为花垣县治。1998 年 6 月，被湖南省人民政府授予“全省百强镇”称号。

区域概况

位置面积

花垣镇位于县境东北部，东邻长乐乡，东南与董马库乡、保靖县水田河镇交界，南连麻栗场镇，西南与雅桥乡毗邻，西接道二乡、团结镇，北与保靖县清水乡隔河相望，东北同保靖县复兴镇搭界。全镇面积 111.26 平方公里，距湘西州首府吉首市 55 公里。

建置沿革

明洪武元年（1368），花垣镇属崇山卫，后因湖广行省保靖州军民宣慰司在境域建花园一座，镇境又称“花园”。清嘉庆元年（1796），建石城 1 座。嘉庆二年（1797），设总镇于花园石城，辖永绥协，并置参将于保靖隶之，赐名绥靖镇。嘉庆七年（1802），厅治由吉多坪（今属吉卫镇）迁驻花园，移协于茶洞。民国 9 年（1920），设为首乡，辖县城东路沿边 12 个民村。民国 24 年（1935），改首乡为镇，称花园镇。民国 33 年（1944）称花垣镇。1949 年 11 月，属永绥县第一区。1952 年 9 月，设花垣镇人民政府。1958 年 9 月与三角岩乡合并，建东风人民公社。1959 年 3 月，更名为三角岩人民公社。1959 年 10 月析出，为花垣镇人民公社。1980 年，改社为镇，为花垣镇。1989 年，三角岩乡撤销，整体并入花垣镇。2005 年，窝勺乡撤销，整体并入花垣镇。

行政区划

1989 年 7 月，花垣镇辖蔬菜、坝塘 2 个村委会及浮桥、东正街、老正街、西长街、车站、十字街、新街 7 个居民委员会。三角岩乡辖三角岩、马其洛、拐代坡、洞溪坪、大营盘、南门、大冲湾、丰和屯、卡地、狮子桥、佳民、卧龙榜、龙洞、望城坡、花桥、新胜屯、麻场、依溪、凉水井、清水塘、朝料、伍家坡、农科站 23 个村民委员会和渔场、园艺场 2 个场。是年 8 月，三角岩乡并入花垣镇。全镇辖 27 个建制村（场）7 个居民委员会。

2004 年，窝勺乡辖窝勺、卜如坪、下寨河、当家、折腊、卧坝、塘茶、沙坪、上大冲、新寨、略坝、花香、老天坪、夯渡、岩寨 15 个建制村。2005 年，全镇辖原窝勺乡 15 个村、花垣镇 27 个村（场）共 42 个村（场）、268 个村民小组及 8 个社区。2014 年，辖区未变。

人口民族

1989年7月，花垣镇有4599户18275人。1989年7月，三角岩乡有4215户17819人，非农业人口180户599人，有苗族聚居村12个。2004年，窝勺乡有2235户9568人，苗族人口占98%。2014年，花垣镇户籍人口20821户71737人。其中，苗族占58%，土家族占17%，汉族占25%，共21个民族杂居。人口姓氏243种，其中吴、石、龙、张、李为大姓，分占16%、13%、8.6%、5%、2.6%。吴、石、龙姓主要分布在苗族聚居村，张、李姓主要居住在以汉族为主13个村落及8个社区。是年，全镇人口出生率13.1‰，人口自然增长率5‰。

自然环境

境内属丘陵地带，地势南高东低，最高点巴立坡海拔648.3米，最低处狮子桥河212.9米。土地主要分布在300~400米高度上。年均气温16.5℃，霜期短。镇境西北沿边有花垣河，自西向东纵流，于保靖县汇入西水，史通漕运；西南部有窝勺河自南向北注入兄弟河；中偏北部有涧水溪、坝塘溪自西向东分别注入兄弟河、花垣河。

经济发展

经济综述

20世纪60年代，经济以传统商贸业、社队企业、传统农业为主。70年代，农业经济主要是蔬菜业。2000年，壮大锰锌矿产品加工业，跻身全州经济强镇。2010年，发展特色农业，走集约化新路。2014年，国民生产总值4.7亿元，第三产业产值0.78亿元，消费品零售总额8.27亿元，财税收入5652万元，城镇居民人均可支配收入8450元，农民人均纯收入4620元，居民储蓄存款余额4.12亿元。

农业

种植业 粮食作物以水稻、玉米、红薯为主，其他有荞麦、黄豆、小米等。民国时期，水稻品种有红米谷、早谷、大白谷、糯谷等，品种差，广种薄收，亩产140公斤。玉米品种有爆苞谷、马齿黄、马齿白、糯苞谷等，亩产170公斤，为本地当家品种。红薯主要以白皮薯为主，亩产130~160公斤。1951年，种植白皮薯，亩产140公斤。1953年，引种水稻新品种万利灿、胜利灿，产量提高。1960年始，使用碳酸氢铵、过磷酸钙等化学肥料。1967年，栽种湘州五号、六号常规品种，亩产250~300公斤。1972年，引种三系杂交稻品种南优2号，比常规稻增产30%~40%，栽种杂交玉米品种七三单交，比1949年增产50%。1986年，种植籼优63、金优63等杂交品种，推广两段育秧、双珠寄插、大兜大行“双两大”栽培技术。1989年，种植两系稻E32，比三系稻增产30%；引进红薯品种胜利百号，增产71%。1993年始，推广旱育秧技术，测土配方，推广宽行窄株或宽窄行规范化栽插模式。2000年，水稻选种科优21、Y两优7号，亩产500公斤；玉米选种正大999、湘玉10号等。2010年，种植籼粳杂交稻，亩产800公斤，比两系稻增产30%~40%；引种红薯新品种SL-868、湘薯15号、16号，产量增加，亩产3000公斤。2014年，种植水稻905公顷，玉米626公顷，红薯150公顷，水稻个别亩产超公斤，实现1020公斤。

经济作物主要有蔬菜、水果（果用瓜）、油菜、花生、棉花、芝麻、甘蔗、烟叶等。传统蔬菜有白菜、萝卜、瓜类、茄子、辣椒等30种。1959年，划南门大队6个生产队为蔬菜专业队。20世纪60年代，引进甘兰球、花菜、大西红柿等20个蔬菜品种，常年种植面积45公顷，产量752吨。1976年，划坝塘大队为蔬菜专业队，采用地膜覆盖种菜技术。80年代，推广薄膜棚种菜，产量提高，1980年，推广薄膜棚种菜，种植面积25.5公顷，产量1289吨。2000年，建立南门、农科、蔬菜、大云盘等蔬菜专业村，建成柑子园蔬菜大棚基地，首季返季西红柿销往广西。2002年，主推精品樱桃西红柿、蜜本南瓜、莴笋等12个优新品种。2011年，新建蔬菜大棚250个，扩大无公害蔬菜基地6个，种植各类蔬菜346公顷，组建花垣“绿源”富硒蔬菜生产合作社，有社员100人。2014年，种植各类商品蔬菜652公顷，产量8802吨；无公害商品蔬菜基地发展至8个，百亩以上种植大户有26户；农业产业专业合作社21家，望城村蔬菜协会有会员138人；农业产值1.4亿元。油料作物以油菜、花生为主，芝麻、蓖麻、葵花籽等有零星栽种。2014年，境内种植油菜727公顷，产量992吨；种植花生86公顷，产量170吨。镇域历来种植草烟，多自产自销，1963年始种烤烟，草烟面积逐年减少，烤烟主要在境内三角岩片区和窝勺片区种植，种植面积不稳定。2014年，窝勺片区种烟80公顷，产量113吨。

清代，境内棉花就有种植，品种为铁子棉，面积不大，呈波动起伏发展。1964年，窝勺片区建有棉花生产基地，1978年取消。

民国时期，境内有少数农户栽种苎麻，供搓麻做衣鞋自用。1956年始，引进大庸黄壳麻、红黑皮麻，种植面积扩大，1963年在三角岩片区办麻场，年均种植6.33公顷，产量4850公斤，1991年消失。

1955年，境内种植糖料作物，以糖萝卜为主。1972年建县糖厂，三角岩片区伍家坡、三角岩、佳民、花桥、凉水井、丰和6个大队建成甘蔗基地，丰年每公顷产量42.6吨，栽种430公顷，总量1833吨。1985年基地消失，种植甘蔗历史结束。

林业 镇域主要以柏木为建群种，马尾松为次，亦有油茶、马尾松混交林。1958年大炼钢铁时期，50%森林资源遭到破坏。1962年建立木材采伐审批制度。1989年广泛造林绿化，试行飞机播种造林。20世纪90年代，开展人工造林、封山育林，森林覆盖率升至73.8%。2000年始，开展“三难地”（难植苗、难成活、难成林）绿化。2001年，实施退耕还林，完成集体林权制度主体改革。2014年，有林地5785.6公顷，四旁树12.1公顷，公益林3825.9公顷，经济林555.8公顷，活立木总蓄积14.39万立方米。百年以上古树名木60株，其中300年以上6株。

养殖业 1953年以前，以花垣黑猪养殖为主，牛和山羊养殖数量不多。1954年引进生猪杂交品种。20世纪60年代，各生产队兴办集体养猪场。1981年市场放开，集体猪场解散。1997年引进团鱼、鸽子、蛇、牛蛙等特色养殖。2000年推广优良肉牛、杂交山羊品种。2005年发展大鲵养殖。2012年养殖北欧玛鲟鱼（中法合资）、大闸蟹等。2014年，有特种养殖专业户67家、常规养殖大户154户、养殖合作社8家，产值7520万元，人均增收350元；有养殖鸡鸭1000羽以上大户32户、生猪100头以上大户41户。是年，年末存栏牛1670头，生猪17100头，山羊2726只，家禽41694羽。

工业

清代，镇境仅有油坊、糖食、竹编、木作等小手工业作坊。民国时期，陆续出现机器缝纫、打袜、石印等半机械工厂，有碾房、油坊、染坊、鞭炮、造船、糖酒、制伞、石印等作坊，规模小，设备简陋，从业人员不多；另有银匠、铜匠、铁匠、木匠、篾匠、石匠、裁缝、泥水匠、砖瓦匠等手工匠人，手工业主要设备为红炉、石印机、缝纫机、打袜机等。1951 年，花垣镇组织铁业生产合作小组，有工人 38 人，红炉 13 座，主要加工铁制小农具。1956 年，建立铁业、缝纫、染织合作社。1958 年，兴办采矿、冶炼、造纸、印染、缝纫、农机具、竹编等集体企业。1980 年，三角岩公社创办建材厂。1985 年，全镇有工业企业 22 家，产值占全县乡镇工业产值 40.98%。1986 年兴办电解金属锰厂 3 家。20 世纪 90 年代，建农副产品加工企业和铅锌浮选厂。2000 年，创办电解锰、锌企业 81 家，其中规模以上有 8 家，2007 年工业产值过亿元，2014 年工业产值 2.57 亿元。

商贸服务

清乾隆十六年(1751)，开辟花园集市交易，主要交易粮食、油类、牲畜、巴盐、土布、农具等，每场成交额三千串文。嘉庆七年（1802）厅治移来后，商业逐渐繁荣，粗有可观。时有质当 1 家、钱业 1 家、南货店 28 家、杂货店 17 家、丝烟 1 家、囤粮食者 4 家、南杂货合店 2 家，每日有淮盐、巴盐、木油、茶油、桐油等销售。另有丝棉、歇店、饭铺、木作、鞋帽店等，但规模不大。篓行每年合计一千串文；屠案十架，每架日三四十千文不等，为诸市最大。尚有酒席馆四五家，兼熟食、点心等，合计日一二百千文，较为可观。女工有苗被、苗锦等，为市不多。有卖糖食、果子（梨子为大宗，其他有板栗、花生、柿子、桃等）和熟食（油货、麦面等）等小摊贩。民国初期，有大商号 10 家。抗战初期，外地难胞涌入，市场一度兴盛，各类商号增至 157 家，占全县商户总数一半以上。抗战胜利后，外商返籍，市场转而萧条。1952 年，建立国营和供销合作商业，私营商业迅速恢复和发展。1957 年，镇域国营、公私合营及合作商业有机构网点 111 个，商品零售额 158.5 万元，占全县社会商品零售总额 31.5%。1960 年，27 种商品实行凭证供应。1962 年，恢复集贸市场，商贸发展。1966—1976 年，境内商贸市场由国营专业公司独占。1978 年，中共十一届三中全会后，集体和个体商业发展迅速。1985 年，有商业网点 589 个。1995 年，有个体工商户 3200 户，年税收占全镇税收总额 60%。2000 年，境内有城关、边贸、金三角 3 个农贸市场。2014 年，全镇有 500 万元以上规模超市 5 家、中小规模 16 家，批发部 149 家，宾馆、酒店 325 家，发廊 205 家，其中固定资产 500 万元以上酒店（星级）5 家，社会商品零售总额 8.27 亿元。

基础设施

交通运输

清代、民国时期，花垣镇出入境有 4 条官（商）道、1 条乡道，有“官渡”码头 3 个。民国 25 年(1936)，修筑湘川公路（排碧—茶洞）61.54 公里，经镇域 13 公里。民国 37 年（1948），绥（永绥）保（保靖）公路开工，经镇境 10 公里，1950 年续修竣工。2007 年，镇内村村通公路，全长 384 公里。2012 年 3 月，包茂高速（G65）吉（首）茶（洞）段通车。2013 年 11 月，张花高速(S10)正式通车。是年，各村公路路面硬化完成。2014 年，镇境有 8 条出入境公路，有高速公路东、北 2 个互通。境内有石拱桥、木桥等 38 座，行人渡口 1 个，车辆渡口 1 个。

2014 年，全镇有载货汽车 3224 辆、载客汽车 6594 辆，汽车站流转营运车队 12 个，车辆 142 台，每天收发 480 个班次。旅客运输量 643

万人，旅客周转量4.19亿人公里。有注册物流仓储企业25家，未在本地注册、从事零担运输业（代理）12家；货物运输量800万吨，货物周转量119290万吨公里。

邮政通信

民国16年（1927），境内开通长途电话，民国29年（1940），开通市话。民国32年（1943），新开设电报业务。1953年，开设信件、包裹、汇兑、报刊收投业务。1998年，邮政、电信分营，设邮储微机点3个。2000年，移动通信普及。2005年联通通信占有市场份额。2010年，电信手机普及。2014年，镇内有发往各乡镇自办、委办邮路4条。业务有信件、包裹、机要、金融、报刊、邮政储蓄、电报、宽带网络等，有家庭固定电话1250部，移动电话62475部，接入互联网计算机13537台，其中家用14578台，宽带网速为4—100兆。

供电饮水

供电 民国时期，境内照明主要使用松脂油、亮槁、油柴、桐油、煤油灯（时称洋油）。1955年8月，大北门外“杀人堡”建新星火力发电厂，装机31.25千瓦，结束境内无电历史。1957年7月，白水河电站建成发电，装机84千瓦，为花垣第一个水电站，镇区居民开始用电照明。1966年8月，佳民电站建成投产，装机160千瓦，照明用电基本保障。20世纪90年代始，经济发展，工业企业用电量加大，县供电公司先后从州电网、贵州铜仁电网、重庆乌江电力集团购电。2004年后，镇内锰锌高科、峰云、文华、兴银、三立、东锰、振兴公司等大型化工企业生产用电由湘西州电网直接供送。2012年，实施花桥、凉水井、龙洞、园艺场、清水塘5个村农网改造，改造户数1527户，新装电量计表1674个、架设输电线路1.8公里。2014年，完成卧龙榜村及3个社区农网改造。

饮水 20世纪60年代初，镇内居民生产生活用水多为井水、河溪水。1964年，建22千瓦电力抽水站1座，设置5个供水点，日供水500立方米。1981年，镇自来水站改为县自来水公司，在九峰山建日产5000立方米自来水厂。1992年，扩建日处理能力1.5万立方米沉淀池和过滤池，日供水能力2万立方米。2004年，县自来水公司购买县水利局佳民冲供水厂，城镇日供水能力增至3万吨。2014年，境域有水井137口，其中涧水坡、茅草湾水井水质好，柑子园、水井湾、了波姐、凉水井、塘坝水井水源大。是年9月，佳民冲水厂扩建工程竣工，城镇日供水能力增至6万吨，满足城镇居民日常用水需求。

水利建设

清乾隆五十年（1785），宋宏庚在城南建山塘两口，称宋二塘，蓄水7.95万立方米，灌溉面积7.3公顷。民国时期，农田灌溉主要靠民众自修溪坝、山塘蓄水、拦河引水，或用龙骨水车、筒车、戽斗、抽水筒抽水。1953年，七、九两村新修山塘（牛睏塘）、坝7个，整修水沟3条，灌溉面积60公顷。1956年，疏通沟渠52公里。1966年3月，修东、西干渠，分别长37.8公里、25.6公里，有支渠6条，灌溉面积200公顷。1980年，投资13万元建成竹篙滩喷灌站，后因管理不善而报废。2011年，西干渠清淤22公里。2012年，维修农田灌溉三面防渗水渠21.6公里，改善灌溉面积187公顷。2014年，境内有水电站10座，水闸2座，引水能力1.5亿立方米；堤防工程3处，其中兄弟河花垣镇段河道综合治理工程2处，长1595米，双龙潭河加固工程，长460米；塘坝670处，灌溉面积177公顷。2014年，境内有水库6座，库容12393万立方米，灌溉面积2053公顷。

村镇建设

清嘉庆元年（1796），在花园兴建石城一座，耗银数万两，越年竣工，城周长573.6丈，高1.3丈，底宽1.9丈，顶宽0.6丈，开东、南、西、大北、小北5座城门。嘉庆三年（1798）建东正街，长300米，宽4～5米。嘉庆五年（1800），在东、西门外各增建一座护城，俗称“小城”。嘉庆七年（1802），厅署由吉多坪迁至花园石城，时城区有主街与后街各一条、小巷5条。道光十年（1830）新辟浮桥街与文星街，浮桥街从浮桥到榨子门，长105米，宽3～4米，呈南北走向，北与东正街相连，南街浮桥头，新增龚家巷、杀牛巷、鲁家巷、童家巷和皇殿巷；文星街为老城区次干道，因清代曾在此街设置考棚，故称文星街，又因此街穿过正街交叉成“十”字形，故称“十字街”，其中下十字街南接老正街、北通小北门，街长200米、宽3米，上十字街在东正街北面，西与辕门口相接，东与东门口相连，全长385米，宽3～8米。西长街，东起西门口，南至登高楼，街长1000米，宽4～6米，是镇区老街西端通向国道209（建设路）主要通道。古街巷沿用至今。

1993年，修通建设路，长1500米、宽14米，两侧人行道宽4～6米，主道路面用柏油铺就，沿线栽植法国梧桐（后改为樟树）。1985年，新辟县招待所上侧南北大街一条，形成十字街道。1987年，修建赶秋路、伍家坡干桥。1993年，双龙潭大桥竣工，跨越坝塘溪，连通赶秋路和城北。1994年，开始开发城南新区。1996年，建成钟佛山大桥，长214米、宽13米、高29米。1998年，建四方井大桥，连接城南开发区与城中心。2002年，建兄弟河犀牛潭大桥。是年，镇区面积由1983年1.2平方公里扩大至6平方公里。

2014年，镇区面积14.6平方公里，镇内有公园3座，面积49公顷，绿地面积48公顷，园林绿地面积349公顷，城镇化率37.37%。

镇属乡村有苗族聚居、苗汉杂姓共居村寨。多傍山、沿交通道路定居。20世纪70年代，投资316万元改造民居322户，投资3200万元建设蚩尤民俗村。至2014年，进户道路硬化率66%，进组硬化率83%，通村道路硬化率100%。

20世纪60年代，房屋多为木质瓦房，有部分茅草房。1985年，建筑面积38.08万平方米，住宅面积10.24万平方米；是年，始建砖木结构盖瓦平房或二层至三层火砖及水泥砖楼房。2000年，钢筋混泥土结构楼房增多，建筑面积50.5万平方公里。2010年后，10层以上楼房开始出现。是年，投资316万元，改造民居322栋；投资3200万元，建设蚩尤民俗村。2014年，紫竹园、幸福园、百花园、伴碧江山、边城家园、城南廉租房、公租房小区等住宅新区先后建成使用。

社会事业

教育

清雍正十一年(1733)，建花园义学1馆。嘉庆七年(1802)，厅学随治迁于花园西门外。嘉庆十二年(1807)，建绥阳书院，设花园屯义学2馆。光绪二十八年(1902)，义学馆改为学堂。民国28年(1939)，镇内有私塾馆3个。民国31年（1942），私塾消失。抗日战争时期，有模范小学1所、联保学校2所、其他保小7所、永绥县中1所，时国立八中高二部、初二部及岳阳私立贞信女子初级中学和爱幼院、难童学校、湖南战时儿童保育院亦设于此。

至2014年，全镇有九年一贯制学校1所、中心小学2所，片小4所，村小9所。其中凉水井九年一贯制学校，有教师96人，学生952人，下辖片完小2所，村小6所；花垣镇第一中心小学，教职工110人，在校学生1645人，幼儿班7个，幼儿331人；花垣镇窝勺中心小学，有教职工51人，学生625人，下辖片小2所、村小3所。

文化体育

1956年，境内通广播，1966年，建广播站，1974年，拥有境内第一台黑白电视机。1979年，公社建电视差转台，转发无线电视信号，1988年，安装有线电视。1998年，使用光纤传输电视信号，开通电视节目35套。2014年，有线电视接收卫星、数字信号，可收看70～128个频道。

1957年，建工农兵影剧院（后改为民族剧院），位于老正街。1975年，迁往建设东路，称县人民电影院。1972年，组建镇电影队，有城关、三角岩、窝勺放映队3个，放映员4人。1981年，建三角岩电影院、窝勺电影院。1984年，开始经营录像厅。1985年，开设投影、录像厅20家，其中县广播电视局内长虹录像厅最为红火。20世纪90年代，歌舞厅、卡拉OK盛行，时有50人以上规模歌舞厅16家、卡拉OK厅60家。2014年，边城广场设有露天电影、LED电视屏。

民国25年（1936），镇域建有“同乐社”。民国26年（1937），抗日战争爆发，北方和江南数以万计难民、学生及军人流亡花垣，带来抗战歌声及话剧、京剧，时有南县文明戏团、国立八中高中部业余话剧团、江防队京剧团、同乐社等文艺社团。抗战结束后，外来社团撤走。1951年，成立“文艺剧团”“文锋剧团”，后改为业余汉剧团和京剧团，成员18人。1972年建镇文化站。1983年，建镇文化娱乐活动中心，配图书阅览室、广播室、宣传窗。2014年，有业余剧团3个、老年文艺团队18支、乡村文艺演出队38支，以广场舞、苗鼓、民族舞演出为主。逢年节、迎亲嫁女等喜庆时刻，有花灯、扯二钵、三棒鼓、渔鼓筒、蚌壳灯、彩莲船、狮子灯、龙灯、小品、相声等表演。是年，有农家书屋26个，藏书3.8万册。

境内民族传统体育项目众多，逢民族传统节日（如四月八、赶秋等）有武术、秋千、摔跤、爬杆、扳手劲、抽陀螺、顶杠、椎牛、扭扁担、举石锁、踢毽子、飞石子、上刀梯、踩铧口、咬铧口、吃瓷碗、吞竹签等表演。20世纪70年代始，职工体育运动发展迅速，每年举办一次浮桥河端午龙舟赛。1986年，有职工篮球队25支，队员300人。1991年，镇直舞狮队在全国少数民族运动会上获一等奖。铁合金厂女子龙舟队、业余体校跳鼓队（刘刚崇、石云）分别获得全国第四届少数民族传统体育运动会龙舟比赛、双人跳鼓比赛金牌。1999年10月，县首届农民运动会在镇区举行，有上千人参赛。2000年，三立集团男子篮球队获得第二十一届湘、鄂、渝四省边区篮球运动会第一名。2006年，镇体校7名举重选手在湖南省“十运会”上夺得九金，3名学子分获湖南省第六届少数民族传统运动会铜牌。2014年，群众体育日趋活跃，全镇参加健身活动人群占常住人口30%以上。

医疗卫生

清末，镇境著名中医有傅彬辉、吴境。民国15年（1926）西药传入，始办西医诊所。1952年，设卫生站，次年称爱国卫生运动委员会支会。1954年，成立环境卫生管理站。1955年，中医温伯衡等6人组建中医联合诊所，开办中西药店。1956年，建中草药联合诊所。1958年，建花垣镇卫生所。1959年，中医联合诊所更名县中医院，1962年，先后更名花垣镇医院、花垣镇中医院。1969年，大队办合作医疗，设卫生室，有赤脚医生6人，1981年，赤脚医生消失。1973年，镇中医院组织中草药加工，自制药剂、药膏、药丸、药片等10种。1974年，建镇卫生院，配妇幼专干1人。1979年，建镇妇幼保健站。1978年，卫生防疫站雇清洁工7人打扫城区街道。是年年底，环卫站和二居民委员会被评为湖南省卫生先进单位。1985年，镇卫生院有医务人员17人。1991年，原花垣镇三角岩卫生院并入县中医院，为县中医院三角岩分院。1998年秋，开展镇卫生防疫大行动。2014年，全镇新型农村合作医疗参合实现全覆盖。

社会保障

1976年，镇建敬老院，占地0.9公顷。2014年，镇敬老院固定资产200万元，建筑面积1075平方米，供养“五保”老人122户141人，其中8人集中供养。城镇零就业家庭100%实现动态就业援助，“五保户”、孤儿、低收入家庭100%享有基本生活保障，残疾人养老保险参保率100%。

特色地情

名优特产

油炸蜂蛹 民间小酌常见下酒菜。将蜂蛹从蜂巢中取出，剔除杂质，用清水漂洗后，沥干，将油烧至七八成熟后，放入锅中煎至金黄色，加入少许食盐，即可装盘食用。香气扑鼻，外酥里嫩，十分可口。

猕猴桃 又称藤梨、羊桃、奇异果，果形一般为椭圆形，外观呈绿褐色，表皮覆盖浓密绒毛，内为绿色果肉和一排黑色种子。因猕猴喜食，故名猕猴桃，亦有说法是因果皮覆毛，貌似猕猴而得名。猕猴桃质地柔软，口感酸甜，风味鲜美，营养丰富，除含有猕猴桃碱、蛋白水解酶、单宁果胶和糖类等有机物和钙、钾、等微量元素与人体所需17种氨基酸外，还含有丰富维生素C，被称为“水果之王”。境内主要种植品种为“米良一号”，因土壤因素，硒元素含量尤高。先后获国家“优质新产品奖”、农业部“希望奖”、湘西州“科技进步一等奖”，是农业部指定的全国重点推广品种。

风景名胜

国立八中纪念园 国立第八中学（简称国立八中）是抗战时期由安徽四所临时中学和三所中等学校为避战乱合迁而来一所流亡中学。为保存“读书种子”，民国27年（1938），“三千小儿女，结伴到湘西”（国立八中校友、著名历史学家唐德刚诗句）。国立八中在湘西办学八年，于民国

钟佛山纪念陵园（吴绍德摄于2010年6月）

国立八中花垣纪念亭（吴绍德摄于2010年6月）

古苗河（杨勤摄于 2016 年 7 月）

35 年（1946）迁回，其初二部、高二部时设永绥县城文庙坪(今县民族中学一带)。国立八中培育出诸如国务院总理朱镕基、中国科学院院士刘赓麟、中国工程院院士肖纪美、美国哥伦比亚大学教授唐德刚等一批栋梁之才。他们在国破家亡、极端困苦情况下，刻苦攻读，报国图存，为花垣人民留下一笔宝贵精神财富，影响十分深远。2001 年 4 月 7 日，朱镕基总理到花垣，重游故地，旧梦依稀，留下“湘西一梦六十年”诗篇。为弘扬国立八中精神，激励花垣各族人民奋发图强，县委、县人民政府决定修建国立八中纪念园，在社会各界支持下，纪念园于 2001 年 8 月 6 日在花垣县民族中学揭幕。

古苗河蚩尤风景区 位于镇区南部，距镇中心 3 公里，景区范围 30 平方公里，年平均气温 11.4℃，夏季平均气温不超过 30℃。峡谷长 13.5 公里，谷中多悬崖绝壁、奇石古洞、涧溪叠瀑；河水清幽，鱼虾成群，两岸树木葱茏。2000 年 8 月，中国美术协会会员、省书画家协会副主席、湘西书画美术院院长邓辉楚，五下古苗河，创作出长 63 米、高 68 厘米巨幅山水长卷《古苗河图卷》，将古苗河幽、奇、峻、秀表现得淋漓尽致，在省展览馆展出获得极大成功。中共湖南省委副书记文选德题词“花垣古苗河，湖南新名胜”。2002 年，县委、县政府投资兴建凌空栈道 2.7 公里，开发龙宫洞、蚩母洞、万字天书、探幽谷瀑布、七梯岩瀑布、祭祖坛、月亮湾、白水河瀑布等几十处景点，从而揭开古苗河蚩尤风景区神秘面纱。

民俗风情

重要节日习俗 镇域重要节日有春节、元宵、二月二、三月三、清明、端午、吃新、中秋、重阳等，亦有吃猪、还傩愿、满月、生辰、祭家仙、拜观音娘娘、祭财神、祭土地神、死葬等风俗，苗族村寨尚有椎牛习俗。

三十夜洗脚 当地有腊月三十日晚上洗脚习俗，认为洗脚可以洗掉过去一年忧愁、烦恼和晦气，来年能交上好运气、赶上好时辰，表达人们对美好生活祈愿和憧憬之情。平日里，去熟人家串门，如果刚好碰上吃饭，大家就会笑着说：“三十夜洗了个好脚呀！”

大年初一拾柴 当地人在大年初一吃过早饭，有赶早上山拾柴习俗。全家登高望远之余，捡拾树枝，用红线或小藤条捆好带回家。意寓新年第一天就有柴（财）进，来年就会有好财运。

（撰稿人：谢慧娥　付燕华　彭国彬　龙凤卿）

团结镇

区域概况

位置面积

团结镇位于花垣县北部。东临花垣镇，西与边城镇接壤，南连龙潭镇、道二乡，北与保靖县毛沟镇隔河相望，区域面积48平方公里，距县城花垣镇11公里，距湘西州首府吉首市66公里。

建置沿革

清雍正十年（1732），团结镇域属永绥厅五乡。乾隆年间，改“乡”为“里”，半坡、阿碧、老王寨属归化里；吉场、老鸦塘、瓦水、永丰、龙保、长兴为西路边民村。民国9年（1920），建吉峒乡，“苗寨”与“民村”均改为“乡”。1949年年底，属永绥县二区。1950年，废除保甲制，原保改为村，甲改为组。吉峒乡第三保（太平、水田、桐木寨）、第四保（吉场、大老坡、苗寨湾）、第五保（营盘、永丰、半坡）分别改为第三村、第四村、第五村。这3个村在国民党统治时期互不团结，甚至发生枪战。1952年年底，为化干戈为玉帛，将这3个村联合建为一个小乡。经小乡成员集体研究，取名“团结乡”。1958年，为团结人民公社。1984年，撤社复乡，是年10月，改乡建镇，为团结镇。

行政区划

2014年，全镇辖吉峒坪居民委员会和吉场、营盘、太平、长兴、漏那、中寨、水田溪、桐木寨、马道子、下瓦水、龙堡、岩坝塘、杨家寨、漾水坪、永丰（含半坡）、峨碧、老鸦塘、老王寨18个建制村。

人口民族

2014年，全镇人口5209户20792人，系苗族、汉族、土家族、侗族杂居区。其中苗族主要分布在阿碧、杨家寨、老王寨、中寨、岩坝塘、半坡等村，汉族主要分布在吉场、营盘、太坪、中寨、岩坝塘、桐木寨、马道子等村。

自然环境

团结镇地势南高北低，南部边界为太阳山台地，除永丰村半坡及长兴村位于太阳山区外，其余村均处于丘陵区。境内最高处长兴村耐子堡后山，海拔829.9米；最低处下瓦水村作络河，海拔250米。花垣河自西向东包绕北部边界，浮桥坪和瓦水两条小溪从南到北流入花垣河。年均气温16℃，无霜期269天，年降水量1420.9毫米。境内矿产资源主要有铅锌矿、硫化锌矿、氧化锌矿等。

经济发展

经济综述

1976年，境域耕地1080公顷，人均1.2亩。20世纪90年代至21世纪初，因矿产资源开发，工业用地逐步扩大，加之水利、交通建设用地及退耕还林，境内耕地逐步减少。2005年始，部分农民外出务工，土地渐被抛荒，耕地种植面积减少。

2014年，境内农业发展黄桃、油茶等产业。全镇工农业产值11.13亿元，财政收入9507万元，粮食产量6210吨，农民人均纯收入3960元。

农业

种植业 境内粮食作物主要有稻谷、玉米、红薯、豆类等。1958年，全镇种植水稻362公顷，产量108.95万公斤，亩产仅104公斤。1966年推广双季稻，引进“珍珠矮”“广陆矮”“南特号”等品种，推行提前育种、浸种催芽、牛粪温床催芽等技术。但因热量不足，亩产仅200公斤。1974年始，双季稻种植面积减少，1978年全面中止，推广单季杂交水稻，先后引进“南优2号”“威优2号”等10种杂交品种。1985年，全镇水稻种植450公顷，产量1186.8吨。1990年，推广“仙优63”“Ⅱ优63”“D优63”等迟熟品种，采用“两段育秧、双株寄插、大蔸大行（简称“双两大”）等栽培技术。2008年，推广旱地育秧技术，水稻亩产提高，但因耕地面积减少，水稻种植面积同时缩小。2014年，水稻种植面积420公顷，产量2522吨。

玉米是境内主食之一。清代至民国时期，种植面积虽多，但因耕作粗放，产量不高。马齿黄、马齿白为主要品种，爆苞谷（九籽苞）、糯苞谷有少量种植。耕作上，以人畜粪或草木灰作底肥，挖穴点播，中耕锄草2~3次。20世纪50年代初期，仍保留传统品种和栽培方法，种植面积及产量略有增加。是年，推广“小四块”栽培技术，增加株数，每亩栽植1200株，亩产提高至108公斤。1959年，强调高度密植，株距不足5寸，行距不足1尺，不通风、不透光，1960年，亩产仅43公斤，比1958年每亩减少65公斤。20世纪70年代，引进“双跃3号”“晋杂5号”等品种，亩产199公斤。1980年，引进“73单交”“湘凤单1号”等杂交品种。1990年，推广“中单14号”“雅玉2号”“改良73”等品种，注重合理密植，每亩栽植3000株，同时推广地膜覆盖技术，产量提高。2014年，全镇种植玉米556公顷，产量2118吨。

清代，境内红薯广为种植，品种有“白皮薯”“红皮薯”。20世纪50年代，引进“桑植红皮薯”“胜利白号”“湘农白皮”“湘农黄皮”等品种。2010年，引进紫色红薯，推广牛粪温床育苗，薄膜温室育苗，改无垄平插为瓦沟栽插和高垄平插，每亩栽种5000~6000株，以牛粪、杂肥、草木灰作底肥，亩产200公斤。2014年，全镇栽种红薯325公顷，产量1463吨。是年，种植黄豆173公顷，产量262吨，绿豆8公顷，产量7吨。

境内经济作物主要有油菜、蔬菜、水果等。1991年，老鸦塘村用县纸厂腐烂麦秆作底肥栽培椪柑，后桐木村、马道子村亦有栽种。2002年，桐木寨、马道子等8个村连片开发早熟5–2梨80公顷。2006年，开发清见柑橘280公顷。2008年，开发早熟蜜橘10公顷。2011年，开发纽荷尔脐橙240公顷、椪柑187公顷。2014年，长兴、永丰两村柑橘种植大户肖乾辉、杨吉富、石山青、罗建新、石帮发、等栽种柑橘313公顷，年产200万公斤。

境内半坡和永丰两村产柿子，品种有腰带柿子、火柿子两种。

境内传统蔬菜有白菜、青菜、冬瓜、南瓜、辣椒、萝卜等品种20个。2003年，老鸦塘人吴仕荣创办天隆酱菜加工厂，年产酱菜100万公斤，产值600万元。产品有酸椒酱、剁椒酱、青泡椒、酸藠头、盐藠头、糖酸藠头等20个品种，产品销往县内外。2006年，全镇种植线椒67公顷。2014年，峨碧村新建大棚19个，种植蔬菜382公顷，产量5042吨。

林业 1976年，全社有杉松、柏木、杂木计6.4公顷，油茶、油桐、果木等经济林47万公顷，杂竹4.1公顷，宜林荒山13.3公顷，森林覆盖率19.8%，林木蓄积量7403立方米。20世纪90年代，因矿业开采，植被遭到破坏，森林覆盖率下降。2001年，实施退耕还林，凡坡度25度以上坡地均栽植树木。2004年，全镇造林1113公顷，其中退耕还林695公顷。2008年，全镇投资10.2万元，补植经济林330公顷。2009年绿化通村公路沿线，植树1.23万株。2014年，在张花、吉茶两条高速公路可视范围内植树1.5万株，绿化面积23公顷；配备调整护林管理员18人。是年，全镇林业用地1898.7公顷，森林覆盖率28.8%。

养殖业 境内以牛、猪、家禽养殖为主。1986年全镇养殖耕牛1224头，其中黄牛448头、水牛776头。至1990年，全镇有耕牛1642头，其中黄牛490头、水牛1152头。1995年，全镇养牛2047头，其中黄牛1433头、水牛614头。2000年，全镇养牛2021头，其中黄牛969头。此后，小型农业机械开始使用，耕牛养殖逐年减少。2014年，全镇牛肉产量35吨，出售和自宰肉用牛352头。

1991年，全镇存栏生猪1.28万头。2000年，全镇存栏生猪增至1.43万头。2014年，全镇出栏生猪6370头。镇内鸡、鸭等家禽养殖多为自产自销，未成规模。

工业

清代，境内有铁匠、篾匠、补锅匠、鞋匠、炮竹客等手工业者，其中铁匠、篾匠等有固定生产作坊，补锅匠则肩挑风箱、小炉，手摇小铁片走乡窜寨，招揽生意。境内下瓦水、太平村竹编业历史悠久，颇负盛名。所编背笼、箩筐、簸箕、筛子等深受群众欢迎，2014年，有匠人从事此项传统手艺。

吉场、太平等村石灰岩储量颇丰，清代就有烧石灰记载。1985年，有石灰窑7个、岩场7个。2014年，全镇有石灰窑3个，年产量1万吨，其中太平村邓天生石灰窑年产量5000吨，花垣建房所用石灰多出自团结。

1978年，乡政府投资30万元兴办铅矿，建日产50吨选矿厂，当年产矿石170吨，产值20万元。因技术落后，铅矿地质资料掌握不详，投产后矿石品位低，产量不高，企业亏损，于1980年停办。1984年，境内农民自发组织开采地表氧化锌矿，川（今渝）、黔两省边地农民也来挖矿，高峰期有万余人开采。1988年，团结矿区矿石开采量0.73万吨，1989年，镇政府办氧化锌厂，当年加工矿粉902吨，产值40万元。

1990年，镇政府组织发展村办、个体和联户办企业，镇、村企业产值635.8万元。1993年，先后投入1500万元发展乡镇企业，有村办企业28家，产值2100万元。1995年，开采量8.47万吨。是年，吉场村肖荐椿在太平村建第一家私营铅锌浮选厂——吉化选厂，日处理矿石50吨。1996年，因环境污染问题被关闭。此后，境内又有团结籍刘明全、赵秀贵、邓意明、邓意斌、尚同军、杨六金等人在太平、半坡等地办浮选厂。

1997年，全县兴起办选厂热，矿石产量随之增长。是年，团结矿区矿石开采量15.01万吨，为1988年20倍。1998年，锌精矿价格上涨，矿石开采量急增，当年团结矿区矿石开采量30.31万吨。全镇民营企业35家，产值3510万元。2008年，境内选厂85家，其中硫化锌矿硐202个、锌锰冶炼厂2个，规模以上工业11家。团结矿区矿石开采量202.86万吨，创历史纪录。2009年，受世界金融危机影响，锌精矿价格回落。2011年，全县矿业整治，镇内有采区9个、小矿硐31个和选厂25家。2012年，团结矿区开采量101.76万吨，为2008年开采量一半。

境内太丰矿业集团公司是花垣县中二型民营企业，由邓意明于1995年创办。2012年，公司6万吨电解锌和8万吨硫酸生产线建成投产，年产电解锌10.5万吨、硫酸20万吨。

县直国有企业水泥厂坐落于境内太平村。始建于1958年，1959年停办，1976年重建，1979年1月建成投产，年生产能力4.4万吨，当年生产水泥1670吨，产值5.2万元。1989年，固定资产296万元，生产水泥11300吨，产值96万元，利税52.7万元，州人民政府授予“企业管理先进单位”。1998年，产区扩建，年产能力8.8万吨，主要生产高标号“边城牌”525#火山石灰水泥，质量过硬，州内市场供不应求。2000年，生产水泥5.26万吨，实现销售收入1126万元，进入全省水泥生产行业五十强。2002年后因价格低迷，供需失衡，逐渐减产，至2006年，全面停产。

1978年，交通部投资53万元在太平村建电石厂，为县交通局下属集体企业。1981年，生产电石400吨，产值19.2万元，亏损9万元。1982年，生产电石1926吨，产值93万元，盈利9.3万元。1985年改电炉及电器设备。1987年电石产量2140吨。1988年转产硅铁，当年产硅铁370吨。1995年停办。

商贸服务

清光绪二十四年（1898）建墟场，时称“吉峒汛场”，逢农历四、九日赶场，主要交易牲畜、巴盐、南杂货等。每场成交额4000~5000串文。民国时期，市场发展，徐子云盐号成批购销巴盐；彭义顺商号经营桐油、木油；明双和、陈立记商号经营棉花、纱、布、食糖、糕点等。逢场天沿街可见熟食小吃。市场辟有牲畜、桐茶油、粮食等交易行，由经纪人撮合成交。上市品种以牲畜为大宗，每场交易耕牛百头，生猪三百头，桐油百桶，成交额一万银圆。民国14年（1925），川、黔军过境，集市严重受扰，苛捐杂税增多，商户纷纷停业，市场一度萧条。

新中国成立后，建立国营、供销合作商业机构，市场逐渐活跃。“文化大革命”时期，境内集市贸易被视为“滋生资本主义土壤”，受到限制。1980年改革开放，农村商品经济发展，集市交易额上升，当年集市成交额102万元。1983年，耕牛交易兴旺，上市量13413头，成交6042头，成交额187万元，占总成交额63%，其中本地区“牛客”36户，贩运耕牛3500头，牛源主要来自贵州省思南、印江、沿河及四川省酉阳、秀山等县，销往吉首、沅陵、会同、常德，甚至湖北、安徽等省。1985年，集市成交额354万元，比1979年增长2.5倍，交易额居全县墟场之首。

1996年，衡南县政府及县工商局、县供销联社及肖荐椿等单位和个人，投资160万元建成吉峒坪农贸市场，占地面积1.4万平方米。2006年，投资280万元建成湘、黔、渝边区供销大市场，占地面积3800平方米，建成门面90间。2014年墟场有餐馆4家，宾馆旅社4家。

基础设施

交通运输

清代有峨溶（今属重庆）—吉峒（今团结）“商道”，龙潭—吉峒坪乡道。民国26年（1937），湘川公路（今国道319）竣工，途经老鸦塘、漾水坪、太平、吉场、营盘、长兴等村10公里。1990年，开始修建乡村公路，至1992年，团结至龙潭公路建成，长12公里，另修矿山公路6公里。1995年，全镇18个村通公路。2003年，整修、硬化米镇街道路2公里，整修村级公路和机耕道7.2公里，马道子村建桥梁1座。2005年，筹资44万元新修苗寨湾到太坪村矿山公路1.2公里。2006年，筹资100万元，硬化老王寨、水田、长兴等村通村公路。2007年，硬化杨家寨、峨碧等8个村村级公路。2010年，国道319吉场段改道2.8公里。是年，投资15万元启动新农村建设道路“安保工程”，在国道沿线等地修建招呼站13个。2012年，包（头）茂（名）高速吉（首）茶（洞）段经镇境西南，距镇政府8.4公里处（边城小寨）有高速公路进出口。2013年，硬化全镇18个村进村公路。2014年，境内花垣河可通木船，5个村通航。

邮政通信

民国24年（1935）9月，从县城架设线路至吉峒坪、茶洞单线电路25公里。1953年，吉峒坪设立邮电分支机构。1955年，安装电话交换机。1958年，更名团结邮电局。1962年，成立团结邮电所。1963年，团结电话交换点改由县邮电局直接经营。1984年，团结邮电局更名团结镇邮电支局，主营通信、信函报刊业务。1995年，开通程控电话。2003年，村村通程控电话，电话装机1210部。2014年，该镇设有团结邮政所，有工作人员3人，开设邮件、包裹、快递、集邮等业务。

供电饮水

供电 1970年，中寨、长兴2个村用水轮泵发电照明、加工，境内开始通电。20世纪80年代初，公社组织修建岩坝塘（哇哇塘）电站，装机26千瓦，发电1.7万千瓦；时有小电站7座，装机108千瓦，发电12.9万千瓦，9个大队44个生产队受益。1989年所有村通电，90.5%农户用电照明，通电户3200户。1998年，实施农网改造，通电率100%。2000年3月，团结变电站竣工建成，同时实施电网改造。全镇农村平均电价由每千瓦时1.5元降至0.6元。

饮水 1989年，镇政府筹资30万元在吉场、永丰修建自来水厂，1992年年初竣工，日供水量300吨，解决镇直单位和5个村7500人饮水问题。2005年，峨碧村人饮工程竣工，解决镇内7个村、2家企业、2所学校及镇直单位3000人饮水问题。2008年筹资100万元建高压蓄水池3个，蓄水900立方米，铺设主水管道5.3公里，入户管网13.5公里，解决长兴、桐木寨、漏那、中寨4个村379户3718人饮水问题。

水利建设

1965年，兄弟河引水工程西干渠灌溉至团结境内，另有石落冲小（2）型水库1座，库容8万立方米。1976年，境内有山塘15口，水轮泵8台，机灌站1处，溪坝引水设施48，灌溉面积430公顷，其中旱涝保收390公顷。1993年，实施水利工程建设，至1995年，投资20万元，建设水利工程17处。2009年，水渠清淤、砌坎14公里。是年，投资35万元完成永丰等涉矿村水利设施。2012年修沟渠4公里，清淤600米，新修中寨、漏那2个村水渠3.2公里，保障农田灌溉

133.3 公顷。2014 年，投资 30 万元整修吉场、太平、中寨、漾水坪 4 个村水渠 2.8 公里；投资 24.5 万元维修水田、长兴、营盘、峨碧、岩坝塘等村水渠 2.9 公里；投资 63 万元新修桐木寨、老鸦塘水渠 2.8 公里。是年，镇内引水工程灌溉系统基本形成。

村镇建设

2006 年，耐子堡自然寨整体搬迁，当年在镇北新开发区建房 11 栋，每栋 4 户，每户 210 平方米。2008 年 1 月，42 户 181 人搬进新居。2014 年，改建、新修标准化垃圾房 9 间、垃圾焚烧炉 1 座。

社会事业

教育

1902 年，建吉峒坪小学，始称“洋学堂”；营盘设有女校 1 所。1927 年，吉峒坪小学称“天王庙学堂”，有学生 60 人，后改为吉峒完小。20 世纪 50 年代中期，增设初中部。60 年代，中、小学分设。1962 年，团结中学并入花垣三中。1969 年，全县社社办初中，复办团结中学。2005 年，上海市青少年发展基金会捐助 20 万元建宿舍楼 1 栋。学校先后成为花垣农村寄宿制学校建设示范校、花垣教师公转住房建设示范校、花垣第一批合格建设校。2014 年，全校有教职工 56 人，教学班 12 个，在校学生 478 人。

文化

明末清初，境内有汉剧业余剧团，时称“同乐社”，营盘、永丰、太平均有业余演员，逢年过节演戏 3 ~ 5 天。1961 年，公社成立业余剧团。1975 年，公社成立乡电影放映队和建文化站。1984 年，镇文化站组织文艺队伍 6 支，举办联欢晚会、游艺、猜灯谜等文化活动。1990 年，镇文化站站长黄朝坤编导《鸳鸯叉》，获全县文艺展演二等奖。1992 年，获湘西州先进文化乡镇奖。2008 年，团结镇被湖南省文化厅命名为“花灯之乡”。2014 年，镇内有录像放映室、卡拉 OK 厅等娱乐场所。图书室藏书 7000 册。

医疗卫生

1954 年，团结设卫生院。2006 年，投资 47 万元，建成门诊大楼，建筑面积 460 平方米。2009 年投资 52 万元建成住院大楼，建筑面积 420 平方米。2014 年，镇卫生院有医卫人员 23 人。全镇有 18 个村卫生室。全年新型农村合作医疗补助 1017 人次，补助金额 64.19 万元。

社会保障

2006 年 12 月，镇建敬老院，有床位 40 张，42 位“五保”老人入住集中供养。2008 年，完善镇敬老院设施。2014 年，定期救助“五保户”71 户 82 人，集中供养 24 人，分散供养 58 人，发放供养金 27.3 万元。

2008 年，全镇有 284 户困难户 73 人享受城镇居民低保或农村居民低保，扶贫建房 14 户，全年发放各类救济款 8 万元。2009 年，全镇纳入农村低保 317 户 918 人。2010 年，享受农村低保 322 户 1002 人。2013 年发放农村低保 1885 人 61.64 万元。2014 年，该镇有贫困户 1170 户 4099 人；城乡低保户 785 户 2211 人，发放低保金 269.48 万元；新型农村养老保险参保 8453 人，缴费 84.97 万元，改造危房 148 户。

特色地情

苗族知名人士石宏规（1898—1982） 字艾三，苗族，出生于吉峒乡（今团结镇）老王寨。民国16年（1927），出任凤凰、乾城、麻阳3县联合乡村师范学校校长，并在凤凰岩脑坡首创实验小学。其间，随国民党中央考察团深入苗区村寨实地考察，编写《湘西苗族考察记》一书，为治理湘西苗族地区和促进苗区经济文化发展提供了第一手资料。后历任乾城县县长、湖南第九区行政督察专员公署秘书、省田赋管理处副处长、南岳管理局局长、湘鄂川黔四省边区总司令指挥部少将高参等职。并先后被聘为省政府设计委员及军事参议会议员，当选国民大会代表、立法委员。其间，长期致力于为苗族地区经济文化建设特别是边区教育奔走呼吁。1949年赴台湾。1982年病逝于台北。

（撰稿人：石邦平　石昌生）

龙潭镇

区域概况

位置面积

龙潭镇地处花垣县西南部，东临道二乡杠杠、紫霞村，南连雅桥乡干木、猫儿坡村，西接猫儿乡豆子、铅厂、太阳山村，北与团结镇吉场、半坡村毗邻。全镇区域面积59.69平方公里，镇治蚂蟥塘，距县城花垣镇20公里。

建置沿革

明洪武元年（1368），龙潭镇域属崇山千户所。清雍正八年（1730）属六里。雍正十年（1732），属永绥厅永庆乡。乾隆年间属永庆乡怀德里。宣统年间属上六里。民国2年(1913)，属上六里。民国9年（1920），属上六乡。民国24年（1935），属第一区上六乡。民国26年（1937），属清隆乡。1949年11月，属永绥县人民政府一区清隆乡。1951年，属五区辖。1952年9月，为四小乡及角弄小乡一部分。1953年3月，属龙潭区。1956年6月，成立龙潭乡，辖原龙潭、白吉、金溶、张匹马4个小乡和角弄乡一部分。是年10月，属龙潭办事处。1958年8月，建幸福人民公社。1959年，改称龙潭人民公社。1984年，撤社复乡。是年10月，改乡建镇，为龙潭镇。

行政区划

2014年，镇辖龙潭、蚂蟥塘2个居民委员会，土地、李梅、角弄、干塘、豆旺、开支、龙门、窝陀、古老、龙潭、大坪、草坪、金溶、板塘、张匹马、黄腊16个建制村，下设110个村民小组。

人口民族

2014年，全镇有3973户16012人。其中，苗族占96%。人口姓氏以吴、龙、石、麻居多，16个村均有分布。

自然环境

龙潭镇地势东、西、北部高，南部低，呈簸箕状。海拔在500～900米之间，最高万明山海拔895.6米，最低金溶村海拔480米。年平均气温13.9℃，年降水量1825.7毫米，无霜期260天。龙潭河是花垣县兄弟河三大支流之一，发源于土地村仁洛唐，流经土地、豆旺、龙门、阿坨、干塘、古老、龙潭、大坪、板塘、草坪等村，于”五龙抢宝”处汇入兄弟河，全长16.02公里，灌溉农田240公顷。境内主要矿产资源有铅锌矿、重晶石等。

经济发展

经济综述

20世纪70年代，经济以传统农业为主。20世纪80年代，矿产采掘业兴起，同时开发二、三产业，发展多种经营。90年代，发展工业企业。2000年，调整产业结构，壮大矿产品加工业，打造商品农业，发展商贸业，跻身全县经济强镇。2014年，全镇国内生产总值2.46亿元，财税收入6204万元，农民人均纯收入3361元；600户农民拥有2层及以上楼房，30%农户购有小汽车，农村居民消费水平比1986年提高20倍。

农业

种植业 境内传统粮食作物主要有稻谷、玉米、红薯、小麦、大豆等，产量以稻谷为首，苞谷次之。经济作物以油菜、蔬菜、水果为主，其他有花生、棉花、苎麻、烟叶、药材等。

1958年种植双季稻，因密植过高，亩产仅42.5公斤。20世纪60年代中后期引种湘州五、六号常规水稻品种，亩产250~300公斤。80年代，引进综合混杂1号、洛阳“五八”、双跃3号、晋杂5号等杂交苞谷品种，推广种植威优6号、汕优63杂交水稻及桑植红皮、胜利百号等红薯品种，粮食产量提高，1989年粮食产量4000吨。1992年，规格化栽培水稻“双两大”414.2公顷、玉米533.3公顷，粮食产量5500吨，比1989年增长24.7%。是年，金溶、开支2个村栽植奈李120公顷。2002年，开始发展订单农业和特色农业，在龙门村设立6.9公顷连片超级稻栽培示范点，全镇种植“两优培九”91.3公顷；开发龙门、窝坨、龙潭、开支、板塘5个村200公顷蔬菜种植基地，建立金溶村、张匹马村千亩金秋梨基地。2010年，建立以开支村为中心26.67公顷金银花和13.33公顷百合种植基地，建立以金溶、土地村为中心200公顷油茶种植基地及6.67公顷烟叶种植试验片区，烟叶收入131.7万元。是年，金溶农业生产综合公司建蔬菜大棚150个。2014年，粮食作物种植面积1069公顷，经济作物441公顷（其中烟叶45公顷、荷藕6公顷、油茶低改333.3公顷），其他农作物297.7公顷。粮食产量4561吨，农业产值1420.8万元。

林业 境内森林面积少，用材林主要有松、杉、柏、椿、槐、枫、桐、麻栎、青枫栎等，经济林有油茶、油桐、竹、李、桃等。境内盛产竹子，主要品种有楠竹、桂竹、篷竹、水竹、山竹等。龙潭鸡血享有盛名，分布于全镇各村组，多栽植于房前屋后，挂果率高。

1965年，建李梅村杉木林基地，全境封山造林。1972年，境内飞机播种马尾松、柏树树种。1979年，建龙潭林业基地管理站。1981年7月，整治乱砍滥伐，林权定权发证，山林以承包山形式划给农户管理。1990年，实施长防林工程，板塘、张匹马、草坪、开支、窝坨等村荒山荒地造林600公顷，栽植马尾松、柏树、刺槐、桤木等树苗329.8万株。2000年，实施退耕还林，李梅村耕地面积成活率94.8%，荒山面积成活率91.7%，全镇完成退耕还林470公顷。2010年，投资230万元实施“两型”矿山建设，覆土6公顷，治理废石85万立方米，植树6000株，植长青藤、葛藤2.15万株；金溶村种植油茶200公顷。2014年，全镇山林面积3540.8公顷，其中公益林2568公顷，商业林972.8公顷，宜林地98.3公顷，森林覆盖率56.73%。是年，投资70万元，实施矿山治理，出动劳力2000人次，车辆450台次，治理废石85万立方米，覆土10公顷，覆绿面积13.3公顷，种植树木、青藤1.2万株。

境内 100 年以上古树名木有 6 株，古老桥有 800 年生檫树 1 株，高 35 米，胸围 4.3 米，树冠盖地 700 平方米。

养殖业 境内传统养殖业以猪、牛、羊为主，家禽有鸡、鸭、鹅，渔业曾占重要地位。1992 年，土地、豆旺、黄腊、张匹马村开发牛、羊等草食畜牧养殖；龙门、窝坨、金溶村发展养猪，全镇畜牧业产值 350 万元，比 1989 年增长 22.3%。1998 年，全镇养殖生猪 3.5 万头，牛羊存栏 4600 头（只），稻田养鱼 40 公顷。2000 年，建成生猪、波尔山羊养殖基地 6 个。2009 年，养殖生猪 3.2 万头，山羊 5000 只，家禽 2.5 万羽，养殖大户有古老村石成斌、李梅村吴海青等。2010 年，成立古老村孟丰鸽业养殖专业合作社、振明农业合作社等专业合作社 43 个。2014 年，全镇存栏生猪 7800 头、山羊 900 只、耕牛 778 头、家禽 31656 羽；养殖肉鸽 4000 羽、香猪 280 头、肉兔 2000 只；养殖水面 80 公顷，产鱼 18.2 吨。

工业

清代、民国时期，境内有碾坊、油坊、染坊、糖酒坊等手工作坊，有银匠、铜匠、铁匠、木匠、篾匠、石匠、裁缝、泥水匠、砖瓦匠等手工匠人，规模小，从业人数不多。据《永绥厅志》记载，清同治四年（1865），境内角弄、李梅、干塘等地，就有人开采铅锌矿石卖给商人，度荒糊口。20 世纪 60 年代，各大队均办有小型砖瓦厂。1978 年，投资 30 万元建龙潭铅矿厂，日产 50 吨，但矿石品位低，产量不高，企业亏损，1980 年停办。1984 年，镇内农民自发开采地表氧化锌矿，川黔两省边民加入，高峰期开采上万人。1986 年，全镇工业产值 103.23 万元。1987 年，兴办龙潭红薯粉丝加工厂、冰棒厂。1990 年，代扩建镇办企业氧化锌矿粉厂，兴办氧化锌冶炼厂，投资 150 万元建角弄村日处理 100 吨矿石硫化锌选厂，建龙门村建材厂、板塘村石灰厂，推进转制改革，激活负债 700 万元镇办企业。1999 年，全镇工业产值 6300 万元，比 1998 年增长 36%。2001 年后，黄腊村闽南轻质碳酸钙厂及 7 家新办民营选厂投产。2014 年，镇内有采矿权证矿区 14 个，民营铅锌矿浮选厂 25 家，工业产值 1.38 亿元。

商贸服务

乾隆十六年（1751），龙潭村设墟场，逢农历五、十日赶场。清末每场交易额千余串文。民国时期有所发展，主要交易牲畜、包谷、黄豆等，有盐、布、花、纱、杂货摊 20 个，商户 5 家。20 世纪 50 年代，建龙潭供销合作社、信用合作社、粮食收储站、合作理发店。1962 年，扩大场区，新设肉行、牲畜行，禽蛋、柴炭、蔬菜等在场内划地交易。1980 年，个体商户 20 家。1985 年，集市成交额 157 万元，比 1979 年 40 万元增长 3.9 倍。1995 年，投资 70 万元，兴建衡龙农贸市场，占地 0.8 公顷。2001 年，镇政府筹资 80 万元建工业品市场。是年年底，全镇有个体工商户 650 户，从业人员 1500 人，注册资金 500 万元，全年市场成交额 1500 万元。

2014 年，全镇有个体工商户 113 家，超市 2 家，批发部 13 家。有汽车修配厂 1 家，矿山用品门店 15 家，理发店 4 家，饭店及小吃店 10 家，宾馆 2 家，年入住旅客 3000 人次。墟场成为县内工矿区综合性消费市场。是年，镇农村信用社各项存、贷款余额分别为 12304 万元、5949 万元，邮政储蓄余额 9745 万元。

基础设施

交通运输

清代，有龙潭至麻栗场商道。民国时期，有

龙潭至吉卫、龙潭至吉峒坪乡道2条，石拱桥35座。1958年，修通美惹至龙潭简易公路。1966年，修通龙潭至虎渡口县级公路，花（垣）民（乐）公路全线贯通，经大坪、龙潭、古老、窝坨、龙门、土地等村。1968年，境内7台拖拉机跑运输。1975年，村村通公路。1984年，建张匹马大桥，次年建成，为一孔净跨30米石板肋拱桥，长47.8米，高15.8米，宽7.5米。是年，修通龙潭至雅桥、团结公路，分别长5公里、7公里。2004年集资20万元修通巴茅寨至雪场坡通寨公路。2008年，成立龙潭客运车队，有城乡公交车13辆，从业人员32人，花垣至龙潭线每10分钟发班1次。2009年，硬化道路110公里。2014年，全镇有机动车1261辆，其中，矿车450辆，农用车32辆，拖拉机3台，摩托车560辆。张匹马河有渡口4处。

邮政通信

民国36年（1947），村镇邮路开通至墟场，逢场托村民捎带邮件。1950年，乡政府安装手摇电话机1部。1952年，境内开通邮路。1953年，建龙潭邮政代办点，开办信件、报纸投递业务。1957年，开通花垣至龙潭邮路，架设交换机线路。是年年底，开通龙潭至民乐邮路，投递里程17公里。1958年，公社安装电话交换机，架设至各大队线路，安装手摇电话机16部。1962年，成立龙潭邮电所，有员工4人，乡邮员1人。1995年，开通程控电话，装机60部。1999年，移动公司在龙潭开设代办点。2014年，全镇有移动信号塔9座，电信、联通共用信号塔4座，信号覆盖率100%，手机普及率93%。

供电饮水

供电 1965年，建金溶村小型水电站，供公社和金溶、草坪、大坪、龙潭等大队照明。1985年，电站因属淹没区而被拆除。2001年12月，龙潭变电站投产运行，连接下寨河电站、团结变电站，供应龙潭镇、李梅矿区用电，镇内供电稳定。

饮水 境内泉井多，每个村寨有水井。其中，古老桥、老龙潭流量0.5个立方米，水源清澈纯净、冬暖夏凉，供古老、窝坨等村人饮，并为碾坊、油坊、磨坊提供动力；窝坨村李家塘大水井清澈透明，长年不枯，邻乡朱朝、杠杠村民逢干旱时节亦去担水；蚂蟥塘古泉位于镇政府门前，几经修缮，人饮观景两相宜。1987年，国家以工代赈资金拨款19.9万元，修建老龙海人饮工程，铺设引水管道7978米，惠及4个村、2所学校及镇直单位4200人。2005年，建龙潭镇水厂，日供水量6000吨，供镇直单位、古老、龙潭、大坪等村3000人使用。2009年，镇政府筹资210万元打井取水，供干塘、金溶、板塘等村饮用。2011年，投资70万元，建成黄腊、豆旺、张匹马、土地、角弄等村人饮工程。2013年，投资40万元，在角弄和草坪村掘井2口，引水入户。是年，16个村、88个村民小组均通自来水。2014年，境内61口大小水井全部整修，卫生达标。

水利建设

民国时期，农田灌溉主要靠农民自修山塘、溪坝解决。1954年，治理龙潭河，改直河道3处，拆老河坝7座，加固老龙潭拦洪坝1座，新修渠道、渡槽排洪灌溉，一改过去“龙潭田大丘，十年九不收”“十望谷子九望田，年年没有米过年”境况。是年，建成全县第一座水库——瓦窑湾水库，坝高13米，库容15万立方米，灌溉面积100公顷。1955年，兴修民和水库，蓄水110万立方米，灌溉开支和邻乡朱朝、杠杠、道二等村稻田134公顷。1976年，改直龙潭河道蚂蟥塘至草坪段2900米，截弯13道，修桥闸2处，建成田园化自流灌溉稻田120公顷。1992年，修缮

龙潭镇大坪镇稻田（石林荣/摄）

排吾灌区主干渠龙潭段4公里，整修山塘、水坝9处。1994年，增修排吾引水渠道主干渠2条15公里。是年，投资1.5万元维修山塘10口，水渠28条2.5公里，全镇有效灌溉面积573.3公顷，旱涝保收面积500公顷，比1992年分别增加107公顷和100公顷。2013年，投资10万元，整修角弄村水渠1.2公里。2014年，全镇农田基本达到旱涝保收。

村镇建设

20世纪50年代初，集镇所在地龙潭村有街道1条，长300米。1998年，投资50万元，新修镇政府至花民公路水泥路，全长0.7公里，并拓宽街道。2002年，按照“一街、一河、一市、一楼”的总体规划，投资400万元建成“兴龙大街”。2004年，筹资200万元，政府配套60万元，硬化老街路面。2009年，筹资50万元，新建板塘、金溶村等5个村部楼。2013年，投资24万元，建垃圾填埋场，组建镇环卫公司，聘请保洁员12人，配置清运垃圾车11辆，各类垃圾桶3000个。

社会事业

教育

清嘉庆十二年（1807），隆团设苗义学。光绪二十九年（1903），改为学堂，称永绥厅第四初等小学堂。民国19年（1930），改为青龙乡中心小学。1950年，更名龙潭中心小学。1958年，开设初中班，始称群慧中学。1962年，更名龙潭附中。1964年，迁至金溶村龙鼻嘴，更名红星农业中学。1970年，迁回原址，更名花垣县第四中学，为完全中学，有学生1000人。1983年，中心小学迁至龙潭村与古老村交界处，定名为“龙潭镇中心小学”，占地20611平方米，下辖8个村片小学，1所乡镇中心幼儿园。是年，花垣县第四中学更名花垣县农业职业中学，设初中和职业高中部，占地面积4000平方米，有农场2公顷，林场16.7公顷；职业高中开设农作、畜牧、家电维修、水电等专业，面向全县招收初中毕业生，学制3年。1992年，撤销高中部。2014年，中心小学有学生700人，教职工42人；初中有教职工41人，学生441人。

文化体育

1966年，公社建广播站，各大队通广播。1979年，公社建电影院。1982年始，有线广播逐渐减少至消失。1999年，镇政府集资31万元，改造文化站大楼。2000年，电视入户率100%，有村级文化中心17处。2011年，投资38万元，建成大坪村休闲文化广场；17个村（居）建立农家书屋。至2012年，各村均有村部，村民在村部篮球场打篮球、跳广场舞等，龙潭村文艺演队经常开展舞蹈、演唱、小品表演。2014年，在湖南省第十二届运动会中，角弄村石正荃获得男子举重56公斤级抓举、挺举金牌；土地村石长龙获得男子举重69公斤级银牌；古老村石水艳获得女子跆拳道45公斤级铜牌。

医疗卫生

民国时期，境内缺医少药，疾病发病率高，患者多求神拜佛祛病。1956年，建龙潭中草医联合诊所，有中医4人。1958年，转为公社卫生院。1971年，16个大队均建卫生室，各配赤脚医生1人，报酬采取误工记分，年终参加大队分配。2005年，改造卫生院药房。2007年，有16名村医享受政府补贴。2009年，建成镇卫生院住院部大楼，建筑面积3300平方米，有医务人员53人，集预防、保健、临床医疗于一体，属一级甲等医院。

20世纪70年代始，提倡计划生育。1982年全面实施计划生育政策。2007—2013年，连续7年获得“全州计划生育先进单位”称号。2014年，全镇人口出生率1‰，人口自然增长率0.71‰，计划生育率84.88%。镇域农村合作医疗参合率100%，农村医疗救助6户6人次报销医药费2万元。

社会保障

2007年，龙潭镇在龙门村建敬老院，有23人入住。2014年，城乡低保救济困难户573户1526人，发放低保金113.51万元；发放救济款19万元、“五保”供养金19.2万元，供养“五保”孤老孤儿60人。

古老村檫木王（张明红/摄）

特色地情

民俗风情

境内苗族民俗风情与附近乡镇基本一致，苗族男子头缠1～3丈长青帕，穿对襟衣，卷青色裹脚，妇女穿戴银饰。改革开放后，男女青年衣着与汉族无甚区别，但境内老年妇女则仍着传统服饰。特色菜肴有酸菜、酸汤、酸辣子、酱辣子等。境内各村多为传统木质结构民居房屋。有吃碗、吞竹签、化水、请道士、还傩愿等民间绝技和文化习俗，传承人有豆旺村石邦伍、石金和。

（撰稿人：麻志云　麻萌萌）

民乐镇

区域概况

位置面积

民乐镇地处花垣县县城西南部，东与猫儿乡塘家、排吾乡大猫、盐井村接壤，南与两河乡下水田村相交，西隔清水江与贵州省松桃县木树乡虎渡口村毗邻，北与猫儿乡老虎冲村、边城镇磨老村交界。全镇区域面积49.37平方公里，距县城花垣镇37公里。

建置沿革

民乐，苗语称“民呶夔”，清代、民国时期称“弭诺”，又名“米糯”。民国25年（1936），抗日革屯军副总指挥隆子雍将其改为“民乐”。明洪武三十年（1397），民乐镇域属上六里苗地。清雍正十年（1732），属新安乡。乾隆年间，改为长乐里。宣统年间，改为上五里。民国9年（1920），改为上五乡，实行保甲制。民国24年，为二区辖。民国26年，改为弭诺乡。1950年，改为民乐乡。1951年9月，永绥县设第六区，区治设民乐。是月，卫城乡第九村（原为第五保）划归民乐乡。1953年，建小乡，设大坪、水田、斗拱、谷哨、塘家、洞乍、潮水、马岩等9个小乡。1956年5月，撤区并乡，6月，水田、斗拱、马岩3乡划归两河乡，塘家划归猫儿乡，谷哨、洞乍和潮水划属鱼塘乡。1958年9月，谷哨、洞乍和潮水又划回民乐，建民乐人民公社。1959年，民乐人民公社、两河人民公社合并，为民河人民公社。1961年，撤民河人民公社，复为民乐人民公社。1984年3月，撤社复乡，同年10月，改乡建镇，为民乐镇。

行政区划

2005年，上水田村与响水村合并，称响水村，上潮水村与下潮水村合并，称潮水村。2014年，全镇辖民乐、田家、谷哨、坝务、新水、洞乍、毛号、潮水、响水、卡子10个建制村和中街、云盘2个居民委员会，下设108个村民小组。

人口民族

1951年，境域有3198户12408人。2014年，全镇有3973户15303人，其中苗族占90%，系苗族聚居镇。境内姓氏有石、龙、吴、张、李、龚、毛、魏、彭、邓、杨、罗、王、肖、隆、时、胡、麻、刘等，以石姓居多。

自然环境

民乐镇以丘陵山地为主。平均海拔546米，最高峰摩天岭海拔860米，最低处潮水溪海拔

310米。年平均温度25℃，年平均降雨量1200毫米，无霜期270天，属亚热带气候。土壤以酸性为主，主要树种有松、杉、桐、樟、板栗、油桐、油茶、核桃、梨、黄柏、杜仲等。矿产资源主要有锰、铝、锌等。境内有清水江纵贯西陲，潮水、坝务、民乐3条小溪和水田河等溪涧汇入清水江干流，舟楫便利。

经济发展

经济综述

2014年，境内个体工商户239户，全镇社会产值8亿元，财税收入6500万元，农民人均纯收入3750元，居民存款余额2.8亿元。

农业

种植业 境内粮食作物以水稻、玉米为主。20世纪70年代，推广高产、抗病杂交品种。1990年，推广地膜覆盖育秧、两段育秧、双株寄插、大兜大行“双两大”栽培技术，面积438公顷，占水稻种植面积80%。1993年，推广“旱育秧”、测土配方施肥新技术及宽行窄株或宽窄行规范化栽插模式，产量提高。2014年，稻谷种植面积420公顷，产量2522吨。

20世纪50年代初，境内玉米品种主要有马齿黄、马齿白、爆苞谷、糯苞谷等，用人畜粪或草木灰作底肥，挖穴点播，中耕锄草2~3次。六七十年代，先后引进双跃3号、晋杂5号等，玉米亩产199公斤。1980年，引进新品种73单交、湘凤单1号，推广地膜覆盖新技术，亩产提高。1990年，种植面积320公顷，总产86.7公斤。2014年，玉米播种面积297公顷，产量1091吨。

境内经济作物主要有油菜、花生、辣椒等，1986年，经济作物面积116公顷，2014年增至234公顷。其中，油菜种植82公顷，产量113吨。

林业 1956年，山林归集体所有，有少量自留山。1958年，大炼钢铁，山林遭到破坏。1961年，实行“三包四定”，山林所有权固定到生产队。1962年，取消自留山，山林所有权收归集体。1973年，政策规定山林权属不变，在荒山荒地造林，谁造谁有，允许社员在房前屋后空坪闲地栽种材木、果木、景木。1981年，推行林业生产责任制，山林以责任山和承包山两种形式划给农民个人管理，山权仍属国营和集体所有。1984年，实行“三山变一山”，将划分责任山、承包山和尚未承包荒山，统一划给农民作自留山，山权归集体所有，林木折价归个人所得，颁发“林权使用证”。镇内田家村有林场1个，面积10公顷，木材储蓄量670立方米。1990—1995年，造林520公顷，人工植苗247公顷，封山育林1025公顷。2014年，全镇有经济林170.5公顷，生态林485.1公顷。

养殖业 境内以生猪、耕牛、山羊养殖为主。1961年，全公社生猪存栏120头。1962年，贯彻“公养和私养并举，以私养为主”方针，鼓励农户养猪，给农民划分饲养地。1965年，全公社养猪恢复至3000头。1966年，再次实行集体养猪，各生产队开办养猪场15个，因管理不善后逐步解散。1978年，鼓励发展养殖业，扶持养殖专业户，1983年，存栏猪2637头，比1977年增长3.2%。1986年，开始使用饲料，配合生喂。2014年，全镇生猪存栏7100头。

1956年，境域实行农业合作化，耕牛折价入社，公养与私养并存。1962年，分户喂养。1981年，实行家庭联产承包责任制，耕牛分给农民私有私养，耕牛数量发展加快，1986年，养牛1435头，其中能繁母牛502头，牛犊174头。

2000年，农机普及，养牛数量下降。2014年，存栏847头。

1978年后，开始养殖山羊，品种以武雪山羊为主，多为白色，有少量黑色。1997年，养殖山羊2300只，创历史新高。2014年，山羊存栏1092只。

传统家禽养殖以本地山鸡和本地水鸭、旱鸭为主。引进品种有龙岩麻鸭（蛋鸭）、滨湖麻鸭、苏州鸭、北京鸭（肉鸭）、樱桃谷鸭（肉鸭）。1986年，家禽存笼2340羽。20世纪90年代，随矿业经济发展，市场繁荣，养殖业发展较快，1995年，出笼家禽18866羽，年末存笼13800羽。2000年，出笼家禽14800羽，年末存笼15900羽。2014年，家禽存笼2.5万羽，有家禽饲养大户10户。

工业

民国时期，境内有水碾坊27棚、木榨油坊8家、磨坊4家、制糖坊3家、染坊3家、鞭炮制作6家、打铁铺5家，从业人数149人。其中水田溪贯香糖小有名气。新中国成立后，油坊、磨坊渐被机械取代。1957年，建铁业社、缝纫社、酒厂、熬糖联合加工厂，从业人数100人。1969年，柴油打米机取代水碾坊。1978年，成立民乐机械修理厂，主要维修拖拉机和电器设备。1988年，有修理厂5家、家电修理2家。1987年，有木材经营店1家，主营原木、建筑木材，1999年增至3家。2014年，该镇有修理厂20家，木材经营4家。

1976年，民乐公社筹资5000元，发动社员，开发境内锰矿。当年抽调劳力50个，以一栋旧木房作厂房，手工生产氧化锰粉40吨，产值1.2万元，利润0.62万元。随后，州农业银行办点，先后贷款150万元，帮助建厂房，添设备，企业逐年做大。1980年，厂房占地面积3580平方米，有雷蒙机、球磨机等机械设备，固定资产60万元，初步形成采矿、运输、加工一条龙半机械化生产线。同时，生产碳酸锰矿石和碳酸锰粉等，企业年产值突破百万元，实现利税30万元。1982年，被评为省乡镇企业先进集体，二氧化锰产品获省银质奖。1992年，建成年产1.5万吨金属锰生产线，年利税1400万元，全镇有矿山企业35家，个体锰粉加工企业10家。1995年，民乐锰矿法人代表为邓光忠，经营630矿硐、660矿硐；并从民乐锰矿分出兴民锰矿，企业法人代表龙光辉，经营498矿硐。1998年，矿山经营权以承包形式租赁给邓守程，衡民锰业兴起，取代民乐锰矿和兴民锰矿。1999年，汇丰公司年产2万吨电解金属锰生产线投产，年利税1700万元。2001年，衡民公司电解金属锰1.5万吨生产线投产，年利税1800万元。2003年，中发公司年产2.5万吨电解锰生产线投产，年利税3000万元。

1995年，响水村兴办第一个村办锰矿，经营矿石开采，麻文先任矿长，1997年，因市场效益差而停产。2000年，响水村一、二组村民集资筹建688、598矿硐，后并入村锰矿，即今钰沣公司。2007年，矿山整治整合。至2014年，民乐矿区有钰沣、中发、兴银三大公司。

商贸服务

民国时期，境域有小墟场3个。一个位于下潮水六组，逢农历五、十日赶场，民国中期撤销。另一个位于毛号一、八组之间，逢农历二、七日赶场，1920年撤销。第三个是民乐墟场，场期逢农历四、九日。时交易不多，称为“油盐场”。民国初期，有布店7家、杂货2家、面馆各3家，其他有丝线、银匠各1家，皮匠6家。市场设米行、棉花行、桐茶籽行、牲畜行等。民国26年(1937)，湘川公路通车，吉峒市场兴起，民乐市场远客减少，交易额一度下降。民国33年

(1945)，抗战胜利，市场又趋于活跃。民国35年(1946)，通货膨胀，物价飞涨，出现以物易物现象。1949年，城乡事变，人心惶惶，市场再度萧条。1950年，市场贸易较为繁荣。1951年，成立民乐合作社。1952年，建民乐贸易组。1953年，建民乐供销社。1978年始，市场繁荣，摊点增多。1989年，建民乐农贸市场，有摊位180个。2014年，该镇有商户297户，贸易总额1.2亿元，经营门面325个，超市5家，其中生活用品超市2家，医药超市2家，家电超市1家。

基础设施

交通运输

清代，境内主要古道有：民乐至花垣，经谷哨、鱼塘、龙门等村长30公里；民乐至吉卫，经上水田、下水田等村长25公里；民乐至松桃长25.5公里。"官道"有民乐经龙潭至花垣。水运则是将本地生猪、大米、桐油、茶油等货物挑至虎渡口，用船运至花垣、保靖、沅陵、常德等地，然后运回棉花、布料、食盐等生活用品。

1966年8月，公社组织修建花（垣）民（乐）公路，12月底竣工。1970年，公社购置手扶拖拉机1台。1972年，民乐大队组建马车队，有马车3架、马5匹，为民乐供销社拉运货物。1978年，手扶拖拉机增多，马车队淘汰。1974年，公社组织修建响水矿山公路，长6公里。1979年，修建卡子公路（民乐—牛解寨），同年修通民乐至潮水电站公路，长7.5公里。1984年8月，由贵州省松桃县与花垣县联合投资66万元，动工修建虎渡口大桥，长135米、宽8米、高16米，1986年竣工通车。是年，修建上响水公路1.5公里。1988年，修建茶（洞）民（乐）路，为四级乡道，长5公里，1990年竣工。1993年，修通上潮水至下潮水公路2.5公里。1995年，修通卡子牛解至和尚岩进组公路1.8公里。1998年，扩修兴镇街一期工程，长500米，宽20米。2002年修建兴镇街二期工程，长600米、宽20米，响水村下椿木寨45户矿山移民搬迁至此。2003年，修通下潮水至金银山电站公路3.2公里，同年修通至茶洞镇茶园坪村公路。2006年，有客车15辆、货车1342辆、摩托车845辆、面包车78辆。2009年，修通上响水至竹山坳3.5公里西环线。2013年，改造美（惹）虎（渡口）二级公路，硬化道路33条45公里。2014年，整合资金88.5万元维修村道20公里。

邮政通信

民国时期，民乐邮政无固定人员和场地，县政府委托乡公所代理公函、报刊等。1959年，设民乐邮政所，有员工3人，开办手摇电话、报刊发行、信函、电报业务。1996年，开通程控电话。2014年，全镇有固定电话32部，移动电话9000部，互联网用户760户，网络电视500户。境内建移动信号塔7个，电信信号塔3个，联通信号塔6个，信号覆盖率89%，手机普及率90%。

供电饮水

供电 民国时期，境内居民主要以松膏、亮槁照明。1968年，铁业社用8.83千瓦柴油机带动10千瓦发电机发电。是年冬，公社副社长杨通贤、武装部部长麻老先牵头组织修建川洞48千瓦水力发电站，1971年建成，供社直单位及民乐、田家两个大队500户用电。1974年，公社书记石天恩组织川洞电站扩容。1975年，扩建川洞200千瓦高水头发电站，1976年1月建成发电，原柴油机组发电机和48千瓦发电站停业。1979年建潮水电站，装机容量320千瓦，1980年1月建成发电，与川洞电站联网供电。1981—1985年，洞乍、毛号、坝务、水田、响水、新水等大队相继架线通电，全社农户通电率80%，电力还供排吾公社磨子、两河公社茶园寨及贵州省松桃县木树公社周边村寨。2000年冬，国家实施农网改造工程。至2013年，全镇农网改造竣工，供电保证。

饮水 20世纪50年代，境内居民饮水均靠井水提取。1982年，县政府采取“以工代赈”方式，扶助建设饮水工程。1990年，田家村从凉水井引水至田家寨，铺设40#钢管2000米，建水池3口，受益村民500人。是年8月，投资19.75万元建清水塘自来水站，提水扬程43.8米，铺设预制管2809米、镀锌管5491米，解决2个村及乐颠颠单位6091人饮水困难。1999年，建民乐村银河抽水站，装机22千瓦，铺设管道3公里，建120立方米蓄水池1个。2007年，民乐村修建龙里抽水站，装机18.5千瓦×2台，铺设管道4公里，建4000立方米水池1个，供大部分村组及医院中、小学使用，受益人口2000人。2008年，清水塘自来水站因管道损坏，效益下降，2011年承包给田家村委会管理。是年，洞乍村建30千瓦抽水站。2014年，投资81万元建成潮水村人饮工程；投资1万元维修坝务村自来水管。镇直机关、街道、居委会及民乐、田家、坝务3个村5000人用水由清水塘、银河、塘门洞3家抽水站抽水供给，抽水机5台（套），功率73.5千瓦。是年，全镇10个村40名居民用上自来水。

水利建设

清末、民国初期，上潮水、下潮水村民在水田溪、清水塘、川洞等水源地围堤灌溉。1952年，田家寨兴修董都明山塘。1957年，修建卡子、谷哨水库。1958年建坝务及关龙水库。至1991年，全镇修筑水库8座，大小山塘66口，水渠90公里，旱涝保收面积266公顷。1998年，投资90万元，启动坝务水库灌区续修配套工程。是年，一期工程竣工，建干渠3400米，支渠9300米；1999年11月，二期工程启动，整修干渠4.8公里、支渠1.5公里，新增旱涝保收面积227.5公顷。2003年，完成防渗支渠2800米，并先后完成关龙、卡子、上洞乍、下洞乍、川洞、民努等8座水库除险加固工程。2014年，完成渠道防渗28公里，改造排洪渠道1.2公里，灌面107公顷，旱涝保收面积267公顷。

村镇建设

1980年始，农村开始建砖房、楼房。1999年，镇政府制定城镇扩容发展规划，投资120万元启动民乐兴镇街一期工程。2002年，投资180万元实施二期工程。2008年，硬化路面并建绿化带。2012年，投资15万元实施照明工程，绘制、设置辖区交通标线标牌。是年，投资70万元建村级垃圾围26个，发放分类垃圾桶1000个，整修损毁路面2500平方米。2014年，实施响水村移民搬迁工程，占地3公顷，投资2000万元，修建房屋88栋，入住新居400人。

社会事业

教育

清嘉庆十三年（1808），弥诺乡老营盘设苗义学馆，官府每年拨谷十四石或十六石，19世纪末至20世纪初，常年有学童20人。民国时期，由永绥教育科委派教学人员，开设国文、算术、常识、音乐、体操等课程，学制六年。1958年，有小学14所，建民乐附中。1962年，为农业中学。1969年，为民乐公社中学。1972年，为民乐中学，增设高中部。1973年，建民乐中心小学。1983年，境域办幼儿园12所，入学儿童330人，幼师12人。1989年，民乐中学高中停办，更名为民乐镇初级中学。2014年，民乐学区有中学1所，小学9所，其中中心完小1所，村小6所，教学点2个；有学前班11个，幼儿园13个班1735人。民乐中学有教职工52人。民乐小学有教职工77人。

文化体育

1966年8月，建民乐有线广播站。1968年，架通各大队广播线路，安装喇叭580只。1975年，全社12个大队、87个生产队通广播。1988年，田家村安装闭路电视。1992年，全镇有黑白电视机1951台，入户率75%。1992年，彩电进入农家，后影碟机、卡拉OK也逐渐普及。

1967年，成立电影放影队。1968年，电影下乡，月放影20场次。1975年建电影院，日映2场，每场200人。1999年，电影队改制，由集体改民营。1992年，录像厅兴起，1995年，录像厅发展至3家，卡拉OK 5家。2011年春节，田家村举办篮球友谊赛，猫儿、两河、补抽、贵州长兴4支篮球队参赛。

2009年，新建镇文化站。至2014年，全境有村图书室11个，藏书1.6万册。传统文化体育活动主要有玩龙灯、舞狮子、武术等。逢场有唱山歌、对口溜、三句半、快板等娱乐活动。

医疗卫生

1956年，民乐建联合诊所。1958年，改称民乐公社卫生院，有中医3人。1970年，公社卫生院始有西医。1974年，实行合作医疗，各大队设立医疗站，由赤脚医生负责一般疾病初诊，参合农民凭赤脚医生介绍到卫生院治疗，实报实销。20世纪80年代，境内合作医疗中断，赤脚医生消失。1999年，卫生院固定资产26万元。2000年后，医院被推向市场，自负盈亏。2000—2012年，兴建2000平方米住院大楼，增添全自动生化仪等器械。2012年，镇卫生院有医务人员60人，床位65张，固定资产870万元，先后被卫生部授予“一级甲等医院”“爱婴医院”等称号。2014年，全镇参加新型农村合作医疗3300户13138人，参合率100%

1975年，开始实行计划生育。1995年，推行县主管、政府主抓、村组分抓三级计生管理模式。2004年，制定“村为主”计生管理模式，由村党支部书记负总责，村主干包片，实行组长、党员包户、驻村干部督查。2014年，被湘西州政府评为全州“计划生育先进工作单位”。

社会保障

2006年4月，建民乐敬老院，占地面积0.12公顷，建筑面积390平方米，有床位48张，常住老人12～15人。2014年，集中供养“五保”老人12人，分散供养46人。

2012年，实行两项制度（农村低保、扶贫开发）项目，扶贫216户864人34.52万元，扶贫建房119户116.5万元。2013年，投资18.75万元改造农村危房25户。2014年，全镇参加养老保险5545人，发放60岁以上老人养老金149.78万元2214人；发放低保金99.7万元746户。是年，大病医疗救助16人次，临时救助510人18.39万元，改造农村危房19户。

特色地情

风景名胜

潮水溪 位于潮水村，井口呈椭圆型，直径约1米，上方绿树成荫。该泉白天三潮夜里三潮，时段为零点至2点、4点至6点、8点至10点、12点至14点、16点至18点、20点至22点，出水流量在0.3~0.9立方米/秒之间，长年累月，按

潮水溪（唐亚周摄于2016年7月）

时潮涌。每次来潮前十几秒钟，井边砂滩先涌出若干水泡，之后泉水涌出，迸发出闷雷和汽笛般的轰鸣声，大于原流量三四倍，可持续一两个小时。在大雨或暴雨期间，潮水日夜不间断地涌出，大雨后2~3天，又恢复规律性涌潮。

《永绥厅志》记载："潮水溪，在城南七十里。或一日数潮，或数日一潮。潮将起时，声隆隆作。又城南六十五里亦有潮水溪，此潮起则彼潮应，从无或爽者，所谓潮有信也。"

古城墙 建于嘉庆十年（1805），为青石城墙。顶宽1弓（注：每弓长5尺），长280弓，内宽96弓，设东、西、北3门。门高3弓，宽1.5弓。时有屯房90间，衙署3间，房宽2弓×3弓左右。城墙用大岩石长3~5尺，宽2尺，厚2尺，重数百斤，东方偏南至西方墙外，开有清水塘和扫把溪组成护城河，宽约1丈2尺，深5尺，溪河长约1200米。城内街道呈"丁"字形，设东、西、北三门，无南门。民国时期，弭诺乡政府驻于此。1951年城墙被拆，岩石用于民乐供销社和民乐小学校舍建设。

民俗风情

婚姻习俗 苗族婚姻有自由婚姻和传统婚姻两种。自由婚姻：苗族青年男女大多自由恋爱，以山歌结良缘。待女方生产小孩以后，娘家人才送去"祝米"、嫁妆，并请族人亲友吃饭。传统婚姻：程序并不复杂，也不苛派男方彩礼，但讲究银饰和场面热闹。女方送亲客众多，都是贵客，不能怠慢。送亲客多为女方族人和客人，少则数十人，多则数百人。新娘子进屋时，不拜天地，新郎要远远躲开，不能早见面，晚上通宵达旦对歌，不闹新房。男方迎亲时，年轻人需注意防备"抗饭"和"打花猫"，指趁人不注意时，女方争着往迎亲人碗里添饭，并乘机在把锅烟灰抹在迎亲人脸上。

丧葬习俗 境内苗族丧葬习俗有道士打绕棺、择日看地等，基本与汉族相同。但对冷丧者（意外死亡称为冷丧）只进行草草安葬，并不抬进堂屋；对因刀枪、溺水、上吊或跌摔而死之人，即使是七八十岁老人也不抬进堂屋，只进行简单埋葬，且不能葬在祖坟旁边，后人也不去扫墓，丧家及其家族还要把家中腌制的酸菜坛罐搬出屋外，倒掉酸菜，阳光暴晒，以免亡魂藏在其中，同时要请巴代作法事撵鬼。

（撰稿人：龙鹏举）

麻栗场镇

区域概况

位置面积

麻栗场镇位于花垣县中部，东连董马库乡鸡坡岭雷公寨，东南临排碧乡红英村豆子寨，西南靠吉卫镇排座村，西接雅桥乡朋岩村大兴寨，北毗花垣镇窝勺片区夯渡、略坝村。区域面积53.54平方公里，距县城花垣镇22公里，距湘西州首府吉首市55公里。

建置沿革

清同治年间，麻栗场镇域属丰和里。清宣统年间，改为上七里。民国9年（1920），改里为乡，为上七乡。民国24年（1935），上七乡属第三区管辖，区设排碧。民国26年（1937），改为太平乡。1949年11月，属永绥县四区辖，区政府设麻栗场。1952年12月，撤区建小乡，分为麻栗场、尖岩、望高、新科、溜豆、广车、排达鲁7个小乡。1956年6月，7个小乡合并为花垣县麻栗场乡，1958年，建宇宙人民公社，1959年，改为麻栗场公社。1961年10月，全县设5个区，麻栗场为1个区，辖麻栗场公社、排碧公社、董马库公社、排料公社。1968年，撤销区公所，1983年12月撤社复乡。1985年，改乡建镇，为麻栗场镇。

行政区划

1990年，沙坪村分为沙坪和沿坝2个村。2014年，辖麻栗场居民委员会和黄土坡、麻栗场、尖岩、新桥、广车、溜豆、金牛、新科、彭湖、登高坪、望高坡、沙坪、排达鲁、沙科、老寨、立新、各鱼、沿坝18个建制村，下设96个村民小组。

人口民族

2014年，全镇有4065户16490人，是一个以苗族为主，土家族、汉族等民族聚居镇，主要通行语言为苗族语言和花垣方言。镇内姓氏有吴、石、麻、田、杨、张、刘、隆、秧等36种，其中龙姓人口占23%，为境内第一大姓，主要分布在黄土坡、各鱼、溜豆、新科等村。

自然环境

麻栗场镇地势南高北低，南多高山，北为丘陵，平均海拔710米，最高峰莲台山海拔1059米，最低点各鱼村灶孔寨海拔400米。年平均气温15℃，无霜期250天，年降雨量1418毫米。境内溪谷相间，主要河流为兄弟河各鱼段，长8.34公里，流域面积9.8平方公里，年平均径流量849万立方米，落差177米。主要树种有杉、松、柏、板栗、椿木、樟木、竹、油茶等。境内气候温和，森林覆盖面广，适合野生动植物生存繁衍，有松鼠、野猪、野山羊、雉、蛇等野生动物。据《花垣县志》记载："莲台山上曾发现巨蟒，长数丈，腰围直径超过 0.3 米。"

经济发展

经济综述

境域经济以农业为主。2000 年始，发展特色种植业和养殖业，基本形成 18 个村"一村一品"特色种养规模。其中特色种植业以烟叶、大马士革玫瑰、苹果、桃、祁东酥脆枣、线椒、大棚蔬菜、油茶种植为主；特种养殖业以湘西黄牛、豪猪、肉鸽、黑豚、竹鼠、孔雀、稻田鱼、泥鳅为主。

2010 年，全镇外出务劳动力 4500 人。2013 年，务工收入占农民人均纯收入 30%。2014 年，全镇生产总值 5923.18 万元，财税总收入 382.59 万元，比上年增长 10%；固定资产投资 172.24 万元，比上年增长 15%；农民人均纯收入 3104 元，比上年增长 10%。

农业

种植业 境内种植业主要为粮食作物，类别有水稻、玉米、红薯。20 世纪 50 年代，水稻种植以"大白谷""小白谷""农垦 58"等品种为主，亩产 150～200 公斤。1966 年，大面积推广双季稻，但产量不高。1976 年，在尖岩、新科大队实施"南优 2 号"杂交稻制种 13.33 公顷，1977 年在各生产队推广，杂交稻全社种植 867 公顷，亩产 550 公斤，1978 年亩产 610 公斤。20 世纪 80 年代始，引进"威优 6 号""汕优 63"等品种，亩产稳定在 550～600 公斤，同时引进玉米、油菜、红薯及大豆等新品种 38 个，并推广规范化栽培 1018 公顷。其中栽培优质稻 780 公顷，青蒿 10 公顷，农业综合防治 880 公顷。2012 年，全镇粮食产量 723 吨，比 2007 年增长 30%。2014 年，全镇种植水稻 705 公顷，产量 4241 吨；玉米 300 公顷，产量 1152 吨；红薯 278 公顷，产量 1272 吨。

1997 年，开始种植烟叶。2013 年，种植面积 207 公顷，收烟 9110 担，亩产收入 3274 元。2014 年，全镇种植烟叶 161 公顷，产量 234 吨，烟农由 2007 年 21 户增至 264 户；种植线椒 28 公顷，亩产 1700 公斤，产值 114.75 万元。是年，种植百合 75 公顷、祁东酥脆枣 18 公顷；引种大马士革玫瑰 33 公顷，并扩至 133 公顷。

林业 1960 年，县建国营莲台山农林垦植场，后改为县国营林场，造杉木林等 78.4 公顷；1962 年秋，撤销国营林场，由排碧、吉卫、麻栗场公社在莲台山建立公社林场 3 个和大队林场 5 个，造林 467 公顷。1977 年春，造林 120 公顷。1978 年春节期间，3000 名干部群众连续 7 天奋战在莲台山上，造林 140 公顷。2001 年，退耕还林 615 公顷。2010 年，完成"八百里绿色行动"拓展工程，造林 107 公顷。2014 年，全镇山林面积 6800 公顷，林地面积 3400 公顷，森林覆盖率 38%，用材林主要有松、杉、柏、椿、槐等；经济林主要有油茶、油桐、桃等。

养殖业 2014 年，全镇养殖业以生猪、湘西黄牛、山羊、稻田鱼、豪猪、肉鸽、竹鼠为主。是年，发展黄牛养殖家庭农场 12 个，养殖湘西黄牛 200 头；养殖豪猪 40 对、乳鸽 8000 羽、竹鼠 167 对，稻田鱼 53 公顷，出栏黑豚 3000 只。年末，牛存栏 1717 头、生猪存栏 8500 头、山羊存栏 1514 只、家禽存笼 43062 羽。

工业

清末，境内有手工业作坊，主要加工银首饰、家织布等民族商品。民国 26 年（1937），有银铺、作坊、染坊10家，饮食、歇店20家。1949年，县境发生“城乡事变”，手工业作坊大部分闭门歇业。事件平息后，个体和私营手工业逐步恢复和发展。1956年，建铁业生产合作社，从事小农具、日用金属品生产。1958年，兴办缝纫社、铁业社、酒厂等集体工业。1965年，县糖酒厂职工秧盛芳回乡创办麻栗场酒厂，以酿造苞谷酒为主，称“麻栗场苞谷烧”。20世纪90年代，从业人员6人，日产酒量100公斤，年营业额6万元。2001年，老寨村石秀贞建老寨民族手工艺厂，注册资本50万元，固定员工180人，年产值50万元。2010年，手工艺厂倒闭。2012年，建怡心纸品厂，厂址位于彭湖村，占地5亩，主要为宾馆、茶楼、KTV生产卫生纸、抽纸等生活用纸，年产纸3000吨，创产值300万元。

商贸服务

光绪二十四年（1898），麻连设墟场，清末迁麻栗场，场期逢农历一、六日，规模三五千人，上市物资以民族商品为主，如丝线、花边、花带、斗笠、麻板草鞋、家织布、银首饰等，其他上市商品有猪、羊、牛、家禽、巴盐、粉盐、布料等。有南货店2家、盐业兼南杂店4家、伙铺8家，每场交易额4000串文。民国26年（1937），抗日战争爆发后，麻栗场成为3省（湘、川、黔）、5县（永绥、乾城、保靖、松桃、秀山）远近闻名苗族集市，新增南杂、百货、布店10家，饮食、歇店20家，银铺、作坊、染坊10家。1948年，时局动荡，通货膨胀，集市趋于萧条。

1949年年底，第四区人民政府设于此。20世纪50年代，相继建立国营贸易小组、供销合作社、银行、税务等基层机构，市场逐步扩大。1967年9月，实行统一的逢十日场期，后因交易不便，一年后改为周日场期，群众仍觉不便，市场冷淡。1979年，恢复一、六日场期，上市商品日益增多，赶场人数上万。至1985年，上市品种500个，成交额323.6万元，比1979年66.8万元增长3.8倍。

1992年，麻栗场苗鱼馆开业，主营苗族特色菜式——苗鱼，当年营业收入30万元。

2014年，全镇有“麻栗场”“黄豆鸭”2家宾馆，餐馆有“苗鱼馆”“德清”“黄豆鸭”3家，其中苗鱼为麻栗场特色品牌；有“诚信”“创新”等6家发廊，大小商铺100家，主营日用百货、家用电器、建筑材料、小五金等。

基础设施

交通运输

清代，有龙潭至麻栗场商道。民国26年（1937）湘川公路修通后，经境内达鲁、麻栗场、沙科、尖岩、新桥、澎湖、登高7个村，长11公里，设售票代办所。1955年8月，麻栗场—吉卫公路破土动工，投资6.71万元，长16.3公里，经麻栗场、广车、沙坪、溜豆等村，长9公里，1957年2月竣工通车。1958年，修建下子花—小排吾公路，全长16.3公里，经麻栗场、新科、金牛等村，长8公里。是年，沙坪村隆巴成、龙巴海购买牛车1辆。1970年建汽车站。1973年，修通尖岩—各鱼通村道路3.3公里。1974年，修通麻栗场至沙科通村公路2.3公里。1976年，建成拖拉机站，有25.7千瓦拖拉机3台。是年，修通麻栗场至老寨通村路。1984年，修通沙坪至黄土坡3.2公里通村路。1987年，修通略坝至望高通村路1.9公里。1997年，修通老寨至尖岩通村路2.1公里。2003年，修通黄土坡至董氹通村路2.3公里。2005年，全镇实现村村通公路。2007年，成立麻栗场公交车队，有中型巴士20辆，从业人员45人，公交线路“麻栗场—花垣”票价6元，每10分钟一个班次。2012年3月31日包茂高速（G65）建成通车，经镇境12公里，花垣东收费站设在境内澎湖村。2014年，实施村道水泥硬化工程，全镇18个村13公里村级公路硬化竣工。是年，境内有渡口3个，位于各鱼村和新科村。有大小桥梁58座，其中尖岩老浮石桥建于康熙年间。

邮政通信

民国26年（1937），湘川公路通车后，所里（吉首）—茶洞邮路每周一班，途经麻栗场。民国33年（1944），始有村镇邮路。民国36年（1947），麻栗场墟场有邮路。民国38年（1949）改道，不再经过麻栗场，同时停止村镇邮递。1949年，永绥—乾城通邮路。1950年，恢复沅陵—茶洞委办汽车邮路，途经麻栗场。1952年，花垣县城—排料村邮路在麻栗场交换邮件。1953年，花垣—董马库通邮路，在麻栗场设投递站。1955年，改设邮电营业所，开辟麻栗场—卫城邮路，并将三、四、五区邮路划归麻栗场营业所管辖，改变乡邮递员出班一次投递4天状况。1999年，改为邮政局，有业务员5人，开展储蓄、报刊、农资、保险、邮寄等业务。

民国24年（1935）9月，县城电话可通至太平（麻栗场）。1952年，尖岩乡安装单机电话，架“丁”字线。1955年，架设花垣至麻栗场农村电话。1956年，在麻栗场安装交换机。1958年，建农村电话交换点，架设县、区、社、队线路，各大队安装电话机，并用电话线通广播。是年，大队始有手摇电话，1960年，各大队配手摇电话1部。1963年邮路体制改革，麻栗场电话交换点交由国家经营。1983年，始有程控电话。1999年，手机普及。2000年，架设移动、联通信号塔各1座，开设营业厅，开展电话、互联网、专线等业务。2004年，电信公司开设分局，建信号塔，开展电话、手机、宽带等业务。2006年，移动信号村村通。2012年，架设3G信号塔。2014年，架设联通4G信号塔。至2014年，全镇有信号塔15座。

供电饮水

供电　1965年，在各鱼村坐孔修建拦河坝，建发电站，装机35千瓦，1967年，各鱼村通电。1986年，建牛角屯大坝，后淹没。1975年11月，建金牛电站，1977年7月，通电，装机200千瓦。是年，在麻连至麻栗场段架设1万伏高压线路3.2公里。1980年，全镇通电，供电时间为每天19时至24时。1984年，建五龙冲电站。1993年，建成麻栗场变电站，装机160千瓦，全境24小时通电。1996年，望高、登高村实施农网改造工程。至2014年，除黄土坡、沿坝、金牛村和广车二、三组、新科七组尚未完成农网改造外，其他各村均完成农网改造，麻栗场、沙科、澎湖村实现城乡同网同价。

饮水　境域有25口泉井，其中沙科村辽务坝、辽务泽井，水质清澈，常年不枯。1984年，完成沙科、立新、黄土坡、老寨4个村人饮工程。1986年，麻栗场村引下擂钵冲井水入户，120户村民用上自来水。1988年，完成沙坪、澎湖、望高、广车4个村人饮工程。1990年，完成老寨、麻栗场2个村人饮工程。2007年，建麻栗场自来水厂，日供水量50吨，解决麻栗场、沙科等村1200人饮水问题。2013年，登高村通自来水。2014年，新修水渠6.9公里，安装水管7000米，建泵房1座。是年，除广车村2组外，其他各村均通自来水。

水利建设

境域有山塘8口。民国29年（1940），境内莲台山建山塘。1958年，建老寨小（2）型水库库容10万立方米，灌溉面积21.3公顷。是年，境内建科耳、澎湖、望高3口山塘。1959年，动工修建五龙冲水库。1965年，竣工蓄水，库容12万立方米，灌溉面积313.3公顷。1970年，建各鱼大山山塘。1972年，广车小（1）型水库建成，库容300万立方米，灌溉面积66.7公顷。1977年，建果合、麻连2口山塘。1998年10月，投资150万元，实施广车水库配套一期工程，修金牛、新科等片区主干渠。1999年10月，投资340万元，实施广车水库配套二期工程。是年，延伸修建尖岩、新桥、澎湖、各鱼等5个村干渠，灌区旱涝由人均0.37亩增至1亩。2012年，除险加固山塘7口。

村镇建设

民国26年（1937），湘川公路建成通车，麻栗场村居民开始依路而居，房屋多为木质平房。20世纪80年代，境内出现砖木结构平房，部分为2~3层楼房。2010年，投资62.5万元，购垃圾车1辆，建垃圾围20个，拆除乱搭乱建棚户15户，硬化街面50米，清理卫生死角82处，修建花坛180处，维修和疏通排污渠道，新建占地面积160平方米垃圾处理场，修建村寨、学校厕所、垃圾池等。2011年，建成新农村示范村5个、村部楼10栋，新建生态沼气池2675口，完成改厨、改厕等“三改”1210户，建成3个村农村清洁工程，安装太阳能热水器123台套，改造包茂高速（G65）公路高望村和麻栗场村段民居112栋。2013年，开展城乡同建同治工作，建垃圾池30个，公共信息栏20个，清理“牛皮癣”4800处，新装路灯38盏。创建州级城乡同建同治创办示范村—溜豆村，城乡同建同治工作全县综合排名第一位。2014年，新建、维修凉亭11个，铺设石板路2634.4平方米，硬化篮球场2个，新建垃圾焚烧场1个，日处理垃圾6吨。

社会事业

教育

清代，田家、科尔、澎湖、金牛、尖岩等村寨设有私塾，其中尖岩小学堂设于嘉庆初年，时有教师1人、学生8人。1939年建太平小学。1958年，采取民办公助办法，各村建小学，有民办教师、代课教师60人，月工资10元，各生产队每年补贴稻谷150~200公斤。1984年，小学与初中分设。1990年，部分村小合并或撤销。1999年9月，投资200万元建新校区。2014年，全镇有中心小学，3所片小和9所村小，有学生1528人，教职工79人。

1958年，麻栗场建初级中学。1965年，为麻栗场附中。1969年，为麻栗场公社初级中学。2014年，麻栗场镇初中有教职工60人，学生816人。

2009年，建麻栗场镇中心幼儿园，2014年，镇幼儿园有教职工12人，幼儿170人，各村（片）小学基本开设学前班。

文化

1954年，老寨村石成鉴、石成业创建老寨苗剧团，自编自导苗剧《团结灭妖》。之后，石成鉴编写《龙宫正姐》《谎江山》《苦尽甜来》等苗剧20个，并将花鼓戏《卖杂货》等编成苗剧上演。1957年3月，石成鉴与文化馆文艺专干发掘整理苗族《接龙舞》，在北京参加全国会演，被文化部授予一等节目和演出奖，周恩来等中央领导人接见全体演员。是年，麻栗场首办农村文化站，组织、辅导农民开展文化娱乐活动，县文化馆派文化专干兼任辅导员。1975年，麻栗场公社成立电影放映队，在各自然寨巡回放电影。1978年，建麻栗场电影院，设座位500个，每天放映1~2场，逢场天、节假日放映5场。1979年，境内有线广播户户通。1985年，收音机、电视机增多，有线广播通播率下降。1992年，黑白电视机普及，彩色电视机开始进农家。2014年，电视普及率100%，可收看电视频道50~100个。

2008年，各村陆续建立农家书屋，藏书2000册。2010年，麻栗场镇篮球队获得县“中国移动篮球杯”比赛第二名。2013年，麻栗场镇广场舞队自编自演《苗乡儿女心向党》获得全县原创广场舞比赛第二名。同年，举办全球华人“文笔峰杯”尖岩山诗词书法比赛，完成《尖岩山文笔峰民俗民间文化旅游规划》《立新村民族民俗村寨总体规划》。2014年，有农家书屋18个，有常年民间文艺演出队16支298人，每年演出200场次。

医疗卫生

1958年，公社设卫生所，医生由县派。2014年，麻栗场中心医院有医护人员60人，床位80张。占地面积8000平方米，建筑面积5178平方米；有村卫生室18个，其中合格村卫生室15个。新型农村合作医疗参合率100%，全年医疗补助5285人次，补助金额599万元。

1973年始，开展计划生育工作。2013年，麻栗场镇被评为州、县计划生育工作先进乡镇，获得“2013年度省计划生育依法行政便民服务先进单位”称号。2014年，人口出生率12.8‰，计划生育率89.4%。

社会保障

2006年9月，麻栗场镇建成敬老院，建筑面积632平方米，有床位38张，是月30日正式入住。2011年，有“五保户”57户63人，“五保”供养率100%，其中18人集中供养，集中供养率38%。2014年，有“五保户”56户62人，集中供养22人，供养金10.9万元。

2011年，新型农村和城镇居民养老保险参保率85%。是年，扶贫建房201户。2012年，扶贫建房239户。2013年，全镇房屋保险、农业保险覆盖面100%；农村党员人生意外伤害保险100%。2014年，全镇有低保户479户1645人，发放低保金130.32万元；发放救灾救济款40.2万元，90岁以上老人补贴4.02万元，孤儿生活补贴5.28万元；新型农村养老保险参保率85%，2260名60岁以上老人领取养老金。

特色地情

名优特产

苗鱼 是花垣特色美食，尤以麻栗场苗鱼最为有名。境内麻鱼场苗鱼馆开办多年，菜式以苗鱼为主，生意红火，四时不衰，为外地客人来麻栗场吃饭必去之地。

苗族人喜食酸辣，花垣苗鱼辣味尤重。苗鱼主料为鲤鱼，河鱼和稻田鱼更佳；配料以青尖椒为主，比例为一半鱼、一半椒。首先将鱼去鳞，切成寸许，洗净；青尖椒切成筒状，备用。然后将鱼放入油锅，文火慢煎，把握火候，既要将鱼炸香炸透，又不能炸糊。之后，放入辣椒，以酱油、姜等调味，炒至六成熟后，放入清水，煮5~10分钟。待辣椒入味后，即可食用。苗鱼做好后，鱼有辣味，椒有鱼香，鱼汤泡饭，既可口又开胃，吃一碗想两碗，吃得人满额流汗，直呼过瘾。

风景名胜

尖岩山 历史上又称文笔峰，位于境内尖岩村，山势孤悬，异峰突起，高数百丈，形如一支文笔插入青天，为旧城十景之一。清代，曾有诗赞：“他年定叶浚云兆，景运天开文笔峰。”尖岩山山势极为陡峭，仅羊肠小道通往山顶，接近顶

苗剧剧照（石金良/摄）

接龙舞（麻正先摄于2014年9月）

峰时，颇为险峻，需手足并用，攀爬而上。至山顶，可览苗乡俊美景色。清晨日出或向晚夕照，从山顶上眺望，但见群峰绵延，云霞满天，山脚下良田千亩，令人流连。

《永绥厅志》记载："尖岩山，在城南四十里。巅有石室，相传葛洪（字抱朴子）修道于此，辟谷不食，惟食田中水麻，至今呼为葛仙米。旁有井，相传有夔守之。石室至今仍在。"另传，唐宋时期，一学士路经尖岩，曾出上联"尖山似笔倒写青天纸一张"，至今无人对出工整下联。清乾隆十八年（1753），在山腰建寺庙，古木参天，风景秀丽。后来，寺庙被毁。1994年秋，重建。山上碧峰庵每年农历二月十九日、六月十九日和九月十九日举办佛事，周边乡镇成百上千善男信女、佛道信徒，前来朝山拜佛，香火旺盛。尖岩山上有磨子岩、长寿泉、笔峰寺、文昌阁、观音洞、一碗水、冷热洞、仙人桥、道观和炼丹遗址等自然与人文景观。

民俗风情

苗剧　新中国成立后，苗族艺人石成鉴、石成业等新创剧种。1953年，县文化馆干部石成鉴主编第一个苗剧《团结灭妖》，1954年由石成业刘光旭等导演，首次在麻栗场演出，观众逾万人。之后，石成鉴、石成业、刘光旭等又合编苗剧20个，演出后受苗族群众喜爱，被推向全州。1956年12月，著名记者陈楚在《光明日报》作专题报道。

苗剧初创时，道白和唱词均用苗语，大部分动作提炼自苗族人民生产生活和民间舞蹈。其中武打动作采用苗族武术中拳、棍、刀、叉等套路，服装为苗族生活服装，道具为苗族生活用具。唱腔多用民间平腔和高腔，音乐则改编自苗族和苗歌唢呐曲牌，伴奏多用唢呐、木叶、竹板、牛角琴、锣鼓等，具有浓烈民族色彩和乡土生活气息。

20世纪80年代后，县苗剧团苗剧唱词和道白多用汉语，表演动作、音乐、服装、道剧、布景、灯光等均有改进。

接龙舞　1954年，由石成鉴、石成业根据民间"接龙"整理改编而成。参舞者年龄和人数不限。一般为8人，多为年轻姑娘。表演时，由领舞者敲碗带头，接着由两人用红绿旗做成龙形紧跟其后，随后由一群身穿盛装姑娘，右手打花伞，左手持花帕，旋伞起舞，表示龙来有雨。表演舞蹈动作有龙翻身，龙出洞、龙现爪，龙抢宝、跳龙门、关龙门、安龙家等，有如彩龙游弋，美丽壮观。伴奏乐器有长号锣鼓唢呐。1956年，接龙舞参加湖南省农村业余文艺调演获优秀节目奖。1957年，赴京参加全国民族民间歌舞会演，后被中央电视台拍摄播放。

（撰稿人：宋明艳　石　燕）

吉卫镇

吉卫，原名"吉多平"，古为永溪厅治。2011年，明代崇山卫遗址，即老卫城，被湖南省人民政府列为第九批省级文物保护单位。

区域概况

位置面积

吉卫镇位于花园县境内东南部。东临排碧乡张刀村，南连补抽乡米沟村、补抽村，西南与贵州松桃县磐石镇芭茅村隔河相望，西与两河乡接壤，北与排吾乡小排、大排村交界，东北与麻栗场镇溜豆村毗邻。全乡面积86.27平方公里，距县城花垣镇39公里，距湘西州府吉首市66公里。

建置沿革

明洪武元年（1368），吉卫镇域设崇山卫，后撤卫改置崇山千户所，洪武三十年（1397），为六里苗地。清雍正八年（1730），设六里同知；雍正九年（1731），筑土城，建仓廒30间；雍正十年（1732），改为永绥厅，治所吉多坪；雍正十一年（1733），改六里为五乡，属凤鸣乡；雍正十三年（1735），谓"卫城"，苗语称"吉卫"。乾隆年间（1736—1795），改凤鸣乡为文安里。嘉庆七年（1802），厅治迁至花园（今花垣）。清宣统年间（1909—1911），属下九里。民国9年（1920），为下九乡；民国24年（1935），为第四区区公所驻地；民国26年（1937），改下九乡为卫城乡。1949年，属三区辖。1952年为小乡制。1956年6月，撤区并乡，由原卫城、腊乙、水洋、大老排、葛藤等5个小乡组成吉卫乡。1958年9月，建红旗人民公社。1959年3月，改称吉卫人民公社。1984年3月，撤社复乡，10月改乡建镇。

行政区划

2014年，吉卫镇辖排座、排达坝、下水、新寨、老卫、腊乙、吉卫、机司、大老排、夯来、如腊、葛藤、白果、良帽、过水、螺丝董、葫芦、水洋、古牛、白岩等20个建制村及梅花井、老卫城2个居民委员会，下设4个居民小组、159个村民小组。

人口民族

2014年，全镇人口4424户18635人，有苗族、汉族、土家族、侗族等10个民族。其中，苗族占99%，系苗族聚居区。境内姓氏有吴、龙、廖、石、麻、周、张、胡、彭、李、王、刘、包、梁等，其中麻姓占44.07%。

自然环境

吉卫镇地处海拔800米高山台地，境内无河流。年均气温13.3℃，年均相对湿度82%。境域南北有 8 座 1000 米以上的山峰 8 座。最高峰莲花山海拔 1197 米，最低点大老排村龙塘沟海拔 583 米。

经济发展

经济综述

境内经济以农业为主，主产水稻、玉米。20 世纪 50 年代，农业产值占国民收入 90%。1982 年，农民开始从事第二、第三产业，农村经济产业结构出现变化。1986 年，地区产值 276.94 万元，其中农业收入 151.98 万元，占 54.88%；工业收入 3.83 万元，占 1.38%；第三产业收入 121.13 万元，占 43.74%。2014 年，全镇地区产值 6624.1 万元，其中农业 3573.88 万元，占 53.95%；工业 138.7 万元，占 2.1%；第三产业 2911.52 万元，占 43.95%。财政收入 675.8 万元，农民人均纯收入 2872 元，居民储蓄存款余额 365 万元，家电入户率 100%，人均住房面积 46.87 平方米。

农业

种植业 镇境有“花垣粮仓”之称，主产水稻。20 世纪 50 年代，引种“万利籼”“胜利籼”等品种。1957 年，境域水稻产量 287.5 万公斤，亩产 185.5 公斤，比 1949 年分别增长 23.7%和 23.7%。1958 年后，引进新品种“老来青”，提倡高密度种植，提出“少种高产多收”，境内水稻种植面积降至 642.87 公顷，产量 1007.69 吨。1961 年，引进南京一号、滴水谷、冷水麻谷等品种。1966 年，引进广陆矮、珍珠矮、金钱稻、南特号等品种。增加种植面积，无论水田旱土，基本实行两年三熟，春种水稻、玉米，冬种麦子、油菜。1967—1968 年，各大队均种植双季稻，因地处高寒台地，种植失败。1977 年，推广一季杂交水稻，先后引进南优 2 号、威优 2 号、四优 2 号、灿优 2 号等。通过试种，选择威优 6 号、灿优 63 为当家品种。1987 年水稻种植面积 988.8 公顷，产量 5155 吨，亩产 348 公斤。2014 年，全镇稻谷种植面积 965 公顷，产量 5833 吨。

玉米是境内主粮之一。20 世纪 50 年代初，有马齿黄（黄苞谷）、马齿白（白苞谷）、爆苞谷（九籽苞）、糯苞谷等品种。1966 年，引进湖北胜利红、维吾尔 156、双跃 3 号等品种。1975 年，试种杂交品种恩单 2 号。1980 年，引进 73 单交、湘风单 1 号，杂交玉米种植普及。2014 年，全镇玉米种植面积 459 公顷，产量 1590 吨。

20 世纪 90 年代后期，境内始种烟叶。进入 21 世纪，镇政府制定“烟叶强镇”战略，发展壮大烟叶产业。2014 年，种植烟叶 595 公顷，产量 830 吨。

红薯所占比重不大，主要品种有白皮薯、红皮薯等。1959 年栽种上千亩，后引进桑植红皮、胜利百号、湘弄白皮等品种，以“胜利百号”为主要品种，常年亩产 150 公斤（以每 2.5 公斤红薯折换 0.5 公斤稻谷计算）。1961 年，种植 400 公顷，产量 11.67 万公斤，亩产 194.5 公斤，创历史新高。2014 年，种植面积 70 公顷，产量 314 吨。

林业 2014 年，该镇宜林面积 5023 公顷，100%为有林地，树木繁茂，多为用材林。

养殖业 境内养殖业以猪、牛、羊和家禽为主。1957 年，境域兴办集体猪场 39 个。1958 年公社化后，规定生猪由集体饲养，提出“大办千头猪场”“万头猪场”，有存栏猪 5000 头。1961 年，全公社生猪存栏不足百头。1962 年，贯彻“公养和私养并举，以私养为主”方针，鼓励农户养猪，并给农民划分饲料地。至 1965 年，全公社养猪恢复到 3000 头，是 1961 年 30 倍。1966—

1976年，生产队开办养猪场150个，后因管理不善而逐步解散。1988年，生猪出栏4464头，猪肉27.2万公斤。2014年，全镇生猪存栏8900头。

1956年，实行农业合作化境内1563头耕牛折价入社。1958年公社化，加强耕牛保护，但因饲养条件差，病情防疫跟不上等因素，1962年耕牛存栏降至1032头，是年分户喂养。1981年实行家庭联产承包责任制，耕牛分给农户饲养，养殖发展快。至1987年，全镇有牛5000头，年出肉牛281头。2000年始，随着农业机械化普及提高，耕牛养殖下降。2014年，全镇4300户，购耕整机3521台，占81.9%，耕牛存栏1650头。

1978年，全镇养羊1400只。1981年始，政府帮助贫困户发展养羊，扶持养羊专业户。1983年，羊存栏1889只。1990年，山羊存栏3636只。2000年，山羊存栏5600只。2014年，全镇养羊62户，存栏984只。

20世纪60年代，境内家禽养殖多以本地山鸡、水鸭和旱鸭为主，多为家庭散养。1970年，引进北京鸭、苏州鸭。1973年，引进湘江鸡、桃源鸡（俗称黄脚鸡），体重在4公斤以上。1983年，出肉鸭12816羽，1977年，出肉鸭10593羽。1988年，引进来航鸡、罗斯鸡及贵农黄鸡。鸭饲养以本地鸭为主，健走善游，合群易放，体重2公斤，年产蛋200枚。2014年，养蛋鸭5000羽，其中养殖肉鸭100羽以上农户53户，1000羽以上5户，全年出肉鸭3万羽，比1977年增长3倍。年末家禽存笼37587羽。

工业

1955年农业合作化，原个体手工业作坊折价入社。集体办小型农具厂21家，农产品加工作坊37座（其中碾坊16座，油坊21座），从业人员150人。1958年，公社办缝纫社、打米厂、榨油厂。20世纪70年代初，创办吉卫修配厂，从业人员400人，年产值3.25万元，利润2.2万元。80年代末，个体企业兴起，乡镇企业逐步过渡到个体企业。2014年，吉卫有加工大米300吨以上加工厂5家，“吉顺大米”“九里香”均上架周边县市超市。水泥预制板及水泥砖加工厂2家，砂场3家，年产值292万元。

20世纪80年代后期，镇内有建筑队5个，年产值25万元。90年代初，建筑队增至12个，年创产值120万元。2014年，全镇有建筑队15个，每队年均产值30万元。

商贸服务

清乾隆十三年（1748），在吉多坪南门外开设墟场，是全县开设最早集市。场期逢农历三、八日。主要交易粮食、油类、食盐、牲畜、土布、农具及日常用品等，每场成交额800串文。民国初年（1912），有南杂、百货、花、纱、布等商户8家，饭店2家。每场上市商品有大小猪200头，山羊70只，粮食80担，交易额200银圆。民国后期，因匪患猖獗，市场冷落。1949年，第三区人民政府驻地设在吉卫，国营贸易小组开业，供应生活日用工业品。1951年，相继建立供销、税务、银行，市场日趋繁荣。1957年，吉卫供销社设立民族特需商品专柜，供应各种银首饰、花边、丝帕、丝线、包头巾、裹脚、钩伞等百余种商品。1966—1978年，改三、八日场期为星期日场期，集市一度冷落。1978年，恢复三、八日场期和集市贸易，有个体工商户30家，餐馆、小吃店、面馆等多家饮食服务店相继开业。1995年，政府投资百万元建吉卫镇农贸市场。占地面积7733平方米，内设摊位2500个。

2000年，吉卫集镇内宾馆2家，小吃店、面馆等餐饮20家。2014年，吉卫有宾馆3家，综合型超市2家，商业网点百余个。

基础设施

交通运输

清代，有“麻栗场—卫城—排达扣”“弭诺—卫城—高岩河—大兴寨—所里”两条商道。1956年8月，修建吉卫—麻栗场公路，1957年2月竣工通车，全长16.8公里，途经排座、排达坝、腊乙、吉卫4个村。1967年10月，修建吉卫—雅酉公路，1968年8月通车，全长20.7公里。1972年，修通排吾—吉卫公路，途经机司、吉多2个村。1976年，修通吉卫至贵州省松桃县公路，经白岩、水洋、葫芦、过水、螺丝懂5个村。2006年，该镇20个村53个自然寨，修通村级公路共32条，全长50公里。2014年实施“村村通”硬化，全镇硬化公路118.9公里。

1957年，吉（卫）麻（栗场）公路通车后，牛车、木轮子板车多为交通运输工具。1967年，公社建拖拉机站，购买“东方红”“铁牛”及小手扶拖拉机各1台。公路沿线大队、运肥、收粮基本用板车，全社板车200辆。1985年，全镇购买小四轮、拖拉机、农用车等大中型货运各类机动车100辆。1990年，私人开始购买“小面包车”。2000年，全镇购矿车120辆，大货车5辆，中巴10辆。2000年后期，矿车大多换成面包车和中巴车。2014年，全镇有矿车20辆，大型货车、农用卡车25辆，各种小车120辆，中巴客车15辆，乡村客运车10辆，摩托车700辆，平均每5户1辆。

邮政通信

清光绪三十二年（1906），始有函件，实行粘贴邮花邮寄公私函件和国内外通信。民国36年（1947），村镇邮路延伸到卫城，投递次数少。民国38年（1949）3月，村镇邮路中断。1950年，收寄各种函件增多，月均180件。1952年，恢复村镇邮路，时有乡邮递员2人。1957年，试行农业社投递员制度，邮件逐日投递到社，实现社社通邮路。1959年始用自行车邮班。1977年，邮递改为委托班车邮运。1985年，改为委托班车邮路、自行车邮路，全镇各村通邮。是年，投递函件比1950年增长6.7倍。1990年7月30日成立吉卫邮政储蓄所，日交易量2500元。20世纪末，函件投递数下降。至2014年，设有花垣邮政分公司吉卫支局，开办储蓄、邮件、快递、包裹、集邮等业务，有工作人员5人。

1949年，卫城安装电话单机1部。1956年安装交换机1部。1958年，公社建立农村电话交换点，每个大队安装手摇式电话机1部，全公社有电话29部。1963年，邮政体制改革，6个电话交换点改由国家经营，其余由集体管理，自负盈亏。1979年安装农话单机51部，比1949年增长50倍。1996年，开通程控电话，安装程控电话613部。2001年，在牯牛坡顶修建移动差转台，全镇有手机301部。2003年，在大公坡修建联通差转台，有联通用户450人。2008年，在螺丝董增设联通转播台。2010年实现移动信号全覆盖。2011年开通电信服务，有电信用户3003人。2014年，全镇有手机11253部，其中联通用户3621人，移动用户4629人，移动通信信号覆盖率100%。

供电饮水

供电 1968年，兰家坪电站竣工投产，发电量200千瓦时，供应集镇、社直单位和吉卫大队200户居民照明及小型加工。20世纪70年代，各大队根据水源条件修建小水电站，如腊、白果等村做木水车带动发电机。1997年建成吉卫变电站，接通县电网，全镇通电。2014年，实施腊乙、排达坝等4个村农网改造。

饮水 境内泉井较多，居民历来饮水全靠挑泉井水。位于镇政府旁梅花井曾为旧城十景之一。《永绥厅志》载诗《梅井甘泉》："泉涌香甘梅瓣间，同归开辟此城中。渊渊不假人穿鑿，一井资生万井功。"二十世纪五六十年代，政府组织群众兴修水利工程，解决部分村寨人饮问题。同时，县政府及民政、卫生等相关部门每年拨出资金，新修和改建水井，缓解部分村寨人畜饮水困难。八九十年代，国家采取以工代赈的方式扶助贫困地区建设人饮工程，解决境内部分村寨人饮问题。1990年，镇政府在老佤坡修建一座容量300立方米蓄水池，将山脚下天坑内地下水抽上注入池内，供吉卫墟场上居民及单位用水。2012年，全镇新建蓄水池5个，完成镇区自来水厂改造。2014年，全镇20个村、51个自然寨用上自来水，通水率98%。

水利建设

1957年12月，排腊水库建成蓄水，库容24.5万立方米，灌溉面积4公顷。莲花山水库位于螺丝董高山谷口，海拔880米，设计坝高25米，库容500立方米，灌溉面积666.67公顷，1958年8月动工，修建螺丝董莲花山水库，库容79万立方米，灌溉面积302公顷。1963年建配套渠道6条长16.7公里。1974年，动工修建良帽村杉木村水库，1977年建成，库容40万立方米，灌溉面积10公顷。

2007年7月18日，白果引水项目兄弟河水源建设工程开工。2009年1月10日，引水隧洞与地下溶洞贯通，实现过水量每秒20立方米，为兄弟河流域增加积雨面积27.8平方公里，新增用水量2000万立方米。

2014年，全镇有山塘500口，蓄水量2.5万立方米，水库6座，库容1295立方米，受益面积620公顷。

村镇建设

洪武元年（1368），置崇山卫于老卫城（今吉卫镇老卫城村）。雍正八年（1730），建永绥协，治所吉多坪。雍正九年（1731），在吉多坪筑土城一座，建仓廒30间。雍正十一年（1733）7月，建文庙一座于吉多坪。嘉庆七年（1802），厅治迁至花垣，时有居民50户200人，老街市场容量2000人。1987年，集镇常住人口3500人，其中街道居民254户1473人。20世纪90年代初，修通从吉卫粮站到补轴岔路口柏油路。2007年，开通9米宽东环路，长1.08公里。2010年，县民委投资硬化老街。2011年，县以工代赈办拨款150万元，硬化新街1200米。2012年，修通北环路，宽6米，长860米。2013年，修通西环路，宽7米，长1.1公里。2013年，维修夯来村91户房屋，户平投入7500元；投资45万元，改造夯来村石板路；白岩村建沼气池98口，连片治理吉卫农场、白果、葛藤、良帽等村农村环境。2014年，硬化下水村"户户通"道路930米，完成夯来、水洋村石板路9公里。是年，吉卫新街全部整建完毕，小城镇建设基本定型。

社会事业

教育

清雍正十一年（1733），厅城设义学12馆，分训十二里。乾隆二十二年（1757），创建绥吉书院于吉多坪，嘉庆七年移城，后遂毁。嘉庆十七年（1812），在潮水溪（吉卫小学旧址）设义学1所。光绪二十八年（1902），改义学为学堂。光绪三十年（1904），将潮水学堂改名卫城第七初等正繁小学堂。民国时期，学堂改称学校。民国34年（1945），卫城小学定为省立边区小学，并在螺丝董村设立“省立边区小学第二分部”。是时，多数村寨办私塾，富户办私塾请师教子，普通人家则出钱合伙办学。

1952年，吉卫、葫芦、螺丝董、各屯、如腊、大铁厂、排达坝等一批私塾逐步改为公办学校，时有教师23人，在校学生450人。1957年吉卫小学附设1个初中班，称吉卫附设中学。1968年，设初中部、高中部，为花垣县第二中学，面向全县招生。1970年初，境域有小学22所，其中完小10所，一、二年级复式班6所，一年级至四年级6所。1971年，初中部与高中部分开，高中迁到墟场南部千家塘西侧；初中部留在吉卫村游家董，为吉卫中学。1980年，筹建吉卫民族小学，位于卫城天王庙旧址。1983年，吉卫中学与高中部合并，更名花垣县吉卫民族中学。1986年9月，吉卫民族小学开设3个苗汉双语、双文实验班，是年年底，被评为“全国教育系统先进集体”。1993年秋，吉卫民族中学停止招收高中新生，其高56班并入县城花垣民族中学。1995年，更名吉卫民族中学。是年，吉卫民族小学被评定为“国家双语双文教改先进实验点”。至2014年，全镇有中小学14所，教职工138人，学生2240人，入学率96%，幼儿园4所，幼儿教师20人，入园幼儿445人。

文化体育

文化 1958年，广播专线架通吉卫，部分村民安装喇叭收听有线广播。1965年，广播专线架通各大队，全公社安装喇叭50只，进户率2.5%，公社配备广播员。1966年，公社建立广播站。1976年，各生产队架通广播专线，广播入户率48%。1981年后，收录机增多，广播专线老化，广播事业停滞不前。1985年，改有线广播为无线广播，但用户仍不断下降。

20世纪70年代初，公社成立电影队，使用8.75毫米放映机。每个大队月均放映1场以上，年放映量300场。80年代初，公社修建电影院，年放映500场，收入150万元。是时，黑白电视进入农户，观影人数逐渐减少。90年代后，农村电视入户率60%，在春节期间播放电影。2000年始，彩电入户，普及率90%。2014年，吉卫广播电视通信发展，广电、通信信号覆盖率98%，13个村开通网络服务。

1979年，境内有村艺术团3个。1995年，成立吉卫老中青艺术团，2010年，成立吉卫鼓舞飞扬艺术团。艺术团逢重大节日或婚嫁喜庆演出节目。2013年，老中青艺术团更名卫城艺术团。

体育 传统文化体育活动有舞狮、耍棒、打拳、摔跤、踩高跷等。20世纪80年代，篮球运动兴起，每村组建篮球队，修建篮球场。1990年夏，在吉卫民族小学举办松桃、花垣、保靖部分乡镇篮球友谊赛，全镇15个村21支篮球队参赛。1996年春节，组织开展篮球、桌球、乒乓球、摔跤、扳手劲比赛。2014年，全镇有篮球场26个，田径场2个，各类业余体育队21支，队员230人。

医疗卫生

1952年，吉卫区设卫生所，始有西医。1956年，成立吉卫乡中草医联合诊所，有药师5人，病床8张。1958年，区卫生所和中草医联合诊所合并为吉卫公社卫生院。1962年，改为吉卫医院，时有医务人员8人，病床30张。1966年，建门诊大楼和住院部。1986年，更名为吉卫镇中心卫生院。2014年，镇中心卫生院有医务人员33人，其中正式在册医生19人。镇内有药房3家，诊所4家，村卫生室20个。新型农村合作医疗参合人数15506人，参合率100%，全年补助医疗费420万元。

社会保障

1986年，吉卫村人曾学文开办私人养老院，

照顾村内及邻村10位60周岁以上老人生活起居。20世纪90年代初，镇政府修建吉卫镇敬老院，有居住房25间，床位40张，工作人员2人。全镇有“五保”老人71人，敬老院集中供养14人。

2014年，全镇扶贫建房451栋，改造维修47栋。是年，发放水稻良种补贴、种粮直补、能繁母猪补贴等68.5万元；符合农村低保条件298户977人，占6.93%；“两项制度”（指农村最低生活保障制度和扶贫开发政策两项制度衔接）惠及581户1197人；新型农村养老保险参保人数4300人，参保率95%。

特色地情

老卫城 明代崇山卫城垣遗址，位于老卫城村。始建于南宋，城壕系人工挖造，所取土均用于夯筑城墙。原城为椭圆形，周长千丈，面积55万平方米，依地势开东、南、西、北4门，城内分居住区、衙署和墓葬区，建有跑马厅、洗马池、荷花池等，曾为旧城十景之一。明末清初时，城废。清人曾作《荷池香泛》，诗云：“荒烟蔓草卫城基，猗傩香生夏日宜。宋代园亭湮没尽，崇山犹剩一荷池。”至今，遗迹依稀可辨。1983年，列为县人民政府重点文物保护单位。2011年，列入湖南省第九批省级文物保护单位。

卫城保卫战 1950年7月21日，卫城乡政府被3000多土匪包围。7月22日拂晓，解放军以一个排的兵力攻打大公坡土匪指挥部，土匪溃逃而去，第一次包围被粉碎。7月31日上午，土匪再次包围吉卫。解放军用机枪猛烈扫射，给土匪以沉重打击。面对土匪嚣张气焰，部队没有举行“八一”庆祝活动，由石邦智率县大队一班战士，身着便装到敌后侦察，弄清地形和土匪火力布置情况。四区区委副书记林宝请示县委同意后，亲自带兵增援，从一四一师山炮营抽选13名有战斗经验的老战士，配备两挺“三八式”轻机枪，3000发子弹，两门六〇迫击炮，13发炮弹，一行15人，于8月1日晚11点，从麻栗场出发直奔吉卫。8月2日，四一六团政委李光旭率二营六连从泸溪驱车至麻栗场，然后步行增援吉卫，同时，二营营长杨君全率五连从小排吾向吉卫进攻打援，从东、北打通十里封锁线，到达吉卫。东、北两路土匪在解放军夹击之下向深山潜逃。8月3日凌晨3时，杨君全率二营战士乘夜摧毁土匪哨棚。解放军从四面八方向匪群发起猛攻，土匪第二次围攻卫城彻底失败。

（撰稿人：向　璟　麻显毅）

雅西镇

境内民风淳朴，民族民间文化丰富，为1794年乾嘉苗民起义策源地之一，有州级重点文物保护单位——黄瓜寨。2014年，扪岱村、坡脚村黄瓜寨成功申报湖南省民族生态旅游开发村。

区域概况

位置面积

雅西镇位于花垣县南端。东部和南部分别与凤凰县柳薄乡禾排、禾若、消水、德榜村及两林乡叉河村、板交村交界。西邻贵州省松桃县磐石镇仁广村。北接吉卫镇螺丝董村、补抽乡夯尚村，面积51.45平方公里，距县城花垣镇57公里。

建置沿革

明洪武元年（1368），雅西镇域属崇山千户所。洪武三十年（1397），为镇溪军民千户所，辖崇山六里。清雍正年间属凤鸣乡，乾隆年间属上文安里，宣统年间属上九里。民国24年（1935），为上九乡，属四区辖，辖今补抽乡。民国26年（1937），改称排达乡。1949年11月，属永绥县四区辖，1951年，属三区辖。1956年，花垣县撤区并乡，境内排达扣、扪岱、雅西、下水4个小乡合并组成雅西乡。1958年9月，建超英人民公社。1959年3月，改称雅酉公社。1984年，撤社复乡。2000年6月，改为雅酉镇。

行政区划

2014年，全镇辖夯杜、坡脚、下水、五斗、扪岱、高务、麻家、油麻、排腊、排达扣、朝岗、冬尾12个建制村，下设68个村民小组。

人口民族

2014年，全镇有1863户8372人，苗族人口占99%。

自然环境

雅西镇地处云贵高原东南边缘高寒山区，平均海拔850米。最高峰黄瓜坡海拔1131.2米，最低点高务桥海拔683.9米。境内冬尾、油麻、坡脚岩洞三条溪流，自西向东汇入补抽乡境内牛角河。平均气温13.4℃。全年无霜期243天，年均降水量1508毫米。

经济发展

经济综述

境内经济以农业为主，工商建筑和运输餐饮经济比重很小。粮食作物以稻谷、玉米、黄豆为主，经济作物以烟叶为主。境内盛产天然生漆，是花垣县土漆主产地。

20世纪50年代，农业产值占总产值90%。1980年，农民开始从事第二、第三产业，农村经济产业结构出现变化。至1986年，全乡生产总值151万元，其中农业产值140万元，工业产值9万元。1990年，全乡总产值341万元，其中农业产值306万元，工业产值16万元。2000年，全镇总产值1154万元，其中农业产值1018万元，工业产值136万元。2014年，全镇农民人均纯收入2495元，居民储蓄存款余额365万元，家电入户率100%，人均住房面积46.9平方米。

农业

种植业 1986年，境内推广地膜覆盖育秧。1990年，推广水稻“双两大”栽培技术，规范化栽培水稻200公顷，占全乡水稻面积40%，地膜玉米2000公顷。是年，粮食产量2107吨。1994年，种植水稻320公顷，地膜玉米213公顷。1995年，粮食产量2400吨。2002年，推广水稻旱土育秧技术，面积10公顷；推行玉米“肥球育苗移栽”技术，种植杂交玉米155公顷，因遭受自然灾害，粮食作物严重减产，粮食产量192万公斤，比上年减少38万公斤。2005年，种植水稻280公顷、杂交玉米100公顷、大豆和红薯28公顷，粮食产量190万公斤。2009年，镇政府把稳定发展粮食生产放在首位，加快农业新科技推广，提高良种覆盖率，促进粮食增产，确保粮食自给。2014年，全镇农业机械实用率80%，良种覆盖率和种粮效益提高，粮食作物播种面积750公顷，总产3287吨。

境内经济作物以烟叶为主。1990年始，发展烤烟产业，常年产量3200公斤。2001年，种烟230公顷，产烟300吨，产值180万元。2002年，种烟240公顷，亩产130公斤，收购中上等优质烟叶214吨，产值200万元，创税30万元，烟叶收入超过5000元有400户。2004年，种烟270公顷，产烟400吨，产值430万元，创税60万元，农民人均增收475元，当年种烟20公顷专业户有10户。2006年，种烟210公顷，产量375吨，产值550万元，创税110万元。2014年，全镇种烟209公顷，产量295吨，种烟农户占24%，其中，下水村建育苗大棚18个。

林业 境内森林资源丰富。经济林以漆树为主，主要集中在黄瓜山脉一带。1972年，雅西公社林业站开始研究漆树育苗方法。1973年，漆树“高温去碱脱蜡，恒温催芽播种”快速育苗研究获得成功。1976年，全社有用材林449.73公顷、经济林228.73公顷，森林覆盖率15.2%，林木蓄积量13057立方米。1979年，建公社漆科站，有工作人员12人，其中林技师10人。公社划出20公顷土地作为实验林场，以排腊大队为重点基地。是年，全社栽植漆树300公顷，成活率90%。1980年，漆树科研列入省、州重点项目，经雅西漆科站研究，提高漆树发芽率5倍，比传统育苗缩短两年时间，当年催芽播种，当年壮苗出圃。此项育苗技术获得湖南省科技成果四等奖。至1987年，境内有漆树237.4公顷，占全县总量86.75%，是生漆主产区。是年，确定雅西为全县唯一鹅掌楸天然采种基地。1986—1990年，长江中上游防护林工程启动，乡政府组织群众植树造林416公顷，其中漆林174.3公顷。植苗木170万株，全乡派驻护林员43人，护林面积180公顷。1990年，因漆树研究结束，投资中断，无力防治病虫，群众多毁林改种。1995年，全乡有黄柏25万株、漆树17万株，栽植板栗树10.66公顷，绿化荒山20公顷。是年，全乡封山育林2680公顷，荒山绿化经湖南省绿化委验收合格。1999年，生漆价格上涨，2000年，排腊村新造漆树、香椿混交林66.6公顷。2001年，实施退耕还林，全镇25度以上坡地均栽植桤木等树木，2002年完成退耕还林8000公顷，其中退耕地3000公顷，荒山5000公顷。2006年，坡脚、夯杜2村退耕还林20公顷。2014年，森林覆盖率74.47%。

养殖业 境内传统养殖业以猪、牛、羊及家禽为主，多为自给自足。牛为耕牛，肉用极少。1981年，境域养殖业开始发展。1986年，猪存栏2324头，牛存栏1339头，山羊存栏1361只，家禽存笼3592羽。随商品经济发展，养殖业发展较快。1995年，猪存栏增至4300头、出栏1600头，牛存栏2316头，羊存栏3000、出栏648头，家禽存笼4400羽、出笼2639羽。20世纪90年代中期后，外出务工人员增多，在家从事农业生产人数减少，耕牛逐渐减少，养殖大户增多。2000年，全镇生猪存栏3100头、出栏2361头，牛存栏1608头，羊存栏2500只、出栏2200只，家禽存笼3438羽、出笼6300羽。2014年，全镇牛存栏1026头，生猪存栏3200头，山羊存栏1005只，家禽存笼28327羽。

工业

清嘉庆年间，冬尾村麻茂松铸铧口等农具供应周边地区。1972—1980年，社办企业有加工厂、铁业社等。1985年，乡办企业1家，村办企业3家，从业人数33人，产值2.76万元。2014年10月，镇域被定为页岩气项目开发基地，在排达扣村打下第一口探测井。

商贸服务

清嘉庆年间，排达扣设有墟场，场期逢农历二、七日。民国时期，乡公所迁至夯杜，墟场随迁，场期改为农历三、八日，辐射补抽及凤凰、松桃等周边地区。1960年，设供销社，经营南杂、百货、五金、针纺等商品。1992年，供销社改制，员工买断工龄安置、资产处置，境内民营商业兴起。2014年，镇内有个体商店18家，有旅社2家、饭店3家。

基础设施

交通运输

清代，境内有石拱桥3座、石板桥11座、木桥5座。1968年，修通花垣至雅酉公路，经冬尾、排达扣、油麻、麻家、夯杜、下水6个大队，长10.8公里。1968年，修通雅酉至高务公路，长11.5公里。1972年，开通班车，两天一班。1976年，社队公路7条，全长17.7公里，队队通公路。1978年，客运班次改为一天一班。1979年修通雅酉至五斗公路，长4.5公里。2002年，建成五斗村至德榜村公路引线桥。2006年，硬化排达扣村进村环村公路1公里和入户道路路面，养护维修村级公路6条43公里。2008年，完成五斗、排腊村通畅工程。2009年，完成朝岗、扪岱、高务3个村新农村建设道路通畅工程。2012年，硬化下沱线雅酉境内公路并改造冬尾村村道6公里。2014年，硬化坡脚村村道3.5公里，修通油麻至高务村朱司寨生产道5公里。是年，全镇有摩托车200辆、拖拉机15台、矿车8辆、农用车50辆、客运车3辆。

邮政通信

1998年7月，开通程控电话，装机350部，9月实现无线电话村村通。2002年，安装高务、扪岱、朝岗、排腊4个村电信光缆电话，扫除通信盲区。开通电信宽带网，新修扪岱网络，实现区域全覆盖。

供电饮水

供电 1967年，冬尾、排达扣村修水轮泵发电站，装机14.5千瓦，1968年，开始发电。

1970年，建冬尾电站，第一台机组装机200千瓦，1975年8月，发电，夯渡、坡脚、油麻、高务、扪岱4个大队受益。1978年，冬尾电站第二台机组发电，装机250千瓦。高务大队建小水电，装机2台，容量280千瓦。是年，全社通电。2002年，完成冬尾、排达扣、高务、排腊和麻家等村供电线路改造及油麻、夯杜、坡脚村农网改造，新增350千伏安变压器2台。2004年，冬尾电站所有制变更为个体经营管理。2005年，冬尾村民石潮海自建电站1座，装机50千瓦。2008年，冰冻灾害，全镇2/3线路损坏，经抢修，短时间内恢复供电，并更换水泥电杆126根，改造线路7公里，增修变压器1台。2012年，冬尾电站新增发电机组400千瓦和1600千伏安变压器1台，改修供电线路。2014年，全镇各村组通电。

饮水 历史上，境内居民饮水均靠挑泉井水。20世纪50年代后期，兴修一批小水利，解决部分人畜饮水问题。1975年，排腊寨开凿隧洞，引出地下水，解决全寨人畜饮水困难，灌面0.67公顷。1982年后，县政府采取“以工代赈”方式，陆续扶助各村建设饮水工程。2009年，下水、夯杜2个村通自来水。2011年，投资3万元实施麻家村自来水饮水工程。2014年，油麻村建成中型压力水池1口，麻家村饮水工程开工。

水利建设

1969年8月，雅西公社组织千人在坡脚村火焰洞筑坝，系坊工重力坝，坝高7.2米，长10.5米，顶宽1.6米，水位提高19.6米。工程国家投资13.5万元，群众投工8.5万个，完成土石方4.8万立方米。灌溉面积80公顷，坡脚、夯渡2个村受益。2009年，投资12万元建成冬尾村西干渠。2011年，投入350万元整修火焰洞水渠，流经坡脚、夯杜、麻家、下水4个村；投资30万元建成冬尾村水渠；投资7000元完成坡脚7组引水工程。2014年，投资10万元建成冬尾村灌溉渠道1.6公里，完成夯杜村水渠拓宽工程。

村镇建设

2014年，全镇12个村建成沼气池1300口，成为全县第二个千口沼气池乡镇。

社会事业

教育

清雍正十一年（1733），在雅西寨设义学馆，光绪三十一年（1905），在排达扣设立初等学堂。1953年建中心小学。1958年开设附属初中班。1976年设高中，1980年高中停办。1992年，被县政府指定为农村寄宿制学校。1993年，被定为湖南省第一批重点建设“老少边穷”地区寄宿制学校。1994年，该校与花垣小学结为姊妹学校。是年年底，雅酉九年一贯制学校授牌。1995年，小学生会考成绩位居全县第二名。1999年，被湘西州定为九年一贯制学校，时有寄宿生270人。2000年，学校占地面积15078平方米，建筑面积5024平方米，有学生673人，教职工32人。2013年，由镇政府倡导，镇财政出资1万元，社会集资5万元，设“黄瓜山助学基金”，对雅酉籍考入大学学生给予奖励。当年，奖励考上二本院校吴院周等8人各奖1000元。至2014年，基金会发放助学金2万元。是年，境内有九年一贯制学校1所，村小8所。

文化

1968年，公社建广播站。1984年，公社有电影院。1997年，开设录像厅和歌厅。2002年，全镇广播电视入户率60%。2010年，办农村图书室。是年，在坡脚、朝岗、排腊3个偏远村，安装卫星接收天线500台，全镇通视通播状况改善。

2002年，镇政府承办花垣县第十届苗族赶秋节，县内外各届人士及周边地区6万人参加。2007年，被湘西州授予“中国民间艺术之乡——唢呐之乡”称号，麻留成、龙秋南、吴金旺为传承人。2009年，雅酉民间艺术和服饰表演队成立，是年，代表花垣县参加凤凰民间服饰表演会，获三等奖；参加全县首届苗歌大奖赛，获三等奖；参加全县民俗鞋垫比赛，有2件作品获一等奖。2011年2月10日，麻家村举办两省三县边区民族民间文化展演。2014年，扪岱村、坡脚村黄瓜寨成功申报湖南省民族生态旅游开发村。

医疗卫生

1969年，设雅酉卫生院，时有医生4人。2009年，建成7个村级标准化卫生室。全镇享受新型农村合作医疗补助635人次，补助金额17万元。2014年，镇卫生院有医务人员14人，床位25张。全镇有村卫生室12个，村医12人，个体诊所1家。

社会保障

2003年，建敬老院，集中供养农村“五保”老人，时有26位老人入住。2014年，有6位老人入住。是年，新型农村社会养老保险续保3055人，缴费30.59万元。临时救济100人次，改造危房20户。

特色地情

历史人文

黄瓜寨　位于湖南花垣、凤凰和贵州松桃之间交界地，是清代乾嘉苗民起义策源地和起义首领石三保故乡。起义期间，苗民义军与清军多次浴血奋战，几捷几陷。后起义失败，苗寨被血洗，只余废墟瓦砾。新中国成立后恢复寨貌。为纪念苗民抗清英雄业绩，保护古战场遗址，1979年，州人民政府将其列为重点文物保护单位。

苗民起义纪念碑（杨再勇/摄）

民俗风情

境内苗族遗风流传极盛，有苗族青年赶“边边场”、过年杀年猪、打糍粑等风俗。

境内丧葬习俗与其他地方大多相同，但仍有区别。出丧时辰才将棺木移开，下面垫上钱纸，表示已经出丧，棺木仍停放在屋内。帮忙人员先吃早饭，11 点左右才将棺木抬出。送葬途中，数次将棺木放下，让亡者姑娘姊妹或孙女等亲戚向送葬人散发香烟、上酒、撒糖。这样走走停停，才将棺木抬到墓地。

扪岱村有“蜡染民间艺术村”称号。当地苗族男女头包花帕，黑底白花，系蜡染制成，在白布上，用绳扎起一个个小结，经蜡染后大部分变为青色，扎起小结未被染上，摊开后便成一朵朵白色小花。妇女擅刺绣，先在布上画出动物、山水、花鸟等图案，然后用丝线绣出，形象逼真，栩栩如生。2011 年 3 月，排达扣村麻付保等人联合设计制作长 125 米、宽 2.8 米的苗绣长卷，用生动的画面反映苗族历史、神秘湘西、和谐社会主题，展现苗族人民从远古走向新时代的历史变迁。

境内民居为石木结构，具苗族特色，石块作墙，石砌围墙，用石块铺路。2014 年夏，中国摄影家协会数十人到此采风，扪岱村被作为民俗典型村寨予以保护。

苗族服饰 古代，苗族男女服装差别不大，均为“色彩斑斓布”。上穿满襟花衣，下着百褶裙，头包赭色花帕，脚穿船形花鞋，佩以各种银饰。清雍正年间“改土归流”，政府指令“服饰宜分男女”后，差异较大。

至民国，苗族男子服饰较为简单，头缠布帕，雅酉一带为花帕，其余地区为青帕，帕长 1～3 丈，缠戴多层“人”字形。身穿对襟衣，袖长且小，裤筒短独幕剧大，包青色裹脚。衣料多为家机布，颜色有花格、全青、全蓝等。雅酉一带妇女喜包花帕，包法又有区别，层层相叠，如峨冠秋菊。妇女衣服一律满襟，腰大而长，袖大而短，无衣领。裤短而大，腰系围裙，胸前、袖口、围裙、裤脚习惯滚边，绣花或挑纱，并加花边于其间，五光十色，焯烁眩目。夏天，青年男女喜戴斗笠，脚穿麻板鞋。

苗族服饰（张明华摄于 2013 年 6 月）

首饰是苗族妇女喜爱之物，种类繁多，造型美观，以银饰为主。银饰有银帽、银盆、凤冠、耳环、项圈、手镯、戒指、扣绊、胸针、银花、银牌、披肩等，耳环、项圈、手镯、戒指为常戴之物。各种银饰又有不同造型，项圈有轮圈、扁圈、盘圈等，耳环有瓜子耳环、石榴耳环、梅花针耳环、圆圈耳环、龙头耳环等，手镯也有各种花式。苗族妇女每当出嫁、走亲戚、做客、赶集、节日赴会，均佩戴银饰。

改革开放后，苗族服饰逐渐改变，青年男女平时衣着与汉族无甚差别，逢盛大节日仍着盛装。

（撰稿人：龙云芝　龙跃平）

长乐乡

区域概况

位置面积

长乐乡位于花垣县东北部，东连保靖县水银乡，南接保靖县水田河镇、花垣镇卜如坪村，西与花垣镇花桥村隔河相望，北与保靖县复兴镇毗邻，区域面积 82.6 平方公里，距县城花垣镇 19 公里，距湘西州首府吉首市 89 公里。

建置沿革

清雍正十年（1732）长乐乡域属永绥厅下七里。嘉庆二年（1797）属永庆里。宣统年间（1909—1911）复称下七里。民国 2 年（1913）属永绥县。民国 9 年（1920）称下七乡。民国 24 年（1935）属一区辖。民国 26 年（1937）属长潭乡。新中国成立后属一区辖。1951 年 3 月为长乐乡。1952 年 3 月，属永绥县第一区，是年 9 月，所辖区域分建 10 个小乡。1953 年 9 月，属花垣县第一区。1955 年 11 月属花垣区。1956 年 6 月撤区并乡，复称长乐乡，由原五让、长乐、联平、五平、跃马卡 5 个小乡及现那光村四、五、六组组成。1958 年 9 月，与窝勺乡合并，为上游人民公社。1959 年 3 月析出，改为长乐人民公社。1961 年 8 月恢复区建制，属三角岩区。1968 年为长乐公社革命委员会。1984 年撤社复乡。

行政区划

2014 年，长乐乡下辖谷坡、桃花、雀儿庄、惹坝、卧岔那、牙八溪、长潭、团岩坪、泽落坪、米迫、跃马卡、打落坪、纳吾车、黄连沟、王善坪、水坪、老后坪、那光 18 个建制村，下设 115 个村民小组。乡政府驻卧岔那村东隅。

人口民族

2014 年，全乡户籍人口 3334 户 14581 人，苗族人口占 83%。人口姓氏有 53 种，吴、梁为大姓，分别占 38%、18.4%。

自然环境

长乐乡地势起伏、山峦绵亘，呈东高西低阶梯状，最高海拔 867 米，最低海拔 437 米。年平均气温 13.9℃，最高气温 36.5℃。年均降水量 1825.7 毫米，全年无霜期 280 天。土质为富硒土壤，适宜各种农作物生长。东部山脉小溪汇入保靖水田河，西部山脉小溪注入兄弟河。乡内非金属矿产有高纯度硅石和方解石。

经济发展

经济综述

20世纪70年代，乡域以传统农业经济为主。80年代，商品经济兴起，烟叶生产发展，杂交水稻、玉米品种得到推广。90年代，调整产业结构，发展二、三产业。2000年，大兴新农村建设，逐步发展特色种养业，打造一村一品格局。是年，全乡工农业产值1974万元，其中工业产值160万元，农业产值1814万元。2005年后，特色种养业逐渐形成规模。特色养殖业以乳鸽、黑豚、竹鼠为主，特色种植业以特色蔬菜、油茶、百合、金银花为主。2014年，全乡工农业产值5468万元，财政收入353.1万元，固定资产投入290万元，农民人均纯收入2800元，输转劳动力2690人次，劳务输出收入4300万元。

农业

种植业 境内传统粮食作物以水稻、玉米、红薯为主。1952年，红薯主要栽种白皮薯，亩产130～160公斤。1953年，水稻引进万利籼、胜利籼等新品种，水稻产量提高，粮食产量比1951年增长12.9%。1967年，玉米种植大寨苞谷、晋杂5号、湖北胜利红、恩单2号等品种，使用碳铵、尿素等化学肥料，亩产140公斤，比1954年增长17%；是年，红薯引进桑植红皮薯，产量提高。1979年，红薯亩产220公斤。1982年，水稻栽植南优2号、珍珠矮良种，实行"索索化"规格化栽培，亩产400公斤，在全县作为典范推广；玉米种植杂交新品种湘风单1号、73单交，亩产160公斤，比1978年增长12.4%。1986年广种杂交水稻威优64、籼优63；引种红薯品种胜利百号，亩产275公斤。1988年，推广稻田秧苗移栽技术。1995年，推行水稻"旱育秧""双两大"（两段育秧、双株寄插、大蔸大行）和玉米"球肥育苗"等栽培技术，粮食产量增至4775吨。2001年，跃马卡、打落坪、泽落坪3村列为州级蔬菜开发基地，建大棚90个。2005年，红薯引进SL-868、湘薯15号、16号，产量增加，2010年亩产3000公斤。2014年，全乡种植粮食作物1047公顷，其中稻谷534公顷，产量3186吨；玉米3667公顷，产量1378吨；红薯70公顷，产量327吨。

经济作物以百合、油菜、特色蔬菜、烟叶为主。1982年，长潭村种植百合13.4公顷，人均纯收入1000元。1992年，以长潭村为中心，种植百合54公顷，后因市场价格下跌，1997年停种。2007年，全乡种植百合33.3公顷，收入530万元。2011年，全乡种植百合133.3公顷，当年收入250万元。是年，形成以香葱为主特色蔬菜种植业，年产值200万元，种植油菜666.7公顷，产籽2100吨，出油735吨。2013年，种植青蒿34公顷，收入200万元。2014年，种植经济作物332.6公顷，其中，蔬菜33.3公顷（大棚20公顷），产值580万元；烤烟61公顷，产量84吨，产值180万元；金银花120公顷，产值30万元；水果2公顷，产值90万元；西瓜3.3公顷，产值15万元。

林业 乡境生产油茶。1983年，全乡垦复油茶40公顷。1990—1993年，全乡封山育林2733公顷，植树造林250公顷，飞播造林300公顷。2001年，退耕还林860公顷。2003年，退耕还林573公顷，种植核桃混交经济林400公顷。2009—2010年，补植补造213.3公顷。2011年，培管133.3公顷，造林120公顷。2013年，油茶种植80公顷。是年，投资25万元，实施雀儿庄油茶低改项目33公顷。

2014年，全乡低改油茶170公顷。是年，乡境有林地5819公顷。其中，长江流域防护林1923公顷，退耕还林376.4公顷，油茶589.6公顷。全乡有100年以上古树名木58株，主要分布在牙八溪、纳吾车和水坪村。

养殖业 1984年，境内养猪10头以上大户有6户，养鸭100只以上大户有8户。2001年，泽落坪吴绍映承包山塘养鱼，年纯收入8万元。2003年，长潭村吴贤茂养羊190头，年收入5万元，养鸭150只；那光村龙忠兴养殖生猪140头，年收入10万元。

特色养殖以乳鸽、竹鼠、黑豚为主。2007年，以团岩坪为中心成立肉鸽养殖专业合作社，2010年，发展养殖村7个，养殖大户35户，产值28万元。2011年，重点扶持养殖村3个，发展养殖大户57户，实现产值67万元。2012年5月，团岩坪人吴绍锋成立羽丰鸽业有限责任公司。2013年创建种鸽养殖基地，核心基地占地3.3公顷，存笼种鸽3万对，有养殖房28栋，年产种鸽1万对，商品乳鸽35万羽，商品鸽蛋15万枚，销售收入800万元，员工37人。2014年，团岩坪村乳鸽存笼3万羽，出栏商品鸽30万羽，年产值600万元。跃马卡村建有竹鼠养殖基地，竹鼠存栏2000只。牙八溪村黑豚存栏1800只。长潭村养殖湘西黄牛116头。年末，全乡牛存栏1369头、生猪存栏9050头，山羊存栏2800只，家禽存笼31960羽。

工业

1972年，公社创办综合厂，设有打铁、木材加工、算盘加工等车间，从业24人。1980年倒闭。2006年，跃马卡人彭利春在林场附近开办一个中型采石场，年收入80万元。2014年，全乡有个体加工厂6家，主要为从事粮油加工和锯木等。

商贸服务

清同治年间（1862—1874）建“卧岔那场”，场期逢农历四、九日。1952年年初，在卧岔那村设供销社，供应“洋油”“洋火”、盐、布匹、棉花、糖饼等。1953年，设长潭村分社。1968年，全乡18个村均开设代销点。1992年，转为个体。1998年始，省人大常委会办公厅在卧岔那村驻点扶贫，投资61万元建设墟场，更名长乐乡农贸集市，设有猪行、肉行、米行(油)、草烟行、布匹行、草鞋行。2014年，境内有超市8家、批发部3家、饭店4家、理发店2家。

基础设施

交通运输

20世纪50年代，境内进出货物主要靠人力挑背。1960年8月，罗青头、梁祝成从县马场赶13匹马，在卧岔那大队设立分社，时称“马车社”，主要运送粮食。1962年，马车社撤走。1964年12月，公社组织修建长乐通往县城公路，途经腊尔铺、打落坪、长潭、牙八溪等大队，全长19公里，1968年12月竣工。1970年10月，开通客运班车，一日两班。1975年，班次增至4班。2003年，新建公交车站。2014年，全乡有客运班车8辆，摩托车158辆。

邮政通信

民国24年（1935）9月，从县城架设至卧岔那（长乐）单线电路12.5公里，县内可通话至长潭乡。1957年，成立邮政所，时有手摇电话机1部。1990年，乡内开通程控电话，2000年，全乡安装678部，开通数字移动电话长乐直放站。2005年3月，建移动信号塔，6月，建联通信号塔，8月，建电信信号塔。2006年，长乐设电信网站。2010年卧岔那、长潭、牙八溪、打落坪村实现互联网入户，设立移动代办点18个，移动信号覆盖率98%。2014年，全乡有电脑268台，手机信号全覆盖。

供电饮水

供电 1973年2月始，由县电厂白水河电站供电，装机85千瓦，时电力供应有限，全乡每户仅能安装15瓦灯泡1个。1983年，自修白达山电站，下雨涨水才能发电，仍处于缺电状态。1994年，乡电站与县供电公司并网，按上网电量计价，乡政府自行管理，解决缺电困难，基本保障全乡用电。2010年，完成14个村主电网升级改造。2014年，全乡农网改造全面完成，实现城乡同网同价，电价由每千瓦时1元降至0.588元。

饮水 清代民国时期，境内居民饮水依赖水井，时“水肿病”“血丝虫病”“钩虫病”甚多。乡域有水井240口，其中纳吾车村大溶洞泉水四季常流、久旱不干。2010年，县农业局帮助整修纳吾车大溶洞泉井，修成渠道3条，长3.7公里。一条环村供村民饮用，另两条排灌全村稻田。卧岔那当超泉井水，含14种对人体有益矿物元素，属优质泉水，2007年，县水电局投资130万元建自来水厂，设计供水规模300吨/天，供水人口3600人，解决乡政府、学校、乡直机关、卧岔那村及牙八溪村九、十组饮水问题。2014年，全乡90%农户安装自来水，100%农户饮用卫生水。

水利建设

清代，水坪村大户龙八月，组织当地村民修渠道，改渠道沿卧岔那村经水坪村达花垣镇下寨河村，全长3公里，全部人工开凿，渠道走向形同一条长鞭系在山腰，得名“赶山鞭”，灌溉沿“鞭”农田67公顷，一时闻名全省。1961年，在卧岔那建绿球水库，灌溉牙八溪、卧岔那稻田30公顷。是年，修建小五让水库，库容13万立方米，灌溉稻田160公顷。1973年，建桃花水库，库容110万立方米。2014年，全乡有塘坝255处，灌溉面积208.4公顷。

村镇建设

1999年，三立集团投资42万元建乡政府办公大楼。省人大常委会办公厅投资20万元硬化入户路。2001年，硬化长潭村、泽落坪村环村路1.2公里、那光村各组支道0.4公里；建沼气池128口。2010年，投资187.4万元，实施五大“安居工程”，建沼气池1220口，打造第一批新农村建设示范村。2012年，投资100万元改造跃马卡民居162户。2013年，开展同建同治工作，投资15万元整修卧岔那村排水沟，增设村垃圾围18个、垃圾池30处，村容村貌改善，模范村雀儿庄村2次在全县排名第一位。2014年，18个村配备专职保洁员32人，群众卫生习惯逐渐养成。

社会事业

教育

民国时期，纳吾车、跃马卡、卧岔那3个村办有私塾，有学生57人。1951年，建卧岔那、跃马卡、黄连沟、桃花4所完小。1957年，桃花、长潭、跃马、黄连4个片区各设完小1所，长潭片完小设在卧岔那村。各村均建有村小。2014年，有中学、完小各1所，村小5所，幼儿园3所，学前班5个。中学有教师30人，学生388人。中心完小有教师54人，学生708人。中学升学率96.8%，中心完小升学率97.8%。

文化体育

1957年，长乐建文化站，跃马卡村成立汉剧团。2000年，实现电视村村通，有彩电1000台。

2006年，投资14万元新建文化站。是年，全乡有文艺演唱队9支、腰鼓队6支。2010年，乡文化站组织各村均组建秧歌队、龙灯队、舞狮队和文艺表演团，常年开展群众文化活动。2011年，配备投影播放器。是年，各村文艺表演队演出145场次。2012年，白羊坡老年艺术团自编剧目《苗家喜迎十八大》被州电视台采用。2014年，全乡有苗鼓队6支、山歌队1支、汉剧团1个，18个村建有农家书屋，电视普及率100%。

传统体育有玩龙灯、舞狮子、武术等。武术传承人有纳吾车王永忠、王宜进、王美凤，黄连沟钱私培，惹坝村龚万发。1987年，纳吾车人王美凤荣获全县女子武术全能比赛第二名，卧岔那人梁敏贤获全县武术和摔跤比赛第三名。1984—1989年，在全县农民运动会男子篮球比赛中，乡代表队连年夺冠。2006年，全乡有男子篮球队14支、武术队3支、龙灯队2支、狮子队6支。2014年，县体育局为乡敬老院赠送健身器材1套，为各村配置篮球架和乒乓球桌。

医疗卫生

20世纪50年代，各村确立一名草医为村医，报酬按村户数年终2.5公斤稻谷供给。1968年，各村设赤脚医生，报酬由大队负责，视同大队干部待遇。1974年，卧岔那设卫生所，医生由县派。境内大队赤脚医生取消。1979年，卫生所改为长乐公社卫生院。2003年，全乡18个村均建立医疗室，配民间医生。2006年，卫生院更名长乐人民医院，建住院部。2014年，乡人民医院有医务人员18人，床位20张，农村合作医疗参合率100%。

1975年，境内开始提倡计划生育。1979年，全面推行。2014年，人口出生率15‰，人口自然增长率9%，计划生育率92.8%。

社会保障

1985年在长潭村修建乡敬老院。2014年，投资140万元新建乡敬老院，入住五保老人22人。

2010年，新增农村低保98户108人，累计323户775人享受农村低保待遇，发放低保金34万元。是年，全乡残疾人建房1户，民政安居工程100户。2014年，享受“两免一补”（免费提供教科书、免杂费并补助寄宿生生活费）政策2317人次，发放低保金67.1万元，农村“五保”供养率100%，新农保参保率90%。

特色地情

跃马卡汉剧团 清咸丰年间（1851—1861），汉剧始传入花垣。民国时期，县城有“庆乐堂”“同乐社”演出汉剧。跃马卡汉剧团，始建于1957年，建团资金由5位老人砍炭打柴聚集而得。唱腔及表演动作师承保靖县水银乡师傅，通过传承人一代代言传身教，留传至今，并将汉剧表演唱、念、做、打、手、眼、身、发、步等基本功和生、旦、净、末、丑等角色以及“二黄导板”“西皮导板”“二黄三眼”“西皮流水”“四平调”等唱腔等整理成册、谱。传承人有吴绍云、吴绍炎等。1988年，跃马卡汉剧剧目《高价货》在全县戏剧会演中获第三名。2014年，该团共有18人，逢喜庆嫁娶，登台演唱，深受县内及周边保靖一带群众喜爱，每年演出80场以上。

川黔湘苗民抗日革屯军前敌指挥梁明元（1910—1941） 苗族，字子春，长潭乡木沟寨人（今那光村3组）。梁明元出生贫苦，稍大当兵，他目睹现实，愤愤不平，决心聚众搞屯。1937年1月，清隆乡苗民石维珍、龙正波等在龙潭率众杀屯官，分屯谷，烧屯仓，武装革屯。梁明元闻讯，秘密串连响应。梁明元揭竿抗屯之举，深得人心。不久，会合石维珍，建立指挥机构，以梁为首，以石为副。“永绥县解除屯租诉愿团”首领吴恒良、隆子雍等与梁结盟拜把，革屯武装迅速发展。7 月，抗日战争开始，梁即召石维珍、邓世弟等人，在谷坡成立“湘西苗民抗日革屯指挥部”，梁任指挥。随后，革屯武装攻占保靖水田、葫芦、夯沙等乡，宣布废除屯租，取消捐税。攻打保靖县城，弹药耗尽后撤退，并在谷坡召开“湘西苗民抗日革屯军”庆祝大会，时队伍壮大到两千人。后来，吴恒良在龙潭杨家寨建立“川黔湘革屯抗日军总指挥部”，梁受任为前敌总指挥。并联合凤凰“湘西苗民抗日救国军”指挥龙云飞，共击保安团。1938 年 3 月，省政府宣布废屯升科，湘西七县屯田制度宣告结束。湘西抗日革屯军受编抗日。第一团中校团副兼第一营营长，驻防沅水一带。1939 年，率部东下抗日。1941 年，他被调至中央军校武冈军校受训。时驻永绥湘鄂川黔边区清剿总指挥郭思演，怕梁明元纠集原革屯未受编人员作乱，假意委梁为指挥，将其诱杀于永绥县城文昌阁下。

（撰稿人：李文才）

道二乡

区域概况

位置面积

道二乡位于花垣县城西南部，东与花垣镇以兄弟河为界，南与雅桥乡瓦落村接壤，西与龙潭镇大坪村为邻，北与花垣镇、团结镇相连。全乡面积45.3平方公里，距县城花垣镇10公里。

建置沿革

清同治年间道二乡域属上六里，辖后土坡、扛扛、接溪三汛。民国时期属清隆乡。1950年，属永绥县五区辖。1953年分建接溪、道二、排楼、辽洞4个小乡，属花垣县五区辖。1956年6月撤区并乡，将4个小乡合并为道二乡。1958年建幸福人民公社。1961年改为道二公社。1984年撤社建乡。

行政区划

2014年，道二乡辖道二、美惹、接溪、登高、排楼、朱朝、扛扛、紫霞、者仁、扛掰、辽洞11个建制村。

人口民族

2014年，全乡有2793户10751人，其中苗族占99%。

自然环境

道二乡地处丘陵地区，最高峰豆腐坡海拔770.6米，最低处扛掰小溪海拔430米，乡政府驻地海拔510米，土地多分布在海拔500米左右地区，地势较为平坦。年均降水量1400毫米，年均气温13.9℃，无霜期260天，主要灾害有冰雹、旱涝、风灾、低温、霜冻、雷击等。旱涝主要集中在每年4—9月，低温、冰冻集中在11月至次年1月，夏季偶有雷击发生。东部有兄弟河水库，水位较低。有发源于排楼、民毫小溪2条。

经济发展

经济综述

境内传统经济以农业为主。1990年，工业兴起，建有选厂和锰粉厂。2000年，经济作物发展加快，主要有烤烟、青蒿、线椒及蔬菜等。2006年，全乡工农业产值突破亿元，农民人均纯收入1400元。2014年，启动以该乡为核心的花垣县生态农业园项目，5月启动湘西金叶科技园项目，9月启动十八洞村千亩精品猕猴桃示范基地建设。是年，初步形成黄金烟叶、特色蔬菜、湘西黄牛三大产业。当年国民生产总值1.57亿元，比上年增长10%，固定资产投资380万元，年增长率12%，财税收入276万元，农民人均纯收入2821元，家电入户率99%，人均住房面积15平方米。年末，乡信用社居民储蓄存款余额6039万元。

农业

种植业 境内传统粮食作物有水稻、玉米、小麦等，红薯是主要杂粮。经济作物有花生、油菜、线椒、青蒿、烟叶等。1989年，种植红薯267公顷、小麦214公顷。1988—1989年，连续两年干旱，农作物90%面积减产。1992年，推广水稻旱地育苗、“双两大”育苗移栽，规范化栽培，采取山坡田改种等增产措施，完成旱改水100公顷，增产90万公斤。是年，种植花生、小麦各200公顷。1998年，种植水稻267公顷、玉米467公顷。2000年，实现水稻规范化栽培，在接溪村建千亩玉米肥球育苗示范基地，为全县10万亩玉米丰产提供样板。是年，推广小麦、玉米、红薯三熟套种，提高复种指数，复种134公顷，落实中国农科院武陵山片区苞谷丰收计划，实行宽窄行规范化栽培，提高种植密度，种植面积374公顷，获全县丰收计划一等奖。2007年，种植青蒿、线椒367公顷，销售额500万元，人均收入500元。2008年，种植青蒿340公顷，产量831吨，产值729.1万元，人均收入732元。是年，种植线椒360公顷。2011年，成立苗汉子野生蔬菜专业合作社。2012年，建钢架大棚120个，种植香椿、阳荷、弄弄葱等野生蔬菜134公顷。2013年，流转土地143公顷，开发苗疆本土蔬菜，建成年加工腌制、干制蔬菜1000吨厂房。2014年，在道二村流转土地133.3公顷，种植弄弄葱、冬虫草、鱼香草、香椿、阳荷等野生蔬菜。是年，稻谷播种面积224公顷，产量1365吨。

油料作物以油菜为主。1986年，种植107公顷。1989年，种植287公顷，增加2.7倍，部分农户实行油菜、花生连作，经济效益提高。1992年，油菜种植267公顷。2000年，突破668公顷，在美兹村建成千亩油菜育苗基地，大田移栽534公顷，直播134公顷。土地流转后，花生仅有零星种植。2014年，油料播种面积293公顷，产量472吨。

1995年，种植烟叶134公顷。2012年，黄金烟叶合作社种植117公顷，建成100栋集群式烤房7处，“湘西一号”烤房20栋。2013年，新建密集式烤房40栋，在扛掰、接溪村建设高标准烟叶基地36.7公顷，11个村108户农户种烤烟167公顷，收烟4500担。2013年，有种烟100亩以上大户6户，流转土地43公顷，占全乡种烟面积26%；种烟50亩以上农户有20户，流转土地80公顷，占全乡种烟面积48%。2014年，全乡种烟120公顷，但因遭受自然灾害，烟叶减产。是年，收烟2000担，收入240万元。

林业 境内林业资源较丰富。1952年始，每年冬春两季，组织群众造林。20世纪60年代，开始绿化荒山，以栽植杉木、马尾松、柏木、椿木为主，经济林则以垦复油桐、油茶为主。1989年，在道二村八组建立造林基地，植苗泡桐1.3公顷，美国湿地松5.3公顷，开发奈李100公顷。是年，封山育林2334公顷，人工造林234公顷，飞播967公顷。1995年，开发黄柏、杜仲等贵重药材100公顷、葡萄12公顷。2001年，退耕还林254公顷。2012年退耕还林787公顷，森林覆盖率45%。2013年，退耕还林690公顷，其中经济林71公顷，生态林597公顷。是年，完成扛掰、辽洞、紫霞、接溪4个村水土保持工程267公顷。2014年，森林覆盖率45.41%。

养殖业 境内传统养殖以猪、牛、羊及家禽为主。1990年，耕牛存栏1245头，生猪存栏

9825头，羊存栏323只、出栏53只，家禽存笼6801羽、出笼9370羽。随着经济发展水平提高，乡域借助交通便利、离城近地理优势，发展养殖业，至1995年，牛存栏1315头，生猪存栏9100头、出栏5156头，羊存栏600只、出栏1472只，家禽出笼8683羽。是年，在紫霞村水寨建库养鱼。2000年，牛存栏1539头，生猪出栏1.2万头，羊存栏4700只、出栏1800只，家禽出笼1.55万羽，新增养殖专业户50户。2011年，湖南德农牧业科技有限责任公司在乡境成立，注册资金1.8亿元，该公司是一家以湘西黄牛保种、选育、扩繁、加工为主，为省级农业产业化龙头企业。2014年，公司租赁美惹、扛掰、接溪村土地156.7公顷种植优质牧草，境内保种场黄牛存栏4000头，清真（屠宰）生产线一期工程竣工。是年，全乡年末存栏猪11260头，羊880只，家禽57043羽。

工业 1995年，引资300万元，在美惹村建成道二乡锰粉矿石加工厂，2000年，境内矿石加工厂增至5家，从业200人，2006年有选厂15家，锰粉厂27家，尾矿库3座。2010年，矿山整治，矿业企业停产。

商贸服务

1962年，建道二场，又名尖山场，场期逢农历三、八日，主要交易农副产品、猪仔等。2014年，有道二农贸市场1个，设有猪行、粮食行、蔬菜行、果品行、服装行、电器行等，有沿街商铺20家。

基础设施

交通运输

1964年12月，修通道二乡美惹至龙潭公路12.8公里。1995年，修建扛掰村入户水泥路3公里，修通公路13段6公里。1998年，修建道二至排楼和道二至辽洞、紫霞村级公路2条。是年，实现村村通公路。2000年，硬化境内道路8公里。2012年，硬化村组道路50公里。是年，包茂高速G65吉首至茶洞段公路竣工通车，经道二乡境内，在排楼村与张花高速对接。2013年，硬化扛掰、辽洞、者仁、道二等村道4.5公里。2014年，新修机耕道38条17.8公里。

邮政通信

20世纪50年代，境内村村通邮路。1995年，村村开通程控电话。2014年，有移动服务网点9个，联通服务网点3个，电信服务网点1个，座机用户230户，手机用户3480户。

供电饮水

供电 20世纪70年代，建龙鼻嘴水电站，兄弟河水库建成后被淹没。1988年，架通道二至排楼输电线路，解决4个村17个组用电问题。1989年，美惹、朱朝、扛扛、紫霞、登高5个村集资2.9万元实施电器化工程。1990年，实现组组通电、户户照明。1995年，解决500户贫困户供电照明问题。至2014年，农网改造工程全部竣工，实现城乡同网同价。

饮水 境内民豪水库渠道流经朱朝、道二、排楼、紫霞、扛扛5个村，1987年，投义务工1.9万个，架设管道4公里。1988年，紫霞村通自来水。1989年，建成扛掰、辽洞、紫霞、扛扛6处电排，修通民豪至道二村人饮供水渠道8公里。1995年，争取资金200万元，铺架自来水管道36.5公里，乡内人饮管网覆盖90%。2014年，建水池1个。

水利建设

1995年，修建龙颈坳水库，库容205万立方米，其后，相继修建美惹、排楼两座小（2）型水库。1989年，疏通龙颈坳水库渠道5.3公里，新开扛扛至铜盐井及辽洞村渠道0.3公里，整修山塘32口，实现旱涝保收面积167公顷。1995年，县水利局投资60万元，维修龙颈坳水库，实现有效灌溉面积346公顷。2013年，新建水窖26口，新修扛掰村积水窖、德农牧业牧草节水示范区、排楼经紫霞、道二至美惹排灌渠和老龙海引水工程高效节水示范区等。2014年，整修乡内沟渠82条11.2公里。

村镇建设

1995年，建沼气池398口。2000年，建接溪、道二、紫霞、朱朝4个村220口沼气池。是年，改造境内民居531户。2013年，改造朱朝、道二两村民居264户。2014年，投资200万元建成乡政府办公大楼及食堂；启动紫霞生态观光园建设，建成紫霞湖观光道4公里、栈道0.7公里，绿化周边土地28公顷；集镇街道建下水道。是年，深入开展“花垣变花园”大行动，建成乡垃圾焚烧处理场，配置垃圾车，聘保洁员30人，集中整治期间清运垃圾30吨，清理“牛皮癣”534处，拆除乱搭乱建和广告牌32处，清理纠正违章占道经营21处，乡容村貌明显改善。

社会事业

教育

清代末年，境内排楼、接溪设初等小学堂。1966年8月，创办道二乡中心学校，1967—1968年，开设高小班，1969年，设附中。1998年，兴修道二中学教学楼。2007—2010年，道二中学连续4年获全县“目标管理”一等奖和初中毕业会考一等奖，并在2010年全州初中毕业会考中获全县第一名。2014年，全乡有学校8所，其中九年一贯制学校1所，片完小1所，村小6所；有教职工90人，其中初中教职工43人，小学教职工47人；有教学班40个，其中初中10个班，小学30个班。

文化

2008年，建成接溪、紫霞、扛掰、排楼、扛扛等11个村农家书屋；放映电影600场。2009年，在紫霞村举行人文始祖蚩尤公祭大典。2014年，有村级文化活动中心11处，村文艺演出队11支。乡境婚嫁迎娶、开业庆典等，文艺表演队应邀演出，节目有山歌对唱、小品、吹木叶等。

医疗卫生

1956年，建道二卫生所，时有医护人员7人，治病采取中西医结合，配以苗药治疗。1968年4月，道二医院院长贾佩诚创办合作医疗，《人民日报》作专题报道。1972年11月，全州农村合作医疗现场会在道二召开，推广道二合作医疗经验。1989年，除道二、接溪村外，均设有村卫生室。2011年，完成诊疗1.5万人次。2013年，全乡11个村建有卫生室。2014年，道二乡中心卫生院建有门诊综合楼、住院部，建筑面积2200平方米，卫生院固定资产300万元，有床位28张，医护人员30人，全乡新型农村合作医疗参合率98%。

1998年，道二乡获花垣县政府计划生育工作三等奖。2012年，被评为全州计划生育先进单位。2013年，被州政府评为计划生育工作先进单位。

社会保障

2008年，乡敬老院扩建工程竣工，有26位“五保”老人入住，另有43人按每人每月125元标准分散供养。2014年，有22位“五保”老人入住，另41人按每人每月200元标准分散供养。

1995年，投资200万元扶贫建房12户，改造危房200户。2011年，实施新型农村养老保险，全乡7560人参加，参保率75%。是年，实施低保与扶贫“两项制度”，惠及206户858人。2012年享受农村低保224户615人。2013年，新增“两项制度”8户33人；发放低保资金927人35.95万元，发放退耕还林补贴、水库移民后期补贴等各项惠农补贴1458.86万元。2014年，全乡有低保户178户680人，发放两项制度扶贫资金11.16万元。

特色地情

紫霞水寨 位于花垣县道二乡紫霞村，距县城15公里。山清水秀、碧水如镜、群山环抱、四季宜人。集水库观光、水上娱乐、烧烤野炊、餐饮于一体，是朋友聚会、接待宾客的理想场所。

（撰稿人：全必燕 石兴炯）

猫儿乡

区域概况

位置面积

猫儿乡位于花垣县西南部。东与雅桥乡岩科村毗邻，南与排吾乡大猫、龙门、竹子寨相连，西与民乐镇潮水、洞乍、谷哨、卡子村接壤，东北靠龙潭镇土地、黄蜡村，西北与边城镇南太、茶园坪村交界，全乡面积69.07平方公里，距县城花垣镇23公里。

建置沿革

清雍正年间（1723—1735），猫儿乡域为新安乡。乾隆年间为长乐里。同治年间属下长乐里。民国9年（1920），为下五乡。民国24年（1935），属二区辖。民国26年（1937），撤区调保甲，改称铅藏乡，辖7个保。1950年，废除保甲制，农会代行村级政权。1951年，划归永绥县第六区。1956年5月，撤区并乡，分为花垣县猫儿乡和渔塘乡。1958年，猫儿乡、渔塘乡合并，成立跃进人民公社。1959年3月，改为猫儿人民公社。1984年3月，撤社复乡，为猫儿乡。

行政区划

2005年12月，村级建制调整，果合村与团结村合并为团结村。2014年，全乡辖团结、田湾、排儿、老虎冲、杉木、洞里、新寨、豆子、太阳山、排蜡光、铅厂、蜂糖、果儿、塘家14个建制村，下设133个村民小组。

人口民族

2014年，全乡有3653户15271人，其中苗族人口占90%。

自然环境

猫儿乡西北部为太阳山台地，海拔800米，最高峰杉木江海拔1041.9米。南部位于摩天岭山脉尾部，地势起伏较大，中部是丘陵区，海拔在500～600米之间。中部猫儿河为兄弟河三大支流之一。太阳山区和摩天岭山脉属高山气候，其他地区属丘陵气候，年平均气温13.9℃，年降水量1825毫米，无霜期250天。草场资源丰富，主要分布在杉木、太阳山、田湾3个村，土壤为黄壤、黑色石灰土等，有机物含量丰富。

经济发展

经济综述

20世纪70年代前，境内经济以传统种植业为主。80年代初，依托乡域矿产资源发展采矿业。2014 年，全乡国民生产总值 2.235 亿元，其中第一产业产值 7100 万元，占 31.77%；第二产业产值 1.35 亿元，实现利税 4022 万元，占 60.4%；第三产业产值 1750 万元，占 7.83%。全年财政收入 520 万元，农民人均纯收入 3196 元。

农业

种植业 境内种植业以水稻、玉米、红薯等粮食作物为主，品种老化，产量不高。20 世纪 80 年代，开始引进新品种。2006 年，水稻生产实现“两高一优”。2013 年，优质水稻种植面积 570 公顷，油菜种植面积 69 公顷。2014 年，开发豆子村罗汉果 33.3 公顷及排腊光、排儿村油茶 53.3 公顷。是年，粮食种植面积 1201 公顷，产量 6007 吨，油料种植面积 293 公顷，产量 472 吨。

林业 民国时期，境内森林植被多为天然更新，人工造林规模小。20 世纪 50 年代初，群众自发植树，主要栽植油桐、油茶。1958 年，“大跃进”土法炼钢铁，砍树烧炭，森林损毁严重。1965 年，在太阳山一带建立杉木林基地。1982—1985 年，铅厂大队造林超千亩。1990—1992 年，在荒山荒地相对集中地太阳山等片区实施长防林工程飞播造林，树种为马尾松、柏木、黄山松等。1991 年，启动实施粮援工程造林项目。1995 年，造林 67 公顷，封山育林 3600 公顷，建成排儿、太阳山、铅厂 200 公顷药材基地及团结、新寨、果合 80 公顷柰李基地。是年，铅厂村被评为全国造林“千佳村”。2005 年，退耕还林 400 公顷，种植以金秋梨为主经济林 70 公顷，以桤木、花椒、板栗为主的生态林 330 公顷。2009 年，补植造林 437 公顷，其中经济林 55 公顷、生态林 382 公顷。2014 年，全乡森林覆盖率 54.61%。

养殖业 境内传统养殖以猪、牛、羊、家禽为主，渔业发展有一定规模。1986 年，全乡生猪出栏 3800 头、牛出栏 4000 头、山羊出栏 2000 只、家禽出笼 3.5 万羽，畜牧业产值 654 万元。2000 年，太阳山、杉木、田湾、塘家等村利用草场资源，发展牛、羊养殖，新寨、铅厂、洞里村发展生猪、家禽养殖。1997 年，扶持 930 户 4180 人发展种养加工产业，1999 年，900 户实现稳定脱贫。2004 年养殖山羊 7000 只、生猪 1.9 万头、耕牛 2800 头、家禽 26799 羽、稻田鱼 40 公顷。2007 年，投入动物防疫经费 1.5 万元，完成五号病、禽流感、狂犬病、猪蓝耳病及常规动物疫病防疫。2013 年，有生猪养殖大户 15 户，生猪存栏 1.1 万头，山羊存栏 4000 只，家禽出笼 33878 羽，其中 6 户家禽养殖大户年出笼 7000 羽，农业产值 6900 万元。2014 年，畜牧业产值 865 万元，渔业产值 88 万元。年末存栏牛 1594 头，生猪 6700 头，羊 1534 只，家禽 24003 羽。

工业

境内工业以采矿业为主，有铅锌矿、钼铅矿、磷矿、锰矿、金矿等，其中锰、磷、金矿分布在东南部摩天岭地区一带，铅锌矿、钼铅矿、汞矿分布于太阳山地区。1973 年，公社组织开采磷矿，1976 年开采锰矿和金矿。1981 年，公社组织开采铅锌矿。1985 年，开采钼铅矿，从业 600 人，年产量 20 吨，产值 30 万元。1996 年，乡办工业以塘家锰矿和洞里、蜂糖钼、铅锌矿为重点，生产锰粉 2580 吨，钼矿 40 吨，铅锌矿 7600 吨，产值 1583 万元。2004 年，锰矿产量 12.5 万吨，锰粉加工 5 万吨，开采铅锌矿 200 万吨，新建铅锌选矿厂 1 家，选矿能力 2000 吨 / 日，年产值 5000 万元。2005 年，开采锰矿石 18 万吨，年加工锰粉 8 万吨，开采硫化锌 8000 吨，钼矿采场 127 家。2006 年始，推进工业产品由粗加工向精加工转移、工业生产由污染型向环保型转移、工业经济效益由低效向高效转移。2007 年，矿业发展创新高，有硫化锌矿硐 216 个、锰矿硐 19 个、浮选企业28家，产值9741.5万元，从业人员6000人。2010年，整治整合塘家、太阳山、洞里、老虎冲4个矿区。2012年，建塘家污水处理厂。2013年始，推进老虎冲一、二采区、土地坪六采区、银海、中华锰矿区等“两型”矿山示范区建设，投资187.7万元，新建砂场6个，完成废石治理6.2万立方米，废弃矿坪覆土1.2公顷，植树1.05万株。2014年，洞里村定为全县“两型”矿山治理示范点，清理矿坪28处、废石9万吨。

商贸服务

乡境有团结、渔塘墟场2个。团结墟场又名猫儿场、猫儿寨场，场期逢农历二、七日。形成于清代，有南杂货店、屠案、米行等，主要交易猪、羊、桐油、茶油、大米、巴盐、青蓝布匹等，规模较大，赶场人数上万，据《永绥厅志》记载，最初场期逢农历五、十日，每月六场，一场能出一千余串钱生意。至2014年，有固定摊位120个，临时摊位45个，小吃点30个，果蔬、南杂、五金、农药农具、餐饮、移动通信、理发、网吧等门类齐全。

清末，蜂糖村渔塘设墟场，场期逢农历三、八日，时设猪行、米行等。1987年开发渔塘市场。时矿山务工人员多，市场发展较快，南杂、五金、通信、餐饮、住宿等门店齐备，有固定摊位26个，临时摊位37个。2014年，新建渔塘集贸市场，占地761平方米、建筑面积453平方米。

基础设施

交通运输

花（垣）民（乐）公路穿境而过，境内里程8公里，东南有猫（儿）雅（桥）公路相连。交通网络以花民公路及铅厂至团结、团结至老虎冲乡道为主干线，其他通村通组公路及各村机耕道为支线。

1991年，修通老虎冲至塘家、铅厂至团结公路。1996年，修建杉木、田湾、太阳山等村级公路。是年，有个体交通运输378户，营运收入279.7万元。2000年，新修通进组公路7条，长3.6公里。2005年，维修猫儿大桥，整修老虎冲至团结公路段，硬化猫儿中心小学至乡政府路面。2006年，投资100万元修建洞里环村路及维修渔塘路段，完成12条通组公路，通组公路90%。2007年，整修塘家、老虎冲、蜂糖、洞里、太阳山、豆子、团结7个村主要交通线路路基。2008年，修通团结至果儿公路，硬化老虎冲至铅厂道路。2009年，硬化排腊光村主道2800米，修建杉木、田湾、果儿3个村路基。2010年，硬化田湾、果儿村道路，建成乡公交车客运站并投入使用。2011年，硬化果儿村道路及田湾村至边城镇茶园坪村全长5.1公里路基。2012年，建成豆子村跨河桥，硬化排儿村4.5公里道路，投入15万元改造硬化杉木村5.8公里路基。2013年，硬化杉木至田湾、田湾至茶叶坪及铅厂村道16.2公里，建成排儿村跨河桥。

邮政通信

乡境无邮政局所，邮政业务需到民乐办理。1996年，投资25万元完善通信基础设施，架通25公里程控通信线路，电话装机18部，安装6个频道电视卫星地面接收站。2014年，通信网络覆盖全乡。

供电饮水

供电 2000年，境内实施8个村60个组农网改造。2005年，建成35千伏变电站。2006年，投资2.5万元改造团结村输电线路。2007年，建成铅厂110千伏电力变电站前期工程，2008年建成并投入使用。2010年，改造排腊光村电网。

2012年，完成塘家村农网改造。2014年，完成杉木、豆子、田湾3个村农网改造，全乡用电实现与城镇通网同价。

饮水 全乡人畜饮水依托天然水井，自采矿业兴起后，多村水源受到污染。2005年，建团结自来水厂，解决排儿、团结村及乡直单位人饮问题。2008年，投资100万元建豆子、铅厂、新寨、老虎冲村人饮工程。2009年，投资120万元改造团结水厂，铺设管道8公里；投资19万元建老虎冲村人饮工程，解决团结、排儿、排腊光、豆子、老虎冲5个村饮水困难。2010年，投资24万元建成老虎冲村饮水项目一期工程，投资14万元建成豆子村饮水工程。2011年，建成老虎冲饮水项目并投入使用。2013年，完成新寨村人饮工程。2014年，建成蜂糖、洞里村人饮工程，完善豆子、排腊光、塘家、果儿、铅厂5个村人饮工程配套设施。

水利建设

1958年，建塘南水库，库容60万立方米，1974年整修。1977年，新建大土、大塘、老虎冲3座水库，库容分别为8万立方米、25万立方米和8万立方米。老虎冲水库于1986年、1991年先后两次除险加固。1992—1995年，争取援粮资金200万元，投工16万个，建成高标准水沟及田间渠道19公里，旱改水134公顷，全乡旱涝保收面积314公顷。2005年，完成塘南水库坝体加固工程，灌溉面积200公顷。2007年，除险加固塘南、老虎冲水库。2013年，实施病险水库除险加固3座，即塘南、大土、大塘水库。2014年，乡域有小（2）型水库4座，山塘32口，蓄水量71万立方米，其中大石沟引水工程灌溉面积527公顷。

社会事业

教育

1968年，有15个村设有小学。1980年，重新布局，设猫儿中心小学、渔塘完小和塘家、豆子、铅厂、田湾、杉木、太阳山6个村小。2014年，全乡有初中1所，完全小学7所，教学班50个，教师105人，在校学生1131人。

文化

1979年，公社建电影院。1985年，建新电影院，设座位560个。1991年，组建果儿、新寨、洞里3支文艺演出队。2000年，各村通电视，可收看频道两三个。2006年，电视频道增至30个。2011年，新建乡文化站大楼，建新寨、豆子、塘家、果儿4个村图书室。2014年，电视“村村通”覆盖率100%。

医疗卫生

20世纪60年代中期，创建猫儿公社卫生院，时有木质结构平房1栋，设病床4张。60年代末期，新建砖木混合结构楼房，设病床6张，以苗药治疗为主。医院仿照屈原《湘夫人》描写格局设立，有苗药亭、苗药园等。1984年，设村卫生员。1988年5月30日，乡卫生院举办苗药标本展览。2004年，全乡参加新型农村合作医疗82.5%。2009年，乡内农村居民住院补偿95.27万元。2014年，猫儿乡卫生院有医护人员21人，病床20张，年门诊量1.8万人次，住院病人800人次。是年，全乡参加农村合作医疗13577人，收缴参合基金66.8万元，参合率100%。

社会保障

2006年，乡建敬老院。2010年，全乡发放五保金、低保金、抚恤金60万元。2011年，核准低保与扶贫“两项制度”扶贫对象165户796人，低保对象户259户680人，发放低保补助金80.6万元，发放优抚金等42.4万元，危房改造、新建29户计35.4万元。2012年，“两项制度”扶贫对象203户854人，在册低保对象户471户1472人，发放低保补助金56.7万元，民政救济款、优待金60万元，投入13万元，集中供养“五保”老人。2014年，乡敬老院集中供养“五保”老人21人。全乡参加新型农村养老保险3650人，参保金38.12万元。全乡低保户524户1572人，发放民政救济款32.5万元、低保补助58.5万元、优待金及其他各类资金33万元。

特色地情

苗族名医龙玉六（1903—1987） 猫儿乡新寨村人，不识字，但过耳不忘。承袭八代祖传苗医老思司，又得十二位高师传授，学得歌郎、讲古、兽医、狩猎、武术、雕刻、剪纸、捏塑、绘画、扎彩、理老、魔术、邪法、算命、扛仙、测天象、看地理等技艺，通晓苗族哲学、史学及医药学。1957年，发明大蒸汽疗法治疗多发性水肿病，功效卓著，推广应用于中南多省，被授予全国精英模范奖。1960年6月，在北京文教卫群英大会上受到刘少奇、周恩来等国家领导人接见。曾当选湘西土家族苗族自治州政协委员、任州人大代表。

龙玉六总结“无毒不生病，无乱不成疾”病因、病理、病机学理论，提出治病三大原则、十七大法及“三位一体”制方理论。其《苗药质征歌》把众多疾病归纳为17种中病候，并根据病候分为17类药方，即冷疗方、热疗方、通火方、提火方、攻毒方、败毒方、赶毒方、通气方、止塞方、止痛方、止泻方、健胃方、帮交环方、补体方、表毒方、解危方、混杂方，适用性很强。他汇集21味苗岭草本之根、茎、叶、果、枝、芽，确定21味组方熬制时所需炮制工艺及采制要求，因组方庞大，选材考究，故名“苗百草”，又因此方医治肩周炎见效快、康复彻底，有“肩周康复第一贴”之称。

（撰稿人：吴朝云）

两河乡

区域概况

位置面积

两河乡位于花垣县西南部。东连吉卫镇各屯、如腊村，南邻贵州省松桃苗族自治县磐石镇邓现、代懂村，西与松桃县木树乡满地、排龙、地铺村隔清水江相望，北同民乐镇响水、水田村接壤。全乡面积54.9平方公里，距县城花垣镇49公里。

建置沿革

明洪武元年（1368），两河乡域属崇山卫。洪武三十年（1397），属六里苗地。清雍正十年（1732），属永绥厅上长乐里。宣统年间，属上五里。民国2年（1913），属永绥县上五里。民国9年（1920）属上五乡。民国24年（1935），属上五乡（弥诺）与下九乡（卫城）分辖。1949年11月，属永绥县二区、三区分辖。1956年6月，为花垣县两河乡。1958年，为卫星人民公社。1959年3月，改两河人民公社。1960年2月，两河人民公社、民乐人民公社合并，称民河人民公社。1961年10月析出，恢复两河人民公社。1984年3月，撤社复乡。

行政区划

1989年8月，石花寨从两河村中分出，设立石花村。2014年，辖路桥、斗拱、两河、石花、牛心、盐井、马岩、麻拉、毛岗、桐木、水田、土屯12个建制村，下设110个村民小组。乡人民政府驻两河村。

人口民族

2014年，全乡有2850户12229人，苗族占97%。人口姓氏主要有龙、麻、石、吴等，其中龙姓占40%，麻姓占30%。

自然环境

两河乡境东高西低，山高谷深，北面摩天岭海拔1066米，南面梳子山为花垣县最高点，海拔1154米。最低处石花河口海拔327米，平均海拔745.5米。年平均气温12℃。年降水量1800毫米，无霜期240天。夯绒河、毛岗河、盐井河汇于石花河口注入清水江，有石花、斗拱村2个渡口。锰矿资源主要有钒、汞、磷等矿产，钒矿主要分布在桐木、盐井、牛心3个村。境内森林资源丰富，林木以松、杉、桐、茶为主。

经济发展

经济综述

20世纪70年代，境内木材、油桐和油茶是主要经济来源。80年代，种植业品种更新，养殖业规模增大，商贸逐渐活跃。90年代，锰矿业开始成为全乡经济支柱产业，同时，部分富余劳动力外出务工，发展劳务经济。2000年，实现工农业生产总值2040万元，比1976年增加5倍，粮食产量354.8万公斤，比1986年增加42.8%。2010年，实现国民生产总值8000万元，其中农业产值250万元，工业产值7700万元，第三产业产值50万元。2014年，全乡国民生产总值7500万元，农业产值990.80万元，产粮381.08吨，财税收入145万元，固定资产投资820万元，农民人均纯收入2900元，人均增加200元，人均住房面积20平方米，年末居民存款余额4100万元。

农业

种植业 境域农耕地少。粮食作物主要有稻谷、玉米、红薯、豆类。经济作物有油菜等。水稻主要分布在水田河沿岸、两叉河下坝及路桥村，玉米主要分布在斗拱村和路桥村黄土地。

20世纪50年代，境内稻谷属高秆，易倒伏不抗病，亩产150公斤。1966年，种植双季稻，引进珍珠矮、广陆矮等品种，推广薄膜育秧，路桥、两河、水田3村亩产翻番，1968年，《团结报》作典型报道。后因劳动强度大，技术不高，于1978年停种。1979年，推广杂交水稻南优2号、威优2号等品种，产量1087吨，比1974年增长44%。90年代，种植汕优63、V优64等品种，推行“双两大”技术，亩产提高。2000年，粮食产量3548吨，比1986年增加42.8%。2014年，全乡稻谷种植面积339公顷，产量2037吨，亩产401公斤。

境内玉米种植传统品种有长秆马齿白、马齿黄、糯花麻，亩产100公斤。1972年，引种双跃3号、晋杂5号，亩产增至200公斤。20世纪80年代中期，引进73单交、湘凤单1号、中单14号、雅玉2号等品种，推广肥球育苗、双行种苗等技术，亩产增至378公斤。2014年，种植玉米197公顷，产量721吨，亩产244公斤。

20世纪50年代，境内红薯种植以白皮薯、红皮薯为主。2008年，主要种植憨包薯、红心薯，亩产200公斤。2014年，红薯种植面积130公顷，产量587吨，亩产301公斤。是年，全乡种植油菜138公顷，产量193吨。

林业 1977年，桐木大队办林场，有职工8人，林业面积8万平方米，种植杉树12万株、松树8.5万株。是年，全乡有小林场6个，职工60人。1995年，境内封山育林533.3公顷，人工造林60公顷，飞播造林200公顷。2001年，退耕还林253.3公顷。2014年，林业产值200万元，占农业产值20%。

乡境盛产桐油，主要分布在盐井、牛心、两河、土屯、水田、桐木6个村。1950年，桐油产量6吨，乡内建有5个木榨油坊。1965年，各生产队开荒连片种植桐树250公顷，产量5吨。1981年始，桐油市场销量下滑，价格走低，桐油产量下降，年产量不足1.5吨。2001年，实施退耕还林后，森林覆盖面扩大，桐树被松树、杉树等遮盖，逐渐干枯，出油率低，加之桐油价格未能回升，桐籽几乎无人采摘，任其在山中自生自灭。

2014年，境内有100年以上古树名木28株，其中300年以上有5株。珍稀树种有椤木石楠、樟木、榉木、刺楸、青枫、马尾松等，主要分布在两河村麻家寨、野牛寨，土屯村田家寨，桐木村夯绒寨。

养殖业 境内以猪、牛、羊、家禽养殖为主。20世纪60年代，生猪养殖是家庭经济主要来源，80%农户养猪2~3头。70年代，全乡办两河、土屯、水田3个养猪场，3年出栏生猪240头。

1985 年，全乡存栏 6000 头，比 1981 年增长 24%。90 年代，境内出现养殖专业户，其中斗拱养殖专业合作社注册资金 120 万元。1998 年，饲养山鸡 1.8 万羽，年收入 54 万元；夯务养鸡专业户饲养本地鸡 1.2 万羽，年收入 30 万元。2005 年，全乡养牛 2917 头，出栏生猪 2.02 万头、山羊 1.3 万只。2014 年，全乡牛存栏 1525 头、生猪存栏 4700 头、山羊存栏 2056 只、家禽存笼 23770 羽。

工业

清光绪年间（1875—1908），10 名英国人在水田村龙家寨采掘汞矿，用小作坊提炼水银。1958 年，水田村用人工提炼水银，办纸浆厂生产草纸。1980 年，乡办锰矿厂，从业 80 人，主要开采锰矿石，年产值 50 万元。1985 年，水田村办锰粉厂，从业 10 人，年加工矿石 120 吨，产值 200 万元，因管理不善，产能落后，两年后歇业。1992 年，乡政府组织村、个体联户办企业，成立 5 家锰粉加工厂，上缴利税 32 万元。1993 年，办两河电解锰厂，有职工 120 人，年产锰粉 3 万吨，生产电解金属锰 3000 吨，产值 240 万元。2003 年，麻拉人麻兴刚创办兴银锰业有限责任公司，集锰矿开采、电解锰冶炼及科研为一体，固定资产 1.3 亿元，从业 500 人，年开采锰矿石 10 万吨，年产电解金属锰 2 万吨。是年，全乡工业产值 1500 万元。2010 年，矿业生产下降，产值减少，2014 年尚未完全回升。

商贸服务

民国时期，境内无墟场，乡民生活用品、牲畜和粮食交易需去民乐、吉卫两个墟场。所产桐油，需去所里（吉首）交易。20 世纪 70 年代，乡境设墟场，赶场人数一二百人。90 年代，各村公路先后修通，交通条件改善，境内商贸开始繁荣。2014 年，全乡有个体工商户 28 户，超市、批发部 3 家，经营家电、南北货等日常用品，销售额 310 万元，有饭店 1 家，年收入 3 万元。

基础设施

交通运输

20 世纪 60 年代，境内仅有一条南北走向山道，乡民生活用品和商品交易靠肩挑背负。1970 年，修通民（乐）河（两河）公路，贯通乡域水田、土屯、两河村，全长 9.2 公里。2002 年，全乡 12 个村通简易公路，牛心村是全县最后通车行政村。受地理条件限制，未开通客运县班。2014 年，贯通水泥路 28 公里，马岩村新修跨乡公路 4 公里。是年，有货车 10 辆，农用车 11 辆，客运面的 16 辆，摩托车 80 辆。境内有桥梁 18 座，其中石拱桥 5 座，混泥钢筋桥 7 座，石板桥 2 座，木桥 4 座。

邮政通信

1960 年，境域有手摇电话机 12 部，报刊信件由民乐邮递员投递。1987 年，路桥、斗拱、两河、石花、土屯、水田、桐木等村相继开通程控电话，装机 120 部。2000 年，移动、联通、电信 3 家在境内开班通信业务，部分居民使用手机。2014 年，境内建通信基站 8 座，信号覆盖率 90%。

供电饮水

供电　境内水域丰富，沟壑多，落差大。1972 年，建两河、水田两座水电站，日发电量分别为 5 千瓦、3 千瓦。1973 年，建桐木、盐井水电站，日发电量分别为 3 千瓦、2 千瓦。1977 年，建斗拱、路桥水电站，日发电量分别为 8 千瓦、5 千瓦。1979 年，建马颈坳水电站，日发电量 12 千瓦。电站主要供照明。因设备差，规模小，技术落后，1985—1989 年，相继停办。1990 年，全乡用电由县供电公司供给。2014 年年底，完成水田、路桥、斗拱、土屯 4 个村农网改造，供电质量提升。

饮水 境域有水井 150 口，天然大古井有 18 口，其中水田龙井不仅满足 120 户人畜饮水，还能灌溉 20 公顷水田。1990 年，全乡 85%农户通自来水，井水入户 850 家。2010 年建水管所，从果务河上游架设长引水管道 3000 米，建 40 立方米水池 1 个，解决乡直单位及周边村寨 120 户农户饮水问题。2008 年斗拱村装电排 1 座，建 50 立方米水池 1 个，抽董不务井水扬程 300 米，解决全村人畜饮水。2014 年，投工 1670 个，建成水池 8 个，铺设管道 11 公里，解决牛心、马岩、土屯、水田 4 个村 3980 人饮水问题。

村镇建设

民国时期，乡政府驻地两河村，为两岔河沙滩，没有民房。1956 年设乡时，仅一栋民房作政府办公用房。1968 年，用一栋民房作乡干部住房。1978 年始，相继修建学校、医院、商店、居民住房。至 2014 年，两河村新增房屋 25 栋，连成“T”字形街道 200 米。

社会事业

教育

清末，在斗拱、水田、夯绒设私塾 3 馆，其中斗拱庵堂学馆，有先生 3 人，学生 30 人。1956 年 8 月，斗拱、水田两村各开办高小。水田小学时有教学班 6 个，教师 8 人，在校学生 180 人，生源来自民乐水田、牛心、马岩、盐井、两河、土屯及贵州石花等村。1966 年，各大队办学校，全社有小学 12 所。1987 年，乡初中与完小合并为九年一贯制学校，时有村小 7 所。2014 年，全乡有学校 12 所，教学班 42 个，其中初中 6 个，小学 36 个，有中小学生 997 人，教职工 75 人。

文化

20 世纪 60 年代，境内有线广播进入农家。1989 年，有黑白电视机 20 台。2000 年，彩色电视进入普通家庭。2014 年，彩电入户率 80%。

1983 年，组建 12 人文艺宣传队，两年后停办。传统体育活动有上刀梯、拳术、摔跤、舞龙、舞狮等和“咬铧口”“摸油锅”“嚼磁盘”等民间绝技。巫术、巫傩文化、蛊术、化骨水世代承袭。

乡域有“苗族武术之乡”之称，1988 年，桐木村麻兴思获“省二级拳师”称号。1993 年，斗拱村吴建章获“省一级拳师”称号。20 世纪 90 年代，篮球运动活跃，水田村举办过 11 届春节篮球运动会，湘黔两省周边乡镇均有代表队参加。2012 年，桐木村龙杨冬在岳阳全省青少年摔跤比赛中获第一名，龙耀鹏获湖南省福彩杯青少年摔跤 50 公斤级自由跤第二名。2014 年，水田村组建 15 人摩天岭艺术团，在年节、建房、贺寿、嫁娶等喜庆时日表演舞蹈、跳鼓、山歌对唱等文艺节目。

医疗卫生

民国时期，主要用苗药治疗疾病。1958 年，建乡卫生院，时有医生 2 人。20 世纪 70 年代初，境内有赤脚医生 12 人。1971 年，建两河医院，有医护人员 6 人。2014 年，境内有乡中心卫生院和 5 个村卫生室及 2 个个体诊所等。其中，乡中心卫生院有床位 19 张，医护人员 18 人。是年，全乡参加新型农村合作医疗 12348 人，参合率 100%，当年医疗补助 1974 人，补助金 335 万元。

1971 年，提倡计划生育。2014 年，乡境人口出生率 9.1‰，自然增长率 8.1‰。

社会保障

2006年，乡建敬老院。当年，15位孤寡老人入住后又有8位“五保”老人入住。2014年，有20位老人入住。

2008年，发放救济款105万元，120户困难群众纳入农村低保。2012年，为99户居民建成安居房。2014年，参加新型农村养老保险2550人，年满60周岁人群养老金100%发放。是年，发放救灾救助款42.1万元，扶贫建房、改造房屋113户，补贴资金80万元。

特色地情

历史人文

跳仙会 苗语称“布将帅”，是苗民利用祭祀活动反抗压迫、奴役形式。民国31年（1942），国民党为扩充实力，四处抓丁派款，时值抗日战争，运输受阻，食盐奇缺，政府垄断食盐贸易，由乡、保按人丁统配供应。而乡长、保长乘机克扣公盐，提高盐价，数十斤大米仅换食盐一斤，苗民深受其害。

是年农历四月初一，卫城乡五保盐井寨苗民麻巴隆生一胖儿，长相奇特，前额倒生三绺黄发，眼为重瞳。寨上私塾先生吴金良说：此人是蛇年蛇月，龙日龙时所生，与仁宗同庚，将来是王爷或将相。同寨苗民麻老伴、麻老魁则趁机说是“苗王转世”，且“苗王”封他俩为“掌簿军师”和“统兵将帅”，还说只要“苗王”坐殿，苗家就能免除抓丁、派款和缺盐之苦，号召苗民朝拜苗王。于是湘、黔边境凤凰、乾城、松桃等地苗民“朝王”络绎不绝。从6月至9月，朝拜群众达10万人。麻老伴、麻老魁从中组织、建立120人钢枪队、240人火枪队、72对号筒军号队，准备攻打卫城乡公所和永绥县城。卫城乡乡长吴选清得知信息，亲带50名乡丁前往盐井寨清剿。麻老伴、麻老魁闻讯，由麻老魁带50人枪设伏，将吴选清的人打得抱头鼠窜。吴急报永绥县县长黄颖川，请求派兵镇压。1943年2月10日，黄颖川和驻永绥江防大队长陈精文，领兵300人，分两路进寨。麻老伴、麻老魁率人分两路阻击，麻老魁在激战中阵亡，麻老伴、麻巴隆只好带着“苗王”到松桃县干溪、盘石、黄连一带，组织苗族群众继续开展斗争。与此同时，凤凰、松桃、乾城等地苗民，纷纷揭竿而起，先后攻打3个县城，斗争持续两年之久。

风景名胜

境内山高、水多、沟壑纵横，溶洞、天坑、地下阴河随处可见，旅游资源丰富，其中将军岩、穿洞古道、夯绒溪、果务河、不然水都可开发旅游景点。原始村落牛心村，坐落于梳子山腰，住有125户人家，房屋均为木质结构，典型原生态。“两纵三横”观光线（水田至石花、路桥至斗拱；及夯绒至毛岗、果务至毛岗、石花至马岩）名胜景点有“十里清水江”“斗拱古战场”“盐井跳仙会”等，山河壮阔，风光旖旎，令人流连忘返。

民俗风情

乡境为苗族聚居区，其中路桥、斗拱、石花、牛心4个村和贵州松桃地域相连，文化相近，在衣食住行、生活习惯、风土人情等方面与贵州省松桃县苗族相似。如每年农历二月初二、八月初二，村村寨寨都要到“菩果”（土地庙）烧香，上酒上肉，祈求祖先保佑，家家户户，平平安安，无灾无难。每逢秋冬时节，村寨上哪家有病痛、灾星或生儿育女不如愿，都要唱傩戏、还傩愿，以祈家业兴旺、永保平安。

（撰稿人：龙胜常）

雅桥乡

雅桥乡，苗语称“颗鹳”（ghol ghueas），是省级安全生产示范乡镇。

区域概况

位置面积

雅桥乡位于花垣县中部。东与麻栗场镇新科、金牛、黄土坡村交界，南与排吾乡董马、竹子村相邻，西与猫儿乡豆子、排腊光村接壤，北与龙潭镇金溶、张匹马和道二乡紫霞、麻栗场镇各鱼村隔河相望。乡政府驻保楼村。全乡面积 39.52 平方公里，距县城花垣镇 28 公里。

建置沿革

清雍正十年（1732），雅桥乡域为永绥厅得胜乡。乾隆年间（1736—1795）为绥宁里。嘉庆年间置鸭堡汛，并派兵驻守。同治年间（1862—1874）属下绥宁里。民国 9 年（1920）属下八乡。民国 24 年（1935）属四区辖。民国 26 年（1937），上、下八乡改称石栏乡。1950 年，属永绥县四区辖。1951 年 1 月属五区辖。1952 年，石栏乡分建塘口、朋岩、田塘、雅桥、董马、子盐、竹子、排吾 8 个小乡。1956 年 5 月，花垣县撤区建乡，塘口、朋岩、田塘、雅桥 4 个小乡合建雅桥乡，董马、子盐、竹子、排吾 4 个小乡合建子盐乡。1958 年雅桥乡、子盐乡合并，成立钢铁人民公社。1959 年 3 月改为雅桥人民公社。1961 年 3 月分设雅桥公社和排吾公社。1984 年撤社复乡，雅桥公社改为雅桥乡。

行政区划

1984 年，雅桥乡辖 13 个村。2005 年年底，村级建制调整，排乍、沙坪、瓦乐 3 个村合并为排乍村，朋岩、朋打合并为朋岩村，猫儿坡、干木合并为猫儿坡村。2014 年，全乡辖保楼、油麻、大兴、田塘、排乍、猫儿坡、岩科、三塘、朋岩 9 个建制村，下设 75 个村民小组；有 29 个自然寨。

人口民族

2014 年，全乡有 2325 户 9292 人，其中，苗族占 96%。石姓为全乡大姓，分布乡境 9 个村，另有龙、吴、麻、熊、朱、胡、杨、廖、陈、张、刘、黄、田、潘等姓，还有县境人口较少姓氏：文、宁、庹、危、过等，主要分布在油麻、保楼、岩科等村。

自然环境

雅桥乡地势由东南向西北倾斜，海拔在 500～700 米之间，中部兄弟河流域及西北部张匹马河畔是丘陵地带，最高峰保楼村牛头山海拔

725.2 米，最低排乍村瓦乐两叉河口海拔 450 米，乡政府驻地海拔 500 米。年均降水量 1400 毫米，年平均气温 13.9℃，无霜期 260 天，日照丰富，冬暖夏凉，春秋温和。境内村种以马尾松、杉树、茶树为主，百年古树 200 株，森林覆盖率 58%。

矿产资源有滑石矿、铅锌矿、锰矿，但品位低，深藏于地表 800 米以下。兄弟河雅桥段称雅桥河，流经油麻、保楼、田塘、朋打、排乍、沙坪、瓦乐等村寨，境内长 8 公里。雅桥河上游两岸土质为沙壤土，气候适宜，盛产大米。大兴村五龙冲水渠地势险峻，被称为“花垣九寨沟”。

经济发展

经济综述

20 世纪 80 年代初，境内农业经济为农民收入主要来源。1984 年，全乡国内生产总值 165 万元，其中第一产业 153 万元，占 92.72%。农民人均纯收入 200 元，人均粮食 190 公斤。1985 年，境内农民开始发展二、三产业，投入林、牧、副、渔劳力 315 人，占总劳力 13%；从事工、商、运、建、服务等行业有 268 人，占总劳动力 4.5%，乡滑石粉厂从业人员 100 人。90 年代，农村青壮年劳动力大量外出务工，主要从事建筑施工等行业。2000 年，农业产业开发力度加大，逐步形成规模。种植业以水稻、玉米、豆类等粮食作物为主，养殖业以猪、牛、羊、家禽等为主。2014 年，全乡工农业产值 3528 万元，其中烟叶产值 200 万元，农民人均纯收入 2580 元，比 1984 年增长 20 倍，财政收入 360 万元，社会固定资产投资 2300 万元，居民储蓄存款余额突破 5000 万元。

农业

种植业 境内粮食作物以稻谷、苞谷、红薯、豆类为主。20 世纪 50 年代，水稻先后引进万利籼、胜利籼等品种，实行均匀密植栽培，每亩 9 千蔸以上，亩产 180 公斤。1956 年，推广双季稻，两季亩产 155 公斤，1960 年，停止种植。1964 年，再次推广双季稻，先后引进珍珠稻、广陆矮、红米冬粘等，亩产提高至 199 公斤，面积逐年扩大。1970 年始，因种植双季稻费工夫、产量低，种植面积下降。1980 年，双季稻停止种植，先后引进南优、威优、汕优等杂交品种，推广薄膜育秧、稀播壮秧、规范化栽培等新技术，产量提高，亩产逾 500 公斤。1990 年，全乡水稻种植面积 500 公顷，“双两大”占 80%。1993 年始，推广“旱育秧”技术，促进稳产高产。20 世纪 90 年代后期，农村青壮年劳动力大量外出务工，耕地出现抛荒现象。2014 年，全乡稻谷种植面积 601 公顷，产量 3626 吨，其中猫儿坡、油麻、保楼、三塘 4 个村种植优质水稻 100 公顷。

境内玉米品种主要有马齿黄、马齿白、糯苞谷、爆苞谷（九籽苞）等。1956 年，推广小四方块栽培技术，每亩 1200 蔸，亩产 108 公斤。1958 年，实行高度密植，产量下降。1975 年，推广化学肥料，合理密植，种植面积 237 公顷，最高亩产 260 公斤。1990 年，推广中单 14 号、雅玉 2 号、掖单 13 号等品种及地膜覆盖技术，每亩 3000 株，亩产 210 公斤。2014 年，全乡种植玉米 269 公顷，产量 1017 吨。

境内红薯品种有胜利百号、湘农白皮、湘农黄皮、桑植红皮等。采用薄膜牛粪温床育苗技术，“瓦沟”栽插和高垄平插，合理提高栽插密度，每亩 5000 ~ 6000 株，用草木灰、牛粪、杂肥作底肥或追肥。1970年，采用牛粪、杂肥、磷钾肥作底肥或追肥，适当施氮肥提苗，只翻藤不中耕，亩产鲜薯800公斤。2014年，种植红薯66公顷，产量309吨。

豆类有黄豆、绿豆、马豆等，以黄豆为主。20世纪60年代，黄豆品种以本地青皮豆、黄壳豆为主，种植面积保持在27～40公顷，套种在玉米地里，亩产80公斤。90年代后引进富硒大豆，产量上升。少量农户还引进早熟黄豆品种，亩产120公斤。2014年，黄豆种植面积85公顷，产128吨。

经济作物以油菜、花生、烟叶、水果、茶叶为主。20世纪80年代始，相继引进杂交油菜品种秦油2号、3号及湘油11号、13号，大面积推广育苗移栽技术，亩产由60公斤提至90公斤。1994年，试种烤烟、香料烟70公顷，产量150吨。因土质、气候及管理原因，经济效益不明显，产量下降。

2010年，种植油菜30公顷，后因成品食用油的冲击，种植面积下滑，产量不稳定。是年，花生种植面积27公顷，品种有本地小花生和芙蓉1号、2号等。2013年种植烟叶120公顷。2014年，种植烟叶121公顷，产量172吨，种植花生25公顷，种植油菜243公顷。是年，五龙万亩红茶基地流转土地160公顷，整理土地140公顷，栽植茶叶120公顷。

林业 1952年始，乡政府于每年冬春两季组织群众造林。1955年，垦复油桐、油茶山54公顷。1966年始，造林以用材林为主。有杉木、马尾松、柏木、椿木林等。1981年始，境内以造经济林为主，其中油桐、油茶、柑橘144公顷；用材林60公顷，其他林20公顷。2001—2004年，退耕还林768公顷，生态林490公顷，经济林40公顷。2009年，垦复油茶林313公顷。2014年，全乡林地面积27.7平方公里，有保楼村老木山原始次生林，树种以黑壳楠为主，分布在油麻、大兴、岩科村。有国家一级保护树种水杉，二级保护树种银杏、多脉青刚及三级保护树种杜仲、楠木、厚朴，分布在保楼、猫儿坡村。

养殖业 1966年，全社75个生产队有50个养猪场，后因管理不善而解散。1978年，发展家庭养猪。品种以花垣黑猪为主，后引进哈白猪、大围子猪、宁乡猪、长白猪。肥猪一般实行圈养，出栏周期为1年。1981年，开始配合饲料生喂，出栏周期缩短至半年。是年，耕牛分到户，私有私养。1985年，全乡有养牛户925户，养牛1250头，其中母牛620头，牛犊215头。1989年，养殖山羊2000只，其中保楼村养羊大户宁学文成立花垣县湘西山羊开发公司，在广州市狮子岭镇租草场4公顷建基地和营销窗口，并在湘、黔、渝三省市边区设立收购点。后因管理不善，防疫不力，未能形成产业。2000年，农村机械化程度提高，养牛数量急剧下降。家禽养殖以本地鸡、鸭品种为主。2014年，全乡有390户养猪；年末，生猪存栏6440头，牛存栏1280头，羊存栏2959只，家禽存笼29415羽。是年，完善德农牧业基地建设5个。养羊大户猫儿坡村吴维国常年养羊100只以上。

工业

民国时期，有碾坊、油坊、糖酒、滑石雕刻等手工作坊，规模小，设备简陋，从业人员不多。1959年，创办公社综合工厂，有铁业、缝纫、制酒等车间，主要生产农具、衣裤、酒等，从业人员30人，年产值3000元。1962年，因经济体制调整，公社综合厂停办，工人回生产队。

境内有滑石矿点8处，分布在油麻、大兴一带。清代、民国时期，民间艺人采掘滑石雕刻成工艺品或印章。1972年，公社组织社员开采。1979年，滑石粉厂开采矿石200万公斤，出口日本30万公斤，生产滑石粉139.7万公斤，产值30万元，利润9万元。由于境内滑石矿分布呈鸡窝状，原生矿体露面少，地表土层厚，开采难度大，产量逐年下降。1985年，仅产滑石800吨，滑石粉厂濒临倒闭。2000年，由个人承包转加工锰粉。

1981年，境内兴起一批建筑队。1994年，全乡有建筑工人60人，主要从事农村民房建筑、水利水电施工。2014年，排乍村新星工程队机械设备价值百万元，年产值200万元。

商贸服务

清光绪三十四年（1908），境内始设墟场，场期逢农历二、七日，交易品种主要有粮食、油类、牲畜、巴盐、土布、农具等，每场成交额1000串文，粮食交易以升、碗计算，牲畜交易以拳数议价，禽、蛋、水果、蔬菜等以个、把、堆计算，其他商品交易以货币为媒介。1966—1976年，个体商户被取缔，市场陷入萧条。1985年，陈顺兴开办保楼村首家家庭式餐（旅）馆，顾客多为外来务工人员，赊账较多，终于停业。2004年，有发廊1家，后因经营不善停业；逢场有流动服务理发师4人。2010年，吴志成开办旅馆，有铺位5张，效益不佳。2014年，个体工商户60家，从业人员160人，有超市4家、批发部5家、商铺18家，逢场有摊位90个。

基础设施

交通运输

民国时期，有鸭堡寨至猫儿乡道。1958年，修通麻栗场下子花至小排吾公路，长16.3公里，经境内朋岩、田塘、保楼、油麻、大兴5个村。1985年10月，龙潭雅桥公路（团雅线）竣工通车，经境内猫儿坡、岩科、山塘、保楼4个村，长9公里。猫雅线与团雅线在三塘交汇后自西向东在保楼村与下沱线相接。2007年建设新农村，硬化通村公路9条60公里。

1970年，公社先后购进拖拉机2台，从事交通运输。1981年，车辆承包或卖给个人，农民个体运输兴起。2008年，有矿车98辆、货运车15辆、农用车10辆、面包车15辆、摩托车102辆、拖拉机21台，运输从业人员285人，年收入158.78万元。2010年，矿山不景气，运输业随之衰落。2012年，成立花垣—雅桥—排吾客运车队，有客车12辆，30分钟1班，相向对开。是年，建成大兴、田塘、小兴3个招呼站，公共交通服务体系初步建立。2014年，铺设团雅公路雅桥段炒砂路面。

邮政通信

1962年，成立雅桥邮电所，开办信件、包裹寄送，报刊投递，电话传达业务。邮件由自行车邮送。手摇电话机所内有2部，公社有1部，有13个大队通电话。2014年，有工作人员5人，负责办理邮政营业和邮政储蓄，代办移动、联通和电信业务。

2000年起，陆续建立移动、联通、电信通信基站5座，信号覆盖全乡。2014年，全乡有移动手机用户3800户，联通手机用户320户，电信手机用户120户，无线座机用户110户。

供电饮水

供电　1964年，县水电局技术干部彭天棋在保楼大队成功试点水轮泵发电，供社直机关及所在地居民照明用电。1977年冬，雅桥河下游辽保电站正式发电，有发电机组3台，装机总容量

410千瓦，供应全乡13个村照明和加工用电。2012年底，完成保楼、油麻、田塘、大兴等9个村农网改造。2014年，完善农网改造砍青、维护等后续工程。

饮水 1979年，在瓦乐建电力抽水站。1997年，从大兴村引水进入保楼村，铺设引水管4.8公里，1200人用上自来水。2011年，在保楼乍高庙修建自来水厂，2012年建成并投入使用，日供水量457立方米，基本满足乡直单位及周边村寨生活用水。2014年，完成田塘小溪片、猫儿坡干木片人畜饮水工程。

水利建设

境内有水库3座，山塘6口，引水渠道2条。1955年，修建懂绕水库，其与金彩水库排涧水库均为小（2）型水库，蓄水量39万立方米。田塘村果白解山塘由省水利工作队罗恩贵设计施工，坝高9.5米，蓄水5万立方米，灌田6.7公顷。五龙冲引水渠长10.5公里，排吾水库支渠雅桥段长6.8公里。1996年，中共湖南省委书记王茂林在田塘村调研时指示，必须抓紧实施西水东调工程。1997年年底，该工程动工。1998年年初竣工。工程投资61.26万元，农民投义务工1.2万个，修高标准水渠7.28公里，改土造田43.33公顷，新增灌溉面积100公顷。2014年，完成酸汤水库除险加固工程。是年，投资1100万元治理雅桥河段，长3.5公里。

村镇建设

鸭保寨集镇建立之初，为一条自西向东走向街道，为岩板和泥结碎石路面。两旁是木质民房，高矮大小不一，砌有石墙，时有居民50户300人。1978年以后，相继修建政府办公楼、商店、学校、电影院、医院、信用社等，建筑面积2.8万平方米。2000年，硬化墟场街道，完善水、电、路等基础设施，时有居民200户1200人，比1950年增长4倍。2012年，全乡开展整脏治乱行动，各村配专职保洁员4人，投资10万元添置垃圾桶、垃圾箱2200个，发放到户。是年，投入10万元亮化保楼、油麻村街道。2013年始，开展城乡同建同治工作，改造保楼、油麻坟民居300户，扶贫建房35栋，人均住房面积30平方米。2014年，改造保楼村民居130户，油麻村民居120户。

社会事业

教育

清雍正十一年（1733），鸭保寨建义学馆，岁支银16两，教育屯民学童和苗民子弟。光绪三十一年（1905），在鸭保寨官建官立简易初等小学堂，设有礼堂、讲堂、教员室、自修室、寝室、憩息室、体操场等。民国时期，在油麻寨、三塘寨设私塾2馆，有学生5～15人不等。后创办国民小学教育，逐步取缔私塾。1943年建雅桥完小。2014年，全乡有学校6所，其中村小5所，有教职工51人，学生300人；九年一贯制学校1所，有初中教学班6个、教职工21人，小学教学班20个、教职工30人。初中毕业生升学率为92%，跻身县同类初中学校前3名，先后被州教育主管部门评为“州德育示范学校”“州科技示范学校”。是年，小学开设学前班4个，有幼儿园2所。

文化体育

1965年，公社建乡文化站，由公社干部兼管。2014年，乡文化站配文化专干1人，全乡9村均建农家书屋，藏书1.5万册。

境内苗族文化底蕴深厚，有苗歌、山歌、上刀梯、摸油锅、飚桌子等苗家绝技，有舞龙耍狮、荡秋千、还傩愿等民俗风情。体育项目有象棋、武术、拔河、篮球等。1980 年，每村均有篮球队、篮球训练场和体育设备。每逢春节，开展各种文娱竞技活动。2014 年春节，岩科村举办乡镇篮球赛，历时 5 天，观看人数 5000 人次。

医疗卫生

1956 年，雅桥乡建中草药联合诊所。1958 年，转入新建公社卫生院，时有医生 5 人。1969 年，每个大队配备赤脚医生和接生员各 1 人，误工报酬采取靠同等劳力记分、参加年终分配。2014 年，乡卫生院有医务人员 26 人，病床 50 张。全乡有村卫生室 13 个。是年，全乡新型农村合作医疗参合率 100%。

20 世纪 70 年代始，提倡计划生育，1996 年，雅桥乡计划生育工作被州“一票否决”，乡党政主要负责人被免职。2005—2007 年，每年被评为县内计划生育一类乡镇。

社会保障

2004 年，建乡敬老院，2005 年建成，占地面积 2000 平方米，当年入住“五保户”有 12 人。2014 年，有 8 位老人入住。

2006 年，减免农业税，对种粮户发放粮食直补、综合补贴、良种补贴，开展农业保险工作。2012 年，投资 101 万元扶贫建房 101 户，改造危房 147 户。2014 年，发放扶持资金 3.89 万元，新增低保户 292 人，发放低保金 31.98 万元，新型农村养老保险参保率 90%。

特色地情

历史人文

保楼村　传说雅桥是石太利子孙楼口故乡。苗族《古老话》记载：“太利后代有住者仁（道二），有住流当（龙潭），有去弭诺（民乐），楼口栖住在颗鹳一带，今雅桥一带石姓人家基本上是楼口后裔。太利、楼口是石姓祖先，他们子孙中有不少人才，如石介山，曾在山西做官，其家族在清朝有 18 人中举，如嘉庆十八年（1813）石光荣、嘉庆二十四年（1819）石永魁、道光二年（1822）石茂荪、道光二十四年（1844）石永龄、咸丰二年（1852）石渠等，他们中有知府、知县、州学正、县教谕等。”

临时县衙　民国 38 年（1949），永绥县国民党与三青团合并后，为争夺领导权，双方各自在城乡树立势力，最后形成城乡两派。乡派武装以吴世熙、张远耀为首，城派武装以刘启诚为首，各有人枪千余。民国 38 年（1949）3 月 27 日，乡派向城派发动攻击，拉开城乡事变序幕。城乡战争历时 8 个月，大小战斗上百次。1949 年 7 月，龙矫接任民国时期永绥最后一任县长，为避战祸，他把县衙迁到石栏乡（今雅桥乡）油麻寨富豪石祥言家，时长 4 个月，后龙矫在茶洞向解放军投诚，其办公大院毁于一场大火。

风景名胜

雅桥人民大桥　位于鸭堡寨，建于清嘉庆年间（1796—1820），为当地苗族守备石记三主持民众修建，桥上建廊房 12 间，飞檐翘角，富于民族特色。民国 34 年（1945），时任县长赵章主持修缮，并题字赠匾“雅堡硚”。1961 年廊房毁坏，县交通局投资重修。1980 年改修公路桥，为单孔净跨 40 米石板肋拱桥，长 58.1 米，桥面宽 7 米。2004 年新建石拱桥。

五龙冲引水工程　1959 年 11 月，雅桥公社社长杨胜贵带领苗族群众 1300 人，上五龙冲修建引水工程。该工程拦水坝高 1.5 米，环山渠道长

10598米，渠道经过一段长2700米、高300米的悬崖绝壁。悬崖有“蚂蚁难爬，猴子难上，鸟儿难栖”之称，中有拦门关、岭岗关、铁罗关、神仙关、狮子关5道险关。“想引五龙水，必先破五关”，苗族人民腰捆绳索、身悬半空、挥臂抡锤、劈山放炮，以惊天地、泣鬼神之精神强攻天险。民工石宗胜、龙冬友、石金银、石成玉、石正德在爆破中英勇献身，石宗胜、龙冬友被追认为中共党员。1960年经济困难时期，工程暂停。1964年复工，群众采取两头对打、中间扎跳、由上劈下、分层爆破、从下攻上、爬梯打反坡、独木梯上悬崖等方法，攻破“五关”，征服天险。1965年4月1日，竣工通水，竖水横流，清清溪水飞越天险，灌溉大兴、油麻、保楼、田塘、朋岩、朋打6个大队数千亩良田。工程总投资10.67万元，其中群众集资6.08万元，累计投工9.9万个，完成土石方2.8万立方米。雅桥人民战天斗地修建五龙冲引水工程之精神，堪比“愚公移山”，被《团结报》《湖南日报》《人民画报》等刊文报道，有无数慕名者到此参观。

（撰稿人：刘保国）

排吾乡

区域概况

位置面积

排吾乡位于花垣县西南部。东交雅桥乡油麻、大兴村，南邻吉卫镇鸡司、大老排村，西连两河乡桐木村、民乐镇响水村，北接猫儿乡塘家、团结、排腊光村。全乡面积47.93平方公里，乡治排吾村，距县城花垣镇35公里。

建置沿革

明洪武年间（1368—1398），排吾乡域属崇山千户所。清雍正八年（1730）属六里。雍正十年（1732）属永绥厅得胜乡。乾隆年间（1736—1795）属绥宁里。宣统年间（1909—1911）属上八里。民国9年（1920）属上八乡。民国26年（1937）12月，上八乡、下八乡并为石栏乡。1951年，永绥县属五区辖。1956年，撤区并乡，属花垣县子盐乡。1958年，与雅桥乡合并，建钢铁人民公社。1961年析出，建排吾公社，属龙潭区。1962年，牛皮村从董马村分出。1984年撤社复乡，为排吾乡。

行政区划

2014年，全乡辖董马、牛皮、大排吾、小排吾、夯采、子腊、竹子寨、龙门、大猫、磨子、辽求11个建制村，下设72个村民小组，乡政府驻大排吾村。

人口民族

2014年，排吾乡有2361户9907人，其中苗族人口占99%。主要姓氏有龙、麻、杨、吴等，其中龙姓、麻姓人口居多，占总人口83%，分布全乡各村；杨姓、吴姓占全乡人口14%，主要分布在大猫村二、六组，龙门村五、六组，辽求村4组和董马村一组；其余石、肖、闵、郑、刘、田等姓氏，占3%。

自然环境

排吾乡地势南北低东西高，为丘陵地貌。最高峰古老坟海拔1104.6米，最低处吴家寨海拔518米，乡政府驻地海拔552米，土地多分布在海拔700米处。境内属暖温带大陆性季风气候，年平均气温13.9℃，年降雨量1400毫米，无霜期250天，主要自然灾害有旱涝、低温、霜冻、雷击等。旱涝集中在每年4—9月，低温、冰冻集中在11月到次年1月，夏季偶有雷击发生。境内有龙门河、子腊河、董马河3条较大溪流，其中董马河是县城饮用水主要水源。矿产资源主要有锰、锌、铁、钒、白云石等。

经济发展

经济综述

境内传统经济以农业为主，结构单一，发展缓慢。1985 年，全乡工农业产值 200.55 万元。1986 年，全乡粮食产量 227.33 万公斤。20 世纪 90 年代，调整发展思路，大兴茶叶开发，种植茶叶 66.7 公顷；依托丰富矿产资源发展矿业经济。1996 年，全乡工农业产值 1139 万元，粮食产量 2406 吨。2008 年，矿山产原矿石 75 万吨，工农业产值 1532.16 万元，农民人均纯收入 1755 元。2010 年，发生“7·20”透水事故后，矿山全面停产，进入整治整合阶段。2011 年，经济增速从 11%回落至 7%。2012 年，转方式、调结构、促转型，培育新经济增长点。新种茶叶 200 公顷，种植烟叶 20 公顷，启动 13.3 公顷油茶低改项目；推广畜牧专业化养殖，成立养羊合作社 4 家；启动小排吾水库整修工程和页岩气勘探工作；开展石栏杆旅游线路二期工程建设；发动劳动力外出打工。2014 年，全乡实现工农业产值 1375 万元，比上年增长 10.2%，农民人均纯收入 2538 元，比上年增长 20.5%。

农业

种植业 境内粮食作物以水稻、玉米、豆类为主。20 世纪 70 年代，基本以传统品种，栽培技术落后，产量较低。1986 年始，水稻、玉米引进杂交品种，栽培技术革新，水稻推广“双两大”，玉米地膜种植。1992 年，全乡产粮 5120 吨，其中水稻 4000 吨、玉米 1120 吨，人均 550 公斤。2014 年，种植稻谷 329 公顷，产量 1977 吨，玉米 174 公顷，产量 668 吨，其他粮食作物 171 公顷。

境内经济作物主要有蔬菜、茶叶。1993 年，投资 45 万元，开发摩天云雾茶 140 公顷。1997 年，竹子村栽培优质板栗 6.7 公顷，建立蔬菜、辣椒基地 3.3 公顷，年收入 13 万元；开发油桐 240 公顷；投资 40 万元开发夯彩、子腊“清茗茶”茶场 133.3 公顷。2012 年，引进花垣五龙农业开发有限公司，当年科学种植、培护茶叶 166.7 公顷。2013 年，建成现代化茶叶加工生产线，公司旗下“排吾云雾茶”“边城红茶”多次在全国茶业展销会上获奖。2014 年，有新老茶园 330 公顷，其中老茶园年产茶叶 1800 公斤。茶叶市场价从 2010 年每公斤 100 元升至每公斤 600 元。是年，蔬菜种植面积 213 公顷，产量 2876 吨。

林业 民国时期，境内森林植被多为飞子成林，人工造林规模小。1952 年始，每年冬春两季，组织群众造林。20 世纪 60 年代，组织群众绿化荒山，以栽植杉木、马尾松、柏木、椿木为主，经济林则以垦复油桐、油茶为主。1971 年，经省农林局批准，建立排吾磨子杉木林基地。1977 年春，全社造林超千亩，成为全县典型。1991 年，在境内实施粮援工程造林项目，1993 竣工。2001 年始，实施退耕还林。2014 年，全乡森林覆盖率 54.6%。辽求村有珍稀树种古银杏树。

养殖业 境内传统养殖业以猪、牛、羊为主。20 世纪 90 年代，投资 40 万元，开发山羊和生猪养殖，养羊户 920 户，养殖山羊 4600 只，生猪 3400 头；以村办企业形式，开发利用小排吾水库和大排吾拦河坝发展渔业，产值 12 万元。1996 年，投资 20 万元成立畜牧业开发公司，与 115 户农户签订饲养山羊合同，购羊 420 只；与 58 户农户签订生猪和水产养殖合同，购猪 168 头，开发稻田鱼 100 公顷，并在辽求村建立集体养殖场，在小排吾村发展渔业，在磨子村发展养殖业，购鸡2500羽、鸭1000羽。2014年，全乡年末牛存栏945头，生猪存栏4670头、山羊存栏943只、家禽存笼1.64万羽。

工业 1958年，排吾大队建炼钢厂，生产两年，因质量低劣，停产关闭。1993年，投资250万元，启动矿山开采项目，在大猫村开启乡内第一个锰矿硐，生产规模2万吨。2006年，全乡涉矿企业21家，矿硐31个，原矿石产量年均50万吨，销售额2.5亿元。2007年，依法取缔5家无证矿山企业，关闭井口11个。2010年11月，辖区20个矿硐停产整治。2014年，境内锰矿企业振兴公司取得“采矿权证”，锰矿企业整合完成。是年，全乡采锰矿石10万吨，创税14万元，从业580人。

商贸服务

民国时期，境内董马村设有小规模墟场。1966年，建供销社。2004年，涉矿流动人口增多，龙门村、大猫村等矿区村及矿山公路沿线建有家庭式餐馆，2010年，矿业经济走向萧条，矿区餐馆随之停业。是年，墟场周边设立超市，主营日常生活用品。2014年，全乡有大小商户20家，门面14间，超市1家，小吃店2家。

基础建设

交通运输

20世纪50年代初，排吾乡物资运输主要靠人力肩挑背负和骡马驮运。1958年，建麻栗场至排吾公路。1972年，修建排吾至吉卫公路，长6.4公里。1992年10月，投资70万元建夯彩大桥，1993年9月，竣工通车，桥长70米、宽7米、高17米，系粮援工程项目。1997年，筹资120万元修通彩（夯彩）猫（大猫）公路，长8.7公里。2009年，修下沱公路，干线贯穿腹地。2012年，完成道路硬化，拉通乡直至大猫村公路、西环线公路及西环线至大猫村公路，启动子腊村连竹子村公路建设。2013年，建成乡客运站及5个招呼站，投放乡镇公交车10辆、乡村公交车3辆，并安装GPS视频监控系统，有效提升道路交通安全系数。2014年，全乡有省道15公里、县道7公里、乡村道路33公里及桥梁14座。

1976年，引进第一辆汽车。2000年后，有矿石运输车2189辆，其中排吾籍277辆。2014年，全乡有各类机动车178辆。

邮政通信

1958年，排吾通电话，并通邮路。1997年，筹资25万元开通120门程控电话。2003年后，联通、电信、移动公司相继建塔通网。至2005年，安装程控电话352部。2014年，全乡有信号塔6座，通信信号覆盖全乡，有电信、联通和移动代理网点各1家，手机用户4000户，互联网用户133户。

供电饮水

供电 1968年，小排村利用水能泵发电照明。1986年架通小排、董马、大排、夯采、牛皮村照明线路。1997年乡政府筹资60万元，架设通往大猫村高压线路，基本保障沿线子腊、辽求、龙门、大猫、竹子、磨子村照明供电。2012年启动农网改造工程。2014年，全乡11个村基本完成农网改造，实现城乡同网同价，电价由每千瓦时1元降至0.588元。

饮水 20世纪70年代，全乡有水井38口。20世纪80年代中期，各村陆续从源头井水架设引水管道入户。2010年10月，建成排吾乡自来水厂。2014年，全乡基本实现自来水入户。

水利建设

1967年，在小排村建小排吾中型水库，工程举全县之力，万人兴建，历时2年，1970年3月蓄水，灌溉面积3153公顷，灌溉保证率80%。1994年3月，投资17万元，建夯彩泉竖井引水工程，1995年5月竣工。竖井直径5米，高9.54米，年均引水量1244.2万立方米，为小排吾灌区新增旱涝保收面积533.3公顷。1996年，投资7万元，在董马村建成董马渠1500米及董马山塘，筑长30米、高4米、宽2米拦河坝。1998年，牛皮村修水渠2公里，并建一个蓄水池，蓄水量200立方米。是年，大排村筹资11.9万元整修水渠0.8公里，辽求村修水渠3.1公里。2014年，启动小排吾水库整修工程和灌溉水渠修复工程。

村镇建设

20世纪50年代，排吾公社所在地大排吾大队人口不足千户，尚未建成街道。60年代，陆续建立学校、医院、供销社等单位。2011年2月，建成乡政府新办公大楼。2013年5月始，开展城乡同建同治工作，组织干部群众清理陈年垃圾，完善卫生设施，建垃圾围、焚烧炉50个，聘保洁员42人，购垃圾桶2000个，修缮乡直街道、下水道，安装路灯27盏等。是年7月，启动大猫村地灾搬迁安置房工程建设，次年，建成房屋30栋。至2014年，乡直有街道2条——望排街和石栏街，建有超市、医院、学校、福利院等。

社会事业

教育

清光绪三十二年(1906)四月，在小排村建永绥厅第十学区区立初等小学堂。1957年，在乡政府驻地建“工农兵（大学）夜校”（俗称五七大学）。1967年，设初中班。1970年，设高中班。1976年，高中撤销。后改为中心学校，为九年一贯制学校。1996年，“光彩基金”和香港“苗圃行动”等社会慈善机构资助211户贫苦学生入学。1997年，州、县教委筹资5万元，“株冶公司”支持15万元，共建排吾希望小学。2000年，州残联筹资完善希望小学工程。

2014年，全学区有九年制学校1所，村小2所，教学点2个，教职工52人，学生885人，初中适龄人口入学率97.7%，九年义务教育覆盖率98.75%。

文化体育

1967年，建广播站。1975年，公社成立电影放映队，以原“五七大学”校址为播放主场地。1992年，放映队解散。1997年，建乡文化站。2013年，全乡11个村开通广播电视卫星信号，实现广播、电视村村通。是年，乡文化站被列为全国乡镇一级文化站，有文化专业户2户、图书室10个，藏书7万册，设置苗族文化展览墙，后又增设苗族文化陈列室。2014年，获得边城赶秋节全县苗族服饰二等奖、“四省边区苗鼓比赛”三等奖。乡境有体育运动场所13处，其中篮球场7个；各类运动设施35个。每年春节前后举办文化体育运动，主要以舞龙、篮球、拔河等运动为主。至是年，排吾乡连续举办四届“石栏杆杯”篮球比赛。

医疗卫生

1970年，公社建卫生院，就医条件改善。2011年建卫生院住院楼。2013年，新型农村合作医疗参合率100%，全年医疗补偿金额320.88万元。2014年，乡卫生院占地7000平方米，固定资产310万元，有医护12人、病床20张。

20世纪70年代提倡计划生育。2014年，全乡人口出生率9.9‰，计划生育率86%，人口自然增长率6‰。兑现奖扶资金10.5万元。

社会保障

2006年，建乡敬老院，有住房20间，配有电视机、消毒柜、冰柜等电器。2014年，有床位45张，入住老人10人，参加新型农村养老保险3023人，参保率100%。是年，全乡农村最低生活保障户355户1001人，发放低保金83.1万元，月人均93元。优抚困难户35户，收放优抚资金16.30万元，完成两项制度扶贫开发任务308户1250人50万元，扶贫建房67户。

特色地情

历史人文

八一路 1958年，全县大炼钢铁，为运输物资，以青年和民兵为主力，修建下子（紫）花至小排吾公路（长16.3公里）。白天歌声、炮声此起彼伏，晚上十数里灯火通明。为解决爆破用黄色炸药供应不足问题，排料公社武装干部石永书（负责大冲坳路段），发动民兵用柴火将长达100米、上千立方米的水层岩烧至高温，然后浇水使之爆裂，以此将路基修筑出来。由于干部群众苦干、巧干，工程进展很快，从开工到建成，为时仅1个月。县委、县人委为表彰青年和民兵，将此路命名为“八一路”。

名优特产

排吾云雾茶 乡域生态环境得天独厚，茶叶种植历史悠久，是花垣县茶叶生产基地。所产排吾云雾茶，叶色碧绿油润，叶肉细嫩柔软，茶汤清翠明亮，口感鲜醇浓厚，香气宜人，带有绿豆清香，颇具山野韵味。1991年，在湘、黔、川三省边区优质茶叶评比会上名列第二位。后多次在全国茶业展销会上获奖。

子腊贡米 米粒硕大，晶莹油亮，呈半透明状，米汤呈绿豆色，米饭油润芬芳，细腻可口，因产于子腊村而得名。相传，祖籍子腊人麻国强在外做官时，一次偶然机会，将子腊米推介给朝廷官员，官员被子腊米的独特甘甜和芳香打动，便上呈皇帝，子腊米因此成为宫廷贡米。

竹子油茶 油茶是乡境特产。竹子村处富硒土壤带，油茶种植面积266公顷。该村油茶色清味纯，品质优良，是纯天然的有机绿色食品。

风景名胜

石栏杆 位于境内大排吾村，是湘西著名石林风景区，景区内怪石林立，造型奇特，巧夺天工。有冲天耸立“上天梯”，高40米，陡不可攀；有雄奇壮观“南天门”，爬上南天门，可俯瞰苗乡层层梯田，座座茶山，湾湾流水，令人心旷神怡；

① 云雾茶（彭　涛／摄）
② 子腊贡米（彭　涛／摄）

排吾民居（彭涛摄于2010年6月）

有外坚中空“望天窗”，沿石级小径盘桓而上，可达石柱顶端，仰观苍穹，如置身九天之上，还有威虎岩、五指峰等，各具风格。1958年公路修通后，常有游客游览观光。1983年，被列为县重点文物保护单位。2013年，实施石栏杆—小排吾水库—雷公洞线路旅游开发，一期工程竣工，2014年11月启动二期工程。

民俗风情

传统民居 苗族多居住在山区，聚族为寨，房屋依地理环境毗连而造。排吾苗家喜建木房，结构多为三间，小为三柱四瓜、三柱五瓜，一般为四柱五瓜、四柱七瓜、五柱六瓜、五柱八瓜等，大有六柱十一瓜。屋顶多数盖青瓦。瓦屋前壁用木板装修，中堂开大门六扇，表面刷以桐油，乌黑发亮。左右壁和后壁用山竹编织，糊以牛粪、泥巴。房屋一般以中堂右间为上首，是家人休息、吃饭和待客之地，因而多铺以楼板，中置火堂，火堂居中置一铁铸三角架，上方悬挂腊肉、香肠等熏制食品。中堂左间一般为灶房，房屋里间用木板隔成卧室，并铺地楼板防潮。一般人家在房屋左侧另修茅厕屋，猪、牛、羊及家禽关在其间。富裕人家，在屋前两侧修建厢房，前筑围墙，形成四合小院，大门、窗户镂空雕花，描漆上彩。

苗歌 清代，苗歌被称为“苗语竹枝词”。男女老幼几乎都能编会唱，见人唱人，见物咏物，开口即来。凡修建房屋、生男育女、红白喜事以及酬神祭祀，都有苗歌庆祝，通宵达旦，听众满堂。苗歌流传在苗族人民生活地区，使用苗语演唱，尽管地区不同，方言有别，但唱歌腔调基本一致。排吾苗歌，可歌可舞，不少内容具有远古遗风，如椎牛祭祀歌、接亲嫁女迁徙歌等。歌词内容多反映苗族人民生产生活、习俗以及时政等。

（撰稿人：吴小华）

补抽乡

区域概况

位置面积

补抽乡位于花垣县南部。东邻吉首市矮寨镇夯腊、吉好村，南连凤凰县米良乡米良、叭仁村及柳薄乡科甲村，西接雅酉镇冬尾村，北与吉卫镇老卫城、新寨村相交。全乡面积84.3平方公里，乡治大哨村，距县城花垣镇44公里。

建置沿革

“补抽”为苗语“谱秋”音译。相传苗族先民迁徙，溯武水而上，最先到达境内定居，在此议定，分姓立谱，举行赶秋活动，由此得名。明洪武元年（1368），补抽乡域属崇山卫。洪武三十年（1397），属六里苗地。清雍正十年（1732），属永绥厅九里。宣统年间，属上九里。民国2年（1913），属永绥县。民国9年（1920），属上九乡。民国24年（1935），属四区辖。民国26年（1937），属排达乡。1949年11月，属三区辖。1956年6月，撤区并乡，建花垣县补抽乡。1958年，建先锋人民公社。1959年，改为补抽公社。1984年，撤社复乡。1992年2月，辖区划出牛角、大龙、兴中、高岩、桃子5个村，设大龙洞乡，2005年11月，复归补抽乡。

行政区划

2004年，补抽乡辖补抽、大本、排当、米沟、鱼龙、大坳、水桶、吉久、大哨、董哨、夯尚、大卡、小卡、排龙14个村。

2004年，大龙洞乡辖桃子、高岩、兴中、牛角、大龙5个村。

2014年，补抽乡辖大卡、夯尚、补抽、吉久、米沟、排龙、水桶、大坳、鱼龙、大哨、懂哨、大本、排当、牛角、大龙、兴中、高岩、桃子18个建制村，下设103个村民小组。

人口民族

2014年，补抽乡有3426户14589人，苗族人口占98%。人口姓氏以龙、石、麻、施、田、杨为主。龙、麻、石三大姓分占比32%、25%、19%，龙姓、麻姓分布在全乡18个村，石姓主要集中在大卡、大哨、米沟、兴中村。

自然环境

乡境属高寒山区。最高峰鹅梨坡海拔1015.5米，最低处两河口海拔272.8米。年冰冻期29天。年平均气温13.4℃。年降水量1608.7毫米，无霜期243天。境内牛角河自西向南汇入吉首境域，系峒河主要支流。森林植被属中亚热带北缘常绿阔叶林华中区系，常绿乔木以松科、杉科为主，主要树种有杉木、马尾松、檫木、樟树等。石灰石储量多。

经济发展

经济综述

20世纪70年代，补抽乡以传统农业经济为主。80年代后期，调整产业结构，发展第二、第三产业。2000年，境内种植业以金银花等药材为主，旅游业以大龙洞为主。2005年，全乡国民生产总值2120万元，比上年增长10.1%。其中农业产值1765万元，占83.25%，工业产值225万元，第三产业产值130万元，财政收入58万元，农民人均纯收入1260元。2010年，全乡产值4004.8万元，比2005年增加1755万元，增长82.78%。其中，农业产值3283万元，占81.98%；工业产值591.8万元，占14.78%；第三产业产值130万元，占3.24%。农民人均纯收入1881元。2014年，全乡国民生产总值6268万元，比2010年增长61.75%。其中，农业产值5794万元，占92.44%。水电产值415万元，接待游客30万人，景区创收806万元，财政收入791.67万元，农民人均纯收入2645元，固定资产投资2915.8万元，人均住房面积45平方米，彩电、冰箱、洗衣机等家用电器入户率97%，居民存款余额1800万元。

农业

种植业 境内粮食作物主要有水稻、玉米，经济作物有烟叶、油菜、蔬菜等。20世纪50年代，水稻引进“胜利籼”，亩产、总产均有提高；1971年，种植双季稻，1977年，停止种植。1990年，水稻推广“双两大”，即两段育秧、双株寄插、大蔸大行栽培技术。1998年，全乡粮食产量实现4900吨。2000年，推广威优46、金优桂99、汕优46、Ⅱ优46等品种。2014年，全乡水稻品种以“汕优63”为主，种植水稻690公顷，产量4130吨，每公顷产量5985公斤。

20世纪70年代，境内玉米种植以马齿黄、马齿白为主要品种，亩产40公斤。1973年，推广良种，使用化肥。1990年，推广地膜苞谷，采用宽窄行规格种植，亩产250公斤。1994年，引进雅玉2号、湘玉10号、改良73等品种，亩产400公斤。2014年，玉米以“湘玉10号”为主，种植358公顷，产量1348吨，每公顷产量3765公斤。

1986年始，境内推广种植“白栗烟”，亩产85公斤，后引进“K326”“云烟87”等品种，实施高标准烟叶下田。2014年，全乡种植烟叶333公顷，产量500吨，产值990万元。

1998年，米沟、大坳村种植青花椒20公顷、金秋梨53.3公顷，大卡、大哨、牛角等村开发板栗86.6公顷，大卡村开发金银花53.3公顷。2007年，补抽、吉久村种植“天鸿春”萝卜15.3公顷，产量460吨。2012年，完成米沟、吉久2村油茶低改99.9公顷，增产30%。2013年，建设米沟片133.2公顷标准示范油茶低改基地。

林业 1990年，两岔河林场开辟厚朴、黄柏、杉木等混合林基地153.2公顷，植苗38.4万株；实行封山管理，并划出40块放牧区。1995年，封山育林3862.8公顷，有护林员38人。2001年，全乡退耕还林199.8公顷，人工造林200.2公顷。2014年，全乡有林业用地4210.8公顷，其中用材林242.8公顷，灌木林565.6公顷，退耕还林、荒山造林面积852.5公顷，森林覆盖率65%，活立木蓄积量2.4万立方米，绿化面积3996公顷。

全乡百年以上古树有45株，树种以樟木、檫木为主，其中吉久村有一株野生银杏古树，两个人才能合抱；高岩村有一株200年“合心树”，系3棵树“合心”而成，树根紧紧相连。

养殖业 民国时期，境内居民“养牛为种田，养猪为过年”，少有出售。1970年，各大队办有养猪场，规模50头以上。大卡村“千头猪场”养殖生猪820头，从业13人，年产值5.6万元。1981年，实行家庭联产承包制，猪、牛饲养数量分别比上年增长7.8%、11.2%。2001年，全乡养殖耕牛5000头，年末存栏2344头；生猪9500头；家禽8万羽；山羊2万只；稻田养鱼266.4公顷。2008年，发展养猪大户2户，年出栏200头。2010年，补抽村龙军旗租地2.7公顷，投资28万元养殖大闸蟹，年终捕捞大闸蟹1.5万只，产值75万元。2011年，兴中村杨昌顺养殖大鲵30尾。2014年，全乡年末生猪存栏6290头、牛存栏1829头、羊存栏2610只、家禽存笼3.64万羽，其中山羊养殖规模超100头，有12户。

工业

1968年，公社建铁业社，占地70平方米，从业4人，年产值0.65万元。1969年，建染坊，年产值1.2万元。1970年，大卡村建酒厂，从业4人，年产值1.5万元。1971年，建石灰窑2个，年产值0.6万元。1981年，铁业社解散、染坊停业、酒厂停产；石灰窑转由个人承包，1982年倒闭。1990年，发展苗族刺绣业，月收入0.2万元。1999年，文彦波在兴中村4组创办兴中酒业股份有限公司。2010年，公司转卖给酒鬼酒公司。2014年，有27人从事苗绣业。

商贸服务

清乾隆年间（1736—1795），兴中村建有粮仓和粮食运输码头，主要运出吉卫、补抽等地粮食，运进其他所需商品。同时设墟场，场期逢农历四、九日，主要交易牲畜、巴盐、食物、南杂货等，成交额3500～4000串文。清末建大哨墟场，场期逢农历二、七日。民国时期主要交易牲畜、巴盐、食物、南杂货等，每场成交2000～2500串文。1937年，大哨墟场迁至补抽村，1946年迁回。1948年，因土匪横行墟场交易停止。1991年，粮仓墟场重开，因受矮寨大兴场和吉卫场冲击，开办3场后消失。

1966年，成立补抽供销社，有经营门面2间，员工5人，主营糖、酒、肉、布、农副产品及农业生产资料等，所有商品凭票供应。1971年，成立兴中供销分社。1981年，包产到户，供销社销售额下滑。1990年改制，商业以民营为主体。

2014年，乡内有机动车加油站1个、米粉店4家、小型批发部5个、小卖部78个、宾馆1家、客房25间。

基础设施

交通运输

1966年，修通大龙至两河口砂石路，长7.5公里，经大龙、兴中、高岩3个村；修通吉卫至夯尚砂石路，经补抽、吉久、大哨、夯尚4个村。1968年，建公社拖拉机站，有拖拉机2台。1970年，修通补抽至大龙洞公路，经排当、大本、懂哨、大哨4个村。1987年，硬化吉卫至夯尚村县道公路，长10公里。1988年，乡拖拉机站撤销。1998年，硬化大龙至两河口公路，全长7.5公里。

2009年，整修夯尚至大卡进村公路6.8公里。2010年，筹集50万元修通补抽至鱼龙通村公路。2012年1月始，补抽至花垣公交车营运，每日1班，票价13元。是年，硬化补（抽）大（龙）公路12公里和下（子花）沱（江）线补抽至吉卫段路面。2013年，硬化桃子村通村公路3.2公里，建成招呼站4个。2014年，硬化大坳、水桶、牛角等通村公路。至此，全乡18个村进村公路全部硬化。是年，境内有公路91.6公里，公交车1辆，货运汽车153辆，农用车31辆，拖拉机23台，摩托车87辆。

邮政通信

境内无邮政局（所），寄发邮信件需到吉卫镇办理。1953年，装电话单机1部。1971年，建农村电话交换点，安装磁石电话机19部。1981—1982年，境内遭受冰灾，线网毁坏，手摇式电话机停用。1996年，装程控电话2部。2000年，安装无线电话78部，后手机普及。2014年，有移动、联通信号塔各7座，移动服务网点3个，联通和电信服务网点各1个，信号覆盖全乡，有移动用户4714户、联通用户542户、电信用户143户。

供电饮水

供电　1966年，湘西州在大龙洞建水电站，大龙洞大队照明用电。1971年，大哨村修建明瑞水轮机发电厂，装机35千瓦，供社直单位及所在地居民照明。1976年，建两岔河电站，装机800千瓦，供大哨、补抽、吉久村照明。1982年，有社队电站12座，装机396千瓦，后大多拆除。1998年，建链钢电厂，装机500千瓦，为私营电站。1990年村村通电。2013年，完成大哨、补抽、懂哨、水桶、大坳等村农网改造。2014年，农网改造8个村。

饮水　2000年，境内有水井67口。2006年，补抽村修水池2个，修水渠70米，引入户水管2000米，解决3个组饮水困难。2009年，建成乡自来水厂，乡直单位和大哨、补抽、吉久3个村1200人受益。2011年，县水利局投资30万元，在排当村建人饮工程，解决该村人饮问题。2012年，县财政局、县水利局、县开发办联合投资接通排当、大卡、高岩、大坳等村自来水。2013年，县财政局、县水利局、县扶贫开发办先后投资改造大卡、水桶、懂哨、大坳、鱼龙4个村人饮工程，解决3500人饮水困难。2014年，州直统战系统、州委老干部局投资70万元改造大本村水井3口；投资49万元，从大哨村口地下打井9口，修60立方米蓄水池1个。

水利建设

1961年，建懂都水库，蓄水15万立方米，灌溉面积30公顷。1962年，建老卫城水库，蓄水45万立方米。1973年，建大卡水库，蓄水20万方。1989年，改造老卫城水库主干渠防渗5010米，灌溉面积11.7公顷。2004年，加固大卡水库。2006年，新修三面防渗水渠1.31万米，其中老卫城水库至懂都水库干渠2000米，米沟、吉久、补抽分支渠1.11万米，改善灌溉面积33.7公顷。2013年，筹资54.42万元新修大哨村渠道三面防渗水渠5712米，改善灌溉面积13.3公顷。2014年，大本村新修水渠3500米，投资15万元整修村间水沟2条。

村镇建设

2012年，硬化大哨村街道3公里。2013年，开展城乡同建同治工作，聘请公路保洁员3人，村保洁员57人；筹资150万元启动乡客运站建设项目；绿化公路沿线，栽植桂花树200棵；投资40万元建成大哨村进组入户石板路3公里。2014年，建设村部楼3栋，投资140万元改造特色民居150栋。是年，州直统战系统、州委老干部局驻大本村建设扶贫工作组投资1000万元，实施基础设施、基础产业建设项目20个，打造和谐宜居特色新农村。是年，乡政府投资20万元，安装大哨村太阳能路灯40盏，亮化村道2公里。

社会事业

教育

清末，米沟村有私塾馆。1940年，创办小学，时为排达乡中心小学。1953年，更名为补抽乡中心小学，占地面积9995平方米，时有教师38人，学生487人。1968年，开设初中班，1972年，附设高中，1981年，中学撤销，设完全小学。2014年，补抽乡中心完小，有校舍面积5388平方米，有教职工32人，在校学生768人。小学九年制义务教育实现全覆盖，其中完小2所，村小9所，幼儿班11个。

文化体育

1969年，全乡安装喇叭1365个，广播入户率91%。1981年，因冰灾停用。1995年，改装调频广播，覆盖33个自然寨，实现村村通广播。2014年，全乡有喇叭32个。

1973年，公社建电影院，日放映两场，年收益6.3万元。1993年，全乡有电视机10台。是年，电影院拆除。2006年，建乡文化站，占地150平方米。2012年，有线和无线电视覆盖率25.2%，卫星电视覆盖率65.3%。2013年，电视入户率92.7%。2014年，有村图书室12个，藏书1.8万册；有中心完小、大哨、补抽、吉久、大龙洞村5个文艺表演队，有苗鼓26面。

境内传统文化体育项目有上刀梯、舞狮、舞龙、秋千、武术、苗歌等。1962年和1975年，大哨村举办“赶秋节”，参加人数分别为3500人、3.2万人。2011—2014年，大哨、大卡、排当村组织春节篮球赛，其间2011—2012年，大哨村队获冠军。

医疗卫生

1970年，建公社卫生院，建筑面积200平方米，时有医务人员8人。1971年，19个大队均有赤脚医生。1984年，赤脚医生改为乡村医生。1990年，建村卫生室10个。2014年，乡卫生院占地3000平方米，建筑面积550平方米，有床位18张，医务人员11人，年门诊量5000人次，住院病人400人次，年业务收入40万元。是年，全乡大病医疗报销420人次，报销金额81.7万元。

1970年，境内开始实行计划生育。2004年，被评为全州计划生育工作先进单位。2014年，补抽乡人口出生率8‰，符合政策生育率82%，人口自然增长率5‰。

社会保障

2006年，投资83.9万元建成乡敬老院，占地2331平方米，建筑面积1100平方米，有住房25间，床位40张。是年7月1日，正式接纳30位“五保”老人入住。2013年，有10位老人入住。2014年，有13位老人入住。

2009年，全乡特困群众202户582人全部纳入社会救济范畴，发放救助金6万元、救济物资折合人民币16万元，助残建房3户，贫困建房23户。2011年，扶贫建房18户，每户1万元。2012年，扶贫建房115户，每户1万元。2014年，农村低保人数1376人，比上年增加9.4%；为513人发放民政救助金28万元，推行村民事务“五代理”制度；建立乡代办中心、大龙片代办站、村代办点三级服务网络，逐户发放代办联系卡，至12月31日，全乡18个村驻村干部和村干部到乡政务大厅为群众代办代理事务530件次，办结率98%，解决群众找人难、办事难问题。

特色地情

名优特产

桃花虫 苗语称“妲给蜈”，是一种黑足小虫，仅存于高山峡谷、无工业污染溪流中，因盛产于每年农历二、三月涨桃花汛时节，而得名。桃花虫营养丰富，富含蛋白质。自溪流中捞出桃花虫后，晒干炒熟，即可食用，味道鲜美可口，是苗家招待贵客佳肴。

风景名胜

大龙洞瀑布 位于大龙洞村，瀑布自214米高绝壁洞口泻落，20米宽瀑布飞流直下形成犀牛潭（最大流量347立方米/秒），声如惊雷，势如长虹，飞浪纵横，水沫腾空，整个山谷烟雾弥漫，水气濛濛。远看瀑布如白练悬空，近看似银河泻自天际。遇上天晴，阳光斜照，水雾中化出五彩长虹，鲜艳夺目，蔚为壮观。

古洞探幽，从山门沿石板路拾级而上，洞外有一天然石板，约200平方米，坪地有石桌、石墩可供歇息。进入洞门，顺台阶下行50米，即到洞内拦河坝，坝高30米，长35米，宽2米，设有护栏。再往里面走，就是“龙母宫殿”，内有钟乳石，千姿百态。洞内又有洞，洞洞相连，风情万种。

民俗风情

赶边边场 境内有“赶边边场”风俗。十八九岁苗族小伙，若在墟场上遇见心仪姑娘，就以问路、问人、问地方等方式主动与姑娘搭讪，若女方搭理，则视女方有意，可继续询问、交谈。因墟场拥挤，多在散场后墟场边约会，故曰“赶边边场”，久而久之渐成风俗。有些小伙子胆大，会悄悄地走到姑娘身后，轻轻地掐一下姑娘小手指，若姑娘接受小伙子爱慕，就反转手来轻轻地掐一下小伙子小拇指，或回眸莞尔；若不愿意，就不理会，小伙子亦不会难堪。若双方愿意交往，则会约定下次见面方式和时间地点。彼此认可后，男方会把毛巾、腰带等随身物品送给女方，女方则将银簪、手圈、绣鞋等物品送给男方作交换信物，表示彼此爱慕。待爱情果实成熟，双方各自告诉父母亲人。男方父母会请一位象征性的媒人到女方家提亲，商定订亲、成婚吉日，结成良缘。20世纪90年代始，年轻人多外出务工，“赶边边场”这一习俗逐渐消失。

苗家四忌 苗家禁忌很多，主要有以下四种：

忌坐火坑上方：苗家视夯果中柱为祖灵栖息处，极为尊崇，此处只允许长辈上坐，晚辈及外

大龙洞瀑布（石明照/摄）

赶边边场（龙江涛摄于2010年3月）

人不得乱坐。

忌踩三脚架：苗家火坑里放一铸铁三脚架，用作炊事，相传为苗族三个护火祖先变成，任何人不能踩，否则就是对祖先不敬。火坑边不准打闹、泼水、讲粗话，否则视为亵渎祖宗。

忌震“龙岩”：苗家堂屋中央，置一岩板，岩板下压有钱币，立为“龙穴”，初忌震动。据说震动“龙岩”，龙会受惊离去，主家就会遭殃。

父母健在忌戴白帕：戴白帕表示丧亲守孝。

（撰稿人：左明洋）

排碧乡

排碧乡为“花垣排碧金钉子”所在地，有全国古老民族村寨板栗村和乡村游胜地十八洞村。

区域概况

位置面积

排碧乡位于花垣县东南部。东接排料乡，南临补抽乡和吉首市矮寨镇，西依吉卫镇，北界麻栗场镇和董马库乡。全乡面积 54.85 平方公里，乡治排碧村，距县城花垣镇 34 公里。

建置沿革

清雍正八年（1730），排碧乡域属上十里，又称上武定里，辖今排碧乡和董马库乡大部、麻栗场镇排达鲁村，在排谷美设巡检守备一员，并驻兵营，建兵米粮仓。民国 36 年（1947），属永绥县卧龙乡。1951 年属四区辖。1953 年，桃花乡、岩锣村划归排碧乡。1956 年 6 月，由原排碧、张刀寨、排谷美 3 个小乡和排达鲁乡一部分合并成花垣县排碧乡。1958 年 9 月，建万能人民公社。1959 年 1 月，改称排碧人民公社。1984 年 1 月，撤社复乡。

行政区划

1984 年，排碧乡辖岩锣、黄岩、排碧、四新、板栗、小洞冲、毛坪、红英、马安、飞虫、张刀、竹子、上半坡、下半坡 14 个村。2005 年，排碧村与黄岩村合并为排碧村，竹子村与飞虫村并入十八洞村。上半坡村和下半坡村合并，更名双龙村。2014 年，全乡辖岩锣、排碧、四新、板栗、小洞冲、毛坪、红英、马安、十八洞、张刀、双龙 11 个建制村。乡内有 32 个自然寨。

人口民族

2014 年，全乡有 2474 户 10360 人。其中，苗族人口占 99.6%，境内主要姓氏有石、隆、吴、龙、杨、施、麻、罗、满、田、胡、秧等。

自然环境

乡境属丘陵山区，地势东南高西北低。平均海拔 700 米。最高峰莲台山顶海拔 1059.7 米，最低处小龙洞河海拔 350 米。年均降水量 1350 毫米，无霜期 280 天。年均气温 14.5℃。主要河流有小龙洞河、夯亩角河、夯街河、竹融河。

经济发展

经济综述

20 世纪 70 年代，境内经济以传统种植业为主，粮食作物主要有稻谷、玉米；经济作物有油菜、西瓜等。养殖业以猪、牛、羊及家禽为主，多是自养自食。80 年代后期，经济发展，商贸活跃，国道 319 沿线设有批发部、小吃店、餐馆及汽车加水、冲洗、轮胎修补等服务网点。2000 年始，调整产业结构，发展烟叶生产。2014 年，全乡工农业产值 8697 万元，粮食产量 3929 吨。第二、第三产业比上年分别增长 3%、13%，农民人均纯收入 3321 元，比上年增长 5%。

农业

种植业 境内传统种植业以水稻、玉米、黄豆为主。20 世纪 60 年代，水稻种植以 6 月谷、红谷、半边糯为主。1973 年，推广珍珠矮、广农矮，亩产 150～250 公斤。1983 年，推广杂交水稻。1990 年，县农业局在马安村设水稻种植示范点，推广两段育秧、双株寄插、大蔸大行“双两大”栽培技术，次年推至全乡，亩产由 200 公斤增至 400 公斤。2014 年，种植水稻 524 公顷，产量 3146 吨。

境内玉米品种有黄苞谷、白苞谷、糯苞谷等。1970 年后期，引进“柿单 13 号”“雅玉 2 号”“改良 13 号”等。玉米品种更新，产量提高。2014 年，种植玉米 189 公顷，产量 695 吨，亩产 245 公斤。

2003 年，境内村民试种烟叶，当年种植成功，次年全乡推广。2014 年，乡内种植烟叶 198 公顷，交售烟叶 3260 担，烟叶收入 480 万元。

20 世纪 90 年代中期，岩锣村种植西瓜 21 公顷，产量 320 吨。排碧、四新、板栗、十八洞等村亦有种植。2014 年，全乡种植西瓜 53 公顷，产量 1181 吨。

林业 境内林业资源丰富，主要有松、杉、桐及油茶等。1952 年始，每年冬、春两季开展植树造林。1958 年“大跃进”，因砍树烧炭炼钢铁，林木毁坏严重。1962 年，建立木材采伐审批制度，开始封山育林，森林面积逐步扩大。1986 年 10 月，县林业局在排碧乡林场首次开展森林植物产地检疫，调查檫木、毛竹、板栗等树种。是年，境内栽植板栗树 21 公顷。1987 年，确立排碧为杉木、檫木和葡萄采种基地。1989 年，发动全乡干部群众造林绿化。是年，强化林业管理，捣毁境内马鞍村 13 人盗伐林木团伙 1 个，移交司法机 3 人，行政处罚 10 人。是年，设立排碧木材检查站。1990 年后，实施长江中上游防护林体系建设工程。1991 年，设排碧林业工作站。1992 年，在排碧乡进行飞播造林，建立管护林场，并实行全面封山管护。1998 年，重点清查张刀村群众滥伐林木事件，收缴杉条、松木 575 根，折合 35 立方米。2001 年始，实施退耕还林。2014 年，全乡森林覆盖率 62.94%。

养殖业 境内传统养殖以猪、牛、羊及家禽为主。20 世纪 60 年代，境内生猪多为本地黑猪，1981 年，引进白猪品种。2001 年，全乡养殖生猪 1.2 万头，存栏 6025 头，创历史新高。

山羊养殖主要分布在岩锣、排碧、红英、十八洞、张刀、马安等村，多为本地山羊，适宜放养。1971 年莲台山林场集体养殖本地山羊 60 只。1980 年，因管理不善，停办。1995 年恢复羊场，品种除本地羊外，还有南江黄羊、波尔山羊等，后因严重疫情，再度停办。

2014 年，发展湘西黄牛养殖，德农家庭牧场养殖黄牛 30 头，产犊 10 头。是年年末，牛存栏 1467 头，生猪存栏 5600 头，羊存栏 1829 只，家禽存笼 21214 羽。养殖生猪 100 头以上 1 户，30~40 头有 10 户。

工业

1958 年，创办铁业、缝纫、铧口、木工、制酒、制草纸联合工厂，从业人员 100 人，主要生产农具、衣服、铧口、酒、草纸（包装纸）。1960

年解体。1968年，恢复社办工厂，主要有铁业、缝纫、打米等，1978年，社队集体企业解散，向个体民营发展。1985年，乡政府建酸鱼厂，1987年，产品获湘西州庆食品展销会“龙凤奖”。1990年停办。是年，开发矿业，2000年，境内有锰粉厂6家，2010年停产关闭。2014年，在十八洞村成立苗绣专业合作社，43名妇女从事苗绣。

商贸服务

清乾隆十六年（1751），排谷美设墟场，场期逢农历三、八日，建有驿站、饭店。乾隆末年至嘉庆元年（1796），迁至“乍沟楼”（今排碧村山坳），为露天市场。宣统年间，迁至排碧村。民国36年（1947），迁至下排碧。1949年，迁回排碧村旧址。1982年，迁至国道319旁。2010年，迁至原排碧粮店，占地5800平方米，有摊位320个，经营门面35家。2014年，境内有酒店3家、小吃店6家、发廊3家、旅店2家、网吧1家、商品批发部3家、超市4家。

基础设施

交通运输

1937年，湘川公路通车，经境内黄岩、排碧、四新、马安、红英等村，全长11.6公里。1969年修筑排碧至排料公路，从岩锣村过境，长3公里。1979年，修通四新至板栗简易公路。1986年，投资28万元修通四新至下半坡及小龙洞电站公路。1997年，修建飞虫至竹子公路。1998年，修建夯吉彩至上半坡公路。2001年，修通飞虫至张刀公路，途经竹子村。2009年，各村自然寨均通简易公路。2007年，各村陆续实施硬化改造工程。至2014年，全乡进村公路全部水泥硬化。是年，建成农村便民招呼站2个。

邮政通信

1953年，县邮电局在境内分支机构。1957年，村村通邮路。1998年，境内邮政、电信机构分设。2005年，邮政扩为分局，服务排碧、排料2个乡。2014年，有职工5人，主要业务有代理储蓄、汇兑、保险、报刊发行、快递等。

2001年始，花垣县移动、联通、电信3家通信公司，先后在境内建基站，开通移动通信和互联网业务，2014年，境内有通信站7座，通信信号实现全覆盖。

供电饮水

供电　1967年，建小龙洞水轮泵发电站，装机10千瓦，供上半坡、下半坡、排碧、四新4个大队和社直单位用电。1971年3月，公社自筹资金21万元，在小龙洞瀑布右侧建小龙洞电站，开凿隧洞206米，引出瀑布流量0.8立方米/秒，取水头147米，1975年5月1日发电，全社通电，并供董马库、排料2个相邻公社用电。1981年5月，第五台120千瓦机组安装投产，总装机920千瓦，架设6~10千伏线路32公里，电输附近3个公社和吉首县。2014年，全乡农网改造完成，实现城乡同网同价。

饮水　20世纪50年代，境内居民饮水均靠挑背山泉井水。60年代，兴修一批小型水利工程，解决部分人畜饮水问题。1977年，投资1.8万元，建板栗寨人畜饮水工程，铺设引水管道2.4公里，自小冲“五八去”引自来水。1984年，因失修而毁坏。1996年，投资10万元打通竖井1口，安装7千瓦多级潜水泵1台，直抽地下河水，解决板栗村1328人用水。1997年，从夯吉图水库铺设引水管5公里。2011年，投资220万元建成排碧自来水厂，采用变频式自动加压控制净水技术，日供水200吨，受益人口4700人。2012年，启动岩锣、红英、十八洞、张刀4个村人畜饮水工程。2014年，全乡70%居民用上自来水，其中60%为电提抽水。

水利建设

1958年，在红英村豆子寨左侧上游建红英小（2）型水库，蓄水量10万立方米；修山塘1口；在毛坪村修小水库1座。1975年冬，在排谷美筑夯吉图水库，坝高34米，库容126万立方米。2006年，投资487万元，实施红英水库等维修加固工程。2014年，境域有山塘3口，水库3座。

社会事业

教育

清雍正十一年（1733），在排谷美建苗义学堂。光绪三十一年（1905），建初等小学堂，后更名永绥厅第十五学区。1955年，迁至排碧村。1958年，增设排碧附中。1961年，撤销附中，保留完全小学。1970年恢复附中。1997年10月，香港裕发集团董事会主席陈振东捐资20万元建“排碧振东光彩学校”，占地9235.9平方米，校舍面积5458平方米，运动场3020平方米。2014年，全学区有中心学校1所，下辖排谷美片小和5所村小，有教职工61人，其中初中教师25人，小学教师35人。中心学校有16个教学班，其中小学10个班，初中6个班。在校学生704人，其中小学408人，初中296人。

文化体育

境内苗族文化底蕴深厚，传统文化体育活动有上刀梯、下火海、摸油锅、椎牛、吞竹签、鼓舞、接龙舞等。原生态苗鼓、苗歌、苗绣、腊染、编花带、狮刀舞、绺巾舞、踩铧口、吃碗、定鸡等苗族文化传承较好。2007年，被州人民政府授予“苗族原生态文化艺术之乡”。有板栗民俗文化村寨。

1974年6月，公社建文化站。2014年，全乡有图书室12个，藏书22760册，有民俗演出队8支，成员200人。

医疗卫生

民国30年（1941）建乡村卫生所，有草医2人。1958年，建公社卫生院，医生为草医。1968年，公社卫生院有医务人员6人，床位12张。1998年，乡卫生院被列为州合格卫生院。2000年，被列为县妇产科建设合格卫生院。2014年，有业务用房4栋，占地面积4800平方米，有职工32人，床位50张。是年，全乡新型农村合作医疗参合率100%。

社会保障

2004年，建乡敬老院，设计入住30人。2014年，“五保户”入住乡敬老院集中供养13人，16人分散供养。

2014年，全乡发放低保等各项社会保障金36万元，临时救助16万元，大病救助2.24万元；清退原低保户168人，新增234人，全乡低保户213户832人，实现应保尽保。是年，全乡参加新型农村养老保险3350人，缴纳保险金39.9万元，60周岁以上领取农村养老金1290人。

特色地情

名优特产

武陵牌香酸鱼　腌制酸辣食品为苗族传统特色菜肴，如酸菜、酸汤、酸萝卜、酸辣子等，均为苗家常菜。境内居民尤喜酸鱼，家家户户有制作酸鱼的传统，排碧酸鱼在县内颇有名气。1985年，乡人民政府建酸鱼厂，专门生产，以鲤鱼为主要原料，配以小米、糯米、玉米粉等精制而成。

1987 年，庆祝湘西州成立三十周年，举办食品展销会，排碧酸鱼参展，获“龙凤奖”。

风景名胜

金钉子地质公园 位于排碧乡板栗村，距乡政府驻地排碧村 1.5 公里。“排碧金钉子”由中科院南京地质古生物所确立，是寒武系内第一颗金钉子，同时定义芙蓉统和排碧阶两个不同级别单位共同底界。地层界线为排碧阶和古丈阶，同属寒武系。

2001 年 8 月，国际地球科学联合会地层委员会主席约翰谢戈尔德博士率世界各国专家 70 人到排碧乡考察，经实地查看，发现此地地质剖面连续、岩向单一、生物化石丰富，尤其发现大量三叶虫化石，专家们一致认为此地就是寒武系“金钉子”的最佳候选层。（插图：花垣排碧金钉子）

板栗村 坐落于“金钉子”地质公园内，现存明清时代四合院 2 栋，吊脚楼 8 栋，传统雕花门窗保存完好，清一色石板路，75%的村民居住在传统瓦木结构房，绝大多数妇女仍然保持着织布、织锦、绣花传统，椎牛、上刀梯、傩戏、接龙舞、狮刀舞、绺巾舞、苗鼓、苗歌等传统文化传承较好。村文艺队伍在挖掘、整理、继承、发展基础上，以古朴典雅风格诠释新时代苗族文化，受到国内国际好评。1993 年春节，法国巴黎东方博物馆班巴诺先生曾与国内专家学者造访，举行大型民间椎牛祭祖仪式及接龙舞传统艺术表演。2004 年，成功举办大型原生态民间艺术节会——太阳会，观众 2 万人。2005 年 9 月，该村获“湖南省民族团结进步集体奖”。是年，被认定为“全国古老民族村寨”。

十八洞景区 位于境内南部，平均海拔 700 米，自然景观独特，属喀斯特地貌。景区内有原始次森林，树木郁郁葱葱，苍劲挺拔，其间沟壑纵横，流水潺潺；有神奇十八洞洞群，洞洞相连，洞内钟乳石姿态各异，巧夺天工，或形似菩萨，如坐如卧；或曼妙似飞天，婆娑起舞。另有两根硕大钟乳石，高约 40 米，状如一对男女，男人从天而降，女人如卧地上，千百年和谐共生。一排排钟乳石柱恰如编钟，在小树枝轻轻敲击下，叮

金钉子（丁坦城摄于 2016 年 7 月）

林涧飞瀑（张明和摄于 2014 年 7 月 8 日）

十八洞村（彭　森/摄）

咚作响，婉转悠扬。洞中布满花生米般大小石子，灯光映射下闪闪发亮，夺人神魄。洞内水源颇多，有丰富地下溪流、洞中瀑布，洞水清澈见底。景区内，还有“莲台山林场”“夯街黄马岩”“穿洞”“背儿山”“擎天柱”“乌龙一线天”等景点。

小龙洞瀑布　乡境黄岩村附近，有一“U”形山谷，悬崖高 300~500 米，有小龙瀑、窟索瀑、护潭瀑、蟹将瀑 4 条瀑布从百米以上绝壁飞流直下，一齐泻入深潭，声如雷鸣，气势宏伟。4 条瀑布各具特色，其中小龙瀑布最大，落差 147 米，流量 0.42 立方米 / 秒，气势磅礴；窟索瀑布洞口威严，流水汹涌；护潭瀑布水落如纱，含情脉脉；蟹将瀑布姿态婆娑，美丽妖娆。悬崖顶上有一岩板，游人可从岩板上俯视，壮观景色尽收眼底。

专记

习近平考察十八洞村　2013 年 11 月 3 日至 5 日，中共中央总书记、国家主席、中央军委主席习近平到湖南考察。3 日下午，习近平沿着狭窄的山路辗转来到排碧乡十八洞村。他先到特困户施其文家。木屋四壁黝黑，一盏节能灯是唯一“电器”。老人的老伴石爬专问：“怎么称呼您？”村支书说：“这是总书记。”习近平握住老人的手询问年纪，听说老人 64 岁了，他说：“你是大姐。”

习近平向两位老人仔细了解生产生活情况。听说养了猪，他问道：“自己吃还是卖了？”他走进两位老人睡觉的小木房，揭开米仓盖子察看，还走进猪圈看老人家里养的两头猪。

习近平在低保户施成付家院子里和村干部、村民代表座谈。从水、电、路到教育、医疗，他一一询问。他说，今天来，目的很明确，就是看望湖南少数民族乡亲们。“我说了，要看真正少数民族的村子，不要临时收拾，是什么样就是什么样，真正了解大家生活状况。”

座谈会上，村干部和村民说话不绕弯子，纷纷建议，这里风景好，希望政府帮助改造房子，发展旅游。习近平说：“各级党委都很重视扶贫，还要更重视。到中国共产党成立 100 年时，全面建成小康，要使贫困地区也好起来，要有很大改变，这样全面小康才能保障实现。”

习近平表示，扶贫要实事求是，因地制宜。要精准扶贫，切忌喊口号，也不要定好高骛远的目标。三件事要做实：一是发展生产要实事求是；二是要有基本公共保障；三是下一代要接受教育。各级党委和政府要想方设法，把现实问题一件件解决，探索可复制的经验。

（撰稿人：李　忱　龙登高）

排料乡

排料乡风光旖旎，民族民间文化丰富。2014年，被评为“湖南省诗词文化艺术之乡”，金龙村获国家AAA级景区、省旅游名村称号，列入全国少数民族特色村寨保护与发展名录。

区域概况

位置面积

排料乡位于花垣县东南部。东临保靖县夯沙乡夯沙村，南抵吉首市矮寨镇阳孟村，西与排碧乡岩锣村相邻，北与董马库乡补定、敏腊、黄土坪村接壤。全乡面积48.21平方公里，乡治排料村，距县城花垣镇44公里。

建置沿革

康熙八年（1669），排料乡域属凤鸣乡下武定里。清雍正十年（1732），属六里同知辖。宣统年间属下十里。民国24年（1935）属永绥县三区辖。民国26年属桃花乡。1949年11月，属四区辖。1956年5月，撤区并乡，由排料、补毫、桃花坪3个小乡合并成花垣县排料乡。1958年，建火箭人民公社。1959年3月，改称排料人民公社。1984年3月撤社复乡。

行政区划

2014年，全乡辖排料、桃花、让烈、补毫、金龙、龙孔、芷耳7个建制村，下设72个村民小组。

人口民族

2014年，全乡有1654户6806人，其中苗族占98%。境内姓氏有石、龙、吴、张、秧、施、彭、孙、李、邓、杨、罗等，石姓人口位居前列。

自然环境

排料乡地处高山台地，平均海拔780米，最高点高斗情山海拔982米，最低处夯湘电站海拔314米。年均气温13.5℃，年均降水量1300毫米，无霜期240天。境内方解石资源丰富。

经济发展

经济综述

农业占乡域经济主导地位。粮食作物以水稻、玉米、黄豆为主，经济作物有烟叶、油菜、西瓜等。养殖业以猪、牛、羊及家禽为主。1986年，国内生产总值159万元，其中第一产业产值146万元。2014年，全乡工农业产值6750万元，财政收入480万元，社会固定资产投资1700万元，农民人均纯收入2800元，比1986年增长20倍。

农业

种植业　20世纪50年代初，玉米种植以马齿黄、马齿白、爆苞谷等为主。50年代中期，推广“小四块”栽培技术，每亩1200株，亩产提至108公斤。1990年始，推广“中单14号”“雅玉2号”“改良73”等品种及地膜覆盖技术，产量提高。2012年，亩产287公斤，创历史新高。2014年，全乡种植水稻437公顷，产量2595吨；种植玉米162公顷，产量617吨；种植黄豆70公顷，产量97吨。

境内经济作物主要有烟叶、油菜、西瓜、黄柏等。1986年，全乡种植西瓜83公顷，总产136.3万公斤。1990年，种植花生601公顷，产量567吨；油菜引进秦油2号、3号和中双4号品种，产量为每亩60公斤增至80公斤。1995年，种植黄柏、杜仲、厚朴“三木”药材362公顷。2003年，因药材销路不畅，放弃种植，西瓜种植下滑。2014年，全乡烤烟种植297公顷，产量423吨，创收880万元；油菜种植4.9公顷，产量9.05吨；花生11公顷，产量29吨；西瓜5公顷，产量120吨。是年，乡内发展特色种植，建成百亩樱桃园3个，改造金秋梨80公顷，种植黄金茶13公顷。

养殖业 境内传统养殖以猪、牛、羊及家禽为主，长期处于自给自足。1957年，乡域兴办集体猪场17个。1958年，大办“千头猪场”“万头猪场”，存栏3300头，后因管理不善，生猪成批死亡。1961年，生猪存栏不足百头。1965年，全社养猪2900头。1966年，大队及生产队再办猪场，全社开办养猪场14个，1977年，集体猪场解散。1981年，境内实行家庭联产承包责任制，农户养牛增多，1986年，全乡养牛1100头。20世纪90年代初，乡内少数农户开始养羊，1997年，山羊养殖4800只。2000年，农机化水平提高，耕牛养殖下降，牛存栏1040头，羊存栏1240只，家禽出笼1.9万羽。2014年，全乡生猪存栏4400头。

林业 1995年，全公社投劳66.7万个，造林1911.3公顷，其中人工植苗624.7公顷，封山育林1040公顷，飞播造林有效面积246.6公顷，经济林533.3公顷，薪炭林1324公顷。2001年，实施退耕还林。至2014年，全乡退耕还林面积690公顷，其中生态林425公顷。金龙村有一棵600年榉木王。

工业

1959年，创办综合手工业厂，有铸铧口、打铁、缝纫、制酒、制纸等车间，主要产品有农具、衣服、酒、纸等，从业人员80人，年产值4000元。1961年，工厂关闭，从业人员返回生产队。

境内方解石资源丰富，主要集中在芷耳村、桃花村、排料村、补毫村，20世纪80年代后期，村民开始家庭式开采。1983年，排料村、补毫村因资源枯竭，停止开采。1998年，一名外省人在芷耳村投资创办方解石粉厂，从业人员5人。经营3年后，转让给芷耳村委会集体开采。桃花村则延续家庭开采方式。

1973年，公社成立建筑队，有工人16人，年收入0.62万元。2014年，全乡具有资质的建筑施工队23个，每队从业人员7～20人不等，主要集中在排料、补毫、龙孔、桃花4个村。

商贸服务

1946年，排料设墟场，场期逢农历四、九日，主要交易日杂食品和生产生活用品。1948—1949年，墟场停止交易。1980年，墟场开始兴旺，有临街门面10间，摊位80个，赶场人数1500人次。1990年，有个体私营户12家，2014年，增至40家，平均销售额2万～3万元。

1958年成立供销社，主营小百货、食品、糖果及生活用品。各大队均设代销点。1990年，供销社改制，商业以民营为主体。

1979年，排料村李寿星、李玉娥和彭正方相继开办家庭式餐馆，主要客人为本乡和部分外来务工人员。1988年，李寿星的餐馆因火灾停业。至2014年，彭正方的餐馆仍正常营业。

基础设施

交通运输

境域地处高寒山区，历史上交通落后，货物进出全依靠人力挑运。20世纪60年代初，只有东去夯沙，南通德夯、矮寨、吉首，西通排碧，北通董马库等邻近乡道。1969年，修通连接国道319排碧乡至排料首条通乡砂石路，全长9公里，经芷耳、补毫、排料3个村。1975年，修通排料至董马库公路，经让烈、桃花2个村，全长12.5公里。2006年，村村通公路。2007年，完成排碧连接排料乡道升级改造。2012年，完成董（马库）排（料）公路升级改造。是年，建排料乡农村客运站，有客车4辆，建成招呼站4个。2013年，连接排碧路段实施第二次升级改造。2014年5月23日，交通运输部部长杨传堂一行到乡考察公路建、管、养、运一体化建设和城乡公交运行情况，给予高度肯定。乡境有石拱桥4座，位于排料、让烈2个村。

1986年，乡内有货运车1辆、农用车2辆、拖拉机5台、客运中巴车1辆。2014年，有货运车11辆、农用车10辆、乡村公交4辆、客运中巴车2辆、面包车24辆、摩托车112辆。乡内有个体运输12户，年收入6万元。

邮政通信

1949年，乡政府配通信员1人，负责对外传送信息。1958年，通广播、电话并配备乡邮政员。时无邮政所，只有代办点，邮件均由乡邮政员从排碧邮政所取回，送达乡境。2014年，建排料乡邮政所。是年，全乡移动通信全覆盖。

供电饮水

供电 1969年，在排料村下游建电站，由湘西州水电局下放干部李瑞章设计、排料村技师吴兴民修建，电站水头落差12米，装机12千瓦，供排料、龙孔2个村照明用电。1973年，由省水电部门扶持，李瑞章设计，村民投工投劳，在排料村河流下游修建夯湘电站。装机500千瓦（250千瓦×2台机组），后因资金不足，只装1台机组，全乡用电解决。2014年，投资380万元改造夯湘电站。是年，完成排料、让烈、龙孔、桃花、金龙村农网升级改造。

饮水 全乡村寨有大小水井55口，其中下补毫一口古井能维持800人基本生活用水。2013年，铺设桃花、让烈、排料、芷耳、补毫5个村入村主水管道20公里。是年，修建自来水厂，2014年建成并投入使用，日供水量374立方米。同时，完成金龙村自来水主管网及分户管网铺设工程。

水利建设

1959年，建五木冲、溜土坪2座水库，库型均为小（1）型，库容分别为10万立方米、9万立方米，灌溉面积36.7公顷。1971年，让烈水库动工建设，1973年建成，库型为小（2）型，库容148万立方米，灌溉面积18.7公顷。2014年，境内有水库3座，山塘1口。

村镇建设

2012年，投入10万元硬化排料村街道，安装太阳能路灯12盏。是年，投资8万元，绘制和设置辖区交通标线、标牌。2013年，全乡改造民居746栋。2014年，铺设牛角寨、龙孔寨石板路4公里。是年，该乡被评为州级城乡同建同治示范乡镇。

社会事业

教育

1935年，创办让烈学校。1940年，创办芷耳学校。1944年，创办金龙学校。1945年，创办排料乡中心小学，1950年，乡中心学校有教师8人，在校学生318人，学校占地2183平方米，建筑面积878平方米。2014年，全乡有九年一贯制学校1所，学校占地8800平方米，建筑面积5373平方米，有教师45人。

文化体育

1965年，公社设立群众文化站，1967年活动中断。1974年恢复。2014年，全乡有农家书屋8个，各类藏书1.2万册，以农业技术、法律法规、科技等书籍为主。

1972年，公社成立电影队，使用脚踏式发电机和8.75毫米放映机。每个大队月均放映1场，年放映量60场。20世纪80年代初，建公社电影院，年放映500场次。90年代，乡内电视入户率60%，电影仅在春节期间播放。2000年，电视普及，电影院停业。

乡境民间文化体育活动丰富。春节期间有舞狮、舞龙、苗拳、上刀梯、踩高跷等传统节目。20世纪80年代，篮球运动发展，每村均组建篮球队，有篮球场地和体育设备，在春节期间开展篮球赛。至2014年，全乡有篮球场6个，田径场1个，业余篮球队1个，队员10人。

医疗卫生

1959年，建公社卫生院，时有医生4人。1970年，建成新卫生院有床位4张。1976年，有医生6人。1978年，各大队配备赤脚医生、接生员各1人，其中桃花、金龙、让烈、龙孔、补毫、排料6个大队为苗医。1997年，引进黑白B超机1台。1999年，医院重建，建筑面积280平方米，有床位8张。2002年引进X光机。2014年，全乡有村卫生室7个。新型农村合作医疗参合率100%

社会保障

2004年，建乡敬老院，占地0.3公顷，2005年建成，内设食堂、活动室、宿舍，有5位老人入住。2014年，集中供养五保老人6人。

2013年，改造村民危房134栋。2014年，全乡发放扶持资金21960元，受益549人。是年，低保户新增89户220人。新型农村养老保险参保率100%。

特色地情

苗寨金龙村　位于花垣、吉首、保靖3个县市交界处——蚩尤大峡谷崖顶，村寨如坐云端，被称为“悬崖苗寨　云上金龙”。苗寨依山而建，顺山势盘桓而上，屋脊相连，错落有致。顺着青石板路拾级而上，即可走进苗寨。房屋多为百年木屋，木屋以桐油漆就，经岁月沉淀，乌黑发亮。家家户户火坑上挂满腊肉，堂屋横梁上挂满金灿灿的苞谷，板壁上挂满火红的辣椒，日子也是红红火火。

自苗寨出来，拐过几个弯，穿过一片密林，即达凤凰台。自凤凰台上瞭望峡谷风光，只见山高谷深，沟壑纵横，峭壁环绕，大峡谷自悬崖底部蜿蜒而过。对面崖顶可见巨大“睡佛”，端庄肃穆；崖壁上“石猴”跳跃，灵动活泼，一静一动，亦真亦幻，令人叹为观止。

苗寨民俗民风保存完好，有上刀梯、打苗鼓、踩铧口、唱苗歌等传统习俗，村民热情好客、淳朴善良。该村先后成功举办“情定金龙”大型青年联谊会、“樱桃会”等一系列特色文化活动，成为湘西苗族特色文化和乡村休闲观光旅游新亮点，被评为国家AAA级景区，列入“全国少数民族特色村寨保护与发展名录”。

（撰稿人：伍　江　滕树运　龙金良）

董马库乡

区域概况

位置面积

董马库乡位于花垣县东南部。东北与保靖县水田河镇、夯沙乡相邻，东南与排料乡接壤，西南与排碧乡为界，西北与花垣镇相连。乡域面积52.75平方公里，乡治董马库村，距县城花垣镇35公里，距州府吉首市42公里。

建置沿革

董马库在苗语中意为“养马洼地”，乡名因苗民在此开垦田地并养马而得名。民国时期董马库乡域属永绥县卧龙乡。1950年，属永绥县第四区。1956年撤区并乡，建花垣县董马库乡。1958年，建光辉人民公社。1959年，改称董马库人民公社。1984年撤社复乡。

行政区划

2014年，全乡辖董马库、排腊、让乍、卧大召、雷公、洞冲、鸡坡岭、夯寨、排达连、敏腊、黄土坪、补定、卧龙坪、丙池、排当务、板栗16个建制村，下设99个村民小组。

人口民族

2014年，全乡有2801户11726人，苗族人口占99%。境内姓氏以石、龙、吴居多。

自然环境

董马库乡属高山台地地形，最高点孟苟山海拔1077.6米，最低处排比拿河海拔530米。年平均气温13℃，年均降水量1500毫米，无霜期240天。境内森林资源丰富，林木主要有松、杉、油桐、油茶、板栗等。

经济发展

经济综述

境内经济以传统农业为主。1987年，全乡工农业产值355万元，粮食产量4175吨，农民人均纯收入141元。1992年，全乡工农业产值增至577万元，财税收入9.5万元，粮食产量3650吨，农民人均纯收入310元。1998年，工农业产值1346万元，粮食产量4355吨，农民人均纯收入680元，财政收入24.4万元。2001年，全乡工农业产值1650万元，粮食产量5000吨，农民人均纯收入780元，财政收入26万元。2014年，全乡工农业产值4321.2万元，农民人均纯收入3028元。

农业

种植业 境内粮食作物以水稻、玉米、豆类为主。1978 年始，调整产业结构，发展经济作物，种植烟叶、花生、辣椒等经济作物。1992 年，乡政府筹措资金，为村民购买“七三单交”种子 4 吨和尿素 50 吨，花生、辣椒种植，同时实施“丰收计划”，推广双杂品种、地膜育秧技术以及地膜玉米和水稻“双两大”栽培技术，提升粮食单产。是年，开发让乍村油桐 68.67 公顷，每户平均收入 80 元。1995 年，全乡 90%耕地实现良种化、规范化，85%农民学会了“双两大”栽培、早育早发、玉米肥球育苗等技术。1998 年，在董马库发展猕猴桃果业，后因管理不善，未形成产业。是年，开发烤烟 23 公顷、板栗 34 公顷。2007 年，全乡农作物播种面积 163 公顷，水稻、玉米基本实现杂交化，粮食产量 4230 吨。2014 年，种植水稻 615 公顷，产量 3700 吨；种植玉米 220 公顷，产量 815吨；种植烤烟 293 公顷，产量 413 吨。

林业 民国时期，森林植被多属天然更新，飞子成林，人工造林规模小，多以种植桐树为主。1952 年始，每年冬、春两季，政府组织群众开展造林活动。1962 年，建立木材采伐审批制度，森林管护加强。1971 年，建立董马库盐台山杉木林基地。20 世纪 80 年代，群众造林积极性高涨，以造油桐、板栗等经济林为主。1986 年，境内栽植板栗树 21 公顷，至 1995 年，板栗园增至 16.13 公顷。2001 年始，全乡实施退耕还林，至 2014 年，退耕还林 1288.8 公顷，其中退耕地 661.45 公顷、荒山 627.37 公顷、造林 1610 公顷，森林覆盖率 61.5%，比 2001 年增长 10.7%。

养殖业 境内传统养殖以猪、牛、羊及家禽为主。民国时期，民间有“养牛为耕田，养猪为过年，养鸡为换油盐钱”传说，养殖业发展缓慢。民国 12 年（1923），境内夯寨发生牛瘟，死亡 31 头。1958 年始，成立人民公社，各大队兴办集体猪场，但由于疫防、饲料、管理等欠缺，生猪饲养徘徊不前。1972 年，境内猪瘟流行，集体猪场解散。1980 年始，生猪生产逐步上升。20 世纪 90 年代初，建立董马库肉牛饲养基地。1992 年，丙池村耕牛由 4 头发展到 39 头，基本解决该村缺少耕牛问题。1995 年，生猪存栏 5400 头，牛存栏 2479 头，羊存栏 2900 只，家禽存笼 1.25 万羽，年收入 80 万元。1998 年，生猪存栏 5800 头，羊存栏 4200 只，牛存栏 2694 头，家禽存笼 1.51 万羽。2014 年，生猪存栏 6190 头、牛存栏 1661 头、羊存栏 1618 只、家禽存笼 2.9 万羽。

工业

清代、民国时期，境内有碾房、油坊、染坊等手工作坊，规模小，设备简陋，从业人中不多。另有银匠、木匠、篾匠、裁缝、砖瓦匠等一批手工匠人。1958 年，公社创办炼铁、农具、造酒等小型企业，后因技术、设备等原因解散。1970 年，兴办农产品加工厂等，集体工业有所发展。1993 年，重钙粉厂建成投产，年收入 3 万元，1998 年建筑格局改变，装修房子不再使用重钙粉，被市场淘汰。

商贸服务

清同治三年（1864），始设墟场，场期逢农历二、七日，是花垣、保靖、吉首三县市边区大集市，尤其以赶秋节、腊月二十七日为甚，集市辐射周围乡镇麻栗场、排碧、排料、矮寨、中心、水田河数万人口。1987 年，群众自筹 1.3 万元、投工 1860 个，建成农贸市场，面积 1992 平方米。2014 年，投资 200 万元改造农贸市场，改扩建面积 2797 平方米，设有水果行、蔬菜行、肉食行、成衣行等，建摊位 80 个。

基础设施

交通运输

1959 年始修乡道，1961 年简易公路建成，经雷公、卧大召、让乍、排腊、董马库 5 个大队。1969 年，修建腊作湾至董马库公路，全长 9 公里。是年，乡道提质通车。1974 年，修建董马库至排达连公路，全长 4 公里。1985 年，投资 24.9 万元，修建董（马库）桃（花）路，为四级乡道，长 6 公里，1986 年竣工。2006 年，实施村村通工程。2007 年，乡客运站建成营运。2014 年，硬化鸡坡岭、洞冲、排当务、丙池、板栗 5 个村公路 15 公里。是年，全乡通车里程 58.4 公里，硬化 44.2 公里，有桥梁 26 座。

邮政通信

20 世纪 50 年代，乡境通邮路。1977 年，有手摇电话 5 部。1996 年，开通程控电话。至 2014 年，有移动服务点 4 个，移动手机用户 3895 户，联通服务点 2 个，电信服务点 1 个。

供电饮水

供电 乡内曾有电站 2 座。1974 年，卧大召大队办电站，装机 15 千瓦。1981 年，公社建“大九冲”电站，装机 75 千瓦。因水源不足，20 世纪 80 年代末，电站停止运行。1990 年，乡内由排碧乡小龙洞电站供电。2013 年，全乡 16 个村，其中 14 个村由花垣电力集团供电，另 2 个村由排碧乡小龙洞电站供给。2014 年，该乡农网改造启动。

饮水 民国时期，居民饮水靠挑泉井水。1959 年冬，公社组织民工建幸福塘引水工程。1963 年通水，完成土石方 1.6 万立方米，解决董马库、排当务两个大队人畜饮水和 24 公顷稻田灌溉问题。1985 年，投入“以工代赈”资金 2.37 万元，扶持丙池村铺设引水管道 2.42 公里，将燕子山水引至村内，解决 8 个村人畜饮水困难。2004 年 5 月，投资 1400 万元建日产 5000 吨自来水厂工程。2008 年建水厂，为日元贷款项目。2014 年，乡水厂维修主管道 2.98 公里，铺设进村自来水管道 8 公里，解决黄土坪、板栗、卧龙坪、丙池 5 个村饮水问题。是年，境内有水井 62 口，自来水入户率 40%。

水利建设

民国时期，各村寨多以泉水、溶洞水和溪河筑坝开沟引水灌田。1975 年动工修建夯西小（2）型水库，库容 12 万立方米。是年，修建排达连小（1）型水库，1982 年竣工，库容为 350 万立方米，配套渠道 18.4 公里，有渡槽 2 处 98 米，隧道 2 处 946 米，倒虹吸管 2 处 310 米，灌溉面积 300 公顷。

村镇建设

2006 年，乡政府集资硬化街道 1 公里。2013 年，开展城乡同建同治工作，聘请街道保洁员 3 人，村保洁员 48 人。投资硬化通组路 1 公里，各组通组公路硬化完成。2014 年，深入开展同建同治工作，并规范街道摊点设置，遏制乱搭乱建行为，村容村貌明显改观。

社会事业

教育

清嘉庆十三年（1808），在今卧大召村设苗义学馆，时有先生（石如琢）1 人，开设课程有旧学《三字经》《论语》及新学《语文》《数学》等。民国初年，苗义学馆迁回董马库村吴培荣家，更名董马库小学。1952年，学校有学生318人，教师8人。2002年秋建教学楼，为日援项目。2007年，学生入学率96.5%，巩固率99.7%，“普九”工作各项指标均达国家和省定验收标准。2014年，全乡有中心学校1所，村小11所，有教师63人，学生1024人。幼儿园1所。

文化体育

境内传统节日主要有三月三、四月八、赶秋节等。民间技艺有椎牛、秋千、刀梯、苗鼓、舞狮、杂技等。体育活动主要有武术、篮球等。每逢民族节日，境内一般举办篮球和武术比赛。

2013年2月17日（农历正月初八），中国首届“苗族巴代文化艺术节”在境内卧大召村举办，128位苗师（巴代雄）和189位客师（巴代杂）参加此次祭祀活动，来自花垣、吉首、保靖、古丈、凤凰、泸溪等县市50个苗寨约4万苗族同胞齐聚欢度艺术节。节目分表演和比赛两类36项，分文艺表演、舞龙舞狮、苗鼓舞、上刀梯、椎牛、苗歌6个赛区进行。其中椎牛仪式从2月13日至17日5天24场，每日法事各不相同。800名苗族青年男女共跳鼓舞，热闹非常。此次苗族巴代文化艺术节，规模空前，表演节目和比赛项目丰富，境内苗族传统文化艺术全方位展现。

2014年，乡文化站有工作人员2人。全乡有文艺队伍16支，成员400人。

医疗卫生

20世纪50年代初，群众生病多用草药治疗。60年代，建公社卫生院，时有医护人员5人。70年代，16个大队均有赤脚医生。2014年，乡卫生院有医务人员18人。全乡有村卫生室11个。是年，全乡新型农村合作医疗参合率100%，医疗资助1317人。

社会保障

2006年乡建敬老院，建筑面积380平方米，有住房20间，当年入住“五保”老人24人。2011年，全乡农村养老保险参保人数4789人，参保率75%，254户792人享受低保。2014年，集中供养“五保”老人15人，散养39人。全乡纳入农村低保371户1251人，临时救助578人。

特色地情

名优特产

酸鱼 苗家有腌酸鱼传统。农人将鱼从稻田中捉回后，用清水洗净，剖开鱼肚，取出腑脏，用盐抹匀，放入钵中腌制3天，然后取出晒干，将湿糯米粉或湿苞谷粉放入鱼肚，再放进坛内密封，个把月后，味即变酸。取出，用油煎好，合上辣子，即可食用。

风景名胜

辽都河峡谷 起于排碧境内莲台山，经排达鲁、雷公、卧大召、鸡坡岭、大水井、鼎罐寨、排比连，过境27公里，进入保靖县水田河镇，全长36公里，有36道湾，大湾14道、小弯22道，如同36把锁。其中卧大召有9座山嘴名为“苟炯”（苗语虎山），如九虎下山；鸡坡岭境内9道弯围包9条崖壁，盘旋若龙，似九龙下水；另有高50米“都金”瀑布，水泻直下，流入碧潭；雷公村境内有大溶洞“酷排龙”（苗语聚宝洞），大水井村内有“排竹耸”（苗语雷门）。

杨柳塘天然鸟巢 坐落于距卧大召村2公里处山窝里，为一盆地，因先年长满杨柳树而得名。

花垣县董马库乡杨柳堂全景（张明华摄于2016年8月）

盆底面积2公顷，四周逐级升高，面积4公顷，与北京鸟巢神似，是一个天然大体育馆，可容纳20万人。2013年农历正月初四至初八，首届巴代文化艺术节在此举办，上演节目30个，10万观众出入有度，秩序井然。

民俗风情

赶秋节 又称秋社节、交秋节，在立秋之日举行，是湘西花垣等地苗族人民传统节日。董马库乡是花垣县苗族传统节日重要举办地。在立秋之日，当地群众停止农活，穿上盛装，结伴成群，欢聚在传统秋坡上，举行打秋千、吹笙、歌舞等娱乐活动。活动完毕，由众人选出两人扮成“秋公”和“秋婆”，向大家预祝丰收和幸福。

（撰稿人：龙阳春　石　俊　石寿贵）

2015 年年底(调整后)花垣县乡镇基本情况表

乡镇名称	总面积(平方千米)	下辖建制村、居委会数	户籍人口总数(万人)	苗族人口占%	土家族人口占%	总产值(万元)
花垣镇	201.2	80	10.3	62.7	15.15	405000
民乐镇	103.6	24	2.7	97	0.75	90000
石栏镇	87.4	20	1.9	99	0.26	18752
双龙镇	155.7	34	2.9	99	0.22	12868.6
边城镇	75.28	27	2.66	35	15.75	23700
吉卫镇	87.68	22	1.81	99	0.74	7825.9
龙潭镇	59.69	17	1.59	96.2	1.24	24640
麻栗场镇	53.65	20	1.69	92.6	2.89	6515.5
雅酉镇	51.45	12	0.83	99	0.11	6000
长乐乡	81.66	18	1.57	83	7.52	5639
猫儿乡	69.07	14	1.54	91	0.88	16330
补抽乡	82.36	18	1.41	99	0.23	8148

2015 年花垣县乡镇行政区划调整表

<table>
<tr><th>乡镇名称</th><th>合并前</th><th>乡镇调整行政区划说明</th><th>原下辖建制村、居委会名称</th><th>并入建制村、居委会名称</th></tr>
<tr><td rowspan="3">花垣镇</td><td>花垣镇</td><td></td><td>辖蔬菜、坝塘、三角岩、马其洛、拐代坡、洞溪坪、大营盘、南门、大冲湾、丰和屯、卡地、狮子桥、佳民、卧龙榜、龙洞、望城坡、花桥、新胜屯、麻场、依溪、凉水井、清水塘、朝料、伍家坡、农科站、窝勺、卜如坪、下寨河、当家、折腊、卧坝、塘茶、沙坪、上大冲、新寨、略坝、花香、老天坪、夯渡、岩寨、园艺场、渔场 42 个村(场)和城南、柑子园、老正街、浮桥、西长街、大竹山、登高楼、洞水坡 8 个社区</td><td>农科 1、2 组、老正街社区合并为老正街社区;农科 3、4 组、蔬菜 1 组、浮桥社区合并为浮桥社区;蔬菜 2 组、洞水坡社区合并为洞水坡社区;花香、略坝合并为略坝村;岩寨、老天坪合并为老天坪村;卧坝、塘茶、上大冲合并为卧坝村;卡地园艺场、大冲、龙洞合并为兴龙社区;新胜屯、丰和合并为城北社区;凉水井、营盘合并为凉水井社区;渔场、城南社区合并为城南社区;折腊、窝勺、当家合并为窝勺社区</td></tr>
<tr><td>团结镇</td><td>并入花垣镇</td><td>辖吉场、营盘、太平、长兴、漏那、中寨、龙堡、水田溪、桐木寨、马道子、下瓦水、岩坝塘、杨家寨、漾水坪、永丰、峨碧、老鸦塘、老王寨 18 个村和吉峒坪 1 个居委会</td><td>太平、吉场、云盘村和吉峒坪居委会、耐子堡小区合并为花垣镇吉峒坪社区</td></tr>
<tr><td>道二乡</td><td>并入花垣镇</td><td>辖道二、美莶、接溪、登高、排楼、朱朝、扛扛、紫霞、者仁、扛掰、辽洞 11 个村</td><td>接溪、扛掰、美莶合并为兴农园社区</td></tr>
</table>

续表

乡镇名称	合并前	乡镇调整行政区划说明	原下辖建制村、居委会名称	并入建制村、居委会名称
民乐镇	两河乡	并入民乐镇	辖路桥、斗拱、两河、石花、牛心、盐井、马岩、麻拉、毛岗、桐木、水田、土屯12个村	石花、两河合并为两河村；毛岗、土屯并为土屯村；马岩、盐井并为梳子山村
	民乐镇		辖民乐、田家、谷哨、坝务、新水、洞乍、毛号、潮水、响水、卡子10个村和中街、云盘2个居委会	新水、坝务并为新务村
双龙镇	排料乡	并入双龙镇	辖排料、桃花、让烈、补毫、金龙、龙孔、芷耳7个村	金龙、黄土坪(原属董马库乡)并为金龙村
	排碧乡	并入双龙镇	辖岩锣、排碧、四新、板栗、小洞冲、毛坪、红英、马安、十八洞、张刀、双龙11个村	并入双龙镇。四新、排碧并为排碧村；小洞冲、洞冲(原属董马库乡)并为洞冲村
	董马库乡	并入双龙镇	辖董马库、排腊、让乍、卧大召、雷公、鸡坡岭、洞冲、夯寨、排达连、敏腊、黄土坪、补定、丙池、卧龙坪、排当务、板栗16个村	排达连、夯寨并为鼓戎湖村；补定、卧龙坪村并为卧龙坪村；排腊、排当务、董马库并为董马库村
石栏镇	排吾乡	并入石栏镇	辖董马、牛皮、大排吾、小排吾、夯采、竹子寨、子腊、龙门、大猫、磨子、辽求11个村	夯采、小排吾并为排吾村；牛皮、大排吾并为石栏村
	雅桥乡	并入石栏镇	辖保楼、油麻、大兴、田塘、排乍、猫儿坡、岩科、三塘、朋岩9个村	保楼、油麻并为雅桥村
边城镇	边城镇		辖米粮、火焰土、白岩、石牛、小寨、板栗、贵碳、隘门、水井、骑马坡、曲乐、长老坟、茶园坪、南太、磨老、新街、矮车坝、农科、猫儿塘、大塘坪、搞河、凉风洞、通州、踏沙、大木树25个村和茶洞、码头2个居委会	矮车坝、新街、农科合并为和平村；小寨、石牛合并为大寨村；通州、凉风洞合并为通州村；隘门、水井湾、曲乐合并为隘门村
吉卫镇	吉卫镇		辖排座、排达坝、下水、新寨、老卫、腊乙、吉卫、鸡司、大老排、夯来、如腊、葛藤、白果、良帽、过水、螺丝董、葫芦、水洋、古牛、白岩20个村和梅花井、老卫城2个居委会	排座、排达坝并为双排村；下水、腊乙并为夜郎坪村；新寨、老卫城(村)、吉卫并为卫城村；古牛、葫芦并为莲花山村；过水、凉帽并为联龙村；白果、葛藤并为果藤村；夯来、大老排并为大夯来村
龙潭镇	龙潭镇		辖土地、李梅、角弄、干塘、豆旺、开支、龙门、窝坨、古老、龙潭、大坪、草坪、金溶、板塘、张匹马、黄腊16个村和龙潭、蚂蟥塘2个居委会	干塘、窝坨合并为青龙村；草坪、大坪合并为双坪村；李梅、角弄合并为祥和村
麻栗场镇	麻栗场镇		辖黄土坡、麻栗场、尖岩、新桥、广车、溜豆、金牛、新科、彭湖、登高坪、望高坡、沙坪、沙科、排达鲁、老寨、立新、各鱼、沿坝18个村和麻栗场1个居委会	沿坝、广车并为广车村；立新、老寨并为文笔峰村

续表

乡镇名称	合并前	乡镇调整行政区划说明	原下辖建制村、居委会名称	并入建制村、居委会名称
雅西镇	雅西镇		辖夯杜、坡脚、下水、五斗、扪岱、高务、麻家、油麻、排腊、排达扣、朝岗、冬尾12个村	朝岗、冬尾并为东卫村；夯杜、麻家并为高达村
长乐乡	长乐乡		辖谷坡、桃花、雀儿庄、惹坝、卧岔那、牙八溪、长潭、泽落坪、米迫、跃马卡、打落坪、纳吾车、黄连沟、王善坪、水坪、老后坪、那光、团岩坪18个村	雀儿庄、桃花并为桃花村；惹坝、卧岔那并为卧岔那村；米迫、团岩并为龙桥村；泽落坪、跃马卡并为跃马卡村；水坪、王善坪、老后坪并为古苗河村
猫儿乡	猫儿乡		辖团结、田湾、排儿、老虎冲、杉木、洞里、新寨、豆子、太阳山、排蜡光、铅厂、蜂糖、果儿、塘家14个村	老虎冲、新寨并为猫儿村；果儿、塘家并为糖果村
补抽乡	补抽乡		辖补抽、大本、排当、米沟、鱼龙、大坳、水桶、吉久、大哨、董哨、夯尚、大卡、小卡、排龙14村	排龙、水桶、大坳、鱼龙并为合兴村；兴中、高岩并为聚福村